Les régions du guide :
(voir la carte à l'intérieur de la couverture ci-contre)

Allemagne

Le Guide Vert, mode d'emploi :
un guide en 3 parties

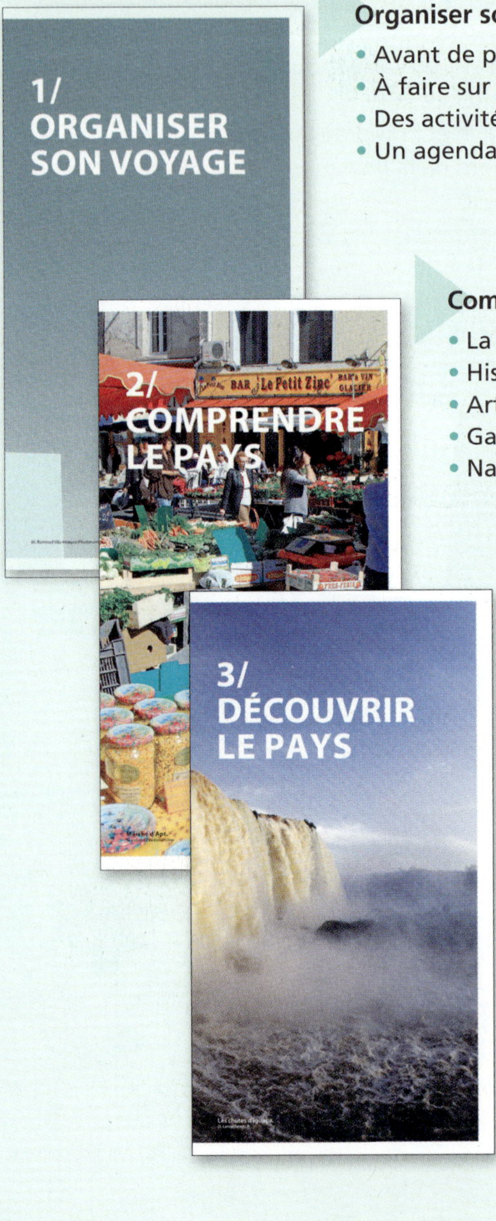

Organiser son voyage :

- Avant de partir.
- À faire sur place de A à Z.
- Des activités pour tous.
- Un agenda des événements.

Comprendre la destination :

- La destination aujourd'hui.
- Histoire.
- Art et culture.
- Gastronomie.
- Nature...

Découvrir la destination :

- Notre sélection de sites.
- Des circuits conseillés.
- Des cartes.
- Notre sélection d'adresses pour tous les budgets.

En fin de guide :
l'explication des symboles et la table des cartes et plans

Le Guide Vert :
découvrir la destination

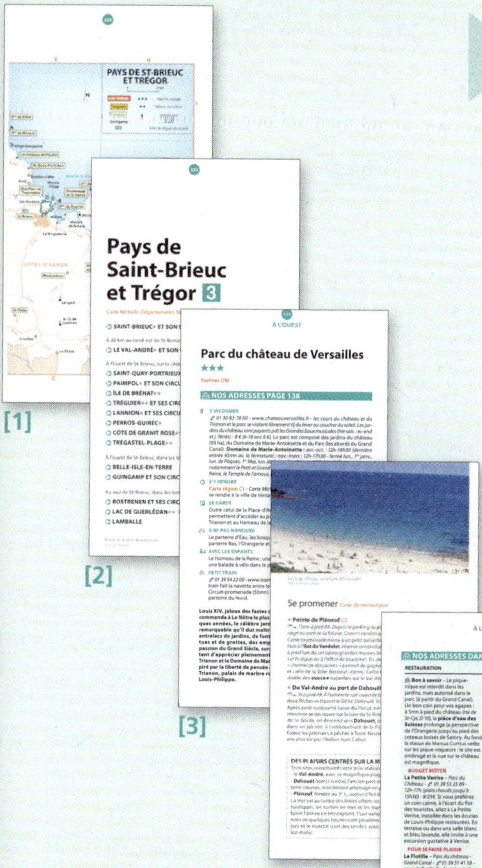

[1] [2] [3] [4]

[5] [6]

Un chapitre = une zone géographique

[1] Une carte de présentation de la région.

[2] Le sommaire de la région traitée.

[3] La description des sites.

Pour chaque chapitre

[4] La description des circuits conseillés.

[5] Nos adresses classées par catégories de prix.

[6] Des pages thématiques pour en savoir plus.

Retrouvez-nous sur : ***Voyage.ViaMichelin.fr***

Sommaire

1/ ORGANISER SON VOYAGE

ALLER EN ALLEMAGNE

AVANT DE PARTIR

SUR PLACE DE A À Z

EN FAMILLE

MÉMO

2/ COMPRENDRE L'ALLEMAGNE

L'ALLEMAGNE AUJOURD'HUI

HISTOIRE

ART ET ARCHITECTURE

CULTURE

PAYSAGES ET RÉGIONS

3/ DÉCOUVRIR L'ALLEMAGNE

1 BERLIN ET LE BRANDEBOURG

2 LE SUD-OUEST

1/ ORGANISER SON VOYAGE

M. Barraud/Ojo Images/Photononstop

Aller en Allemagne

En avion

COMPAGNIES AÉRIENNES

Des vols directs assurés par plusieurs compagnies aériennes relient les grands aéroports français à 14 aéroports internationaux allemands. Vous pouvez vous adresser à :

Air France – ✆ 3654 (0,34 €/mn) - www.airfrance.fr. Quatre destinations en vol direct au départ de Paris : Berlin, Francfort, Munich, Cologne. On bénéficiera d'un meilleur tarif en réservant le plus tôt possible, à partir de 42 jours avant le départ selon le principe de la gamme Évasion *(Évasion 42 à Évasion 0)*. Sur le site Internet, des offres *Week-end*, *Évasion Jeunes*, *Évasion Senior*, *Évasion Couple/Famille* offrent des réductions, et chaque mercredi, des « Coups de cœur » à saisir.

Lufthansa – ✆ 0 892 231 690 depuis la France (0,15 €/mn) - www.lufthansa.fr. La Lufthansa propose des vols vers l'Allemagne à partir d'une dizaine d'aéroports français. Les liaisons directes concernent les villes de Berlin, Cologne, Düsseldorf, Francfort, Hambourg, Hanovre, Munich, Nuremberg et Stuttgart. Le site www.lufthansa.fr permet, grâce à un moteur de recherche, de trouver très facilement les meilleurs tarifs offerts par la compagnie selon la date de départ.

Au départ de Biarritz, Marseille, Montpellier, Mulhouse, Nice, Paris et Toulouse, on trouve des vols assurés par les compagnies à bas prix suivantes :

Air Berlin – ✆ 0 826 967 378 depuis la France (0,15 €/mn), ✆ 070 654 737 depuis la Belgique (0,15 €/mn) ; ✆ 0 848 737 800 (0,08 CHF/mn) depuis la Suisse - www.airberlin.com. Dessert huit villes au départ de Paris.

Germanwings – ✆ 0 892 390 158 (0,34 €/mn) - www.germanwings.com. Vols Paris-Cologne et Paris-Stuttgart.

Ryanair – www.ryanair.com

Easy Jet – www.easyjet.com

Tuifly – www.tuifly.com

En train

RÉSEAU GRANDES LIGNES

La France, la Belgique et la Suisse sont reliées à l'Allemagne par un réseau ferroviaire très dense. Les rames du TGV-Est et de l'ICE (Inter City Express) empruntent une ligne à grande vitesse : Paris-Francfort via Sarrebruck, Kaiserslautern et Mannheim (3h50 en ICE), Paris-Stuttgart via Karlsruhe (3h40 en TGV). Le TGV Thalys offre, au départ de Paris-Nord, 5 liaisons quotidiennes vers Aix-la-Chapelle et Cologne (3h50).

La compagnie ferroviaire Deutsche Bahn propose des trains de nuit avec couchettes de Paris vers Berlin (12h), Hambourg, Munich et Francfort ; et des trains-autos au départ du sud de la France. Consultez son excellent site.

SNCF – ✆ 3654 - www.voyages-sncf.fr
www.tgv.com

Thalys – ✆ 3635 ou 0 892 35 35 36 (hors de France) (0,34 €/mn) ; depuis la Belgique ✆ 02 528 28 28 - www.thalys.com

Deutsche Bahn France – 47 av. de l'Opéra - 75002 Paris - ✆ 01 44 58 95 40 - www.dbfrance.fr

Par la route

EN CAR

Les compagnies **Eurolines** et **Gullivers** assurent des liaisons, au départ de France et de Belgique, vers les principales villes allemandes. À titre indicatif : départ de Paris à 19h30, arrivée à Berlin le lendemain à 9h30.

Le **Pass Eurolines** permet de voyager pour un prix fixe à travers 50 villes européennes pendant 15 ou 30 jours. Pour l'Allemagne, les villes concernées sont Berlin, Cologne, Francfort, Hambourg, Munich et Stuttgart.

Eurolines – Gare routière internationale de Paris-Gallieni - boîte 313 - 28 av. du Général de Gaulle - 93541 Bagnolet - ✆ 0 892 89 90 91 (0,34 €/min) - www.eurolines.fr

Gullivers Autocars – 2, rue Borda - 75003 Paris - ✆ 01 48 04 08 23 - www.gullivers.com

EN VOITURE

Cartes michelin

La **carte Michelin Europe n° 705** ainsi que les **cartes France n° 726, Belgique et Luxembourg n° 716, Suisse n° 729** indiquent les voies de passage principales pour se rendre en Allemagne depuis les villes limitrophes de France, Belgique, Luxembourg et Suisse.

Conseils d'itinéraires

Le site **www.ViaMichelin.fr** permet d'obtenir un plan de route détaillé. Il vous donne notamment le kilométrage, le temps total du voyage, des informations pratiques et touristiques, ainsi que des adresses d'hôtels et de restaurants sélectionnées par *Le Guide Michelin*.

Vignette écologique

Des zones environnementales protégées sont aménagées dans plusieurs grandes villes allemandes. Pour y accéder, il vous faudra acheter une vignette écologique (prix indicatif : 17,50 €) - www.dekra-norisko.fr

Avant de partir

Fiche d'identité

Capitale : Berlin
Superficie : 357 021 km^2
Population : 81,8 millions d'hab.
Monnaie : euro
Langue officielle : allemand

Météo

Le temps, quelle que soit la saison, est susceptible de nombreuses variations en Allemagne. La période la plus sûre pour partir est certainement celle qui s'étend de mai à octobre. Toutefois, l'automne et le printemps, alors que la fréquentation des sites touristiques est moindre, sont aussi de bonnes périodes pour découvrir le pays.

À EMPORTER

Il est prudent de prévoir des vêtements imperméables quel que soit le mois. N'oubliez pas votre maillot pour profiter des très nombreux saunas et bains relaxants dans les hôtels et les établissements thermaux. Enfin, rappelez-vous qu'une tenue de soirée sera exigée pour fréquenter certains casinos.

Informations

www.germany.travel/ – Le site de l'office allemand du tourisme (OAT) donne une bonne vue d'ensemble du pays et permet de télécharger ou de commander de multiples brochures.

www.deutschland.de – Le portail de la République fédérale d'Allemagne propose des accès vers tous les domaines de la société en six langues.

www.amb-allemagne.fr – Le site de l'ambassade d'Allemagne à Paris renseigne sur l'actualité, les relations franco-allemandes et tous les programmes d'échanges scolaires. Accès aux infos du CIDAL *(voir p. 12)*.

www.tatsachen-ueber-deutschland.de – Tous les faits et chiffres relatifs à l'Allemagne.

www.dw-world.de – La Deutsche Welle (DW), la radio-télévision allemande destinée à l'étranger, diffuse de nombreuses informations rédigées par des journalistes, ainsi que des cours de langues.

www.magazine-deutschland.de – Version online du magazine *Deutschland*, publié en 11 langues, qui se veut une vitrine de l'Allemagne à l'étranger. Dossiers politiques, culturels et économiques.

CENTRES CULTURELS

Institut Goethe – 17 av. d'Iéna - 75016 Paris - ✆ 01 44 43 92 30 - www.goethe.de. Il est installé aussi à Bordeaux, Lille, Lyon, Nancy, Strasbourg et Toulouse.

Maison Heinrich-Heine – 27 C boulevard Jourdan F - 75014 Paris - ✆ 01 44 16 13 00 - www.maison-heinrich-heine.org

Institut historique allemand – 8 r. du Parc-Royal - 75003 Paris - ✆ 01 44 54 23 80 - www.dhi-paris.fr

Fédération des maisons franco-allemandes – 29 r. Buffon - BP 32415 - 21024 Dijon Cedex - ✆ 03 80 68 07 00 -

Le Guide Vert MICHELIN
Le guide qui emmène les curieux plus loin !
LE GUIDE VERT
LE GUIDE VERT
ALPES DU SUD
BOURGOGNE
BARCELONE ET LA CATALOGNE
SICILE
FLORIDE
MICHELIN
Une meilleure façon d'avancer

www.maisons-franco-allemandes.fr. Cette fédération regroupe plusieurs structures : Maison de Heidelberg à Montpellier, Maison de Rhénanie-Palatinat à Dijon, Centre culturel franco-allemand de Nantes, Maison de Tübingen et Centre franco-allemand à Aix-en-Provence, Maison de l'Allemagne à Brest.

Bon à savoir – Le CIDAL, Centre d'information sur l'Allemagne à Paris, 31 rue de Condé - 75006 - ✆ 01 44 17 31 31 - propose tous les trois mois un calendrier avec une sélection des manifestations culturelles sur l'Allemagne en France. Voir www.cidal.diplo.de. Un nouveau portail : www.allemagne.diplo.de va regrouper les informations de l'ambassade d'Allemagne et du CIDAL.

AGENCES DE VOYAGES

Agence spécialisée

DB France – ✆ 01 44 58 95 40 - www.dbfrance.fr. La filiale française de la compagnie ferroviaire Deutsche Bahn est un tour-opérateur dans les forfaits train ou avion+hôtel, villages de vacances, voyages à la carte en Allemagne. Réserv. par téléphone, fax ou Internet.

Voyagistes

L'Allemagne figure dans leurs brochures pour des formules week-end dans les grandes villes, des croisières fluviales, un séjour lors d'une exposition, d'un festival ou d'une fête.

Arts et vie – ✆ 01 40 43 20 21 - www.artsetvie.com

Clio – ✆ 01 53 68 82 82 - www.clio.fr

Croisieurope – ✆ 0 825 33 37 77 - www.croisieurope.com

Euridice Opéra – ✆ 04 42 91 33 91 - www.euridice-opera.fr

Europatours / Schmitttours – ✆ 03 88 57 70 75 - www.europatours.fr

Grand Angle/Voyages et randonnées – ✆ 04 76 95 23 00 www.grandangle.fr

REPRÉSENTATIONS DIPLOMATIQUES

En France

Ambassade de la République fédérale d'Allemagne – 13-15 av. Franklin-Roosevelt - 75008 Paris - ✆ 01 53 83 45 00 - www.allemagne.diplo.de

Consulat de la République fédérale d'Allemagne – 28 r. Marbeau - 75016 Paris - ✆ 01 53 64 76 70.

Consulat de Lyon – 33 bd des Belges - 69458 Lyon Cedex 06 - ✆ 04 72 69 98 98 - www.lyon.diplo.de

Consulat de Bordeaux – 377 bd du Pdt-Wilson - 33000 Bordeaux - Caudéran - ✆ 05 56 17 12 22 - www.bordeaux.diplo.de

Consulat de Marseille – 338 av. du Prado - 13295 Marseille Cedex 08 - ✆ 04 91 16 75 20 - www.marseille.diplo.de

Consulat de Strasbourg – 6 quai Mullenheim - 67000 Strasbourg - ✆ 03 88 24 67 00 - www.strassburg.diplo.de

Voir aussi Sur place de A à Z, rubrique « Ambassades » (p. 18).

Formalités

DOCUMENTS IMPORTANTS

Personnes

Pour un voyage de moins de trois mois, il suffit aux citoyens de l'Union européenne d'être en possession d'une carte d'identité en cours de validité ou d'un passeport. Les enfants, même très jeunes, doivent disposer d'une carte d'identité ou figurer sur le passeport des parents.

Véhicule

Il vous faudra un permis de conduire à trois volets ou un permis de conduire international. Outre les papiers du véhicule, il est recommandé de se munir d'une carte internationale d'assurance automobile, dite « **carte verte** ». Se renseigner auprès de sa propre compagnie d'assurances.

Animaux de compagnie

Pour les chiens et les chats, un carnet de vaccination européen comportant la vaccination antirabique ainsi que le tatouage ou le port d'une puce électronique sont obligatoires. La vaccination doit avoir été effectuée depuis plus d'un mois et moins d'un an avant le passage de la frontière.

ASSURANCES SANTÉ

Aucun risque sanitaire particulier n'est à noter en Allemagne.
Vérifiez simplement que vous bénéficiez d'une assurance **assistance-rapatriement** (souvent comprise dans l'assurance voiture ou liée à votre carte bancaire).
Pour une prise en charge de vos soins médicaux lors de votre séjour, on vous demandera votre carte européenne d'assurance maladie. Elle remplace le formulaire E 111 depuis juin 2004. Pour obtenir cette carte valable un an, individuelle et nominative (même pour les enfants de moins de 16 ans), adressez-vous à votre caisse d'assurance maladie (www.ameli.fr), au minimum deux semaines avant votre départ.
Bon à savoir – Pour les accidents de voiture, les Suisses jouissent de la convention prévue par le formulaire ICH.
Voir aussi Sur place de A à Z, rubrique « Santé » (p. 23).

DOUANES

Il est permis de transporter jusqu'à 5 cartouches de cigarettes (soit 1 kg de tabac) au sein de l'UE sans aucune formalité, ainsi que jusqu'à 10 l de spiritueux, 20 l de produits intermédiaires, 90 l de vin (dont 60 l maximum de vin mousseux), et jusqu'à 110 l de bière.
Le seuil s'entend par moyen de transport individuel ou par personne âgée de plus de 17 ans en cas d'utilisation d'un transport collectif (au-delà de 9 personnes transportées, chauffeurs compris).
Consulter le site de la douane pour plus de précisions : www.douane.gouv.fr

Argent

L'Allemagne a adopté l'**euro** depuis le début de l'année 2002. Les ressortissants des pays non membres de la zone euro peuvent changer leurs devises dans les aéroports, les banques ainsi que certaines gares et certains hôtels.
Voir aussi Sur place de A à Z, rubrique « Banques » (p. 18).

MOYENS DE PAIEMENT

Les chèques de voyage et les principales cartes de crédit internationales (telles Cartes Bleues Visa et Eurocard-Mastercard) sont acceptés dans beaucoup d'hôtels et de restaurants. Nous signalons dans ce guide, par le pictogramme, ceux qui la refusent.
L'emploi des cartes de paiement, même s'il se développe, reste moins répandu qu'en France, notamment auprès des petits commerçants, dans certains automates (parking par exemple) ou pour des achats d'un montant inférieur à 15 €.
Le paiement en espèces reste fréquemment le seul possible, mieux vaut donc toujours avoir du liquide sur soi.
En cas de perte ou de vol de cartes, téléphonez immédiatement au numéro communiqué par votre banque ou à défaut :

Visa – ✆ 0 800 811 8440.
Eurocard-Mastercard – ✆ 0 800 819 1040.
American Express – ✆ 00 33 (0) 1 47 77 72 00 (appel en France 24h/24, 7j/7).

BUDGET

Les prix sont assez comparables à ceux pratiqués en France. D'une manière générale, les restaurants sont, à qualité équivalente, un peu moins chers outre-Rhin. Les touristes logeant à l'hôtel devront prévoir un budget supérieur.

Bon à savoir – Les produits de consommation courante et les services incluent une TVA de 19 %.

Téléphoner en Allemagne

Depuis la France ou l'étranger : 00 + 49 (indicatif de l'Allemagne) + indicatif urbain **sans** le 0 + numéro du correspondant.

Voir aussi Sur place de A à Z, rubrique « Téléphone » (p. 23).

Se loger

Retrouvez notre sélection d'hébergements dans les encadrés « Nos adresses à... » dans la partie « Découvrir l'Allemagne ». Ils sont classés en quatre catégories, sur la base du prix d'une chambre double standard en **haute saison**, petit-déjeuner compris *(voir tableau p. 15)*. Dans le cas d'un écart de prix important entre les saisons et pendant les périodes de foires et de salons *(Messe)* dans certaines villes (Munich, Stuttgart), une fourchette de prix est indiquée.

À consulter aussi : *Le Guide Michelin Deutschland.*

En dehors de certaines régions (Alpes bavaroises ou Forêt-Noire) et de grandes villes comme Munich, l'hôtellerie offre des prix corrects.

Bon à savoir – Le prix d'une nuit d'hôtel inclut généralement le petit-déjeuner, qui consiste le plus souvent en un copieux buffet.

RÉSERVER SON HÉBERGEMENT

Dans les grandes villes allemandes, la disponibilité des hôtels en semaine est assez dépendante de la tenue de foires et salons professionnels. Le week-end, l'offre est souvent plus importante et les hôteliers proposent d'ailleurs des prix avantageux en fin de semaine.

Bon à savoir – Pour assister à des événements touristiques tels que la Fête de la bière de Munich, il est conseillé de réserver son hébergement au moins six mois à l'avance. Se loger à Bayreuth, en plein festival et sans réservation, est mission impossible !

Voir l'Agenda (p. 27).

De même, dans des régions très touristiques (Berlin, Allemagne du Sud), de mai à octobre, mieux vaut être prévoyant. De nombreux offices de tourisme disposent de **centrales de réservation** efficaces, dont vous trouverez les coordonnées sur le site Internet www.allemagne-tourisme.com. Ils communiquent aussi des adresses de locations, de séjours à la ferme, de châteaux-hôtels et peuvent se charger de réserver des chambres.

Sites de centrales de réservation :
www.hotellerie.de
www.hrs.de
www.ehotel.de

HÔTELS

L'hôtellerie classique *(Hotel, Gasthof, Gasthaus)* offre une gamme de ressources variées. L'**hôtel garni** indique un hôtel sans restaurant, uniquement avec chambre et petit-déjeuner.

Bon à savoir – **« Zimmer frei »** : ce panneau signale l'existence de chambres disponibles.

NOS CATÉGORIES DE PRIX		
	Hébergement	Restauration
Premier prix	moins de 80 €	moins de 20 €
Budget moyen	de 80 à 120 €	de 20 à 30 €
Pour se faire plaisir	de 120 à 170 €	de 30 à 45 €
Une folie	plus de 170 €	plus de 45 €

Châteaux-hôtels

Il est aussi possible de loger dans des établissements aménagés dans des demeures anciennes ou historiques.

Ringhotels – Balanstraße 55 - 81541 Munich - ✆ 089 45 87 030 - www.ringhotels.de

Histohotels – Eduard-Rosenthal Straße 30 - 99423 Weimar - ✆ 03643 493 39 25 - www.histohotels.de

À consulter aussi : le site européen www.relaischateaux.com

Hôtels familiaux

Deux **chaînes hôtelières** proposent des chambres dans un cadre en harmonie avec la nature et des services adaptés aux familles (garderies, animations pour les enfants). Rendez-vous sur leurs sites : www.familotel.de (en allemand) ; www.landidyll.de (en anglais et allemand).

Un **tour-opérateur** est spécialisé dans les séjours en villages de vacances et hôtels-clubs avec animations pour enfants : www.kuf-reisen.de (en allemand).

HÉBERGEMENT À PETIT PRIX

Camping

L'Allemagne est riche d'environ 2 200 terrains de camping équipés. Si la plupart sont fermés de novembre à avril, plus de 400 sites restent ouverts pendant la saison hivernale. Comptez de 16 à 20 € pour 3 adultes et un emplacement de camping-car, ou une tente plus une voiture. Se renseigner :

Deutscher Camping-Club – Mandlstraße 28 - 80802 Munich - ✆ 089 380 14 20 - www.camping-club.de

ADAC – Am Westpark 8 - 81373 Munich - ✆ 089 767 60 - campingfuehrer.adac.de (guide camping-caravaning en vente sur le site - 19,90 €).

À consulter aussi : www.eurocampings.net/fr

Auberges de jeunesse

Le pays compte plus de 550 auberges de jeunesse. L'OAT *(voir p. 10)* fournit sur demande une carte avec localisation et adresses des auberges.

Si vous ne disposez pas de la carte internationale (www.fuaj.org), vous pourrez néanmoins accéder à l'auberge moyennant le paiement d'un supplément. Un lit en dortoir avec petit-déjeuner vous coûtera de 15 à 25 € environ. Des chambres simples ou doubles pour couples ou familles sont également disponibles.

Bon à savoir – En Bavière, les auberges de jeunesse n'acceptent pas les voyageurs au-delà de 27 ans. Pour plus d'informations :

Deutsches Jugendherbergswerk – Bismarckstraße 8 - 32756 Detmold - ✆ 052 31 740 10 - www.jugendherberge.de. Le site permet d'obtenir la liste des établissements et d'effectuer des réservations.

LOCATIONS

La location d'appartements pour de courtes périodes est une pratique courante en Allemagne. Les offices de tourisme détiennent des listes des offres disponibles.
En ligne : www.homecompany.de

VACANCES À LA FERME

Ce type d'hébergement est particulièrement développé en Bavière et dans les régions vinicoles.
Société allemande d'Agriculture (DLG) – www.landtourismus.de (en allemand et anglais) propose plus de 900 gîtes.
À consulter aussi : www.landsichten.de, qui répertorie l'offre du DLG.

LOGEMENT CHEZ L'HABITANT

C'est une formule très répandue en Allemagne, surtout à la campagne où le prix pour une chambre avec un petit-déjeuner copieux se situe entre 25 et 30 € pour deux.
En ville, ce sont généralement des agences spécialisées dans les locations de courte durée, les *Mitwohnzentralen*, qui peuvent réserver des chambres chez l'habitant.
À consulter : www.bed-and-breakfast.de ; www.traum-ferienwohnungen.de.

Se restaurer

Retrouvez notre sélection de restaurants dans les encadrés « Nos adresses à… » dans la partie « Découvrir l'Allemagne ». Ils sont répartis en quatre catégories *(voir le tableau p. 15)*. Les prix indiqués correspondent à celui d'un menu complet (entrée, plat, dessert) minimum/maximum.
À consulter aussi : *Le Guide Michelin Deutschland*.

LES REPAS

Le petit-déjeuner *(Frühstück)*, plutôt copieux, inclut charcuterie et fromage.
Le déjeuner *(Mittagessen)* commence généralement par un potage, suivi d'un plat principal de viande ou de poisson toujours accompagné d'une portion de salade (verte, de concombre, de chou râpé). Vous trouverez un peu partout des *Imbisse*, établissements de restauration rapide qui proposent notamment la traditionnelle **Bratwurst** (saucisse grillée). Celle-ci peut être accompagnée d'une salade de pommes de terre et arrosée d'une bière à la pression *(Bier vom Faß)*.
Il est possible, l'après-midi, de faire la pause dans un « café » (salon de thé). Ces établissements proposent un large choix de gâteaux : **Schwarzwälder Kirschtorte** ou **Käsekuchen**. On y trouve également des tartes aux fruits et le célèbre **Strudel**, mélange de fruits enroulés dans une pâte croustillante. Le café est généralement servi avec de la crème *(Kaffeesahne)*.
Pour le repas du soir *(Abendessen)*, que les Allemands prennent tôt, on peut se faire servir un assortiment de charcuteries froides **(Aufschnitt)** et de fromages avec de nombreuses variétés de pains.

QUELQUES SPÉCIALITÉS

Les plats

Si chaque région a sa propre cuisine, certains plats sont proposés dans tout le pays : **Wiener Schnitzel** (escalope panée), **Eisbein** (jarret de porc salé), **Sauerbraten** (bœuf en sauce brune aigrelette), **Gulasch** (viande en ragoût ou en potage). Le porc se décline sous toutes ses formes, dont un excellent jambon cru de la Forêt-Noire, mais surtout en une

multitude de saucisses (*Wurst*) : *Weißwurst* à Munich, *Rostbratwurst* à Nuremberg, *Jagdwurst* dans le nord du pays, *Currywurst* à Berlin… en tout plus de 1 500 variétés.
Sur les rives de la Baltique, le hareng mariné est roi. Côté légumes, le chou et les pommes de terre règnent en maître. En Bavière, on sert des *Knödel* (boules de pâte bouillie composée de pain, de pomme de terre ou de semoule) avec les plats en sauce. N'oubliez pas non plus les délicieux pains noirs *(Schwarzbrot)* et aux céréales complètes *(Vollkornbrot)*, le *Pumpernickel* (pain de seigle) ou encore le fameux *Bretzel*, à déguster nature ou beurré.
Les Allemands sont aussi très ouverts aux saveurs étrangères, italiennes, chinoises et grecques, et à la créativité de la cuisine internationale. Les produits bio sont également de plus en plus présents dans les assiettes.

Les vins

Le vignoble allemand, l'un des plus septentrionaux au monde, s'étend sur 98 500 ha disséminés entre le lac de Constance et les Sept Montagnes, entre Trèves et Wurtzbourg. Il recouvre une grande variété de crus et de cépages.
On distingue parmi les **vins blancs** (80 % de la production) : les rieslings vigoureux du Mittelrhein, et ceux de Moselle, Sarre et Ruwer, bouquetés et rafraîchissants ; ceux du Rheingau, nobles et gouleyants ; de la Nahe, riches en corps et élégants, ceux de Franconie, puissants ou âpres, de Bade et de Wurtemberg, nombreux et variés.
Peu connus hors de leurs frontières, les vins rouges sont à découvrir, qu'il s'agisse de *Spätburgunder* (pinot noir) ou de cépages plus confidentiels *(Portugieser, Lemberger, Regent, Trollinger)*.
Sachez que les **vins** sont classés en quatre catégories. Ceux de qualité supérieure portent la dénomination « *Qualitätswein mit Prädikat* », suivie d'un label selon le degré de maturité croissant des raisins à la vendange : *Kabinett* (réserve spéciale), *Spätlese* (récolte tardive), *Auslese* (raisins sélectionnés), *Beerenauslese* et *Trockenbeerenauslese* (vins liquoreux), *Eiswein* (vin de glace).
En hiver, on se régale et on se réchauffe en buvant du *Glühwein*, vin rouge servi chaud, sucré et aromatisé à la canelle. Le délice revigorant des marchés de Noël !
Bon à savoir – N'hésitez pas à profiter des **Weinstuben** qui permettent, dans un cadre agréable, de déguster les meilleurs vins au verre *(offene Weine)*.

Sur place de A à Z

ACHATS

Horaires

Les magasins ouvrent à partir de 9h ou 10h et ferment entre 18h30 et 20h. Le samedi, ils ferment à 16h (sauf les épiceries, boucheries, boulangeries qui ferment entre 13h et 14h), voire plus tôt dans le sud de l'Allemagne. Quelques boulangeries ouvrent le dimanche matin.

Produits du terroir

Blonde, brune ou ambrée… On dit qu'il y a plus de 5 000 **bières** dans le pays ! Les amateurs n'auront que l'embarras du choix pour rapporter quelques bouteilles, tout en visitant une brasserie. Moins de variétés dans le vignoble, mais d'excellents crus dans les vallées du Rhin et de la Moselle, la Franconie, le Bade et le Wurtemberg *(voir p. 17)*.

Les bouteilles de **schnaps** accompagnées d'un verre de 2 cl offrent les bouquets des eaux-de-vie de grain du nord du pays ou de celles de fruits des vergers et des baies du sud.

Pour les petits creux, pensez aux excellentes **charcuteries** (jambons de Westphalie, du Holstein ou de la Forêt-Noire, salamis de chevreuil ou de sanglier).

Artisanat

La manufacture de Meissen (Saxe) conserve un savoir-faire unique pour la fabrication de **porcelaine**, tout comme l'entreprise Villeroy & Boch, à Mettlach (Saxe), spécialisée dans la **céramique** et l'art de la table.

AMBASSADES ET CONSULATS

Ambassade de France – Pariser Platz 5 - 10117 Berlin - ✆ 030 590 03 90 00 - www.botschaft-frankreich.de

Consulats généraux français :
Düsseldorf – Martin Luther Platz 26 - 40212 Düsseldorf - ✆ 0211 82 85 460 ; **Francfort** – Zeppelinallee 35 - 60325 Frankfurt am Main - ✆ 069 79 50 960 ;
Hambourg – Heimhuder Straße 55 - 20148 Hamburg - ✆ 040 41 33 250 ;
Munich – Heimeranstraße 31 - 80339 München - ✆ 089 41 94 110 ;
Sarrebruck – Am Ludwigsplatz 10 - 66117 Saarbrücken - ✆ 0681 92 799 860 ;
Stuttgart – DiemershalderStraße 11 - 70184 Stuttgart - ✆ 0711 23 925 53.

Ambassade de Belgique – Jägerstraße 52-53 - Berlin - ✆ 030 206 420.

Ambassade du Canada – Leipziger Platz 17 - 10117 Berlin - ✆ 030 20 31 20.

Ambassade de Suisse – Otto-von-Bismarck Allee 4A - 10557 Berlin - ✆ 030 390 40 00.

BAIGNADE

Longues plages de sable des rives de la mer du Nord, côtes de la Baltique, vastes lacs au pied des Alpes dont celui de Constance, petits lacs de volcans dans le massif de l'Eifel, sans oublier rivières aux eaux pures… On se baigne partout en Allemagne. En Europe, c'est également le pays qui compte le plus de piscines en plein air.
On y trouve aussi de vastes parcs aquatiques ultramodernes.

BANQUE

Les banques sont fermées le week-end. Elles sont ouvertes en semaine de 8h30 à 13h et de 14h30 à 16h (jusqu'à 17h30 le jeudi).

Les bureaux de change *(Wechselstuben)* ont généralement des horaires d'ouverture plus étendus.

BIÈRE

Les Allemands sont fiers, à juste titre, de leur boisson nationale, produite sous 5 000 marques par près de 1 200 brasseries (dont un grand nombre artisanales et familiales) réparties dans tout le pays. Une véritable institution, régie depuis 1516 par le *Reinheitsgebot* (décret sur la pureté de la bière) ! Ce décret exige que le breuvage soit composé exclusivement d'eau, d'orge et de houblon. Mais si l'Allemagne en reste le plus grand producteur, elle se place en deuxième position derrière la République tchèque pour la consommation, plus importante dans le sud que dans le nord du pays. La bière la plus populaire reste la *Pils*, bière blonde à fermentation basse, légèrement amère. Mais on trouve aussi des bières brunes comme en Thuringe *(Dunkeles)*, des blanches typiquement bavaroises *(Weißbier)* très rafraîchissantes en été, ou la *Helles*, blonde, légère et peu amère, servie en chope d'un litre. Toute bière se doit d'être tirée du fût *(vom Faß)* plutôt que servie en bouteille !
Chaque année à l'automne, la bière est célébrée au cours de grandes fêtes. L'Oktoberfest de Munich (www.oktoberfest.de) dure ainsi deux semaines en septembre-octobre, tout comme le Cannstatter Volksfest de Stuttgart (www.cannstatter-volksfest.de).

CROISIÈRES FLUVIALES

Les grands fleuves – Rhin, Main, Moselle, Neckar, Danube – sont idéaux pour des excursions en bateau-promenade à la journée ou pour des croisières plus longues. Il est possible de louer des bateaux pour sillonner les canaux, notamment le superbe réseau de voies navigables qui s'étend de Berlin et du Brandebourg au Mecklembourg-Poméranie occidentale. Dans certains cas, il n'est pas nécessaire de disposer du permis bateau ; le permis d'affrètement *(Charterschein)* délivré par le loueur suffit.
Athenaeum – 39 r. Marbeuf - 75008 Paris - ✆ 01 58 36 08 36 - www.athenaeum.fr. Croisières sur le Rhin.
CroisiEurope – 12 r. de la Division Leclerc - 67000 Strasbourg - ✆ 03 88 76 44 44 - www.croisieurope.com. Croisières sur le Danube.

CYCLOTOURISME

Le vélo est un moyen très utilisé pour sillonner certaines régions d'Allemagne. La voie cyclable au bord du Danube, de Donaueschingen en Forêt-Noire jusqu'à Passau en Bavière, soit un parcours de 600 km, est l'un des itinéraires les plus connus.
Bon à savoir – L'office national du tourisme met en ligne sur son site Internet une carte interactive et une brochure qui décrit plus de 60 circuits à vélo.
ADFC Allgemeiner Deutscher Fahrrad-Club – Postfach 10 77 47 - 28077 Bremen - ✆ 0421 34 62 90 - www.adfc.de (en allemand).

ÉLECTRICITÉ

Le voltage est le même qu'en France (220 V). Les prises de courant sont de type européen.

HANDICAP

Dans le cadre du programme « **Barrierefreier Tourismus** » (tourisme sans barrières), l'Allemagne propose un certain nombre de services et d'hébergements adaptés à l'accueil des personnes handicapées.

À consulter : www.bbtev.de (en allemand).
Deutsche Bahn – Mobilitätsservice - ✆ 0180 5 512 512 - www.bahn.de/handicap. Pour disposer des services d'aide d'accès aux trains.
Bundesverband Selbsthilfe Körperbehinderter e.V. (BSK) – Altkrautheimer Straße 20 - 74238 Krautheim - ✆ 06294 42810 - www.bsk-ev.org (en allemand). Cette association organise des voyages accompagnés pour personnes handicapées.

INTERNET

En ville, vous trouverez des cybercafés, le plus souvent dans le quartier de la gare. Dans certains bâtiments publics ou dans les hôtels, des réseaux locaux sans fil (WLan) permettent de connecter son propre ordinateur portable.

JOURS FÉRIÉS

1er janvier
6 janvier - Fête des Rois : seulement Bade-Wurtemberg, Bavière et Saxe-Anhalt.
Vendredi saint
Lundi de Pâques
1er Mai - Fête du Travail
Ascension
Lundi de Pentecôte
7 juin - Fête-Dieu : seulement Bade-Wurtemberg, Bavière, Hesse, Rhénanie du Nord-Westphalie, Rhénanie-Palatinat et Sarre.
15 août - Assomption : seulement Sarre et régions catholiques en Bavière.
3 octobre - Fête nationale
31 octobre - Fête de la Réforme : seulement Saxe, Brandebourg, Mecklembourg-Poméranie, Saxe-Anhalt et Thuringe.
1er novembre - Toussaint : seulement Bade-Wurtemberg, Rhénanie du Nord-Westphalie, Bavière, Rhénanie-Palatinat et Sarre.
21 novembre - Jour de Pénitence et de Prière : seulement en Saxe.
25 et 26 décembre

MÉDIAS

Une des spécificités de l'Allemagne réside dans la souveraineté des Länder en matière de culture et de radio-télévision, ainsi que dans la forte place de certains quotidiens régionaux.

Presse

Le *Süddeutsche Zeitung* de Munich et le *Frankfurter Allgemeine*, de tendance plutôt conservatrice, ont un lectorat étendu dans tout le pays. Le quotidien berlinois le plus populaire est le *Tagesspiegel*, mais le *Berliner Zeitung* et le *Tageszeitung* ont également les faveurs des lecteurs de la capitale. Parmi les journaux nationaux, notons *Die Welt*, et le quotidien à caractère sensationnel *Bild* tiré à près de 4 millions d'exemplaires. *Focus*, *der Spiegel* et *Die Zeit* sont d'excellents hebdomadaires, alors que le *Stern* et le *Bunte* appartiennent plutôt au genre de la presse à scandale.

Télévision

La télévision publique allemande garde une place de premier plan avec plus de douze chaînes publiques (ARD, ZDF), huit chaînes régionales comme la Westdeutscher Rundfunk (WDR) de Cologne ou la Bayrischer Rundfunk (BR) de Munich, et trois chaînes transnationales dont la chaîne culturelle franco-allemande Arte, la chaîne culturelle helvético-austro-allemande 3sat et celle d'information destinée à l'étranger Deutsche Welle.
De nombreuses chaînes privées proposent, entre autres programmes, feuilletons, sitcoms et jeux télévisés. Si la plupart se révèlent « racoleuses » (RTL 2, PRO 7, SAT 1…), certaines ont une orientation thématique, comme la

chaîne musicale VIVA, équivalent allemand de MTV, ou DSF spécialisée dans le sport.

MUSÉES

Les musées sont généralement fermés le lundi. Les musées d'art proposent souvent une nocturne, un soir par semaine.
Les musées nationaux sont en général gratuits le dimanche après-midi et les jours fériés. Des réductions sont accordées aux mêmes catégories de visiteurs qu'en France.
Renseignez-vous également dans les offices de tourisme des villes sur les tickets « pass » qui permettent de visiter plusieurs musées à des tarifs économiques.

OFFICES DE TOURISME

Sur les plans des villes de ce guide, les offices de tourisme sont signalés par le symbole ℹ.
Vous trouverez l'adresse et le numéro de téléphone de l'office de tourisme dans la rubrique « S'informer » au début des chapitres dans la partie « Découvrir l'Allemagne ».

PARCS NATIONAUX

L'Allemagne compte 14 parcs nationaux.
Bavière : Bayerischer Wald, Berchtesgaden.
Basse-Saxe : Niedersächsisches Wattenmeer, Harz.
Brandebourg : Unteres Odertal.
Hambourg : Hamburgisches Wattenmeer (lagunes).
Hesse : Kellerwald-Edersee.
Mecklembourg-Poméranie occidentale : Jasmund, Müritz, Vorpommersche Boddenlandschaft.
Rhénanie du Nord-Westphalie : Eifel
Saxe : Sächsische Schweiz.
Schleswig-Holstein : Schleswig-Holsteinisches Wattenmeer.
Thuringe : Hainich.
Europarc Deutschland – Marienstraße 31 - 10117 Berlin - ✆ 030 28 87 88 20 - www.europarc-deutschland.de

POSTE

Comme en France, le jaune est la couleur de la poste en Allemagne. La plupart des bureaux sont ouverts du lundi au vendredi de 8h à 18h et le samedi de 8h à 12h. Certains, notamment dans les gares et aéroports des grandes villes, ont des horaires d'ouverture plus étendus.
Pour la France et la zone Europe, le tarif d'une lettre standard (jusqu'à 20 g) est de 0,75 €.

POURBOIRE

Le service n'étant généralement pas inclus dans le prix, les pourboires sont plus importants en Allemagne qu'en France. Comptez environ 10 % de l'addition, jusqu'à 15 % si vous êtes très satisfait.
Bon à savoir – Le pourboire est remis directement au serveur au moment de l'addition. En général, on lui annonce directement le prix que l'on veut payer, pourboire inclus, au moment de régler. Il n'est pas d'usage de le laisser sur la table.

RANDONNÉE

Chaque région, presque chaque commune, dispose de sentiers de randonnée balisés – soit 200 000 km pour l'ensemble du pays – entretenus par des associations locales regroupées au sein d'une fédération nationale. Cette dernière a sélectionné sur son site Internet plus de 90 itinéraires de grande randonnée décrits en détail, avec les références des guides *(Wanderführung)* et des cartes *(Wanderkarte)*.

Verband Deutscher Gebirgs- und Wandervereine – Wilhelmshöher Allee 157-159 - 34121 Kassel - ✆ 0561 93 87 30 - www.wanderverband.de

ROUTES TOURISTIQUES

En plus de la **Route romantique** *(p. 318)*, de la **route badoise du Vin** *(p. 169)* et de la **route allemande des Alpes** *(p. 271)* décrites dans ce guide, il existe une cinquantaine d'itinéraires à thème pour sillonner l'Allemagne de manière originale. En voici plusieurs parmi les plus célèbres :

La route des Châteaux (Burgenstraße) de Mannheim à Prague en passant par Bayreuth, sur 975 km (www.burgenstrasse.de).

La route de l'Art roman (Straße der Romanik), circuit à partir de Magdebourg (www.sachsen-anhalt-tourismus.de).

L'ancienne route du Sel (Alte Salzstraße), de Lüneburg à Lübeck à l'est de Hambourg (www.hlms.de).

La route allemande des Vins (Deutsche Weinstraße), de Bockenheim/Palatinat à Wissembourg/Alsace (www.deutsche-weinstrasse.de).

SANTÉ

Pharmacie

Pour des troubles bénins, il est possible de se procurer des médicaments dans une pharmacie (signalée par un A rouge pour *Apotheke*). Les pharmacies fermées affichent les noms des médecins et des pharmacies de garde.

Médecins et hôpitaux

Les consultations chez le médecin ont lieu en général de 8h à 12h et de 16h à 18h, sauf les mercredi, samedi et dimanche. En dehors des horaires de consultation, contacter le *Ärztlicher Bereitschaftsdienst* (équivalent de SOS Médecins) au ✆ *116 117.*

Bon à savoir – La carte européenne d'assurance maladie est à présenter accompagnée de la carte Vitale.

SPORTS D'HIVER

La pratique du **ski de piste** se concentre dans les Alpes bavaroises autour des stations de Garmisch-Partenkirchen, Berchtesgaden, Oberstdorf et Mittenwald.
Des domaines skiables plus modestes se trouvent en Forêt-Noire et dans certains sites de moyenne montagne (le massif du Harz, la forêt de Thuringe, le massif de l'Eifel, le Sauerland, le Jura Souabe) susceptibles, selon l'enneigement, de se prêter à la pratique du **ski nordique**.
À consulter : le site de l'office de tourisme (www.germany.travel/) répertorie les stations. Rendez-vous aussi sur le site des fédérations allemandes de ski (www.ski-online.de).

STATIONS THERMALES

Avec 350 stations thermales et climatiques héritières d'une longue tradition, l'Allemagne est une destination de premier plan pour ceux qui recherchent le bien-être et la remise en forme par les bienfaits de l'eau. Soixante sources curatives constituent aussi l'un des points forts du « patrimoine santé » du pays. La plupart des établissements ont été rénovés ou ont ouvert récemment, portés par la mode du *wellness* et du spa. La Bavière et le Bade-Wurtemberg sont les deux principales régions pour ce type de séjour. **À consulter** : www.germany.travel/, qui répertorie la totalité des stations et quelques offres de séjours tout compris.

TÉLÉPHONE

Appels internationaux

Composez le 00 + indicatif du pays

concerné. Pour la France : 00 33 ; pour la Belgique : 00 32 ; pour la Suisse : 00 41 ; pour le Canada : 00 1.

Appels nationaux

Pour appeler en Allemagne, il faut composer le 0 devant l'indicatif de la ville.

Renseignements : ✆ 11 833 (en allemand), ✆ 11 837 (en anglais), ✆ 11 843 (pour l'étranger).

Appel en PCV : ✆ 013 08 000 + 33 (pour la France).

Téléphones publics

Les cartes téléphoniques *(Telefonkarten)* à 5 et 10 € sont vendues dans les bureaux de poste et les kiosques à journaux.

TRANSPORTS

En avion

La plupart des liaisons sont assurées par **Lufthansa** (✆ 0 892 231 690 depuis la France, www.lufthansa.com). Pour les autres compagnies, voir p. 8.

Bon à savoir – Les enfants jusqu'à l'âge de 11 ans peuvent bénéficier de réductions allant de 33 % à 50 % du prix du billet.

En train

Assuré par la **Deutsche Bahn** (DB), le service ferroviaire allemand est l'un des plus performants d'Europe. Informations auprès de l'agence française de la Deutsche Bahn *(voir p. 9)*.

Les trains allemands sont confortables et ponctuels, et les correspondances entre grandes lignes et trains régionaux bien étudiées. L'**ICE** (InterCity Express), qui assure les liaisons entre les principales villes du pays, s'apparente au TGV français.

Bon à savoir – Les liaisons avec la partie est du pays se révèlent souvent plus longues.

Forfaits – Le voyage est gratuit jusqu'à l'âge de 15 ans pour les enfants ou petits-enfants d'un voyageur adulte. Pensez à vous munir des cartes d'identité. Les autres enfants bénéficient de la gratuité en dessous de 6 ans et de 50 % de réduction de 6 à 15 ans.

Le **German Rail Pass** permet de circuler librement sur l'ensemble du réseau de la Deutsche Bahn, en 1re ou en 2e classe. Le pass consiste en un nombre de journées de voyage – entre 3 et 10 – à répartir sur une période de validité d'un mois. Un pass de 3 jours coûte 183 € pour une personne, 270 € pour deux voyageurs (2e classe) ; un pass de 10 jours coûte 320 € pour une personne, 478 € pour deux (2e classe).

Des forfaits très intéressants pour les familles sont également disponibles dans chaque région pour des trajets locaux (bus + train + bateau, dans certains cas). Demandez les formules « Länder-Tickets » (à partir de 24 € pour 5 pers. en semaine) et « Schönes-Wochenende-Ticket » (à partir de 33 € pour 5 pers. le week-end).

En car

Le car peut être pratique pour circuler dans certaines régions d'Allemagne (comme le Harz) ou pour des trajets difficilement réalisables en train.

Le service Europabus propose aux touristes des lignes spéciales sur des itinéraires particulièrement intéressants : la Route romantique, la route des Châteaux *(Burgenstraße)*. Une ligne régulière relie Strasbourg à Reutlingen et Mannheim à Hambourg (de nuit).

Deutsche Touring GmbH – Am Römerhof 17 - 60486 Frankfurt am Main - ✆ 069 7903 501 - www.deutsche-touring.com

URGENCES

Urgences Médicales/Premiers secours : ✆ 112

Accidents de la circulation : ✆ 110

VOITURE

Cartes routières

Pour circuler dans l'ensemble du pays, utilisez la carte Michelin n° 718 au 1/750 000 ou la n° 719 qui regroupe l'Allemagne, le Benelux, l'Autriche et la République tchèque. Les cartes régionales n°s 541 à 546 couvrent l'ensemble du pays :

541 : Allemagne Nord-Ouest
542 : Allemagne Nord-Est
543 : Allemagne Centre-Ouest
544 : Allemagne Centre-Est
545 : Allemagne Sud-Ouest
546 : Allemagne Sud-Est, Bavière

Code de la route

Votre véhicule devra porter une plaque précisant le pays d'origine et vous devrez être en possession d'une carte d'identité ou d'un passeport, ainsi que des papiers du véhicule. Le port de la ceinture est obligatoire et le taux d'alcoolémie maximum autorisé est de 0,5 g/l. Prévoir un siège adapté pour les enfants de moins de 4 ans. Notez qu'il est illégal, comme en France, de téléphoner au volant.

Vitesse – Même si le plus souvent aucune limitation de vitesse ne s'applique aux véhicules dépourvus de remorque sur les autoroutes, il est préférable de ne pas dépasser 130 km/h. La vitesse en agglomération est limitée entre 30 et 50 km/h ; hors agglomération, elle est de 70 à 100 km/h.

Vignette écologique *(voir p. 9)*

Réseau routier

L'Allemagne dispose d'un vaste réseau de 11 000 km d'autoroutes gratuites (désignées par un A, pour *Autobahn*, et par la couleur bleue). Les numéros pairs désignent des autoroutes allant dans le sens ouest-est (par exemple, A 2 Dortmund-Berlin), les numéros impairs dans le sens nord-sud (par exemple, A 7 Flensburg-Füssen). Les autres routes sont désignées par des panneaux jaunes.

Stationnement

Les centres-villes sont très souvent réservés aux piétons. Il est possible de se garer dans les nombreux parkings couverts *(Parkhaus)*. Munissez-vous d'un disque de stationnement pour vous garer en zone bleue (1h30 maximum).

Carburants

Le GPL est nommé *Autogas*, *LPG* ou *Flüssiggas* ; à ne pas confondre avec le *Erdgas*, non compatible avec le GPL. Le GNV (gaz naturel pour véhicules) prend l'appellation de *CNG*.

Accident

En cas d'accident, ne pas déplacer les véhicules. La police allemande a coutume de se rendre sur les lieux d'un accident : les parties concernées et les témoins éventuels sont interrogés sur place, les circonstances exactes de l'accident sont dûment consignées par cette autorité, qui est compétente pour déterminer les responsabilités de chaque conducteur.

Un constat à l'amiable peut être interprété en Allemagne comme un délit de fuite passible d'une amende pouvant atteindre plus de 1 000 €, assortie du retrait immédiat du permis de conduire.

Secours routier (Pannenhilfe) – Il est assuré sur les autoroutes et les routes principales par l'ADAC (l'Automobile-Club allemand), que l'on peut joindre au ☏ 0180 2 22 22 22 (composez le 22 22 22 si vous utilisez un portable).

Bon à savoir – Le dépannage sur place est gratuit, seules les pièces de rechange sont à payer.

En famille

NOTRE SÉLECTION D'ATTRACTIONS		
Nom/lieu	**Internet**	**Lire page...**
Parc zoologique Wilhelma/Stuttgart (Bade-Würtemberg)	0711 54020 www.wilhelma.de	206
Mines de sel/Berchtesgaden (Bavière)	08 652 60 02 20 www.salzzeitreise.de	293
Musée Minatur Wunderland/Hambourg	040 300 6 800 www.miniatur-wunderland.de	492
Parc zoologique Hagenbeck/Hambourg	040 53 00 330 www.hagenbeck.de	495
Europa-Park/Rust (Bade-Wurtemberg)	01 805 77 66 88 www.europapark.de	177
Filmpark Babelsberg/Potsdam (Brandebourg)	0331 721 27 50 www.filmpark-babelsberg.de	140
Musée allemand de la Technique/Berlin	030 90 25 40 www.sdtb.de	117
Jardin zoologique/Berlin	030 25 40 10 www.zoo-berlin.de	115
Musée d'Histoire militaire/Dresde (Saxe)	0351 823 2803 www.mhmbw.de	553
Musée des Marionnettes/Lübeck (Schleswig-Holstein)	0451 786 26 www.tfm-luebeck.com	627
Musée du Chocolat/Cologne (Rhénanie du Nord-Westphalie)	0221 931 88 80 www.schokoladenmuseum.de	367
Sea Life Constance (Bade-Wurtemberg)	075 31 12 82 70 www.visitsealife.com	190
Deutsches Museum/Munich (Bavière)	089 217 91 www.deutsches-museum.de	247
Jardin Zoologique Wilhelma Stuttgart (Bade-Wurtemberg)	0711 54 020 www.wilhelma.de	206
Musée allemand de la Mine Bochum (Ruhr)	01805 877 234 www.bergbaumuseum.de	382
Musée océanographique/Stralsund (Mecklembourg-Poméranie)	03831 26 50 210 www.eisenbahnmuseum-bochum.de	643
Musée de la Navigation/Rostock (Mecklembourg-Poméranie)	0381 128 31 300 www.iga-park-rostock.de	640

Bon à savoir – Vous trouverez d'autres attractions à faire en famille dans chaque ville de la partie « Découvrir l'Allemagne ».

Mémo

Agenda

FESTIVALS

Musique classique

Bayreuth – Festival Richard Wagner (de fin juillet à fin août).
Berlin – Open Air Classic. Musique classique en plein air sur la place du Gendarmenmarkt (mi-juillet).
Bonn – Festival Beethoven. Plus de soixante concerts (sept).
Brême – Musikfest : festival international de musique classique (août-sept.).
Chorin – Été musical de Chorin : concerts à l'abbaye (juin-août).
Dresde – Journées Mendelssohn (août-sept.). Semaine Schumann (septembre). Festival Bach (juin). Festival de musique (mai).
Erfurt –Semaines Bach en Thuringe (mars). Festival de la cathédrale (juillet-août).
Halle – Festival Händel (juin).
Hitzacker – Festival musical d'été (du dernier samedi de juillet au 1er dimanche d'août).
Leipzig – Festival Bach (Ascension). Festival A Capella (mai).
Mecklembourg-Poméranie– Festival de musique dans les châteaux, manoirs et églises (été).
Schleswig-Holstein – Festival de musique du Schleswig-Holstein (juillet-août), différents lieux.
Schwetzingen – Festival de musique classique (mai juin).

Jazz

Francfort-sur-le-Main – (oct -nov).

Musiques actuelles

Berlin – Berlin Music Festival : festival de musique électro et de pop-rock sur le site de l'ancien aéroport de Tempelhof (sept.).
Ferropolis – Melt! : un des plus grands festivals d'électro et de rock, avec de nombreuses têtes d'affiche internationales. Près de 150 concerts sur quatre jours (juillet).
Nürburg – Rock am Ring, le plus grand festival de rock d'Allemagne sur la ligne des stands du circuit automobile du Nürburgring (juin).
Nuremberg – Rock im Park : festival de musique rock en plein air dans le stade Frankenstadion (juin).

Autres festivals

Bad Hersfeld – Festival dans l'ancienne abbatiale, théâtre, art lyrique (juin-août).
Ruhrtriennale – Festival international et pluridisiplinaire (mi-août - oct).
Wurtzbourg – Africa Festival : musique africaine sur les berges du Main (mai).

Cinéma

Berlin – Berlinale, festival international du film (février). Un des grands rendez-vous du cinéma, qui délivre l'Ours d'or au meilleur film en compétition.
Dresde – Festival international du court-métrage (fin avril).

Art contemporain

Cassel – Documenta : la plus grande exposition mondiale d'art contemporain (juin à sept. tous les 5 ans, la prochaine fois en 2017).

FÊTES POPULAIRES

Marchés de Noël

Pour voyager dans les odeurs de pains d'épice et de saucisses grillées, il faut flâner sur les marchés installés jusqu'au 23 décembre dans de très nombreuses villes. Parmi les plus réputés : Hambourg et ses manèges historiques ; Nuremberg et sa roue géante à vapeur, ses crèches de style franconien dans une ambiance médiévale ; Dresde, le plus ancien d'Allemagne (1434) ; Cologne, dont l'un des marchés est flottant.

Carnaval

Côté carnaval, trois traditions existent en Allemagne. Le **carnaval rhénan** débute chaque année le 11 novembre à 11h11 et dure jusqu'au mercredi des Cendres. L'événement majeur des réunions costumées est le cortège du « Lundi des roses ». Les villes de Cologne, Düsseldorf et Mayence voient défiler les fous et le couple princier sur leurs chars, au milieu de la liesse populaire.

Le **carnaval alémanique**, ou Fasnet, qui a ses foyers en Forêt-Noire et en Souabe, a conservé son caractère païen et mystérieux. Chaque hiver, les habitants du Sud-Ouest de l'Allemagne se travestissent et peuplent les rues de dieux et de démons, de sorcières et de sorciers. Leurs masques en bois, sculptés et peints à la main au cours de l'année, varient selon les villes. Les hauts lieux de ce carnaval sont Villingen, Rottweil, Bad Dürrheim, Donaueschingen, Fribourg, Waldshut et Rottenburg.

Le **carnaval de Munich** se nomme **Fasching** et débute le 7 janvier, au lendemain de la fête des Rois. Plus de 1 000 manifestations et bals ont lieu dans les brasseries et les théâtres munichois. Il se clôt avec la danse des marchandes en costume traditionnel, le *Dirndl,* sur la place du Viktualienmarkt en plein cœur de Munich.

Munich – « München narrisch » : carnaval (dim. précédant Mardi gras).

Cologne, Düsseldorf, Mayence – Rosenmontagsumzug : grand défilé de carnaval (Lundi gras).

Rottweil – Narrensprung : « Cavalcade des fous », carnaval alémanique (Lundi et Mardi gras).

Fêtes de la Bière

Munich – Oktoberfest. L'une des plus grandes fêtes populaires du monde attire chaque année plus de 6 millions de personnes dans la capitale de la Bavière (les 15 j. qui précèdent le 1er dim. d'oct.).

Stuttgart – Cannstatter Volksfest : la seconde plus grande fête de la bière après Munich (fin septembre-début octobre).

Autres fêtes traditionnelles

Le calendrier allemand regorge d'occasions de s'amuser avec les incontournables marchés de Noël (Christkindlmarkt) et les nombreuses fêtes religieuses. En Bavière, la tradition du Maibaum (arbre de mai) est toujours bien vivace, donnant lieu chaque 1er Mai à de grandes festivités populaires lors desquelles on dresse sur la place principale du village un grand mat bleu et blanc, garant de l'honneur de la communauté.

Le Rhin en flammes

Ce grand festival de feux d'artifice a lieu de mai à sept. au bord du Rhin, en cinq étapes du Nord au Sud : Bonn (déb. mai), Rüdesheim-Bingen (déb. juill.), Spay-Coblence (déb. août), Oberwesel (déb. sept.), St. Goar-St. Goarshausen (mi-sept.).

Autres fêtes locales

Brême – Bremer Freimarkt : marché franc de Brême, la plus grande fête populaire d'Allemagne du Nord (dernière décade d'octobre).

Coblence – Oberwesel, St. Goar - Embrasement de la vallée du Rhin (juillet-août).

Constance – Seenachtsfest : fête du lac de Constance (2e samedi d'août). Spectacle et défilé en costumes historiques (2e semaine d'août).

Cologne – Mülheimer Gottestracht : procession en bateau sur le Rhin (jour de la Fête-Dieu).
Dresde – BRN, grande fête de rue dans le quartier de Neutstadt, qui commémore la création, en 1990, de l'éphémère Buntes Republik Neustadt par les habitants du quartier (3 j. en juin).
Hambourg – Anniversaire du port (Hafengeburtstag), la plus grande fête portuaire du monde (début mai).
Hameln – Rattenfängerspiel : spectacle retraçant la légende du joueur de flûte de Hamelin (mi-mai à mi-sept. chaque dimanche à 12h).
Hanovre – Schützenfest (Fête des tireurs), l'une des plus grandes fêtes foraines du monde (10 j. de fin juin à déb. juil.).
Heidelberg – Illuminations du château, feux d'artifice (1er week-end de juin, de septembre, 2e week-end de juillet).
Kiel – Semaine de Kiel : régates et fête populaire (dernière semaine de juin).
Lübbenau – Fête du Spreewald, fête traditionnelle sorabe (1er week-end de juillet).
Munich – Procession solennelle dans la ville décorée (jour de la Fête-Dieu).
Tollwood : festival bi-annuel, concerts, théâtre, marché artisanal (juin-juil. ; nov.-déc.).
Neustadt an der Weinstraße – Fête du vin ; défilé et élection de la Reine du vin (1er et 2e week-end d'octobre).
Rothenburg ob der Tauber – Meistertrunk : représentation de la « magistrale rasade » et évocation de la guerre de Trente Ans par la population costumée (Pentecôte).
Commémoration de la ville d'Empire ; grand feu d'artifice (septembre).
Wiesbaden – Theatrium ou Wilhelmstraßenfest, l'une des plus anciennes fêtes de rue d'Allemagne.

Se documenter

OUVRAGES GÉNÉRAUX

Karambolage 2, par Claire Doutriaux (Seuil, 2007). Une adaptation de l'émission Karambolage, diffusée sur Arte. Une comparaison des cultures allemande et française à travers la langue, les objets, les références historiques et culturelles.
Berlin, quoi de neuf depuis la chute du mur ? par Catherine Laborey (Autrement, 2009). Journaliste et réalisatrice, C. Laborey dresse le bilan de la société berlinoise vingt ans après la chute du mur.

HISTOIRE

Histoire de l'Allemagne : le long chemin vers l'Occident, par Heinrich August Winkler (Fayard, 2005).
L'Allemagne dans le XXIe s. - Une nouvelle nation ? par Jean-Pierre Gougeon (Armand Colin, 2009).
Allemagne : une puissance en mutation, par Jean-Pierre Gougeon (Folio Gallimard, 2006).
Histoire d'un Allemand : Souvenirs 1914-1933, par Sebastian Haffner (Actes Sud, 2004). Ces chroniques offrent un témoignage saisissant de l'instauration du nazisme.
Mémoires allemandes, sous la direction d'Étienne François et Hagen Schulze (Gallimard, 2007). À travers l'examen des lieux de mémoire nationaux, l'ouvrage propose une plongée originale dans une Allemagne peu familière aux Français.
Une femme à Berlin, Anonyme, Folio. Les derniers jours de la bataille de Berlin vus par une femme qui, comme tant d'autres, tente de survivre dans la ville secouée par les derniers soubresauts de la guerre.

Pour les enfants

Auschwitz expliqué à ma fille, par Annette Wieviorka (Seuil, 2001).
J'ai vécu le mur de Berlin, par Philippe Démenet (Bayard Jeunesse, 2007).

Contes et légendes d'Allemagne, de Suisse et d'Autriche, par Elena Balzamo et Reinhard Kaiser (Flies France, 2004).

ART

Berlin, les années 20, par Rainer Metgzer (Hazan, 2006).
100 ans de cinéma allemand, par Monika Bellan (Ellipses, 2001).
Berlin, une capitale en mouvement, par Klaus Hartung (White Star, 2009). L'architecture de Berlin, témoin de son histoire et de sa position géographique entre Europe orientale et occidentale.

LITTÉRATURE

Pour les grands classiques de la littérature allemande, se reporter à la partie « Comprendre l'Allemagne » *(voir p. 73)*.
L'Honneur perdu de Katharina Blum, par Heinrich Böll (Seuil, 1974). Dans le contexte du terrorisme des années 1970, une dénonciation des abus de la presse allemande.
Bonne fête, le Turc ! par Jakob Arjouni (Fayard, 1992). Voici la première des enquêtes de Kemal Kayankaya, le « privé » d'origine turque inventé par Arjouni. Un style percutant, un personnage lucide et sans illusion dans la lignée des détectives du roman noir américain.
Le Liseur, par Bernhard Schlink (Gallimard, 1996). Un étudiant découvre que son amour de jeunesse aurait été impliqué dans les crimes nazis. Adapté avec succès au cinéma en 2009.
Histoires sans gravité, un roman de la province est-allemande, par Ingo Schulze (Fayard, 1999). À travers 29 séquences de la vie quotidienne dans une ville de Thuringe après la réunification, le portrait de citoyens de l'ex-RDA confrontés à leur nouvel univers.
Le Pont de la Corne d'or, par Emine Sevgi Özdamar (Éditions Pauvert, 1999). Ce roman autobiographique raconte le périple d'une jeune fille turque arrivée à Berlin en 1966. Un document précieux sur l'immigration turque.
Les Émigrants, par W.G. Sebald (Actes Sud, 1999). Entre enquête et fiction, la vie de quatre personnes qui ont dû quitter l'Allemagne pendant la première moitié du 20e s. pour l'Angleterre ou les États-Unis.
L'Aigle et l'Ange, par Juli Zeh (Belfond, 2004). L'un des écrivains les plus novateurs de la littérature allemande, entre Bret Easton Ellis et Michel Houellebecq, livre dans ce thriller un constat terrible de la déliquescence de nos sociétés.

Cartes et Atlas MICHELIN
Trouvez bien plus que votre route
Corse-du-Sud, Haute-Corse
MICHELIN
Atlas Routier
France
France
Provence-Alps-French Riviera
Corse-du-Sud, Haute-Corse
Côte d'Azur
MICHELIN
Une meilleure façon d'avancer

2/ COMPRENDRE L'ALLEMAGNE

Berlin-plage sur les bords de la Spree.
René Mattes / hemis.fr

L'Allemagne aujourd'hui

Première puissance économique européenne, l'Allemagne est la locomotive du Vieux Continent. Mais elle est aujourd'hui face à deux défis majeurs : atténuer les disparités qui, deux décennies après la réunification, subsistent toujours entre les « nouveaux » Länder de l'Est et le reste du pays, et faire face au vieillissement de sa population.

Un géant économique

L'Allemagne est la quatrième puissance économique mondiale, derrière les États-Unis, la Chine et le Japon, et la première dans l'Union européenne. En 2011, en pleine tourmente de la zone euro, elle était d'ailleurs le seul pays à afficher une bonne santé économique, avec un taux de croissance de 3 % et un taux de chômage de 7,2 %, le plus bas qu'elle ait connu depuis vingt ans. La flexibilité du marché de l'emploi, et notamment le recours aux emplois à temps partiel pour éviter de supprimer des postes, explique en partie ces chiffres.
En 2012, l'Allemagne a participé à hauteur de 19,9 % au budget de l'Union européenne (contre 16,4 % pour la France), ce qui fait d'elle la locomotive de l'Europe.

LE MIRACLE DE L'APRÈS-GUERRE

C'est grâce au fameux **« miracle économique »** (*Wirtschafstwunder*), survenu au lendemain de la Seconde Guerre mondiale, que l'économie allemande a été propulsée dans les premiers rangs mondiaux. Entre 1950 et 1963, la production industrielle allemande a ainsi bondi de 185 %.

L'INDUSTRIE, MOTEUR DE LA PROSPÉRITÉ

Malgré le boom des activités de services, l'industrie demeure le pilier de la puissance économique de l'Allemagne. Dix des cent plus grandes entreprises mondiales sont d'ailleurs allemandes. Le secteur industriel, qui représente environ le tiers du PIB (produit intérieur brut), se compose de grands groupes internationaux aux activités diversifiées (ThyssenKrupp, Bayer, Hoechst, Siemens, Bosch…) et de nombreuses entreprises de taille plus modeste. Le bassin de la Ruhr, les conurbations de Stuttgart et Munich, Francfort-sur-le-Main, Cologne, Hambourg et Leipzig forment les plus grands sites industriels du pays. L'automobile est le secteur qui pèse le plus lourd économiquement, représenté par les constructeurs Volkswagen, Audi, BMW, Daimler-Chrysler, Porsche, Opel. Viennent ensuite l'électrotechnique, la construction et l'industrie chimique.

La place Goethe avec la statue du poète, la Commerzbank et la Main Tower, à Francfort.
René Mattes / hemis.fr

UNE NOUVELLE DIMENSION APRÈS LA RÉUNIFICATION

L'Allemagne semble avoir mieux amorti la crise économique et financière de 2009 que ses voisins européens, notamment grâce aux **mesures de soutien à la consommation** et à **l'investissement** prises par le gouvernement d'Angela Merkel. La hausse du chômage a été contenue par un recours accru au chômage partiel dans les PME (Kurzarbeit), dispositif financé par des subventions publiques. La reprise de la croissance soutenue en Allemagne (+2,2 % au deuxième trimestre 2010 comparé à +1 % pour l'ensemble de la zone euro), est portée principalement par le dynamisme du commerce extérieur dans l'industrie des biens intermédiaires dans laquelle l'Allemagne est spécialisée.
Ce bilan positif est néanmoins tempéré par certaines tensions intérieures résultant de la réunification.

Un pays encore divisé

LE COÛT DE LA RÉUNIFICATION

La réunification des deux Allemagnes, en 1990, a constitué un défi de taille ; très coûteuse, l'intégration économique de l'ex-RDA a fortement affecté la compétitivité de la RFA. La « mise à niveau » des nouveaux Länder (en particulier la modernisation des infrastructures et de l'appareil industriel) ainsi que l'accompagnement social des employés de l'Est ont considérablement grevé le budget fédéral.
Toutefois, les investissements massifs décidés par le gouvernement fédéral – qui a dû se résoudre, en 1995, à augmenter les impôts à l'Ouest – et les aides structurelles apportées par l'Europe ont finalement permis à l'Est d'opérer la transition d'une économie planifiée vers

l'économie de marché. Ce coût de la réunification explique en partie que, malgré une politique d'austérité efficace, les déficits publics restent élevés.

UNE FRONTIÈRE INVISIBLE

Malgré les efforts financiers consentis par les ex-Länder de l'Ouest, plus de vingt ans après la réunification, d'importants déséquilibres demeurent entre Ouest et Est, comme si une frontière invisible continuait de couper le pays en deux.
Les nouveaux Länder peinent en effet toujours à se remettre de l'effondrement de l'industrie est-allemande. Les Allemands de l'Est sont par exemple bien plus exposés au chômage que leurs concitoyens de l'Ouest : 11,3 % d'entre eux étaient sans emploi en 2011, contre 6 % à l'Ouest. Et moins bien rémunérés : à postes égaux, ils gagnent en moyenne 17 % de moins que leurs homologues de l'Ouest.

Une société vieillissante

L'Allemagne compte **81,8 millions d'habitants**, ce qui fait d'elle le pays le plus peuplé de l'Union européenne. Depuis trois décennies, elle connaît une phase de **déclin démographique** et le **vieillissement** de sa population tend à s'accélérer. Une personne sur cinq a aujourd'hui plus de 65 ans.

UNE NATALITÉ EN BERNE

Le taux de natalité en Allemagne est l'un des plus bas d'Europe (1,34 enfant par femme). Longtemps, les femmes allemandes ont été vouées aux trois « K » : *Kinder, Küche, Kirche* (enfants, cuisine, église). Le principe « Il travaille. Je m'occupe de la famille » est encore profondément enraciné dans les mentalités, et les mères qui décident de continuer à travailler sont surnommées péjorativement *Rabenmutter* (mères corbeaux).
Bien que des progrès aient été réalisés – mise en place du salaire parental en 2007, qui vient s'ajouter aux allocations familiales, développement des crèches et des garderies – et que presque deux tiers des femmes travaillent désormais, cette question reste cruciale pour le pays.

L'ÂGE DE LA RETRAITE REPOUSSÉ

Le **contrat entre les générations** (système de financement de l'assurance vieillesse) est de plus en plus difficile à financer et il est complété par une assurance retraite privée. Après des débats houleux et en dépit de critiques nombreuses, les députés ont finalement adopté en mars 2007 la loi sur le relèvement progressif de l'âge de la retraite de 65 à 67 ans d'ici à 2029.

Un État aux structures fédérales

De tout temps morcelée en territoires autonomes, n'ayant pour ainsi dire pas connu la domination d'une capitale (Berlin ne fut capitale du Reich que pendant 70 ans), l'Allemagne s'est naturellement dotée de structures de type fédéral.

LE SYSTÈME POLITIQUE

La nouvelle Constitution, appelée **Loi fondamentale**, instaurée en 1949, garantit les libertés individuelles et définit les institutions de la République, État de droit fondé sur des principes démocratiques. Le Parlement fédéral est composé de deux chambres : le **Bundestag**

(Parlement) exerce le pouvoir législatif, choisit le chancelier et contrôle le gouvernement; le **Bundesrat** (Conseil) participe au pouvoir législatif en particulier dans les domaines concernant les Länder. Le gouvernement est tenu de lui présenter en priorité ses projets de loi.

Détenteur du pouvoir exécutif, le **chancelier** s'occupe de définir les orientations du gouvernement. Ce dernier a l'initiative des lois (adoptées par le Bundestag), qu'il est aussi en charge de faire appliquer.

Le président fédéral **(Bundespräsident)** a quant à lui un rôle essentiellement représentatif.

Enfin, le **Tribunal constitutionnel**, qui siège à Karlsruhe, a vocation à arbitrer les conflits entre le gouvernement et les Länder.

DES RÉGIONS INDÉPENDANTES

Chacun des seize Länder a sa propre constitution élaborée dans le respect de la Loi fondamentale. Les Länder possèdent également une assemblée législative **(Landtag)** et un exécutif regroupant des ministres placés sous la tutelle d'un président du Conseil **(Ministerpräsident)**.

Si des domaines comme les Affaires étrangères, la Défense ou la politique monétaire du pays relèvent du seul gouvernement fédéral, l'éducation et la culture sont de la compétence exclusive des Länder, lesquels interviennent aussi dans les domaines de l'économie et de la justice.

UN BIPARTISME DOMINANT

Deux partis, la CDU (Union chrétienne démocrate) et le SPD

(parti social-démocrate) dominent depuis 1949 la vie politique de la RFA. Susceptible de nouer des alliances avec l'une ou l'autre des deux grandes formations, le FDP (Parti démocrate-libéral) a longtemps été en position d'arbitre sur l'échiquier politique, mais il a récemment été supplanté dans plusieurs Länder par le jeune Parti pirate, qui prône notamment le libre accès à l'information sur Internet et la légalisation du partage de données.
Le parti écologiste Die Grünen a, lui, fait son entrée au Bundestag en 1984. L'alliance nouée en 1998 avec le SPD a permis à leur leader, Joschka Fischer, d'accéder au poste de vice-chancelier du gouvernement Schröder.
En 2011, après la catastrophe nucléaire de Fukushima, l'Allemagne a joué un rôle de pionnière en Europe en renonçant à l'énergie atomique. Malgré l'effort économique considérable qu'implique le passage aux énergies vertes, elle s'est engagée à éteindre tous ses réacteurs nucléaires d'ici à 2022.

LA STABILITÉ DES PARTENAIRES SOCIAUX

Une tradition de négociations est d'usage entre les partenaires sociaux (syndicats, chefs d'entreprise et patronat). La principale fédération syndicale (DGB) comprend 7 millions de membres et représente huit syndicats, dont Ver.di (services) et IG Metall (métallurgie) pour les plus importants. Elle a pour interlocuteur la BDA, la Confédération des organisations patronales allemandes.
La bonne qualité des relations entre les partenaires sociaux et la puissance du système bancaire ont contribué à soutenir la croissance du pays. « **L'économie sociale de marché** » (libéralisme autorisant l'intervention de l'État pour corriger les effets pervers du marché) a longtemps constitué le cadre du développement allemand, stimulé en outre par une conjoncture longtemps favorable.

Retour sur la scène mondiale

Pourtant géant économique, l'Allemagne, en raison de son histoire, a longtemps été éloignée de tout rôle politique sur la scène internationale.

L'ALLEMAGNE ET L'EUROPE

L'intégration de l'Allemagne au sein de l'Europe, prévue dans la Loi fondamentale de 1949, s'est avérée un facteur essentiel pour la paix, la stabilité et la sécurité. De par sa situation centrale, sa puissance économique et sa densité démographique, l'Allemagne considère l'Union européenne comme un champ d'action essentiel de sa stratégie internationale. Le renforcement du rôle de l'Europe dans la politique mondiale est d'ailleurs l'un de ses objectifs.

LA POLITIQUE ÉTRANGÈRE

L'intégration de l'Allemagne au sein des grandes organisations de coopération internationales constitue le fondement de sa politique étrangère. En 1957, l'Allemagne fait partie des six pays fondateurs de l'Union européenne. Depuis 1972, elle siège à part entière aux Nations unies (ONU). L'Allemagne est membre de l'OTAN depuis 1955, de l'OCDE (Organisation pour la coopération et le développement économique), de l'OSCE (Organisation pour la sécurité et la coopération en Europe), de la Banque mondiale et du FMI (Fonds monétaire international).

À Hambourg, la place de la Mairie (Rathausmarkt), dominée par le campanile de l'hôtel de ville.
René Mattes / hemis.fr

Après la réunification, le pays s'est retrouvé à partir de 1990 au cœur des bouleversements mondiaux. En œuvrant avec ses partenaires européens ou internationaux à la prévention et à la résolution des conflits, au maintien de la paix et de la sécurité, à la défense des droits de l'homme et à la démocratie, il s'est progressivement impliqué dans des missions à l'étranger. Il assume maintenant des responsabilités internationales plus importantes dans de nombreux points du globe. L'armée allemande (Bundeswehr), s'est ainsi retrouvée en première ligne au sein des forces de l'OTAN (avec la KFOR) lors du conflit au Kosovo en 1999. Depuis quelques années, elle est engagée dans une dizaine de missions dans le monde (Afghanistan, Balkans…), toujours sous l'égide des Nations unies, de l'OTAN ou de l'Union européenne, aussi bien dans le cadre de la lutte contre le terrorisme, du maintien de la paix ou de l'aide humanitaire. Et si, comme la France, elle a refusé l'engagement aux côtés des États-Unis dans la deuxième guerre d'Irak (2003), elle apporte actuellement les plus gros contingents de soldats dans les missions internationales destinées à prévenir les crises et à surmonter les conflits.

Histoire

Longtemps divisée en une multiplicité d'États autonomes, dont les limites et les régimes n'ont cessé de se modifier au cours des siècles, l'Allemagne n'a réalisé que tardivement son unité. Son cheminement vers une démocratie libérale et un système parlementaire stable a été long et parsemé d'épisodes douloureux. Mais cette nation si diverse, marquée par le féodalisme, qui maintient encore des pouvoirs régionaux forts, est devenue aujourd'hui l'un des principaux fers de lance de l'unité européenne.

Des origines à la Germanie franque

LA PRÉHISTOIRE

Les premiers ossements humains, datés de 400 000-500 000 ans, ont été retrouvés non loin de la ville de Heidelberg, où vécut l'*Homo heidelbergensis*. Mais c'est près de Düsseldorf que fut exhumé l'homme de Neandertal qui y vécut il y a environ 100 000 ans. La période néolithique a livré, sur les rives du lac de Constance, des traces de cités lacustres remontant à 8 000 ans. L'Allemagne est ensuite occupée par des populations celtes au cours du premier millénaire av. J.-C.

Musée du Palatinat électoral, à Heidelberg.

ROMAINS ET GERMAINS

Dès le premier millénaire av. J.-C., des peuplades germaniques, venues de Scandinavie, progressent peu à peu vers le sud. Ayant franchi le Rhin, elles se heurtent au monde celtique, avant d'être contenues puis repoussées par les Romains. Les légions romaines tiennent en effet la ligne du Rhin et du Danube sur laquelle elles ont établi des colonies au 1er s. av. J.-C. ; celles-ci donneront naissance à Trèves, Mayence ou Cologne.

Les Germains ne tardent pas à constituer une menace sérieuse pour Rome, qui doit à plusieurs reprises réagir militairement à leurs tentatives d'expansion.

Afin de défendre le territoire compris entre Rhin et Danube, les Romains bâtissent le **limes** au 2e s. Cette ligne de frontière fortifiée établit une claire partition entre la Germanie « barbare » et celle soumise à Rome. Mais à la fin du 4e s., la pression des tribus germaniques devient trop forte pour l'Empire romain affaibli. Bousculés par les Huns venus d'Asie, les Goths, les Vandales, les Francs, les Lombards et autres tribus franchissent l'Elbe. Ils déferlent bientôt sur Rome après avoir rompu le limes.

La Porta Nigra et les thermes à Trèves, le Musée romain germanique à Cologne et à Mayence.

L'EMPIRE DES FRANCS

Au début du 6e s., **Clovis**, roi des Francs (tribu installée à l'origine à l'embouchure du Rhin), se convertit au christianisme. Il soumet, à l'est, les Alamans, et colonise le territoire qui deviendra la Franconie.

Le musée d'Art Moderne à Francfort-sur-Main.

René Mattes/hemis.fr

Charlemagne, après avoir soumis les Saxons et les Bavarois, est couronné empereur à Rome par le pape, en l'an 800. Il entend ainsi prendre l'héritage légitime de l'Empire romain, dans l'ancienne Gaule et en Germanie. L'éclatement de l'Empire carolingien intervient peu après sa mort (814). Le **traité de Verdun**, en 843, donne ainsi naissance à la Francie orientale – ou royaume de Germanie – attribuée à Louis le Germanique. Cette partition consacre l'affaiblissement du pouvoir central alors que se constituent des duchés émancipés de la tutelle impériale. En 911, les Francs de l'Est choisissent un roi de Germanie parmi les leurs et commencent à se différencier de la nation des Francs de l'Ouest, future France.

La cathédrale d'Aix-la-Chapelle et le trésor de la cathédrale.

L'Allemagne médiévale

LE SAINT EMPIRE ROMAIN GERMANIQUE

Soucieux de réaliser l'unité du royaume en rassemblant ses différentes composantes politiques, Henri Ier obtient que son fils Othon soit désigné comme son successeur. **Otton Ier** (empereur de 936 à 973) rétablit, à Rome, l'Empire romain d'Occident comprenant les royaumes de Germanie, d'Italie puis, à partir de 1032, le royaume de Bourgogne ; il fonde, animé par la volonté d'unir pouvoirs temporel et spirituel, le **Saint Empire romain germanique**.

La **couronne impériale** est élective, et tout candidat doit détenir une vertu dynastique par l'appartenance à une lignée souveraine. La **Diète** réunissant les ducs, comtes et hauts prélats élit le roi des Romains, qui ne devient empereur qu'une fois sacré à Rome par le pape. Les empereurs s'efforceront de maintenir la couronne dans leurs familles respectives en faisant, de leur vivant, élire leurs fils rois des Romains, pratique qui deviendra définitive avec les Habsbourg.

Ne disposant pas d'institutions centralisées pour gérer un empire qui s'étend de la Sicile à la mer Baltique et du Rhône à la Pologne, ils s'assurent, par des donations territoriales et l'octroi de privilèges, de la fidélité des comtes et des ducs, sur qui reposent l'administration de l'Empire, sa sécurité et son expansion vers l'est. Fonctionnaires et vassaux de l'empereur, ces seigneurs disposent de puissantes prérogatives qui échappent rapidement au contrôle impérial et deviennent l'apanage de l'aristocratie laïque.

En outre, l'empereur dispose, par la tradition carolingienne et de par le sacre, d'un pouvoir religieux ; il peut ainsi réunir les conciles, décider des affaires de l'Église, confirmer ou casser l'élection des papes et intervenir dans l'attribution des évêchés. Cette situation provoque donc des querelles avec la papauté.

LA BULLE D'OR

Promulguée par l'empereur **Charles IV** de Luxembourg, la Bulle d'or, considérée comme l'une des premières constitutions occidentales, jette les bases d'un État moderne. Elle définit les cadres institutionnels qui instaurent une monarchie à caractère électif, fédéral et laïc, ne laissant à l'empereur qu'un pouvoir limité. Elle restreint également l'assemblée des princes-électeurs afin de favoriser le pouvoir de certaines puissances territoriales.

La chute du Mur : Berlinois de l'Est et de l'Ouest escaladent le Mur sous la porte de Brandebourg.
Imagebroker / hemis.fr

LA LUTTE DU SACERDOCE ET DE L'EMPIRE

Énergique réformateur de l'Église, le pape Grégoire VII, élu en 1073, remet en cause la tutelle impériale sur la papauté. Il entend mettre un terme à l'investiture des ecclésiastiques par les laïcs.
Cette **querelle des Investitures** affaiblit considérablement l'Empire et ébranle la chrétienté. Elle prend fin avec le **concordat de Worms** (1122) par lequel l'empereur renonce à la nomination des évêques et des abbés ; les terres du Saint-Siège sont affranchies de sa suzeraineté.
Se présentant comme le successeur de Charlemagne et d'Othon Ier, **Frédéric Ier Barberousse** (1152-1190) s'emploie à renforcer le pouvoir impérial et à limiter le pouvoir pontifical au domaine spirituel.
La **Bulle d'or**, en 1356, institue l'élection impériale par un collège de trois électeurs ecclésiastiques (archevêques de Mayence, Cologne et Trèves) et de quatre électeurs laïcs (duc de Saxe, margrave de Brandebourg, comte palatin, roi de Bohême).
Si la lutte entre la papauté et l'Empire permet progressivement la constitution en Allemagne d'États ecclésiastiques, dans le même temps les concessions accordées aux princes par l'empereur confortent les pouvoirs seigneuriaux dans une large autonomie. Une prolifération d'alliances privées et de liens de fidélité se nouent indépendamment des relations déjà existantes avec l'empereur.
Les princes allemands profitent de la période dite du **Grand Interrègne** (1250-1273), qui voit l'élection de deux empereurs non allemands, pour accroître leur puissance. C'est également au cours de cette période qu'est fondée la **Ligue hanséatique**, union de défense des villes commerçantes.
L'octroi de privilèges aux princes, aux grands prélats et aux villes, parallèlement à l'habitude prise par les seigneurs de partager leurs fiefs entre leurs héritiers, conduit à la

LA LIGUE HANSÉATIQUE

La Ligue hanséatique, ou Hanse (de « hansen », s'associer), désigne l'union des cités commerçantes qui dominèrent les échanges de l'Europe du Nord, ainsi que l'axe commercial stratégique mer du Nord-mer Baltique. Elle naît en 1241 de l'alliance nouée entre Hambourg et Lübeck. Ces deux villes ne tardent pas à s'associer à la Flandre, en particulier à Bruges qui joua un rôle de premier plan dans le développement de la Hanse. Dirigée par une diète réunissant des représentants des cités membres, la Ligue regroupe bientôt plus de 80 villes, chacune fournissant à l'association son contingent militaire et sa contribution en argent.
La Hanse connaît, jusqu'à la fin du 15e s., une remarquable prospérité, exerçant un contrôle étroit sur le commerce du Nord de l'Europe. Son déclin s'amorce avec la découverte de l'Amérique et l'expansion de la puissance maritime de la Hollande et de l'Angleterre. La dernière diète se réunit en 1669, alors que la Ligue, très affaiblie par la guerre de Trente Ans, n'est plus que l'ombre d'elle-même.

formation d'un conglomérat d'États qui seront au nombre de 350 au 16e s. Parmi eux se détachent trois grandes puissances rivales qui, par leur situation géographique, créent un équilibre dans l'Empire : la Bavière, le Brandebourg et la Saxe.

Bavière, Brandebourg et Saxe au Moyen Âge

La Bavière et la Saxe ont le statut de duchés ; le Brandebourg s'étend progressivement vers l'est et ne deviendra duché que lors de sa réunion avec la Prusse en 1618.
Sur ces trois États s'établit un système commun : l'attribution d'un territoire à une grande dynastie – **Wittelsbach** en Bavière, **Hohenzollern** au Brandebourg et **Wettiner** en Saxe – qui s'affermit ensuite soit par des mariages, soit par des conquêtes, soit par des donations. À tour de rôle, ces trois duchés deviennent les puissances territoriales prépondérantes en Allemagne, renforçant leur autorité par l'accession momentanée à la dignité impériale.

La dynastie des Habsbourg

Héritant d'un empire ravagé par la peste noire, Albert V, duc d'Autriche et comte de Habsbourg, est élu empereur sous le nom d'**Albert II** en 1438. Il inaugure ainsi le règne des Habsbourg qui va s'étendre sur plus de trois siècles. Cette période, au cours de laquelle l'Empire est sans cesse menacé de morcellement, est aussi marquée par un intense développement économique. Ainsi voit-on se constituer, à la fin du 15e s., de puissantes dynasties de banquiers comme les **Fugger**, créanciers des Habsbourg.
Par son mariage avec Marie de Bourgogne (1477), le futur **Maximilien Ier** hérite de vastes territoires. Il étend plus tard sa domination aux Pays-Bas grâce au traité d'Arras (1482) et, par un jeu d'alliances tactiques, fait des Habsbourg les héritiers des Rois Catholiques d'Espagne. À la mort de Maximilien, en 1519, la couronne impériale proposée au roi de France François Ier est finalement attribuée à **Charles Quint**, qui hérite du trône d'Espagne et de Bourgogne.
Les empereurs tentent des réformes afin de limiter l'hégémonie des États dynastiques ; maîtres du titre impérial, les Habsbourg s'évertuent à arrondir leurs domaines par la pratique d'une fructueuse politique

matrimoniale et rétablissent habilement le principe héréditaire.
À la veille de la Réforme, on distingue toujours trois étages du pouvoir dans le Saint-Empire ; outre la **dignité impériale**, conférée au plus puissant des États territoriaux, il faut compter avec les **princes** à la tête des États autonomes, et les **villes** qui, en constituant des alliances du type de la Hanse, tendent à s'affranchir du pouvoir des princes.
L'église Ste-Anne et la cité Fuggerei à Augsbourg.

LE FAIT RELIGIEUX À L'ÉPOQUE MODERNE

Dès le 15e s., l'adhésion de grandes dynasties à la nouvelle confession établie par **Martin Luther** est à l'origine de nombreux conflits entre l'empereur et certains grands qui s'unissent dans des ligues.
Réunis à Augsbourg par Charles Quint en 1530, les deux camps ne parviennent pas à s'entendre. **Melanchthon** rédige, au nom des luthériens, la *Confession d'Augsbourg* qui deviendra la charte du protestantisme. La nouvelle confession privilégie le rapport direct à Dieu dans l'Écriture, au détriment des directeurs de conscience : le salut est avant tout affaire de libre examen.
Il faut attendre 1555 et la **paix d'Augsbourg** (« à tel pouvoir, telle confession ») pour que le protestantisme soit reconnu officiellement dans les États de l'Allemagne du Nord.

Bavière, Brandebourg et Saxe au 16e s.

Très vite, Brandebourg et Saxe optent pour les thèses luthériennes. Le duc de Saxe, **Frédéric le Sage**, offre son hospitalité à Luther, qui traduit la Bible en allemand, traduction considérée comme la première œuvre littéraire en allemand moderne.
La Bavière, pour sa part, reste catholique, autant par conviction religieuse que par opposition à la seconde branche des Wittelsbach, qui règne sur le Palatinat et a choisi le protestantisme. Elle se pose en championne du catholicisme, prend la tête de la Contre-Réforme et de la **Ligue catholique**, tandis que la Saxe et le Brandebourg participent à l'**Union évangélique** patronnée par l'électeur palatin.

LA GUERRE DE TRENTE ANS

L'affrontement de l'Union évangélique et de la Ligue catholique marque le début de la

LUTHER, LE PÈRE DE LA RÉFORME

En 1503, Martin Luther (1483-1546) entre au couvent des augustins d'Erfurt. Nommé professeur de théologie, il trouve dans l'Écriture, vers 1512-1513, la réponse cherchée : « L'Homme se justifie par la Foi, sans les œuvres de la Loi. » Le salut de l'homme, qui le tourmente, est selon lui assuré par la grâce de Dieu, à laquelle il répond par la Foi. Cette position l'amène à s'attaquer au trafic des indulgences et, le 31 octobre 1517, il affiche sur les portes de l'église de Wittenberg 95 thèses condamnant ces pratiques et rappelant la place primordiale du sacrifice de la croix et de la grâce de Dieu. Invité par le pape à se rétracter, il refuse et brûle, en 1521, la bulle pontificale le menaçant d'excommunication. Luther s'en prend ensuite aux sacrements, oppose à la primauté des clercs dans le domaine spirituel le sacerdoce universel des chrétiens conféré par le baptême, et critique l'Église dans ses institutions et sa hiérarchie. Ayant refusé de se rétracter, il est mis au ban de l'Empire et ses œuvres sont brûlées.

guerre de Trente Ans (1618-1648) qui, par le jeu des alliances, s'étend aux grandes nations d'Europe (notamment la France, l'Angleterre et la Suède).
Les victoires françaises à **Rocroi** (1643) et à **Lens** (1648) contraignent l'empereur Ferdinand III à signer la paix. Les **traités de Westphalie** (1648) règlent les différends religieux et donnent aux États protestants l'occasion d'étendre leurs territoires.
Sur fond de justifications confessionnelles, la guerre de Trente Ans a constitué une lutte intérieure contre le pouvoir impérial, doublée d'une guerre européenne contre les Habsbourg régnant à Madrid et à Vienne. Pour un pays comme la France, il était vital en effet que les Habsbourg, déjà maîtres de l'Espagne, de l'Italie et des Pays-Bas, n'aient pas la haute main sur l'Allemagne. Mené essentiellement sur le territoire allemand, le conflit a dévasté les campagnes et saccagé les grandes villes, provoquant la ruine de l'économie.

L'ASCENSION DE L'AUTRICHE ET DE LA PRUSSE

Les Habsbourg s'emploient, après la guerre de Trente Ans, à restaurer leur puissance mise à mal par le conflit. Menant une politique d'expansion active vers le sud-est, l'Autriche rattache la Hongrie à la couronne, puis la Transylvanie, la Slovénie, la Croatie, Belgrade et une partie de la Serbie.
Cette période voit aussi l'émergence d'un pouvoir politique fort et concurrent en Prusse autour de la famille des **Hohenzollern**. Après avoir hérité en 1618 du duché de Prusse, le margrave de Brandebourg obtient aux traités de Westphalie, entre autres territoires, la Poméranie orientale : en trente ans, ses possessions ont triplé et l'État prusso-brandebourgeois est devenu la deuxième puissance territoriale de l'Empire après l'Autriche. Oscillant sans cesse entre l'alliance et l'opposition à la France, l'électeur **Frédéric-Guillaume** (1640-1688) met à profit un engagement mesuré dans les guerres avec Louis XIV pour consolider son État, l'organiser et le développer. Il favorise considérablement le développement de Berlin en donnant asile à des milliers de huguenots français poussés à l'exil par la **révocation de l'édit de Nantes** en 1685.
Second roi de Prusse, son petit-fils, **Frédéric-Guillaume Ier** (1713-1740), dit le « **Roi-Sergent** », poursuit son œuvre. La guerre de Succession d'Autriche permet à **Frédéric II** d'acquérir la Silésie en 1742. En effet, malgré la Pragmatique Sanction, selon laquelle Marie-Thérèse doit succéder à son père Charles VI, le trône impérial est revendiqué par le duc-électeur de Bavière, soutenu par la France. Sans attendre que se déclenche le prévisible conflit général, Frédéric II envahit la Silésie, que **Marie-Thérèse** lui cède afin de se consacrer à la guerre contre la Bavière et la France. Cette cession est entérinée par le traité d'Aix-la-Chapelle en 1748. La lutte pour l'hégémonie en Allemagne va désormais se circonscrire entre la Prusse des Hohenzollern (représentée, en cette fin de 18e s., par Frédéric II, ami des philosophes et incarnation du despotisme éclairé) et l'Autriche des Habsbourg (dominée par Marie-Thérèse, peu sensible aux Lumières et catholique intransigeante) : la Saxe s'épuise à tenter de conquérir la Pologne ; la Bavière, éliminée après la guerre, prépare sa réunion avec le Palatinat ; quant à l'électeur de Hanovre, puissance montante, il se

désintéresse de l'Allemagne après avoir hérité du trône anglais.

Le château de Nymphenburg, près de Munich.

LA FIN DU SAINT-EMPIRE

La Révolution française rencontre d'abord des échos très favorables dans la classe intellectuelle allemande. Cependant, les excès de la Terreur ne tardent pas à susciter la réprobation. Résolus à soutenir Louis XVI, les Prussiens envahissent la France mais sont défaits à **Valmy** (septembre 1792). Les **guerres napoléoniennes** bouleversent la structure du Saint-Empire. Lors du **traité de Lunéville**, en 1801, la France acquiert la rive gauche du Rhin, dépossédant un nombre important de princes d'Empire auxquels devaient être versées des indemnités territoriales prélevées sur la rive droite. C'est pourquoi Napoléon fait établir un projet de redistribution (adopté par la Diète d'Empire en 1803) qui repose essentiellement sur la suppression de tous les États ecclésiastiques et de 46 villes libres sur 52, et réduit à 39 le nombre d'États au sein de l'Empire germanique. Ces compensations s'avèrent parfois avantageuses pour certains États : ainsi, la Prusse perd 127 000 sujets sur la rive gauche, mais en récupère 500 000 en recevant des territoires en Westphalie. Après le **traité de Presbourg**, fin 1805, qui rejette l'Autriche hors de l'Empire, la Bavière, la Saxe et le Wurtemberg sont élevés au rang de royaumes. Seize États du Sud et de l'Ouest entrent dans la **Confédération du Rhin**, créée par Napoléon en 1806 pour affaiblir l'Autriche, et s'excluent ainsi de l'Empire. Le 6 août 1806, François II renonce à sa couronne et prononce la dissolution du Saint-Empire.

Vers l'unité allemande

Face à la Confédération du Rhin qui avait fini par regrouper 37 des États, la Prusse se pose en championne de la libération nationale, parvenant à rallier l'ensemble des Allemands, qui participent tous à la **bataille des Nations** et à la défaite des troupes françaises à Leipzig (1813). Cependant, le souci de maintenir le morcellement de la nation conduit à la création de la Confédération germanique.

LA CONFÉDÉRATION GERMANIQUE

Constituée au **congrès de Vienne** (1814-1815), elle regroupe 35 États ou « villes libres » conservant leur autonomie interne et représentés par une « Diète » de onze membres désignés par les gouvernements, siégeant à Francfort-sur-le-Main sous la présidence de l'Autriche ; **Metternich**, Rhénan devenu chancelier d'Autriche, arbitre en fait cette fédération dont la formule surannée heurte les libéraux allemands. Cependant, la création en 1834 d'une union douanière **(Zollverein)** conduite par la Prusse constitue une étape vers l'unité par le biais de la solidarité économique.

L'ÈRE BISMARCK

Huit ans suffisent à **Bismarck** *(voir encadré)*, nommé ministre-président de Prusse en 1862, pour imposer « par le fer et par le sang » la formation d'une Allemagne centralisée (ou **Petite Allemagne**) sous la direction de la Prusse, en écartant les tentatives autrichiennes de fédérer les divers États en une « Grande Allemagne » s'étendant de la mer du Nord à l'Adriatique.
Au cours de la campagne éclair de 1866, il vainc l'Autriche à **Sadowa**.

LE « CHANCELIER DE FER »

Né à Schönhausen, dans l'ouest du Brandebourg, **Otto von Bismarck** (1815-1898) est un Prussien dans l'âme. C'est en retournant sur ses terres en Poméranie pour les mettre en valeur qu'il commence sa carrière politique comme député au Landtag. Représentant la Prusse à la Diète fédérale de Francfort et chargé de rétablir de bonnes relations avec l'Autriche, il acquiert la conviction que « la politique de Vienne avait fait l'Allemagne trop étroite pour que la Prusse et l'Autriche puissent y vivre ensemble ». Alors ambassadeur, il est rappelé en 1862 par Guillaume Ier lorsque l'État prussien est en crise. Bismarck déclare à la tribune : « Ce n'est pas par des discours et des votes à la majorité que les grandes questions de notre époque seront résolues [...] mais par le fer et par le sang. » Il est nommé peu après ministre-président, poste qu'il occupera quasiment sans interruption jusqu'en 1890, et ministre des Affaires étrangères. Gouvernant par décrets, de façon inconstitutionnelle, au milieu de l'opposition générale, Bismarck compte sur les victoires extérieures pour justifier sa politique et construit l'unité de l'Allemagne autour de la dynastie des Hohenzollern.

Bismarck a alors les mains libres pour organiser l'Allemagne du Nord, rattachant à la Prusse le Hanovre, la Hesse, le Schleswig-Holstein, et formant avec tous les États situés au nord du Main la Confédération du Nord. Tirant ensuite parti de la méfiance créée en Allemagne du Sud par les requêtes maladroites de Napoléon III, désireux d'obtenir le Palatinat bavarois comme prix de sa neutralité, il suscite dans l'ensemble de l'Allemagne un violent ressentiment à l'égard de la France. Exploitant l'affaire de la candidature Hohenzollern *(voir Bad Ems p. 423)*, il réussit à enflammer l'orgueil national des deux côtés de la frontière. La déclaration de guerre étant le fait de la France, les alliances défensives qu'avaient consenties les États du Sud jouent et toute l'Allemagne fait bloc autour de la Prusse.

De l'Empire à Weimar

L'EMPIRE (1871-1918)

Après la défaite française de **Sedan** (2 septembre 1870), **Guillaume Ier** est proclamé empereur d'Allemagne dans la galerie des Glaces du château de Versailles, le 18 janvier 1871. Si l'Empire allemand, agrandi de l'Alsace-Lorraine, reste un État fédéral, la Prusse occupe désormais en son sein une position nettement dominante. Favorisée par Bismarck, la **révolution industrielle** est marquée par le développement rapide d'activités telles que la chimie, la métallurgie et l'extraction minière. La constitution d'un pôle financier robuste apporte un soutien efficace aux industriels.

Guillaume II succède à Guillaume Ier en 1888. Deux ans plus tard, l'empereur, qui supporte mal l'autoritarisme du chancelier, pousse celui-ci à la démission. Bismarck laisse une Allemagne en pleine crise de croissance : la poussée démographique et le rapide essor industriel ont fait naître un besoin d'expansion que les « pangermanistes » élèvent au rang de doctrine. Le mécontentement social croissant assure la progression du parti social-démocrate (SPD) qui obtient en 1912 la plus large représentation au Reichstag. La politique étrangère de Guillaume II lui vaut par ailleurs l'hostilité de l'Angleterre, de la Russie et de la France.

Le premier conflit mondial

Survenant dans une atmosphère tendue, l'assassinat à Sarajevo (28 juin 1914) de l'archiduc autrichien **François-Ferdinand** par un nationaliste serbe déclenche le cataclysme. L'entrée en guerre de l'Autriche contre la Serbie provoque la mobilisation des armées en Europe. Le 3 août 1914, l'Allemagne déclare la guerre à la France et à la Russie. Elle espérait une victoire rapide sur le front ouest, mais son offensive se brise sur la **Marne** : la guerre de positions commence. Alors que la Russie, secouée par la révolution, demande un armistice en 1917, les États-Unis, dont la marine marchande est attaquée par les sous-marins allemands, entrent dans le conflit. Le moral de la population allemande est très affecté par le **blocus naval** imposé par les Alliés. Ceux-ci lancent en octobre 1918 une contre-attaque générale qui fait plier les Allemands, tandis qu'à l'arrière la révolution socialiste éclate. C'est une Allemagne dirigée par le Conseil des Commissaires du peuple qui signe le 11 novembre l'**armistice de Rethondes**.

LA RÉPUBLIQUE DE WEIMAR

Les soviets de soldats et d'ouvriers animés par les **spartakistes** cherchent à imposer la révolution, mais n'obtiennent pas l'appui des masses populaires qui se sont soulevées pour imposer la paix immédiate. Cet isolement permet au gouvernement provisoire, dirigé par **Ebert**, de réprimer l'insurrection. Le 11 août 1919, l'Allemagne se donne une constitution républicaine adoptée par une assemblée nationale siégeant à Weimar, et pratiquement imposée par les vainqueurs. Cette « République sans républicains » aura la lourde tâche d'assumer les conditions

FORMATION DE L'UNITÉ ALLEMANDE (1866-1871)

du **traité de Versailles** (28 juin 1919) : concessions territoriales, perte des colonies, réduction des effectifs militaires, paiement de lourdes réparations. Très vite, la crise économique, provoquée par l'impossibilité de remettre en marche l'industrie et par l'endettement de l'État, génère une **inflation** démentielle ; les classes moyennes sont ruinées.
En 1923, les Français, mécontents du retard pris dans le paiement des réparations, occupent la Ruhr. La résistance passive des Allemands aggrave l'état de l'économie et les extrémistes s'agitent à nouveau : à droite, ils se regroupent autour du Parti ouvrier allemand national-socialiste auquel **Adolf Hitler** avait adhéré dès 1919. Devenu leader du mouvement, ce dernier tente un putsch à Munich (8-9 novembre 1923) dont l'échec le conduira en prison. Libéré en 1924, il attendra dix ans pour prendre le pouvoir.
De 1923 à 1929, l'Allemagne connaît des années de calme relatif. Encouragée par l'échelonnement des réparations, l'évacuation de la Ruhr et l'arrivée en masse des capitaux américains, l'économie connaît un redressement spectaculaire.
En 1925, le très conservateur maréchal **Hindenburg**, soutenu par les nationaux-socialistes, remplace le social-démocrate Ebert à la présidence. Sur le plan international, le ministre des Affaires étrangères, **Gustav Stresemann**, reconnaît les frontières occidentales et fait entrer l'Allemagne dans la Société des Nations.
Mais le grand **« krach » de 1929** frappe de plein fouet l'économie allemande : l'inflation repart et le chômage s'accroît de manière dramatique. Profitant du mécontentement des classes populaires et s'appuyant sur des organisations paramilitaires (SA, SS), les nationaux-socialistes obtiennent près de 38 % des voix aux élections de 1932. Les classes dirigeantes et les milieux d'affaires, voyant en lui un rempart contre le communisme, font accéder Hitler au poste de chancelier le 30 janvier 1933.

Hitler et le IIIe Reich

LA DICTATURE

Très vite, Hitler organise l'État totalitaire. Il profite de l'**incendie du Reichstag**, le 27 février 1933, pour faire arrêter 4000 dirigeants communistes et se faire attribuer les pleins pouvoirs. Le 1er décembre, le parti nazi devient parti unique et un plébiscite organisé dans un climat de terreur lui apporte l'« approbation populaire » (12 décembre). La mort d'Hindenburg, en août 1934, fait d'Hitler le maître absolu de l'Allemagne, le « Führer » (le Guide). Il a désormais les mains libres pour appliquer son programme destiné à « fixer pour mille ans la forme de vie allemande ».
La résorption du chômage est obtenue par la réalisation de grands travaux, une politique de réarmement et l'embrigadement de la jeunesse dans les Hitlerjugend. La population est soumise à une propagande intense et les foyers de résistance sont impitoyablement brisés : les opposants, traqués par la Gestapo, sont internés dans des camps de concentration dès 1933. La persécution contre les Juifs prend, avec les **lois raciales de Nuremberg** (septembre 1935), un caractère radical et systématique : interdictions, pogroms et arrestations en masse constituent le mode d'expression de l'idéologie antisémite. Lors de la **nuit de Cristal**, violente démonstration antisémite organisée dans la nuit du 9 au 10 novembre 1938, de nombreux logements et

commerces appartenant à des Juifs sont mis à sac et incendiés.
La politique étrangère d'Hitler ne rencontre que peu de résistance de la part des démocraties.
Il viole le traité de Locarno en occupant militairement la Rhénanie (1936), annexe l'Autriche (1938) et obtient de Paris et de Londres, à la **conférence de Munich** (septembre 1938), le rattachement des Sudètes. La marche vers la guerre s'accélère : la Tchécoslovaquie est démantelée en mars 1939 et, le 1er septembre suivant, l'agression contre la Pologne, peu après la conclusion du pacte germano-soviétique, oblige les Alliés à honorer leurs engagements.
Le Reichstag, le Musée juif à Berlin, l'ancien site des congrès du parti nazi à Nuremberg.

LA SECONDE GUERRE MONDIALE

Débutant avec l'invasion de la Pologne, elle mettra aux prises l'Allemagne, l'Italie de Mussolini et le Japon d'une part, la France, l'Angleterre, les États-Unis et l'URSS d'autre part. Une foudroyante offensive en 1940 permet aux Allemands, mieux préparés à la guerre que leurs adversaires, d'envahir la majeure partie de l'Europe occidentale. Seuls les Anglais résistent grâce à l'action héroïque de leur aviation. Rompant le pacte germano-soviétique de 1939, Hitler attaque la Russie le **22 juin 1941**, tandis que les Balkans sont conquis et que Rommel développe son offensive en Afrique. En 1942, le IIIe Reich est à l'apogée de sa puissance. L'année 1943 marque un tournant. Amorcée par la **victoire de Stalingrad**, la contre-offensive soviétique, sur le front est, met à mal la Wehrmacht. Les Américains, entrés dans le conflit depuis l'agression japonaise de **Pearl Harbor** (décembre 1941), débarquent en Sicile en juillet.
Après le **débarquement allié en Normandie** (6 juin 1944), le recul de l'armée allemande s'accélère. Hitler se suicide peu avant l'entrée des chars soviétiques dans Berlin (avril 1945) et le Reich capitule le 8 mai 1945. L'Allemagne n'est plus qu'un immense champ de ruines.
La libération des camps de la mort révèle au monde la réalité de la politique d'extermination nazie (6 millions de morts).
Mémorial de l'Holocauste à Berlin, musée-mémorial de Sachsenhausen à Orianenburg, mémorial de Dachau.

LE IIIE REICH ET LES CAMPS DE LA MORT

Nommé chancelier par le président Hindenburg, Hitler met en place un système totalitaire visant à mettre hors d'état de nuire ses opposants. Il prend des mesures de discrimination envers les Juifs et crée des camps afin de « rééduquer » tous les ennemis du régime. Le premier, à Dachau, ouvre le 22 mars 1933. À partir de 1936, l'organisation de tous les camps est confiée à Himmler et aux SS (Schutzstaffel) qui, dès 1939, les transforment en machines de mort.
À la veille de la Seconde Guerre mondiale, la population concentrationnaire est en grande partie utilisée comme main-d'œuvre pour les industries engagées dans l'effort d'armement. Au fur et à mesure de l'invasion des pays européens et de l'adoption de la « solution finale » de la question juive, le 20 janvier 1942, les camps prolifèrent dans les territoires occupés : Tchécoslovaquie (Theresienstadt), Pologne (Auschwitz-Birkenau, Treblinka, Maïdanek), France (Struthof), Autriche (Mauthausen) et tant d'autres, jusqu'en Scandinavie et dans les pays baltes.

L'Allemagne depuis 1945

DIVISION ET RECONSTRUCTION

Les Trois Grands (États-Unis, Grande-Bretagne, URSS), réunis à la conférence de **Potsdam**, décident le 2 août 1945 la division de l'Allemagne en quatre zones d'occupation, dont une française. Le même partage s'applique à la ville de Berlin située dans la zone soviétique. Lorsque les trois zones d'occupation occidentales fusionnent en 1948, les rapports entre les Occidentaux et l'Union Soviétique se sont considérablement détériorés. Le **blocus de Berlin-Ouest** imposé par les Russes en juin 1948 est contré par les États-Unis qui, dès le 25 juin, mettent au point l'opération *Vittles* (Victuailles) et établissent un pont aérien qui empêche la famine.

La partition de l'Allemagne est dès lors inévitable. La République fédérale d'Allemagne **(RFA)**, comprenant les trois zones occidentales fusionnées, est créée le 23 mai 1949. La zone soviétique devient le 7 octobre la République démocratique allemande **(RDA)**, État satellite de l'URSS.

Sous la direction de **Konrad Adenauer**, chancelier jusqu'en 1963, la République fédérale connaît un spectaculaire redressement économique et normalise ses relations internationales. Cependant, Berlin, avec son enclave occidentale dans la sphère d'influence soviétique, devient le symbole de la bipolarisation du monde. Réponse soviétique à l'exode qui frappe la RDA, le **« mur »** de Berlin est édifié le 13 août 1961.

La fin des années 1960 marque un tournant dans les relations entre les deux Allemagnes. La signature du Traité fondamental entre la RFA et la RDA, en 1972, concrétise la politique d'ouverture à l'Est **(Ostpolitik)** du chancelier **Willy Brandt** : la RFA reconnaît l'existence de « l'autre Allemagne », sans pour autant abandonner l'objectif de l'unification. Mais cette bonne volonté se heurte à la rigidité du régime de RDA qui s'appuie sur une redoutable police politique, la STASI ; secrétaire général du Parti socialiste unifié (SED) à partir de 1971 et président en 1976 du Conseil d'État, **Erich Honecker** reste sur une ligne brejnévienne sourde aux tendances réformatrices.

La porte de Brandebourg, le musée de l'Histoire allemande, le musée de la RDA à Berlin.

L'ALLEMAGNE RÉUNIFIÉE

Alors que Mikhaïl Gorbatchev mène une politique d'ouverture en Union soviétique, le fossé se creuse, en RDA, entre le gouvernement et sa population. Sous la pression populaire, le régime est-allemand doit se résoudre, le 10 novembre 1989, après la chute du mur de Berlin la veille, à l'ouverture de la frontière interallemande. Partisan d'une réunification rapide, le chancelier ouest-allemand **Helmut Kohl** propose, dès le 28 novembre 1989, un programme en dix points qui prévoit, dans un premier temps, la constitution d'une confédération. Le 3 octobre 1990 (aujourd'hui jour de fête nationale), le Parlement siégeant au Reichstag à Berlin ratifie le **traité de réunification**. Helmut Kohl sort victorieux des élections organisées en décembre 1990, et, en 1991, le Bundestag choisit Berlin pour capitale du pays réunifié. Avec le retrait en 1994 des dernières troupes d'occupation, l'Allemagne est désormais une nation totalement souveraine.

Elle se tourne vers la construction européenne dont le couple franco-allemand, doit, selon Helmut Kohl, constituer la clef de voûte. Après la présidence fédérale, le Parlement est, en 1999, la deuxième institution à s'installer à Berlin. Le 19 avril est inaugurée la nouvelle salle de séances du Reichstag.

LES ANNÉES SCHRÖDER

Menée avec une grande rapidité dans le domaine politique, la réunification a néanmoins pour conséquence des difficultés importantes dans les domaines économique et social; baisse de compétitivité, taux de chômage élevé dans les nouveaux Länder, pression fiscale accrue sur l'Ouest pour financer la « mise à niveau » de l'Est alimentent les mécontentements. Ces problèmes issus de l'unité retrouvée entre les deux Allemagnes expliquent en partie la sanction qui frappe la CDU-CSU (Union chrétienne démocrate) d'Helmut Kohl aux élections législatives de 1998, remportées par le SPD (Parti social-démocrate). Arrivé au pouvoir, **Gerhard Schröder** forme avec les Verts un gouvernement de coalition.

Dans un contexte socio-économique troublé et avec un bilan morose, Gerhard Schröder est cependant réélu aux élections générales de 2002, une nouvelle fois grâce à l'appui des Verts. Ce deuxième mandat est marqué d'un côté par sa ferme opposition à la guerre en Irak, et de l'autre par sa volonté de mettre en place des réformes fondamentales afin d'assainir les finances du pays.

LA SECONDE GRANDE COALITION

Lors d'élections régionales organisées en 2005, le SPD, confronté à la contestation de ses réformes sociales, est sanctionné et essuie une défaite historique. Après le recul de son parti, Gerhard Schröder décide alors d'élections législatives anticipées. Cette mesure va conduire, après plusieurs semaines de suspense politique, à un changement à la tête du gouvernement fédéral.

En novembre 2005, **Angela Merkel** (CDU) devient chancelière d'Allemagne. Son gouvernement est soutenu par une « Grande Coalition », constituée des principaux partis : la CDU, la CSU et le SPD. Plus jeune chancelier fédéral de l'histoire, mais également première femme à occuper ce poste, Angela Merkel est aussi originaire de l'ex-RDA.

Vis-à-vis de l'Europe, Berlin entend redonner des impulsions à la Constitution de l'Union européenne et permettre à l'État allemand d'occuper une position centrale dans les relations entre pays membres (en particulier avec les nouveaux États d'Europe centrale), tout en s'impliquant davantage dans le traitement des crises régionales et des questions mondiales. Renforcer le dialogue politique avec les États-Unis après la crise irakienne est également l'une des volontés du gouvernement Merkel.

Aux élections législatives de septembre 2009, le SPD essuie une nouvelle défaite, mettant ainsi fin à la Grande Coalition. La CDU-CSU remporte les élections, et Angela Merkel, réélue, s'allie aux libéraux du FDP (Parti libéral-démocrate). Sous la pression de la crise financière et d'élections régionales dont le résultat était loin d'être garanti, Angela Merkel a été largement critiquée pour avoir tardé à mettre en action un plan d'urgence d'aide à la Grèce, aggravant ainsi la crise de confiance en l'unité européenne.

LES GRANDES DATES DE L'HISTOIRE ALLEMANDE

- **1er millénaire av. J.-C.** – Les Germains venus de Scandinavie franchissent le Rhin.
- **1er s. av. J.-C.** – Établissement de colonies romaines sur la ligne Rhin-Danube.
- **2e s. apr. J.-C.** – Les Romains bâtissent le limes.
- **6e s.** – Clovis, roi des Francs, colonise la Franconie.
- **Fin 7e s.** – Charlemagne soumet les Saxons et les Bavarois.
- **843** – Naissance de la Francie orientale (royaume de Germanie) sous Louis le Germanique.
- **911** – Première scission entre Francs de l'Est et Francs de l'Ouest.
- **936-973** – Règne d'Othon Ier et fondation du Saint Empire romain germanique.
- **Septembre 1122** – Concordat de Worms.
- **1241** – Fondation de la Ligue hanséatique.
- **1356** – La Bulle d'or est promulguée par Charles IV.
- **1438** – Albert II, élu empereur, inaugure le règne des Habsbourg.
- **31 octobre 1517** – Luther affiche ses 95 thèses.
- **Septembre 1555** – Paix religieuse d'Augsbourg.
- **1648** – Traités de Westphalie.
- **1740-1786** – Règne de Frédéric II (Frédéric le Grand).
- **6 août 1806** – Dissolution du Saint-Empire.
- **1806-1808** – Occupation napoléonienne.
- **1870-1871** – Guerre franco-allemande.
- **18 janvier 1871** – Naissance de l'Empire allemand.
- **3 août 1914** – L'Allemagne déclare la guerre à la France et à la Russie.
- **1919-1933** – République de Weimar.
- **30 janvier 1933** – Hitler accède au poste de chancelier.
- **27 février 1933** – Incendie du Reichstag.
- **Août 1934** – Mort d'Hindenburg, Hitler devient le maître absolu.
- **Septembre 1935** – Lois raciales de Nuremberg.
- **9 novembre 1938** – Nuit de Cristal.
- **1er septembre 1939** – L'Allemagne envahit la Pologne ; entrée en guerre des Alliés.
- **8 mai 1945** – Capitulation du Reich.
- **2 août 1945** – Division de l'Allemagne en quatre zones d'occupation.
- **23 mai 1949** – Création de la République fédérale d'Allemagne (RFA).
- **7 octobre 1949** – Création de la République démocratique allemande (RDA).
- **13 août 1961** – Édification du mur de Berlin.
- **9 novembre 1989** – Chute du mur de Berlin.
- **3 octobre 1990** – Réunification officielle de l'Allemagne.
- **1982 à 1998** – Helmut Kohl élu quatre fois chancelier.
- **1998 à 2005** – Gerhard Schröder chancelier.
- **22 novembre 2005** – Élection d'Angela Merkel au poste de chancelière, réélue en septembre 2009.
- **9 novembre 2009** – 20e anniversaire de la chute du mur de Berlin.
- **Juin 2011** – Vote de la loi prévoyant la fermeture progressive d'ici à 2022 des centrales nucléaires allemandes.

Art et architecture

La situation géographique de l'Allemagne et son histoire mouvementée ont favorisé la pénétration des grands courants artistiques européens, principalement français à l'époque gothique et italien à la Renaissance. Chaque style a été interprété et adapté aux goûts régionaux. Cette inventivité a permis à l'Allemagne de développer un art original qui a donné naissance aux décors somptueux des abbayes baroques de Bavière ou à l'expressionnisme de l'Entre-deux-guerres.

L'architecture

Les remparts, places, thermes, temples et villas érigés par les Romains comptent parmi les premiers témoignages artistiques rencontrés sur le sol allemand. Il faut cependant attendre le règne de Charlemagne pour que débute véritablement l'architecture allemande.

L'ART ROMAN

La période carolingienne (9e s.-début du 10e s.)

Sous l'impulsion de l'empereur et des grands prélats, l'Allemagne se dote de nombreux édifices religieux qui adoptent le plan basilical ou le plan centré (chapelle palatine d'Aix-la-Chapelle, 790), tous deux hérités de l'Antiquité. L'art carolingien est marqué par l'édification de sanctuaires à deux chœurs : à l'ouest naît une forme particulière, le **Westwerk** (massif occidental), haute structure quadrangulaire greffée sur la nef et souvent encadrée de deux tours comme à Corvey. Le Westwerk constitue à lui seul une église réservée qui a pu accueillir l'empereur et où se développe une liturgie particulière. Il marque durablement l'architecture romane allemande.

La période ottonienne (10e s.-début du 11e s.)

La restauration de la puissance impériale par Otton Ier en 936 s'accompagne d'un renouveau de l'architecture religieuse en Saxe ainsi que dans les pays du Rhin inférieur et de la Meuse. Les vastes églises de cette époque, dotées de transepts très saillants et d'amples bas-côtés, possèdent des charpentes en bois généralement peintes. L'alternance des piliers et des colonnes rompt l'uniformité du vaisseau central. La recherche de perfection mise en œuvre, l'harmonie qui en découle fondée sur des proportions savantes, oppose deux massifs volumineux, l'un à l'est, l'autre à l'ouest, reliés par la nef. De cette époque datent les sanctuaires de St-Michel d'Hildesheim et de St-Cyriaque de Gernrode encore visibles aujourd'hui.

Le style roman-rhénan

À partir du 11e s., à Cologne et dans les alentours, plusieurs églises offrent une ordonnance particulière : elles s'achèvent par trois absides formant un trèfle.

C'est le cas notamment à Ste-Marie du Capitole à Cologne. Ces absides sont décorées à l'extérieur d'arcatures aveugles et d'une « galerie naine » (Zwerggalerie), motif d'origine lombarde.
Sur le Rhin moyen, le style roman rhénan atteint toute sa plénitude dans les majestueuses cathédrales « impériales », notamment de Spire, première église entièrement voûtée, puis de Mayence et Worms. Leur plan se caractérise par un double chœur sans déambulatoire et parfois par un double transept.
Au début du 13e s., les églises de Limbourg et d'Andernach, ainsi que la cathédrale de Naumburg, marquent le passage entre deux époques. Ce style de transition associe une esthétique encore romane à des structures gothiques : triforium, voûtes sur croisées d'ogives.

L'ART GOTHIQUE

Une lente apparition (13e s.)

L'art gothique, d'inspiration française, se défait difficilement des austères formes romanes et ne se répand véritablement en Allemagne qu'au milieu du 13e s. L'architecture atteint alors un grand raffinement et produit des chefs-d'œuvre comme la cathédrale de Cologne. Celle-ci frappe par l'ampleur de ses nefs, l'élancement de ses deux tours de façade à la mode française et la hauteur de ses voûtes sur croisées d'ogives. L'influence du gothique français se retrouve encore dans les cathédrales de Ratisbonne, de Fribourg-en-Brisgau, de Magdebourg et d'Halberstadt.
Un autre témoignage de la prépondérance de l'art français est l'implantation de monastères cisterciens entre 1150 et 1250 caractérisés par des églises abbatiales sans tours ni clochers, dont l'intérieur fut fréquemment « baroquisé » par la suite. L'un des ensembles cisterciens les plus complets d'Europe reste celui de l'abbaye de Maulbronn.

L'originalité allemande

Elle apparaît d'abord dans l'utilisation de la brique. Au nord du pays s'élèvent en effet d'imposants monuments en brique ; les églises Ste-Marie de Lübeck et St-Nicolas de Stralsund, ainsi que les hôtels de ville de ces mêmes agglomérations, la cathédrale de Schwerin et l'abbatiale de Bad Doberan représentent les formes typiques de ce « gothique de la brique » (Backsteingotik).
L'autre particularité allemande qui traverse toute la période gothique est l'adoption d'un nouveau type d'agencement des volumes inspiré de l'architecture cistercienne et qui caractérise les **églises-halles** (Hallenkirche). Dans ces édifices, les nefs latérales sont élevées à la hauteur de la nef centrale, de ce fait dépourvue de fenêtres hautes, et ne sont séparées de celle-ci que par des piliers. À Ste-Élisabeth de Marburg, de minces supports séparent les trois nefs donnant une impression d'espace et d'homogénéité.

Le gothique tardif (Spätgotik)

Cette très longue période (14e, 15e, 16e s.) voit la multiplication des églises-halles : la cathédrale de Freiberg, Notre-Dame de Munich et St-Georges de Dinkelsbühl en sont des exemples. Sur les voûtes apparaissent des nervures purement décoratives formant des réseaux en forme d'étoiles ou de fleurs qui contrastent fortement avec la sobriété des murs. L'église Ste-Anne d'Annaberg-Buchholz illustre cette virtuosité de l'artiste libéré des contraintes architecturales.

L'abbatiale gothique en brique de Bad Doberan, érigée entre 1294 et 1368.
Hubertus Blume / age fotostock

L'architecture civile à la fin du Moyen Âge

Aux 14e et 15e s., l'enrichissement des marchands et des artisans entraîne le développement des cités, où se bâtissent des hôtels de ville et des maisons à pignons et à colombages richement décorées de sculptures et de peintures. Ratisbonne, Rothenburg, Goslar et Tübingen, avec leur centre ancien, témoignent encore de l'architecture civile de cette époque.

LA RENAISSANCE

La Renaissance (1520-1620) ne constitue qu'un épisode dans l'histoire de l'architecture allemande. Tardant à s'imposer face à la persistance des formes gothiques, elle est finalement éclipsée par les troubles de la Réforme. Les édifices de style Renaissance sont donc rares dans les villes allemandes, à l'exception d'Augsbourg avec ses beaux hôtels particuliers bordant la Maximilianstraße et son hôtel de ville réalisé par **Elias Holl** (1573-1646), lequel donna à la Renaissance allemande ses monuments les plus importants.

L'Allemagne du Sud est très marquée par l'influence italienne : les fines arcatures florentines sont utilisées par Fugger le Riche dans la décoration de sa chapelle funéraire d'Augsbourg (1518) ; les jésuites s'inspirent de leur sanctuaire du Gesù, à Rome, pour construire l'église St-Michel de Munich (1589) ; à Cologne, l'hôtel de ville, avec son portique à deux niveaux, rappelle les solutions vénitiennes.

L'Allemagne du Nord connaît, à l'inverse, l'emprise des modes flamande et hollandaise. Dans les quartiers marchands, les pignons aux multiples étages, comme celui du Gewandhaus à Brunswick, reçoivent une foule de motifs ornementaux. Le château de Güstrow, celui d'Heidelberg et la vieille ville de Görlitz sont d'importants témoignages de cette architecture Renaissance. Les édifices de Wolfenbüttel, Celle, Bückeburg et Hameln sont imprégnés du charme de la « Renaissance de la Weser » *(voir Hameln)*.

LES SPLENDEURS DU BAROQUE

Après les troubles de la guerre de Trente Ans (1618-1648), les principautés, profitant d'une reprise de l'activité artistique, introduisent l'art baroque en accueillant des architectes français et italiens. Dominé par l'irrégularité des contours et la diversité des formes, le style baroque recherche avant tout l'effet, le mouvement et les contrastes. Poussé à l'extrême raffinement, il est bientôt submergé par les décors rococo venus du rocaille français, style au départ profane et courtisan qui colonisera jusqu'aux édifices religieux.
L'Allemagne du Sud en reçoit l'empreinte à partir du milieu du 17e s., sous l'effet des encouragements donnés par la Contre-Réforme à l'exaltation du dogme de la Présence réelle, au culte de la Vierge et des saints et, en général, à toutes les manifestations de la piété populaire. L'Allemagne du Nord, protestante, reste réservée face à cette exubérance.

Les maîtres du baroque germanique et danubien

Le baroque a été illustré, en Bavière, par de brillantes personnalités, comme **Johann Michael Fischer** (Diessen, Zwiefalten, Ottobeuren), **les frères Asam** (Weltenburg, St-Jean-Népomucène à Munich) et **Dominikus Zimmermann** (Steinhausen, Wies).
En Franconie, le mouvement, encouragé par les princes-évêques de la famille Schönborn siégeant à Mayence, Wurtzbourg, Spire et Bamberg, apparaît comme étant étroitement lié à l'épanouissement du baroque en Bohême. Les frères Dientzenhofer ornent les palais de Prague aussi bien que ceux de Bamberg. **Balthasar Neumann** (1687-1753), qui a œuvré pour les mêmes prélats, domine ses contemporains par l'étendue de sa culture, enrichie au contact des maîtres français, viennois et italiens. Il réalise notamment l'église des Quatorze-Saints, près de Bamberg, où il parvient à associer le plan basilical à l'idéal du plan central.
En Saxe, le palais du Zwinger de Dresde, chef-d'œuvre de l'architecte **Matthäus Daniel Pöppelmann** (1662-1736) et du sculpteur Permoser, illustre avec éclat ce baroque allemand puisant aux sources italiennes. Le raffinement du décor rococo du château de Sans-Souci à Potsdam est plus étonnant, au cœur d'une Prusse réputée austère, mais s'explique par les études suivies en France et en Italie par **Georg Wenzeslaus von Knobelsdorff** (1699-1753), architecte officiel et ami de Frédéric le Grand.

Les églises

Les façades s'animent d'un mouvement sinueux à dominante convexe et de la superposition de deux frontons au dessin différent. Deux tours à bulbe les dominent. À l'intérieur, de vastes tribunes surmontent les chapelles latérales. Ce schéma fait défaut dans le transept, qui acquiert ainsi plus d'envolée.

Le retable monumental

Il devient l'élément essentiel du sanctuaire. Rappelant les arcs de triomphe et construit en bois sculpté ou en stuc poli, il encadre un grand tableau et/ou un groupe sculpté (abbatiale d'Ottobeuren). La présence de colonnes torses donne l'illusion du mouvement, cher à cette époque. L'éclairage en contre-jour, provenant d'une source lumineuse invisible, crée un contraste saisissant entre l'ombre et la lumière.

Les châteaux

La construction, à un seul étage, est souvent mise en valeur par un soubassement. Le plan s'articule

sur un corps central circulaire ne présentant sa convexité que du côté des jardins.
Les escaliers monumentaux à plusieurs volées, d'un effet théâtral, sont souvent l'élément le plus représentatif des palais allemands du 18e s. La cage d'escalier, embellie de galeries à arcades et d'un plafond peint, donne accès à la salle d'honneur du 1er étage ou « bel étage ». Dans son élévation majestueuse, cette salle atteint sous plafond la hauteur du 2e étage. On retrouve souvent dans les grandes abbayes ces aménagements pompeux, que complète une autre salle d'apparat, la bibliothèque.

DU NÉOCLASSICISME AU NÉOGOTHIQUE

L'idéal d'une sobriété originelle

À partir de 1750, les travaux de Winckelmann sur l'art antique et les découvertes des fouilles de Pompéi jettent une lumière nouvelle sur l'architecture gréco-romaine. Parallèlement, l'exemple de Versailles inspire en Allemagne un nouveau style de vie de cour, surtout dans les pays rhénans et dans le Berlin de Frédéric II. De nombreux architectes français sont consultés par les électeurs du Palatinat, de Mayence, de Trèves et de Cologne ; ils dessinent principalement les plans de châteaux de plaisance, aux noms évocateurs de Monrepos, Solitude... D'autres, allemands, comme **Carl Gotthard Langhans** (1732-1808), contribuent au changement de style du baroque vers le néoclassicisme (porte de Brandebourg et théâtre de Charlottenburg à Berlin).
Les frontons très simples, les balustrades courant à la base des toits et les portiques à colonnes précédant l'entrée d'honneur expriment un souci d'élégance discrète. Dans le nouveau répertoire des formes, la préférence des architectes va au style dorique et à l'ordre colossal (les colonnes et pilastres d'un même « ordre » embrassent deux étages et non plus un seul).
La décoration intérieure, moins profuse, mêle les grappes de fleurs aux motifs rocaille devenus plus légers (guirlandes, frises de perles ou d'oves, vases).
L'architecture répond à présent à une exigence de rationalité qui vient en réaction au baroque tardif et au rococo.
Karl-Friedrich Schinkel (1781-1841) – Nommé architecte d'État par Frédéric-Guillaume III en 1815, il multiplie les chantiers : Nouvelle Garde, Vieux Musée et Schauspielhaus à Berlin. Grand représentant du classicisme romantique, il utilise des éléments antiques dans une approche épurée et tente toujours de lier ses constructions à leur environnement. Ses édifices aux longues colonnades caractérisent le courant romantique avec leur goût du grandiose et les contrastes de lumière qui concourent à des effets dramatiques.

Le 19e s. et le néogothique

Le mouvement néoclassique, stérile dès avant 1830, s'efface, sauf à Munich, devant le renouveau du gothique qui devient, pour les romantiques, le symbole de la Vieille Allemagne.
Parallèlement, le goût dit **Biedermeier** (meubles confortables et légers aux lignes souples, vitrines à bibelots…), qui correspond au style français Louis-Philippe, marque de son empreinte les intérieurs bourgeois entre 1815 et 1848.
À partir de 1850 s'ouvre l'**époque des fondateurs** (Gründerzeitstil,

style du temps de la fondation) avec E. Ludwig et A. Koch qui revendiquent un art plus adapté à leur temps. Mais les grandes familles enrichies par l'industrie cèdent à la tentation des pastiches prétentieux du Moyen Âge ou de la Renaissance, qui sévit également dans les palais officiels (Reichstag de Berlin).

LES MOUVEMENTS DU 20e S.

À la fin du 19e s., la volonté de s'affranchir des styles du passé et d'entrer dans la modernité lance les artistes dans l'exploration de nouvelles voies.

L'Art nouveau ou Jugendstil

Ce mouvement européen connaît en Allemagne une grande vogue. L'idée des architectes est de réaliser une œuvre d'art total accessible à tous qui unirait structure, décoration et mobilier. Cet idéal doit se baser sur une coopération avec l'industrie, ses modes de production et l'utilisation des nouveaux matériaux (verre, fer, ciment) qu'elle promeut. La notion d'esthétique industrielle, mise en avant par les pionniers Peter Behrens, **Mies van der Rohe** et **Walter Gropius**, devient primordiale. Cet art s'épanouit surtout à Munich, Berlin et Darmstadt (avec le centre d'art de Mathildenhöhe). L'engagement des artistes, qui s'exprime au sein des Sécessions (Munich 1892, Berlin 1899), se double d'une revendication politique d'indépendance.

Le Bauhaus

En 1919, Walter Gropius fonde le **Bauhaus** (Weimar : 1919-1925, Dessau : 1926-1932), école d'art qui radicalise le mouvement de modernisation avec un intérêt encore plus poussé pour la production industrielle. La recherche de l'unité entre l'art et la technique est un élément fondamental. L'architecture reste, au moins en principe, la forme d'expression privilégiée puisqu'elle unit structure et décoration et permet d'appliquer les principes de fonctionnalité et de rationalité *(voir Dessau et Weimar)*. Le mouvement initie la réflexion contemporaine sur l'architecture et l'habitat.
L'école, qui critique la société, est fermée en 1933 par les nazis, qui mettent en place une architecture monumentale et pompeuse, chargée de signifier la puissance du pouvoir en place. Celle-ci sera le plus souvent détruite par la suite.

L'Après-guerre

Après la fin de la guerre, la reconstruction stimule la création architecturale. Des architectes comme Dominikus Böhm et Rudolf Schwartz ont compté parmi les artisans du renouveau de l'art sacré, marqué par des réalisations dépouillées.
Plus près de nous, la Philharmonie (1956-1963) et la bibliothèque de l'état de Prusse à Berlin (1963-1979) de **Hans Scharoun**, l'un des représentants les plus célèbres de l'architecture organique, ainsi que le bâtiment de la nouvelle Galerie nationale de Stuttgart, conçu par **James Stirling** en 1984, chef-d'œuvre post-moderne combinant abstraction géométrique et références classiques, sont l'occasion d'audaces architecturales rendues possibles par des techniques de construction modernes et des matériaux nouveaux.

Réunification et 21e s.

Aujourd'hui, le paysage urbain est toujours en pleine évolution. Nouveaux quartiers, gratte-ciel inventifs, édifices industriels, équipements culturels et sportifs sortent de terre, témoignant tous d'une architecture créative,

Le Sony Center, sur la Potsdamer Platz à Berlin.
P & G Bowater/Tips/Photononstop

largement ouverte aux influences extérieures et aux architectes de toutes nationalités parmi les plus réputés au monde.

De grands chantiers ont ainsi vu le jour à Berlin autour du nouveau quartier du gouvernement, avec le bâtiment du Reichstag, construit à l'origine en 1884 mais transformé par **sir Norman Foster** entre 1995 et 1999, ou encore sur la Potsdamer Platz, ancien carrefour au centre de la ville, où **Meinhard von Gerkan** et **Renzo Piano** ont créé un ensemble architectural original. Autre réalisation des plus symboliques, élevée à Berlin : le Musée juif achevé en 1998 par **Daniel Libeskind** (l'architecte qui a remporté le projet de reconstruction du site du World Trade Center). L'édifice marque une totale rupture avec l'urbanisme environnant.

Mais Berlin n'est pas un cas unique. D'autres tours élancées, de verre et d'acier, bâties par sir Norman Foster ou **Helmut Jahn**, se sont élevées au cœur du centre ultramoderne de Francfort, tandis qu'à Düsseldorf, dans le nouveau quartier des Douanes (Neue Zollhof), **Frank O. Gehry** a conçu des bâtiments aux lignes arrondies et aux volumes déconstruits.

D'autres projets sont à venir, tel celui de la Philharmonie de l'Elbe à Hambourg, dont l'achèvement, est prévu pour fin 2014.

Quelques termes d'art

Architecture religieuse

Plan d'une église

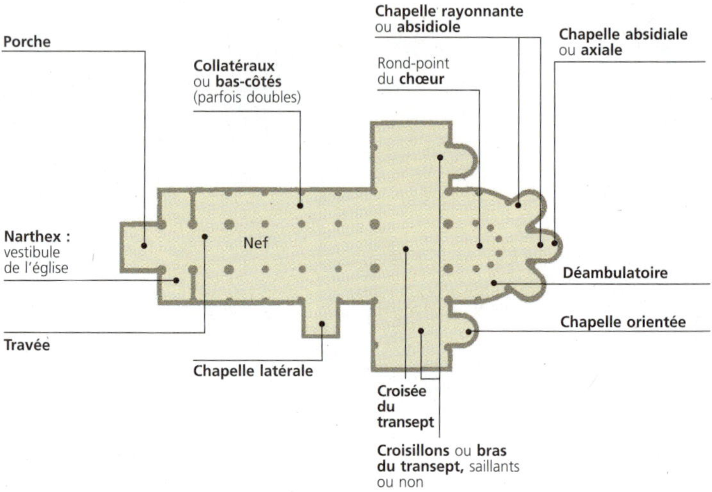

Coupe d'une église

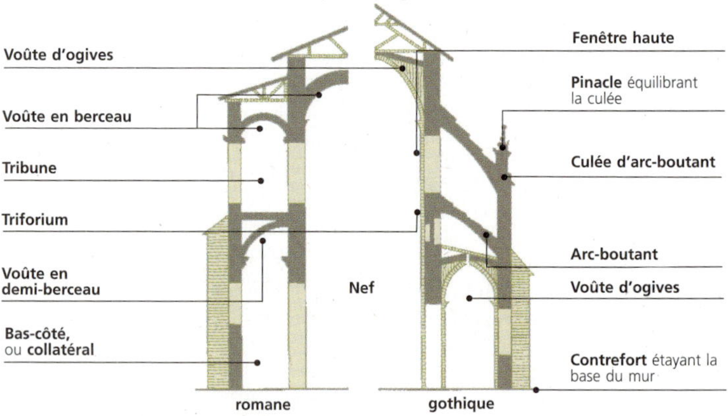

Église-halle

Contrairement à la basilique, les collatéraux ont la même hauteur que la nef centrale et sont couverts par le même toit ; leurs fenêtres éclairent l'intérieur de l'édifice.

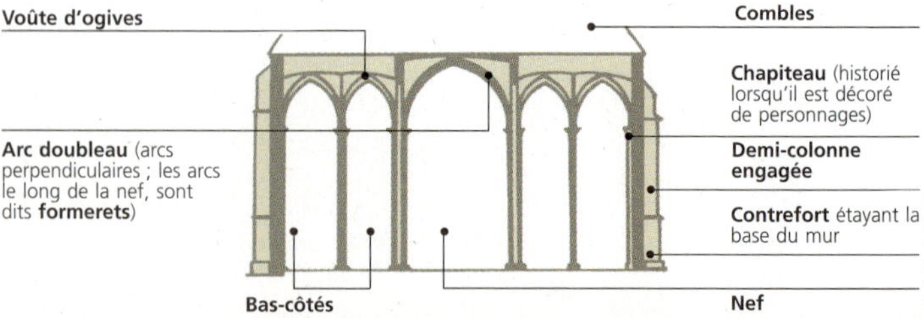

M. Guillou/MICHELIN

SPIRE - Façade Est de la cathédrale (11e s.)

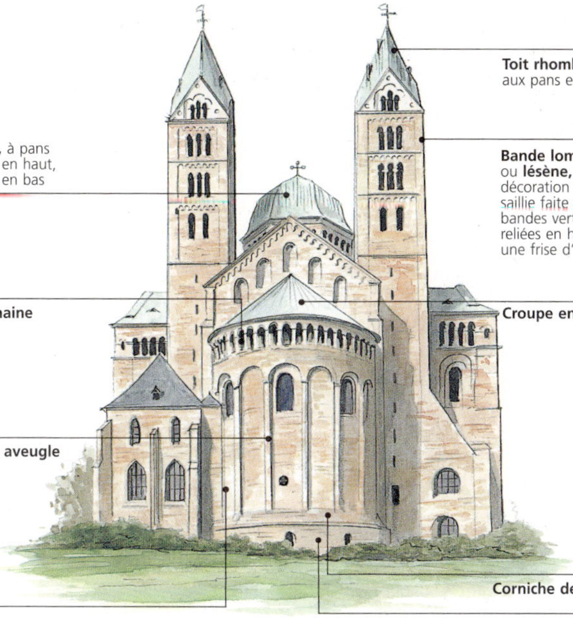

FRIBOURG - Chœur de la cathédrale (14e-16e s.)

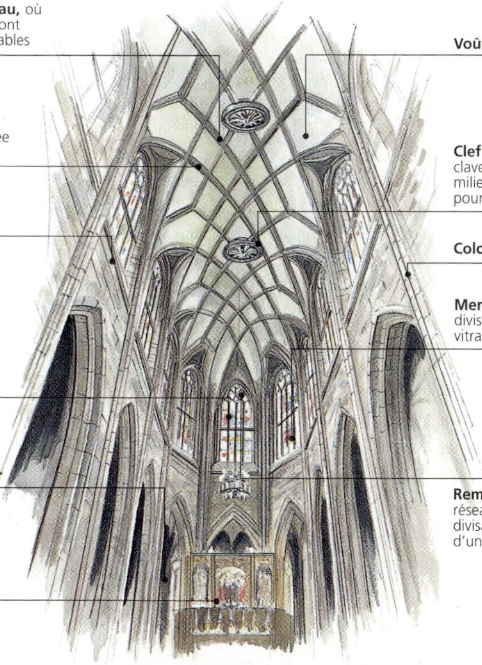

R. Corbel/MICHELIN

Cathédrale de COLOGNE (de 1248 à 1880), façade Sud

Entreprise en 1248, la construction de la cathédrale de Cologne s'étendit sur plus de six siècles. Les cathédrales de Paris, Reims et Amiens servirent de modèles pour cette première Église gothique de Rhénanie. La configuration de la façade à deux tours marque l'apogée du gothique flamboyant : ses étagements et ses rangées de verrières, de gâbles richement décorés, de contreforts élancés partent en gerbes touffues, comme autant de lignes fuyant vers l'extrémité des flèches qui s'élèvent à 157 m de hauteur.

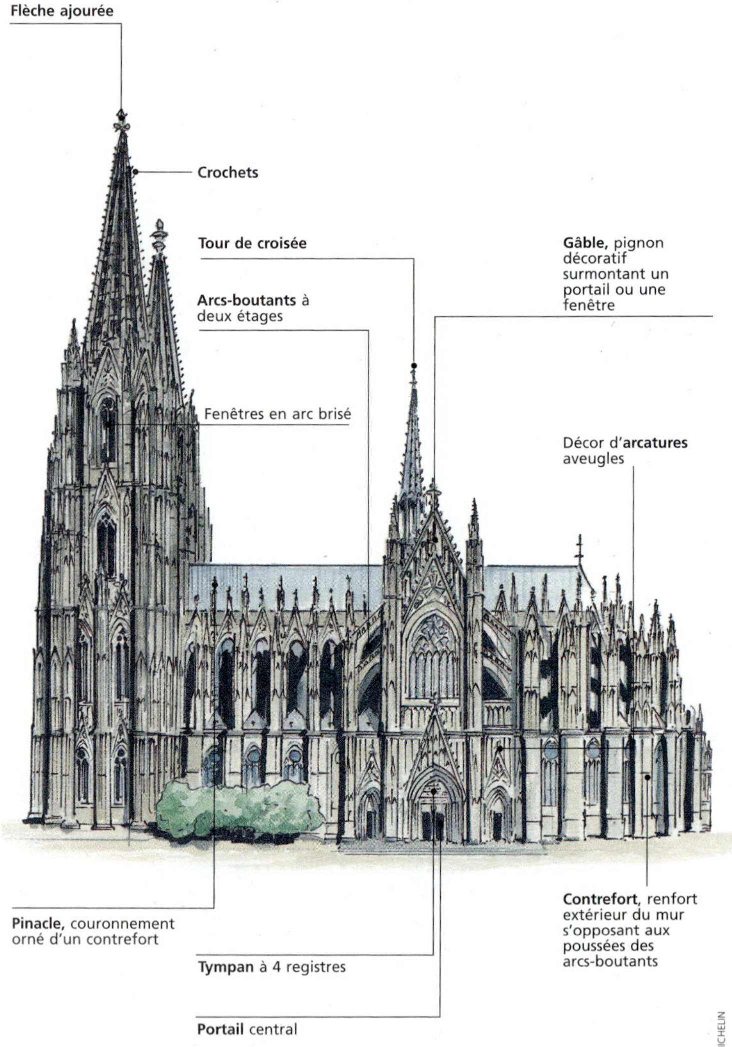

Château de BRUCHSAL - Façade sur jardin (18e s.)

POTSDAM, château de Sans-Souci
(Georg Wenzeslaus von Knobelsdorff et Frédéric II, 1745-47)

Église abbatiale baroque d'OTTOBEUREN (18e s.)

Ottobeuren est caractéristique des église de Bavière à la décoration éblouissante et à l'architecture faite de jeux de lumière et de symétrie

BERLIN (Zehlendorf) - Lotissement de la « case de l'oncle Tom »
(Bruno Taut, Hugo Häring, Otto Rudolf Salvisberg, 1926-32).

Conçu pour abriter 15 000 personnes, ce lotissement, construit sous la direction de Martin Wagner, ne donne aucune impression de monotonie. Le centre en est la station de U-Bahn, équipée d'un centre commercial et d'un cinéma.

Toutes les maisons sont d'une hauteur modérée

Toit-terrasse

La sobriété des façades et leur revêtement de couleurs vives, d'où le surnom de **« lotissement-perroquet »,** correspond à un plan rationnel de construction et à l'emploi de matériaux standardisés peu coûteux.

L'implantation libre dans la nature est fidèle aux idées, émises au début du siècle, par le mouvement des **cités-jardins.**

Les maisons individualisées par un décrochement et les hautes fenêtres caractérisent l'art de Salvisberg, responsable des constructions le long de la Riemeisterstraße.

BERLIN - Philharmonie (Hans Scharoun, 1960-63) et Salle de concerts de musique de chambre (Edgar Wisniewski, sur une esquisse de Scharoun, 1984-88)

Lors d'une conférence, en 1957, H. Scharoun envisageait de « donner une forme adéquate à un lieu où l'on joue de la musique et où entendre la musique est une expérience commune ». Les rangs de mélomanes sont disposés autour de l'orchestre, situé au point le plus profond de cette « arène musicale ».

Plaques d'aluminium perforées ajoutées seulement en 1978-81. Auparavant, le béton du toit était peint en ocre.

Philharmonie

La structure intérieure et l'aspect extérieur sont étroitement liés. L'emplacement de l'orchestre détermine la première (trois pentagones imbriqués pour la Philharmonie, un hexagone pour la Salle de concert de musique de chambre) ; le toit en forme de tente favorise l'acoustique et donne un aspect dynamique au second.

Salle de concerts de musique de chambre

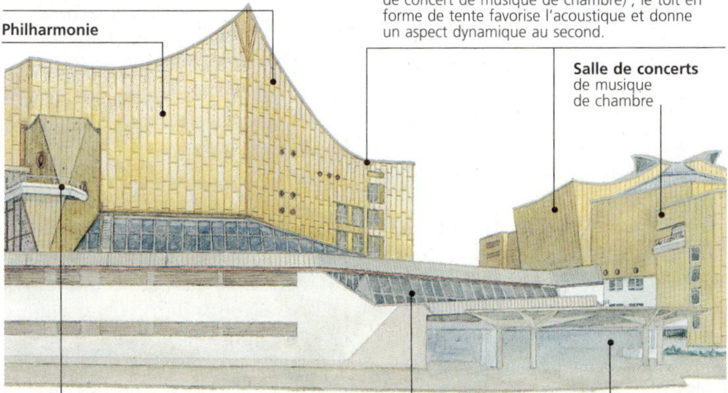

Garde-corps

Verrière

Porche

Grands peintres et sculpteurs

15e SIÈCLE

En **peinture** comme en architecture, l'Allemagne reste encore longtemps attachée à la tradition du gothique tardif qui refuse le réalisme prisé en Italie. Le pays est divisé en de multiples écoles locales sensibles à l'influence hollandaise. Le 15e s. recherche la force expressive de l'émotion et exprime les inquiétudes religieuses qui marquent la fin du Moyen Âge.
Stephan Lochner (vers 1410-1451) – Chef de l'école de Cologne, il perpétua la tradition du gothique international dont il donna une version lyrique et raffinée avec la douceur des visages et la délicatesse des coloris. L'emploi des fonds dorés lui permit de ne pas céder complètement aux exigences de la perspective (*Adoration des Mages*, musée Schnütgen de Cologne ; *Vierge au buisson de roses*, musée Wallraf-Richartz à Cologne).
Veit Stoss (vers 1445-1533) – Sculpteur, peintre et graveur au génie tourmenté, il excella dans le travail du bois. Ses figures ont généralement un caractère pathétique (*Retable de la Nativité*, cathédrale de Bamberg).
Tilman Riemenschneider (vers 1460-1531) – Sculpteur sur albâtre et bois, il dirigea un important atelier où il exécuta de nombreux retables. Ses œuvres, au modelé délicat, sont riches d'une expression intense, pleine de gravité (**tombeau d'Henri II**, cathédrale de Bamberg ; *Adam et Ève*, musée du pays du Main franconien à Wurtzbourg ; *Retable de la Vierge*, chapelle de Creglingen).
Le maître de saint Séverin (fin 15e s.) – Le caractère intimiste et les couleurs chatoyantes de ses œuvres dénotent une influence hollandaise (*Le Christ devant Pilate*, musée Wallraf-Richartz à Cologne).
Le maître de la vie de la Vierge (fin 15e s.) – Sous l'influence flamande de Van der Weyden, l'artiste réalisa des œuvres originales (*Scènes de la Vie de la Vierge*, Ancienne Pinacothèque à Munich, *Vision de saint Bernard*, musée Wallraf-Richartz à Cologne).
La gravure – Née en Allemagne vers 1400, elle devient l'activité de prédilection des plus grands maîtres allemands. Le précurseur est le **maître E. S.**, actif entre 1450 et 1467. Puis les techniques de la taille-douce se perfectionnent et servent au mieux les virtuoses comme **Martin Schongauer** (v. 1450-1491), dont Albrecht Dürer suivit par la suite les modèles.

16e SIÈCLE

La Renaissance allemande apparaît tardivement au 16e s. avec Dürer. L'observation de la nature et son idéalisation amènent à des œuvres de plus en plus précises et raffinées. L'« école du Danube » marque un nouvel intérêt pour le paysage, favorisant sa naissance en tant que genre, tandis que Holbein renouvelle l'art du portrait qu'il anime d'une vérité psychologique.
Matthias Grünewald (vers 1480-1528) – Puissant génie né du gothique tardif, il donna à ses œuvres une intensité tragique à même d'exprimer la douleur de l'humanité (**Crucifixion**, musée des Beaux-Arts de Karlsruhe ; *Vierge à l'Enfant*, église de Stuppach).
Albrecht Dürer (1471-1528) – Artiste le plus célèbre de la Renaissance allemande, il fut fasciné par l'art antique et la Renaissance italienne, auxquels il sut associer la gravité nordique. Installé à Nuremberg, il travailla la xylographie et réussit à rendre de somptueux effets de lumière et une gamme très étendue de gris *(l'Apocalypse)*. En peinture, il

exécuta des portraits et des scènes religieuses d'une extraordinaire intensité de vie (*Les Quatre Apôtres*, *Autoportrait à la pelisse*, Ancienne Pinacothèque de Munich).

Lucas Cranach l'Ancien (1472-1553) – Attaché aux princes-électeurs de Saxe et à la tête d'un important atelier, il fut le portraitiste des personnalités de la Réforme, notamment de son ami Luther. Son sens du mystère de la nature l'apparente aux artistes de l'« école du Danube ». Au service de la cour de Wittenberg, il réalisa des tableaux religieux inspirés des idées luthériennes. Ses œuvres de jeunesse, plus expressionnistes, laissèrent place à des tableaux pleins de grâce et de noblesse qui caractérisent le raffinement vers lequel se dirige l'art allemand du 16e s. (*L'Électeur de Saxe*, musée des Beaux-Arts à Hambourg, *Martin Luther*, Musée national germanique à Nuremberg).

Albrecht Altdorfer (vers 1480-1538) – Représentant de l'« école du Danube », il distribue à l'intérieur de ses tableaux des éclairages contrastés d'un effet pathétique. Il fut l'un des initiateurs de l'art du paysage, auquel il donna une place primordiale dans ses peintures (*La Bataille d'Alexandre*, Ancienne Pinacothèque de Munich).

Hans Baldung Grien (1485-1545) – Dans ses compositions complexes, il rechercha les effets de lumière dramatiques, les couleurs étranges et les mouvements torturés (retable du *Couronnement de la Vierge*, cathédrale de Fribourg).

Hans Holbein le Jeune (1497-1543) – Peintre des marchands allemands, des milieux de la cour et de la haute aristocratie, il donna un nouveau souffle à l'art du portrait. Ses personnages sont décrits avec une précision illusionniste dans un décor savamment composé qui appuie leur fonction. Ses compositions, solennelles et réalistes, s'éloignent définitivement de la tradition gothique (*Portrait du marchand Georg Gisze*, musée de Dahlem à Berlin).

17e ET 18e SIÈCLES

Durant ces deux siècles, l'influence italienne reste très sensible. Les milieux de la cour accueillent des artistes étrangers, italiens ou français, qui introduisent un art baroque gagné par l'exubérance.

Adam Elsheimer (1578-1610) – Par sa manière de traiter les paysages dans ses tableaux de petit format à sujets mythologiques et bibliques, il a su conjuguer les influences italiennes avec une conception du paysage propre à la peinture flamande et allemande. Il mène, parallèlement au Caravage, des recherches sur la puissance de la lumière dans l'évocation de la nature, notamment dans des paysages nocturnes aux accents dramatiques (*Fuite en Égypte*, 1609, Ancienne Pinacothèque de Munich).

Andreas Schlüter (vers 1660-1714) – Maître de la sculpture baroque en Allemagne du Nord et architecte de talent, on lui doit des œuvres pleines de vigueur (*Statue du Grand Électeur*, château de Charlottenburg à Berlin ; *Masques de guerriers mourants*, arsenal de Berlin).

Balthasar Permoser (1651-1732) – Formé à Rome, Vienne et Venise, sculpteur à la cour de Dresde, il fait triompher avec virtuosité l'exubérance du baroque italien, notamment au Zwinger (*Pavillon du Rempart*, *Bain des Nymphes* du Zwinger à Dresde).

Joseph Anton (1696-1770) et **Johann Michael II** (1709-1772) **Feichtmayr** – Membres d'une famille de sculpteurs et décorateurs, ils ont perpétué le style rococo dans des compositions fantaisistes (décor des abbayes d'Ottobeuren, de St-Gall).

Matthäus Günther (1705-1788) – Élève de C. D. Asam, maître de la peinture rococo d'Allemagne du Sud, il a décoré de nombreuses églises de Souabe et de Bavière (Amorbach, Rott am Inn).

19e SIÈCLE

Le 19e s. est d'abord le siècle du style Biedermeier (1815-1848) qui exalte les valeurs bourgeoises et un certain art de vivre qu'illustrent parfaitement les scènes de genre de G. F. Kersting. Puis vient le romantisme, qui remet en cause les valeurs classiques et entame un dialogue entre raison et sentiment personnel. Enfin, le réalisme et l'impressionnisme venus de France servent aux artistes allemands à exprimer certaines idées socialistes naissantes. Ces expressions artistiques répondent toutes à la crise morale de l'Europe moderne.

Caspar David Friedrich (1774-1840) – Artiste de l'école romantique, il s'est attaché à représenter le paysage comme une manifestation divine et un lieu d'émerveillement propice à la méditation (*Le Moine et la Mer*, *La Croix sur la montagne*, Ancienne Galerie nationale à Berlin).

Friedrich Overbeck (1789-1869) – Appartenant à la fraternité de Saint-Luc, il fut le membre le plus important du groupe des **Nazaréens** qui s'installa dans le couvent désaffecté de San Isidoro de Rome en 1810. Avec eux, il prôna une peinture exaltant des valeurs morales, en réaction contre le néoclassicisme, et renoua avec l'art médiéval. Ils recherchèrent aussi la pureté des primitifs italiens et flamands (*Italia et Germania*, Nouvelle Pinacothèque de Munich).

Adolf von Menzel (1815-1905) – Il représente le réalisme allemand, illustrant d'abord des thèmes anecdotiques pour traiter finalement du monde industriel d'une manière puissante, adoucie par l'impressionnisme (*Fonderie*, Ancienne Galerie nationale à Berlin).

Wilhelm Leibl (1844-1900) – Maître de l'école réaliste allemande, il fut influencé par Courbet et s'attacha à des scènes villageoises (*Trois femmes à l'église*, musée des Beaux-Arts de Hambourg ; *Mina Gedon*, Nouvelle Pinacothèque de Munich).

Adolf von Hildebrand (1847-1921) – Établi à Munich, il montre, dans le domaine de la sculpture monumentale, un goût sûr inspiré du style grec le plus austère, qui contraste avec les excès du 19e s. (*Fontaine des Wittelsbach* à Munich).

Max Liebermann (1847-1935) – Marqué par le naturalisme français, il peint le monde paysan et ouvrier sans concession. Plus tard, intégrant les leçons de l'impressionnisme, il laisse entrer la lumière dans sa palette chromatique. Il conduit la « sécession » à Berlin en 1898, qui prône la liberté et le réalisme contre les mièvreries patriotiques des artistes de cour (*Ruelle des Juifs à Amsterdam*, musée Wallraf-Richartz à Cologne).

LA PREMIÈRE MOITIÉ DU 20e SIÈCLE

Le début du siècle, marqué par l'expressionnisme, laisse la place à un nouveau mode de révolte et d'exaltation du sentiment subjectif. Le choc de la Première Guerre mondiale et la crise sociale qui en découle font naître un art sombre et désabusé. La contestation politique ou sociale prend la forme de nouveaux mouvements d'avant-garde qui se succèdent. L'art a plus que jamais la volonté de changer la société et d'en dénoncer les dysfonctionnements.

L'expressionnisme – L'expressionnisme allemand introduit dans la peinture une vision du monde déformée, violente et tragique, fruit de la subjectivité de l'artiste qui s'inscrit dans la

Le Voyageur contemplant une mer de nuages par Caspar David Friedrich (1817-1818).
D.R.

lignée de Van Gogh et du peintre norvégien Edvard Munch (1863-1944), très influent en Allemagne. Le groupe **« Die Brücke »** (le pont) réunit de 1905 à 1913 à Dresde, puis à Berlin, des peintres comme Erich Heckel, **Ernst Ludwig Kirchner** et Karl Schmidt-Rottluff, dont les œuvres rappellent le fauvisme français par l'utilisation de la couleur pure.

Voir les œuvres d'artistes de ce mouvement au Brücke-Museum, à Berlin.

Le Cavalier bleu (Der Blaue Reiter) – Ce mouvement artistique, qui réunit des artistes de diverses nationalités, est créé en 1911 à Munich par **Franz Marc** et **Vassily Kandinsky**, auxquels s'adjoignent **August Macke** et **Paul Klee**. Son but est de libérer l'art des contraintes réalistes, de l'ouvrir aux couleurs les plus osées et aux formes les plus éloignées de la tradition, l'engageant ainsi sur la voie de l'abstraction (*Chevreuils dans la forêt* par Franz Marc, orangerie du musée des Beaux-Arts de Karlsruhe ; *Le Magasin de mode* par August Macke, musée Folkwang à Essen). La guerre met fin au mouvement.

Le Bauhaus – Le mouvement, qui regroupe tous les arts, compte de nombreux peintres et sculpteurs d'avant-garde. Outre Klee et Kandinsky, on peut citer Oskar Schlemmer, Laszlo Moholy-Nagy, **Lyonel Feininger**, **Joseph Albers**.

La Nouvelle Objectivité (Die Neue Sachlichkeit) – Ce courant, qui touche l'ensemble des arts, apparaît au début des années 1920. Il s'attache à l'illustration réaliste des faits et des phénomènes sociologiques, correspondant en cela à la prise de conscience de la situation dure et pénible de l'après-guerre. Les artistes pionniers du mouvement sont **Otto Dix** et **George Grosz** (*La Guerre* par Otto Dix, 1932, Albertinum à Dresde).

Le mouvement dada – Présent à Cologne, Hanovre et Berlin avec **Kurt Schwitters**, il utilise l'art à des fins politiques.

En marge de ces courants, **Max Beckmann** (1884-1950), profondément marqué lui aussi par la guerre, donne à voir une vision très sombre de l'humanité.

DE LA SECONDE MOITIÉ DU 20e S. À NOS JOURS

Le nazisme met fin brutalement à ces expériences artistiques taxées d'« art dégénéré ». Il leur substitue un art néoclassique exaltant la race, la guerre et la famille. Cet « art nazi » s'éteint avec la fin du Reich.

En RDA, le **réalisme socialiste**, art officiel qui sert l'idéologie du régime, va dominer la peinture jusque dans les années 1960-1970. Les peintres réalistes socialistes, et tout particulièrement ceux de Leipzig, commencent à être de plus en plus reconnus au niveau international : ainsi Bernhard Heisig, Wolfgang Mattheuer, Willi Sitte et Werner Tübke.

L'art allemand retrouve son dynamisme dans les années 1960 et voit l'émergence de nouvelles formes de création : le **groupe Zebra**, héritier de la **Nouvelle Objectivité**, s'oppose à l'expressionnisme abstrait ; le **groupe Zéro** (Heinz Mack, Otto Piene, Gunther Vecker) s'attache par l'art cinétique à transposer les pensées en objets visibles. Dans les années 1970, **Joseph Beuys** et les artistes appartenant à la **Sculpture constructive** de Düsseldorf cherchent, en pratiquant une relation directe avec le public (Happening), à redéfinir la place de l'art et de l'artiste dans la société contemporaine (**Galerie nationale**, Potsdamerstraße à Berlin ; **musée de Hesse** à Darmstadt ; **Galerie nationale** à Stuttgart).

À partir des années 1980, une nouvelle génération de peintres allemands s'affirme sur le plan international avec **Georg Baselitz** et **Markus Lüpertz**, les « nouveaux fauves » qui développent un expressionnisme revisité ; **Sigmar Polke** ; plus proche du pop art, **Anselm Kiefer** qui ne cesse d'interroger l'histoire, ou encore le groupe des Berlinois **Rainer Fetting** et **Helmut Middenform**.

Aujourd'hui, **Gerhard Richter**, peintre originaire de Dresde, est considéré comme l'un des grands noms de l'art contemporain allemand. Il s'inspire de ses propres photographies pour peindre paysages, natures mortes ou scènes intimes, dans des œuvres allant de l'abstraction au réalisme.

Parmi les représentants de la jeune peinture allemande (labellisée « Young German Artists »), on peut citer **Neo Rausch** de la « nouvelle école de Leipzig » ou **Thomas Scheibitz** du courant « pop art » de Dresde. Une « nouvelle intériorité » figure parmi les thèmes abordés par les artistes plasticiens tels que **Jonathan Meese**, **André Butzer** ou **Franz Ackermann** et ses *Mental Maps*.

La photographie occupe aussi une place majeure avec des personnalités comme celles de **Bernd et Hilla Becher** qui apparaissent comme les chefs de file d'un important courant documentaire allemand, auquel appartiennent également **Andreas Gursky**, **Candida Höfer**, **Thomas Ruff** et **Thomas Struth** (la plupart anciens élèves des Becher aux Beaux-Arts de Düsseldorf).

La sculpture enfin n'est pas en reste avec **Ulrich Rückriem** et **Jochen Gerz**.

Culture

De Goethe à Nietzsche, de Bach à Wagner, en passant par Hegel, Marx, Schumann ou Beethoven, pour n'en citer que quelques-uns, l'Allemagne possède une tradition littéraire, philosophique et musicale parmi les plus riches au monde. La culture allemande n'a cessé, de Charlemagne à nos jours, de construire un édifice de portée universelle. Elle a constamment cherché à créer de nouvelles formes d'expression pour refléter l'évolution de la pensée et de la connaissance.

Littérature et philosophie

LE MOYEN ÂGE

La littérature allemande du Moyen Âge s'exprime à travers une multiplicité de dialectes. Drames, ballades, chansons ou épopées s'appuient largement sur la tradition orale. Datant du règne de Charlemagne, le *Chant de Hildebrand* (820), texte de 68 vers, constitue une œuvre fondatrice. À partir du 12ᵉs, la germanité littéraire cherche à s'affirmer au sein d'une double sphère d'influence, l'épopée et la littérature courtoise.
L'épopée, inspirée des chansons de geste très en vogue à l'époque, notamment en France, trouve sa réalisation la plus accomplie dans le *Chant des Nibelungen* ; inspiré des *Eddas* scandinaves et de vieilles traditions orales germaniques, il raconte les aventures héroïques de Siegfried, sa mort tragique et la vengeance de Kriemhild, son épouse. Sept siècles plus tard, Wagner utilisera ce même thème dans sa *Tétralogie*.
La littérature courtoise, de son côté, exerce son rayonnement depuis les cours françaises. L'auteur le plus talentueux, **Wolfram von Eschenbach** (env. 1170-env. 1220) se rend célèbre en adaptant certains romans de Chrétien de Troyes : *Parsival* et *Tristan*.

Du Moyen Âge à Luther

Cette période de transition qui s'étend du 14ᵉ au 16ᵉ s fait se côtoyer trois grandes tendances. D'abord les mystiques, dont le plus renommé est **Maître Eckhart** (env. 1260- env. 1327) avec ses sermons sur la destinée de l'âme humaine. Ensuite les satiriques, tel **Sébastien Brant** (1458-1521), qui produisit la fameuse *Nef des fous*. Enfin la poésie lyrique, chantée par des troubadours, ou Minnesänger.

LA RÉVOLUTION LUTHÉRIENNE

Martin Luther (1483-1546) revêt une importance déterminante dans l'évolution de la culture allemande. Traducteur et commentateur de la Bible, il s'efforcera de concilier la liberté humaine avec l'interprétation des textes sacrés, en s'affranchissant de la tutelle de Rome. Il pose ainsi les bases du futur **esprit de système** qui donnera à l'Allemagne ses plus grands penseurs *(voir Histoire)*.

LEIBNIZ

Excellent mathématicien et homme de culture philosophique, **Leibniz** (1646-1716) prétend démontrer la pertinence d'un système voulu par Dieu afin d'assurer la destinée humaine. Il fonde ce système sur une sorte d'harmonie universelle qui n'exclut pas la présence des contraires : Bien et Mal, Volonté et Fatalité, Joie et Peine… Son texte majeur, écrit en français, *La Monadologie*, démontre que chaque atome de vie est à la fois unique et infini.

LE SIÈCLE DES LUMIÈRES « AUFKLÄRUNG »

Caractérisé par le triomphe de la Raison sur les ténèbres, il est dominé par deux personnalités incontournables, même si leurs domaines diffèrent.
Gotthold Lessing (1729-1781) incarne l'esprit des Lumières : il aime l'action, le défi, les idées nouvelles. Prônant la tolérance, Lessing s'exprime dans tous les genres : comédie, drame sentimental, critique théâtrale et polémique religieuse. Il fixe par ailleurs les principes du nouveau théâtre allemand en créant le drame bourgeois *(Emilia Galotti)*.
Son contemporain, **Emmanuel Kant** (1724-1804), s'attache à définir le champ du connaissable ; seul ce qui est déterminé par les formes pures de l'entendement fait l'objet d'une connaissance rationnelle. Ce qui échappe à cette détermination (l'âme, Dieu…) peut certes être « pensé » et donner lieu à une « croyance », mais ne saurait être « connu ».

« STURM UND DRANG » ET CLASSICISME

Par réaction contre le rationalisme de l'Aufklärung, le **Sturm und Drang** (Tempête et Élan), mouvement qui correspond au préromantisme en France, exalte le sentiment, la nature et la liberté. Ce violent courant d'émancipation (1770-1785) a eu pour conséquence un renouveau de l'inspiration poétique. Il privilégie la poésie, « langue mère de l'espèce humaine », et revisite le passé germanique, portant un intérêt particulier à un genre comme la chanson populaire. Les œuvres du jeune **Goethe** (1749-1832), ainsi *Les Souffrances du jeune Werther,* témoignent de l'influence du Sturm und Drang. Toutefois, le poète et génie universel qu'est Goethe ne devait pas tarder à tempérer cet enthousiasme pour se tourner vers la tradition de l'humanisme classique. Exerçant, avant l'émergence du courant romantique, dont il se tint toujours à l'écart, une sorte de magistère sur les lettres allemandes, il est l'auteur d'une œuvre abondante. Elle comprend notamment des drames classiques *(Iphigénie en Tauride, Egmont, Torquato Tasso)*, des romans *(Les Affinités électives, Les Années d'apprentissage de Wilhelm Meister)*, et les deux *Faust* (1808 et 1832). Établi à Weimar à partir de 1775, Goethe fut rejoint par **Herder**, **Wieland** (1733-1813) et surtout **Schiller** (1759-1805). Poète et dramaturge de génie, ce dernier fit de ses drames historiques *(Don Carlos, Wallenstein, Guillaume Tell)* des hymnes dramatiques à la liberté.

Hölderlin et Büchner

À l'écart des grands courants du siècle, ces deux auteurs ont produit une œuvre au rayonnement considérable. **Friedrich Hölderlin** (1770-1843), auteur tragique et lyrique *(Hypérion, La Mort d'Empédocle)*, passionné par la Grèce ancienne, s'exprime dans de nombreuses odes dans lesquelles les possibilités métriques se marient idéalement aux sonorités de la langue allemande ; **Georg Büchner** (1813-1837), d'une originalité étonnamment moderne, offre une œuvre d'une rare intensité. Citons *La mort de Danton*, *Woyzeck*, et surtout *Lenz*, témoignage poignant sur la folie poétique.

LE 19e S. ROMANTIQUE

Période foisonnante, à la richesse vertigineuse, ce siècle offre à l'imagination une matière inépuisable.

Les romantiques vont puiser tout au long du siècle dans quelques sources communes :

D'abord la redécouverte d'un Moyen Âge imaginaire, le **gothique** ; ensuite la revitalisation de la Grèce antique ; puis les contes et légendes populaires, surtout lorsqu'ils sont fantastiques ; les méandres des sentiments humains (amour, solitude, errance, désespoir et mort) ; et enfin la nature, qui peut refléter ces états d'âme.

Les grandes figures du mouvement romantique seront tout d'abord **Arnim** (1781-1831) et **Brentano** (1778-1842), qui publièrent un recueil de légendes populaires *Des Knaben Wunderhorn* (Le Cor merveilleux de l'enfant), qui eut un succès retentissant. Dans le même esprit, nous pouvons citer les contes des **frères Grimm** (Jacob 1785-1863 et Wilhelm 1786-1859) et ceux d'**E.T.A. Hoffmann** (1776-1822).

La poésie allemande, outre Goethe (1749-1832), s'épanouit avec des auteurs comme **Novalis** (1772-1801), **Eichendorff** (1788-1857), **Heinrich Heine** (1797-1856) ou **Mörike** (1804-1875).

Un peu en retrait de la scène romantique, le dramaturge **Heinrich von Kleist** (1777-1811) donne au théâtre des pièces remarquables, en particulier *Le Prince de Homburg* (1810), drame de l'homme d'action plongé dans ses rêves. Sa nouvelle *La Marquise d'O* (1808) sera adaptée au cinéma par Eric Rohmer.

Dans le domaine philosophique, la pensée allemande domine alors l'Europe. **Hegel** (1770-1831), avec *La Phénoménologie de l'esprit,* cherche l'équilibre entre absolu et raison avant de construire sa philosophie du droit et ses recherches sur l'esthétique. **Schopenhauer** (1788-1860), théoricien pessimiste du vouloir-vivre, décrit la réalité dernière comme volonté, et cette volonté comme souffrance (*Le Monde comme volonté et représentation*, 1818) ; son influence sur la formation de la pensée d'auteurs comme **Nietzsche** *(voir ci-après)*, **Freud** (1856-1939) ou **Wittgenstein** (1889-1951) fut décisive.

Comment ne pas évoquer également **Karl Marx (**1818-1883), dont l'étude sur la relation entre le travail et le capital suscite encore la polémique. Enfin, **Friedrich Nietzsche** (1844-1900), l'un des philosophes les plus controversés de l'Histoire, puisqu'il n'a cessé de chercher à libérer la pensée des carcans issus de la morale judéo-chrétienne.

LE RETOUR DU « GOTHIQUE »

Le terme « gothique » fut inventé au 16e s. par le peintre et théoricien italien Giorgio Vasari pour désigner dédaigneusement un art « barbare » supposé ne pouvoir appartenir qu'aux Goths et que la Renaissance se devait d'oublier. Vasari ne se doutait pas alors que ce terme s'ennoblirait au moment de la redécouverte au 19e s. du « temps des cathédrales ».

L'ÉPOQUE CONTEMPORAINE

Habitées par la dualité souvent irréconciliable entre l'esprit et les sens, entre l'irrationnel et le rationnel, les œuvres de **Thomas Mann** *(Les Buddenbrook, La Mort à Venise, La Montagne magique)* et **Hermann Hesse** *(Le Loup des steppes)* portent l'écho du nietzchéisme.
Alfred Döblin (1878-1957), l'un des romanciers allemands les plus importants du 20ᵉs., renouvelle la forme romanesque avec *Berlin Alexanderplatz* (1929), la rend polyphonique et cinématographique. Il fait entrer les rues de Berlin et leur ambiance aux côtés du héros Franz Biberkopf qui se bat contre la cruauté de la vie.
La pensée des années 1930 et 1940 est marquée par une interrogation croissante sur le sens de la vie; se nourrissant des apports de la phénoménologie husserlienne, **Heidegger**, et dans une moindre mesure **Jaspers**, réintroduit la question de l'être au cœur de la philosophie.
Hannah Arendt (1906-1975), qui suivit leur enseignement, est aujourd'hui une des figures majeures de la pensée contemporaine. Contrainte à l'exil à partir de 1933, ses écrits sont une puissante réflexion sur le totalitarisme, l'antisémitisme et la « banalité du mal » *(Les Origines du totalitarisme, Condition de l'homme moderne, Eichmann à Jérusalem).*
La scène théâtrale est dominée par la personnalité de **Bertolt Brecht** (1898-1956) *(L'Opéra de Quat'sous, Mère Courage, Galilée).* Auteur socialiste engagé, il refuse le « théâtre de l'illusion » et prône la distanciation : le spectateur doit être un observateur critique de ce qui se déroule sur scène.
Le national-socialisme oblige bon nombre d'écrivains à s'exiler (**Walter Benjamin**, **Alfred Döblin**, **Thomas** et **Heinrich Mann**...).
Enfin, **Ernst Jünger** (1895-1998) publie courageusement son roman *Sur les falaises de marbre* en 1939.

LA LITTÉRATURE DEPUIS 1945

Marqués par la folie criminelle nazie, les écrivains d'après-guerre, réunis autour du Groupe 47 (année de sa création), cherchent à explorer les domaines de la conscience et de la culpabilité.
Günther Grass (né en 1927) illustre dans *Le Tambour* les conséquences du nazisme sur l'Allemagne à travers le refus de grandir d'un

BERLIN, VIENNE, PRAGUE ET LA GERMANITÉ

L'Allemagne n'a pas toujours été l'État-nation que nous connaissons aujourd'hui, elle a longtemps cherché à se donner une définition. À partir du 19ᵉ s., elle veut se construire autour du concept de la germanité même : « Qu'est-ce qui est allemand ? » Écrivains, philosophes et musiciens seront hantés par cette question. La confusion est d'ailleurs bien réelle dans les rapports entretenus avec l'Autriche qui, de son côté, rassemble une mosaïque de minorités - juifs, tchèques, slovaques, hongrois, polonais, serbes... La langue allemande restera pour longtemps l'axe unificateur d'écrivains viennois comme Arthur Schnitzler ou Stefan Zweig, praguois comme Rilke ou Kafka, roumain comme Paul Celan qui écrit dans la langue de l'occupant, voire du bourreau. Certains compositeurs ont contribué à ce brouillage, tels Beethoven ou Richard Strauss, allemands de naissance et viennois d'adoption. La difficulté à définir la germanité a finalement été la faille dans laquelle la politique raciale nazie s'est engouffrée. Exaltant la culture allemande, elle l'a par la suite inévitablement stigmatisée.

enfant. Quant à **Heinrich Böll** (1917-1985), il dégage une morale tout empreiinte d'humanisme *(Portrait de groupe avec dame, L'Honneur perdu de Katharina Blum).*
Soucieux de sortir la littérature de ses frontières allemandes, un auteur comme **Heiner Müller** (1929-1995) revisite quelques grands mythes littéraires européens : *Les Liaisons dangereuses* avec *Quartett*, Shakespeare avec *Macbeth* et *Hamlet-Machine*.
Encore plus proche de nous, **Peter Handke** (né en 1942) distille un savant dosage d'essai et de fiction, dépassant le cadre de la seule Germanie : *Essai sur la fatigue*, *Essai sur la journée réussie* (etc.), *L'Angoisse du gardien de but au moment du penalty*. Scénariste, il collabore avec Wim Wenders *(Les Ailes du désir...)*.
Enfin, **Paul Celan** *(La Rose de personne)* est l'un des grands noms de la poésie allemande contemporaine.

Musique

L'Allemagne et le monde germanophone en général ont considérablement contribué à enrichir la musique occidentale. Connaissant un premier point d'orgue au 18e s., avec la période baroque, la musique allemande s'affirme ensuite à travers des compositeurs de génie comme Beethoven et Wagner. Les recherches contemporaines, menées depuis l'apparition du dodécaphonisme, témoignent aujourd'hui encore de la vitalité du courant musical allemand.

DES TROUVÈRES AUX MAÎTRES CHANTEURS

Aux 12e et 13e s., la cour des seigneurs constitue le lieu d'expression musicale par excellence. Les **Minnesänger** (trouvères), souvent de nobles chevaliers tels **Wolfram von Eschenbach** ou **Walther von der Vogelweide**, puisent leur inspiration dans la poésie lyrique française.
Les **maîtres chanteurs** *(Meistersinger)*, du 14e au 16e s., adoptent un mode de vie sédentaire et s'organisent en corporations. Ils introduisent la polyphonie en Allemagne. Parmi eux, citons **Heinrich von Meissen** (1250-1318) qui marqua la transition du *Minnesang* à la poésie des *Meistersinger*. Cordonnier de son état et ardent défenseur de Luther, **Hans Sachs** (1494-1576) est l'auteur d'une œuvre abondante ; nombre de ses compositions furent adaptées sous la forme de chorals protestants. Sachs fut choisi par Wagner comme sujet de son opéra *Les Maîtres chanteurs de Nuremberg*.

DE LA RENAISSANCE AU 17e S.

La Réforme luthérienne donne son autonomie à la musique allemande avec l'apparition du choral, fruit de la collaboration entre **Luther** et **Johann Walther** (1496-1570). Cantique à la mélodie simple, le choral, chanté en langue vulgaire, s'ouvre bientôt au répertoire profane et intègre les genres musicaux populaires. Il donnera plus tard naissance à la cantate et à l'oratorio allemands.
Grand maître de la musique sacrée, **Heinrich Schütz** (1585-1672) marie admirablement les éléments du génie allemand et italien. Il compose le premier opéra allemand, *Dafne*, œuvre malheureusement perdue.
La seconde moitié du 17e s. voit se multiplier les écoles d'orgue, l'une des plus fameuses ayant son siège à Nuremberg. Modèle pour Bach, **Dietrich Buxtehude** (1637-1707) organise les premiers concerts spirituels.

BACH ET LA MUSIQUE BAROQUE

Sa science de la composition, sa capacité d'invention et sa maîtrise absolue du contrepoint permettent à **Bach** (1685-1750) de porter au plus haut degré d'achèvement tous les genres qu'il aborde. Établi à Weimar jusqu'en 1717, il effectue ensuite, auprès du prince de Köthen, un séjour de quelques années à l'occasion duquel il compose *Les Concertos brandebourgeois*.
En 1723, il s'installe à St-Thomas de Leipzig comme « cantor ». Bach doit y composer une cantate par semaine, pour la liturgie du dimanche. Travailleur infatigable, il assure en outre les offices de quatre églises, enseigne le latin, le chant et trouve le temps d'écrire nombre d'œuvres instrumentales ou vocales. Mentionnons, parmi d'autres chefs-d'œuvre, *Le Clavier bien tempéré* (1722 et 1744) et *La Passion selon saint Matthieu* (1727).
Compositeur de cour brillant, influencé par ses voyages en Italie, **Georg Friedrich Haendel** (1685-1759) excelle dans l'opéra et l'oratorio (*Le Messie*, 1742).
Natif de Halle, il assume pendant un temps la charge d'organiste de la cathédrale de cette ville, avant de poursuivre sa carrière à l'opéra de Hambourg, puis en Angleterre, où il s'établit à partir de 1714.

DE L'ÉCOLE DE MANNHEIM À BEETHOVEN

Au milieu du 18e s., les musiciens de **l'école de Mannheim** contribuent à mettre au point la forme moderne de la symphonie. Sensible aux innovations de Mannheim, **Gluck** (1714-1787) entreprend de « réformer l'opéra ». Il supprime le récitatif et donne naissance à des œuvres épurées, où s'affirme la primauté du texte poétique.
À Paris, il déchaîne d'un côté l'enthousiasme des novateurs, de l'autre les fureurs des partisans de l'opéra traditionnel à l'italienne. C'est la fameuse « querelle des Bouffons ». Cette période est également marquée par l'apparition en Allemagne du **Singspiel**, sorte d'opéra populaire où les dialogues sont entrecoupés de pièces en forme de lied. *La Flûte enchantée* de Mozart (1791) et le *Fidelio* de Beethoven (1814) fournissent une illustration brillante de ce genre plus tard identifié à l'opérette.

VIENNE, BERCEAU DE LA MUSIQUE ALLEMANDE ?

À la fin du 18e s., la capitale des Habsbourg devient le poumon musical de toute l'Europe centrale. Les pères fondateurs, **Haydn** et **Mozart**, vont y créer un style dit « classique », qui hantera la vie musicale européenne jusqu'à la Seconde Guerre mondiale.
L'attraction de Vienne est à l'origine d'un brouillage extrêmement

LE STYLE CLASSIQUE

Le style classique se caractérise par l'obsession des formes prédéfinies (à la manière du sonnet en poésie française), qu'elles soient héritées du passé, comme l'opéra, ou créées de toutes pièces, comme le quatuor à cordes. Peu de compositeurs échapperont aux cadres standardisés tels que Haydn les a fixés : la symphonie en quatre mouvements, le concerto en trois mouvements, le quatuor à cordes, la sonate, le lied (pour piano et chant), etc. Et pourtant la force du génie de chacun consistera précisément à façonner ce formalisme en fonction de son inspiration propre.

Portrait de Beethoven.
D.R.

fécond : des compositeurs d'origine et de culture différentes ne vont cesser de s'y côtoyer.

Les pères fondateurs

Haydn (1732-1809), véritable génie de la construction formelle, met au point l'ensemble des règles du style classique. Compositeur prolixe, il écrivit 104 symphonies, 17 opéras, 84 quatuors… dont l'op.76 qui comporte l'actuel hymne allemand. **Mozart** (1756-1791), immense génie de l'histoire de la musique, donne ses lettres de noblesse à la voie ouverte par Haydn, auquel il dédie six de ses quatuors. Quel que soit le genre abordé, et il les aborda tous, il s'arrange toujours pour rester Mozart, notamment dans ses opéras *(Don Juan, Les Noces de Figaro, Cosi Fan Tutte…)* et ses concertos pour piano. Son inspiration excelle particulièrement dans l'alliance subtilement poétique de la légèreté et de la profondeur des sentiments humains.

Né à Bonn, **Beethoven** (1770-1827) se rend à Vienne pour y recevoir l'enseignement de Haydn. Transformant les genres existants, il introduit dans la musique de nouvelles harmonies qui annoncent le romantisme. La profondeur de sa réflexion, tantôt pleinement intériorisée, tantôt élargie en une croyance dans l'universalité du pouvoir de la musique, éclate avec une formidable puissance d'expression, notamment dans ses derniers quatuors.

LA MUSIQUE ROMANTIQUE ET WAGNER

Le *Freischütz* de **Carl Maria von Weber** (1786-1826), premier opéra romantique allemand, est annonciateur du drame wagnérien. Créé en 1821 à Berlin, il obtient un véritable triomphe, auquel l'emploi des chants populaires n'est certainement pas étranger. L'univers aérien de **Felix Mendelssohn Bartholdy** (1809-1847) est, quant à lui, étranger aux forces du mal qui planent dans le *Freischütz*. Il fut un musicien classique de par la clarté et la transparence de son écriture. **Robert Schumann** (1810-1856), tour à tour passionné et tendre, nourri de tradition germanique, s'efforce de concilier exigence stylistique et expression personnelle. Critique musical talentueux, il écrit d'abord pour le piano seul *(Carnaval, Kinderszenen)* puis, écoutant son admiration pour Schubert et les conseils de son ami Mendelssohn, il se lance dans la composition de lieder *(Dichterliebe)*. Il évolue ensuite surtout vers le genre symphonique et la musique de chambre. Proche de Schumann, **Johannes Brahms** (1833-1897) incarne le romantisme allemand dans une expression classique, ce qui l'amena à être taxé de formalisme.

Couronnement du mouvement romantique allemand, l'œuvre de **Richard Wagner** (1813-1883) crée un nouveau genre d'opéra : le drame. La musique, au service de ce drame, doit selon lui créer un « climat » hors duquel le message ne peut passer, d'où l'importance de l'orchestration. Il s'appuie sur un langage musical nouveau en inventant une structure inédite, le *leitmotiv*, thème musical qui revient au fur et à mesure du déroulement de l'œuvre, sous des formes chaque fois enrichies.

Conçu par Wagner lui-même comme lieu destiné à la représentation de l'œuvre d'art totale *(Gesamtkunstwerk)*, le théâtre de Bayreuth est inauguré en 1876 avec *L'Anneau du Nibelung* (tétralogie qui comprend *L'Or du Rhin*, *La Walkyrie*, *Siegfried* et *Le Crépuscule des dieux*), fruit d'un travail s'étendant sur 22 années. Le dernier opéra de Wagner, *Parsifal*, donné à Bayreuth en 1882, aborde le thème de la rédemption à travers le renoncement.

LA TUTELLE VIENNOISE

Au tournant du 19e et du 20e s., la musique allemande peine à s'affranchir de la tutelle viennoise. **Richard Strauss** (1864-1949) invente le poème symphonique à l'orchestre somptueux *(Ainsi parlait Zarathoustra)*, mais c'est

CULTURE ET FRONTIÈRES ALLEMANDES

Aujourd'hui, l'histoire a dégagé l'interpénétration des destinées allemande et autrichienne. Mais d'un point de vue culturel, des confusions demeurent, notamment pour ceux qui ont tendance à vouloir identifier nation, tradition et frontière. Si Molière est clairement un auteur français et Tolstoï un auteur russe, que dire de Rilke, Kafka, Schnitzler, Musil ou Handke ?

Contrairement aux dires de la propagande nazie, la germanité culturelle se définit autant par ses racines allemandes, avec Goethe, ou autrichiennes avec Stefan Zweig, que par ses mariages avec des particularismes et des communautés régionales ou nomades. Ainsi Brahms, compositeur allemand, travaille à Vienne et crée *Les Danses hongroises*, d'inspiration tzigane. Chez Mahler, la compassion et la souffrance sont issues d'un judaïsme moral, auquel il saura donner une dimension universelle. On la retrouve chez Schönberg, lui aussi d'origine juive, dans son opéra *Moïse et Aaron* et dans son oratorio *L'Échelle de Jacob*. Wagner, beaucoup plus cosmopolite dans la réalité que dans la caricature, s'inspire de légendes scandinaves pour *L'Anneau du Nibelung*, de la « matière de Bretagne » pour *Tristan et Isolde* et *Parsifal*, mais surtout il s'appuie sur la tragédie grecque et sur l'œuvre de Shakespeare pour l'essence théâtrale de ses opéras. Musicalement, il salue sa dette envers Berlioz en lui dédiant le *Tristan*. Et pour construire l'opéra de Bayreuth, il prend pour modèle le théâtre d'Épidaure.

pour faire danser sur un rythme de valse…, qu'il n'oubliera pas dans son opéra *Le Chevalier à la rose*. **Gustav Mahler** (1860-1911) illustre parfaitement ce carrefour des styles dont il est l'héritier et qu'il exploite dans son écriture où dialoguent lied et symphonie.

L'école de Vienne

La nécessité d'élargir le langage musical conduit **Arnold Schönberg** à élaborer un nouveau système : le dodécaphonisme. Onde de choc sans précédent puisque les repères mélodiques traditionnels n'existent plus. Ils sont remplacés par la série (12 sons), la couleur sonore, le rythme… Avec ses deux élèves, **Alban Berg** et **Anton Webern**, il contribue à établir les bases de la modernité au sein du mouvement appelé « école de Vienne ». **Paul Hindemith** (1895-1963) est étranger aux innovations de Schönberg ; en rupture avec la tradition allemande, il trouva une voie originale entre atonalité et dodécaphonisme.

L'ÉPOQUE CONTEMPORAINE

Après la période nazie qui voit triompher un compositeur aux tendances réactionnaires comme **Carl Orff** (1895-1982), principalement connu pour ses *Carmina Burana*, la musique allemande se cherche des perspectives nouvelles. Elle va les trouver grâce à **Karlheinz Stockhausen** (1928-2007), qui n'aura de cesse de s'affranchir des traditions jugées étouffantes, en cultivant l'originalité jusqu'à l'obsession (musique électronique et aléatoire). Ses successeurs, notamment **Wolfgang Rihm** et **Heiner Goebbels**, tous les deux nés en 1952, qui tentent de juguler l'héritage de Stockhausen dans ce qu'il a eu de destructeur sauront peut-être réconcilier l'avenir avec le passé.

MUSIQUES ACTUELLES

À la fin des années soixante naît le *Krautrock* (« rock chou », référence à la choucroute), un style de rock expérimental qui explore les possibilités offertes par un nouvel instrument : le synthétiseur. Incarné d'abord par le Berlinois **Klaus Schulze** et la formation rock psychédélique Can, puis la décennie suivante par le groupe mythique **Kraftwerk**, précurseur de la musique électro (on lui doit le célèbre titre *Radioactivity*), le *Krautrock* ne dépassera pourtant les frontières de l'Allemagne que dans les années 1980.

La scène punk rock a, quant à elle, trouvé dès ses débuts une ambassadrice en la diva déjantée **Nina Hagen**, qui devient célèbre en 1979 avec son tube *African Reggae*. D'autres groupes, inconnus à l'étranger, sont des légendes vivantes outre-Rhin, tels Die Ärzte ou Die Toten Hosen, avec leur plus grand succès *Zehn kleine Jägermeister* (1996), ou bien encore *Sehnsucht* du groupe Rammstein (1997), mélange de heavy metal et de sons électroniques. Citons également le rockeur hambourgeois **Udo Lindenberg**, le « *Johnny Hallyday allemand* », qui enchaîne les tournées depuis plus de quatre décennies.

Les années 1990 voient l'émergence d'une scène techno, dont la **Love Parade**, cet immense défilé qui avait lieu chaque été dans les rues de Berlin, est restée le symbole. Aujourd'hui, la capitale allemande est devenue un temple de l'électro minimale, ses nombreux DJs se produisant dans des clubs qui attirent des amateurs du monde entier. L'électro berlinoise a été notamment popularisée par le film *Berlin Calling* (2008), dont le rôle-titre comme la bande-son ont été confiés au célèbre producteur de musique électro, Paul Kalkbrenner.

Cinéma

Après la période expressionniste des années 1920, qui donna naissance à de nombreux chefs-d'œuvre, le cinéma allemand connut une éclipse dont il ne sortit qu'au cours des années 1960.

L'ÂGE D'OR DE L'EXPRESSIONNISME

La création de l'**UFA** en 1917 *(Universum Film Aktiengesellschaft)*, compagnie de production aux moyens très importants et dirigée, à partir de 1921, par le producteur **Erich Pommer**, a permis la réalisation d'œuvres fastueuses. L'expressionnisme sensible dans l'expression littéraire, théâtrale et picturale, marqua aussi, dans le contexte politique et social troublé de l'après-guerre, la production cinématographique. Dans des ambiances souvent angoissantes, cultivant l'exaspération des formes et des contrastes, il se caractérise notamment par l'emploi du clair-obscur et la stylisation géométrique du décor. Les œuvres relevant d'une esthétique purement expressionniste sont en réalité peu nombreuses ; on pensera en particulier au *Cabinet du Docteur Caligari* (1919), chef-d'œuvre de **R. Wiene**. Les années 1920 sont dominées par les réalisations de **F.W. Murnau** (*Nosferatu le Vampire*, 1922, *Le Dernier des hommes*, 1924, *Faust*, 1926) et **Fritz Lang** (*Docteur Mabuse*, 1922, *Metropolis*, 1925). L'œuvre allemande de Lang connaît son point d'orgue en 1931 avec *M. le Maudit*, premier film parlant du réalisateur. *Le Testament du Docteur Mabuse* en 1932 fut l'objet de la censure nazie. Lang, à qui Goebbels avait proposé la direction de la production cinématographique du Reich, ne devait pas tarder à prendre le chemin de l'exil pour s'établir en Californie, où il poursuivit sa carrière de réalisateur.
L'Allemagne des années 1920 a également donné naissance à des œuvres d'orientation réaliste, en rupture avec la tendance expressionniste dominante. Les réalisations de **G.W. Pabst** (*La Rue sans joie*, 1925, *Le Journal d'une fille perdue*, 1926, *Loulou*, 1929) s'inscrivent dans cette tendance, à laquelle appartient aussi l'admirable *Ange bleu* (1930) de **J. von Sternberg**.

UN ÉLAN BRISÉ

L'élan si prometteur du cinéma allemand, après la Première Guerre mondiale, fut malheureusement brisé par l'avènement du IIIe Reich. Nombre de réalisateurs et acteurs choisirent la voie de l'exil. Les nationaux-socialistes firent du septième art un outil au service de l'idéologie du régime ; la cinéaste **Leni Riefensthal** se distingue, dans ce genre généralement décevant du film de propagande, avec des réalisations d'une étonnante beauté formelle (ainsi *Les Dieux du stade* qui magnifient les Jeux olympiques de Berlin de 1936).
L'après-guerre fut une longue traversée du désert. Alors qu'en RDA prévalait l'esthétique du « réalisme-socialiste », la production des années 1950 en RFA fut de faible qualité. Seuls quelques films, de **Helmut Kaütner**, échappent à la médiocrité dominante.

LE CINÉMA EN EX-ALLEMAGNE DE L'EST

Comme à toutes les autres formes d'art, on confia pour mission au cinéma de l'ex-Allemagne de l'Est d'éduquer le peuple. Il y eut tout d'abord un grand nombre de films s'inspirant de classiques de la littérature, les réalisateurs n'osant pas aborder les thèmes d'actualité. En trente ans, **Konrad Wolf** s'est véritablement imposé. Il connut un succès international avec *Étoiles* (1958). Dans *Solo Sunny* (1979), il plaida pour la première fois en faveur de l'individualisme, créant ainsi un climat de contestation au sein de la production cinématographique est-allemande.

LE RENOUVEAU DES ANNÉES 1960

Acte de naissance d'un langage cinématographique nouveau, le **manifeste Oberhausen** de 1962 fut signé par 26 jeunes cinéastes ; la relance tant attendue arrivait enfin. À l'instar de la « Nouvelle Vague » en France, un « jeune cinéma allemand » apparaît dans les années 1960. Les premiers à se faire connaître sont **Werner Herzog**, **Volker Schlöndorff** (*Les Désarrois de l'élève Törless*, 1966) et **Alexander Kluge** (*Les Artistes sous le chapiteau : perplexes*, 1968). Cette jeune génération assura au cinéma allemand une renommée internationale dans le milieu des années 1970. Volker Schlöndorff tourne *L'Honneur perdu de Katharina Blum* (avec **Margarethe von Trotta**, 1975) et *Le Tambour* (1979). Werner Herzog s'évade dans un monde imaginaire et exotique avec *Aguirre ou la colère de Dieu* (1972), *Nosferatu, fantôme de la nuit* (1979) et *Fitzcarraldo* (1982). L'**école de Munich** compte dans ses rangs **Rainer Werner Fassbinder** (1945-1982), qui travailla également pour la télévision et laissa derrière lui une œuvre considérable (*Tous les autres s'appellent Ali,* 1973 ; *Le Mariage de Maria Braun,* 1978 ; *Berlin Alexanderplatz,* téléfilm en 14 épisodes, 1980), et **Wim Wenders** (*L'Ami américain,* 1977 ; *Paris, Texas,* 1984 ; *Les Ailes du désir,* 1987 ; *Buena Vista Social Club*, 1999). La seule réalisatrice féminine à s'être imposée est **Margarethe von Trotta** (*Rosa Luxembourg*, 1986 ; *La Promesse*, 1995). **Edgar Reitz**, lui aussi dans la mouvance du jeune cinéma allemand, acquiert une renommée par-delà les frontières avec sa saga *Heimat* (1984) et sa suite *Heimat 2* (1993).

UNE NOUVELLE VITALITÉ

Avec la sortie du film *Cours, Lola, cours* (1999) de **Tom Tykwer**, le cinéma allemand retrouve une nouvelle vigueur. **Caroline Link** obtient un joli succès avec *Jenseits der Stille* (1996), mais c'est surtout avec *Une enfance en Afrique* qu'elle se fait connaître au niveau international (Oscar en 2002).
Le *Goodbye Lenin* de **Wolfgang Becker**, couronné en 2003 par le prix du meilleur film européen au festival de Berlin, rencontre un grand succès dans nombre de pays (1,2 million d'entrées en France). Cette tragi-comédie décrit à travers la vie d'une famille est-allemande la chute du communisme dans l'ex-Allemagne de l'Est.
Oliver Hirschbiegel décide de briser les tabous en montrant, dans le drame historique *La Chute* (2005), les derniers jours d'Hitler. Oscar du meilleur film étranger et récoltant de nombreux autres prix, *La Vie des autres* (2006), réalisé par **Florian Henckel von Donnersmarck**, aborde, à travers une histoire forte, les pratiques de la Stasi dans l'ex-Allemagne de l'Est. D'autres réalisateurs ont également choisi de se tourner vers des questions de société, tel **Fatih Akin**, réalisateur allemand d'origine turque, avec *Head On* (2004), *De l'autre côté* (2007) et la comédie hambourgeoise *Soul Kitchen* (2009).

Bon à savoir – Le **Festival du cinéma allemand** (www.festivalcineallemand.com) se déroule à Paris, chaque année en octobre. Quant au **Festival Augenblick** dédié au cinéma de langue allemande, il se déroule tous les ans au printemps à Altkirch en Alsace (www.festival-augenblick.fr).

Paysages et régions

Au cœur de l'Europe, délimitée au sud par les Alpes et au nord par la mer Baltique, l'Allemagne est pratiquement dépourvue de frontières naturelles à l'ouest et à l'est. Cette large ouverture aux échanges a marqué profondément son histoire et sa civilisation. Le territoire allemand offre une grande diversité de richesses naturelles : montagnes boisées, majestueuses forêts de bouleaux protégées, chênes millénaires, marais salants, marécages, tourbières, dunes, prairies et landes.

Trois grandes régions

L'ALLEMAGNE DU NORD

Au nord du pays, l'immense plaine germano-polonaise, formée par les glaciations du quaternaire, doit à son socle cristallin résistant de n'avoir pas été profondément touchée par les plissements hercyniens et alpins.

La basse vallée du Rhin et la Westphalie

Verdoyante et plate, mais à l'abri des inondations, la plaine du Rhin inférieur évoque, par ses maisons confortables, la Hollande voisine. On retrouve un paysage semblable autour de Münster, dans la plaine bocagère de la Westphalie qui offre, en outre, l'attrait de ses nombreux châteaux à douves (Wasserburgen).

La grande plaine du Nord

Malgré sa structure uniforme, cette vaste région, qui s'étend pour sa partie allemande de l'Ems à l'Oder, présente une certaine diversité de paysages. Au sud, au pied des dernières hauteurs de la Weser et du Harz, entre la Weser et l'Elbe, s'étendent les campagnes des Börde, dont une couverture de lœss (limon très fin et fertile déposé par le vent) assure la fertilité légendaire. Cette zone très peuplée est favorisée par son sous-sol riche en minerai de fer et en potasse.
Plus au nord, la région de la Geest, de part et d'autre de l'Elbe, doit aux glaciers scandinaves qui la recouvraient encore à l'époque paléolithique, un drainage insuffisant et des sols trop sablonneux ; entre Berlin et la Baltique, le plateau du Mecklembourg est parsemé de lacs peu profonds et entrecoupé de dépôts morainiques témoins de la présence prolongée du front glaciaire.
À l'ouest de la Basse-Weser et dans la région de Worpswede, au nord de Brême, les tourbières (Moor), dont la plupart ont été mises en culture après leur assainissement par drainage, font parfois place à des herbages très humides.

Chapelle St-Bartholomä au bord du Königssee.
RW-Design / Fotolia.com

La région située au sud de Lunebürg conserve, grâce à l'existence d'une réserve naturelle, un paysage de lande intact.

La côte de la mer Baltique

La côte allemande de la mer Baltique, qui s'étend de Flensburg jusqu'à l'estuaire de l'Oder (Stettiner Haff), est un paysage de moraines, qui présente à plusieurs endroits des éminences de plus de 100 m d'altitude. Vu la faible amplitude des marées de la mer Baltique, dont la profondeur moyenne n'est que de 55 m, cette côte n'a subi que des altérations relativement minimes. C'est pourquoi de nombreuses villes riches en traditions ont pu s'établir ici. Entre les baies de Lübeck et de Kiel, on trouve la Suisse du Holstein, vestige glaciaire d'une moraine frontale profonde qui a donné naissance à une succession de lacs et de collines. Plus à l'est, la côte est caractérisée par des golfes découpés et peu profonds (Bodden) datant de la période postglaciaire. Quatre îles gardent la côte, la plus importante étant Rügen.

La côte de la mer du Nord

Cette côte, qui s'étend des Pays-Bas au Danemark, est soumise par le vent et les vagues à d'incessantes mutations. Les marées (qui se répètent toutes les 12 heures, 25 minutes et 53 secondes) font monter et descendre le niveau de la Wattenmeer (nom allemand de cette mer côtière) de 2 à 3,50 m. Plusieurs groupes d'îles longent la côte, immenses étendues de vase d'une largeur de 5 à 30 km recouvertes d'eau à marée haute et délaissées à marée basse.
Le système écologique de la Wattenmeer héberge quelque 2 000 espèces animales, allant du phoque jusqu'à de minuscules organismes dont la taille ne dépasse pas le dixième de millimètre.
Derrière la côte s'étend une large bande d'anciens polders, les Marschen, endigués par l'homme au cours des siècles. Les marées y avaient accumulé dans des temps plus lointains des masses de sable fin auxquelles étaient incorporées des substances végétales et animales, qui constituaient la base

des sols riches des Marschen, dont l'agriculture tire profit aujourd'hui. Puis viennent les collines de la Geest, moins fertiles, constituées de détritus d'origine glaciaire : sables, graviers, glaises et éboulis. Dans les dépressions s'étirent de vastes marais, partiellement cultivés. C'est au fond des interminables estuaires de l'Elbe et de la Weser que se trouvent les deux principaux ports allemands : Hambourg et Brême.

L'ALLEMAGNE CENTRALE

À l'ère primaire, le formidable plissement hercynien a créé, au centre de l'Allemagne actuelle, un ensemble complexe de petits massifs, aujourd'hui usés et en grande partie boisés, et de dépressions. En bordure de cette zone hercynienne se sont accumulés les dépôts houillers de la Ruhr et de la Silésie, qui ont permis l'essor industriel du pays au 19e s.

Le Massif schisteux rhénan

Ce massif ancien, entaillé par le Rhin (qui constitue la seule véritable voie de communication entre le nord et le sud du pays), la Moselle et la Lahn, se compose de l'Eifel, du Westerwald, du Taunus et du Hunsrück. Ces différents blocs se caractérisent par la rudesse de leur climat. L'Eifel forme un plateau bien connu pour ses lacs de cratère ou Maare. Le Haut-Sauerland (841 m), montagne couverte de forêts, joue, grâce à ses barrages, le rôle de réserve d'eau pour la région industrielle de la Ruhr.

Les monts de la Haute-Hesse et de la Weser

Entre le Massif schisteux rhénan et la forêt de Thuringe (Thüringer Wald) règne un dédale de hauteurs, parfois volcaniques (Vogelsberg, Rhön), et de bassins qui ont été utilisés comme voies de passage, depuis les premières invasions, entre l'Allemagne du Nord et l'Allemagne du Sud. Les monts de la Weser, prolongés à l'ouest par le Teutoburger Wald, forment entre la Westphalie et l'Allemagne du Nord un obstacle que l'on franchit le plus aisément à la Porta Westfalica, près de Minden. Plus à l'est, les monts Métallifères (Erzgebirge) servent de frontière naturelle avec la République tchèque.

Le Harz

Ce massif relativement élevé, situé au cœur de l'Allemagne (point culminant : 1 142 m au Brocken), jouit d'un climat de montagne, caractérisé par d'importantes chutes de neige en hiver.

L'ALLEMAGNE DU SUD

Au sud, le domaine alpin du pays se limite aux Préalpes bavaroises dont les débris arrachés et broyés par les dernières glaciations quaternaires ont formé le Plateau bavarois, vaste glacis qui s'étend jusqu'au Danube.

La plaine du Rhin supérieur

De Bâle à la trouée de Bingen, un sol de lœss très fertile et un climat peu pluvieux, aux printemps précoces et aux étés très chauds, ont permis le développement de cultures riches (blé, houblon, tabac) et celui de la vigne.

La Forêt-Noire

Ce bloc cristallin (1 493 m au Feldberg) dominant le fossé du Rhin est relativement peuplé. Un climat privilégié et d'importantes ressources thermales lui assurent une forte fréquentation touristique.

Le bassin souabe-franconien

La Franconie, constituée de vastes plateaux faiblement ondulés, est bordée au sud-est par le petit massif calcaire du Jura franconien, d'où l'on extrait la plus belle pierre de revêtement d'Allemagne, et au nord et au nord-est par les massifs cristallins, très boisés, des confins de Bohême et de Thuringe.

La Souabe, ancien domaine des rois de Wurtemberg, offre une grande variété de paysages vigoureux, barrés au sud par la ligne bleue du Jura souabe qui culmine à 874 m. Les petites vallées, égayées par la vigne et les vergers, alternent avec de modestes reliefs boisés.

Les Alpes et le Plateau bavarois

Les Alpes bavaroises et les Alpes de l'Allgäu présentent de beaux contrastes entre le vert sombre de leurs forêts et les tons gris des parois rocheuses escarpées. La Zugspitze, point culminant de l'Allemagne, atteint 2962 m. Descendus des Alpes, de gros torrents ont façonné, sur le Plateau bavarois qui s'incline doucement jusqu'au Danube, des couloirs propices aux cultures et au développement des villes (Ulm, Augsbourg, Munich).

De vastes espaces naturels

Bien que densément peuplée et fortement industrialisée, l'Allemagne s'enorgueillit d'une politique de développement durable qui vise au maintien d'un juste équilibre entre protection de l'environnement et progrès socio-économique. Les forêts recouvrent 29 % du territoire (soit 10,7 millions d'hectares). La forêt bavaroise constitue ainsi le plus grand espace de montagnes boisées en Europe centrale et la Forêt-Noire conserve toujours un caractère sauvage.

Les zones protégées

L'Allemagne compte 14 parcs nationaux, qui conservent des espaces naturels dans leur aspect originel. Ainsi, les Parcs nationaux du Schleswig-Holstein ou de la Lagune hambourgeoise préservent des régions lagunaires parmi les plus grandes au monde; ceux de la Lagune de Basse-Saxe ou de Jasmund abritent marais salants et autres marécages mais aussi des falaises de craie abruptes, immortalisées par le peintre Caspar David Friedrich. Quant au Parc national du Harz, au nord de l'Allemagne – l'un des plus fréquentés – il ne compte pas moins de six zones de végétation différentes, avec des écosystèmes proches de leur état naturel primitif tels que tourbières ou biotopes rocheux. L'Allemagne compte aussi plus de 90 **parcs naturels**, qui, outre leur vocation de protection de la nature, ont pour mission la préservation des coutumes, de l'artisanat et de l'architecture locale traditionnels.

Conservatoires fauniques

La **faune** locale reste très proche de celle rencontrée dans le reste de l'Europe, mais avec une grande variété du **monde ornithologique**. Une grande partie des espèces d'oiseaux recensées en Europe centrale a ainsi élu domicile au Parc national de Kellerwald-Edersee ou encore dans le Parc de la Lagune hambourgeoise : balbuzard, grue, grand tétras, gélinotte, pic épeiche et certaines espèces d'oiseaux protégés telles que la cigogne noire ou la rousserolle, le grand duc (réintroduit). Le rarissime aigle des mers, menacé de disparition, ou le tout aussi unique aigle royal se sont réfugiés dans certaines régions. Le Parc de Poméranie occidentale « Bodden » abrite ainsi le plus grand lieu de nidification de grues cendrées d'Europe (près de 30000 chaque année). Enfin, des expériences pionnières de pâturage (Parc national de Müritz) permettent de préserver des communautés d'animaux menacées de disparition, comme les vaches de Fjeld suédoises et les moutons de Gotland.

3/ DÉCOUVRIR L'ALLEMAGNE

Le château Hohenzollern en automne dans le Bade-Wurtemberg.
Lilly/imagebroker / age fotostock

BERLIN ET LE BRANDEBOURG

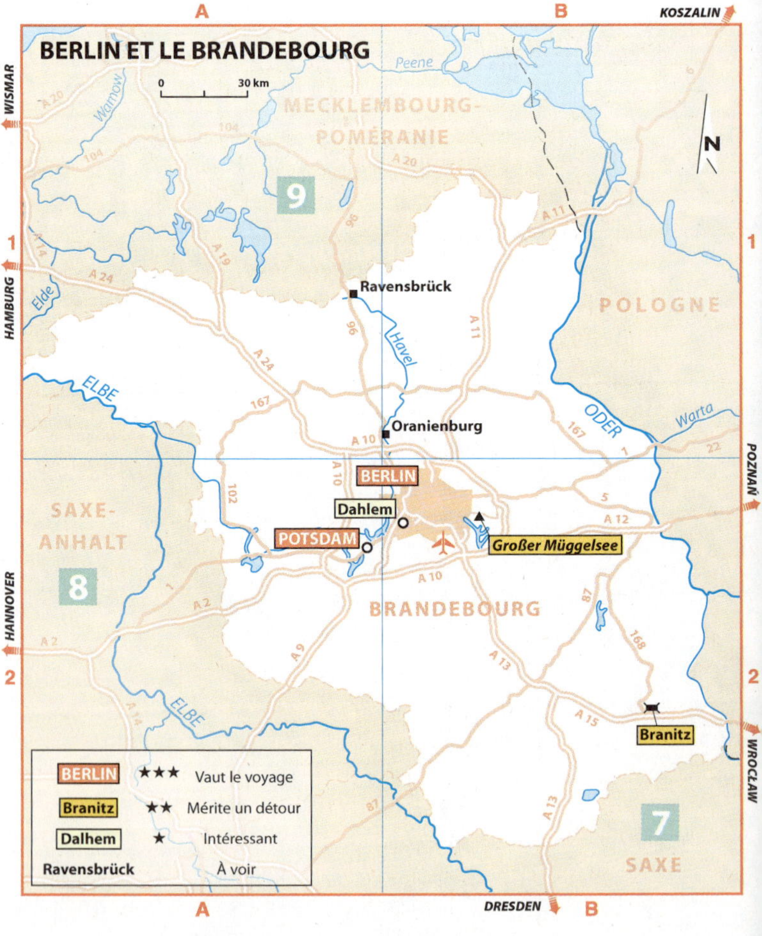

Berlin et le Brandebourg 1

Berlin

★★★

3 461 000 habitants

NOS ADRESSES PAGE 126

S'INFORMER

Office de tourisme – Berlin Tourismus – *030 25 00 23 33 - www.visit-berlin.de (informations en français).*

Bureaux de tourisme (Berlin Infostore) : *pte de Brandebourg, Pariser Platz, tlj 10h-18h ; Hauptbahnhof (rez-de-chaussée), tlj 8h-22h ; Neues Kranzler Eck, Kurfürstendamm 21, lun.-sam. 10h-20h, dim. 10h-18h ; Aussichtsplattform Humboldtbox, Schlossplatz, tlj 10h-18h.*

SE REPÉRER

Carte de région B2 (p. 90) – *cartes Michelin n°s 718 M5 et 542 AX 24 – carte des quartiers de Berlin (p. 94).* Enclavé à l'intérieur du Brandebourg, le Land de Berlin s'étend sur près de 900 km^2, soit l'équivalent de Paris et des départements limitrophes. La ville s'ordonne autour du grand axe rectiligne formé par les avenues Unter den Linden, du 17-Juni et Bismarck, en passant par le parc du Tiergarten, le poumon vert de Berlin.

À NE PAS MANQUER

L'île des Musées, le château de Charlottenburg, la porte de Brandebourg, le Mémorial de l'Holocauste et l'East Side Gallery.

ORGANISER SON TEMPS

Si vous ne disposez que de deux jours, consacrez-les aux sites incontournables *(voir ci-dessus)*. Si vous avez une semaine, prévoyez une journée à Potsdam.

AVEC LES ENFANTS

Le jardin zoologique, la tour de télévision et le musée allemand de la Technique.

L'horloge universelle sur l'Alexanderplatz à Berlin.
K Meyer / age fotostock

Champ de ruines à la fin de la Seconde Guerre mondiale, ville coupée en deux pendant près de trente ans par le « Mur de la honte », Berlin est une ville-cicatrice, qui n'a pas peur de regarder son passé douloureux en face. Redevenue capitale de l'Allemagne en 1990, elle vit aujourd'hui un nouvel âge d'or. « Pauvre mais sexy », pour reprendre la formule célèbre de son maire, Klaus Wowereit, Berlin est la ville de toutes les expérimentations, un bastion de la culture alternative, où flotte un parfum de liberté et de créativité. Sa vie culturelle trépidante, ses nuits sans fin, rythmées par la musique électronique, et ses loyers modérés comparés aux autres capitales européennes, attirent artistes et créatifs du monde entier. Huit fois plus grande que Paris, Berlin peut parfois désorienter, mais elle ne manquera pas de vous séduire.

1

★★★ Mitte

Se reporter au plan des quartiers (p. 94) et au plan p. 96-97.
Berlin a reconquis son centre ! Autour de la célèbre allée Unter den Linden (« Sous les tilleuls ») par laquelle les princes-électeurs accédaient à la réserve de chasse du Tiergarten, **Mitte**, le cœur monumental de la ville, est l'objet de toutes les attentions. Véritable livre ouvert sur l'histoire du pays, c'est un kaléidoscope architectural à découvrir à pied.

★★ LE REICHSTAG ET LE QUARTIER DU GOUVERNEMENT

Voir plan p. 96-97.

★★ Reichstag A1

Platz der Republik 1 - ✆ 227 321 52 ou 227 359 08 - www.bundestag.de - ♿ - visite de la coupole tlj 8h-23h (dernière entrée 22h) - fermé 24 déc. et 31 déc. après 16h - gratuit. Réservation obligatoire sur le site Internet 3 j. à l'avance.

C'est à partir de 1894 que les séances de la diète d'Empire (Reichstag), assemblée élue au suffrage universel, se tinrent dans ce palais. Détruit, à l'instigation supposée de Goering, par un incendie le 27 février 1933 puis fortement endommagé par les bombardements alliés en 1945, il se vit amputer en 1954 de sa célèbre coupole. Il fut reconstruit, sans elle, dans les années 1970.

Le 4 octobre 1990 se tint entre ses murs la première séance du Parlement de l'Allemagne réunifiée. La reconstruction du palais fut entamée, sur les plans

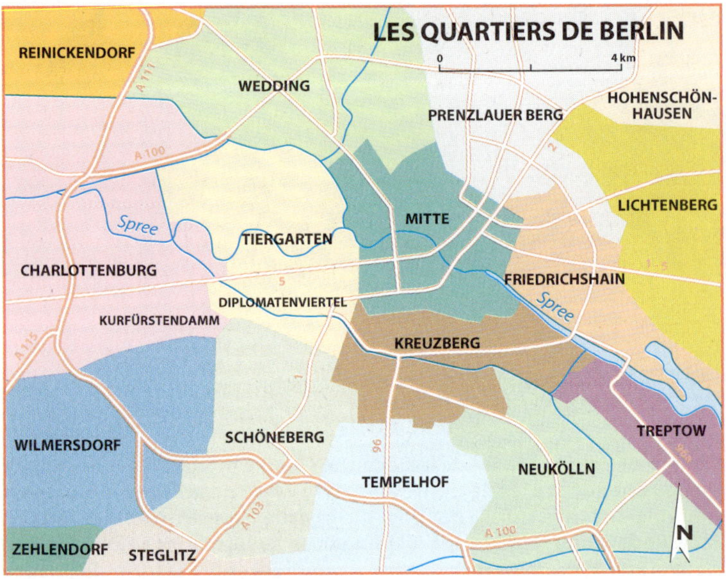

de l'architecte britannique **Norman Foster**, qui conçut une coupole de verre dont l'apesanteur forme un contraste saisissant avec la lourdeur de l'édifice. Elle se dresse sur douze colonnes et diffuse par un cône renversé revêtu de miroirs la lumière du jour dans la salle plénière du Bundestag. Il est possible de gagner par une rampe longeant les parois de la coupole une **plate-forme panoramique**★★. Le 19 avril 1999, les députés du Bundestag purent tenir leur première séance plénière dans l'enceinte du nouveau Reichstag.

Quitter le Reichstag et prendre la Eberstraße, vers la porte de Brandebourg.

★★ Porte de Brandebourg (Brandenburger Tor) A1

Cette porte triomphale constitue l'emblème de Berlin, mais elle fut aussi pendant presque trois décennies le symbole de la division de la ville : le monument faisait partie intégrante du Mur, qui suivait un axe nord-sud vers la Potsdamer Platz. L'architecture de la porte (1789) fut inspirée à Carl Gotthard Langhans par les Propylées du Parthénon à Athènes. Six colonnes doriques sont surmontées d'un entablement à l'antique. L'ensemble est couronné par le célèbre quadrige de la Victoire (copie) de Gottfried Schadow (1793), déboulonné et apporté à Paris après une campagne napoléonienne et remis à sa place en 1814. Le quadrige a retrouvé, après bien des débats, son aigle et sa croix de fer, attributs guerriers dessinés par Schinkel à la demande du roi Frédéric-Guillaume III.

Si vous avez le temps, faites un détour au sud de la porte par l'Eberstraße.

★★ Mémorial de l'Holocauste (Holocaust-Mahnmal) A2

Ebertsr. - ✆ 263 943 30 - www.holocaust-mahnmal.de - stèles tlj 24h/24 - centre d'information oct.-mars : 10h-19h ; avr.-sept. : 10h-20h - dernière entrée 45mn av. fermeture - fermé lun., 1er janv., 24-26 déc., 31 déc. - gratuit.

Après plusieurs années de polémiques, un mémorial dédié aux victimes juives d'Europe a enfin vu le jour en 2005, près de la porte de Brandebourg, à 300 m de l'endroit où se trouvait le bunker d'Hitler *(situé près de la Voßstraße)*.

L'architecte américain Peter Eisenman a édifié un champ de **2 711 stèles** de tailles différentes. Elles reposent sur un sol ondulé qui donne l'impression de s'affaisser par endroits. Pour rejoindre le musée aménagé sous terre, il faut pénétrer dans ce cimetière labyrinthique angoissant.
Le centre d'information brosse un panorama de la politique d'extermination nationale-socialiste, présente des témoignages de victimes et le destin de 15 familles juives. Dans le hall, une banque de données rassemble les noms des victimes recensées par le mémorial de Yad Vashem en Israël.
Revenir sur ses pas et passer la porte de Brandebourg pour s'engager de quelques mètres sur Unter den Linden avant de tourner à gauche dans la Wilhelmstraße, pour ceux qui désirent visiter le musée d'Art contemporain.

★★ Gare de Hambourg (Hamburger Bahnhof) – Musée d'Art contemporain (Museum für Gegenwart Berlin) Hors plan, vers A1

Invalidenstr. 50-51 - ✆ 030 39 78 34 11 - www.hamburgerbahnhof.de - tlj sf lun. 10h-18h (sam. 20h) - 12 €.
La plus ancienne gare de voyageurs de Berlin maintenue en état fut construite entre 1845 et 1847. Désaffectée en 1884, elle fut dotée d'une superbe halle métallique pour accueillir le musée des Transports et du Bâtiment. Rénovée par l'architecte Paul Keihues, elle constitue le magnifique musée d'Art contemporain depuis 1960. Le noyau de la collection provient essentiellement du fonds légué par Erich Marx.
La grande halle accueille des œuvres d'Anselm Kiefer (*Recensement*, 1991), de Richard Long *(Berlin Circle)*, de Mario Merz et de Günther Uecker. La grande galerie abrite des œuvres de premier plan de Cy Twombly, Robert Rauschenberg et Andy Warhol. Une salle entière est consacrée à Joseph Beuys et à ses compositions (*Arrêt de tramway* conçu pour la biennale de 1976).

1

★★ UNTER DEN LINDEN ET GENDARMENMARKT

Voir plan p. 96-97.

★★ Avenue Unter den Linden B1

La célèbre avenue « Sous les tilleuls », tracée par le Grand Électeur Frédéric-Guillaume en 1647, est bordée par l'imposante **ambassade de Russie**, construite entre 1949 et 1952 pour servir de siège aux diplomates de l'URSS alors tout-puissants. À partir de la Friedrichstraße, l'avenue aligne des monuments des 17e et 19e s. Les tilleuls qui ombrageaient Unter den Linden à l'origine ont été abattus en 1658. Quatre rangées furent replantées en 1820.

★★ Forum Fridericianum (Bebelplatz) C1

Le forum Fridericianum (également appelé Friedrichsforum ou Lindenforum), conçu par Knobelsdorff sous Frédéric II, se voulait une vitrine de la monarchie prussienne. Le site devait comporter un opéra, un bâtiment destiné à l'Académie des sciences et un château. Seul l'opéra fut construit selon les plans initiaux, le roi étant de plus en plus attiré par la ville résidentielle de Potsdam *(voir p. 134)*. Une bibliothèque a été édifiée à la place de l'Académie des sciences, et le château fut remplacé par un palais pour le frère du roi, le prince Henri de Prusse. Les modifications entreprises par la suite brisèrent l'équilibre de l'ensemble. Au 19e s., le forum fut complété par un palais impérial et un bâtiment de la Dresdner Bank. Au 20e s., l'opéra fut agrandi et la banque surélevée de plusieurs étages. Ces travaux provoquèrent une levée de boucliers, certains y voyant une injure à « la dignité architecturale de la plus grande place de Berlin ». En 1994, Micha Ullman réalisa la **Versunkene Bibliothek**

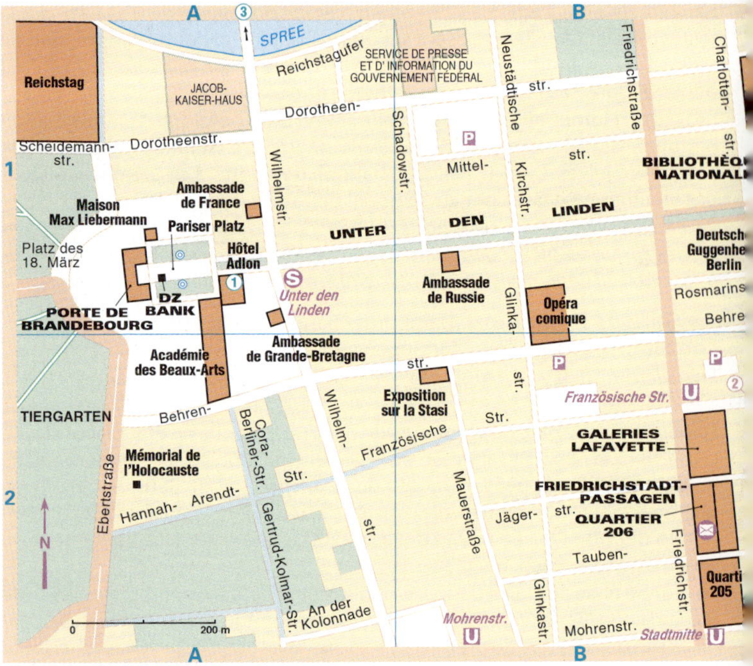

UNTER DEN LINDEN ET GENDARMENMARKT

SE LOGER
Hotel Adlon........................... ①
Hotel Künstlerheim Luise...... ③

(« bibliothèque engloutie ») sur le trajet du tramway qui passait autrefois sous la place. Cette salle aux étagères vides, que l'on peut observer derrière des vitres, commémore l'autodafé de la Bebelplatz du 10 mai 1933.

★ **Ancienne bibliothèque** (Alte Bibliothek) – *Bebelplatz*. Conçue par Georg Friedrich Boumann dans le style baroque viennois, l'ancienne bibliothèque royale fut inaugurée en 1780.

★ **Cathédrale Ste-Edwige** (St-Hedwigs-Kathedrale) – *Bebelplatz*. La construction de cette église catholique a commencé en 1743 pour s'achever en 1773, sur des plans de Georg Wenzeslaus von Knobelsdorff, qui s'est fortement inspiré du Panthéon de Rome. Frédéric II venant de conquérir la Silésie, elle fut dédiée à sainte Edwige, la patronne de cette province. Très endommagée pendant la Seconde Guerre mondiale, elle fut en grande partie reconstruite entre 1952 et 1963. L'édifice se distingue par sa large **coupole** et son **fronton sculpté** de scènes bibliques. Une des chapelles de l'église inférieure abrite le **trésor** de l'archevêché de Berlin et la tombe du prêtre de la cathédrale, Bernhard Lichtenberg, mort lors de son transport à Dachau en 1943 après avoir protesté contre les persécutions des juifs.

★ **Opéra d'État Unter den Linden** (Staatsoper Unter den Linden) – *En face de Ste-Edwige, sur la Bebelplatz*. L'opéra d'État, bâti par Knobelsdorff de 1740 à 1743, fut la proie des flammes en 1843. Langhans le reconstruisit en respectant le plan original. À nouveau détruit pendant la Seconde Guerre mondiale, il a été rebâti de 1951 à 1955 par Richard Paulick dans un esprit historique.

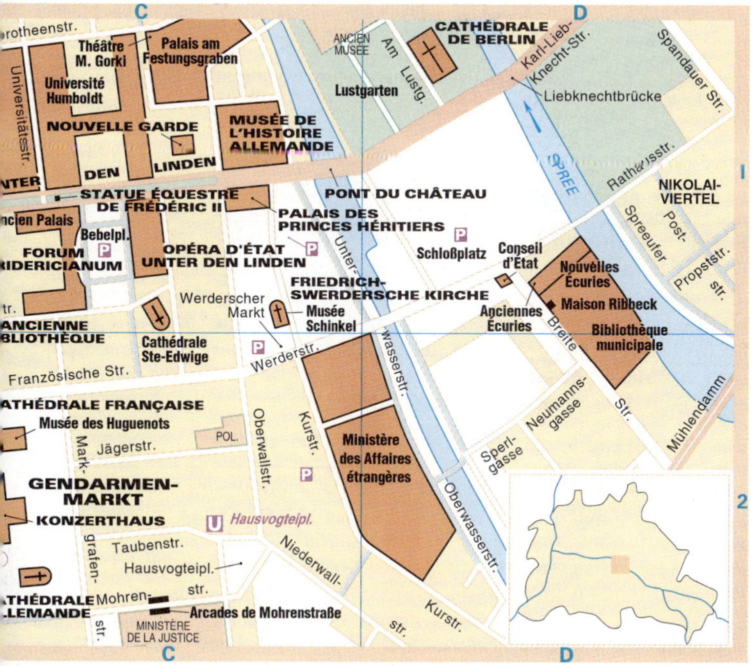

SE RESTAURER	
	Borchardt ...... ②
	Lutter und Wegner ...... ④

Université Humboldt – *Sur Unter den Linden, en face de l'opéra.* L'ancien palais du frère de Frédéric II, le prince Henri, fut bâti en 1753 par Johann Boumann l'Ancien et transformé en université en 1810. La statue de l'un de ses fondateurs, Wilhelm von Humboldt, est placée à gauche de l'entrée, en vis-à-vis de celle de son frère, le géographe Alexander von Humboldt. L'université, qui compte aujourd'hui 20 000 étudiants, a accueilli des noms prestigieux : Fichte en fut le premier recteur ; Hegel, Einstein et Planck y enseignèrent ; Heine et Marx y firent une partie de leurs études. Au milieu de l'avenue, statue équestre de Frédéric le Grand, réalisée par Christian Daniel Rauch entre 1840 et 1851. *Poursuivre sur l'avenue Unter den Linden.*

Nouvelle Garde (Neue Wache) C1

Unter den Linden 4 - 10h-18h.

La Nouvelle Garde est un petit monument de proportions parfaites dû à Schinkel (1818), qui se présente comme un temple à colonnades doriques, bloqué entre deux piles massives. Cet édifice est devenu en 1966 le monument « aux victimes du fascisme et du militarisme ». À l'intérieur, au milieu d'un vide saisissant, une reproduction agrandie de la sculpture de Käthe Kollwitz : *Mère avec son fils mort.*

★★ Musée de l'Histoire allemande (Deutsches Historisches Museum) C1

Unter den Linden 2 - ✆ 20 30 40 - www.dhm.de - ♿ - tlj 10h-18h - fermé 24 et 25 déc. - 8 €.

Berlin d'hier et d'aujourd'hui

La capitale allemande tire son origine de deux villages qui apparaissent dans l'histoire au 13e s., Cölln et Berlin, des bourgades de pêcheurs. Berlin capitale sera une création politique des Hohenzollern, électeurs de Brandebourg.

LE GRAND ÉLECTEUR (1640-1688)

Frédéric-Guillaume de Brandebourg, qui hérite de la couronne de Brandebourg en 1640, trouve Berlin à moitié abandonnée à la fin de la guerre de Trente Ans. Il fait aménager les quais de la Spree et promulgue un grand nombre d'ordonnances, visant à faire de Berlin une ville salubre et policée. L'ouverture d'un canal reliant la Spree à l'Oder stimule l'activité commerciale. Mais surtout, il ouvre les portes de Berlin aux huguenots français après la révocation de l'édit de Nantes *(voir encadré p. 100)*.

BERLIN AU TEMPS DES ROIS

Le premier roi de Prusse, Frédéric Ier, fait édifier, pour son épouse Sophie-Charlotte, le château de Charlottenburg. Il confie les travaux à un architecte et sculpteur de génie, Andreas Schlüter (vers 1660-1714), qui travaille surtout au Palais royal et à l'Arsenal. Son successeur, **Frédéric-Guillaume Ier** (1713-1740), est connu, dans l'histoire, sous le nom de **Roi-Sergent** en raison de son goût pour une gestion pointilleuse des affaires et de sa politique de recrutement systématique, base de la force militaire prussienne. Il s'intéresse moins aux embellissements qu'à l'agrandissement de Berlin. À l'extérieur des anciens bastions, il fait tracer la nouvelle ville de Friedrichstadt. Des mesures draconiennes accélèrent le lotissement de ce quartier percé de grandes artères, telles que la Leipziger Straße, la rue la plus animée du Berlin d'avant-guerre, la Friedrichstraße, la Wilhelmstraße (actuelle Toleranzstraße) où se concentraient les ministères et palais officiels du Reich.

Frédéric II le Grand (1740-1786) poursuit cet effort, donnant à la fameuse avenue Unter den Linden et au Forum Fridericianum (Bebelplatz) leur ordonnance monumentale. Il fait appel aux talents de Knobelsdorff (1699-1753), architecte aussi heureusement inspiré par la tradition du rococo (Sans-Souci) que par des réminiscences antiques (opéra). Le néoclassicisme triomphe ensuite à Berlin jusque vers 1835. À cette époque, la ville s'enrichit notamment de la porte de Brandebourg (1789) et de la *Neue Wache* (Nouvelle Garde, 1818).

BERLIN AU 19e S.

La ville s'engage dans l'ère industrielle, sous l'impulsion de grands patrons comme August Borsig, « le roi de la locomotive », Werner von Siemens (1816-1892), chef de file de l'électrotechnique, Emil Rathenau, fondateur de AEG. Les espaces verts se multiplient sous la poussée des quartiers résidentiels à l'ouest. En 1871, Berlin devient métropole de l'Empire et approche le million d'habitants.

LES ANNÉES 1920 : BERLIN, CAPITALE CULTURELLE DE L'EUROPE

Malgré les secousses qui ébranlent l'Allemagne, les années 1920 sont pour Berlin une période exaltante, surtout dans le domaine intellectuel et artistique. Les films d'Ernst Lubitsch, Fritz Lang, Carl Mayer, tournés avec des acteurs comme Emil Jannings ou Marlene Dietrich (*L'Ange bleu*, *Jeunes Filles en uni-*

forme, etc.) recueillent un succès international. L'art théâtral, renouvelé par Max Reinhardt (1873-1943), brille de tous ses feux. C'est aussi l'âge d'or du cabaret, cette scène indépendante qui mêle humour, critique acerbe du système et grotesque. L'avènement du régime hitlérien brise malheureusement cet élan artistique.
En février 1945, Berlin se voit octroyer par la conférence de Yalta un statut spécial stipulant que chaque puissance disposerait de son propre secteur d'occupation à l'intérieur de la ville. Du 21 avril au 3 mai, la capitale allemande est le théâtre des ultimes combats entre l'Armée rouge et l'armée allemande.

DU BERLIN DIVISÉ AU BERLIN RÉUNI

Après la capitulation de l'Allemagne signée à Berlin le 8 mai, les quatre puissances victorieuses (États-Unis, URSS, France et Grande-Bretagne) prennent en main l'administration du Grand Berlin. Mais la tension ne cesse de croître entre les puissances occidentales et Moscou. Le blocus, provoqué par l'opposition russe à l'introduction de la réforme monétaire occidentale et que le « pont aérien » mis en place par les Américains permet de surmonter (26 juin 1948-12 mai 1949), la proclamation, à l'est, d'une République démocratique (7 octobre 1949), le soulèvement populaire du 17 juin 1953 et sa répression, l'afflux de réfugiés à Berlin-Ouest sont autant d'étapes sur le chemin de la coupure. Le 13 août 1961, les autorités de l'Est interdisent tout passage entre les deux Berlin. Quelques jours plus tard commence l'édification du Mur, matérialisant le pointillé qui délimitait sur la carte le secteur soviétique. Désormais, de part et d'autre d'un mur de béton de 160 km de long et de 4 m de haut, les deux parties de la ville poursuivront leur développement suivant des modèles idéologiques opposés. Vingt-huit ans plus tard, en 1989, facilités par la suppression de la clôture frontalière entre la Hongrie et l'Autriche, les départs des Allemands de l'Est sont de plus en plus nombreux. Le 9 novembre, **Günther Schabowski**, membre du bureau politique du Parti socialiste unifié d'Allemagne (SED), annonce une réglementation plus souple en matière de voyages à l'étranger, ce qui met fin à la fracture entre Est et Ouest.

BERLIN AUJOURD'HUI

Après l'allégresse des débuts, qui s'est notamment traduite par une période de spéculation immobilière, l'effervescence est retombée. Berlin continue néanmoins de se renouveler. La volonté politique d'effacer le passé communiste a conduit à la destruction entre 2006 et 2008 du palais de la République *(Palast der Republik)*, symbole de l'ex-RDA bâti dans la partie sud de l'île des Musées. Un projet vise à reconstruire à son emplacement le château de Berlin *(Berliner Stadtschloss)* qui s'élevait là du 15e s. aux années 1960. Faute d'argent, il est pour l'instant au point mort.
Dans toute la ville, les quartiers jadis délaissés, en particulier ceux de l'ex-Berlin-Est, à l'instar de Prenzlauer Berg et Friedrichshain, sont aujourd'hui à la mode, entraînant une hausse des loyers et la migration des populations les plus pauvres vers les quartiers périphériques. Ces mutations urbaines provoquent de vives inquiétudes chez les Berlinois. La fermeture de plusieurs lieux culturels le long de la Spree pour laisser place au grand projet immobilier Mediaspree, prévoyant une zone de bureaux destinée aux grandes entreprises, déchaîne les passions, entraînant des manifestations de protestation. Les Berlinois craignent de voir disparaître le Berlin alternatif au coût de la vie modeste de l'après-réunification. Les nouveaux quartiers émergents aux loyers encore modérés sont désormais Neukölln (dont la partie frontalière avec Kreuzberg est connue sous le nom de Kreuzkölln) et sans doute bientôt Wedding.

Ornée de belles sculptures, repeinte en rose pâle, la façade du plus beau monument baroque de Berlin, l'ancien **Arsenal** prussien, déploie ses fastes face au Kronprinzenpalais. Entre 1695 et 1706, les plus grands architectes participèrent à sa construction, notamment **Andreas Schlüter,** qui sculpta les 22 **mascarons★** représentant des visages de guerriers mourants dans la cour intérieure. L'ancien Arsenal (Zeughaus) abrite aujourd'hui le **musée de l'Histoire allemande**, dont l'exposition permanente retrace les périodes clefs de l'histoire de l'Allemagne, des grandes invasions à l'époque contemporaine. Une salle de cinéma a également été aménagée, dans laquelle sont diffusés des films d'archives, des documentaires et de grands classiques du cinéma. La récente extension sur le versant nord est destinée aux expositions temporaires. Sa réalisation a été confiée en 1992 à l'architecte sino-américain I.M. Pei, auteur de la Pyramide du Louvre à Paris. Les deux édifices sont reliés par un tunnel qui donne dans la cour intérieure de l'Arsenal, couverte par une verrière.
En franchissant le bras de la Spree, on accède à l'île des Musées (voir p. 102). Sur la gauche se dresse la cathédrale.

★ Cathédrale de Berlin (Berliner Dom) D1

Am Lustgarten - concerts classiques sur réservation au ✆ 202 691 36 ou directement à la boutique de la cathédrale ; programme sur www.berliner-dom.de - ♿ - lun.-sam. 9h-20h, dim. 12h-20h ; fermeture à 19h oct.-mars (dernière entrée 1h av. fermeture) - 7 €.
L'imposante cathédrale protestante, de style Renaissance italienne, a été édifiée de 1894 à 1905. Le somptueux **intérieur★★** offre un spectacle grandiose ; 1 500 personnes peuvent y prendre place. Du côté sud, on peut admirer le sarcophage monumental de Frédéric Ier et de sa deuxième épouse, Sophie Charlotte, par Andreas Schlüter. La **crypte**, dont une partie est ouverte aux visiteurs, renferme plus de 90 sarcophages de la dynastie des Hohenzollern, qui a dominé le Brandebourg et la Prusse pendant cinq siècles.
Repasser le pont du Château et prendre la deuxième à gauche, la Niederlagstraße.

★ Église Friedrichswerdersche (Friedrichswerdersche Kirche) C1

Werderscher Markt - ✆ 266 42 42 42 - www.smb.museum - ♿ - tlj 10h-18h - gratuit.
Cette impressionnante église en brique fut construite entre 1824 et 1830 d'après un projet de l'architecte Karl Friedrich Schinkel. Elle abrite le **musée Schinkel★** *(Schinkelmuseum)*, consacré à l'œuvre de cet architecte talentueux, qui a façonné la ville comme nul autre.
Tourner à droite sur la Werderstraße.

UNE LONGUE PRÉSENCE FRANÇAISE

En 1685, lors de la révocation de l'édit de Nantes par Louis XIV, le Grand Électeur Frédéric-Guillaume de Brandebourg répond par l'**édit de Potsdam**, qui vise à attirer les calvinistes français. Une vaste campagne est menée en France et à Francfort, où transitent 100 000 huguenots en 20 ans. Ils sont 15 000 en Brandebourg, 6 000 à Berlin (le quart de la population), qui assurent le développement de **Friedrichstadt**. Jusqu'au 19e s., la communauté française bénéficie de sa propre organisation ecclésiastique et juridique. Son influence se manifeste dans des domaines variés : une cinquantaine de corps de métiers, essor de l'industrie textile, ouverture des premières hôtelleries, acclimatation de fruits et légumes, nouvelles danses (cotillon, gavotte, menuet)...

★★ Gendarmenmarkt C2

Cette place est sans aucun doute l'une des plus belles de Berlin. Son nom vient du régiment « Gens d'Armes » du roi Frédéric-Guillaume Ier, dont les écuries se trouvaient ici autrefois. Le Schauspielhaus, élégant théâtre édifié par Schinkel en 1821, est encadré au sud par la **cathédrale allemande★** *(Deutscher Dom)*, au nord par la **cathédrale française★** *(Französischer Dom)*, églises du début du 18e s., munies de coupoles par Karl Gontard sous le règne de Frédéric le Grand. La cathédrale allemande abrite l'exposition **Fragen an die Deutsche Geschichte** (Questions sur l'histoire allemande), la cathédrale française le **Hugenottenmuseum**, le musée des Huguenots *(lire encadré page précédente)*.
★★ Konzerthaus – Ce théâtre fut construit en 1821 par Karl Friedrich Schinkel, qui s'inspira fortement de l'Antiquité grecque, ce dont témoigne le portique s'appuyant sur six colonnes. C'est ici que fut célébrée en 1821 la première du *Freischütz* de Carl Maria von Weber. L'édifice, détruit pendant la Seconde Guerre mondiale, a été reconstruit dans les années 1980 dans l'esprit de l'architecture classique. Les salles de concert sont d'une splendeur éblouissante.
Le monument à Schiller élevé devant le perron du *Konzerthaus* est une œuvre de l'artiste berlinois Reinhold Begas, réalisée en 1871.

★ Friedrichstadtpassagen B2

Friedrichstraße 67-76.
Boutiques chic, bureaux aux loyers prohibitifs, traiteurs… rien ne semble trop beau pour l'ancienne « rue de la soif » d'avant-guerre qui affiche aujourd'hui un luxe ostentatoire. Un investissement de 2,6 milliards d'euros, dont presque la moitié dans les trois « Quartiere », trois blocs d'immeubles reliés les uns aux autres et situés entre la Französische Straße et la Mohrenstraße.
L'immeuble en verre des **Galeries Lafayette★** *(Quartier 207, Friedrichstraße à l'angle de la Französische Straße)*, conçu par **Jean Nouvel**, est fréquenté par le Tout-Berlin. Son élément le plus spectaculaire réside dans le cône géant recouvert de miroirs qui captent puissamment la lumière.

★ ALEXANDERPLATZ ET QUARTIER SAINT-NICOLAS

Voir plan p. 104-105.

★ Alexanderplatz BC1

Elle doit son nom à la visite que fit à Berlin le tsar Alexandre en 1805. Important carrefour de transports en commun où convergent U-Bahn, tram et S-Bahn, et vaste centre commercial, elle est le centre de la vie urbaine de la partie orientale de Berlin. Entièrement détruite lors de la Seconde Guerre mondiale, « l'Alex », comme l'appellent les Berlinois, a été pour l'essentiel reconstruite dans le style austère de l'architecture socialiste. L'**église Ste-Marie** *(Marienkirche, B1)*, de la fin du 14e s., possède une fresque de la Danse macabre du 15e s. (dans le hall d'entrée) et une chaire baroque de Schlüter.
L'église paraît bien frêle face à la vertigineuse **tour de la Télévision★** *(Fernsehturm, B1)*, haute de 365 m. Sa sphère tournante abrite un restaurant, un bar et une plate-forme panoramique *(12 € la montée)*.
Au sud de la place, l'**hôtel de ville rouge★** *(Rotes Rathaus, B1)*, construit entièrement en brique de 1861 à 1869, possède une tour haute de 97 m.
Tourner à gauche juste après l'hôtel de ville et prendre la première rue à droite.

Quartier St-Nicolas (Nikolaiviertel) B1-2

Il s'étend entre l'hôtel de ville et la Spree, la Rathausstraße et le Mühlendamm. Ses maisons reconstruites à l'ancienne, ses ruelles pavées et ses estaminets lui

donnent une allure provinciale que vient renforcer la vision des deux clochers néogothiques de **St-Nicolas★** *(Nikolaïkirche, B2)*, la plus ancienne église de Berlin. Basilique romane, au chœur gothique (1379), elle fut transformée en église-halle gothique en brique après le grand incendie qui ravagea la ville en 1380. Elle abrite une **exposition permanente** du musée de la Marche *(tlj 10h-18h - 5 €)* sur sa propre histoire, ses bienfaiteurs ou ceux qui y sont enterrés. À l'intérieur, somptueux monuments funéraires, peintures et sculptures d'art religieux de l'époque gothique jusqu'au 18e s.
À voir aussi dans le quartier : la **maison Knoblauch★** (Knoblauchhaus – *Poststr. 23 - ✆ 240 021 62 - www.stadtmuseum.de - mar.-dim. 10h-18h, merc. 12h-20h - gratuit)* et le **palais Ephraim★** *(Ephraim-Palais – Poststr. 13 - ✆ 240 021 21 - www.stadtmuseum.de - ♿ - mar.-dim. 10h-18h (merc. 12h-20h) - 6 €)*, tous deux propriété du musée de la ville.

★ Musée de la Marche (Märkisches Museum)/Fondation du musée de la Ville de Berlin (Stiftung Stadtmuseum Berlin) Plan C2

Am Köllnischen Park 5 - ✆ 030 24 00 21 62 - www.stadtmuseum.de- ♿ - tlj sf lun. 10h-18h - fermé 1er Mai - 5 €, gratuit 1er merc. du mois.
Le pittoresque ensemble architectural du musée de la Marche et de la Fondation du musée de la Ville de Berlin, groupé autour de deux cours intérieures, a été érigé de 1899 à 1908, dans l'esprit de l'architecture gothique et Renaissance de la Marche de Brandebourg. Ce musée retrace l'évolution historique et culturelle de Berlin.
Devant l'entrée du musée se dresse une copie de la gigantesque statue de Roland de Brandebourg, de 1474, symbole des libertés et privilèges dont jouissaient les villes de la Hanse.

★★★ L'ÎLE DES MUSÉES (Museuminsel)

Voir plan p. 104-105.
Créée à l'initiative du roi Frédéric-Guillaume III au début du 19e s., l'île des Musées accueille l'une des plus riches collections d'œuvres d'art au monde. En 1999, l'Unesco a inscrit l'ensemble au Patrimoine mondial. Élaboré par le célèbre cabinet d'architectes David Chipperfield, il est l'objet d'un vaste travail de restauration, qui devrait lui redonner tout son éclat d'ici à 2015. Une **Promenade archéologique** reliant les rez-de-chaussée et les cours intérieures des cinq musées le transformera alors en une entité unique.

PÉRÉGRINATION DES TRÉSORS ÉGYPTIENS

La collection berlinoise compte parmi les plus fascinantes et les plus connues au monde grâce au buste de Néfertiti. Elle fut fondée dès 1828 à l'instigation du célèbre explorateur Alexander von Humboldt et exposée à partir de 1850 dans le Nouveau Musée. La Seconde Guerre mondiale et l'après-guerre eurent des conséquences désastreuses pour elle. De nombreuses pièces furent détruites et la division de Berlin entraîna une nouvelle répartition des collections entre le pavillon Stüler à Charlottenburg, dans la partie ouest, et le musée Bode de l'île des Musées, dans la partie est. La réunification mit fin à cette séparation. Toutefois, il aura fallu attendre 2009 pour que l'intégralité des collections égyptiennes soit visible. Jusqu'alors rassemblées dans l'Ancien Musée, elles ont retrouvé leur emplacement d'origine dans le Nouveau Musée *(voir p. 105)*. Les œuvres monumentales (sphinx et statues) sont exposées au musée de Pergame.

Le Bode Museum, sur l'île des Musées.
S. Merker/Fotolia.com

★★★ **Musée de Pergame** (Pergamonmuseum) A1

Am Kupfergraben 5 - ✆ 266 42 42 42 - www.smb.museum - ♿ - tlj 10h-18h (jeu. 20h) - 13 €. À partir de l'automne 2012, quelques salles vont être fermées pour rénovation. Celle de l'autel de Pergame devrait fermer pour 3 ans à compter de 2014.

Édifié entre 1909 et 1930, d'après les plans d'Alfred Messel et sous la direction de Ludwig Hoffmann, le musée de Pergame est le plus récent de l'île. Très renommé pour ses reconstructions monumentales, il est divisé en trois départements.

★★★ **Collection des Antiquités** (Antikensammlung) – **Autel de Pergame★★★**, chef-d'œuvre de l'art hellénistique dédié à Zeus (2e s. av. J.-C.) ; **porte du marché de Milet★★**, richement ouvragée (2e s. apr. J.-C.) ; sculptures grecques et romaines.

★★ **Musée des Antiquités proche-orientales** (Vorderasiatisches Museum) – **Voie processionnelle de l'ancienne Babylone menant à la porte d'Ichtar★★★**, 580 av. J.-C. (salles 8 et 9) ; stèle d'Assarhaddon datant du 7e s. av. J.-C. (salle 3) ; façade en brique du temple de la déesse Irmin à Uruk (culture sumérienne) ; bas-reliefs du temple d'Assurnasirpal II à Nimrud, 9e s. av. J.-C.

★★ **Musée d'Art islamique** (Museum für Islamische Kunst) – Façade du château omeyyade de Mchatta (8e s.), à une vingtaine de kilomètres à l'est de la mer Morte ; décor mural d'une maison syrienne (début du 17e s.) ; peintures miniatures (du 15e au 17e s.).

★★ **Ancienne Galerie nationale** (Alte Nationalgalerie) A1

Bodestr. 1-3 - ✆ 266 42 42 42 - www.smb.museum - ♿ - tlj sf lun. 10h-18h (jeu. 20h) - 8 €.

Conçue par Friedrich August Stüler, élève de Schinkel (1864-1874), l'Ancienne Galerie nationale présente des peintures et des sculptures du 19e s. Sont notamment exposées des œuvres de l'époque de Goethe au romantisme tardif (parmi lesquelles sont représentés **Caspar David Friedrich**, Waldmüller, Blechen et Schinkel). On peut aussi admirer des œuvres de Feuerbach, Böcklin, Marées,

Leibl, Liebermann, d'impressionnistes français, ainsi que de peinture historique allemande et belge. L'accent est aussi mis sur les peintres et sculpteurs berlinois (**Adolph Menzel★**, Krüger, Schadow), ainsi que le réalisme paysager (Constable, Courbet).

★★ Musée Bode (Bode-Museum) A1

Monbijou Brücke - ✆ 266 42 42 42 - www.smb.museum - ♿ - tlj 10h-18h (jeu. 20h) - 8 €.

L'édifice semble surgir fièrement de l'eau à la pointe de l'île des Musées avec, à l'avant, semblable à la proue délicatement arrondie d'un navire, 7 superbes voûtes. En dépit d'un emplacement peu favorable, l'architecte de la cour **Ernst von Ihne** (1848-1917) a su exploiter avec talent l'asymétrie du site. Le corps principal est constitué de colonnes et de pilastres surplombés d'une balustrade ornée de personnages et d'une coupole en cuivre. Avec une désinvolture tout impériale, le bâtiment tourne le dos aux autres musées. Autrefois appelé Kaiser-Friedrich-Museum, ce musée fut, après sa reconstruction progressive dans les années 1950, renommé musée Bode, du nom du premier directeur des Musées royaux.

À l'issue d'une longue restauration, le musée a rouvert ses portes en octobre 2006. Deux mille œuvres d'art, de l'Antiquité au début du 19e s., ont trouvé leur place dans les 66 salles d'exposition du Bode, qui accueillent désormais 150 tableaux de **maîtres anciens**, une prestigieuse **collection de sculptures** (Skulpturensammlung), le **musée d'Art byzantin** (Museum für Byzantinische Kunst) et un **Cabinet de monnaies** (Münzkabinett).

★ Ancien Musée (Altes Museum) A1

✆ 266 42 42 42 - www.smb.museum - ♿ - tlj sf lun. 10h-18h (mar. 20h, jeu. 20h) - 8 €.

Érigé par Schinkel entre 1824 et 1830, il fut le premier musée public de Berlin. Le portique de la façade principale, d'une hauteur de 87 m et soutenu par dix-huit colonnes ioniennes, est un chef-d'œuvre de l'art néoclassique.

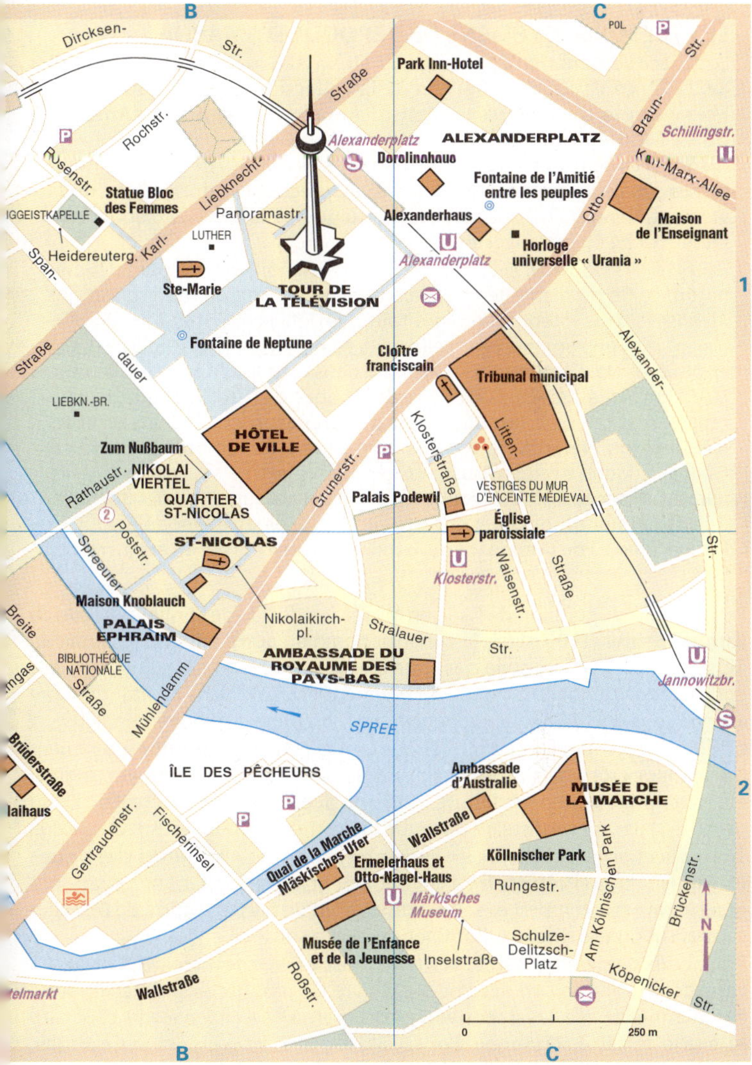

1

Le bâtiment, très endommagé pendant la guerre, a été reconstruit entre 1951 et 1966. L'**Ancien Musée** abrite des **collections archéologiques**, essentiellement de l'**Antiquité grecque**. Ne manquez pas d'admirer les idoles de marbre des Cyclades (3e millénaire av. J.-C.) puis parcourez la période archaïque (7e au 5e s. av. J.-C.), l'hellénisme et enfin l'Empire romain.

★★★ Nouveau Musée (Neues Museum) A1

Bodestraße 1-3 - ☏ 266 424 242 - www.smb.museum - ♿ - tlj 10h-18h (jeu. 20h) - 8 €, audioguide gratuit. Attention : à l'achat du billet, on vous attribue un créneau horaire de 30mn pendant lequel vous devez accéder au musée. Une fois à l'intérieur, vous pouvez rester aussi longtemps que vous le souhaitez.

LES TRÉSORS ÉGYPTIENS DE L'ÉPOQUE D'AMARNA

Les pièces datant de l'époque du pharaon Akhénaton (v. 1353 et 1336 av. J.-C.), constituent le fleuron de la collection du Nouveau Musée. Elles ont été découvertes à **Tell-el-Amarna**, la capitale d'**Aménophis IV-Akhénaton**, par la Deutsche-Orient-Gesellschaft (Société allemande d'Orient), qui fouilla le site de 1911 à 1914. Elle y dégagea de nombreuses maisons privées, qui ont livré de précieuses informations sur la vie quotidienne, ainsi que l'atelier du sculpteur Thoutmès, exceptionnellement riche en découvertes.

Deux reliefs (1360 av. J.-C.) représentent Aménophis III, le père d'Akhénaton, coiffé du diadème et de la couronne. Il s'agit de représentations idéalisées mais intégrant malgré tout des détails réalistes. L'art du portrait atteint un sommet avec celui de la **reine Tiyi★★** (vers 1355 av. J.-C.), épouse royale d'Aménophis III, sculpté dans du bois d'if autrefois orange clair. Parmi les autres chefs-d'œuvre de l'époque d'Amarna se détachent les représentations de la **famille royale d'Akhénaton★★**, portraits et reliefs d'Akhénaton, Néfertiti, Toutankhamon, de ce style « impressionniste » si caractéristique. Le célèbre **buste de la reine Néfertiti★★★**, épouse d'Akhénaton, fait partie de la colllection. Il n'avait jamais quitté l'atelier du sculpteur Thoutmès avant sa découverte en 1912. Il servait de modèle pour les futures effigies de la reine (ce qui explique qu'un seul œil ait été incrusté).

Peu après l'inauguration de l'Ancien Musée, on décida de confier à **Friedrich August Stüler** (1800-1865) la construction d'un autre édifice : le Nouveau Musée, réalisé dans un style classique élégant entre 1841 et 1859. Fortement endommagé pendant la guerre, le bâtiment est resté dans un état de ruine avancé sous la RDA. Après une rénovation complète, il a rouvert en 2009.

L'édifice présente autant d'intérêt que les collections qu'il abrite. Le cabinet David Chipperfield a conservé tout ce qui pouvait l'être du bâtiment originel et l'a complété par une structure moderne dépouillée et discrète. Le hall du grand escalier, où subsiste un portique de quatre colonnes, est spectaculaire.

Trois collections sont réunies : le **Musée égyptien**, les **Antiquités classiques** et le **musée de la Préhistoire**. Elles entraînent le visiteur dans un voyage original à travers le temps. Les salles s'organisent de part et d'autre de l'escalier central sur quatre niveaux. Commencez par le sous-sol.

Principaux centres d'intérêt : la *« tête verte de Berlin »*★★ (vers 300 av. J.-C.) considérée comme l'un des chefs-d'œuvre les plus accomplis de l'époque égyptienne tardive, les **découvertes d'Amarna★★★** *(voir encadré ci-dessus)* et la salle dédiée au **Chapeau d'or★** (Goldhut) et à son décryptage. Ce disque, réalisé en Europe centrale à l'âge du bronze, porte des motifs constituant un calendrier solaire et lunaire. C'est le mieux conservé des quatre exemplaires connus.

★ Musée de la RDA (DDR Museum Berlin) A1

Karl Liebknecht Str. 1 - ✆ 84 712 3731 - www.ddr-museum.de - tlj 10h-20h (sam. 22h) - 6 €.

Ce musée original décrit la vie des habitants sous l'ex-RDA, sans concession mais avec beaucoup de sensibilité. Sont évoqués, au travers de nombreux objets, des aspects très variés du quotidien : la consommation et ses prix contrôlés, les difficultés pour trouver certains produits, les services secrets et leurs caméras omniprésentes, ou encore les vacances, avec une exposition de photos-souvenirs. Ne manquez pas de monter à bord de la Trabi, la voiture mythique de l'ancienne RDA, et de visiter l'appartement témoin, où la télévision du salon diffuse l'une des émissions les plus populaires de l'époque.

★★ SCHEUNENVIERTEL A2

Voir plan p. 108-109.

★★ Hackesche Höfe AB2

Entrée Rosenthaler Str. 40-41 et Sophienstr. 6.

En face de la station du S-Bahn Hackescher Markt (1882) se trouve l'entrée principale des Hackesche Höfe, le plus grand ensemble de cours (Höfe) du Scheunenviertel. Dans un réseau de huit arrière-cours se côtoient appartements, bureaux, boutiques et galeries. Dessinée dans le style Jugendstil par August Endell, la première cour est parée d'une magnifique façade de briques vernies polychromes. La construction de cet ensemble, lancée en 1906, suit un schéma de séparation nette entre les zones d'habitation, d'artisanat, de commerce et de culture, qui le distingue des arrière-cours du 19e s. Après la chute du Mur, elles furent restaurées à grands frais et sont devenues un haut lieu du tourisme berlinois.

Tacheles

Oranienburger Str. 54-56a. Au moment où nous rédigeons ce guide, nous venons d'apprendre la fermeture du Tacheles.

Ce squat d'artistes était le plus célèbre de Berlin, installé depuis les années 1990 dans une ancienne galerie commerçante à moitié en ruine. Il abritait des dizaines d'ateliers d'artistes attirant de très nombreux touristes. Le Tacheles a perdu de sa veine alternative et rebelle au fil du temps pour devenir un temple marchand de l'underground berlinois.

1

★ Nouvelle Synagogue (Neue Synagoge)

Oranienburger Str. 28-30 - ✆ 880 283 00 - www.cjudaicum.de - ♿ - avr.-sept. : dim.-lun. 10h-20h, mar.-jeu. 10h-18h, vend. 10h-17h ; mars-oct. : dim.-lun. 10h-20h, mar.-jeu. 10h-18h, vend. 10h-18h ; nov.-fév. : dim.-jeu. 10h-18h, vend. 10h-14h ; fermé fêtes juives - 3 € (expo. permanentes), 1,50 € (coupole).

Sa coupole dorée domine le quartier. L'architecte Eduard Knoblauch assura sa conception et la construction de l'édifice de 1859 à 1866. Le style mauresque s'inspire de l'Alhambra. Autrefois la plus belle et la plus grande de Berlin avec ses 3 200 places, cette synagogue a survécu à la nuit de Cristal grâce à l'intervention de l'officier de police Wilhelm Krützfeld, qui s'opposa aux SA. Endommagée par les bombardements de 1943, elle n'a été restaurée qu'en 1989, et partiellement. À l'intérieur, le Centrum Judaicum présente l'histoire de l'édifice.

★★ Prenzlauer Berg

Voir plan p. 108-109.

Bastion de la culture alternative et de l'engagement politique après la chute du Mur, le Prenzlauer Berg s'est transformé au fur et à mesure de sa rénovation en eldorado pour bourgeois-bohèmes. Il règne une atmosphère paisible dans ses vastes rues bordées de terrasses de café et ses places plantées d'arbres.

★★ Mémorial du Mur de Berlin (Berliner Mauer Gedenkstaette) A1

Bernauer Straße 111-119 - ✆ 467 98 66 66 - www.berliner-mauer-gedenkstaette.de - exposition et site extérieur : tlj 8h-22h - centre de doc. ouv. avr.-oct. : tlj sf lun. 9h-19h ; nov.-mars : 9h-18h - gratuit.

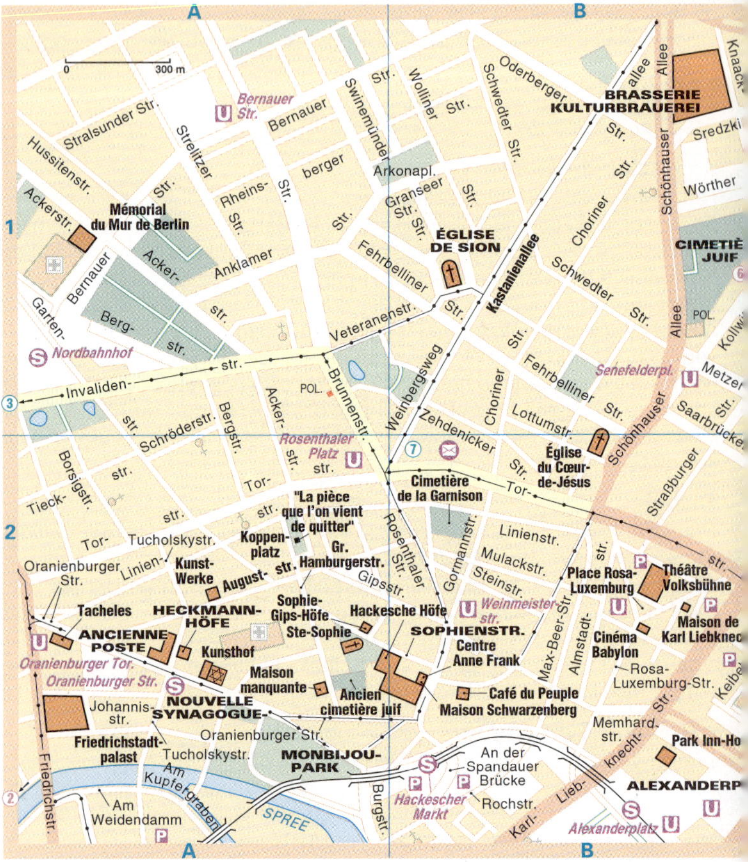

Inauguré le 13 août 2011, soit 50 ans après l'érection du Mur, ce mémorial offre un témoignage historique très intéressant sur le Berlin divisé : il s'agit du dernier tronçon du Mur de Berlin encore conservé dans son intégralité, avec mur intérieur, chemin de ronde, miradors et « no man's land ». On peut l'observer depuis une tour panoramique qui abrite un centre de documentation regroupant de nombreux documents d'archives émouvants (photographies, enregistrements, films…) sur les familles qui se sont retrouvées séparées du jour au lendemain par le Mur coupant la ville. Juste à côté se trouve la **chapelle de la Réconciliation** (Kapelle der Versöhnung), bâtie en 2000 sur l'emplacement d'une église qui s'était retrouvée au milieu de ce grand terrain vague et qui fut détruite en 1985 par la RDA.

★ Friedrichshain

Voir plan p. 108-109.

Ex-quartier ouvrier de Berlin-Est, dont témoignent les friches industrielles encore nombreuses, Friedrichshain est un quartier jeune et animé, où la scène culturelle alternative a ses habitudes. Ses loyers modérés attirent artistes et étudiants.

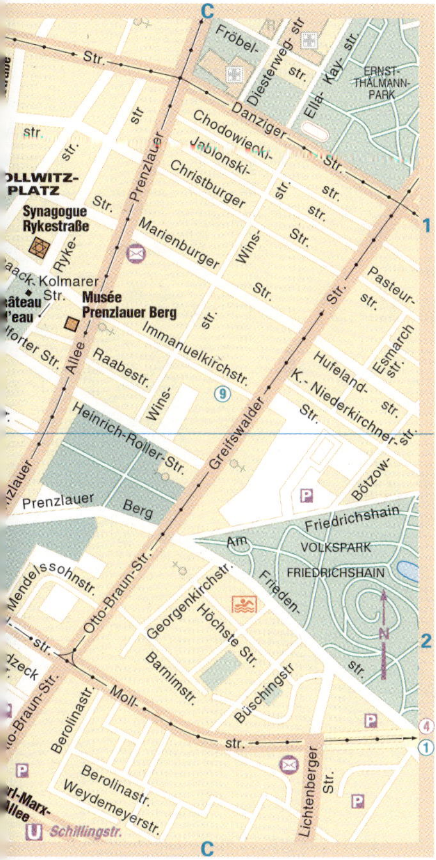

SCHEUNENVIERTEL ET PRENZLAUER BERG

SE LOGER

Das Andere Haus VIII 1
Honigmond Garden Hotel 3
The Circus 7
Transit Loft Hotel 9

SE RESTAURER

Die ständige Vertretung 2
Schneeweiss 4
Zander 6

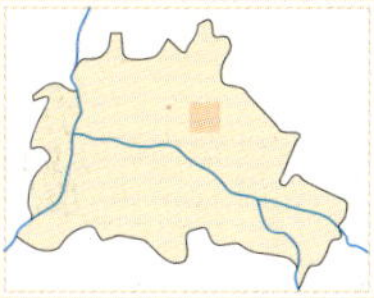

1

★★ East Side Gallery Hors plan, vers AB2

Mühlenstr.

Le long de la Spree, les 1 300 m de l'ancien Mur – le plus long tronçon conservé – vous invite à faire un saut dans un passé récent. En le longeant d'un bout à l'autre, vous découvrez une véritable galerie d'art à ciel ouvert : la fresque, réalisée en 1990 par des artistes internationaux (et rénovée en 2009), évoque la division de la ville. Parmi les scènes les plus célèbres, le *Bruderkuss*,

LES VESTIGES DU MUR

Équipé de miradors, de barbelés et d'installations de tir automatique, le mur de Berlin séparait le secteur occidental du secteur oriental de la ville et du territoire environnant. Rares sont les vestiges qui subsistent de la division de la ville, tels le mirador de la porte de Silésie *(Schlesisches Tor)* ou les portes murées de la Heidelberger Strasse, dans le district de Treptow. Quant aux restes du Mur, on n'en trouve que sporadiquement. Le plus long tronçon du Mur à avoir été préservé est la « East Side Gallery », à Friedrichshain. La Bernauer Strasse, où est situé le **Mémorial du mur de Berlin**, demeure le symbole de l'inhumanité de la construction du Mur.

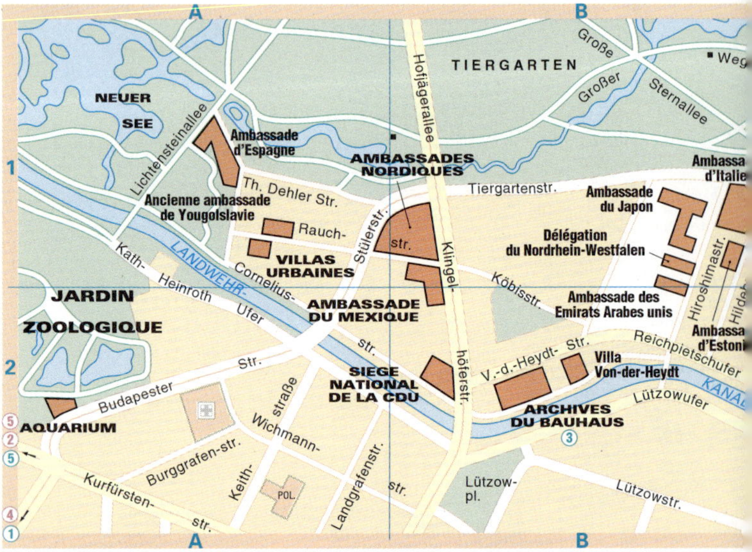

POTSDAMER PLATZ, KULTURFORUM, DIPLOMATENVIERTEL

SE LOGER

Am Wilden Eber .... ①
Grand Hotel Esplanade .... ③
Hotel Berlin Plaza .... ⑤

le baiser échangé entre Honecker et Brejnev. Pour les photos, mieux vaut venir le matin.

★ Karl-Marx Allee C2

Conçue comme un contre-modèle à l'architecture « capitaliste » de l'Ouest et à l'avenue Unter den Linden, trop marquée par l'héritage prussien, cette avenue monumentale s'étalant sur 2,3 km est une vitrine de l'architecture socialiste. Les ensembles de sept à neuf étages (au total 5 000 logements et 200 boutiques) conçus par l'architecte Hermann Henselmann et bâtis dans les années 1950 et 1960, sont particulièrement spectaculaires. Les édifices, dotés d'un soubassement en pierre de taille, sont habillés de plaques de céramique.

★★ La Potsdamer Platz

Voir plan ci-dessus.

Lieu mythique du Berlin de l'Entre-deux-guerres, la place de Potsdam (D1) fut longtemps le carrefour le plus fréquenté d'Europe. Coupée en deux par le Mur, elle fut, avec la division de la ville, reléguée au rang de terrain vague jusqu'à ce que des investisseurs privés, à la réunification, lui redonnent son lustre d'antan. Ainsi, Sony rejoignit Daimler-Chrysler, en 1990, en tant que deuxième investisseur de la Potsdamer Platz.

★★★ Sony Center D1

Le Sony Center est dominé à l'extérieur par la **BahnTower**, une tour de verre hébergeant le siège de la société de chemin de fer Deutsche Bahn. Mais c'est à l'intérieur que le complexe d'acier et de béton conçu par **Helmut Jahn** révèle

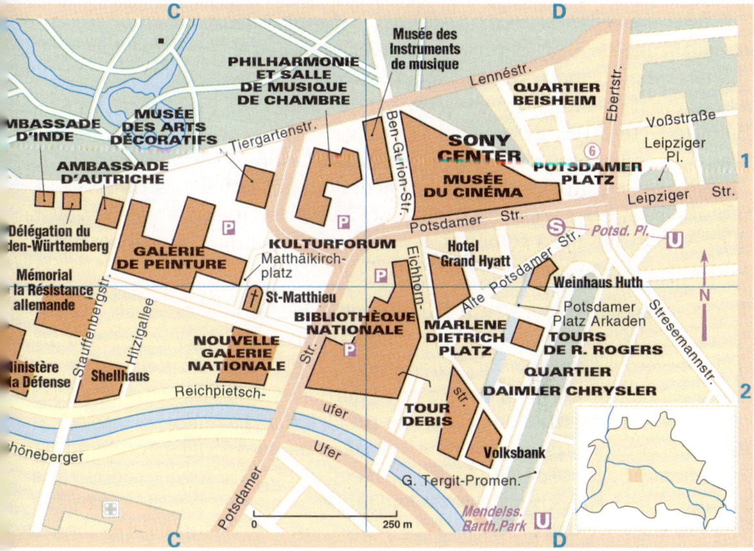

SE RESTAURER

Alt Luxemburg.. ②

Diekmann.. ④

Lentz.. ⑤

Vapiano.. ⑥

ses charmes : une grande place de 4 000 m² abritée par un **chapiteau★★★** spectaculaire, véritable prouesse technologique. Les édifices alentour supportent un anneau massif d'où s'échappe un mât penché qui maintient le chapiteau en fibre de verre. Sur la place, on remarquera des vestiges de l'**Esplanade**, un ancien hôtel de luxe néobaroque. Malgré ses milliers de tonnes, il fut déplacé en 1996 afin d'être intégré dans l'ensemble. Donnant directement sur la place, la Filmhaus héberge des institutions liées au cinéma, dont le musée du Cinéma.

★★ Musée du Cinéma

(Deutsche Kinemathek - Museum für Film und Fernsehen) D1

Dans le Sony Center. Potsdamer Str. 2 - ✆ 300 90 30 - www.deutsche-kinemathek.de - ♿ - tlj sf lun. 10h-18h (jeu. 20h) - fermé 24 et 25 déc. - 6 €.

Il expose une partie de l'extraordinaire fonds de la Deutsche Kinemathek créée en 1963 par le réalisateur Gerhard Lamprecht. Dans ses archives, pas moins de 10 000 films allemands et étrangers et près d'un million de documents, photos, affiches, programmes, liés au septième art. Le musée détaille l'histoire du film allemand : photos du film **Metropolis★** (1927), chef-d'œuvre de Fritz Lang, maquettes du **Cabinet du Dr Caligari★** (1919), autre célèbre film expressionniste de Robert Wiene, garde-robe de Marlène Dietrich.

Panoramapunkt D1

Potsdamer Platz 1 - ✆ 25 93 70 80 - www.panoramapunkt.de - tlj 10h-20h - 5 €.

De la terrasse de la tour Kollhoff, située à 100 m de hauteur, s'offre l'un des plus beaux points de vue de la capitale avec, d'est en ouest, le Gendarmenmarkt, la porte de Brandebourg, le Reichstag, la Chancellerie, le Tiergarten, le Château de Bellevue et l'église du Souvenir.

★★ **Bâtiment Martin-Gropius** (Martin-Gropius-Bau) Hors plan, vers D2
Niederkirchnerstr. 7 - ✆ 25 48 60 - www.gropiusbau.de - ♿ - merc.-lun. 10h-18h30 (horaires et prix variables en fonction des expositions) - 5 à 12 €.
Le bâtiment néo-Renaissance en forme de cube (1881) est inspiré de l'Académie d'architecture de Schinkel. Conçu par Martin Gropius (grand-oncle de Walter Gropius) et Heino Schmieden, il était destiné à l'origine à abriter le musée royal des Arts décoratifs. La décoration très raffinée de céramiques, mosaïques et frises en pierre l'apparente à un palais italien. L'intérieur, avec la majestueuse salle à colonnes, témoigne du savoir-faire des décorateurs prussiens de l'époque des Fondateurs *(Gründerzeit)*.

Topographie de la terreur (Topographie des Terrors) Hors plan, vers D2
Niederkirchnerstr. 8 - ✆ 254 509 50 - www.topographie.de - tlj 10h-20h ; fermeture à la tombée de la nuit en hiver - fermé 1er janv., 24 et 31 déc. - gratuit.
Cette exposition en plein air se trouve derrière un pan du **Mur★★**, sur les ruines des **administrations centrales du IIIe Reich**. La police secrète d'État (*Geheime Staatspolizei* ou « Gestapo »), la direction des SS *(Reichsführung SS)*, le service de Sécurité des SS (*Sicherheitsdienst* ou SD) et le service central de la Sécurité du Reich *(Reichssicherheitshauptamt)* étaient regroupés ici. L'exposition évoque l'histoire des organismes de répression et le destin des personnes poursuivies. Un **centre de documentation** *(mar.-dim. 10h-18h)* accueille en parallèle des expositions temporaires.

★ **Musée des Postes et Télécommunications**
(Museum für Post und Kommunikation Berlin) Hors plan, vers D1
Leipziger Straße 16 - ✆ 030 20 29 40 - www.mfk-berlin.de - ♿ - tlj sf lun. 9h-17h, mar. 9h-20h, w.-end et j. fériés 10h-18h - fermé 24, 25 et 31 déc. - 3 €.
Le musée des Postes et Télécommunications a trouvé un cadre magnifique dans l'édifice historique de l'ancien musée des postes du Reich. Ce somptueux palais wilhelmien, qui abrita le premier musée Pes Postes du monde, présente l'histoire, le présent et l'avenir de la communication.

★★ Le Kulturforum

▶ *Voir plan p. 110-111.*
Le Kulturforum fut conçu, à la fin des années 1950, de manière à devenir le centre culturel de Berlin-Ouest, constituant ainsi un pendant à l'île des Musées, qui se trouvait dans Berlin-Est. Non loin de l'immense Potsdamer Platz, il est aujourd'hui situé au cœur de la capitale réunifiée.

★★★ **Galerie de peinture** (Gemäldegalerie) C1
Matthäikirchplatz 4-6 - ✆ 266 42 42 42 - www.smb.museum.de - ♿ - tlj sf lun. 10h-18h (jeu. 20h) - fermé 24-25 et 31 déc. - 8 €. Audioguide inclus.
La collection de la Galerie de peinture tire son origine de la passion commune du Grand Électeur (1620-1688) et de Frédéric le Grand (1712-1786). Le musée doit son essor à **Wilhelm von Bode**, directeur de la galerie à partir de 1890, qui multiplia les acquisitions et rassembla, avant la Première Guerre mondiale, une collection presque complète de peintures européennes du 13e au 18e s. En dépit des pertes dues à la Seconde Guerre mondiale (400 toiles détruites), elle est, aujourd'hui encore, l'une des plus importantes au monde. Dans le bâtiment conçu par les architectes Heinz Hilmer et Christoph Sattler sont exposées plus de 1 100 toiles. La galerie des Études *(Studiengalerie)*, au

rez-de-chaussée, regroupe 300 autres chefs-d'œuvre (dont de très belles natures mortes), présentés de manière chronologique et classées par école. La section consacrée à la **peinture flamande et hollandaise du 17e s.** (baroque) est d'une impressionnante richesse. Sont représentés, entre autres, Pierre Paul Rubens, Rembrandt, Jan Bruegel l'Ancien et Jan Vermeer dit Vermeer de Delft.

La galerie renferme par ailleurs les *Proverbes néerlandais* du maître hollandais Pieter Bruegel l'Ancien. À ne pas manquer également : les salles consacrées à la peinture italienne, avec des toiles du Caravage, Titien, Botticelli et Fra Angelico.

★★ Musée des Arts décoratifs (Kunstgewerbemuseum) C1

Tiergartenstr. 6 - ✆ 266 42 42 42 - www.smb.museum.de - ♿ - tlj sf lun. 10h-18h, w.-end 11h-18h - fermé j. fériés, 24 et 31 déc. - 8 € - fermé pour travaux jusqu'en 2014.

Le plus ancien musée du Kulturforum abrite une magnifique collection de pièces d'orfèvrerie et possède une annexe dans le château de Köpenick. Il donne un très bon aperçu des arts décoratifs depuis le Moyen Âge jusqu'au design industriel contemporain (voir aussi p. 125).

À ne pas manquer : **le trésor du « Dionysiusstift »★** d'Enger-Herford (Westphalie) dont fait partie, entre autres, un précieux reliquaire-bourse incrusté de pierres précieuses (seconde moitié du 8e s.) ; **le trésor des Guelfes★★★** comprenant notamment un reliquaire en forme d'église byzantine à coupole (Cologne, vers 1175) ; le **trésor de Lunebourg ★★★** (gothique tardif et Renaissance) ; **l'armoire d'art de Poméranie★**.

★ Cabinet des estampes (Kupferstichkabinett und Sammlung der Zeichnungen und Druckgraphik) C1

Matthäikirchplatz 8 - ✆ 266 42 41 01 - www.smb.museum.de - ♿ - expositions tlj sf lun. 10h-18h (jeu. 22h), w.-end 11h-18h - fermé 24-27 déc. et 31 déc.-1er janv. - 8 €.

La constitution de cette collection remonte à l'époque de Frédéric-Guillaume, dit le Grand Électeur, qui fit l'acquisition en 1652 de 2 500 dessins et aquarelles. De là naquit un **cabinet des estampes** bénéficiant d'un prestige international avec, à l'heure actuelle, environ 1 100 000 dessins, aquarelles, gouaches et pastels du 14e au 20e s., complétés par 540 000 estampes de la fin du Moyen Âge à nos jours. Le fonds de dessins de maîtres allemands anciens et de maîtres hollandais – dont 80 de Rembrandt – est unique au monde. Dans la salle de consultation, les visiteurs peuvent demander à consulter des œuvres.

★★ Nouvelle Galerie nationale (Neue Nationalgalerie) C2

Potsdamer Str. 50 - ✆ 266 464 646 - www.smb.museum.de - ♿ - tlj sf lun. 10h-18h (jeu 20h), w.-end 11h-18h - fermé 24-25 et 31 déc. - 8 €.

Un bâtiment de verre et d'acier (1968) dû à **Mies van der Rohe** abrite les peintures et sculptures du 20e s. de la Nouvelle Galerie nationale.

Les collections comptent des œuvres importantes du courant moderne classique européen et de l'art américain des années 1960 et 1970. La collection présente d'abord les précurseurs de l'**expressionnisme**. On peut ensuite visiter une salle très intéressante, où sont exposés les artistes du mouvement **Die Brücke**. La visite s'achève avec de nombreuses œuvres de Lovis Corinth, Oskar Kokoschka, Wilhelm Lehmbruck et Ernst Barlach. Le cubisme français est représenté par Picasso et Juan Gris. Les modernes classiques sont illustrés par les peintres du **Bauhaus** (Schlemmer, Kandinsky), George Grosz *(Les Béquilles de la société)*, **Paul Klee** et le surréaliste **Max Ernst**. Points forts des collections d'art moderne : les œuvres du groupe Zéro, celles du Nouveau Réalisme et la peinture américaine.

★★ **Philharmonie** C1

Herbert-von-Karajan-Str. 1 - ✆ 254 889 99 - www.berliner-philharmoniker.de - visite guidée (1h) tlj à 13h30 - RV à Künstlereingang (entrée des artistes) - fermé 24-26 déc. et 31 déc.-1er janv. - 3 €.

Le toit du bâtiment dû à **Hans Scharoun** (1963) présente une asymétrie hardie évoquant une gigantesque vague *(voir p. 67)*. C'est ici que se produisent les musiciens de la Philharmonie de Berlin, qui fut sous la direction d'**Herbert von Karajan** de 1954 à 1989. Son successeur, **Claudio Abbado**, a cédé la direction de l'orchestre à **Simon Rattle** en septembre 2002. L'orchestre même est situé au centre de la salle ; tout autour, les gradins en terrasses peuvent accueillir 2 200 auditeurs. La **salle de musique de chambre** (1988) édifiée à côté de la Philharmonie, avec son toit en forme de tente, œuvre de Scharoun et d'Edgar Wisniewski, son élève, peut contenir 1 150 personnes. Dans un bâtiment annexe *(Tiergartenstraße 1)*, également dû à Scharoun et Wisniewski, se trouve le **musée des Instruments de musique★** *(Musikinstrumenten-Museum)*, qui rassemble une importante collection d'instruments à touches, à cordes et à percussion dont les plus anciens remontent au 16e s. *Ben Gurion Str. - ✆ 030 25 48 11 78 - www.mim-berlin.de - mar.-vend. 9h-17h (jeu. 22h), w.-end 10h-17h - possibilité de visite guidée (45mn, 2 €) - fermé 1er janv., 1er Mai, 24-25 et 31 déc. - 4 €.*

★ **Bibliothèque nationale** (Staatsbibliothek Preußischer Kulturbesitz) CD2

Elle conserve environ 3,7 millions de volumes. Son bâtiment, situé en face de la Galerie nationale, est aussi l'œuvre de Scharoun. Il mérite le détour pour ses espaces intérieurs. La salle de lecture est le lieu d'une belle scène des *Ailes du désir* de Wim Wenders. Exposition sur l'histoire de la résistance contre le national-socialisme.

Diplomatenviertel

Voir plan p. 110-111, ABC1-2.

Aux abords du Tiergarten se dresse le quartier des ambassades. Érigé par Albert Speer, l'architecte du IIIe Reich, il a été détruit pendant la Seconde Guerre mondiale, puis totalement réhabilité après la réunification : de nouveaux bâtiments diplomatiques à l'architecture contemporaine côtoient ceux du IIIe Reich, restaurés.

★ Le Tiergarten

Voir plan p. 110-111, AB1. *Le parc s'étend à l'ouest de la porte de Brandebourg et au nord/nord-ouest du quartier des ambassades.*

Véritable poumon vert de Berlin, le Tiergarten est le plus ancien parc de la ville. Il s'étend de la place Ernst-Reuter à la porte de Brandebourg, sur près de 3 km. Il fut une réserve de chasse puis un champ de manœuvres avant de devenir, grâce au célèbre architecte paysagiste Peter Josef Lenné (1789-1866), un splendide parc à l'anglaise.

Colonne de la Victoire (Siegessäule)

✆ 333 95 09 - avr.-oct. : 9h30-18h30, w.-end 9h30-19h ; nov.-mars : 10h-18h - 3 €.

Haute de 67 m et surmontée d'une Victoire, la Siegessäule commémore les campagnes prussiennes de 1864, 1866 et 1870 (contre le Danemark, l'Autriche et la France). Du sommet (285 marches), **vue★** sur la porte de Brandebourg, l'avenue Unter den Linden ainsi que sur l'hôtel de ville de Berlin.

Vue du Tiergarten depuis le dôme du Reichstag.
M. Borgese / Hemis.fr

Château de Bellevue (Schloss Bellevue)
Ne se visite pas. Édifié en 1785 dans le style néoclassique par Boumann, il servit de palais d'été au frère cadet de Frédéric le Grand, le prince Auguste-Ferdinand. C'est aujourd'hui la résidence officielle du président de la République. Lorsque ce dernier s'y trouve, le drapeau allemand est hissé devant la façade.

★ **Archives du Bauhaus** (Bauhaus-Archiv) B2
Klingelhöferstr. 14 - ✆ 254 00 20 - www.bauhaus.de - merc.-lun. 10h-17h - fermé 24 déc. - sam.-lun. 7 € (mar.-vend. 6 €).
Ce bâtiment fut construit en 1979 d'après les plans de **Walter Gropius**, fondateur du Bauhaus *(voir « Art et Architecture » et Dessau)*. Si l'école du Bauhaus est surtout connue pour ses réalisations en matière d'architecture, elle a aussi exercé une forte influence sur les arts plastiques. À côté des productions artisanales et industrielles, œuvres de Schlemmer, Moholy-Nagy, Feininger, Kandinsky et Klee, ainsi que des maquettes, travaux typographiques et dessins.

★★★ **Jardin zoologique** (Zoologischer Garten) A2
Hardenbergplatz 8 (entrée principale) - ✆ 25 40 10 - www.zoo-berlin.de - ♿ - avr.-sept. : 9h-19h ; oct.-mars : 9h-17h ; aquarium 9h-18h - 12 € ; 20 € le billet couplé zoo + aquarium.
Situé en plein cœur de Berlin, le jardin zoologique réunit les espèces les plus diverses : 14 000 animaux représentant plus de 1 400 espèces en font l'un des plus importants au monde. L'**aquarium** *(entrée par le zoo ou directement par la Budapester Straße)* abrite environ 650 espèces et est doté d'un terrarium fameux pour ses crocodiles.

★★ Kreuzberg

Voir plan p. 116-117. *Le quartier se déploie au sud-est de la Potsdamer Platz.*
Cosmopolite et branché, centre de la contre-culture de Berlin-Ouest avec ses nombreux lieux alternatifs, dont certains toujours actifs, le Kreuzberg est l'un des quartiers les plus animés de Berlin, de jour comme de nuit. La communauté

turque s'y est installée dans les années 1960, ce qui lui vaut le surnom de « Little Istanbul ». Plus bourgeois aux alentours du parc Victoria, le quartier invite à la promenade avec ses immeubles wilhelmiens magnifiquement restaurés.

★★★ **Musée juif** (Jüdisches Museum Berlin) B2

Lindenstr. 9-14 - ✆ 259 933 00 - www.jmberlin.de - ♿ - tlj 10h-20h (lun. 22h) - fermé lors des fêtes juives de Roch Hachana et Yom Kippour, ainsi que 24 déc. - 5 €, audioguide en fr. 3 €.

KREUZBERG

SE LOGER

Hotel Am Anhalter Bahnhof .... ①

Le bâtiment spectaculaire, en forme d'éclair, a été livré par l'architecte américain **Daniel Libeskind**, en 2001. Véritable labyrinthe, il symbolise, avec ses espaces vides qui débouchent dans le néant, l'extermination de la culture judéo-allemande. L'exposition permanente retrace l'histoire des Juifs en Allemagne depuis les premiers témoignages retrouvés jusqu'à nos jours. Elle met particulièrement l'accent sur le rôle que les Juifs ont joué dans le développement de Berlin du 18ᵉ au 20ᵉ s., réservant une place importante à la Shoah, à la persécution des Juifs et à la profanation de leurs droits sous le

SE RESTAURER

Altes Zollhaus 2
Curry 36 4
Hasir 6
Max und Moritz 8

joug nazi. Une place particulière est attribuée à l'époque actuelle, qui montre l'accroissement de la communauté juive de Berlin dû à un afflux de population provenant notamment de Russie. Le bâtiment voisin, l'ancienne cour d'appel *(Lindenstraße 14)* fait également partie du Musée juif.

★ Musée allemand de la Technique
(Deutsches Technikmuseum Berlin) A2

Trebbiner Str. 9 - ✆ 90 25 40 - www.sdtb.de - ♿ - tlj sf lun. 9h-17h30, w.-end 10h-18h - 6 €.

Les bâtiments de l'ancienne gare de marchandises d'Anhalt abritent une exposition sur le progrès technique. Sont représentés l'aviation, l'astronomie, les transports terrestres et maritimes.

★ Checkpoint Charlie B1
Le poste-frontière par lequel diplomates, militaires et étrangers pouvaient circuler entre Berlin-Ouest et Berlin-Est à l'époque où le Mur coupait la ville en deux est l'une des curiosités les plus courues de Berlin. Les portraits géants d'un soldat américain et d'un soldat soviétique, oeuvre de l'artiste Frank Thiel, évoquent un moment indissociable d'un grand épisode de la guerre froide. En octobre 1961, le monde retient sa respiration alors que chars soviétiques et américains se font face. Quelques mètres seulement les séparent. Une reproduction du poste de garde a également été installée.

★ Musée du Mur Checkpoint Charlie (Museum Haus am Checkpoint Charlie) B1
Friedrichstr. 43-45 - ✆ 253 72 50 - www.mauer-museum.com - ♿ - tlj 9h-22h - 12,50 €.

Ce musée expose des documents sur l'édification du Mur et les tentatives de franchissement. Les moyens pour passer à l'ouest furent souvent rocambolesques (à bord d'un tracteur, caché dans un coffre de voiture, à la place de la batterie et du chauffage ou dans une valise, avec des échelles, en télésiège suspendu à un câble…) et nombre de tentatives finirent tragiquement. Le chiffre officiel des tués est de 80, mais il y en eut peut-être plusieurs centaines.

★ Parc Victoria (Viktoria-Park) A3
Il occupe les pentes du Kreuzberg, l'éminence naturelle la plus élevée de la ville (66 m). Un monument créé par Schinkel en mémoire des guerres de libération le coiffe. De la terrasse, vue étendue sur Berlin.

★★ Autour du Kurfürstendamm

Voir plan p. 110-111, Hors plan vers A2. *Le quartier se situe au sud-ouest du Tiergarten.*

★★ Kurfürstendamm
Au 16e s., le Kurfürstendamm n'était qu'une chaussée permettant aux princes-électeurs de gagner le pavillon de chasse de Grunewald. Bismarck la fit transformer, entre 1882 et 1886, en une allée prestigieuse. Avec ses 3,5 km, le « Ku'damm » est le centre névralgique du quartier chic de Charlottenburg, où s'alignent cafés, restaurants, théâtres, cinémas, boîtes de nuit et boutiques.

★ Église du Souvenir (Kaiser-Wilhelm-Gedächtniskirche)
Breitscheidplatz - ✆ 218 50 23 - www.gedaechtniskirche.com - ♿ - tlj 9h-19h - gratuit.

Édifiée entre 1891 et 1895 dans le style néoroman en mémoire de l'empereur Guillaume Ier, cette église fut considérablement endommagée par les bombardements pendant la Seconde Guerre mondiale. On a conservé les ruines

UNE VILLE AÉRÉE
Ravagée à la fin de la guerre, Berlin, la plus grande ville d'Allemagne, a perdu une partie de son patrimoine historique, mais a vu de grands architectes participer à sa reconstruction (Le Corbusier, Scharoun, Jean Nouvel, Libeskind). Des ruines de 1945 a surgi une ville moderne, drainée par de larges artères reliant les différents quartiers entrecoupés de vastes espaces verts. La Havel s'élargit au milieu des forêts pour former des lacs (Tegeler See, Stößensee, Großer Wannsee). Au total, plus du tiers de la superficie de la ville est couverte de forêts, de parcs et de plans d'eau.

du clocher – devenu le symbole de Berlin – pour témoigner des horreurs de la guerre. L'église forme le centre d'un complexe moderne (1959-1961), ensemble de constructions polygonales en béton ajouré de verre bleu. Les 20 000 vitraux ont été fabriqués à Chartres d'après des dessins de Gabriel Loire.
L'ancien hall d'entrée sous la tour est aménagé en **hall du souvenir**. Une exposition présente l'histoire de l'église, rappelle les victimes de la guerre et exhorte à la réconciliation. Remarquez les **mosaïques★** du plafond et des murs (1906), à la gloire des Hohenzollern et de l'Empire allemand.

1

Tauentzienstraße
Dans cette rue traditionnellement commerçante se trouve le **KaDeWe** (Kaufhaus des Westens : grand magasin de l'Ouest), LE grand magasin chic de Berlin. Le centre commercial **Europa-Center**, juste derrière l'église du Souvenir, abrite le célèbre cabaret Die Stachelschweine (Les Porcs-épics). L'horloge hydraulique sur le Blumenhof est l'œuvre du Français Bernard Gitton. Depuis le toit du bâtiment haut de 100 m *(ascenseur jusqu'au 20e étage, puis deux étages à pied)*, on a une belle **vue★** sur les quartiers centraux de Berlin. La fontaine avec ses caractères exotiques et ses sculptures en bronze, sur la place entre l'église du Souvenir et l'Europa-Center, symbolise le globe terrestre. Les Berlinois l'appellent simplement **Wasserklops**.

★ Musée Käthe Kollwitz (Käthe-Kollwitz-Museum)
Fasanenstr. 24 - ✆ 030 882 52 10 - www.kaethe-kollwitz.de - tlj 11h-18h - 6 €.
Le musée donne un aperçu de l'œuvre prolifique de l'artiste allemande Käthe Kollwitz (1867-1945), à travers ses séries de gravures, lithographies, autoportraits et sculptures. Des affiches connues des années 1920 comme *Plus jamais la guerre (Nie wieder Krieg)* attestent de l'engagement politique de l'artiste.

★★★ Le château de Charlottenburg Hors plans

▶ Le château se situe à l'ouest du centre historique, sur la Spree – (U Sophie-Charlotte Platz) – Compter une journée pour la visite.
Spandauer Damm 20-24 - ✆ 32 09 11 - www.spsg.de - ♿ - visite guidée ou audioguidée mar.-dim. 10h-17h (18h avr.-oct.) - fermé 24-25 et 31 déc. - 12 €, nouvelle aile 6 €, droit photos 3 €.
Le château de Charlottenburg était à l'origine la retraite préférée de la reine Sophie-Charlotte, épouse de Frédéric Ier, qui fonda avec Leibniz, en 1700, la Société des sciences. Après sa mort précoce en 1705, le château de Liezenburg fut rebaptisé Charlottenburg en son honneur. La construction de l'édifice avait débuté en 1695 par un premier bâtiment très modeste qui devait servir de résidence d'été, mais qui ne tarda pas à être agrandi et coiffé d'une coupole en 1710 (à son sommet, la statue dorée moderne de la Fortune sert de girouette).

L'ARGENTERIE DU KRONPRINZ

Le service comptait à l'origine 2600 pièces, destinées à cinquante personnes, et se déployait sur une table de 16 m. Les serviettes et les verres (il y en avait de cinq types) ont disparu pour la plupart. Terrines, plats et saladiers sont exposés en un somptueux buffet derrière la table. Celui-ci est de style classique et *Jugendstil*. Les statuettes sont charmantes et les figures monumentales : éléphants surmontés d'un obélisque, statues équestres et candélabres appartiennent à une longue tradition des services de cour.

Le Roi-Sergent Frédéric-Guillaume Ier délaissa Charlottenburg, mais Frédéric II fit élever par Knobelsdorff une nouvelle aile est, dont un avant-corps à péristyle forme le seul élément décoratif. Plus tard, le château fut surtout habité par la reine Louise, épouse de Frédéric-Guillaume III. Après les importants dommages causés par la Seconde Guerre mondiale, le château de Charlottenburg fut de nouveau complètement reconstruit, ainsi qu'une grande partie des appartements. Dans la **cour d'honneur★** se trouve la statue équestre du Grand Électeur, chef-d'œuvre d'Andreas Schlüter (1703).

★★ Vieux château

Il abrite notamment les appartements de Sophie-Charlotte et le célèbre **cabinet des porcelaines★★** (1706), où est exposée une superbe collection de porcelaine d'Extrême-Orient, reconstituée après la Seconde Guerre mondiale. La **chapelle du château★** (*Schlosskapelle* – 1706) fait parfois office de salle de concert. La tribune royale est surmontée d'une couronne colossale, que portent deux allégories, et de l'aigle de Prusse.

L'**ancien cabinet de Frédéric-Guillaume IV**, dernier souverain à séjourner régulièrement à Charlottenburg, et de son épouse Élisabeth, contient peu de meubles. Dans les pièces qui suivent est notamment exposée l'**argenterie du prince héritier★★** *(voir encadré)*, fils de Guillaume II, que les villes prussiennes lui offrirent à l'occasion de ses fiançailles en 1904 avec la duchesse Cécile de Mecklembourg-Schwerin. Les joyaux de la couronne de Prusse sont exposés dans le **cabinet royal**.

★★ Nouvelle aile (aile Knobelsdorff)

Longue de 42 m, la **galerie dorée★★** *(Goldene Galerie)*, vaste salle de bal et de concert, témoigne de l'éclat du « rococo fédéricien », fait de vert tendre, de rose et d'or. Les pièces de l'**appartement de Frédéric II** présentent dans leur décor rococo blanc et or de remarquables tableaux de peintres français du 18e s., pour lesquels le roi éprouvait une vive admiration. C'est ici que se trouvent deux des chefs-d'œuvre de **Watteau** : **L'Enseigne de Gersaint★★★** (1720 – *salle de concert*) et **L'Embarquement pour Cythère★★★**.

★ **Appartements d'hiver** – Ils furent habités par le successeur de Frédéric II, Frédéric-Guillaume II, sa belle-fille Louise et l'épouse de Frédéric-Guillaume III, entre la fin du 18e et le début du 19e s. Les pièces, orientées sud, frappent par les tons chauds du classicisme prussien. Dans la **chambre à coucher de la reine Louise★**, le lit et les dessertes (une partie de l'ameublement original) ont été conçus (1810) par Schinkel dans une harmonie de tons mauves. La dernière pièce de cette enfilade contient une belle **collection★** de portraits de femmes brossés par Antoine Pesne. Les trois pièces tournées vers le parc sont décorées dans un style rococo fastueux. Une vitrine de la **bibliothèque** présente de précieux échantillons de la **collection de tabatières** de Frédéric II. La **galerie chinoise** et le **cabinet chinois** donnant sur le parc servirent d'ap-

Plage sur le lac Wannsee, entre Potsdam et Berlin.
Werner Otto / age fotostock

partement d'été à Frédéric-Guillaume II. Dans les appartements de Frédéric-Guillaume III sont exposés des tableaux représentant des scènes illustrant les guerres de libération, parmi lesquelles le célèbre portrait de Napoléon en cavalier, par J.-L. David.

Aile ouest (grande orangerie) – Construite entre 1701 et 1707 par Eosander, elle est aujourd'hui utilisée pour des expositions temporaires et diverses manifestations. L'architecte de l'ancien théâtre (construction de 1788 à 1791), à l'extrémité ouest de l'orangerie, était Langhans *(voir p. 59)*.

★★ Parc (Schlossgarten)

Tlj de 6h à la tombée de la nuit - gratuit. Pavillon : ✆ 320 914 43 - tlj sf lun. 10h-17h (avr.-oct. 18h) - 4 €. Belvédère : ✆ 320 914 45 - tlj sf lun. 10h-18h - 3 €.

Transformé dans le goût anglais sous Frédéric-Guillaume II, le **parc** fait oublier les contraintes de la vie urbaine. À l'ouest, au bout d'une allée d'ifs et de cyprès, se trouve le petit **mausolée**★ en forme de temple bâti en 1810 par Heinrich Gentz. Il abrite les tombeaux de Frédéric-Guillaume III, de la reine Louise, de l'empereur Guillaume Ier et de la reine Augusta.

Le **nouveau pavillon**★ (pavillon de Schinkel), situé entre l'extrémité est de l'aile de Knobelsdorff et le pont du château, fut construit en 1824 par Schinkel pour servir de résidence d'été à Frédéric-Guillaume III. Il fut aménagé dans le style italien. Ce pavillon forme aujourd'hui un cadre de choix pour les œuvres de **C.D. Friedrich, K. Blechen** et **E. Gaertner** qui y sont exposées.

Au nord du lac, en direction de la Spree, se trouve le **Belvédère**★, dessiné par Langhans. Il abrite une **exposition historique**★ de la Manufacture royale de porcelaine de Berlin (KPM), du style rococo au style Biedermeier.

Édifices de Stüler

Schlossstraße 1, en face du château. Les bâtiments surmontés de dômes en face du château, de part et d'autre de la Schlossstrasse, ont été construits entre 1851 et 1859 par Friedrich August Stüler et servaient de casernes aux gardes du corps du roi. Dans la partie occidentale se trouve le musée Berggruen.

★★★ Musée Berggruen – Picasso et son temps

(Museum Berggruen – Picasso und seine Zeit)

Schlossstr. 1 - ✆ 266 424 242 - www.smb.museum - ♿ - tlj sf lun. 10h-18h - 8 €.

La collection de l'ancien marchand d'art parisien Heinz Berggruen comprend surtout des œuvres de Picasso (peintures, sculptures, gouaches et dessins), d'où l'appellation **Picasso et son temps**. Toutes les facettes de sa production y sont représentées : peintures (*Le Pull-over jaune*, 1939 ; *Dora Maar aux ongles verts*), sculptures (*Tête de Fernande*, 1909), dessins et gouaches. On y trouve aussi des tableaux de Cézanne, Van Gogh, Matisse, Braque, Laurens, Giacometti et des ouvrages d'art africain. Le 2e étage est presque entièrement réservé à **Paul Klee**, que Heinz Berggruen appréciait particulièrement ; plus de cinquante œuvres de l'artiste sont ici réunies, dont *Stadtartiger Aufbau (Structure urbaine)*, une aquarelle de 1917, l'aquarelle *Betrachtung beim Frühstück* de 1925 et le tableau *Klassische Küste* (1931).

★ Musée Bröhan (Bröhan-Museum)

Schlossstr. 1a - ✆ 326 906 00 - www.broehan-museum.de - ♿ - tlj sf lun. 10h-18h - fermé 24 et 31 déc. - 6 €, gratuit 1er merc. du mois.

Ce musée, issu d'une collection privée, présente l'artisanat d'art et le design industriel de 1900 à 1930 (Art nouveau, Art déco). Voir surtout les **meubles** des ébénistes français des années 1920 (J.E. Ruhlmann), l'**art du verre** français (Gallé, Marinot) et la **porcelaine**, ainsi que les tableaux de la Sécession berlinoise.

Atelier des moulages des musées nationaux (Gipsformerei der Staatlichen Museen)

Sophie-Charlotten-Str. 17-18 - ✆ 030 326 76 90 - www.smb.museum - lun.-vend. 9h-16h - gratuit.

Avec ses 6 500 pièces en plâtre, cet atelier constitue, avec les collections du Louvre et celles du British Museum, l'un des plus importants au monde.

★ Tour de la Radio (Funkturm)

Au sud-ouest du château, à l'extrémité du quartier de Charlottenburg. Messedamm 22 - ✆ 030 3038 2900 - ♿ - lun. 10h-20h, mar.-dim. 10h-23h - fermé 1er janv. et 24 déc. - 4,50 €.

Appelée par les Berlinois le « Grand Flandrin », la tour de la Radio (150 m) est indissociable de la ville. **Panorama★★★** sur Berlin de la plate-forme située à 126 m de hauteur.

Le grand Berlin Hors plans

Avec près de 900 km², le Land de Berlin ne manque pas de surprendre par la diversité de ses paysages : anciennes bourgades au charme provincial, pavillons noyés dans la verdure, cités-jardins, châteaux, lacs et vastes forêts formant une ceinture naturelle autour de la cité.

★★★ DAHLEM ET SES MUSÉES - ARTS ET CULTURES DU MONDE

(Museen Dahlem – Kunst und Kulturen der Welt) Carte de région B2

Ce quartier est situé au sud-ouest de la ville, au sud du Kurfürstendamm.

Parsemé de villas dans le style des cottages anglais, adapté au cadre brandebourgeois par **Hermann Muthesius** (1861-1927), l'ancien domaine seigneurial de Dahlem est resté une banlieue résidentielle noyée dans la verdure.

À la sortie de U Dahlem-Dorf (U-Bahn, voir rubrique Transports dans Berlin pratique), prendre à droite l'Iltisstraße.

★★★ **Musée d'Ethnographie** (Ethnologisches Museum)
Lansstraße 8 - ✆ 030 266 42 42 42 - www.smb.museum - ♿ - mar.-vend. 10h-18h, w.-end 11h-18h - 6 €.
Les collections du musée d'Ethnographie comptent parmi les plus importantes au monde avec près de 500 000 objets répertoriés.
★★★ **Amérique précolombienne** – **Stèles** et sculptures en pierre de Cozumalhuapa (Guatemala) et objets de la civilisation maya. Importante **statuaire sacrée et profane** des Aztèques (coupe de sacrifice humain). Période pré-inca : tissus aux motifs polychromes et céramiques anthropomorphes du Pérou. La **Chambre d'or**★★★ contient de magnifiques bijoux et objets de culte ciselés datant du 7e s. av. J.-C. jusqu'au 11e s. apr. J.-C.
★★ **Océanie** – Parmi les objets rassemblés depuis la fin du 18e s. (en partie grâce aux expéditions de James Cook), remarquer les **bois sculptés** et les **masques peints** de Nouvelle-Guinée, les **bateaux d'Océanie** et le magnifique manteau de plumes ocre et rouge du roi de Hawaii.
★ **Asie du Sud** – Objets d'Asie du Sud-Est, d'Inde et du Sri Lanka. Les civilisations de ces contrées s'expriment à travers des masques, des marionnettes et des figurines du théâtre d'ombres chinoises. L'Indonésie est bien représentée par un ensemble de figures de culte et de textiles.
★★ **Afrique du Nord, Afrique de l'Ouest** – Les points forts des collections sont les bijoux berbères, les **têtes féminines en terre cuite d'Ife** (Nigeria) et les **bronzes** de l'ancien royaume du Bénin. Sculptures en bois du Cameroun.

1

★★ **Musée d'Art indien** (Museum für Indische Kunst)
Entrée Lansstraße - mêmes horaires et conditions d'ouverture que le musée d'Ethnographie. L'exposition permanente du musée d'Art indien est organisée en trois secteurs : le sous-continent indien, l'Asie du Sud-Est et la route de la Soie – avec l'Inde, bien sûr, mais aussi le Pakistan, l'Afghanistan, le Sri Lanka, le Népal, le Tibet, la Birmanie et le Viêtnam. Le musée trouve son point d'orgue dans la **collection de Turfan**★★ (nom d'une oasis du Turkistan chinois) avec ses peintures murales, ses statues, ses textiles et ses écrits, ainsi que le lieu de culte intitulé « Grotte de la colombe à l'anneau ».

★ **Musée d'Art d'Extrême-Orient** (Museum für Ostasiatische Kunst)
Entrée Lansstraße - mêmes horaires et conditions d'ouverture que le musée d'Ethnographie. Ce musée est consacré à la Chine, au Japon et à la Corée. Œuvres en bronze, bois, ivoire, laque et céramique du 3e millénaire à nos jours. Céramiques et laques chinois, japonais et coréens.

★ **Musée des Cultures européennes** (Museum europäischer Kulturen)
Im Winkel 6/8 - mêmes horaires et conditions d'ouverture que le musée d'Ethnographie. Le musée rassemble des objets documentant les traditions populaires du 16e s. à nos jours. Un programme d'expositions de grande envergure est proposé (expositions exceptionnelles, journées culturelles familiales, marchés de Pâques et de Noël). *Le circuit de la visite commence à l'étage supérieur.* Placée sous le signe des « Contacts culturels en Europe », l'exposition permanente a pour thème l'évolution de la réception des images : partant des splendides images des œuvres d'art religieux, elle explore le domaine des images imprimées servant de modèles aux peintures murales et aux meubles, pour déboucher sur les biens de consommation de masse.

★★ **Jardin botanique** (Botanischer Garten)
Königin-Straße 6-8 - ✆ 030 838 501 00 - www.botanischer-garten-berlin.de - ♿ - mai-juil. : 9h-21h (avr. et août 20h ; sept. 19h ; nov.-janv. 16h ; fév. 17h ; mars et oct. 18h) - 6 €.

LES CITÉS-JARDINS

Né à la fin du 19e s. à l'initiative de l'urbaniste anglais Ebenezer Howard, le mouvement des cités-jardins *(Gartenstadtbewegung)* avait pour ambition de donner à chacun un habitat correct, au milieu d'un cadre verdoyant. Berlin fut précurseur dans ce domaine, et sous l'impulsion de Martin Wagner, directeur des services de l'Urbanisme à partir de 1926, la ville se dota de lotissements équipés de services de proximité, conçus par des architectes de renom, tels que Walter Gropius, Bruno Taut ou Hans Scharoun. Parmi les plus célèbres, outre « La Case de l'oncle Tom » : « Le Fer à cheval » (Britz) ou « La ville Blanche » (Reinickendorf).

Ce jardin extraordinaire offre une profusion et une variété fascinantes d'arbres, de plantes et d'arbustes des cinq continents (22 000 espèces), en plein air et dans une immense **serre**★★ (1906-1907). Celles-ci forment un véritable labyrinthe de dômes de verre abritant des plantes magnifiques des zones climatiques tropicales ou arides. Côté Königin-Luise-Straße, le **Musée botanique**★ (Botanisches Museum) complète la visite.*(♿ - tlj 10h-18h - 6 € avec la visite du Jardin botanique - fermé le 24 déc.).*

PRÈS DE DAHLEM

★ Lotissement « La Case de l'oncle Tom » (Onkel Toms Hütte)

Au croisement d'Onkel-Tom-Straße et Argentinische Allee, Zehlendorf (U Onkel Toms Hütte).

Conçu pour abriter 15 000 personnes, ce lotissement, construit sous la direction de Martin Wagner entre 1926 et 1932, est l'un des exemples les plus réussis de cités-jardins à Berlin. Autour de la station de métro qui en constitue le centre – avec centre commercial et cinéma –, les bâtiments de hauteur modérée (deux étages le plus souvent) sont implantés au milieu de la nature. À la sobriété de leurs façades répond l'éclat de leurs revêtements de couleurs vives, d'où le surnom de « lotissement-perroquet » *(voir p. 67)*.

★★ Musée du mouvement Die Brücke (Brücke-Museum)

Bussardsteig 9 - BUS 115, arrêt Pücklerstraße - à partir de 6 Hohenzollerndamm. Prendre la Pücklerstraße vers l'ouest, puis la première à gauche (Fohlenweg) et la première à droite - ✆ 030 831 20 29 - www.bruecke-museum.de - tlj sf mar. 11h-17h - fermé 24 et 31 déc. - 5 €.

Ce musée est consacré au plus important groupement d'artistes de l'expressionnisme allemand, connu sous le nom de **« Die Brücke »** (le pont). Le Brücke fut fondé à Dresde en 1905 par quatre étudiants en architecture (Bleyl, Heckel, Kirchner et Schmidt-Rottluff), qui voulaient créer un art expressif par la déformation des lignes et l'utilisation de couleurs violentes. En 1911, le groupe se déplaça à Berlin, où il se dispersa en 1913. La plupart des tableaux, sculptures, aquarelles et dessins exposés sont dus à **Karl Schmidt-Rottluff** et Erich Heckel.

★★ Grunewald

Cette forêt à essences mixtes de 3 100 ha était, dès le 16e s. une réserve de chasse des princes-électeurs. Elle est limitée à l'est par un chapelet de petits lacs, entre lesquels s'étendent des zones résidentielles. Au bord d'un de ces lacs, le lac de Grunewald, se trouve le **pavillon Grunewald**★ *(Jagdschloss Grunewald)*, construit en 1542 par Caspar Theyss pour le prince-électeur Joachim II. Ce petit château Renaissance fut reconstruit environ cent soixante ans plus tard dans le style baroque par le roi Frédéric Ier. *Hüttenweg*

100 – BUS 115, arrêt Pücklerstraße à partir de la station U6 Hohenzollerndamm. Suivre la Pücklerstraße vers l'ouest jusqu'au Grunewaldsee - ✆ 030 813 35 97 - www.spsg.de - avr.-oct. : tlj sf lun. 10h-18h ; nov.-mars : w.-end et j.-fériés 10h-14h - 4 € (5 € avec visite).

★★ Île des Paons (Pfaueninsel)

Accès en bac depuis l'embarcadère situé au bout du Nikolskoer Weg (services suivant les besoins).

Avec ses jardins paysagers et ses constructions, l'île des Paons, située sur la Havel, témoigne du goût qui régnait à la fin du 18e s. Le **château★** (1794-1797) est un exemple du style « ruines » qui était à la mode au début du romantisme. Les salons avec leurs parquets et leurs lambris en bois précieux contiennent des souvenirs de la reine Louise. *✆ 0331 96 94 202 - www.spsg.de - nov.-fév. : 10h-16h ; mars-avr. et sept.-oct. : 9h-18h ; de mai-août : 8h-21h - château : avr.-oct. mar.-dim. 10h-17h30 - 3 €.*

AU SUD-EST DE LA VILLE Hors plans

Pour visiter les curiosités ci-dessous, se rendre dans la bourgade de Köpenick (au sud-est du centre de Berlin) : emprunter le réseau express régional (S-Bahn), ligne S3, arrêt Köpenick.

★★ Musée des Arts décoratifs (Kunstgewerbemuseum)

Dans le château de Köpenick (île du Château). ✆ 030 65 66 17 49 - ♿ - jeu.-dim. 10h-17h - visite guidée (1h) sur demande - fermé j. fériés, 24 et 31 déc. - 4 €.

Fondé en 1867, il est le plus ancien **musée des Arts décoratifs** d'Allemagne et a l'insigne privilège d'être abrité dans le superbe **château de Köpenick**, construit entre 1677 et 1681 pour le prince de la cour Frédéric (futur roi Frédéric Ier). Parmi les 29 salons à découvrir : la salle en marqueterie du château Haldenstein, de style Renaissance, le cabinet baroque des miroirs du château Wiesentheid, la chambre chinoise décorée de précieuses peintures laquées du palais Graneri de Turin. Au second étage, ne pas manquer la luxueuse **Wappensaal**, ornée d'armoiries en stuc.

★★ Großer Müggelsee

Ce lac de 4 km de long sur 2,5 km de large est le plus grand de Berlin. Il compte aussi parmi les plus majestueux. Dans la forêt municipale de Köpenick, qui jouxte le plan d'eau, les possibilités de promenades sont nombreuses.

À proximité de Berlin Carte de région

ORANIENBURG - CAMP DE CONCENTRATION DE SACHSENHAUSEN B1

31 km au nord. ✆ 033 01 20 02 00 - www.gedenkstaette-sachsenhausen.de - ♿ - de mi-mars à mi-oct. : tlj sf lun. 8h30-18h ; de mi-oct. à mi-mars : 8h30-16h30 - fermé 1er janv., 24, 25 et 31 déc. - gratuit.

Le **camp de concentration de Sachsenhausen**, aujourd'hui aménagé en un musée-mémorial *(Gedenkstätte und Museum Sachsenhausen)*, fut construit dès 1936. Plus de la moitié des 200 000 personnes qui y furent internées y périrent. Dans les baraquements, une exposition retrace l'histoire du camp et les expérimentations scientifiques auxquelles les nazis se sont livrés sur les prisonniers. Dans le **musée Baracke 38**, une exposition est consacrée à l'histoire des déportés juifs. Un parcours à travers le camp *(suivre le plan remis à l'entrée)* permet de comprendre l'organisation implacable du système concentrationnaire, dont la devise est toujours présente au-dessus de la porte d'entrée : *Arbeit macht frei* (« Le travail rend libre »).

RAVENSBRÜCK A1

À 95 km au nord de Berlin, 1 km de Fürstenberg. ✆ 03 30 93 60 385 - www.ravensbrueck.de - mai-sept. : tlj sf lun. 9h-17h - oct.-avr. : tlj sf lun. 9h-17h - gratuit.
Le camp de concentration de Ravensbrück fut construit en 1938 sur les bords du lac de Schwedtsee. Il s'agissait du centre de détention pour femmes le plus important du pays : 132 000 femmes et 20 000 hommes originaires de 40 pays y furent déportés jusqu'en 1945. Des dizaines de milliers de femmes, d'enfants et d'hommes y périrent. Le **Mémorial national de Ravensbrück** (Mahn-und Gedenkstätte Ravensbrück) comprend encore des restes du camp, tels que le crématorium, les cellules et des parties du mur. Une exposition permanente, installée dans l'ancien poste de commandement, relate la vie et la souffrance des victimes, mais aussi leur solidarité et leur volonté de survivre.

NOS ADRESSES À BERLIN

TRANSPORTS

Arriver à Berlin

Aéroports – En attendant l'ouverture du nouvel aéroport international Berlin Brandenburg Willy Brandt (BER) en 2013, la ville dispose de deux aéroports : Tegel (TXL), au nord-ouest, et Schönefeld (SXF), au sud-ouest. Informations générales *✆ 0180 500 01 86* - www.berlin-airport.de.
Tegel (TXL) assure une bonne partie du trafic international. Un service de bus permet de gagner le centre-ville : TXL pour le quartier de Mitte (Potsdamer Platz, Friedrichstraße et Unter den Linden), le 109 ou le X9 pour le quartier de Charlottenburg *(Zoologischer Garten)*.
Schönefeld est relié à la station d'Alexanderplatz par les trains régionaux RE7 et RB14, les lignes de métro S45 et S9. Le bus 171 relie l'aéroport à Kreuzberg *(Hermannplatz)*, et permet aussi de rejoindre la station de métro Rudow (U7).
Gares – Berlin possède plusieurs gares mais la majorité des trains s'arrêtent à la nouvelle gare centrale (Hauptbahnhof) située près du Bundestag, en plein cœur du réseau métropolitain - www.hbf-berlin.de

Se déplacer dans Berlin

Les transports en commun sont nombreux, rapides et pratiques.
La nuit, de nombreux bus, tramways et S-Bahn de nuit circulent entre 0h30 et 4h30. Certaines lignes de S-Bahn et toutes les lignes de métro (sauf U4) circulent en continu le week-end (même tarif qu'en semaine).
Informations – Les lignes du réseau express régional (S-Bahn), ainsi que les lignes de bus et de métro (U-Bahn) sont regroupées dans le **Berliner Verkehrs-Betriebe** (BVG, régie des transports urbains berlinois) - *✆ 194 49 ou Hotline 24h/24 - ✆ 030 19 44 9 - www.bvg.de.*
Les transports suburbains et le réseau express régional (S-Bahn) sont réunis, avec la BVG, dans la **Verkehrsverbund Berlin-Brandenburg** (VBB, réseau des transports urbains de la région de Brandebourg) - *✆ 030 25 41 41 41 - www.vbbonline.de.*
Les transports berlinois font souvent l'objet de travaux. Surveillez les panneaux indiquant d'éventuelles modifications d'itinéraires !
Zones et tarifs – Berlin et ses environs (dont Potsdam) sont

divisés en 3 zones tarifaires (A, B et C) ; l'intérieur de la ville correspond à la zone AB. Les billets s'achètent dans les stations de métro, S-Bahn et tramway ou dans le bus. Pour être valable, le ticket doit être composté (sur le quai, à côté des distributeurs dans les stations de U-Bahn et de S-Bahn ; à l'intérieur des bus). Le billet **simple** (valable 2h, dans la même direction) coûte 2,30 € (3 € pour les 3 zones ABC), et le billet à la **journée** (valable à partir de l'oblitération jusqu'à 3h le matin suivant) 6,30 € (6,80 € pour les 3 zones) ; le billet valable **7 jours** *(7 Tage Karte)* coûte 27,20 € pour 2 zones, 33,50 € pour 3 zones ; à noter enfin le billet pour trajets courts *(Fahrausweis für Kurzstrecken)* à 1,40 € pour des trajets ne dépassant pas 3 stations de métro ou 6 stations de bus ou de tramway.

Welcome Card – Valable 48h (17,90 €), 72h (23,90 €) ou 5 jours (30,90 €), elle permet à un adulte de circuler sur l'ensemble du réseau VBB (pour 19,90 €, 25,90 € ou 35,90 € - zones ABC). Elle permet de bénéficier, en outre, de réductions de 25 % à 50 % dans 200 sites et musées, pour des visites guidées et des manifestations culturelles. En vente dans tous les points de vente de la BVG et aux distributeurs automatiques.

Bus 100 – Ce bus, qui relie la gare Zoo à l'Alexanderplatz, permet de découvrir de nombreuses curiosités de Berlin.

VISITES

En bus touristique

Bon à savoir – Pour le prix d'un ticket de bus, la ligne 100 (bus à deux étages) circule le long des principaux monuments du centre.

Berlin City Tour – *030 68 30 26 41 - www.berlin-city-tour.de - 15 €.* Visites commentées de 2h (en français avec casque) dans un bus à impériale. Départ ttes les 17mn à partir de 09h41. Une vingtaines d'arrêts avec possibilité de descendre du bus et de remonter par la suite. Points de départ : le Kurfürstendamm (entre la Joachimsthaler Straße et la Fasanenstraße) et l'Alexanderplatz (devant l'hôtel Forum).

Severin & Kühn – *880 41 90 - www.berlinerstadtrundfahrten.de. - tlj à 10h et vend.-sam. à 14h (avr.-oct.), merc. et sam. à 10h (nov.-déc.) - 20 €.* Cette compagnie propose un grand tour de Berlin (Große Berlin-Tour) avec visites commentées (3h) en allemand et en anglais. Point de départ : Kurfürstendamm 216.

Autres compagnies – Bus-Verkehr-Berlin : *030 683 89 10 - www.bvb.net.* Berliner-Bären-Service : *030 35 19 52 70 - www.sightseeing.de.* Berolina : *88 56 80 30 - www.berolina-berlin.com*

À pied

Alternative Berlin Tours – *01 62 81 98 264 - alternative berlin.com - durée : 4h30 - 12 € - réserv. recommandée en été.* La visite « Real Berlin Experience » (en anglais) vous amène sur les hauts lieux de l'underground berlinois. Départ mar.-dim. à 12h, au pied de la Fernsehturm (Alexanderplatz). Exploration urbaine nocturne (squats, friches, bars…) avec le « Twilight Berlin Tour ».

Go Art! Berlin – *030 3087 3626 - www.goart-berlin.de.* En français, espagnol, italien et allemand, des visites thématiques excellentes (individuels et groupes) qui mettent l'accent sur la vie artistique et culturelle berlinoise d'hier et d'aujourd'hui. Le Street Art, le Green Design ou

1

la vie des juifs à Berlin au 20e s. n'auront plus de secret pour vous ! Possibilité d'organiser des visites sur mesure élaborées avec le visiteur.

Matthias Rau – *✆ 030 42 11 377 - www.matthiasrau-berlin.de - 9,50/11,50 € - réserv. conseillée.* Cet ex-Berlinois de l'Est fait découvrir sa ville avec passion et une sacrée pointe d'humour aux germanophones. Visites de quartiers du centre et périphériques (la visite « Unbekanntes Ostberlin » est une vraie perle), visite thématique sur le Berlin juif, visite à vélo le long du tracé du Mur.

En bateau

Circuits de 1h à 4h sur la Spree ou la Havel. Les classiques font une boucle autour de l'île des Musées (1h, départs de Friedrichsbrücke, SchlossBrücke, Karl-Liebknecht-Brücke, Friedrichstraße et face au Märkisches Museum). D'autres croisières ont également lieu sur le Landwehrkanal, ce qui permet notamment de découvrir le quartier de Kreuzberg.

Informations – *Reederverband - Kattfußstr. 29 - ✆ 030 34 22 431 - www.reederverband-berlin.de.* Agence rassemblant l'ensemble des compagnies de croisières. Brochure délivrée également dans les offices de tourisme.

Stern-und-Kreis-Schiffahrt – *✆ 030 53 63 600 - www.sternundkreis.de* - circuits d'1h à une journée. Le plus grand spécialiste de la croisière à Berlin.

Reederei Riedel – *✆ (030) 693 46 46 - www.reederei-riedel.de - durée : 1h à 3h - audioguide en français.* Départs : Hauptbahnohf, Haus der Kulturen der Welt, Kottbusserbrücke… Le long de la Spree et du Landwehrkanal.

Reederei Bruno Winkler – *✆ 030 349 95 95 - www.reedereiwinkler.de.* Départs : Schlossbrücke, Bahnhof Friedrichstraße. 1h à 3h à travers les Berlin historique et moderne.

Carte spéciale musées

Vendue 34 €, valable 3 jours, la WelcomeCard Museuminsel donne l'accès gratuit à tous les musées de l'île des Musées (hors expositions temporaires) et permet d'obtenir des réductions de 25 % à 50 % dans plus de 200 sites, musées, pour des visites guidées et des manifestations culturelles. En vente dans les Berlin Infostores *(voir « S'informer » p. 92)* et aux distributeurs de tickets de métro.

HÉBERGEMENT

PREMIER PRIX

Prenzlauer Berg

Transit-Loft Hotel – Plan C1, p. 108-109 - *Immanuelkirchstraße 14a - Tram Hufelandstraße - ✆ 030 48 49 37 73 - www.transit-loft.de - P - 62 ch. 59 € - ☕.* Cet ancien bâtiment d'usine, situé au beau milieu du Szenebezirk (quartier de la scène) de Berlin, a été transformé en 2001 pour accueillir un « hôtel pour les jeunes ». Chambres simples mais très bien entretenues.

Friedrichshain

Das Andere Haus VIII – Hors Plan C2, p. 108-109 - *Erich Müller Str. 12 - ⑥ Rummelsburg - ✆ 554 403 31 - www.dasanderehaus8.de - 5 ch. 60 € - ☕.* Une expérience unique : passer la nuit dans une ancienne prison de l'ex-RDA. Le bâtiment de 1879 a été restauré dans un style chaleureux où seul l'aspect brut des matières (bois, brique) rappelle son ancienne destination.

Charlottenburg

Hotel Berlin-Plaza – Hors Plan A2, p. 110-111 -

Knesebeckstraße 63 - **U** *Uhlandstraße - ✆ 030 88 41 30 - www.plazahotel.de -* **P** *- 131 ch. 79 € -* ☕. Situation très centrale pour cet hôtel, installé dans une rue proche du Ku'damm. Chambres modernes à l'équipement fonctionnel.

Kreuzberg

Hotel Am Anhalter Bahnhof – Plan B2, p. 116-117 - *Stresemannstraße 36 -* **U** *Hallesches Tor - ✆ 030 251 03 42 - www.hotel-anhalter-bahnhof.de -* **P** *- 40 ch. 55 € (avec douche/WC sur le palier)/70 € (sdb dans la chambre) -* ☕. Établissement très central, à proximité de la Potsdamer Platz. Cadre sobre. Chambres au confort modeste, mais très propres et bon marché.

BUDGET MOYEN

Mitte

Hotel Künstlerheim Luise – Hors Plan A1, p. 96-97 - *Luisenstraße 19 -* **S**+**U** *Friedrichstraße - ✆ 030 28 44 80 - www.luise-berlin.com - 50 ch. 79 € (dans la mansarde, avec douche sur le palier)/90 € (sdb dans la chambre).* Ce palais très classique, construit en 1825 et classé monument historique, héberge un hôtel original où des artistes ont apporté leur touche créative à la décoration des chambres. Vous pouvez aussi opter pour des chambres au confort plus modeste et meilleur marché, équipées de douches.

The Circus – Plan B2, p. 108-109 - *Rosenthalerstr. 1 -* **U** *Rosenthaler Platz - ✆ 030 20 00 39 39 - www.circus-berlin.de - 60 ch. et appart. 80/110 €, dortoirs 19/29 € (entrée Weinbergsweg 1a).* À quelques minutes à pied de Hackerscher Markt, un agréable hôtel au chambres claires et colorées, avec salle de bains commune ou privative, et appartements spacieux. Services nombreux (Internet, location de vélos, etc.).

Honigmond Garden Hotel – Hors Plan A1, p. 108-109 - *Invalidenstr. 122 -* **U** *Naturkundemuseum - ✆ 030 28 44 55 77 - www.honigmond-berlin.de -* **P** *- 16 ch. et 4 appart. 125 € -* ☕. Des chambres de caractère avec parquet, situées dans un quartier silencieux tout près du centre historique. En été, petit-déjeuner servi dans le jardin.

Zehlendorf

Am Wilden Eber – Hors Plan A2, p. 110-111 - *Warnemünder Straße 19, au sud-ouest du centre historique -* **U** *Podbielskiallee - ✆ 030 89 77 79 90 - www.hotel-am-wilden-eber.de -* **P** 🏊 *- 15 ch. 103 € -* ☕. Un hôtel simple et sobre : les chambres, toutes identiques, sont soignées et plutôt calmes ; en sous-sol, petite piscine couverte et sauna.

POUR SE FAIRE PLAISIR

Mitte

Hotel Hackescher Markt – Plan A1, p. 104-105 - *Große Präsidentenstraße 8 -* **S** *Hackescher Markt - ✆ 030 28 00 30 - www.hotel-hackescher-markt.com -* **P** *- 32 ch. 129 €.* Bâtiment récent à la façade d'aspect historique. Chambres spacieuses. Malgré leur situation centrale, celles avec terrasse sont très calmes (petite cour intérieure).

UNE FOLIE

Mitte

Hotel Adlon – Plan A1, p. 96-97 - *Unter den Linden 77 -* **S**+**U** *Brandenburger Tor - ✆ 030 226 10 - www.hotel-adlon.de -* **P** 🏊 *- 382 ch. 220/600 € -* ☕ *39 €.* Une légende vivante ! Depuis 1997, il est de nouveau possible de loger dans ce somptueux édifice restauré situé près de la porte de Brandebourg et de l'avenue Unter den Linden. Le luxe est partout.

1

Potsdamer Platz

Grand Hotel Esplanade – Plan B2, p. 110-111 - *Lützowufer 15 - U Nollendorfplatz - ✆ 030 25 47 80 - www.esplanade.de* - P - *394 ch. 89/399 €.* ☕ *19 €.* Ce grand hôtel, gagné par l'animation culturelle du quartier, ressemble à une exposition consacrée à la décoration moderne. Collection de tableaux des « Berliner Wilden ». Chambres très modernes et luxueuses.

RESTAURATION

PREMIER PRIX

Mitte

Die ständige Vertretung – Hors Plan A2, p. 108-109 - *Schiffbauerdamm 8 - ❻+U Friedrichstraße - ✆ 282 39 65 - www.staev.de - tlj. à partir de 11h.* Brasserie culte ouverte en 1997, destinée à l'origine aux employés des ministères allemands qui ont dû déménager de Bonn à Berlin après la réunification.

Potsdamer Platz

Vapiano – Plan D1, p. 110-111 - *Potsdamer Platz 5 - U Potsdamer Platz - ✆ 030 23 00 50 05 - www.vapiano.de - 12/20 €.* Un self-service où l'on combine soi-même pâtes et sauce, sa propre salade ou sa pizza. Les cuisiniers s'activent devant vous. Basilic, romarin et menthe à disposition.

Kreuzberg

Curry 36 – Plan B2, p. 116-117 - *Mehringdamm36 - U Mehringdamm - ✆ 251 73 68 - www.curry36.de - tlj 9h-5h.* On dit que ce petit Imbiss sert l'une des meilleures Currywurst (LA spécialité de la capitale !) de Berlin. La file d'attente, de jour comme de nuit, le prouve.

Hasir – Plan D2, p. 116-117 - *Adalbertstr. 10 - U Kottbusser Tor - ✆ 614 23 73 - www.hasir.de - tlj à partir de 11h - 19/23 €.* C'est le temple du Döner Kebap berlinois, où il a été inventé dans sa version sandwich en 1971. Délicieux *ayran* fait maison (yaourt salé à boire).

BUDGET MOYEN

Mitte

Mutter Hoppe/Alt-Berliner Weißbierstube – Plan B2, p. 104-105 - *Rathausstraße 21 - U Alexanderplatz - ✆ 030 241 56 25- www.prostmahlzeit.de/mutterhoppe - 20/33 €.* Ce restaurant typique du vieux Berlin se trouve tout près du quartier St-Nicolas. Anciens comptoirs à bière et vieilles photos. Musique « live » vend.-sam. à partir de 19h.

Friedrichshain

Schneeweiss – Hors Plan C2, p. 108-109 - *Simplonstr. 16 - ❻+U Warschauer Straße - ✆ 290 497 04 - www.schneeweiss-berlin.de - lun.-vend. le soir, sam.-dim. midi et soir. 23/37 €.* Un écrin blanc dédié à la cuisine alpine créative. Sur les banquettes immaculées, une clientèle branchée bohème. Le week-end, petits-déjeuners, même (et surtout) tardifs.

Kreuzberg

Max und Moritz – Plan C2, p. 116-117 - *Oranienstrasse 162 - U Moritzplatz - ✆ 695 15 911 - www.maxundmoritzberlin.de - tlj à partir de 17h.* Une véritable institution, qui a pignon sur rue depuis 1902. Incontournable pour ceux qui veulent découvrir la cuisine berlinoise. Portions généreuses.

Charlottenburg

Diekmann – Hors Plan A2, p. 110-111 - *Meinekestraße 7 - U Uhlandstraße - ✆ 030 883 33 21 - www.j-diekmann.de - fermé dim. midi - 16/45 €, menu 12 € le midi.* Élégante décoration à l'ancienne dans ce restaurant qui propose des formules rapides le midi.

Plats variés inspirés des cuisines allemande et française.

Lentz – Hors Plan A2, p. 110-111 - *Stuttgarter Platz 20 - ⑥ Charlottenburg - ✆ 030 324 16 19 - www.gasthaus-lentz-berlin.de - à partir de 9h30.* Café-brasserie intimiste, fréquenté par les habitants de ce quartier assez chic. On y sert une cuisine berlinoise traditionnelle. Grande terrasse très agréable à la belle saison.

POUR SE FAIRE PLAISIR

Mitte

Lutter und Wegner – Plan BC2, p. 96-97 - *Charlottenstraße 56 - U Französische Straße - ✆ 030 202 95 415 - www.l-w-berlin.de - 30/56 €.* Cette maison d'angle à la façade en grès se trouve près du Gendarmenmarkt. À l'intérieur, des boiseries sombres donnent à l'établissement son caractère de taverne. Trois grandes colonnes, peintes par des artistes contemporains, soutiennent la devise de ce restaurant : « Le vin, les femmes et la chanson ».

Borchardt – Plan B2, p. 96-97 - *Französische Straße 47 - U Französische Straße - ✆ 030 81 88 62 62 - www.borchardt-catering.de - fermé dim. - 34/72 €.* Colonnes aux chapiteaux dorés, plafonds ornés de stucs et mobilier raffiné trahissent cette adresse « chic et branchée ». On y vient pour voir et être vu ! Cuisine saisonnière d'inspiration française.

Prenzlauer Berg

Zander – Plan BC1, p. 108-109 - *Kollwitzstraße 50 - U Senefelderplatz - ✆ 030 44 05 76 78 - www.zander-restaurant.de - ouvert le soir, fermé lun. - 37/50 €.* Parquet et chaises bistrot en bois sombre confèrent à ce restaurant un caractère coquet. Cuisine moderne, plats différents toutes les semaines.

Kreuzberg

Altes Zollhaus – Plan B2, p. 116-117 - *Carl-Heinz-Ufer 30 - U Prinzenstraße - ✆ 692 33 00 - www.altes-zollhaus.com - mar.-sam. à partir de 18h - 38/52 €.* Au bord du Landwehrkanal, l'ancienne maison de la douane a conservé son ambiance rustique. Cadre élégant et feutré. Carte internationale.

UNE FOLIE

Charlottenburg

Alt Luxemburg – Hors Plan A2, p. 110-111 - *Windscheidstraße 31 - U Sophie-Charlotte-Platz - ✆ 030 323 87 30 - www.altluxemburg.de - fermé lun. et à midi - 52/72 €.* Ce restaurant coloré à la cuisine classique de bonne facture est tenu depuis 1982 par la famille Wannemacher.

PETITE PAUSE

Mitte

Café Ephraim's – *Spreeufer 1 (près de Mühlendamm) - U Klosterstraße - ✆ 030 24 72 59 47 - www.ephraims.de - à partir de 12h.* La perle des cafés du quartier St-Nicolas, au mobilier « Gründerzeit » (fin 19e s.). Terrasse sur les bords de la Spree. Spécialités berlinoises, gâteaux et tartes maison.

Bar de la Fernsehturm – *Panoramastraße 1a (près d'Alexanderplatz) - U Alexanderplatz - ✆ 030 24 75 75 875 - www.tv-turm.de - à partir de 9h.* Situé en haut de la tour de la Télévision, à 207,53 m de hauteur, ce café effectue une rotation complète en 30mn.

Prenzlauer Berg

Anna Blume - *Kollwitzstr. 83 - U Senefelderplatz - ✆ 030 44 04 87 49 - www.cafe-anna-blume.de - tlj 8h-2h.* L'immense comptoir à gâteaux de ce café, qui est à la

1

fois une pâtisserie et un magasin de fleurs, ravira les gourmands. Adorable terrasse fleurie.

ACHATS

Bon à savoir – Les rues commerçantes les plus importantes sont Kurfürstendamm, Tauentzienstr. (grand magasin KaDeWe), Friedrichstraße.

Galeries d'art

Elles sont installées entre la Oranienburger Str. et la Rosa-Luxemburg-Platz, notamment le long de la Auguststr.

Antiquaires

Ils se concentrent le long de l'Eisenachstr., la Kalkreuthstr. et la Fasanenstr.

Marchés

Puces – Großer Berliner Trödel- und Kunstmarkt (œuvres d'art et bric-à-brac), Straße des 17. Juni (Charlottenburg), w.-end 10h-17h; marchés aux puces de Wilmersdorf, Fehrbelliner Platz, w.-end 7h-16h; de Boxhagener Platz, dim. 10h-18h, de Mauerpark, dim. 7h-17h; marché d'art et d'antiquités sur l'île des Musées, w.-end 11h-17h.

Alimentation – Marché turc, Maybachufer (à « Kreuzkölln », à la lisière de Kreuzberg), mar. et vend. 11h-18h30.

EN SOIRÉE

Bon à savoir – Pour sortir, consultez l'agenda culturel du site www.berlin.de ou procurez-vous les magazines **Zitty** (www.zitty.de) et **Tip** (www.tip-berlin.de), très complets. Le magazine **Berlin Poche** propose également une sélection d'événements en français (www.berlinpoche.de). Pour assister à une représentation, mieux vaut réserver ses places trois semaines à l'avance auprès des théâtres ou des opéras.

Bon à savoir – La « scène berlinoise » est très décentralisée; il existe de nombreux quartiers et rues animés : à Charlottenburg, autour de la Savignyplatz et sur le Kurfürstendamm; à Kreuzberg, dans l'Oranienstr. et la Wiener Str., ainsi que le long du Landwehrkanal; dans le quartier de Mitte, autour du Hackescher Markt, ainsi que dans le quartier de Prenzlauer Berg, le long de la Kastanienallee.

Boire un verre

Nikolaiviertel

Brauhaus Georgsbräu – *Spreeufer 4 - ❻ + U Alexanderplatz - ✆ 242 42 44 - www.georgbraeu.de - tlj à partir de 12h.* Grande brasserie avec un immense Biergarten l'été en bordure de la Spree. Les spécialités berlinoises, tout comme la bière brassée sur place, attirent beaucoup de monde.

Prenzlauer Berg

Prater Garten – *Kastanienallee 7-9 - U Rosenthaler Platz - ✆ 448 56 88 - www.pratergarten.de - à partir de 12h par beau temps, d'avril à sept.* Le plus ancien Biergarten de la ville. Un incontournable, avec une auberge et un bar à cocktails.

Kreuzberg

Isabel – *Böckhstraße 1 - U Schönleinstraße - ✆ 62 73 64 96 - www.barletta-eis.de - tlj 9h-0h.* Au bord du Landwehrkanal, en face de l'Admiralbrücke, où se donne rendez-vous la jeunesse berlinoise aux beaux jours. Grand choix de glaces que l'on peut déguster sur une terrasse ensoleillée, et souvent prise d'assaut.

Ankerklause – *Kottbusser Damm 104 - U Kottbusser Tor -*

693 56 49 - www.ankerklause.de - tlj à partir de 10h. Café-bar très fréquenté de jour comme de nuit, repérable à son ancre bleue lumineuse sur le toit, avec petite terrasse perchée au-dessus du Landwehrkanal.

Sortir

Mitte

Clärchen's Ballhaus – *Auguststraße 24 - U Weinmeisterstraße - 030 282 92 95 - www.ballhaus.de - à partir de midi.* Ce dancing traditionnel appartient à la même famille depuis 1913. Dans un décor resté figé dans les années 1950, on y danse sur des vieux classiques et des tubes d'aujourd'hui.

Prenzlauer Berg

Kulturbrauerei – *Knaackstr. 97 - U Eberswalder Straße - 443 151 52 - www.kulturbrauerei.de.* Ancienne brasserie du 19e s., avec des lieux de restauration, un cinéma multiplex, des boîtes de nuit, des salles de concert, des galeries, des centres dramatiques et toutes sortes de boutiques. À noter : le Soda Club et ses soirées salsa du jeudi, ou la Alte Kantine, haut lieu de la musique pop d'ex-RDA, le mercredi soir, avec entrée gratuite… pour les plus de 29 ans !

Scheunenviertel

Grüner Salon – *Rückerstraße 9 - U Rosa Luxembourg Platz - 030 688 33 23 90 - www.gruener-salon.de.* Attenant à la célèbre Volksbühne, un des théâtres les plus pointus de la ville, le salon Vert, avec ses lustres, accueille de nombreux concerts pour tous les goûts (jazz, chanson, swing, house…). On y danse jusque tard dans la nuit.

Yaam – *Stralauer Platz 35 - 6 Ostbahnhof - 615 13 54 - www.yaam.de - tlj avr.-sept.* Dans ce petit bout de Jamaïque au bord de la Spree, les pieds dans le sable, sur fond de musique reggae, on boit de la bière parfumée au fruit de la passion.

Watergate – *Falckensteinstr. 49 - U Schlesisches Tor - 612 80 394 - www.water-gate.de - jeu.-dim. à partir de 23h.* Club électro dont la piste de danse est posée au ras de la Spree, qui se couvre de reflets dorés au lever du soleil.

Kreuzberg

Luzia - *Oranienstr. 34 - U Kottbusser Tor - 030 81 79 99 58 - www.luzia.tc - tlj à partir de 10h.* Bar à la déco « destroy chic », sur la très fréquentée Oranienstraße. Fauteuils vintage et éclairages tamisés. Un DJ y exerce parfois ses talents.

Charlottenburg

A-Trane – *Bleibtreustr. 1 - 6 Savignyplatz - 313 25 50 - www.a-trane.de - tlj à partir de 21h.* Un club de jazz chic et décontracté à l'excellente réputation. Nombre de musiciens célèbres, tels Herbie Hancock, Ray Brown, Wynton Marsalis, se sont produits ici. Dans la nuit du samedi au dimanche, des musiciens tapent le bœuf jusqu'à l'aube.

Deutsche Oper – *Bismarckstr. 35 - U Deutsche Oper - 343 843 43 - www.deutscheoperberlin.de.* C'est l'un des trois opéras de Berlin avec le Staatsoper et le Komische Oper. Il propose un grand répertoire d'opéras et de ballets et soutient également le répertoire contemporain.

Quasimodo Berlin – *Kantstr. 12a - 6 + U Zoologischer Garten - 318 045 60 - www.quasimodo.de - mar.-sam. à partir de 21h.* Un des meilleurs et plus anciens clubs de jazz de la ville, dans une vaste cave. Bœuf tous les mercredis à partir de 22h, entrée gratuite.

Potsdam

★★★

157 000 habitants – Brandebourg

NOS ADRESSES PAGE 142

S'INFORMER

Office de tourisme – *Brandenburger Straße 3 - ✆ 0331 275 588 99 - www.potsdamtourismus.de - avr.-oct. : 9h30-18h (dim. 16h) ; nov.-mars : 10h-18h (w.-end 10h-16h).*

Bureau de la gare principale – *Babelsberger Straße 16 - ✆ 0331 275 580 - mai-oct. 9h30-20h, dim. 10h-16h ; nov.-avr. 9h30-18h.*

SE REPÉRER

Carte de région A2 (p. 90) – *cartes Michelin nos 718 L 6 et 542 AV 25 Brandenburg.* La capitale du Brandebourg est à 40 km au sud-ouest de Berlin.

À NE PAS MANQUER

Le château et le parc de Sans-Souci, le quartier hollandais et la colonie russe Alexandrowka.

ORGANISER SON TEMPS

Prévoyez une journée pour apprécier pleinement les joyaux du parc de Sans-Souci, et une autre pour profiter des charmes de la ville et des bords de la Havel.

AVEC LES ENFANTS

Le Filmpark Babelsberg.

La cité d'élection des anciens rois prussiens possède un charme tout provincial, avec ses maisons basses, ses voies piétonnes, ses anciennes portes, sans oublier ses célèbres joyaux rococo, le château de Sans-Souci et le Nouveau Palais, dissimulés au milieu de la verdure. Mais la capitale du Brandebourg vit aussi un véritable second souffle. Le centre retrouve peu à peu son canal longtemps enfoui. Un nouveau quartier à l'architecture résolument contemporaine se dresse au bord du Tiefer See. Enfin, la place historique du Vieux Marché va bientôt retrouver son Parlement et son aspect d'origine.

Découvrir

★★★ PARC ET CHÂTEAU DE SANS-SOUCI

Tracé en partie par Peter Joseph Lenné, le plus talentueux paysagiste de Prusse, il couvre près de 300 ha et compte plusieurs centaines d'espèces d'arbres. Les différents châteaux et bâtiments ont été élevés entre 1744 et 1860 *(voir illustration p. 65)*. Classé au Patrimoine mondial depuis 1990, cet ensemble paysager et architectural est incontestablement la plus grande réussite allemande dans ce domaine.

Palais de Sans-Souci depuis le parc.
J.-B. Rabouan / Hemis.fr

1

Église de la Paix (Friedenskirche)
Elle fut construite sur le modèle de la basilique St-Clément de Rome, sous Frédéric-Guillaume IV, entre 1844 et 1854. C'est ici que ce dernier est enterré. Dans l'abside, on peut admirer une belle **mosaïque★**, provenant de l'île de Murano (Venise) et remontant à la première moitié du 13e s. Dans le mausolée, on aperçoit les statues couchées de l'empereur Frédéric III et de son épouse, ainsi que le sarcophage de Frédéric-Guillaume Ier.
Grotte de Neptune (Neptungrotte) – La grotte de Neptune fut aménagée, d'après des plans de Knobelsdorff, entre 1751 et 1757. Statue de Neptune.

★ Galerie de tableaux (Bildergalerie)
0331 96 94 181 - www.spsg.de - mai-oct. : tlj sf lun. 10h-18h - 3 €.
La galerie fut construite entre 1755 et 1763. Dans la grande salle, au pompeux décor rococo, on admire principalement des œuvres des écoles italiennes (Le Tintoret, Le Caravage, Bassano), française (Simon Vouet, Van Loo) et flamande (Terbrugghen, Van Dyck, Rubens), toutes achetées par Frédéric II.

★★★ Château de Sans-Souci (Schloß Sanssouci)
0331 96 94 200 - www.spsg.de - ♿ - visite audioguidée avr.-oct. : tlj sf lun. 10h-18h ; visite guidée nov.-mars : tlj sf lun. 10h-17h - fermé 24-25 et 31 déc. - été 12 € (audioguide compris), hiver 8 €, possibilité de billet combiné. Droits photo : 3 €.
Difficile de rester insensible à l'impression majestueuse engendrée par l'apparition progressive de la façade au-dessus des terrasses en gradins, lorsque l'on gravit le grand escalier.
D'après l'idée de l'architecte prussien Knobelsdorff, la façade, ornée de trente-six atlantes, devait longer la terrasse ; le roi préféra préserver un vaste espace qui devint un de ses endroits favoris. De l'autre côté, la façade de la cour d'honneur est flanquée d'une élégante colonnade en demi-cercle.
La visite des salles révèle toute la maîtrise et la virtuosité, en matière de rococo, des artistes chargés de leur ornementation.

Dans la **chambre** et le **cabinet de travail**, on peut admirer le bureau de Frédéric II, ainsi que le fauteuil dans lequel il mourut. La **salle de concert**, chef-d'œuvre du rococo prussien, était toutefois la pièce préférée du roi. Remarquer également la **salle de marbre**. C'est dans cette salle ouverte sur une terrasse grâce à de grandes portes-fenêtres que se déroulaient les « tables rondes philosophiques ».

★ Nouvelles chambres (Neue Kammern)

0331 96 94 206 - www.spsg.de - ♿ - visite guidée ou audioguidée avr.-oct. : tlj sf mar. 10h-18h ; visite guidée nov.-mars : 10h-17h - 4 €.

L'ancienne orangerie, construite sur les plans de Knobelsdorff en 1747, fut transformée en appartements pour les invités du roi entre 1771 et 1775. Le mobilier rococo de l'intérieur est clair et charmant. La **galerie d'Ovide★** est particulièrement remarquable, avec ses boiseries décorées de scènes des *Métamorphoses* d'Ovide.

Moulin (Historische Mühle)

Ce moulin a été rendu célèbre par une anecdote : son tic-tac dérangeait le roi, qui s'efforça donc de convaincre le meunier d'arrêter de travailler ou de quitter l'endroit. Il tenta tous les moyens, allant même jusqu'à proposer de l'argent et à menacer, mais ce fut peine perdue. Frédéric II intenta alors un procès au meunier et le perdit, d'après le principe selon lequel : « Dans les tribunaux, les lois doivent parler et le roi se taire. »

Jardin sicilien (Sizilianischer Garten)

Le ravissant jardin sicilien de style Renaissance fut aménagé d'après les plans de Lenné.

Orangerie

0331 96 94 280 - www.spsg.de - ♿ - visite guidée (45mn) mai-oct. : tlj sf lun. 10h-18h. ; avr. : w.-end 10h-18h - 4 €.

La Nouvelle Orangerie fut construite entre 1851 et 1860 dans le style des palais italiens de la Renaissance, d'après des plans de Frédéric-Guillaume IV. Parmi les somptueux appartements occupés par le tsar Nicolas Ier et son épouse, on remarque particulièrement la salle en malachite.

Pavillon des Dragons (Drachenhaus)

Cette petite pagode (surmontée de 16 dragons de cuivre) est aujourd'hui un salon de thé. Construite en 1770 par Karl von Gontard, à proximité d'un vignoble aménagé en 1769, elle servait alors de maison au vigneron.

Belvédère

Ce magnifique bâtiment, construit entre 1770 et 1772, fut la dernière construction de Potsdam décidée par Frédéric II.

Avant d'arriver au Nouveau Palais, on aperçoit le **temple des Antiquités**, qui devait accueillir une partie des collections du roi.

★★ Nouveau Palais (Neues Palais)

0331 969 4200 - www.spsg.de - ♿ - avr.-oct. : tlj sf mar. 10h-18h (nov.-mars : 17h) - 6 € ; appartement royal : visite guidée avr.-oct. tlj sf mar. 10h, 12h, 14h, 16h - 2 € ; galerie Pesne : avr.-oct., w.-end et j. fériés 10h-18h - 2 €. Fermé nov.-déc. 2012.

La construction de l'imposant Nouveau Palais fut voulue par Frédéric le Grand pour montrer que la puissance économique de la Prusse était demeurée intacte après la guerre de Sept Ans. Les 213 m de largeur, les quelque 400 pièces, la surabondance de sculptures et de détails traduisent à eux seuls l'esprit de démesure qui présida au projet, réalisé toutefois en un temps relativement bref : 1763-1769. L'extérieur, dans un style baroque débridé, paraît bien lourd et affecté, très loin de l'élégante simplicité de Sans-Souci. Derrière le château, les communs se présentent comme de petits châteaux à colonnades (1766-1769). La visite dure environ une heure et permet de parcourir un grand nombre de pièces, parmi lesquelles la *Muschelsaal*, ou salle aux coquillages, la galerie de Marbre, la luxueuse salle de Marbre et le théâtre, installé dans l'aile sud. Collection d'œuvres du peintre de cour Antoine Pesne.

★ **Château de Charlottenhof** (Schloss Charlottenhof)

0331 96 94 228 - www.spsg.de - visite guidée (3/4h) - juin-oct. : tlj sf lun. 10h-18h (dernière visite à 17h30) - 4 € (5 € billet combiné avec les thermes romains).

Il fut construit entre 1826 et 1829 dans le style classique italien d'après des plans de K. F. Schinkel. On y voit le bureau et la chambre à coucher d'Alexander von Humboldt.

Thermes romains (Römische Bäder)

0331 96 94 228 - www.spsg.de - visite guidée (3/4h) - mai-oct. : tlj sf lun. 10h-18h - 3 € (5 € billet combiné avec le château de Charlottenhof). Fermé pour raisons techniques en 2012.

Les thermes romains furent dessinés par Schinkel et réalisés par Persius entre 1829 et 1835, Lenné se chargeant du jardin. L'idée directrice de ce projet consistait à disposer des objets architecturaux différents, de telle sorte qu'ils soient en harmonie avec la nature.

1

★★ **Pavillon chinois** (Chinesisches Teehaus)

Ce pavillon circulaire, décoré de statues dorées, est le fruit de la « sinomanie » du 18e s. À l'intérieur, exposition de porcelaines chinoises.

Se promener

LE CENTRE-VILLE

Se reporter au plan p. 138.

Vieux Marché (Alter Markt) B2

L'**église St-Nicolas**★ (Nikolaikirche) domine la place. Cette œuvre de **Schinkel** (1837) est l'un des plus beaux exemples d'architecture néoclassique allemande. Le dôme, achevé en 1850 par les élèves du maître, prend exemple sur des modèles prestigieux, tels que la basilique St-Pierre de Rome ou la cathédrale St-Paul de Londres.

Avant la Seconde Guerre mondiale, le « Grand Pont » (Lange Brücke) menait directement au **château** (Stadtschloss), le premier construit à Potsdam en 1660 par le Grand Électeur. Très endommagé par les bombardements de 1945, ce symbole de la monarchie prussienne a été complètement rasé vers 1960, pour des raisons idéologiques. Il est aujourd'hui en cours de reconstruction. La fin des travaux est prévue pour courant 2013.

★★ **Nouveau Marché** (Neuer Markt) B2

Cette petite place, qui mêle de beaux bâtiments des 18e et 19e s., est l'une des plus anciennes et des plus belles de la ville. Son ensemble le plus remarquable est le **Kutschenstall**★, édifice destiné à abriter les chevaux des carrosses royaux. Construit entre 1787 et 1790 sur des plans d'**Andreas Ludwig Krüger**, c'est un exemple précoce d'architecture néoclassique. Il abrite aujourd'hui la **Maison de l'histoire prussienne et brandebourgeoise** *(Haus der Brandenburgisch-Preußischen Geschichte).*

★ **Musée du Cinéma** (Filmmuseum Potsdam) B2

Breite Straße 1A - ✆ 0331 27 181 12 - www.filmmuseum-potsdam.de - tlj 10h-18h - 5 €. Ce bâtiment baroque est l'un des plus anciens monuments de la ville et l'un des rares vestiges du château de Potsdam. À l'origine, il s'agissait d'une orangerie, édifiée en 1685 par Johann Arnold Nering (1659-1695). De nos jours, il abrite le musée du Cinéma, consacré essentiellement aux mythiques **studios de Babelsberg**, situés sur l'autre rive de la Havel *(voir plus loin)*. C'est là que furent tournés *Les Nibelungen* de Fritz Lang (1924) ou, plus récemment, *Le Pianiste* de Polanski (2002) et *Inglorious Basterds* de Tarantino (2009).

★★ **Quartier hollandais** (Holländisches Viertel) B1

De part et d'autre de la **Mittelstraße**, on peut voir les belles maisons à pignons, en brique rouge, constituant le quartier hollandais construit vers 1740 par Boumann, architecte néerlandais, pour loger les artisans venus de Hollande.

★ **Porte de Brandebourg** (Brandenburger Tor) A2

Luisenplatz. La monumentale porte de Brandebourg, en forme d'arc de triomphe romain, fut réalisée dans le style baroque en 1770.

SE LOGER		SE RESTAURER	
Altstadt Hotel	③	Alexandrowka Haus 1	②
Bed and Breakfast am Luisenplatz	⑤	Il Teatro	④
Hotel zum Hofmaler	⑦	La Maison du Chocolat	⑦
Schlosshotel Cecilienhof	⑨		

SCHIFFBAUERGASSE (quartier des anciens chantiers navals) Hors plan (B1)

Les anciens chantiers navals, où étaient jadis construites des embarcations à vapeur, sont devenus un centre culturel contemporain important, ainsi qu'un lieu de balade apprécié. Un coup de jeune dans la classique Potsdam.

★ **Théâtre Hans-Otto** (Hans-Otto Theater) Hors plan, par B1
Schiffbauergasse 11. Avec sa façade de verre feuilletée de rouge, le théâtre de la ville (2006), dédié au célèbre acteur du début du 20e s., est l'emblème du renouveau de Potsdam. Situé sur les bords du Tiefer See (Havel), il est au cœur d'un vieux pôle industriel, métamorphosé en centre culturel et d'affaires, comprenant également un port de plaisance.

Musée FLUXUS+ (Museum FLUXUS+)
Schiffbauergasse 4f - ✆ 0331 60 10 89 - www.fluxus-plus.de - merc.-dim. 13h-18h - 7,50 € (50 % de réduction le 1er merc. du mois).
Ce musée est dédié au mouvement artistique Fluxus (*flux*, courant en latin), né autour de 1960 à New York, Tokyo et dans quelques villes européennes. Visant à abolir les frontières entre l'art et la vie quotidienne et à les mêler en un même « courant », il détourne les objets et les codes. Le musée présente à la fois peintures et sculptures des artistes contemporains Costantino Ciervo, Hella de Santarossa, Lutz Friedel et Sebastian Heiner. Sont aussi exposées des œuvres du peintre Wolf Vostell.

1

À voir aussi

★ **STATION DE POMPAGE « MOSQUÉE »** (Moschee Pumpwerk) A2

Zeppelinstraße 176 - ✆ 0331 96 94 225 - www.spsg.de - visites guidée mai-oct. : w.-end et j. fériés 10h-18h - 2 €.
Frédéric II n'avait jamais pu faire fonctionner les fontaines de Sans-Souci. Un siècle plus tard, Frédéric-Guillaume IV imagine un pavillon de style oriental destiné à abriter des pompes à vapeur pour les alimenter. L'architecte Persius réalise la « **Mosquée** » (1841-1843), mélange réussi et étonnant d'art et d'industrie. La visite permet aussi de découvrir la machinerie.

★ **BABELSBERG** Hors plan, par B1

À l'est du centre-ville. BUS 694 jusqu'à l'arrêt Schloss Babelsberg. Pour le Filmpark, BUS 696, arrêt Stahnsdorferstraße.

★ **Parc de Babelsberg**
Ce parc romantique, conçu par **Lenné**, est parsemé de fabriques néogothiques et éclectiques : **salle des Machines à vapeur** (Dampfmaschinenhaus) qui assurent l'alimentation en eau des fontaines, **Petit Château** (Kleines Schloss), antérieur au château de Babelsberg, **maison des Matelots** (Matrosenhaus), utilisée pour les bateaux du roi… Faites un détour par les **arcades du Tribunal** (Gerichtslaube) qui ne sont pas néogothiques : cet authentique monument du 13e s., provenant de Berlin, était destiné à être détruit et a été donné au roi qui l'a reconstruit dans son parc. Enfin, la **Flatowturm**, tour quant à elle bien néogothique, offre une jolie vue sur le centre-ville de Potsdam (*✆ 0331 600 94 94 - www.spsg.de - mai-oct. : w.-end et jours fériés : 10h-18h - 2 €*).

Château de Babelsberg (Schloss Babelsberg)

0331 96 94 250 - www.spsg.de - avr.-oct. : tlj sf lun. 10h-18h - 4 €. Fermé pour travaux jusqu'à fin 2017.

Il voit le jour sur un terrain, au bord du Tiefer See, offert par Frédéric-Guillaume III à son fils cadet Guillaume, le futur empereur. L'épouse de celui-ci, la princesse Augusta de Saxe-Weimar, charge Schinkel d'y édifier une demeure néogothique en 1833. Mais le goût de la maîtresse de maison pour les décors chargés entraîne une brouille avec l'architecte, qui préfère les décors clairs, comme celui de la salle à manger octogonale. Le château fut finalement agrandi, après 1840, par un architecte répondant mieux aux désirs du couple princier, pour former ce curieux ensemble tarabiscoté et hétéroclite. On remarquera parmi les salles le hall de danse néogothique. Le château est fermé pour travaux jusqu'en 2017.

Filmpark Babelsberg

0331 72 127 50 - www.filmpark-babelsberg.de - ♿ - avr.-oct. : tlj 10h-18h ; sept. mar-vend. 10h-17h, w.-end 10h-18h - adulte 21 €, enfant 14 €, carte famille 60 €.

Installé sur les terrains des célèbres studios de l'UFA et de la DEFA, le Filmpark Babelsberg offre une découverte des processus de fabrication du cinéma et de la télévision, notamment des effets spéciaux et des numéros de cascades. La **Caligarihalle** et le **Filmkabinett** exposent des accessoires et des décors de productions réalisées à Babelsberg.

JARDINS ET FAUBOURGS AU NORD DE LA VILLE

★★ **Nouveau Jardin** (Neuer Garten) B1

Il fut aménagé à la fin du 18e s. sur la rive du lac Sacré *(Heiliger See)* par Peter Lenné pour Frédéric-Guillaume II, passionné par les jardins anglais.

L'établissement hollandais, où étaient hébergés les domestiques, l'Orangerie, la Pyramide et les cuisines, aménagées par Langhans dans un bâtiment imitant une ruine antique, méritent une visite ; à côté se trouve le palais de Marbre. Le château de Cécilienhof est situé au nord du Nouveau Jardin.

Palais de Marbre (Marmorpalais) – *0331 96 94 550 - www.spsg.de - ♿ - mai-oct. : tlj sf lun. 10h-18h (possibilité de visite guidée) ; nov.-avr. : w.-end 10h-18h (visite guidée uniquement) - fermé 24, 25 et 31 déc. - 5 €.*

Le palais de Marbre fut construit par Karl von Gontard et aménagé par Langhans pour servir de résidence d'été à Frédéric-Guillaume II (1786-1797). Visiter les appartements privés du roi avec leur luxueux mobilier et les salons. Remarquer surtout la salle de concert avec vue sur l'eau depuis trois côtés et le cabinet oriental.

★★ **Château de Cecilienhof** (Schloss Cecilienhof) – *0331 96 94 200 - www.spsg.de - ♿ - avr.-oct. : tlj sf lun. 10h-18h (visite guidée ou audioguidée) ; nov.-mar. : tlj sf lun. 10h-17h (visite guidée uniquement) - 6 €.*

C'est dans le château de Cecilienhof – aujourd'hui un hôtel de luxe – que se déroula la conférence historique de Potsdam de 1945. Il fut construit dans le style anglais pendant la Première Guerre mondiale pour le prince héritier Guillaume (1882-1951) et son épouse Cécile de Mecklembourg-Schwerin (1886-1954).

Lieu historique de la conférence de Potsdam – À l'intérieur du château, il est possible de visiter, outre les salles de conférence et de réunion où fut rédigé et signé en 1945 l'accord de Potsdam *(voir encadré ci-contre)*, l'appartement privé de la princesse royale, ainsi qu'une chambre de la princesse Cécile meublée sur le modèle d'une cabine de bateau.

LE VERSAILLES PRUSSIEN

Le règne du « Roi-Sergent » Frédéric-Guillaume Ier (1713-1740) fit de Potsdam un centre administratif et surtout une ville de garnison au point que les trois quarts de sa population se composaient de militaires. Son fils, Frédéric le Grand (Frédéric II, 1712-1786, règne à partir de 1740), ami des arts et des lettres, dotera Potsdam des prestigieux monuments qui font aujourd'hui sa renommée, au premier rang desquels Sans-Souci et le Nouveau Palais. Le roi, qui exigeait que l'on parlât français à sa cour, et ce même à ses chiens, accueillit à Postdam de nombreux Français, dont Voltaire, qui y séjourna trois ans. Les deux rois reposent aujourd'hui dans le domaine de Sans-Souci.

La ville accueillit la **conférence de Potsdam**. Signé le 2 août 1945 au château de Cecilienhof par les dirigeants des puissances alliées (Churchill, puis Attlee, Truman et Staline), le traité définissait le rôle des vainqueurs dans les zones d'occupation et l'avenir de l'Allemagne.

★★ **Colonie russe Alexandrowka** (Russische Kolonie) Hors plan, par B1

Au nord du centre-ville. Comptez 1,5 km à pied ou Tram 90 ou 92 (départs à Hauptbahnhof, Alter Markt, Nauener Tor…) jusqu'à l'arrêt Puschkinallee.

Dédié à la mémoire de son ami le tsar Alexandre Ier (1777-1825), le roi Frédéric-Guillaume III fait construire, entre 1826 et 1827, cet ensemble de maisons en bois sur le modèle des villages russes. Lenné est chargé de bâtir 13 maisons entourées de jardins et disposées selon un plan en croix de Saint-André.

Privilège accordé par le roi aux chanteurs d'un chœur militaire russe résidant à la cour, les maisons ne peuvent être transmises que de père en fils : deux d'entre elles abritent encore leurs descendants.

Le **musée Alexandrowka** reconstitue et retrace la vie de cette curieuse petite colonie *(Russische Kolonie 2 - ✆ 0331 817 02 03 - www.alexandrowka.de - ♿ - tlj sf lun. 10h-18h, fermé janv.-fév. - 3,50 €).*

1

NOS ADRESSES À POSTDAM

HÉBERGEMENT

BUDGET MOYEN

Bed and Breakfast am Luisenplatz – A2 - *Zimmerstraße 1 - ✆ 0331 97 19 020 - www.bed-breakfast-potsdam.de* - P - *15 ch. et appart. 79,40 € -* ☕ *4,80 €.* Des chambres et des appartements modernes, dotés d'un mobilier en bois clair, idéalement situés à proximité immédiate du parc de Sans-Souci.

Hotel zum Hofmaler – B1 - *Gutenbergstraße 73 - ✆ 0331 730 760 - www.hofmaler-hotel-potsdam.de* - P - *16 ch. 78/88 € -* ☕ *5 €.* Au cœur du quartier hollandais, dans une maison du 18e s., chambres propres et confortables. À l'arrière, un bâtiment moderne abrite des chambres dotées de balcons façon bastingage, avec vue sur un joli jardin d'intérieur, dans lequel on peut prendre le petit-déjeuner.

Altstadt Hotel – A1 - *Dortustraße 9 - ✆ 0331 284 990 - www.altstadt-hotel-potsdam.de* - P - *29 ch. - 77/90 €* ☕. Un établissement parfaitement tenu proposant des chambres confortables, dont certaines sous les combles.

UNE FOLIE

Schlosshotel Cecilienhof – Hors Plan B1 - *Neuer Garten - ✆ 0331 370 50 - www.relexa-hotel-potsdam.de* - P - *41 ch. - 140/182 € -* ☕. Chambres à la décoration raffinée dans un château aux allures de manoir anglais, qui fut au siècle dernier la résidence d'été de la noble famille des Hohenzollern. Vue sur le ravissant Nouveau Jardin, au bord du Jungfernsee.

RESTAURATION

BUDGET MOYEN

Il Teatro – Hors Plan B1 - *Schiffbauergasse 12 - ✆ 0331 200 97 291 - www.ilteatro-potsdam.de - 20,50/41 €.* Juste à côté du théâtre Hans-Otto, une agréable adresse tenue par une famille italienne. Cuisine soignée à déguster, aux beaux jours, en terrasse, face à la Havel.

Alexandrowka Haus 1 – Hors Plan B1 - *Russische Kolonie 1 - ✆ 0331 20 06 478 - www.alexandrowka-haus1.de -* ⊭ *- 18/30 €. De préférence le midi, fermé assez tôt le soir. Réserv. conseillée.* Au rez-de-chaussée d'un des adorables petits chalets en bois de la colonie Alexandrowka, spécialités russes (*pelmenis* savoureux) dans une ambiance douillette et délicieusement kitsch. Accueil sympathique.

POUR SE FAIRE PLAISIR

La Maison du Chocolat – B1 - *Benkertstraße 20 - ✆ 0331 237 07 30 - www.schokoladenhaus-potsdam.de -* ⊭ *- 30/33 €.* Ce restaurant tire son nom de la boutique dans laquelle on peut acheter entre autres de succulents gâteaux et truffes au chocolat. Un petit coin de France dans le quartier hollandais de Potsdam !

BOIRE UN VERRE

Café Heider – *Friedrich-Ebert-Str. 29 - ✆ 0331 270 55 96 - www.cafeheider.de.* Animé à toute heure, le plus vieil établissement de la ville (1878) propose un vaste choix de cafés, de thés et de chocolats, sur fond de musique entraînante.

Château de Branitz

★★

Brandebourg

SE REPÉRER
Carte de région B2 (p. 90) – *cartes Michelin nos 718 N 6 et 542 K 27.* Branitz se situe à 130 km au sud-est de Berlin, et tout près de la ville de Cottbus.

À NE PAS MANQUER
La promenade dans le parc.

ORGANISER SON TEMPS
Prévoyez une demi-journée.

Joyau paysager, le parc de Branitz est le fruit d'une passion, celle du prince Hermann von Pückler-Muskau pour l'art des jardins. Celui-ci dépensa sans compter pour aménager le site selon les canons anglais : étangs, massifs fleuris ou saules isolés et leurs cortèges de feuilles tombantes sont à découvrir autour du fastueux château princier.

Découvrir

Robinienweg 5 - 03042 Cottbus - ✆ 0355 75 150 - www.pueckler-museum.de - avr.-oct. : 10h-18h ; nov.-mars : tlj sf lun. 11h-17h - fermé 24 déc. - 5,50 € (château), 4,50 € (domaine).

Grâce à la vente de son domaine de Muskau en 1845, le prince von Pückler (1785-1871) put transformer et aménager luxueusement le **château de Branitz**, édifié en 1772 par Gottfried Semper. Certains meubles d'origine sont bien conservés, notamment ceux qui ornent la salle à manger et la bibliothèque. Une galerie de peinture rassemblant des œuvres de **Karl Blechen**, artiste romantique né à Cottbus, a été aménagée dans certaines pièces.

Devant le château se dressent les anciennes **écuries** de style Tudor, où ont lieu des expositions temporaires, et la maison des Cavaliers, aujourd'hui reconvertie en salon de thé. Ces deux bâtiments sont reliés par une cour à pergola, ornée de reliefs en terre cuite dessinés par Bertel Thorvaldsen et de statues en zinc. Côté jardin s'ouvre une terrasse arborant deux griffons en bronze.

Parc

Sur 90 ha ont été aménagés éminences, cours d'eau et lacs pour créer un paysage lacustre artificiel. Le prince, qui consacra à cette réalisation les 25 dernières années de sa vie, apporta beaucoup de soin à faire alterner espaces dégagés, bouquets d'arbres, arbres isolés, fossés et étangs. « *Un jardin de grand style, c'est comme une collection de tableaux qui ont besoin d'être encadrés pour être mis en valeur* », aimait-il à dire.

Tumulus

Le prince von Pückler avait des conceptions bien particulières de la vie et de la mort. Ainsi exigea-t-il que sa dépouille soit soumise à l'action conjuguée de la soude caustique, de la potasse et du calcaire. Selon ses dernières volontés, ses restes furent ensevelis dans un tumulus (tertre surmontant une sépulture), haut de 11 m et planté de vigne sauvage, qu'on éleva dans le lac des Pyramides.

Le sud-ouest 2

Carte Michelin Régional 545 et 546 – Bade-Wurtemberg et Bavière

Paysage et église de la Forêt-Noire.

M. Mehlig / Mauritius/Photononstop

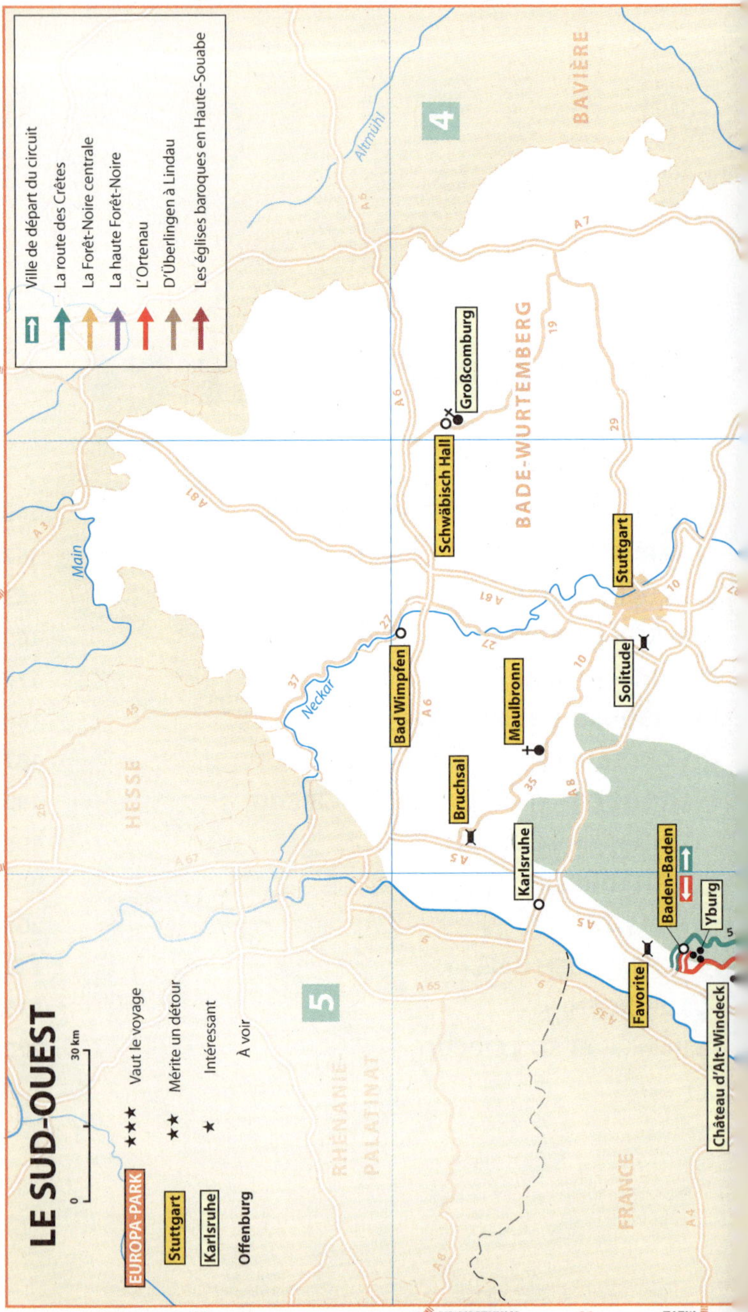
LE SUD-OUEST
0
30 km
EUROPA-PARK ★★★ Vaut le voyage
Stuttgart ★★ Mérite un détour
Karlsruhe ★ Intéressant
Offenburg À voir
Ville de départ du circuit
La route des Crêtes
La Forêt-Noire centrale
La haute Forêt-Noire
L'Ortenau
D'Überlingen à Lindau
Les églises baroques en Haute-Souabe
A
B
C
1
2
FRANCFORT-SUR-LE-MAIN
FULDA
SARREBRUCK
METZ
HESSE
RHÉNANIE-PALATINAT
BADE-WURTEMBERG
BAVIÈRE
FRANCE
4
5
Main
Neckar
Altmühl
Bad Wimpfen
Schwäbisch Hall
Großcomburg
Bruchsal
Maulbronn
Stuttgart
Solitude
Karlsruhe
Baden-Baden
Yburg
Favorite
Château d'Alt-Windeck
A3
A6
A7
A81
A5
A45
A67
A65
A8
A4
A35
27
37
35
10
19
29
6
5

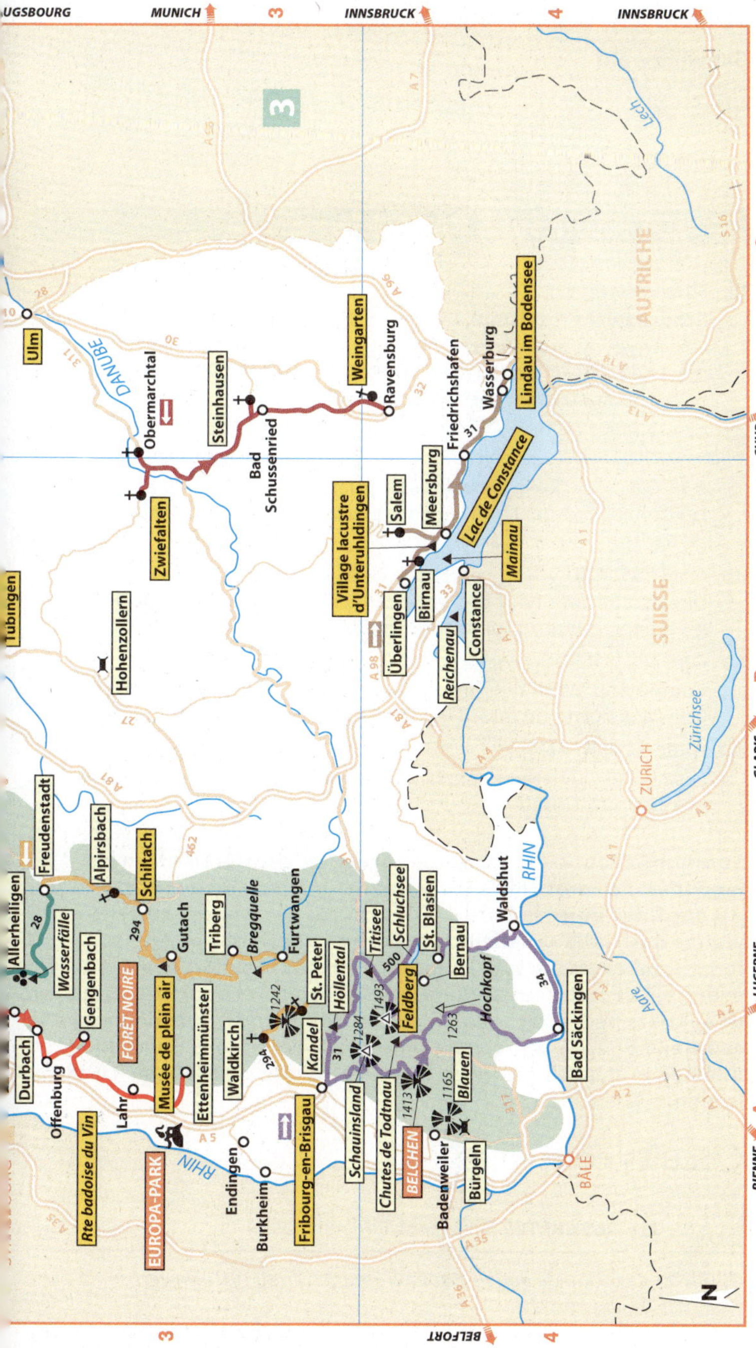

UGSBOURG
MUNICH
INNSBRUCK
INNSBRUCK
3
4
Ulm
DANUBE
Obermarchtal
Steinhausen
Weingarten
Ravensburg
Bad Schussenried
Zwiefalten
Tübingen
Hohenzollern
Village lacustre d'Unteruhldingen
Salem
Meersburg
Friedrichshafen
Wasserburg
Lindau im Bodensee
Lac de Constance
Mainau
Birnau
Überlingen
Reichenau
Constance
AUTRICHE
SUISSE
Zürichsee
ZURICH
Lech
Freudenstadt
Alpirsbach
Schiltach
Allerheiligen
Wasserfälle
Gengenbach
Gutach
Triberg
Bregquelle
Furtwangen
FORÊT NOIRE
Musée de plein air
Ettenheimmünster
Waldkirch
Kandel
St. Peter
Höllental
Titisee
Schluchsee
St. Blasien
Feldberg
Bernau
Hochkopf
Waldshut
RHIN
Bad Säckingen
Schauinsland
Chutes de Todtnau
BELCHEN
Blauen
Badenweiler
Bürgeln
Fribourg-en-Brisgau
Durbach
Offenburg
Lahr
Rte badoise du Vin
EUROPA-PARK
Endingen
Burkheim
BÂLE
Aare
CHUR
GLARIS
LUCERNE
BIENNE
BELFORT
A
B
C
N

La Forêt-Noire

Schwarzwald

★★★

Bade-Wurtemberg

NOS ADRESSES PAGE 155

S'INFORMER

Schwarzwald Tourismus – *01 805 66 12 24 (0,12 €/mn) - www.foretnoire.info.* Envoi de brochures, centrale de réservation. Parmi les nombreux offices de tourisme, citons ceux de Pforzheim (nord), Offenburg, Villingen-Schwenningen (centre) et Fribourg (sud).

SE REPÉRER

Carte de région AB2-4 (p. 146-147) – *cartes Michelin nos 718 H 12-14 et 545 R 58-O 66.* À 50 km à l'ouest de Stuttgart, 30 km à l'est de Strasbourg. À l'extrémité sud-ouest de l'Allemagne, la Forêt-Noire s'étend sur 170 km de Karlsruhe au nord, à Bâle au sud.

À NE PAS MANQUER

Une part de forêt-noire dégustée dans un salon de thé, la route des Crêtes, les points de vue au sommet du Feldberg et du mont Belchen.

ORGANISER SON TEMPS

Comptez au moins trois jours pour un aperçu de la région et de certaines villes aux portes du massif (Karlsruhe, Baden-Baden, Fribourg).

AVEC LES ENFANTS

Les chutes d'Allerheiligen, la promenade des cascades à Triberg, une baignade au Titisee.

Son nom évoque les sombres forêts de conifères et un pays de légendes. La Forêt-Noire surprend par la diversité de ses paysages. Au nord, les épicéas bordent des routes escarpées ; au centre, les vignes des coteaux cèdent la place aux pâturages et à de superbes fermes-auberges ; au sud, les lacs et les hauts sommets se partagent la vedette. La Forêt-Noire séduira les marcheurs – elle compte 23 000 km de sentiers pédestres – mais aussi les gourmands. Rien d'étonnant à ce qu'elle figure à la première place des destinations touristiques en Allemagne et qu'elle attire les touristes français qui n'ont qu'à franchir le Rhin.

Circuits conseillés Carte de la Forêt Noire

★ **LA ROUTE DES CRÊTES** (Schwarzwaldhochstrasse)

Circuit de 80 km de Baden-Baden à Freudenstadt, tracé en vert sur la carte (voir p. 151) – environ 4h.

Tracée à des altitudes voisines de 1 000 m, cette route est jalonnée de belvédères.

Fin d'après-midi estival dans la vallée de Bernau.
B. Merz / Look/Photononstop

★★ **Baden-Baden** *(voir ce nom)*

Suivre les panneaux Schwarzwald-Hochstraße/B500.

Au fur et à mesure que la route s'élève, on traverse de tranquilles stations climatiques, comme Bühlerhöhe, à 750 m d'altitude.

Mummelsee

Petit lac glaciaire aux eaux sombres, au pied du **Hornisgrinde** (1 164 m), point culminant de la Forêt-Noire du Nord.

Au Ruhestein, quitter la route des Crêtes pour plonger vers la **combe★** *d'Allerheiligen et remonter, à partir d'Oppenau, vers Zuflucht en grimpant au flanc de versants très raides.*

★ **Allerheiligen**

Parmi les ruines de l'église de la seconde moitié du 13ᵉ s., on reconnaît le porche et les murs du transept, d'où fait saillie une chapelle gothique. Un sentier conduit le long du torrent jusqu'au pied des chutes.

★ **Chutes d'Allerheiligen** (Wasserfälle) – *45mn à pied AR, au départ du parking situé au pied des chutes, 2 km après l'abbaye.* Sur un dénivelé total de 90 m, sept cascades s'enchaînent le long d'un sentier coupé d'escaliers au milieu de parois escarpées.

Poursuivre sur la Hochstraße en direction de Freudenstadt.

De Zuflucht à Kniebis, la route traverse une région de plateaux à l'aspect de lande marécageuse, caractéristique des Grinde.

★ **Freudenstadt**

Au croisement de plusieurs routes touristiques, Freudenstadt, bâtie à partir de 1599 et brûlée en 1945, s'est relevée suivant un plan quadrillé autour de la **Marktplatz★**. L'**église** (17ᵉ s.) offre une curieuse disposition : ses deux nefs en équerre forment un angle de la Marktplatz. On reconnaît les quatre évangélistes sur le **lutrin★★** sculpté du 12ᵉ s. À noter, les **fonts baptismaux**, réalisés vers 1100, ornés de masques et de représentations d'animaux.

★★ LA FORÊT-NOIRE CENTRALE

Circuit de 152 km de Freudenstadt à Fribourg, tracé en orange sur la carte (voir page ci-contre) – une journée.
L'itinéraire suit le fond des vallées de la Kinzig et de l'Elz, traversant de petites localités actives, avant d'atteindre, au mont Kandel, la haute Forêt-Noire.

★ Alpirsbach

L'**église★** de l'ancienne abbaye bénédictine est le plus ancien monument roman (début 12e s.) de Forêt-Noire. L'extérieur présente une curieuse ordonnance : le socle roman supporte un chœur gothique dont les contreforts n'atteignent pas le sol mais reposent sur des colonnes libres. À l'intérieur, plus austère, la niche la plus profonde après l'autel est décorée de peintures murales. L'accès au **cloître** (de style gothique flamboyant de la fin du 15e s.) s'effectue par l'accueil.

★★ Schiltach

Cette ville pittoresque se niche au confluent de la Schiltach et de la Kinzig. Sa situation et un ensemble de maisons à colombages du 16e s. entourant la **Marktplatz★** en pente abrupte lui donnent son caractère idyllique.

★★ Musée de plein air de la Forêt-Noire (Freilichtmuseum Vogtsbauernhof) à Gutach

07 831 93 560 - www.vogtsbauernhof.org - ♿ - avr.-oct. : 9h-18h - 5 €.
Au cœur de la vallée de la Gutach, ce musée témoigne de l'habileté des habitants de cette région en matière de construction rurale, d'artisanat et d'agriculture.
Continuer en direction de Triberg.
Le passage du col de Landwassereck offre de jolies **vues★** sur les paysages de la Forêt-Noire centrale. En amont d'Oberprechtal, la route longe les petites cascades de l'Elz.

★ Triberg

Centre d'industrie horlogère, Triberg est également une station climatique réputée. La **promenade des Cascades★** *(1h à pied AR)* longe les chutes de la Gutach dans un décor de rochers et d'arbres immenses.
Le **musée de la Forêt-Noire** *(Schwarzwaldmuseum)* expose des costumes traditionnels et la production artisanale locale, ainsi que l'une des plus vastes collections d'orgues de Barbarie d'Europe. *07 722 44 34 - www.schwarzwald-museum.de - ♿ - mai-sept. : 10h-18h ; août : 9h-19h ; oct.-avr. : 10h-17h - 5 €. (enf. 2,50 €.)*
L'église **Notre-Dame-des-Sapins** *(Maria in der Tannen)*, un des sanctuaires de pèlerinage les plus populaires de la Forêt-Noire, conserve un **mobilier★** baroque sculpté.

Furtwangen

Musée allemand de l'Horlogerie *(Deutsches Uhrenmuseum) - 07 723 920 28 00 - www.deutsches-uhrenmuseum.de - ♿ - avr.-oct. : 9h-18h ; nov.-mars : 10h-17h - 4 €.* Ce musée abrite la plus grande collection d'horloges de la Forêt-Noire au monde. L'exposition présente l'histoire, l'art et la technique des horloges et présente des chronomètres de tous les pays et de toutes les époques.
De Furtwangen, on peut se rendre à la **source de la Breg** (6 km, direction « Katzensteig-Martinskapelle », puis « Donauquelle »), alimentant un ruisselet qui finit sa course 2 900 km plus loin en se jetant dans la mer Noire.

LA FORÊT-NOIRE

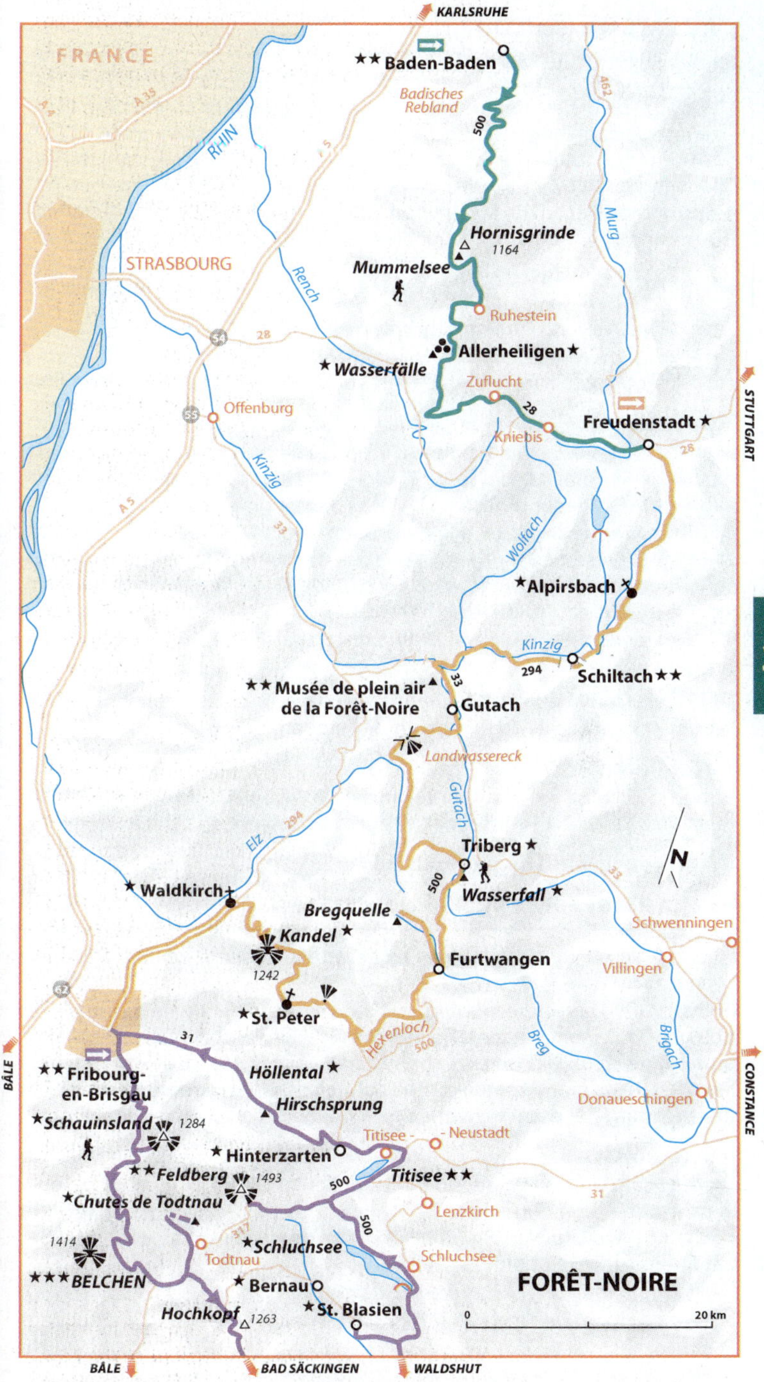

2

AU PAYS DU COUCOU
L'artisanat horloger de la Forêt-Noire prend son essor dans la première moitié du 18e s. et les premières horloges à coucou datent de cette époque. Mais c'est vers 1850 que Friedrich Eisenlohr conçoit des boîtiers rappelant les maisonnettes de garde-barrière *(Bahnhaüsele)*, bientôt ornés de feuillages, et dont la forme originelle est presque restée inchangée. La route allemande de l'Horlogerie *(Deutsche Uhrenstraße)* propose de découvrir, sur environ 320 km, musées, fabriques ouvertes à la visite et horloges remarquables. *www.deutsche-uhrenstrasse.de (site en français).*

Trois kilomètres après Furtwangen, prendre à droite vers Hexenloch.
Cette gorge profonde et boisée est agrémentée de cascades. Entre St-Märgen et St-Peter, la route offre des **vues★★** très dégagées sur la Forêt-Noire centrale.

★ St-Peter
Signalée par les deux tours coiffées d'un bulbe de son **église★**, l'abbaye bénédictine de St-Peter fut élevée de 1724 à 1754 sur les plans de Peter Thumb. L'abbaye est bâtie sur la nécropole (11e s.) des fondateurs de Fribourg.
La **bibliothèque rococo★**, à la décoration caractéristique de l'art baroque en Brisgau, présente à mi-hauteur une galerie tout en courbes ponctuées de statues et un plafond peint. *✆ 07 660 910 10 - ♿ - visite guidée (1h) mar. 11h, jeu. 14h30, dim. et j. fériés 11h30 - 6 € (enf. 2 €).*
Des randonnées pédestres de tout niveau partent des différents parkings.

★ Mont Kandel
De la table d'orientation *(30mn AR)*, le **panorama★** est magnifique sur les Vosges, le massif isolé du Kaiserstuhl, le Feldberg et le Belchen.

★ Waldkirch
Autour de l'église Ste-Marguerite (ancienne collégiale) subsistent de jolies demeures du 18e s. L'**intérieur★** de l'église a conservé un riche mobilier.

★★ Fribourg-en-Brisgau *(voir ce nom)*

★★★ LA HAUTE FORÊT-NOIRE (Hochschwarzwald)

Circuit de 142 km tracé en violet sur la carte p. 151 – une journée. Départ de Fribourg.
Ce parcours, à caractère montagnard dans sa première partie, passe par les trois principaux sommets de la Forêt-Noire (Schauinsland, Belchen et Feldberg), puis par les deux lacs les plus connus du massif (Schluchsee et Titisee). La région étant en grande partie un Parc naturel, les sentiers permettent souvent de rencontrer des espèces rares de fleurs sauvages, et parfois des chamois.

★ Schauinsland
La route conduit à la station supérieure du téléphérique. Du parking, gagner la tour-belvédère *(91 marches)* en suivant les panneaux « Rundweg » et « Schauinsland Gipfel » *(30mn AR)*. La **vue★** se développe au-delà des pâturages sur le Feldberg.
Poursuivre la route sur 1 km et prendre à droite vers Stohren, puis Münstertal.
La route déroule ses lacets au milieu des pâturages avant de pénétrer dans la forêt.
À Wiedener Eck, tourner à droite vers le mont Belchen.

★★★ Mont Belchen

Gagner la table d'orientation, 30mn à pied AR.

Ce ballon (1 414 m) domine de façon impressionnante la Wiesental et les vallées qui, comme la Münstertal, entaillent le flanc ouest de la Forêt-Noire. Par bonnes conditions de visibilité, il constitue un magnifique **observatoire★★★** sur la plaine du Rhin, les ballons des hautes Vosges, et les Alpes, du Säntis (Alpes suisses d'Appenzel) au Mont Blanc.

★ Chutes de Todtnau

1,5 km de Todtnau.

Remontant une combe boisée, un sentier *(1h AR)* conduit aux chutes *(Wasserfall)* qui dévalent sur 97 m de hauteur.

Prendre la direction de Todtmoos et Bad Säckingen.

Le massif du Hochkopf

Hochkopf – *1h à pied AR.* Du parking, à droite de la route, un sentier conduit à la tour-belvédère dont la terrasse offre des **vues★★** sur les croupes pelées du Belchen et du Feldberg, vers l'ouest, et les Alpes (par temps clair) vers le sud-est.

★ **Bernau** – Dans une combe de pâturages, de belles fermes sont regroupées en plusieurs hameaux. À Bernau-Dorf, la mairie abrite le **musée Hans-Thoma**, qui offre une rétrospective de l'œuvre du peintre, enfant du pays.

Vallée de l'Alb –La route domine les gorges de l'Alb, alternant les passages en corniche et les tunnels, pour rejoindre le Rhin à Albbruck.

2

★ Bad Säckingen

Waldshuter Straße 20 - 07 761 568 30 - www.bad-saeckingen.de - tlj sf dim.; mai-oct.: 10h-18h, sam. 9h-13h; nov.-avril: 10h-18h, sam. 10h-12h.

★ **Église St-Fridolin** (Fridolinsmünster) – Dédiée à l'évangélisateur des Alamans qui fonda ici une cellule de missionnaires vers 552, la cathédrale gothique St-Fridolin date du 14e s. Elle offre un bon exemple de « baroquisation » : arcs brisés des arcades passant à l'arc en plein cintre, voûtes rabaissées pour constituer un berceau facile à décorer (stucs rocaille de l'école de

LES MONTAGNES DE L'OUEST ALLEMAND

Les massifs des Vosges et de la Forêt-Noire ont en commun leur socle cristallin et des sommets d'altitudes proches (1 493 m au Feldberg, 1 424 m au Grand Ballon). Ils partagent un contraste identique entre le versant abrupt s'abaissant vers la plaine du Rhin, et les pentes moins inclinées qui se fondent dans les plateaux souabe d'une part, lorrain de l'autre.

À quelques kilomètres de distance, le contraste est étonnant entre les coteaux de vignobles et de vergers qui s'épanouissent au sud de Baden-Baden, et les hauts pâturages *(Grinde)* de la lande que traverse la route des Crêtes. La forêt primitive rassemble ses conifères au nord et au centre du massif. Partout le relief a donné naissance à des lacs, des rivières, et les vallées profondément entaillées de la haute Forêt-Noire, au sud, forment un paysage presque alpestre.

L'économie de la région s'est longtemps appuyée sur la forêt : le **bois** était pratiquement l'unique matériau de construction et la base de l'artisanat. L'**horlogerie** reste un secteur très actif, symbolisé par les fameux « coucous ». Une grande part de la richesse actuelle provient du **tourisme** thermal ou de sports d'hiver.

Wessobrunn), fenêtres hautes transformées en baies arrondies. Le **trésor** conserve la châsse de saint Fridolin, magnifique travail augsbourgeois du 18e s., en forme de caisse de carrosse.

★ **Pont couvert** – Jeté sur le Rhin à la fin du 16e s., cet ouvrage est le plus ancien pont couvert en bois d'Europe, et également le plus long (200 m). Il repose sur des piliers en pierre.

Parc du château (Schlosspark) – Ce joli parc entoure le château dit des « trompettistes » *(Trompeterschloss)*, qui fut édifié pour l'essentiel vers 1600 par les seigneurs de Schönau, régisseurs du couvent depuis 1360. Le château abrite un musée qui possède la plus riche **collection de trompettes** d'Europe. L'angle du parc, où se trouve le minigolf, offre une belle vue sur le vieux pont de bois.

Waldshut

La ville se blottit sur le flanc d'un hémicycle boisé au pied duquel coule le Rhin. Waldshut a conservé ses deux portes fortifiées. Le **centre historique★** se groupe autour de la **Kaiserstraße**, dont le tracé régulier n'est interrompu que par les pignons à auvent. Elle débouche à l'ouest sur la tour inférieure ou tour de Bâle et à l'est sur la tour supérieure ou tour de Schaffhausen.

L'**hôtel de ville** du baroque tardif a été érigé en 1770, probablement sur les plans de Johann Caspar Bagnato. Un splendide portail avec cartouche et une petite tour à cadran solaire viennent agrémenter ce bel édifice. Parmi les maisons cossues de la Kaiserstrasse, mentionnons l'« homme sauvage » *(Wilder Mann)*, une villa patricienne du 16e s., arborant un pignon à auvent. L'*Alte Metzig (Metzgertörle)*, de 1588, héberge aujourd'hui un **musée des Arts et Traditions populaires** *(Heimatmuseum)*.

★ Saint-Blasien (Sankt-Blasien)

Am Kurgarten, 79837 Saint Blasien - ✆ 07672 41 430 - www.st-blasien.de.

Un dôme digne de Saint-Pierre de Rome ou des Invalides dans un petit village du sud-est de la Forêt-Noire ! La majestueuse église baroque, élevée sur l'emplacement d'un monastère médiéval dont la communauté rayonna sur toute l'Allemagne du Sud, a de quoi surprendre. Située au fond du vallon boisé du Hotzenwald, dominée par les hauteurs du Feldberg, Saint-Blasien invite à partir à la découverte du Parc naturel « Südschwartzwald ». Randonnée pédestre l'été, raquettes l'hiver… Les immenses pâturages de la région offrent des terrains d'aventure sans limites.

★★ **Église** – Elle est enclavée, suivant un plan très en faveur à l'époque baroque, au milieu du quadrilatère des anciens bâtiments abbatiaux.

L'ampleur du monument est liée à l'influence de l'abbaye bénédictine, fondée au 9e s. et qui atteignit son apogée au 18e s. Les plans furent conçus par l'architecte français Pierre-Michel d'Ixnard (1726-1795), qui fit élever, à 64 m du sol, la coupole centrale derrière un péristyle. Par ses dimensions (33,5 m de diamètre), le **dôme** est le troisième d'Europe après Saint-Pierre de Rome et les Invalides à Paris. À l'intérieur, la calotte éclairée par des fenêtres à pénétrations est une fausse coupole suspendue au dôme ; elle ne prend donc appui qu'en apparence sur les colonnes de la rotonde centrale. Derrière le maître-autel s'enfonce le chœur, voûté en berceau.

★ Schluchsee

Ce lac, modeste à l'origine, est devenu, grâce à l'édification d'un barrage, le plus vaste plan d'eau de Forêt-Noire. Sur ses rives est édifiée une charmante station thermale.

★★ Massif du Feldberg

Un télésiège (le *Feldbergbahn*) aboutit au mont Seebuck (1 448 m), couronné par un monument dédié à Bismarck : **vue**★ sur la vasque parfaite du Feldsee, petit lac au creux d'un cirque glaciaire. On peut se rendre au sommet déboisé du Feldberg, à 1 493 m *(1h30 AR)*, pour jouir d'un vaste **panorama**★★ s'étendant jusqu'aux Alpes.

★★ Titisee

Au carrefour de plusieurs routes touristiques, ce joli lac glaciaire est devenu un centre touristique important, à la fois station climatique – Titisee-Neustadt et **Hinterzarten**★ – et point de départ d'excursions en Forêt-Noire.

On revient à Fribourg par la vallée de **Höllental**★ (Val d'Enfer), qui ne justifie son nom que dans le défilé du **Hirschsprung**.

NOS ADRESSES EN FORÊT-NOIRE

TRANSPORTS ET VISITES

La **SchwarzwaldCard** (valable 3 j., validité 1 an) donne accès à 150 sites et attractions (32 €, enfants 21 €, famille 5 pers. 99 €) - www.schwarzwald-tourismus.info. De plus, la **carte d'hôte Konus**, délivrée par l'hébergeur, offre les transports gratuits sur les lignes de train et bus régionaux.

HÉBERGEMENT

PREMIER PRIX

Sur la route des Crêtes

Hotel Hirsch – *Haus Nr. 10 - 72250 Freudenstadt-Zwieselberg - ✆ 07 441 86 01 90 - www.zwieselhirsch.de - fermé de déb. nov. à mi-déc. - P - 29 ch. à partir de 70 € ☕ - rest. 20/31 €.* Hôtel idéalement situé au cœur de la nature. Une grande partie de l'intérieur a retrouvé un éclat flambant neuf.

Zur Sonne – *Zähringerstraße 2 - 79271 St. Peter - ✆ 07660 940 10 - www.sonneschwarzwald.de - fermé 4-22 nov. -13 ch. 75/85 € ☕.* Chambres de style rustique, appartements et suites avec confort moderne. Spa. Solarium. Joli jardin avec terrasse.

En haute Forêt-Noire

Berggasthaus Gisiboden – *79674 Todtnau-Geschwend - ✆ 07 671 99 98 21 - www.gisiboden.de - P - 16 ch. 37 € ☕.* À 1 200 m d'altitude, un hôtel de montagne aux chambres simples équipées de douches. Agréable restaurant avec un charmant jardin.

Hotel Sonne – *Krumlinden 44 - 79244 Münstertal-Obermünstertal - ✆ 07 636 319 - www.sonne-muenstertal.de - fermé de mi-nov. à mi-déc. - P - 13 ch. à partir de 78 €.* Petit hôtel agréable situé dans la romantique Münstertal. Les chambres du nouveau bâtiment sont vraiment confortables.

Hotel Belchen-Multen – *79677 Schönau-Aitern-Multen - ✆ 07 673 209 - www.belchen-multen.de - fermé de mi-nov. à mi-déc. - P - 22 ch. 78 € ☕.* Un hébergement soigné avec des chambres simples et fonctionnelles. Piscine couverte, solarium et sauna.

Straub – *Neustädter Straße 3 - 79853 Lenzkirch-Kappel - ✆ 076 53 64 08 - www.hotel-straub.de - P - 30 ch. à partir de 63 € ☕ - rest. 15 € (fermé mar. et 15 nov.-20 déc.).* Dans la ville thermale de Kappel, près de Titisee et du lac Schluchsee. Chambres avec balcons privés sur la forêt.

Schwarzwaldhaus – *Am Kurpark 26 - 79872 Bernau-Innerlehen - ✆ 07 675 365 - www.sbo.de/schwarzwaldhaus - fermé nov. ; rest. fermé jeu. - P - 14 ch. 62/84 € ☕ - rest. 17 €.* Ferme revêtue de bardeaux de bois est un lieu soigné. Chambres à la décoration rustique. L'ancienne écurie abrite le restaurant dont la cuisine est avant tout régionale.

BUDGET MOYEN

En haute Forêt-Noire

Belchenhotel Jägerstüble – *Obermulten 3 - 79677 Aitern-Multen (Schönau im Schww.) - ✆ 07673 88 81 80 - www.belchenhotel.de - 17 ch. 96/104 € ☕ - rest. 21 € (fermé 10 j. en avr., de fin nov. à mi-déc.).* Situé sur le flanc du mont Belchen. Terrasse avec vue panoramique. Centre de bien-être avec piscine.

Jostalstüble – *Jostalstraße 60 - 79822 Titisee-Neustadt - ✆ 07651 91 81 60 - www.jostalstueble.de - 14 ch. 96 € ☕ - rest. 21/41 € (fermé mars).* Hôtel-restaurant dans la vallée Jostal. Chambres et studios spacieux. Espace bien-être.

Kohlenbacher Hof – *Kohlenbach 8 - 79183 Waldkirch-Köllnau - ✆ 07681 88 28 - www.kohlenbacherhof.de - 18 ch. 90 € ☕ - rest. 12/17 € (fermé lun., mar. et 12-22 janv.).* Dans la vallée de Kohlenbach. Agréable hôtel familial traditionnel proposant une cuisine régionale. Randonnées vers la France et la Suisse.

POUR SE FAIRE PLAISIR

En haute Forêt-Noire

Hotel Alemannenhof – *Bruderhalde 21 - 79822 Titisee-Neustadt - ✆ 07 652 911 80 - www.hotel-alemannenhof.de - P - 22 ch. 120/210 € ☕ - rest. 33/107 €.* Bien situé au bord du Titisee, cet hôtel moderne dispose d'une plage privée et d'un embarcadère. La terrasse donne sur le lac.

RESTAURATION

PREMIER PRIX

En Forêt-Noire centrale

Gasthof Gedächtnishaus – *Fohrenbühl 12 - 78730 Lauterbach - ✆ 07 422 44 61 - www.king-gastro.de - fermé 6 sem. après 6 janv. ; rest. fermé merc. soir et jeu. - 17/31 € - 7 ch. 76 € ☕.* Ce gîte est idéalement situé en haut d'un ballon. Le restaurant rustique est décoré de bois sombre.

En haute Forêt-Noire

Löffelschmiede – *Löffelschmiede 1 - 79853 Lenzkirch - ✆ 07 653 279 - www.sbo.de/loeffelschmiede - fermé de nov. à mi-déc. - 13,50 € - 7 ch. 68 € ☕.* Restaurant familial et soigné dans une petite vallée, à l'extérieur de Lenzkirch. Truites et plats bourgeois régionaux.

BUDGET MOYEN

Sur la route des Crêtes

Dorfstuben – *Gärtenbühlweg 14 - 72270 Baiersbronn-Mitteltal - ✆ 07 442 470 - www.bareiss.com - 29 €.* Ici, les spécialités de la Forêt-Noire sont tout simplement savoureuses.

Bauernstube (Traube Tonbach) – *Tonbachstraße 237 - 72270 Baiersbronn-Tonbach - ✆ 07442 49 26 65 - www.traube-tonbach.de. 30 €.* Menu régional.

Karlsruhe

★

290 740 habitants – Bade-Wurtemberg

NOS ADRESSES PAGE 162

S'INFORMER

Office de tourisme – *Bahnhofplatz 6 (en face de la gare) - ✆ 0721 3720 5383/84 - www.karlsruhe-tourism.de (site en français) - lun.-vend. 8h30-18h, w.-end. 9h-13h (fermé le dim. nov-mars).*

Visites – Un ordinateur de poche (PDA) dispense des informations multimédia sur 22 points répartis dans la ville. Location à l'office de tourisme - 7,50 € (3h).

SE REPÉRER

Carte de région A2 (p. 146-147) – *cartes Michelin n°s 718 H 12 et 545 S 56.*
À 54 km au sud de Heidelberg, 79 km à l'ouest de Stuttgart, 88 km au nord de Strasbourg. Centre-ville en partie piétonnier.

À NE PAS MANQUER

Le Centre d'art et de technologie des médias (ZKM).

2

Toute ville est unique, mais Karlsruhe l'est encore plus que les autres ! La ville a été créée il y a à peine trois siècles selon un urbanisme en forme d'éventail. Impossible de s'y perdre : chaque rue porte le château en point de mire. Karlsruhe pourrait paraître froide et minérale au premier coup d'œil, avant que l'on ne découvre les 800 hectares de verdure qui l'irriguent. Avec trois musées de premier ordre, toute visite pourra conjuguer nature, culture et architecture.

Découvrir

Se reporter au plan p. 158.

★★ Musée des Beaux-Arts (Staatliche Kunsthalle)

✆ 0721 926 33 59 - www.kunsthalle-karlsruhe.de - ♿ - mar.-vend. 10h-17h, w.-end 10h-18h - possibilité de visite guidée (1h) - fermé 24 et 31 déc. - 8 €.

Le bâtiment, construit entre 1838 et 1846, abrite une remarquable collection de **primitifs allemands★★**, parmi lesquels de nombreuses œuvres de Grünewald *(La Crucifixion)* et *La Passion de Karlsruhe*, réalisée vers 1450. L'âge d'or de la peinture flamande et hollandaise est représenté par des œuvres de Rubens, Rembrandt et Jordaens. La **collection Hans Thoma★** occupe une place privilégiée dans la peinture allemande du 19e s. L'ensemble constitue l'une des présentations les plus complètes de la peinture allemande et française, de Caspar David Friedrich à Paul Cézanne.

L'**orangerie** voisine renferme une **collection★** représentative du modernisme classique et de l'art contemporain. Outre les sculptures de Rodin, Barlach, Lehmbruck et Henry Moore sont exposées des toiles d'expressionnistes allemands (Franz Marc, *Chevreuils dans la forêt*), d'artistes influencés par le cubisme (Léger, Delaunay), mais également la *Bourrasque* de Max Ernst et *Les Sept Péchés capitaux* d'Otto Dix.

★ Château (Schloss)

Le **château**, qui ne se visite pas mais abrite le Musée régional badois, fut la résidence des grands-ducs jusqu'en 1918. De la première construction aux proportions modestes, il subsiste encore aujourd'hui la haute tour octogonale qui marque le centre du système rayonnant de Karlsruhe. Du sommet de la **tour** *(accessible par un escalier depuis le musée)*, vue panoramique sur la région. Du parc qui, au nord, devient un vaste domaine boisé, on a accès au **jardin botanique** *(Botanischer Garten)* et aux **serres★**. *Serres : tlj sf lun. 10h-12h, 13h-16h45, w.-end 10h-12h, 13h-17h45. 2,20 €. ✆ 0721 926 30 08 - www.botanischer-garten-karlsruhe.de.*

★ Musée régional badois (Badisches Landesmuseum)

✆ 0721 926 65 14 - www.landesmuseum.de - ♿ - tlj sf lun. 10h-17h, vend. et w.-end 10h-18h - fermé 24 et 31 déc. - 4 €, gratuit vend. 14h-18h.

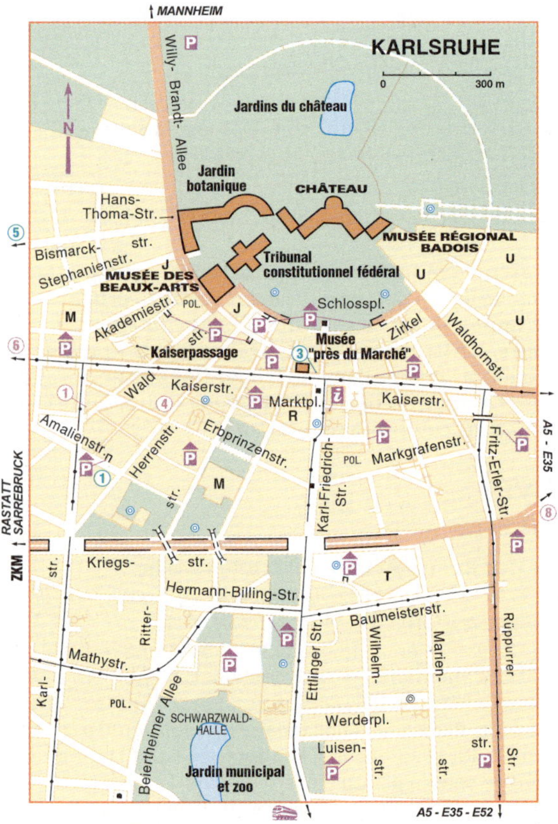

SE LOGER		SE RESTAURER	
Am Markt	3	Alte Bank	4
Hotel Betzler	1	Gutenberg	6
Kübler	5	Klenerts	8
		Lehners Wirtshaus	1

UNE VILLE NEUVE
Karlsruhe fait partie de ces villes au plan géométrique édifiées au 18e s. par les princes bâtisseurs de l'Allemagne du Sud. Après les dévastations de 1689 et la destruction de sa résidence de Durlach, le margrave de Bade-Durlach décida de se faire édifier un château un peu plus à l'ouest. La construction, qui débuta en 1715 par la tour octogonale, fut conçue comme le centre d'un réseau de voies rayonnantes. Ce plan de **« ville en éventail »** trouva son épanouissement au 19e s., lorsque Karlsruhe devint la capitale du grand-duché de Bade (1806). C'est l'architecte **Friedrich Weinbrenner** (1766-1826), natif de Karlsruhe, qui donna à la ville son empreinte néo-classique. De cette époque datent la **Marktplatz** avec l'hôtel de ville, l'église protestante et la petite pyramide du mausolée du fondateur. La Kaiserstraße *(zone piétonne)*, axe est-ouest parallèle au château et également tracé par Weinbrenner, est actuellement le centre de la vie citadine.

Installé dans le château, ce musée réunit d'importantes collections sur la préhistoire et la protohistoire de la région, les cultures antiques du Bassin méditerranéen et sur l'histoire, l'art et la culture du pays de Bade du Moyen Âge à nos jours.
Musée « près du Marché » (Museum beim Markt) – *Entre la Marktplatz et le château - ✆ 0721 926 65 78 - www.landesmuseum.de - ♿ - tlj sf lun. 11h-17h, vend. et w.-end 10h-18h - fermé 24 et 31 déc. - 2 €, gratuit vend. 14h-18h.* Annexe du Musée régional badois, il abrite des créations de style **Art nouveau★** et Art déco, des objets d'artisanat et design contemporains.

2

★★ **ZKM** (Zentrum für Kunst und Medientechnologie)
Accès par la Kriegsstraße - ✆ 0721 81 00 0 - www.on1.zkm.de - tlj sf lun. et mar. 10h-18h, w.-end. 11h-18h - ♿ - 8 € (billet combiné comprenant les deux autres musées ci-dessous), gratuit le vend. apr.-midi.
Dans une ancienne usine d'armes et de munitions du début du 20e s., comprenant au total dix cours recouvertes d'une verrière, a été aménagé un Centre d'art et de technologie des médias unique en son genre. Ce centre regroupe des activités de recherche et de formation ainsi que deux musées.
Musée d'Art contemporain (Museum für Neue Kunst) – *Accès par Stirnseite, vers la Lessingstraße - mêmes horaires que le ZKM - 5 €.* Consacré à l'art européen et américain depuis 1960 (peinture, graphisme, sculpture, photographie).
★★ **Musée des Médias** (Medienmuseum) – *Mêmes horaires que le ZKM - 5 € - accès par le cube bleu situé en haut du bâtiment (studio musical du ZKM).* Dans ce musée, le visiteur s'immerge dans un univers numérique. La présentation interactive permet une approche ludique des formes et effets propres aux nouvelles technologies.

À proximité Carte de région B2

★★ Château de Bruchsal (Schloss Bruchsal)
À 20 km au nord de Karlsruhe.
Bruchsal, résidence des quatre derniers princes-évêques de Spire au 18e s., a hérité d'un fastueux château bâti en 1722 par l'architecte Maximilian von Welsch sur l'ordre du prince-évêque Damian Hugo von Schönborn, et entièrement rebâti après sa destruction en mars 1945. Édifié en bordure des collines du Kraichgau, ce vaste ensemble regroupe une cinquantaine de bâtiments,

des jardins à la française et un musée original consacré aux instruments de musique mécaniques.

Corps central – ✆ *07 251 74 26 61 - www.schloss-bruchsal.de - ♿ - tlj sf lun. 10h-17h - ouv. lun. fériés - fermé 24-25 et 31 déc. - 5 €* (château et musée). Il est la pièce maîtresse de cet ensemble que l'on découvre sitôt franchie l'imposante porte St-Damian. Ce bâtiment qui nous plonge merveilleusement dans l'univers d'une cour du 18e s. s'articule autour d'un magnifique **escalier★★** à cage ovale, créé en 1731 par Balthasar Neumann, le plus renommé des architectes du baroque allemand, auteur de la résidence de Wurtzbourg. La coupole est décorée de stucs rococo. Autour des **salles d'apparat** sont exposés des objets qui faisaient autrefois partie de l'ameublement du château, comme de la vaisselle en porcelaine et en argent, des meubles d'époque et des tableaux représentant les princes.

De la Gartensaal, salle voûtée et dallée de marbre, on peut embrasser du regard le **parc** à la française, qui, à son heure de gloire, possédait une allée de 16 km de long conduisant au Rhin *(voir également p. 65)*.

★★ **Musée allemand des Automates à musique** (Deutsches Musikautomatenmuseum) – *dans le bâtiment principal - ✆ 072 51 74 26 61 - www.dmm-bruchsal.de - visite guidée en allemand, commentaires en français à la demande - ♿ - tlj sf lun. 9h30-17h - 5 €, visite du château incluse.*

Ce musée compte parmi les plus grandes collections d'automates musicaux au monde. Avec ses quelque 500 pièces, il retrace l'historique de la musique mécanique, depuis les premiers coucous musicaux jusqu'aux volumineux accordéons, tambours et cymbales (voir l'orgue construit pour le *Titanic*, miraculeusement préservé pour ne pas avoir été prêté à temps).

★★ Abbaye de Maulbronn (Kloster Maulbronn)

À 38 km à l'est de Karlsruhe. Klosterhof 5 - ✆ 070 43 92 66 10 - www.kloster-maulbronn.de - ♿ - mars-oct. : 9h-17h30 ; nov.-fév. : tlj sf lun. 9h30-17h - 6 €.

Au sein de la vallée de la Salzach, l'abbaye de Maulbronn se présente comme un petit village fortifié du Moyen Âge, avec un chemin de ronde couvert par endroits. Fondée en 1147, elle représente l'ensemble monastique médiéval le plus complet et le mieux préservé au nord des Alpes. Elle a eu une influence déterminante sur la diffusion de l'architecture gothique dans le centre et le Nord de l'Europe et fut par la suite épargnée par la « baroquisation ». Autant de raisons qui justifient son inscription au Patrimoine mondial de l'Unesco.

L'école qui y est installée depuis la Réforme (1556) a été fréquentée par d'illustres élèves (Johannes Kepler, Friedrich Hölderlin et Herman Hesse).

★ **Église** – Elle fut consacrée en 1178. Le porche (*Paradies* – **1**), du début du 13e s., est le premier témoignage allemand de la transition entre le roman et le gothique ; ainsi, on remarque que les piliers se décomposent en lignes de force et voient leur fonction mise en évidence.

Les **voûtes en réseau** de la nef et du bas-côté droit, ajoutées au 15e s., altérèrent l'impression massive qu'offrait l'intérieur, doté à l'origine d'un plafond plat. La nef est séparée en deux parties – un chœur réservé aux moines et la nef centrale, où se tenaient les frères convers – par un **jubé** (**2**) de style roman, couronné d'une corniche en damier, devant lequel se dresse un **crucifix** particulièrement réaliste sculpté en 1473 dans une seule pierre.

À sa gauche, dans la nef latérale nord, s'alignent 23 **stalles** du début du 15e s., plus anciennes mais moins riches que les 92 autres réservées aux moines *(derrière le jubé)* dont les fines ciselures montrent l'influence de l'école d'Ulm. Remarquez une belle **Vierge** (**3**) de style gothique rayonnant *(à gauche du maître-autel)* datant du 14e s., provenant probablement de l'école de Cologne.

★★ **Cloître** – L'accès se fait par un passage sous les arcades qui mène à la galerie ouest. On peut pénétrer dans le **réfectoire des convers** (**A**) (restauré en 1869-1870), dont la rangée de piliers doubles et les oculi (ouvertures rondes) surmontant les fenêtres annoncent le gothique, et dans le **cellier** (**B**) aux voûtes présentant des nervures de section carrée.

Sur le côté nord, le **réfectoire des moines**★ est flanqué par le chauffoir (**C**) et la cuisine (**D**). Avec ses hautes colonnes baguées à mi-hauteur et sa voûte du gothique primitif, cette salle – conçue par le maître du Paradis vers 1220-1230 – est l'une des plus impressionnantes du monastère. Les dessins à la craie rouge que l'on voit çà et là sur les voûtes du réfectoire des moines sont des esquisses pour une fresque qui ne fut jamais peinte. En effet, leur auteur, le peintre Jörg Ratgeb, fut écartelé en 1526 pour avoir mené une révolte de paysans.

En face de la porte d'entrée, la charmante **chapelle du puits**★★ *(Brunnenkapelle)*, édifiée vers 1350, servait aux ablutions et à la tonsure. Il faut d'ailleurs se glisser dans le **jardin** serein *(accès par l'aile est)* pour bien apprécier l'étage à colombages qui surmonte la chapelle saillante et les baies à réseau de style gothique rayonnant dont les vitraux ont été perdus.

Sur la galerie est s'ouvrent la **salle capitulaire**, du 14e s., dont les nervures s'épanouissent en trois faisceaux à partir de piliers centraux, et la **salle des moines**★ (**E**), aux superbes voûtes réticulées ornées de décorations figurant des plantes et des animaux ; elle servait vraisemblablement de parloir.

★ **Bâtiments conventuels** – À l'arrière du cloître *(faire le tour par le nord)* se trouve un **château** à trois étages construit à la Renaissance, mais encore dans le style gothique, pour le duc Ludwig von Wurtemberg qui voulait avoir ici un pavillon de chasse. Au coin sud-est des fortifications médiévales *(à droite après l'auberge des nobles, qui fait face au château)* domine la **tour** pittoresque dite *Faustturm* avec un étage à pans de bois au toit incurvé ; elle servait de pavillon de plaisance au château ducal et aurait accueilli **Johann Faust**. Ce fameux docteur – qui inspira Goethe, Wagner, Gounod, René Clair et bien d'autres – serait venu sur commande de l'abbé en 1516 pour des expériences d'alchimie.

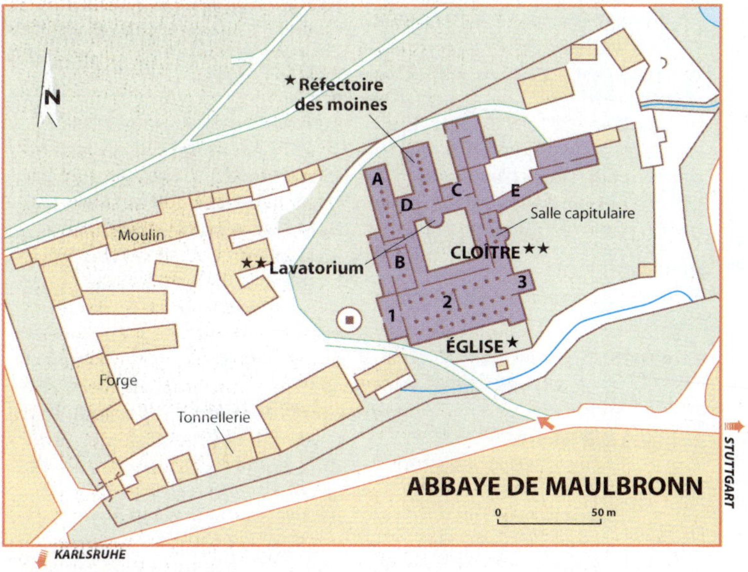

2

De retour dans la cour, on peut visiter le **musée du Monastère, abrité dans la maison des matines.** Ne manquez pas les grands édifices à colombages qui lui font face, la **boulangerie** *(Pfisterei)*, le **grenier à avoine** *(Heberkasten)* et un peu plus loin, *(contre les fortifications nord)* l'ancien moulin en pierre de taille.
A 500 m de l'Abbaye, se trouve le **Tiefer See**, aménagé par les moines pour l'approvisionnement en eau et en poisson.

NOS ADRESSES À KARLSRUHE

HÉBERGEMENT

PREMIER PRIX

Hotel Betzler – *Amalienstraße 3 - ✆ 0721 91 33 60 - www.hotel-betzler.de - - 34 ch. 53/78 € .* Cet hôtel bien desservi, au cœur de Karlsruhe, offre des chambres propres et fonctionnelles.

BUDGET MOYEN

Am Markt – *Kaiserstraße 76 - ✆ 0721 91 99 80 - www.hotelammarkt.de - 38 ch. 74/99 € .* Hôtel situé sur la place du marché d'où l'on a une jolie vue panoramique sur la ville. Chambres simples, élégantes, aux équipements modernes.

Kübler – *Bismarckstraße 37 - ✆ 0721 1440 - www.aaaa-hotelwelt.de - 200 ch. 105 €. 12 €.* Atmosphère rustique et intime dans cet hôtel doté d'un jardin. Chambres bien équipées. Certaines ont un poêle en faïence.

RESTAURATION

PREMIER PRIX

Alte Bank - *Herrenstraße 30 - ✆ 0721 183 28 18 - www.altebank.de - 10h-1h - 15 €.*

Lehners Wirtshaus – *Karlstraße 21a - ✆ 0721 249 57 20 - www.lehners-wirtshaus.de - ♿ - 11h-1h, w.-end 10h-1h - 16 €.* Anciennement Zum Goldenen Kreuz, cette grande brasserie conviviale sert des spécialités bavaroises et des *Flammkuchen*. Cocktails au bar et l'été, *Biergarten* de 300 places.

Gutenberg – *Nelkenstraße 27 - ✆ 0721 985 15 16 - www.gasthaus-gutenberg.de - 16/35 €.* Spécialités régionales et *Biergarten*.

BUDGET MOYEN

Klenerts – *Reichardstraße 22 - Karlsruhe-Durlach (7 km à l'est) - ✆ 0721 414 59 - www.klenerts.de - 20/47 €.* Dans un style moderne avec tables de bistrot et murs peints dans les tons jaune pâle. Belle vue sur la ville depuis la terrasse. Cuisine internationale.

PETITE PAUSE

Eiscafé Capri – *Kaiserpassage 2 - ✆ 0721 209 84 - - 10h-22h (dim. 13h).* Des glaces savoureuses dans une petite boutique familiale.

BLM Schlosscafé – *Im Schloss - ✆ 0721 966 45 71 - - 10h-23h.* Derrière le château, à l'orée du parc, agréable terrasse pour un verre ou un petit-déjeuner.

Cantina Majolika – *Ahaweg 6-8 - ✆ 0721 161 14 92 - www.cantinamajolika.de - tlj sf lun. 12h-0h, dim. 10h30-18h.* Café-concert.

Cafe Endle – *Kaiserstraße 241a - ✆ 0721 246 78 - www.endle.de - 8h-18h, dim. 10h-18h.* Délicieuses confiseries.

Baden-Baden

★★

54 780 habitants – Bade-Wurtemberg

NOS ADRESSES PAGE 167

S'INFORMER

Offices du tourisme – *Kaiserallee 3 - ✆ 07 221 275 200 - www.baden-baden.de - 10h-17h, dim. et j. fériés 14h-17h ; Schwarzwaldstraße 52 - 9h-18h (dim. et j. fériés 13h).*

SE REPÉRER

Carte de région A2 (p. 146-147) – *cartes Michelin nos 718 H 12 et 545 R 58.* À 43 km au sud de Karlsruhe, 65 km au nord de Strasbourg, 113 km à l'ouest de Stuttgart. La circulation automobile dans le centre est en partie interdite de 11h à 19h. Emprunter alors le tunnel qui passe sous la ville.

À NE PAS MANQUER

L'allumage des réverbères chaque soir devant le Kurhaus, le casino, les thermes de Friedrich ou de Caracalla.

ORGANISER SON TEMPS

La visite de Baden-Baden prend une journée.

Baden-Baden conserve l'empreinte de son passé mondain. Les palaces et les villas qui accueillaient l'élite européenne de la Belle Époque au bord de la rivière Oos composent aujourd'hui la vitrine de la cité thermale. Le casino attire la vie nocturne, tandis que le parc de la Lichtentaler Allee se transforme en salon vert les après-midi de promenade. Et si les retraités fortunés composent la clientèle touristique la plus visible, comment rester insensible au charme de la cité et aux vertus bienfaisantes de ses thermes ?

OÙ LES JEUX RENCONTRENT L'EAU

Les vertus curatives des eaux de Baden-Baden étaient déjà connues à l'époque romaine. Au 12e s., la ville devient la résidence des margraves de Bade de la lignée des Zähringen. Aujourd'hui, deux complexes thermaux proposent soins et relaxation grâce à toutes sortes de bains : de froid à très chaud, à remous, de vapeur. Le **Friedrichsbad** est un palais de style néo-Renaissance construit en 1877, qui a su conserver l'esprit de la Belle Époque. Les **thermes de Caracalla**, du nom de l'empereur romain qui ordonna la rénovation des thermes, proposent une installation moderne, orientée vers la détente et la récréation *(voir Nos adresses à Baden-Baden, rubrique Activités)*. Quelque 800 000 litres d'eau thermale jaillissent chaque jour des profondeurs de la terre via douze sources.

L'essor de la ville date du 19e s., avec le lancement du casino conçu par un homme d'affaires français, Jacques Bénazet, surnommé « le roi de Bade ». Depuis lors, les joueurs se sont succédé à la roulette ou à l'hippodrome, comme Léon Tolstoï ou Marlene Dietrich.

Se promener

Se reporter au plan p. 166.

SUR LES BORDS DE L'OOS

6 km AR jusqu'à l'abbaye de Lichtental (Abtei Lichtental), 2h sans compter les visites des musées. L'itinéraire débute à la **buvette d'eau thermale (Trinkhalle)** *dont la galerie est ornée de peintures murales évoquant les légendes locales et où se trouve l'office de tourisme.*

★ Maison des thermes - Casino (Kurhaus)

Visites guidées du casino le matin à partir de 9h30-12h (avr.-oct.) ou 10h-12h (nov.-mars) - ✆ 072 21 30 240 - 5 € pour les visites en allemand, tarif variable pour les visites en français ou en anglais.

Construite dans le style néoclassique entre 1821 et 1824 par Friedrich Weinbrenner, elle était la « maison de conversation », le lieu de rendez-vous de la haute société qui y organisait bals et concerts. Le **casino**, le plus ancien et le plus prestigieux d'Allemagne, en occupe l'aile droite. Les quatre **salles de jeu**★ furent aménagées par Bénazet en 1855 dans l'esprit des salles d'apparat des châteaux royaux français.

En face, le kiosque à musique, puis l'allée dite des « Colonnades », bordée d'arbres et de boutiques de luxe, conduit au bord de l'Oosbach. Prendre à droite devant le théâtre.

★★ Lichtentaler Allee

Tracée le long de l'Oos qui court dans un lit pavé, elle constitue la plus belle promenade de Baden-Baden. Sous ses ombrages, on vit passer Napoléon III et Eugénie, la reine Victoria, ainsi que Bismarck poursuivi par les diplomates ; c'est aussi là qu'eut lieu en 1861 l'attentat contre le roi de Prusse, le futur empereur Guillaume Ier. On y croise les bustes de quelques célébrités de l'époque : Coubertin, Tourgueniev, Clara Schumann, Brahms.

Plantée d'abord de chênes il y a plus de trois cents ans, elle s'est enrichie d'arbres et d'arbustes ornementaux du monde entier.

On passe d'abord devant le musée Frieder-Burda et la galerie nationale d'Art.

★★ Musée Frieder-Burda (Museum Frieder Burda)

Lichtentaler Allee 8b - ✆ 07221 973 72 22 - www.museum-frieder-burda.de - tlj sf lun. 10h-18h - fermé 24 et 31 déc. - 12 €.

LA MAGIE DES BAINS

Les thermes de Friedrich, inaugurés en 1877, restent l'un des plus beaux établissements thermaux au monde. De style néo-Renaissance, doté d'une coupole au-dessus du bassin central, le bâtiment a conservé ses cuivres, ses stucs, ses fresques et ses carreaux de faïence peints. Pour découvrir cette architecture unique, on goûtera aux bienfaits d'un bain romano-irlandais, choyé par un personnel attentif *(voir Nos Adresses à Baden-Baden)*. « Au Friedrichsbad, vous oubliez le temps au bout de dix minutes ; et au bout de vingt, c'est le monde que vous oubliez… », avait écrit Mark Twain après son passage.

La Trinkhalle, buvette d'eau thermale, à Baden-Baden.
Kara / Fotolia.com

2

Les collections d'œuvres d'art de Frieder Burda, l'un des héritiers du groupe de presse allemand, sont désormais visibles par tous et font l'objet de trois expositions par an depuis 2004, année d'inauguration du musée. Des toiles de Picasso, d'artistes américains (Pollock, Rothko) ou allemands de l'après-guerre (Georg Baselitz, Sigmar Polke) s'invitent dans le lumineux bâtiment conçu par le New-Yorkais Richard Meier. L'architecte a créé ses propres tableaux en ménageant des ouvertures et des perspectives sur la nature. La façade d'aluminium couleur blanc cassé s'intègre avec réussite dans le parc, à côté de la **galerie nationale d'Art** (*Staatliche Kunsthalle*) de style néoclassique, elle aussi siège d'expositions de renommée internationale.
Poursuivre sur la Lichtentaler Allee jusqu'au Musée municipal.

★ **Musée municipal** (Stadtmuseum)
Lichtentaler Allee 10 - ✆ 07 221 932 272 - www.stadtmuseum-baden-baden.de - tlj sf lun. 10h-18h - 4 €.
Deux mille ans d'histoire de la ville y sont retracés, des origines romaines à aujourd'hui, en particulier la société mondaine et les cures au 19e s. Antiquités romaines et sculptures gothiques de l'église collégiale dans le pavillon de verre.
Poursuivre sur la Lichtentaler Allee.
Sur la gauche, après la piscine, on accède par un pont à un joli **jardin de roses**, la **Gönneranlage**.

★ **Abbaye de Lichtenthal** (Abtei Lichtenthal)
Hauptstraße 44 - ✆ 07 221 50 49 10 - www.abtei-lichtenthal.de - visite guidée merc. et w.-end à 15h, sur réservation - 3 €.
Fondée en 1245, cette abbaye abrite depuis plus de 750 ans une communauté de sœurs cisterciennes. On accède librement à la cour du monastère et à l'abbatiale. La chapelle des Princes *(Fürstenkapelle)* abrite les sépultures des margraves de Baden.
Retourner vers le centre par le même chemin.

LA VIEILLE VILLE

Château Neuf (Neues Schloss)

Ancienne résidence des margraves de Bade construite à la Renaissance, le château est privé mais la terrasse offre une très jolie **vue** sur la ville et la collégiale.

Église collégiale (Stiftskirche)

Le chœur de la collégiale contient plusieurs monuments funéraires parmi lesquels ceux des margraves Léopold-Guillaume (à gauche, fin du 17e s.) et **Louis le Turc** (à droite, 1753). Dans le chœur, le **crucifix en grès★**, réalisé par Nicolas Gerhaert de Leyde en 1467, constitue un remarquable témoignage de la sculpture de la fin du Moyen Âge et attire aujourd'hui encore les regards vers le chœur. Ne pas manquer le tabernacle tout en filigrane, du gothique tardif, à l'entrée du chœur.

★ Bains romains (Römische Badruinen)

Römerplatz 1 - ✆ 07 221 27 59 34 - www.badruinen.de - 16 mars-15 nov. : 11h-12h, 15h-16h ; fermé le reste de l'année - audioguide en français - 2,50 € (1 € enf.). Des fouilles ont dégagé les vestiges de ces bains pour les soldats romains sous l'actuel établissement thermal **Friedrichsbad** (*voir encadré p. 164*). On remarque particulièrement l'hypocauste, système de chauffage par le sol, et

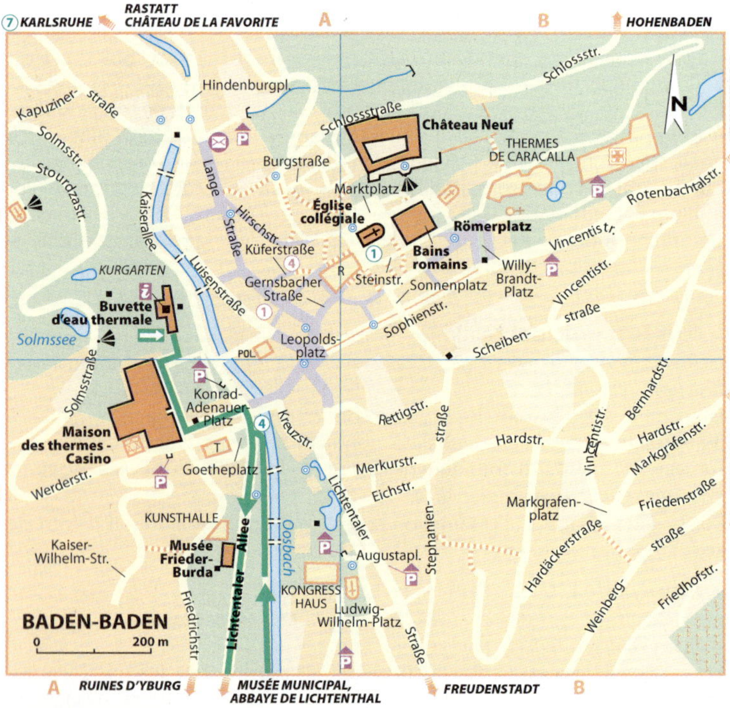

SE LOGER		SE RESTAURER	
Am Markt (Hotel)	1	Leo's	1
Atlantic Parkhotel	4	Weinstube im Baldreit	4
Schweizer Hof	7		

les murs très bien conservés. Des animations par ordinateur restituent l'architecture complète d'origine.

À proximité Carte de région A2

★ Ruines d'Yburg

6 km au sud-ouest. Sortir par la Friedrichstraße.
Du château construit vers 1200, il ne reste que la tour. Du sommet (110 marches), **vaste panorama★★** sur la plaine du Rhin et le vignoble badois.

★★ Château de la Favorite (Schloss Favorite)

À 5 km au sud-est de Rastatt. ✆ 07 222 41 207 - www.schloss-favorite.de - de mi-mars à fin sept. : tlj sf lun. 10h-18h ; 1er oct.-15 nov. : tlj sf lun. 10h-17h - 7 €.
Ravissante réalisation baroque, le **château de la Favorite** fut construit entre 1710 et 1712 par **Rohrer** pour la margrave Sibylla Augusta. La façade est recouverte d'un crépi original fait de gravillons et de petits morceaux de granit, caractéristique de l'époque. L'**intérieur★★** est particulièrement précieux : **sols en scagliola** brillant (stuc imitant le marbre avec incrustations), effets de glaces, chinoiseries. Remarquer particulièrement la **chambre florentine** décorée de portraits miniatures et de travaux en pierre dure, les appartements de la margrave, le **cabinet des glaces**, la luxueuse cuisine avec collection de faïences (Francfort, Delft, Strasbourg).

NOS ADRESSES À BADEN-BADEN

TRANSPORTS

Train – La gare, située dans le quartier de Oos, à 7 km au nord-ouest du centre-ville, est desservie par bus et taxi. Liaisons avec le réseau de transports en commun de Karlsruhe. **Compagnie Baden-Baden-Linie** - *Beuernerstraße 25 - ✆ 072 21 627 70 ou Hôtel de ville ✆ 07 221 27 73 52.*

Aéroport – *Victoria Boulevard A 106, 77836 Rheinmünster - ✆ 072 29 66 20 00 - www.badenairpark.de.* Aéroport de Karlsruhe/Baden-Baden (10 km au sud-est de la ville, accès par l'A 5, sortie Baden-Baden « Baden-Airpark »).

Train touristique – *Rosenstraße 7, Sinzheim - ✆ 072 199 19 98 - www.citybahn.de.* Grand tour de ville (50mn) avec le City-Bahn (dessert la gare du funiculaire du mont Merkur) *- 15 mars-31 oct. - 9h30-16h30 - en français - 5,50 €.*

HÉBERGEMENT

BUDGET MOYEN

Hotel Am Markt – Plan B1 - *Marktplatz 18 - ✆ 07221 270 40 - www.hotel-am-markt-baden.de - fermé 16-25 déc. - 23 ch. 86/89 € ☕ (67/70 € avec sdb à l'étage).* Hôtel discret et calme, dans le genre « pension de famille », au cœur de la vieille ville.

Schweizer Hof – Hors Plan A1 - *Langestraße 73 - ✆ 07 221 30 460 - www.schweizerhof.de - 🅿 - 29 ch. 102/115 € ☕.* Voisin du *Festspielhaus*, cet hôtel de tradition offre des chambres au mobilier moderne, certaines avec balcon ou même terrasse.

POUR SE FAIRE PLAISIR

Atlantic Parkhotel – Plan A2 - *Goetheplatz 3 - ✆ 07 221 36 10 - www.atlantic-parkhotel.de - 49 ch. 165 € ☕ (189/212 € avec balcon, côté Lichtentaler Allee) - rest.*

22 €. Né en 1836 sous le nom d'Englischer Hof, l'Atlantic est un hôtel plein de charme. Agréable terrasse pour le petit-déjeuner et vastes chambres où l'on goûtera au luxe d'un 4 étoiles pour un prix raisonnable.

RESTAURATION

BUDGET MOYEN

Weinstube im Baldreit – Plan A1 - *Küferstraße 3 - ✆ 07221 231 36 - tlj sf dim. 12h-14h, 17h-22h - 22 €*. Dans une impasse de la vieille ville, cuisine badoise généreuse aux accents français – le chef vient d'outre-Rhin. Carte réduite à midi.

Leo's – Plan A1 - *Luisenstraße 8-10 - ✆ 07221 380 81 - www.leos-baden-baden.de - 8h-2h - 26/55 €*. Café, restaurant et bar à vins, c'est l'adresse où manger tard à Baden, dans une ambiance de brasserie distinguée et décontractée. Carte d'inspiration méditerranéenne.

PETITE PAUSE

Café König – *Lichtentaler Str. 12 - ✆ 07221 23 573 - www.chocolatier.de - café : 8h30-18h30, confiserie-pâtisserie : lun.-sam. 9h30-18h30, dim. 10h30-18h30*. Lustre de cristal et douceurs sucrées de la confiserie-pâtisserie dans ce café qui propose aussi des en-cas salés et des plats du jour.

Eiscafé Capri – *Sophienstr. 1b - ✆ 07221 237 51 - lun.-sam. 8h-0h, dim. 9h-0h (en hiver : 20h)*. Choix impressionnant de glaces maison et gâteaux alléchants à déguster, l'été, en terrasse.

ACHATS

Confiserie Rumpelmayer – *Kurhaus-Kolonnaden - ✆ 07221 239 89 - www.kurhaus-kolonnaden.de - lun. sam. 10h-18h30, dim. 11h-18h*. Chocolats et gâteaux *(Mohnstreusel, Gugolhupf)*.

EN SOIRÉE

Trinkhalle – *Kaiserallee 3 (Trinkhalle) - ✆ 07 221 30 29 05 - www.in-der-trinkhalle.de - 10h-2h (vend., sam. 3h)*. Ce café-bar avec fauteuils en cuir et terrasse dans le parc thermal propose une large sélection de boissons et d'en-cas.

ACTIVITÉS

Casino – *Kaiserallee 1 - ✆ 07 221 30 240 - www.casino-baden-baden.de - dès 12h - 21 ans minimum, tenue correcte exigée (veste et cravate) - entrée 3 €*. Jeux automatiques et tables *(1 €)* et jeux classiques (5 €).

Thermes de Caracalla – *Römerplatz 1 - ✆ 07 221 27 59 40 - www.caracalla.de - 8h-22h (dernière entrée à 20h) - fermé 24 et 25 déc. - 14 € (2h) - enf. -7 ans non admis*. Bains d'eau et de vapeur, sauna intérieur et extérieur dans un bâtiment ultramoderne.

Friedrichsbad – *Römerplatz 1 - ✆ 07 221 27 59 20- www.carasana.de/de/friedrichsbad/ - lun.-sam. 9h-22h ; dim. et j. fériés 12h-22h - fermé Vend. saint, 24 et 25 déc. - 23 € (3h sans massage) ; 33 € (3h30 avec massage)*. Bains romano-irlandais en 16 étapes (montée progressive en température et repos final) dans l'établissement historique de 1877. On se baigne nu (hommes et femmes séparément les lundi et jeudi, mixte les autres jours, -14 ans non admis). Serviettes, sandales, savon et crème fournis.

Festspielhaus – *Beim alten Bahnhof - ✆ 07221 3013 101 - www.festspielhaus.de - 10h-2h*. Opéras, ballets et concerts dans la 2e plus grande salle d'Europe.

AGENDA

Courses hippiques – Mai, fin août et fin oct. à Iffezheim.

Route badoise du Vin

Badische Weinstrasse

★★

Bade-Wurtemberg

NOS ADRESSES PAGE 176

SE REPÉRER
Carte de région A2-3 (p. 146-147) – *cartes Michelin n°s 718 H 12-13 et 545 R 58-P 62.* De Baden-Baden à Weil-am-Rhein, la route badoise du Vin suit du nord au sud un tracé à peu près parallèle, mais distant, de l'A 5. *(Pour la description de l'intégralité de la route badoise du Vin, se reporter au Guide Vert Michelin Alsace-Lorraine).*

À NE PAS MANQUER
Château d'Alt-Windeck, Oberkirch, Durbach.

ORGANISER SON TEMPS
Une journée par les petites routes (environ 100 km).

Robe rouge rubis du pinot noir, bouquet fruité du riesling, arôme épicé du pinot gris, pointe de muscat et d'acidité du Müller-Thurgau… La diversité des vins du Bade, troisième région viticole d'Allemagne, n'est plus à prouver ! Sur 400 km, de Heidelberg à la frontière suisse, s'étendent neuf régions viticoles. L'itinéraire décrit ici traverse l'Ortenau, où les vignes enserrent de charmants villages de vignerons, à l'abri des sommets de la Forêt-Noire. Vous y trouverez doux climat, ensoleillement, vues sur la plaine du Rhin et imposantes ruines de châteaux.

Circuit conseillé Carte Route badoise du Vin

L'ORTENAU

Itinéraire tracé en rouge sur la carte p. 170. Quitter Baden-Baden par la route 3 en direction d'Offenburg.
Les derniers coteaux gréseux de la Forêt-Noire du Nord, au sud de Baden-Baden, permettent aux vignobles et aux vergers de s'épanouir.

Steinbach

Charmant village au pied des collines que dominent les ruines d'Yburg. Un monument célèbre la mémoire d'Erwin von Steinbach, l'un des architectes de la cathédrale de Strasbourg.

Neuweier

Au pied du château, le vignoble produit un cru réputé, le **mauerwein** (riesling). Les châtelains étant membres de la noblesse française, une autorisation historique spéciale du prince-archevêque de Würzburg permet la mise en bouteille du vin sur place, ainsi qu'à Steinbach, Umweg et Varnhalt. On emploie pour cela des *Bocksbeutel* (bouteilles à col court et à panse ventrue).
Au village d'Altschweier, quitter la route du Vin pour visiter le petit centre de Bühl.

Bühl

Cette petite ville commerçante est célèbre pour ses quetsches et le vin d'Affental. La Fête de la quetsche *(Zwetschgenfest)* a lieu chaque septembre et permet de sympathiques dégustations de tartes. La collégiale néogothique Sts-Pierre-et-Paul présente dans son chœur de beaux vitraux modernes (1955-1958) d'Albert Burkart.

De retour à Altschweier, poursuivre jusqu'à Bühlertal.

Bühlertal

Le vignoble et les forêts forment un cadre romantique à cette petite station climatique appréciée pour la douceur de son climat.

La route s'élève jusqu'à Hof (quartier résidentiel de la commune de Bühlertal). Prendre à droite en direction de Neusatz et son château de Waldsteg du 13e s.

★ Château d'Alt-Windeck

Ce vieux château, de plan circulaire, construit en 1200 et tombé en ruine au 16e s., a été transformé en hôtel-restaurant. Subsistent deux beffrois, deux habitations et une enceinte. De ses abords, la **vue★** est bien dégagée sur la plaine du Rhin.

Poursuivre au sud sur 7 km par la L 83a.

Sasbach

15mn à pied AR. Laisser la voiture pour pénétrer dans le parc.

Un obélisque et une stèle aux inscriptions française, allemande et latine marquent l'endroit où, en 1675, un boulet frappa mortellement le capitaine de Turenne que Louis XIV avait chargé de protéger l'Alsace contre les impériaux pendant la conquête de la Franche-Comté.

L'église paroissiale, dédiée à sainte Brigitte, est de style baroque, mais conserve quelques parties d'un ancien bâtiment gothique.
Poursuivre en direction du sud-est par la L 86a puis tourner à gauche dans la L 86.

★ Sasbachwalden

Centre de cure Kneipp, ce village viticole et fleuri s'est taillé une réputation comme vainqueur national du concours « Notre village doit s'embellir ». Son centre ancien aux belles maisons à colombages fait l'objet de soins attentionnés.
Des sentiers permettent de gagner le **Mummelsee** et le **Hornisgrinde**.
Revenir sur ses pas puis prendre la L 86a vers le sud.

Kappelrodeck

Ce petit village viticole, dans la vallée de l'Acher, aux belles maisons à colombages, est sur le tracé du **chemin de fer touristique** qui relie Achern à Ottenhöfen.
Le **château de Rodeck**, datant du 11e s. et remanié à la Renaissance, constitue l'emblème du village. En contrebas du château croît la « sorcière de Dasenstein », sorte de bourgogne tardif. Le vin rouge de Waldulm connaît également une certaine notoriété.
Poursuivre le long de la L 86a vers le sud sur 10 km.

★ Oberkirch

Cette ravissante ville, possession des évêques de Strasbourg de 1303 à 1803, est entourée de vergers, de vignes et de forêts. Elle conserve, le long du Mühlbach, de pittoresques maisons à colombages, dont les plus anciennes datent du 17e s. La ville détient deux records : celui du plus grand marché de fraises d'Allemagne et celui du nombre de bouilleurs de cru. Rien d'étonnant à ce que l'eau-de-vie de cerise, de mirabelle ou de framboise soit devenue une spécialité d'Oberkirch.
La ville est dominée par les ruines du **Schauenburg**, fondé au 11e s. par les ducs de Zähringen ; du château, vue étendue sur la plaine du Rhin jusqu'à Strasbourg.
L'auberge Zum Silbernen Stern, située à Oberkirch-Gaisbach, vit l'élaboration du fameux *Simplicissimus* par le grand écrivain baroque **Grimmelshausen**, qui la fit construire au 17e s. et en fut le gestionnaire pendant un court laps de temps. Ce dernier vécut au village de Renchen dont il fut aussi le maire.
Poursuivre la B 28 vers l'est sur 3,5 km.

Lautenbach

Cette bourgade, qui occupe un site de prairies, de vignobles et de forêts dans la vallée de la Rench, est connue pour ses différentes sortes de fruits à noyau et ses fraises. De nombreux points de vue offrent une vue magnifique sur les vallées de la Rench et du Rhin. L'**église de pèlerinage Maria Himmelfahrt**, de style gothique tardif, recèle l'un des rares jubés conservés en Allemagne et un superbe **maître-autel★**, formant l'un des plus beaux triptyques gothiques de la région. Créé à la fin du 15e s., il est attribué à l'école de Strasbourg et représente une symbiose magistrale de la sculpture et de la peinture. Dans la partie centrale, les statues polychromes de saint Jean-Baptiste et saint Jean l'Évangéliste encadrent une ravissante madone au croissant de lune. Les deux autels latéraux datent du début du 16e s. Jolies verrières du 15e s. provenant de l'atelier de Peter Hummel d'Andlau.
Revenir sur vos pas vers Oberkirch puis prendre au sud par la K 5369.

★ Durbach

Cette commune pratique la culture de la vigne, et notamment de la variété traminer depuis le Moyen Âge. Dès 1836, on y cultive également du sauvignon à la suite d'un échange avec le propriétaire de château-yquem. Grâce à son joli **site★** au milieu des vignes et à son centre pittoresque, Durbach, dominé par le **château de Staufenberg** (11e s.), est devenu un village très apprécié des touristes.
Poursuivre vers l'est sur la K 5369.

Offenburg

Fondée en 1148 par les ducs de Zähringen, la ville était déjà habitée par les Romains au tout début de notre ère. Offenburg fut érigée au rang de ville d'Empire en 1240 par l'empereur Frédéric II, mais son développement fut brutalement interrompu en 1689 lorsque les troupes de Louis XIV l'incendièrent pendant la guerre de la ligue d'Augsbourg. C'est à présent le centre administratif et industriel de la région de l'Ortenau.
La **rue principale** *(Hauptstraβe)* et les ruelles adjacentes *(zone piétonne)* sont jalonnées de maisons intéressantes et de places pittoresques : la pharmacie à la Licorne *(Einhornapotheke)*, édifice baroque de 1720, avec sa façade à volutes sur laquelle trône une licorne ; la fontaine de Neptune datant de 1783 ; le marché au poisson *(Fischmarkt)* et la pharmacie au Cerf *(Hirschapotheke)* de 1698 avec, devant, une fontaine au Lion *(Löwenbrunnen)* de 1599 ; la maison Beck *(Beck'sches Haus)*, de style baroque flamboyant et la maison Jenewein, maison à colombages du 19e s. ; la maison Battiany, grande maison bourgeoise décorée de motifs au sgraffite.
L'**église du St-Esprit★** *(Heilig-Kreuz-Kirche)*, dans la Pfarrstraβe, est un édifice baroque aussi sobre qu'élégant, construit à partir de 1700, sur les bases d'une église du 13e s. détruite lors de l'incendie de 1689. L'intérieur dégage une impression de grande harmonie. Le maître-autel et les autels latéraux sont l'œuvre de Franz Lichtenauer de 1740 ; le tableau de l'autel de Joseph Esperlin (1737). Dans la chapelle St-Joseph se trouve un crucifix Renaissance de 1521. À noter une remarquable chaire néoclassique de Johann Nepomuk Speckert (1795) en marbre et stuc, ainsi que la grille rococo de la tribune d'orgue, sculptée avec virtuosité.
Une sculpture en pierre, *Jésus au mont des Oliviers*, datant de 1524, se trouve dans un petit parc face à l'église du St-Esprit, réplique du groupe qui se trouve à la cathédrale de Strasbourg.
L'**église baroque Notre-Dame** du monastère des Franciscains *(Franziskanerkloster)*, érigée en 1702, détient un autel richement décoré et des orgues Silbermann. Dans la chapelle du cloître, on remarquera une ravissante statue de la Vierge du début du 16e s.
Dans la Spitalstrasse, près du marché au poisson, l'**hôpital St-André** *(Sankt-Andreas-Hospital)* est un complexe du 18e s. On peut apercevoir, à l'extérieur de l'église attenante aux bâtiments, une madone gothique du 14e s. L'**ancien grenier**, dont la volumineuse charpente ne manquera pas d'impressionner, prête son cadre à des expositions et à des manifestations culturelles.
L'**hôtel de ville** *(Rathaus)*, enfin, séduit par ses belles proportions (1741). Les armes de la ville et le double aigle au-dessus du balcon témoignent du passé de la cité, possession de l'Autriche du milieu du 16e s. jusqu'en 1706 et de 1771 à 1805. Le **carillon**, constitué de 25 cloches de bronze, enchante la population – et les visiteurs – avec son remarquable répertoire de 100 mélodies.
Prendre au sud-est par la L 99.

Le château de Staufenberg et les vignobles de Durbach.
Daniel Schoenenimage / age fotostock

Ortenberg

Le « village du vin, des fleurs et des fontaines » est dominé par le **château d'Ortenberg**. Érigé au 12e s. par les ducs de Zähringen pour condamner l'accès à la vallée de la Kinzig, il fut détruit en 1678 par les Français et « ressuscité » en 1838 par Friedrich Eisenlohr qui réalisa un édifice de style néogothique au goût de l'époque.

Le château est aujourd'hui l'une des auberges de jeunesse les plus modernes d'Allemagne.

La chapelle **Mariä Ruh** *(Bühlwegkapelle Mariä Ruh)*, située à Ortenberg-Käfersberg, date de 1497 ; elle est renommée pour ses fresques murales (début du 15e s.), remarquables témoignages de la peinture gothique flamboyante.

Poursuivre sur la L 99 sur 7,5 km.

★ Gengenbach

Située au bord de la Kinzig, au cœur de l'Ortenau, Gengenbach offre le charme d'une cité ancienne à l'architecture harmonieusement préservée. Le médiéval y côtoie avec bonheur le baroque, dont la petite cité se para après les destructions de la guerre de Trente Ans. Érigée au rang de ville libre en 1360, elle passa à la Réforme dès 1525. Mais dès 1547, elle embrassa à nouveau la foi catholique à la suite de son entrée sous juridiction autrichienne.

Les pittoresques rues de **la vieille ville★** sont bordées de maisons à colombages ou à pignons baroques. La porte de la Kinzig et la porte Haute sont deux vestiges des anciennes fortifications. L'hôtel de ville de la fin du 18e s. se dresse sur la place du marché. À côté de la vieille ville, le vaste couvent du 18e s. cache en fait une très ancienne fondation bénédictine, remontant au 8e s. Il dépendit au 11e s. de l'évêché de Bamberg et embrassa la réforme de Hirsau en 1117.

L'**église Ste-Marie** reste le témoin architectural de cette époque. Cette importante église romane, avec un chœur rebâti à l'époque gothique (14e et 15e s.), est surmontée d'une élégante tour baroque que l'on doit à Jakob Rischer.

LE VIGNOBLE BADOIS

D'une superficie d'environ 13 000 ha, il se développe sur les sols très variés des collines qui s'abaissent doucement des sommets de la Forêt-Noire jusqu'à la plaine du Rhin ; Ortenau de Baden-Baden à Lahr, Breisgau de Lahr à Fribourg, Markgräfler Land de Fribourg à Weil-am-Rhein. Le vignoble badois produit des vins blancs et rouges : riesling, traminer et spätburgunder autour de Baden-Baden, Bühl et Offenburg, gutedel (chasselas) entre Bâle et Fribourg. Le pinot gris donne pour sa part les vins riches et parfumés du Kaiserstuhl. Le pinot donne l'essentiel des cépages rouges.

L'intérieur fut remanié dans le style néoroman entre 1892 et 1906 et décoré de nombreux tableaux. Il comporte quelques belles œuvres baroques, telles que les stalles, les fonts baptismaux et l'autel de St-Joseph. Près de cette église, remarquer l'ancien moulin de l'abbaye et le bief aérien qui traverse la rue pour l'alimenter.

À voir également, le **musée des Bâteliers**, installé dans une ancienne maison de garde-barrière à l'entrée de la ville, et le **musée du Carnaval**, dans la tour de Niggel. La ville est appréciée pour son climat doux et ses ressources sportives (pêche, équitation, randonnée, cyclotourisme...).

À la sortie sud de Gengenbach, gagner la route 33 et reprendre la direction d'Offenburg. La route du Vin quitte la route 33 à la hauteur de Zunsweier.

Friesenheim

Petit centre aux belles maisons à colombages. Entre Friesenheim et Schuttern se trouvent à découvert les vestiges d'une cité romaine. À **Schuttern** *(à 2 km à l'ouest)*, on visitera l'église conventuelle Mariä Himmelfahrt. Schuttern abritait au Moyen Âge le très riche monastère d'**Offoniscella** créé en 603. Complètement détruit au 19e s. (seul le presbytère subsiste), le site a fait l'objet de fouilles qui ont permis de mettre au jour la plus ancienne **mosaïque** allemande. Datée du 11e s., elle présente la forme d'un médaillon de plus de 3 m de diamètre qui recouvrait la tombe du fondateur de l'abbaye, le moine irlando-écossais Offo.

Poursuivre le long de la B 3 vers le sud.

Lahr

Ne vous fiez pas seulement à ses abords industriels ; cette ville de 42 000 habitants possède un centre historique, où l'on remarquera l'**ancien hôtel de ville** (Altes Rathaus), élevé en 1608, et la **Storchenturm**, vestige de l'ancien château fort du 13e s.

L'église de **Burgheim** remonte à l'époque carolingienne. Le clocher est roman. Dans la nef, les fresques représentant saint Christophe et la Sainte-Trinité datent de 1463, tandis que les fresques murales dans le chœur ont été réalisées en 1482.

Poursuivre le long de la B 3 vers le sud.

Kippenheim

L'église St-Maurice des 16e et 18e s. est coiffée d'une voûte en réseau et l'agencement intérieur est de style gothique tardif. L'hôtel de ville est orné d'un pignon à redans et d'un oriel de style Renaissance. Les deux bâtiments jouxtent de jolies maisons à colombages (du 16e au 19e s.).

Mahlberg

Quitter la route du Vin. Détour de 6 km AR.

Cette petite ville abrite un château élevé au 13e s., une chapelle baroque dédiée à sainte Catherine, mais aussi un très intéressant **musée du Tabac** *(Oberrheinisches Tabakmuseum). ✆ 078 25 71 42 - mai-fin sept. : dim. 10h-18h ; vac. scol. de printemps et été : 10h-18h - 3,50 € (enf. 1,50 €).*

Regagner la route 3.

Ettenheim

La ville badoise d'Ettenheim, qui doit son nom au duc d'Alsace Étichon II, fit partie jusqu'en 1803 des domaines de l'évêché de Strasbourg. Ettenheim garde le souvenir du cardinal de Rohan et de l'infortuné duc d'Enghien. La **vieille ville**, séparée du reste de l'agglomération par deux portes du 18e s., se groupe au pied de la grande église paroissiale. En face de l'hôtel de ville s'élève le pignon de l'ancien palais du **cardinal de Rohan**, longue bâtisse où le trop fameux héros de l'affaire du Collier acheva fort dignement, dans l'exil (de 1790 à 1803), son existence mouvementée. Plus haut, à l'endroit où la rampe de Rohanstrasse se coude vers l'église, on voit la maison *(armes au-dessus de la porte)* où logeait le duc d'Enghien. C'est là que le prince, fiancé à Charlotte de Rohan, nièce du prince-évêque, fut appréhendé dans la nuit du 14 au 15 mars 1804, au cours d'un raid organisé en violation de la souveraineté de l'État de Bade. Six nuits plus tard, le duc était exécuté à Vincennes. L'église conserve, sous le chœur, le caveau du cardinal de Rohan.

2h30. Le **sentier des Moulins** court le long de l'Ettenbach, d'Ettenheim à Ettenheimmünster.

Prendre la L 103 en direction de l'est sur 6 km.

★ Ettenheimmünster

Cette commune, située dans la pittoresque vallée de Münster, était autrefois le siège d'un monastère de bénédictins, sécularisé en 1803, dont il ne reste que l'église de pèlerinage. Bâtie entre 1687 et 1689, l'église **St-Landelin** fut agrandie au 18e s., et sa tour néogothique au milieu du 19e s. L'intérieur se distingue par des ornements abondants : maître-autel richement décoré, sculptures virtuoses, stucs, fresques de plafond. Au nombre de ses pièces les plus précieuses, le trésor compte le **buste de Landelin★**, travail d'orfèvrerie strasbourgeoise daté de 1506. Il contient une relique crânienne du missionnaire et martyr irlando-écossais, qui fut assassiné ici vers 640.

L'**orgue★** somptueux, créé en 1769 par **Johann Andreas Silbermann**, passe pour le mieux conservé sur la rive droite du Rhin *(concerts durant les mois d'été).*

2

NOS ADRESSES

HÉBERGEMENT

PREMIER PRIX

À Friesenheim

Mühlenhof – *Oberweierer Hauptstraße 33 - 77948 Friesenheim-Oberweier - ✆ 078 21 63 20 - www.landhotel-muehlenhof.de - 32 ch. 60/82 € ☕ - rest. 25 € - fermé le mar. et 8-25 fév., 2-19 août.* Restaurant au cadre rustique. Cuisine régionale préparée avec soin.

BUDGET MOYEN

À Sasbachwalden

Tannenhof – *Murberg 6 - 77887 Sasbachwalden - ✆ 078 41 66 30 65 - www.relaxhotel-tannenhof.de - 21 ch. 102 € ☕.* Petit hôtel dans les vignobles qui propose des chambres originales aux influences rustiques et méditerranéennes. Restaurant : dîner uniquement et réservé aux résidents.

À Gengenbach

Hirsch – *Dorfstraße 9 - 77791 Gengenbach-Berghaupten - ✆ 078 03 939 70 - www.hirsch-berghaupten.de - 23 ch. 78/88 €. ☕ 6 €.* Chambres spacieuses. Spécialités régionales savoureuses.

RESTAURATION

BUDGET MOYEN

À Kappelrodeck

Zum Rebstock – *Kutzendorf 1 - 77876 Kappelrodeck-Waldulm - ✆ 07842 94 80 - www.rebstock-waldulm.de - tlj sf lun. et mar. midi - 24/45 €.* Établissement géré par la famille depuis 1750. Auberge badoise modèle. Installez-vous confortablement dans l'une des salles décorées avec soin et dégustez les plats savoureux. Jolies chambres de style campagnard.

À Oberkirch

Haus am Berg – *Am Rebhof 5 - 77704 Oberkirch - ✆ 078 02 47 01 - www.haus-am-berg-oberkirch.de - 19/55 €.* Superbe panorama sur les vignobles. Savoureuse cuisine internationale aux accents badois dans une atmosphère familiale. En été, sur la terrasse, on profite de l'incroyable vue qui s'étend jusqu'à Strasbourg.

À Lahr

Grüner Baum – *Burgheimer Straße 105 - 77933 Lahr - ✆ 078 21 222 82 - www.gruenerbaum-lahr.de - tlj sauf merc. -18/45 €.* Auberge rurale traditionnelle. Cuisine fraîche, régionale et internationale. Agréable terrasse sur cour. Chambres personnalisées dans le bâtiment principal et dans la maison d'hôtes.

Europa-Park

★★★

Bade-Wurtemberg

NOS ADRESSES PAGE 179

S'INFORMER

Europa Park – *Europa-Park-Strasse 2 - 77977 Rust-bei-Freiburg - ✆ 78 22 77 66 88 et en France ✆ 03 88 22 68 07 - www.europapark.de - ♿ - été : 9h-18h (prolongé en hte-saison) ; hiver : 11h-19h - fermé de déb. janv. à fin mars, 24 et 25 déc. -39 € (4-11 ans 34 €) ; il existe des billets pour une visite de 2 ou 3 jours et des cartes annuelles. Boutiques, restaurants et snacks, relais-bébé. Accès aux chiens autorisé si tenus en laisse.*

SE REPÉRER

Carte de région A3 (p. 146-147) – *carte Michelin n° 545 O 62.* À 40 km au nord de Fribourg, 50 km environ au sud de Strasbourg. Situé sur la commune de Rust. Accès par l'autoroute A 5 (sortie 57B Europa-Park) ou par la D 468 Erstein) ou la D 5 (bac à Rhinau) ou D 424 (Marckolsheim). Stationnement payant (5 €). Des navettes desservent le parc depuis Strasbourg *(voir Nos Adresses à Europa-Park),* mais aussi depuis Colmar et Mulhouse.

À NE PAS MANQUER

Parmi les 11 grands 8, Wodan, Blue fire, Silver Star et Eurosat.

ORGANISER SON TEMPS

Il y a largement de quoi occuper une journée complète, voire plus en passant la nuit sur place. Le pique-nique est autorisé. Pensez à tenir compte des horaires des spectacles et animations du jour (dépliant à l'entrée). Attention aux dates d'ouverture : le parc est saisonnier. L'affluence est à son comble en été et en octobre. Pour éviter la foule, visitez le parc en sens inverse, en commençant par l'Espagne. Animations thématiques pour Halloween et Noël.

AVEC LES ENFANTS

Pour les tout-petits : l'univers des enfants, de l'aventure et la Forêt enchantée.

Europa-Park a construit sa réussite autour du thème de l'Europe. Plus de 100 attractions et spectacles emmènent les visiteurs en voyage à travers treize pays du Vieux Continent. Sans prendre l'avion, vous pouvez rejoindre une piazza italienne depuis des fjords scandinaves, en faisant escale au pays de Shakespeare. Architecture, végétation, gastronomie : tout y est, dans le moindre détail. Spécialiste des grands 8, ce parc familial offre une dose de sensations adaptée à chaque membre de la famille. Et pas besoin d'être polyglotte ; le personnel parle aussi bien français qu'allemand.

Découvrir

Le plan distribué à l'entrée vous sera bien utile pour vous repérer dans le parc, car l'implantation des treize quartiers, illustrations de treize pays européens, ne respecte pas la géographie du continent : c'est sans sourciller que l'Autriche côtoie l'Espagne. Pour vous faire d'emblée une idée d'ensemble ou pour gagner l'autre bout du parc, vous pourrez emprunter le **train panoramique ou l'EP-Express**, dont les principales gares se situent en Allemagne, en Angleterre, en Grèce, en Russie et en Espagne. Le cadre boisé et les différents plans d'eau contribuent beaucoup à l'agrément général du parc.

Allemagne

Le pays hôte du parc ouvre le bal des quartiers thématiques ; peut-être y serez-vous accueillis par l'emblématique souris Euromaus. Dans l'Allée allemande, on reconnaît aussitôt l'architecture propre aux différentes régions d'Allemagne, du pays de Saxe à la Bavière.

France

Pour avoir une vue panoramique sur le parc et sur la plaine du Rhin jusqu'à l'orée des Vosges et de la Forêt-Noire, montez à l'**Euro-Tower** (75 m). Avec le **Silver Star★★**, l'un des plus haut (73 m) et plus rapide des grands 8 d'Europe, les émotions sont garanties. La grande boule que l'on voit de partout abrite **Eurosat★**, un grand 8 dans le noir.

Suisse

Les petits chalets qui donnent au quartier son cachet sont d'authentiques chalets valaisans démontés et sauvés de la destruction. L'**éclair du Cervin★** met en œuvre la « Wilde Mouse », un enchaînement de virages plats en épingle à cheveux qui donnent sans cesse l'impression que le wagon va quitter les rails.

Grèce

L'attraction, **à la découverte de l'Atlantis**, emmène des équipages armés de pistolets infrarouges à bord de sous-marins, à la découverte de la légendaire cité engloutie. Au milieu d'un décor antique (temple grec, palais de Knossos, cheval de Troie), le **Poséidon★** conjugue le mouvement d'un grand 8 au plaisir rafraîchissant de la descente d'un torrent. Le **Pégasus** est, lui, un grand 8 familial accessible aux enfants dès l'âge de 4 ans. Spectacle de patinage artistique★

Espagne

À voir absolument dans ce quartier: les spectacles équestres dans l'arène★. Un spectacle renouvelé à chaque saison autour de cascades équestres et orchestré par Mario Luraschi, expert du genre..

Portugal

Avec l'**Atlantica SuperSplash★★**, unun grand 8 aquatique vous attend.

Islande

Sensations fortes garanties dans les deux grands 8 impressionnants de ce quartier. **Blue fire Megacoaster**, grand 8 à catapulte, vous emmène dans son looping et ses vrilles, **Wodan Timburcoaster** grand 8 en bois, vous plonge dans la mythologie nordique.

Les autres pays méritent eux aussi une visite : l'**Italie** vous propose son fameux carnaval de Venise. En **Angleterre**, vous pourrez assister à une représentation du théâtre de Shakespeare. En Russie, vous essaierez l'Euro-Mir, un grand 8 très particulier. Aux **Pays-Bas**, rien de tel qu'une petite visite de la grotte des Pirates. Pour une pause fraîcheur, les **pays scandinaves** et l'**Autriche** rivalisent d'éclaboussures avec le fjord-rafting et la descente des rapides du Tyrol.

L'univers des enfants, l'univers de l'aventure et la Forêt enchantée

Les petits ont ici de quoi s'amuser, entre une promenade en bateau viking, des manèges, une plage, un labyrinthe de toboggans géants, le manège de Dino et ses dinosaures. Ou bien encore une croisière calme en radeau dans la jungle et une balade dans l'allée des Contes.

NOS ADRESSES DANS L'EUROPA-PARK

TRANSPORTS

Train – Gare de Ringsheim (à 4 km d'Europa-Park). Trains en provenance d'Offenburg et Fribourg, puis bus navette. Liaisons TGV Est et TGV Rhin Rhône pour Strasbourg, Mulhouse, Colmar, puis navettes directes pour le parc (*www.europapark.de*).

Bus – Départ à 8 h d'une navette de Strasbourg (gare routière des Halles) ; retour à 18h d'Europa-Park - *09 72 67 67 67 - tlj de mi-juin à début sept. ; sam.-dim. et j. fériés le reste de la saison - réserv. conseillée - 8 € AR.*

HÉBERGEMENT

Bon à savoir – Large choix d'hébergements à Europa-Park, dans des thématiques et gammes de prix très variées : 5 hôtels 4 * à thème (Bell Rock, Santa Isabel, Colosseo, El Andaluz et Castillo Alcazar), un camping-caravaning, et même un village de tipis, enfin des chambres d'hôte (Circus Rolando) au cœur du parc. Les forfaits « parc + hébergement » comprennent une nuitée avec petit-déj. et deux entrées au parc : prix par adulte à partir de 132 € en chambre à 5 lits et hôtel à thème. (Autres possibilités d'hébergement plus classiques à Rust).

Circus Rolando – Hébergement convivial dans cette maison d'hôtes située au cœur du quartier allemand. Elle propose 23 chambres d'hôte (7 doubles, 16 familiales),), à disposition les infrastructures des hôtels : piscine, sauna etc... et restaurant. 121 € la chambre à 4 lits, 143 € la double, (une nuitée avec petit-déj. et deux entrées au parc: prix par adulte).

PREMIER PRIX

Camping – Ambiance western dans ce camping qui offre 200 emplacements équipés pour caravanes et camping-cars, et une vaste prairie pour les tentes. 22 € max. la nuitée pour un camping-car (20h-8h) ; 13 € pour une tente sans voiture.

Camp Resort– Ce village de tipis constitue une alternative originale, avec 28 tipis chauffés à louer à la nuitée et un coin feu de bois. Succès garanti auprès des enfants (prévoir un sac de couchage). Nuitée par pers. : 28,50 € - 24,50 € enf.

Pension Kern – *Franz-Sales-Strasse 30 - 77977 Rust - 07 822 61 278 - www.pensionkern.de - - 7 ch. 70 €.* Voisine du parc d'attractions, cette agréable maison fleurie vous séduira par son calme et le grand confort de ses 7 chambres. Chambres pour familles disponibles.

RESTAURATION

Bon à savoir – Le parc offre une vaste gamme de restaurants thématiques qui reflètent la diversité des cultures culinaires européennes. Inspiration française chez **Marianne**, poissons à la mode scandinave au **Fiskhuset**, tapas à la **Bodega** ou spécialités grecques à la taverne **Mykonos**.

2

Fribourg-en-Brisgau

Freiburg im Breigsau

★★

219 670 habitants – Bade-Wurtemberg

NOS ADRESSES PAGE 185

S'INFORMER

Office du tourisme de Fribourg – *Rathausplatz 2-4 - ✆ 0761 388 18 80 - www.fwtm.freiburg.de - juin-sept. : 8h-20h, sam. 9h30-17h, dim. et j. fériés 11h-16h ; oct.-mai : 8h-18h, sam. 9h30-14h30, dim. et j. fériés 10h-12h.*

SE REPÉRER

Carte de région A3 (p. 146-147) – *cartes Michelin n*[os] *718 G 13 et 545 P 64.*
À 62 km au nord-est de Mulhouse, 73 km au nord de Bâle, 92 km au sud de Bâle.

À NE PAS MANQUER

La montée dans la tour de la cathédrale, la dégustation d'une saucisse sur le marché au pied de la cathédrale, l'ambiance du marché couvert.

ORGANISER SON TEMPS

Une journée de visite pour prendre son temps. Notez qu'il existe un ticket combiné pour les musées municipaux *(Tageskarte 6 €).*

Au pied des collines de la Forêt-Noire, avec ses airs de village aux ruelles pavées dans le centre ancien et de ville universitaire animée, Fribourg dégage une douceur de vivre unique. Les guerres successives ont épargné l'admirable cathédrale, miraculeusement préservée des bombardements de la Seconde Guerre mondiale, et la reconstruction minutieuse des bâtiments historiques restitue dans tout son raffinement le charme d'autrefois. Capitale de l'écologie, Fribourg s'affiche pionnière en matière d'énergie solaire et d'architecture économe en énergie.

Découvrir

★★ CATHÉDRALE (Münster) Plan de la cathédrale

Münsterladen - centre d'information et de documentation - Herrenstraße 30 (derrière la cathédrale) - ✆ 0761 285 37 11 - tlj sf dim. 10h-18h (sam. 14h).

De la cathédrale romane primitive, commencée vers 1200, subsiste la croisée du transept, flanquée de tours octogonales, les « tours des Coqs », dont le couronnement est gothique. La construction se poursuivit lentement vers l'ouest dans le style gothique. Cette étape s'acheva par l'édification de la splendide tour de façade dont les multiples pans se recoupent en arêtes vives. C'est l'une des rares tours d'Allemagne à avoir été entièrement achevée au Moyen Âge. En 1354 fut ouvert le chantier ambitieux d'un nouveau chœur ; il fallut attendre 1513 pour que soit consacré ce vaste vaisseau à déambulatoire, d'allure purement germanique, avec ses voûtes en réseau propres au style gothique tardif.

Flanc nord – Le tympan du portail nord du chœur, exécuté vers 1350, est orné d'une représentation du péché originel. L'archivolte (ensemble des arcs sculptés encadrant le portail) montre la création du monde selon la Genèse ; à droite, une représentation assez rare du Créateur au repos, le septième jour.

Flanc sud – Particulièrement riche, ses contreforts supportent des statues de rois de l'Ancien Testament ou d'apôtres.

★★★ Tour

La souche carrée, très sobre, forme le soubassement du clocher octogonal ajouré, autour duquel court une galerie en étoile aux belles gargouilles. Le clocher est surmonté d'une flèche en dentelle de pierre.

★★ Porche de la tour (Turmvorhalle) et portail ouest

Le porche, orné de 418 statues de pierre de la fin du 13e s., a été restauré et apparaît dans toute sa splendeur. Le tympan à trois registres, au-dessus de la porte, raconte la naissance du Christ, sa Passion et le Jugement dernier. L'ensemble se lit en commençant en bas à droite par l'Annonce faite aux bergers et la Nativité. Sur les murs du porche, des figures bibliques et allégoriques illustrent les dogmes de la foi chrétienne : la vie de Marie de part et d'autre de la porte, Vierges sages sur la gauche, Vierges folles à droite précédées des septs Arts libéraux, base de la science médiévale.

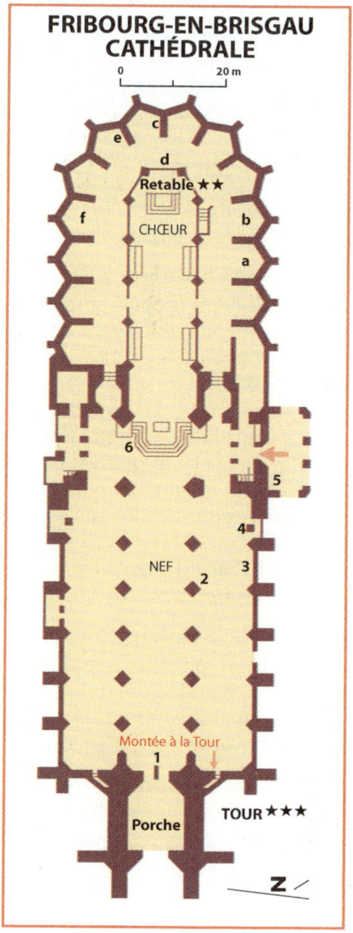

La nef

Modérément élancée, elle est embellie par une gracieuse galerie à arcades trilobées courant le long du mur des bas-côtés. Les vitraux des 13e et 14e s., dont la plupart ont conservé leur vitrage coloré d'origine, sont absolument remarquables. On reconnaît sur certains les blasons des corporations donatrices : botte des cordonniers, ciseaux des tailleurs, bretzel et miche de pain des boulangers.

Le mobilier et la statuaire comprennent en particulier :

1) Vierge au pilier (1270-1280), vénérée par deux anges.

2) Chaire à motifs rustiques du « gothique tardif » (1560). Le sculpteur s'est représenté dans une lucarne sous l'escalier.

3) Statue (ancien gisant, refait au 17e s.) de Berthold V, le dernier duc de Zähringen.

4) Derrière une délicate claire-voie gothique, Saint Sépulcre (1340).

5) Aux trois fenêtres du croisillon sud, vitraux à médaillons, les plus anciens de la cathédrale (13e s.), provenant probablement de l'ancien chœur roman.
6) Groupe sculpté de l'Adoration des Mages (1505).

Le chœur

Très lumineux, il dévoile la disposition savante des voûtes du déambulatoire et celles des chapelles latérales largement ouvertes *(voir p. 63)*.
a) Chapelle Stürzel : fonts baptismaux rococo dessinés par Wenzinger.
b) Chapelle de l'Université : retable d'Oberried (1521). Les deux panneaux (la Nativité et l'Adoration des Mages) sont de **Hans Holbein le Jeune**.
c) Deuxième chapelle impériale : le retable sculpté de Schnewlin, par Hans Wydyz, représente le Repos de la Sainte Famille. Peintures de l'atelier de Baldung Grien.
d) Revers du grand retable : peinture représentant la Crucifixion.
e) Chapelle Böcklin : crucifix Locherer, œuvre romane en argent repoussé.
f) Chapelle Locherer : retable (1521-1524) de Sixt von Staufen avec une Vierge en manteau protégeant l'humanité.

Au maître-autel, admirez le **retable★★** réalisé de 1512 à 1516 par **Hans Baldung Grien**. Le panneau central représente le couronnement de la Vierge.
Montée à la tour – *Accès par l'extérieur, côté sud*. On atteint la galerie en étoile puis la plate-forme supérieure, coiffée par l'admirable flèche ajourée. **Vues★** sur Fribourg, le Kaiserstuhl et les Vosges.

Se promener

Itinéraire tracé en vert sur le plan p. 183 – Compter 1h30 sans la visite de la cathédrale et des musées.

★ Place de l'hôtel de ville (Rathausplatz) A1

La place de l'hôtel de ville offre un coup d'œil agréable avec ses balcons fleuris et ses marronniers encadrant la statue de Berthold Schwarz, moine franciscain qui aurait inventé la poudre à canon vers 1350.
Le nouvel hôtel de ville★ (Neues Rathaus) réunit deux anciennes maisons bourgeoises du 16e s., noyau de l'ancienne université de Fribourg, par un corps central à arcades. La fenêtre avancée surplombant la chaussée, ou oriel, qui marque l'angle de la place et de la Rathausgasse a gardé son décor sculpté représentant la *Dame à la Licorne*. **L'ancien hôtel de ville** (Altes Rathaus), à la façade rouge vif, dans son style fin 16e s., entièrement restauré, jouxte le premier.
Prendre la Franziskanerstraße, à gauche de l'église Saint-Martin liée à l'ancien couvent des Franciscains qui borde la place de l'hôtel de ville.

Maison de la Baleine (Haus zum Walfisch) AB 1

Au no 3 de la Franziskanerstraße, cette maison (1516) affiche un portail richement, orné dans le goût de la fin du gothique. Elle servit de refuge au philosophe humaniste Érasme alors qu'il fuyait les foudres de la Réforme.
Traverser la Kaiser-Joseph-Straße, et prendre la Marktgasse.

Place de la Cathédrale (Münsterplatz) B1

Palais archiépiscopal (Erzbischöfliches Palais) – Construit en 1756 pour accueillir l'ordre de la Chevalerie.
★ **Maison des Marchands** (Historisches Kaufhaus) – Siège de l'administration des douanes et du commerce de Fribourg au Moyen Âge, ce bâtiment gothique crépi de rouge est couvert de tuiles vernissées et repose sur une

galerie à arcades. Les grandes statues des empereurs (1530), au 1er étage, rappellent l'allégeance de la ville aux Habsbourg.

Maison Wentzinger (Wentzingerhaus) – *✆ 0761 2 01 25 15 - www.freiburg.de - tlj sf lun. 10h-17h - fermé 1er janv., 24, 25 et 31 déc. - 2 €.* L'hôtel que se fit construire en 1761 le grand peintre et sculpteur fribourgeois Christian Wentzinger complète dignement l'ordonnance de la place. Il abrite aujourd'hui le **Musée historique de la ville** *(Museum für Stadtgeschichte)*.

Quitter la place par la Buttergasse, ruelle entre Wetzingerhaus et Kaufhaus, puis tourner à gauche dans la Schusterstraße pour rejoindre la Konviktstraße, agréable rue commercante reconstruite dans les années 1960.

Porte de la Souabe (Schwabentor) B2

De la **porte de la Souabe**, vestige des fortifications du Moyen Âge, on descend sur les quais bordant le Gewerbekanal. Dans ce quartier de l'Insel s'étaient regroupés les métiers nécessitant l'emploi de l'eau ou de moulins à eau : tanneurs, meuniers, tailleurs de pierres précieuses.

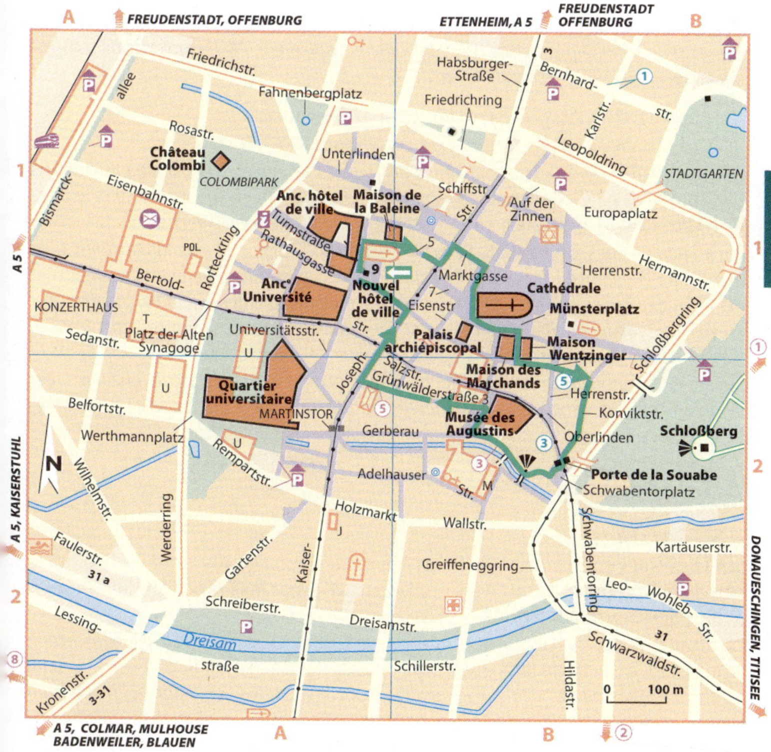

FRIBOURG-EN-BRISGAU

SE LOGER
- Am Stadtgarten (Hotel) ... 1
- Schwarzwälder Hof ... 5
- Zum Roten Bären (Hotel) ... 3

SE RESTAURER
- Dattler Schlossbergrestaurant.. 1
- Gasthaus Kybfelsen ... 2
- Hausbrauerei Feierling ... 3
- Osteria Porto ... 5
- Zur Tanne ... 8

INDEX DES RUES
- Augustinerplatz ... 3
- Franziskanerstraße ... 5
- Münsterstraße ... 7
- Rathausplatz ... 9
- Schusterstraße ... 11

DES TRADITIONS MODERNISÉES

Fondée au début du 12e s. par les ducs de Zähringen qui la gratifient d'un statut privilégié, comme l'indique son nom (*frei* : libre), Fribourg passe en 1388 sous la souveraineté des Habsbourg et devient un bastion du catholicisme après la Réforme. Elle reste propriété de l'Autriche jusqu'en 1805 malgré diverses incursions françaises, comme celle de Louis XIV de 1677 à 1697. Les parties historiques, très détruites par les bombardements de 1944, ont été bien restaurées.

Les « **Bächle** » (caniveaux à ciel ouvert), qui bordent les rues de la vieille ville, étaient autrefois destinés à alimenter en eau les jardins ou en cas d'incendie. Cette tradition reste vivace et même les nouveaux quartiers en sont dotés. Le centre-ville est réservé aux piétons et desservi par des tramways. On remarquera aussi les élégants trottoirs pavés. Depuis environ 150 ans, selon une technique venue d'Europe du Sud, des galets du Rhin dessinent des blasons devant de nombreuses échoppes.

En longeant le canal, dans lequel les enfants chercheront la tête d'un crocodile, passer à proximité du musée d'Art moderne (Marienstr. 10a, expositions temporaires), pour parvenir à Augustinerplatz.

★★ **Musée des Augustins** (Augustinermuseum) B2

✆ 0761 201 25 31 - www.freiburg.de - mar.-dim. 10h-17h - 6 €.

D'importants travaux menés dans l'église de l'ancien couvent des augustins condamnent partiellement la visite du musée ; ce dernier présente une **section d'art du Moyen Âge★★** *(Mittelalterliche Kunst)* captivante.

Parmi ses trésors, on compte un volet du retable de Grünewald représentant le miracle de sainte Marie-des-Neiges (1519), des œuvres de Lucas Cranach et Hans Baldung Grien, ainsi qu'un impressionnant **crucifix★** du 14e s. *(Adelhauser Kreuz)*. La statuaire, en particulier, est représentée par des œuvres admirables des 14e et 15e s.

Suivre la Grünwälderstraße. Au n° 2 se trouve l'entrée du marché couvert (Markthalle). Parvenu dans la Kaiser-Joseph-Straße, prendre à droite pour revenir vers le centre.

À voir aussi

★ **Schlossberg** B2

Sur le dernier contrefort de la Forêt-Noire, des bois recouvrent aujourd'hui le site du château des Zähringen, détruit au 18e s. par les Français, dont Vauban avait édifié les fortifications.

La montée, que l'on peut effectuer soit en **télécabine** *(départ du Stadtgarten)*, soit à pied, à partir de la porte de la Souabe, fait découvrir la cathédrale dans son ensemble. Une tour panoramique construite au sommet *(20mn à pied depuis la station supérieure de la télécabine)* offre une vue globale sur Fribourg et sa région. *Télécabine : ✆ 0761 31 729 - www.dattler.de - été : 11h-19h ; hiver : 11h30-17h - fermé lun. et mar. (nov.-fév.) - AR 3,80 €.*

★ **Château Colombi** A1

Rotteckring 5 - ✆ 0761 20 125 71 - www.freiburg.de - tlj sf lun. 10h-17h - fermé 24 et 31 déc. - 2 €.

Cette surprenante villa de style néogothique entourée de vignes, au cœur de la ville, abrite un musée archéologique dont les pièces exposées couvrent une période allant du paléolithique au début du Moyen Âge.

À proximité Carte de région A4

Badenweiler

À 36 km au sud, prendre la B3 à la sortie de Fribourg.

Ernst-Eisenlohr-Straße 4 - 07 632 799 300 - www.badenweiler.de - 9h-13h, 14h-17h30, w.-end et j. fériés 10h-13h (sf janv.-mi-mars et nov.-mi-déc.).

Parmi les vergers et les vignobles, Badenweiler constitue une étape reposante en Forêt-Noire. L'intérêt de ce modeste village construit à flanc de coteau réside dans ses thermes, bien exposés au sud. Les sources d'eau chaude sont connues pour leurs vertus apaisantes.

Thermes Cassiopeia – *Ernst-Eisenlohr-Straße 1 - 07 632 799 200 - 9h-22h - à partir de 10,30 €.* Bains romano-irlandais, sauna, piscine extérieure.

★★ **Parc thermal** (Kurpark) – Il abonde en plantes tropicales. Le parc englobe les **vestiges de bains romains**, protégés par un vaste tunnel de verre, qui furent les plus importants au nord des Alpes *(avr.-oct. : 10h-19h ; nov.-mars : 10h-17h).* Les ruines du château procurent une belle **vue**★ sur la station, la plaine du Rhin et les Vosges.

★ Blauen

45 km au sud-ouest de Fribourg et 8 km au sud-est de Badenweiler.

De la tour-belvédère, le **panorama**★★ est remarquable sur la plaine du Rhin (on reconnaît les deux rubans parallèles du fleuve et du grand canal d'Alsace) et sur les ballons des Vosges. Au nord-est, on aperçoit le sommet dénudé du Belchen et, par beau temps, les Alpes suisses au sud.

★ Château de Bürgeln

46 km au sud de Fribourg et 10 km au sud de Badenweiler.

Dans un cadre soigné de jardins en terrasses, cette gentilhommière, construite en 1762 pour les abbés de St-Blasien, domine les dernières ondulations de la Forêt-Noire.

À l'intérieur, jolis stucs dans le goût rococo. *076 262 37 - www.schlossbuergeln.de - visite guidée (1h) de déb. mars à fin oct. : tlj visites 11h, 14h, 15h, 16h, 17h ; nov.-fév. : tlj sf mar. et merc. visites 14h, 15h, 16h - 5 €.*

2

NOS ADRESSES À FRIBOURG-EN-BRISGAU

INFORMATIONS UTILES

Centrale de réservation - *www.fwtm.freiburg.de*

HÉBERGEMENT

BUDGET MOYEN

Schwarzwälder Hof – Plan B2 - *Herrenstraße 43 - 0761 380 30 - www.shof.de - 42 ch. 95 € - rest. 17/30 € (fermé dim. et 1er-15 août).* Auberge ornée de boiseries.

Hotel Am Stadtgarten – Plan B1 - *Bernhardstraße 5 - 0761 28 29 002 - www.hotelamstadtgarten.de - fermé janv. - 38 ch. 69/124 € - 13,50 € - (109/174 € au Designhotel).* À 5mn à pied du centre, un nouvel hôtel aux chambres à la décoration moderne et colorée.

POUR SE FAIRE PLAISIR

Hotel Zum Roten Bären – Plan B2 - *Oberlinden 12 - 0761 38 78 70 - www.roter-baeren.de -*

25 ch. 129/184 € ☕ - rest. 27/50 €. Cet hôtel, modernisé et agrandi, est l'un des plus anciens de la ville, au cœur d'un quartier animé.

RESTAURATION

PREMIER PRIX

Osteria Porto – Plan A2 - *Grünwälderstraße 2 - ✆ 0761 387 00 17 - fermé lun. - 💳 - 15 €.* Jambon de Parme, ail tressé et déco Belle Époque. Les excellents *antipasti* sont à l'image de cette maison accueillante. Vins italiens et portugais.

Hausbrauerei Feierling – Plan B2 - *Gerberau 46 - ✆ 0761 24 34 80 - www.feierling.de - 11h-0h, sam. jusqu'à 1h, Biergarten 11h-23h - 💳 - 12/22 €.* Cette microbrasserie fabrique sa bière à partir de produits bio. Pour l'accompagner, une cuisine régionale, servie en salle et dans le *Biergarten.*

BUDGET MOYEN

Gasthaus Kybfelsen – Hors Plan D2 - *Schauinslandstraße 49 - 79100 Freiburg-Günterstal, à 5 km au sud de Friburg - ✆ 0761 21 11 99 26 - www.kybfelsen-freiburg.de - fermé lun. - 15/31 €.* Impossible de manquer cette brasserie rénovée, située sur la route principale. On vous y servira des spécialités régionales.

Dattler Schlossbergrestaurant – Hors Plan A1 - *Am Schlossberg 1 (accès par la Wintererstraße ou par la télécabine du Schlossberg) - ✆ 0761 13 71 700 - www.dattler.de - fermé mar. - 29/52 €.* Cette adresse fort appréciée mérite d'abord une visite pour sa seule situation en altitude. La vue surplombant les toits de Fribourg et le Kaiserstuhl est superbe.

POUR SE FAIRE PLAISIR

Zur Tanne – Hors Plan A2 - *Altgasse 2 - 79112 Freiburg-Opfingen, à 9 km à l'ouest - ✆ 766 418 10 - www.tanne-opfingen.de - fermé fin juin- mi-juil. - 28/55 €.* Boiseries et poêle en faïence donnent à ce restaurant une atmosphère intime typique de la Forêt-Noire. Chambres aménagées avec goût.

PETITE PAUSE

Marché – *Münsterplatz (autour de la cathédrale) - tlj sf dim. et j. fériés.* Il faut venir ici manger une saucisse *(rote Wurst)* dans un petit pain, de bon matin avec les Fribourgeois en train de faire leur marché.

ACHATS

Maison des vins de Bade (Haus der badischen Weine) – *Münsterplatz 38 - www.alte-wache.com - lun.-vend. 10h-19h (sam. 16h).* Dans l'ancienne garnison, plus de 100 références de producteurs de la région. Dégustation au verre.

Constance

Konstanz

★

82 610 habitants – Bade-Wurtemberg

NOS ADRESSES PAGE 191

S'INFORMER
Office de tourisme – *Bahnhofplatz 13 - ✆ 075 31 13 30 22 - www.konstanz.de/tourismus - avr.-oct. : lun.-vend. 9h-18h30, sam. 9h-16, dim. 10h-13h ; nov.-mars : lun.-vend. 9h30-18h, fermé le w.-end.*

SE REPÉRER
Carte de région B4 (p. 146-147) – *cartes Michelin nos 718 L 14 et 545 X 68.* À 71 km au nord-est de Zurich (Suisse), 63 km à l'ouest de Bregenz (Autriche), 126 km à l'est de Fribourg, 176 km au sud de Stuttgart.

À NE PAS MANQUER
La vue sur la ville du sommet de la tour de la cathédrale, l'île aux Fleurs de Mainau et les églises médiévales de l'île de Reichenau.

ORGANISER SON TEMPS
Comptez au moins une journée pour visiter la ville et l'une des deux îles.

AVEC LES ENFANTS
L'aquarium de Sea Life.

2

Enclave allemande sur la rive suisse du Bodensee, Constance est tout entière tournée vers son lac. Des cafés animent les alentours du port dont l'embarcadère a retrouvé une nouvelle jeunesse. Côté ville, le centre ancien né au Moyen Âge sur les rives du Rhin a lui aussi été mis en valeur. L'ensemble, animé par une importante population étudiante, contraste avec les deux îles voisines, Mainau et Reichenau, qui vivent dans une étonnante tranquillité.

Se promener

Itinéraire tracé sur le plan (p. 188) - Comptez 1h30. Partir de l'office de tourisme, franchir la voie ferrée par le passage souterrain.

★ Les bords du lac (Seeufer) 1

Sur le port de plaisance, on découvre l'ancien entrepôt du **Konzilgebäude**, élevé à la fin du 14e s. Il accueillit le conclave qui procéda à l'élection du pape Martin V en 1417, et sert aujourd'hui de salle de concert. Au bout de la jetée se dresse la statue de 18 m de l'**Imperia**, œuvre du sculpteur contemporain Peter Lenk. Elle symbolise une courtisane italienne du 16e s., que Balzac transposa à Constance dans ses *Contes drolatiques*. En face, dans le jardin municipal *(Stadtgarten)*, se dresse le **monument du comte Zeppelin** (1838-1917), célèbre constructeur de dirigeables, né à Constance.
Poursuivre le long de la voie ferrée.

On atteint un petit pont qui permet de rejoindre l'Insel, île sur laquelle un hôtel *(Steigenberger Inselhotel)* occupe l'ancien monastère dominicain fondé en 1235. On arrive ensuite au pont du Rhin *(Rheinbrücke)*. À gauche, une rangée de villas Art nouveau borde la Seestraße jusqu'au casino *(Spielbank)*.

Revenir sur ses pas et passer de l'autre côté du pont par un passage souterrain.

On arrive au pied d'une **tour de défense** *(Rheintorturm)*, ancienne porte nord de la ville face au pont du Moyen Âge, suivie d'une seconde tour en aval *(Pulverturm)*.

Emprunter la Rheingasse, qui s'engage à droite d'un bâtiment à la façade rouge, le prieuré de la cathédrale (Domprobstei), élégant palais du début du 17e s. Prendre à gauche dans Inselgasse pour rejoindre la place de la cathédrale (Münsterplatz). Ici, entre la cathédrale et le Rhin, serpentent les rues du Niederburg, le plus vieux quartier de la ville, où officiaient les artisans au Moyen Âge.

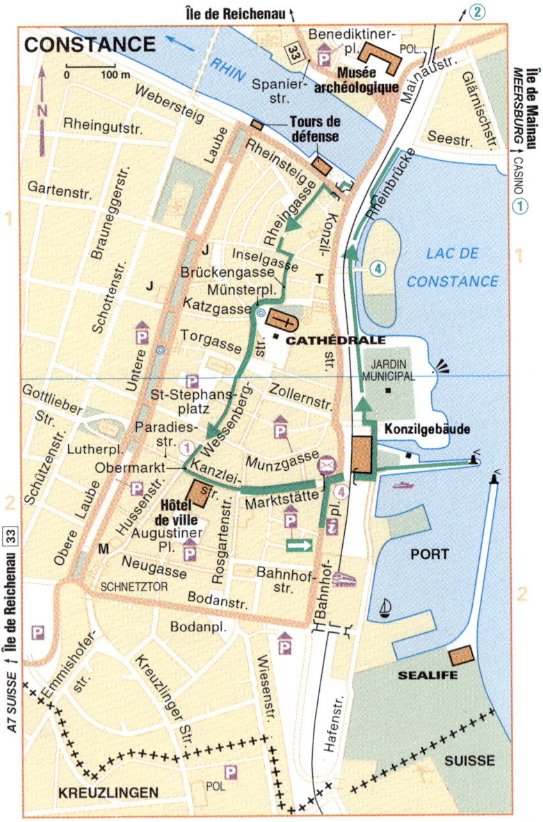

SE LOGER		SE RESTAURER	
Buchner Hof	2	Barbarossa	1
Hotel Barleben am See	1	La Piazza	4
Steigenberger Inselhotel	4		

CONSTANCE, CAPITALE DE LA CHRÉTIENTÉ

De 1414 à 1418, un concile réuni à Constance tente de rétablir l'unité de l'Église compromise par les prétentions de trois dignitaires ecclésiastiques élus au siège pontifical. Après de longues négociations, deux des trois papes, Grégoire XII et Jean XXIII, acceptent de démissionner ; seul Benoît XIII, réfugié en Espagne, demeure irréductible. En 1417, l'élection de Martin V met fin provisoirement au schisme.

Réformateur religieux et recteur de l'université de Prague, **Jean Hus**, qui conteste la primauté du pape et certains rites, est cité devant le concile de Constance en 1414. Ce précurseur du protestantisme sera jugé hérétique et brûlé vif.

★ Cathédrale (Münster) 1

Sa construction s'étant échelonnée du 11e au 17e s., l'ancienne **cathédrale** constitue un monument dépourvu d'unité. Les **vantaux★** des portes du porche de façade sont décorés de bas-reliefs représentant des scènes de la vie du Christ (1470). La nef centrale, voûtée au 17e s., repose sur les arcades du sanctuaire (11e s.) et dégage une harmonie toute romane. La décoration de la tribune d'orgue et du buffet de l'instrument annonce la Renaissance.

Dans le croisillon gauche se dresse la tourelle d'escalier finement travaillée dans le style flamboyant français. *D'ici, on accède au cloître (Kreuzgang) et à la crypte.*

La rotonde St-Maurice (Mauritius-Rotunde) du 13e s. abrite le **Saint Sépulcre★**, remarquable ouvrage sculpté du haut Moyen Âge, en forme de dodécagone, orné de trois cycles iconographiques. Il s'apparente par sa facture à la statuaire de Bamberg et de Naumburg.

La crypte renferme quatre disques de cuivre doré, d'époques différentes (11e-13e s.) et connus sous le nom de **disques d'or de Constance★**. Ils représentent le Christ en gloire, l'aigle symbolique de saint Jean, saint Conrad et saint Pélage, patrons du diocèse.

L'accès à la **tour** se fait par un escalier, à droite à l'entrée de la nef. De là, belle vue sur la ville et le lac. *Tlj 10h-17h, dim. 12h30-17h30 - 2 €.*

Suivre la Wessenbergerstraße, rue piétonne aux façades peintes. Longer la place du Marché supérieur (Obermarkt) avant de tourner à gauche dans la Kanzleistraße.

Hôtel de ville (Rathaus) 2

Le bâtiment de style Renaissance est décoré de peintures se rapportant à l'histoire de la ville. La cour intérieure donne sur le remarquable corps de logis du 16e s. encadré de deux tours rondes.

En poursuivant dans la Kanzleistraße, on atteint la place du Marché (Marktstätte), d'où l'on peut rejoindre rapidement le point de départ de l'itinéraire.

À voir aussi

Musée archéologique (Archäologisches Landesmuseum) 1

Benediktinerplatz 5 - ✆ 07 531 98 040 - ♿ - tlj sf lun. 10h-18h - fermé 1er janv., 24-25 et 31 déc. - 4 € (gratuit 1er sam. du mois).

L'ancien couvent de Peterhausen prête son beau cadre à ce musée réparti sur 3 000 m², qui retrace toute une période depuis le 4e millénaire av. J.-C. (maisons sur pilotis) jusqu'au récent passé industriel. On appréciera l'exposition sur la vie au Moyen Âge dans les villes du Bade-Wurtemberg. Une section est consacrée à la navigation maritime et fluviale d'autrefois dans le sud-ouest.

2

★ Sea Life 2

Hafenstraße 9 - ✆ 01 805 66 69 01 01 - www.sealifeeurope.com - de juil. à mi-sept. : 10h-19h ; mai-juin et 14 sept.-oct. : 10h-18h ; nov.-avr. : 10h-17h, w.-end 10h-18h (dernière entrée 1h av. fermeture) - 15,95 € (-14 ans 10,95 €).

Du torrent de montagne au lac de Constance, des sources du Rhin au port de Rotterdam, cet aquarium reconstitue divers milieux et leurs poissons associés. Le fond du bassin est dédié à la Méditerranée.

À proximité Carte de région B4

★★ Île de Mainau (Insel Mainau)

7 km au nord. Quitter Constance par la Mainaustr., 2h de visite - ✆ 07 531 30 30 - www.mainau.de - ♿ - avr.-oct. : 7h-20h ; nov.-mars : 9h-17h - 16,90 € (billet fam. enf. -15 ans 34 €). Restauration possible sur place.

Un vaste **parc** fut aménagé par les grands-ducs de Bade sur cette île de 45 ha. Propriété du comte Lennart Bernadotte depuis 1932, c'est un véritable paradis pour tous les amoureux de plantes et de fleurs, d'où son surnom d'île aux Fleurs. Les parterres de fleurs sont renouvelés trois fois par an : 1 200 variétés de roses fleurissent en juin, des milliers d'orchidées, de dahlias, de tulipes fleurissent et offrent un magnifique spectacle - un million de bulbes de tulipe sont en permanence en terre. Dans l'arboretum, vous verrez des arbres superbes (*cèdres du Liban et de l'Himalaya, érables, hêtres, figuiers,..*) dont certains ont été plantés au milieu du 19e s. (*sequoia géant , tulipier de Virginie*).

★ Île de Reichenau (Insel Reichenau)

7 km à l'ouest. Prendre la direction de Radolfzell, route 33.

Pirminstraße 145 - ✆ 07 534 92 070 - www.reichenau.de

En 724, saint Pirmin fonda sur l'île de Reichenau la première abbaye bénédictine allemande. Elle fut à l'origine d'un centre artistique et scientifique qui rayonna pendant des siècles. Là, au cours de la période ottonienne, on réalisa de remarquables enluminures. Les trois églises, témoignages de l'architecture monastique du 9e au 11e s., constituent la principale curiosité du site, classé au Patrimoine mondial de l'humanité. On peut voir sur leurs murs de délicates fresques de l'époque ottonienne.

Oberzell – L'église carolingienne **St-Georges,** construite à la fin du 9e s. pour y déposer le reliquaire de St George, abrite des **peintures murales★★** réalisées aux environs de l'an 1000. Préservées car recouvertes, elles ont été redécouvertes en 1869. Elles racontent les miracles du Christ (guérisons des malades). Les médaillons de saints sont du 10e s. et le jugement dernier (dans l'abside) de 1708 (quelques peintures du 19e s. également).

Mittelzell – L'ancienne **abbatiale Ste-Marie-et-St-Marc★**, construite du 8e au 15e s., possède un ouvrage *(à l'ouest)* dont la forte tour est allégée par un décor de bandes romanes. La **charpente en chêne** de la nef, remarquable œuvre d'art du Moyen Âge, de facture normande, mérite une attention particulière. D'après la datation, les chênes ont été abattus vers 1236 : il s'agit donc peut-être de la plus ancienne charpente d'Allemagne. Une très belle Madone en grès (1320) orne le sanctuaire. Le **trésor★** , situé dans l'ancienne bibliothèque, conserve un reliquaire de saint Marc (vers 1305) en argent repoussé, enrichi d'émaux. *Avr.-oct. : tlj sf dim. visite guidée du trésor 11h-12h, 15h-16h. Procession de la Fête du St Sang dans l'île le 1er lundi suivant la Pentecôte.*

Niederzell – À l'extrémité ouest de l'île se trouve la collégiale St-Pierre-et-St-Paul (12e s.). Les peintures murales du chœur, représentant le Christ en gloire surmontant les apôtres et les prophètes, remonteraient au début du 12e s.

NOS ADRESSES À CONSTANCE

HÉBERGEMENT

POUR SE FAIRE PLAISIR

Buchner Hof – Hors Plan 1 - *Buchnerstraße 6 (sur Mainaustraße) - ✆ 07 531 810 20 - www.buchner-hof.de - P - fermé 20 déc.-10 janv. - 13 ch. 100/140 €* ☕. Dans la partie nord de la ville, cet hôtel familial jouit d'un emplacement calme, de la proximité du lac et de la vieille ville. Les chambres sont chaleureuses et fonctionnelles.

UNE FOLIE

Hotel Barleben am See – Hors Plan 1 - *Seestraße 15 - ✆ 07 531 942 330 - www.hotel-barleben.de - P - 8 ch. 175/195 €* ☕. Cette villa de 1872, maison de vacances de rêve en bordure de la promenade du lac et classée monument historique, sert de cadre à un petit hôtel aux chambres coquettes et personnalisées.

Steigenberger Inselhotel – Plan 1 - *Auf der Insel 1 - ✆ 07 531 12 50 - www.steigenberger.de/konstanz - P 102 ch. à partir de 314 € - ☕ 25 €.* Hôtel de luxe situé dans un cadre privilégié. Le cloître de l'ancien monastère est particulièrement imposant. Élégant restaurant et splendide terrasse donnant sur le lac. Une alternative rustique : la salle des Dominicains.

RESTAURATION Plan 2

PREMIER PRIX

La Piazza – *Marktstätte 2 - ✆ 07 531 917 927 - www.lapiazza-kn.de - ⊭ ♿ - 16/38 €.* Cadre moderne et atmosphère décontractée pour une cuisine italienne et des desserts maison gourmands.

BUDGET MOYEN

Barbarossa – *Obermarkt 8-12 - ✆ 07 531 128 990 - www.barbarossa-hotel.com - 55 ch. 95/130 € - rest. 25/47 €.* Un service attentionné et une cuisine traditionnelle délicate, servie dans la salle du 1er étage aux boiseries sombres et vitraux. Poissons du lac avec parfois une touche exotique. En hiver, bar à tapas avec musique live (merc.-sam. 18h-1h).

PETITE PAUSE

Das Voglhaus Café – *Wessenbergstraße 8 (angle Münzgasse) - ✆ 07531 918 95 20 - www.das-voglhaus.de.* Comme une grande cage à oiseau dorée, dans un style écolo et branché, pour déguster cafés, thés et milk-shakes.

EN SOIRÉE

Hafenhalle – *Hafenstraße 10 - ✆ 07531 211 26 - www.hafenhalle.com - 10h-1h.* Devant l'embarcadère, face au lac, une immense terrasse festive pour déguster une bière. Concerts de jazz dimanche matin d'avril à septembre.

ACTIVITÉS

Location de vélos – *Kultur-Rädle - Bahnofplatz 29 (à côté de l'office de tourisme) - ✆ 07 531 27 310 - www.kultur-rädle.de - 9h-12h30, 14h30-18h, sam. 10h-16h, dim. 10h-12h30.* Possibilité de revenir à bord de bateaux. Compter 12 € la journée.

Croisières en bateau – *Hafenstraße 6 (derrière l'office de tourisme) - ✆ 07 531 36400 - www.bsb-online.com.* Trajets possibles (AR + entrée) : Mainau, le village d'Uhldingen, le musée Zeppelin.

Lac de Constance

Bodensee

★★

Bade-Wurtemberg

NOS ADRESSES PAGE 196

S'INFORMER

Office de tourisme d'Überlingen – *Landungsplatz 5 - ✆ 07 551 94 71 522 - www.ueberlingen.de - mai-sept. : 9h-18h, sam. 10h-15h (dim. 13h) ; avr. et oct. : tlj sf dim. 9h-12h, 13h-17h (18h le jeu.), sam. 10h-13h ; nov.-mars. : tlj sf w.-end 9h-12h, 13h-16h, jeu. 9h-12h, 13h-18h.*

Deux autres offices de tourisme à Meersburg et Friedrichshafen.

SE REPÉRER

Carte de région BC4 (p. 146-147) – *cartes Michelin nos 718 L 14 et 545 X 66-AB 68.* Le lac de Constance est à la frontière de l'Allemagne, de la Suisse et de l'Autriche. À 71 km au nord-est de Zurich (Suisse), 63 km à l'ouest de Bregenz (Autriche), 126 km à l'est de Fribourg, 176 km au sud de Stuttgart. Le lac est divisé en trois bassins : Obersee, le principal, entre Bregenz et Constance ; Überlingen See, le bras nord-ouest ; Untersee, le bras sud-ouest, lui-même divisé en Gnadensee et Zeller See.

À NE PAS MANQUER

Le soleil couchant au bord du lac à Überlingen et Meersburg.

ORGANISER SON TEMPS

Compter une journée pour longer la rive nord et visiter certains sites ; deux jours pour ajouter une croisière à votre programme.

AVEC LES ENFANTS

Le village lacustre d'Unteruhldingen *(Pfahlbaumuseum).*

Les francophones l'appellent le lac de Constance ; ses riverains le nomment Bodensee. Cette vaste étendue d'eau de 536 km² – le plus grand lac allemand, le troisième en Europe – est presque une mer souabe. Voire une mer du Sud, avec la douceur de son climat, les vignes, les arbres fruitiers de ses rives ou encore la végétation tropicale de l'île de Mainau. C'est d'ailleurs un peu la Côte d'Azur des Allemands ; une « Grande Bleue » où l'on vient se baigner, partir en croisière ou flâner sur les quais romantiques d'une promenade. Assis face au lac, plein sud, on ne se lasse pas de regarder la chaîne suisse de l'Alpstein culminant au Säntis (2 052 m). La rive nord, elle, est bordée de joyaux comme le château médiéval de Meersburg ou l'église baroque de Birnau posée au milieu des vignes.

Circuit conseillé Carte de région

D'ÜBERLINGEN À LINDAU

Circuit de 56 km tracé en marron sur la carte de région p. 146-147 – environ 4h. Pour rejoindre la rive nord en partant de Constance, emprunter le ferry vers Meersburg (voir Nos Adresses sur le lac de Constance).

Vue sur le lac depuis le port de Constance.
VRD / Fotolia.com

★ Überlingen

Cette ancienne ville d'Empire fut fondée en 1180 par Frédéric Ier Barberousse ; les produits de la vigne et le commerce de sel et de blé contribuèrent à son essor au Moyen Âge. En 1379, Überlingen acquit sa liberté vis-à-vis de l'Empire, un statut qu'elle conserva jusqu'en 1802. Dès le milieu du 19e s., le tourisme y joua un rôle économique important en raison d'un climat particulièrement clément. Située sur le bras nord-ouest du lac de Constance, elle siège au milieu des vergers.

De l'office de tourisme, côté lac, on peut emprunter l'agréable Seepromenade, vers la droite, et atteindre le jardin municipal (Stadtgarten) et la verte **promenade des Fossés★** *(Stadtbefestigungsanlagen) qui monte vers le haut de la cité, sur l'ancien tracé des fortifications. À 100 m de l'office de tourisme, côté ville, sont regroupés autour de la Münsterplatz, les bâtiments majeurs d'Überlingen.*

Münsterplatz – Sur cette place s'élèvent la cathédrale gothique, la façade nord de l'hôtel de ville et le bâtiment Renaissance de l'ancienne chancellerie municipale *(Alte Kanzlei)*.

★ **Cathédrale** (Münster) – La vaste cathédrale gothique présente cinq nefs voûtées en réseau et peintes. Son influence est mise en lumière par un grand nombre de retables du style gothique au style Renaissance, parmi lesquels le célèbre maître-autel des frères Zürn de 1616. Dans la chapelle Ste-Élisabeth *(bas-côté droit)*, la **Vierge au croissant de lune** est une œuvre souabe de 1510.

Hôtel de ville (Rathaus) – *✆ 07 551 99 11 22 - www.ueberlingen.de - mai-sept. : lun.-vend. 9h-12h, 13h-16h - oct.-avr. : lun.-vend. 9h-12h, 13h-17h, w.-end 9h-12h - fermé j. fériés - gratuit.* La **salle du conseil★** *(Ratssaal)* constitue un ensemble gothique d'une grande finesse avec ses parois lambrissées ornées d'arcs décoratifs en accolade, et son plafond de bois nervuré, légèrement cintré. Les statuettes sont de la fin du 15e s. *Entrer par la tourelle de droite et monter au premier étage.*

Musée municipal (Städtisches Museum) – *Rummebergstr. 30 - ✆ 07 551 99 10 79 - www.museum-ueberlingen.de - mar.-sam. 9h-12h30, 14h-17h, dim.*

10h-15h d'avr. à oct. - 3 €. Parmi les collections exposées dans une maison patricienne (Reichlin-von-Meldegg Haus) de la fin du 15e s. remaniée dans le style baroque, une attention particulière est portée à la peinture et à la sculpture d'Überlingen, du style gothique au style classique. Ne manquez pas les crèches du 18e s. et les 50 chambres de poupée, du style Renaissance au style Art nouveau.

★ Église de pèlerinage de Birnau (Wallfahrtskirche Birnau)

En contrebas de la route, sur une terrasse viticole dominant le lac de Constance, l'église actuelle fut construite de 1746 à 1750. Les cisterciens de **Salem** *(voir ci-dessous)* en confièrent les travaux à l'architecte du Voralberg, Peter Thumb, qui s'entoura de Joseph Anton Feuchtmayer pour les stucs, et de Gottfried Bernhard Göz pour les fresques.

Le rococo se manifeste particulièrement dans l'architecture et la décoration peinte du plafond de la nef, de la coupole aplatie du chœur et de la coupole de l'abside. À mi-hauteur court une élégante galerie à encorbellement dont les culs-de-lampe (éléments en saillie formant un cône renversé) sont décorés de cartouches rocaille. Les pèlerins vénèrent une Vierge du début du 15e s. placée au-dessus du maître-autel.

2 km après Birnau, quitter la route 31 pour se diriger vers l'abbaye de Salem, située 6 km au nord.

★ Salem

L'abbaye de Salem, fondée par les cisterciens en 1137, fut pendant plus de 650 ans l'une des abbayes les plus importantes de cet ordre sur le territoire allemand. Directement rattachée à l'Empire, elle n'obéissait qu'à l'empereur et au pape. Elle atteignit son apogée sous l'abbé Anselme II (1746-1778), bâtisseur de l'église de pèlerinage de Birnau. Elle est la propriété des margraves de Bade depuis 1802. De nos jours, Salem ressemble à un petit village avec son collège privé, ses artisans d'art, son café-restaurant et même sa pharmacie installée dans la **porte basse** *(Untertor-Haus)*, pavillon baroque élégamment dessiné. C'est par là que l'on pénètre sur ce site de 17 ha qui offre un ensemble architectural saisissant où se côtoient les styles gothique, Renaissance, baroque et classique.

★ **Cathédrale** (Münster) – De style gothique rayonnant, sa construction débuta en 1297, tandis que sa consécration eut lieu au début du concile de Constance, en 1414. L'architecture extérieure est égayée par les fines baies gothiques ajourant les pignons est et ouest. L'intérieur est caractéristique de l'architecture cistercienne, avec son grand chœur à chevet plat et ses hautes voûtes. Il doit sa splendide décoration en albâtre à l'abbé Anselme II.

★ **Château** (Schloss) – *✆ 07 553 81 437 - www.schloesser-magazin.de - ♿ - 1er avr.-1er nov. : lun.-sam. 9h30-18h, dim. et j. fériés 10h30-18h - 7 €.* Les anciens bâtiments conventuels, qui constituent aujourd'hui le château, furent construits après le terrible incendie de 1697 par un architecte de l'école du Voralberg, Franz Beer. Sa taille et sa décoration témoignent de la richesse de Salem au cours de son histoire.

L'ancien réfectoire d'été a conservé un beau plafond décoré de stucs, que l'on doit aux frères Schmuzer. Ces artistes ont également décoré la superbe voûte en anse de panier de la bibliothèque. La galerie Bernard *(Bernhardusgang)*, la **salle des Empereurs** *(Kaisersaal)* achevée en 1707 – la première grande salle de réception baroque dans une abbaye allemande – et le bureau de l'abbé Anselme II, de style rococo, méritent également une visite.

Le château sert aussi de lieu d'exposition à un **musée des Sapeurs-pompiers** (Feuerwehr-Museum).

De retour sur la route 31, prendre la direction Uhldingen et Pfahlbauten pour rejoindre le village lacustre situé au bord du lac.

★★ Village lacustre d'Unteruhldingen (Pfahlbaumuseum)

Strandpromenade 6 - 88690 Uhldingen-Mühlhofen - ✆ 07 556 85 43 - www.pfahlbauten.de - avr.-oct. : 9h-19h ; nov.-fév. : en sem. visite à 14h30 sur réserv. (nov. : w.-end. 9h-17h) - visite guidée en allemand - 0 € (enf. 5 €)

Ce musée en plein air, dit des « palafittes » – terme qui désigne une construction sur pilotis –, s'est installé dès 1922 à proximité d'un site de fouilles pour donner une représentation vivante d'un village lacustre du néolithique et de l'âge du bronze (entre 4000 et 850 ans av. J.-C.). Le site de 5 ha, sous l'eau, est protégé (on peut voir des restes de pilotis).

Les reconstitutions architecturales, dont les dernières datent de 2007, sont basées sur les résultats de fouilles. Elles sont tout à fait convaincantes et les mises en scène de la vie quotidienne des habitants d'une vingtaine de maisons très réalistes. La recherche de la subsistance - chasse, pêche, culture de la terre - et la taille de la pierre sont illustrées dans les différentes huttes. Parents et enfants seront invités à jouer les archéologues en taillant la pierre ou en faisant du feu selon les techniques de nos ancêtres. Un exemple très réussi pour mettre l'histoire à la portée de tous.

★ Meersburg

Ancienne résidence des princes-évêques, Meersburg est aujourd'hui un village pittoresque qui jouit d'une situation privilégiée, sur un plateau entouré de vignobles et de vergers offrant de beaux coups d'œil sur le lac de Constance. Le **château Vieux** *(Burg)*, édifice médiéval imposant avec ses chemins de ronde, ses donjons et ses murs parfois épais de 3 m, domine la petite ville. La **Marktplatz★** sur laquelle débouche la **Steigstraße★**, bordée de maisons à colombages, forme le centre de la ville haute *(Oberstadt)* ; ses rues étroites et piétonnes se prêtent bien à la promenade.

De la terrasse du **Château Neuf** *(Neues Schloss)*, un palais baroque à façade rose, on découvre une **vue★** magnifique sur le lac et le massif du Säntis.

L'itinéraire se poursuit sur la « Grüne Straße » (la Route verte) entre les plantations de pommiers dont les fruits (notamment ceux de la variété Jonagold) sont exportés dans l'Europe entière.

Friedrichshafen

Ville agréable malgré son port débordant d'activité, Friedrichshafen est affectueusement surnommée outre-Rhin « la cité des foires et du Zeppelin », pour insister sur son importance en tant que pôle industriel et berceau de l'aviation. Située directement sur le lac, elle invite à la flânerie sur l'une des plus longues et des plus belles promenades de la rive. L'**église** baroque *(Schloßkirche)* située à l'extrémité ouest de la promenade, en bordure du château (toujours habité par la famille ducale du Wurtemberg), mérite le détour. À partir de Friedrichshafen, il est possible d'effectuer des croisières jusqu'à la chute du Rhin, vers Schaffhausen, vers l'île de Mainau (« l'île aux Fleurs »), ou encore vers Überlingen, afin d'y visiter le village lacustre *(Pfahlbaumuseum Unteruhldingen)*, qui présente des maisons sur pilotis reconstituées *(voir plus haut)*.

★ **Musée Zeppelin** – *✆ 07 541 38 010 - www.zeppelin-museum.de - juil.-sept. : 9h-17h ; mai-juin et oct. : tlj sf lun. 9h-17h ; nov.-avr. : tlj sf lun. 10h-17h - fermé 24-25 et 31 déc. - 7,50 € - audioguide en français.* Situé dans l'ancienne gare maritime à la pointe est de la promenade, il est consacré aux dirigeables mis au point à Friedrichshafen par le comte Ferdinand von Zeppelin (1838-1917), dont ils portent le nom. Une partie du légendaire *Hindenburg*, qui explosa en

1937 à Lakehurst, a été reconstruite ici. Le musée abrite un département d'art présentant des œuvres datant du Moyen Âge à nos jours.

Wasserburg am Bodensee

Ce village, très visité, se presse sur une étroite langue de terre s'avançant dans les eaux du lac. La promenade jusqu'à l'extrémité du cap offre une belle vue sur les berges de part et d'autre, ainsi que sur les sommets des Alpes.

★★ **Lindau** *(voir ce nom)*

NOS ADRESSES SUR LE LAC DE CONSTANCE

TRANSPORTS

Ferry – *Entre Constance et Meersburg (20mn) - ✆ 07 531 8030 - www.sw.konstanz.de - 24h/24 et 365 j/an ; ttes les 15mn de 6h à 20h - 7 € voiture, 2,60 € passager (1,30 € enfant).* Un air de croisière pendant 20mn et 60 km de route économisés.

HÉBERGEMENT

PREMIER PRIX

À Überlingen

Gasthof Auer – *Stockacher Straße 62 - 78359 Nenzingen, à 21 km à l'ouest d'Überlingen - ✆ 07 771 24 97 - www.auer-nenzingen.de - fermé 1 sem. fin juil., rest. fermé lun. - P - 5 ch. 56/60 €* ☕. Chambres simples. Restaurant proposant un grand choix de plats traditionnels.

Landgasthof und Hotel Zum Sternen – *Schienerbergstraße 23 - 78345 Bankholzen - Moos am Bodensee (près de Radolfzell), à 30 km au sud-ouest - ✆ 07 732 24 22 - www.zum-sternen.de - P ♿ - 18 ch. 84 € ☕ - rest. 13/27 €.* Les chambres de cet hôtel à colombages rénové et muni d'une extension moderne sont meublés en pin et autres bois clairs. Certaines disposent également d'un coin cuisine. Au restaurant, plats du terroir et spécialités régionales.

BUDGET MOYEN

À Überlingen

Hotel Seegarten – *Seepromenade 7 - ✆ 07 551 91 88 90 - www.seegarten-ueberlingen.de - fermé nov.-mars - 31 ch. 98/113 € (149/169 € avec balcon sur le lac) ☕ - rest. 25 €.* Sa situation au bord même du lac, son soin et sa propreté comptent parmi les points forts de cet hôtel. Demandez une chambre avec vue sur le Überlingen See. Le restaurant possède une grande baie vitrée côté lac et une belle terrasse côté jardin.

Hotel Rosengarten – *Bahnhofstraße 12 - ✆ 07551 928 20 - www.haus-rosengarten.com - P - 14 ch. 110/122 € ☕.* Cette villa romantique de style Art nouveau, avec une tour et une extension moderne, est idéalement située dans le jardin municipal, à quelques pas du lac. Vous logerez dans des chambres fonctionnelles mais moins charmantes que la maison elle-même.

À Meersburg

Seehotel Off – *Uferpromenade 51 - ✆ 07532 447 40 - www.hotels-meersburg.de - fermé janv.- P - 21 ch. 98/140 € ☕ - rest. 28/44 €.* Vous trouverez cet hôtel dans la ville basse, en bordure directe du lac. Des chambres modernes à l'équipement fonctionnel sont à la disposition des visiteurs. Préférer les chambres avec vue sur le lac.

RESTAURATION

PREMIER PRIX

À Wasserburg

Pfälzer Hof – *Lindenplatz 3 - 88142 - ✆ 08 382 98 85 30 - www.pfaelzer-hof-wasserburg.de - fermé janv.-mars, nov.-déc. et merc. - 15/33 €.* Cette maison familiale fort bien entretenue reçoit dans une atmosphère conviviale. Cuisine simple et rustique.

BUDGET MOYEN

À Meersburg

Winzerstube zum Becher – *Höllgasse 4 - ✆ 07532 90 09 - www.winzerstube-zum-becher.de - fermé 3 sem. en janv. et lun. - 22/44 €.* En 1610, on y désaltérait déjà les visiteurs assoiffés ! Ce local rustique et agréable, au cœur du centre historique de la ville haute *(Oberstadt)*, appartient depuis 1887 à la même famille. Vins produits sur le domaine.

POUR SE FAIRE PLAISIR

À Überlingen

Bürgerbräu – *Aufkircher Straße 20 - ✆ 07551 927 40 - www.buergerbraeu-ueberlingen.com - fermé merc. et j. fériés - 24/44 €.* Situé dans une vieille maison de ville à l'atmosphère conviviale et rustique, ce restaurant propose une cuisine internationale.

À Friedrichshafen

Das Restaurant in Zeppelinmuseum – *Seestraße 22 - ✆ 07 541 333 06 - www.zeppelinmuseum-restaurant.de - fermé lun. - 19/34 €.* Ce restaurant moderne dans une rue piétonne proche de l'embarcadère des ferrys propose une cuisine créative en soirée et à midi une carte internationale simple.

Goldenes Rad – *Karlstraße 43 - ✆ 07541 28 50 - www.goldenes-rad.de - fermé 1-7 janv. et dim. - 25/47 €.* Cette maison familiale se dresse dans la zone piétonne, non loin du lac. La carte propose des plats délicieux de cuisine contemporaine avec une touche rustique modernisée.

PETITE PAUSE

Strandcafé – *Strandbadstraße 102 - 78315 Radolfzell - ✆ 07 732 16 50 - www.strandcafe-mettnau.de - ouv. tlj 12h-21h30.* Sa situation en bordure directe du lac fait tout l'attrait de ce bâtiment moderne à la façade de verre. De l'intérieur, tout comme depuis la splendide terrasse, on jouit d'une superbe vue sur l'eau.

ACTIVITÉS

Baignade – De nombreuses plages avec piscine autour du lac, notamment celles d'Überlingen et Meersburg.

Promenades en bateau – *Bodensee-Schiffsbetriebe - 88045 Friedrichshafen - ✆ 075 41 92 380 - www.bsb-online.com.* Circuits *(Rundfahrt)* dans les divers bassins du lac : celui de l'Überlingen See au départ de Meersburg *(3h15)* permet d'admirer le village lacustre d'Unteruhldingen, l'église de Birnau et l'île de Mainau. Croisières nocturnes au départ de Friedrichshafen, Immenstaad, Hagnau, Meersburg et Radolfzell.

Lindau im Bodensee

★★

24 680 habitants – Bavière

NOS ADRESSES PAGE 200

S'INFORMER

Office de tourisme – *Alfred-Nobel-Platz 1 - 88131 Lindau - 08 382 26 00 30 - www. lindau-tourismus.de - avr.-oct. : lun.-sam. 10h-18h, dim. 10h-13h ; oct.-avr. : lun.-vend. 10h-12h, 14h-17h.*

SE REPÉRER

Carte de région C4 (p. 146-147) – *cartes Michelin nos 718 J 14 et 546 AA 69.* À 81 km à l'est de Constance, 119 km au sud d'Ulm, 183 km au sud-ouest de Munich. L'agglomération étant plus grande que la seule île accueillant la vieille ville, il faut suivre les panneaux « Lindau-Insel » ou se garer dans l'un des parkings bordant le lac. Des liaisons maritimes permettent de joindre Constance ou Bregenz (en Autriche) plusieurs fois par jour.

À NE PAS MANQUER

La vue sur les Alpes, la ville et le lac du haut du phare.

En entrant dans le port de Lindau en bateau, par cette passe étroite entre le phare et le lion de pierre de Bavière, on saisit du premier coup d'œil le charme unique de cette île-cité. Ancienne ville libre d'Empire (1275-1802), elle a blotti ses maisons bourgeoises à pignon le long de ruelles sinueuses. Lindau, jadis prospère et commerçante, garde ce visage au travers de boutiques élégantes. Certes, la foule l'étouffe certains après-midi d'été. Mais il suffit de s'aventurer dans une arrière-cour ou de flâner le soir, entre le port et la Maximilianstraße, pour apprécier la douceur de vivre et le charme un peu rétro de cette petite ville souabe au caractère méridional.

Se promener

★★ LA VIEILLE VILLE

Itinéraire tracé sur le plan (voir ci-contre) – Comptez 1h.

Place du Marché (Marktplatz)

Le marché se déroule autour d'une grande fontaine circulaire.

Du côté est, la place est dominée par les deux façades de l'église St-Étienne, protestante, et de la **collégiale** *(Stiftkirche),* catholique et baroque, qui abrite un très beau maître-autel.

Du côté ouest, la **maison Cavazzen**, exemple caractéristique d'architecture bourgeoise baroque (1729), abrite le **Musée municipal** *(Stadtmuseum).*

Musée municipal - *www.lindau.de - avr.-oct. : tlj sf lun. 11h-17h, sam. 14h-17h, dim. 11h-17h - possibilité de visite guidée - fermé lun. et nov.-mars - 3 €.* Il réunit des documents anciens sur Lindau, son habitat, son artisanat, ainsi qu'une collection d'instruments de musique. Galerie de peinture et de sculpture.

★★ Maximilianstraße

Artère principale de la vieille ville, la Maximilianstraße montre une succession assez pittoresque de maisons et d'auberges anciennes. Les étroites façades à colombages et à oriels, typiques de la vallée alpestre du Rhin et du Vorarlberg, se mêlent aux pignons en escalier de la vieille Souabe, dont l'ancien **hôtel de ville** donne un exemple.

Tourner à droite dans la Zeppelinstraße.

Place du Grenier (Schrannenplatz)

La **tour des Brigands** *(Diebsturm)*, couronnée d'échauguettes (guérites en encorbellement), était le point le plus occidental des fortifications médiévales. À ses pieds, la petite **église St-Pierre** *(Peterskirche)*, la plus vieille église de la ville (autour de l'an 1000), a été transformée en monument aux morts de la Première Guerre mondiale. Elle abrite une fresque originale exécutée au 15e s. par Hans Holbein l'Ancien.

Redescendre la Zeppelinstraße vers le port.

★ Le port (Hafen)

Au milieu des quais se dresse l'**ancien phare** *(Mangturm)*, tour fortifiée du 13e s. *(possibilité de monter au sommet)*. Un autre phare et le monument du Lion de Bavière (1856) commandent l'entrée de la rade. Par quelques marches, on gagne la **fortification romaine**★ *(Römerschanze)*, belvédère sur la trouée du Rhin et le cadre alpestre du « Bodan » (forme ancienne du nom de Bodensee) : Kanisfluh, Hoher Freschen, Drei Schwestern, et, en Suisse, Säntis et Altmann.

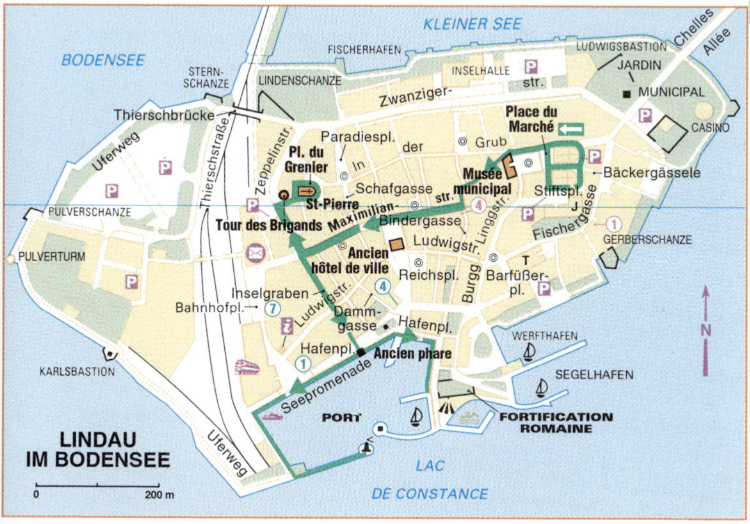

SE LOGER

Hotel Bayerischer Hof .... ①
Hotel Lindauer Hof .... ④
Hotel Vis à Vis .... ⑦

SE RESTAURER

Alte Post .... ①
Zum Sünfzen .... ④

NOS ADRESSES À LINDAU IM BODENSEE

HÉBERGEMENT

BUDGET MOYEN

Sur la rive

Hotel Köchlin – Hors Plan - *Kemptener Straße 41 - ✆ 08 382 966 00 - www.hotel-koechlin.de - fermé 3 sem. en nov. - P - 19 ch. 95/110 € ☕ - rest. 14/28 €.* Un petit hôtel de campagne au toit de bardeaux et à la façade décorée de fleurs. L'intérieur, de bois naturel, est de style rustique et les chambres et salles de bains viennent juste d'être rénovées. Derrière l'établissement, *Biergarten* à l'ombre de vieux arbres.

POUR SE FAIRE PLAISIR

Sur l'île

Hotel Lindauer Hof – Plan 2 - *Seepromenade - ✆ 08 382 40 64 - www.lindauer-hof.de - ♿ - 30 ch. 168 € - ☕ 15 € - rest. 20/40 €.* Dans cet hôtel au cadre moderne, vous logerez dans des chambres particulièrement confortables, à proximité du lac.

Hotel Vis à Vis – Plan 2 - *Bahnhofplatz 4-5 - ✆ 08 382 39 65 - www.visavis-lindau.de - réception ouverte de 7h30 à 22h - 51 ch. 130 € ☕.* Cet hôtel, face à la gare, offre des chambres aux couleurs chaudes, un design moderne et des salles de bains spacieuses.

UNE FOLIE

Sur l'île

Hotel Bayerischer Hof – Plan 2 - *Seepromenade - ✆ 08 382 91 50 - www.bayerischerhof-lindau.de - P 🏊 - 97 ch. 138/250 € ☕ - rest. 30/56 €.* Dans un site privilégié (lac et décor de montagne), cet hôtel offre un cadre confortable, soigné et élégant. Restaurant classique et de bon goût, avec en prime, une vue splendide.

RESTAURATION

BUDGET MOYEN

Sur l'île

Alte Post – Plan 2 - *Fischergasse 3 - ✆ 08 382 934 60 - www.alte-post-lindau.de - fermé nov., fin déc.-fin mars - 15/35 € - 11 ch. 120/150 €.* Une cuisine traditionnelle servie avec le souci du détail sur une jolie terrasse d'été, dans le centre-ville de Lindau.

Zum Sünfzen – Plan 1-2 - *Maximilianstraße 1 - ✆ 08 382 58 65 - www.suenfzen.de - 14/31 €.* Dans sa belle maison historique du 14e s., ce restaurant est presque une institution. Jolie terrasse sur la rue piétonne, où l'on s'assoit à l'ombre des arcades.

POUR SE FAIRE PLAISIR

Sur la rive

Schachener Hof – Hors Plan - *Schachener Straße 76 - ✆ 08 382 31 16 - www.schachenerhof-lindau.de - fermé 2 janv.-2 fév., fin oct.-début nov. ; rest. fermé mar., merc., midi sauf dim. et j. fériés - 30/58 € - 10 ch. 92 €.* Ce restaurant classique décoré de bois sombre propose une succulente cuisine mêlant plats régionaux et étrangers. Service accueillant.

UNE FOLIE

Sur la rive

Hoyerberg Schlössle – Hors Plan - *Hoyerbergstraße 64 (sur la Hoyerberg) - ✆ 08 382 252 95 - www.hoyerbergschloessle.de - fermé fév., lun.-mar. midi - menu 88 €, carte 48 €.* Un décor agréable et le souci de l'élégance caractérisent les salles de ce coquet petit château. Depuis sa superbe terrasse, la vue s'étend sur Lindau, les Alpes et le lac.

Stuttgart

★★

600 070 habitants – Bade-Wurtemberg

NOS ADRESSES PAGE 207

S'INFORMER

Office de tourisme – i-Punkt - *Königstraße 1a - 70173 Stuttgart - ✆ 0711 22 281 00 - www.stuttgart-tourist.de - 9h-20h, sam. 9h-18h, dim. et j. fériés 11h-18h. À l'aéroport : ✆ 0711 222 81 00 - 8h-19h, w.-end et j. fériés 9h-13h, 14h-18h.*

SE REPÉRER

Carte de région B2 (p. 146-147) – *cartes Michelin nos 718 I 12 et 545 X 57.* À 79 km à l'est de Karlsruhe, 208 km au sud-ouest de Nuremberg, 235 km à l'est de Munich, 182 km au nord de Fribourg. Situé à 3h30 de Paris en TGV.

À NE PAS MANQUER

L'époustouflant musée Mercedes-Benz, l'éclairage nocturne du musée d'Art *(Kunstmuseum)*, les étals alléchants du marché couvert.

ORGANISER SON TEMPS

L'importante offre culturelle invite à rester deux jours et à prendre le temps de découvrir les vignobles situés au centre ville et les espaces verts.

AVEC LES ENFANTS

Le jardin zoologique Wilhelma.

2

Stuttgart est en pleine métamorphose. Elle quitte peu à peu le cocon tissé par les voies urbaines de son centre pour laisser plus de place aux piétons et renouer avec les collines boisées et couvertes de vignobles qui l'entourent. Ville d'architectes, elle témoigne de tous les styles du 20e s., et ses dernières créations, dont le cubique et transparent musée d'Art, renouvellent l'image de la capitale du Land de Bade-Wurtemberg. Avec l'arrivée du TGV, la voilà maintenant à moins de 4h de Paris. Une raison de plus pour se laisser surprendre !

Se promener

DE LA GARE À LA PLACE DU CHÂTEAU

Itinéraire tracé sur le plan (p. 204) – Comptez 2h. De l'office de tourisme, prendre la Schillersstraße. En face, la gare, construite entre 1917 et 1924, avec sa tour surmontée de l'étoile de Mercedes (accès gratuit), regarde la longue perspective de la Königstraße.

Jardins du château (Schlossgarten) L1

Agréable lieu de pique-nique et de repos, les jardins s'ouvrent sur le vaste « U » vert qui ceinture la ville et propose plus de 11 km de promenade. C'est ici que se situait le « jardin des juments » *(Stutengarten, voir encadré p. 206). Prendre à droite devant le théâtre (Schauspielhaus), puis à gauche après l'Opéra pour emprunter un passage souterrain.*

Konrad-Adenauer-Straße L1

Les habitants l'appellent « l'avenue de la Culture » *(Kulturmeile)*. De ce côté-ci, on longe un complexe architectural, œuvre majeure du postmodernisme conçue par James Stirling et Michael Wilford, dont la construction s'est étalée sur plus de vingt ans (1979-2002).

De l'annexe de la **Galerie nationale** *(Staatsgalerie)* à la **maison de l'Histoire** *(Haus der Geschichte)*, puis au **Conservatoire de musique et d'art dramatique** (accès libre au sommet de la tour), rotondes, tuyaux colorés, facades de grès et encadrement de fenêtres jaune s'affichent le long de cette avenue, au bout de laquelle se tient le **Wilhelmspalais**, ultime demeure du dernier roi du Wurtemberg, Guillaume II, jusqu'à son abdication en 1918. La statue du monarque et de son petit chien se dresse devant le bâtiment néoclassique.

Traverser la Konrad-Adenauer-Straße, puis contourner le Nouveau Château par la droite.

Place du Château (Schlossplatz) L1

Espace vert et cœur battant de la ville, cette place s'ouvre devant le **nouveau château** *(Neues Schloss)*, demeure royale construite entre 1746 et 1807, qui abrite désormais certains ministères du Land. En face, derrière les colonnes classiques, le **Königsbau** (pavillon royal) cache une vaste galerie marchande doublée d'une récente construction, les **Königsbau-Passagen**. À gauche, le cube de verre du **musée d'Art** *(Kunstmuseum)*.

Traverser la place pour rejoindre l'ancien château.

Ancien château (Altes Schloss) L1

En grande partie du 16e s., ce château à quatre ailes flanqué de tours rondes possède une **cour Renaissance★** *(qui permet d'accéder à la chapelle du château)* entourée de trois niveaux de galeries à arcades. Il abrite le **musée régional du Wurtemberg**.

★ Musée régional du Wurtemberg

(Landesmuseum Württemberg) L1 (T)

✆ 0711 89 53 51 11 - www.landesmuseum-stuttgart.de - tlj sf lun. 10h-17h - 4,50 €.

Il présente l'histoire et la culture du Wurtemberg à partir du néolithique. À noter le tombeau princier celte du milieu du 6e s. av. J.-C. et une section très intéressante de **statuaire religieuse★** d'Allemagne du Sud. On trouvera également un cabinet de médailles et une collection de meubles et d'horloges. La tour du Trésor abrite une collection d'armes, des objets provenant de « la chambre ducale des arts et des merveilles » (du 15e au 18e s.) et le **trésor de la couronne** des rois du Wurtemberg.

Une importante collection d'instruments de musique est exposée dans son propre bâtiment, le Grenier d'abondance *(Fruchtkasten)*, sur la Schillerplatz.

Ressortir du château par la porte centrale, sur l'élégante Schillerplatz.

Collégiale (Stiftskirche) K1

Mêlant des parties de style roman (étage inférieur de la tour sud, 12e s.), gothique primitif (chœur, 14e s.) et gothique flamboyant (nef ajoutée entre 1436 et 1455, dont il ne reste aujourd'hui que le mur nord), la collégiale subit d'importants dommages en 1944. La dernière travée gauche de la nef abrite un manteau du Christ d'une grande rareté (gothique flamboyant, vers 1500). Les **tombeaux★** des comtes de Wurtemberg, dans le chœur, ont été réalisés par le sculpteur Sem Schlör (1576). Les onze figurines engainées représentant les ancêtres du duc en tenue d'époque sont placées devant un décor d'arcades dans le style Renaissance.

La place du Château, cœur de la ville de Stuttgart.
Keute Jochen/age fotostock

Emprunter un passage couvert, à l'angle de la Schillerplatz.

2

★★ **Musée d'Art** (Kunstmuseum) K1
Kleiner Schlossplatz 1 - ✆ 0711 216 21 88 - www.kunstmuseum-stuttgart.de - tlj sf lun. 10h-18h (merc., vend. 21h) - fermé Vend. saint, 24, 25 et 31 déc., 1er janv. - 5 € (-12 ans gratuit).
La collection est célèbre à l'étranger pour les 250 œuvres du chef de file de la « Nouvelle Objectivité », **Otto Dix★**, surtout connu pour sa virulence dans sa critique de la société (entre autres, le triptyque *Großstadt* et le tableau contre la guerre *Grabenkrieg*). L'art abstrait allemand est bien représenté avec notamment des tableaux de Willy Baumeister et le musée poursuit un dialogue fécond avec des artistes dont les installations permettent d'expérimenter les grandes tendances de l'art contemporain.
À défaut de visiter le musée, installé en partie dans l'espace souterrain laissé libre par deux tunnels routiers, il faut monter au dernier étage de ce cube de cristal pour jeter un coup d'œil surprenant sur la place du Château.
Redescendre la Königstrasse si l'on veut rejoindre le point de départ.

À voir aussi

AU CENTRE-VILLE

★★ **Galerie nationale** (Staatsgalerie) L1
Konrad-Adenauer-Str. 30-32 - ✆ 0711 47 04 00 - www.staatsgalerie.de - ♿ - 10h-18h (mar. et jeu. 20h) - fermé Vend. saint, 24-25 déc. - 5,50/10 € (-12 ans gratuit), 10 € pour les expositions temporaires.
Cette galerie fut fondée en 1838-1843 par le roi Guillaume Ier de Wurtemberg. Le bâtiment primitif est consacré à la peinture, du Moyen Âge aux impressionnistes. Voir surtout la section des **maîtres anciens★★**, où la peinture souabe du 14e au 16e s. occupe une place de choix. L'un des chefs-d'œuvre

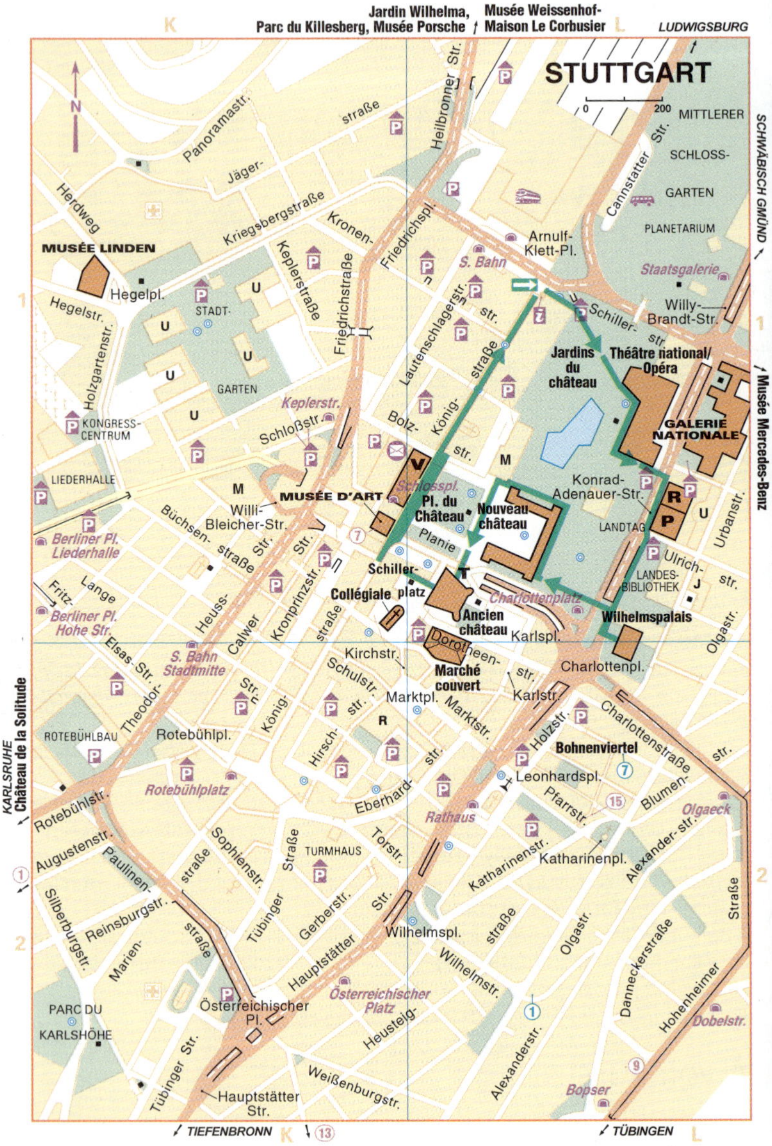

SE LOGER

- Der Zauberlehrling 7
- Hotel Abalon 1

SE RESTAURER

- Augustenstüble 1
- Cube 7
- Kern's Pastetchen 9
- Weinstube Kochenbas 13
- Weinstube Schellenturm .. 15

- Conservatoire de musique et d'art dramatique .... **P**
- Maison de l'Histoire .... **R**
- Musée régional du Wurtemberg .... **T**
- Pavillon royal et Königsbau-Passagen .... **V**

exposés est l'**autel de Herrenberg** de Jerg Ratgeb (1519), sur lequel sont représentés la Cène, le martyre, la Crucifixion du Christ et sa Résurrection.
La section italienne comprend une magnifique collection de peintres florentins et vénitiens du 14e s. Parmi les maîtres hollandais, on trouve Hans Memling *(Bethsabée au bain)*, Rembrandt *(Emprisonnement de saint Paul)*, Ruysdael et Rubens. La section consacrée au 19e s. présente des œuvres du « classicisme souabe », mais aussi tout un éventail de toiles allant des préraphaélites anglais à l'impressionnisme.
L'annexe abrite la section d'art moderne. Les collections présentent, entre autres, des tableaux de fauves et cubistes français (Matisse, Gris, Braque), d'expressionnistes (Kokoschka) et de véristes (Dix, Grosz), ainsi que des artistes du Bauhaus. Une place particulière est faite à l'œuvre de Willi Baumeister (1889-1955) et Oskar Schlemmer, natifs de Stuttgart ; du second, voir les six figures du *Ballet triadique* et les monumentales esquisses pour peintures murales (1929), victimes de la croisade des nationaux-socialistes contre « l'art dégénéré ». Un autre temps fort est constitué par douze œuvres de Picasso, représentatives de ses différentes périodes de création, parmi lesquelles *Les Baigneuses*. La section d'art contemporain couvre la période allant de l'immédiat après-guerre avec Dubuffet et Giacometti jusqu'aux derniers travaux de Baselitz et Kiefer.

★★ Musée Linden (Linden-Museum) K1

Hegelplatz 1 - ✆ 0711 20 223 - www.lindenmuseum.de - ♿ - tlj sf lun. 10h-17h (merc. 20h) - fermé Rosenmontag (Lundi gras), Vend. saint, 1er Mai, 24-25 et 31 déc. - 4 €.
Les collections riches et remarquablement présentées de ce **musée d'Ethnographie** sont réparties en cinq grandes sections régionales : l'**Amérique** (tribus indiennes d'Amérique du Nord, cultures du vieux Pérou), le **Pacifique Sud** (Mélanésie, culture de Sepik, Australie), l'**Afrique** (palais royal, masques), l'**Orient** (culture et histoire islamiques) et l'**Asie de l'Est et Asie du Sud** (Japon et Chine, Inde, Népal et Tibet).

2

HORS DU CENTRE

Parc du Killesberg (Höhenpark Killesberg)

4 km au nord du centre. Sortir par la Heilbronner Straße (L1).
Le **parc du Killesberg** est situé sur une hauteur au nord de la ville, où il s'intègre parfaitement aux mouvements du terrain. Des jeux d'eau aménagés en terrasses et des parterres aux splendides couleurs invitent au repos, tandis qu'un **train miniature** permet de faire le tour du parc.

★ Musée Weissenhof - Maison Le Corbusier

Rathenaustraße 1 (près du parc du Killesberg) - ✆ 0711 25 79 187 - www.weissenhof.de - tlj sf lun. 11h-18h, w.-end 10h-18h - fermé 1er janv. - 4 €.
Ce musée, installé dans la maison Le Corbusier, retrace l'épopée de la construction en 1927 de la cité expérimentale du Weissenhof *(Weißenhofsiedlung)*, qui allait marquer l'histoire de l'architecture moderne. Dix-sept jeunes architectes talentueux, bâtirent, selon les principes du courant du *Bauhaus* (décor minimal, fonctionnalité, lignes géométriques...) et dans le cadre d'une exposition, 21 habitations à toit plat sur cette colline de Stuttgart. La villa conçue par Le Corbusier et Pierre Jeanneret a été restaurée à l'identique. Dix autres bâtiments sauvés de la destruction, mais seulement visibles de l'extérieur, permettent de comprendre l'importance de la Cité du Weissenhof dans l'histoire de l'architecture (*plan disponible au musée*).

★ Jardin Wilhelma

Au nord-est, à 4 km du centre. Sortir par la Heilbronner Straße (L1). ✆ 0711 54 020 - www.wilhelma.de - ♿ - mai-août : 8h15-18h ; nov.-fév. : 8h15-16h ; mars-avr. et sept.-oct. : 8h15-17h - 12 € (6-17 ans 4 €).

Ce jardin zoologique et botanique, aménagé au milieu du 19e s. sur l'ordre du roi Guillaume Ier, est considéré comme l'un des plus beaux d'Europe. Ses jardins et sa villa mauresques lui donnent un air unique d'Alhambra. Plus de 8 000 animaux de 1 000 espèces différentes y sont réunis. Ne pas manquer surtout l'**aquarium-terrarium** et la **maison d'Amazonie**.

★★ Musée Mercedes-Benz

Mercedesstraße 100 (6 km à l'est, côté Cannstatt) - ✆ 0711 173 00 00 - www.mercedes-benz-classic.com - ♿ - 9h-18h sauf lun. - 8 € (-14 ans gratuit).

Les amateurs d'architecture seront éblouis par le bâtiment à la façade de verre et d'aluminium dessiné par le cabinet néerlandais UN Studio et inauguré en 2006. À l'intérieur, une double spirale se déroule en pente douce autour d'un atrium époustouflant, haut de 42 m. C'est ce chemin que suit le visiteur pour revivre 120 années d'une histoire unique de l'industrie automobile, du premier modèle de Carl Benz, breveté le 29 janvier 1886, jusqu'à nos jours. Le design architectural et une scénographie très soignée servent d'écrin à plus de 160 modèles. Dans les salles thématiques sont rassemblées des collections autour des voyages, des véhicules utilitaires et des voitures de célébrités.

AUX SOURCES DE L'AUTOMOBILE

Les origines de la ville se confondent avec celles d'un haras seigneurial du 10e s. nommé « Stutengarten » (jardin des juments). La cité devient au 14e s. la résidence des ducs et des rois de Wurtemberg, et prospère lors de la révolution industrielle.

Gottfried Daimler (1834-1900), ingénieur installé à Bad Cannstatt, quartier de Stuttgart sur la rive droite du Neckar, fut l'un des pionniers du moteur à essence adapté à l'entraînement des véhicules. La collaboration de Wilhelm Maybach, un mécanicien génial, lui permit d'aboutir à un moteur vertical, breveté en 1883. Né et formé à Karlsruhe, **Carl Benz** (1844-1929) élabora lui-même, à Mannheim, un véhicule automobile qui lui permit d'être le premier à passer à la production en série. En 1899, Benz livrait son 2 000e véhicule et était ainsi le premier constructeur automobile du monde. En 1901, la firme Daimler mit sur le marché un modèle baptisé **Mercedes**, prénom de la fille de son concessionnaire le plus important à l'étranger. En 1926, les deux entreprises s'unissaient pour fonder la société Mercedez-Benz.

★ Musée Porsche

À Zuffenhausen, à 8 km au nord - Porscheplatz 1 - ✆ 0711 911 20 911 - www.porsche.com/germany - ♿ - tlj sf lun. 9h-18h - 8 € (-14 ans gratuit).

En 1934, **Ferdinand Porsche** (1875-1951), qui s'était auparavant distingué chez Daimler, mit au point le prototype de la célèbre *Volkswagen*. À partir de 1948, il se consacra à la voiture de sport Porsche, fabriquée depuis lors à Zuffenhausen. C'est à proximité de l'usine que le nouveau bâtiment, futuriste et aérien, présentera plus de 80 modèles de la marque.

★ **Château de la Solitude** (Schloss Solitude)

9 km au sud-ouest. Sortir par la Rotebühlstraße. ✆ 0711 69 66 99 - www.schloss-solitude.de - visite guidée (30-45mn) avr.-oct. : tlj sf lun. 10h-12h, 13h30-17h, dim. et j. fériés 10h-17h ; nov.-mars : tlj sf lun. 13h30-16h, dim. et j. fériés 10h-16h - fermé 24 et 31 déc. - 3,50 €.

Ancienne résidence d'été de la cour de Wurtemberg, le **château de la Solitude** occupe le rebord d'un plateau. Le pavillon ovale, surmonté d'une coupole, et les ailes latérales s'élèvent majestueusement sur un soubassement percé d'arcades. Le château fut édifié entre 1763 et 1769 sous la direction de l'architecte français La Guépière.

Les aménagements intérieurs de la salle centrale en rotonde *(Weißer Saal)* et de la petite salle de marbre sont traités dans le goût néoclassique. Les autres pièces, revêtues de boiseries, ont un décor rococo à la française. Remarquer le bureau du roi Frédéric Ier de Wurtemberg, évidé en raison de l'obésité de son possesseur.

NOS ADRESSES À STUTTGART

TRANSPORTS

Aéroport – *à 14 km au sud - ✆ 01805 948 444 - www.flughafen-stuttgart.de - liaisons S-Bahn S2 ou S3 (25mn, départs toutes les 10 à 20mn de 4h55 à 0h25) du terminal 1.*

Gare centrale (Hauptbahnhof) – *Liaisons avec 13 capitales en Europe - ligne TGV est (3h40 de Paris) - ✆ 01 805 99 66 33.*

Transports en commun – Le VVS unifie le S-Bahn (équivalent du RER), le U-Bahn (métro), les tramways et les bus. Bureau d'information à l'OT. Ticket simple (2h) 2,10 € ; ticket 3 jours (sur présentation de la réservation d'hôtel, valable pour un adulte et deux enfants) 10,60 € (14,50 € ensemble du réseau). *www.vvs.de*

Stuttcard Plus – Libre circulation sur le réseau durant 3 jours et réductions ou entrée gratuite dans les sites touristiques - *18 €.*

Location de vélos – 65 stations de vélos Call a Bike (Deutsche Bahn) en libre-service. Carte Visa obligatoire. 15 €/jour.

VISITES

Guide numérique de poche – Location à l'office de tourisme. Informations multimédias (sons, images) couplées avec un GPS - anglais/allemand - *5 €, 4h.*

HÉBERGEMENT

BUDGET MOYEN

Hotel Abalon – Plan L2 - *Zimmermannstraße 7-9 (accès en voiture par le n° 79 de la Olgastraße) - ✆ 0711 21 710 - www.abalon.de - P - 42 ch. 89/112 €* ☕. Cet édifice moderne, avec sa terrasse couverte, abrite des chambres spacieuses. Vous séjournerez ici quelque peu à l'écart de l'agitation de la ville, tout en restant proche du centre.

UNE FOLIE

Der Zauberlehrling – Plan L2 - *Rosenstraße 38 - ✆ 0711 237 77 70 - www.zauberlehrling.de - 17 ch. à partir de 150 € - ☕ 5/19 €. Rest.* Chambres vastes et modernes, à la décoration soignée.

RESTAURATION

PREMIER PRIX

Weinstube Kochenbas – Hors Plan K2 - *Immenhofer Straße 33 - ✆ 0711 60 27 04 - www.kochenbas.de - tlj sf lun. - fermé 24 août-7 sept. - 18 €.* Deuxième plus vieux bar à vin de la ville. Ambiance souabe. Plats régionaux.

Weinstube Schellenturm – Plan L2 - *Weberstraße 72 - ✆ 0711 236 48 88 - www.weinstube-schellenturm.de - tlj sf dim. du 24 déc. au 6 janv. - 27/49 €, dîner seulement.* Confort souabe dans cette ancienne tour fortifiée du 16e s., avec bons vins, *Maultaschen* et *Käsespätzle.*

POUR SE FAIRE PLAISIR

Cube – Plan K1 - *Kleiner Schlossplatz 1 - ✆ 0711 280 44 41 - www.cube-restaurant.de - ♿ - réserv. conseillée - 48/58 €.* Une salle aérienne et lumineuse au dernier étage du musée d'Art *(Kunstmuseum).* Cuisine d'un bon rapport qualité-prix à midi.

Augustenstüble – Hors Plan K2 - *Augustenstraße 104 - ✆ 0711 62 12 48 - www.augustenstüble.de - tlj - 26/41 € - dîner uniquement.* Restaurant de style bistrot à la belle carte de vins. Cuisine régionale (jusqu'à minuit).

Kern's Pastetchen – Plan L2 - *Hohenheimer Straße 64 - ✆ 0711 48 48 55 - www.kerns-pastetchen.de - tlj sf. dim. et 3 sem. en juin - 45 €.* Élégant restaurant aux accents rustiques. Cuisine d'influence autrichienne et française.

PETITE PAUSE

Markthalle – *Dorotheenstraße 4 - tlj sf dim. 7h-18h30 (sam. 16h).* Un des plus beaux marchés couverts d'Allemagne, de style Art déco, et plus de 40 étals pour savourer produits du terroir et du monde.

Irma la Douce – *Neue Brücke 8 - ✆ 0711 470 43 20 - www.irmaladouce.de - lun.-sam. 11h-1h.* Délicieuses soupes, sandwichs et desserts faits maison à consommer sur place ou à emporter. En été, grande terrasse.

Brasserie Flo im Breuninger – *Marktstraße 1 - ✆ 0711 211 16 61 - 9h-20h, sam. 8h30-20h, dim. 11h-18h.* Dans le Karlspassage du grand magasin Breuninger. Petit-déjeuner, lunch, gâteaux.

EN SOIRÉE

Bon à savoir – Le Bohnenviertel, entre Charlottenstr. et Pfarrstr., est un quartier plein de charme avec une forte concentration en restaurants et bars. Les rues sont en partie piétonnes. De nombreux bars et discothèques sont alignés sur la Theodor-Heuss-Straße.

Biergarten Karlshöhe – *Humboldtstr. 44 (dans le parc du Karlshöhe, au sud-ouest) - ✆ 0711 6 20 06 66 avr.-fin oct. : 11h-0h (par beau temps).* Un *Biergarten* pas facile à trouver, mais qui bénéficie d'une superbe vue sur la ville.

ACHATS

Bon à savoir – Les commerces se concentrent autour de la Königstr. et des rues adjacentes. Le grand magasin par excellence est Breuninger *(Marktplatz).* Artisans et antiquaires sont rassemblés dans le *Bohnenviertel* (entre Charlottenstr.- et Pfarrstr.). Pour les boutiques de luxe, se rendre dans le Calwer Passage, près de Rotebühlplatz.

ACTIVITÉS

Bon à savoir – Avec un opéra de renommée mondiale, une troupe de ballet et quatre orchestres, dont deux symphoniques, l'offre de concerts est excellente.

AGENDA

Cannstatter Volkfest – Fin sept. Fête de la bière.

Hamburger Fischmarkt – Juil. Marché au poisson sur la Karlsplatz.

Fête du vin – Fin août, déb. sept.

Bad Wimpfen

★★

6 890 habitants –Bade-Wurtemberg

NOS ADRESSES PAGE 211

S'INFORMER

Office de tourisme – *Carl-Ulrich-Straße 1 - 74206 Bad Wimpfen - ✆ 07063 972 00 - www.badwimpfen.de - lun.-vend. 10h-12h, 14h-17h (sam. 10h-12h avr.-oct.).*

SE REPÉRER

Carte de région B2 (p. 146-147) – *cartes Michelin nos 718 I 11 et 545 X 54.*
À 69 km au nord de Stuttgart, 57 km au sud-est de Heidelberg, 113 km au sud de Wurtzbourg.

À NE PAS MANQUER

Le cloître de la collégiale gothique.

Dominant le Neckar, la petite cité fortifiée de Bad Wimpfen fut au 13e s. résidence impériale des Hohenstaufen. Elle possède un remarquable ensemble de maisons à colombages à découvrir au fil des ruelles tortueuses. Au pied de la colline où la ville s'est établie, s'étendent les salines de Ludwigshalle. Leur exploitation fit la richesse de toute la région, en premier lieu de l'agglomération de Bad Wimpfen im Tal (dans la vallée), groupée autour d'une ancienne collégiale.

2

Se promener

★★ LA VILLE HAUTE (Bad Wimpfen am Berg)

Itinéraire tracé sur le plan (voir p. 210) - Comptez 1h30. Partir de la Marktplatz.

Palais impérial (Kaiserpfalz)

Derrière l'hôtel de ville subsistent des vestiges du **Palais impérial**, avec d'abord la **tour Bleue** *(Blauer Turm)*, dont le couronnement néoféodal date du 19e s. ; du sommet, occupé comme jadis par un veilleur, panorama sur la ville et sur la vallée. Plus loin, dans la **maison romane** dite **Steinhaus**, au pignon à redans (16e s.), un musée retrace l'histoire de la ville depuis l'occupation romaine.

De la terrasse panoramique dominant la *Steinhaus*, descendez huit marches et suivez le pied de la muraille pour découvrir, à droite, les arcatures romanes à colonnes jumelées par lesquelles prenait jour une galerie de l'ancien palais. La recherche décorative qui s'y manifeste évoque le génie bâtisseur des Hohenstaufen, sous lesquels l'architecture romane atteignit son apogée.

Continuer à longer la muraille et prendre l'escalier à droite pour la franchir, puis monter jusqu'à l'extrémité de l'éperon, au pied de la tour Rouge (Roter Turm), dernière défense de la forteresse. Revenir vers le centre et passer sous la porte de Hohenstaufen (Hohenstaufentor) pour rejoindre la Klostergasse.

Vieilles rues

Dans la **Klostergasse**, aux maisons à colombages entourées de jardins, on remarque sur la gauche les anciennes étuves *(Bad-Haus)*, reconnaissables à leur galerie extérieure.

Revenir au carrefour de la Langgasse et emprunter à droite une venelle très étroite qui débouche sur la **Hauptstraße★**.

Au n° 45 s'ouvre la cour d'un ancien hôpital *(Spitalhof)*, l'un des plus vieux bâtiments de Wimpfen ; remontez la rue, aux enseignes joliment ouvragées, et passez devant la **fontaine de l'Aigle** *(Adlerbrunnen)*, réalisée en 1576, avant de regagner la Marktplatz par la Salzgasse.

LA VILLE BASSE (Bad Wimpfen im Tal)

Collégiale (Stiftskirche)

À Bad Wimpfen im Tal par la Carl-Ulrich-Straße. ✆ 07 063 97 040 - www.kloster-badwimpfen.de - visite guidée (1h) sur demande préalable.

La collégiale gothique dédiée à saint Pierre a conservé, d'un édifice roman antérieur, un ouvrage ouest d'une grande simplicité. Le **cloître★★** montre la progression du style gothique vers une plus grande austérité. La galerie est, de la fin du 13ᵉ s., témoigne de la « pleine époque » par la pureté des lignes de ses fenestrages à trois ou quatre lobes et son décor sculpté. La galerie nord (vers 1350), plus anguleuse, fait transition avec la galerie ouest (fin 15ᵉ s.).

▶ Vous pouvez rejoindre Heidelberg en remontant la **vallée du Neckar** (Neckartal) par la très belle route 37. *Quitter Bad Wimpfen par la B 27 au nord.* Le Neckar coule entre des versants boisés sur lesquels se dressent des châteaux.

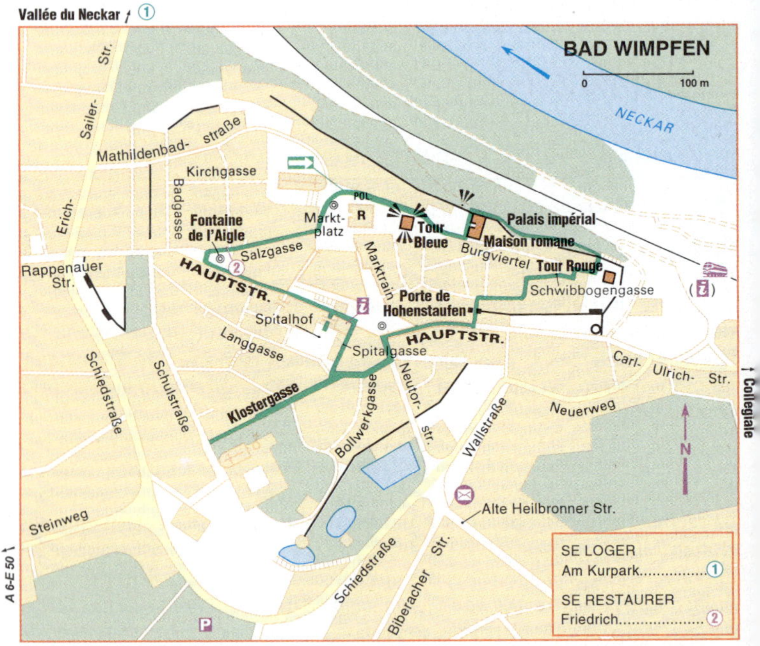

NOS ADRESSES À BAD WIMPFEN

HÉBERGEMENT

BUDGET MOYEN

Am Kurpark – *Kirschenweg 16 - ☏ 0706 39 77 70 - www.dashotelamkurpark.de - fermé de mi-déc. à mi-janv. - P - 9 ch. 93 €* ☕. Cet hôtel-pension présente plusieurs atouts : sa situation calme à proximité du parc thermal, ses chambres confortablement aménagées (six chambres doubles avec balcon) et son accueil.

RESTAURATION

POUR SE FAIRE PLAISIR

Friedrich –*Hauptstraße 74 - ☏ 0706 32 45 - www.friedrich-feyerabend.de - fermé lun.-mar. - 39/46 €*. Ce restaurant convivial et lumineux se situe à l'entrée de la zone piétonne. Cuisine internationale.

2

Schwäbisch Hall

★★

36 810 habitants – Bade-Wurtemberg

NOS ADRESSES PAGE 214

S'INFORMER

Office de tourisme – *Am Markt 9 - 74523 -* ✆ *0791 751 246 - www.schwaebischhall.de - mai-sept. : 9h-18h (sam., dim. 10h-15h) ; oct.-avr. : tlj sf w.-end 9h-17h. Plan de visite de la ville en français.*

SE REPÉRER

Carte de région C2 (p. 146-147) – *cartes Michelin n°s 718 I 11 et 545 AB 55.*
À 133 km à l'ouest de Nuremberg, 95 km au nord de Stuttgart, 112 km à l'est de Heidelberg, 96 km au sud de Wurtzbourg.

À NE PAS MANQUER

La vue sur la vieille ville de la galerie Würth, une promenade sur les bords de la Kocher.

Schwäbisch Hall étend ses ruelles sinueuses sur les flancs abrupts de la vallée de la Kocher. La cité a grandi autour de sources salines que vénéraient et exploitaient jadis les Celtes. Au Moyen Âge, la frappe de la monnaie impériale, les Heller, la rendit célèbre. Ses maisons à colombages remarquablement restaurées et sa quiétude font de Schwäbisch Hall une cité authentique et plus discrète que ses prestigieuses voisines, Heidelberg ou Rothenbourg.

Se promener

★★ Place du Marché (Marktplatz)

Aménagée sur un terrain en pente, la belle place est dominée par l'escalier monumental de l'église St-Michel (54 marches), sur lequel évoluent les acteurs d'un festival consacré, de juin à août, à des œuvres de la littérature classique mondiale. Autour de la place se succèdent des maisons de tous styles architecturaux, du gothique au baroque.

Depuis 1509, la **fontaine** *(Marktbrunnen)* s'appuie sur un mur orné des statues de Samson, saint Michel et saint Georges combattant les démons *(copies, originaux au Musée historique)*. La construction, dont le plan rectangulaire est exceptionnel pour une fontaine gothique, englobe la colonne du pilori qui servait à punir les délits mineurs par l'humiliation publique. Face à l'église se dresse l'élégant bâtiment de l'**hôtel de ville**★, de style baroque tardif (1730 à 1735), avec une saillie centrale légèrement élancée et une belle tour d'horloge.

Les deux rues parallèles de l'**Obere Herrngasse** et de l'**Untere Herrngasse**, reliées par des escaliers, ont gardé de nombreuses maisons à colombages des 15e et 16e s.

Église St-Michel (Michaelskirche)

La tour romane à couronnement Renaissance qui donne sur le grand escalier abrite une statue de St-Michel terrassant le dragon (1290). L'**intérieur**★, d'ordonnance romane, fut transformé au 15e s. en halle gothique et reçut au 16e s. son chœur flamboyant. De la décoration, particulièrement riche, se détachent un crucifix du sculpteur Michel Erhard d'Ulm (1494) et *(à gauche de l'autel)* un tabernacle en dentelle de pierre haut de 15 m.

Musée historique (Hällisch-Fränkisches Museum)
☏ 0791 75 12 89 - www.schwaebischhall.de - ♿ en partie - tlj sf lun. 10h-17h - fermé Vend. saint, 24-25 et 31 déc. - 2,50 €.
Il est aménagé dans six bâtiments historiques, dont une tour de huit étages et un ancien moulin. Outre la géologie et la préhistoire en Franconie, il évoque l'histoire de Hall depuis le Moyen Âge jusqu'à la fin de son époque de ville impériale en 1802. On y découvre l'histoire du Heller, du commerce du sel dans la région, du grand incendie de 1728 qui ravagea toute la ville ; vous pourrez aussi découvrir les figurines d'ivoire de Leonhard Kern, un sculpteur du 17e s. inspiré par ses souvenirs de voyages en Italie et en Afrique.

★ Les berges de la Kocher
Du pont Henkersbrücke et surtout du débouché de la rue Am Spitalbach sur le quai *(Salinenstraße)*, jolie **vue** sur les constructions à colombages du café Ilge et sur le chevet de l'ancienne église St-Jean.
La Mauerstraße *(quais rive gauche)* et l'île d'Unterwöhrd offrent une belle **vue d'ensemble★** sur le vieux quartier, dont les toits s'enchevêtrent au pied de l'église St-Michel et de l'imposante construction du **Büchsenhaus** (1527) ou *Neubau*, l'ancien arsenal. N'hésitez pas à emprunter les agréables passerelles de bois couvertes qui enjambent les bras de la rivière.

★★ Galerie Würth
Lange Straße 35 - ☏ 0791 946 720 - www.kunst.wuerth.com - tlj sf lun. 10h-18h - fermé 25-26 et 31 déc. - gratuit.
La prodigieuse collection d'art moderne réunie par l'industriel Reinhold Würth rassemble un millier d'œuvres, propriété de l'entreprise. L'architecte Henning Larsen a conçu un bâtiment exemplaire pour son intégration dans un site ancien et qui offre une fenêtre sur la ville jusqu'à l'abbaye de Großcomburg. Deux à trois expositions temporaires sont organisées chaque année, complétées par des prêts des plus grands musées d'art du monde.

À proximité Carte de région C2

★ Abbaye de Großcomburg (Benediktinerkloster Großcomburg)
▶ 3 km au sud. ☏ 0791 93 81 85 - www.schloesser-magazin.de/en/monastary-grosscomburg - visite guidée (30mn) - d'avr. à fin oct. : tlj sf lun. à 11h, 13h, 14h, 15h et 16h, w.-end à 14h, 15 et 16h - 3 €.
L'ancienne abbaye bénédictine fondée en 1078 est protégée par une enceinte circulaire ponctuée de tourelles. L'église a gardé ses trois tours romanes ; le reste de l'édifice fut rebâti en 1715 dans un style baroque assez sobre.
Le **lustre★★★** *(Leuchter)* roman en forme de couronne (1130), exécuté en fer recouvert de cuivre doré, est l'un des plus précieux d'Occident avec ceux d'Aix-la-Chapelle et de Hildesheim. Il représente la « Jérusalem céleste » qu'habitent saints, martyrs, anges et philosophes détaillés à travers 412 figures.

NOS ADRESSES À SCHWÄBISCH HALL

HÉBERGEMENT

PREMIER PRIX

Hotel Sölch – *Hauffstraße 14 - ✆ 0791 94 66 466 0 - www.hotel-soelch.de - fermé 24 déc.-6 janv. - P - 24 ch. 82 € ☕.* Quinze minutes de marche suffisent pour gagner la vieille ville depuis cet hôtel accueillant. Pain et *Brötchen* frais tous les jours, fabriqués sur place.

RESTAURATION

BUDGET MOYEN

Sonne – *Gelbinger Gasse 2 - ✆ 0791 97 08 40 - www.sonne-hall.de - fermé lun. et dim. soir - réservation conseillée - 20 €, plat du jour à 8 €.* Plats régionaux à la carte de cet agréable restaurant au centre de Schwäbisch Hall. *Biergarten* aménagé dans la cour intérieure.

UNE FOLIE

San Michele – *Am Markt 12-13 - ✆ 0791 758 90 - www.hotel-adelshof.de - fermé lun.-dim. - menu 76/112 €, carte 50/80 €.* À l'étage, l'ambiance de cette magnifique brasserie est moderne, voire minimaliste. Cuisine contemporaine et régionale.

PETITE PAUSE

Sudhaus – *Lange Straße 35 (galerie Würth) - ✆ 0791 946 72 70 - www.sudhaus-sha.de - 9h-24h - dim. 9h-21h - 25/44 €.* Un restaurant-café installé dans une ancienne brasserie (microbrasserie en activité) et une terrasse au sommet d'une tour. Savoureuse cuisine internationale.

AGENDA

Fête du gâteau et des fontaines (Kuchen und Brunnenfest) – Pentecôte. Spectacle historique des sauniers.

Fête des nuits d'été – Fin août. Concerts au bord de la Kocher à la lumière de 30 000 lampions.

Tübingen

★★

85 350 habitants – Bade-Wurtemberg

NOS ADRESSES PAGE 220

S'INFORMER

Office de tourisme – *An der Eberhardsbrücke - 72072 Tübingen - ✆ 070 71 913 60 - www.tuebingen-info.de - lun.-vend. 9h-19h, et de mai à sept. sam. 10h-16h, dim. et j. fériés 11h-16h.*

SE REPÉRER

Carte de région B3 (p. 146-147) – *cartes Michelin nos 718 I 12 et 545 W 60.*
À 40 km au sud de Stuttgart, 130 km à l'est de Strasbourg.

Ville dynamique et francophile, une vie étudiante au passé prestigieux anime Tübingen jusqu'en son cœur moyenâgeux. Marquée par la présence militaire française et des jumelages anciens, la ville garde un lien fort avec l'Hexagone à travers son université, parmi les plus réputées d'Allemagne, et l'Institut culturel franco-allemand. Le Neckar trace une paisible ligne bleue bordée de vert au pied de la cité. La vieille ville, ravissante avec ses maisons à pans de bois et ses ruelles en pente, est encadrée par les deux collines du Schlossberg et de l'Österberg à la verdure reposante.

Se promener

★★ LA VIEILLE VILLE

Itinéraire tracé sur le plan (p. 218) - Comptez 1h. Au départ de l'office de tourisme, s'engager sur le pont.

Eberhardsbrücke

Ce pont offre une **vue★** fort pittoresque sur le Neckar : derrière les feuillages épars des saules pleureurs surgissent les toits des maisons et la tour d'Hölderlin ; à gauche s'étire la **Platanenallee**, belle promenade sur la rive du Neckar. Avec un peu de chance, vous verrez passer quelques barques mues au moyen de longues rames, les « gondoles de Tübingen ».
Sitôt franchi le pont, descendre sur les berges par un escalier.

Tour Hölderlin (Hölderlinturm)

✆ 070 71 22 040 - tlj sf lun. 10h-12h, 15h-17h, w.-end 14h-17h - 3 €.
Vestige des anciennes fortifications, elle fut habitée par le poète Hölderlin de 1807 à sa mort, en 1843. Elle abrite aujourd'hui diverses expositions et manifestations.
Prendre à droite devant la tour, puis à gauche dans la Bursagasse. On longe le premier hôpital universitaire de Tübingen (Burse) avec son double escalier, puis le séminaire protestant (Evangeslisches Stift) où étudièrent ensemble Hegel, Hölderlin et Schelling. On monte ensuite au château par la Burgsteige. Au n° 20 se trouve une intéressante maison de corporation étudiante.

Château de Hohentübingen (Schloss Hohentübingen)
L'édifice, bâti sur les fondations du château élevé au milieu du 11e s. par le comte de Tübingen, date de la Renaissance. On y entre par un splendide portail (1606) construit dans le style d'un arc de triomphe romain. Délaissé au 18e s., le château a été restauré à partir de 1974 et abrite aujourd'hui un musée et des instituts universitaires. Il sert par ailleurs de domicile à la plus grande colonie de chauves-souris d'Allemagne du Sud. Dérangées en 1995 par les travaux de restauration de la charpente, elles sont allées tout simplement s'installer dans la cave, de sorte qu'il n'est maintenant plus possible d'y contempler le gros tonneau de 1548, d'une contenance de 850 hl.
★ **Musée d'Archéologie** – *✆ 07071 297 73 84 - www.uni-tuebingen.de - mai.-sept. : merc.-dim. 10h-18h (17h oct.-avr.) - possibilité de visite guidée (1h) - fermé 1er janv., 24-25 déc. - 4 €.* Dans le département de préhistoire et de protohistoire sont exposées des pièces d'une rareté exceptionnelle, tel le **petit cheval en ivoire★** trouvé dans la grotte du Vogelherd, datant de plus de 30 000 ans, l'un des plus anciens objets d'art du paléolithique inférieur. Les départements d'antiquités classiques, d'égyptologie et d'antiquités orientales disposent également de pièces de grande valeur, notamment la **chambre cultuelle★** d'un tombeau de l'Ancien Empire (3e millénaire av. J.-C.), entièrement couverte de reliefs. L'intéressante collection de plâtres de statues antiques est hébergée dans la salle des Chevaliers, dont l'oriel d'apparat, de 1537, est orné d'une splendide voûte en étoile.
La **terrasse** du château offre des vues saisissantes sur le Neckar et les toits de la vieille ville.
Redescendre par la même rue puis tourner à gauche dans la Wienergäßle pour déboucher sur la place du Marché.

★ **Place du Marché** (Am Markt)
La vieille place du Marché, occupée au centre par la fontaine de Neptune décorée de statues des quatre saisons de style Renaissance, fourmille d'activités les jours de marché *(lundi, mercredi, vendredi)*. Son charme doit beaucoup aux maisons anciennes à colombages qui l'encadrent. Sur la façade de l'**hôtel de ville★** *(Rathaus)* du 15e s., les sgraffites (décorations murales obtenues par grattage) datent de 1876 ; ils représentent des allégories de

L'UNIVERSITÉ
On dit que Tübingen n'a pas d'université, mais qu'elle est une université, tant la ville est imprégnée, dans son histoire et sa vie spirituelle, de son *alma mater*. Tout commence en 1477, lorsque le comte Eberhard le Barbu décide de fonder une université dans une petite ville ne comptant que 3 000 âmes. Les 300 premières inscriptions sont le début d'une histoire à succès qui se prolonge jusqu'à nos jours.
L'université et le séminaire protestant *(Stift)* fondé en 1536 ont accueilli les poètes Hölderlin, Mörike et Uhland ; c'est également ici qu'étudièrent l'astronome Kepler et l'humaniste Melanchthon. Wilhelm Schickard a inventé en 1623 à Tübingen la première machine à calculer, qui fut longtemps attribuée à Blaise Pascal. Friedrich Miescher découvrit ici en 1869, à l'âge de 25 ans, l'acide désoxyribonucléique (ADN). Et Christine Nüsslein-Volhard obtint en 1995 le prix Nobel de médecine pour ses travaux sur le développement embryonnaire.
L'université est aussi un berceau de la philosophie idéaliste avec Hegel et Schelling, formés à Tübingen.

La tour Hölderlin, sur les bords du Neckar.
Verkehrsverein Tübingen

la justice, de l'agriculture et des sciences, ainsi que des célébrités de la ville. L'horloge astronomique (1511) accrochée au pignon est de Johann Stöfler.

Descendre dans Marktgasse jusqu'au musée de la Ville (Stadtmuseum), ancienne halle aux grains du 15ᵉ s. Prendre à droite dans Kornhausstraße, puis Hirschgasse et Collegiumgasse.

Wilhelmsstift

Au n° 7 de la Collegiumgasse, ce bâtiment en pierre de la fin du 16ᵉ s. abritait une académie réputée pour les jeunes nobles protestants de l'Europe entière. Remarquer le blason du Bade-Wurtemberg au-dessus du portail.

Poursuivre par Hafengasse, puis tourner à droite dans Pfleghofstraße. Entrer dans l'ancien hospice par le porche en ogive.

Hospice de Bebenhausen (Bebenhausener Pfleghof)

Élevé au 15ᵉ s., il servait à entreposer les dîmes de l'abbaye de Bebenhausen *(voir À proximité)*. Du grand toit fait saillie une lucarne à trois étages par où étaient introduits les grains.

Contourner le bâtiment par le haut et resdecendre par Schulberg pour arriver sur la Holzmarkt, la place du marché au bois.

Holzmarkt

Cette place doit beaucoup de son attrait à la fontaine St-Georges. Dans la librairie Heckenhauer (Holzmarkt 5), l'écrivain Hermann Hesse passa ses années d'apprentissage de 1895 à 1899. Au chevet de l'église, remarquer le motif sculpté de saint Georges martyr sur la roue qui inspira l'artiste Johen Heartfield, auteur de photomontages célèbres dénonçant le nazisme.

Collégiale (Stiftskirche)

La collégiale gothique à trois nefs d'égale hauteur fut construite au 15ᵉ s. Le jubé et la **chaire★** à baldaquin sont de style flamboyant. Le chœur constitue la nécropole des princes de Wurtemberg. On peut y voir le monument funéraire d'Eberhard le Barbu, fondateur de l'université de Tübingen, et les

tombeaux★★ Renaissance du duc Louis II et de son épouse, ornés de fins reliefs d'albâtre. Remarquer le retable d'un élève de Dürer (1520), le jubé parfaitement conservé et les stalles polychromes ornées de personnages bibliques. Du haut de la tour, la **vue★** porte sur le Neckar, le promontoire du château et, au loin, le Jura souabe.

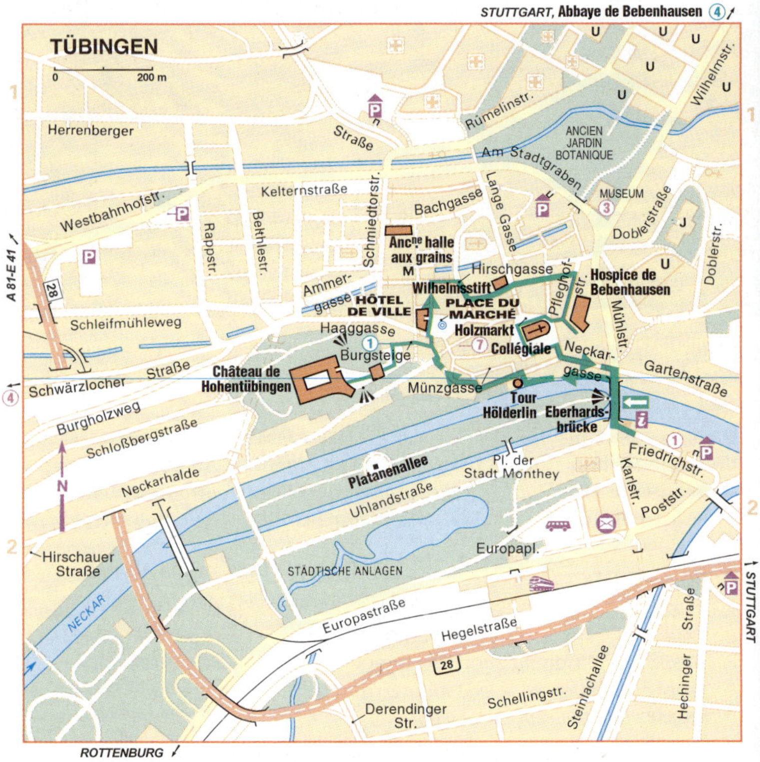

SE LOGER	SE RESTAURER	
Hotel Am Schloss ①	Casino ①	Schwärzlocher Hof ④
Hotel Metropol ④	Museum ③	Weinstube Forelle ⑦

Redescendre vers le Neckar par les escaliers à droite de la collégiale.

À proximité Carte de région B3

★ Château de Hohenzollern

32,5 km au sud de la longue falaise du Neckar, par la B 27.

074 71 24 28 - www.burg-hohenzollern.com - visite guidée (35mn) - de mi-mars à fin oct. : 9h-17h30 ; de nov. à mi-mars : 10h-16h30 - fermé 24 déc. - 9 €.

De quelque côté qu'on le découvre, le château de Hohenzollern, élancé et hérissé de tours, apparaît sur sa colline détachée du Jura souabe, comme surgi pour un décor de légende. Le site★★★ et l'histoire de la dynastie qui y est née, plus que le bâtiment même du château, justifient sa célébrité.

De l'ancien château élevé entre les 11e et 15e s., tombé en ruine au 18e s., il subsiste encore les casemates et la chapelle catholique **St-Michel** *(Michaeliskapelle)*, dont les vitraux passent pour être les plus anciens d'Allemagne du Sud. En 1850, les Hohenzollern firent appel aux architectes prussiens von Prittwitz et Stüler pour reconstruire en style néogothique le berceau de leur famille, sans fonction défensive mais d'après les plans originaux.

La **chapelle évangélique**, dans l'aile nord, abrita de 1952 à 1991 les tombeaux de Frédéric-Guillaume Ier et de Frédéric le Grand, qui ont retrouvé leurs sépultures à Potsdam. Frédéric le Grand est aussi évoqué par les collections du **trésor** *(Schatzkammer)* : décorations, flûtes, tabatières, vêtements.

Le tour des remparts *(commencer à gauche après le pont-levis)* offre un beau **panorama**★ sur la dépression du haut Neckar et le Jura souabe.

2

LE BERCEAU DES HOHENZOLLERN

La famille des comtes issus de Zollern prend une influence grandissante à partir du 11e s., et donne naissance à la dynastie des Hohenzollern qui va se ramifier en plusieurs branches au cours des siècles. En 1415, l'empereur Sigismond offre aux Hohenzollern de Franconie la marche de Brandebourg et les fait ainsi princes-électeurs. En 1618, ils héritent du duché de Prusse qui devient sous leur direction une grande puissance européenne au 18e s. En 1871, profitant d'un front commun des États de la confédération contre la France, le roi de Prusse Guillaume Ier fonde l'Empire allemand et en devient empereur. Mais à peine un demi-siècle plus tard, la défaite et la révolution qui suivent la Première Guerre mondiale mettent un terme à la domination des Hohenzollern : le 9 novembre 1918, Guillaume II doit abdiquer.

NOS ADRESSES À TÜBINGEN

HÉBERGEMENT

PREMIER PRIX

À Bad Urach

Bächi – *Olgastraße 10 - 72574 - ✆ 07125 946 90 - www.hotelbaechi.de* - P - *16 ch. 73/78 €* ☕. Une ambiance familiale règne dans ce petit hôtel bien tenu situé dans un quartier résidentiel. La maison possède un jardin avec une terrasse pour le petit-déjeuner.

À Sigmaringen

Fürstenhof – *Zeppelinstraße 14 72488 - ✆ 07571 720 60 - www.fuerstenhof-sig.de* - P - *34 ch. 75/85 € - ☕ 6,5€ - rest. 23/38 €.* Cet hôtel situé dans une zone regroupant d'autres établissements propose des chambres modernes agréablement meublées. Ambiance élégante dans le restaurant.

BUDGET MOYEN

À Tübingen

Hotel Metropol – Hors Plan 1 - *Reutlinger Straße 7 - ✆ 07071 910 10 - www.metropol-hotel-garni.de* - P ⚭ ♿ - *12 ch. 89 €* ☕. Petit hôtel en périphérie de la ville et qui domine les toits de Tübingen. Chambres propres, modernes. La vieille ville est accessible à pied.

Hotel Am Schloss – Plan 1 - *Burgsteige 18 - ✆ 07071 92 940 - www.hotelamschloss.de* - P - *37 ch. 108 €/118 €* ☕ - *rest. 12/27 €.* Cet hôtel soigné en contrebas du château est installé dans deux maisons anciennes à pans de bois. Cuisine souabe au restaurant et jolie terrasse pour le petit-déjeuner.

RESTAURATION

PREMIER PRIX

À Tübingen

Casino – Plan 2 - *Wöhrdstraße 25 - ✆ 07071 65 07 50 - www.casino-am-neckar.de - ouvert tlj à partir de 11h, fermé le dim. à partir de 21h - 24/43 €.* Ambiance de brasserie moderne au bord du Neckar. Poissons et spécialités souabes. Terrasse, *Biergarten* en été.

Schwärzlocher Hof – Hors Plan 2 - *Schwärzloch (12,5 km à l'ouest de la ville, quitter Tübingen par Schwärzlocher Str. entre Schleifmühleweg et Burgholzweg) - ✆ 07071 43 362 - www.hofgut-schwaerzloch.de - merc.-dim. 11h-22h - fermé du 25 déc. à mi-fév.* - 💳̸ - *14/28 €.* Chœur d'une église du 12e s. intégré dans une ferme-auberge située en pleine campagne. De la terrasse, vue splendide sur les environs. On vous sert du *Most* (cidre brut) et des plats traditionnels.

Weinstube Forelle – Plan 1 - *Kronenstraße 8 - ✆ 07071 240 94 - www.weinstube-forelle.de - 11h30-0h - 21/39 €.* Très fréquenté le soir par les étudiants et par les touristes. Dans un cadre soigné, un personnel accueillant vous servira des plats typiquement souabes.

BUDGET MOYEN

À Hohenzollern

Gasthof Adler – *Schloss Straße 1 - 72406 Zimmern (entre Hohenzollern et Lochenstein, à 4 km au nord de Balingen par la B27) - ✆ 07471 169 75 - fermé 3 sem. en août, mar. et merc. - 23/42 €.* Depuis plusieurs générations déjà, cette maison est tenue par la même famille.

Dans une ambiance campagnarde de style contemporain, vous dégusterez une cuisine régionale à base de produits locaux.

À Tübingen

Museum – Plan 1 - *Wilhelmstraße 3 - ✆ 07071 228 28 - www.restaurant-museum.de - 11h-15h, 18h-0h - 26/46 €.* La salle haute du restaurant combine harmonieusement le style moderne avec le cadre historique du musée. Bonne cuisine régionale et internationale et large choix de vins.

POUR SE FAIRE PLAISIR

À Sigmaringen

Brunnenstube – *À Scheer (10 km au sud-est de Sigmaringen par la B 32) - Mengener Straße 4 - 72516 Scheer - ✆ 07572 36 92 - www.brunnenstube-scheer.de - fermé lun. et sam. midi - 28/45 €.* Fondé en 1871, ce restaurant accueillant et joliment décoré propose des plats internationaux élaborés avec le plus grand soin.

UNE FOLIE

À Kirchheim unter Teck

Landgasthof am Königsweg – *À Ohmden, 6 km à l'est de Kirchheim unter Teck - Hauptstraße 3 - 73275 Ohmden - ✆ 07023 20 41 - www.landgasthof.com - fermé 15-21 fév., dim. et lun. - 65/82€.* Remontant au 17e s., l'auberge de la famille Richter s'élève dans un petit village. Le chef, Sascha Fehrenbach, prépare une cuisine moderne finement élaborée qui fait le régal de ses hôtes.

PETITE PAUSE

À Tübingen

Hanseatica – *Hafengasse 2 - ✆ 07071 517 84 - www.hanse-tuebingen.de - lun.-vend. 8h30-18h30, sam. 8h30-17h, fermé dim.* Une institution de la ville depuis 1959, où l'on vient boire un café debout dans les odeurs de grains torréfiés.

EN SOIRÉE

À Tübingen

Schöne Aussichten – *Wilhelmstr. 16 - ✆ 07071 2 28 84 - www.schoene-aussichten-tuebingen.de - lun.-jeu. 10h-0h, vend.-sam 10h-1h, dim. 14h-19h.* Ce café à l'ambiance décontractée propose différents en-cas sucrés et salés. Petit-déjeuner (plusieurs formules) servi de 10h à 18h (Tübingen est une ville étudiante !).

2

Ulm

★★

121 650 habitants – Bade-Wurtemberg

NOS ADRESSES PAGE 227

S'INFORMER

Office de tourisme – *Münsterplatz 50 - 89073 Ulm - ✆ 0731 161 28 30 - www.tourismus.ulm.de - avr.-déc. : 9h-18h, dim. et j. fériés 11h-15h (18h pdt le marché de Noël) ; 24 et 31 déc. : 9h-13h ; janv.-mars. : tlj sf dim. 9h-18h, sam. 9h-16h - fermé 25-27 déc., 1er et 2 janv.*

SE REPÉRER

Carte de région C3 (p. 146-147) – *cartes Michelin nos 718 J 12 et 545 AC 61.* À 154 km à l'ouest de Munich, 119 km au nord du lac de Constance, 92 km à l'est de Stuttgart. La cité d'Ulm (Land du Bade-Wurtemberg) est séparée de sa jumelle bavaroise *Neu Ulm (la Nouvelle Ulm)* par le Danube.

À NE PAS MANQUER

La montée au sommet de la flèche de la cathédrale, la plus haute du monde.

Important centre urbain au Moyen Âge, forteresse ceinturée par 9 km de remparts au 19e s., Ulm sera presque totalement détruite par un bombardement en 1944. Son exceptionnelle cathédrale se dresse, épargnée, au centre d'une ville qui se prête volontiers aux promenades entre les canaux et le Danube. On n'hésitera pas non plus à flâner dans le pittoresque quartier des pêcheurs ou sur la promenade des remparts pour profiter de la douceur de vivre de cette charmante cité qui vit naître Albert Einstein en 1879.

Découvrir

★★★ LA CATHÉDRALE (MÜNSTER)

Visite : 45mn (montée à la flèche non comprise).

La **flèche**, la plus haute du monde, semble arracher la cathédrale gothique vers le ciel dans l'élan de ses 161 m. La perspective fuyante de ses lignes verticales et la légèreté de l'architecture ajourée sont admirables. Si la première pierre fut posée en 1377, les deux tours du chœur et la flèche ne furent élevées qu'en 1890, selon les plans originaux.

Un porche à trois arcades, d'une très belle élévation, précède les deux portes Renaissance. Au trumeau, l'émouvante statue de Hans Multscher, *L'Homme de douleur* (1429), d'une facture réaliste propre au gothique tardif, est une copie *(original à l'intérieur, à droite de l'arc du chœur)*.

Intérieur

L'absence de transept accentue l'élan de la nef principale aux arcades très aiguës et concentre l'intérêt sur le chœur. L'arc triomphal porte la plus grande **fresque** existant au nord des Alpes. Elle représente le *Jugement dernier* (1471).

Les statues accolées aux piliers de la nef centrale sont du 19e s. ; en revanche, les **consoles** qui les supportent datent du début du 15e s. La chaire est surmontée d'un admirable **abat-voix★** en bois (1510) de Jörg Syrlin le Jeune, dans lequel un minuscule escalier en colimaçon mène à une seconde chaire, celle de l'Esprit saint. Sous l'arc triomphal se trouve la **cathèdre** (chaise gothique à dossier) à trois places, réalisée par Jörg Syrlin l'Ancien (le père du précédent) en 1468. Il s'agissait de tester le talent de celui à qui on commanda, par la suite, les stalles du chœur.

★ **Tabernacle** – *À gauche de l'entrée du chœur.* Avec ses 26 m, c'est le tabernacle le plus haut d'Allemagne. Ce chef-d'œuvre ciselé dans le calcaire et le grès a été réalisé entre 1460 et 1480. Les personnages disposés en trois rangées représentent les Prophètes et les Porteurs de la Loi. Sur la rampe de la balustrade, les petits sujets ciselés figurant des hommes et des animaux témoignent de la créativité de l'artiste.

★★★ **Stalles** – Ce splendide ensemble de bois sculpté (1469-1474), dû à Jörg Syrlin l'Ancien, met face à face trois séries de personnages appartenant à l'histoire chrétienne *(en haut, bustes des baldaquins)*, à l'Ancien Testament *(au centre, bas-reliefs au-dessus des dossiers)* et à l'Antiquité païenne *(au bout des pupitres, bustes grandeur nature, par paires)*. Les hommes sont groupés à gauche, les femmes à droite. Malheureusement, dans l'impossibilité de vous approcher, vous ne pourrez qu'effleurer du regard ces chefs-d'œuvre de réalisme du gothique tardif.

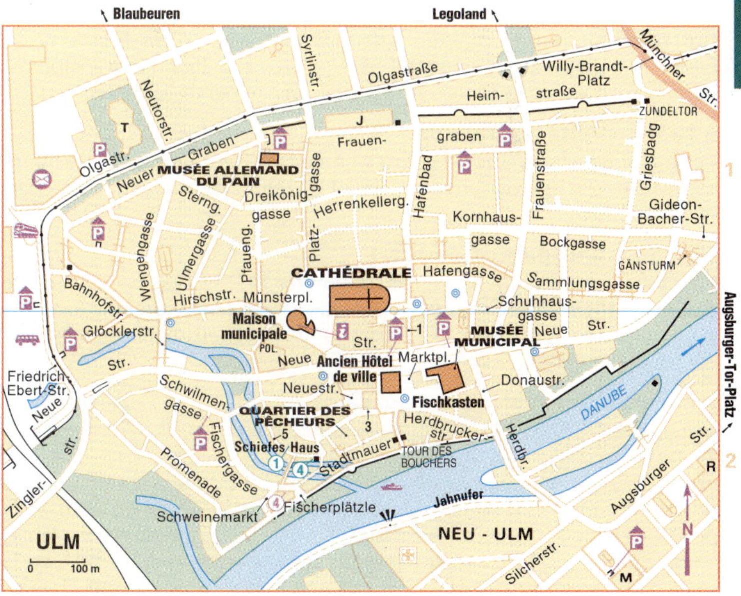

SE LOGER
Pension Rösch............1
Schiefes Haus............4

SE RESTAURER
Zunfthaus....................4

INDEX DES RUES
Krampgasse 1
Kronengasse 3
Schwörhausgasse 5

Les sculptures les plus expressives ornent les pupitres : à gauche, les bustes de philosophes et d'écrivains grecs ou latins (Pythagore, Cicéron, etc.), à droite les Sibylles. Les premières effigies, du côté de la nef, seraient celles du sculpteur et de son épouse.
Le maître-autel de Martin Schaffner et les **vitraux** du chœur (14e-15e s.) méritent également un coup d'œil.

Montée à la flèche

768 marches. La montée est en soi une expérience unique ; la structure, au fil de l'ascension, prend l'aspect d'une dentelle de pierre. De la plate-forme de la tour ou de la corbeille de la flèche, le **panorama★★** est extraordinaire sur la ville et le Danube, les plateaux du Jura souabe et les Alpes.

À voir aussi

★ Quartier des pêcheurs (Fischerviertel)

Les ruelles qui longent le canal *Blau*, aux maisons à colombages bien préservées, sont pittoresques et très prisées des touristes. On peut partir de la *Fischerplätzle*, petite place ombragée d'un tilleul, tourner à gauche dans une petite rue, et franchir le ponceau menant à la « **maison de guingois** » (*Schiefes Haus*, datant du milieu du 15e s.) en bordure du *Blau*. La minuscule ruelle en face s'appelle « ruelle du Baiser » *(Kußgasse)* car les toits des maisons se touchent. Chaque année, dans la maison voisine **Schwörhaus** (1613), le maire rend ses comptes et renouvelle son serment *(Schwörwoche).*
Des **remparts**, belle vue sur les pignons des vieilles maisons. Remarquer la **tour des Bouchers** *(Metzgerturm)*, de 1349, inclinée à 2,05 m de la verticale. Par la roseraie, on arrive au **Adlerbastei**, d'où « le tailleur d'Ulm », Albrecht Berblinger, tenta de s'envoler en 1811 avec un planeur de sa confection.

★ La rive droite du Danube

Cette promenade du côté Neu Ulm (Jahnufer) fait découvrir sur la rive opposée les pignons des maisons couronnant les remparts, la tour des Bouchers et la cathédrale.

Maison municipale (Stadthaus)

Cet édifice entièrement blanc, construit entre 1991 et 1993 par l'architecte américain **Richard Meier** tout près de la cathédrale, arbore une architecture d'avant-garde, qui suscita bien des controverses en juxtaposant édifices ancien et moderne.

★ Musée municipal (Ulmer Museum)

Marktplatz 9 - ✆ 07 31 161 43 12 - www.museum.ulm.de - 11h-17h - fermé lun., 24-25 et 31 déc. - 3,50 €, gratuit vend.
Aménagé dans quatre maisons adjacentes, on y trouve de remarquables œuvres des maîtres d'Ulm (*Vierge de Bihlafingen* de Hans Multscher), ou la peinture en bleu et or de *Marie en deuil,* due à un maître originaire de Haute-Souabe (début du 13e s.). La *Kiechelhaus*, maison située la plus à l'est, est la seule intacte parmi les innombrables demeures des 16e et 17e s. Au 2e étage, magnifique **plafond à caissons** Renaissance. Plusieurs salles sont consacrées aux corporations, très importantes dans une ville prospère comme Ulm. Outre une section d'archéologie, où est exposée la statuette de l'**homme-lion**, une des plus vieilles représentations connues d'un homme (environ 32 000 ans), le musée accueille la **collection Kurt Fried**, rassemblant des travaux d'artistes du 20e s. (Klee, Kandinsky, Kirchner, Rothko).

Ancien hôtel de ville (Altes Rathaus)
Cet élégant bâtiment gothique et Renaissance à pignons ajourés et murs peints porte sur sa façade ouest une horloge astronomique. Sur la place du Marché *(Marktplatz)*, devant l'hôtel de ville, se dresse le **Fischkasten**, fontaine ainsi appelée parce que autrefois les pêcheurs y rafraîchissaient leur marchandise. Le fût torsadé est attribué à Jörg Syrlin l'Ancien (1482).

★ **Musée allemand du Pain** (Deutsches Brotmuseum)
Salzstadelgasse 10 - ✆ 0731 69 955 - www.museum-brotkultur.de - 10h-17h - possibilité de visite guidée en anglais (1h) sur demande - fermé j. fériés - 3,50 €.
Unique en Allemagne, le **musée du Pain** a été aménagé dans un bâtiment Renaissance (1592) à l'initiative d'un entrepreneur d'Ulm qui a réuni ici une collection très importante, illustrant **huit mille ans d'histoire culturelle et sociale autour du pain**. Tous les objets exposés (fours, moules, emblèmes de corporation, monnaies, timbres), ainsi que les œuvres d'art (Bruegel, Corinth, Kollwitz, Picasso) ont une relation avec le pain ou les céréales.

Circuit conseillé Carte de région BC3-4

Entre Ulm et le lac de Constance, traversez les douces collines inondées de lumière de Haute-Souabe. Sur ce plateau, les églises baroques aux ornements éblouissants et à l'architecture lumineuse s'accordent délicieusement au paysage.

LES ÉGLISES BAROQUES EN HAUTE-SOUABE

Circuit de 85 km tracé en rouge sur la carte de région – une demi-journée.

Obermarchtal
L'église de l'**ancienne abbaye**, commencée en 1686, est l'une des premières réalisations de l'école du Vorarlberg. La rigidité de cette architecture baroque, accentuée par la lourdeur du mobilier, est toutefois allégée par la décoration de stucs de Wessobrunn.
Suivre la B 311 et bifurquer à droite vers Zwiefalten.

★★ Zwiefalten
Comme dans la plupart des édifices baroques de Haute-Souabe, la façade de l'**église** de Zwiefalten est sobre et ne laisse rien deviner de la somptuosité de la décoration intérieure. L'intérieur de l'édifice élevé par **Johann Michael Fischer** entre 1739 et 1753 est remarquable par la profusion des couleurs, l'exubérance de la décoration et la virtuosité des stucateurs. L'œil, d'abord désorienté par ce déluge de peintures, stucs et statues, s'arrête ensuite aux détails : les belles peintures de la voûte consacrées à la Vierge de Franz Joseph Spiegler (1691-1757), la chaire décorée par Johann Michael Feuchtmayer (l'oncle du sculpteur et stucateur Joseph Anton Feuchtmayer). Partout, anges et angelots, mêlés aux spirales de nuages dans des attitudes diverses, semblent s'adresser aux pèlerins.
Le chœur est séparé de la nef par l'autel de la Vierge, encadré de superbes grilles (1757). Il possède des stalles très richement sculptées par Joseph Christian. Remarquez les extraordinaires confessionnaux en forme de grotte.
Revenir sur la B 311 et la suivre jusqu'à Unlingen pour passer sur la B 312. À Riedlingen, prendre la L 275 et, 4 km avant Bad Schussenried, tourner à gauche sur la L 283.

★ Steinhausen

Cette église, « la plus belle église villageoise », œuvre de Dominikus Zimmermann, se compose d'une nef unique et d'un petit chœur, tous deux de forme ovale. Une couronne de piliers supporte la calotte de la voûte et délimite autour du vaisseau une galerie en anneau. Le décor sculpté et coloré des chapiteaux, des corniches et des embrasures de fenêtre, peuplés d'oiseaux ou fleuris de lourdes corolles, est impressionnant. Remarquez également la Pietà de 1415 au-dessus de l'autel.

Rejoindre Bad Schussenried à 4 km au sud-ouest.

Bad Schussenried

Wilhelm-Schussen-Straße 36 - ☏ 07583 940 171- www.bad-schussenried.de - 8h-12h30, 14h-16h30 (18h lun.) - fermé w.-end.

Les bâtiments (transformés en lieu de congrès et de manifestation) et l'église de l'**ancienne abbaye** doivent leurs aménagements baroques fastueux aux prémontrés.Dans le chœur de l'église s'alignent des stalles très décorées (1717) ; 28 statuettes de fondateurs d'ordres religieux séparent les panneaux des dossiers hauts.

La **bibliothèque★** s'orne d'un vaste plafond peint par Franz Georg Hermann, peintre à la cour du prince-abbé de Kempten. *Été : 8h-18h ; hiver : 9h-17h - gratuit.*

Continuer sur la L 275 jusqu'à Bad Waldsee et prendre ensuite la B 30. Suivre les panneaux de la Route baroque de Haute-Souabe (Oberschäbische Barockstraße, *itinéraire fléché*).

★★ Weingarten

Par ses dimensions impressionnantes (102 m de long, transept de 44 m), l'abbatiale bénédictine de Weingarten, construite entre 1715 et 1724, dispute à Ottobeuren le premier rang parmi les églises baroques d'Allemagne. La façade encadrée par deux courtes tours et la présence au carré du transept d'un dôme élevé sur un tambour percé de larges fenêtres trahissent une influence italienne transmise par Salzbourg.

Les perspectives intérieures sont amplifiées par l'élan des tribunes passant à mi-hauteur dans les ouvertures des piles-cloisons, d'une facture caractéristique de l'école du Voralberg. Le décor en stucs, dont la finesse est rehaussée par endroits d'un fond de peinture argentée, reste relativement discret. Cosmas Damian Asam a peint sur les voûtes des scènes pleines de virtuosité : le *Triomphe de Benoît de Nursie* et la *Gloire du Saint-Sang*.

Remarquez la **chaire** tout en légèreté portée par des anges, la **grille** du chœur formant une coupole et deux nefs en perspective, ainsi que les **stalles★** de Joseph Anton Feuchtmayer. Le superbe **orgue★★** dû à Joseph Gabler (1700-1771) s'intègre parfaitement à la décoration : ses 6 666 tuyaux épousent la forme des fenêtres et se mêlent aux colonnes de marbre rose.

Revenir sur la B 30, direction Ravensburg.

Ravensburg

Kichstrasse 16 - ☏ 0751 828 00 - www.ravensburg.de

La vieille ville fortifiée conserve un bel îlot de bâtiments anciens, au bout de la Marktstraße, constitué par l'hôtel de ville (*Rathaus*, 14e-15e s.) et la *Blaserturm*, tour d'horloge carrée (15e-16e s.). Pour mieux surveiller les agissements des châtelains du Veitsburg, les bourgeois élevèrent sur la colline une **tour** de 50 m surnommée le « sac de farine » *(Mehlsack)*. Du sommet *(240 marches)*, la **vue** s'étend jusqu'à l'église de Weingarten.

Au sein de l'**église Notre-Dame** *(Liebfrauenkirche)* se trouve une **copie de la Vierge de Ravensburg★★** (l'original est à la Galerie de peinture à Berlin), émouvante sculpture de la Vierge au manteau du 15e s., à l'autel latéral droit. Remarquer également un triptyque en émail datant de la seconde moitié du 15e s.

NOS ADRESSES À ULM

HÉBERGEMENT

PREMIER PRIX

À Ulm

Pension Rösch – Plan 2 - *Schwörhausgasse 18 - ✆ 0731 657 18 - 16 ch. 55 €* ☕. Hôtel simple, bon marché et très propre, situé à l'entrée du quartier des pêcheurs. Chambres convenables au mobilier clair.

POUR SE FAIRE PLAISIR

À Ulm

Schiefes Haus – Plan 2 - *Schwörhausgasse 6 - ✆ 0731 96 79 30 - www.hotelschiefeshausulm.de - fermé 23 déc.-7 janv. - 11 ch. 148 €* ☕. Maison médiévale bien restaurée et équipée de meubles au design chic. Une nuit sur l'un des matelas à eau et vous découvrirez le vrai sommeil !

À Ravensburg

Obertor –*Marktstraße 67 - ✆ 0751 366 70 - www.hotelobertor.de* - P - *33 ch. 112 €*. Installé en ville depuis des générations, l'hôtel se trouve dans l'un des endroits les plus beaux et les plus traditionnels de la vieille cité de Ravensburg.

RESTAURATION

PREMIER PRIX

À Obermarchtal

Zum Hirsch – *Osterstraße 3 - 89584 Kirchen, à 6 km au nord-est par la B 311 - ✆ 07393 950 10 - www.hirsch-ehingen.de - fermé lun. - 16/48 €*. Une auberge de village dans un cadre riant. Excellentes spécialités régionales et quelques plats internationaux.

À Weingarten

Rist – *Bahnhofstraße 8 - 88284 Wolpertswende-Mochenwangen, à 7,5 km au nord par la B 30 - ✆ 07502 922 20 - www.hotelrist.de - fermé 12-28 fév., dim. soir à mar. midi - 17/35 €*. Restaurant chaleureux de style rustique, au service parfait.

BUDGET MOYEN

À Ulm

Zunfthaus – Plan 2 - *Fischergasse 31 - ✆ 0731 644 11 - www.zunfthaus-ulm.de - réservation conseillée - 17/28 €*. Au cœur de la vieille ville, cette maison à colombages de près de 600 ans hébergeait autrefois des pêcheurs et des constructeurs de navires. Salles agréables et rustiques, sur trois étages.

POUR SE FAIRE PLAISIR

À Ravensburg

Weinstube Rebleutehaus – *Schulgasse 15 - ✆ 0751 153 00 - www.waldhorn.de - fermé une semaine à Noël et dim. - 27/41 €*. L'endroit était en 1469 le siège d'une corporation de vignerons. Aujourd'hui, c'est un restaurant où l'on déguste des produits essentiellement régionaux. Le plafond d'époque en bois est particulièrement impressionnant.

AGENDA

Schwörwoche (Semaine du serment) – Juillet. Festivités dont une parade nautique *(Nabada)* sur le Danube.

Munich et le sud de la Bavière 3

Carte Michelin Régional 546 – Bavière

Le château de Neuschwanstein.

G. Simeone / Sime/Photononstop

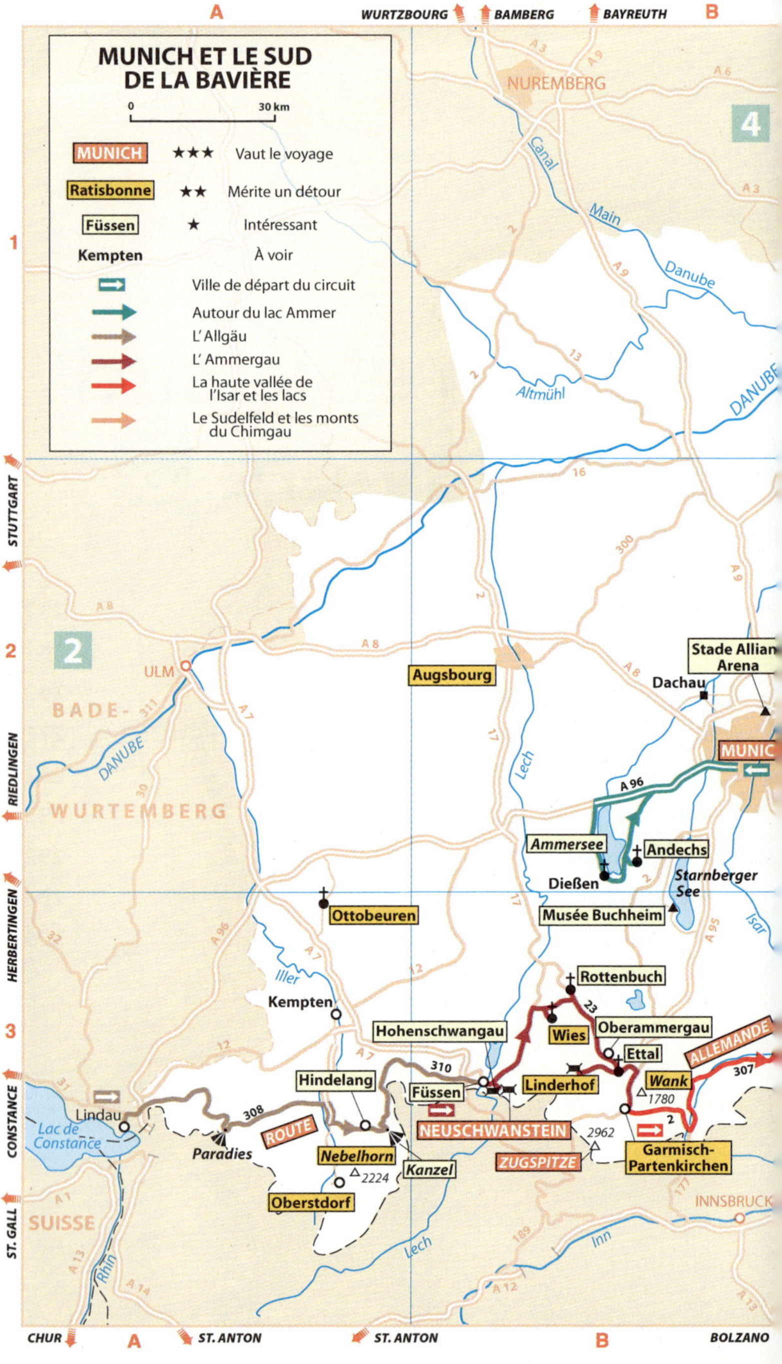
MUNICH ET LE SUD DE LA BAVIÈRE
0 30 km
MUNICH ★★★ Vaut le voyage
Ratisbonne ★★ Mérite un détour
Füssen ★ Intéressant
Kempten À voir
Ville de départ du circuit
Autour du lac Ammer
L'Allgäu
L'Ammergau
La haute vallée de l'Isar et les lacs
Le Sudelfeld et les monts du Chimgau
WURTZBOURG
BAMBERG
BAYREUTH
NUREMBERG
Canal
Main
Danube
Altmühl
DANUBE
STUTTGART
RIEDLINGEN
HERBERTINGEN
CONSTANCE
ST. GALL
ULM
BADE-WURTEMBERG
Augsbourg
Dachau
Stade Allianz Arena
MUNICH
Lech
Ammersee
Andechs
Dießen
Starnberger See
Musée Buchheim
Isar
Ottobeuren
Iller
Kempten
Rottenbuch
Wies
Oberammergau
Ettal
Hohenschwangau
Füssen
Linderhof
Wank
1780
Hindelang
Lindau
Lac de Constance
Paradies
ROUTE
Nebelhorn
2224
Kanzel
Oberstdorf
NEUSCHWANSTEIN
ZUGSPITZE
2962
Garmisch-Partenkirchen
ALLEMANDE
INNSBRUCK
Inn
SUISSE
Rhin
CHUR
ST. ANTON
ST. ANTON
BOLZANO

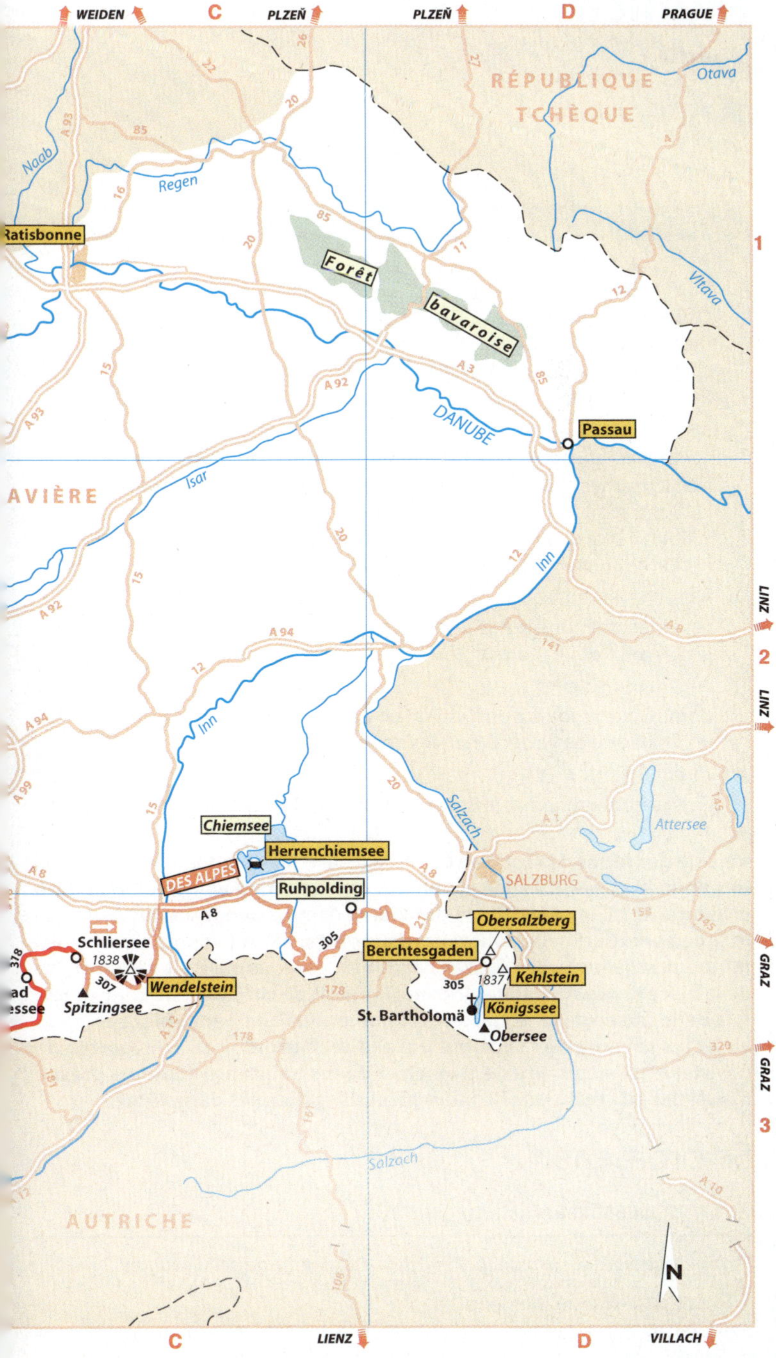
WEIDEN
C
PLZEŇ
PLZEŇ
D
PRAGUE
RÉPUBLIQUE
TCHÈQUE
Otava
Naab
Regen
Ratisbonne
Forêt
bavaroise
Vltava
DANUBE
Passau
BAVIÈRE
Isar
Inn
LINZ
2
LINZ
Inn
Salzach
Attersee
Chiemsee
Herrenchiemsee
DES ALPES
Ruhpolding
SALZBURG
Obersalzberg
Schliersee
1838
Wendelstein
Spitzingsee
Berchtesgaden
Kehlstein
1837
Königssee
St. Bartholomä
Obersee
GRAZ
GRAZ
3
1
Salzach
AUTRICHE
N
C
LIENZ
D
VILLACH

Munich

München

★★★

1 353190 – Bavière

NOS ADRESSES PAGE 256

S'INFORMER

Offices du tourisme – *089 233 96 500 - www.muenchen.de - Gare centrale (Hauptbahnhof) - Bahnhofplatz : 9h-20h (dim.18h) ; 24 déc. 9h-16h. Hôtel de ville (Neues Rathaus) - Marienplatz : 10h-19h, w.-end 10h-17h (dim. 16h) ; 24 déc. 10h-14h.*

SE REPÉRER

Carte de région B2 (p. 230-231) – *cartes Michelin nos 718 L 13 et 546 AO 63.* Nœud routier important au croisement de l'A 9 orientée nord-sud et de l'A 8 qui joint la France et l'Autriche. À 142 km à l'ouest de Salzbourg, 232 km à l'est de Stuttgart, 166 km au sud de Nuremberg. Pour atteindre le centre, suivre « Altstadtring », boulevard qui ceinture la vieille ville.

À NE PAS MANQUER

Les Pinacothèques, la Résidence, le Musée allemand, le musée Brandhorst, le marché aux victuailles.

ORGANISER SON TEMPS

Comptez trois jours pour visiter l'un des grands musées, parcourir à pied le centre ancien et découvrir les environs.

AVEC LES ENFANTS

Le Musée allemand et le Centre des transports, Sea Life, le musée BMW.

Voisine des Alpes, la vibrante capitale de la Bavière est une ville tout à la fois animée et paisible. Ne dit-on pas qu'elle est un village d'un million d'habitants ? Elle constitue la deuxième destination touristique d'Allemagne après Berlin. Les amateurs d'art s'attarderont volontiers dans ses fabuleux musées ou ses églises baroques. L'animation de la célèbre Fête de la bière ravira surtout les inconditionnels de chopes et de kermesses ! À la belle saison, les Biergarten, les immanquables bars à bière en plein air et les saveurs de la cuisine bavaroise sauront vous convaincre de profiter de l'hospitalité de Munich et de ses habitants, toujours prêts à s'installer aux terrasses de leurs places si italiennes dans l'âme.

Se promener

★★ LA VIEILLE VILLE (Altstadt) 1

Itinéraire tracé sur le plan (p. 234-235) – Comptez une demi-journée.

★ Place Ste-Marie (Marienplatz) K3

C'est ici que bat le cœur de la ville. Au centre de la place se trouve la **colonne de Marie**, patronne de la Bavière, que fit ériger le prince-électeur Maximilien

Fête de la bière à Munich.
fotoman_65 / Fotolia.com

(1638). La partie nord de la place est occupée par le **nouvel hôtel de ville** *(Neues Rathaus)* de style néogothique (1867-1908), dont le **carillon**, logé dans l'oriel de la tour, constitue une véritable attraction : en haut, les personnages de cuivre recouverts d'émail de couleur rejouent le tournoi qui eut lieu pour les noces princières en 1568, en bas est figurée la danse des tonneliers *(jeux à 11h, 12h et 17h)* ; n'hésitez pas à pénétrer dans la cour pavée qui abrite une tour d'escalier en colimaçon. La tour de l'hôtel de ville offre une **vue** imprenable sur Munich *(ascenseur)*.

À l'est de la Marienplatz s'élève la façade de l'ancien hôtel de ville *(Altes Rathaus)*, avec son pignon couronné de clochetons. En retrait de la place, au sud, se tient l'église St-Pierre.

Église St-Pierre (Peterskirche) K3

Les trois nefs gothiques de la très lumineuse église St-Pierre, baroquisée aux 17e et 18e s., remontent au 13e s. Le centre du monumental maître-autel est occupé par une statue de saint Pierre (1493) due à Erasmus Grasser. Les sculptures des quatre Pères de l'Église, un peu en dessous, sont l'œuvre de E.Q. Asam (1732). Les Munichois appellent familièrement son clocher (1386) le « Vieux Pierre » ; la montée *(306 marches)* est récompensée par une belle **vue** sur la ville *(montée gratuite - été : 9h-18h30, dim. et j. fériés 10h-18h30 ; hiver : 9h-17h30, dim. et j. fériés 10h-17h30)*.

Emprunter la Burgstraße qui suit le tracé de l'ancien mur d'enceinte de la ville.

Weinstadel (dépôt de vin) K3

Burgstraße 5. Une des plus anciennes maisons de Munich (1552) ; elle abritait autrefois le greffe municipal. Façade décorée en trompe l'œil et beau portail.

Au bout de la Burgstraße, passer sous la tour du château (1460).

Ancien château (Alter Hof) K3

Édifice en forme de quadrilatère, il fut de 1253 à 1474, la résidence des Wittelsbach, la famille royale qui régna sur la Bavière de la fin du 12e s.

SE LOGER

- Am Viktualienmarkt............. 1
- Drei Löwen Hotel................. 10
- Hotel Bayerischer Hof.......... 4
- Hotel Cocoon...................... 7
- Hotel Platzl......................... 19
- Hotel Schlicker................... 25
- Hotel Uhland....................... 22
- Mariandl.............................. 13
- Motel One..... 28, 29, 30, 31, 32

SE RESTAURER

- Augustiner Bräustuben......... 10
- Bogenhauser Hof................. 1
- Café Voilà............................ 3
- Der Pschorr.......................... 15
- Dürnbräu.............................. 4
- Käfer Schänke...................... 7
- Lenbach............................... 13
- Ratzkeller............................. 16
- Schrannenhalle..................... 19
- Spatenhaus an der Oper...... 22
- Spektakel............................. 23
- XXXLutz.............................. 28

Musée de la bière et de la Fête de la bière............ M²
Musée de la Chasse et de la Pêche...................... M¹
Palais archiépiscopal............... Y
Portique des Maréchaux.......... S

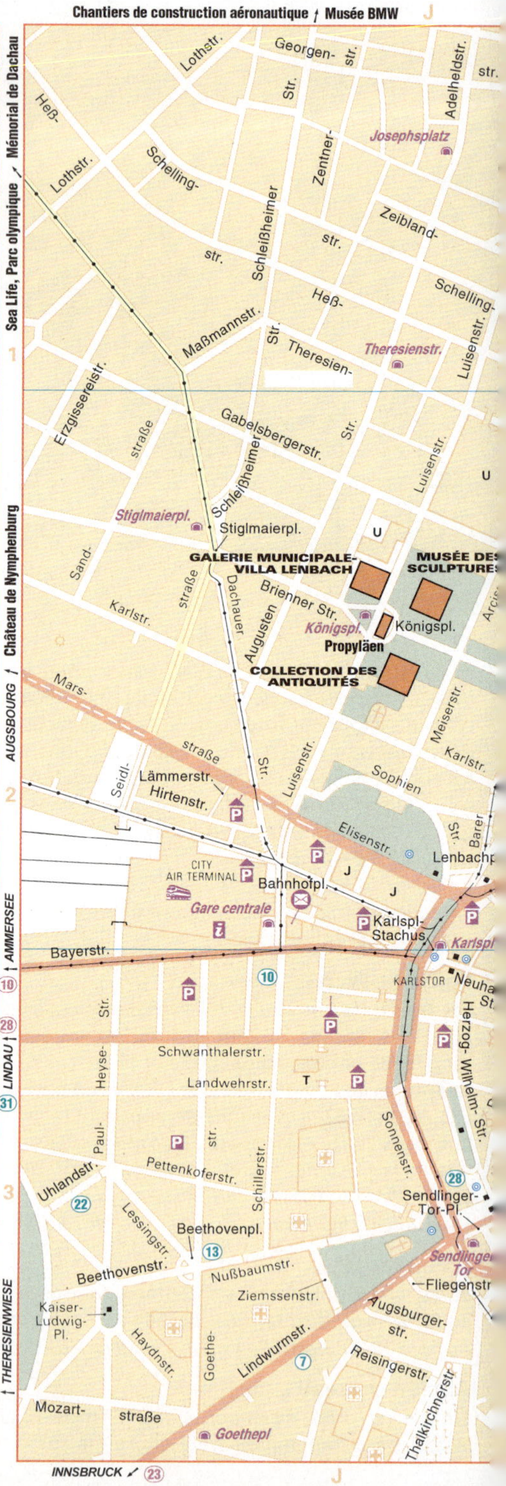

Franz-
Joseph-
Str.
Giselastr.
WALKING MAN
PALAIS PACELLI ET PALAIS BISSING
SCHWABING
Académie des Beaux-Arts
Leopold
PORTE DE LA VICTOIRE
Tour Chinoise
Akademiestr.
Université Louis-Maximilien
Universitat
Königin-
Monopteros
NOUVELLE PINACOTHÈQUE
ANCIENNE PINACOTHÈQUE
Musée Brandhorst
PINACOTHÈQUE D'ART MODERNE
JARDIN ANGLAIS
Ludwig-
Schönfeldstr.
Maison de l'Art
Von-der-Tann-Str.
PALAIS LEUCHTENBERGER
PRINZ-CARL PALAIS
Odeonspl.
JARDIN DE LA RÉSIDENCE
MUSÉE NATIONAL BAVAROIS
Musée Villa Stuck
RÉSIDENCE
THÉATINS
Fontaine des Wittelsbach
Fünf Höfe
Palais Portia
Max-Joseph-Platz
Théâtre national
Marstallpl.
Lehel
PASSAU
N.-DAME
Ancien château
Weinstadel
Hofbräuhaus
Maximilianstr.
Maximiliansbrücke
Nouvel hôtel de ville
Musée d'Anthropologie
PL. STE-MARIE
St-Pierre
ANCIEN HÔTEL DE VILLE
St-Esprit
WASSERBURG
ST-JEAN-NÉPOMUCÈNE
MUSÉE D'HISTOIRE DE LA VILLE
Isartor
RATISBONNE
Marché aux victuailles
Sankt-Jakobs-Pl.
Gärtnerpl.
KULTURZENTRUM GASTEIG
ROSENHEIM
DEUTSCHES MUSEUM
MUSEUMINSEL
MUNICH
200 m
Fraunhoferstr.

jusqu'en 1918. L'aile sud possède une élégante tour à colombages en encorbellement (fin du 15e s.) que les Munichois nomment *Affenturm* (la tour des Singes).

Sortir par le passage du 8 Alter Hof et poursuivre dans la Münzstraße.

Hofbräuhaus K3

L'histoire de cette brasserie, située sur la Platz et célèbre dans le monde entier, remonte à 1589. Le bâtiment actuel fut construit à la fin du 19e s.; la brasserie elle-même avait déjà été déplacée sur la rive droite de l'Isar par manque de place. Chaque jour, dans ce temple de la bière de 3 500 places, on sert environ 100 hl de bière dans des chopes de 1 litre *(Maßkrug)*. C'est dans la **Schwemme**, gigantesque salle voûtée du rez-de-chaussée, que l'ambiance est la plus animée; touristes et Munichois en famille partagent de grandes tables en bois. Noter les casiers métalliques, où les hôtes d'honneur gardent leurs chopes personnelles, et les tables d'habitués *(Stammtisch)* où l'on se retrouve le dimanche en costume traditionnel bavarois.

Par Am Platz, rejoindre la Maximilianstraße, l'avenue des boutiques de luxe, et prendre à gauche jusqu'à la Max-Joseph Platz.

Théâtre national (Nationaltheater) K2

Le premier Théâtre national, construit à cet emplacement entre 1811 et 1818, est affecté à l'Opéra national bavarois, l'une des plus grandes scènes internationales. Il peut contenir 2 100 spectateurs. Au centre de la place se tient la statue de bronze du premier roi de Bavière, Max-Joseph.

★★ Résidence K2

Pour la visite des bâtiments, voir p. 240.

Pour une visite extérieure de la Résidence, il est conseillé de cheminer parmi les cours de l'édifice. Par la Max-Joseph Platz, entrer dans la cour du Königsbau, puis par la Residenzstraße, emprunter la cour de la Chapelle (Kapellenhof), la cour de la Fontaine (Brunnenhof), la cour de l'Apothicairerie (Apothekenhof), avant de ressortir par la Cour impériale (Kaiserhof) sur Odeonsplatz.

Portique des Maréchaux (Feldherrnhalle) K2 (S)

Cette galerie, construite de 1841 à 1844 par Friedrich von Gärtner, reprend le modèle de la Loggia dei Lanzi, à Florence. Derrière le bâtiment, dans la Viscardigasse, une ligne dorée sur le sol rappelle la résistance au nazisme de ceux qui, refusant de faire le salut hitlérien obligatoire devant une plaque

MUNICH DANS L'ENTRE-DEUX-GUERRES

C'est dans le contexte politique instable de la jeune République de Weimar que naît à Munich le mouvement national-socialiste, dirigé à partir de 1921 par Adolf Hitler. Le 9 novembre 1923, Hitler et ses SA (Sturm Abteilung, en français Sections d'Assaut) kidnappent le chef du gouvernement bavarois et déclenchent un coup d'État contre la République. Mais le **putsch de Munich** échoue, le parti est dissous et Hitler emprisonné.

Les événements qui suivent dépassent de loin la capitale de la Bavière; c'est pourtant elle qu'en 1938 un Hitler réhabilité et disposant des pleins pouvoirs choisit pour l'entrevue à laquelle participent Mussolini, Chamberlain et Daladier, et où est décidée l'annexion du territoire des Sudètes. Ces **accords de Munich** sont le symbole de la passivité des démocraties occidentales, prêtes à sacrifier des territoires entiers pour sauvegarder une paix bien illusoire.

MUNICH AUJOURD'HUI

Lourdement bombardée pendant la guerre, Munich se relève rapidement et devient la plus importante zone économique de l'Allemagne du Sud. Des entreprises industrielles de grande envergure y installent leur siège (Siemens, BMW), les congressistes et les touristes affluent et la ville gagne de nouveaux édifices d'architecture contemporaine (deux nouvelles pinacothèques, des galeries de luxe et les installations des 20es Jeux olympiques d'été en 1972). Ces dernières années, les branches industrielles de haute technologie ont connu un fort développement. Avec le 21e s., de nouveaux quartiers émergent, au centre comme à la périphérie, qui mêlent immeubles d'habitation et bureaux, commerces et institutions culturelles. Il faut dire que la ville est soucieuse de son développement durable et des modes de transport doux, qu'il s'agisse des vélos ou des tramways.

commémorative pour les « héros » du putsch manqué d'Hitler en 1923 *(voir encadré ci-contre)*, empruntaient cette ruelle.

★ Église des Théatins (Theatinerkirche) K2

La grande église baroque de l'ordre des Théatins a été construite entre 1663 et 1688, d'abord sous la direction de l'Italien Barelli, puis de Zuccalli, originaire des Grisons. La façade revêtue d'un jaune lumineux fut terminée un siècle plus tard en style rococo par Cuvilliés. À l'intérieur, la coupole haute de 71 m donne une grandiose impression d'espace. Les stucs sont d'une grande richesse; la double colonnade torse du maître-autel est aussi très généreusement décorée. Le bois sombre de la **chaire**, exécutée en 1681 par Andreas Faistenberger, contraste avec les tons blancs et grisés qui dominent par ailleurs. Dans la crypte, sous le chœur, sont inhumés des princes de la famille de Wittelsbach.

Suivre la Theatinerstraße et, après la Salvatorstraße, s'engager dans les passages des Fünf Höfe.

Fünf Höfe (Cinq cours) K2

Ce réaménagement du quartier (1998-2003), dû en partie aux architectes Herzog & de Meuron, fait alterner cours, passages couverts, jardins suspendus, immeubles de bureaux et boutiques. La **galerie Hypo-Kunsthalle** propose régulièrement de belles expositions *(✆ 089 22 44 12 - www.hypo-kunsthalle.de - tlj 10h-20h – fermé le 24 déc.- tarifs variables, tarif réduit lun. non fériés).*

À l'intérieur des Fünf Höfe, prendre le Pranner Passage pour ressortir Kardinal-Faulhaber-Straße.

Palais archiépiscopal (Erzbischöfliches Palais) K2 (Y)

Kardinal-Faulhaber-Straße 7. L'ancien palais Holnstein, le plus beau palais conçu par **François de Cuvilliés**, fut bâti de 1733 à 1735 pour le fils naturel du prince-électeur Charles-Albert. Disposé autour d'une cour rectangulaire, il possède une superbe façade blanc et rose élégamment articulée autour d'un balcon arrondi porté par des angelots. Actuel palais archiépiscopal, il fut occupé de 1977 à 1982 par Joseph Ratzinger (Benoît XVI), alors archevêque de Munich.

Palais Portia K2

Kardinal-Faulhaber-Straße 12. Ce palais, construit sur les plans d'Enrico Zuccalli (1694), a été remanié en 1735 en style rococo par Cuvilliés pour la future comtesse Portia, une maîtresse du prince-électeur Charles-Albert.

Prendre le Dresdner Bank Passage à la suite de la Kardinal-Faulhaber-Straße.

★★ Église Notre-Dame (Frauenkirche) K3

L'architecte de cette cathédrale *(Dom)* de style gothique tardif (1468-1488) est **Jörg von Halsbach**, à qui l'on doit aussi l'ancien hôtel de ville. De l'extérieur, cette construction de brique rouge sombre est très sobre ; seuls les portails latéraux et les pierres tombales encastrées rompent la monotonie des murs. Les deux tours ouest (99 et 100 m) coiffées de leur dôme (1525) sont le symbole de Munich.

Intérieur – D'une blancheur éclatante, le vaisseau frappe par sa simplicité et son élévation. L'élégante voûte en réseau aux nervures ocre repose sur onze paires de puissants piliers octogonaux qui guident le regard vers les vitraux du chœur. Dans le bas-côté sud, admirer le somptueux **mausolée de l'empereur Louis de Bavière★**, ouvrage réalisé en marbre noir par Hans Krumper (1619-1622).

Le mobilier marie l'ancien et le nouveau. Les 32 bustes en bois sculpté d'apôtres, de saints et de prophètes, réalisés par **Erasmus Grasser** (vers 1500), ont ainsi trouvé place dans les **stalles** modernes du chœur.

Derrière le maître-autel, un escalier conduit à la **crypte des évêques et des princes** (caveaux de certains cardinaux de Munich et de quelques Wittelsbach).

Un ascenseur conduit *(d'avr. à oct., de 10h à 17h)* au sommet de la **tour sud** : belle **vue★** sur la ville.

Par la Liebfrauenstraße, touner à droite dans la Kaufingerstraße qui se prolonge par la Neuhauserstraße.

★ Musée de la Chasse et de la Pêche
(Deutsches Jagd- und Fischereimuseum) K3 (M1)

Neuhauser Str. 2 - ✆ 089 22 05 22 - www.jagd-fischerei-museum.de - 9h30-17h (jeu. 21h) - fermé Mar. gras, 24 et 31 déc. - 3,50 € - audioguide en anglais 1,50 €.

Aménagé dans l'ancienne église des Augustins, il présente sur trois niveaux une belle collection d'armes et de trophées, de remarquables tableaux et dessins représentant des scènes de chasse, ainsi que des animaux empaillés.

★ Église St-Michel (Michaelskirche) K3

Construite par les jésuites entre 1583 et 1597 sur le modèle du sanctuaire romain de la compagnie *(Il Gesù)*, elle est la première église de style Renaissance située au nord des Alpes. La façade, rythmée de pilastres, est aussi ornée de 15 statues de souverains, escorte du saint patron de l'église, l'archange saint Michel, dont la statue – magnifique bronze du maniériste Hubert Gerhard (1588) – se trouve entre les deux portails.

La nef unique est surmontée d'une voûte en berceau prenant appui sur des piles massives faisant corps avec les murs. Le maître-autel s'élève jusqu'à la voûte, tel un arc de triomphe. Le bras gauche du transept abrite le tombeau d'Eugène de Beauharnais, beau-fils de Napoléon et gendre du roi Maximilien Ier, mort à Munich en 1824. Dans la **crypte** sont inhumés 30 princes de Wittelsbach, dont Louis II de Bavière.

Prendre la Eisenmannstraße qui devient la Damenstiftstraße puis, après la Brunnstraße, prendre à gauche dans l'Asamhof Passage pour aboutir à la Sendlingerstraße. Prendre sur la droite pour découvrir l'église.

★ Église St-Jean-Népomucène (Asamkirche) K3

Sendlingerstraße 34. Élevée en 1733, cette petite église est surtout connue sous le nom de ses constructeurs, les **frères Asam** : Cosmas Damian, spécialisé dans la peinture de fresques, Egid Quirin, sculpteur et stucateur. Les lignes intérieures sont d'une remarquable harmonie. La fresque du plafond, éclairée par des fenêtres dissimulées derrière des moulures, montre des épisodes de la vie de saint Jean-Népomucène.

Le nouvel hôtel de ville, de style néogothique (19e s.).
Wolfgang Deuter / age fotostock

Revenir sur ses pas, tourner à droite dans Hermann-Sack-Straße, puis couper Oberanger.

Sankt-Jakobs-Platz K3

Au centre de la place s'élève la nouvelle **synagogue** de Munich, inaugurée le 9 novembre 2006, 68 ans après la « nuit de Cristal » où furent commis pogroms et destructions de lieux de culte juifs. L'édifice joue sur les formes du temple de Jérusalem, avec son mur des lamentations, et de la tente de Jacob pour la structure qui coiffe l'ensemble.

3

★ Musée d'Histoire de la ville (Münchner Stadtmuseum) K3

St-Jakobs-Platz 1, dans les anciennes écuries et l'arsenal. ✆ 089 23 32 23 70 - www.stadtmuseum-online.de - ♿ - tlj sf lun. 10h-18h - fermé Mar. gras, 24, 26 et 31 déc. - 4 € - audioguide en anglais 3 €.

Ce musée présente d'importantes collections sur l'histoire locale, l'aménagement intérieur des demeures munichoises, l'artisanat d'art, le théâtre de marionnettes ou la peinture. Au rez-de-chaussée, voir les **danseurs mauresques★★**, dix figures en bois peint et doré d'**Erasmus Grasser** (1480).

Poursuivre vers la Sebastiansplatz et la Schrannenhalle, ancienne halle aux grains à l'élégante charpente métallique reconstruite en 2004 et qui abrite de nombreux restaurants. Sur la gauche se situe le marché aux victuailles.

★ Marché aux victuailles (Viktualienmarkt) K3

Halte idéale lors d'une promenade dans Munich, ce marché pareil à celui d'un village est en activité depuis 1807. Adresse favorite des gourmets pour ses excellents produits fermiers et ses stands exotiques, c'est aussi un lieu de rendez-vous populaire dans son *Biergarten* où l'on prend le temps de vivre devant une chope de bière et une portion d'*Obatzda*, préparation à base de fromage à déguster sur un bretzel. Six fontaines l'entourent, dont deux représentants le comique Karl Valentin (1882-1948) et sa partenaire Liesl Karlstadt.

Église du St-Esprit (Heiliggeistkirche) K3
Cette église gothique a aussi payé son tribut au goût baroque puisque complètement transformée entre 1723 et 1730. Sa façade est une création néobaroque de 1888. Le tableau du **maître-autel** est dû à Ulrich Loth (1664), et les deux anges aux grandes ailes devant les colonnes de l'autel sont l'œuvre de Johann Georg Greiff (1730).
Tourner à gauche dans Tal pour rejoindre Marienplatz.

★★ DE LA RÉSIDENCE AU NORD DE LA VIEILLE VILLE 2

Itinéraire tracé sur le plan (p. 234-235) – Comptez une journée

★★ La Résidence KL2

Une demi-journée. Residenzstraße 1 - ✆ 089 29 06 71 - www.schloesser.bayern.de - 1er avr.-15 oct. : tlj 9h-18h ; 16 oct.-fin mars : tlj 10h-17h - fermé 24, 25 et 31 déc., 1er janv., Mar. gras - musée 7 € ; trésor 7 € ; billet combiné 11 € - audioguide en français gratuit et conseillé.
En 1385, les Wittelsbach commencèrent la construction d'une nouvelle Résidence, qui devint avec le temps un complexe de plus en plus vaste ; les ducs, princes puis rois de Bavière y vécurent jusqu'en 1918. Les travaux ont particulièrement avancé à l'époque de la Renaissance (Antiquarium, Kaiserhof, façade sur la Residenzstraße) et du classicisme (Festsaalbau, Königsbau). Aujourd'hui, l'immense complexe accueille entre autres le trésor et le musée de la Résidence, où à travers 130 salles le visiteur peut découvrir cinq siècles de tradition de l'habitat princier.

★★ Musée de la Résidence (Residenzmuseum)
Pour voir l'ensemble de la Résidence où se succèdent les styles Renaissance, baroque, rococo et néoclassique, il faut suivre successivement, le matin, puis l'après-midi (à partir de 13h30), deux circuits empruntant des trajets différents. Mais les salles les plus importantes, comme la galerie des Ancêtres ou l'Antiquarium, sont communes aux deux visites et chaque circuit donne déjà une vue très complète du palais.
L'Antiquarium, partie la plus ancienne du palais (vers 1570), immense salle dallée de marbre, impressionne le visiteur par sa voûte peinte de fresques et ses bustes antiques. Les **salles d'apparat** (*Reiche Zimmer* – 1730-1737), exécutées par Effner et Cuvilliés, sont des exemples brillants du début du rococo. À visiter : les **appartements du roi**, dans l'aile royale que Louis Ier avait fait bâtir de 1826 à 1835 par l'architecte de la cour Leo von Klenze. Ce corps de bâtiment, durement touché pendant la Seconde Guerre mondiale, a subi une restauration exemplaire. La **galerie des Ancêtres** des Wittelsbach est présentée dans une salle magnifiquement décorée de sculptures sur bois et de stucs dorés.
Les **salles des porcelaines** renferment des chefs-d'œuvre des manufactures de Meissen, Nymphenburg, Frankenthal et Sèvres (service « aux oiseaux » de 1759). La **chapelle de la cour** (*Hofkapelle*, 17e s.) est dédiée à Marie, patronne de la Bavière. Voir aussi la **chapelle d'apparat** *(Reiche Kapelle)*, qui mérite bien son nom, et tout près la **chambre des reliques** *(Reliquienkammer)*, avec ses précieux ouvrages d'orfèvrerie (16e au 18e s.).
Les **salles consacrées à l'argenterie** *(Silberkammer)*, les superbes **chambres de pierre** *(Steinzimmer)* revêtues de marbre, de faux marbre et de scagliola (stuc très fin), ainsi que la **salle impériale** *(Kaisersaal)*, restituée, débordent de magnificence.

★★ **Trésor** (Schatzkammer)
Quintessence de trois siècles de passion de l'art en Bavière, le trésor de la Résidence réunit des pièces d'orfèvrerie, des émaux, des ouvrages de cristal et d'ivoire dans l'une des plus fascinantes collections de ce genre en Europe. Il faut s'arrêter devant la superbe croix de la reine Gisèle de Hongrie (après 1006), la couronne du duc Henri, de 1280, un autel privé avec la *Flagellation du Christ* (vers 1580-1585) et une éblouissante pièce d'orfèvrerie avec pierres précieuses : la statuette de saint Georges à cheval (1586-1597). Les insignes royaux de Bavière, avec couronne royale, globe impérial, sceptre, glaive impérial et porte-sceau furent créés à Paris en 1806-1807 pour le premier roi de Bavière, Maximilien Ier Joseph.

★ **Théâtre de la Résidence** (Altes Residenztheater)
Accès par l'extérieur de la Résidence. Août-sept. : tlj 9h-18h ; avr.-juil. et mi-sept-mi-oct. : lun.-sam. 14h-18h, dim. et j. fériés 9h-18h ; mi-oct.-mars : lun.-sam. 14h-17h, dim. et j. fériés 10h-17h - fermé 24, 25, 31 déc. et Mar. gras - 3,50 €, billet combiné avec la visite du trésor 13 €.
Ce charmant théâtre rococo, aussi connu sous le nom de théâtre Cuvilliés, fut construit par **Cuvilliés** de 1751 à 1753. Chacune des quatre loges est décorée différemment ; la loge du prince-électeur, au centre, se distingue par la richesse exubérante des tentures, des marbres et des stucs. Les tons or, rouge et ivoire s'y marient avec bonheur.

★ **Jardin de la Résidence** (Hofgarten) KL 3
Cet ancien jardin Renaissance de la Résidence, entouré d'un péristyle, a été construit à partir de 1613 par Maximilien Ier. Séparé d'Odeonsplatz par un portique néoclassique *(Hofgartentor)*, première œuvre de l'architecte Léo von Klenze en 1816, il est un havre de paix fréquenté par les joueurs de pétanque francophiles ou les danseurs qui se réunissent dans le pavillon de Diane surmonté de la figure allégorique de la Bavaria.

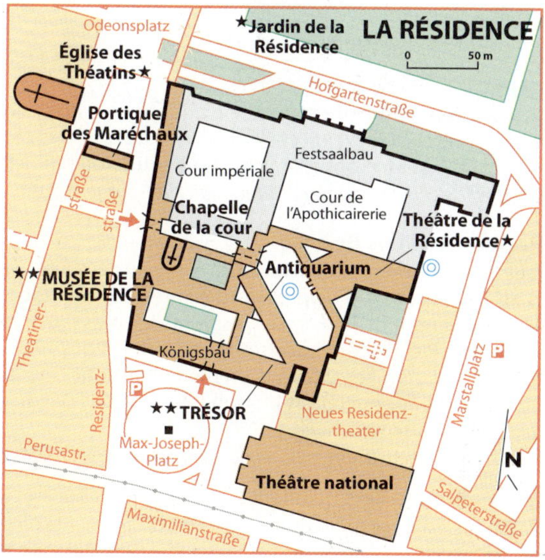

Traverser le jardin en diagonale vers la gauche et passer près d'un cube de granit noir, monument à la mémoire du mouvement antinazi de la Rose blanche, puis emprunter le souterrain.

Maison de l'Art (Haus der Kunst) L2

Prinzregentenstraße 1 - ✆ 089 211 27 113 - www.hausderkunst.de - tlj 10h-20h (jeu. 22h) - 5/8 € selon l'exposition.

Ce bâtiment de Paul L. Troost, inauguré en 1937, est typique de l'architecture du IIIe Reich. Ce « temple » hitlérien abrita les expositions de propagande dédiées à l'art officiel. S'y tiennent désormais des expositions d'art contemporain internationales.

Contourner la maison de l'Art par la droite pour admirer les surfeurs qui s'amusent toute l'année dans les flots de l'Eisbach, la rivière qui traverse le Jardin anglais.

★ **Jardin anglais** (Englischer Garten) L2

Poumon vert au cœur de la ville avec ses grandes étendues de pelouses – fréquentées l'été par des naturistes, ce qui attire de nombreux curieux – bordées d'arbres, ses cours d'eau et son lac, le Jardin anglais fut aménagé à la fin du 18e s. par l'architecte **F. L. von Sckell**. Du **Monopteros**, temple rond bâti sur une colline par Klenze, on a une belle **vue★** sur les clochers de la vieille ville. Il est particulièrement animé en été, près de la **tour Chinoise** *(Chinesischer Turm)*, où un *Biergarten* offre 7 500 places.

Poursuivre vers le nord-ouest et retrouver la seule voie de circulation qui traverse le jardin. Sortir dans la Thiemestraße qui se poursuit par la Martiusstraße.

★ **Schwabing** KL 1

Peuplé dès le 8e s., avant la fondation de Munich, Schwabing est d'abord un village qui ne sera rattaché à la capitale bavaroise qu'en 1890. C'est le quartier bohème de la ville, celui des bars et de la vie nocturne. Côté architecture, l'Art nouveau ou *Jugendstil* est bien représenté avec notamment les immeubles des **nos 5 et 7 Martiusstraße**. Les stries au rez-de-chaussée des façades, l'emploi de stucs et le recours à des trompe-l'œil colorés sont parmi les caractéristiques du mouvement à Munich.

Prendre à gauche la Leopoldstraße vers le centre-ville.

★ **Walking Man** L1

36 Leopoldstraße. La sculpture monumentale de Jonathan Borofsky, *Walking Man*, haute de 17 m, s'élève devant l'entrée du siège de l'une des plus grandes sociétés de réassurance au monde, la Münchener Rück (ou Munich Re).

Traverser la Leopoldstraße et tourner à droite dans la Georgenstraße.

★ **Palais Pacelli et palais Bissing** KL 1

Georgenstraße 8-10. Le contraste de style entre ces deux demeures mitoyennes construites en 1900 est surprenant. À droite, la résidence néobaroque est parfois désignée du nom de l'un de ses résidents les plus illustres, Eugenio Pacelli, le futur pape Pie XII, nonce apostolique à Munich dès 1917. À gauche, la façade du palais Bissing (les portraits en médaillon sont ceux de Schiller, Raphaël, Donatello et Sophocle) est un bon exemple des décors peints du *Jugendstil* (Art nouveau) munichois.

Prendre à gauche la Türkenstraße, puis de nouveau à gauche l'Akademiestraße.

Académie des Beaux-Arts (Akademie der Bildenden Künste) K1

Akademiestraße 2. C'est dans ce quartier, entre Schwabing et Maxvorstadt, que bat le centre culturel de la ville depuis le milieu du 19e s., lorsque peintres et hommes de lettres s'y installèrent. Franz Marc, Vassily Kandinsky et Paul Klee fréquentèrent l'Académie des Beaux-Arts voulue par Louis II de Bavière et inaugurée en 1885. L'extension du bâtiment est due à l'agence Coop Himmelblau. *Au bout d'Akademiestraße, prendre à droite dans la Ludwigstraße jusqu'à Odeonsplatz.*

★ **Porte de la Victoire** (Siegestor) **et Ludwigstraße** L1-K2
La Ludwigstraße fournit une belle perspective depuis la **porte de la Victoire**, arc de triomphe construit sur le modèle de l'arc Constantin de Rome, jusqu'au portique des maréchaux *(voir p. 236)*. Elle est l'une des marques que Louis Ier de Bavière imprima sur l'urbanisme de sa capitale via les travaux menés par Leo von Klenze, architecte intendant à la Cour à partir de 1816.

Université Louis-Maximilien (Ludwig-Maximilians-Universität) K1
Les chercheurs les plus célèbres de cette université, construite entre 1835 et 1840, dans des styles néoclassique et néoroman, furent le physicien Wilhelm Röntgen, découvreur des rayons X, le chimiste Justus von Liebig et le sociologue Max Weber. C'est dans la cour intérieure que les étudiants Hans et Sophie Scholl, du mouvement de résistance au régime nazi, « **La Rose blanche** », lancèrent leurs tracts avant d'être arrêtés le 18 février 1943, comme le rappellent les plaques commémoratives posées au sol devant l'entrée principale.

Odeonsplatz K2
Au centre de cette place s'élève la statue équestre de Louis Ier de Bavière. En arrière, à droite, l'ancien palais Leuchtenberg (1816 à 1821), érigé par Leo von Klenze pour Eugène de Beauharnais, duc de Leuchtenberg, abrite aujourd'hui le ministère des Finances de Bavière.

Découvrir le quartier des Pinacothèques

Les trois musées des collections de peintures de l'État de Bavière forment un ensemble très cohérent et d'une richesse exceptionnelle. L'*Alte Pinakothek* (du Moyen Âge au 18e s.), la *Neue Pinakothek* (œuvres du 19e s.) et la nouvelle *Pinakothek der Moderne* (art moderne et contemporain) offrent un panorama complet de la peinture européenne et un nombre impressionnant de chefs-d'œuvre dans un mouchoir de poche. *Un ticket combiné permet de voir les trois pinacothèques en une journée (ainsi que le musée Brandhorst et la collection Schack) pour 12 € ; au vu de la richesse des collections, il est toutefois conseillé d'étaler la visite sur plusieurs jours.*

★★★ **Ancienne Pinacothèque** (Alte Pinakothek) K2
✆ 089 23 80 52 16 - www.pinakothek.de - ♿ - possibilité de visite guidée (1h-1h15) - tlj sf lun. 10h-18h (mar. 20h) - fermé Mar. gras, 1er Mai, 24-25 et 31 déc. - 7 € avec audioguide en français (dim. 1 €, audioguide 4,50 €).

LES ORIGINES DE LA PINACOTHÈQUE
Le fonds des collections fut constitué au 16e s. par le duc Guillaume IV, qui commanda des scènes historiques aux peintres les plus réputés de son temps, Altdorfer et Burgkmair. Au 17e s., l'Électeur Maximilien Ier fonda la Kammergalerie qui devint, sous le roi Louis Ier, la plus riche galerie de peinture de toute l'Europe. En 1943, le bâtiment subit de sévères dommages, mais les peintures avaient déjà été mises à l'abri.

3

Ce gigantesque bâtiment, construit par Leo von Klenze entre 1826 et 1836 dans le style de la Renaissance vénitienne, recèle environ 700 œuvres de la peinture européenne. Elles ont été produites sur une période allant du 14e s. au 18e s. et sont issues des collections des Wittelsbach.

École allemande – La section consacrée aux **primitifs allemands** est la plus riche de la Pinacothèque. À côté des peintures sacrées du 15e s., où s'illustre le style gothique tardif, le musée expose des tableaux des maîtres qui ont importé la Renaissance au nord des Alpes, tels **Albrecht Dürer**, **Albrecht Atldorfer**, **Hans Holbein l'Ancien**.

Écoles flamande et hollandaise – Outre les tableaux d'**Anton van Dyck Pieter** et de **Bruegel l'Ancien** sont exposées les grandes toiles aux nombreux personnages de **Pierre Paul Rubens,** comme son *Jugement dernier* (vers 1614-1616). Le centre de la collection de **peintures hollandaises du 17e s.** est constitué par le cycle de la *Passion* de **Rembrandt**, où, malgré une sobriété propre à la manière de cette école, le sentiment s'exprime dans de grands gestes caractéristiques du baroque international.

École italienne – Trois œuvres majeures de **Raphaël** sont conservées ici, dont la *Madone Tempi* (1507), où la beauté idéale recherchée par l'artiste apparaît très humaine : on voit plus une mère et son fils que la Vierge à l'Enfant de ses prédécesseurs. La peinture vénitienne, pour laquelle les Wittelsbach ont marqué un intérêt continu, est représentée à travers des toiles du **Titien** et de **Tiepolo**.

École française – Le classicisme français s'exprime à travers le grand paysagiste **Claude Lorrain** et les tableaux de **Nicolas Poussin** traitant des sujets issus des *Métamorphoses* d'Ovide (1627). Parmi les peintres du 18e s., le musée nous invite dans l'intimité de la *Marquise de Pompadour*, qui avait demandé à son peintre favori, François Boucher, d'exécuter son portrait (1756).

École espagnole – Elle est notamment illustrée par des tableaux de genre pleins d'allégresse de **Murillo**.

★★ Nouvelle Pinacothèque (Neue Pinakothek) K2

089 23 80 51 95 - www.pinakothek.de - ♿ - tlj sf mar. 10h-18h (merc. 20h) - possibilité de visite guidée - fermé Mar. gras, 1er Mai, 24-25 et 31 déc. - 7 € avec audioguide en français (dim. 1 €, audioguide 4,50 €).

Le bâtiment, revêtu de grès aux tons clairs, est une œuvre de style post-moderniste (1981) de l'architecte munichois Alexander von Branca. De belles proportions et dispensant d'agréables effets de lumière, il s'est substitué à un édifice construit sous Louis Ier et rasé après la Seconde Guerre mondiale. Le musée abrite environ 400 peintures et sculptures européennes du 19e s. et du classicisme à l'Art nouveau.

18e s. – Les collections comptent entre autres des portraits et paysages de **Thomas Gainsborough**, **Jacques Louis David**, **Joshua Reynolds**, **William Turner** et **Goya**.

Du Romantisme au Réalisme – Les salles consacrées au romantisme allemand exposent les paysages à symbolisme chrétien de **Caspar David Friedrich**. Le style Biedermeier est quant à lui représenté par le *Cendrillon* (1852) de **Moritz von Schwind**, qui évoque le conte dans un agencement original de quatre tableaux et quinze vignettes. Le musée détient aussi quelques œuvres de romantiques français comme **Théodore Géricault** (*Batterie d'artillerie*, 1814) et **Eugène Delacroix**.

VOIR AUSSI...

Deux autres musées de la région de Munich décrits dans ce guide exposent des œuvres des expressionnistes allemands : la villa Lenbach pour le mouvement du *Cavalier bleu*, et le Buchheim Museum, à Bernried, pour le mouvement « Die Brücke ».

La pinacothèque de Munich.
Rainer Martini/Look/Photononstop

Parmi les naturalistes, citons **Gustave Courbet**, Camille Corot et Charles-François Daubigny. Selon le renouvellement des toiles, le musée présente également les œuvres de peintres allemands, tels **Carl Theodor von Piloty** (1826-1886), chef de file d'une peinture dramatique et réaliste durant la période d'expansion industrielle de l'Allemagne *(Gründerzeit)*, Franz von Lenbach, élève de von Piloty, **Hans von Marées** (1837-1887), grand portraitiste inspiré par l'art de la Renaissance ou bien **Leibl**, chef de file de l'école réaliste bavaroise.

Impressionnistes, postimpressionnistes et symbolistes – Quelques toiles d'impressionnistes français sont exposées, telles que le *Déjeuner dans l'atelier* (1868) d'**Édouard Manet** et *La Repasseuse* (vers 1869) d'**Edgar Degas**. Selon la muséographie retenue, elles peuvent laisser la place aux toiles de **Vincent van Gogh**, **Paul Gauguin** ou **Camille Pissarro.** La Nouvelle Pinacothèque conserve aussi des toiles nabis de Pierre Bonnard et Édouard Vuillard.

La visite s'achève par des œuvres du symbolisme et de l'Art nouveau (*Jugendstil* en allemand), tel le sublime portrait de Margarethe Stonborough-Wittgenstein par **Gustav Klimt** (1905) ou des travaux de Ferdinand Hodler, Egon Schiele et Giovanni Segantini.

★★ Pinacothèque d'Art moderne (Pinakothek der Moderne) K2

Barer Straße 40 - ✆ 089 23 80 53 60 - www.pinakothek.de - ♿ - tlj sf lun. 10h-18h, (jeu. 20h) - fermé Mar. gras, 1er Mai, 24, 25 et 31 déc. - 10 € avec guide multimédia en anglais (dim. 1 €).

L'architecte munichois Stephan Braunfels a dressé les plans de l'édifice, qui, avec sa rotonde de verre et son toit en dents de scie, également en verre, mérite bien son nom de « cathédrale de lumière ».

Ouvert depuis septembre 2002, le bâtiment abrite quatre musées *(le ticket d'entrée offre l'accès à l'ensemble des collections)* dans lesquels l'art du 20e s. s'expose à travers des peintures, sculptures, photographies, dessins, maquettes et objets de design.

Galerie d'Art moderne (Staatsgalerie moderner Kunst) – *3e étage.* La question de la forme et du contenu est le fil conducteur de l'exposition permanente, qui s'organise de manière chronologique et par influences croisées. La section consacrée à l'**art moderne classique** fait la part belle à l'expressionnisme allemand et à ses différents mouvements : « Die Brücke » *(le Pont*, dont les œuvres se détachent des fauves par leurs sujets torturés) avec **Ernst Ludwig Kirchner**, et « Der Blaue Reiter » (*le Cavalier bleu*, tourné vers l'abstraction et la spiritualisation des formes) avec Franz Marc et **Vassily Kandinsky**.

Dans une démarche radicalement opposée, on retrouve les cubistes et les futuristes, à travers les nombreuses œuvres de **Pablo Picasso** *(Madame Soler)* et **Georges Braque**. Le surréalisme est présent au travers des toiles de Max Ernst, René Magritte et Salvador Dalí. La peinture du Bauhaus ne manque pas non plus à l'appel avec Lyonel Feininger et Paul Klee.

Enfin, la section dédiée à l'**art contemporain** rassemble des monographies d'artistes comme **Joseph Beuys** ou **Francis Bacon**, et propose aussi des œuvres d'artistes américains : peintures d'**Andy Warhol**, photographies de Jeff Wall ou vidéos de Bruce Nauman.

★ **Arts décoratifs et design** (Neue Sammlung) – Par l'ancienneté et l'étendue de ses collections (60 000 pièces) acquises dès 1907, ce musée est l'un des plus importants du genre, notamment pour le design industriel (accessoires de sport, voitures, équipements informatiques). Sont exposés des prototypes d'objets conçus depuis la révolution industrielle jusqu'aux années 1960, en passant par le Bauhaus et l'Art nouveau. Des classiques du design mobilier ainsi que les travaux de visionnaires comme Colani et John Maeda s'intègrent dans une présentation mêlant écrans interactifs, maquettes et objets finis.

Musée d'Arts graphiques (Grafische Sammlung) et **musée d'Architecture** (Architekturmuseum der Technischen Universität) – Les collections de ces deux musées font l'objet d'expositions temporaires au rez-de-chaussée en raison de leur grande sensibilité à la lumière.

Musée Brandhorst (Museum Brandhorst) K2

✆ 089 238 052 286 - www.museum-brandhorst.de - tlj sf lun. 10h-18h (jeu. 20h) - fermé Mar. gras, 1er Mai, 24-25 et 31 déc. - 7 € (dim. 1 €, audioguide angl. 4,50 €).

Ouvert depuis 2009, ce musée d'art moderne et contemporain allie esthétique et préoccupation écologique (il est autosuffisant en matière d'énergie pour la ventilation et l'éclairage). Pour sa construction, l'agence d'architecture Sauerbruch Hutton a utilisé des matériaux de haute technologie, en parfaite harmonie avec les œuvres qui s'y trouvent : peintures, sculptures, dessins, installations vidéo. L'édifice abrite notamment les œuvres d'artistes tels qu'Andy Warhol, Cy Twombly, John Chamberlain, Franz West.

Propyläen J2

Côté ouest de la Königsplatz.

Cette imposante porte (1846-1862) due à Klenze est inspirée des **Propylées** (en grec « entrée du temple ») de l'Acropole. La frise montre la lutte de libération des Grecs contre les Turcs et, sur les sculptures du fronton au-dessus des colonnades doriques, Otton Ier de Wittelsbach, roi de Grèce de 1832 à 1862.

LA PLACE DE LA CULTURE

Louis Ier voulait que la Königsplatz soit la place de la Culture de son « Athènes sur l'Isar ». Le modèle antique inspira à l'architecte Léo von Klenze (1816-1830) les « ordres » des bâtiments bordant la place : dorique pour les propylées, ionique pour la Glyptothèque et corinthien pour la collection des Antiquités.

★ **Musée des Sculptures** (Glyptothek) J2

✆ 089 28 61 00 - www.antike-am-koenigsplatz.mwn.de - mar.-dim. 10h-17h (jeu. 20h) – fermé le 1er nov., 24-26 et 31 déc., Mar. gras - visite guidée le jeu. à 18h (1h) - 3,50 € (dim. 1 €).

La **Glyptothèque** rassemble mille ans de sculpture grecque et romaine. La rareté des statues grecques (généralement conçues en bronze et malheureusement fondues par la suite) rend d'autant plus exceptionnels les marbres originaux présentés, tels l'**Apollon de Tenea** au visage fin et souriant (6e s. av. J.-C.) et le **Faune Barberini** (vers 220 av. J.-C.). Voir également le **bas-relief de Mnesarete** et les **statues d'Égine**, en marbre de Paros et illustrant des épisodes de la guerre de Troie, qui comptent parmi les trésors de la collection.

★ **Collection des Antiquités** (Staatliche Antikensammlungen) J2

En face de la Glyptothèque. ✆ 089 599 888 30 - www.antike-am-koenigsplatz.mwn.de - tlj sf lun. 10h-17h (merc. 20h) - fermé le 1er nov., 24-26 et 31 déc. et Mar. gras - visite guidée merc. à 18h (1h) - 3,50 € (dim. 1 €).

Le porche à colonnade d'ordre corinthien, construit par Ziebland entre 1838 et 1848, annonce la collection des Antiquités de Louis Ier. Une importante **collection de céramiques** présente l'évolution de la poterie et de la peinture sur les vases en Grèce, dont l'apogée s'est située aux 6e et 5e s. av. J.-C. Les **bronzes** et les **bijoux étrusques** témoignent d'une grande habileté dans le travail du bronze et de l'or.

★ **Galerie municipale - Villa Lenbach**
(Städtische Galerie im Lenbachhaus) J2

Luisenstraße 33. ✆ 089 233 32 000 - www.lenbachhaus.de - musée fermé pour rénovation jusqu'à début 2013. À proximité, la galerie Kunstbau propose des expositions temporaires d'art contemporain : tlj sauf lun. 10h-18h - 8 €.

Construite dans le style florentin entre 1883 et 1889, elle abrite principalement des **collections** de **peinture munichoise du 19e s.**, dont des paysages de E.B. Morgenstern *(Lac de Starnberg)* et des portraits de F. von Defregger et F.A. von Kaulbach. De **Franz von Lenbach** lui-même, on peut voir une série de puissants **portraits** *(Le Roi Louis Ier, Bismarck, Wagner)*. Mais la galerie doit surtout sa renommée internationale à la collection du **Cavalier bleu** *(Der Blaue Reiter)*. L'art d'avant-garde de ce groupe, né peu avant la Première Guerre mondiale, est représenté par des œuvres de ses fondateurs, Kandinsky, F. Marc et Kubin, ainsi que par des tableaux de Jawlensky, Klee et Macke. La galerie présente également des œuvres d'art contemporain.

3

À voir aussi

À L'EST DE LA VIEILLE VILLE

★★★ **Musée allemand** (Deutsches Museum) L3

Comptez une demi-journée. Museuminsel 1 - ✆ 089 21 791 - www.deutsches-museum.de - tlj 9h-17h - fermé 1er janv., Mar. gras, Vend. saint, 1er Mai, 1er nov., 24, 25 et 31 déc. - 8,50 € (6-15 ans 3 €) ; 15 € billet combiné pour les trois sites, sans limite de temps. Planétarium : 2 €. Le musée est actuellement en cours de rénovation, certaines salles d'expositions sont tour à tour fermées au public.

Ouvert en 1925, le Deutsches Museum – l'un des plus importants du monde dans le domaine des sciences et des techniques – se trouve sur une île de l'Isar (Museuminsel). Il retrace le développement des techniques et des sciences

La capitale de la Bavière

LES FONDEMENTS DE LA PROSPÉRITÉ

Le village de « Munichen » (*chez les moines*, en vieil allemand) voit le jour au 9e s. près d'une abbaye bénédictine (le moinillon des armoiries de la ville en rappelle l'origine). La cité prend véritablement son essor en 1158, lorsque le duc de Saxe, Henri le Lion, à qui l'empereur Frédéric Barberousse avait cédé une partie de la Bavière, détruit un pont douanier établi à 10 km en aval pour en construire un nouveau à Munich, qu'il dote d'un marché et de fortifications. En 1180, Barberousse offre le duché de Bavière au comte palatin Otto von Wittelsbach, bannissant Henri le Lion et légalisant ainsi son coup de main. La dynastie des Wittelsbach s'élève jusqu'au titre d'empereur d'Allemagne, attribué en 1328 au duc Louis le Bavarois. En 1623, le duc Maximilien Ier entre dans le collège des électeurs palatins ; au cours de la guerre de Trente Ans, il fait de Munich le bastion du catholicisme allemand. Les reconstructions qui résultent de cette guerre marquent l'explosion du style baroque.

LA SAGA DES ROIS DE BAVIÈRE

Le prince-électeur **Max Joseph** (1799-1825) se range du côté de Napoléon dans le conflit opposant l'Europe coalisée aux troupes révolutionnaires françaises. Il y gagne le trône du nouveau royaume de Bavière en 1806, sous le nom de **Maximilien Ier**, et les moyens d'embellir la ville d'édifices classiques. Son fils, **Louis Ier** (1825-1848), grand admirateur de l'Antiquité, attire à la cour des architectes (dont Leo von Klenze), des peintres et des sculpteurs, pour faire de Munich l'« Isar-Athen » *(Athènes sur les bords de l'Isar)*. Il fait construire l'université, l'Ancienne Pinacothèque, et agrandit la Résidence. Le scandale causé par sa liaison avec la danseuse Lola Montes contribue à son abdication pendant la Révolution de 1848 en faveur de son fils aîné Maximilien II. Mais dans la dynastie des Wittelsbach, une place particulière est surtout faite à **Louis II** (1864-1886), romantique tourmenté, grand admirateur de Wagner et qui se fit construire trois célèbres châteaux (*p.282*). Otton Ier, frère et successeur de Louis II, ayant été dépossédé du trône pour aliénation mentale, c'est le prince **Luitpold**, fils de Louis Ier, qui assure la régence jusqu'en 1912. Habile et ouvert aux idées nouvelles, le régent favorise la construction du Musée allemand, du Musée ethnographique et du jardin zoologique. Avec la fondation de la revue *Jugend* en 1896, Munich devient un centre de l'Art nouveau, et avec l'exposition du « Cavalier bleu » en 1911 un haut lieu de la peinture moderne. Le fils de Luitpold, couronné sous le nom de **Louis III**, est le dernier roi de Bavière : la révolution socialiste de novembre 1918 signe la fin de la monarchie en Allemagne.

UN ESSAI DE RÉVOLUTION

Un écrivain pacifiste social-démocrate, Kurt Eisner, joue un rôle prépondérant lors de la révolution. Il instaure à Munich la République bavaroise et en devient ministre-président le 8 novembre 1918. Il est assassiné trois mois plus tard, ce qui précipite la proclamation de la **République des conseils**, gouvernée par des conseils d'ouvriers et de soldats. Trop révolutionnaire pour le pouvoir central de la République de Weimar, elle est écrasée dans le sang en mai 1919.

depuis les origines jusqu'à nos jours, et explique de manière pédagogique les procédés et les phénomènes physiques. Deux annexes lui sont rattachées : le Centre des transports *(Verkehrszentrum)* pour les transports terrestres *(voir p. 254)*, et le chantier aéronautique *(Flugwerft Schleissheim, voir p. 254)*.

Au vu de l'importance des collections (environ 16 000 objets exposés sur 47 000 m², soit huit niveaux), mieux vaut choisir des repères thématiques en s'aidant du plan en français disponible à l'entrée. Le musée aborde notamment les domaines du génie civil, de la navigation, de l'aéronautique, de la physique, de l'industrie et de l'agriculture, ou encore ceux de l'informatique et de la robotique. Les deux derniers étages sont consacrés à l'astronomie (planétarium au 6e étage).

Outre un grand nombre de pièces originales de valeur et de reconstitutions, les collections présentent des modèles à l'échelle et des dioramas. Suivant la volonté de son fondateur, **Oskar von Miller**, le pionnier de l'électrification en Bavière, le visiteur est là pour toucher et découvrir. On veillera à se renseigner sur les horaires des nombreuses démonstrations proposées (fabrication de tuiles, fonte de métal, fabrication du papier, soufflage de verre, installation électrique à haute tension, expériences de chimie…).

▶ *Les trois musées ci-dessous sont desservis par la ligne de bus 100.*

★★ **Musée national bavarois** (Bayerisches Nationalmuseum) L2

☏ 089 211 24 01 - www.bayerisches-nationalmuseum.de - ♿ - tlj sf lun. 10h-17h (jeu. 20h) - fermé 9 j. par an (voir site Internet) - 5 €.

Maximilien II créa ce musée en 1855 pour conserver les richesses artistiques de la Bavière. L'exposition, très bien aménagée mais peu commentée, permet de dénicher des trésors, en particulier dans la collection de sculptures. Les salles du rez-de-chaussée donnent un aperçu de l'**art et de l'artisanat** depuis l'époque romane jusqu'à la Renaissance à travers des pièces d'orfèvrerie et de statuaire religieuses, du mobilier ou des peintures, parmi lesquels on notera le *retable du Chemin de croix* de Gabriel Engler (1445), les travaux de Multscher et l'intérieur d'un atelier de tisserand d'Augsbourg. La Renaissance et le baroque sont évoqués par de magnifiques tapisseries, des maquettes de villes médiévales, des bronzes italiens, des faïences et des étains, des bijoux et des costumes. Les collections du 1er étage regroupent instruments de musique, porcelaines et argenterie. Au sous-sol, exposition d'art populaire dont une très riche collection de crèches de Noël originaires des Alpes et d'Italie.

Musée Villa Stuck (Museum Villa Stuck) Hors Plan, vers L2

Prinzregentstr. 60 - ☏ 089 455 55 10 - www.villastuck.de - ♿ - tlj sf lun. 11h-18h - 4 €.

Franz Stuck (1863-1928) fut l'un des fondateurs de la Sécession munichoise, courant artistique à l'origine notamment du *Jugendstil*, et professeur à l'Académie des beaux-arts de Munich. Il se fit construire cette villa dans le style Art nouveau, d'après ses propres plans qui portent l'influence des modèles italiens. L'intérieur, aussi conçu par Stuck, est impressionnant, et le jardin, avec sa pergola et ses statues antiques, splendide.

Musée d'Anthropologie (Staatliches Museum für Völkerkunde) L3

Maximilianstr. 42 - ☏ 089 210 136 100 - www.voelkerkundemuseum-muenchen.de - ♿ - tlj sf lun. 9h30-17h30 - fermé j. fériés - 5 €.

Les collections proviennent de la dynastie royale de Bavière et furent exposées pour la première fois en 1836. Fondé en 1868, le musée est aujourd'hui le deuxième d'Allemagne avec plus de 200 000 objets en provenance des Amériques, d'Inde, du Moyen-Orient et d'Océanie.

LA FÊTE DE LA BIÈRE

L'origine de la fameuse **Fête de la bière** d'octobre *(Oktoberfest)* remonte à la célébration du mariage du prince héritier Louis (futur Louis Ier de Bavière) et de la princesse Thérèse, en 1810. Une gigantesque fête foraine attire chaque année 6,5 millions de visiteurs sur la **Theresienwiese** *(sortir par la Mozartstraße)* de l'avant-dernier samedi de septembre au premier dimanche d'octobre. Après les parades des deux premiers jours, les festivités sont surtout l'occasion d'une beuverie prodigieuse : environ 5 millions de chopes d'un litre d'une bière spécialement brassée pour la circonstance, la *Wiesnbier,* sont servies. Les hôtels étant tous complets à cette époque de l'année, il est conseillé de réserver un an à l'avance.

Musée de la Bière et de la Fête de la bière K3

(Bier-und Oktoberfest Museum)

Sterneckerstr. 2 - ✆ 089 24 23 16 07 - www.bier-und-oktoberfestmuseum.de - 13h-18h - fermé lun. et j. fériés - 4 €. Visite guidée en anglais sur réserv.

Ouvert en 2005, ce petit musée niché dans la plus vieille demeure de Munich (1340) est dédié à la culture qui entoure le « cinquième élément », comme on surnomme la bière en Bavière, et retrace l'histoire de la célèbre fête *(voir encadré ci-dessus)* à travers affiches, photographies et autres documents d'époque. La visite s'achève par une chope de bière fraîche servie dans la *stüberl* aménagée au rez-de-chaussée.

À proximité

QUARTIER DU PARC OLYMPIQUE J1

Parc olympique (Olympiapark)

5 km au nord-ouest du centre par la Dachauer Straße. ✆ 089 30 67 24 14 - www.olympiapark-muenchen.de - ♿ - Accès libre toute l'année, se renseigner sur les différentes possibilités de visite - fermé 24 et 31 déc. - 3 € (-16 ans 2 €). Olympiaturm : tlj 9h-24h - 5,50 € (-16 ans 3,50 €).

C'est ici qu'eurent lieu les XXes Jeux olympiques en 1972. De la terrasse panoramique de la **tour de télévision** *(Olympiaturm)*, dite tour olympique, installée à 190 m de hauteur *(ascenseur)*, **vue★★★** splendide sur les Alpes. Possibilité de visiter le stade olympique ou de faire un tour du site dans un petit train touristique (avr.-oct., départ de la tour olympique).

★ Sea Life

Willi-Daume-Platz 1. Face au stade olympique de glace - ✆ 089 45 00 00 - www.visitsealife.com/Munchen - tlj 10h-19h (18h mars, sept., oct. ; 17h déc.-fév.), dernière entrée 1h av. fermeture - fermé 24 déc. - 15,95 € (enf. 10,95 €).

Trente aquariums d'eau salée et d'eau douce pour découvrir les mondes aquatiques du Danube, de la Méditerranée ou de la mer Noire. Dans l'un d'entre eux, on chemine dans un spectaculaire tunnel de verre de 10 m de long, posé au fond d'un bassin.

★★ Musée BMW (BMW Museum)

Petuelring 130. 5 km au nord du centre par la Schleißheimer Straße et la Lerchenauer Straße. ✆ 089 38 22 33 07 - www.bmw-museum.de - ♿ - tlj sf lun. 10h-18h - fermé 24, 25, 26, 31 déc. et 1er janv. - 9 €, visite de l'atelier d'assemblage BMW (Werk Tour) 6 €. - audioguide en français 2 €.

Enseigne d'un bar à bière en plein air..
Tom Chance / age fotostock

Le musée présente les riches collections de la firme fondée en 1916 et spécialisée dans la construction de moteurs d'avion (à partir de 1916), de motocyclettes (à partir de 1923) et d'automobiles (à partir de 1928). À côté de cet édifice en forme de coupe argentée et de la **tour BMW** aux allures d'un quatre-cylindres, un troisième bâtiment futuriste au toit « flottant », conçu par l'agence Coop Himmelblau, abrite le « **BMW Welt** » (accès gratuit), nouveau centre de livraison des véhicules et espace de communication dédié à la marque munichoise.

★★ CHÂTEAU DE NYMPHENBURG (Schloss Nymphenburg) J2

Compter une demi-journée. 6 km à l'ouest du centre-ville. Sortir par la Marsstraße (J2). 089 17 90 80 - www.schloss-nymphenburg.de - d'avr. à mi-oct. : tlj 9h-18h ; de mi-oct. à fin mars : tlj 10h-16h - fermé 1er janv., Mar. gras, 24, 25 et 31 déc. - 6 € château uniquement, 8,50/11,50 € le ticket combiné.

Ce château était autrefois la résidence d'été des princes-électeurs et des rois de Bavière. La partie la plus ancienne est le pavillon central à cinq étages (1664-1674), édifié par Barelli d'après un modèle italien.

Le prince-électeur Max-Emmanuel (qui régna de 1679 à 1726) fit adjoindre de part et d'autre deux pavillons reliés à l'édifice central par des galeries à arcades ; il fit transformer le pavillon central en accentuant les lignes verticales par un jeu de pilastres. Ses successeurs, Charles-Albert (1726-1745) et Max III Joseph (1745-1777), entreprirent la construction des dépendances en demi-cercle, soulignant la ressemblance avec Versailles. À partir de 1701, le parc fut aussi agrandi sous la direction de Carbonet et de Girard, élèves de Le Nôtre. Les jardins à la française datent de cette époque, ainsi que les différents pavillons du parc : Pagodenburg (1719), Badenburg (1721), Magdalenenklause (1728) et Amalienburg (1739).

★ Château

La **salle des fêtes**, tout en blanc, or et vert pâle, est ornée de stucs rococo et de fresques colorées dus à Johann Baptist Zimmermann et à son fils Franz.

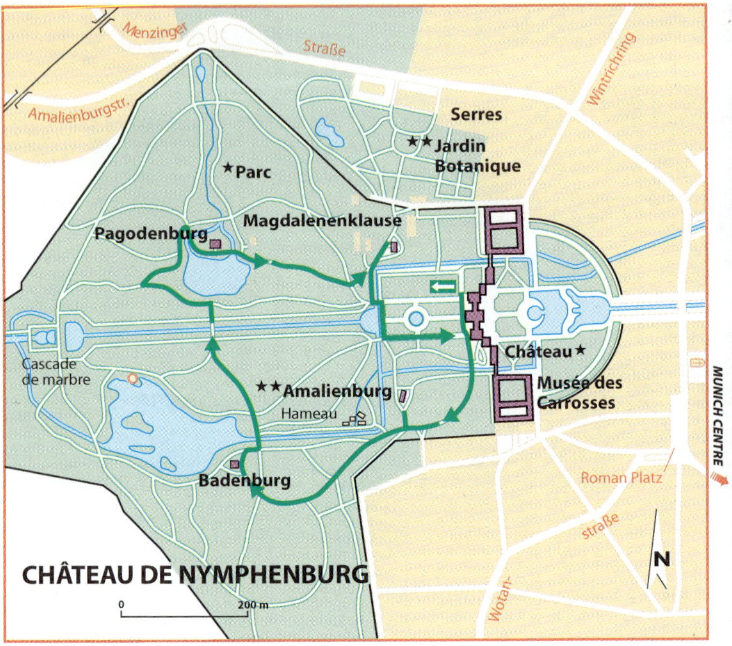

Les pièces de l'aile nord du bâtiment central sont décorées de lambris, de tapisseries et de tableaux. La galerie nord présente des vues du château au début du 18e s. La pièce la plus ravissante de l'aile sud est le **cabinet des laques de Chine**. Le pavillon sud abrite la célèbre **galerie des Beautés de Louis Ier** ; le portraitiste de ces dames était Josef Stieler (1781-1858).

★ Parc

Voir itinéraire sur le plan. Sites fermés de mi-oct à fin mars – 2 € pour chacun.

Du perron du château, on embrasse du regard une grande partie du parc : au-delà du grand parterre, orné de divinités et de vases en marbre blanc, le canal conduit en droite ligne jusqu'à la cascade de marbre.

★★ **Amalienburg** – Avec ce charmant petit pavillon de chasse, **Cuvilliés** a donné à l'architecture rococo l'un de ses modèles les plus accomplis. La sobriété de l'extérieur cache une décoration intérieure d'une formidable richesse. Le cabinet Bleu et la très belle chambre à coucher, avec ses boiseries argentées sur fond jaune citron, conduisent à la **salle des Glaces** en rotonde. Voir aussi la salle de chasse, celle des faisans et la cuisine aux carreaux de Delft.

Badenburg – Ce pavillon de bains comprend, outre une luxueuse piscine qui pouvait être chauffée et dont les plafonds sont décorés de motifs mythologiques, un salon d'apparat, une salle de jeux et une chambre de repos.

Pagodenburg – Ce pavillon de thé octogonal témoigne du goût du 18e s. pour l'exotisme extrême-oriental.

Magdalenenklause – « Ermitage » dans le style ruine, dédié à sainte Marie-Madeleine.

Musée des Carrosses et collection de porcelaine
(Marstallmuseum und Porzellansammlung)
Mêmes horaires de visite que le château de Nymphenburg - 4,50 €.
Dans les anciennes écuries du château, une collection de calèches, traîneaux et chaises à porteurs utilisés aux 18e et 19e s. par les Wittelsbach. Le carrosse du sacre de l'empereur Charles VII est d'un luxe inouï, tout comme la voiture d'apparat de style baroque et les traîneaux du roi Louis II.
Les salles situées au-dessus de l'écurie abritent la **collection de porcelaines Bäuml**. Les figurines peintes de F.A. Bustelli, maître modéliste de la manufacture de Nymphenburg de 1754 à 1763, sont particulièrement belles. Les **reproductions sur porcelaines★** exécutées avec une grande minutie – copies miniatures des tableaux de l'Ancienne Pinacothèque – ont été faites à la demande de Louis Ier.

★★ **Jardin botanique** (Botanischer Garten)
Menzinger Str. 65. ✆ 089 17 86 13 16 - www.botmuc.de - ♿ - mai-août : 9h-19h ; avr. et sept. : 9h-18h ; fév.-mars et oct. : 9h-17h ; nov.-janv. : 9h-16h30 - les serres ferment 30mn plus tôt - fermé 24 et 31 déc. - 4 €, jardin alpin 2 €.
Il passe pour être l'un des plus beaux et des plus riches jardins botaniques d'Europe, avec son esplanade fleurie ou *Schmuckhof (face au bâtiment principal)*, son jardin de printemps, sa roseraie, son jardin alpin (près du grand étang) et ses **serres**.

MÉMORIAL DE DACHAU Carte de région B2

19 km au nord-ouest. Suivre la signalisation Dachau-Ost et « KZ-Gedenkstätte ». Comptez 2h. ✆ 081 31 66 99 70 - www.kz-gedenkstaette-dachau.de - tlj 9h-17h - fermé le 24 déc. - gratuit - audioguide en français recommandé (3 €).
Ce camp, le premier ouvert en Allemagne sur l'ordre de Himmler en mars 1933, fut d'abord destiné aux opposants allemands avant de recevoir des dizaines de milliers de déportés, dont de nombreux juifs, de diverses nationalités. Plus de 32 000 personnes y laissèrent leur vie – sans compter 6 000 prisonniers russes fusillés sur le champ de tir S.S. voisin. La visite rend compte du système concentrationnaire nazi mieux que tout livre ou document télévisé.
Vestiges et monuments commémoratifs – Deux baraquements ont été reconstitués ; les fondations des 32 autres sont toujours visibles, laissant imaginer la vie quotidienne dans ce camp conçu pour 5 000 prisonniers mais qui en comptait 30 000 en 1944. Sur la place de l'appel, où les détenus devaient se présenter matin et soir quel que soit le temps, un monument a été érigé par la communauté internationale. Depuis 2005, et à la demande des survivants, l'entrée dans le camp se fait par la porte empruntée par les prisonniers où figure la fameuse inscription *Arbeit macht frei* (« Le travail rend libre »), restée l'un des symboles de la terreur nazie.
Dans l'enceinte du camp ont été élevés un mémorial juif, une chapelle catholique en forme de tour ouverte et l'église protestante de la Réconciliation.
À proximité du camp *(au fond à gauche)* se dressent les fours crématoires dont les abords sont aménagés en parc-nécropole.
Musée de Dachau – Installé dans les anciens bâtiments de l'administration du camp, ce musée a pour thème l'organisation des camps de concentration en Allemagne et en Europe, et détaille leur modèle, Dachau. Des témoignages,

photographies, récits et documents d'époque illustrent les descriptions sur l'histoire du camp, le quotidien des prisonniers, le travail forcé, les expériences « médicales », les exécutions de masse et la libération du camp.

AUTRES VISITES

★★ Centre des transports (Verkehrszentrum)

4 km à l'ouest. Sy rendre en métro (lignes U4 ou U5) - Am Bavariapark 5, dans le quartier de Schwanthalerhöhe - ♿ - ☎ 089 500 806 762 - www.deutsches-museum.de - tlj 9h-17h - textes en allemand et anglais - fermé 1er janv., Mar. gras, Vend. saint, 1er Mai, 1er nov., 24, 25 et 31 déc. 6 € (6-15 ans 3 €).

Les collections du Deutsches Museum relatives aux transports terrestres (cycles, automobiles, chemin de fer) ont été installées dans trois halles de la foire de Munich entièrement restaurées, bâtiments historiques construits en 1908. La halle III, organisée autour de la « mobilité et des techniques » expose comme principale attraction une locomotive à vapeur, la « Puffing Billy » de 1814, en fonctionnement (deux fois par jour) et un espace de jeux pour enfants. La halle II décline le thème du voyage et permet d'expérimenter les sensations d'un trajet en calèche. La halle I propose un parcours pour remonter dans le temps de l'histoire de la circulation urbaine.

★ Stade Allianz Arena (Allianz Arena Stadion) Carte de région B2

10 km au nord - métro ligne U6, station Fröttmaning - intersection des autoroutes A 9 et A 99 - ☎ 01 805 1555 101 - www.allianz-arena.de - visite guidée tlj sf match (1h15, min. 11 pers.) 11h-16h30 ; en anglais à 13h - 10 € (-13 ans 6,50 €).

Édifié pour la Coupe du monde de football 2006, ce gigantesque stade de 66 000 places impressionne par son enveloppe extérieure imaginée par les architectes Herzog & de Meuron. Chacun des 2 760 panneaux transparents gonflés à l'air qui la composent peuvent être éclairés d'une couleur particulière à chaque match : blanc (matchs internationaux), bleu (club TSV 1860 München), rouge (FC Bayern Munich).

★ Chantiers de construction aéronautique

(Flugwerft Schleißheim) Carte de région B2

À côté du château de Schleißheim, à 13 km du centre-ville. ☎ 089 31 57 140 - www.deutsches-museum.de - ♿ - tlj 9h-17h - fermé 1er janv., Mar. gras, Vend. saint, 1er Mai, 1er nov., 24, 25 et 31 déc. - 6 € (6-15 ans 3 €).

Dans ces chantiers, mis en place entre 1912 et 1919 pour l'armée de l'air bavaroise, le Musée allemand a installé une annexe dans le hangar historique et la nouvelle halle d'exposition : le **musée d'Aéronautique et d'Astronautique** *(Museum für Luft- und Raumfahrt)*, avec ses avions, hélicoptères, moteurs et simulateurs de vol.

★ Brasserie Weihenstephan

(Bayerische Staatsbrauerei Weihenstephan) Carte de région B2

35 km au nord - train régional au départ de la gare centrale (trajet 20mn) - autoroute A 92/E 53 - Alte Akademie 2 - 85354 Freising - ☎ 081 61 53 60 - www.weihenstephaner.de - visite en allemand (en anglais sur réserv.), min. 15 pers., lun. et merc. 10h, mar. 10h et 13h30 (durée 1h) - 6 €.

À l'ouest de la petite ville de Freising, non loin de l'aéroport de Munich, se trouve la plus vieille brasserie du monde encore en activité. Fondée par des moines bénédictins en 1040, la brasserie Weihenstephan a aujourd'hui une production annuelle de 300 000 hectolitres et brasse selon la stricte *Bayerische Reinheitsgebot* (décret bavarois sur la pureté de la bière) de 1516, qui interdit l'utilisation d'autres ingrédients que le malt d'orge, le houblon et l'eau. À sa carte, treize sortes de bières - dont la bière japonaise Kirin ! La visite permet d'en apprendre plus sur le processus du brassage, du maltage au conditionnement, et s'achève naturellement par une dégustation.

Circuit conseillé

AUTOUR DU LAC AMMER (AMMERSEE) Carte de région B2-3

Circuit de 116 km tracé en vert sur la carte de région (p. 230-231) – Comptez une demi-journée.

★ Ammersee B2

Situé à 533 m d'altitude, ce lac d'origine glaciaire s'inscrit dans un joli cadre de collines boisées. D'agréables stations comme Dießen ou Herrsching permettent de pratiquer la voile et la natation, et d'effectuer des **excursions** en bateau.

Gagner Dießen en longeant la rive ouest du lac.

Dießen – La **collégiale Notre-Dame★** (*Marienmünster* – 1732-1739) a été construite sur les lieux d'un ancien couvent de chanoines augustins par Johann Michael Fischer, l'un des architectes les plus renommés de la fin du baroque en Allemagne du Sud. Les frères Asam et François Cuvilliés contribuèrent à l'élaboration des plans.

La richesse décorative des stucs forme une unité saisissante avec les fresques et les précieux retables des maîtres italiens et d'Allemagne du Sud (dont Tiepolo et Straub). *La montée de Fischen à Andechs offre de belles échappées sur le lac.*

★ **Andechs** – Couronnant la « colline sacrée » *(Heiliger Berg)*, l'**abbaye d'Andechs** *(Kloster Andechs)* domine de près de 200 m l'Ammersee. Son **église★★**, de souche gothique, fut mise au goût rococo de 1751 à 1755. J.-B. Zimmermann (1680-1758), alors dans la pleine maturité de son talent, est à la fois l'auteur des fresques et des stucs. Une élégante galerie, dont la balustrade est décorée de panneaux peints évoquant l'histoire de l'abbaye, fait le tour du vaisseau. Le compositeur Carl Orff, auteur des *Carmina Burana*, est enterré dans l'une des chapelles. *La plupart des visites proposées sont sur réserv. ✆ 081 52 37 62 53 - www.andechs.de.*

Revenir à Munich par Herrsching et Seefeld ou faire un crochet par Bernried.

★ Musée Buchheim, à Bernried B3

45 km au sud-ouest. Prendre l'A 95 direction Garmisch (sortie Seeshaupt) jusqu'à Starnberg puis la route qui longe le lac. Accès possible par train (S8, arrêt Starnberg), puis via le musée-bateau ou le ferry (www.seenschifffahrt.de - mai-mi-oct. 12h30, 14h45, 17h) - 7,80 €, 19,80 € (billet groupé train, bateau, entrée).

Ce musée héberge la vaste collection privée de l'écrivain et peintre allemand Lothar-Günther Buchheim (auteur de *Das Boot ; Le Styx* dans sa traduction française). Les pièces maîtresses de la collection illustrent l'expressionnisme allemand, notamment les peintres du mouvement *Die Brücke* comme Kirchner, Heckel, Pechstein et Schmidt-Rottluff (tableaux, gravures, aquarelles, dessins). Ce remarquable édifice dont les toits-terrasses viennent surplomber les rives du **lac de Starnberg**, est une création de l'architecte Günter Behnisch, à qui l'on doit le célèbre toit-chapiteau du stade olympique de Munich. *✆ 081 58 99 70 20 - www.buchheimmuseum.de - ♿ - avr.-oct. : tlj sf lun. 10h-18h ; nov.-mars : tlj sf lun. 10h-17h - fermé 24 et 31 déc. - 8,50 €.*

NOS ADRESSES À MUNICH

INFORMATION UTILE

Consulat de France – *Heimeranstraße 31 - 80339 Munich - ✆ 089 41 94 110 - En cas d'urgence avérée : ✆ 01 77 73 41 901 - www.botschaft-frankreich.de/muenchen - lun., mar., jeu. 8h45-12h, vend. 8h45-12h30, merc. 13h30-17h.*

VISITES

Tour en bus

City Sightseeing München – Départ devant le bâtiment Elisenhof (au coin nord-est de la place de la Gare) – *www.citysightseeing-muenchen.de - commentaires en français - avr.-sept. : 10h-17h ; oct.-mars : 10h-16h - 1h, 14,90 € ; 2h, 20,90 €.*

TRANSPORTS

Aéroport – À 28 km au nord-est - ✆ 089 975 00 - www.munich-airport.de - liaisons S-Bahn S1 ou S8 *(départ ttes les 10mn de 4h à 1h ; 10 €)*, et par la navette Lufthansa *(ttes les 20mn de 6h20 à 21h40 ; trajet env. 40mn - env. 10,50 €).*

Gare centrale (Hauptbahnhof) – Hauptbahnhofplatz (à 10mn à pied à l'ouest du centre) - ✆ 089 130 810 555 - www.hauptbahnhof-muenchen.de

Transports en commun

Le **MVV** unifie le S-Bahn (équivalent du RER), le U-Bahn (métro), le tramway et les bus. *✆ 089 41 424 344 (sem. 7h-17h) - 5,60 € 1 j., 13,80 € 3 j. ; ticket groupe (5 pers., deux enfants 6-14 ans comptant pour un) 10,20 € 1 j., 23,70 € 3 j. (la zone 1 ou « Innenraum » couvre l'essentiel des besoins de déplacements).*

CityTourCard – Libre circulation sur le réseau (intérieur) et réductions dans une cinquantaine de sites touristiques, attractions, lieux culturels, cafés et restaurants - *1 j. (9,90 €) ou 3 j. (19,90 €).*

Location de vélos

Call a Bike – *✆ 0700 05 22 55 22 - www.callabike.de.* Les vélos rouge et argent appartenant à la Deutsche Bahn (Société nationale des chemins de fer) sont disponibles à la gare centrale, aux grands carrefours et dans les principales gares de S-Bahn. À la première utilisation, un montant de base de 5 € est prélevé sur la carte de crédit ou le compte bancaire. Une fois ce « crédit » épuisé, l'utilisation d'un callbike vous coûtera 8 cents/mn (tarif max. à la journée : 15 €).

Radius Tours & Bike Rental – *Arnulfstraße 3, face au quai 32 de la gare centrale - ✆ 089 54 34 87 77 30 - avr. et oct. : 9h-18h ; mai-sept. : 9h-20h - 14,50 €/j.* L'agence propose aussi des visites guidées à vélo. C'est un moyen idéal pour découvrir Munich.

Location de voitures

Sixt – *Aéroport et gare centrale - Bahnhofplatz 2 - ✆ 080 52 52 525.*

Hertz – *Aéroport et gare centrale - ✆ 089 550 22 56.*

Avis – *Aéroport et gare centrale - ✆ 089 550 22 51.*

HÉBERGEMENT

L'office du tourisme de Munich offre les services d'une centrale de réservation disponible par Internet, par téléphone et dans ses deux centres d'information (Hauptbahnhof et Neues Rathaus). La majorité des hôtels en centre-ville se situent dans le quartier de la gare. Les prix sont très dépendants des périodes de foires et salons, et varient donc parfois d'une semaine à l'autre. De nombreux établissements proposent des réductions le week-end et des offres spéciales sur leur site Internet.

PREMIER PRIX

Motel One –*www.motel-one.com - 69/84 €*. Décor moderne, bon rapport qualité-prix. Cinq adresses dans Munich : Herzog-Wilhelm-Str. 28, Rablstr. 2, Orleansstr. 87, Landsberger Str. 79, Weißensee-Str. 140.

BUDGET MOYEN

Dans la vieille ville

Am Viktualienmarkt – K3 - *Utzschneiderstraße 14 - ✆ 089 231 10 90 - www.hotel-am-viktualienmarkt.com - fermé 20 déc.-7 janv. - 30 ch. 120/160 € -* ☕. Idéalement situé en centre-ville, un hôtel à l'accueil familial et décontracté. Chambres – certaines petites – à la décoration sobre et moderne d'un bon rapport qualité-prix.

Ludwigsvorstadt

Mariandl – J3 - *Goethestraße 51 - ✆ 089 55 29 10 53 - www.mariandl.com - 30 ch. 98/165 € ☕ (70/105 € douche et toilettes à l'étage) - rest. 22 €*. Tout près de la gare, mais à l'écart de son agitation, cette demeure de 1899 abrite un hôtel plein de charme avec son mobilier Belle Époque ou Art nouveau. Le restaurant et l'excellent café-concert au rez-de-chaussée ajoutent à l'ambiance agréable.

Hotel Cocoon – J3 - *Lindwurmstraße 35 - ✆ 089 599 93 907 - www.hotel-cocoon.de/sendlingertor - 46 ch. 99 € - ☕ 9 €*. Chambres propres et confortables, aux couleurs acidulées et au mobilier inspiré des sixties, mais assez impersonnelles.

Hotel Uhland – J3 - *Uhlandstraße 1 - ✆ 089 54 33 50 - www.hotel-uhland.de - P - 27 ch. 86/209 € - ☕ (offres spéciales sur Internet, parking gratuit)*. Derrière une façade néo-Renaissance centenaire, dans un quartier résidentiel très vert, le long de la Theresienwiese et sa Fête de la bière, chacun trouvera ici la chambre qui lui convient. Hôtel tenu depuis cinquante ans par la famille Hauzenberger-Reim qui saura vous conseiller pour découvrir Munich. Certaines chambres sont équipées de matelas à eau.

Drei Löwen Hotel – J3 - *Schillerstraße 8 - ✆ 089 55 10 40 - www.hotel3loewen.de - 97 ch. 85/270 € - ☕ 15 €*. Hôtel accueillant au cœur de la ville, près de la gare principale (*Hauptbahnhof*). Vaste hall lambrissé, garni de nombreux sièges. Chambres claires à l'équipement moderne.

POUR SE FAIRE PLAISIR

Dans la vieille ville

Hotel Schlicker – K3 - *Tal 8 - ✆ 089 242 88 70 - www.hotel-schlicker.de - P - 68 ch. 150/190 €* ☕. Chambres confortables, mais plutôt impersonnelles.

Hotel Platzl – K3 - *Sparkassenstraße 10 - ✆ 089 23 70 30 - www.platzl.de - P ♿ - 167 ch. 210/230 € - ☕ - rest. 21/39 € (Ayingers), 37/65 € (Pfistermühle)*. Chambres confortables dans le style bavarois traditionnel, en plein cœur de la vieille ville historique – Marienplatz et Viktualienmarkt rapidement accessibles à pied. La voûte du restaurant Pfistermühle confère à l'endroit un parfum du « vieux Munich », et vous découvrirez un style « bistrot » soigné dans l'Ayingers.

UNE FOLIE

Dans la vieille ville

Hotel Bayerischer Hof – K2 - *Promenadenplatz 2 - ✆ 089*

3

212 00 - www.bayerischerhof.de - *- 395 ch. - 345/525 € -* *31 €.* Grand hôtel traditionnel qui mêle le luxe à une décoration personnalisée : rustique, nostalgique ou moderne – chaque chambre possède son propre style. Spécialités gastronomiques à déguster dans l'élégant Garden-Restaurant ou dans l'ambiance polynésienne du Trader Vic's. Le Palais Keller, taverne bavaroise, appartient aussi à cet établissement. À défaut de goûter le luxe des chambres, délectez-vous d'un déjeuner au champagne depuis le toit-terrasse de l'hôtel.

RESTAURATION

PREMIER PRIX

Dans la vieille ville

Ratzkeller – K3 - *Marienplatz 8 - 089 21 99 89 30 - tlj 10h-0h - 18/60 € (carte en français avec photos).* Populaire et raffinée, cette immense taverne installée dans les caves de l'hôtel de ville, est une véritable institution à Munich. Dans ce lieu magique, dégustez de croustillants jarrets de porc ou de petites saucisses à frire sous les arcs gothiques de sa grande salle ou dans de petits box de bois plus cosy.

Dürnbräu – K3 - *Dürnbräugasse 2 - 089 22 21 95 - www.zumduernbraeu.com - 11h-23h - 18 €.* Dans une petite rue du centre-ville, établissement aux allures de brasserie servant une cuisine bavaroise classique. Bois sombre et longues tables confèrent à la salle son caractère rustique. L'été, terrasse à l'avant du restaurant et jardin intime dans la cour intérieure.

Haidhausen

Café Voilà - Hors Plan L3 - *Wörthstr. 5 - 089 48 91 654 – www.cafe-voilà.de - tlj 8h-1h - 10-20 €.* Parfait pour un brunch ou pour prendre une bière. Café très populaire peuplé par les habitants du quartier.

Schwanthalerhöhe

Augustiner Bräustuben – Hors Plan J3 - *Landsberger Straße 19 - 089 507 047 - www.braeustuben.de - 10h-0h - 11/25 €.* Dans une immense salle voûtée aux tables démesurément longues, spécialités régionales à des prix défiant toute concurrence. Ambiance très joyeuse et (encore) authentique. Le week-end, les ouvriers en salopette bleue de la célèbre brasserie Augustiner prennent leur déjeuner au milieu des clients.

XXXLutz – Hors Plan J3 - *Theresienhöhe 5 - 089 51 050 - 13/19 €.* Ce magasin de meubles possède, au 2e étage, un restaurant aux prix cassés. Un régal pour vraiment pas cher. Aucun touriste en vue !

Sendling

Spektakel – Hors Plan J3 - *Pfeuferstraße 32 - 089 76 75 83 59 - www.spektakel-muenchen.de - tlj midi et soir - 16/31 €.* Au sud de Theresienwiese, ce restaurant offre l'atmosphère typique d'un chalet de Bavière. Ne vous inquiétez pas si vous voyez les lumières vaciller, vous entendrez bientôt le tonnerre puis la pluie.

BUDGET MOYEN

Dans la vieille ville

Schrannenhalle – K3 - *Viktualienmarkt 15 - 089 45 22 846 10 - www.schrannenhalle.de - tlj sf dim. 9h-20h - 15/30 €.* De nombreux restaurants proposant des spécialités du monde entier ont remplacé les étals de cet ancien marché aux céréales, dont la superbe halle a été construite au 19e s. On peut y casser la croûte tout au long de la journée.

Der Pschorr – K3 - *Viktualienmarkt 15 - 089 442 38 39 40 - www.der-pschorr.de - 20/46 €.* Une des institutions de la ville, qui appartient à la brasserie Hacker-Pschorr, l'une des plus importantes de Munich. On y déguste de savoureux plats de viande et des assortiments de fromages des montagnes. Le *Johannisbeer-Schorle* (jus de groseille mélangé à de l'eau pétillante) est un délice.

Spatenhaus an der Oper – K2 - *Residenzstraße 12 - 089 290 70 60 - www.kuffler.de - 9h30-1h - 28/67 € (rdc) ; 35/64 € (à l'étage).* Élégante taverne au rez-de-chaussée, salle et carte plus raffinées à l'étage avec spécialités de gibier. Deux ambiances pour une cuisine traditionnelle de qualité.

Dans les environs

Bräustüberl Weihenstephan – Hors Plan L1 - *Weihenstephaner Berg 10 - 85354 Freising - 08161 13004 - www.braeustueberl-weihenstephan.de - 10h-0h - 16/37 €.* Juste à côté de la brasserie du même nom, cet immense restaurant propose une carte de spécialités bavaroises revues au goût du jour. On y sert un délicieux *Obatzda*, mélange de brie, fromage frais, poivrons et épices, à déguster tartiné sur un bretzel, et qui aurait été inventé ici afin de « recycler » les restes de fromages de la laiterie voisine. Agréable *Biergarten* l'été.

POUR SE FAIRE PLAISIR

Dans la vieille ville

Lenbach – J2 - *Ottostraße 6 - 089 54 91 300 - www.lenbach.de - tlj midi et soir sf dim. et j. fériés - 28/51 €.* Le célèbre architecte sir Terence Conran a aménagé les salles de ce restaurant au sein du lumineux palais Lenbach. Sur une superficie de 2 200 m², sous les splendides plafonds en stuc, une cuisine internationale « tendance » où sushis et poissons apportent une note asiatique. Service très soigné.

Bogenhausen

Käfer Schänke – Hors Plan L2 - *Prinzregentenstraße 73 - 089 416 82 47 - www.feinkost-kaefer.de - fermé dim. et j. fériés - 39 €.* Sur la rive droite de l'Isar, agréable restaurant aux différentes petites salles décorées : ainsi la salle de Meissen et ses quelque 300 pièces de porcelaine ! Réservation conseillée. Comprend aussi une grande épicerie fine.

UNE FOLIE

Bogenhausen

Bogenhauser Hof – Hors Plan L2 - *Ismaninger Straße 85 - 089 98 55 86 - www.bogenhauser-hof.de - tlj sauf dim. midi et soir - fermé 24 déc.-7 janv., dim. et j. fériés - 51/76 €.* Ancien pavillon de chasse de 1825 devenu un lieu traditionnel de la gastronomie munichoise. Décor élégant, jardin d'été idyllique et personnel attentionné pour une succulente cuisine classique.

PETITE PAUSE

Dans la vieille ville

Café Arzmiller – *Salvatorstraße 2 - 089 29 42 73 - www.cafe-*

3

arzmiller.de - 8h30-18h30, dim. et j. fériés 10h30-18h. Ce salon de thé vous permettra de vous détendre en dégustant café, gâteaux et plats du jour, servis dans la belle et calme Theatinerhof, juste à côté de l'église baroque des Théatins. Spécialité maison à ne pas manquer : le *Strudel* !

Confiserie Rottenhöfer – *Residenzstr. 25/26 - ✆ 089 22 29 15 - www.rottenhoefer.de - lun.-vend. 8h45-19h, sam. 8h-18h, fermé dim. et j. fériés.* Fondée en 1825, la maison était autrefois le fournisseur officiel de la couronne bavaroise. Grand choix de chocolats, de bonbons et de pâtisseries dans la boutique, qui abrite aussi un salon de thé, le Café Hag. Vue à l'étage sur la façade ouvragée de la Résidence.

Viktualienmarkt – *Viktualienmarkt - tlj sf dim. jusqu'à 20h.* Depuis 1807, ce marché traditionnel laisse le choix : de la bière au vin et aux jus de fruits frais, en passant par les saucisses ou les huîtres. Au centre, *Biergarten* très fréquenté par beau temps, l'endroit idéal pour déguster des saucisses blanches *(Weißwurst)* ou un *Leberkäse*, sorte de pâté de viande et d'abats servi chaud dans un petit pain rond.

Glockenbach

Aroma Kaffeebar – *Pestalozzi Straße 24 - ✆ 089 2694 9249 - www.aromakaffeebar.com - lun.-vend. 7h-20h, w.-end 9h-20h.* Petit café-épicerie idéal pour une pause rafraîchissante l'été, fréquenté par la faune jeune et branchée de ce paisible quartier bobo.

Schwanthalerhöhe

Café Marais – *Parkstr. 2 - ✆ 089 500 94 552 – www.cafe-marais.de - tlj sf lun. 8h-20h, dim. 10h-18h.* Non loin de la Theresienwiese (lieu de l'Oktoberfest), cet endroit vaut le détour. Décor éclectique et carte alléchante. Bonne ambiance.

BOIRE UN VERRE

Les bars et les cafés de Munich où passer une agréable soirée se répartissent entre la vieille ville, les quartiers de Schwabing, de Maxvorstadt pour les étudiants, de Glockenbach (autour de la Gärtnerplatz et dans les rues alentour) et d'Haidhausen (de l'autre côté de l'Isar, autour de la Pariser et de la Weißenburger Platz).

Le **Biergarten**, littéralement « jardin à bière », et en fait bar à bière en plein air, fait partie intégrante de la vie bavaroise. La plupart de ces *Biergarten* sont plantés de châtaigniers, car leur épais feuillage permettait autrefois de maintenir le sol frais, la bière étant conservée dans des caves à glace.

Nombre de ces terrasses et jardins ombragés sont accessibles dès les premiers rayons de soleil. On se délecte de jarrets de porc grillés *(Schweinshaxe)* ou de *Steckerlfisch*, poissons piqués sur un bâton et cuits sur le gril.

Dans les Biergarten où le service se fait au comptoir, il est aussi permis d'apporter sa propre nourriture, selon la très sérieuse *Bayerische Biergartenverordnung*, ce qui participe à l'atmosphère très conviviale de ces lieux.

Autour du château de Nymphenburg

Hirschgarten – *Hirschgarten 1 - ✆ 089 17 999 119 - www.hirschgarten.de - 9h-0h.* Ce *Biergarten* (avec restaurant rustique à côté) est sans doute le plus grand de Munich, voire de Bavière. 8 000 places à l'extérieur (1 200 avec un service à table).

Dans la vieille ville

Hofbräuhaus – *Am Platzl 9 - ✆ 089 290 13 6100 - www. hofbraeuhaus.de - 9h-23h30.* Brasserie de renommée mondiale à l'ambiance originale et très festive, malgré le nombre de touristes. Orchestre tous les soirs dans la *Schwemme* bruyante au rez-de-chaussée. Premier étage plus calme et *Biergarten* de 400 places dans la magnifique cour intérieure. Spectacles folkloriques bavarois chaque soir dans l'immense *Festsaal* (à partir de 18h30). La maison propose des spécialités régionales, dont un succulent et croustillant *Schweinshaxe* (jarret de porc, 11,90 €). Le soir, il n'est pas possible de commander de bière en dessous d'un litre!

Englischer Garten

Chinesischer Turm – *Englischer Garten 3 - ✆ 089 38 38 730 - (selon météo) 10h-22h.* Au pied de la tour Chinoise, dans laquelle un orchestre joue les classiques de la musique bavaroise, immense *Biergarten* de 7 500 places. Un incontournable pour qui veut goûter aux charmes de la vie munichoise. C'est là qu'a lieu chaque année en juillet le fameux Kocherlball, ou bal des cuisiniers *(voir p. 263)*. Self-service, possibilité d'amener son casse-croûte.

Seehaus – *Kleinhesselohe 3 - ✆ 089 381 61 30 - www.kuffler-gastronomie.de - 10h-1h.* Une situation de rêve, sur les rives du lac de Kleinhesselohe, dans le Jardin anglais, pour ce restaurant et ce *Biergarten* idyllique. Location de bateaux à proximité.

Haidhausen

Hofbräukeller - *(Wiener Platz) Innere Wiener Straße 19 - ✆ 089 45 99 250 - www.hofbraeukeller. de.* Un des secrets les mieux gardés de Munich, et pour cause! L'établissement, très agréable, se trouve en plein cœur du quartier français (Haidhausen) et a été construit sur le modèle des immeubles parisiens de la Belle Époque.

Ludwigsvorstadt

Café Mozart – *Pettenkoferstr. 2 – ✆ 089 59 41 90 – www.cafe-mozart.info.* Restaurant, bar, café, dans une rue bien tranquille. Ambiance populaire où il fait bon venir discuter entre amis.

Maxvorstadt

Alter Simpl – *Türkenstr. 57 - ✆ 089 272 30 83 - www.altersimpl. de - dim.-jeu. 11h-3h, vend.-sam. 4h.* Bar décontracté fréquenté par les étudiants depuis plus de cent ans. Plafonds en partie décorés de stucs. Bières, cocktails et cuisine bavaroise.

Brasserie Tresznjewski – *Theresienstr. 72 - ✆ 089 28 23 49 - www.tresznjewski.de - tlj 8h-1h, vend.-sam. 2h.* Face à la Nouvelle Pinacothèque. Brasserie raffinée, à l'ambiance soignée, proposant un large choix de boissons chaudes ou rafraîchissantes, et une cuisine d'inspiration méditerranéenne.

Schwabing

Freebird – *Nordenstr. 12 - ✆ 089 2737 4520 - www.freebird-munich.com - tlj sf lun. à partir de 18h.* Petit bar branché à la déco cosy, avec programmation électro, fréquenté par la jeunesse branchée. Miniterrasse très agréable pour prendre l'apéro. Idéal pour un verre en amoureux.

ACHATS

Bon à savoir – On trouve des passages commerçants ainsi que des boutiques pour tous les budgets dans la vieille ville (facile à arpenter à pied).

3

Art et antiquités

Galeries d'art et antiquaires sont principalement regroupés dans l'est de la vieille ville, le long de la **Maximilianstraße** et dans les rues adjacentes, la Residenzstraße, puis, au nord, l'Odeonsplatz et la Briennerstraße. Aussi à **Schwabing** (le long et à l'ouest de la Leopoldstraße), l'ancien quartier des artistes, et à **Maxvorstadt**, autour de l'université, dans les Türkenstr., Amalienstr., Barerstr., Kurfürstenstr., Hohenzollernstr., Schellingstr. et Franz-Joseph-Str.

Folklore

Dirndl-Ecke – *Am Platzl 1 - ✆ 089 22 01 63 - tlj sf dim. 10h-18h (sam. 15h).* C'est le temple de la *dirndl*, cette robe à corsage assortie d'un tablier que les Bavaroises sont encore nombreuses à porter. On en trouve de toutes les tailles, couleurs et… prix (certaines coûtent plusieurs centaines d'euros). Dotée de son propre atelier, la maison propose également du sur-mesure.

Sparivari – *Westenriederstr. 41 - ✆ 089 24 20 39 82 - 10h-20h (sam. 19h).* Spécialiste du fameux *lederhose*, la culotte de cuir bavaroise à bretelles, ce magasin propose aussi des modèles d'occasion à petits prix, pour ceux qui veulent ramener un souvenir sans se ruiner.

Gastronomie

Dallmayr – *Dienerstraße 14-15 - ✆ 089 213 50 - www.dallmayr.de - tlj sf dim. 9h-19h.* Dans ce « Fauchon » munichois, on trouve des crus rares de café, vins et spiritueux ainsi que des spécialités locales.

Mode

Beck am Rathauseck et d'autres grands magasins se concentrent entre la Marienplatz et Stachus, à l'ouest de la vieille ville. Jetez également un coup œil au centre commercial Fünf Höfe (Theatinerstraße). Autres centres commerciaux aux stations U-Bahn O-E-Z, Messestadt Ost et Neuperlach Zentrum.
Dans l'est de la vieille ville, la **Maximilianstraße** concentre l'essentiel des boutiques de luxe. Les boutiques de jeunes créateurs de mode se concentrent dans le joli quartier plutôt bobo de **Glockenbach**, au sud de la vieille ville, en particulier autour de la **Gärtnerplatz**.

EN SOIRÉE

Bon à savoir – Le programme gratuit *My Events*, disponible dans les bureaux de l'office de tourisme, propose l'ensemble des informations culturelles. On peut également acheter en kiosque le magazine culturel *Prinz* (muenchen.prinz.de).
Bon à savoir – Réservation et achat de billets pour les spectacles possibles auprès de *München Ticket - Marienplatz 8 - ✆ 089 548 181 81 - www.muenchenticket.de*

Musique

Classique – Trois orchestres symphoniques dirigés par de grands chefs (Opéra, Philharmonie et Radio-Télévision bavaroise) font de Munich une métropole musicale qui rivalise avec Berlin.

Jazzclub Unterfahrt – *Haidhausen - Einsteinstraße 42 (près de la Max-Weber-Platz) - ✆ 089 448 27 94 - www.unterfahrt.de - lun.-dim. 19h30-1h.* Riche programmation jazz dans un club réputé.

AGENDA

Fasching (carnaval) – Des centaines de bals traditionnels ou

masqués dans toute la ville qui s'achèvent, jour de Mardi gras, par la danse des marchandes de la halle sur le marché aux victuailles.
Starkbierzeit (Fête de la bière forte) – Mars. À la fin du carnaval, festivités dans les brasseries Löwenbraükeller et Paulaner am Nockherberg : mise en perce traditionnelle (ouverture des fûts), danses folkloriques, concours de soulevé de pierre.
Fronleichnam (Fête-Dieu) – 15 juin. Procession, dans les rues pavoisées et garnies de feuillage de jeunes bouleaux, des ordres ecclésiastiques, des corporations d'étudiants catholiques et d'artisans.
TollWood Festival – De mi-juin à début juil. et en déc. Musique, cabaret et théâtre au Parc olympique.
Opernfestspiele (Festival d'opéra) – Juillet.
Kocherlball am Chinesischen Turm (Bal des cuisiniers) – Chaque année en juillet, le Bal des cuisiniers attire des milliers de danseurs en costume traditionnel au pied de la tour chinoise, entre 6h et 10h du matin ! À l'origine, ce bal était organisé pour les domestiques, qui avaient le droit d'aller danser une fois par an, mais à l'aube, de façon à pouvoir servir leurs maîtres à leur réveil…
Oktoberfest (Fête de la bière) – Fin sept.-début oct. La plus grande kermesse du monde, sur la Therensienwiese.
Christkindlmarkt am Marienplatz (marché de Noël) – dernier lun. de nov.-24.déc., tlj 10h-20h30, dim. 19h30.

Augsbourg

Augsburg

★★

263 320 habitants – Bavière

NOS ADRESSES PAGE 267

S'INFORMER

Office de tourisme – *Rathausplatz 1- ✆ 0821 50 20 70 - www.augsburg-tourismus.de - avr.-oct. : tlj 9h-18h, sam. 10h-17h, dim. 10h-15h ; nov.-mars : tlj sf dim. 9h-17h, sam. 10h-17h, dim. 10h-15h.*

SE REPÉRER

Carte de région B2 (p. 230-231) – *cartes Michelin n°s 718 K 12 et 546 AK 61.* À 66 km au nord-ouest de Munich, 161 km à l'est de Stuttgart.

À NE PAS MANQUER

L'hôtel de ville et la salle Dorée.

Ses églises et son hôtel de ville reflètent l'âge d'or d'Augsbourg, lorsqu'elle était aux 15e et 16e s. une ville de premier rang en Europe. On se plaît aujourd'hui à découvrir l'un des exemples majeurs de la Renaissance au nord des Alpes, marqué par l'empreinte de son architecte officiel, Elias Holl. La cité a également donné le jour, à travers les siècles, à de nombreux artistes et humanistes célèbres, parmi lesquels le peintre Hans Holbein l'Ancien et le dramaturge Bertolt Brecht. Traversée par un affluent du Danube, le Lech, qui se divise en canaux dans la ville basse, Augsbourg est la troisième ville de Bavière et un important pôle industriel, où Rudolf Diesel mit au point son fameux moteur à la fin du 19e s.

Découvrir

Se reporter au plan page suivante.

Place de l'Hôtel de ville (Rathausplatz) Plan 1

Vaste bâtiment Renaissance, l'**hôtel de ville** fut bâti par Elias Holl entre 1615 et 1620, et reconstruit à l'identique après d'importants dommages en 1944. Le fronton, orné d'une pomme de pin, est encadré de deux tours à bulbe. L'édifice renferme la **salle Dorée** *(Goldener Saal)*, une salle de réception célèbre pour la magnificence de ses peintures murales et de son plafond à caissons recouverts de feuilles d'or *(visite 10h-18h, 2 €)*. À gauche se dresse la **tour Perlach**, tour de guet romane surélevée trois fois au cours des siècles suivants. Un drapeau jaune est hissé lorsque les Alpes sont visibles de son sommet *(montée possible en saison)*.

Église Ste-Anne (St-Anna-Kirche) Plan 1

Les moines de ce couvent de carmes fondé au 14e s. accueillirent Luther en 1518, venu à Augsbourg pour défendre sa thèse réformiste ; l'église devint protestante en 1525, et les salles où Luther avait séjourné sont aujourd'hui transformées en musée. Au sein de l'église, la **chapelle funéraire des Fugger★** *(Fuggerkapelle)* est exceptionnelle, à la fois en tant que premier témoignage de la Renaissance en Allemagne et comme enclave catholique dans une église protestante. À noter, dans le chœur est, trois tableaux de Cranach l'Ancien.

★ Fuggerei Plan 1

Cette cité aux maisons ocre recouvertes de lierre doit son nom à Fugger le Riche qui la fonda en 1519 pour abriter des habitants nécessiteux de la ville. La Fuggerei compte huit rues bordées de soixante-six coquettes maisons à pignons, et une fontaine ; elle possède une église et ses propres services administratifs. Première cité sociale de ce genre dans le monde, elle reçoit encore, comme au 16e s., les citoyens dans le besoin contre un loyer symbolique et l'obligation morale de prier pour les fondateurs.

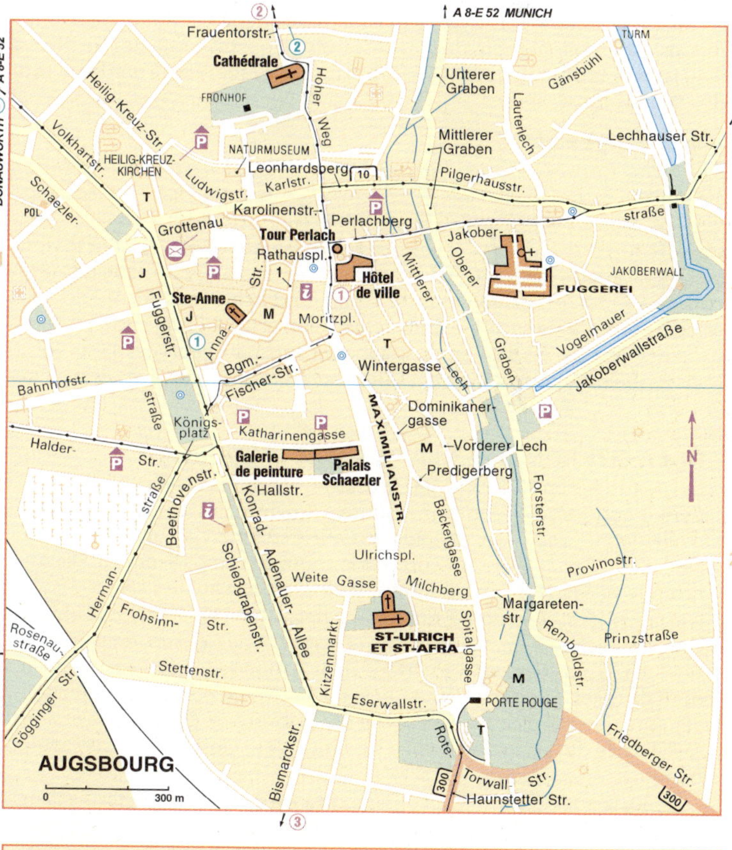

SE LOGER		SE RESTAURER		INDEX DES RUES	
Dom Hotel	②	August	②	Philippine-Welser-Straße	1
Ost am Kö	①	Die Ecke	①		
Unterbaarer Hof	④	Haupt im Prinz Karl Palais	③		

Cathédrale (Dom) Plan 1
Fondée au 9e s. en l'honneur de Marie, elle fut remaniée au 14e s. dans le style gothique. Le portail sud du chœur ou **portail de la Vierge★★**, gothique, et les **portes★** de bronze (1re moitié du 11e s.), décorées de trente-deux bas-reliefs représentant des scènes de l'Ancien Testament et de motifs ou personnages symboliques, accrochent le regard. À l'intérieur, les quatre autels de la nef s'ornent de **tableaux★** de Hans Holbein l'Ancien (à gauche *Naissance de Marie* et *Montée au temple*, à droite l'*Offrande refusée de Joachim* et la *Présentation au Temple*). Aux fenêtres hautes de la nef, à droite, les **vitraux des prophètes★** (12e s.), les plus vieux d'Allemagne, sont d'une facture très rigide.
Sur le parvis sont exposés des vestiges de la cité romaine.

★ **Maximilianstraße** Plan 2
Bordée de maisons et d'hôtels particuliers édifiés par la haute bourgeoisie d'Augsbourg à l'époque de la Renaissance, elle offre l'une des perspectives les plus majestueuses de la vieille Allemagne, en dépit des profondes restaurations subies par nombre de façades. Trois élégantes fontaines de bronze Renaissance la décorent. Au n° 36, la maison des Fugger abrite une belle **cour des Dames** *(Damenhof)*.

★ **Schaezlerpalais** Plan 2
Deutsche Barockgalerie, Rokokofestsaal et Grafische Sammlung - Maximilianstr. 46 - ☏ 0821 324 41 02 - www.kunstsammlungen-museen.augsburg.de - tlj sf lun. 10h-17h - 7 € (1 € le premier dim. du mois).
On parcourt d'abord les salles du **palais Schaezler** (1767), où sont rassemblées des œuvres des maîtres du baroque allemand. La vaste **salle des fêtes rococo★★** *(Rokokoestsaal)* montre un plafond richement décoré de stucs et de fresques. Une seconde **galerie de peinture** *(Staatsgalerie alter Kunst)* présente des œuvres de maîtres souabes et augsbourgeois des 15e et 16e s. : Hans Holbein l'Ancien et Albrecht Dürer. Au 2e étage sont réunies des œuvres

DE LA CITÉ ROMAINE À LA PAIX D'AUGSBOURG

La cité fondée en 15 av. J.-C. par Drusus et Tibère – les beaux-fils de l'empereur Auguste, d'où son nom – figure parmi les villes les plus anciennes d'Allemagne avec Trèves et Cologne. Centre commercial sur le chemin de l'Italie, elle devient ville épiscopale à la chute de l'Empire romain. Elle est promue ville libre d'Empire et siège de la diète à la fin du 13e s.
À la fin du 15e s., Augsbourg, qui compte déjà 50 000 habitants, devient un centre de la haute finance grâce aux **Fugger** et aux Welser, deux dynasties locales qui, disait-on, se partageaient le monde. L'histoire a retenu le nom de Jakob Fugger le Riche (1459-1525), célèbre comme banquier de l'Empire et surtout comme créancier des Habsbourg. On estime à quatre millions de ducats la dette, jamais éteinte, des Habsbourg envers leurs banquiers d'Augsbourg.
En 1530, Charles Quint, inquiet de l'importance que prend la Réforme dans les divers États de l'Empire, réunit une diète impériale à Augsbourg, dans l'espoir de dissiper les troubles religieux. Les protestants, autour de Luther, proclament alors, dans une « **confession** » restée célèbre, les bases de leur croyance. Mais leur thèse est rejetée. C'est en 1555 seulement que la paix d'Augsbourg accordera aux protestants la **liberté de culte**. En 1686, Augsbourg donne encore son nom à la ligue dirigée contre Louis XIV, par la Prusse et l'Autriche, après la révocation de l'édit de Nantes.

Place de la mairie : l'hôtel de ville et la tour Perlach.
José Antonio Moreno/age fotostock

de Van Dyck, Tiepolo et Véronèse. Les collections d'art sont réparties dans des édifices mitoyens.

★ Église St-Ulrich et St-Afra Plan 2

L'ancienne abbatiale bénédictine, et l'église protestante qui lui est accolée, portent toutes deux les noms des deux saints. Cette juxtaposition spatiale et nominale est l'un des traits caractéristiques d'Augsbourg (on le retrouve aux **églises de la Ste-Croix**).

La grande basilique fut fondée en 1474. Elle mêle une architecture de style gothique tardif à des aménagements Renaissance et baroques. Dès l'entrée, séparée des trois nefs par une belle grille baroque, on découvre le haut vaisseau central, à voûte en réseau, au fond duquel se dressent trois autels baroques. À la croisée du transept, remarquez le groupe de bronze de la Crucifixion, de 1607. Parmi les chapelles latérales, arrêtez-vous devant celle de St-Simpert *(à droite)* qui présente un balcon surmonté de **statues de saints★** en terre cuite et un large baldaquin gothique.

NOS ADRESSES À AUGSBOURG

HÉBERGEMENT

PREMIER PRIX

Unterbaarer Hof – Hors Plan 1 - *Ulmer Straße 218 - Tram 2 - ✆ 0821 431 300 - www.unterbaarer-hof.de - P - 6 ch. 65 € ☕ - rest. 15/20 €.* Un peu excentrée, une petite pension aux chambres confortables et un vaste appartement. Restaurant où l'on sert une cuisine traditionnelle.

BUDGET MOYEN

Ost am Kö – Plan 1 - *Fuggerstraße 4 - ✆ 089 50 20 40 - www.ostamkoe.de - P - 49 ch. 99 € ☕.* Un hôtel bien situé dans le centre et à seulement 300 m de la gare. Les chambres sont bien équipées et la plupart donnent sur une cour tranquille. Sauna à disposition des clients.

Dom Hotel – Plan 1 - *Frauentorstraße 8 - ✆ 0821 34 39 30 - www.domhotel-augsburg.de - P - fermé 18 déc.-9 janv. - 57 ch. 90/125 €* ☕. Dans une maison de ville historique près de la cathédrale, on accède aux chambres et aux appartements par un bel escalier en fer forgé. En été, petit-déj. servi sous les arbres.

RESTAURATION

BUDGET MOYEN

Die Ecke – Plan 1 - *Elias-Holl-Platz 2 - ✆ 0821 51 06 00 - www.restaurant-die-ecke.de - 35/63 €, menu 16 € (midi), 50/68 € (soir).* Nichée dans une maison historique, c'est une des tables gourmandes de la ville. Bertolt Brecht la fréquentait autrefois. Belle carte des vins.

POUR SE FAIRE PLAISIR

Haupt im Prinz Karl Palais – Hors Plan 2 - *Schertlinstraße 23 - ✆ 0821 589 84 75 - www.restaurant-haupt.de - tlj 11h30-14h30 ; 18h30-23h30 (fermé dim. soir) - 23/54 €.* Établi dans une ancienne caserne, ce restaurant sert une délicieuse cuisine alliant plats locaux et internationaux.

UNE FOLIE

August – Hors Plan 1 - *Frauentorstraße 27 - ✆ 0821 352 79 - service le soir. - fermé dim., mar., 1 sem. en janv., 1 sem. à Pâques et 25 août-14 sept. - 115/129 €.* Christian Grünwald n'usurpe pas ses deux étoiles : élaborés à base de produits soigneusement sélectionnés, ses plats portent la marque d'une cuisine créative aux touches très personnelles. En été, la terrasse sur le toit est des plus agréables.

PETITE PAUSE

Café Euringer – *Am Perlachberg 9 - ✆ 08 21 51 40 55 - 8h-18h (lun., dim. et j. fériés 10h-18h).* Ce petit salon de thé accolé à la pâtisserie du même nom est une institution. Grand choix de tartes crémeuses.

Caféhaus Eber – *Philippine-Welser-Straße 6 - ✆ 0821 36 84 7 - www.cafe-eber.de - tlj sf dim. 8h-18h.* Une confiserie où les bonbons au chocolat se partagent le devant de la vitrine avec les délicieux gâteaux maison. Salon de thé au 1er étage et par beau temps, la terrasse sur la Rathausplatz.

ACHATS

Marché *(Stadtmarkt) – Annastr. 16 (accès également par Fuggerstr. 12) - lun.-vend. 7h-18h, sam. 7h-13h.* Vous trouverez ici les étals des charcutiers *(Fleischhalle)*, des épiciers *(Viktualienhalle)*, ainsi que des cafés et des restaurants. Marché fermier le matin.

EN SOIRÉE

Der Weinbäck (Laxgangs Weinstuben) – *Spitalgasse 8 - ✆ 0821 37 911 - www.weinbaeck.de - tlj sf dim. et j. fériés 17h-1h - fermé 25 déc.-1er janv.* Dans une cave historique du 16e s. (ou dans la charmante cour en été), une large carte des vins servis au verre.

Grandhotel Cosmopolis – *Springergäßchen 5 - www.grandhotel-cosmopolis.org.* En 2012 ont commencé les travaux d'un futur centre socio-culturel alternatif au projet prometteur. Dans les immenses locaux d'une ancienne maison de retraite, il regroupera à la fois un centre d'accueil pour réfugiés politiques et des ateliers d'artistes, un restaurant, un hôtel, un café… Le hall accueille déjà des expositions.

Église d'Ottobeuren

★★

Bavière

NOS ADRESSES PAGE 270

S'INFORMER

Office de tourisme – *Marktplatz 14 - ☏ 08 332 91 19 50 - www.ottobeuren.de - tlj sf dim. 9h-12h, 14h-17h (vend. 16h, sam. 12h).*

SE REPÉRER

Carte de région A3 (p. 230-231) – *cartes Michelin nos 718 J 13 et 546 AO 64.* À 114 km à l'ouest de Munich, 121 km au nord-ouest de Garmisch-Partenkirchen, 157 km au nord-est de Constance.

À NE PAS MANQUER

Les concerts d'orgue du samedi après-midi.

Village entouré de forêts et de prairies, Ottobeuren est dominé par sa monumentale abbaye bénédictine fondée en 764. Cinquante années de travaux, entre 1711 et 1756, furent nécessaires pour bâtir ce chef-d'œuvre du baroque européen. Les prodigieux stucs et les trompe-l'œil de l'église donnent ici un avant-goût du paradis. Les bâtiments abbatiaux dévoilent une majestueuse salle des Empereurs, une bibliothèque inondée de lumière et deux kilomètres et demi de couloirs. Et, fait rarissime, ils sont encore occupés par vingt-deux moines, 1 200 ans après l'arrivée des premiers bénédictins.

3

Découvrir

★★ Église abbatiale

☏ 08332 79 80 - www.abtei-ottobeuren.de - église : 8h30-18h - gratuit ; musée : tlj 10h-12h, 14h-17h - 4 €.

Le grand architecte de l'Allemagne du Sud, **Johann Michael Fischer**, mit la dernière main à cette perle du baroque à partir de 1748 et signa là son chef-d'œuvre. Il faut lui associer, dans le domaine de la décoration rococo, les noms des Zeiller pour les fresques (Johann Anton Zeiller et son cousin Franz Anton Zeiller), de Johann Michael Feuchtmayer pour les stucs et de Johann Joseph Christian pour les sculptures figuratives *(voir illustration p. 66)*.

L'immensité de l'église est surtout visible lorsque l'on se trouve à l'intérieur ; cette impression est encore renforcée par l'éclairage inhabituel de l'édifice, dû à son orientation nord-sud. Toute l'architecture de l'église s'ordonne autour de la coupole centrale aplatie, dans un foisonnement de peintures, de stucs et de sculptures. Malgré cette profusion, le rythme et l'application donnés à l'ensemble forment un tout inséparable, habilement organisé pour symboliser la proclamation du *Credo* des Apôtres. Les quatre autels sont dédiés à saint Michel, patron de la région d'Ottobeuren et de l'Empire, aux Saints-Anges-Gardiens, à saint Joseph et à saint Jean-Baptiste. Admirez tout particulièrement les magnifiques œuvres d'art que constituent la **chaire** et le **groupe**

du baptême du Christ qui lui fait face, réalisé en marbre rouge et gris par Feuchtmayer d'après le projet de Zeiller.
L'autel du Saint-Sacrement, à l'entrée du chœur, est surmonté d'un Christ très vénéré à Ottobeuren, sous la forme d'un **crucifix** réalisé après 1220. Le **maître-autel**, avec la représentation de la Sainte-Trinité de Zeiller et les effigies grandeur nature des saints et des apôtres par Christian, constitue une splendide composition. Les **stalles★★** de noyer (1764) représentent un chef-d'œuvre de l'art de la sculpture sur bois. Leurs grands dossiers sont décorés de bas-reliefs dorés, sur bois de tilleul, dus à Joseph Christian (scènes de la vie de saint Benoît à droite et scènes de l'Ancien Testament à gauche).
Karl Joseph Riepp, élève du célèbre fabricant d'orgues Silbermann, réalisa les deux **orgues du chœur★★** en 1766.

Bâtiments abbatiaux

Ils furent construits entre 1711 et 1731. Le plan d'ensemble de l'abbaye forme un Christ en croix dont la tête (l'église) est légèrement penchée, reprenant l'idée de saint Paul pour qui l'Église, symbole d'un État chrétien idéal, s'organise comme un corps dans lequel chaque organe exerce une fonction vitale. Dans le **musée★**, admirez la superbe décoration des salles, en cohérence avec l'architecture de l'église. Le palais abbatial, la belle **bibliothèque**, la salle de théâtre et la **salle de l'Empereur** *(Kaisersaal)*, avec sa fresque au plafond représentant le couronnement de l'empereur Charlemagne, méritent toute votre attention. L'intérêt du musée réside également dans les pièces d'art médiéval et les peintures du 15e au 17e s. qui y sont exposées.

NOS ADRESSES PRÈS D'OTTOBEUREN

RESTAURATION

POUR SE FAIRE PLAISIR

Badische Weinstube – *Marktplatz 8 - 7730 Bad Grönenbach, à 10 km au sud-ouest d'Ottobeuren - ✆ 08334 25 97 25 - www.badische.com - menu 32/45 €, carte 19/35 €.* Avec sa décoration typique de la région et sa belle terrasse donnant sur la place du marché, ce restaurant invite à venir déguster des spécialités internationales bien mitonnées dans un cadre accueillant.

Weinstube Weber am Bach – *Untere Bachgasse 2 - 87700 Memmingen, à 10 km au nord-ouest d'Ottobeuren - ✆ 08331 24 14 - www.weberambach.de - menu 44 €, carte 22/50 €.* Ce lieu imprégné d'histoire, qui déjà en 1320 accueillait des voyageurs, vous attend au cœur de la ville. Il est considéré comme le plus ancien cabaret de Memmingen.

AGENDA

Concerts – *Mai-sept. (sf août), souvent les sam. et dim.* Orchestres symphoniques, musique de chambre, concerts d'orgue dans la salle des Empereurs et dans la basilique.

Route allemande des Alpes

Deutsche Alpenstrasse

★★★

Bavière

NOS ADRESSES PAGE 278

SE REPÉRER

Carte de région AD4 (p. 230-231) – *cartes Michelin nos 718 J 14 à M 13, 545 X 13 à 18, 546 X 14 à 22.* La route suit un tracé d'ouest en est, du lac de Constance à Berchtesgaden.

À NE PAS MANQUER

Pour les tronçons routiers : l'Allgäu, de Füssen à Wies ; la haute vallée de l'Isar ; du Wendelstein à la vallée de l'Inn, de Reit à Ruhpolding.

ORGANISER SON TEMPS

Trois jours pour les 500 km.

Du lac de Constance aux abords de Salzbourg, suivant la limite sud du pays, cette route touristique parcourt des paysages toujours changeants, découvrant ici un lac de montagne, là des sommets escarpés où les sapins n'osent s'aventurer. Elle traverse les contreforts des Alpes de l'Allgäu et des Alpes bavaroises couverts de pâturages, avec en vue des massifs élevés comme la Zugspitze (2 964 m) et le Watzmann (2 712 m). Son parcours est ponctué de petits villages aux balcons fleuris, de stations de sports d'hiver et de « célébrités » internationales : les châteaux de Louis II de Bavière et l'église baroque de Wies. Un plaisant mariage entre nature et culture, à conseiller aussi aux amateurs de randonnée qui prendront le temps d'aller hors des sentiers battus.

3

Circuits conseillés Carte Route allemande des Alpes

★ L'ALLGÄU

De Lindau à Füssen, itinéraire de 112 km tracé en marron sur la carte p. 274-275 – Une demi-journée.

Office de tourisme – *Rathausplatz 24 - Kempten - ☎ 0831 194 33 - www.kempten.de - www.allgaeu.info (site en français).*

L'Allgaü, entre les vergers du lac de Constance et les sommets enneigés des Alpes, étale ses collines, ses lacs et ses rivières pour le plus grand plaisir des randonneurs. Le pays traversé au cours de cette étape n'est pas de civilisation bavaroise mais alémanique. Ici, Suisses, Autrichiens et Allemands sont de même culture. Les éleveurs de l'Allgäu ont fait de leurs montagnes une grande région fromagère, où les traditions agricoles restent fortes, comme en témoignent les festivités au retour des alpages à la mi-septembre et les marchés où les vaches à la robe brun châtaigne de race Allgäu *(Deutsches Braunvieh)* côtoient les Haflinger, chevaux nés dans le Tyrol voisin.

★★ **Lindau** *(voir ce nom)*

De Lindau, rejoindre l'échangeur n° 3 de l'A 96 (direction Memmingen), puis se diriger vers Lindenberg im Allgäu par la B 308.

Paradies

Entre Oberreute et Oberstaufen, ce belvédère aménagé dans une courbe prononcée favorise une perspective lointaine, au sud-ouest, vers les Alpes d'Alpenzell (Säntis, Altmann) en territoire suisse.

Passé Immenstadt, la route remonte la vallée alpine de l'Iller, qui coule au pied du Grünten, le « gardien » de l'Allgäu. À Sonthofen, la route B 19 mène à Oberstdorf, à 12 km au sud.

★★ **Oberstdorf**

Prinzregenten-Platz 1 - 08 322 70 00 - www.oberstdorf.de (site en français).

Destination privilégiée des amateurs de montagne et de sports d'hiver, Oberstdorf (843 m d'altitude) est la localité la plus méridionale d'Allemagne. On dit aussi qu'elle est la plus grande zone piétonne du monde : 10 % de son territoire sont interdits à la circulation automobile et 75 % sont des sites naturels protégés. Profondément encaissée dans les Alpes de l'Allgäu, à l'orée de la vallée de l'Iller qui recueille ici les eaux de sept autres torrents, ce charmant village invite à un séjour doux et paisible. Il sert de point de départ pour découvrir les sommets alentour, dont le Nebelhorn et le Fellhorn.

★★ **Nebelhorn**

083 22 9 60 00 - www.das-hoechste.de - 1h30 AR environ dont 20mn de téléphérique (3 sections). Liaisons (20mn) ttes les 10mn à partir de 8h30, dernier trajet retour à 16h50 (été) ou 16h30 (hiver). Fermé : 4 sem. avr./mai et du 5 nov. à mi-déc. - 28,50 € pour une carte à la journée.

Le téléphérique le plus haut de l'Allgäu conduit au sommet du Nebelhorn à 2 224 m. Par beau temps, on a une **vue panoramique**★★ sur plus de 400 sommets alpins : sur la Zugspitze *(voir ce nom)* à l'est, sur le Säntis à l'ouest, et jusqu'aux neiges de l'Oberland bernois. Au premier plan, les silhouettes souvent hardies des Alpes de l'Allgäu.

Le Nebelhorn, but d'innombrables randonnées, est aussi le point de départ du magnifique « sentier d'escalade de Hindelang ». Un autre, le **sentier didactique**, permet d'expliquer la formation des Alpes.

La route allemande des Alpes dans la brume.
Svenni / Fotolia.com

★★ Fellhorn

Le téléphérique conduit, en deux parties, à la station supérieure à 1 967 m - ☏ 0822 96 000 - www.das-hoechste.de - été : 8h30-16h30 ; hiver : 8h30-17h - fermé de déb. nov. à mi-déc. et de mi-avr. à mi-mai - 24 € pour une carte à la journée.

Du sommet du Fellhorn, à 2 037 m, on jouit d'une superbe **vue panoramique**★★ sur l'Allgäu, les Alpes autrichiennes et suisses.

Les flancs du Fellhorn proposent tout un réseau de chemins de randonnée à une altitude comprise entre 1 500 et 2 000 m. Un sentier de découverte de la flore familiarisera le touriste avec de rarissimes fleurs et herbes alpestres, dont des orchidées qui fleurissent en été jusqu'au sommet.

Revenir à la vallée de l'Iller et continuer sur la B 308.

★ Hindelang

Avec sa voisine Bad Oberdorf, Hindelang constitue un centre de villégiature et de cure thermale agrémenté en hiver par la pratique du ski sur les pentes de l'Oberjoch.

La **montée**★ de la Jochstraße offre des vues très variées sur les petites crêtes aiguisées des Alpes calcaires de l'Allgäu. Le belvédère du **Kanzel**★, vers le sommet, permet une vue d'ensemble sur la vallée de l'Ostrach et ses montagnes.

La route descend par la vallée de la Wertach, longe le Grüntensee, passe à proximité de l'importante station de Pfronten avant d'atteindre Füssen.

★ Füssen

i Kaiser-Maximilian-Platz 1 - ☏ 083 62 93 850 - www.fuessen.de - mars-oct. : 9h-18h, sam. 10h-14h, dim. 10h-12h ; nov.-avr. : tlj sf dim. 9h-17h, sam. 10h-14h - fermé Pâques et Pentecôte.

La vieille ville de Füssen présente un visage à la fois médiéval et méridional. Entre 1313 et 1803, elle fut la résidence des princes-évêques d'Augsbourg.

Ancienne abbaye St-Magnus (Ehemaliges Kloster St-Mang) – *tlj sf lun. - avr.-oct. : 11h-17h, nov.-mars : 13h-16h - 2,50 € (3 € billet combiné avec galerie du Hohes Schloss). Billet valable pour la chapelle Ste-Anne, les bâtiments abbatiaux et les collections du musée (entrée libre pour l'église paroissiale).* De fondation bénédictine, l'abbaye est installée sur l'emplacement de l'ermitage où mourut en 750 saint Magnus, l'« apôtre de l'Allgäu ». Transformée au 18e s. dans le goût baroque, avec plafonds ovales et angelots joufflus, elle fut sécularisée en 1803 et son église devint alors un sanctuaire paroissial.

La cour d'honneur *(Klosterhof)*, due à Johann-Jakob Herkomer, enfant du pays, offre un bel ensemble d'architecture baroque ; remarquez les pignons à volutes de ses trois avant-corps. Dans les anciennes salles d'apparat de l'abbaye (salle des fêtes, salle du chapitre en forme de cercueil, réfectoire, bibliothèque) est installé un **Musée régional** *(Museum der Stadt Füssen)* qui évoque notamment, à travers une collection d'instruments à cordes, la grandeur de la lutherie de Füssen au 16e s.

La **chapelle Ste-Anne**, partie la plus ancienne de l'abbaye (830), abrite une curieuse **Danse macabre★** *(Totentanz)*, peinte par un artiste local vers 1600, et un groupe gothique de la Sainte Parenté *(accès libre le dimanche après la messe, à gauche du porche de l'église)*.

L'**église paroissiale** (St-Mag Kirche) a été reconstruite par Herkomer de 1701 à 1717. Il s'en fit non seulement l'architecte, mais le stucateur et le peintre, assurant ainsi au monument une remarquable unité. La crypte romane, devant le maître-autel, a été réaménagée en 1971.

Haut Château (Hohes Schloss) – *La rampe d'accès s'amorce devant l'église paroissiale. Accès libre à la cour du château. Tlj sf lun. - de mi-mars à oct. : 11h-17h ; de nov. à mi-mars : 13h-16h - 2,50 € (3 € billet combiné avec l'abbaye). L'entrée payante donne accès au musée, aux remparts et à la tour de l'Horloge.* Les princes-évêques d'Augsbourg établirent ici leur résidence d'été à la fin du 15e s. Les **peintures en trompe l'œil des façades de la cour★** datent du début du 16e s. et sont uniques en Allemagne. Les salles aménagées pour le musée (*Staatsgalerie*), en particulier la salle des Chevaliers *(Rittersaal)*, au riche plafond à caissons octogonaux, abritent des collections de peinture souabe (15e s.-18e s.).

★ L'AMMERGAU

De Füssen à Garmisch-Partenkirchen, itinéraire de 95 km tracé en rouge foncé (voir ci-dessous) – Une journée.

Cet itinéraire contourne par le nord le saillant des Alpes de l'Ammergau et traverse une région toute ridée par les moraines de l'ancien glacier du Lech et piquetée de tourbières. Les clochers à bulbe des villages et les larges corps de ferme ponctuent le paysage.

De Füssen, la B 17 vers Steingaden passe en vue du château de Neuschwanstein.

★ **Hohenschwangau et** ★★★ **Neuschwanstein** *(voir Les Châteaux de Louis II de Bavière). À Steingaden, quitter la B 17 en direction de l'église de Wies (en retrait de 3 km de l'itinéraire).*

★★ Église de Wies

✆ 08 862 93 29 30 - www.wieskirche.de - ♿ - heure d'été : 8h-19h ; heure d'hiver : 8h-17h. Privilégier une visite tôt le matin ou en fin de journée, ou hors saison pour éviter la foule. Éviter les offices du dim.

Joyau exceptionnel à la décoration somptueuse, classée au Patrimoine mondial de l'Unesco, l'église de Wies est l'expression la plus parfaite du rococo bavarois. Elle fut érigée au milieu du 18e s. par l'architecte Dominikus Zimmermann qui a laissé là son testament spirituel. Ce remarquable édifice blanc et jaune, destiné à accueillir les pèlerins venus adorer le « Christ flagellé », reçoit chaque année plus d'un million de visiteurs venus prier ou admirer l'architecture de ce vaisseau de lumière.

Historique – En 1738, une paysanne vit pleurer ce Christ, un miracle à l'origine d'un vaste pèlerinage. L'ancienne chapelle ne fut plus en mesure d'accueillir les pèlerins venus de toute l'Europe. En 1743, il fut décidé de bâtir un nouvel édifice. Sa construction est confiée à **Dominikus Zimmermann** (1685-1766), qui mena à bien ce travail en collaboration avec son frère Johann Baptist, peintre à la cour de Bavière. Reprenant le plan de Steinhausen *(voir p. 226)*, Zimmermann éleva une coupole ovale se prêtant à la décoration peinte et donna à l'ensemble du vaisseau l'empreinte du style rococo.

Extérieur et intérieur – L'église de Wies se dresse dans le frais paysage de forêts, de tourbières et de prairies dont les douces ondulations caractérisent l'avant-pays alpin de l'Ammergau, entre Lech et Ammer.

La sobriété extérieure de l'église contraste avec la magnificence de la travée ovale et du chœur étroit et profond qui la prolonge. L'enduit à la chaux qui recouvre les murs fait ressortir les stucs, pour certains dorés, et les fresques aux splendides couleurs.

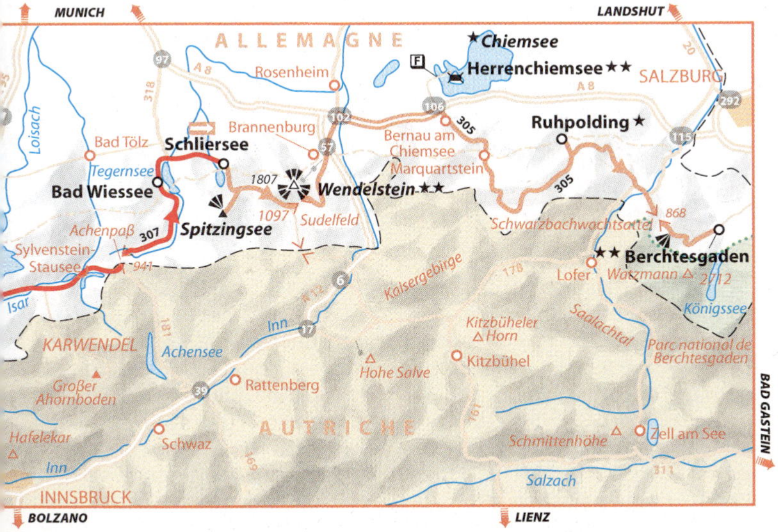

La **lumière** pénètre abondamment par les ouvertures dont les formes, très caractéristiques du style de Zimmermann, contribuent à l'ornementation de l'ensemble, tant à l'intérieur qu'à l'extérieur. L'équilibre tout en finesse entre décoration et architecture donne une impression d'unité et de parfaite harmonie. Les parties basses (murs et piliers jumelés délimitant le déambulatoire, comme c'est l'usage dans les églises de pèlerinage) sont volontairement peu ornées, puisqu'elles symbolisent la terre. En revanche, dans les parties hautes symbolisant le ciel, c'est une profusion de peintures, de stucs et autres éléments décoratifs. L'immense **fresque de la coupole** représente le retour du Christ, la porte encore fermée du Paradis et le trône sur lequel le Juge du monde n'a pas encore pris place.

Dans le **chœur** : colonnes, balustrades, statues, stucs dorés et fresques. La grande peinture du retable montre le Christ fait homme. L'orgue et la chaire représentent, par la richesse et la finesse de leur ornementation, l'apogée du style rococo en Allemagne du Sud.

On rejoint ensuite la B 23 au niveau du pont d'Echelsbach (Echelsbacher Brücke) qui franchit la gorge de l'Ammer, profonde de 76 m. Prendre à gauche pour visiter l'église de Rottenbuch (6 km AR) ou poursuivre vers Oberammergau, à droite.

Rottenbuch

L'**église de la Nativité de la Vierge★** *(Mariä-Geburts-Kirche)*, primitivement construite pour un couvent de chanoines augustins, a été remaniée dans les styles baroque et rococo du 18e s. Les stucs révèlent la virtuosité des maîtres de l'école de Wessobrunn, parmi lesquels Joseph et Franz Schmuzer. Les fresques, dues à Matthäus Günther, s'harmonisent avec la décoration sculptée exubérante. La chaire, la tribune d'orgue et les autels de Franz Xaver Schmädl sont surchargés de statues et de dorures dans la pure tradition rococo.

★ Oberammergau

Enserrée dans les contreforts boisés de l'Ammergau, cette petite ville d'artisans sculpteurs sur bois, parsemée de chalets et de superbes maisons historiques (18e s.) aux façades peintes, doit sa renommée aux représentations du **mystère de la Passion**, qui s'y déroulent tous les dix ans *(les prochaines en 2020)* au cours de l'été, conformément au vœu fait par les habitants épargnés par une épidémie de peste en 1633. Les rôles sont tenus par 1 100 acteurs amateurs et le spectacle dure une journée entière.

La façade de la Pilatushaus (Verlegergasse), avec sa grande fresque religieuse en trompe l'œil représentant la condamnation du Christ par Pilate, peinte en 1784 par l'artiste Franz Seraph Zwinck, est particulièrement remarquable.

3,5 km après Oberammergau, une route conduit au château de Linderhof (22 km AR).

★★ Linderhof *(voir Les Châteaux de Louis II de Bavière)*

★ Ettal

La vénération d'une statue de la Vierge attribuée à Giovanni Pisano et la floraison de la vie bénédictine expliquent les vastes dimensions de l'abbaye d'Ettal, belle réussite de l'art rococo, fondée par l'empereur Louis le Bavarois en 1330. L'**église**, caractéristique unique en Allemagne, a pour souche un bâtiment gothique de plan polygonal dont l'élévation actuelle est due aux architectes baroques, Enrico Zucalli qui dressa la façade et le chœur (1710-1726), et Joseph Schmuzer, maître d'œuvre et stucateur de l'école de Wessobrunn, qui monta la coupole après que les bâtiments eurent été dévastés par un incendie en 1774. La **décoration peinte** de cette coupole est l'œuvre de Johann Jacob Zeiller.

La route rejoint la vallée de la Loisach. Vers le sud apparaît la chaîne du Wetterstein avec les sommets de la Zugspitze, de l'Alpspitze à la forme pyramidale et de la Dreitorspitze. Poursuivre jusqu'à Garmisch-Partenkirchen.

★★ Garmisch-Partenkirchen *(voir ce nom)*

★ LA HAUTE VALLÉE DE L'ISAR ET LES LACS

De Garmisch-Partenkirchen à Schliersee, itinéraire de 105 km tracé en rouge sur la carte p. 274-275 – Une journée.

La première partie du circuit dans la haute vallée de l'Isar, large, sauvage et dont les crues sont violentes, est l'une des plus surprenantes portions de la route des Alpes.

De Garmisch-Partenkirchen, prendre la E 533 vers Mittenwald et Krün. À la sortie de Wallgau, dans un virage, prendre à droite la petite route qui s'engage dans la haute vallée de l'Isar ; puis la route 307 longe le lac du barrage de Sylvenstein et le traverse, fait une incursion de 2 km en Autriche, avant de franchir l'Achenpass et de plonger vers le Tegernsee.

Bad Wiessee

Cette station est un important centre de cure thermale (eaux iodées sulfureuses) et un lieu de séjour bien situé, entre le lac de Tegernsee et l'arrière-pays semi-alpin.

Schliersee

Au bord du lac éponyme, Schliersee offre, avec les agglomérations voisines de Fischhausen, Neuhaus et Spitzingsee, d'intéressantes possibilités de séjour.

L'**église paroissiale St-Sixtus★** est une ancienne collégiale dépendant du chapitre de Notre-Dame de Munich, rebâtie dans le goût baroque de 1712 à 1714. Les peintures des voûtes, les stucs délicats ont été exécutés par Johann Baptist Zimmermann (1680-1758), frère de l'architecte de Wies *(voir ce nom).*

3

★ LE SUDELFELD ET LES MONTS DU CHIEMGAU

De Schliersee à Berchtesgaden, itinéraire de 172 km tracé en orange sur la carte p. 274-275 – Une journée. Poursuivre sur la route 307. À Neuhaus, une route monte à droite au Spitzingsee (10 km AR).

Spitzingsee

Avant d'atteindre ce lac de montagne, un belvédère routier offre une **vue d'ensemble** du bassin de Fischhausen-Neuhaus et du Schliersee.

De retour sur la route 307, 3 km avant Bayrischzell, on atteint la station inférieure d'un téléphérique menant au sommet du Wendelstein.

★★ Wendelstein

Bon à savoir – Pour gagner le sommet du Wendelstein, emprunter soit le téléphérique à la station inférieure de Bayrischzell-Osterhofen *(ascension : 7mn)*, soit le **chemin de fer à crémaillère** *(Zahnradbahn)* au départ de la gare inférieure de Brannenburg/Inntal *(✆ 08 034 30 80 - www.wendelsteinbahn.de - été : 9h-17h ; hiver : 10h-16h (ski 9h) - fermé de déb. nov. au 20 déc. - AR 28,50 €).*

Se frayant hardiment un chemin de plus en plus escarpé, le train atteint en un peu moins d'une demi-heure l'altitude de 1 738 m. On achève l'ascension par un chemin taillé à même la roche, jusqu'au sommet (1 838 m), couronné par un observatoire solaire et une chapelle construite en 1718. Il est sillonné par quatre itinéraires de randonnée balisés et jalonnés de panneaux explicatifs. Le chemin le plus attrayant est celui qui mène au sommet (*Gipfelweg, 2h30 AR*). Le **panorama★★** englobe, d'est en ouest, les monts du Chiemsee et les Alpes de Berchtesgaden, les Loferer et les Leoganger Steinberge, les Kaisergebirge et leurs dentelles de pierre, les crêtes glaciaires des Hautes Tauern *(Hohe Tauern)*.

Après un parcours sinueux où la route passe à proximité de la cascade du Tatzelwurm (10mn à pied), l'itinéraire descend la vallée de l'Inn et prend l'autoroute Munich-Salzbourg en direction de la rive sud du **Chiemsee★**.

★ Le Chiemsee

Une « mer bavaroise » avec les Alpes en toile de fond... Le Chiemsee (prononcer Kimzé), le plus vaste des lacs de Bavière, étale ses eaux calmes entre des rives cernées de roseaux et des stations estivales animées. Baignade, sports nautiques et farniente pour les uns ; embarquement vers les îles pour les autres, où Louis II fit construire un extraordinaire château *(voir Les Châteaux de Louis II de Bavière)*.

Sortir à Bernau am Chiemsee et suivre alors la route 305. À partir de Marquartstein, on traverse une succession de vallons tortueux, aux parois abruptes, pour déboucher au-dessus du vaste bassin de Reit, au pied du Zahmer Kaiser. Rebroussant vers l'est après Reit-im-Winkl, la route suit un long couloir passant à proximité d'étangs peu profonds, aux eaux sombres.

★ Ruhpolding

Cette localité, très fréquentée par les vacanciers, est restée un centre de traditions populaires. La plus précieuse œuvre d'art de l'**église St-Georges** est une Vierge romane (12e s.), qui trône sur l'autel latéral de droite.

Le passage du col de Schwarzbachwacht (868 m) fait apparaître un vif contraste entre le sévère vallon boisé du Schwarzbach et les pâturages dégagés du versant de Ramsau. La descente sur Ramsau donne l'occasion, en plusieurs endroits, d'apprécier le **panorama★★** *sur les dents du Hochkalter, encadrant la tache blanche du Blaueis (le seul glacier d'Allemagne avec le Höllentalferner dans le massif de la Zugspitze) et le Watzmann. La route des Alpes finit à Berchtesgaden.*

★★ Berchtesgaden *(voir ce nom)*

NOS ADRESSES

HÉBERGEMENT

PREMIER PRIX

Dans l'Ammergau

Gasthof Zum Fischerwirt – *Linderhofer Str. 15 - Ettal, Graswang - ☎ 08 822 63 52 - www.zum-fischerwirt.de - fermé de nov. à mi-déc. - P - 10 ch. 68 € ☕ - rest. 12/24 €.* À 5 km d'Ettal, sur la route de Linderhof, un hôtel à la fois agréable et authentique, aux chambres à la décoration sobre. Plats régionaux, truites, bière et liqueur de l'abbaye d'Ettal.

Dans les monts du Chiemgau

Gästehaus Weißes Rössl – *Dorfstr. 19 - Reit-im-Winkl - ☎ 08640 982 30 - www.weissesroessl-riw.de - fermé 3 sem. apr. Pâques et de mi-oct. au 20 déc. - P - 20 ch. 35/40 € ☕.* Hôtel soigné, à la situation centrale ; chambres propres et confortables. Salle de séjour rustique et conviviale. Espace bien-être.

Alpengasthof Winkelmoosalm – *Dürrnbachhornweg 6 - Reit-im-*

Winkl - ✆ 08640 974 40 - www.winkelmoosalm.com - fermé nov.-déc. - P ♿ - 18 ch. 33/68 € - rest. 15 €. Un hôtel-restaurant d'altitude (1 160 m), à 11 km de Reit-im-Winkl (direction Seegaterl) pour estivants et skieurs. Cuisine bio. Terrasse panoramique.

BUDGET MOYEN

Dans l'Allgaü

Hotel Scheibenhaus – *Scheibenstraße 1 - 87561 Oberstdorf - ✆ 8322 984 03 - www.scheibenhaus-oberstdorf.de - fermé avr., fin juin 1 sem., de nov. à mi-déc. - P - 5 ch. 95 €.* L'hospitalité au sens propre du terme : les nombreuses petites attentions portées aux hôtes, telles que les rafraîchissements à volonté et les gâteaux faits maison au petit-déjeuner, distinguent cet établissement des autres. Sa vue sur la Trettachtal et les montagnes environnantes constitue une autre particularité agréable de l'endroit.

Appartement Hotel Seespitz – *Pfrontener Straße 45 - 87629 Füssen/Weißensee - ✆ 083 62 38 899 - www.seespitz.de - P - 32 ch. 90/130 € - 15 €.* Au bord du paisible lac de Weißensee et de la frontière autrichienne, à 6 km à l'ouest de Füssen, vastes appartements meublés pour 2 à 4 pers., avec balcons offrant une vue splendide. Accueil chaleureux, délicieux buffet pour le petit-déjeuner, avec confitures artisanales, graines et fruits secs de la région. Idéal pour des vacances en famille. Piscine et sauna. Petit restaurant familial bon marché, Osteria, qui sert des spécialités italiennes.

Hotel Geiger – *Uferstraße 18 - Füssen-Hopfen am See - ✆ 08 362 70 74 - www.hotel-geiger.de - fermé de déb nov. à mi-déc. - P - 23 ch. 43/57 € - rest. 17/34 €.* À 4 km du centre-ville, cet hôtel, tenu depuis plusieurs décennies par la même famille, est situé directement sur la promenade du Hopfensee ; la plupart des chambres ont un balcon avec vue sur le lac. Le restaurant offre un superbe panorama.

Hotel Eiskristall – *Birkstraße 3 - Füssen - ✆ 08 362 50 78 12 - www.hotel-eiskristall.de - P - réserv. - 32 ch. 79 €.* Hôtel simple et soigné en périphérie de Füssen, à proximité immédiate de la patinoire. On gagne aisément le centre-ville à pied.

POUR SE FAIRE PLAISIR

Dans l'Allgaü

Hotel Traube – *Hauptstraße 6 - 87561 Oberstdorf - ✆ 08 322 80 99 40 - www.hotel-traube.de - P - 20 ch. 109/133 € - rest.10/30 €.* Situé en plein centre d'Oberstdorf, cet hôtel traditionnel propose des chambres confortables à la décoration champêtre. Sauna et solarium. Au restaurant, large choix de plats régionaux et étrangers. Charmant *Biergarten*.

Dans l'Ammergau

Landhotel Böld – *König Ludwig Strasse 10 - 82487 Oberammergau - ✆ 08 822 9120 - www.hotel-boeld.de - P - 60 ch. 123 €.* Charmant hôtel aux chambres très confortables et à la décoration raffinée, au cœur de l'adorable village d'Oberammergau. Accueil très sympathique et service attentionné. Certaines chambres avec balcon ou terrasse. Restaurant. Sauna.

Landhotel Moosbeck-Alm – *Moos 38 - 82401 Moos - ✆ 08867 912 00 - www.moosbeck-alm.de - 72/80 € - demi-pension 15 €.* Joli hôtel où l'on peut manger dans la salle rustique « König-Ludwig-Stube » ou dans le lumineux jardin d'hiver.

RESTAURATION

PREMIER PRIX

Dans l'Allgaü

Zum Schwanen – *Brotmarkt 4 - 87629 Füssen - ✆ 08 362 61 74 - www.gasthof-schwanen.com - ⊭ - 14 €.* Restaurant installé dans une maison de la vieille ville. On y déguste des spécialités de l'Allgäu.

Frühlingsgarten – *Alatseestraße 8 - Füssen-Bad Haulenbach - fermé le mar. - ✆ 08 362 91 730 - www.hotel-fruehlingsgarten.de - menu 10,20 €; carte 17,50 € - 11 ch. 50 €.* La famille Weyerer sert une cuisine régionale savoureuse, dont les *Maultaschen*, gros raviolis farcis d'épinards, d'oignons et de viande hachée. Terrasse en été.

À Chiemsee

Bayerischer Hof – *Bernauer Straße 3 - 83209 Prien am Chiemsee - ✆ 08051 60 30 - www.bayerischerhof-prien.de - fermé lun. - 16/30 €.* Poêles en faïence et poutres de bois confèrent une atmosphère agréable à cette auberge campagnarde et rustique.

Neuer am See – *Seestraße 104 - 83209 Prien am Chiemsee - ✆ 08051 60 99 60 - www.neuer-am-see.de -tlj sf mar. - 15/30 €.* Restaurant qui se partage entre salle à manger rustique et café contemporain.

BUDGET MOYEN

Dans l'Allgäu

Obere Mühle – *Ostrachstraße 40 - Hindelang - ✆ 08 324 28 57 - www.obere-muehle.de - fermé mar. et à midi - ⊭ - 25/56 € - 11 ch. 124/150 €.* Cet agréable restaurant est installé dans les bâtiments d'un ancien moulin de 1433. Dans un cadre propret, cuisine régionale et plats cuits au feu de bois. Fromagerie de démonstration accolée au restaurant. Piscine, sauna et solarium.

Oberstdorfer Einkehr – *87561 Oberstdorf - Pfarrstraße 9 - ✆ 08 322 977 850 - www.oberstdorf.net/einkehr - tlj pdt la hte saison, fermé le merc. en basse saison - réserv. conseillée - 15/40 €.* Ce restaurant est apprécié des natifs de la région tout comme des visiteurs pour ses spécialités locales.

Filser – *Freibergstraße 15 - 87561 Oberstdorf - ✆ 08 322 70 80 - www.filserhotel.de - 23/33 €.* Le restaurant de cet hôtel jouit d'un cadre soigné dans lequel est servie une cuisine internationale élaborée avec soin.

Fuggerhof – *Speichackerstraße 2 - 87561 Oberstdorf - ✆ 08 322 964 30 - www.hotel-fuggerhof.de - tlj sf mar. 11h-23h - 18/33 €.* Excellente cuisine familiale servie dans la salle de cet agréable restaurant ou sur la terrasse avec vue sur les montagnes.

Dans l'Ammergau

Zur Tini – *Dorfstraße 7 - 82487 Oberammergau - ✆ 08 822 7152 - tlj sf merc. 10h-21h - 14/26 €.* Chaleureuse petite *Stube* toute plaquée de bois clair, où l'on déguste des spécialités régionales telles que le *Jägertoast* (toast du chasseur), garni d'un filet de porc et de fromage gratiné. Portions généreuses.

Dans la haute vallée de l'Isar

Freihaus Brenner – *Freihaus 4 - Bad Wiessee - ✆ 080 22 86 560 - www.freihaus-brenner.de - 25 €.* Restaurant de montagne offrant une jolie vue sur le lac de Tegernsee. Salles confortables avec poutres apparentes et petites fenêtres aux jolis rideaux.

Dans les monts du Chiemgau

Schlosswirt – *Kirchplatz 1 - 83098 Brannenburg - ✆ 080 34 707 10 - www.schlosswirt.de - fermé 15-24 nov., tlj 11h-22h - 15/30 €.* Ce restaurant familial possède aussi une boucherie-charcuterie d'où proviennent la viande et les salaisons.

POUR SE FAIRE PLAISIR

Dans l'Allgaü

Allgäuer Stuben – *Ludwigstraße 13 - 87561 Oberstdorf - ✆ 08 322 98 73 80 - www.koenigliches-jagdhaus.de - midi et soir sf mar. (uniquement le soir jeu.) - 25/30 €.* Dans la Prinzregentenstube (salle du prince régent), dans la Jagdstube (salle des chasseurs) ou en terrasse, ce restaurant sert une savoureuse cuisine régionale.

Dans les monts du Chiemgau

Auers Schlosswirtschaft – *Rosenheimer Straße 8 - 83115 Neubeuern - ✆ 0803 526 69 - www.auers-schlosswirtschaft.de - fermé 29 août-12 sept., lun., dim. soir et lun. de déc. à mars - 29/43 €.* Tout dans cette vieille auberge est empreint d'une agréable simplicité. En été, la cuisine de saison est à déguster en terrasse, sous les arbres.

À Chiemsee

Malerwinkel – *Lambach 23 - 83358 Seebruck/Chiemsee - ✆ 08 667 888 00 - www.hotelmalerwinkel.de - 7h-0h - 30/50 €.* Du restaurant comme de la terrasse, on jouit d'une belle vue sur le Chiemsee. Bonne cuisine internationale.

UNE FOLIE

Dans l'Allgaü

Maximilians – *Freibergstraße 21 - 87561 Oberstdorf - ✆ 08 322 967 80 - www.maximilians-restaurant.de - tlj sf dim. - (pas de CB) - 40 €, menu 77/103 €.* Restaurant élégant aménagé dans une maison de campagne typique de la région. Ici le plaisir des yeux est associé à celui du palais. Le chef vous proposera une cuisine au goût du jour tout en raffinement et délicatesse.

PETITE PAUSE

Dans l'Allgäu

Marché couvert (Markthalle) – *Schrannenplatz - Füssen - tlj sf dim. 7h30-18h30 (sam. 14h).* Dans l'ancien grenier à blé *(Kornhaus)* gothique, divers petits stands pour un casse-croûte.

ACTIVITÉS

Dans l'Allgäu

Promenades en bateau (Forggensee Schifffahrt) – *Füssen - ✆ 08 362 92 13 63 - 1er juin-15 oct. : 10h-17h - 8 € (enf. 4 €), 50mn ; 11 € (enf. 6 €), 2h. Départ du Bootshafen de Füssen.* Le Forggensee, un lac de retenue situé aux portes de Füssen, se prête à la promenade et à la baignade.

Thermes – *Promenade 3 - 87561 Oberstdorf - ✆ 08 322 60 69 60 - été : thermes 10h-19h, sauna 12h-22h vend. - 9,50 €, 2h (6,50 € -17 ans, gratuit -5 ans).* Sauna, massages, bains de vapeur et d'eau thermale en intérieur et extérieur.

AGENDA

Marché agricole *(Viehscheid)* – 12 sept. à Schöllang. Fête du retour d'alpage : vaches couronnées de fleurs, musique folklorique.

3

Les châteaux de Louis II de Bavière

Königsschlösser

★★★

Bavière

NOS ADRESSES PAGE 287

SE REPÉRER

Carte de région B3-C2 (p. 230-231) – *cartes Michelin nos 718 K 4, 545, 546 X 16. Châteaux de* **Neuschwanstein** et **Hohenschwangau** : à 130 km au sud-ouest de Munich et 106 km du lac de Constance, 65 km à l'ouest de Garmisch-Partenkirchen. Suivre les pancartes « Hohenschwangau ». Château de **Linderhof** : à 96 km au sud-ouest de Munich, 13 km à l'ouest d'Oberammergau. Château de **Herrenchiemsee** (C2) : à 90 km à l'est de Munich.

ORGANISER SON TEMPS

Compter une journée pour visiter Neuschwanstein, Hohenschwangau et le musée des Rois de Bavière ; 2h pour visiter Linderhof et son parc, 3h pour gagner l'île de Herrenchiemsee et visiter son château.

Joyaux nichés dans les paysages verdoyants de la Bavière, les châteaux de Louis II témoignent de la démesure de ce roi bâtisseur. Neuschwanstein, Linderhof et Herrenchiemsee ont été créés « pour un homme seul » en dehors de toute préoccupation de pouvoir : il n'y reçoit pas de cour, n'y règne pas. Louis II veut rendre hommage à ses rêves et les contempler. Il se construit un univers, inspiré du Moyen Âge, de Versailles ou des opéras de Richard Wagner. Délires d'un amoureux de l'art au destin tragique et caprices de prince tout à la fois ? Louis II a su en tout cas, trouver à chaque fois des cadres naturels uniques pour son œuvre.

★★★ Neuschwanstein et Hohenschwangau

Bon à savoir – Étant donné leur proximité, Neuschwanstein et Hohenschwangau partagent leur billeterie à Hohenschwangau. Le musée des Rois de Bavière, lui, constitue un troisième site, avec son propre accès.

Ticket-Center au pied du château de Hohenschwangau - Alpseestr. 12 - Hohenschwangau - ✆ 08 362 93 08 30 - 12 € un château, billet combiné Königsticket (visite des deux châteaux) 23 €.

★★★ NEUSCHWANSTEIN

Temps de marche jusqu'au château env. 30mn, forte pente - navette reliant Hohenschwangau à Neuschwanstein : 1,80 € l'aller - www.neuschwanstein.com - visite audioguidée en français (30mn) avr.-sept. : 9h-17h ; oct.-mars : 9h-15h - fermé 1er janv., Mar. gras, 24-25 et 31 déc. - 12 € (-18 ans gratuit).
Ne pas oublier d'acheter son billet avant de monter au château. Attention à bien respecter l'heure de visite inscrite sur le billet. Réserv. possible à l'avance par Internet.

Hérissée de tours et de pinacles en calcaire gris, dressée sur un éperon rocheux haut de 200 m, la forteresse tout droit sortie de la fantaisie du roi Louis II de Bavière ressemble vraiment à un château de conte de fées. À moins que ce ne soit le contraire… Disney le prit en effet pour modèle du château de la Belle au Bois dormant de son premier parc d'attractions. Première destination touristique de Bavière, et par là même extrêmement fréquenté, le château de Neuschwanstein n'en reste pas moins une destination incontournable, que les nombreux sentiers avoisinants permettent d'apprécier avec plus de tranquillité et à son propre rythme.

On ne découvre le château, imposant et majestueux, qu'à la fin de la montée, là où le gros des touristes attend d'entrer. C'est en face du château de Hohenschwangau, où il a passé une partie de son enfance et de sa jeunesse, que Louis II de Bavière trouve le site idéal pour bâtir le plus célèbre de ses châteaux, *Neu-Hohenschwangau* (qui sera rebaptisé Neuschwanstein en 1890). Il s'inspire sans nul doute des plans de la **Wartburg** (résidence des landgraves de Thüringe, à Eisenach) qu'il a visitée en 1867. Il confie l'élaboration du projet en 1868 à Eduard Riedel. La première pierre est posée un an plus tard. L'ouvrage reste d'une unité surprenante si l'on considère que trois architectes se sont succédés sur le chantier (Georg Dollman à partir de 1874 et Julius Hoffmann à partir de 1886), chacun d'eux devant se plier aux goûts du souverain..

Intérieur - La visite des aménagements intérieurs, où les lambris dorés et les peintures murales sont dispensés à profusion, crée une impression d'irréalité. Les pièces les plus révélatrices sont, au 3e étage, la **salle du trône★** (inachevée), la **chambre à coucher★** meublée d'éléments gothiques, le **grand salon★** dont l'ornementation a pour thème la légende de Lohengrin, et la fausse **grotte à stalactites**, avec petit jardin d'hiver attenant, évoquant la légende de Tannhäuser. Pour la **salle des Chanteurs★★** *(Sängersaal)*, l'architecte s'est référé au modèle de la Wartburg *(voir Eisenach)*, où aurait eu lieu, au début du 13e s., le tournoi poétique légendaire évoqué par l'opéra wagnérien *Tannhäuser*. Fervent admirateur de Wagner, le jeune monarque voulut reconstituer ici l'univers romantique de ses opéras, en particulier de *Tannhäuser* et *Lohengrin*.

UN TERRIBLE RÊVE ROMANTIQUE

Louis II de Bavière n'habitera Neuschwanstein que cent soixante-dix jours. Les travaux l'ont ruiné, et son comportement pousse des ministres de Bavière à demander une expertise psychiatrique. Le 10 juin 1886, une commission gouvernementale accourue de Munich vient lui signifier sa déposition. Le souverain solitaire, qui a perdu ses amis et ne s'est jamais marié, se noie trois jours plus tard, à l'âge de 40 ans, dans le lac de Starnberg. Les circonstances mystérieuses de sa mort et de celle de son médecin, qui l'accompagnait pour une promenade le soir du drame, ne seront jamais élucidées. À ce moment, seules la construction du palais et la décoration intérieure des 3e et 4e étages de Neuschwanstein sont achevées. Le château sera pourtant ouvert au public la même année, afin de payer les énormes dettes accumulées pendant sa construction.

Le mouvement romantique est alors tout imprégné du monde médiéval. Le peuple allemand, qui se cherche des racines dans un contexte d'unification nationale, trouve une mythologie fondatrice en redécouvrant des textes du moyen-âge. Wagner et Louis II participent à ce mouvement par leur goût du gothique et des légendes populaires.

La visite peut être complétée par la projection d'un **film** *(20mn, en anglais ou en allemand)* sur la vie du roi.
À l'issue de la visite, monter jusqu'au pont Marie *(Marienbrücke, 10mn à pied, pente plus raide)* pour admirer la chute de la Pöllat dans une gorge encaissée et une **vue**★★ privilégiée sur le château dans son ensemble.
Après la descente, un petit détour sur les bords de l'**Alpsee**★ *(100 m derrière les guichets)* offre des promenades tranquilles.

★ HOHENSCHWANGAU

www.hohenschwangau.de - visite audioguidée en français (35mn) avr.-sept. : 9h-17h30 ; oct.-mars : 9h-15h30 - fermé 24 déc. - 12 € - billet combiné Königsticket (avec visite de Neuschwanstein) 23 €.
De 1832 à 1836, Maximilien II de Bavière, alors prince héritier, fit élever cette construction à partir d'importantes ruines féodales du 12e s. Le style néogothique adopté, fortement influencé par la formule du manoir anglais, répondait au goût de l'époque. Louis II lui-même rêva dans ce décor une grande partie de sa jeunesse.
Contournant la colline boisée du **château de Hohenschwangau**, gagner, sur la rive nord de l'Alpsee, l'éperon ombragé du **Pindarplatz**, **belvédère**★ sur le lac cerné de sapins et dominé par les escarpements du Säuling, puis prendre à droite l'allée d'accès au château.
Hohenschwangau a gardé l'agrément des demeures habitées : la longue présence de la reine Marie, mère de Louis II, explique son atmosphère de relative intimité. Le style gothique des pièces se marie curieusement avec le mobilier Biedermeier. La place faite à l'art de l'Orient est tout à fait compatible avec l'ambiance chevaleresque du lieu, que rappellent encore les vastes peintures murales exécutées d'après les esquisses de Moritz von Schwind.
Au 2e étage, l'ancien **salon de musique** conserve des témoignages de l'admiration que le souverain voua à Richard Wagner : extraits de leur correspondance, piano que l'un et l'autre utilisèrent. On retrouve le fantastique dans la chambre à coucher de Louis II dont le plafond figure la voûte céleste semée d'étoiles (celles-ci s'allumaient à volonté). De sa fenêtre, le roi pouvait surveiller à la lunette l'avancement des travaux de Neuschwanstein.

MUSÉE DES ROIS DE BAVIÈRE (MUSEUM DER BAYERISCHEN KÖNIGE)

Au pied des deux châteaux, sur la rive de l'Alpsee - Alpseestraße 27 - ☏ 083 62 92 64 640 - museumderbayerischenkoenige.de - 9h-18h - 8,50 € - billet combiné Schwanenticket (avec visite des deux châteaux) 28,50 € - audioguide en français.
Au pied du château d'Hohenschwangau, ce musée ouvert en 2011 retrace la saga des rois de Bavière dans une scénographie moderne et aérée. Des objets ayant appartenu à la famille royale jalonnent l'exposition, tels le somptueux centre de table aux Nibelungen, en bronze doré et en cristal, ou le riche manteau de couronnement de Louis II. Le musée est doté d'une longue verrière qui offre une très belle vue sur l'Alpensee voisin.

★★ Linderhof

Compter 2h de visite et un long délai d'attente en saison, que comblera une promenade dans le parc. ☏ 08 822 92 030 - www.linderhof.de - de déb. avr. à mi-oct. : 9h-18h ; reste de l'année : 10h-16h - fermé 1er janv., 24-25 et 31 déc. - 7 €.
Le précieux petit palais de Linderhof n'est que luxe et brillance : or et miroirs, lustres de cristal, lapis-lazuli, malachite et porcelaines.

Le château de Linderhof et son parc.
Reinhard Schmid/Sime/Photononstop

Dans l'une des sauvages vallées des Alpes dont les souverains de Bavière se réservaient l'usage comme domaine de chasse, Louis II fit élever sa « villa royale » de 1874 à 1879 dans un style mariant la seconde Renaissance italienne et le baroque, en hommage à Louis XIV. Il espérait y trouver une intimité relative. L'homogénéité dans l'outrance décorative laisse une certaine impression d'harmonie ; le luxe omniprésent de l'aménagement oblitère presque les pièces les plus remarquables, comme les tissus des Gobelins ou les lustres en cristal de Bohême. Voir les chambres de l'étage dominées par la salle d'audience (baldaquin couvrant un fauteuil de velours vert), la **chambre à coucher de parade**, surpassant en luxe Versailles, et le **cabinet des glaces** aux 94 vases, lieu de travail du roi.

3

★★ Parc

L'architecte paysagiste Karl von Effner, qui dirigea l'aménagement du parc, a tiré parti des pentes du vallon pour installer bassins, cascades et jardins en terrasses selon le modèle des villas italiennes.

Les parterres latéraux se rattachent, eux, au modèle du jardin à la française. L'ensemble jette une note inattendue dans ce paysage alpestre.

Temple de Vénus – Monter à la rotonde du temple de Vénus qui ferme la perspective principale, au-dessus du grand bassin (surtout au moment des jeux d'eau). Redescendre ensuite sur la droite en regardant le château, pour remonter au pavillon mauresque et à la grotte, sur le versant opposé. Dans le creux du vallon, les jardins paysagistes laissent insensiblement les futaies de conifères reprendre leur densité naturelle.

Pavillon mauresque (Maurischer Kiosk) – Acquise par Louis II à l'Exposition universelle de Paris de 1867, cette construction métallique lui servait de décor lorsque il lui prenait l'envie de jouer au souverain oriental.

Grotte de Vénus ★– *Visite guidée uniquement*, horaires indiqués sur un écran à l'entrée de la grotte. Cette caverne artificielle est l'un des caprices les plus délirants de Louis II. Elle a été aménagée pour recréer l'ambiance de l'épisode du Venusberg de l'opéra wagnérien *Tannhäuser.* Sur le petit lac dans lequel le roi aimait à se baigner est amarré une embarcation dorée en forme de conque, près d'un rocher évoquant la légende de la Lorelei. Louis II s'était également fait construire un trône pour assister aux représentations, qui n'eurent jamais lieu. L'installation électrique, révolutionnaire à l'époque, permet d'éclairer la grotte avec des lumières de couleurs différentes.

Hutte de Hunding (Hundinghütte) – Aménagée à l'origine dans l'Ammerwald, elle fut installée à la limite sud du parc en 1876 pour évoquer la scénographie de la *Walkyrie* de Wagner, dont Hunding est l'un des protagonistes. Détruite par un incendie en 1945, elle a été reconstruite en 1990 selon les plans d'origine, en troncs bruts autour d'un arbre vivant.

★★ Herrenchiemsee

Accès par l'embarcadère de **Prien-Stock** *(autoroute A 8, sortie n° 106 direction Prien). ✆ 080 51 60 90 - www.chiemsee-schifffahrt.de - traversée en bateau : 15mn pour Herreninsel, 7,10 € AR. Départs toutes les 30mn - promenades sur le lac : toute l'année, dép. de l'embarcadère de Prien-Stock - 11,50 € AR.*

20mn à pied depuis l'embarcadère. ✆ 08 051 68 870 - www.herrenchiemsee.de - ♿ - visite guidée de déb. avr. à mi-oct. : 9h-18h ; reste de l'année : 9h40-16h15 - fermé 1er janv., Mar. gras, 24-25 et 31 déc. - 7 €.

Ayant acheté l'île de Herreninsel en 1873 pour la préserver d'un déboisement systématique, le jeune roi Louis II de Bavière voulut y élever un somptueux château.

L'admiration et le respect que **Louis II** avait toujours éprouvés pour Louis XIV redoublèrent encore après ses visites de Versailles en 1867 et 1874. Herrenchiemsee devait en être la réplique : dans la solitude paradisiaque de l'île en grande partie boisée, il commença en 1878 à ériger le **château Neuf** *(Neuer Schloss).* Huit ans plus tard, sa destitution puis sa mort tragique, alors qu'il n'avait résidé qu'une semaine dans son château inachevé, mirent un terme à ce rêve souverain. Les travaux avaient englouti une fortune et vidé la cassette du roi.

La ressemblance est frappante entre la copie et le modèle : ordonnance des jardins à la française au centre desquels se dresse la fontaine de Latone ; façade ornée de colonnes et couverte d'un toit plat à l'italienne dissimulé par une balustrade. L'intérieur, excessivement fastueux, montre parfois des anachronismes dans la reconstitution ; ainsi le toit de verre de l'escalier d'honneur, ou la statue équestre de Louis XIV dans la deuxième antichambre (salle de l'Œil-de-Bœuf), pour laquelle le cheval favori de Louis II servit de modèle. L'opulente décoration est une constante dans la succession des appartements ; la **chambre de parade★** et la **galerie des glaces★** en constituent l'apogée.

Dans l'aile sud, le **musée Roi-Louis-II** *(König Ludwig II.-Museum, entrée comprise dans le ticket du château Neuf)* vous permettra de mieux comprendre la vie du roi et de patienter avant l'heure de la visite guidée indiquée sur le ticket.

Vieux Château (Museum Augustiner Chorherrenstift)

Un chapitre de chanoines augustins fut fondé sur l'île vers 1130 ; voué au déclin pendant la Réforme, il connut au 17e s. un renouveau accompagné d'intenses travaux de construction (collégiale St-Sébastien-et-St-Sixte notamment). Une partie des bâtiments de l'ancien monastère est aujourd'hui préservée et abrite un **musée** qui retrace l'histoire de l'île.

NOS ADRESSES

HÉBERGEMENT

BUDGET MOYEN

Près de Neuschwanstein
Landhotel Guglhupf – *Füssener Straße 107 - 87645 Schwangau - ✆ 08362 93 96 50 - www.landhotel-guglhupf.de* - 🅿 - *17 ch. 99 €* ☕. À moins de 2 km des deux châteaux, cet hôtel propose des chambres meublées avec goût et une vue panoramique sur les Alpes.

Près de Linderhof
Schlosshotel Linderhof – *Linderhof 14 - 82488 Ettal - ✆ 08 822 790 - www.schlosshotel-linderhof.com* - 🅿 - *29 ch. 99 €* ☕. Au pied du château, charmant hôtel aux allures de grand chalet bavarois. Chambres douillettes. Accueil très sympathique.

Près de Herrenchiemsee
Hotel Zur Linde – *Chiemsee - sur « l'île aux Dames », en bateau de Gstadt (5mn) - ✆ 08054 903 66 - www.inselhotel-zurlinde.de - fermé 7 janv.-19 mars - 14 ch. 122/126 €* ☕ *- rest. 19/42 €.* Cet agréable hôtel datant de 1396 était autrefois fréquenté par les artistes. Salle de restaurant historique.

RESTAURATION

BUDGET MOYEN

Près de Neuschwanstein
Schlosshotel Lisl – *Neuschwansteinstr. 1 - 87645 Hohenschwangau - ✆ 08362 88 70 - www.lisl.de - fermé 20-26 déc. - 19/42 €.* Deux restaurants dont un avec vue sur les châteaux. Cuisine régionale.

Près de Herrenchiemsee
Schlosswirtschaft Herrenchiemsee – *Schlosshotel 5 - 83209 Herrenchiemsee - ✆ 0805 196 276 70 - 17/29 €.* Agréable terrasse ensoleillée, perchée sur une colline à l'entrée de l'île. Bons plats de poissons du Chiemsee.
Klosterwirt – *Frauenchiemsee 50 - sur « l'île aux Dames », en bateau de Gstadt (5mn) - ✆ 08 054 77 65 - www.klosterwirt-fraueninsel.de* - 💳 - *19/37 €.* Dans les bâtiments du cloître, vaste restaurant avec son *Biergarten* de 200 places. Cadre soigné. Plats traditionnels.

POUR SE FAIRE PLAISIR

Près de Neuschwanstein
Alpenrose am See – *Alpseestrasse 27 - 87645 Hohenschwangau - ✆ 083 62 92 64 66 22 - 23/37 € - entrée par le musée des Rois de Bavière.* Cuisine raffinée dans cette jolie demeure au bord de l'Alpensee. Menus « historiques », tels que servis au 19e s. au château d'Hohenschwangau.

ACTIVITÉS

Près de Herrenchiemsee
Croisières Chiemsee Schifffahrt – *Tte l'année de Prien-Stock, Gstadt, Seebruck, Chieming et Bernau. ✆ 08 051 60 90 - www.chiemsee-schifffahrt.de.* Accès aux îles ou tour du lac (11,50 €).
Prienavera – *Seestraße 120 - Prien am Chiemsee - ✆ 08 051 60 95 70 - www.prienavera.de - tlj 10h-21h (sam., dim., j. fériés 9h-21h) - 7,90 € (3,50 € -17 ans) pour 2h.* Un centre nautique (intérieur, extérieur) avec espace de soins, sauna, jeux.
Baignades
Nombreuses plages sur les bords du lac à Prien, Rimsting, Breitbrunn, Gstadt, Seebruck et au bord de certains petits lacs des environs (Simsee, Klostersee, Hartsee).

3

Garmisch-Partenkirchen

★★

26 000 habitants – Bavière

NOS ADRESSES PAGE 291

S'INFORMER

Office de tourisme – *Richard-Strauß-Platz 2 - ✆ 08 821 180 700 - www.garmisch-partenkirchen.de - mi-mai-fin oct. : 9h-18h (dim. 10h-12h) ; mi-oct.-mi-déc. : lun.-vend. 9h-17h (sam. 9h-15h). Bureau de l'hôtel de ville : en sem. 8h-13h (jeu. aussi 14h-17h).*

SE REPÉRER

Carte de région B3 (p. 230-231) – *cartes Michelin nos 718 K 4, 545, 546 X 17.* 91 km au sud de Munich, 61 km au nord d'Innsbruck. Les centres de Garmisch et de Partenkirchen sont distants d'une vingtaine de minutes à pied.

Avec 300 km de sentiers de randonnée et des dizaines de sommets à plus de 2 000 m d'altitude, le terrain de jeu du couple Garmisch-Partenkirchen est presque sans limites. L'été, on délaisse l'agglomération pour les alentours, où les promeneurs cherchent la fraîcheur dans les sous-bois, sur les plages de petits lacs de montagne ou aux terrasses des refuges d'altitude. En hiver, la ville occupe la place de première station de sports d'hiver allemande.

Découvrir

★ Vieille église St-Martin (St-Martin Alte Kirche)

À Garmisch. Elle s'élève dans le pittoresque quartier de la Loisach, dont de nombreux chalets ont été sauvegardés. L'intérieur forme une halle à deux nefs égales dont les voûtes gothiques nervurées (16e s.) sont supportées par un pilier central unique. Un vaste ensemble de peintures murales du 14e au 16e s. a été dégagé et remis en valeur (effigie géante unique de saint Christophe et scènes de la Passion).

Randonner

★★ Wank

Par télécabine. ✆ 08 821 79 70 - www.zugspitze.de - durée du trajet : 18mn - été : 8h45-17h ; hiver (2 sem.) : 9h-16h30 - 19 €.

Le Wank est la montagne d'été de Partenkirchen. Du sommet (1 780 m), panorama sur la chaîne du Wetterstein et vue sur le bassin de Garmisch-Partenkirchen et les Alpes. De là et au départ de la station intermédiaire, promenades panoramiques.

Panorama sur la Zugspitze.
Picturenick / Fotolia.com

★★ Gorges de la Partnach (Partnachklamm)

1h30 AR dont 5mn de télécabine - www.partnachklamm-info.de - été : 8h-18h ; hiver : 9h-17h - 3 €. Prévoir un vêtement de pluie. Trajet possible en calèche.

Gagner à partir du stade de ski de Partenkirchen la station inférieure de la télécabine de Graseck qui aboutit à l'hôtel Forsthaus Graseck. De là, un sentier conduit aux **gorges** : le chemin taillé dans le rocher traverse deux étranglements spectaculaires, au milieu du fracas des cascades.

On retrouve à l'auberge Partnachklamm le chemin emprunté à l'aller. La visite est également possible en hiver, dans un décor de pendeloques de glace.

3

Plateau de Kramer (Kramerplateauweg)

Au départ de Garmisch, franchir la Loisach.

Au pied du Kramerspitz, ce sentier à plat sur presque la totalité du parcours conduit vers le restaurant d'altitude Almhütte (45mn) ou jusqu'au Pflegersee (1h30), lac très agréable pour la baignade.

À proximité Carte de région B3

★★★ ZUGSPITZE

À 10 km de Garmisch-Partenkirchen. Prévoir une demi-journée.

Sur le toit de l'Allemagne, à 2 962 m d'altitude, la vue s'étend sur quatre pays par temps clair : vers Munich en Allemagne, les Dolomites en Italie, le pic de la Bernina en Suisse et le Grossvenediger en Autriche.

Gravie pour la première fois par le lieutenant topographe Josef Naus le 27 août 1820, la Zugspitze fut par la suite un site de « premières » technologiques : refuge dès 1855, via ferrata en 1875, station météorologique équipée du téléphone en 1900, envol en planeur en 1927, et inauguration en 1930 d'un chemin de fer à crémaillère et d'un téléphérique ultramoderne pour l'époque.

DES STATIONS RÉPUTÉES

Garmisch et Partenkirchen sont devenues une station de sports d'hiver de grand renom, consacrée par les IVes Jeux olympiques d'hiver de 1936, les championnats de ski de 1978 et de 2011. C'est en 1935 que les deux villages, à la confluence des rivières Partnach et Loisach, unirent leurs forces et leurs destins.

Le **stade de saut à ski** *(Olympia Skistadion)* témoigne de cette époque, tandis que la patinoire olympique, totalement transformée, reçoit les matchs de hockey. De nombreuses maisons des deux bourgs affichent leurs belles façades peintes dont la plupart datent des années 1930. Les motifs renseignent sur la confession ou la profession des propriétaires et cette tradition se poursuit encore aujourd'hui.

Ascension

Bon à savoir – La montée à pied n'est conseillée qu'aux randonneurs confirmés et bien équipés.

De Garmisch-Partenkirchen – *08 821 79 70 - www.zugspitze.de - durée de l'ascension : 1h15 - dép. ttes les heures de 8h15 à 14h15. 49,50 € AR - dernier retour à 16h30.* Chemin de fer à crémaillère *(Zugspitzbahn)* qui s'achève à la *Zugspitzplatt*. Là, d'octobre à mai, le fond du cirque constitue un domaine skiable de 7,5 km², équipé de nombreux remonte-pentes. Le funiculaire *(Gletscherbahn)* de la gare *Zugspitzplatt* gravit les 350 derniers mètres avant le sommet.

De l'Eibsee – *Durée de l'ascension : 10mn - dép. ttes les 30mn de 8h à 16h45 - même tarif - 088 21 79 70 - www.zugspitze.de*

Du Zugspitzkamm (versant tyrolien) – Il est possible de se lancer à l'ascension de la Zugspitze depuis la ville d'Ehrwald, en Autriche, avec le téléphérique tyrolien. Compter environ 1h dont 10mn en téléphérique (capacité de 100 personnes). La route longue de 4,5 km au départ d'Ehrwald s'étire entre Larchen et Buchen jusqu'à Obermoos, où se trouve la station inférieure du **téléphérique tyrolien de la Zugspitze** *(Zugspitzbahn)*.

Le même trajet peut être parcouru à pied en 1h, en suivant un joli chemin forestier. Même si l'on ne monte pas jusqu'à la Zugspitze, le parcours promet une promenade agréable, à pied ou en voiture.

★★★ Sommet de la Zugspitze

En territoire allemand se dressent du côté de la pointe est, surmontée d'une croix, les stations supérieures du *Gletscherbahn* (terrasse-belvédère à 2 964 m) et du téléphérique de l'Eibsee, puis le refuge *Münchner Haus* et l'observatoire. En territoire autrichien a été élevée la station supérieure du *Tiroler Zugspitzbahn*.

Le sommet offre un **panorama**★★★ superbe : au sud se dressent les bastions avancés des Kaisergebirge, du Dachstein et des Karwendel, auxquels succèdent les sommets glaciaires des Hautes-Tauern (Großglockner, Großvenediger), des Hautes-Alpes du Tyrol (Alpes de Zillertal, de Stubai, de l'Ötztal), de l'Ortler et de la Bernina.

Plus rapprochées, à l'est, les montagnes de l'Arlberg (Silvretta, Rätikon) laissent apparaître le Säntis dans les Alpes d'Appenzell, et les montagnes de l'Allgäu et de l'Ammergau ; au nord s'étend le bas-pays bavarois, avec l'Ammersee et le Starnberger See.

NOS ADRESSES À GARMISCH-PARTENKIRCHEN

HÉBERGEMENT

PREMIER PRIX

Gästehaus Brigitte – *St-Martin-Straße 40 - ✆ 08821 739 38 - www.hotelbrigitte.de - P - 11 ch. 60/70 €* ☕. Propre et soignée, une coquette pension en centre-ville, à deux minutes de la Marienplatz.

À Mittenwald

Hotel garni Edlhuber – *Innsbrucker Straße 33 - 82481 Mittenwald - ✆ 08823 13 89 - www.edlhuber-mittenwald.de - P - 16 ch. 50 €* ☕. Hôtel familial au pied du massif des Karwendel. Cadre idéal pour des vacances, en pleine nature. Chambres confortables et accueil soigné.

BUDGET MOYEN

Gasthof Fraundorfer – *Ludwigstraße 24 - ✆ 08821 92 70 - www.gasthof-fraundorfer.de - fermé en nov. - P - 31 ch. 86/98 €* ☕ *- rest. 16 €*. Chambres parfois petites, certaines avec balcon et vue sur le Waxenstein. Restaurant bavarois convivial, musique, yodels et danses.

RESTAURATION

PREMIER PRIX

Zur Schranne – *Griesstraße 4 - ✆ 08821 16 99 - fermé mar. - ♿ - 13,80/19 €*. Adresse typique de la région proposant une cuisine bavaroise copieuse.

Kurpark Pavillon – *Richard-Strauss-Platz 1 - ✆ 08821 31 79 - 15 €*. Un agréable pavillon vitré au centre de Garmisch, pour dîner après une soirée au casino ou au théâtre. Spécialités régionales.

À Mittenwald

Postkeller und Alte Braustub'n – *Innsbrucker Straße 13 - ✆ 08823 17 29 - www.postkeller-mittenwald.de - fermé lun. - ♿ - 15 €*. Au menu de ce restaurant couplé à une brasserie artisanale, cuisine régionale et bière maison.

POUR SE FAIRE PLAISIR

Joseph Naus Stub'n – *Klammstraße 19 - ✆ 08821 90 10 - www.hotel-zugspitze.de - fermé midi - 19/46 €*. Ce restaurant aménagé avec goût porte le nom de celui qui, le premier, a conquis le sommet de la Zugspitze. Plats régionaux.

Arnspitze – *Innsbrucker Straße 68 - ✆ 08823 24 25 - www.arnspitze-mittenwald.de - fermé mar. et merc. et avr. (ouvert à Pâques) - 19/44 €*. Dans une maison d'hôtes familiale, une cuisine internationale servie dans une ambiance bourgeoise.

PETITE PAUSE

Konditorei-Café Thron – *Marienplatz 13 - ✆ 08821 522 60 - www.konditorei-thron.de - 8h30-19h*. Grand choix de pâtisseries et chocolats : gâteau du prince-régent *(Prinzregententorte)*, roulades à la crème de vin *(Weincremerouladen)* et crème en flocons *(Flockensahne)*.

Berchtesgaden

★★

7 670 habitants – Bavière

NOS ADRESSES PAGE 294

S'INFORMER

Office de tourisme – *Königsseer Straße 2 - ✆ 08 652 96 70 - www.berchtesgadener-land.com - Pentecôte-mi-oct. : 8h30-18h, sam. 9h-17h, dim. et j. fériés 9h-15h ; reste de l'année : 8h30-17h, sam. 9h-12h, fermé dim. et j. fériés.*

Maison du Parc national de Berchtesgaden (Nationalparkhaus) – *Franziskanerplatz 7 - ✆ 08 652 643 43 - www.nationalpark-berchtesgaden.bayern.de - tlj sf dim. et j. fériés 9h-17h.* Exposition, documentation en français. Autres bureaux d'information au Königssee (St-Bartholomä, embarcadère) et à Ramsau (Wimbachbrücke, Hintersee). Près de 230 km de sentiers, plus d'une dizaine de refuges et des randonnées accompagnées par des guides (gratuit) permettent de partir à la découverte du Parc national.

SE REPÉRER

Carte de région D3 (p. 230-231) – *cartes Michelin nos 718 M 13 et 546 X 22.* À 157 km au sud-est de Munich, 24 km à l'ouest de Salzbourg.

À NE PAS MANQUER

Le panorama de la maison du Parc national au coucher du soleil, le Königssee et la chapelle St-Bartholomä.

ORGANISER SON TEMPS

Deux journées pour découvrir les alentours de Berchtesgaden (Königssee, Hintersee, « nid d'aigle ») et profiter des sites pour faire une randonnée.

AVEC LES ENFANTS

La visite des mines de sel, façon parc d'attractions.

Il faudrait parler du pays de Berchtesgaden pour être juste, tant on a l'impression de découvrir une véritable petite région, et non une simple commune de montagne. Sans doute un héritage de l'histoire de cet État rattaché à la Bavière en 1810 seulement... La figure du légendaire Watzmann, troisième sommet d'Allemagne mais plus haute paroi rocheuse des Alpes avec ses 1 750 m d'à-pic, marque le paysage au premier coup d'œil. En face, au Kehlstein, certains touristes viennent exclusivement visiter le « nid d'aigle » d'Hitler. Quel dommage ! La nature préservée du Parc national et les lacs alpins, dont l'inoubliable Königssee et sa chapelle St-Bartholomä, offrent un terrain d'aventure et de calme exceptionnel en été.

Découvrir

★ Place du Château (Schlossplatz)

Cette place triangulaire est le cœur de la ville. Sur le côté ouest s'élève l'ancien grenier à blé ; la galerie à arcades date du 16e s. L'influence lombarde se manifeste dans la façade de l'**église St-Pierre-et-St-Jean** par l'alternance de pierres de couleurs différentes, visant à un effet décoratif. Les tours furent rebâties au siècle dernier à la suite d'un incendie. Les voûtes en réseau de la nef, du début du 16e s., le chœur, de deux cents ans plus ancien, beaucoup plus élevé et d'un gothique plus pur, caractérisent l'aspect intérieur de l'édifice.

Château royal

08 652 94 79 80 - www.haus-bayern.com - visite guidée (1h) de mi-mai à mi-oct. : tlj sf sam. 10h-12h, 14h-16h ; reste de l'année : tlj sf w.-end 11h-14h - 8,50 €.

L'ancien prieuré des chanoines devint, à l'époque des abbés commendataires, un palais fastueux. À partir de 1923, il fut habité par le prince héritier Rupert.
Visite guidée – Le **cloître** du 13e s. a conservé ses galeries romanes sur trois côtés. Le **dortoir★** *(Dormitorium)*, beau vaisseau gothique à deux nefs, abrite entre autres objets d'art religieux, douze magnifiques bustes provenant des stalles de la basilique de Weingarten (1487) et deux tableaux d'autel de Tilman Riemenschneider.

★ Mines de sel (Salzbergwerk)

Bergwerkstraße 23 - 08 652 60 02 20 - www.salzzeitreise.de - mai-oct. : 9h-17h ; nov.-avr. : 11h-15h - fermé 1er janv., Vend. saint, Toussaint, 24, 25 et 31 déc. - visite guidée (2h), audioguide français - 15,50 € (enfants 9,50 €).

Exploitées à partir de 1517, les mines de sel assurèrent la prospérité de la région et des chanoines qui en exploitaient les droits. La roche saline est lessivée par des amenées d'eau douce. La saumure obtenue, contenant 27 % de sel, est évacuée vers Bad Reichenhall pour y être raffinée.
Le circuit de visite souterrain ouvert en 2007, à suivre en tenue de mineur, alterne informations scientifiques, outils multimédias et attractions ludiques : parcours en petit train, passage dans le tunnel d'une mine, effets lumineux dans la « cathédrale du sel », traversée en bateau du lac sous une voûte de cristaux de sel, visite du « laboratoire ».

3

À proximité Carte de région D3

★★ Obersalzberg et le « nid d'aigle » (Kehlsteinhaus)

4 km à l'est. Accès à Obersalzberg en voiture, bus ou télécabine, puis montée obligatoire au « nid d'aigle » par navette (mi-mai à mi-oct., ttes les 15mn) - 08 652 29 69 - www.eagles-nest.de - 15,50 € AR.

Suite à l'échec du putsch de 1923 et à sa sortie anticipée de prison, **Adolf Hitler**, que des amitiés et des liens de famille attachaient à Berchtesgaden, vient faire retraite sur l'Obersalzberg. Dès 1933, le nouveau chancelier fait transformer en palais présidentiel *(Berghof)* le chalet qu'il avait acquis. D'autres dirigeants nazis acquièrent ici des maisons. Après l'expulsion des habitants, cette station touristique réputée devient la « zone interdite du Führer » *(Führersperrgebiet)* et un second centre stratégique du pouvoir après Berlin avec ses installations militaires, hôtels, bunkers et souterrains.
La plus grande partie des bâtiments fut détruite le 25 avril 1945 par une attaque aérienne américaine précédant de peu la prise de possession, le 4 mai, par un élément de la 2e DB française opérant avec la 101e Division Airborne US.
Centre de documentation Obersalzberg *(Dokumentation Obersalzberg) – Salzbergstraße 41 - 08 652 94 74 60 - www.obersalzberg.de - avr.-oct. : tlj 9h-17h ; nov.-mars : tlj sf lun.10h-15h - fermé 1er janv., 1er nov., 24, 25 et 31 déc. -*

3 € - livret en français. L'exposition permanente, consacrée à l'histoire du site de l'Obersalzberg et de la dictature nazie, est en partie installée dans les bunkers souterrains.

★★ **Kehlstein** – On parcourt en autobus l'impressionnante petite **route**★★★, chef-d'œuvre du génie civil, ouverte à la mine dans l'éperon rocheux du Kehlstein (1 834 m). À l'arrivée *(s'inscrire pour le retour)*, un ascenseur épargne les derniers cent mètres de montée. Au sommet, le bâtiment surnommé le « nid d'aigle » *(Kehlsteinhaus)*, offert à Hitler en cadeau pour son 50e anniversaire par le Parti ouvrier allemand national-socialiste, devait tenir lieu de salon de thé pour recevoir les hôtes de marque.

Le **panorama**★★ *(prendre un peu de hauteur sur la crête)* se déploie sur les sommets environnants et, au-delà de Salzbourg, sur les Préalpes du Salzkammergut, butant contre le massif du Dachstein, où brillent de petits glaciers.

★★ Le Königssee

5 km au sud. ✆ 086 52 9 63 60 - www.bayerische-seenschifffahrt.de - croisières toute l'année sf le 24 déc., départ toutes les 30mn environ ; compter 1h45 de bateau, plus 1h minimum pour les petites randonnées possibles aux escales. Hors saison, les croisières s'arrêtent à St-Bartholomä - 13,30 € à 16,30 € AR.

Tel un fjord couvert d'une sauvage végétation alpine, le lac allongé du Königssee est dominé par les escarpements gigantesques (jusqu'à 1 800 m) du Watzmann et de la Steinernes Meer. À l'endroit où le lac se resserre, apparaît la **chapelle St-Bartholomä**, avec sa triple abside. Une escale permet d'admirer le **site**★ et de visiter les bâtiments historiques. Du ponton de Salet, au bout du lac, on gagne *(15mn de marche)* l'**Obersee**, au pied du Teufelshörner d'où dévale, d'une hauteur de 400 m, la cascade du Röthbach. Vous pouvez également emprunter le téléphérique du Jenner à Königssee pour profiter d'une **vue** imprenable sur le lac et les sommets environnants. Nombreuses possibilités de randonnées à l'arrivée du téléphérique.

NOS ADRESSES À BERCHTESGADEN

HÉBERGEMENT

BUDGET MOYEN

Alpenhotel Fischer – *Königsseer Straße 51 - Berchtesgaden - ✆ 08 652 95 50 - www.alpenhotel-fischer.de - fermé en mars et de fin oct. à mi-déc. - P - 54 ch. 124/134 € - rest. 15/20 €.* Situé à 500 m de la gare, cet hôtel constitue un point de départ pratique pour les activités de loisirs les plus diverses. Ses chambres sont simples et soignées, la plupart disposant d'un balcon ou d'une terrasse.

Dans les environs

Ferienhotel Neuhäusl – *Wildmoos 45 - Berchtesgaden-Oberau - 7 km à l'est - ✆ 08 652 94 00 - www.neuhaeusl.de - fermé 10 nov.-14 déc. et 15 avr.-1er Mai - P - 29 ch. - 148/162 € et demi-pension - rest. 14/29 €.* Cet hôtel rustique vous accueille dans un cadre soigné. Sous le charme du sublime paysage alpin le jour, vous serez sensible, le soir, au confort douillet des chambres et appartements joliment aménagés ainsi qu'au silence total. Piscine, sauna et salle de sport.

Alpenhotel Denninglehen – *Am Priesterstein 7 - Berchtesgaden-Oberau - 7 km à l'est - ✆ 08 652 978 90 - www.denninglehen.de - fermé 1er-18 déc., 15-30 janv. - P - 22 ch. 74/80 € - rest. 14 €.* Cet hôtel à flanc de montagne se distingue par sa situation isolée. Décor intérieur champêtre. Vous pourrez pratiquer les sports d'hiver à proximité immédiate de l'établissement.

POUR SE FAIRE PLAISIR

Dans les environs

Berghotel Rehlegg – *Holzengasse 16 - Ramsau - 10 km au sud-ouest - ☏ 08 657 988 40 - www.rehlegg.de - P - 87 ch. 119 € - rest. menu 26 €.* Un panorama de rêve sur les sommets et un accueil en français dans cet hôtel de grand confort. Certaines chambres dans une maison à l'écart disposent d'un jardinet.

RESTAURATION

PREMIER PRIX

Goldener Bär – *Weihnachtsschützenplatz 4 - ☏ 08 652 25 90 - www.gasthof-goldener-baer.de - 10/15 €.* Cuisine bavaroise, simple et savoureuse, servie en terrasse au centre de Berchtesgaden. Vente à emporter.

Gaststätte Oberstein – *Scheffauer Straße 19 - 83487 Marktschellenberg - ☏ 08 650 257 - tlj sf lun. 10h-22h - - 15/25 €.* C'est un peu l'aventure pour accéder à ce restaurant caché dans la forêt (préférer la Reckensbergstr. au Lindenweg, très étroit), mais cela vaut le détour ! Sa carte de spécialités régionales s'autorise quelques fantaisies (coup de cœur pour le carpaccio de *Knödel*).

Graflhöhe – *Scharitzkehlstraße 8 - ☏ 08 652 25 77 - www.windbeutelbaron.de - tlj sf merc. - fermé soir - - 18 € - accès par le téléphérique de l'Obersalzberg puis 30mn à pied ou en voiture dir. Obersalzberg puis Hinterbrand.* Un panorama époustouflant, surtout au coucher du soleil, et des goûters divins en savourant un *Windbeutel*, double chou à la crème.

BUDGET MOYEN

Alpenhotel Kronprinz – *Am Brandholz - ☏ 08 652 60 70 - www.alpenhotel-kronprinz.de - 23/38 €.* Ce restaurant installé dans un bâtiment de forme circulaire abrite une salle rustique avec cheminée et un bar, le Faßl.

Hindenburglinde – *Alpenstraße 6 - 83486 Ramsau - ☏ 08 65 75 50 - www.hindenburglinde.de - fermé merc., 10 janv.-7 fév. et mars - 16/34 €.* Dans un joli chalet d'altitude, excellente cuisine rustique servie dans la véranda dominant la vallée.

PETITE PAUSE

Spiesberger Café – *Maximilianstr. 11 - ☏ 08 652 25 24 - www.spiesberger-cafe.de - 9h-18h.* Depuis les tables de ce petit café de la vieille ville, on peut contempler le mont Watzmann en dégustant sa réplique en chocolat blanc et au lait, une délicieuse praline que l'on ne peut se procurer qu'ici (1,25 € à emporter).

ACHATS

Berchtesgadener Handwerks-kunst – *Am Schlossplatz 1 1/2 - ☏ 08 652 97 97 90 - berchtesgadener-handwerkskunst.de - tlj sf dim. 9h-12h, 14h-18h ; sam. 9h-12h.* Objets en bois dans la plus belle tradition régionale, vieille de 400 ans : boîtes peintes et sifflets en forme d'oiseau.

ACTIVITÉS

Rupertus Therme – *Freidrich-Ebert-Allee 21 - ☏ 01 805 606 706 - www.rupertustherme.de - 9h-22h - 18 € (4h).* Sources salées et bassins extérieurs avec vue sur les montagnes.

Passau

★★

50 720 habitants – Bavière

NOS ADRESSES PAGE 299

S'INFORMER

Office de tourisme – *Rathausplatz 3 - ✆ 0851 95 59 80 - www.tourismus.passau.de - Pâques-sept. : 8h30-18h, w.-end et j. fériés 9h-16h ; oct.-Pâques : 8h30-17h (vend. 16h), w.-end et j. fériés 10h-15h. Bureau en face de la gare : Pâques-sept. : 9h-12h, 12h30-17h, w.-end et j. fériés 10h30-15h30 ; oct.-Pâques : 9h-12h (vend. 12h30-16h aussi), w.-end et j. fériés 10h30-15h30.*

SE REPÉRER

Carte de région D1 (p. 230-231) – *cartes Michelin nos 718 N 12 et 546 U 24.* À 119 km au sud-est de Ratisbonne, 192 km à l'est de Munich. La vieille ville est presque totalement interdite aux voitures. Se garer sur les parkings P1 à P6 près de la gare, à 10mn à pied du centre ancien.

À NE PAS MANQUER

Le musée du Verre de Passau, une montée nocturne à la forteresse Oberhaus.

ORGANISER SON TEMPS

Compter une journée pour la visite de la ville, celle du musée du Verre et une croisière en bateau.

Il suffit de prendre un peu de hauteur pour que Passau vous apparaisse dans toute sa splendeur, avec les tours baroques de sa cathédrale dressées sur l'étroite presqu'île bâtie entre Inn et Danube, juste avant la confluence avec l'Ilz. Cette ville, aux trois fleuves et au centre si vivant, voit se côtoyer les 10 000 étudiants de son université et les touristes en croisière sur le Danube. À la frontière avec l'Autriche et à seulement 50 km de la République tchèque, Passau donne aussi envie de partir en escapade vers les forêts de Bohême et la Haute-Autriche.

Découvrir

DANS LA VIEILLE VILLE

Cathédrale St-Étienne (Dom St-Stephan)

De l'édifice original gothique flamboyant, détruit au 17e s. par un incendie, il ne reste que le chœur est et le transept. Lors de sa reconstruction, la cathédrale St-Étienne fut transformée en église baroque d'influence italienne. La majestueuse façade ouest est dans l'ensemble d'une grande sévérité ; une note de fantaisie est apportée par l'étage octogonal (fin 19e s.) des deux tours de façade. L'intérieur, très vaste, est abondamment décoré de fresques et de stucs. Quatre des **autels latéraux** aménagés en chapelles contiennent des tableaux de l'Autrichien J. M. Rottmayr (1654-1730). L'orgue refait en 1928, avec ses 17 774 tuyaux et 233 registres, passe pour être le plus grand du monde.

Vue sur Passau et les tours baroques de sa cathédrale.
Zoonar/P Jobst/age fotostock

De la place de la Résidence, admirez le **chevet★★** très élancé de la cathédrale, chef-d'œuvre du gothique flamboyant (1407-1530) ; derrière se dresse la coiffe baroque de la coupole du transept.

Place de la Résidence (Residenzplatz)

Elle est bordée au sud par la **Nouvelle Résidence**, du début de la période néoclassique. Dans les ruelles avoisinantes se cachent de nombreuses demeures anciennes pleines de charme à arcades, encorbellement ou « toit en fossé » masqué par un pignon.

3

Place de l'Hôtel de ville (Rathausplatz)

L'une des places les plus pittoresques de Passau. La façade peinte de l'**hôtel de ville** date du 14e s. ; la tour de l'hôtel de ville fut édifiée à la fin du 18e s. Remarquer, sur les façades, les repères qui rappellent les hauteurs des inondations.

★★ Musée du Verre (Glasmuseum)

Am Rathausplatz ; entrée hôtel Wilder Mann - ✆ 0851 35 071 - www.glasmuseum.de - tlj 10h-17h - 5 €.

Quatre demeures du 14e s., dont l'ancien tribunal et l'hôtel de prestige Wilder Mann, ont fait l'objet d'une restauration exemplaire avant d'accueillir ce musée, la « plus belle maison du verre », selon l'écrivain suisse Friedrich Dürrenmatt. Perdez-vous parmi les quatre étages et les 35 salles de ce palais des Mille et Une Nuits. Quelque 20 000 pièces réunies par un collectionneur, Georg Höltl, évoquent 250 ans d'histoire du verre, à partir du 18e s., lorsque les régions de Bohême, de Silésie et de la forêt bavaroise ravirent à Venise la place de leader pour la fabrication et le commerce du précieux matériau. La collection de **verres de Bohême**, du 19e s. au début du 20e s., est d'une exceptionnelle diversité et de grande qualité. Voir notamment la coupe de Lobmeyr, réalisée entre 1878 et 1881.

UN ÉVÊCHÉ ET TROIS FLEUVES

L'évêché de Passau est fondé au 8e s. par saint Boniface, apôtre de la Germanie. À la fin du 10e s., les évêques dirigent la ville avant de devenir princes d'Empire en 1217 ; leur influence est comparable à celle des archevêques de Salzbourg. Le gigantesque diocèse englobe, jusqu'au 15e s., toute la vallée autrichienne du Danube, y compris Vienne.

À Passau, le débit du Danube est presque doublé par l'Inn. Déjà au Moyen Âge, la navigation fluviale était une importante source de revenus. Aujourd'hui, la ville aux trois fleuves s'est imposée dans le transport de voyageurs (découverte des trois fleuves en 45mn ; navettes et croisières de luxe pour Vienne et Budapest).

★ **Promenade du confluent** (Dreiflußeck)

De l'église St-Michel, descendre jusqu'au quai de l'Inn et prendre à gauche.
Le flot rapide de l'Inn passe au pied de la **Schaiblingsturm** (1481), qui servait autrefois de dépôt de sel. Une terrasse aménagée au **confluent** permet de voir comment les eaux vertes de l'Inn se mêlent aux eaux brunes du Danube et aux eaux noires de l'Ilz. Depuis la rive du Danube, beau **point de vue** sur le Georgsberg avec la forteresse d'Oberhaus. De même, en remontant le quai de l'Inn jusqu'à la passerelle piétonne Fünferlsteg puis en passant sur la rive droite, la vue sur Passau est admirable.

SUR LA RIVE GAUCHE DU DANUBE

Forteresse d'Oberhaus (Veste Oberhaus)

Accès à pied en 20mn par le pont suspendu ou navettes de bus au dép. de la place de l'Hôtel de ville. Cette imposante **forteresse**, édifiée à partir de 1219, servait de refuge aux évêques lors des rébellions des bourgeois. Elle est reliée à la **forteresse de Niederhaus** par un chemin fortifié sur la langue de terre séparant le Danube de l'Ilz.

Depuis le belvédère *(Zur Aussicht)* près du parc de stationnement, ou depuis la tour *(142 marches)* à l'intérieur de l'enceinte, des **vues**★★ magnifiques s'offrent sur la vieille ville entre le Danube et l'Inn. Nombre de maisons sont encore couvertes de toits en fossé (cachés par des frontons rectilignes), traditionnels dans la vallée de l'Inn.

À l'intérieur, un **musée** *(Oberhausmuseum)* propose de découvrir l'histoire de l'artisanat, l'art populaire, la vie religieuse (Musée diocésain) et l'histoire de la ville.

À proximité Carte de région CD1

★ **La forêt bavaroise (Bayerischer Wald)**

Située au nord du Danube, entre Passau et Ratisbonne, la forêt bavaroise offre un paysage de moyenne montagne, aux éperons rocheux sauvages, où des gorges profondément échancrées alternent avec de doux vallons. Il s'agit de l'une des montagnes les plus anciennes du monde ; voir le *Pfahl* (pieu), curiosité géologique, long ruban de quartz de 50 à 100 m de largeur et de 150 km de longueur. Au sud, le Parc national de la Forêt bavaroise protège, depuis 1970, près de 25 000 ha de forêts. Avec celle de Bohême (Parc national de Sumava en République tchèque), elle forme un ensemble forestier appelé le « toit vert de l'Europe ». Les 320 km de sentiers du Parc permettent d'approcher la faune. Parmi les sites majeurs : les sommets du Großer Rachel, Lusen, Große Falkenstein et le lac de Rachel *(Rachelsee)*. La région est traversée par la route touristique du verre *(Glasstraße)*. À Zwiesel, le Centre de formation aux métiers du verre et les ateliers de souffleurs de verre sont réputés dans toute l'Europe *(www.nationalpark-bayerischer-wald.de)*.

NOS ADRESSES À PASSAU

HÉBERGEMENT

PREMIER PRIX

Rotel Inn – *Donauufer - à 50 m de la gare principale (Hauptbahnhof) - ✆ 0851 951 60 - www.rotel-inn.de - mai-sept. - ⊭ P - 93 ch. 50 € - ☕ 6 €.* Au bord du Danube, pour les cyclistes itinérants, des chambres cabinez (4 m sur 1,5 m) et des services très pratiques.

Spitzberg – *Neuburger Straße 29 - ✆ 0851 95 54 80 - www.hotel-spitzberg.de - 35 ch. 55/128 € ☕.* Maison d'hôtes bien tenue près de la vieille ville. Belles chambres.

Hotel Passauer Wolf – *Rindermarkt 6 - ✆ 0851 93 15 10 - www.hotel-passauer-wolf.de - P - 39 ch. 64/136 € ☕.* Hôtel charmant, au cœur de la vieille ville, dans la zone piétonne.

RESTAURATION

PREMIER PRIX

Gasthof 3 Linden – *Steinweg 6 - ✆ 0851 756 83 83 - www.dreilinden-passau.de - 16 € (5,50 € plat du jour midi).* Cuisine traditionnelle dans un cadre « tendance ». Parmi les spécialités : *Krustenschweinebraten* (porc au four) et *Kassptaz'n* (nouilles au fromage).

BUDGET MOYEN

Heilig-Geist-Stiftschenke – *Heiliggeistgasse 4 - ✆ 0851 26 07 - www.stiftskeller-passau.de - fermé 10-31 janv. et merc. - 16/25 €.* Restaurant de 1358 avec beau plafond voûté et lambrissé, cave millénaire (vins à déguster à partir de 18h) et charmant jardin couvert de vignes. Carte en français.

POUR SE FAIRE PLAISIR

Zur blauen Donau – *Höllgasse 14 (Fritz-Schäffer Promenade) - ✆ 0851 490 86 60 - www.blaue-donau-passau.de - le soir - fermé lun., dim. et j. fériés, 10-18 janv., 1er-24 août - 35/51 €.* Une ambiance conviviale pour ce restaurant sis dans une vieille maison dominant le Danube. Cuisine régionale.

PETITE PAUSE

Diwan – *Nibelungenplatz 1 - ✆ 0851 49 032 80 - lun.-jeu. 9h-19h, vend.-sam. 9h-0h, dim. 13h-18h.* Au 9e étage de la moderne Stadturm, vue époustouflante sur la ville. Salon de thé à l'ambiance *lounge* et délicieuses pâtisseries. Deux autres adresses Greindl en centre-ville *(Theresienstr. 8 et Wittgasse 8)*.

Atelier Café – *Ort 2 (entre Schaiblingsturm et Dreiflüsseeck) - ✆ 0851 9 34 66 11 - www.ort2.de - mars-oct. : merc.-dim. 11h30-19h30.* La propriétaire, Astrid Störzer, artiste et gastronome, concocte des gâteaux et des plats froids dans son atelier de peinture. En été, jardin idyllique sur l'Inn.

ACHATS

Bon à savoir – Le **verre soufflé ou gravé** est une spécialité de la forêt bavaroise. À Spiegelau, la galerie *Gravur Pur*, et à Zwiesel, les ateliers Schmid, Männerhaut et Kristall Rimpler ont des pièces exceptionnelles. À Frauenau, magasin d'usine *(Glaszentrum - Werksverkauf)* proposant aussi une visite des ateliers *(mai-oct. : tlj sf dim. 9h15-13h15 (sam. 12h)*.

3

Ratisbonne

Regensburg

★★

133 530 habitants – Bavière

NOS ADRESSES PAGE 306

S'INFORMER

Office de tourisme – *Altes Rathaus - ✆ 0941 507 44 10 - www.regensburg.de - tlj 9h-18h (sam. 16h, dim. et j. fériés 9h30-16h) ; nov.-mars : dim. et j. fériés 9h30-14h30, dim. de l'Avent 9h-18h.*

SE REPÉRER

Carte de région C1 (p. 230-231) – *cartes Michelin nos 718 L 11 et 546 S 20.*
À 124 km au nord de Munich, 105 km au sud-est de Nuremberg, 123 km au nord-ouest de Passau, 265 km au sud-ouest de Prague.

À NE PAS MANQUER

Les ruelles médiévales, la vue superbe depuis l'autre rive du Danube.

ORGANISER SON TEMPS

Au moins une nuit pour profiter de l'ambiance nocturne et des bâtiments illuminés, et une journée pour la visite de la ville.

Ratisbonne est une merveilleuse machine à remonter le temps. Épargné par les destructions de la Seconde Guerre mondiale, son centre ancien nous replonge aux 12e et 13e s., âge d'or de la ville qui faisait alors commerce des denrées venues d'Orient autour de son port fluvial et de son pont de pierre, toujours aussi solide sur le Danube. Une cathédrale gothique et des tours de maisons patriciennes à chaque coin de ruelle complètent un tableau médiéval unique et authentique, récompensé par l'inscription au Patrimoine mondial de l'Unesco.

Se promener

LE QUARTIER ANCIEN

Itinéraire tracé sur le plan (p. 302-303) - Comptez une demi-journée.

★ **Cathédrale St-Pierre** (Dom St-Peter) E

Domplatz 5 - ✆ 0941 597 1660 - 6h30-18h (nov.-mars 6h30-17h) - visites guidées de la cathédrale et du cloître (1h15) : mai-oct. : 10h30 (sf w.-end), 14h ; reste de l'année : 14h - 4 €.

La construction de la cathédrale St-Pierre commença après 1260, sur le modèle des cathédrales gothiques françaises. L'édifice fut achevé vers 1525, mais les flèches ne furent ajoutées qu'au 19e s. De l'ancienne église romane située à cet emplacement subsiste encore la **tour de l'Âne** *(Eselsturm)*, sur la partie nord du transept.

La **façade principale**, richement décorée, est l'œuvre des Roritzer, famille de sculpteurs de Ratisbonne. Le portail principal, entre les deux tours néogothiques, possède un porche original, triangulaire et en saillie, présentant une

Pont de pierre sur le Danube et cathédrale Saint-Pierre.
José Antonio Moreno/age fotostock

statue de saint Pierre sur le trumeau (pilier central). D'autres statues remarquables occupent les niches, parmi lesquelles une gracieuse *Rencontre de la Vierge et de sainte Élisabeth*.

L'intérieur impressionne par ses dimensions : 85 m de longueur et 32 m de hauteur. Les bas-côtés sont entourés d'une galerie qui, sur le côté sud *(à droite)*, repose sur des consoles finement ciselées. Sur les piliers ouest du transept, on peut voir l'ange de l'Annonciation Gabriel – appelé « l'Ange au sourire » – et la Vierge Marie – deux chefs-d'œuvre de l'art gothique dus au maître d'Erminold (vers 1280). Les **vitraux★★** qui ferment le chœur et ceux du transept sud (14e s.) sont les plus remarquables, de même que le maître-autel baroque, en argent et cuivre doré.

3

Cloître – *Visite guidée uniquement.* À droite de la galerie centrale pavée de pierres tombales se trouve la **chapelle de Tous-les-Saints** *(Allerheiligenkapelle)*, romane, dont les murs portent des traces de fresques. Une galerie conduit à la **chapelle St-Étienne** (l'« ancienne cathédrale ») datant du 11e s., qui renferme un autel pourvu d'une confession (sépulcre de saint) s'ouvrant à l'extérieur par de très petits orifices et qui aurait vu le jour entre le 5e et le 8e s.

Trésor (Domschatz) – *✆ 0941 5 76 45 - www.domschatz-regensburg.de - avr.-oct. : tlj sf lun. 10h-17h, dim. 12h-17h ; déc.-mars : vend.-sam. 10h-16h, dim. 12h-16h - possibilité de visite guidée (1h) - fermé nov., 1er janv., 24-25 déc. - 2 €.* Objets cultuels, reliquaires et parements d'autel du 11e au 18e s. Remarquer la croix d'Ottokar (1261 ?) et l'autel Schaumberg (1534-1540) dans la chapelle des Douze Messagers.

Passer au pied de la tour romaine (Römerturm) reliée à la résidence ducale (Herzogshof) de style roman, pour arriver sur le vieux marché aux grains (Alter Kornmarkt).

★ Ancienne chapelle (Alte Kapelle) E

Ancienne basilique Notre-Dame de l'époque carolingienne, la chapelle située sur le côté sud de l'*Alter Kornmarkt* fut complètement transformée au 18e s. dans le style rococo : les deux doubles oratoires du chœur, le splendide retable, les peintures du plafond et les stucs dorés dus à Anton Landes, un des maîtres de Wessobrunn, se conjuguent en un ensemble harmonieux.

Quitter la place par la Niedermünstergasse, ruelle opposée à l'ancienne chapelle.

La **Niedermünster**, basilique romane à deux tours, était autrefois l'église d'un couvent de nonnes. L'intérieur fut entièrement « baroquisé » aux 17e et 18e s.

Tourner à gauche dans la rue Unter dem Schwibbögen, située sur le tracé de l'enceinte du camp romain.

Porta Praetoria E

À gauche, vestiges de l'ancienne muraille et de la porte nord du camp romain du 2e s. (arche ouest et tour d'angle), qui couvrait près de 25 ha.

Descendre à droite vers le Danube.

Pont de pierre (Steinerne Brücke) E

Construit entre 1135 et 1146, ce pont long de 310 m et reposant sur seize arches constitue un tour de force architectonique. Depuis son centre, la **vue★** sur la vieille ville est magnifique : les flèches de la cathédrale dominent les toits des maisons bourgeoises ; au premier plan, on voit la **tour du Pont** datant du

SE LOGER

- Am Peterstor .... ①
- Hotel Goldenes Kreuz .... ④
- Hotel Kaiserhof .... ⑦
- Star Inn Hotel .... ⑨

SE RESTAURER

- Beim Dampfnudel Uli .... ②
- David .... ①
- Dicker Mann .... ③
- Haus Heuport .... ④
- Silberne Gans .... ⑥
- Wurstkuchl .... ⑦

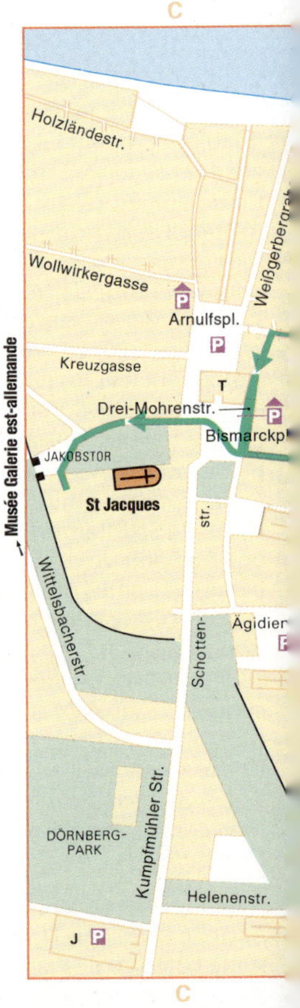

14e s. *(Brückenturmmuseum)*, flanquée à gauche du **grenier à sel** (*Salzstadel*, début du 17e s.) avec son grand toit.
Sur le quai, à côté du grenier à sel, se trouve la **Historische Wurstküche** *(voir Nos Adresses)*, qui passe pour être la plus ancienne rôtisserie de saucisses d'Allemagne.
Revenir au centre par la Brückstraße, puis à droite la Goliathstraße.

Rue Goliath (Goliathstraße) D

On peut admirer la maison Goliath *(Goliathhaus)* et ses fresques monumentales du 16e s. puis, au n° 4 Watmarkt, un exemple de demeure patricienne médiévale : tour gothique du 13e s. avec chapelle privée au rez-de-chaussée – aujourd'hui un restaurant –, loggia au 1er étage autrefois entièrement ouverte et bâtiment d'habitation accolé.

★ Ancien hôtel de ville (Altes Rathaus) D

La tour de huit étages a été construite vers 1250. La partie ouest du bâtiment date de 1360 environ ; sa façade présente un charmant oriel posé sur un socle surélevé. Beau portail à gâble (pignon très pointu, début 15e s.).

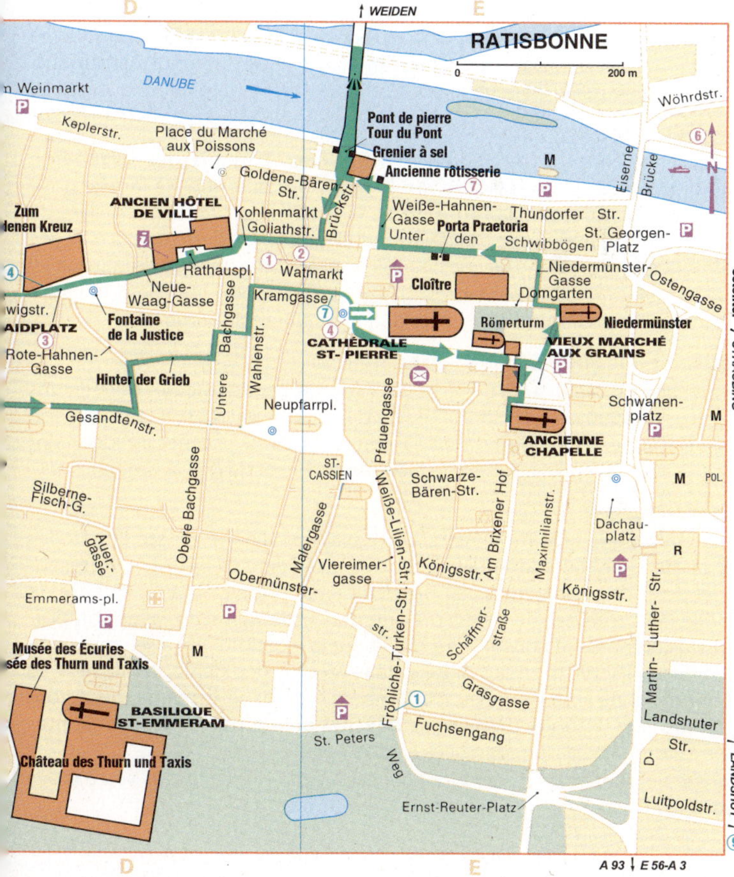

LA CITÉ DES DIÈTES

Ratisbonne, ville libre dès 1245 et jouissant d'une position centrale, devient aux 13e et 14e s. une importante cité commerciale. Des tours sont érigées à la mode italienne par des marchands ambitieux, et de nombreux édifices romans puis gothiques se construisent. Dès le haut Moyen Âge se tiennent à Ratisbonne des diètes impériales *(Reichstag)* et des assemblées princières, chargées de délibérer sur les questions importantes de la paix intérieure et de la sécurité extérieure, dans un empire aux proportions gigantesques et de plus en plus morcelé. De 1663 à 1806, la ville est le siège de la **Diète perpétuelle**, assemblée permanente des États du Saint Empire romain germanique. Cette même diète, installée à l'hôtel de ville, sanctionne en 1803 la réorganisation territoriale de l'Allemagne imposée par Napoléon. Cet acte annonce la dissolution de l'ancien Empire, devenue effective lors de l'abdication de François II en 1806.

Musée du Reichstag (Reichstagsmuseum) – ✆ *0941 507 34 40 - www.regensburg.de - visite guidée (1h) avr.-oct. : ttes les 30mn 9h30-16h ; nov.-déc. et mars : 10h, 11h30, 13h30, 14h, 15h et 15h30 ; janv.-fév. : 10h, 11h30, 13h30 et 15h - fermé Mar. gras - 7,50 €.* Le musée contient la fameuse **salle impériale** *(Reichssaal)*, de style gothique, où se réunissait la Diète perpétuelle. Le *Reichsstädtische Kollegium* abrite une exposition retraçant l'histoire des diètes de Ratisbonne. Au rez-de-chaussée, on peut visiter la salle des interrogatoires et les cachots.

★ Haidplatz D

La place est entourée de bâtiments historiques, parmi lesquels l'auberge au fronton crénelé **Zum Goldenen Kreuz**, avec sa tour et sa façade grise *(Haidplatz 7)*. Au centre, la **fontaine de la Justice** *(Justitiabrunnen)* date de 1655. Le palais Thon-Ditter *(Haidplatz 8)*, bâti sur la base de plusieurs maisons gothiques, présente une façade néoclassique et cache une cour Renaissance.

Traverser la place, suivre la Ludwigstraße et tourner à gauche dans Drei-Mohrenstraße pour rejoindre la place Bismarck, puis l'église St-Jacques.

Église St-Jacques (Schottenkirche St-Jakob) C

Le portail★ de l'église dite des Écossais – fondée par des moines bénédictins irlandais en 1090 – est un chef-d'œuvre de l'art roman (1183). Sa signification reste en partie énigmatique, même si l'on reconnaît des scènes du Jugement dernier avec la représentation du Bien (à gauche) et du Mal (à droite).

Bismarckplatz C

À la limite de la ville médiévale, cette place si vivante en été illustre les 18e et 19e s. de Ratisbonne avec plusieurs résidences pour les représentants des princes-électeurs en poste à cette époque. Face au théâtre de la ville *(Stadttheater)*, le palais présidentiel *(Präsidialpalais)* avec son portique à colonnes fut construit en 1805 pour la légation française de la Diète d'Empire. À l'angle de la Gesandtenstraße ou « rue des Plénipotentiaires », se tient l'ancienne ambassade du Würtemberg et, dans cette même rue, autour de l'église de la Trinité *(Dreieinigkeitskirche)*, on pourra voir les étonnantes pierres tombales baroques de ces ambassadeurs.

Dans la Gesandtenstraße, prendre à gauche la Rote-Hahnengasse, puis à droite Hinter der Grieb.

Hinter der Grieb D

Cette ruelle et les suivantes, avec leurs vieilles maisons bourgeoises nous ramènent au Moyen Âge. Au fond, belle vue sur l'une des flèches de la cathédrale.

Une fois arrivé dans la Untere Bachgasse, emprunter un passage au n° 7 qui débouche au 16 Wahlenstraße où l'on tourne à gauche pour rejoindre la Kramgasse, étroite ruelle qui ramène à la cathédrale.

À voir aussi

★ **Musée Galerie est-allemande**

(Kunstforum Ostdeutsche Galerie) Hors plan, vers C

Dr Johann-Maeir-Straße 5 - ✆ 0941 29 71 40 - www.kog-regensburg.de - tlj sf lun. 10h-17h (jeu. 20h) - fermé 1er janv., Jeu. saint, 1er Mai, 1er nov., 24, 25 et 31 déc. - 6 €.

La collection balaye une histoire de la peinture d'Europe de l'Est, du romantisme jusqu'à la fin du 20e s. Citons au passage : Lovis Corinth, représentant de l'impressionnisme allemand, des expressionnistes et des artistes de la Sécession, Otto Dix, Kokoschka, des bronzes émouvants de Käthe Kollwitz.

AUTOUR DE LA PLACE ST-EMMERAM

Basilique St-Emmeram D

Depuis l'Emmeramplatz, un portail gothique conduit à un enclos d'où l'on atteint l'église. Ancienne abbatiale d'un monastère bénédictin fondé au 8e s., la basilique conserve un vaste **porche roman** (12e s.) menant à un double portail dont les **sculptures** (le Christ, saint Emmeram et Dionysos) comptent parmi les plus anciennes d'Allemagne (11e s.). À l'intérieur, l'aspect roman d'origine est à peine reconnaissable depuis sa « baroquisation » par les frères Asam.

Château des Thurn und Taxis (Schloss Thurn und Taxis) D

✆ 0941 504 81 33 - www.thurnundtaxis.de - visite guidée (80mn) avr.-oct. : tlj 11h, 13h, 14h, 15h, 16h, w.-end et j. fériés aussi à 10h et 12h ; nov.-mars : lun.-vend. 11h, 17h, w.-end et j. fériés 10h et 17h - fermé 24-25 déc. - 11,50 €.

Franz von Taxis avait établi le système postal européen au 15e s., et ses descendants en conservèrent le monopole jusqu'en 1812. Lorsqu'il leur fut retiré, ils reçurent entre autres compensations les bâtiments de l'ancienne abbaye St-Emmeram, qu'ils transformèrent dans le style de l'époque pour en faire leur résidence. On peut voir les salles d'apparat (dont la salle de bal et celle du trône), qui laissent imaginer le luxe des réceptions organisées au château. Celui-ci est toujours habité par la famille princière Thurn und Taxis, l'une des plus grandes fortunes d'Allemagne.

Le **cloître** romano-gothique, construit en différentes phases du 11e au 14e s., présente le magnifique portail de St-Benoît, de la première moitié du 13e s.

Musée des Écuries (Marstallmuseum) – *✆ 0941 504 81 33 - www.thurnundtaxis.de - ♿ - avr. à fin oct. : 11h-17h, w.-end 10h-17h - 4,50 €.*

Belle collection de carrosses et diligences, de traîneaux et chaises à porteurs, mais aussi de harnais de gala et d'accessoires d'équitation.

3

NOS ADRESSES À RATISBONNE

VISITES GUIDÉES

Office de tourisme – De nombreuses visites guidées thématiques sont proposées ; nous vous conseillons celle sur le patrimoine classé par l'Unesco avec le guide francophone Michael Kostka (1h15, 8 €).

HÉBERGEMENT

PREMIER PRIX

Am Peterstor – E - *Fröhliche-Türken-Straße 12 - ✆ 0941 545 45 - www.hotel-am-peterstor.de - 36 ch. 48 € - ☕ 5 € - réception : 7h-11h, 16h-22h30.* Des prix imbattables pour un confort très correct, à cinq minutes de la cathédrale.

Star Inn Hotel – Hors Plan E - *Bahnhofstraße 22 - ✆ 0941 56 930 - www.starinnhotels.com - P -153 ch. 69 € - ☕ 11 €.* Chambres propres et confortables, mais assez impersonnelles. Vaut surtout pour son bon rapport qualité-prix.

BUDGET MOYEN

Hotel Kaiserhof – E - *Kramgasse 10 - ✆ 0941 58 53 50 - www.kaiserhof-am-dom.de - 30 ch. 92/130 € ☕.* Les chambres de cet hôtel sont accueillantes et donnent toutes sur les tours jumelles de la cathédrale. Un haut plafond voûté surplombe la salle du petit-déjeuner, aménagée dans l'ancienne chapelle du 14ᵉ s.

POUR SE FAIRE PLAISIR

Hotel Goldenes Kreuz – D - *Haidplatz 7 - ✆ 0941 558 12 - www.hotel-goldeneskreuz.de - 9 ch. 125 € ☕ - salon de thé : 7h-19h, dim. et j. fériés 9h-19h.* Depuis le 16ᵉ s., c'est l'hôtel le plus réputé de la ville, résidence des princes et des empereurs. Neuf chambres très élégantes. On prend le petit-déjeuner dans le salon de thé au rez-de-chaussée, l'ancienne chapelle du lieu.

RESTAURATION

PREMIER PRIX

Wurstkuchl – E - *Thundorferstraße 3 - ✆ 0941 466 210 - www.wurstkuchl.de - 8h-19h - 6 €.* Une institution au bord du Danube ! On patiente devant la baraque où cuisent les saucisses maison accompagnées de choucroute et de moutarde. Service en terrasse et à l'intérieur.

Beim Dampfnudel-Uli – DE - *Watmarkt 4 - ✆ 0941 532 97 - www.dampfnudel-uli.de - tlj sf dim. et lun. 10h-18h, sam. 15h.* Au rez-de-chaussée d'une des plus belles tours patriciennes de la ville, qui abritait autrefois une chapelle, des spécialités bavaroises et surtout de savoureuses *Dampfnudel*, des beignets légers au goût rappelant celui de la brioche, que l'on déguste chaudes avec une crème à la vanille. Le sympathique cuisinier, Uli, se fera un plaisir de répondre à vos questions... si vous parlez allemand.

BUDGET MOYEN

Dicker Mann – D - *Krebsgasse 6 - ✆ 0941 57 370 - www.dicker-mann.de - tlj 9h-23h - 19/38 €.* Caché dans une étroite ruelle du centre-ville, ce restaurant aux airs de taverne, très fréquenté le soir, sert de succulentes spécialités bavaroises et autrichiennes. Service chaleureux et efficace.

Haus Heuport – E - *Domplatz 7 - ✆ 0941 599 92 97 - www.heuport.de - tlj à partir de 9h - fermé 2 sem. en janv. - 16/36 €. le midi ; 23/49 € le soir.* Cet hôtel particulier du 13ᵉ s., avec sa belle façade percée de fenêtres gothiques, face à la cathédrale, abrite un restaurant et un bar à cocktails. En salle ou en terrasse, on vous servira une cuisine simple à midi, plus délicate le soir.

POUR SE FAIRE PLAISIR

Silberne Gans – E - *Werftstraße 3 - ✆ 0941 280 55 98 - www. silbernegans.de - tlj sf lun midi et soir - fermé 1er-16 janv. - 39/60 €.* Ce restaurant moderne occupe une maison historique somptueusement restaurée donnant sur le Danube.

UNE FOLIE

David – D - *Watmarkt 5 (5e étage) - ✆ 0941 56 18 58 - www.hotel-bischofshof.de - fermé midi, dim.-lun. et 22-26 déc. - 30/52 €.* Un ascenseur permet d'accéder à cet établissement dans la maison historique de Goliath. Dans un cadre romantique, une cuisine teintée d'influences françaises et italiennes. Très belle terrasse couverte avec vue sur la ville.

PETITE PAUSE

Alte Linde – *Müllerstraße 1 - ✆ 0941 880 80 - www.altelinde-regensburg.de - tlj 11h-23h.* Sur une île du Danube accessible par le pont de pierre, un *biergarten* agréable, avec une vue imprenable sur les façades colorées de la ville.

Anna – *Gesandtenstraße 5 - ✆ 0941 20 60 230 - www. anna-cafe.de - tlj 9h-19h30 (jeu.-sam. 23h, dim. 19h).* Dans les bâtiments rénovés de l'ancienne manufacture de tabac à priser, sous les voûtes gothiques, café gourmet où l'on peut déguster une tranche de gâteau ou une délicieuse glace maison parfumée au miel et au thym.

Café Porta – *Krautermarkt 3 - ✆ 0941 594 1010- www.hotel-bischofshof.de.* Terrasse fleurie dans une sublime cour intérieure, contre la cathédrale. Avec le restaurant David, le café est une des dépendance de l'hôtel-restaurant Bischofshof.

EN SOIRÉE

Orphée – *Untere Bachgasse 8 - ✆ 0941 59 60 20 - www. hotel-orphee.de - 8h-1h - rest. 24 € - 2 hôtels : das Kleine Haus - 15 ch. 100 € ; das Große Haus - 34 ch. 135 €.* Un étonnant bistrot parisien quasi authentique à la décoration datant de 1896. On vient y boire un verre ou manger tard. Les deux hôtels, sur place et dans la rue voisine, possèdent des chambres époustouflantes.

Alte Filmbühne – *Hinter der Grieb 8 - ✆ 0941 579 26 - www. filmbuehne.com - tlj à partir de 20h15.* Niché dans une cave voûtée au plafond décoré de lampions chinois, ce bar est un des repaires favoris des étudiants. Il y a souvent un DJ derrière les platines.

Spitalgarten – *St-Katharinen-platz 1 - ✆ 0941 847 74 - www. spitalgarten.de.* Franchissez le pont de pierre et, sur cette île du Danube, installez-vous à l'une des tables du *Biergarten* pour savourer une bière fraîche et le panorama.

AGENDA

Bayerisches Jazz Weekend – Juin-juillet.

Dult – Deux fois par an (en mai et en septembre) a lieu la Dult, une grande fête populaire et familiale qui dure deux semaines et rassemble buvettes, restaurants de plein air, manèges et marché en plein air.

Marché de l'Enfant Jésus et marché de Noël – Dans le centre ancien et au château des Thurn und Taxis.

LE NORD DE LA BAVIÈRE

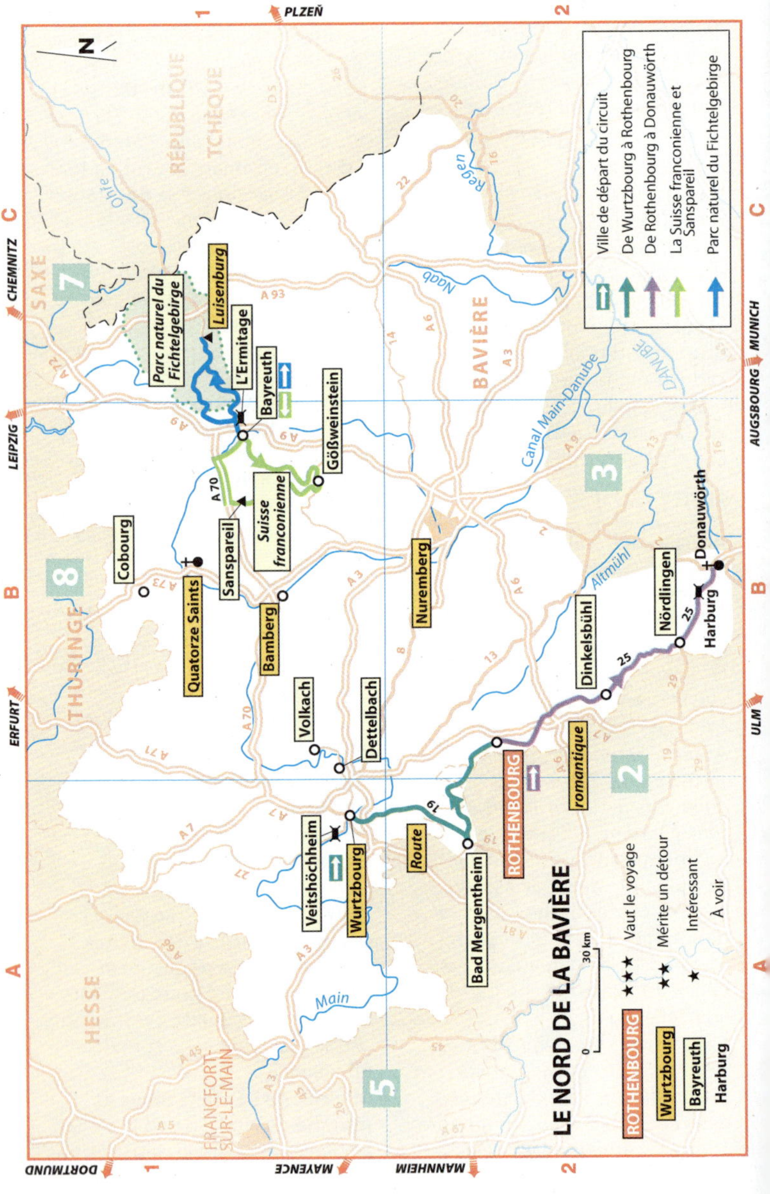

Le nord de la Bavière 4

Carte Michelin Régional 546 – Bavière

Wurtzbourg

Würzburg

★★

133 510 habitants – Bavière

NOS ADRESSES PAGE 317

S'INFORMER

Office de tourisme – *Im Falkenhaus am Markt - ☎ 0931 37 23 98 - www.wuerzburg.de - janv.-mars : lun.-vend. 10h-16h, sam. 10h-14h ; avr.-déc. : lun.-vend. 10h-18h, sam. 10h-14h (mai-oct. : dim. et j. fériés 10h-14h).*

SE REPÉRER

Carte de région A1 (p. 308) – *cartes Michelin n°s 718 L 10 et 546 AC 48.*
Wurtzbourg est à 116 km à l'est de Francfort.

À NE PAS MANQUER

La Résidence, la forteresse Marienberg et la vue qu'elle offre sur la ville, les vins de Franconie.

ORGANISER SON TEMPS

Une journée pour la ville et la citadelle suivant l'itinéraire proposé.

AVEC LES ENFANTS

L'excursion en bateau jusqu'à Veitshöchheim, la promenade au milieu des vignes sur les coteaux de la forteresse (difficile avec une poussette).

De la rive est du Main, en haut de la forteresse Marienberg, la vue sur Wurtzbourg, son vieux pont et ses clochers est telle que l'on peine à imaginer qu'une grande partie de la ville fut détruite à la fin de la Seconde Guerre mondiale. Sa grandeur passée, liée à trois princes-évêques de la famille de Schönborn (17e s.), se retrouve dans les églises baroques et le splendide palais de la Résidence, classé au Patrimoine mondial de l'Unesco.

Se promener

★★ LA VIEILLE VILLE ET LA FORTERESSE DE MARIENBERG plan II 3

Itinéraire tracé sur le plan (p. 314), en partant de la Residenzplatz. La visite commence par l'édifice le plus prestigieux de Wurtzbourg.

★★ La Résidence

Visite 1h - ☎ 0931 355 170 - www.schloesser.bayern.de - visite guidée avr.-oct : 9h-18h ; nov.-mars : 10h-16h30 - visites en anglais tlj à 11h et 15h - fermé 1er janv., Mar. gras, 24-25 et 31 déc. - 7,50 €.

Magnifique château baroque, la Résidence *(Residenz)* fut construite entre 1720 et 1744 sous la direction de l'architecte de génie **Balthasar Neumann**. Elle devint la résidence des évêques, en remplacement de l'ancienne forteresse de Marienberg.

Détail de la Résidence.
vom / Fotolia. com

★★ **Palais** – Le monumental **escalier d'honneur★★** est un chef-d'œuvre de Neumann ; il occupe toute la partie nord du vestibule. La gigantesque **fresque★★** (600 m²) décorant les voûtes est l'œuvre du Vénitien **Tiepolo** (1752-1753) ; elle représente l'hommage des quatre continents alors connus au prince-évêque von Greiffenclau.

À l'étage – Dans la salle blanche *(entre l'escalier d'honneur et la salle impériale)*, les éclatants **stucs** sont dus à l'Italien Antonio Bossi.

La **salle impériale★**, de forme ovale *(1er étage)*, est également décorée de **fresques de Tiepolo**. Les éléments en relief (corniches, sculptures, stucs) se mêlent admirablement aux peintures sculpturales inscrites dans des éléments d'architecture en trompe l'œil, suivant une mode baroque. La visite guidée se poursuit dans les **appartements d'apparat** restaurés dans toute leur splendeur rococo.

Napoléon et son épouse Marie-Louise dormirent en 1812 dans la **chambre à coucher** (le duc de Wurtzbourg était l'oncle de Marie-Louise). Le musée comporte aussi une **galerie de peinture** où l'on trouve de belles peintures italiennes des 17e et 18e s. ; à noter, *Amour et Psyché*, par Antonio Bellucci, des *vedutte* (vues de Venise) par Antonio Canaletto, et des œuvres de l'école de Véronèse.

★ **Église** (Hofkirche) – L'architecte Balthasar Neumann a fait preuve dans cette construction de son originalité habituelle ; les courbes des lignes de force qui soutiennent la voûte, comme celles qui guident la balustrade surplombant le maître-autel, présentent une structure aussi complexe qu'agréable à l'œil. Les différentes variétés de marbre, les dorures d'abord discrètes au premier niveau puis omniprésentes au plafond, les couleurs chaudes des fresques de Rudolf Byss, peintre de la cour, s'allient pour donner une composition de couleurs riche en contrastes. Au-dessus des autels latéraux, on peut voir deux tableaux de **Tiepolo** : *L'Assomption* et *La Chute des anges*.

★ **Jardin** (Hofgarten) – L'utilisation habile des anciens bastions a permis d'aménager, à l'est du parc, les terrasses des **jardins** et leurs rampes majestueuses.

LE CHEF-D'ŒUVRE DE LA RÉSIDENCE

Le prince-évêque Carl Philipp von Greiffenclau avait confié la réalisation des peintures de la Résidence à un artiste milanais, mais ce dernier peignait si mal qu'il décida d'engager le meilleur fresquiste de l'époque, **Giambattista Tiepolo**. Arrivé en 1750 avec ses deux fils, l'artiste fut reçu avec honneur. Il était prévu de lui verser 10 000 florins, soit trois fois plus que ce qu'il gagnait à Venise.

Lors de son séjour à Wurtzbourg, qui dura à peine trois ans, Tiepolo réalisa les fresques de la salle impériale et de l'escalier d'honneur – considérées comme son œuvre majeure –, deux retables pour la Hofkirche et un retable pour l'abbaye de Schwarzach (aujourd'hui dans l'Ancienne Pinacothèque de Munich). Il lui fallut 210 jours pour exécuter la gigantesque **fresque** (32 x 19 m) qui surplombe l'escalier d'honneur. Cette œuvre est caractérisée par une profusion de personnages, d'allégories et de *putti* – créant en quelque sorte un théâtre du monde.

Depuis les jardins est, vue sur toute la façade de la Résidence (167 m). Les stucs sont l'œuvre de Johann Peter Wagner.

★ **Musée de la Résidence** (Martin-von-Wagner-Museum) – *Entrée près de la chapelle dans l'aile sud. ☎ 0931 31 22 83 - www.museum.uni-wuerzburg.de - ♿ - galerie : mar.-sam. 10h-13h30 - Antikensammlung : mar.-sam. 13h30-17h - Graphische Sammlung : mar., jeu. 16h-18h - gratuit.* La **galerie de peinture★** *(2e étage)* présente l'art allemand et européen du 14e au 20e s. Parmi les pièces les plus intéressantes, on compte les tableaux d'autel des maîtres de Wurtzbourg du 14e au 16e s. et la sculpture franconienne, en particulier celle de Riemenschneider. Collections de peintures hollandaise et italienne du 16e au 18e s. La **collection d'antiques** *(3e étage)* comporte une intéressante série de **vases grecs peints★★** (surtout du 6e au 4e s. av. J.-C.), des sculptures grecques et romaines en marbre, mais aussi des antiquités étrusques, de l'ancien Orient et de l'ancienne Égypte. Cabinet de dessins et d'estampes *(ouvert mar. et jeu. 16h-18h).*

Du 1er avr. au 31 oct., une navette conduit de la Résidence à la forteresse Marienberg ; BUS 9 sur la Residenzplatz. Pour s'y rendre à pied, emprunter la Hofstrasse jusqu'à la cathédrale.

Cathédrale St-Kilian (Dom St-Kilian)

Lun.-sam. 10h-17h, dim. et j. fériés 13h-18h – brochure en français à l'entrée.

Un chef-d'œuvre de l'architecture allemande des 11e et 12e s. et l'une des plus grandes églises romanes d'Allemagne. Reconstruite en 1945, elle a conservé la silhouette datant de son édification. L'intérieur a reçu les empreintes d'une dizaine de siècles : les stucs baroques du chœur contrastent avec la nef romane plafonnée ; l'**autel des apôtres** moderne *(côté droit du transept)* fut créé par H. Weber en 1967 pour recevoir les trois **sculptures de grès★** de Riemenschneider (1502-1506). Contre les piliers de la grande nef, les **tombeaux des princes-évêques★** (du 12e au 17e s.) ; les monuments des 7e et 8e piliers *(côté gauche)* sont de Riemenschneider (*Rudolf von Scherenberg* et *Lorenz von Bibra*). La crypte *(accès par le bras gauche du transept)* abrite le tombeau (13e s.) du fondateur de la cathédrale, l'archevêque Bruno. La **chapelle Schönborn**, dans le croisillon gauche, édifiée entre 1721 et 1736 par B. Neumann et l'architecte Maximilian von Welsch, accueille les tombeaux des princes-évêques de la maison de Schönborn. Le côté droit de la cathédrale jouxte le **cloître** gothique (15e s.) et l'exposition du trésor.

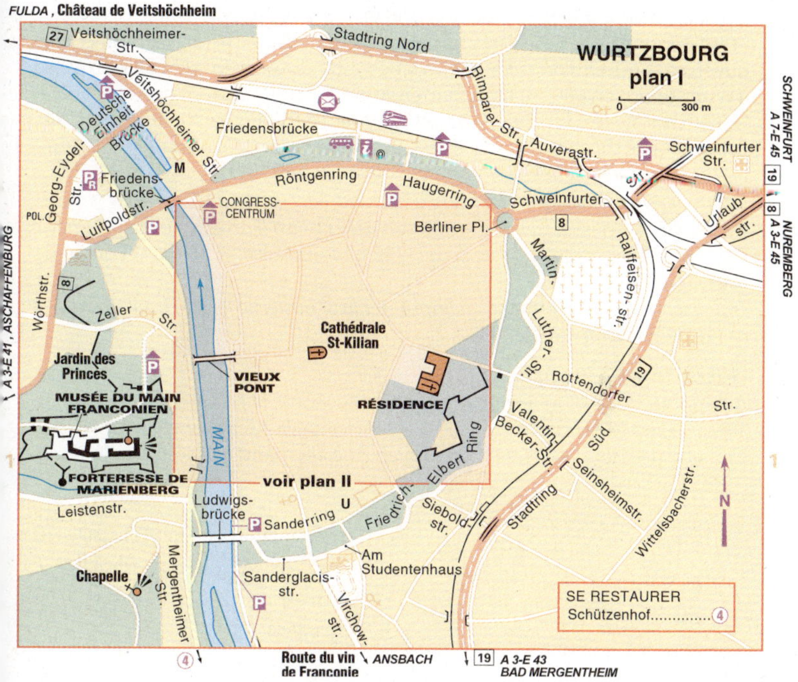

Musée de la Cathédrale (Museum am Dom)

0931 38 66 56 00 - www.museum-am-dom.de - tlj sf lun., 10h-18h d'avr. à oct., 10h-17h de nov. à mars - 3,50 €.

Il présente surtout des œuvres d'art moderne (Joseph Beuys, Otto Dix) mais aussi, dans une surprenante juxtaposition, quelques travaux de maîtres de l'art roman, gothique et baroque (T. Riemenschneider, Georg Anton Urlaub). *En sortant du musée, tourner à droite, emprunter le petit passage couvert qui mène à la grande rue Domstrasse, puis tourner à droite dans la Kürschnerhof.*

Nouvelle cathédrale (Neumünster)

L'impressionnante **façade ouest** (1710-1716) de style baroque est attribuée à Johann Dientzenhofer. L'intérieur, remanié au début du 18e s., n'est coloré que sous la **voûte**, dont les décorations tranchent avec la sobriété de l'ensemble.

4

LE MAÎTRE DE WURTZBOURG

Ce nom fut donné au grand sculpteur du gothique flamboyant **Tilman Riemenschneider** (1460-1531), qui s'installa en 1483 à Wurtzbourg, et dont il fut maire de 1520 à 1521. Ses œuvres n'ont jamais une valeur purement décorative : tout l'intérêt se fixe sur les personnages ; visages, mains, vêtements sont les supports essentiels de l'expression et de la sensibilité et expriment souvent une gravité un peu mélancolique. Les retables de Creglingen et de Rothenbourg, les statues du musée du Main franconien à Wurtzbourg et le tombeau d'Henri II dans la cathédrale de Bamberg font partie des plus précieux trésors de l'art franconien.

Sous la coupole, dans des niches : une *Vierge à l'Enfant* de Riemenschneider et un curieux Christ aux bras repliés sous la poitrine (14e s.). Dans la crypte ouest : le **tombeau de saint Kilian**, apôtre et patron de la Franconie, exécuté à Wurtzbourg en 689. Riche ornementation à l'intérieur, dont une madone et la pierre tombale d'un abbé, l'érudit Trithemius, sculptés par Riemenschneider. Par la gauche du chœur, jardinet de Lusam *(Lusamgärtchen)*, où serait enterré le trouvère Walther von der Vogelweide, mort en 1231.

Continuer sur la Kürschnerhof jusqu'à la Marktplatz (place du Marché), à gauche.

Avant l'église, passer devant la **maison du Faucon** *(Falkenhaus)*, la plus riche de la ville – à la façade rococo de 1752 (reconstruite) –, abritant l'office de tourisme (Plan II 2).

Traverser la place du Marché et emprunter la Schustergasse ; au bout, tourner à droite dans la Domstrasse.

Hôtel de ville (Rathaus)

À l'origine siège d'un administrateur de l'évêque, le bâtiment, construit au 13e s., devint hôtel de ville en 1316. À l'intérieur, la salle Wenzel *(Wenzelsaal)* est l'une des plus belles du haut Moyen Âge allemand à usage laïc. Pénétrez

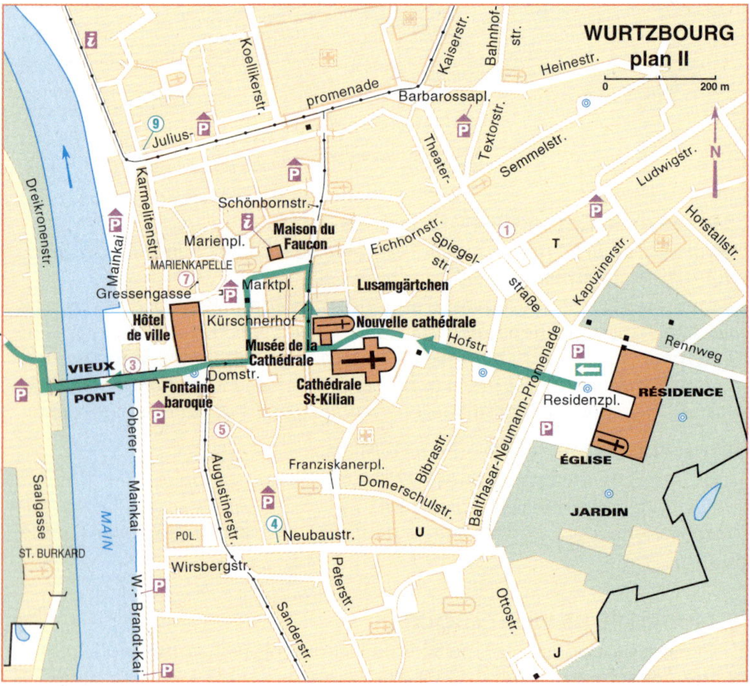

SE LOGER

Hotel Rebstock 4
Strauss 9

SE RESTAURER

Alte Mainmühle 3
Backöfele 5
Bürgerspital 1
Weinhaus zum Stachel 7

un instant dans la cour intérieure qui, à la belle saison, accueille les clients de la brasserie Ratskeller. Le bâtiment Rouge (*Roter Bau*, partie ouest) témoigne de l'architecture de la fin de la Renaissance (1659). Sur la place, la **fontaine baroque** *(Vierröhrenbrunnen)* date de 1765.

Continuer tout droit jusqu'au pont.

★ **Vieux Pont** (Alte Mainbrücke)

Le Vieux Pont, construit sur le Main entre 1473 et 1543, a été enrichi vers 1730 de douze monumentales statues de saints en grès.

Depuis le pont, remarquez en bordure du Main l'**Ancienne Grue** *(Alter Kranen)*, caractéristique de la ville. Elle a été édifiée par le fils de B. Neumann, Franz Ignaz, vers 1770. L'ancien bureau de douane abrite la Maison des vins de Franconie *(Haus des Frankenweins)*.

Au bout du pont, le chemin le plus direct vers la forteresse est fléché, tout droit. Un autre, qui part vers la gauche, propose d'emprunter les chemins à travers les vignes (Weinwanderweg), sur les coteaux de la forteresse, une promenade agréable (env. 30mn) offrant de jolis points de vue, notamment sur la chapelle.

★ **Forteresse de Marienberg** (Festung Marienberg)

✆ 0931 35 51 70 - www.schloesser.bayern.de - avr.-oct. : 9h-18h ; nov.-mar. 10h-16h - fermé 1er janv., 24-25 et 31 déc. - 3,50 €.

Les princes-évêques ont résidé de 1253 à 1719 dans cette citadelle qui occupe une position dominante sur la rive gauche du Main. Le château médiéval (début du 13e s.) fut transformé sous Julius Echter, vers 1600, en château Renaissance. C'est sous les évêques de Schönborn qu'il devint forteresse d'Empire (à partir de 1650).

Dans la cour rectangulaire s'élèvent le donjon rond (13e s.), le bâtiment d'un puits Renaissance (profond de 104 m) et la **chapelle ronde** de la Vierge *(Marienkirche)*. Surmontée d'une coupole décorée de stucs baroques, elle fut consacrée en 706 et abrite de nombreuses pierres tombales de princes-évêques de Wurtzbourg.

Depuis la terrasse du **jardin des Princes** *(Fürstengarten)*, belle **vue★** sur la ville.

Appartements princiers (Fürstenbaumuseum) – *✆ 0931 35 51 750 - www.wuerzburg.de - de mi-mars. à oct. : mar.-dim. 9h-18h - fermé de nov. à mi-mars - 4 €.* Décorés de meubles, tableaux et tapisseries, dont l'immense *Tapis de la famille Echter* de 1564, les appartements princiers présentent aussi les précieux parements de la cathédrale, de l'église de la Résidence et de celle de la forteresse.

★★ **Musée du Main franconien** (Mainfränkisches Museum) – *Entrée à droite dans la première cour du château. ✆ 0931 20 59 40 - www.mainfraenkisches-museum.de - avr.-oct. : tlj sf lun. 10h-17h ; nov.-mars : tlj sf lun. 10h-16h - possibilité de visite guidée (1h30) - 4 €.* Dans les salles de l'ancien arsenal (1702-1712) sont exposés l'art et l'artisanat de la région ; au 1er étage, collection de **sculptures de Riemenschneider**, la plus importante au monde (80 œuvres).

Les splendides salles voûtées de l'**Echterbastei** montrent statues, orfèvrerie religieuse, peintures de chevalet gothiques et collections d'art populaire franconien. L'ancien cellier, qui abrite de vieux pressoirs, est remarquable.

Chapelle (Käppele)

Nov.-mars : 6h45-17h (dim. et j. fériés 8h30-18h30) ; avr.-oct. : 6h45-18h.

Situé au sommet d'un chemin de croix monumental avec des statues grandeur nature de Wagner (1767-1778), ce sanctuaire de pèlerinage baroque aux curieuses coupoles bulbeuses fut construit par B. Neumann en 1748. L'intérieur est somptueusement décoré. Depuis la terrasse, **vue★★** splendide sur Wurtzbourg et le Main ; au premier plan, la forteresse de Marienberg.

LE VIN EN FRANCONIE

Ce sont des moines qui introduisirent au début du Moyen Âge la culture de la vigne dans la région franconienne du Main, au climat doux et aux étés chauds et secs. Les 4 500 ha de vignobles produisent essentiellement le **Müller-Thurgau** et le traditionnel **sylvaner** fruité (vins blancs), mais aussi le kerner, le bacchus et le riesling. La forme des bouteilles *Bocksbeutel*, plates et ventrues, est caractéristique du vin de Franconie. De mars à novembre, des fêtes du vin *(Weinfeste)* sont organisées à Wurtzbourg et ailleurs. *Pour plus d'informations : www.fraenkisches-weinland.de*

À proximité Carte de région AB1

★ Château de Veitshöchheim A1

7 km au nord-ouest par la *Veitshöchheimer Straße.*

Une idée pour s'y rendre : excursions en bateau-mouche, Wurtzbourg (Alter Kranen) - Veitshöchheim - Wurtzbourg - 0931 556 33 - www.vpsherbert.de - d'avr. à mi-oct. - AS 40mn - tarif AS : 6 €, AR 9 €.

Le **château**, érigé à la fin du 17e s. et agrandi vers 1750 selon les plans de B. Neumann, contient de beaux meubles rococo et Empire.

Le **parc★**, surtout, bénéficia d'une attention particulière des princes-évêques, qui le firent constamment embellir au cours du 18e s. dans le style rococo.

★ Dettelbach B1

21 km à l'est de Wurtzbourg.

Cité fortifiée accrochée sur les pentes nord de la vallée du Main, qui charme par son hôtel de ville de la fin du gothique (vers 1500) et son église paroissiale (milieu du 15e s.), dont la tour principale est reliée par un pont de bois à la petite tour à escalier.

Au nord-est de la ville haute se dresse l'**église de pèlerinage « Maria im Sand »** (1608-1613), transition entre le gothique flamboyant et le style Renaissance déjà mâtiné de baroque. Le **portail Renaissance★** (1623) et la **chaire★** (1626) en grès et en albâtre sont l'œuvre de Michael Kern.

De Dettelbach à Neuses am Berg, la route traverse un plateau couvert de vignobles. Redescendre ensuite dans la vallée du Main, dont on suit un méandre avant de passer sur l'autre rive.

★ Volkach B1

28 km à l'est de Wurtzbourg.

Coquette petite cité de vignerons située sur la bordure est du Main. De l'enceinte médiévale, il ne reste que deux portes, **Gaibacher Tor** et **Sommeracher Tor**.

La Marktplatz est bordée par l'**hôtel de ville Renaissance** (office de tourisme), du milieu du 16e s., avec son escalier extérieur à double volée et sa tourelle d'angle. La maison dite **Schelfenhaus**, de style baroque, érigée vers 1720 *(dans la Schelfengasse, au nord de la place du Marché)*, mérite une visite pour ses décorations intérieures.

Au nord-ouest de la ville *(environ 1 km, en direction de Fahr)*, l'**église de pèlerinage « Maria im Weingarten »** (15e s.), située sur le Kirchberg, se détache au milieu des vignes. Elleabrite une **Vierge au chapelet★**, œuvre tardive (1521-1524) de T. Riemenschneider.

Depuis le Kirchberg, admirez le **panorama** sur Volkach, les vignobles et la vallée du Main.

NOS ADRESSES À WURTZBOURG

VISITES

Welcome Card – Pour 3 €, réductions dans de nombreux musées de la ville et pour des excursions en bateau. En vente à l'office de tourisme.

HÉBERGEMENT

BUDGET MOYEN

Strauss – Plan 2 - *Juliuspromenade 5 - ☏ 0931 305 70 - www.hotel-strauss.de - 74 ch. 70/90 € - ☕ 9 €.* À proximité de la gare et de la vieille ville, chambres modernes et fonctionnelles.

Hotel Rebstock – Plan 3 - *Neubaustraße 7 - ☏ 0931 309 30 - www.rebstock.com - 70 ch. 105 € - ☕ 12 € - rest. 38/45 €.* Derrière sa façade rococo de 1737, chambres élégantes, modernes ou rustiques.

RESTAURATION

PREMIER PRIX

Schützenhof – Hors Plan 3 - *Mainleitenweg 48 - BUS 35 Käppele ; en voiture accéder par l'Albert-Günther-Weg - ☏ 0931 7 24 22 - www.schuetzenhof-wuerzburg.de - cuisine chaude 11h-23h - fermé de mi-déc. à déb. mars - 14/22 €.* En dehors de la ville près de la *Käppelle*. Savourez le calme à l'ombre des arbres, sur une terrasse panoramique. Cuisine simple, fraîche et inventive, à partir des produits du jardin.

BUDGET MOYEN

Bürgerspital – Plan 2 - *Theaterstraße 19 - ☏ 0931 35 28 80 - www.burgerspital-weinstuben.de - 19/40 €.* Taverne du vignoble de Bürgerspital, parmi les plus importantes du pays. Dans un cadre historique, sous une belle voûte d'arêtes, découvrez vins régionaux et cuisine franconienne.

Backöfele – Plan 3 - *Ursulinergasse 2 - ☏ 0931 590 59 - www.backoefele.de - fermé entre Noël et Nouvel An - 21/37 €.* Maison de ville historique, connue pour son atmosphère chaleureuse et rustique. Presque une institution !

Alte Mainmühle – Plan 3 - *Mainkai 1 - ☏ 0931 167 77 - www.alte-mainmuehle.de - 16/45 €.* Ce restaurant rustique et très agréable se dresse à l'entrée du Vieux Pont. Cuisine régionale et internationale.

POUR SE FAIRE PLAISIR

Weinhaus zum Stachel – Plan 2 - *Gressengasse 1 (près de Marktplatz) - ☏ 0931 5 27 70 - www.weinhaus-stachel.de - fermé dim. midi - réserv. conseillée – menus 43/72 €. Weinstube* traditionnelle, remontant au 15e s. Dans un cadre rustique, cuisine raffinée à l'accent régional et excellents vins, surtout de Franconie.

AGENDA

Africa Festival – *Mai – www.africafestival.org.* Le plus grand festival de culture africaine en Europe.

Barockfest – *Mai.* Vin et musique baroque s'assemblent dans le décor somptueux de la Résidence.

La Würzburger Mozartfest – *Juin-juil. – mozartfest-wuerzburg.de.* Concerts dans les châteaux.

La Route romantique

Romantische Straße

★★

Bavière

NOS ADRESSES PAGE 321

S'INFORMER

Site Internetd'info sur la Route romantique – *www.romantische strasse.de*

SE REPÉRER

Carte de région AB1-2 (p. 308) – *cartes Michelin nos 718 de L 10 à K 14 et 546 de AC 49 à AH 68.* La Route romantique s'étend de la vallée du Main au pied des Alpes bavaroises. Le parcours est signalé par des panneaux « Romantische Straße » et passe notamment par Wurtzbourg, Bad Mergentheim, Rothenbourg, Dinkelsbühl, Nördlingen et Donauwörth.

À NE PAS MANQUER

Les cités médiévales qui jalonnent cette route, en particulier Dinkelsbühl et Nördlingen ; la dégustation des délicieux vins franconiens.

La Route romantique est sans doute l'un des itinéraires touristiques les plus populaires d'Allemagne. Le long des vallées fluviales, bordées de collines verdoyantes, ce parcours de 350 km peut se réaliser en voiture, à vélo ou en bus. Il explore les sites emblématiques du passé germanique : grandes heures des vieilles cités médiévales (Rothenbourg, Nördlingen, Dinkelsbühl), prestige de la chevalerie teutonique (Bad Mergentheim), ou encore faste baroque des cours épiscopales ou des villes impériales à Wurtzbourg…

Circuits conseillés Carte de région

DE WURTZBOURG À ROTHENBOURG AB1-2

Circuit de 100 km tracé en vert sur la carte de région p. 308 – Environ 4h.
Quitter **Wurtzbourg★★** *(voir ce nom)* par le sud en suivant la B 19.

★ Bad Mergentheim A2

Marktplatz 3 - ✆ 079 31 571 31.

La vieille ville de Bad Mergentheim fut choisie comme résidence par les chevaliers de l'ordre Teutonique au 16e s. Son château, son musée et son centre thermal en font une étape de choix.

Admirez les maisons à colombages, l'hôtel de ville et les demeures baroques, sans oublier la cathédrale St-Jean.

Château des chevaliers de l'ordre Teutonique (Deutschordensschloss) - *✆ 079 31 15 22 12 - www.deutschordensmuseum.de - avr.-oct. : tlj sf lun. 10h30-17h ; nov.-mars : mar.-sam. 14h-17h, dim. 10h30-17h - possibilité de visite guidée (1h30) - fermé 24-25 et 31 déc. - 5 €.* Édifié au 12e s. et entouré de douves, puis agrandi au milieu du 16e s. pour abriter la résidence du grand maître de l'ordre, il subit par la suite de nombreuses transformations.

L'ORDRE TEUTONIQUE

Ordre religieux et militaire, il a pour origine une communauté hospitalière germanique de Terre sainte, devenue après l'effondrement du royaume de Jérusalem ordre religieux en 1190 et ordre militaire en 1198. Les chevaliers furent alors employés à la conquête, sur les Slaves, de la Prusse et des pays baltes.

En 1525, le grand maître de l'ordre, Albert de Brandenbourg-Ansbach, adoptant les recommandations de Luther, quitta l'état religieux et transforma le patrimoine de sa communauté en une principauté qui devint le berceau de l'État prussien. Ceux des chevaliers restés fidèles au catholicisme se regroupèrent sous la dépendance du siège de Mergentheim. Cette situation dura jusqu'à la dépossession de l'ordre, décrétée par Napoléon en 1809.

L'ordre a repris aujourd'hui sa vocation d'institut religieux dédié aux œuvres caritatives, le grand maître étant désormais un ecclésiastique et le siège à Vienne.

Au-dessus du portail de l'entrée principale se détachent les armes du grand maître Maximilien d'Autriche (1590-1618). Les tours de la cour intérieure sont occupées par des escaliers à vis Renaissance.

Le **musée de l'ordre Teutonique** (Deutschordensmuseum) est réparti sur trois étages. Au 2e étage, les deux appartements princiers, aux plafonds baroques en stuc, et la salle du chapitre classique présentent l'histoire de l'ordre. Également département d'histoire locale, collection d'antiquités (pièces de porcelaine, et de faïence, sculptures sur ivoire et art sacré) et importante collection de maisons de poupée regroupant quarante modèles des 19e et 20e s.

★★★ Rothenbourg ob der Tauber *(voir ce nom)*

DE ROTHENBOURG À DONAUWÖRTH B2

Circuit de 105 km tracé en violet sur la carte de région p. 308 – Environ 5h.

★ Dinkelsbühl

Altrathausplatz 14 - 09 851 902 440- www.dinkelsbuehl.de - mai-oct. : 9h-18h, w.-end. et j. fériés 10h-17h ; nov.-avr. : 10h-17h.

Cette ville moyenâgeuse idyllique, entourée de remparts et de tours, s'anime chaque été, à la mi-juillet, au cours de la célèbre *Kinderzeche*, fête des enfants qui commémore le salut de la ville pendant la guerre de Trente Ans. La **cathédrale St-Georges★**, une des plus belles églises-halles allemandes en style gothique flamboyant, a gardé sa tour romane.

Parmi les très nombreuses maisons anciennes, arrêtez-vous devant la **Deutsches Haus★** *(sur la place Weinmarkt)*, à la riche façade de style Renaissance, et le **Hezelhof** *(Segringer Straße, n° 7)*, avec sa cour intérieure aux longs balcons doubles fleuris.

Continuer le long de la B 25.

Le paysage ondulé caractérisant la région de Feuchtwangen et de Dinkelsbühl fait place, en arrivant à Nördlingen, aux vastes étendues du bassin du Ries. Cette dépression presque dépourvue d'arbres dessine au milieu des hauteurs du Jura souabe une cuvette régulière de 20 km de diamètre et de 240 m de profondeur qui, selon certains géologues, serait due à la chute d'une énorme météorite.

4

★ Nördlingen

Marktplatz 2 - 090 81 84 116 - www.noerdlingen.de - Pâques-oct. : lun.-jeu. 9h30-18h, vend. 9h30-16h30, sam. et j. fériés 10h-14h (et dim. 10h-14h juil.-août) ; nov.-Pâques : lun.-jeu. 9h30-17h, vend. 9h30-15h30. L'OT distribue un plan gratuit avec un circuit historique à travers la ville.

Cette ancienne ville impériale, mentionnée pour la première fois en 898, s'est développée par extensions concentriques (voir le tracé de ses rues et sa ceinture de fortifications). Ses maisons médiévales, très bien conservées, présentent des formes variées, parfois de guingois. Occupant une position commerciale importante, la cité a vu entre 1796 et 1800 les engagements victorieux des Français sur les Autrichiens.

★ **Église St-Georges** (St-Georgskirche) – Église à trois nefs d'égale hauteur (de type « halle »), bâtie en pierre volcanique à la fin du 15e s., St-Georges est surmontée d'un majestueux clocher de 90 m au décor flamboyant, baptisé « Daniel ». La montée de ses 350 marches vous permettra d'embrasser du regard le cratère du Ries.

À l'intérieur, magnifique voûte en réseau. La chaire (1499) présente un gracieux escalier à encorbellement. Un curieux petit **orgue** repose sur un baldaquin ouvragé *(sur le côté droit)*. Le retable baroque a conservé le groupe de la Crucifixion et les statues de saint Georges et de **sainte Madeleine★**, œuvres de Nicolas-Gerhaert de Leyde.

★ **Remparts** – Seul mur d'enceinte parfaitement conservé et totalement accessible en Allemagne. Pour pénétrer dans la vieille ville, empruntez l'une des cinq portes fortifiées. En suivant le chemin de ronde, en grande partie couvert, on dénombre onze tours de défense ; les plus remarquables se dressent entre la Berger Tor, l'Alte Bastei et la Reimlinger Tor.

★ **Musée du cratère du Ries** (Rieskrater-Museum) – *À côté du Musée municipal. 09 081 273 82 20 - www.noerdlingen.de - ♿ - mai-oct. : mar.-dim. 10h-16h30 ; nov.-avr. : mar.-dim. 10h-12h, 13h30-16h30 - possibilité de visite guidée (1h30) - fermé 1er janv., Mar. gras, Vend. saint, 24-26 déc. - gratuit.* Il y a 15 millions d'années, une énorme masse d'1 km de diamètre quittant sa trajectoire entre Mars et Jupiter et lancée à 70 000 km/h a heurté la Terre et s'est enfoncée sur 1 km de profondeur. L'énergie déployée équivalait à celle de la bombe atomique d'Hiroshima en 250 000 exemplaires. La chaleur si intense a provoqué la disparition de la météorite, formant un cratère géant de 14 km de diamètre, qui, par la suite, s'est élargi de 11 km et dont le fond a fini petit à petit par se stabiliser à 240 m par rapport à la crête circulaire. Le musée, installé dans une grange de 1503, dispose d'un matériel moderne expliquant ce phénomène. Une pierre de lune pesant 165 g, prêtée par la NASA, y est exposée.

★ **Abbaye de Neresheim** – *19 km au sud-ouest, par la B 466.* L'**église**, commencée en 1745 par B. Neumann, est sa dernière œuvre. À l'intérieur, décoration peinte de Martin Knoller (1755), très aérée, s'accordant avec l'ampleur exceptionnelle de l'édifice.

Château de Harburg

09 080 96 860 - www.burg-harburg.de - mi-mars-oct. : tlj sf lun. 10h-17h - 5 €.

Cet imposant château fort, considérablement agrandi et remanié au 18e s., domine un pittoresque village serré au bord de la Wörnitz.

Sortir par la Mündlingerstraße, sur la gauche, et s'écarter de la Route romantique en direction de Mündling pour atteindre Kaisheim. L'étranglement final de la vallée de la Wörnitz, que gardait le château de Harburg, fait communiquer le Ries avec la vallée du Danube.

Donauwörth

Ancienne ville impériale libre, ses bâtiments historiques, aux façades à pignons et colorées de tons pastel, bordent surtout la montée de la Reichsstraße ; admirez l'hôtel de ville et la *Fuggerhaus* (1543). L'église abbatiale et de pèlerinage **Ste-Croix** (*Heilig Kreuz*, construite de 1717 à 1722), de style baroque tardif, est enrichie de stucs de Wessobrunn. La **cathédrale Notre-Dame**, de style gothique et richement décorée (fresques du 15e s.), suit la déclivité du terrain. Fortifications en partie préservées.

NOS ADRESSES SUR LA ROUTE ROMANTIQUE

TRANSPORTS

Europabus – D'avr. à oct., le bus Europabus relie les villes de la Route romantique dans les deux sens une fois par jour. *Rens. Deutsche Touring - ✆ 069 790 32 56 - www.deutsche-touring.com ; Romantische Straße - ✆ 09 851 551 387 - www.romantischestrasse.de.*

HÉBERGEMENT

PREMIER PRIX

À Dinkelsbühl

Hotel Kunst-Stuben – *Segringer Straße 52 - 91550 - ✆ 09851 67 50 - www.kunst-stuben.de - fermé fév. - P - 6 ch. 60/70 € ☕.* Adresse hors du commun, dirigée par deux artistes. Abrite, outre un petit hôtel à l'ambiance intime, des presses historiques et un atelier de poterie. Chambres coquettes et bibliothèque pour un séjour reposant.

Hotel Goldener Anker – *Untere Schmiedgasse 22 - 91550 - ✆ 09 851 578 00 - www.goldener-anker-dkb.de - 18 ch. - 85/95 € ☕ - rest. 16 €.* Hôtel de centre-ville à la coquette façade. Chambres pratiques et aménagées avec soin.

BUDGET MOYEN

À Weikersheim

Laurentius – *Marktplatz 5 - 97990 - ✆ 07 934 910 80 - www.hotel-laurentius.de - P - 13 ch. 126/136 € ☕.* Établissement familial, situé sur la place du Marché. Chambres impeccables au mobilier de style italien. Restaurant avec cuisine vitrée, installé dans une belle cave voûtée. Terrasse sur la place.

À Feuchtwangen

Romantik Hotel Greifen-Post – *Marktplatz 8 - 91555 - ✆ 09852 68 00 - www.hotel-greifen.de - fermé 1er-11 janv. - 🏊 - 35 ch. 89/109 € ☕ - rest. fermé dim. soir et lun.* Chambres élégamment aménagées et personnalisées. Le restaurant reflète le charme de ce bâtiment historique. Cuisine régionale et internationale.

À Nördlingen

Hotel Sonne – *Marktplatz 3 - 86720 - ✆ 09 081 50 67 - www.kaiserhof-hotel-sonne.de - P - 31 ch. 72 € ☕.* Hôtel traditionnel, de 1477, au cœur de la ville. Chambres confortables et fonctionnelles. Couloirs et escaliers de guingois, d'origine. Décor champêtre dans le restaurant.

Jufa Nördlingen im Ries – *Bleichgraben 3a - 86720 - ✆ 09 81 27 50 575 - www.jufa.eu - P.* Derrière le mur d'enceinte de la ville, cette auberge de jeunesse – et familiale – organisée autour d'un jardin intérieur offre confort et espace à prix doux. Chambres pouvant aller jusqu'à 6 lits.

RESTAURATION

PREMIER PRIX

À Bad Mergentheim

Bundschu – *Milchlingstraße 24 - ✆ 07 931 93 30 - www.hotel-bundschu.de - fermé lun. - 17/24 €.* Restaurant à l'atmosphère méditerranéenne avec terrasse côté jardin. Cuisine régionale.

À Creglingen

Zum Falken – *À Tauberzell, 6 km à l'est de Creglingen - Tauberzell 41 - ✆ 09 865 94 19 40 - www.landhaus-zum-falken.de - fermé mar., 31 janv.-24 fév., 7-16 nov. - 14/29 €.* Confortable établissement rustique offrant une cuisine régionale. Confitures, saucisses et eaux-de-vie maison.

À Dinkelsbühl

Gasthof Zum Hirschen – *Hauptstraße 13 - ✆ 09 856 260 - www.gasthof-zumhirschen.de - fermé mar. et 17 août-8 sept. - 14/34 €.* Poutres, piliers et autres boiseries donnent un caractère rustique à la salle de ce restaurant où l'on sert une cuisine familiale.

BUDGET MOYEN

À Feuchtwangen

Landgasthof Zum Ross – *À Dorfgütingen, 5 km au nord de Feuchtwangen - Dorfgütingen 37 - ✆ 09 852 674 30 - www.zum-ross.de - fermé dim. soir- lun., 30 oct.-8 nov. et 1er-21 déc.-12 janv. - 18/30 €.* Ce restaurant est aménagé dans un style rustique. On y sert une belle cuisine du terroir.

POUR SE FAIRE PLAISIR

À Feuchtwangen

Greifen-Post – *Marktplatz 8 - ✆ 09 852 68 00 - www.hotel-greifen.de - fermé dim. soir, lun. et 1er-11 janv. - 30/42 €.* Une ambiance chaleureuse ainsi qu'une savoureuse cuisine régionale et internationale vous attendent dans ce restaurant.

À Nördlingen

Meyer's Keller – *Marienhöhe 8 - ✆ 09 081 44 93 - www.meyerskeller.de - fermé 2 sem. en janv., lun. tte la journée et mar. midi - menus cuisine du terroir 35/59 € - menus cuisine créative 99/125 €.* Décoration contemporaine ; terrasse agréable sous de vieux arbres. Dans la brasserie, plats régionaux ou cuisine internationale, le tout préparé avec goût.

UNE FOLIE

À Bad Mergentheim

Zirbelstube – *Poststraße 2 - ✆ 07 931 59 30- www.victoria-hotel.de - fermé dim., lun. et à midi, janv. et août - 79/92 €.* Murs de lambris en pin sombre, vieux poêle en faïence, beaux tableaux et tables joliment dressées confèrent ici élégance et confort. Cuisine originale et raffinée.

La vieille ville médiévale.
R. Martini / Look/Photononstop

Rothenbourg

Rothenburg ob der Tauber

★★★

11 120 habitants – Bavière

NOS ADRESSES PAGE 327

S'INFORMER

Office de tourisme – *Marktplatz 2 - ✆ 098 61 404 800 - www.rothenburg.de - mai-oct. : 9h-18h, w.-end et j. fériés 10h-17h ; nov. à avr. : 9h-17h, sam. 10h-13h (17h déc.) et dim. fermé sf déc. 10h-17h*. L'office de tourisme édite un petit fascicule gratuit en français détaillant l'histoire des bâtiments.

Visites – Plusieurs visites thématiques sont proposées. Celle avec le gardien de nuit, à la tombée du jour, est particulièrement amusante. *De mars à déc. (seulement le sam. en hiver) : départ sur la place du Marché tlj à 20h (anglais) ou à 21h30 (allemand) - 6/7 €.*

SE REPÉRER

Carte de région B2 (p. 308) – *cartes Michelin nos 718 J 11 et 546 AE 52.* Rothenbourg se trouve sur la Route romantique, à 70 km au sud de Wurtzbourg et à 83 km à l'ouest de Nuremberg.

À NE PAS MANQUER

La vieille ville médiévale, les remparts et une dégustation de *Schneeballen (voir Nos Adresses à Rothenbourg).*

À l'abri de ses remparts, Rothenbourg domine le cours sinueux de la Tauber. Particulièrement bien préservée, elle concentre un nombre impressionnant de bâtisses médiévales sur un site spectaculaire en bordure de falaise. Dans ce véritable musée du Moyen Âge à ciel ouvert, il fait bon se promener, en empruntant des ruelles étroites bordées de maisons à pignons pointus, fontaines et édifices à colombages, ou le long des remparts qui dominent la Tauber, en bordure des vignes. Étape de choix sur la Route romantique, Rothenbourg offre des panoramas saisissants sur des paysages surgis d'un autre âge.

Se promener

★★★ LA VIEILLE VILLE

Itinéraire tracé sur le plan ci-contre - Comptez une demi-journée. Partir de la Marktplatz.

★ Hôtel de ville (Rathaus)

La partie gothique de l'**hôtel de ville**, avec son pignon coiffé d'un beffroi de 60 m, date du 14e s., tandis que le bâtiment en façade sur la Marktplatz est pourvu, avec sa tourelle d'escalier octogonale Renaissance, d'un portique à bossage du 18e s. On peut visiter les salles voûtées *(Historiengewölbe, sur la gauche)* aménagées en Musée historique et, depuis la tour, admirer la **vue**★ sur les toits et l'enceinte de Rothenbourg.

Au nord de la Marktplatz se dresse le pignon de la *Ratstrinkstube*, auberge autrefois réservée aux notables, abritant aujourd'hui l'office de tourisme, dont l'horloge principale à tableaux animés illustre la fameuse rasade *(voir encadré p. 326)* toutes les heures, de 11h à 15h.

Emprunter vers le sud la Obere Schmiedgasse, en pente.

Baumeisterhaus

Les redans (parties saillantes) du pignon de cette maison Renaissance sont amortis par des motifs en forme de dragon. Au 1er étage, statues des sept Vertus cardinales, au 2e étage les sept Péchés capitaux.

Continuer sur la Obere Schmiedgasse, puis prendre à droite dans la Burggasse.

Musée de la Justice au Moyen Âge

(Mittelalterliches Kriminalmuseum)

✆ 09861 53 59 - www.kriminalmuseum.rothenburg.de - mai.-oct. : 10h-18h ; nov., janv., fév. : 14h-16h ; mars, déc. : 10h-16h, avr. 11h-17h - 4,20 €. Dans l'ancienne commanderie des chevaliers de l'ordre de St-Jean-de-Jérusalem, ce musée propose un retour passionnant sur l'histoire du droit, de la société face à la criminalité et à la marginalité. Sont exposés des instruments d'humiliation publique, de torture, d'exécution, des livres de droit, des sceaux et de nombreuses gravures.

Plönlein

Ce coin pittoresque est formé par la fourche de deux rues, l'une à niveau menant à la tour Siebers (*Siebersturm*, 14e s.), l'autre descendant vers la vallée de la Tauber et le pont double *(Doppelbrücke)*. Toutes deux aboutissent à une autre porte fortifiée au sud. La fontaine servait à alimenter les deux réserves à poissons dédiées au commerce des pêcheurs de la Tauber.

Traverser la Siebersturm et emprunter la Spitalgasse. La rue doit son nom à l'ancien hôpital du bout de la rue. Entrer dans l'ensemble de bâtiments sur votre droite.

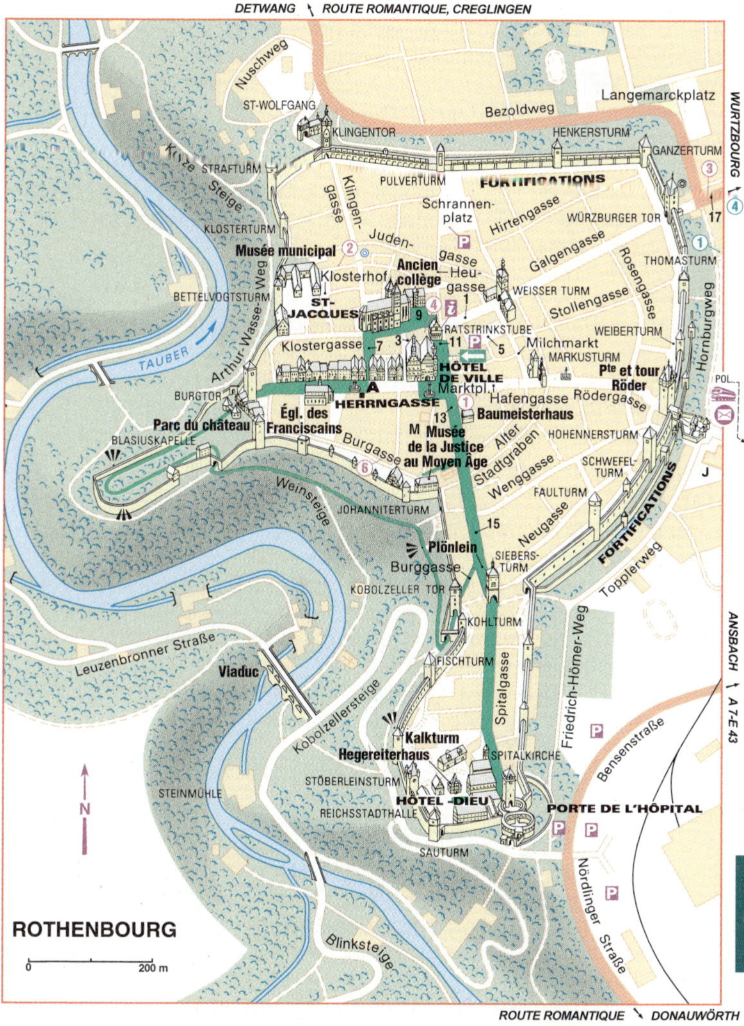

SE LOGER

Hornburg ... 1
Hotel Rappen ... 4

SE RESTAURER

Altfränkische Weinstube ... 2
Baumeisterhaus ... 1
Die Blaue Sau ... 3
Reichs-Küchenmeister ... 4
Zur Höll ... 6

INDEX DES RUES

Georgengasse ... 1
Grüner Markt ... 3
Kapellenplatz ... 5
Kirchgasse ... 7
Kirchplatz ... 9
Marktplatz ... 11
Obere Schmiedgasse ... 13
Untere Schmiedgasse ... 15
Vorm Würzburger Tor ... 17

★ Hôtel-Dieu (Spital)

Les bâtiments de l'**hôtel-Dieu** – pour la plupart des 16e et 17e s. – occupent, au sud, l'excroissance de l'enceinte appelée la « pointe du bonnet ». Arrêtez-vous devant les œuvres d'art de la chapelle gothique *(Spitalkirche)* et, au centre de la cour, remarquez la silhouette du **Hegereiterhaus**, pavillon à toit pointu et tourelle-escalier garnie d'un toit en forme de lanterne, abritant autrefois les cuisines et le domicile de l'intendant. L'ancienne cave et boulangerie, édifice à colombages, est aujourd'hui une auberge de jeunesse. À l'ouest se trouve la maison de la dîme, transformée en salle des fêtes municipale *(Reichsstadthalle)*. Monter au **Kalkturm** (accessible aussi par l'extérieur), **belvédère★** sur la ville, et accéder au chemin de ronde reliant les tours *Stöberleinsturm* et *Sauturm*.

Reprendre la Spitalgasse.

L'entrée sud de la ville est défendue par la **porte de l'Hôpital★** *(Spitaltor)*, puissant bastion du 17e s. englobant deux cours intérieures ovales. En faire le tour en empruntant le profond fossé ou le chemin de ronde sur la droite, mais aussi par l'intérieur des remparts.

L'itinéraire repart sur la Spitalgasse jusqu'à Plönlein. Tourner à gauche, sortir de la ville par la porte de Koboldzell, à droite, et tourner, en arrière et à droite, dans le chemin de promenade qui suit de loin le pied des murailles.

Au fond de la vallée se dresse le viaduc à deux étages sur la Tauber.

Après avoir fait un tour dans le parc du château, aujourd'hui disparu, rentrer dans la ville par la Burgtor.

Au-dessus de la deuxième porte, remarquer le masque grimaçant destiné à l'assaillant, qui risquait de recevoir ici un flot d'huile bouillante.

★ Herrngasse

Le long de cette rue très commerçante *(magasin-musée d'articles de Noël au n° 1)* s'alignent d'anciens hôtels de notables.

Dans l'**église des Franciscains** *(Franziskanerkirche)*, la clôture de bois (jubé) séparant la nef du chœur ainsi que les colonnes et les parois voisines sont décorées de belles sculptures des 15e et 16e s. ; voir aussi, à gauche, au-dessus d'une niche funéraire (enfeu), la Vierge de Creglingen (1400).

De retour dans la Herrngasse, vous pouvez visiter quelques cours, par exemple celle du n° 15 dont la galerie à colombages repose sur des colonnes de bois à bossages.

Prendre la Kirchgasse à gauche après la fontaine circulaire dite des Seigneurs.

★ Église St-Jacques (St-Jakobskirche)

Avr.-oct. : 9h-17h15, déc. : 10h-16h45, nov., janv., mars : 10h-12h, 14h-16h - prospectus en français - 2 € (le prix de l'entrée sert à financer la restauration de l'édifice).

Ses origines remontent à 1311, mais la partie ouest *(sur la gauche)* ne fut achevée qu'en 1471. À l'intérieur, splendide **retable★★** de Tilman Riemenschneider dit du *Saint-Sang* (1504), placé dans le chœur ouest *(monter sur la gauche après l'entrée)*. Le groupe principal, la Cène, est d'une composition originale : Judas, au centre de la représentation, regarde le Christ, qui lui tend du pain. À noter, les vitraux de 17 m (1350-1400) qui illuminent le maître-autel. Sur la place que domine le chœur est de l'église, le bâtiment Renaissance (1593) de l'**ancien collège** *(Altes Gymnasium)* arbore une belle cage d'escalier octogonale.

★ Les fortifications (Stadtmauer)

Élevés aux 13e et 14e s., les remparts et leurs tours sont entièrement conservés, et près des trois quarts du chemin de ronde sont ouverts au public, offrant des promenades très agréables.

Au départ de la Spitaltor, revenir sur ses pas sur la Spitalgasse, et emprunter le chemin de ronde.

Les nombreuses plaques fixées au mur portent les noms des donateurs du monde entier qui, après la Seconde Guerre mondiale, ont financé la restauration de la ville. Le chemin conduit à la **porte Röder** *(Rödertor)*, surmontée d'une tour en bois dans laquelle il est possible de monter, et qui offre un beau point de vue sur la cité *(1,50 € à payer une fois arrivé en haut)*.

LA RASADE DU BOURGMESTRE

L'éperon du Burggarten, position défensive de choix, accueille dès le 12e s. un château impérial érigé par le roi Conrad III. Mais la cité reste encore modeste. Devenue ville libre en 1274, elle s'épanouit, mais un séisme, en 1356, détruit le château impérial (Reichburg) et de nombreuses habitations. L'ambition des notables se porte alors vers l'édification et l'embellissement des monuments publics ou des maisons bourgeoises.

Pendant la guerre de Trente Ans, Rothenbourg, protestante, ne peut résister au siège de l'armée impériale catholique commandée par Tilly et ouvre ses portes aux 40 000 mercenaires victorieux. Après trois mois d'occupation et de pillage, le général est décidé à raser la ville. Là commence la légende : toutes les suppliques ayant échoué, le bourgmestre offre au vainqueur une coupe du meilleur vin du pays. Le miracle se produit : Tilly sent la générosité lui monter au cœur. Il épargnera la cité si un notable parvient à vider d'une seule rasade *(Meistertrunk)* un hanap (3 l 1/4) de ce vin. L'ancien bourgmestre Nusch relève le défi, qu'il réussit ; depuis, tout Rothenbourg participe à une vaste reconstitution de l'événement chaque année à la Pentecôte.

NOS ADRESSES À ROTHENBOURG

HÉBERGEMENT

BUDGET MOYEN

Hornburg – *Hornburgweg 28 - ✆ 09 861 8 480 – www.hotel-hornburg.de - fermé 1 sem. en nov., 24-26 déc. - 10 ch. 78/130 €*. Petit hôtel plein de charme, situé dans une charmante villa *Jugendstil*, avec un beau jardin attenant.

Hotel Rappen – Hors Plan - *Vorm Würzburger Tor 6-10 - ✆ 098 61 95 710 – www.hotel-rappen-rothenburg.com - P - 104 ch. (3 bâtiments) 75/80 €*. Hôtel à deux pas de la vieille ville. Chambres douillettes, à la décoration discrète et soignée.

RESTAURATION

BUDGET MOYEN

Baumeisterhaus – *Obere Schmiedgasse 3 - ✆ 09861 947 00 - www.baumeisterhaus-rothenburg.de - tlj sf mar., fermé janv.-mars et nov. - 18/30 €*. Joyau de la Renaissance construit en 1596 face à l'hôtel de ville. Peintures murales anciennes et cour entourée de galeries à colombages. Bonne cuisine avec grand choix de gâteaux maison.

Altfränkische Weinstube – *Klosterhof 7 - ✆ 098 61 64 04 - www.altfraenkische-weinstube-rothenburg.de - dîner uniquement, fermé mar. de janv. à mars - 19/29 €*. Ce restaurant propose une bonne cuisine traditionnelle dans une vénérable bâtisse âgée de quelque 650 ans.

Reichs-Küchenmeister – *Kirchplatz 8-10 - ✆ 09861 9 700 - www.reichskuechenmeister.com - fermé janv.-mars, lun.-mar. - 19/45 €*. Derrière sa façade moyenâgeuse, cet hôtel abrite un restaurant où l'on sert spécialités franconiennes et cuisine internationale, pour tous les budgets et à toute heure. Jardin agréable à la belle saison.

Zur Höll – *Burggasse 8 - ✆ 098 61 42 29 - www.hoell.rothenburg.de - tlj sf dim. à partir de 17h - fermé le 24 déc. - 19/35 €*. Dans une vieille demeure décorée avec goût, cuisine de saison qui revisite les classiques de la cuisine allemande.

Imposante carte des vins. Essayer de dîner au fond, dans la minuscule cave en pierre voûtée à l'atmosphère toute médiévale. Accueil très sympathique.

POUR SE FAIRE PLAISIR

Die Blaue Sau – *Vorm Würzburger Tor 9 - ✆ 09861 945 430 - www.blauesau.eu - tlj sf dim. de 18h à 22h30 - 33/39 €.* Délicieuse cuisine italienne servie dans des caves voûtées.

PETITE PAUSE

Alter Keller – *Alter Keller 8 - ✆ 09861 22 68 - tlj sf mar. 11h-21h (lun. 11h-17h).* Dans une belle demeure de 1763, petit café-restaurant à l'intérieur plaqué de bois. Agréable terrasse où l'on trouvera un peu de fraîcheur en été, bercé par le gargouillis d'une vieille fontaine.

Café Uhl – *Plönlein 8 - ✆ 09861 4895 - www.hotel-uhl.de.* Des *Schneeballen* délicieuses et une belle carte dans ce salon de thé traditionnel avec terrasse

ACHATS

Schneeballen – Il s'agit d'une pâtisserie traditionnelle de la région faite à base de pâte brisée. À l'origine, les *Schneeballen* (boules de neige) étaient uniquement couvertes de sucre glace ou de cannelle; vous trouverez leur version traditionnelle chez Bäckerei Striffler, au Untere Schmiedgasse 1 ou sur la Kappellenplatz, ou encore au café Uhl.

Käthe Wohlfahrt – *Herrngasse 1 - ✆ 09861 40 90 - www.wohlfahrt.com - tlj 10h-18h (dim. et j. fériés 11h-17h) - à l'étage, musée allemand de Noël (Deutsches Weihnachtsmuseum) : tlj 10h-17h30 (j. fériés 14h ou 17h) - fermé quelques jours en janv. - 4 €.* Spécialiste de la décoration de Noël, cet immense magasin aux allures de parc d'attractions propose de jolies décorations à l'ancienne en bois.

Terich Trumpp – *Obere Schmiedgasse 18 - ✆ 09861 34 78.* Petite charcuterie franconienne pittoresque, aux murs tapissés de délicieuses saucisses à déguster froides.

Nuremberg

Nürnberg

★★

503 640 habitants – Bavière

NOS ADRESSES PAGE 336

S'INFORMER

Office de tourisme – *Hauptmarkt 18 - 90403 Nuremberg - ☎ 0911 23 36 135 - www.tourismus.nuernberg.de - lun.-sam. 9h-18h (mai à oct. dim. 10h-16h), pendant le marché de Noël : lun.-sam. 9h-19h, dim. 10h-19h.*

Nürnberg Info – *Königstr. 93 - ☎ 0911 233 61 35 - lun.-sam. 9h-19h, dim. 10h-16h pendant le marché de Noël.*

Visites guidées – Visites de la ville en français (2h) - *8 € (gratuit enf. -14 ans) - ☎ 0911 23 360 - www.nuernberg-tours.de.*

SE REPÉRER

Carte de région B2 (p. 308) – *cartes Michelin n°s 718 K 11 et 546 AL 51.* Nuremberg est à 166 km au nord de Munich.

À NE PAS MANQUER

Le Musée national germanique, le fameux pain d'épice de la ville *(Nürnberger Lebkuchen)*, les saucisses grillées *(Nürnberger Rostbratwürste)*, le marché de Noël, l'un des plus beaux d'Allemagne.

ORGANISER SON TEMPS

Comptez une demi-journée pour le Musée national germanique. Gardez la visite de l'ancien site des congrès du parti nazi pour la fin (2h-3h).

AVEC LES ENFANTS

Le musée du Jouet.

4

Nuremberg, métropole moderne et capitale de la Franconie, séduit par son riche patrimoine : on pense à Dürer en découvrant, derrière ses remparts et ses portes, des maisons bourgeoises à colombages et à pignons historiés. Son centre médiéval et son caractère typiquement germanique lui valurent d'être choisie comme théâtre des grands rassemblements du Parti national-socialiste, et de subir en retour un déluge de bombardements à la fin de la Seconde Guerre mondiale. Reconstruite avec énergie, Nuremberg est aujourd'hui l'un des principaux centres industriels d'Allemagne du Sud et une capitale culturelle grâce à son Musée national germanique, qui recèle des trésors.

Se promener

★★ LA VIEILLE VILLE

Itinéraire tracé sur le plan (p. 332-333) - comptez 4h sans les musées.

Cette visite commence par un lieu symbolique qui montre l'ampleur des bombardements de 1945 et permet ainsi de mieux mesurer les efforts de reconstruction entrepris par les habitants de Nuremberg.

Ruines de l'église Ste-Catherine (Katharinenkirche) K2

Peter-Vischer-Straße. Cet ancien couvent de dominicaines devint plus tard école de chant des maîtres-chanteurs. Il fut incendié en 1945.
En sortant de l'église, prendre en face l'Oberer Bergauerplatz, puis à gauche la Pfarrgasse.

★ Église St-Laurent (Lorenzkirche) J2

La façade ouest de l'église gothique St-Laurent (13e-14e s.) est ornée d'une magnifique rosace, qui couronne le tympan du portail retraçant la vie de Jésus. L'imposant chœur en « halle » fut ajouté au 15e s. *Entrer par le côté droit.* Dans la nef, admirez deux magnifiques œuvres d'art : *le Crucifix de la poutre de gloire* (1400), et surtout le **Salut de l'Ange★★**, dans le chœur, merveilleuse sculpture sur bois de Veit Stoß (1517-1518) : l'Annonciation faite à Marie par l'archange Gabriel s'inscrit dans une couronne de 55 roses évoquant le chapelet de cinq séries de dix *Ave Maria* et un *Pater*. À gauche du maître-autel se trouve le **tabernacle★★** gothique de A. Krafft (1493-1496) dont les statues évoquent la Passion du Christ. En bas, le sculpteur s'est lui-même représenté grandeur nature supportant la balustrade.
Dans le déambulatoire, attardez-vous devant les magnifiques vitraux colorés, notamment celui de l'Arbre de Jessé (1487) de l'atelier alsacien de Peter Hemmel d'Andlau *(2e à droite en partant du vitrail central).*
En sortant de l'église, emprunter la Königstr. vers le nord – voir la **maison Nassau** *(Nassauer Haus), qui fait l'angle avec la Karolinenstr. et qui représente la forme la plus ancienne de l'habitat nurembourgeois avec sa tour fortifiée.*

Hôtel-Dieu (Heilig-Geist-Spital) J1

L'hôtel-Dieu (14e-15e s.) enjambe, tel un pont supporté par deux voûtes basses, un bras de la Pegnitz. Du côté du Museumsbrücke, un oriel orne la façade. La partie couverte du pont *(accès depuis l'île en amont derrière le bâtiment)*, ou « **cour de la Crucifixion** » en raison du groupe de la Crucifixion d'A. Krafft au nord, présente des arcades de grès surmontées d'une galerie en bois, qui accueillait les personnes âgées.
Continuer tout droit après le pont, pour arriver sur la place Hauptmarkt.

★ Église Notre-Dame (Frauenkirche) J1

Cette église gothique se dresse sur le côté est de la place, à l'emplacement de la synagogue détruite suite à un pogrom en 1349 ; don de Charles IV, elle fut construite de 1350 à 1358. Le pignon orné de niches et de pinacles, dû à A. Krafft (début du 16e s.), couronne la façade, l'une des seules parties d'origine. Le **jacquemart** (automates de l'horloge) au-dessus du balcon date de 1509 : souvenir de l'octroi de la Bulle d'or par Charles IV (1356), l'horloge montre le défilé des sept princes-électeurs devant l'empereur *(tous les jours à midi)*. À l'intérieur, le hall est soutenu par quatre piles massives. Sur le mur gauche se trouve le **tombeau des Peringsdörffer** *(Madone au manteau)* d'A. Krafft (1498).

ADAM KRAFFT

Né à Nuremberg vers 1460, il a marqué de son empreinte toutes les églises de la ville. Le style de ses débuts, caractéristique du gothique tardif, se reconnaît à des figures très expressives aux draperies tumultueuses, enluminées de reliefs décoratifs luxuriants. Il évolua vers davantage de clarté, et ses œuvres tardives, plus monumentales, marquent des poses arrondies et mesurées.

L'AGE D'OR

La ville connaît son apogée aux 15e et 16e s. Carrefour d'axes commerciaux et vitrine de l'artisanat franconien, elle rivalise en importance avec Augsbourg. Le rayonnement particulier de Nuremberg s'est appuyé sur les arts et les sciences : le serrurier Peter Henlein fabrique en 1510 des montres de gousset; les audacieux sculpteurs **Veit Stoß** (vers 1445-1533) et **Adam Krafft** (vers 1460-1508), le fondeur-bronzier de talent **Peter Vischer** (1460-1529), le peintre de nombreux retables **Michael Wolgemut** (1434-1519) et surtout son disciple **Albrecht Dürer** ont profondément marqué l'art allemand. **Hans Sachs** et les *Meistersinger* (maîtres chanteurs) donnent dès le 13e s. un nouvel essor à la poésie allemande; ils inspireront Wagner pour son opéra de 1868, *Les Maîtres chanteurs de Nuremberg*.

L'**autel de Tucher**, dans le chœur décoré de personnages, est un chef-d'œuvre de l'école des peintres de Nuremberg; le triptyque (Crucifixion, Annonciation, Résurrection) date de 1440 environ. Remarquez, à la clef de voûte du chœur, une représentation de Jésus allant à l'école.

Place du Marché (Hauptmarkt) **et Belle Fontaine★** (Schöner Brunnen) J1

L'animation de la place, surtout lors du marché de Noël, cache l'horreur de son origine : le quartier juif qui s'étendait là jusqu'en 1349 fut rasé et ses occupants brûlés. La **fontaine** gothique (14e s.) et ses 40 figures sur quatre étages (copies) domine la place du Marché. Tout en haut de la pyramide (19 m), on reconnaît Moïse et les prophètes, en dessous les sept princes-électeurs et une série de neuf héros : trois antiques, trois juifs et trois chrétiens. Un anneau d'or sans soudure est prisonnier de la grille *(sur la partie supérieure),* où l'aurait placé un apprenti serrurier au 17e s.

Au bout de la place, prendre à droite vers la montée.

Hôtel de ville (Rathaus) J1

La partie la plus ancienne date du 14e s. Visite des cachots et de la chambre des tortures (*Lochgefängnisse*).

Continuer sur la Burgstr. qui mène au Château impérial.

Château impérial (Kaiserburg) J1

✆ 0911 244 65 90 - www.schloesser.bayern.de - visite guidée (1h30) avr.-sept. : 9h-18h; oct.-mars : 10h-16h - fermé 1er janv., 24-25 et 31 déc. - 5 €.

Le château de Nuremberg se dresse sur un rocher de grès au nord de la ville. L'ancien **château des Burgraves** *(Burggrafenburg)*, presque totalement détruit en 1420, a été complété au 12e s. par le **Kaiserburg**, dont l'aspect actuel remonte aux 15e et 16e s. De la cour extérieure et du **donjon** *(Sinwellturm)*, haut de 30 m, **vue★** exceptionnelle sur les toits très pentus et les tours de la vieille ville. Dans la cour voisine, le **puits profond** *(dans le bâtiment)* fut creusé à même la roche jusqu'à 50 m de profondeur. Parmi les bâtiments, voir la **chapelle impériale** dans le Kaiserburg, double chapelle romane avec une galerie qui permettait à l'empereur de voir sa suite assemblée.

Sortir de l'enceinte du Kaiserburg, puis se diriger en contrebas vers la droite.

★ Fortifications HJK1-2

Terminées au milieu du 15e s., elles sont restées pratiquement intactes. L'enceinte intérieure, avec son chemin de ronde couvert, est précédée d'une enceinte extérieure *(Zwingermauer)* devant laquelle s'ouvre un large fossé à sec.

Soixante-sept tours de défense subsistent, parmi lesquelles les quatre **grosses tours** (16e s.) garnies d'une chape de maçonnerie à l'épreuve des boulets et pouvant présenter jusqu'à 6 m d'épaisseur : Frauentor, Spittlertor, Neutor et Laufertor.

La promenade des fortifications offre de jolis points de vue. La partie la plus intéressante se situe entre le Kaiserburg et la Spittlertor *(côté ouest)*. La **promenade** depuis le jardin du château *(Burggarten) (à l'extérieur, en contrebas du Kaiserburg)* mène à la galerie de défense que l'on peut suivre jusqu'au Neutorzwinger *(poursuivre ensuite sur le côté intérieur)*. On traverse la Pegnitz sur la passerelle suspendue à côté des fortifications du pont, avant d'achever la promenade par le côté extérieur (jolie vue sur le château).

Place Tiergärtnertor J1

C'est autour de la pittoresque place Tiergärtnertor que les maisons à colombages ont le moins souffert de la Seconde Guerre mondiale. La statue de St-Georges orne la **maison de Pilate**. Juste en face, de l'autre côté de la place, se trouve la maison de Dürer (15e s.), avec un pignon à auvent.

SE LOGER

Hotel Am Jakobsmarkt 1

Hotel-Restaurant Jägerheim 4

Le Méridien Grand-Hotel 7

SE RESTAURER

Essigbrätlein 1

Historische Bratwurstküche Zum Gulden Stern 4

Quo Vadis 5

Sebald 7

INDEX DES RUES

Museumsbrücke 1

Pfannensschmiedsgasse 3

★ **Maison de Dürer** (Albrecht-Dürer-Haus) J1
Albrecht-Dürer-Straße 39 - ✆ 0911 231 25 68 - www.museen.nuernberg.de - tlj sf lun. 10h-17h (20h jeu.), w.-end 10h-18h - juil.-sept. et marché de Noël : ouvert lun. 10h-17h - fermé 24, 25 et 31 déc. - 5 €.
Dürer l'acquit en 1509 et y vécut jusqu'à sa mort (1528). L'intérieur, sobrement meublé, instruit sur sa vie et son œuvre grâce à des projections, à des démonstrations d'impression de gravures sur une presse d'époque, et à des reproductions de travaux de l'artiste et de ses disciples d'hier et d'aujourd'hui.
Prendre la rue Albrecht-Dürer-Str., en pente, puis la rue Weinmarkt à gauche.

★ **Église St-Sébald** (Sebalduskirche) J1
Cette église à double chœur fut construite au 13e s. et agrandie au 14e s. en l'honneur d'un ecclésiastique de Nuremberg canonisé en 1425. La sobriété de la façade ouest romane contraste avec la masse du chœur est gothique, richement orné de pinacles et de statues.
À l'intérieur, on distingue nettement les éléments romans et ceux du début du

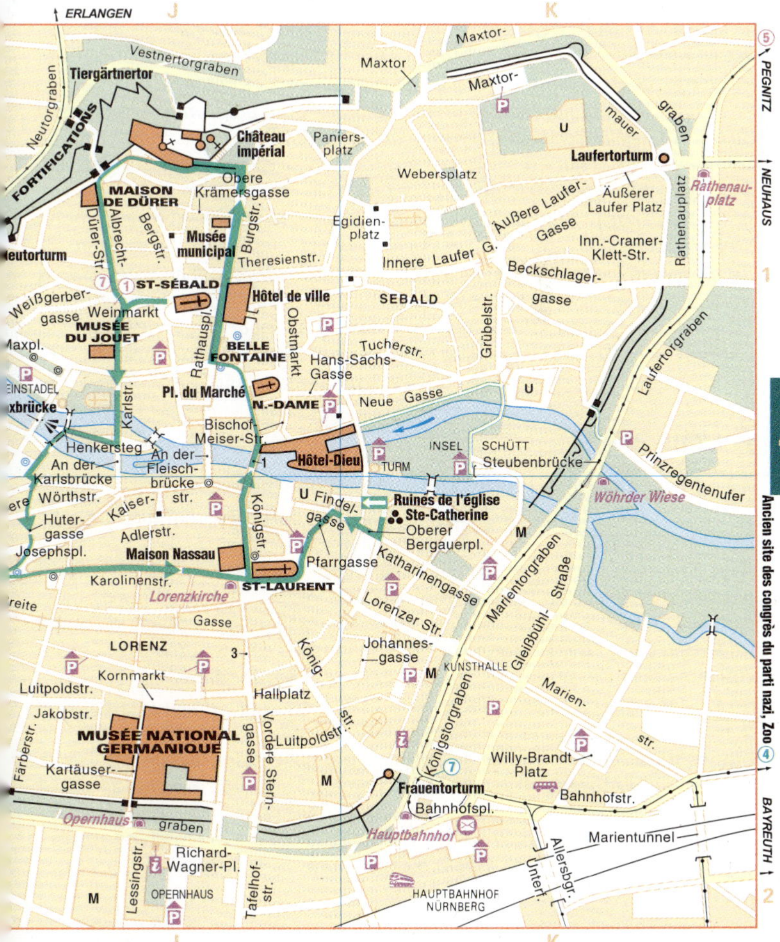

gothique (nefs médiane et latérale, du 13e s.) des éléments de style gothique rayonnant (chœur en « halle » et déambulatoire, du 14e s.).
Au centre, la **cuve baptismale★** gothique richement décorée, avec foyer de chauffage (vers 1430), est le plus ancien ouvrage de bronze fondu à Nuremberg.
Le centre du chœur ouest sert d'écrin au **tombeau de saint Sébald★★**. La châsse gothique se trouve dans un présentoir en laiton de Peter Vischer (1519), supporté par des colimaçons et des dauphins.
Dans le déambulatoire, un bas-relief en grès *(la Cène, le Jardin des Oliviers et l'Arrestation du Christ)* de **Veit Stoß** et de superbes **vitraux** (14e-15e s.).
À l'extérieur, sur le côté du chœur est, A. Krafft a sculpté un admirable bas-relief représentant la Passion et la Résurrection sur le **monument funéraire des Schreyer★**.
En sortant de l'église St-Sébald, prendre tout droit la rue Weinmarkt, puis la deuxième à gauche, la Kalrstr., qui descend.

★ Musée du Jouet (Spielzeugmuseum) J1

Karlstr. 13-15 - ✆ 0911 231 31 64 - www.museen.nuernberg.de - ♿ - mar.-vend. 10h-17h, w.-end 18h, lun. pendant le marché de Noël 10h-17h - fermé 31 déc. et 1er janv. - 5 € (-18 ans 3 €).
Nuremberg fabrique des jouets depuis le Moyen Âge. Jouets anciens et modernes sont rassemblés ici avec un espace pour les enfants.
Poursuivre dans la Karlstraße ; prendre à droite pour emprunter la passerelle du Bourreau (Henkersteg), qui forme un joli ensemble avec la construction à colombages de la halle aux vins (Weinstadel). En face, la Hutergasse mène à la Ludwigsplatz. Prendre à droite jusqu'au pied de la Weisser Turm.
Le **manège conjugal** (H2), fontaine achevée en 1984 par le sculpteur Jürgen Weber, illustre le poème de Hans Sachs : « La vie conjugale douce-amère ».
Revenir par la Breite Gasse ou la Karolinenstr., deux rues commerçantes. Si vous continuez à pied vers le Musée national germanique depuis l'église St-Laurent, arrêtez-vous en chemin entre la Hallplatz et la Königstraße pour admirer le Mauthalle.
Le **Mauthalle** (J2), grenier à blé et à sel construit de 1498 à 1502, servit, à partir de 1572, de bureau de pesage et d'octroi pour la ville impériale.

À voir aussi

★★★ Musée national germanique (Germanisches Nationalmuseum) J2

✆ 0911 1 331-0 - www.gnm.de - ♿ - tlj sf lun. 10h-18h, merc. 10h-21h (gratuit à partir de 18h) - 6 €.
Avec 20 000 pièces exposées sur les millions qu'il possède, le Musée national germanique, fondé en 1852, constitue la plus importante collection d'objets d'art et d'antiquités d'Allemagne. Le centre de la gigantesque collection occupe un ancien cloître de chartreux du 14e s. ; le musée s'est étendu par la suite au couvent voisin des augustins, puis au-delà de la Kartäusergasse.
Au vu de la richesse des collections, il est conseillé de choisir un itinéraire thématique.
Étages supérieurs – La **galerie de peinture** *(premier étage, section B)* présente des œuvres d'**Albrecht Dürer** (portraits de son maître Michael Wolgemut et de Charlemagne), de Hans Baldung Grien (scènes religieuses), Hans Holbein l'Ancien (portraits), Albrecht Altdorfer et Lucas Cranach l'Ancien (portrait de *Martin Luther, Vénus* et *L'Amour piqué par une abeille*). On trouve aussi des

œuvres plus tardives, tel un *Autoportrait* de Rembrandt. Dans la **collection de sculptures**, voir les œuvres de **Veit Stoß** *(L'Archange Raphaël et le jeune Tobie)*, de Tilman Riemenschneider *(Déploration du Christ)* et d'Ignaz Günther. Parmi les innombrables **instruments scientifiques** *(section A)*, citons le **globe terrestre de Behaim** réalisé en 1492-1493 : représentation la plus ancienne de la Terre sous forme sphérique que l'on connaisse. Le musée expose des officines d'apothicaire d'autrefois et des instruments de médecine anciens *(section C)*, une collection de jouets et de maisons de poupée (dont l'une date de 1639), et une autre consacrée au folklore *(section D)* qui surprend par le nombre des costumes et la qualité des habitations paysannes reconstituées.
Rez-de-chaussée – L'impressionnante collection d'objets d'**art sacré du Moyen Âge** *(section C)* illustre les travaux des artisans, des carolingiens au début de la Renaissance. Les **arts décoratifs** sont évoqués par une présentation de verres, de céramiques, de meubles, de textiles et surtout de pièces d'orfèvrerie. Dans la section des **instruments de musique anciens** *(section D)* se trouve la plus grande collection du monde de pianos-forte. Outre une collection d'armes et de matériel de chasse anciens *(section E)*, le musée possède une section consacrée à la **préhistoire** *(section B)*, où trône la **quille en or d'Ezelsdorf**, datant d'environ 1100 av. J.-C. Le cabinet des gravures et le cabinet des monnaies *(section F)* sont d'une exceptionnelle richesse.
Au Musée national germanique est rattaché le **musée des Arts et Métiers** *(section D)* dépendant de la Chambre des métiers de Bavière. Arts décoratifs, créations artisanales et contemporaines illustrent la créativité des artistes de l'Antiquité jusqu'au 20e s.

LE PROCES DE NUREMBERG

C'est Nuremberg, promue par Hitler « capitale idéologique » du IIIe Reich, et où avaient été promulguées en 1935 les lois raciales, que les Alliés choisirent pour y juger, devant un tribunal militaire international, 24 hauts responsables et huit organisations du régime nazi (dont la Gestapo et les SS). Ces hommes étaient accusés de crimes de guerre, de crimes contre la paix et contre l'humanité. Le procès se déroula entre le 20 novembre 1945 et le 1er octobre 1946 au palais de justice au bord de la Fürther Straße, aujourd'hui tribunal de grande instance.

★★ Ancien site des congrès du parti nazi

(Reichsparteigelände, Dokumentationszentrum) Hors plan, vers K2
Bayernstraße 110 (à Luitpoldhain), sortir de Nuremberg par la B4 direction Fischbach. ✆ 0 911 231 56 66 - www.museen.nuernberg.de - ♿ - 9h-18h, w.-end 10h-18h - 5 €, audioguide compris. Compter 2-3h.
Rares sont les villes allemandes à être autant confrontées que Nuremberg à l'héritage historique de l'ère du national-socialisme. Aujourd'hui encore, vous pourrez voir des édifices qui se dressent sur l'ancien site de rassemblement du parti du Reich, témoins de la folie des grandeurs du régime. Le Centre de documentation a ouvert en 2001 sur le site. La modernité de sa muséographie, la diversité des supports, sa richesse et sa qualité pédagogique permettent de comprendre les fondements du parti nazi, son développement, ainsi que l'histoire du site des congrès et de la période nazie de la ville. Une visite passionnante.

NOS ADRESSES À NUREMBERG

TRANSPORTS

Bon à savoir – La ligne de bus 36 sillonne la ville pour faire le tour de ses curiosités.

HÉBERGEMENT

BUDGET MOYEN

Hotel-Restaurant Jägerheim – Hors Plan vers K2 - *Valznerweiherstraße 75 - 90480 Nürnberg-Zerzabelshof - ✆ 0911 94 08 50 - www.hotel-jaegerheim.de - P - 33 ch. 80 €* ☕. Hôtel calme, à proximité de la foire, bien desservi par les transports. Chambres à l'aménagement soigné, équipées d'un mobilier en bois clair. Restaurant traditionnel.

Hotel Am Jakobsmarkt – H2 - *Schottengasse 5 - ✆ 0911 200 70 - www.hotel-am-jakobsmarkt.de - fermé 24 déc.-2 janv. - P - 72 ch. 107/134 €* ☕. Les chambres sont réparties en deux bâtiments : le corps principal et une annexe à colombages que l'on atteint par la cour intérieure – toutes possèdent un équipement fonctionnel et moderne. Le petit-déjeuner est servi dans une agréable salle à la façade en verre.

UNE FOLIE

Le Méridien Grand-Hotel – K2 - *Bahnhofstr. 1 - ✆ 0911 2 32 20 - www.grand-hotel.de - 192 ch. 380/390 € - ☕ 22 €*. Hôtel situé à côté de la gare centrale et à deux pas de la vieille ville. Accueil dans un cadre luxueux et chambres raffinées de style Art nouveau avec salles de bains en marbre et climatisation.

RESTAURATION

Bon à savoir – La spécialité culinaire de la ville est la saucisse grillée, la *Nürnberger Rostbratwurst* que l'on peut déguster dans les échoppes du centre-ville (souvent selon la formule *Drei im Weckla* : trois saucisses dans un petit pain), mais aussi dans la plupart des restaurants qui servent une cuisine traditionnelle.

PREMIER PRIX

Historische Bratwurstküche Zum Gulden Stern – H2 - *Zirkelschmiedsgasse 26 - ✆ 0911 205 92 88 - www.bratwurstkueche.de - 14/27 €*. Cette maison historique de 1419 est la plus vieille *Bratwurstküche*. Bois et décor champêtre confèrent au lieu son caractère. Dégustez la saucisse de Nuremberg, grillée au bois de hêtre, avec une délicieuse choucroute ou une salade de pommes de terre traditionnelle.

Quo Vadis – Hors Plan vers K1 - *Elbinger Straße 28 - ✆ 0911 51 55 53 - www.ristorante-quovadis.de - tlj sf lun. - 25/36 €*. Délicieuse cuisine italienne servie dans une ambiance méditerranéenne rustique.

POUR SE FAIRE PLAISIR

Sebald – J1 - *Weinmarkt 14 - ✆ 09 101 38 13 03 - www.restaurant-sebald.de - tlj à partir de 11h - 28/50 €*. Charmante maison de la vieille ville abritant un bistrot et un restaurant au décor moderne. Des murs en marbre jaune et des tons chauds évoquent la Toscane. Cuisine internationale raffinée.

UNE FOLIE

Essigbrätlein – J1 - *Weinmarkt 3 - fermé 24 déc.-6 janv., 2 sem. en août et dim.-lun. - ✆ 0911 22 51 31 - 84/99 €*. Parfum de nostalgie dans cette auberge de 1550, dans son état d'origine et installée dans un ancien bâtiment en grès franconien. Andree Koethe vous servira des plats de sa composition.

PETITE PAUSE

Konditorei-Café Beer – *Breite Gasse 79 - ✆ 0911 2 30 84 20 - www.cafebeer.de - lun.-sam. 8h30-19h.* Salon de thé classique avec terrasse dans l'une des rues les plus commerçantes de la ville. Les pièces montées sont la spécialité de cette pâtisserie-confiserie fondée en 1864 et toujours dirigée par la même famille.

ACHATS

Bon à savoir – Les rues commerçantes les plus actives de la ville où trouver grands magasins et variété de boutiques spécialisées sont Karolinenstr., Breite Gasse et Königstr. Pour ramener un petit cadeau, pensez aux *Lebkuchen*, les pains d'épice, qui traditionnellement étaient fabriqués lors de l'Avent et sont aujourd'hui disponibles toute l'année – souvent emballés dans de jolies boîtes en métal (voir magasin Lebkuchen Schmidt à l'angle sud-est du Hauptmarkt/ Plobenhofstr. 6).

La cour des artisans (Handwerkerhof) – *Königstor (face à la gare centrale ; près de Frauentorturm) - ✆ 0911 988 33 590 - www.handwerkerhof.de - mi-mars-déc. : boutiques : lun.-vend. 10h-18h30, sam. 10h-16h ; rest. : lun.-sam. 10h30-22h.* Cour pittoresque entourée de remparts comportant à la fois petites boutiques d'artisanat et restaurants traditionnels.

EN SOIRÉE

Bon à savoir – Pour le programme des manifestations, se procurer les magazines *Plärrer* ou *Prinz* dans les librairies et les kiosques à journaux de la ville. Distribution gratuite du calendrier mensuel *Doppelpunkt* dans les bars, cinémas et boutiques. *www.kubiss.de, www.events-nuernberg.de, www.congressing.de*

Altstadthof - Braustüberl « Schwarzer Bauer » – *Bergstr. 19-21 - ✆ 0911 2 44 98 59 - www.altstadthof.de - 11h-1h (terrasse jusqu'à 22h).* Différentes sortes de bières brassées sur place (selon des recettes traditionnelles) et eaux-de-vie faites maison.
À déguster dans la petite salle, dans le *Biergarten*.

AGENDA

Bardentreffen (Rencontres des bardes) – *Le 1er w.-end des vacances d'été (fin juil., déb. août).* Festival de musiques du monde le plus important d'Allemagne. Dans la vieille ville, 7 scènes en plein air.

Klassik Open Air – *Juil.-août.* Festival grandiose de musique classique rassemblant, depuis 2000, 50 000 participants.

Rock im Park – *En juin, à Luitpoldhain, à l'extérieur de Nuremberg.* Festival de rock accueillant des « pointures » sur plusieurs scènes, pendant 3 jours.

Marché de Noël *(Christkindlesmarkt)* – Du vend. précédant le 1er dim. de l'Avent à la veille de Noël, sur la Hauptmarkt.

Bamberg

★★

69 990 habitants – Bavière

NOS ADRESSES PAGE 344

S'INFORMER

Office de tourisme – *Geyerswörthstraße 5 - ☏ 0951 2976-200 à 204 - www.bamberg.info (infos en français) - 9h30-18h, sam. 16h, dim. et j. fériés 14h30.*

SE REPÉRER

Carte de région B1 (p. 308) – *cartes Michelin n°s 718 J 10 et 546 AH 48.* À 60 km au nord de Nuremberg par l'A 73.

À NE PAS MANQUER

La vue sur la « petite Venise » depuis le pont de la Regnitz ; à Noël, le parcours des crèches ; les spécialités locales : les carpes *(Karpen)*, les saucisses franconiennes et la « bière fumée » *(Rauchbier)*.

ORGANISER SON TEMPS

Une demi-journée pour découvrir la vieille ville (beaucoup d'escaliers !).

Du passé glorieux de Bamberg émane toujours une incontestable magie. Inscrite au Patrimoine mondial de l'Unesco, cette ville construite sur sept collines est née au Moyen Âge. Transformée aux 17e et 18e s. en cité baroque par les princes-évêques et épargnée par les bombardements de la Seconde Guerre mondiale, elle compte aujourd'hui près de 2 300 monuments historiques. Les églises médiévales côtoient des maisons bourgeoises de style baroque et des édifices monumentaux. Sur l'une des collines, vous découvrirez la ville haute, le centre ancien avec ses petites rues bordées d'antiquaires et sa cathédrale impériale aux quatre clochers qui constitue encore le cœur de la cité et le plus important chef-d'œuvre architectural de la région.

Découvrir

★★ CATHÉDRALE (Kaiserdom) Plan de la cathédrale

La cathédrale St-Pierre et St-Georges, achevée en 1237, appartient au style romano-gothique de transition et se caractérise par ses deux absides : la plus ancienne *(sur l'avancée)* s'orne d'une fine balustrade et de corniches travaillées en damier ; l'autre *(à l'arrière, non visible)* est entièrement gothique. Quatre tours élancées flanquent les deux chœurs. Ce plan, hérité d'un ancien édifice ottonien *(voir chapitre « Art et architecture »)*, matérialise la réticence des puissantes institutions ecclésiastiques de l'Empire face aux innovations du gothique français.

S'ouvrant sur la Domplatz, le **portail des Princes** *(Fürstenportal)*, le plus beau de la cathédrale, compte dix voussures cannelées venant s'appuyer sur des colonnes alternées avec des statues représentant les prophètes portant les apôtres sur leurs épaules. On pénètre dans l'édifice par le portail d'Adam, à la décoration en pointes de diamant et dents de scie (les statues qui l'ornaient sont au **Musée diocésain**). Au fil de l'avancée apparaît l'évolution du roman au gothique. Deux chœurs, fortement surélevés, encadrent une nef dont les murs dépourvus de galeries trahissent le conservatisme du style. Sous chacun des chœurs s'ouvre une crypte : la première *(près de l'entrée)* comporte trois nefs aux vastes proportions ; la seconde *(au fond de l'église)*, réalisée à l'époque de l'empereur Henri II, sert de sépulture aux archevêques de Bamberg.

Parmi les chefs-d'œuvre de la sculpture gothique allemande abrités par l'église :

1) Statue équestre du **cavalier de Bamberg★★★** *(Bamberger Reiter)*, du 13e s., qui représenterait saint Étienne (969-1038), premier souverain de Hongrie et beau-frère d'Henri II.

2) Célèbre **groupe de la Visitation** (remarquez le visage de sainte Élisabeth à droite de la statue centrale de Marie). Ce groupe est, comme le cavalier de Bamberg, l'œuvre d'un artiste fortement influencé par l'école française, en particulier celle de Reims.

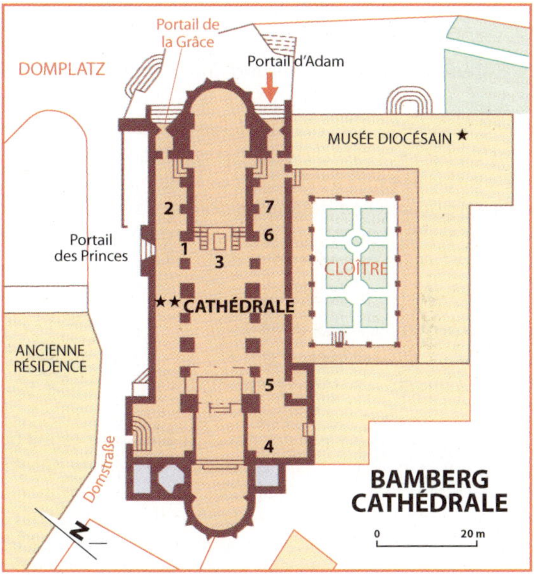

3) À l'entrée du chœur, **tombeau★★★** de Henri II le Saint et de son épouse Cunégonde *(St. Heinrichs-Grab)*. L'œuvre nécessita quatorze années de travail à T. Riemenschneider.

En faisant le tour du tombeau *(par la droite)*, on reconnaît les scènes suivantes : ordalie de Cunégonde, lavée par le feu du soupçon d'adultère ; rétribution, par Cunégonde, d'ouvriers à l'église St-Stéphane ; mort de l'empereur Henri II ; pesée de l'âme d'Henri II en présence de saint Laurent ; l'empereur guéri de la pierre par saint Benoît.

4) **Retable de la Nativité★** (1523) par le sculpteur Veit Stoß.

5) Statue funéraire d'évêque.

6) Statue représentant l'Église.

7) Admirable statue de la Synagogue, au regard voilé.

Se promener

LA VIEILLE VILLE

Itinéraire tracé sur le plan (p. 342) - comptez 2h. Partir du pont Obere Brücke qui relie la vieille ville au centre-ville moderne.

★ Ancien hôtel de ville (Altes Rathaus) B2

Collection Ludwig - tlj sf lun. 9h30-16h30 - 3,50 €.

Érigé au 14e s. sur un minuscule îlot artificiel de la Regnitz, à la frontière entre ville bourgeoise et ville épiscopale, cet édifice fut transformé au 18e s. Il comprend à gauche l'hôtel de ville lui-même, aux façades peintes de fresques, une porte à voûte gothique à cheval sur le pont, surmontée d'un balcon rococo, et la Rottmeisterhaus, maison à colombages en équilibre sur un avant-bec du pont. *Monter par la Karolinenstr. jusqu'à la Domplatz, encadrée par la cathédrale, la Nouvelle Résidence et l'Ancienne Résidence. Quelques détours par les rues attenantes, notamment du côté de la Judenstraße, vous dévoileront de belles façades (palais Böttingerhaus, n° 14) et, aux angles des maisons, des statues de la Vierge.*

Ancienne Résidence (Alte Hofhaltung) B2

Musée historique - tlj sf lun. 9h-17h - 3,50 €.

La cour ferme à la tombée de la nuit. L'ancien palais épiscopal fut édifié sur les fondations du palais impérial des 10e-11e s. Sa façade à pignons sculptés, oriel, tourelle d'angle et son portail datent de la Renaissance. La très jolie **cour intérieure★★** est entourée de bâtiments gothiques à colombages, aux toits en forte pente et aux très pittoresques galeries de bois. Elle abrite le **Musée historique** (art et culture dans l'histoire de la ville).

Traverser la place.

Nouvelle Résidence (Neue Residenz) B2

✆ 0951 51 93 90 - www.schloesser.bayern.de - visite guidée (45mn) avr.-sept. : 9h-18h ; oct.-mars : 10h-16h - fermé 1er janv., 20 fév. (Mar. gras), 24-25 et 31 déc. - 4,50 €.

La Nouvelle Résidence, le plus vaste des palais de Bamberg, réunit quatre corps de bâtiments : deux corps Renaissance le long de l'Obere Karolinenstraße, construits au début du 17e s., et deux ailes baroques, encadrant la Domplatz, entreprises en 1695 par Léonard Dientzenhofer pour Lothar Franz von Schönborn, prince-électeur de Mayence et prince-évêque de Bamberg.

Au 1er étage, le musée expose sa collection de peintures, avec des œuvres de maîtres allemands (maître de la Vie de la Vierge, Hans Baldung Grien, etc.).

Au 2e étage, les **appartements impériaux**. Voir en particulier la **salle des Empereurs** *(Kaisersaal)*, ornée de fresques allégoriques et de portraits.

De la roseraie du palais, belle **vue★** sur la ville.

LES CRÈCHES DE BAMBERG

Ce sont des jésuites qui, les premiers, dressèrent une crèche à Bamberg, au 17e s. La ville a gardé depuis une tradition d'exposition de crèches sur les places publiques, dans les églises ou les musées, du premier samedi de l'Avent jusqu'au 6 janvier (vous en verrez encore dans les églises et les musées au mois de février). Près de 35 crèches sont réparties dans la ville. On les découvre en suivant le « chemin des crèches » *(Krippenweg)*. Plan et brochures disponibles auprès de l'office de tourisme.

Bamberg et sa cathédrale aux quatre tours élancées.
Frank - Fotolia

En sortant de la Nouvelle Résidence, prendre à droite l'Obere Karolinenstr.

Abbaye St-Michel (Kloster St-Michael) B1

Franziskanergasse 2 - tlj 9h-18h, en dehors de l'office du dim., à 10h.

Sur la colline Michaelsberg se trouve l'ancienne abbaye bénédictine, construite en 1015 à la demande d'Henri II, remaniée en style postgothique après l'incendie de 1610, puis en baroque au 18e s. sous la direction des frères Dientzenhofer. Admirez les fresques du plafond, « herbarium divin » ou « jardin du ciel » avec ses 578 fleurs et plantes. De la terrasse derrière l'église, vue magnifique sur la ville.

Musée franconien de la Brasserie (Fränkisches Brauereimuseum) B2

✆ 0951 530 16 - www.brauereimuseum.de - avr.-oct : tlj sf lun. et mar. 13h-17h - 3 €.

4

Avec ses dix brasseries, Bamberg est la capitale de la bière en Franconie. Ce musée en présente les outils et les processus de fabrication.

À travers les jardins en terrasse, redescendre vers la ville. Au pied de la Nouvelle Résidence, rejoindre la Dominikanerstr. qui conduit au pont Untere Brücke.

De l'**Untere Brücke**, pont jeté à la pointe aval de l'île, belle vue★ sur les maisons à colombages du quartier des pêcheurs des bords de la Regnitz, surnommé la « petite Venise » *(Klein Venedig)* par le roi de Bavière Maximilien II. Avec leurs balcons et leurs minuscules jardins auxquels sont amarrées des barques, ces maisons constituent un ensemble romantique et offrent, tous les ans en août, un décor féerique à la grande fête populaire *Sandkerwa* avec sa nuit italienne, lors de laquelle ont lieu des joutes nautiques à bord de gondoles.

La maison E.T.A Hoffmann C2

Schillerplatz 26. Mai-oct. : tlj sf lun. 15h-17h, w.-end 10h-12h.

Maison de l'écrivain et compositeur romantique, **Ernst Theodor Amadeus Hoffmann**, rendu célèbre par ses contes et romans qui ont inspiré de nombreux artistes européens. Certaines pièces de la maison, où il vécut entre 1809 et 1813, ont conservé des meubles d'époque. Ailleurs sont rassemblées des informations sur l'auteur et son œuvre.

À proximité Carte de région B1

★★ **Église des Quatorze-Saints** (Wallfahrtskirche Vierzehnheiligen)
30 km au nord-est (Bad Staffelstein).
www. vierzehnheiligen.de - été : tlj 6h30-18h30 ; hiver : tlj 7h30-17h30.
Chef-d'œuvre de l'architecture baroque construit en 1772, l'église magnifiquement décorée est consacrée aux saints intercesseurs. Située au pied du mont Staffelberg, face à l'abbaye de Banz, dans la région supérieure du Main, dénommée en Bavière le « Jardin de Dieu », elle accueille de nombreux pèlerins sur le chemin de Compostelle.

Le pèlerinage – En 1445 et 1446, un pâtre est favorisé, en ce lieu, de plusieurs apparitions, dont la dernière est identifiée comme celle de l'Enfant Jésus parmi les « quatorze intercesseurs ». Le culte de cette pieuse cohorte de saints, vivement préconisé alors par les dominicains et les cisterciens d'Allemagne, doit être replacé dans l'atmosphère mystique du début du 15e s., durant lequel les visions sont nombreuses. Restée longtemps vivace parmi le peuple, cette dévotion envers les saints secourables entraîne la foule des pèlerins vers

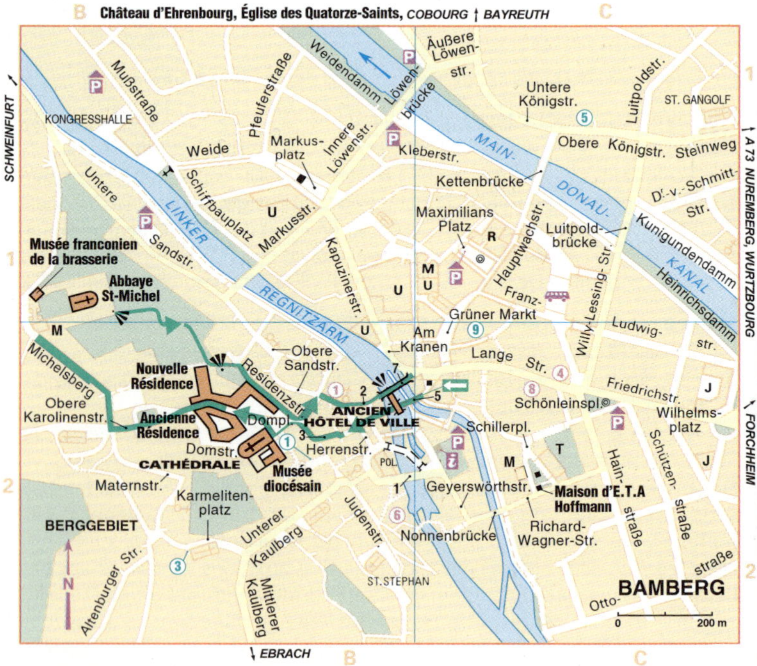

SE LOGER	SE RESTAURER	INDEX DES RUES
Arkaden Hotel im Kloster....(3)	Brauerei Klosterbräu....(6)	Bischofsmühlbrücke....1
Barockhotel am Dom....(1)	Gasthaus Zum Sternla....(8)	Dominikanerstraße....2
Brasserie Fässla....(5)	Historischer Brauereiausschank Schlenkerla....(1)	Karolinenstraße....3
Wilde Rose....(9)	Romantik Hotel Weinhaus Messerschmitt....(4)	Obere Brücke....5
		Untere Brücke....7

une chapelle qui, au 18e s., fait place à une somptueuse église rococo.

★★ **L'église** – Construite de 1743 à 1772 en belle pierre ocre, elle dresse une façade encadrée de tours à bulbe remarquablement hautes pour un édifice baroque. Le fronton brisé est surmonté de statues, jadis dorées, figurant le Christ entre celles de la Foi et de la Charité.

Intérieur – L'organisation architecturale de l'espace est déterminée par une succession de trois travées de plan ovale encadrées de colonnades et couvertes de calottes surbaissées.

La précieuse décoration rococo du sanctuaire surprendra les visiteurs par ses raffinements et son élégance ; remarquer en particulier la fraîcheur des peintures des coupoles, la légèreté des stucs, la richesse des rechampis d'or (ornements ressortant du fond pour souligner les boiseries des tribunes) et la grâce des *putti* (angelots représentant l'Amour) qui surmontent les confessionnaux ou les corniches.

★★ **Autel des Intercesseurs** (Nothelfer-Altar) – Tout en courbes et en contre-courbes, cette construction rococo pyramidale à baldaquin ajouré (1764) fut exécutée par des stucateurs de l'école de Wessobrunn. Elle occupe l'emplacement des apparitions et ses statues représentent les fameux intercesseurs :

Balustrade : 1) Saint Denis. – 2) Saint Blaise. – 3) Saint Érasme. – 4) Saint Cyriaque (délivré du démon à la dernière heure).

Niches d'autel : 5) Sainte Catherine d'Alexandrie, patronne des érudits, des étudiants et des filles à marier. – 6) Sainte Barbe, patronne des mineurs, des artilleurs et des prisonniers.

Contreforts : 7) Saint Acace (angoisses de la mort). – 8) Saint Gilles, le seul intercesseur non martyr. – 9) Saint Eustache (converti par l'apparition d'un cerf portant une croix entre ses branches). – 10) Saint Christophe, patron des voyageurs.

Sommet du baldaquin : 11) Saint Guy (épilepsie). – 12) Sainte Marguerite (intercède pour le pardon des péchés). – 13) Saint Georges, patron des paysans et de leurs biens. – 14) Saint Pantaléon.

Les amateurs de prises de vue originales monteront sur les pentes dominant l'église. Ils verront alors apparaître l'abbaye de Banz encadrée par ses tours, dans le prolongement de la ligne de faîte du toit.

★ Cobourg (Coburg)

46 km au nord.

Dominée par une citadelle imposante, Cobourg surprend surtout par les belles façades qui cernent la place du Marché *(Marktplatz)* et par le **lycée Casimir★** *(Gymnasium Casimirianum, face à l'église St-Maurice)*, de 1605.

La forteresse (Veste Coburg) – *095 61 879 79 - www.kunstsammlungen-coburg.de - avr.-oct. : tlj 9h30-17h ; nov.-mars : tlj sf lun. 13h-16h - fermé Mar. gras, 24, 25 et 31 déc. - 3,30 €.* C'est l'une des plus grosses forteresses d'Allemagne, avec triple enceinte fortifiée. Sa fondation remonte au 12e s., mais l'ensemble actuel date du 16e s. et de l'époque de Jean-Casimir, premier duc de Saxe-Cobourg. Le musée possède des **collections d'art★** *(Kunstsammlungen)* d'envergure européenne, dont des tableaux d'Albrecht Dürer et de Lucas Cranach.

Château d'Ehrenbourg (Schloss Ehrenburg) – *09 561 80 88 32 - www.sgv-*

coburg.de - visite guidée avr.-sept. : tlj sf lun. ttes les heures 9h-17h ; oct.-mars : tlj sf lun. ttes les heures 10h-15h - 4 € (-18 ans gratuit). Ce fut la résidence des ducs de Cobourg de 1547 à 1918. L'intérieur porte la marque du baroque bien que la façade sur la place du château *(Schlossplatz)* ait été remaniée dans le style néogothique. Salles d'apparat dotées de meubles Empire et Biedermeier. Galerie de peintures (maîtres allemands et néerlandais).

NOS ADRESSES À BAMBERG

TRANSPORTS-VISITES

La « **Bamberg card** » (9 €), valable 3 jours, donne accès aux musées et aux bus de la ville.

Visite guidée de Bamberg et des 7 collines – *Dép. ttes les heures, avr.-oct. 10h-20h, place de la Cathédrale - 8 €, 6-12 ans 3 €.*

HÉBERGEMENT

BUDGET MOYEN

Brasserie Fässla – C1 - *Obere Königstraße - ✆ 0951 26516 - faessla@t-online.de - 26 ch. 60/70 €* ☕. Chambres simples et correctes.

Arkaden Hotel im Kloster – B2 - *Karmelitenplatz (entrée rue derrière l'église) - ✆ 0951 509 8410 - www.arkadenhotel-im-kloster.de - 23 ch. 79 € - ☕ 5 €.* Très bel hôtel, calme, situé près de la ville historique. Un bon rapport qualité-prix.

Wilde Rose – C2 - *Kesselerstraße (zone piétonne) - ✆ 0951 981820 - www.hotel-wilderose.de - 29 ch. - 98 €.* ☕. Situé en plein cœur de la ville.

Barockhotel am Dom – B2 - *Vorderer Bach 4 (zone piétonne) - ✆ 0951 54031 - www.barockhotel.de - fermé fév. et 24-27 déc. - ♿ - 19 ch. 99 €* ☕. Établissement de 1520 avec une élégante façade baroque, à proximité immédiate de la cathédrale. Très convivial. Petit-déjeuner servi le matin sous une voûte gothique.

RESTAURATION

PREMIER PRIX

Gasthaus Zum Sternla – C2 - *Lange Straße 46 - ✆ 0951 287 50 - www.sternla.de - 10h-23h - 💳 - 13/19 €.* Une des plus anciennes auberges typiques de Bamberg, avec petit jardin en plein cœur de la ville. Spécialités franconiennes.

Brauerei Klosterbräu – B2 - *Oberer Mühmbrücke 1-3 - ✆ 0951 522 65 - www.klosterbraeu.de - 10h30-22h - 💳 - 11 €.* Brasserie de spécialités franconiennes, nichée dans le quartier historique des moulins à eau.

Historischer Brauereiausschank Schlenkerla – B2 - *Dominikanerstraße 6 - ✆ 0951 560 60 - www.schlenkerla.de - tlj sf mar. 9h30-23h30 - 💳 - 14 €.* Dans ce beau bâtiment à colombages, au pied de la cathédrale, spécialités franconiennes et bière fumée *(Rauchbier)* brassée sur place.

BUDGET MOYEN

Romantik Hotel Weinhaus Messerschmitt – C2 - *Lange Straße 41 - ✆ 0951 297 800 - www.hotel-messerschmitt.de - 11h-23h30 - menus 34/58 €.* Hôtel-restaurant, belle maison, terrasse sur cour avec fontaine.

PETITE PAUSE

Teegiesserei – *Pfahlplätzchen 2 - ✆ 0951 297 2595 – www.teegiesserei.de - tlj sf lun. 11h-19h, dim. et j. fériés 14h-19h.* Dans un salon de thé aménagé en coins et recoins, belle carte de thés, cafés, chocolats, et gâteaux du jour ou en-cas salés faits maison.
Café im Rosengarten – *Domplatz (dans la Neue Residenz) - ✆ 0951 98 04 00 - de Pâques à mi-oct. : 10h-18h.* Dans le petit pavillon ou sur la terrasse de la roseraie, friandises de la pâtisserie-confiserie Graupner dont la maison mère se trouve sur Lange Str. 9.
Dans les « **Bierkeller** », vous pouvez déguster une bière ou bien vous restaurer pour moins de 10 € (*carte bancaire non acceptée*).
Spezial-Keller – *Sternwarstraße 8 - tlj sf lun.* Vue splendide sur la ville et ses clochers.
Brauerei Greiffenklau – *Laurenziplatz 20 - tlj sf lun. 11h30-23h, dim. 10h30-14h.* Jardin avec belle vue sur le Altenburg.

Bayreuth

★

72 940 habitants – Bavière

NOS ADRESSES PAGE 351

S'INFORMER
Office de tourisme – *Opernstraße 22 - 95444 Bayreuth - ✆ 0921 885 88 - www.bayreuth-tourismus.de - lun.-vend. 9h-18h et de mai à oct. w.-end 10h-14h.*

SE REPÉRER
Carte de région B1 (p. 308) – *cartes Michelin nos 718 K 10 et 546 AN 47.*
Bayreuth est à 240 km au nord de Munich et à 360 km au sud de Berlin.

À NE PAS MANQUER
L'opéra des Margraves, le château Neuf, le parc du château de l'Ermitage, le Palais des festivals.

Connue mondialement pour son festival wagnérien, Bayreuth attire chaque été des passionnés du « Ring ». Aujourd'hui, le chef-lieu de la Haute-Franconie est également devenu une importante ville universitaire et un centre économique de référence en matière de haute technologie. La proximité de la Suisse franconienne en fait aussi un point de départ idéal pour des excursions, à pied ou en voiture.

UNE MÉCÈNE AU 18e SIÈCLE

Fille du roi de Prusse Frédéric-Guillaume Ier, la princesse **Wilhelmine** devait devenir reine d'Angleterre par le jeu des mariages entre grandes familles. Mais l'affaire traîne, et elle est contrainte par son père d'épouser le margrave Frédéric de Brandebourg-Bayreuth. La princesse est l'une des femmes les plus intelligentes et les plus sensibles du 18e s. ; elle s'entoure des esprits les plus cultivés de son époque, parmi lesquels Voltaire qui fut souvent son hôte. Sa vie (1709-1758) marque la période la plus brillante de l'histoire de la ville, jusqu'alors assez paisible. Artiste de talent, écrivain, compositeur et mécène, elle donne l'essor au « rococo de Bayreuth », forme très personnelle et originale du style de l'époque, où la décoration se garnit de fleurs et de guirlandes.

Découvrir

Se reporter au plan ci-contre.

Palais des festivals (Festspielhaus) Hors plan vers 1

Festspielhügel 1-2 (accès par la Karl-Marx-Straße) - ✆ 0 921 78 780 – www.bayreuther-festspiele.de - visite guidée à 10h, 11h, 14h et 15h ; à 10h et 14h de nov. à avr. ; fermé lun., les j. de répétition et en nov. ; pendant le festival (fin juil.-déb. août) seulement le matin en fonction des possibilités (téléphoner) - 5 €.

Le Palais des festivals sur la *Grüner Hügel* (colline verte) est, aujourd'hui encore, l'une des scènes d'opéra les plus prestigieuses au monde. Il a été spécialement conçu par Richard Wagner lui-même. Financé par Louis II de Bavière et inauguré en 1876, ce théâtre devait être temporaire, comme l'atteste sa structure de brique et de bois. L'édifice apporte des changements révolutionnaires : le public ne voit plus l'orchestre, dissimulé sous la scène, et peut se concentrer entièrement sur le spectacle ; par ailleurs, dans un souci d'égalité entre spectateurs, la salle est organisée en amphithéâtre. Plus de loges et de théâtre à l'italienne. De cette conception et des matériaux résulte une acoustique exceptionnelle. Ses sièges de bois sont célèbres pour leur inconfort, une particularité du Festival !

★ **Opéra des Margraves** (Markgräfliches Opernhaus) 1

Opernstraße 14 - ✆ 0921 759 69 22 - www.schloesser.bayern.de - ♿ - visite guidée (45mn) avr.-sept. : 9h-18h ; oct.-mars : 10h-16h - fermé 1er janv., 24-25 et 31 déc. - 5,50 €.

Théâtre baroque le plus beau et le mieux conservé d'Europe, cet opéra a été édifié en 1748 à la demande de la princesse Wilhelmine de Prusse pour accueil-

LE FESTIVAL DE BAYREUTH

Du 25 juillet au 28 août, Bayreuth vit au rythme de Wagner. Les 60 000 places disponibles sont réservées jusqu'à sept ans à l'avance, et les réservations se font uniquement par courrier *(adresse ci-dessous)*. Tarifs variables d'une année à l'autre mais comparables à une place d'opéra classique. Pendant le festival, quelques tickets retournés sont vendus le jour de la représentation, mais la queue commence à 6h du matin…

Bayreuther Festspiele – *Kartenbüro - Postfach 100262 - 95402 Bayreuth - informations (en allemand) sur www.bayreuth-festspiele.de*

lir les opéras et les ballets de la troupe qu'elle entretenait. On ne soupçonne pas la richesse de la décoration intérieure derrière la sévère façade, enclavée entre des maisons bourgeoises du 18e s. Pourtant, cet opéra demeura le plus grand d'Allemagne jusqu'en 1871. La scène et l'avant-scène forment un ensemble plus profond que le parterre. Dépourvu de sièges, celui-ci était à l'origine réservé à la danse.

L'**ornementation**, due à Giuseppe Galli Bibiena, brillant décorateur bolonais de l'époque, est d'une richesse exubérante. Les tons rouges, verts et bruns s'harmonisent avec les nombreux stucs dorés qui s'enroulent autour des colonnes, entourent les médaillons et les chandeliers, surplombant chaque loge.

SE LOGER

Goldener Anker .... ①
Grunau Hotel .... ④

SE RESTAURER

Bayerischer Hof .... ②
Bürgerreuth Ristorante .... ③
Oskar - Das Wirtshaus am Markt .... ①
Zur Sudpfanne .... ④

WAGNER ET LE FESTIVAL

Attiré à Bayreuth par la renommée de l'opéra qu'avait fait construire la princesse Wilhelmine, **Wagner** s'y installe en 1872 avec sa femme Cosima, fille du Hongrois Franz Liszt. En dix ans, l'auteur et compositeur de *Parsifal* et de *L'Anneau du Nibelung* établit les conditions les plus propices à la représentation de ses œuvres. Il fait construire un deuxième opéra, le **Palais des festivals** *(Festspielhaus)*, financé par son protecteur Louis II; sa conception est à l'époque une révolution tant par la place donnée aux spectateurs que pour son acoustique hors du commun. C'est ici que Wagner fait donner le premier festival de ses œuvres lyriques en 1876. Après sa disparition en 1883, la tradition se poursuit sous la direction de Cosima puis de ses descendants, jusqu'à aujourd'hui avec Eva et Katharina Wagner, ses arrière-petites-filles.

En 1945, la ville paya très cher le rôle qu'elle avait joué au cours du IIIe Reich en recevant régulièrement Adolf Hitler. Pendant les dernières semaines de la guerre, elle fut lourdement bombardée.

Château Neuf (Neues Schloss) 2

Ludwigstraße 21 - ✆ 0921 759 69 0 - www.schloesser.bayern.de - ♿ - avr.-sept. : 9h-18h ; oct.-mars : tlj sf lun. 10h-16h - fermé 1er janv., 24-25 et 31 déc. - 5,50 €.

Wilhelmine, voulant faire de Bayreuth un autre Potsdam, fit construire le château Neuf en 1753-1754. La décoration des **appartements★** doit son charme au rococo fleuri et léger cher à la princesse. Elle fit appel au stucateur Pedrozzi et inspira notamment l'ornementation du cabinet des Glaces, de la chambre japonaise et de l'ancien salon de musique.

Le rez-de-chaussée de l'aile nord abrite le **musée des Faïences de Bayreuth** *(Museum Bayreuther Fayencen)*.

★ Musée Richard-Wagner 2

Richard Wagner Straße 48 - ✆ 0921 757 28 0 - www.wagnermuseum.de - en travaux jusqu'à 2013 au moins.

La **villa Wahnfried** (la Paix suprême), que le maître habita à partir de 1874, appartint à sa famille jusqu'en 1966. Seule la façade est d'origine. Elle attire des amateurs de Wagner du monde entier. Les collections évoquent la vie et l'œuvre du compositeur, ainsi que l'histoire du festival.

Dans le jardin reposent Richard et Cosima Wagner, son épouse. La tombe du grand ami et beau-père, Liszt, mort au cours de l'un des premiers festivals (1886), se trouve pour sa part au cimetière (Stadtfriedhof – *accès par l'Erlanger Straße*).

Musée Franz-Liszt 2

Wahnfriedstraße 9 - ✆ 0921 5166 488 - www.bayreuth.de - sept.-juin : tlj 10h-12h, 14h-17h ; juil.-août : 10h-17h, fermé 24-25 déc. - 2 €.

La maison dans laquelle le pianiste virtuose passa la fin de son existence est devenue un musée consacré à sa vie et à son œuvre (portraits, lettres, piano, etc.).

À proximité Carte de région B1

★ Château de l'Ermitage (Schloss Eremitage)

▶ *4 km à l'est, sortir par la Wieland-Wagner Straße - ✆ 0921 759 69 37 - www.schloesser.bayern.de - ♿ - avr.-sept. : 9h-18h ; de déb. oct. à mi-oct. 10h-16h - 4 €.*

L'Ermitage était le château de plaisance des margraves de Bayreuth et fut offert par son mari à Wilhelmine qui s'empressa de le transformer. Le **château ancien** *(Altes Schloss)*, élevé en 1715 et modifié par la margrave en 1736, est entouré de parterres géométriques. C'est dans le **cabinet des glaces chinois** *(Chinesisches Spiegelkabinett)* que Wilhelmine écrivit ses Mémoires. Le **parc★** est aménagé dans le style des jardins anglais. Voir la curieuse grotte qui s'ouvre sur la cour intérieure, l'ermitage du margrave Frédéric et, un peu plus loin, les fausses ruines d'un théâtre construit en 1743.

Circuits conseillés Carte de région BC1

★★ LA SUISSE FRANCONIENNE ET SANSPAREIL

Circuit de 105 km tracé en vert clair sur la carte ci-dessous – Une journée.
Au sud-ouest de Bayreuth, à l'écart des grandes voies de communication, un plateau ondulé entaillé par de profondes vallées, appelé Suisse franconienne *(Fränkische Schweiz)*, forme l'extrémité septentrionale du Jura franconien. Le sol, composé de calcaires poreux, a subi une érosion intense qui est à l'origine de plusieurs grottes et de reliefs dolomitiques. La région comporte de nombreux sentiers de randonnée. À la période de Pâques, ses villages s'ornent de fontaines savamment décorées.

Tüchersfeld

Le village disperse ses maisons dans un étonnant décor d'aiguilles rocheuses.

Pottenstein

Le château, ancienne résidence des princes-évêques de Bamberg, domine le bourg. Dans les environs, nombreuses curiosités naturelles (gorges, grottes).

Grottes du Diable (Teufelshöhle)
Certaines cavités des grottes du Diable sont assez grandes pour y loger une église ! Les concrétions (stalactites et stalagmites) peuvent être impressionnantes, particulièrement dans la « cathédrale de Barberousse ». La sortie, à travers un dédale de gros rochers entassés en chaos, est pittoresque.

★ Gößweinstein

Le circuit des **Marienfelsen** *(45mn à pied environ, suivre à partir du château le jalonnement : Marienfels-Schmitt-Anlagen)* conduit à travers les sous-bois parsemés de beaux rochers où plusieurs **belvédères★★** dominent la vallée profonde de la Wiesen.
Dans le bourg, l'église de pèlerinage *(Wallfahrtskirche)*, construite de 1730 à 1739 par B. Neumann, conserve sur la partie supérieure du maître-autel un groupe gothique (début 16e s.) de la Trinité.

★ Sanspareil

À Wonsees - ✆ 092 74 90 98 906 - www.schloesser.bayern.de - tlj sf lun. du 15 avr. au 15 sept., 9h-18h - entrée libre. Après avoir achevé l'Ermitage à Bayreuth, Wilhelmine et son mari acquirent un ancien terrain de chasse qu'ils transformèrent en **jardin de rocaille★** *(Felsengarten)* et baptisèrent « Sanspareil ». À l'orée du bois s'élève la **maison du Levant** *(Morgenländischer Bau)*, construite dans le style rococo de Bayreuth, bel exemple de l'art franconien.
Château de Zwernitz (Burg Zwernitz) – *Au nord de Sanspareil.* Le château fut pour la première fois mentionné en 1156 ; acquis par les Hohenzollern à partir de 1338, il tomba aux mains de la Bavière en 1810. Mobilier, armes des 16e, 17e et 18e s. Le donjon offre une très belle **vue**.

★ PARC NATUREL DU FICHTELGEBIRGE

Circuit de 92 km tracé en bleu sur la carte p. 349 – environ 5h.
La **route panoramique★** emprunte la vallée de la Steinach pour s'enfoncer dans le Parc naturel du Fichtelgebirge, dernier massif couvert de sapins avant les plaines de la République tchèque. Au-dessus de Fleckl, un téléphérique conduit à l'**Ochsenkopf** (1 024 m), l'un des points culminants du massif, surmonté d'une tour de télévision.

★★ Luisenburg

Ce labyrinthe d'énormes blocs de granit, en place ou basculés, de rochers érodés en boule ou superposés, peut être parcouru suivant un itinéraire accidenté *(flèches bleues à l'aller, rouges au retour)*, desservant au passage quelques belvédères sur le Fichtelgebirge. **Goethe**, alors ministre du gouvernement de Weimar et passionné de géologie, fut le premier à l'explorer scientifiquement en 1785.
Revenir à Bayreuth par la route n° 303 qui traverse la petite station de Bad Berneck.

NOS ADRESSES À BAYREUTH

HÉBERGEMENT

BUDGET MOYEN

Grunau Hotel – Hors Plan 2 - *Kemnather Str. 27 (en prolongation de Wieland-Wagner-Str. et Königsallee vers l'est) - ✆ 0921 798 00 - www.grunau-hotel.de* - P - ♿ - *60 ch. 92/145 €* ☕. Dans un complexe commercial à l'est du centre-ville. Chambres modernes, spacieuses, calmes et confortables.

POUR SE FAIRE PLAISIR

Goldener Anker – Plan 1 - *Opernstraße 6 - ✆ 0921 787 77 40 - www.anker-bayreuth.de - fermé de Noël à mi-janv. - 35 ch. 198/218 €* ☕. Chacune des chambres, très grandes, de cet hôtel traditionnel possède une décoration spécifique. Cuisine traditionnelle.

RESTAURATION

PREMIER PRIX

Oskar - Das Wirtshaus am Markt – Plan 1 - *Maximilianstr. 33 - ✆ 0921 516 05 53 - www.oskar-bayreuth.de - tlj 8h-1h, 9h le dim. - 19/30 €.* Dans l'ancienne mairie. Joli jardin d'hiver et terrasse. Spécialités typiques de la Bavière.

BUDGET MOYEN

Zur Sudpfanne – Hors Plan 2 - *Oberkonnersreuther Straße 6 - 95448 Bayreuth-Oberkonnersreuth - 3 km au sud-est par la Nürnberger Straße - ✆ 0921 528 83 - www.sudpfanne.de - 24/50 €.* Excellente cuisine régionale et internationale.

POUR SE FAIRE PLAISIR

Bürgerreuth Ristorante – Hors Plan 1 - *An der Bürgerreuth 20 - ✆ 0921 784 00 - www.buergerreuth.de - fermé lun. en oct.-nov. et janv.-mars - 24/55 €.* Excellente cuisine italienne classique et familiale.

Bayerischer Hof – Plan 1 - *Bahnhofstraße 14 - ✆ 0921 786 00 - www.bayerischer-hof.de - fermé 2-11 janv. - 28/41 €.* En face de la gare, restaurant de style bistrot français.

L'ouest 5

Carte Michelin Régional 543 – Rhénanie du Nord-Westphalie, Rhénanie-Palatinat et Hesse

Paysage de la vallée du Rhin en été.

mahey / Fotolia.com

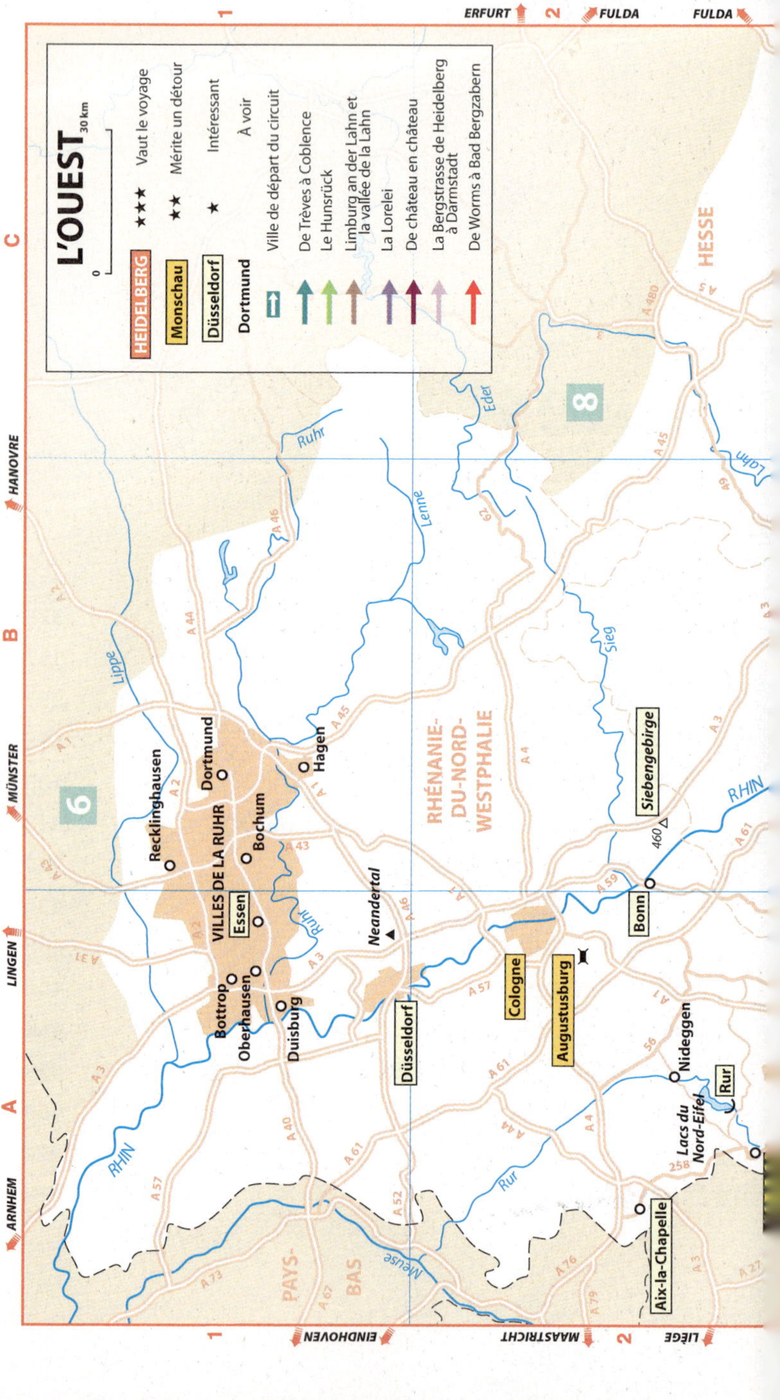
L'OUEST
30 km
HEIDELBERG
★★★ Vaut le voyage
Monschau
★★ Mérite un détour
Düsseldorf
★ Intéressant
Dortmund
À voir
Ville de départ du circuit
De Trèves à Coblence
Le Hunsrück
Limburg an der Lahn et la vallée de la Lahn
La Lorelei
De château en château
La Bergstrasse de Heidelberg à Darmstadt
De Worms à Bad Bergzabern
ARNHEM
LINGEN
MÜNSTER
HANOVRE
ERFURT
FULDA
FULDA
EINDHOVEN
MAASTRICHT
LIÈGE
VILLES DE LA RUHR
Recklinghausen
Dortmund
Bochum
Essen
Bottrop
Oberhausen
Duisburg
Hagen
Neandertal
Düsseldorf
Cologne
Augustusburg
Bonn
Siebengebirge
Nideggen
Rur
Lacs du Nord-Eifel
Aix-la-Chapelle
RHÉNANIE-DU-NORD-WESTPHALIE
HESSE
PAYS-BAS
RHIN
Meuse
Lippe
Ruhr
Lenne
Sieg
Eder
Lahn
Rur

WURTZBOURG
WURTZBOURG
NUREMBERG
STUTTGART
BADEN-BADEN
STRASBOURG
SAVERNE
NANCY
VERDUN
NAMUR
BAVIÈRE
BADE-WURTEMBERG
RHÉNANIE-PALATINAT
SARRE
FRANCE
LUXEMBOURG
BELGIQUE
Francfort-sur-le-Main
Darmstadt
Fürstenlager
Bensheim
Lorsch
Heppenheim
Weinheim
HEIDELBERG
Königstuhl
Schwetzingen
Mayence
Wiesbaden
Eberbach
Rüdesheim
Worms
Freinsheim
Bad Dürkheim
Deidesheim
Neustadt
Kalmit
Château de Hambach
Ludwigshöhe
Spire
Trifels
Bad Bergzabern
Berwartstein
Dahn
Wasgau
Dahner Felsenland
Pfälzer Wald
Palatinat
Bingen
Bacharach
Oberwesel
Pfalz
Lorelei
Vée DU RHIN
Marksburg
Ehrenbreitstein
Nassau
Arnstein
Diez
Thurant
Burg Rheinfels
Eltz
Maria Laach
Beilstein
Kirchberg
Simmern
Ravengiersburg
Hunsrückhöhenstraße
Dhaun
Idar-Oberstein
Erbeskopf
Nahe
Vée DE LA MOSELLE
Bernkastel-Kues
Trèves
Sarrebruck
Usine de Völklingen
Sarre
Moselle
Mosaïques romaines de Nennig
Sûre
Nied
Main
Neckar
RHIN

Cologne

Köln

★★

995 420 habitants – Rhénanie du Nord-Westphalie

NOS ADRESSES PAGE 371

S'INFORMER

Office de tourisme – *En face de la cathédrale, Kardinal-Höffner-Platz 1 - 0221 30 400 - www.koelntourismus.de - 9h-20h, dim. et j. fériés 10h-17h.*

SE REPÉRER

Carte de région A2 (p. 354-355) – *cartes Michelin n°s 718 F 8 et 543 N 4 – plan de la ville p. 364-365.* Cologne est la plus grande ville à l'ouest de l'Allemagne, à 70 km de la frontière avec la Belgique.

À NE PAS MANQUER

La cathédrale et la profusion de musées de renommée internationale.

ORGANISER SON TEMPS

Comptez deux jours minimum, si vous voulez visiter plusieurs musées.

AVEC LES ENFANTS

Le musée du Chocolat, le musée des Jeux olympiques.

Les habitants de Cologne sont réputés pour leur sens de l'humour et leur convivialité, des qualités que l'on peut apprécier entre autres lors du fameux carnaval. La métropole rhénane où il fait si bon vivre a pourtant vécu des années sombres. Presque entièrement détruite au cours de la Seconde Guerre mondiale, elle s'est relevée avec une remarquable vigueur. Au premier abord, les hordes de touristes autour de la cathédrale et l'abondance de bâtiments des années 1970 peuvent rebuter. Mais c'est sans compter le foisonnement de musées d'envergure internationale, les rives du Rhin, réaménagées en jardins agréables, le quartier belge des créateurs (autour de la Rudolfplatz), et les nombreuses manifestations culturelles, qui en font une cité cosmopolite et vivante.

Découvrir

★★★ LA CATHÉDRALE (Dom) Plan de la cathédrale

Se reporter au plan p. 358. 0221 92 58 47 30 - www.koelner-dom.de - ♿ - visites guidées (45mn) en allemand (11h, 12h30, 14h, 15h30 ; dim. et j. fériés 14h et 15h30) et en anglais (10h30, 14h30, dim. et j. fériés 14h30) ; en français sur demande préalable - 6/7 €.

L'édification de l'imposante cathédrale, dédiée à sainte Ursule, a duré plus de six cents ans. En 1164, Frédéric Barberousse offre à la ville de Cologne des **reliques des Rois mages** rapportées de Milan ; les pèlerins affluent. En 1248 commence la construction d'une nouvelle cathédrale, la première église gothique de Rhénanie. Les cathédrales de Paris, Amiens et Reims servent de

De nuit, le pont Hohenzollern et la cathédrale de Cologne, de style gothique flamboyant.
A. Maiquez / Photononstop

modèles. En 1300, le chœur est terminé. Lorsque la construction de la tour sud est interrompue en 1410, celle-ci possède déjà deux étages. En 1437, les travaux s'arrêtent de nouveau, puis en 1560, les bâtisseurs du Moyen Âge parviennent juste à couvrir le reste de l'édifice au niveau du rez-de-chaussée avant l'arrêt des travaux de la nef et du transept. Presque trois siècles s'écoulent avant que ne soit comblé le vide qui s'étend entre le chœur et la tour : ce n'est qu'en 1842, dans l'engouement romantique pour le gothique, que l'on reprend la construction selon les plans originaux. L'inauguration solennelle du bâtiment achevé a lieu en 1880, en présence de l'empereur Guillaume Ier. Cependant, la cathédrale fait l'objet de constantes rénovations, ce qui fait dire aux Colonais que « le jour où la cathédrale sera terminée, l'apocalypse sera proche ».

Extérieur

La configuration de la **façade à deux tours** (façade ouest) marque l'apogée du gothique flamboyant : ses étagements et ses rangées de verrières, de gâbles richement décorés, de contreforts élancés partent en gerbes touffues, comme autant de lignes fuyant vers l'extrémité des flèches qui s'élèvent à 157 m de hauteur. L'abside orientée vers le Rhin, avec sa multitude de clochetons et de tourelles, est un exemple de prouesse architecturale. Sur le portail sud, les **portes de bronze** (**1**) (1948-1953) sont de E. Mataré ; sur le vantail droit, représentation de la Jérusalem céleste au-dessus de Cologne en flammes *(voir également p. 64)*.

Intérieur

En pénétrant à l'intérieur par le portail ouest, on découvre une perspective unique sur toute la longueur de la nef (144 m de long, 45 m de large, 43,5 m de haut) jusqu'au chœur : vu de la nef, le chœur semble flotter dans de lointains infinis, tandis que la voûte plane à une hauteur irréelle.

Les cinq **verrières**★ de style gothique tardif (1507-1508) du bas-côté nord illustrent la vie de la Vierge et celle de saint Pierre.

La première chapelle (chapelle de la Croix), dans le déambulatoire nord, abrite la **croix de Gero**★ (**3**) du 10e s., témoignage de l'art ottonien. La chapelle axiale (chapelle des Rois mages) fut parée dès 1265 d'un **vitrail de la Bible** (*Älteres Bibelfenster* – **4**). Derrière le **maître-autel** se dresse la **châsse des Rois mages★★★**, pièce d'orfèvrerie finement décorée de personnages, qui contiendrait les reliques des trois Rois mages. La châsse en forme de basilique, aux dimensions inhabituelles (2,20 m de long), fut commencée en 1181 par **Nicolas de Verdun** et terminée vers 1220 par des maîtres de Cologne. Dans la dernière chapelle du déambulatoire sud (chapelle de Marie) se trouve le célèbre **autel des patrons de la ville★★★**, un retable peint par **Stefan Lochner** (vers 1440). La partie centrale montre l'Adoration des Mages ; sur les panneaux extérieurs, les saints patrons de la ville de Cologne : à gauche sainte Ursule, à droite saint Géréon. L'un des pilastres du mur sud est orné de la **Madone de Milan**, Vierge à l'Enfant d'un style assez comparable aux statues des piliers du chœur (1270-1280).

Dans le transept sud se trouve le **retable des Cinq Maures** (*Agilolphusaltar* – **2**), un grand polyptyque flamand de 1521. Au-dessus de la porte sud ont été inaugurés en 2007 des vitraux multicolores conçus par l'artiste contemporain

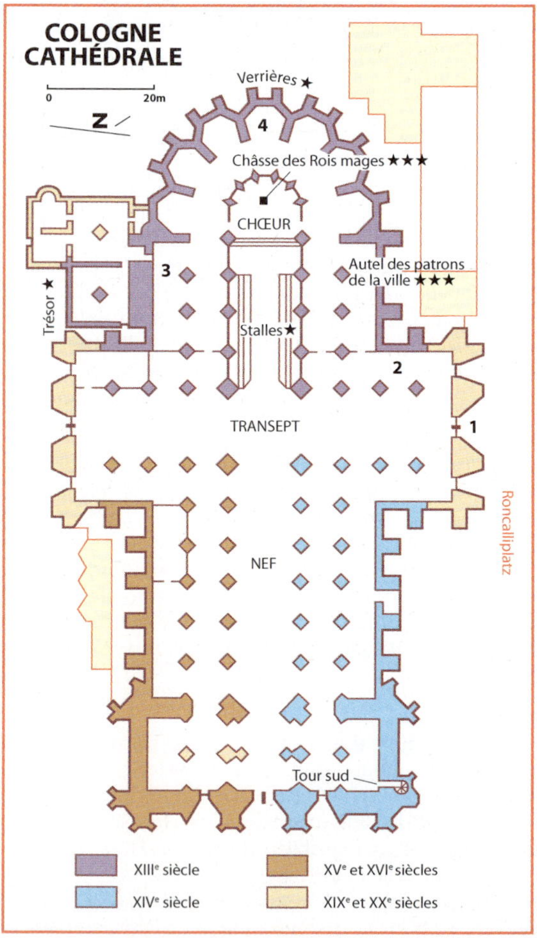

Gerhard Richter - qui n'ont pas fait l'unanimité à Cologne. Ils symbolisent le scintillement de pierres précieuses et illuminent l'intérieur de la cathédrale.

Chœur – *Uniquement accessible lors de visites guidées. Le déambulatoire n'est pas accessible lors des services liturgiques. ✆ 0221 92 58 47 30.* Les **stalles★** richement sculptées (14e s.) comptent 104 places ; ce sont les plus grandes stalles médiévales d'Allemagne. Au-dessus, des **fresques** peintes vers 1332-1340 représentent diverses légendes de la vie de saints. Les 14 **statues** des piliers du chœur représentent Jésus, Marie et les apôtres.

Tour sud *(Turmbesteigung) – Entrée indépendante par le côté sud de la cathédrale - nov.-fév. : 9h-16h, 17h en mars-avr. et oct., 18h de mai à sept. - 3 €, billet combiné avec le trésor 6 €* – Après l'ascension très raide (533 marches) de la plate-forme (97 m de hauteur), on jouit d'un large panorama sur Cologne et ses environs. Ne pas manquer de jeter un coup d'œil dans la **salle des cloches**. La **cloche Saint-Pierre** *(Petersglocke)*, fondue en 1923, d'un poids de 24 t – le battant à lui seul pèse 800 kg – mérite son surnom de *Fat Peter* en tant qu'une des plus grosses cloches du monde.

★ **Trésor** *(Domschatzkammer) – Entrer par le croisillon nord, à l'extérieur - ✆ 0221 17 94 05 30 - www.domschatzkammer-koeln.de - ♿ - 10h-18h - 5 €.* Le trésor est réuni sous les voûtes gothiques de la sacristie et présente de nombreux objets liturgiques en or et en argent, des crosses épiscopales et des croix. Remarquer la châsse baroque, la crosse de saint Pierre et l'ostensoir de reliques avec la chaîne de saint Pierre, ainsi que l'étoffe d'époque des Rois mages.

Se promener

LA VIEILLE VILLE

▶ *Itinéraire tracé en vert sur le plan II p. 365 – Comptez 1h45 pour la visite de la vieille ville (visite des musées non comprise).*

Musée romain germanique

(Römisch-Germanisches Museum) Plan II C4

Le musée est très fréquenté le matin par les écoliers. Visite recommandée l'après-midi ou le w.-end. Roncalliplatz 4 - ✆ 0221 22 12 44 38 - www.museenkoeln.de - ♿ - tlj sf lun. 10h-17h - 6 €.

Capitale de la province romaine de la Germanie inférieure, Cologne connut entre le 1er s. et le 4e s. une intense prospérité, matérialisée par des échanges très féconds entre la civilisation romaine et la culture germanique des Ubiens. Les différents témoignages de cette époque, exhumés au fil du temps, sont exposés par thèmes dans le très moderne Musée romain germanique, au sud de la cathédrale.

Au sous-sol se trouve la **mosaïque de Dionysos★**, ouvrage romain magnifiquement conservé et composé de 1,5 million de tesselles (14,50 m sur 7 m). La salle des fêtes a été découverte à cet endroit précis lors du creusement d'un bunker en 1941. Les salles adjacentes évoquent le « culte des morts » avec des stèles funéraires et votives, ainsi que la vie domestique à l'époque romaine. Le musée doit en partie sa célébrité au **mausolée de Lucius Publicius**, officier de la 5e légion, retiré à Cologne. Reconstruit dans les années 1960, cet édifice monumental (14,60 m de haut) prend toute son ampleur, vu des étages supérieurs. On distingue aisément les pierres rapportées des pierres originales.

Parmi les décorations de demeures colonaises, on accordera une attention particulière à la **mosaïque des Philosophes** : ce sol de mosaïque d'une étonnante ordonnance géométrique représente les Sept Sages de la Grèce. La précieuse

Une cité riche et prospère

COLOGNE AU TEMPS DES ROMAINS

En 38 av. J.-C., les Ubiens, peuple germanique allié des Romains, reçurent du général Agrippa (gendre d'Auguste) l'autorisation de s'établir sur la rive gauche du fleuve ; ils fondèrent alors l'oppidum Ubiorum. En l'an 50, l'oppidum obtint le titre de colonie romaine grâce à Agrippine ; la troisième épouse de l'empereur Claude et mère de Néron, était native de Cologne. Devenue résidence du gouverneur de la Germanie inférieure, la cité prit le nom de *Colonia Claudia Ara Agrippinensium* (CCAA) et reçut son premier mur d'enceinte (les restes les plus visibles se trouvent dans la Zeughausstraße, la porte nord de la ville devant la cathédrale, et le **prétoire** sous l'hôtel de ville). Ce fut le début d'une époque florissante pour l'artisanat, le commerce et l'architecture, qui ne prit fin qu'à l'époque des grandes invasions (5e s.).

La ville sainte au bord du Rhin

D'abord évêché, puis archevêché (depuis Charlemagne), Cologne connut un essor sans précédent au Moyen Âge. Jusqu'à la bataille de Worringen en 1288, les archevêques de Cologne exercèrent un pouvoir non seulement spirituel, mais aussi temporel. On édifia ainsi plus de 150 églises – dont la cathédrale –, couvents et collégiales. La « Rome du Nord » devint un centre brillant de la vie religieuse, intellectuelle et artistique. Au 13e s. et au début du 14e s., de grands penseurs enseignèrent à Cologne : les dominicains **Albertus Magnus** (professeur de Thomas d'Aquin) et **maître Eckart**, ainsi que le franciscain écossais **Duns Scot**. C'est le travail de ces érudits religieux qui permit en 1388 la fondation de l'université par les bourgeois colonais.

UNE CITÉ D'ABORD COMMERÇANTE PUIS INDUSTRIELLE

De commerce...

Sa situation au bord du Rhin, au carrefour des grandes voies de communication, fit de Cologne une ville commerciale importante. Le système de poids et mesures en usage à Cologne s'imposa dans toute l'Allemagne du Nord. L'instrument de ce pouvoir fut le **Stapelrecht** (droit de stockage) : les marchands étrangers passant par Cologne étaient obligés de laisser au moins trois jours leurs chariots dans la ville, pour y vendre leurs marchandises ; les gens du lieu bénéficiaient ainsi d'un droit d'achat prioritaire. C'est en 1360 qu'eut lieu la première foire. L'élévation au rang de ville libre en 1475 ne fit qu'entériner juridiquement le rôle prépondérant que la bourgeoisie de Cologne exerçait déjà depuis le 13e s.

... et d'industrie

Dans la seconde moitié du 19e s., l'industrialisation apporta à Cologne une croissance fulgurante. Après la Première Guerre mondiale, **Konrad Adenauer** contribua de façon décisive au développement de la ville moderne. Celui qui devait devenir le premier Chancelier de la République fédérale resta maire de Cologne de 1917 à 1933, date de sa déposition par les nazis. C'est sous son mandat qu'eurent lieu la réouverture de l'université (1919), fermée en 1798 sous l'occupation française, la construction du palais de la foire à Deutz, et l'aménagement des ceintures vertes.

VILLE D'ART ET DE CULTURE, VILLE DE L'ÉDITION ET DES MÉDIAS

À Cologne, la vie culturelle est marquée par une grande diversité. À côté de la musique et des spectacles, les arts plastiques occupent une place prépondérante : environ 120 galeries présentent au public les productions contemporaines. Deux grandes foires artistiques internationales ont lieu chaque année : la *Westdeutsche Kunstmesse* et surtout « **Art Cologne** », entièrement consacrée à l'art moderne. La **Josef-Haubrich-Halle**, à côté du musée Schnütgen, abrite d'importantes expositions.
L'un des plus éminents représentants de la littérature d'après-guerre, **Heinrich Böll**, est né à Cologne. L'œuvre du prix Nobel de littérature 1972, dont les critiques n'épargnent ni l'Église ni la société, est inséparable de sa patrie rhénane.
Imprimeurs et éditeurs de livres (et de journaux) se sont établis à Cologne il y a plusieurs siècles déjà. Plus récemment, le secteur des médias s'est beaucoup développé. Aujourd'hui, Cologne rivalise avec Hambourg comme capitale allemande de la télévision. Elle compte huit chaînes de télédiffusion, dont une régionale, la Westdeutscher Rundfunk, trois programmes de RTL, *Viva, Vox* et cinq chaînes de radiodiffusion, sans compter plusieurs studios d'enregistrement, un complexe consacré aux médias et une école supérieure des médias.

LA VIE COLONAISE

Un certain sens du terroir se manifeste dans la relation qui unit les habitants de Cologne à leurs « **Veedeln** », ces quartiers traditionnels de la ville ancienne, centrés sur une église paroissiale et qui ont gardé beaucoup de caractère ; St-Séverin est l'un des plus anciens. Les Colonais apprécient aussi beaucoup la vieille ville des bords du Rhin, remodelée dans les années 1980. La mise sous tunnel de la voie sur berge, entre le pont Hohenzollern et le pont de Deutz *(Deutzer Brücke)*, a permis l'aménagement de **jardins** *(Rheingarten)*, où les habitants peuvent se promener au calme, en bordure immédiate du fleuve. C'est le point de départ pour les **excursions en bateau**. Les berges de la rive droite lui faisant face font l'objet d'une réhabilitation similaire depuis 2010, avec des espaces de repos et de promenade. La **fontaine de la Danse** *(Tanzbrunnen)*, située dans les 40 ha du **parc du Rhin** *(Rheinpark)*, sur la rive droite du fleuve, continue à être très appréciée pour les manifestations de plein air qu'on y donne.

UN SYMBOLE : L'EAU DE COLOGNE

La célèbre *Aqua mirabile* était déjà connue à Cologne au 16e s. Toutefois, son commerce ne commença qu'au 18e s. avec l'arrivée d'une famille d'immigrants italiens : les Farina. **Jean-Marie Farina** développa la vente de cette préparation, censée posséder des vertus médicinales. Son succès poussa d'autres fabricants à produire eux aussi cette eau miraculeuse, bientôt exportée sous le nom d'« eau de Cologne ». L'un d'eux, **Wilhelm Mühlens**, fonda en 1792 un établissement dans la Glockengasse.
Pendant l'occupation française, l'administration napoléonienne interdit l'utilisation de l'eau de Cologne comme remède. Mais les fabricants contournèrent la loi en la présentant sous forme d'eau de toilette. À la même époque, l'occupant français établit un numérotage des maisons et des rues. Le numéro 4711 fut attribué à la maison Mühlens de la Glockengasse : il devint en 1875 la marque de fabrique de la « véritable eau de Cologne » *(Echt Kölnisch Wasser)*.

collection de **verreries★★** conjugue à l'infini les fantaisies de l'imagination. Elle contient des pièces uniques, comme la **coupe diatrète** du 4e s. (vase décoratif coulé en plusieurs fois avant d'être orné d'un remplage en relief et d'une inscription grecque de couleur pourpre) des bouteilles à décor de **serpentins** (2e s.), ou une série de récipients anthropomorphes.

Les **bijoux** romains et « barbares » en or ciselé ou en émail cloisonné sont d'une inestimable valeur archéologique.

★★ Musée Ludwig (Museum Ludwig) Plan II C4

Heinrich-Böll-Platz - ✆ 0221 22 12 61 65 - www.museenkoeln.de - tlj sf lun. 10h-18h (22h le 1er jeu. du mois) - fermé 1er janv., jeu.-mar. pdt le carnaval, 24, 25 et 31 déc. - 10 €.

Aménagé dans un bâtiment construit par P. Busmann et G. Haberer, l'architecture moderne du musée Ludwig, au toit en dents de scie, contraste avec la cathédrale gothique et la gare ; le complexe architectural englobe aussi dans ses sous-sols la **Philharmonie**.

Ce musée accorde une grande place à l'art du 20e s., représenté par une magnifique collection. Le mouvement **expressionniste** est largement illustré par des œuvres des mouvements du **Brücke** et du **Cavalier bleu** *(Blauer Reiter)*. Une attention particulière est également accordée à l'art allemand de l'Entre-deux-guerres : constructivisme, Bauhaus (tel que *Chemin principal et chemins secondaires*, par Klee), Nouvelle Objectivité. Le musée abrite également le musée de l'Histoire de la photo *(ouvert pour des expositions temporaires, se renseigner)*.

La section réservée au surréalisme présente des gouaches, des peintures à l'huile et des collages du pionnier du dadaïsme, **Max Ernst** *(Le Rendez-vous des amis)*, né à Brühl près de Cologne, ainsi que des œuvres d'Arp, Schwitters, Miró, Dalí et Magritte.

L'art moderne français est représenté par les **cubistes** Braque, Gris, Léger et Delaunay ; le **nouveau réalisme** par des œuvres d'Arman, Klein, César, Saint-Phalle, Calder, Tàpies, Burri et Dubuffet. Une place particulière est accordée à **Pablo Picasso**, représenté ici dans toutes les phases de sa création artistique grâce à une collection d'œuvres des plus complètes.

D'importants tableaux du **groupe Zéro**, et surtout de **Joseph Beuys**, Baselitz, Richter, Polke, Penck et Kiefer, permettent de découvrir l'**art allemand d'après-guerre et contemporain**. Vous pourrez aussi vous initier à la peinture abstraite américaine (Rothko, Newman, de Kooning) et au **pop art** (Rauschenberg, Warhol, Segal).

De nombreuses œuvres d'artistes contemporains internationaux originaires d'Europe, d'Amérique, du Japon et de Chine – parmi lesquelles une série d'œuvres de grand format – complètent ce panorama des dernières tendances artistiques.

Traverser le pont vers l'est.

Le pont **Hohenzollern** (Hohenzollernbrücke) est le pont de chemin de fer le plus fréquenté du monde (un train toutes les deux minutes, de jour comme de nuit).

★ Köln Triangle Panorama Hors plan I, vers B2

Ottoplatz 1 - ✆ 0221 8273-3038 - www.koelntriangle.de - ♿ - mai-sept. 11h-22h (w.-end et j. fériés 10h-22h) ; oct.-avr. 12h-18h (w.-end et j. fériés 10h-18h) - 3 €.

Cette plate-forme panoramique permet de découvrir Cologne vue d'en haut et d'identifier ses principaux monuments et églises, avant de partir à sa découverte.

Longer le Rhin vers le sud et traverser le pont Deutzer vers l'ouest pour rejoindre le Heumarkt.

Le **Heumarkt** (marché au foin, plan II C5) est dominé par la statue équestre de Friedrich Wilhelm III, roi de Prusse entre 1770 et 1840. Si l'on poursuit la promenade vers le sud, on atteint l'église **Ste-Marie-du-Capitole** (St-Maria-im-Kapitol) et son très joli cloître. De là, on peut se rendre jusqu'à la presqu'île Rheinauhafen (plan I B3) qui abrite le **musée du Chocolat** et le **musée des Jeux olympiques** (*voir description dans À voir aussi*). L'**église St-Marie des Lys** (St. Maria in Lyskirchen), en face de l'île, possède de jolies voûtes peintes ainsi qu'une Vierge à l'Enfant protectrice des bateliers, de 1420 environ.

S'engager dans la Bolzengasse vers l'ouest. Remarquez au passage, l'amusante vitrine du magasin de déguisements Deiters.

Salle des fêtes Gürzenich Plan II C5

Cette salle des fêtes constitue l'une des premières constructions gothiques profanes (1441-1444); elle servit de modèle à de nombreuses maisons bourgeoises. Utilisée dès le Moyen Âge pour les réceptions et banquets, la salle constitue depuis le 19e s. l'un des hauts lieux du carnaval.

Remonter la Martinstraße vers le nord.

L'ÉCOLE DE COLOGNE

Au 14e s. déjà, l'enluminure et la décoration d'autels de chevet étaient florissantes. La peinture colonaise connut son apogée au début du 15e s. avec les œuvres du **maître de sainte Véronique** et de **Stefan Lochner**, natif de Meersburg. À partir de 1450, et sous l'influence de la peinture hollandaise, on abandonna l'idéalisme mystique de l'époque gothique pour se tourner vers le réalisme gracieux de la Renaissance. La peinture colonaise de chevalet est caractérisée par la délicatesse des coloris et la suavité des sujets. La grande époque de la sculpture religieuse, à Cologne, se situe entre le 14e et le 15e s. De nombreuses **Madones** témoignent du style dit « tendre », qui se répandit dans toute l'Europe vers 1400 : sourire à peine esquissé, douceur des drapés, déhanchement gracieux, telles sont les principales caractéristiques de ces Vierges du gothique flamboyant.

★★ Musée Wallraf-Richartz (Museum Wallraf-Richartz) Plan II C5

Obenmarspforten - ✆ 0221 22 12 11 19 - www.wallraf.museum - tlj sf lun. 10h-18h (jeu. 22h), w.-end 11h-18h - fermé 1er janv., carnaval, 24, 25 et 31 déc. - 9,50 €.

Début 2001, ce musée a quitté le flanc sud de la cathédrale, qu'il partageait avec le musée Ludwig, pour occuper un nouvel édifice de grand style conçu par **Oswald M. Ungers**.

Le bâtiment abrite une collection unique de **peinture colonaise du Moyen Âge**, qui culmine avec les œuvres du gothique tardif de Stefan Lochner et de ses contemporains. Les œuvres de peintres allemands, italiens (Lorenzetti, Martini), flamands et hollandais rendent aussi compte de la dimension européenne de la peinture religieuse de l'époque. Le portrait est très bien représenté par **Bartholomäus Bruyn l'Ancien**. Parmi les **anciens maîtres allemands** figurent **Dürer** *(Le Joueur de fifre et le Joueur de tambourin)* et Lucas Cranach l'Ancien; parmi les Italiens du 16e s., les Vénitiens Titien et le Tintoret. Une autre partie est consacrée à l'art baroque. On peut ainsi découvrir les œuvres des grands noms de la **peinture hollandaise et flamande** : Rubens, Ruysdael, et **Rembrandt** avec un célèbre *Autoportrait*. Viennent ensuite les peintres espagnols (Murillo), italiens (Tiepolo, Bordone) et français (*Jeune fille se reposant*, de Boucher; *Grands paysages*, de Claude Lorrain).

COLOGNE
plan I
0
200 m
N
Zons
LEVERKUSEN
NEUSS
AIX-LA-CHAPELLE
Musée d'Art d'Extrême-Orient
OLPE
BONN
BONN, BRÜHL
Château d'Augustuburg
Rheinpark, Tanzbrunnen Botanischer Garten Flora
Köln Triangle Panorama
MEDIA-PARK
HANSAHOCHHAUS
Hansaring
Maybach-str.
Erftstr.
ALTE STADTMAUER
Ste-Ursule
Eintrachtstr.
Victoria-str.
Kyotostr.
Ursulastr.
Gladbacher Str.
Christophstr./Mediapark
Christophstr.
Gereonstr.
St-Géréon
Kattenbug
Appellhofpl.
Zeughaus-str.
Musée municipal de Cologne
RÖMER TURM
Friesenpl.
Hohenzollern-ring
Albertusstr.
Auf dem Berlich
Centre de documentation du National-socialisme
Ehrenstr.
Apostein-str.
Breite Str.
Zeppelin-str.
Richmod-str.
Mittelstr.
Rudolfpl.
HAHNENTOR
St. Aposteln
Neumarkt
Cäcilien-straße
Hahnen-straße
Habsburgerring
Hohenstaufen-ring
Mauritius-steinweg
Musée ethnographique Rautenstrauch-Joest
MUSÉE SCHNÜTGEN
Nord-Süd-Fahrt
Krefelder Str.
Neusser Str.
Riehler Str.
Theodor-Heuss-Ring
Ebertpl.
BASTEI
Ufer
EIGELSTEINTOR
WECKSCHNAPP
Turiner Str.
Dom-straße
Adenauer-
Konrad-
ST. KUNIBERT
Machabäerstr.
voir plan II
Goldgasse
RHIN
CATHÉDRALE
MUSÉE LUDWIG
Pont Hohenzollern
Tunis-str.
Kardinal-Frings-Str.
MUSÉE DES ARTS DÉCORATIFS
MUSÉE DIOCÉSAIN
Hohe Str.
ANCIEN HÔTEL DE VILLE
KÖLN-DÜSSELDORFER
Musée Wallraf-Richartz
Deutzer Br.
Pipinstr.
An der Malzmühle
St. Maria in Lyskirchen
Musée du Chocolat
MALAKOFFTURM
Mühlenbach
Mathiasstr.
Blaubach
Hohe Pforte
St-Georges
Follerstr.
Holz-markt
Musée des Jeux olympiques
Kleine Witschgasse
Severinsbr.
Severinstr.
Poststr.
Jahnstraße
Tel-Aviv-Str.
Perlengraben
Rothgerberbach
Neue Weyerstr.
St-Pantaléon
Waisenhaus-gasse
Roonstr.
Pfälzer Str.
Barbarossaplatz
Luxemburger Str.
Trierer Str.
Salierring
Eifelstraße
Sachsenring
ALTE STADTMAUER
Ulrepforte
Ulrichgasse
An St.-Katharinen
Im Sionstal
Mechtildis-str.
RHEINAUHAFEN
Bayenstraße
Annostr.
Am Bayenturm
Severinswall
St-Séverin
Severinstor
Chlodwigplatz
Ubierring
Karolingerring
Bonner Str.
Vorgebirgstraße
Volksgartenstraße
VOLKSGARTEN
POL.

La section consacrée aux 18e et 19e s. est dominée par les artistes allemands et français. On y trouve les romantiques allemands (entre autres C.D. Friedrich), les **réalistes** avec **Wilhelm Leibl**, natif de Cologne., et les impressionnistes Liebermann, Corinth, Klinger... La peinture française part du romantisme (Delacroix) et du réalisme (Courbet) pour aboutir aux **impressionnistes** : Renoir, Monet, Cézanne, Gauguin, Bonnard, Morisot... Quelques oeuvres pointillistes (Signac), fauves (Matisse, Vlaminck), surréalistes (Picabia, Max Luce), et symbolistes (Odilon Redon), et plusieurs bronzes à partir de 1800 (Rodin). *Continuer sur la Judengasse. Remarquez sur votre gauche la future Zone archéologique et musée Juif. Rens. ✆ 0221 221 33422 - www.museenkoeln.de.*

★ **Ancien hôtel de ville** (Altes Rathaus) Plan II C5

Rathausplatz 2 - ✆ 0221 221 310 00 - 9h-15h (vend. 12h) - fermé w.-end.
Situé au milieu de l'ancien quartier juif, l'ancien hôtel de ville se caractérise par une **tour** gothique (1407-1414, *le carillon fonctionne à 12h et 17h*) et un **pavillon Renaissance** formant un porche (1569-1573).
Les noms des rues alentour (Judengasse, Salomonsgasse) témoignent encore de l'existence du ghetto, dont portes et barrages régulaient l'accès, et qui fut incendié lors d'un pogrom en 1349. Seul bâtiment ayant résisté à l'assaut, la **Mikwe**, de 1170, abritée sous une pyramide de verre, servait pour le bain rituel *(visite possible du lun. au vend. ; demander les clés à l'accueil de l'hôtel de*

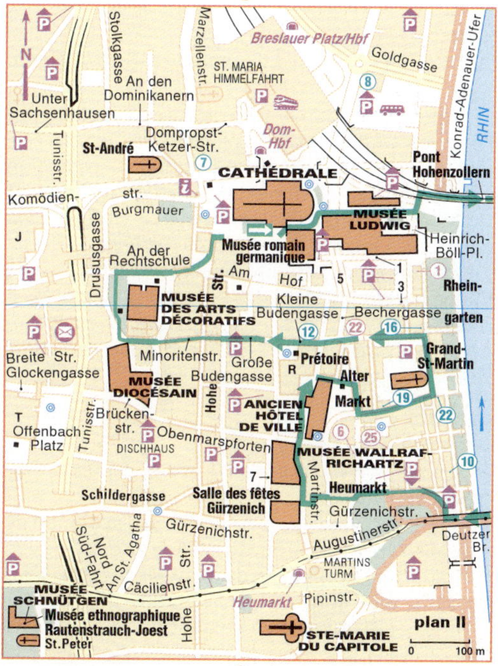

SE LOGER

Excelsior Hotel Ernst	7
Günnewig Kommerz Hotel	8
Hotel Allegro	9
Hotel Brandenburger Hof.	1
Hotel Hayk	10
Hotel Im Kupferkessel	13
Hotel im Wasserturm	11
Hotel Krone	12
Hotel Kunibert der Fiese.	16
Lint Hotel	19
Pension Otto	21
Rhein Hotel	22

SE RESTAURER

Belgischer Hof	4
Em Krützche	1
Gilden im Zims	6
Hase	7
Heising und Adelmann	10
Le Moissonnier	13
Osman 30 Restaurant	16
Paprica	19
Peters Brauhaus	22
Pfaffen Brauerei	25

INDEX DES RUES

Bischofsgarten-Str.	1	Kurt-Hackenberg-Pl.	5
Große Neugasse	3	Quatermarkt	7

ville). Les découvertes provenant du chantier de fouilles autour de la Mikwe devraient permettre l'ouverture prochaine d'un musée du Judaïsme en 2014.
Descendre les escaliers sur la droite vers la place du Vieux-Marché (Alter Markt).
La place du **Vieux-Marché** est située à l'ancien emplacement du port romain et possède en son centre une fontaine dédiée à Jan von Wertht. C'est ici que l'on donne le coup d'envoi du carnaval de Cologne. Toute proche, l'**église Grand-St-Martin** est entourée de vieilles maisons (reconstruites). Le **quartier St-Martin** (Martinsviertel), entre le Vieux Marché et le Rhin, regorge d'auberges et de cafés.
S'engager à gauche dans la Kleine Budengasse.

Prétoire (Prätorium) Plan II C5

☏ 0221/221 22 394 - tlj sf lun. 10h-17h - 2,50 €.
Les fondations du **prétoire**, ou palais du préteur (1er au 4e s.), furent mises au jour après la Seconde Guerre mondiale et en grande partie sauvegardées. L'ouvrage massif présente des fissures laissant supposer que la dernière construction se serait effondrée à cet endroit.
Dans le vestibule sont rassemblés figurines, tuiles, récipients, stèles funéraires et quelques éléments architecturaux de l'époque romaine. On peut accéder au **système d'écoulement**, utilisé comme abri pendant la guerre par les habitants de la ville.
Continuer sur la Große Budengraße, prolongée par la Minoritenstraße. Prendre la Kolumbastraße à gauche.

★ **Musée diocésain** (Kolumba) Plan II C4

Kolumbastraße 4 - ☏ 0221 93 31 930 - www.kolumba.de - ♿ - tlj sf mar. 12h-17h - 5 €.
En 2009, le Musée diocésain a intégré un bâtiment aux lignes épurées incorporant les ruines de l'église Kolumba. Outre des objets religieux précieux (accessoires liturgiques, ornements religieux, chapelets...), il abrite une collection intéressante d'art sacré du Moyen Âge, notamment des statues qui ornaient autrefois une partie de la cathédrale. Un des fleurons est **La Madone à la violette** de Stefan Lochner. Des sculptures et des pièces d'orfèvrerie du 11e au 16e s., parmi lesquelles le célèbre crucifix Herimann avec une tête romaine en lapis-lazuli, constituent une part importante des collections du musée.
Vous pouvez faire un crochet par la maison 4711 pour vous rafraîchir à la fontaine d'eau de Cologne (voir p. 361), puis reprendre la Drusugstraße, et à droite An der Rechtschule.

★ **Musée des Arts décoratifs**

(Museum für Angewandte Kunst) Plan II C4-5
An der Rechtschule - ☏ 0221 267 29- www.museenkoeln.de - ♿ - tlj sf lun. 11h-17h - fermé 1er janv., 24-25 et 31 déc. - 4,20 €.
Le musée des Arts décoratifs présente une vue d'ensemble de l'évolution de l'esthétique fonctionnelle, depuis l'art artisanal du Moyen Âge jusqu'au design postmoderne. À côté d'une importante collection de meubles, la section des **céramiques** fait découvrir des productions variées allant des grès rhénans jusqu'aux majoliques italiennes et islamiques en passant par la porcelaine européenne produite depuis 300 ans.
Dans la partie réservée au travail du métal, l'étain fin des 16e et 17e s. ainsi que la **section des bijoux** constituent les points forts de la collection. Les pièces majeures de la **section du verre** sont les verres (de teinte verdâtre) fabriqués dans les régions forestières d'Allemagne, les verres vénitiens en filigrane, les coupes baroques et les créations de style Art nouveau (Émile Gallé).

Remarquer également la **section des sculptures** rassemblant des œuvres de Tilman Riemenschneider, la **collection de textiles** avec une section mode, et les statues animalières de la manufacture de porcelaine de Meissen.
La **section design** donne un aperçu du moulage du 20e s. à aujourd'hui.

À voir aussi

★★ **Musée Schnütgen** (Schnütgen-Museum) Plan II C5
Cäcilienstraße 29-33 - ✆ 0221 22 13 13 55 - www.museum-schnuetgen.de - ♿ - tlj sf lun. 10h-18h (jeu.20h)- fermé 1er janv., 24-25 et 31 déc. - 6 €.
Le cadre de l'église Ste-Cécile (12e s.), l'une des 12 églises romanes encore debout à Cologne, convient bien à ce musée consacré à l'art religieux du 6e s. au 19e s., mais essentiellement centré sur le Moyen Âge.
Un grand nombre de **Madones en bois** illustrent la période du « style tendre » dans la statuaire colonaise. Le saint Hieronymus au lion (Erkelenz, 1460-1470) constitue un chef-d'œuvre de la sculpture sur bois du gothique flamboyant. Le panneau d'autel en or (vers 1170) vient de Ste-Ursule.
Les objets médiévaux en **ivoire** originaires d'Allemagne, de France ou de Byzance sont d'une extrême finesse. Les travaux d'**orfèvrerie** ne leur cèdent en rien. Voir aussi les objets en bronze des chrétiens d'Orient et, enfin, la somptueuse collection de tissus (parements) du Moyen Âge au 18e s.

★★ **Musée d'Art d'Extrême-Orient** (Museum für Ostasiatische Kunst) Hors plan I, vers A2
Universitätsstr. 100 - ✆ 0221 22 19 40 51 80 - www.museenkoeln.de - ♿ - tlj sf lun. 11h-17h (jeu. 20h) - fermé 1er janv., 24-25 et 31 déc. - 6 €.
La collection de ce musée, le plus vieux d'Allemagne en ce domaine (il fut fondé en 1909), est présentée dans un édifice dû à Kunio Maekawa ; le jardin japonais a été dessiné par Masayuki Nagare.
Ses réserves regroupent des œuvres d'art depuis l'âge de la pierre jusqu'au 20e s. On y trouve aussi bien des **bronzes archaïques** des dynasties Shang et Zhou (Chine, 16e-12e s. av. J.-C.) qu'une remarquable collection de **sculptures et de peintures bouddhiques** des 6e-16e s. (Chine, Japon).
À noter les délicates peintures chinoises et les meubles des dynasties Ming (1368-1644) et Qing (1644-1911) qui recréent l'atmosphère sereine d'un cabinet d'homme de lettres. Les paravents japonais, décorés de fleurs et d'oiseaux ou de scènes de *matsuri* (festivités annuelles) sur fond d'or *(kimpaku)*, et les illustrations *ukiyo-e* emportent le visiteur dans un monde disparu.

Musée ethnographique Rautenstrauch-Joest
(Rautenstrauch-Joest-Museum für Völkerkunde) Plan II C5
Cäcilienstraße 29-33 - ✆ 0221 221 31356 - www.museenkoeln.de - tlj sf lun. 10h-18h (jeu. 20h) - 7 €.
Art thaï et khmer du 8e s. au 16e s. (sculptures en pierre, en bronze et en terre, céramique) et antiquités égyptiennes sont les pôles d'intérêt de ce musée, qui a fait peau neuve en 2010, après d'importants travaux de restauration. Il rassemble de 60 000 objets et de 100 000 photographies historiques d'Afrique, d'Asie, d'Amérique et d'Océanie.

★ **Musée du Chocolat** (Imhoff-Stollwerck-Museum) Plan I B3
Rheinauhafen - ✆ 0221 931 88 80 - www.schokoladenmuseum.de - tlj sf lun. 10h-18h, w.-end 11h-19h - fermé pdt le carnaval, 1er janv., 24-25 et 31 déc. - 7,50 €.
Ce musée d'un caractère insolite, non seulement par son architecture, mais surtout par son **site**★, est aménagé dans un bâtiment du port douanier

construit à l'époque des fondateurs *(Gründerzeit)*, qui a été intégré dans un édifice en verre accessible par un petit pont jeté sur le Rhin.
L'histoire du chocolat y est présentée de façon divertissante et interactive : fabrique de chocolat miniature et dégustation ; serre tropicale avec cacaoyer ; beaux récipients et collection de publicités. La maison Stollwerck, fondée à Cologne en 1839, retrace l'histoire de cette boisson autrefois réservée à l'aristocratie.

★ Musée des Jeux olympiques Plan I B3

Im Zollhafen 1 - 0221 33 60 90 - www.sportmuseum-koeln.de - - tlj sf lun. 10h-18h, w.-end 11h-19h - fermé 1er janv., jeu.-merc. pdt le carnaval, 24, 25 et 31 déc. - 6 €.
Le parcours à travers ce musée retrace l'histoire des Jeux olympiques en s'attardant plus précisément du 19e s. à nos jours. Conjointement à une collection de photos, de documents visuels et sonores, vous découvrirez le matériel, les équipements sportifs et les progrès accomplis dans ce domaine.

Centre de documentation du National-socialisme

(NS-Documentationszentrum) Plan I A2
Appellhofplatz 23-25 - 0221 22 12 63 32 - www.nsdok.de - - tlj sf lun. 10h-16h (jeu. 18h), w.-end 11h-16h - 3,60 €.
Entre 1935 et 1945, cette maison de ville fut le quartier général de la Gestapo. Elle l'utilisa comme prison pour les opposants au régime et y conduisit ses interrogatoires. Les inscriptions des détenus sur les murs des cellules étroites, certaines en français, sont les témoins saisissants de cette page sombre de l'histoire allemande. Expositions permanentes et temporaires, forums, importante bibliothèque.

LES ÉGLISES ROMANES

Pour les horaires d'ouverture des églises, voir le site www.romanische-kirchen-koeln.de. Pour les concerts dans les églises, voir le site www.kirchenmusik-koeln.de
À Cologne, la période romane (milieu du 10e s.-milieu du 13e s.) a vu la construction de très nombreuses églises. En parcourant la vieille ville, où douze églises de cette époque subsistent, on a donc un admirable aperçu des périodes et des différents styles de l'architecture religieuse romane en Rhénanie. Certains

LES TEMPS FORTS DU CARNAVAL

La saison du carnaval, qui s'ouvre le 11 novembre à 11h11, est marquée par plusieurs temps forts : le **carnaval des femmes** (le jeudi précédant le Lundi gras – attention : sans crier gare, les femmes coupent la cravate des messieurs !) ; les **Veedelszöch**, défilé des habitants des quartiers et des écoliers, qui a lieu le dimanche et où l'on retrouve les survivances d'un passé romain ; le **défilé du lundi des Roses** (*Rosenmontag*, ou Lundi gras), où alternent chars, fanfares et caricatures géantes qui parodient l'actualité ; le **Mardi gras**, dernier jour des festivités, dont on marque la fin à minuit en brûlant le *Nubbel*, pantin de paille déguisé. Le soir du mercredi des Cendres, les sociétés carnavalesques se réunissent pour le repas de poisson qui annonce le début du Carême. Pendant le carnaval, les Colonais et les nombreux touristes font la fête sans discontinuer.
Brochure et dépliant indiquant l'itinéraire du défilé et donnant tous les renseignements sur l'achat des billets dans les tribunes, la circulation en ville et la réservation de chambres sont disponibles auprès de l'office de tourisme.

Le carnaval de Cologne, le plus important d'Allemagne.
B. Morandi / Hemis.fr

types caractéristiques de construction, comme le **plan tréflé** du chœur et du transept, se sont développés à Cologne *(voir chapitre « Art et Architecture : Le style roman-rhénan » p. 55).*

★ Ste-Marie-du-Capitole (St-Maria-im-Kapitol) Plan II C5

Cette église est un édifice du 11e s. caractéristique de l'architecture ottonienne tardive, bâti sur les fondations d'un temple romain. Le **chœur et le transept à plan tréflé★** sont les plus anciens de ce type à Cologne. La crypte qui s'étend sous le chœur est la plus grande d'Allemagne, après celle de la cathédrale de Spire. Dans le chœur, à gauche, statue de la Madone du bienheureux Hermann-Joseph datant de 1180 environ. À gauche, devant le **jubé Renaissance** (réalisé vers 1525), se dresse la Madone de Limbourg (fin du 13e s.). À l'extrémité ouest de la nef, deux **stèles funéraires** de Plektrudis, épouse de Pépin de Herstal : celle de gauche date de 1160 et celle de droite de 1280. À l'extrémité ouest du bas-côté sud, **portes de bois★** romanes de 1065.

St-Séverin Plan I B3

L'église St-Séverin est la plus ancienne fondation chrétienne de Cologne. L'**intérieur★** présente une belle nef gothique. Remarquer, dans les deux bras du transept, des tableaux du **maître de saint Séverin**, dans le croisillon sud une croix fourchue du 13e s., et derrière le maître-autel la châsse (refaite au 19e s.) de saint Séverin. Dans la crypte, **tombeau de saint Séverin**, évêque de Cologne vers 400 et l'un des saints patrons de la ville.

★ St-Pantaléon Plan I A3

Construite au 10e s., cette église est un témoignage de l'architecture ottonienne. À l'intérieur, **jubé★** gothique flamboyant. Dans la crypte et le bas-côté droit, tombeaux de l'archevêque Bruno de Cologne (10e s.), frère d'Otton le Grand, et de l'impératrice Théophanie, épouse d'Otton II (10e s.).

★ St-Géréon (Gereonskirche) Plan I A2

L'originalité de l'église St-Géréon vient de son plan elliptique et de l'adjonction en 1220 d'un **décagone★** entre ses deux tours. La **crypte** au pavé en mosaïque (11e s.) contient les sarcophages de saint Géréon et des martyrs des légions thébaines. Les **fresques** sont du 13e s. et le retable surmontant l'autel est un exemple de style Renaissance manifestant des survivances gothiques. À l'intérieur de l'église, côté nord, remarquer le tabernacle avec des reliefs retraçant la Cène (1608) et la tapisserie d'Aubusson ; côté sud, Vierge à l'Enfant (1400) polychrome.

St-André (St-Andreas) Plan II C4

L'église St-André, du roman tardif, fut construite dans le premier quart du 13e s. Il s'agit d'une basilique voûtée à piliers avec un transept ouest à deux étages, une courte nef, une tour de croisée octogonale et un transept est avec abside. Ses sculptures sont remarquables. Au début du 15e s., le long chœur fut démoli et remplacé par un chœur gothique avec une châsse vitrée, sur le modèle de celui d'Aix-la-Chapelle (1414-1420). Dans les chapelles gothiques, on peut admirer des peintures murales datant de la 1re moitié du 13e s.

Ste-Ursule (St-Ursula) Plan I B1

Le bas-côté nord de l'église Ste-Ursule abrite un cycle peint (30 scènes) par Stephan Lochner (1456) illustrant le martyre de sainte Ursule, princesse anglaise tuée par les Huns au 5e s. avec 10 de ses compagnes. La tradition a transformé ce chiffre en 11 000. Dans le croisillon sud, la chambre d'ora (1643) contient plus de 120 bustes-reliquaires et 700 ossements. La châsse d'Ursule (1256) et la châsse d'Éthérines (1170-1180), en cuivre repoussé, sont déposées dans le sanctuaire.

À proximité Carte de région AB2

★★ Château d'Augustusburg (Schloss Augustusburg) A2

13 km au sud, dans la ville de Brühl. Compter au moins 1h de visite. 02 232 44 000 - www.schlossbruehl.de - ♿ - visite guidée (1h) fév.-nov. : mar.-vend. 9h-12h, 13h30-16h, w.-end et j. fériés 10h-17h - fermé déc.-janv. et carnaval - 5 €.

Le château a été construit pour célébrer Clemens-Auguste, son illustre propriétaire, membre de la famille princière de Wittelsbach. Ce dernier, nommé évêque à 19 ans, était plus tourné vers les biens de ce monde que de celui de Dieu. La chasse au faucon était son passe-temps favori. Aussi avait-il décidé de bâtir un pavillon de chasse. Lorsqu'il devint archevêque et prince-électeur quatre ans plus tard, le projet évolua vers un palais pouvant servir à des réceptions officielles. De 1725 à 1768, Johann Conrad Schlaun, architecte originaire de Westphalie, et François Cuvilliés, architecte officiel à la cour de Bavière, construisirent un somptueux château rococo. Pour émerveiller les visiteurs, ils aménagèrent un fantastique escalier, avec au plafond un superbe trompe-l'œil faisant croire à une coupole. Quant aux jardins, leur aménagement fut confié à un élève de Le Nôtre.

★★ **Escalier** – Ce magnifique escalier est l'une des plus belles réalisations de **Balthasar Neumann**, architecte officiel à la cour de Wurtzbourg. Les nombreux éléments en faux marbre se déploient dans les tons gris-vert et jaune orangé. Cariatides et atlantes sont groupés par quatre autour de chaque pilier, soutenant la voûte. La **fresque du plafond★**, de Carlo Carlone, glorifie le prince et la dynastie des Wittelsbach.

★★ **Intérieur** – La visite fait découvrir plus d'une vingtaine de pièces.

Nouveaux grands appartements – Salle de garde coiffée d'un plafond peint par Carlo Carlone ; salle à manger dotée d'une galerie, de superbes peintures murales et de fresques au plafond ; somptueuse **salle d'audience★**.

NOS ADRESSES À COLOGNE

TRANSPORTS

Il est recommandé de se procurer la **Köln Welcome Card**. Valable 24h, cette carte, en vente à l'office de tourisme, permet d'utiliser les transports gratuitement et de profiter de réductions dans de nombreux musées et activités. Disponible en trois versions: Cologne-centre, périphérie, et ensemble du réseau régional VRS (9 €, 13 € et 24 €).

Transports en commun – Cologne et sa région sont bien desservies par un réseau de bus, tramway et métro, divisé en plusieurs zones tarifaires jusqu'à Bonn. *www.kvb-koeln.de et www.vrsinfo.de.*

VISITES

En autocar – Tour en autocar (1h30) organisé par la compagnie **Cologne Coach Service** avec guide et visite d'un musée. Départ de l'OT, en face de la cathédrale - *0221 979 25 70 - www.ccs-busreisen.de - tlj à 10h, 12h et 14h, (avr.-oct. : vend. et sam. aussi à 16h) - 11 €.* La même compagnie propose un circuit « Hop On Hop Off » (1h30) en 13 stations, où l'on peut descendre et monter à sa guise (15 €).

À pied – StattReisen Köln - *0221 732 51 13 - www.stattreisen-koeln.de* - Inside Cologne-City Tours - *0221 52 19 77 - www.inside-cologne.de*

En bateau – La compagnie de navigation sur le Rhin de Cologne-Düsseldorf est celle qui possède le plus de bateaux d'excursion sur le Rhin et qui vous mènera le plus loin (jusqu'à Mayence).

Köln-Düsseldorfer Deutsche Rheinschiffahrt (KD) - *0221 208 83 18 - www.k-d.com*

D'autres compagnies proposent également des circuits en bateau :

Dampfschiffahrt Colonia - *0221 257 42 25 - www.dampfschiffahrt-colonia.de*

KölnTourist Personenschiffahrt - *0221 12 16 00 - www.koelntourist.net*

En vélo – La *Kölner Fahrradverleih*, outre la location de vélos (de 1h à 7 j.), propose des visites guidées de la ville (3h) à vélo (*départ tlj à 13h30 de Markmannsgasse, au niveau du Deutzer Brücke) - 0171 62 98 796 - www.koelnerfahrradverleih.de - 15 €.*

HÉBERGEMENT

Outre la période du carnaval, la ville accueille régulièrement des foires et salons de renommée internationale : les prix augmentent alors fortement. Mieux vaut se renseigner et réserver à l'avance.

PREMIER PRIX

Hotel Im Kupferkessel – Plan I A2 - *Probsteigasse 6 (rue au nord de Christophstr. à la hauteur de St-Gereon) - 0221 2 70 79 60 - www.im-kupferkessel.de - 13 ch. (dont 10 simples) à partir de 81 €* . Petit hôtel bien tenu et à l'accueil chaleureux aux abords de la vieille ville. Les chambres sont petites et de confort simple (quelques-unes avec salle de bains à l'étage). La salle du petit-déjeuner est agréable.

Rhein Hotel – Plan II C5 - *Frankenwerft 31-33 - 0221 257 79 55 - www.koeln-rhein-hotel.de - 45 ch. 83/131 €* . Parmi les premiers prix en centre-ville. Toutes les chambres disposent d'une douche, les moins chères ayant les WC sur le palier.

Hotel Brandenburger Hof – Plan I B1-2 - *Brandenburger Straße 2 - 0221 122 889 - www.*

brandenburgerhof.de - ⊭ - 🅿 - *31 ch. 75/170 €* ☕. Au nord de la vieille ville et à proximité de la gare principale *(Hauptbahnhof)* et de la cathédrale, cet hôtel aux chambres fonctionnelles, possède un petit jardin. Prix raisonnables.

Pension Otto – Hors Plan I vers A3 - *Richard Wagner Straße 18 - ☎ 0221 252 977 - www.pensionotto.de - 5 ch. 60/90 €* ☕. On se sent vraiment chez soi dans cette petite pension familiale, installée au 2e étage d'une maison de ville. L'accueil chaleureux y est pour quelque chose. Chambres simples et bien insonorisées. Préférer tout de même celles sur cour. Une pension similaire se trouve à l'étage supérieur.

Hotel Hayk – Plan II C5 - *Frankenwerft 9- ☎ 0221 925 74 40 - www.haykhotel.com- 6 ch. à partir de 65 €* ☕. Le meilleur rapport qualité-prix des hôtels situés sur les quais du Rhin. Beaucoup de charme et un accueil très chaleureux. Quelques appartements en plus.

BUDGET MOYEN

Hotel Kunibert der Fiese – Plan II C5 - *Am Bollwerk 1-5 - ☎ 0221 92 54 680 - www.kunibertderfiese.de - 22 ch. à partir de 90 €* ☕. Un bon compromis entre confort, prix et localisation (près du centre). D'autres hôtels de même catégorie se trouvent à proximité, tous avec vue sur le Rhin.

Hotel Allegro – Plan I B2-3 - *Thurnmarkt 1 - ☎ 0221 240 82 60 70 - www.hotel-allegro.com - 40 ch. 98 € - ☕ 5 €*. À deux pas du Musée du Chocolat, chambres modernes ou décorées dans le style bavarois, avec lit à baldaquin et meubles en pin.

Günnewig Kommerz Hotel – Plan II C4 - *Johannisstr. 30-34 - ☎ 0221 16 100 - www.guennewig.de - 77 ch. 119 €/279 €* ☕. Situé juste à la sortie de la gare principale (côté opposé à la cathédrale), cet immeuble orange vif très typé années 1970 attire le regard. Intérieur intégralement rénové, chambres bien équipées et confortables. Sauna. Copieux petit-déjeuner.

Hotel Krone – Plan II C5 - *Kleine Budengasse 15 - ☎ 0221 92 59 310 - www.hotel-krone-koeln.de - 28 ch. 95/179 €* ☕. Hôtel de centre-ville à la sobre façade de bois sombre. Service accueillant, chambres impeccables et fonctionnelles.

POUR SE FAIRE PLAISIR

Lint Hotel – Plan II C5 - *Lintgasse 7 - ☎ 0221 920 550 / 0800 5 458 458 - www.lint-hotel.de - 18 ch. 129/219 €* ☕. Hôtel au mobilier contemporain, équipé de tout le confort moderne, au cœur du centre historique.

UNE FOLIE

Hotel im Wasserturm – Plan I B3 - *Kaygasse 2 - ☎ 0221 200 80 - www.hotel-im-wasserturm.de - 88 ch. à partir de 164 € - ☕ 28 €*. Cette imposante construction en brique, qui fut autrefois le plus grand château d'eau d'Europe, offre un cadre original, des chambres de grande qualité et un design intérieur signé Andrée Putman. Le hall est impressionnant avec ses 11 m de hauteur. Depuis le restaurant, situé au 11e étage, belle vue sur la ville.

Excelsior Hotel Ernst – Plan II C4 - *Domplatz - ☎ 0221 27 01 - www.excelsiorhotelernst.de - 152 ch. à partir de 295 €* ☕. La meilleure adresse de Cologne, juste en face de la cathédrale. Un très beau hall d'entrée en marbre permet d'accéder à cet établissement traditionnel. Des chambres raffinées et des suites de grand style, ainsi qu'un sauna et un espace de remise en forme attirent une clientèle exigeante.

SE RESTAURER

PREMIER PRIX

Paprica – Hors Plan I vers A3 - *Zülpicher Straße 46 - ✆ 0221 271 628 44 - www.paprica-koeln.com - 8/18 €.* Au cœur du quartier animé de la Zülpicher Straße, restaurant chaleureux aux couleurs de la fameuse épice. Choix de copieux *Schnitzels*, salades, pâtes et pizzas à prix très raisonnables. Service efficace et gentil.

Gilden im Zims – Plan II C5 - *Heumarkt 77 - ✆ 0221 168 661 10 - www.gilden-im-zims.de - 15/48 €.* Pendant que l'on patiente (peu) pour son snack, *schnitzel*, ou plat traditionnel régional, on peut lire dans le menu des anecdotes sur les « héros » qui ont fait l'histoire de Cologne. Le cadre mêle habilement design contemporain et vieilles pierres. Au sous-sol, une magnifique salle de night-club s'anime le week-end.

Belgischer Hof – Hors Plan I vers A2 - *Brüsseler Straße 54 - ✆ 0221 54 81 70 17 - www.belgischer-hof.de - 15/23 €.* Dans une ambiance qui rappelle la Méditerranée, avec de petites lanternes sur les tables en bois sombre, on se laissera tenter par une tarte flambée ou des plats d'inspiration française.

BUDGET MOYEN

Pfaffen Brauerei – Plan II C5 - *Heumarkt 62 - ✆ 0221 257 77 65 - www.max-paeffgen.de - 15/25 €.* Une des dernières brasseries de Cologne où l'on brasse la bière sur place. Dans un décor rustique, on vient surtout pour déguster la bière typique de la ville, la Kölsch, et des plats régionaux. En été, agréable *Biergarten* à l'arrière.

Peters Brauhaus – Plan II C5 - *Mühlengasse 1 - ✆ 0221 257 39 50 - www.peters-brauhaus.de - 17/32 €.* Une brasserie typique de Cologne. Le bois ajoute convivialité et chaleur au cadre rustique et confortable du lieu. Plusieurs espaces avec un coin brasserie et une salle de restaurant.

POUR SE FAIRE PLAISIR

Heising und Adelmann – Plan I A2 - *Friesenstraße 58-60 - ✆ 0221 130 94 24 - www.heising-und-adelmann.de - mar.-sam. 18h-22h30 - 31/48 €.* Ce restaurant propose des plats variés dans un cadre décontracté. Au bar, vous aurez le choix parmi 50 cocktails différents. Belle terrasse située à l'arrière.

Hase – Plan I A2 - *St.-Apern-Straße 17 - ✆ 0221 25 43 75 - fermé dim. - (pas de cartes de crédit) - 25/50 €.* Les tables en bois clair de ce restaurant-bistrot ajoutent à la note rustique du lieu. Quelques plats, classiques, sont proposés sur une ardoise.

Osman 30 Restaurant – Plan I A1 - *Im Mediapark 8 - ✆ 0221 5005 20 80 - www.osman-cologne.de - tlj sf dim. 18h-23h30 - 39 € - menus 44/49,50 €.* Restaurant moderne et chic au 30e étage de la tour de verre du Media-Park. Bar à vins, brunch et tea-time le w.-end.

Em Krützche – Plan II C4 - *Am Frankenturm 1 - ✆ 0221 258 08 39 - www.em-kruetzche.de - fermé Sem. sainte et lun. - 30/51 €.* Fondée il y a plus de 400 ans, cette maison familiale de la vieille ville propose une cuisine internationale. Terrasse donnant sur le Rhin.

UNE FOLIE

Le Moissonnier – Plan I B1 - *Krefelder Straße 25 - ✆ 0221 72 94 79 - www.lemoissonnier.de - fermé lun. et j. fériés, 24 déc.-3 janv., 1 sem. à Pâques et 3 sem. en août/sept. - réserv. recommandée - menus 65/100 €.* On se sent « comme un coq en pâte » dans ce bistrot typique de style Art nouveau *(Jugendstil)*, aménagé dans une maison ancienne du centre-ville. Les préparations créatives de la gastronomie française font le reste.

PETITE PAUSE

Cafe Rosenow – *Heumarkt 65 - ☏ 0221 272 58 76 - 8h30-18h30 (sam. 19h).* Salon de thé aux couleurs fraîches. La vitrine de petits pains et pâtisseries rend le choix difficile.

Baris Aksu – *Kolumbastraße 8 - ☏ 0221 271 08 00 - www.espresso perfetto.de - 9h-19h (sam. 16h) - fermé dim.* Ici, on déguste son expresso ristretto au comptoir, à l'italienne ! Assortiment de machines à café rutilantes et collection d'affiches publicitaires rétro.

SupaSalad – *Friesenwall 77 - ☏ 0221 4768 4053 - www. supasalad.de - 10h-20h (sam. 12h-20h).* Salades et sandwichs frais élaborés à la demande selon votre choix d'ingrédients. Jus de fruits frais pressés pour faire le plein de vitamines. Autre adresse : Gertrudenstraße 33.

Café Reichard – *Unter Fettenhennen 11 (en face de la cathédrale) - ☏ 0221 2 57 85 42 - www.cafe-reichard.de - 8h30-20h.* Ce café au décor intérieur classique comporte un jardin d'hiver et une grande terrasse. Si l'on y ajoute la magnifique vue sur la cathédrale, on comprend pourquoi l'établissement est aussi fréquenté. La véranda est sans nul doute le meilleur emplacement pour observer le fourmillement de la ville.

EN SOIRÉE

Bon à savoir – Dans la vieille ville, vous trouverez un grand nombre d'endroits pour manger, boire et vous divertir. Les cafés se concentrent principalement dans le quartier belge, entre la Aachener Straße et la Venloer Straße, le quartier de l'université (autour de la Zülpicher Straße) et le Friesenviertel (Friesenstraße). La bière traditionnelle de la ville, servie habituellement dans des verres de 0,2 l, est la *Kölsch*.

Biergarten im Stadtgarten – *Venloer Str. 40 (rue qui part de la station Friesenplatz vers l'ouest) - ☏ 0221 95 29 940 - www. stadtgarten.de - avr.-oct : 12h-0h (fermé par mauvais temps).* À quelques encablures du centre-ville, vous trouverez cet agréable *Biergarten* situé à l'entrée du parc public *(Stadtgarten).* À partir de 15h, on y sert de petits en-cas.

Cuba Bar – *Zülpicher Straße 25 - ☏ 0221 789 600 72 - 18h-3h (vend. et sam. 5h).* Dans ce bar situé au cœur de l'action dans la Zülpicher Straße, on sirote son cocktail perché sur des tabourets hauts, au son de la salsa et autres musiques ensoleillées. Beaucoup d'autres bars dans le quartier.

Früh am Dom – *Am Hof 12-14 - ☏ 0221 2 61 30 - www.frueh.de - 8h-0h30 - fermé 24 déc.* Brasserie décontractée, offrant sur chacun des trois niveaux que compte l'établissement une cuisine différente. Le client se voit servir sa *Kölsch* sans même l'avoir commandée. Le restaurant au 1er étage conviendra à ceux qui recherchent le calme ; la cave est, quant à elle, plus typique.

Papa Joe's Biersalon « Klimperkasten » – *Alter Markt 50-52 - ☏ 0221 2 58 21 32 - www. papajoes.de - 11h-3h.* Ambiance rétro garantie dans ce restaurant dont les murs et même le plafond sont couverts de vieilles photos. Vous apprécierez ce voyage dans le temps au son du piano ou des airs entraînants joués par des automates musiciens.

Papa Joe's Jazzlokal « Em Streckstrump » – *Buttermarkt*

37 (rue parallèle au Rhin qui part de Groß St. Martin vers le sud) - ✆ 0221 2 57 79 31 - www.papajoes.de - 20h-3h, dim. à partir de 15h30 - entrée gratuite. Depuis plus de 25 ans, le jazz règne en maître sur les soirées de cet établissement. Le prix des consommations est un peu élevé, mais les concerts sont gratuits et l'ambiance y est toujours bonne. Tous les dimanches : « Four O'Clock Jazz ».

Hyatt-Biergarten – *Kennedyufer 2a (venant de la cathédrale, traverser le Hohenzollernbrücke) - 50679 Köln-Deutz - ✆ 0221 82 81 234 - www.cologne.regency.hyatt.de - de fin avr. à déb. mai et de fin sept. à déb. oct. : lun.-sam. 12h-24h, dim. 11h-24h (fermé par mauvais temps).* Le *Biergarten* de ce luxueux hôtel, situé sur la rive droite du Rhin, offre une vue magnifique sur la cathédrale et le centre historique de Cologne. De début mai à fin août, les « dimanches jazz » (12h-15h, entrée libre) attirent toujours une foule d'amateurs.

ACHATS

Bon à savoir – La cathédrale constitue le point de départ de tout lèche-vitrine à Cologne. De là, on arrive directement dans la principale rue commerçante, la Hohe Straße. Cette dernière croise la Schildergasse, bordée de grands magasins. À proximité du Neumarkt, on trouve bon nombre de galeries et de passages commerçants, tels que le Neumarktpassage et la Neumarktgalerie. Les boutiques de luxe abondent dans la Breite Straße, la Mittelstraße et la Pfeilstraße. D'autres quartiers de la ville, par exemple la Chlodwigplatz dans le sud de la ville, ou encore la Bonner Straße et la Severinstraße, sont également propices au lèche-vitrines.

Les antiquaires et les galeries d'art se concentrent dans la St-Apern-Straße ; on trouve également des galeries d'art au nord du Neumarkt (dans l'Albertusstraße) et dans le quartier de la cathédrale.

4711 Echt Kölnisch Wasser – *Glockengasse 4711 - ✆ 0221 9 25 04 50 - www.4711.com - lun.-vend. 9h-19h, sam. 9h-18h.* La maison traditionnelle de la fameuse eau de Cologne. Vous y trouverez une fontaine de l'*Aqua mirabile* pour vous rafraîchir, une exposition historique, ainsi que des souvenirs et des produits de beauté. Le carillon sur la façade sud de la maison joue *La Marseillaise* toutes les heures entre 9h et 19h.

Deiters – *Gürzenichstraße 25 - ✆ 0221 250 87 11- www.deiters.de.* Passage obligé si vous êtes à Cologne pour le carnaval, ce magasin propose toutes sortes de déguisements plus extravagants les uns que les autres.

AGENDA

Carnaval – *Début de la saison le 11 novembre.* Il se termine en février, avec le défilé du lundi des Roses, le Lundi gras.

Ringfest der PopKomm – *Août.* Festival de musique gratuit.

Art Cologne – *Fin oct.-début nov.* L'une des plus grandes expositions mondiales d'art moderne et contemporain.

Aix-la-Chapelle

Aachen

★

259 270 habitants – Rhénanie du Nord-Westphalie

NOS ADRESSES PAGE 380

S'INFORMER

Office de tourisme – *Elisenbrunnen, Friedrich-Wilhelm-Platz - ☏ 0241 180 29 60 ou 61 - www.aachen-tourist.de - 9h-18h, sam. 9h-14h (avr.-déc. : sam. 9h-15h, dim. et j. fériés 10h-14h).*

SE REPÉRER

Carte de région A2 (p. 354-355) – *cartes Michelin nos 718 E 9 et 543 N 2.* Aix-la-Chapelle est à 70 km à l'ouest de Cologne.

Aix-la-Chapelle est une ville de cure réputée, dont les sources d'eau chaude étaient déjà connues des Celtes. Lieu de résidence préféré de Charlemagne, qui en fit la capitale de l'Empire franc, elle possède une remarquable cathédrale où furent couronnés trente empereurs. Aujourd'hui centre industriel actif et dotée d'une université technique de bonne réputation, elle doit à la proximité de la Belgique et des Pays-Bas le charme d'une ambiance cosmopolite.

Découvrir

QUARTIER DE LA CATHÉDRALE

Se reporter au plan page ci-contre.

★★ La cathédrale Notre-Dame (Dom)

☏ 0241 4770 9127 - www.aachendom.de - ♿ - avr.-déc. : 7h-19h ; janv.-mars : 7h-18h - visite guidée 4 €.

La tour, haute de 74 m, indique le cœur du centre-ville. Le noyau de la cathédrale est constitué par la basilique octogonale à coupole dont Charlemagne entreprit la construction peu avant 800. C'était le premier édifice construit au nord des Alpes sur le modèle des églises byzantines. Le chœur gothique (commencé en 1355) fut consacré en 1414, pour le six centième anniversaire de la mort de l'empereur. La cathédrale est inscrite sur la liste du Patrimoine mondial de l'Unesco.

Extérieur – *Partant du Katschhof (côté nord), faire le tour de la cathédrale.* On voit successivement la chapelle St-Nicolas (avant 1487), la chapelle St-Charles-Hubert (1455-1474) avec son portail flamboyant, et enfin le chœur, où des statues du 19e s. s'intercalent entre les hautes fenêtres. De la Münsterplatz *(côté sud)*, on a une belle vue sur la plus grande partie visible de l'église carolingienne surmontée d'une coupole à côtes (17e s.). Sur ce côté s'élèvent trois chapelles : la chapelle St-Matthias (1414), la chapelle Ste-Anne (avant 1449), toutes deux gothiques, et la chapelle hongroise (1756-1767). On accède au porche carolingien par une **porte en bronze** à deux vantaux, décorée de têtes de lion (vers 800).

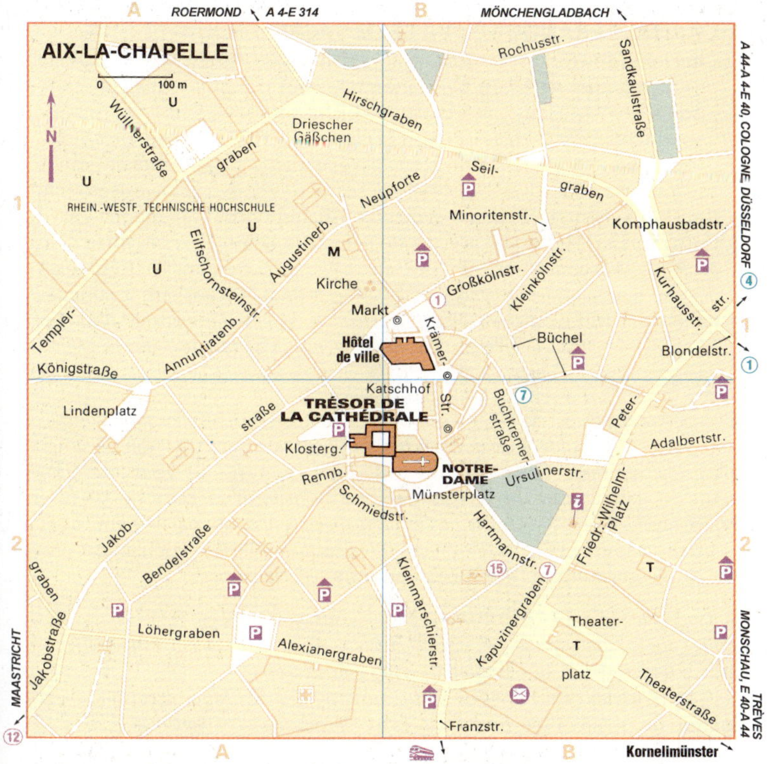

SE LOGER

- Aquis Grana City Hotel .... (7)
- Haus Press .... (1)
- Royal .... (4)

SE RESTAURER

- Aachen Brauhaus .... (7)
- La Bécasse .... (12)
- Ratskeller .... (1)
- Tapaloca .... (15)

Intérieur – L'octogone est entouré d'un déambulatoire à deux étages, dont les ouvertures, à l'étage supérieur, sont fermées par des grilles en bronze de l'époque carolingienne. La coupole est décorée de somptueuses mosaïques du 19e s. En son centre est suspendu un splendide **lustre**★★ en cuivre offert par Frédéric Barberousse (1165). À droite des deux piliers précédant le chœur se trouve la statue vénérée de Notre-Dame d'Aix (14e s.). Le chœur est éclairé par des vitraux modernes. À droite, au-dessus de la porte donnant accès à la sacristie, on peut voir l'**ambon d'Henri II**★★★, chaire en cuivre doré ornée de pierres précieuses (début du 11e s.). Le maître-autel carolingien resplendit d'une **Pala d'Oro**★★★ (parement en or), où sont représentées des scènes de la Passion et un Christ en gloire (vers 1020).
Dans l'abside, la **châsse de Charlemagne**★★★ (Karlsschrein ; 1200-1215), merveilleux travail en argent doré et repoussé, conserve les ossements de l'empereur. Dans la travée d'entrée du chœur, **châsse de Marie** (1238).

CAPITALE FRANQUE ET VILLE DE SACRE

Charlemagne (747-814), roi des Francs depuis 768, choisit Aix-la-Chapelle pour y installer de façon permanente la cour franque, qui avait mené jusque-là une vie itinérante. En l'an 800, il fut couronné empereur romain. Il soumit les Saxons et les Bavarois et consolida la frontière de son empire contre les invasions des Maures, des Slaves et des Danois. Il attira de grands savants à sa cour; des écoles religieuses et des couvents favorisèrent le développement de la culture et de la christianisation. Charlemagne a ainsi transmis à l'Occident les trésors de la culture latine et le bénéfice d'un effort de réorganisation administrative. Il fut enterré dans l'octogone de la chapelle palatine. De 936 à 1531 (soit pendant 600 ans), trente princes allemands furent sacrés rois de Germanie dans la cathédrale d'Aix-la-Chapelle. En 1562, la ville dut céder ce privilège à Francfort-sur-le-Main.

Dans la travée ouest de l'étage se trouve le **trône★** de Charlemagne *(visible au cours des visites guidées uniquement)*. Ce siège, resté intact, est fait de simples plaques de marbre ajustées. Une fois élus et sacrés, plus de trente empereurs du Saint Empire romain germanique montèrent sur ce trône et y furent couronnés entre 936 et 1531. Les milliers de pèlerins, qui participent tous les sept ans depuis 1349 au pèlerinage d'Aix-la-Chapelle (le prochain est prévu en 2014), empruntent l'étroit passage situé sous le trône.

★★★ Trésor de la cathédrale (Domschatzkammer)

Entrer par la Klostergasse - ✆ 0241 4770 9127 - ♿ - avr.-déc. : 10h-18h ; janv.-mars : 10h-17h - fermé lun. apr.-midi - 5 € - visite guidée 6,50 €.

Il s'agit d'un des plus riches trésors situés au nord des Alpes. Il réunit une collection unique d'objets précieux liés à l'histoire de la cathédrale.

Plus de cent magnifiques œuvres d'art sont exposées à cet endroit, parmi lesquelles le **buste-reliquaire de Charlemagne** (après 1349) en or et en argent, offert par Charles IV ; la **croix de Lothaire**, ornée de pierres précieuses (vers 1100) ; l'autel d'Aix-la-Chapelle (vers 1520) et une situle en ivoire unique en son genre (vers 1000). On y découvre également de nombreuses étoffes précieuses regroupées autour de la **Cappa Leonis** (14e s.), qui servait de manteau de couronnement.

Hôtel de ville (Rathaus)

✆ 0241 423 7310 - www.aachen-tourist.de - ♿ - 10h-18h - possibilité de visite guidée (1h) sur demande à l'office de tourisme - 5 €.

L'hôtel de ville fut construit au 14e s. à l'emplacement du palais de Charlemagne, dont il reste encore la tour de Granus *(à l'angle de la Krämerstraße)*. Il rappelle également le passé impérial de la ville en exposant sur sa façade (côté marché) des statues d'empereurs et de rois couronnés à Aix.

La **fontaine du marché** est ornée d'une statue de Charlemagne.

À l'intérieur de l'hôtel de ville s'ouvre la **salle blanche** *(Weißer Saal)*, où fut négociée en 1748 la paix d'Aix-la-Chapelle. La **salle du Conseil** est décorée de boiseries (1730) d'un maître de Liège. C'est dans la **salle du couronnement** voûtée d'ogives qu'est décerné chaque année le prix Charlemagne de la ville d'Aix *(Karlspreis)*. Il récompense ceux qui ont œuvré pour l'Europe.

Buste de Charlemagne dans la cathédrale d'Aix-la-Chapelle.
SIME/O. Fridmar / Sime/Photononstop

À proximité Carte de région A2

★★ Monschau

À 35 km au sud d'Aix-la-Chapelle.

La petite ville de Monschau, qui porta le nom de Montjoie jusqu'en 1919, est une ravissante bourgade nichée au fond d'une gorge sinueuse de la Rur. Le promeneur découvre, au fil de rues tortueuses, un chapelet de maisons étroites et hautes, aux toits d'ardoise, alignant leurs façades à colombages au bord de l'eau. Monschau est également réputée pour ses spécialités culinaires, en particulier les *Montjoier Düttchen* (croissants de Montjoie). La cité est établie à l'ouest du massif de l'Eifel, à quelques kilomètres seulement de la frontière belge. Un **belvédère**★★ aménagé en bordure de la route 258, en venant d'Aix-la-Chapelle, permet d'avoir un superbe coup d'œil sur la ville.

Le quartier le plus ancien est situé autour de la Kirchstraße (voir la vieille maison recouverte d'ardoise au n° 33).

★ **La maison Rouge** (Rotes Haus) – *Laufenstr. 10 - ☏ 02 472 50 71 - www.rotes-haus-monschau.lvr.de - du Vend. saint au 30 nov. : tlj sf lun. 10h, 11h, 14h, 15h, 16h - 2,50 €.* Le drapier et commerçant Johann Heinrich Scheibler fit construire en 1760 cette maison, qui lui servait de logement et de magasin. L'**aménagement intérieur**★ reflète le goût bourgeois des 18e et 19e s.

Les lacs du Nord-Eifel

32 km au sud d'Aix-la-Chapelle - Circuit de 85 km – une demi-journée.

À 2 km au nord de Monschau, un **belvédère**★, sur la droite de la route, domine la ville. À partir d'Imgenbroich, de belles échappées se dégagent à droite sur la région des lacs de la Rur. Quittant Schmidt, on aperçoit la ruine de Nideggen.

Nideggen – Le **château** *(Burg)* en grès rose, construit au 12e s., fut la résidence des comtes et ducs de Juliers jusqu'au 15e s., puis il tomba en décrépitude. Du donjon, aménagé en **musée des Forteresses et Châteaux** en Eifel *(Burgenmuseum)*, belle **vue★** sur la vallée de la Rur entaillant les plateaux de l'Eifel, au sud, et, au nord, sur le bassin d'Aix-la-Chapelle. L'église du 12e s., restaurée, possède un chœur roman décoré de fresques.

★ **Barrage de la Rur** (Rurtalsperre) – Dans un site sauvage, le lac de barrage, dit aussi lac de Schwammenauel, forme avec celui de l'Urft, au sud, le plus important plan d'eau de l'Eifel. Des **services de vedettes** permettent de les parcourir.

La route traverse le barrage et s'engage dans la forêt de Kermeter. À Einruhr, on longe l'extrémité sud du lac, que l'on domine du belvédère aménagé dans la montée.

NOS ADRESSES À AIX-LA-CHAPELLE

HÉBERGEMENT

PREMIER PRIX

Haus Press – Hors Plan B1 - *Trierer Straße 842-844 - 52078 Aachen-Brand, à 8,5 km d'Aix-la-Chapelle - ✆ 0241 92 80 20 - fax 0241 92 80 211 - www.haus-press.de - P 15 ch. à partir de 65 € (60 € avec douche et toilettes sur le palier)* ☕. Petit hôtel familial sans prétention, à l'équipement fonctionnel. Des chambres à 3 lits sont proposées. Les moins chères ont les toilettes et la douche sur le palier.

BUDGET MOYEN

Aquis Grana City Hotel – Plan B2 - *Büchel 32 - ✆ 0241 44 30 - www.hotel-aquisgrana.de - P - 97 ch. 78/130 €.* Hôtel cosy, décoré avec des couleurs chaudes et des éléments en bois. Accueil personnalisé et chambres au calme dans le cœur d'Aix. Entièrement rénové en 2007.

Royal – Hors Plan B1 - *Jülicher Straße 10 - 52070 Aachen - ✆ 0241 18 22 80 - www.royal.bestwestern.de - P - 35 ch. à partir de 82 € - ☕ 15 €.* Hôtel moderne et confortable proche du centre-ville. Les chambres sont bien équipées et particulièrement au calme à l'arrière.

RESTAURATION

PREMIER PRIX

Aachen Brauhaus – Plan B2 - *Kapuzinergraben 4 - ✆ 0241 36 017 - www.aachener-brauhaus.de - 17/30 €.* Brasserie traditionnelle allemande en centre-ville, très fréquentée par les touristes tout comme par les locaux. Choix varié de plats régionaux et nationaux à des prix raisonnables.

Tapa Loca – Plan B2 - *Elisabethstr. 6 - ✆ 0241 400 50 78 - www.tapaloca.de - 21/30 €.* Décor chaleureux avec palmiers et couleurs ensoleillées. Buffet avec large choix de tapas. Plats à la carte pour les plus grosses faims.

POUR SE FAIRE PLAISIR

Ratskeller – Plan B1 - *Markt 40 - ✆ 0241 350 01 - www.ratskeller-aachen.de - ♿ - 27/60 €.* Ce coquet restaurant a été aménagé dans l'hôtel de ville historique donnant sur le marché, sous une ancienne voûte d'arête. Plats traditionnels.

UNE FOLIE

La Bécasse – Hors Plan A2 - *Hanbrucher Str. 1 - ✆ 0241 7 44 44 - www.labecasse.de - 63/75 € (menu midi : 34 €).* La cuisine de ce restaurant moderne se focalise sur des produits de qualité provenant surtout de la frontière belge et préparés avec une note personnalisée. Toujours recommandés : les plats du jour.

PETITE PAUSE

Domkeller – *Hof 1 - ✆ 0241 34265 - www.domkeller.de - 10h-2h (vend.-sam. 3h).* Dans une maison en brique du centre historique, bar-resto convivial qui attire les étudiants. Musique live ou DJ en soirée. Grande terrasse sur la zone piétonne. Sélection de gâteaux et de snacks.

EN SOIRÉE

Café Molkerei – *Pontstr. 141 (depuis Markt vers le nord-ouest) - ✆ 0241 489 82 - 10h-2h, vend.-sam. jusqu'à 3h.* Ce café, très fréquenté par les étudiants, s'est installé au cœur d'un des quartiers les plus populaires d'Aix-la-Chapelle, dans une ancienne laiterie. Le matin, on y sert des formules petit-déjeuner. Le soir, cocktails savoureux.

Magellan – *Pontstr. 78 (depuis Markt vers le nord-ouest) - ✆ 0241 4 01 64 40 - www.magellan-ac.de - dim.-jeu. 10h-1h, vend.-sam. 10h-2h.* Cet établissement, à la fois café-bar et restaurant, est très agréable en été, du fait de sa terrasse ombragée.

Van den Daele Alt Aachener Café-Stuben – *Büchel 18 (près du Couven--Museum)- ✆ 0241 3 57 24 - www.van-den-daele.de - 9h-18h30 (w.-end 18h30).* Venez déguster ici la spécialité de Cologne, les *Printen* (pain d'épice), ou bien la *Milchreisfladen* (galette de riz).

Villes de la Ruhr

Ruhrgebiet

★

Rhénanie du Nord-Westphalie

NOS ADRESSES PAGE 390

SE REPÉRER
Carte de région AB1 (p. 354-355) – *cartes Michelin n°s 718 F 8 et 543 ML 4-5.* Liaison directe par train Paris-Essen (4h 25). La Ruhr s'étend sur environ 60 km de Duisbourg à Dortmund, à 30 km au nord de Düsseldorf. Le **GPS** s'impose si vous êtes en voiture, car le réseau routier est très dense.

À NE PAS MANQUER
Zollverein, le parc paysager de Duisbourg et le musée de la Mine à Bochum.

ORGANISER SON TEMPS
Deux jours permettent de se faire une idée de la région.

AVEC LES ENFANTS
Le musée allemand de la Mine à Bochum.

La Ruhr, façonnée par le charbon et l'acier, ne peut être une destination touristique classique. Cette myriade de villes, au paysage qui demeure industriel, s'est profondément transformée depuis trente ans, en raison du déclin industriel. Elle a réhabilité de manière spectaculaire les sites de production qui ont fermé et s'est alors tournée vers la culture. Elle a su préserver son patrimoine et le réinvestir en y créant des lieux de vie pour les habitants. Les villes de la Ruhr veulent rester vivantes et sont devenues un terrain d'expérimentation pour l'architecture, les aménagements urbains et la création. De nombreux musées d'art moderne et contemporain se sont installés dans ces villes, dans des bâtiments industriels transformés ou conçus par les meilleurs architectes internationaux. L'histoire récente se mêle à la création contemporaine, ne manquez ni l'un ni l'autre.

Découvrir

Traversée par des autoroutes, cette grande région urbaine s'étend de Duisbourg à Dortmund. Deux cents mines de charbon ont fermé depuis 1960 et la production sidérurgique s'est concentrée sur un petit nombre d'usines géantes le long du Rhin. De gigantesques opérations d'aménagement et des créations d'espaces verts ont transformé ce qu'on appelait le « pot à charbon » (*Kohlenpott*). Pour partir à la découverte du patrimoine industriel, **mines de charbon, hauts-fourneaux, cokeries, gazomètres ou terrils** suivez la *Route der Industriekultur (www. route-industriekultur.de, signalée sur place par des panneaux marrons)* dont les points forts sont le site de Zollverein et le « parc paysager » de Duisbourg. Nous proposons ci-dessous les principales curiosités, en terme de patrimoine industriel et de musées d'art. Privilégiez partout les visites guidées car les sites sont immenses. *(Visites privées en anglais ou français : Stephan Haas www.tourserviceruhr.de)*

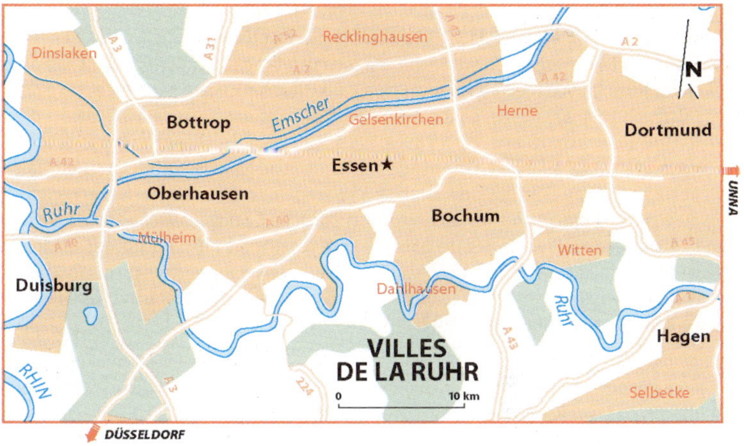

★ ESSEN

La capitale de la Ruhr, ancienne capitale minière de l'Europe, offre désormais des zones piétonnes animées par des magasins et des espaces verts. Les trois quarts de la population active travaillent aujourd'hui dans les services et le commerce.

★★ Musée Folkwang (Museum Folkwang)

Goethestr. 41 - ✆ 0201 884 53 01 - www.museum-folkwang.de - ♿ - tlj sf lun. 10h-18h (vend. 22h30) - fermé 1er janv., lun. de Pâques et de Pentecôte, 1er Mai, 31 déc. - 5 €.

De renommée internationale, ses collections permanentes sont exposées depuis 2010 dans un bâtiment très lumineux conçu par le célèbre architecte David Chipperfield. Le musée regroupe des œuvres allemandes et françaises, peintures, sculptures, gravures et photographies des 19e et 20e s. À côté des romantiques allemands et des réalistes du 19e s., on trouve de nombreuses œuvres des réalistes français, des impressionnistes, des cubistes et des surréalistes. Les peintres du Brücke et du Cavalier bleu, les artistes du Bauhaus témoignent de la diversité de l'expressionnisme allemand et de l'art du 20e s. Remarquez surtout la collection très complète d'œuvres d'art réalisées après 1945, comme celles de Baselitz, Kiefer, Lüpertz, Penck, Richter ou d'artistes américains (Pollock, Newman, Stella).

★ Site de Zollverein

Gelsenkirchener Straße 181 - ✆ 0201 24 68 10 -www.zollverein.de. Prendre un plan du « Zollverein world heritage site » au point info.

Le site de Zollverein, inscrit au Patrimoine de l'Unesco depuis 2001, est sans doute le complexe industriel le plus renommé de la Ruhr et le meilleur témoin de l'ère du charbon et de l'acier. Sur une étendue de 100 ha, il est divisé en trois espaces : le puits XII, le puit 1/2/8 et la cokerie. Le premier puits de charbon y fut creusé en 1847, la dernière production de charbon eut lieu en 1986 et la cokerie ferma ses portes en 1993. *Commencez votre visite par le puits Zollverein XII.*

★ **Zollverein XII** (*Schacht XII*) – Cette ancienne mine de charbon est l'un des joyaux de la Ruhr. A l'entrée principale se dresse le grand chevaleret, ou tour d'extraction de la mine, de 55 m de haut. Derrière lui se trouve l'ancien bâtiment de lavage de charbon, transformé aujourd'hui en musée de la Ruhr.

5

DIX ANS DE TRAVAUX POUR UNE REGION BLESSÉE
En 1988, le gouvernement fédéral allemand lance un projet pour l'avenir de la Ruhr dévastée : ce sera l'exposition internationale d'architecture de l'**Emscher- Park** (IBA), point de départ et moteur de la revitalisation de la Ruhr. Durant 10 ans, de 1989 à 1999, 120 projets seront conçus et mis en oeuvre par 19 villes. L'héritage de l'industrie lourde a été perçu par les acteurs locaux comme une chance à saisir pour créer une nouvelle région culturelle. La nomination de la région comme Capitale européenne de la Culture en 2010 a été vécue comme une reconnaissance pour ces efforts et un encouragement à poursuivre la revitalisation de la région pour en faire un noyau culturel de tout premier ordre. Le festival «**R uhrtriennale**» naîtra dans ce sillage en 2002.

Les superbes bâtiments en brique qui composent le puits XII furent construits en 1932, par les architectes Fritz Schupp et Martin Kremmer. Ce puits, considéré par les spécialistes comme un chef-d'œuvre de technologie, extrayait 12 000 tonnes de charbon par jour ! Se voulant une mine modèle et la « plus belle mine du monde », où symétrie et géométrie dominent, Zollverein appartenait au plus grand groupe sidérurgique européen (Vereinigte Stahlwerke AG) et avait été créé pour être leur carte de visite. Il cessa de fonctionner en 1986.
★ **Musée de la Ruhr** *(Ruhrlandmuseum) – ✆ 0201 24681 444 - www.ruhrland-museum.de - avr.-sept. : 10h-20h ; oct.-mars : 10h-18h - 6 €.* Aménagé dans une ancienne installation de lavage de charbon, le musée de la Ruhr a ouvert ses portes en 2010. Les escalators de 58 m de long vous emmènent à 24 m de haut. L'éclairage orange, dans les rampes et les escaliers est là pour rappeler la couleur des flammes. Il est essentiellement consacré, outre ses collections géologiques et archéologiques, à l'histoire sociale de l'industrialisation. Il retrace notamment la situation des familles ouvrières et le mode de vie de la grande bourgeoisie de la Ruhr au tournant du 20e s.
Sentier- mémorial *(Denkmalpfad) - Réservation obligatoire à l'avance – ✆ 0201 88 45 345 - lun.-vend., visites à 11h, 14h, 16h. W-end et vac, ttes les heures à partir de 11h - 8 €.* Vous pourrez accéder aux anciennes installations en suivant la visite guidée du « chemin du charbon » de la production au chargement.
Musée du design Red Dot *(Red Dot Design Museum) – ✆ 0201 30 10 425 - www.red-dot.org - tlj sf lun. 11h-18h - fermé 24, 25, 31 déc. et 1er janv. - 6 €.* Sur plus de 4 000 m², l'exposition permanente rassemble près de 1 500 objets, meubles, machines et automobiles conçus par des designers internationaux.
Vous pouvez ensuite prolonger votre visite dans les allées où se sont installés des magasins et des ateliers d'art graphique. Le décor du restaurant Casino vaut le coup d'œil. Restent le **puits 1/2/8**, la **cokerie** (*Zentralkokerei*) et les immenses espaces entre ces bâtiments. Parfois envahis par la végétation, décorés de sculptures en plein air, vous pouvez vous promener jusqu'à la cokerie pour y voir une insolite grande roue.

★ Villa Hügel

✆ 201 61 62 90 - www.villahuegel.de - possibilité de visite guidée (1h30) - parc : 8h-20h - villa : tlj sf lun. 10h-18h - 5 €.
Cette villa de l'époque bismarckienne est située dans un joli parc, sur la rive nord du lac de Baldeney. C'est **Alfred Krupp** qui en dessina les plans et la fit construire en 1872. Destinée à servir d'habitation et de lieu de réception, elle comptait pas moins de 269 pièces ! Trois générations de la famille Krupp s'y succédèrent jusqu'en 1945. Elle est ouverte au public depuis 1953. L'état

général et l'ameublement de cette maison sont les mêmes qu'en 1915. On peut toujours y admirer les magnifiques tapisseries murales (15e au 18e s.) de la décoration d'origine. La villa accueille aujourd'hui des expositions d'art.

Cathédrale (Münster)
La partie la plus ancienne de la cathédrale est le **chœur ouest★** à trois pans (10e s.), inspiré de celui d'Aix-la-Chapelle. L'église – halle gothique actuelle – a été édifiée à la fin du 13e s. sur la crypte ottonienne (vitraux de Manessier). La chapelle latérale gauche abrite une œuvre de grande valeur, la **Vierge d'or★★★**, datant de 980 ; elle passe pour être la plus ancienne statue de la Vierge en Occident. Dans la partie ouest se trouve un gigantesque chandelier à sept branches (vers l'an 1000), décoré de motifs géométriques.
★★ **Trésor de la cathédrale** *(Domschatzkammer) – ✆ 0201 220 42 06 - www.domschatz-essen.de - 10h-17h, dim. 11h30-17h - fermé certains j. fériés - 4 €.*
Il possède quatre splendides **croix processionnelles★★★** (10e et 11e s.), la couronne de la Vierge d'or, des ostensoirs et des évangéliaires.

BOCHUM

Huestrasse 9 - ✆ 018 05-26 02 34 (0,14 €/mn.) - www.bochumtermine.de - lun.-vend. 9h-19h, sam. 9h-18h.

★★ **Musée allemand de la Mine** (Deutsches Bergbau-Museum)
Am Bergbaumuseum 28. ✆ 01805 877 234 (0,14 €/mn) ou 02 34 587 70 - www.bergbaumuseum.de - ♿ - tlj sf lun. 8h30-17h, w.-end 10h-17h - fermé 1er janv., 24-26 et 31 déc. - 6,50 €. Visites guidées hors vac. scolaires.
Créé en 1930, dans un but pédagogique, alors qu'il y avait plus de trente mines à Bochum et qu'il était nécessaire de recruter des mineurs, ce musée très complet est passionnant. Il présente le quotidien et les conditions de travail des mineurs de l'époque ainsi que l'ensemble des techniques utilisées dans les mines, hier et aujourd'hui.
Commencez par la **mine-musée** *(Schaubergwerk)*, certes reconstituée mais exceptionnelle. Un ascenceur vous emmène à 17m sous terre, pour visiter, dans 2,5 km de galeries, des reconstitutions de mines de charbon de 1850, 1920, 1960 jusqu'aux mines d'aujourd'hui, ultramodernes. Percer les galeries, étayer, tailler le charbon dans des veines inclinées : le travail est resté le même mais quelle évolution technique et avec quelles répercussions dans les conditions de travail.. Le pic et la pelle ont été remplacés à partir de 1920 par des marteaux-piqueurs, que l'on peut essayer de manier et aujourd'hui

5

TERRILS ET BELVÉDÈRES

De nombreux **terrils** entourent les villes de la Ruhr. Ces monticules aujourd'hui plantés d'arbres et recouverts de verdure sont parfois devenus des belvédères et des zones de loisirs. Certains sont ornés d'étonnantes installations comme le **Tetraèdre** (*Tetraeder - Beckstraße*) à **Bottrop**. Immense triangle en acier de 50 m de hauteur, installé sur quatre piliers, et au sommet duquel vous pouvez facilement accéder, pour y découvrir une vue d'ensemble de la Ruhr.
Inaugurée fin 2011, le **Tiger & Turtle - Magic Mountain** (*Kaiserswerther Straße ou Ehinger Straße, fermé en cas d'intempéries)* à **Duisburg** est une étonnante installation offrant un nouveau belvédère sur la Ruhr. Une structure en forme de « grand huit » mais sur laquelle vous pouvez vous promener en hauteur est posée au sommet d'un terril.

par des haveuses. Un faux cheval est là pour rappeler que les wagonnets ont longtemps été tirés par des chevaux. Les galeries modernes, plus larges et plus hautes, sont soutenues par des arceaux métalliques. Vous pouvez ensuite monter au sommet de la **tour d'extraction**, de 62 m de haut (avec ascenceur). Les 25 **salles du musée** présentent l'histoire de la mine, de l'Antiquité à nos jours. La reconstruction d'engins d'origine, de nombreux modèles réduits animés et des graphiques informent sur tous les aspects de l'extraction du minerai. Belle collection de minéraux et de fossiles et tour d'horizon de tous les types de mine (fer, sel, cuivre...).

Musée des Beaux-Arts (Kunstmuseum Bochum)

Kortumstraße 147 - ✆ 0234 910 42 30 - www.museum-bochum.de - ♿ - tlj sf lun. 10h-17h (merc. 20h), - fermé 1er janv., 24-26 et 31 déc. - 5€.

Installé depuis 1960 dans un bâtiment moderne, vaste et inondé de lumière, il comporte une importante collection d'art des 20e s. et 21e s. : symbolisme et cubisme tchèque, avant-garde d'Europe de l'est réunie autour de Kasimir Malewitsch, expressionisme allemand ou œuvres du mouvement COBRA sont représentées ainsi que des œuvres caractéristiques de leurs auteurs comme Francis Bacon ou Frank Stella.

OBERHAUSEN

★ **Gazomètre** (Gasometer)

Oberhausen-Neue Mitte (à proximité du centre).Arenastraße 11 - ✆ 0208 850 37 30 - www.gasometer.de - ♿ - tlj sf lun. 10h-18h - 8 €.

Cet ancien réservoir à gaz, le plus grand d'Europe, construit en 1928-1929 est devenu depuis 1994 un lieu spectaculaire pour des manifestations culturelles, des expositions ou des événements. Cette « cathédrale de l'industrie », de 100 m de hauteur intérieure procure une étonnante perception de l'espace, mis en lumière et en musique selon les expositions. Dans le bâtiment, un ascenseur panoramique, monte à 106 m, permet de rejoindre le toit du gazomètre et offre une vue sur l'ouest de la région (*escalier extérieur de 592 marches*).

★ **Musée de l'Industrie du Rhin** (Rheinisches Industriemuseum)

Au centre d'Oberhausen (derrière la gare), Hansastraße 20. ✆ 02 08 857 92 81 - www.rim.lvr.de - tlj sf lun. 10h-17h, w.-end 11h-18h - fermé 1er janv., 24-25 et 31 déc. - 4 €.

L'usine d'Altenberg a fermé ses portes en 1981, après 130 années d'activité. Le musée de l'Industrie du Rhin, qui a élu domicile dans l'ancien hangar de laminage, est non seulement consacré à l'histoire du progrès technique depuis le milieu du 19e s., mais il met aussi en lumière le rôle déterminant de la sidérurgie dans l'histoire de la région Rhin-Ruhr.

DORTMUND

ℹ *En face de Hauptbahnof Süd, Königswall 18a - ✆ 0231 18 99 90 - www.dortmund-tourismus.de - lun.-vend. 9h-18h, sam. 9h-13h.*

Mentionnée pour la première fois vers 885, Dortmund devint ville d'Empire en 1220 et fut au Moyen Âge une cité hanséatique florissante. Frappée de plein fouet par la guerre de Trente Ans, elle ne comptait plus en 1648 que 2000 habitants. L'essor décisif vint au milieu du 19e s., avec la révolution industrielle. Le sort de Dortmund fut dès lors lié au charbon, à l'acier et... à la bière. Aujourd'hui le secteur tertiaire représente l'essentiel de son activité.

Tour d'extraction du musée allemand de la Mine, à Bochum.
Zoonar/Barbara Boens/age fotostock

Musée Ostwall (Museum Ostwall)
Leonie-Reygers-Terrasse- ✆ 0231 502 47 23 - www.museumostwall.dortmund.de - ♿ - tlj sf lun. 11h-18h (mer. et jeu. 20h), - fermé 1er janv., 24-25 et 31 déc. - 5 €. Pour le Dortmunder U, www.dortmunder-u.de.
Le musée Ostwall (fondé en 1949) s'est installé en 2009 dans le célèbre bâtiment « **Dortmunder U** », une ancienne brasserie construite en 1926 et devenue centre d'art et de création. Les étages 4 et 5 du bâtiment présentent les collections du musée : l'art du 20e s. à nos jours, peintures, sculptures, objets d'art, photographies, vidéos. Au 4e étage, la visite commence par des œuvres du mouvement Fluxus, puis remonte les années jusqu'à l'expressionnisme (*Max Beckmann, August Macke, Jawlenski*). Le 5e présente des œuvres de Wolf Vostell, Joseph Beuys, Dieter Roth, des installations de Jason Rhoades, Mark Dion, des photos et vidéos d'Adrian Paci, Tobias Zielony et Freya Hattenberger.

Musée d'Art et d'Histoire des civilisations
(Museum für Kunst und Kulturgeschichte)
Hansastr. 3 - ✆ 0231 502 55 22 - www.museendortmund.de/mkk - ♿ - tlj sf lun. 10h-17h (jeu. 20h), sam. 12h-17h - fermé 1er janv., 24-25 et 31 déc. - 5 €.
Les collections, présentées de façon chronologique, englobent des domaines aussi différents que l'histoire de la ville de Dortmund (nombreux objets de fouilles), l'art religieux à la fin du Moyen Âge, la maison et le mobilier à différentes époques, la peinture du 19e s. *(Berliner Sezession, C.D. Friedrich)*. La partie consacrée à la période romaine abrite le **trésor de Dortmund★**, un ensemble de 444 pièces d'or datant pour la plupart du 4e s. apr. J.-C.

★ **Église St-Renaud** (Reinoldikirche)
Ostenhellweg, près du marché. L'église St-Renaud et ses trois nefs (début du gothique) abritent des trésors remarquables : à gauche de l'entrée du chœur se trouve la statue en bois du patron de la ville, saint Renaud, et à droite celle de Charlemagne (14e et 15e s.) ; retable sculpté de la fin du gothique (15e s.).

L'EMPIRE INDUSTRIEL KRUPP À ESSEN

D'une petite entreprise de fonderie fondée en 1811 par son père, **Alfred Krupp** (1812-1887) fit l'un des plus gros producteurs d'acier et d'armement d'Europe. En 1847, il mit au point un nouveau type d'acier fondu qui lui permit de couler le tube d'un canon lourd en une seule pièce. Les besoins de la guerre de 1870 remplirent son carnet de commande. À sa mort, il employait plus de 20 000 personnes. Son fils, **Friedrich Alfred**, agrandit le patrimoine familial. Sa petite-fille **Bertha** épousa un fervent partisan du nazisme, le baron von Bohlen und Halbach, qui mit l'entreprise au service du IIIe Reich. La gestion du groupe fut confiée à leur fils en 1953. Il l'orienta vers des « activités de paix » qui lui permirent de retrouver une place prépondérante dans l'industrie. Depuis 1968, le groupe est géré par une fondation. Il a fusionné en 1998 avec Thyssen.

HAGEN

Deux musées forment le nouveau « **Kunstquartier »,** le quartier artistique de Hagen.

Musée Osthaus (Osthaus Museum)

Museumplatz,3 - ✆ 02331 207 31 38 - www.osthausmuseum.de - ♿ - tlj sf lun. 10h-17h (jeu.13h-20h) ; w.-end. 11h-18h - fermé 1er janv., 1er Mai, 24-25 déc. - 7 €.

Karl Ernst Osthaus, industriel et mécène, créa ici en 1902 le musée Folkwang (la collection fut reprise en 1922 par la ville d'Essen). Le bâtiment qui abrite le musée a été aménagé dans le style **Art nouveau** par **Henry van de Velde**. Rénové en 2009, le musée présente des œuvres importantes de l'expressionisme allemand, des œuvres classiques et des œuvres contemporaines.

Une partie de la collection allemande du 20e s. (Kirchner, Nolde, Dix) est consacrée à l'artiste Christian Rohlfs, qui travailla à Hagen jusqu'à sa mort en 1938.

Musée Emil Schumacher (Emil Schumacher Museum)

Museumplatz,3 - ✆ 02331 207 31 38 - www.kunstquartier-hagen.de - ♿ - tlj sf lun. 10h-17h, (jeu.13h-20h) ; w.-end. 11h-18h - fermé 1er janv., 1er Mai, 24-25 déc. - 7 €.

Ce tout nouveau musée ouvert en 2009, l'un des plus importants de la Ruhr en matière d'art moderne et contemporain, est consacré à l'oeuvre du peintre Emil Schumacher (1912 - 1999), l'un des représentants de l'expressionisme abstrait allemand. Environ 500 oeuvres de Schumacher sont présentées, peintures, dessins, céramiques…

UNNA

Centre international d'art lumière (Zentrum für Internationale Lichtkunst)

À l'est de Dortmund - Lindenplatz 1 (indiquer Massener Str. 31 pour le GPS) - ✆ 023 03 103 770 - www.lichtkunst-unna.de - tlj sf lun. visites guidées seulement. mar.-dim. 14h, 15h30, 17h (w.-end 13h, jeu. 18h30) - 6 €.

À 10 m sous terre, dans les caves d'une ancienne fabrique de bière, s'est installé en 2001 ce musée d'un genre nouveau. Onze artistes internationaux ont créé de magnifiques jeux d'ombre et de lumière, qui prennent une étrange résonnance dans ces lieux. Une expérience étonnante (œuvres de Mario Merz, Joseph Kosuth, James Turrell, Mischa Kuball, Christina Kubisch, Brigitte Kowanz,

Johannes Dinnebier, Keith Sonnier, François Morellet, Christian Boltanski, Jan van Munster et Olafur Eliasson).

DUISBURG

Le port intérieur de Duisbourg « **Innenhafen** » a conservé une partie de ses anciens silos. Un nouveau quartier s'est créé depuis 1990, sans voiture, au bord du canal, dans une partie du port qui était inutilisée et qui a été réhabilitée. L'architecte Norman Foster a conçu le réaménagement de l'ensemble des bâtiments. Les rez-de-chaussées sont occupés par des bars et des restaurants. Le musée d'art moderne MKM se trouve sur les bords du canal.

Musée d'art moderne Küppersmühle (MKM Museum Küppersmühle für Moderne Kunst)

Innenhafen, Philosophenweg 55 - ✆ 0203 301 948 -11 - www.museum-kueppersmuehle.de - ♿ - jeu.-dim. 11h-18h, mer. 14h-18h - fermé lun. mar.- 6 €.

Depuis son ouverture en 1999, ce musée d'art moderne et contemporain installé dans une ancienne minoterie, présente la collection de Karl Ströher, qui comprend des œuvres allemandes postérieures aux années 1950 (Bernard Schultze, Georg Baselitz, Anselm Kiefer, Gerhard Richter, etc.). Il organise également trois à quatre expositions d'art contemporain par an. Un audacieux projet architectural est en cours pour l'extension du musée.

★★ **Musée Lehmbruck** (LehmbruckMuseum)

Au centre de Duisburg, Kantpark - Friedrich-Wilhelm-Str. 40 - ✆ 0203 283 32 94 - www.lehmbruckmuseum.de - ♿ - merc.-sam. 12h-18h (jeu. 22h), dim. 11h-18h - 8 €.

Ce très beau musée présente l'essentiel de l'œuvre de **Wilhelm Lehmbruck** (1881-1919), dans un bâtiment lumineux, spécialement conçu par son fils pour accueillir ses sculptures et ses peintures. Vous les découvrirez aux côtés d'œuvres figuratives d'autres sculpteurs du 20e s. Aujourdhui le musée possède une importante collection de sculpture, environ 900 œuvres du 20e s. et 21e s. (Arp, Barlach, Beuys, Brancusi, Calder, Giacometti, Moore, Kollwitz, Kricke, LeWitt, Magritte, Tinguely, Uecker, etc.). Des œuvres abstraites et des installations contemporaines sont présentées dans une récente extension des bâtiments. Le parc de 7 ha qui entoure le musée sert de cadre aéré à des sculptures impressionnantes d'artistes internationaux.

★ **Parc paysager de Duisburg-Nord** (Landschaftspark Duisburg Nord)

Duisburg-Meiderich, Emscherstraße 71 - ✆ 0203 429 1919 - www.landschaftspark.de - jeux de lumière le week-end à partir de la tombée de la nuit. Gratuit.

Le parc s'est développé autour d'une usine sidérurgique désaffectée et est devenu un lieu de vie, un vaste espace de liberté pour les habitants de Duisbourg. Lorsque l'activité de l'usine s'est arrêtée en 1985, la volonté de conserver ce patrimoine a évolué vers un projet original : ouvrir totalement l'espace et détourner le rôle premier des lieux et des bâtiments pour le consacrer à la musique, le cinéma, le spectacle, la promenade, le sport… Vous pouvez ainsi monter au sommet d'un haut-fourneau, totalement libre d'accès, à 54 m de hauteur ou dîner dans l'ancienne centrale électrique. Plus rare : le gazomètre a été transformé en école de plongée sous-marine, des murs sont réservés à l'escalade, des espaces de jeux ont été créés pour les enfants. Un autre haut-fourneau devient salle de cinéma en plein air l'été et les anciennes halles industrielles accueillent aujourd'hui toutes sortes de manifestations : spectacles, congrès ou… mariages.

NOS ADRESSES DANS LA RUHR

HÉBERGEMENT

BUDGET MOYEN

À Bochum-Wattenscheld

Beckmannshof – *Berliner Straße 39 - ✆ 0201 303 70 - www.hotel-beckmannshof.de - 92/96 € - ☕ 17 €.* Dans un bâtiment de 1927, hôtel convivial et bien tenu, situé près des accès routiers. Restaurant agréable dans un cadre rustique.

À Dortmund-Höchsten

Haus Überacker – *Wittbräucker Straße 504 (B 234) - ✆ 02304 8 28 50 - www.haus-ueberacker.de - fermé 3 sem. en août/sept. - P - 17 ch. 80 € ☕ - (rest. 12-39 €).* Hôtel tenu par une famille dans une coquette maison à colombages. Les chambres sont en partie lambrissées et pourvues de mobilier en bois. Un nouveau jardin d'hiver chauffé et une terrasse sur jardin complètent le restaurant.

POUR SE FAIRE PLAISIR

À Essen

Welcome Hotel – *Schützenbahn 58 - ✆ 0201 177 90 - www.welcome-hotel-essen.de - 176 ch. 125 € - ☕ 17 €.* Situé en centre-ville, cet hôtel est bien aménagé et confortable. Restaurant lumineux avec une grande baie vitrée donnant sur un jardin.

RESTAURATION

BUDGET MOYEN

À Dortmund

Pfefferkorn – *Hoher Wall 38 - ✆ 0231 14 36 44 - www.pfefferkorn-dortmund.de - tlj 11h-0h -19/40 €.* Remarquable aménagement dans le style ancien, décoration en bois sombre. Carte variée, viandes et poissons. Réservation conseillée.

POUR SE FAIRE PLAISIR

À Essen

Wallbergs – *Huyssenallee 53 - ✆ 0201 81 22 86 10 - www.wallberg-essen.de - 17/45 €.* Abrité dans le bâtiment de la Philharmonie, en bordure du parc de la ville, ce restaurant bénéficie d'un emplacement idéal dans un cadre verdoyant. Il propose en outre des offres spéciales de concerts.

UNE FOLIE

À Dortmund

La cuisine d'art manger – *Lübkestr. 21 - ✆ 0231 531 61 98 - www.artmanger.com.de - 55/90 €.* Cette maison datant de l'Empire et joliment rénovée abrite désormais un élégant restaurant moderne, proposant une cuisine créative. Belle terrasse.

AGENDA

Ruhrtriennale – Festival annuel pluridisciplinaire et international (musique, danse, théâtre) dans les sites industriels aménagés. De mi-août à oct. Directeur artistique 2012-2014, Heiner Goebbels. *✆ (49) 0700 / 20 02 34 56 * - www.ruhrtriennale.de*

Ruhrfestspiele – Mai-juin. Festival de théâtre - *Réservation au CMR – Am Lohtor 14 - 45657 Recklinghausen - ✆ 02361 9180 - www.ruhrfestspiele.de*

ACTIVITÉS

Movie Park Germany - *À Bottrop-Kirchhellen, accès par la A 31, sortie Kirchhellen. Warner Allee 1 - ✆ 02 045 89 90 - www.movieworld.de - fermé nov.-mars - 34 €.* Parc d'attractions sur le thème « Hollywood en Allemagne », avec environ 40 attractions.

Le port de commerce de Düsseldorf.
Mauritius / Photononstop

Düsseldorf

★

584 220 habitants – Rhénanie du Nord-Westphalie

NOS ADRESSES PAGE 396

S'INFORMER

Offices de tourisme – *À la gare : Immermannstraße 65b - ✆ 0211 17 202 844 - tlj sf dim. 9h30-19h, sam. 9h30-17h. Dans la vieille ville : Marktstraße/Ecke Rheinstraße - ✆ 0211 17 202 840 - 10h-18h - www.duesseldorf-tourismus.de (réserv. d'hôtels) - www.dticket.de - www.duesseldorf.de (manifestations).*

SE REPÉRER

Carte de région A1-2 (p. 354-355) – *cartes Michelin n°s 718 F 8 et 543 M 4.* Düsseldorf est à 40 km au nord de Cologne.

5

À NE PAS MANQUER

Le Medienhafen (port des Médias), une *Alt-Bier* à une terrasse sur la « Kö ».

Capitale du Land de Rhénanie du Nord-Westphalie et l'un des centres économiques les plus importants d'Allemagne, Düsseldorf se présente comme une ville d'affaires dénuée de charme. C'est pourtant ici que les fashionistas allemandes se fournissent en vêtements et accessoires de luxe, le long de la Königsallee – la « Kö », comme disent les habitants – où se succèdent les enseignes les plus prestigieuses. Et si le rayonnement de la ville s'exprime essentiellement par ses activités financières et industrielles, se promener sur les rives du Rhin pour passer de la vieille ville aux constructions modernes du port des Médias, n'en est pas moins agréable.

SE LOGER

Doria 1
Flora 7
Jugendherberge Düsseldorf 4
Orangerie 9
Windsor 12

SE RESTAURER

Berens am Kai 1
Bistro im Victorian 6
Fischhaus 12
Monkey's West 18
Rheinturm Top 180 4
Zum Schiffchen 9

Découvrir

Se reporter au plan page ci-contre.

La vieille ville (Altstadt) D2
Ce quartier en bordure du Rhin, avec ses tavernes souvent bondées dès les premières heures du soir, passe pour être **« le plus grand comptoir d'Europe »**. C'est là que l'on peut voir les **« Radschläger »**, ces garçons qui, selon la coutume de Düsseldorf, font la roue, en échange de quelques pièces de monnaie. La **Bolkerstraße** est certainement la rue piétonne la plus animée de la vieille ville ; on y trouve au n° 53 la maison natale de Heine. Elle est aussi indissociable de l'histoire du tailleur Wibbel, qui assista à son propre enterrement après avoir changé d'identité pour échapper à une peine de prison. Les personnages du carillon de la **Schneider-Wibbel-Gasse** rappellent cette anecdote populaire *(jeux à 11h, 13h, 15h, 18h et 21h)*.

Place du Marché (Marktplatz) D2
La place du marché n'est séparée du Rhin que par l'**ancien hôtel de ville** (fin du 16e s.). Au centre se dresse la statue équestre en bronze de Jan Wellem (début du 18e s.).

★ **Jardin de la cour et château Jägerhof**
(Hofgarten et Schloss Jägerhof) DE1
Ce parc ombragé part de la Königsallee au nord-ouest et se prolonge vers les quartiers des musées au bord du Rhin, et à l'est vers le château de Jägerhof. Cette ancienne résidence du maître des chasses des princes-électeurs fut construite au 18e s., avec la participation de l'architecte français Nicolas de Pigage. Elle abrite aujourd'hui le **musée Goethe★**, qui contient des manuscrits, des autographes, des dessins et des gravures de l'écrivain. Sur la colline Napoléon, un petit bronze de Maillol, *Harmonie*, signale le modeste **monument** dédié à Heine.

★ **Musée des Beaux-Arts** (Museum Kunst Palast) D1
✆ 0211 899 02 00 ou 0211 899 24 60 - www.museum-kunst-palast.de - ♿ - tlj sf lun. 11h-18h (jeu. 21h) - 12 €.
Le musée des Beaux-Arts possède une importante galerie de peinture où dominent les romantiques de l'école de Düsseldorf, les impressionnistes et les expressionnistes allemands. Les salles consacrées à la sculpture sont riches de très belles œuvres du Moyen Âge. L'importante **collection de verrerie★★** couvre toutes les époques et tous les continents, depuis la Rome antique jusqu'aux pays d'Asie, et culmine avec les créations Art nouveau. On peut voir aussi une section consacrée à l'Orient (artisanat d'art islamique, tissus), ainsi qu'une vaste collection d'objets conçus par des maîtres du design.

★ **Musée d'Art Contemporain K20**
(K20 Kunstsammlung am Grabbeplatz) D1
Grabbeplatz 5 - ✆ 0211 83 81 130/204- www.kunstsammlung.de - ♿ - tlj sf lun. 10h-18h, w.-end et j. fériés 11h-18h - 10/12 €.
Un bâtiment moderne conçu par les architectes danois Dissing et Weitling héberge la collection de Rhénanie-Westphalie, consacrée à la peinture du 20e s. Elle compte des œuvres de Picasso, Braque, Léger, Chagall, Ernst et Beuys, ainsi que 92 tableaux et dessins de **Paul Klee**, qui fut professeur à l'Académie des beaux-arts de Düsseldorf, de 1930 à 1933.

Riche passé et présent prospère

VILLE DES ARTS

Düsseldorf n'acquiert le droit de cité qu'au 13e s. et devient résidence des ducs de Berg. Au 17e s. s'y installe la dynastie des électeurs palatins, branche de la maison de Wittelsbach, dont le représentant le plus célèbre fut Jean Guillaume, dit Jan Wellem (1690-1716). Mécène et apôtre du baroque, il s'entoure d'une cour brillante de musiciens, peintres et architectes, et fait de la ville une cité des arts. Une bonne part de la galerie de tableaux rassemblés par ses soins fait aujourd'hui l'orgueil de l'Ancienne Pinacothèque de Munich.

Après la Révolution française, la ville devient un petit Paris ; Napoléon en fait la capitale du grand-duché de Berg. Murat et Jérôme Bonaparte se succèdent au gouvernement. Elle devient prussienne en 1815.

Les artistes célèbres de la ville

Fils d'un petit commerçant de la Bolkerstraße, le poète et grand voyageur **Heinrich Heine (1797-1856)** vécut à Düsseldorf une jeunesse tout imprégnée de la présence française et du personnage de Napoléon. Poète volontiers pamphlétaire, défenseur du libéralisme, européen d'esprit et surtout francophile, il se définissait lui-même comme un « rossignol allemand qui aurait fait son nid dans la perruque de M. de Voltaire ».

Schumann et Mendelssohn figurent parmi les musiciens qui firent la réputation musicale de Düsseldorf. **Robert Schumann (1810-1856)**, nommé directeur de la musique de la ville en 1850, passa quatre années dans une maison de la Bilker Straße. Déjà gravement déséquilibré, il tenta de se suicider en se jetant dans le Rhin (1854). **Felix Mendelssohn-Bartholdy (1809-1847)**, son ami, dirigea brillamment le Festival du Rhin à Düsseldorf.

LE « BUREAU DE LA RUHR » ET UN CENTRE DE MODE

Düsseldorf n'est pas seulement une très importante place financière et boursière de l'Allemagne, c'est aussi le siège de nombreuses entreprises rhénanes. Cette fonction est symbolisée par le **« Dreischeibenhaus »** (immeuble de Thyssen, appelé les « Trois Tranches »).

La ville, qui accueille aussi plusieurs fois par an des présentations de collections et différentes expositions, revendique le titre de « Petit-Paris » et de capitale allemande de la mode. Chaque année, plus de 2 000 participants venus de 40 pays se pressent à la foire consacrée à la mode, les « Collections Première Düsseldorf ». Une promenade dans la **Königsallee★** montre que cette prétention est justifiée. Tout ce qui se veut élégant dans la ville se donne rendez-vous sur cette avenue aménagée en promenade, de part et d'autre de l'ancien fossé d'enceinte.

L'EXTRÊME-ORIENT À DÜSSELDORF

Düsseldorf joue un rôle de plus en plus important dans les relations économiques entre l'Allemagne et l'Extrême-Orient. On dénombre déjà 300 succursales pour les seules firmes japonaises. L'important **Centre culturel japonais** dans la Immermannstraße, le Trade Center de Taiwan près de la gare centrale et un autre dans le quartier de Niederkassel sont autant de signes de cette forte représentation de l'Extrême-Orient.

★ Musée d'Art Contemporain K21

(K21 Kunstsammlung im Ständehaus) Hors plan, vers D2

Ständehausstraße 1, proche du centre, au sud de Harold Str. - ✆ 0211 83 81 600/204 - mêmes horaires que le K20 - ♿ - 6,50 €.

Ce nouveau musée est consacré à l'art contemporain du 21e s. En réalité, il expose également des œuvres « remontant » aux années 1980. Nombreuses œuvres de Marcel Broodthaers et Nam June Paik. Étant donné la mission de ce musée, de nombreux événements artistiques s'y produisent régulièrement.

Port des Médias (Medienhafen) Hors plan, vers D2

Renseignements et dates des visites : ✆ 0211 172 02 28 - www.medienhafen.de - tours en bateau ou visites guidées (www.duesseldorfer-stadtfuehrer.de).

En pleine effervescence, le quartier Medienhafen offre un véritable tour d'horizon de l'architecture contemporaine. Des célébrités comme Frank O. Gehry, Steven Holl ou David Chipperfield ont contribué à sa métamorphose. Le mieux est sans doute de commencer la visite par la **tour du Rhin** *(Rheinturm)*. Du haut de ses 172 m, on a un panorama sur la ville et sur l'ensemble de ses créations architecturales très diverses qui marquent le paysage urbain sur 15 ha. Le projet continue avec le développement d'activités professionnelles de création (publicité, arts, médias...) et avec l'ouverture de nombreuses boutiques luxueuses de design, auquel le centre commercial Stilwerk est entièrement consacré. On remarque en particulier le groupe d'immeubles **Neuer Zollhof 1-3** (Frank O. Gehry). Malgré la mutation du quartier, une certaine atmosphère portuaire est restée présente grâce à quelques éléments classés monuments historiques, tels que les parapets en fer forgé, les voies de l'ancienne cour de débord et les grues servant au transbordement.

À proximité Carte de région A1

Neandertal

▶ *À 14 km à l'est par Am Wehrhahn.*

La vallée encaissée de la Düssel doit son nom de Neandertal au poète religieux calviniste Joachim Neander (1650-1680) qui venait souvent s'y retirer. C'est là, dans une grotte aujourd'hui détruite, que fut trouvé en 1856 le fameux squelette de **« l'homme de Neandertal »**, vieux d'environ 60 000 ans. Une plaque sur un rocher triangulaire (sur le côté droit de la route, 3 km après le passage sous l'autoroute) indique le lieu de la découverte.

Musée Neandertal (Neanderthal Museum) – *Talstraße 300 - ✆ 021 04 97 97 97 - www.neanderthal.de- tlj sf lun. 10h-18h - fermé 24, 25 et 31 déc. - 5 €.* Situé non loin de la grotte disparue, ce musée consacré à l'**évolution de l'humanité** donne un aperçu de la vie des hommes préhistoriques et relate l'histoire de leur découverte. Reconstitution saisissante de cet ancêtre dont les traits du visage ont été calculés par ordinateur sur la base de la forme du crâne. Une grande dextérité s'est révélée nécessaire pour recréer des personnages grandeur nature en silicone.

NOS ADRESSES À DÜSSELDORF

VISITES

Düsseldorf Welcome Card – *0211 17 202 854 - www.duesseldorf-tourismus.de.* Entrées gratuites, accès aux transport en commun et réductions ; carte disponible à l'office de tourisme et dans les musées. Valable 24h *(9 €)*, 48h *(14 €)* ou 72h *(19 €)* ; prix double pour les cartes familiales (2 adultes et 2 enfants).

TRANSPORTS

La ville est au cœur d'un important nœud autoroutier qui la relie notamment à Cologne, Duisburg, Essen ou Dortmund. On peut se rendre à Düsseldorf depuis Paris en Thalys (correspondance à Cologne ou Aix-la-Chapelle). La ville possède également un aéroport international. Pour ce qui est du transport fluvial, il est possible de suivre le cours du Rhin jusqu'à Cologne avec, entre autres, les compagnies suivantes :

KD – *0211 323 92 63 - www.k-d.com (voir aussi la rubrique « Nos Adresses à Cologne »).*

Weisse Flotte – *0211 30 86 72 - www.weisseflotteduesseldorf.de*

Pour se renseigner sur le réseau de bus et de trains de la région :

Rheinbahn – *01 803 50 40 30 - www.rheinbahn.de*

Deux compagnies organisent des visites en bus ou à pied (avec un tour en bateau dans le *Medienhafen* en été). Rens. et réservations : *0211 418 970 - www.stadtrundfahrt-duesseldorf.de*

HÉBERGEMENT

La ville étant un centre important pour les foires internationales, il est préférable d'organiser à l'avance son séjour. Réservation à l'hôtel ou chez l'habitant - *0180 517 20 20 (0,12 €/mn) ou www.duesseldorf.de*

PREMIER PRIX

Jugendherberge Düsseldorf – Hors Plan vers D1 - *Düsseldorfer Strasse 1 - accessible à pied depuis le centre-ville, peu après avoir traversé le pont Oberkasseler - 0211 55 73 10 - www.duesseldorf.jugendherberge.de - 184 lits 63 € - 5,50 €.* Possibilité d'acheter sur place une carte permettant l'accès à cette auberge de jeunesse internationale. Mieux vaut réserver si vous voulez une des 14 chambres doubles.

BUDGET MOYEN

Doria – E1 - *Duisburger Strasse 1a - 0211 49 91 92 - www.doria.de - 41 ch. 89/234 €.* À 10mn à pied du centre-ville, dans un quartier commerçant où se mêlent bistrots et restaurants. Les chambres, insonorisées, sont confortables et avec wi-fi. Attention, les prix triplent pendant les foires.

Flora – Hors Plan vers E2 - *Auf'm Hennekamp 37 - 0211 93 49 80 - www.hotel-flora.info - 40 ch. à partir de 89 € - 6 €.* À proximité d'une station de S-Bahn, hôtel bien tenu qui propose des chambres modernes et fonctionnelles.

POUR SE FAIRE PLAISIR

Windsor – Hors Plan vers E1 - *Grafenberger Allee 36 - 0211 91 46 80 - www.windsorhotel.de - 18 ch. - à partir de 104 €.* Accueil personnalisé et de grande qualité dans ce petit hôtel meublé avec soin et décoré avec une attention particulière.

Orangerie – D2 - *Bäckergasse 1 - 0211 86 68 00 - www.hotel-orangerie-mcs.de - 27 ch. 130/210 €.* Un joli hôtel idéalement situé au cœur de la vieille ville. Les chambres modernes portent les noms des artistes de la ville.

RESTAURATION

BUDGET MOYEN

Fischhaus – D2 - *Bergerstraße 3-7 - ✆ 0211 854 98 64 - www.fischhaus-duesseldorf.de - 25/59 €.* Poissons évidemment à l'honneur dans ce restaurant type bistrot. Grande baie vitrée et terrasse pour les beaux jours.

Zum Schiffchen – D2 - *Hafenstraße 5 - ✆ 0211 13 24 21 - www.braurei-zum-schiffchen.de - fermé dim. - 17/50 €.* Restaurant-brasserie typique de Düsseldorf, établi depuis plus de 350 ans et chargé de traditions. Cuisine rhénane, tables lustrées et un *Biergarten* attrayant et célèbre.

POUR SE FAIRE PLAISIR

Bistro im Victorian – E2 - *Königstraße 3a - ✆ 0211 8 65 50 20 - www.restaurant-victorian.de - 28/98 €.* À quelques pas de la célèbre rue piétonne « Flaniermeile », Volker Drkosch élabore une cuisine novatrice, soignée et raffinée dans une ambiance victorienne traditionnelle. Le bistrot est plus moderne.

Rheinturm Top 180 – Hors Plan vers D2 - *Stromstraße 20 - Düsseldorf-Unterbilk - ✆ 0211 848 58 - www.rheinturm-restaurants-duesseldorf.de - 31/63 €.* Moins d'une minute suffit pour se rendre, en ascenseur, dans ce restaurant situé à 172 m de hauteur. Sa rotation tout en douceur autour de son propre axe vous permettra de profiter d'une vue superbe sur la ville.

UNE FOLIE

Monkey's West – D2 - *Graf-Adolf-Platz 5 - ✆ 0211 64 96 37 26 - www.monkeysplaza.com - 54/79 €.* Alliance très tendance entre un bar et un restaurant. Des détails esthétiques puissants, comme les lustres et les sculptures de singe de l'artiste Jörg Immendorff, font partie de ce concept innovant.

Berens am Kai – Hors Plan vers D2 - *Kaistraße 16 - Düsseldorf-Unterbilk - ✆ 0211 300 67 50 - www.berensamkai.de - fermé 1er-7 janv., sam. midi, dim. et j. fériés - 50/125 €.* C'est dans un immeuble de bureaux, tout près de l'embarcadère du port, que s'est installé ce restaurant. Les murs et les colonnes en béton, ainsi que les chaises en chrome garnies de coussins noirs mettent en valeur la décoration épurée du lieu. Vue splendide sur le Rhin.

EN SOIRÉE

Bon à savoir – La vieille ville de Düsseldorf est connue comme étant le zinc le plus long du monde en raison de ses très nombreux bars, pubs et restaurants qui se succèdent entre Ratinger Straße et Karlsplatz. La bière brune dite *Alt-Bier* fait la fierté de la ville.

Op de Eck – *Grabbeplatz 5 (dans le bâtiment de Kunstsammlung Nordrhein-Westfalen) - ✆ 0211 32 88 38 - www.op-de-eck.de - vend.-sam. 11h-2h, mar.-jeu. et dim. 11h-1h, lun. 17h-1h.* Café-restaurant qui propose spécialités internationales, gâteaux et sorbets faits maison ; bonne sélection de vins et cocktails : une adresse pour les petites faims.

Uerige – *Bergerstr. 1 (entre Karlsplatz et Marktplatz) - ✆ 0211 86 69 90 - www.uerige.de - 10h-0h - fermé Lun. gras et 25 déc.* Vous voulez goûter l'*Alt-Bier* ? Alors venez ici : ambiance assurée ! Des tonneaux servent de tables ; en été,tout se passe dans la rue, où se rencontre un public varié.

Bonn

★

317 950 habitants – Rhénanie du Nord-Westphalie

NOS ADRESSES PAGE 402

S'INFORMER
Office de tourisme – *Windeskstr. 1 (près de la Münsterplatz) - ✆ 0228 77 50 00 - www.bonn.de - 10h-18h (sam. 16h), dim. 10h-14h.*

SE REPÉRER
Carte de région B2 (p. 354-355) – *cartes Michelin nos 718 F 9 et 543 K 40.* Bonn est à 30 km au sud-est de Cologne.

ORGANISER SON TEMPS
Comptez une journée.

Lorsque Bonn devint capitale de l'ex-RFA en 1949, évinçant Francfort, ce fut une surprise pour beaucoup d'Allemands. Sa taille modeste et son prétendu caractère « provincial » lui valurent même le surnom ironique de « village fédéral ». À défaut d'être aujourd'hui une grande capitale européenne, elle offre le charme d'une cité riche en musées, à l'atmosphère calme et accueillante. Bonn est également la ville de Beethoven qu'elle célèbre de multiples manières, en particulier à l'occasion d'un festival. Ville fluviale, elle permet aussi de nombreuses excursions.

Se promener

Itinéraire tracé sur le plan page ci-contre.

Maison de Beethoven (Beethovenhaus) B1

Bonngasse 20 - ✆ 0228 981 75 25 - www.beethoven-haus-bonn.de - avr.-oct. : 10h-18h (dim. 11h) ; nov.-mars : 10h-17h (dim. 11h) - fermé j. fériés - 5 €.

C'est dans cette maison bourgeoise que naquit Beethoven en décembre 1770. Un musée y a été aménagé dès 1890, dans lequel sont exposés des documents sur la vie et l'œuvre du grand compositeur. On voit ainsi des portraits de Beethoven et de ses amis, des manuscrits originaux, des instruments de musique lui ayant appartenu (piano à queue, instruments à cordes), ses cornets acoustiques et deux masques du maître dont un masque mortuaire.

Descendre la Bonngasse en direction du Markt.

LE PLUS CÉLÈBRE ENFANT DE LA VILLE

Ludwig van Beethoven (1770-1827) a vu le jour et a grandi dans le quartier de l'église St-Rémi *(St. Remigius-Kirche)*. À 13 ans, il jouait du violon alto et du clavecin dans l'orchestre de la cour électorale. À 22 ans, grand admirateur de Mozart et de Haydn, il quitta définitivement Bonn pour Vienne, où il arriva avec pour tout bagage sa virtuosité de pianiste. C'est pourtant son travail de compositeur (symphonies, sonates, variations) qui le fit passer à la postérité.

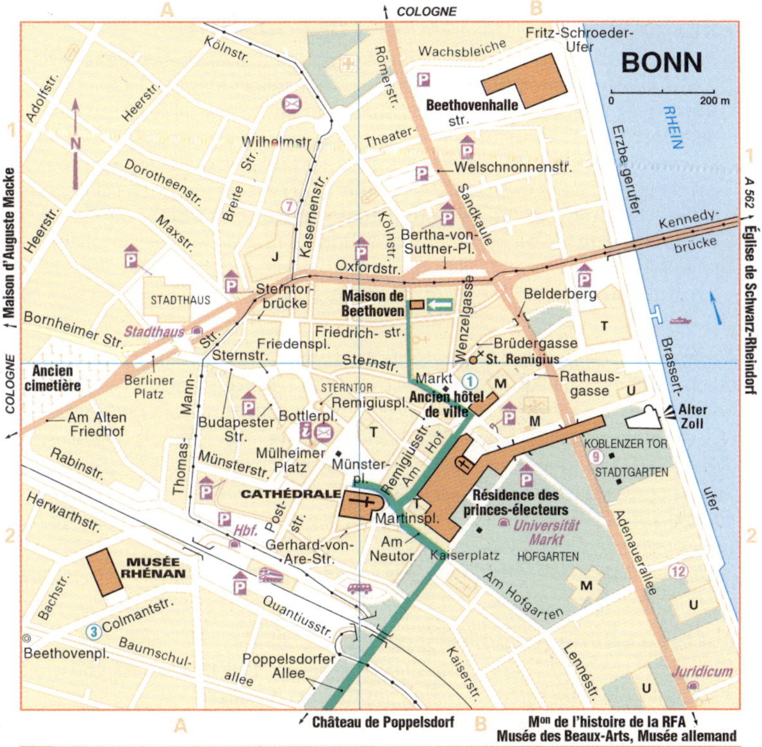

SE LOGER		SE RESTAURER	
Hotel Villa Esplanade	3	Le Petit Poisson	7
Sternhotel	1	Oliveto	9
		Zur Lese	12

5

Ancien hôtel de ville (Altes Rathaus) B2

Markt. Cet hôtel de ville, charmant édifice rococo (1738) à la façade rose et gris, est célèbre pour son bel escalier extérieur à double volée, que de nombreuses personnes politiques ont gravi lors de séjours officiels dans la capitale. *Quitter l'hôtel de ville en direction du sud.*

Résidence des princes-électeurs (Kurfürstliche Residenz) B2

À quelques pas de la cathédrale. L'ancienne résidence estivale des princes-électeurs, bâtiment baroque (1697-1725) tout en longueur, possède un très grand parc. Le château abrite l'université depuis 1818.

★ Cathédrale (Münster) AB 2

Münsterplatz. L'ancienne **collégiale** St-Cassius-et-St-Florentius s'est développée sur le site d'un lieu de culte antique de la seconde moitié du 3e s. L'édifice actuel porte l'empreinte des styles florissants du 11e au 13e s., les éléments de l'art roman et du gothique de transition s'unissant en une rare harmonie.

L'EX-CAPITALE DE L'ALLEMAGNE DE L'OUEST
Bonn doit sa notoriété mondiale au fait d'avoir été la capitale de la RFA. Après sa nomination en tant que premier chancelier fédéral le 23 mai 1949, **Konrad Adenauer** fit en effet pression pour que la « paisible bourgade » de Bonn devînt la capitale « provisoire » de la nouvelle République. Elle le resta quarante ans. Le quartier gouvernemental se développa au sud-est de la ville, dans une partie résidentielle. Ici et là fleurirent les ambassades. De nombreux musées virent également le jour. Depuis que Berlin est capitale de l'Allemagne réunifiée, Bonn a renoué avec la simplicité ; elle est aujourd'hui une ville universitaire paisible dont la vie culturelle constitue sans aucun doute l'un des points forts.

À remarquer, de style roman, les fonts baptismaux et les sculptures à l'entrée du chœur, ainsi qu'un graffite datant d'environ 1200, qui représente la Vierge entre saint Cassius et saint Florentius. Une fresque (environ 1300) montre l'Assomption de la Vierge. Le tabernacle remonte à 1619, tandis que le reste du mobilier date pour l'essentiel du baroque ou de la fin du 19e s.
Sous le chœur surélevé se trouve la crypte à trois nefs (1040) abritant la châsse des martyrs. Le beau **cloître★** roman est réputé être le mieux conservé de son époque en Allemagne.
Depuis la résidence des princes-électeurs, prendre la Poppelsdorfer Allee, grande rue bordée de châtaigniers.

Château de Poppelsdorf (Poppelsdorfer Schloss) Hors Plan vers A2
Meckenheimer Allee 171. Le château de Poppelsdorf (1715-1753) fut construit d'après les plans de l'architecte français **Robert de Cotte**.
Côté ville, la façade à trois pavillons reflète l'influence classique française. La cour intérieure présente quant à elle les marques du style italien. Derrière le château s'étend le **jardin botanique** de l'université.
Du château de Poppelsdorf, vous pourrez vous promener dans les rues environnantes et découvrir le quartier universitaire où les bâtiments des différentes spécialités alternent avec de belles demeures, le long d'allées plantées (en particulier la Mozartstrasse).

À voir aussi

★ **Musée rhénan** (Rheinisches Landesmuseum) A2
Colmanstr. 14-18 - ✆ 0228 20 700 - www.rlmb.lvr.de - ♿ - tlj sf lun. 10h-18h (sam. 13h-18h) - 8 €.
Le Musée rhénan donne une vue d'ensemble de l'histoire, de la culture et des arts en Rhénanie moyenne et inférieure, de la préhistoire jusqu'à nos jours.
Le **département de préhistoire** possède, outre le crâne de l'homme de Neandertal, d'intéressants témoignages du néolithique, de l'âge du bronze et de l'époque de La Tène (armes, ouvrages en métal, parures).
Le département des **antiquités romaines★** *(Römische Abteilung)* dispose d'une collection très riche. Les autels des Matrones évoquent un culte très répandu parmi les soldats romains stationnés en Rhénanie.
Il convient de remarquer la **mosaïque du dieu du soleil** (250 apr. J.-C.), chef-d'œuvre de l'art romain, qui représente la divinité sur son char dans le cercle du zodiaque. Le culte sépulcral est illustré par d'imposants tombeaux, tel celui de Marcus Caelius de Xanten (début du 1er s. apr. J.-C.).

La pièce centrale du **département consacré aux Francs** est le tombeau reconstitué d'un seigneur franc (vers 600 apr. J.-C.).

Le département couvrant la période du **Moyen Âge aux Temps modernes** est consacré à l'art et à l'artisanat de l'époque romane jusqu'au 19e s. Remarquez surtout la **peinture sur bois de l'époque gothique** (maître de la légende de sainte Ursule, maître de saint Séverin, Barthel Bruyn l'Ancien), ainsi que la **peinture hollandaise** des 16e et 17e s.

Alter Zoll B2

Du bastion du Alter Zoll, on découvre un panorama sur l'ensemble de Bonn, le Rhin et les environs. La **vue★** sur le fleuve et le Siebengebirge *(voir À proximité)* est particulièrement agréable en fin d'après-midi.

★ Maison de l'histoire de la République fédérale d'Allemagne

(Haus der Geschichte der Bundesrepublik Deutschland) Hors plan, vers B2

Willy-Brandt Allee 14 - ☏ 0228 91 650 - www.hdg.de - ♿ - tlj sf lun. 9h-19h - gratuit.

La Maison de l'histoire de la RFA offre une présentation ludique de l'histoire allemande contemporaine. De nombreux moyens audiovisuels ont été mis en œuvre. Au cours des travaux, une cave romaine a été mise au jour puis intégrée au musée *(sous-sol).*

★ Musée des Beaux-Arts (Kunstmuseum Bonn) Hors plan, vers B2

Friedrich-Ebert-Allee 2 - ☏ 0228 77 62 60 - www.kunstmuseum-bonn.de - ♿ - tlj sf lun. 11h-18h (merc. 21h) - fermé 24-25 et 31 déc. - 7 €.

C'est davantage en déambulant à l'intérieur du musée des Beaux-Arts, inauguré en 1992, qu'en contemplant son imposante façade que l'on découvre le talent de l'architecte Axel Schultes. L'expressionnisme y est bien représenté, surtout à travers les œuvres d'**August Macke**, qui vécut à Bonn. L'art allemand depuis 1945 occupe une place importante, avec des œuvres de Günther Uecker, Gerhard Richter, Anselm Kiefer, Georg Baselitz, A.R. Penck et Markus Lüpertz. Trois salles sont consacrées à Joseph Beuys et à ses réalisations.

Le **hall d'exposition de la République fédérale d'Allemagne** voisin *(Kunst und Austellungshalle der Bundesrepublik Deutschland)* a été réalisé par l'architecte viennois Gustav Peichl. Les 16 piliers situés devant la façade qui donne sur la rue symbolisent les Länder allemands.

Ancien cimetière (Alter Friedhof) A2

Bornheimer Strasse. On trouve dans l'**ancien cimetière** les tombes d'artistes et d'érudits célèbres : August Wilhelm von Schlegel, Robert et Clara Schumann.

Maison d'Auguste Macke (August Macke Haus) Hors plan, vers A1

Bornheimer Strasse 96. Auguste Macke (1887-1914) vécut à Bonn de 1910 à 1914 et produisit au cours de ces cinq années une œuvre picturale impressionnante dans laquelle on discerne les influences de l'impressionnisme et du fauvisme. À l'intérieur de cette demeure néoclassique de 1878, des tableaux du peintre mais aussi des archives sur l'expressionnisme rhénan.

À proximité Carte de région B2

★ Siebengebirge

À l'est de la ville.

Le massif volcanique des Sept-Montagnes, qui culmine à 460 m d'altitude, domine Bad Godesberg depuis la rive droite du Rhin, où s'agrippent les plus septentrionaux des vignobles rhénans. Au pied du massif, le long du Rhin, se trouvent les localités de **Bad Honnef-Rhöndorf** (maison de Konrad Adenauer) et **Königswinter**, d'où part un funiculaire montant jusqu'au **Drachenfels★**. C'est ici que, selon la légende, Siegfried, le héros de la chanson des Nibelungen *(voir Vallée du Rhin)*, a vaincu le dragon avant de se baigner dans son sang, devenant ainsi invulnérable.

De la terrasse, près des ruines de la tour, on jouit d'un vaste **panorama★★** avec (de gauche à droite) les plateaux du Westerwald et de l'Eifel, Bad Godesberg, Bonn et enfin Cologne. *Funiculaire - ✆ 0222 39 20 90 - www.drachenfelsbahn-koenigswinter.de - ttes les 30mn, mai-sept. : 9h-19h ; oct. et mars : 10h-18h ; avr. : 10h-19h ; nov. et janv.-fév. : ttes les heures, tlj sf lun.12h-17h, w.-end 11h-18h - 9 €.*

NOS ADRESSES À BONN

HÉBERGEMENT

POUR SE FAIRE PLAISIR

Hotel Villa Esplanade – A2 - *Colmanstraße 47 - ✆ 0228 98 38 00 - www.hotel-villa-esplanade.de - 17 ch. 103/143 €* ☕. Cette villa du 19e s. a conservé son charme ancien : la grande salle du petit-déjeuner, avec ses hauts plafonds, n'a rien perdu de sa splendeur.

Sternhotel – B2 - *Markt 8 - ✆ 0228 726 70 - www.sternhotel-bonn.de - 80 ch. 155/175 € ☕ (99 € ☕ le w.-end)*. Situé près de l'ancien hôtel de ville, cet établissement à la belle façade fait partie de l'histoire de la ville. Central et calme, il propose des chambres confortables offrant toutes les commodités.

RESTAURATION

POUR SE FAIRE PLAISIR

Zur Lese – B2 - *Adenauerallee 37 - ✆ 0228 22 33 22 - www.zurlese.de - 27/54 €*. Restaurant viticole dont le nom ne rappelle pas les vendanges, mais bien la société de lecture et de repos qui avait été fondée en 1787 dans un but rationaliste.

Oliveto – B2 - *Adenauerallee 9 - ✆ 0228 260 10 - www.hotel-koenigshof-bonn.de - 32/48 €*. Cuisine méditerranéenne au restaurant et ambiance chaleureuse au bar Trattoria, décoré de bois sombre et de rouge.

UNE FOLIE

Le Petit Poisson – A1 - *Wilhelmstraße 23 - ✆ 0228 63 38 83 - www.lepetitpoisson.de - 44/76 €*. Restaurant aux teintes chaudes et aux sièges capitonnés de cuir. Atmosphère intimiste. C'est dans ce cadre que vous dégusterez une cuisine classique.

AGENDA

Beethovenfest – *Dernière semaine d'août et courant septembre - ✆ 0228 50 20 13 13 - www.beethovenfest.de*. Les concerts ont lieu dans l'un des 23 sites de la ville ou de ses environs.

Trèves

Trier

★★

104 640 habitants – Rhénanie-Palatinat

NOS ADRESSES PAGE 409

S'INFORMER

Office de tourisme – *Simeonstraße 60, au niveau de la Porta Nigra - ☏ 0651 97 80 80 - www.trier-info.de/francais - mai-oct. : 9h-18h (19h vend.-sam.), dim. 10h-17h ; mars-avr. et nov.-déc. : 9h-18h, dim. 10h-15h ; janv.-fév. : 10h-17h, dim. 10h-13h - 24 et 31 déc. 10h-13h - fermé 25-26 déc. et 1er janv.*

SE REPÉRER

Carte de région A3 (p. 354-355) – *cartes Michelin nos 718 F 10 et 543 Q 4.* Trèves se trouve à 128 km au sud-ouest de Coblence.

ORGANISER SON TEMPS

Comptez une journée pour visiter la vieille ville.

Capitale de l'Empire romain d'Occident au 3e s. de notre ère, Trèves peut revendiquer avec Worms le titre de plus ancienne ville d'Allemagne. Son remarquable ensemble de ruines romaines lui valut d'être classée au Patrimoine mondial de l'Unesco en 1992. Avec ses larges places animées, la ville est une étape très agréable et un bon point de départ pour se lancer à la découverte de la vallée de la Moselle ou de la vallée de la Sarre.

Découvrir

LA VIEILLE VILLE

Se reporter au plan p. 404.

★★ Porta Nigra D1

☏ 0651 46 07 54 24 - www.trier-today.de - avr.-sept. : 9h-18h ; oct. et mars : 9h-17h ; nov.-fév. 9h- 16h - 3 €, billet combiné pour tous les monuments romains : 6,20 € (en vente à l'office de tourisme et à l'entrée des monuments).

Si vous ne deviez garder en mémoire qu'une seule image de la ville, ce serait sans doute celle de la *Porta Nigra*, plus grand édifice romain sur le sol alle-

5

DES PRINCES-ÉLECTEURS AU DÉPARTEMENT DE LA SARRE

L'accès des archevêques de Trèves à la dignité de princes-électeurs au 14e s. entraîna une période florissante pour la ville. Suite à la redéfinition des structures administratives opérée pendant la Révolution française, Trèves devint chef-lieu du département français de la Sarre (de 1794 à 1814) puis, en 1815, fut annexée à la Prusse. Les Français l'occupèrent de nouveau de 1918 à 1930 et de 1945 à 1955. Aujourd'hui, la ville, située au milieu d'une région viticole, rayonne par son dynamisme culturel et commercial.

mand. Cette porte monumentale (fin du 2e s.), qui défendait la partie nord de l'enceinte, est faite de pierres ajustées les unes aux autres sans mortier et retenues seulement par des crampons de fer. Deux puissantes tours flanquent la partie centrale à double arcade. Comme la porte était destinée à un usage militaire, seuls les étages supérieurs sont percés d'arcatures en forme de fenêtres. Ayant franchi les portes extérieures, les assaillants se retrouvaient dans une cour intérieure où ils recevaient des projectiles de toutes parts.

Au 11e s., la porte fortifiée fut transformée en église à deux niveaux, consacrée à saint Siméon, et dont il reste l'abside romane sur le côté est. On peut voir d'autres traces de l'église St-Siméon, entre autres des vestiges de sculp-

SE LOGER

Berghotel Kockelsberg..........4
Hotel Alte Villa..........1
Hotel Aulmann..........7
Hotel Becker's..........9
Hotel Deutscherhof..........12
Hotel Deutschherrenhof..........15
Hotel Petrisberg..........10
Römischer Kaiser Hotel..........13

SE RESTAURER

Bagatelle..........3
Gasthaus Mosellied..........1
Kartofell Restaurant Kiste..........12
Restaurant Krim..........15
Weinstube Kesselstatt..........7
WeissHaus Restaurant..........10
Zum Domstein..........17

tures rococo, dans les galeries de l'étage supérieur *(côté donnant sur la cour intérieure)*. La remise en l'état original du bâtiment est due à une initiative de Napoléon (1804). Belle vue sur la ville depuis la terrasse de la tour.

Musée du couvent St-Siméon (Städtisches Museum Simeonstift) D1
☏ 0651 718 14 50 - www.museum-trier.de - ♿ - tlj sf lun. 10h-18h, jusqu'à 21h le 1er merc. de chaque mois - fermé 1er janv., 24, 25 et 31 déc. 5 €.
Le Musée municipal est installé dans le couvent St-Siméon, de style roman (11e s.), à côté de la *Porta Nigra*. Il a fait l'objet d'une rénovation réussie et accueille des collections sur l'histoire de la ville : maquettes, meubles, peintures, ainsi que des sculptures dont les figures originales, qui ornaient la fontaine du Marché, représentent les quatre Vertus et saint Pierre (fin du 16e s.). Il comprend aussi un **cloître** roman à deux étages qui abrite la plus ancienne cour conventuelle d'Allemagne.

★ **Maison des Trois-Rois** (Dreikönigenbau) D1
Maison d'habitation de style gothique primitif (vers 1230), la maison des Trois-Rois, avec ses fenêtres à arcatures, rappelle les tours patriciennes de type italien que l'on rencontre aussi à Ratisbonne.

★ **Hauptmarkt** D1
C'est l'une des plus belles places anciennes d'Allemagne. Au centre se dresse la **croix du Marché★**, érigée en 958 à l'occasion de la remise du droit de marché à la ville et restaurée au 18e s. Une **fontaine,** ornée des figures des vertus cardinales et datant de la fin du 16e s. y a également trouvé sa place.
Du centre de la Hauptmarkt, on peut admirer des monuments illustrant quinze siècles de l'histoire de la ville : au nord la Porta Nigra, à l'est la cathédrale romane, au sud l'**église gothique St-Gangolf**, dont la tour (début du 16e s.) était autrefois occupée par un guetteur ; à l'ouest se trouvent quelques coquettes maisons à colombages datant de la Renaissance et de l'époque baroque. La **Steipe**, hôtel de ville médiéval (15e s.), avec son grand toit en pavillon, se dresse au-dessus d'une galerie ouverte ; à côté, la **maison Rouge**, du 17e s., porte la fière inscription : *Mil trois cents ans avant Rome, Trèves existait*.

Frankenturm C1
Surmontée d'une couronne d'étain et percée de petites fenêtres, cette tour romane massive (vers 1100) doit son nom à l'un de ses anciens propriétaires, Franco von Senheim (14e s.).

★ **Cathédrale** (Dom) D1
Avr.-oct. : 6h30-18h ; nov.-mars : 6h30-17h30.
Visites guidées – *En français sur demande au bureau Dom-Information, en face de la cathédrale - ☏ 0651 9790 790 - ww.trierer-dom.de - avr.-oct. : 9h30-17h30, dim. et j. fériés 12h-17h30 ; nov.-mars : tlj sf dim. 9h30-17h30 (sam. 14h).*
Vue du parvis, la cathédrale a l'aspect d'une forteresse avec ses six tours. La façade massive et sévère sur laquelle fait saillie une abside ronde est, avec ses tours carrées et trapues, un bel exemple de l'architecture romane primitive.
Du flanc nord, on distingue les différentes étapes de construction de l'édifice : le corps central, avec son pignon plat et son plan rectangulaire, constitue le noyau romain (4e s.) ; à droite, du côté du parvis, la partie ouest est romane (11e s.) ; de même, à gauche, le chœur polygonal (12e s.) avec sa galerie naine ; la chapelle baroque, coiffée d'un dôme, a été ajoutée au 18e s.
À proximité du portail, vous trouverez la « pierre de la cathédrale » *(Domstein)*, tronçon de colonne datant de l'époque romaine.

L'intérieur de l'église est essentiellement baroque et contient des retables intéressants. Dans le chœur ouest *(à gauche de l'entrée)*, un monument funéraire gothique est consacré à l'archevêque et prince-électeur Baudouin de Luxembourg. Dans le bas-côté droit, un magnifique **tympan★** présente le Christ entre saint Pierre et la Vierge. La chapelle tapissée de stucs, à droite du chœur, possède une gracieuse Vierge du 16e s.

★ **Trésor de la cathédrale** (Domschatz) – *✆ 0651 979 07 90 - www.trierer-dom.de - avr.-oct. : 10h-17h, dim. 14h-17h ; nov.-mars : 11h-16h, dim. 14h-16h - fermé 1er janv. et 25 déc. - 1,50 €, billet combiné avec le musée épiscopal 4 €.* Le trésor a pour cadre une chapelle baroque. Il présente des ivoires de grande valeur, des pièces d'orfèvrerie, dont l'étui du saint Clou et un autel portatif de saint André orné d'émaux, et des évangéliaires aux magnifiques enluminures.

Cloître (Kreuzgang) – Une jolie Vierge de Malberg (15e s.), à l'angle nord-est, veille sur le cloître gothique d'où l'on peut apprécier une belle **vue★** sur la cathédrale et l'église Notre-Dame.

★ Église Notre-Dame (Liebfrauenkirche) D1

L'église Notre-Dame est l'une des premières églises gothiques d'Allemagne (1235-1260), inspirée des modèles champenois. Le plan du bâtiment forme une croix grecque. De chaque côté, deux chapelles latérales à trois pans s'intercalent entre les quatre absides, donnant à l'ensemble de l'église la forme d'une rose à douze pétales. Au **tympan** du portail ouest sont représentés la Vierge en majesté, l'Annonciation, l'Adoration des Mages, le Massacre des Innocents et la Présentation au Temple. Au portail nord, le Couronnement de la Vierge. À l'intérieur, le baguage en rinceaux des colonnes, l'élégance de la galerie de circulation et la richesse de la voûte à la croisée du transept confèrent à l'ensemble un charme incomparable. Vous trouverez sur le sol, quelques mètres après l'entrée centrale, une pierre noire : lorsqu'on se place dessus, elle permet d'embrasser d'un seul regard les peintures des douze apôtres sur les colonnes. Dans une chapelle à gauche se trouve le **monument funéraire★** du chanoine de Metternich (17e s.).

★ Musée épiscopal (Bischöfliches Dom- und Diözesanmuseum) D1

Windstraße 6-8 - ✆ 0651 710 52 55 - www.bistum-trier.de/museum - ♿ - possibilité de visite guidée (1h) - lun.-sam. 9h-17h (nov.-mars fermé lun.), dim. et j. fériés 13h-17h - 3,50 €.

LA PLUS ANCIENNE VILLE D'ALLEMAGNE

Trèves fut très tôt le point de contact entre les civilisations celtique, germanique et romaine. Après la soumission des Trévires, tribu celtique de la Gaule orientale, l'empereur Auguste fonda sur leur territoire **Augusta Treverorum** (vers l'an 16 av. J.-C.). La cité romaine fut le lieu d'une intense activité économique, culturelle et intellectuelle, et se développa jusqu'à l'invasion des tribus germaniques en 274.

Après la réorganisation de l'Empire romain par Dioclétien (fin du 3e s.), Trèves fut élevée au rang de capitale de l'Empire occidental (Gaule, Espagne, Germanie, Bretagne). La ville connut à nouveau un formidable essor sous l'empereur Constantin, qui fit construire de magnifiques édifices. En 313, l'édit de tolérance de Milan mit un terme à la persécution des chrétiens. Un an plus tard fut créé l'archevêché de Trèves, le plus ancien d'Allemagne. Vers la fin du 4e s., la pression des tribus germaniques était telle que la résidence impériale fut transférée à Milan et la préfecture à Arles. Vers 470, Trèves tomba définitivement aux mains des Francs

La Porta Nigra à Trèves.
Hoffmann Photography / age fotostock

Les pièces les plus intéressantes du Musée épiscopal sont les fresques du 4e s. trouvées sous la cathédrale et qui ornaient le palais de Constantin. On suppose que la peinture centrale représente Fausta, son épouse. Les couleurs ont gardé tout leur éclat ; la technique témoigne d'un grand savoir-faire. Le reste du musée est surtout dédié à l'art sacré.

★★ **Basilique** (Basilika) D2

Weberbach/Konstantinplatz - ✆ 0651 425 70 - avr.-oct. : 10h-18h, dim. 12h-18h ; nov.-mars : tlj sf lun. 11h-12h, 15h-16h, dim. 12h-13h - gratuit.

Ce grand bâtiment rectangulaire en brique était à l'origine la salle principale *(aula)* de la résidence impériale construite sous Constantin vers 310. Désormais classé au Patrimoine mondial de l'humanité, l'imposant édifice fut plusieurs fois remanié avant de retrouver au 19e s. son aspect initial. Il a été reconstruit en 1954 et abrite aujourd'hui une église protestante. L'intérieur, d'une grande sobriété, est impressionnant par ses dimensions.

Ancien château du prince-électeur

(Ehemaliges Kurfürstliches Schloss) D2

Derrière la basilique. Possibilité de visite de groupe sur demande. Se renseigner à l'office de tourisme.

Il reste encore les ailes nord et est de l'ancien château du prince-électeur, de style Renaissance, dont la construction débuta en 1615. L'aile rococo fut construite entre 1756 et 1762 d'après les plans de l'architecte Johannes Seitz. La virtuosité de ce dernier (il a été l'élève de Balthasar Neumann) s'exprime dans le magnifique escalier. C'est l'une des plus belles créations de ce genre en Allemagne. La façade sud de couleur tendre donne sur un jardin à la française *(Palastgarten)* orné de pièces d'eau, de parterres fleuris et de statues baroques.

★★ **Musée de Rhénanie** (Rheinisches Landesmuseum) D2

Weimarer Allee 1 - ✆ 0651 97 740 - www.landesmuseum-trier.de - tlj sf lun. 10h-17h - 6 € - audioguide en français gratuit.

Après d'importants travaux de rénovation, ce musée a rouvert en octobre 2009 avec dix nouvelles salles présentant ses collections permanentes, notamment une section consacrée à la préhistoire *(rez-de-chaussée)* et une autre d'antiquités romaines particulièrement riche.

Paléolithique : instruments de l'âge de pierre, céramiques et objets de l'âge du bronze, bijoux en or provenant de sépultures de l'âge du fer.

Époque romaine : merveilleuses mosaïques, statuettes en bronze, bas-reliefs (une scène d'école et une représentation du partage du fermage). Sculptures, parmi lesquelles le **bateau de Neumagen**, chargé de vin, descendant la Moselle, et le célèbre « gai nautonier », passé dans le folklore mosellan.

À voir aussi : des objets de tombes franques (bijoux, verreries), des céramiques rhéno-mosellanes, des œuvres d'art du Moyen Âge, de style Renaissance et baroque.

★★ Thermes impériaux (Kaiserthermen) D2

✆ 0651 44 262 - avr.-sept. : 9h-18h ; oct. et mars : 9h-17h ; nov.-fév. : 9h-16h - 3 €.

Les thermes impériaux remontent à Constantin et comptent parmi les plus importants de l'époque romaine. Mais il semble qu'ils n'aient jamais été mis en service. Les murs incurvés aux larges fenêtres à arcatures entouraient autrefois le *caldarium*, salle où l'on se plongeait dans un bain chaud ; l'alternance de couches de briques et de moellons est typique du mode de construction des Romains. Le *caldarium* est précédé d'un *tepidarium*, salle tiède. Les thermes comprenaient aussi un *frigidarium*, salle réservée aux bains glacés, et une cour de gymnastique.

★★ Trésor de la bibliothèque municipale

(Schatzkammer der Stadtbibliothek) D2

✆ 0651 718 14 29 - www.stadtbibliothek-trier.de - ouv. uniquement pdt les expositions temporaires - 3 €.

Le trésor de la bibliothèque renferme une collection de manuscrits et d'enluminures précieuses (évangéliaires du Moyen Âge, bibles, homiliaires, fables…), les premiers livres illustrés (bibles, livres d'enseignement et de loi…), ainsi que de vieux documents, des traités et des sauf-conduits.

Maison de Karl-Marx (Karl-Marx-Haus) C2

Au n° 10 de la Brückenstraße - ✆ 0651 97 06 80 - www.fes.de/marx - avr.-oct. : 10h-18h ; nov.-mars : tlj sf dim. et lun. matin 10h-13h, 14h-17h - possibilité de visite guidée (1h) sur demande préalable - fermé 1er janv., 24-26 et 31 déc. - 3 €.

La maison natale du philosophe et économiste **Karl Marx** (1818-1883) est maintenant transformée en musée. Vous y trouverez des informations sur la vie et l'œuvre du père de la doctrine marxiste, les premières éditions et les premières traductions de ses écrits majeurs *(Manifeste du parti communiste, Le Capital)*, des manuscrits et des lettres.

AU NORD DE LA PORTA NIGRA

★ Basilique St-Paulin (Basilika St. Paulin) D1

Accès par la Thebäerstraße. Terminée en 1754, l'église St-Paulin est l'œuvre de Balthasar Neumann. L'intérieur de cette église élancée à nef unique est éclairé par de grandes fenêtres. La nef et la voûte présentent de belles décorations en stuc. Les peintures du plafond de Christoph Thomas Scheffler, originaire d'Augsbourg, illustrent le martyre de saint Paulin, citoyen de Trèves, et de la Légion thébaine (286).

AU SUD DE LA VIEILLE VILLE

Thermes de Ste-Barbe (Barbarathermen) C2
0651 460 89 65 - fermé pour travaux, se renseigner pour réouverture. Construits dès le 2e s., les thermes de Ste-Barbe restèrent en service pendant plusieurs siècles. Seules les fondations sont encore visibles.

Amphithéâtre D2
0651 73 010 - avr.-sept. : 9h-18h ; oct. et mars : 9h-17h ; nov.-fév. 9h-16h - 3 €. Cette arène romaine située à flanc de montagne pouvait contenir vingt mille spectateurs. Au Moyen Âge, elle servit de carrière. Au 18e s., les gradins étaient en si mauvais état qu'on y pratiqua la culture de la vigne. Les souterrains servaient à entreposer les machineries et les accessoires de théâtre. Aujourd'hui, un festival antique s'y déroule pendant l'été.

À proximité Carte de région A4

★★ **Mosaïques romaines de Nennig** (Römisches Mosaik in Nennig)
42 km au sud de Trèves. 06 866 13 29 - www.nennig.de - avr.-sept. : tlj sf lun. 8h30-12h, 13h-18h ; mars et oct.-nov. : tlj sf lun. 9h30-11h30, 13h-16h30 - fermé déc.-janv. - 1,50 €. En 1852 furent découverts les restes d'une immense villa romaine de 120 m de long, vraisemblablement construite au 2e ou 3e s. apr. J.-C. Un somptueux sol en mosaïque (16 x 10 m) a été préservé. Ce dernier se compose de huit médaillons, entourés de motifs géométriques finement travaillés, représentant des scènes de combat avec des gladiateurs et des animaux, semblables à celles qui devaient se dérouler dans les arènes de Trèves.

NOS ADRESSES À TRÈVES

TRANSPORTS-VISITES

La **Trier Card**, valable 3 jours consécutifs, permet l'accès aux transports de la ville et donne droit à de nombreuses réductions dans les musées et sur les activités. Carte individuelle 9 €, carte familiale (2 adultes et 3 enfants) 19 €.

HÉBERGEMENT

PREMIER PRIX

Berghotel Kockelsberg – Hors Plan vers C1 - *Auf dem Kockelsberg - 54293 Trier-Kockelsberg - 0651 824 80 00 - www.kockelsberg.de - P - 30 ch. à partir de 67 €* . Cet hôtel fin 19e-début 20e s. offre une belle vue sur Trèves. La façade blanche avec sa petite tour abrite des chambres soignées.

BUDGET MOYEN

Hotel Deutschherrenhof – C1 - *Deutschherrenstraße 32 - 0651 87 542 - www.hotel-deutschherrenhof-trier.de - P - 30 ch. à partir de 70/75 €* . À deux pas de la zone piétonne, cet hôtel propose des chambres simples et bien tenues.

Hotel Deutscherhof – C2 - *Südallee 25 - 0651 977 84 00 - www.hotel-deutscher-hof.de - P - 102 ch. à partir de 75 €* . Accueil professionnel et chambres spacieuses dans cet hôtel situé juste au sud du centre-ville. Sauna et jacuzzi.

Hotel Petrisberg – Hors Plan vers D2 - *Sickingenstraße 11 - 0651 46 40 - www.hotel-petrisberg.de - P - 34 ch. 97/105 €* . Cet hôtel possède des chambres soignées et bien aménagées, mais il se distingue surtout par sa situation calme ainsi que par sa vue exceptionnelle. Des sentiers de promenade agréables relient l'établissement au centre-ville.

Römischer Kaiser Hotel – D1 - *Porta Nigra Platz - ✆ 0651 9770 100 - www.friedrich-hotels.de - 40 ch. à partir de 74 €* ☕. Une bonne solution à deux pas de la Porta Nigra, dans un immeuble centenaire.

Hotel Alte Villa – Hors Plan vers C2 - *Saarstraße 133 - ✆ 0651 93 81 20 - www.hotel-alte-villa.de -* P ♿ *- 20 ch. 85/120 €* ☕. Située en périphérie de la ville, cette villa de 1743 classée monument historique a été transformée en hôtel. Chambres fonctionnelles, équipées de meubles modernes dans le nouveau bâtiment. Préférez les chambres à l'arrière.

POUR SE FAIRE PLAISIR

Hotel Becker's – Hors Plan vers D2 - *Olewiger straße 206 - ✆ 0651 93 80 80 - www.beckers-trier.de -* P *- 30 ch. 140/170 €* ☕. Situé à quelques minutes de route au sud-est du centre de Trèves, cet hôtel sophistiqué comprend un bâtiment ancien et rustique, et un autre plus moderne. Ce dernier abrite un restaurant gastronomique.

Hotel Aulmann – C2 - *Fleischstrasse 47-48 - ✆ 0651 97 670 - www.hotel-aulmann.de - 36 ch. 70/130 €* ☕. Hôtel moderne à deux pas du centre-ville proposant des chambres confortables à un prix raisonnable.

RESTAURATION

PREMIER PRIX

Restaurant Krim – D1 - *Glockenstraße 7 - ✆ 0651 73 943 - www.restokrim.de - 13/33 €.* Parfait pour les petits creux comme pour les grosses faims, ce restaurant sert des tapas, pâtes, salades et grillades. Quelques options végétariennes. Terrasse animée sur la rue piétonne.

Kartoffel-Restaurant Kiste – C2 - *Fahrstraße 13-14 - ✆ 0651 979 00 66 - www.kistetrier.de - 16/31 €.* Kartoffel signifie pomme de terre. Ici, elle se décline sautée, frite ou au four, en soupe, salade, gratin et purée et elle accompagne les viandes et les spécialités régionales.

Weinstube Kesselstatt – D1 - *Liebfrauenstraße 10 - ✆ 0651 411 78 - www.weinstube-kesselstatt.de - 15/25 €.* Ici, on se sert au bar. La terrasse, à proximité de la cathédrale, offre un cadre idéal pour déguster une pâtisserie.

Zum Domstein – D1 - *Hauptmarkt 5 - ✆ 06 51 744 90 - www.domstein.de - 15/25 €.* Une expérience originale : ce restaurant, situé sur la place principale, propose des recettes de cuisine romaine !

BUDGET MOYEN

Gasthaus Mosellied – Hors Plan vers C1 - *Zurlaubener Ufer 86 - ✆ 0651 265 88 - fermé janv.-fév. - 25/30 €.* Sur les rives de la Moselle, vous trouverez regroupés à cet endroit une demi-douzaine d'établissements allant du snack au restaurant gastronomique. Tous ont une terrasse. Le Gasthaus Mosellied est particulièrement apprécié par la population locale.

POUR SE FAIRE PLAISIR

WeissHaus Restaurant – Hors Plan vers C1 - *Weisshaus 1 - ✆ 0651 834 33 - www.weisshaus.de - tlj sauf lun. - 25/40 €.* Sur l'autre rive de la Moselle et surplombant une petite falaise, ce restaurant chic offre une belle vue sur la ville. Côté cuisine, les viandes sont à l'honneur.

UNE FOLIE

Bagatelle – Hors Plan vers C1 - *Zurlaubener Ufer 78 - ✆ 0651 2 97 22 - www.bagatelle-trier.com - 39/84 €.* Ambiance de bistrot décontractée et cuisine légère classique dans ce restaurant aménagé dans une petite maison de pêcheurs sur les bords de la Moselle.

PETITE PAUSE

Café Bley – *Simeonstr. 19 - ✆ 0651 7 36 80 - lun.-sam. 9h30-18h30, dim. 13h-18h.* Salon de thé classique dans la maison des Trois-Rois, une maison du 13e s. Grand choix de gâteaux. La spécialité de la maison : les truffes au riesling.

Oh Bio Mio – *Palaststraße 3 - ✆ 0651 191 208 20.* Un snack-bar sympathique trône au centre de ce petit supermarché bio. Jus de fruits frais, déj. sur le pouce.

Vallée de la Moselle

Moseltal

★★★

NOS ADRESSES PAGE 418

Rhénanie-Palatinat

SE REPÉRER

Carte de région AB3 (p. 354-355) – *cartes Michelin nos 718 F 10-G 9 et 543 Q 3-O 6.* La vallée de la Moselle s'étend sur 195 km entre Trèves et Coblence. Cochem et Bernkastel-Kues sont les deux villes les plus importantes. La seconde est plus « chic » que la première, mais toutes deux constituent des haltes privilégiées pour la découverte de la région (informations touristiques, hôtels, etc.).

À NE PAS MANQUER

Une excursion en bateau ou une promenade en vélo.

ORGANISER SON TEMPS

Comptez au moins une journée, mais la richesse de ce parcours et le charme de cette vallée méritent que l'on s'y attarde.

AVEC LES ENFANTS

Profitez de la piste cyclable qui double la route pour faire du vélo en famille.

Émaillée de villages pittoresques et réputée pour ses vins, la vallée de la Moselle est une région enchanteresse. Entre les massifs rhénans de l'Eifel et du Hunsrück, le fleuve déroule ses méandres au pied de nombreux châteaux et traverse des vignobles dont les origines remontent aux Romains.

Le village de Neumagen-Dhron, au pied des vignes.
G. Rossenbach / Mauritius/Photononstop

Circuits conseillés

Carte de la vallée de la Moselle et carte de région AB3

DE TRÈVES À COBLENCE Carte de la vallée de la Moselle

Circuit de 195 km tracé en vert sur la carte p. 415 – Une journée.

★★ **Trèves** *(voir p. 403)*

Neumagen-Dhron

Localité connue pour ses vestiges romains, transférés au musée de Rhénanie à Trèves. Près d'une chapelle, en face du café Am Römerweinschiff, copie du *Vaisseau chargé de vin.*

★ Bernkastel-Kues

Gestade 6 - 06 531 500 190 - www.bernkastel.de - 8h30-12h30, 13h-17h, sam. 10h-17h, dim. 10h-13h - fermé le w.-end de nov. à avr.

Cité de la vigne et du vin, Bernkastel-Kues est formée de villes jumelles situées de part et d'autre de la Moselle. Son vignoble – le plus grand d'Allemagne qui soit d'un seul tenant – englobe les coteaux de la boucle de la Moselle et se prolonge par les clos de Graach et de Zeltlingen. Il est planté à 95 % de riesling. La ville connaît une véritable effervescence à l'occasion de la Fête des vignerons, qui se déroule pendant la première semaine de septembre.

★ **Place du Marché** (Markt) – Des maisons anciennes, pour la plupart à colombages, entourent cette petite place en pente, au centre de laquelle se trouve la **fontaine St-Michel** *(Michaelsbrunnen)*, du 17e s.

Hôpital St-Nicolas (Cusanusstift) – *À Kues. 06 531 22 60 - www.cusanus.de - dim.-vend. 9h-18h, sam. 9h-15h - gratuit (visites guidées - avr.-oct. : mar. 10h30 et vend. 15h - 5 €).* L'hôpital St-Nicolas est une fondation (1447) du **cardinal Nikolaus Cusanus** (1401-1464), humaniste et théologien né à Kues. Il fut construit pour héberger des vieillards nécessiteux au nombre de trente-trois – chiffre correspondant à l'âge du Christ à sa mort – et il répond encore aujourd'hui à sa destination première. Le cloître gothique (époque tardive) est particulièrement intéressant. Quant à la chapelle, elle possède un beau retable du 15e s., une copie en bronze de la pierre tombale du cardinal (l'original se trouve à San Pietro in Vincoli, à Rome), une fresque représentant le Jugement dernier (à gauche de l'entrée) et la **pierre tombale de Clara Cryftz**, sœur du prélat.

La **bibliothèque** abrite environ 400 manuscrits et incunables, ainsi que les instruments astronomiques du fondateur.

Burg Landshut – *6 km AR au sud-est de Bernkastel-Kues.* Le **château de Landshut**, situé sur un éperon rocheux, devint la propriété des archevêques de Trèves au 11e s. Il est en ruine depuis la guerre de succession du Palatinat.

De retour sur la route du circuit, après Bernkastel-Kues, large **panorama★★** sur la boucle de la Moselle, où même les pentes les plus raides sont utilisées pour la culture de la vigne.

Ponctuant de magnifiques vignobles, des cadrans solaires, plaqués sur les rochers, ont donné leur nom à des crus illustres : Wehlen, Zeltingen…

La route traverse les villages typiquement mosellans d'**Ürzig**, de **Kröv**, d'**Enkirch** (gagner, à 5 km, **Starkenburg**, dont la terrasse offre une **vue★** sur le méandre du Mont-Royal) et de **Pünderich**.

3,5 km après le pont de **Zell**, dont on admire de la rive opposée l'alignement des maisons au bord de l'eau, prendre à gauche vers Marienburg.

Marienburg

Cet ancien couvent occupe un **site★★** exceptionnel à l'endroit le plus resserré du méandre de Zell. La terrasse du restaurant et la tour panoramique en bois *(suivre le sentier, 45mn AR)* offrent de belles **vues★★** sur le méandre et les vignobles.

Beilstein

Le minuscule bourg fortifié, dont le chancelier de Metternich fut le dernier seigneur, se masse au pied de sa vaste église et du château. Des ruines de ce **château** *(Burgruine) (30mn à pied AR au départ des rives de la Moselle par la Bachstraße)*, belle **vue★** sur la courbe de la vallée. *026 739 36 39 - www.burg-metternich.de - de Pâques à fin oct. : 9h-18h - 2 €.*

Cochem

Endert Platz - 02 671 60 040 - www.cochem.de - 9h-13h, 14h-17h, sam. 9h-15h (17h de mi-juil à fin oct.), dim. 10h-12h de juil. à oct. - fermé le w.-end de nov. à avr.

Laisser la voiture à l'entrée de Cochem et suivre le bord de la Moselle pour découvrir le **site★★**, l'un des plus célèbres de Rhénanie : dominant le fleuve, le **château** *(Reichsburg, 026 71 2 55 - www.reichsburg-cochem.de - visite guidée (40mn) - de mi-mars à nov. : 9h-17h - 4,50 €)* couronne une butte plantée de vignes. Seuls le donjon et la base des murs ont résisté aux destructions de 1689. Au 19e s., on s'efforça de relever les ruines dans l'esprit du 14e s., avec force tourelles et clochetons. L'**intérieur** a été remeublé dans un style féodal cossu. Le bar-restaurant offre une **vue** spectaculaire sur la vallée, mais vous pouvez aussi profiter de la buvette à mi-hauteur de la colline pour reprendre votre souffle et admirer le spectacle des vignes au pied du château.

Treis-Karden

L'**église St-Castor**, dans le quartier de Karden, représente l'étape de transition entre le style roman rhénan (« galerie naine » de l'abside) et le gothique (voûtes d'ogives). À l'intérieur, on verra, au maître-autel, le retable des Rois mages (1420) et, dans la chapelle gauche du chœur, la petite châsse en bois, gothique, de saint Castor (1490).

★★ Burg Eltz

10 km au départ d'Hatzenport, puis 10mn de marche ou 5mn en minibus ; sentier depuis Moselkern (1h env.). 02 672 95 05 00 - www.burg-eltz.de - Visite guidée (45mn) (en allemand, demandez une fiche explicative en français) : d'avr. à fin oct. : 9h30-17h30 - fermé de déb. nov. à fin mars - 8 € (1,50 € pour le stationnement).

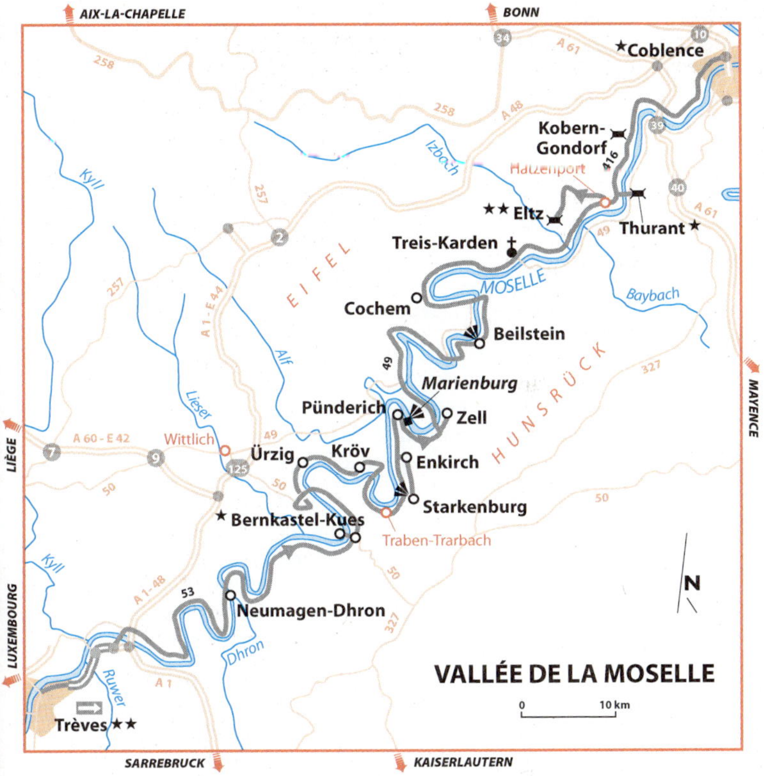

Au premier virage après le parking, un promontoire permet d'avoir une vue plongeante sur le **site★★** romantique du **château** hérissé de tours et de clochetons. L'intérieur a conservé un abondant mobilier ancien et un trésor. Les pièces les plus remarquables sont la salle basse et son plafond de bois décoré (15e s.) et la salle haute avec son décor gothique, sans oublier la salle des Chevaliers et la cuisine de la fin du Moyen Âge, encore intacte. Des tableaux exposés, on retiendra *La Madone aux raisins* de Lucas Cranach.

Sur la rive se profile la silhouette à deux tours du château de Thurant. Avant le dernier coude de la Moselle, la route traverse de part en part, à **Kobern-Gondorf**, un vaste château restauré (15e-17e s.) ; les deux tours dominant l'agglomération s'intègrent remarquablement au paysage.

5

DES VINS DE CARACTÈRE

Les versants de la vallée de la Moselle font une large place aux vignobles produisant des vins blancs secs, dont le cépage principal est le riesling. Le terrain schisteux joue un rôle important dans la maturation des grappes : les schistes broyés absorbent la chaleur pendant le jour et la restituent la nuit aux ceps. La récolte, tardive, peut être reportée jusqu'à la Saint-Nicolas (6 décembre). Légers, un peu âpres, mais au bouquet délicat, les vins de Moselle se font plus secs à mesure que l'on progresse vers le nord.

★ Burg Thurant

☏ 026 05 20 04 - www.thurant.de - mai-oct. 10h-18h, nov.-fév. 10h-16h, mars-avr. 10h-17h - 3,50 €.

Privilège des ruines de ce petit château du 12e s : on peut déambuler dans ses jardins fleuris, le long de ses coursives, et grimper tout en haut du donjon sans avoir à suivre une visite guidée. Quelques salles-musée et une buvette avec des tables dispersées le long des remparts d'où l'on domine toute la vallée.

★ Coblence *(voir p. 420)*

LE HUNSRÜCK Carte de région B3

Circuit de 141 km tracé en vert clair sur la carte de région p. 354-355 – Une demi-journée. Départ d'Idar-Oberstein.

Idar-Oberstein *(voir ci-après)*

Le Hunsrück forme le rebord méridional du Massif schisteux rhénan. Cette région de moyenne montagne, aux forêts giboyeuses, est entaillée par des vallées profondément encaissées et comprend le Parc naturel de Soonwald-Nahe.

Erbeskopf

Culminant à 818 m, c'est le plus haut sommet du massif. De la tour en bois, vue panoramique sur le paysage ondulé et boisé.

Après Thalfang, la **Hunsrückhöhenstraße★** offre de très belles vues sur les vallées, les collines boisées et les villages aux maisons couvertes de schiste. On passe devant la Stumpfer Turm, ancienne tour de guet romaine.

Kirchberg

Juchée sur une colline, elle conserve de jolies maisons à colombages, notamment sur la place du Marché. L'église St-Michel remonte à l'époque préromane, mais l'édifice actuel fut construit au 15e s.

Simmern

C'est le centre économique du Hunsrück. L'église St-Étienne (15e s.) abrite sous ses voûtes en étoile les **pierres tombales★** des ducs palatins, qui comptent au nombre des sculptures les plus représentatives de la Renaissance dans la région du Rhin moyen. Derrière l'église, voir le quartier ancien.

Ravengiersburg

Ce village tapi au fond d'une vallée possède, sur une éminence, une église romane. Sa façade ouest, imposante, présente une corniche sculptée et une petite galerie. Au-dessus du portail, Christ en majesté.

Dhaun

Le château occupe un **site★** remarquable sur un rocher abrupt. Sur l'esplanade, derrière la statue, un escalier conduit aux casemates.

La fin du parcours suit la vallée de la Nahe pour revenir Idar-Oberstein.

À proximité Carte de région

IDAR-OBERSTEIN B3-4

À 37 km au sud de Bernkastel-Kues.

Depuis le Moyen Âge, l'histoire d'Idar-Oberstein est liée à la production et au commerce de pierres précieuses. C'est l'abondance, dans les environs de la ville, de gisements d'agate, jaspe et améthyste qui détermina sa vocation pour la taille et le polissage des gemmes. Musées, ateliers, boutiques, tout ici évoque le monde des minéraux.

★★ Musée allemand des Pierres précieuses
(Deutsches Edelsteinmuseum)
☏ 067 81 90 09 80 - www.edelsteinmuseum.de - à Idar (au centre), Hauptstraße 118 - ♿ - mai-oct. : 9h30-17h30 ; nov.-avr. : 10h-17h - fermé 24, 25 et 31 déc., 8 janv. au 14 avr., nov.-janv. le lun. - 5 €.
Ce musée remarquable en son genre réunit des milliers de pierres provenant de toutes les parties du monde. La glyptothèque est un étonnant survol de 6 000 ans d'histoire de façonnage des pierres et de l'art de la gravure tel qu'on le pratique aujourd'hui.

★ Église Felsen (Felsenkirche)
30mn à pied AR. Accès à partir de la Marktplatz d'Oberstein par un escalier (214 marches). Encastrée 50 m au-dessus de la Nahe sous un surplomb de falaise, l'église, restaurée à plusieurs reprises, vaut surtout pour le **retable** du maître-autel (début du 15e s.). Les scènes de la Passion expriment avec un réalisme appuyé la haine, la souffrance et l'anéantissement.

Musée Idar-Oberstein (Museum Idar-Oberstein)
À Oberstein, au pied de la Felsenkirche - ☏ 067 81 2 46 19 - www.museum-idar-oberstein.de - avr.-oct : 9h-17h30 ; nov.-mars : 11h-16h30 - fermé 1er janv., 24, 25 et 31 déc. - 4,70 €.
Le musée municipal abonde aussi en minéraux et pierres fines. On peut y voir notamment des lames d'agate très minces d'origine locale présentant en transparence des paysages fantasmagoriques, des cristaux et pierres fluorescentes et des bijoux issus des ateliers locaux.

★ Mines des pierres précieuses de Steinkaulenberg
(Edelsteinminen)
Tiefensteiner Strasse 87 - ☏ 067 81 90 19 61 - www.edelsteinminen-idar-oberstein.de - visite guidée en allemand - tlj mi-mars-mi-nov., 9h-17h - 4,50 €.
Cette ancienne mine est la seule en Europe à être ouverte au public. Le parcours de 400 m de galeries est l'occasion de voir des pierres semi-précieuses encore prisonnières de la roche volcanique et d'en comprendre la formation.
Il est également possible d'expérimenter soi-même la fouille de pierres précieuses. On vous fournit des outils et des instructions, et c'est à vous de creuser ! *(tlj 9h-11h, 12h-14h, 15h-17h - réserv. préalable indispensable - 10 €).*

★★ Fabrique de bijoux (Industriedenkmal Jakob Bengel)
Wilhelmstrasse 42a - ☏ 067 81 27 030 - www.jakob-bengel.de - visite guidée sur rendez-vous, prévenir un jour à l'avance (demandez M. Braun qui parle français) - 4,50 €.
Cet atelier connut son heure de gloire dans les années 1910-1920 avec ses bijoux Art déco et Bauhaus. À cette époque, la maison travaillait pour Coco Chanel et les grands magasins parisiens. Aujourd'hui, la production est pratiquement nulle mais toutes les machines reprennent du service lors de la visite : presse de 120 tonnes, machines pour fabriquer des chaînes, travail de la Galalith (pierre de lait), polissage… Les ateliers baignent encore dans cette odeur particulière des lubrifiants.

NOS ADRESSES DANS LA VALLÉE DE LA MOSELLE

HÉBERGEMENT

PREMIER PRIX

À Bernkastel-Kues

Jugendherberge (auberge de jeunesse) – *Jugendherbergstrasse 1 - ✆ 06 531 23 95 - www.diejugendherberge.de - P - 96 lits 19 € ☕ - restaurant 15/32 €.* Accessible à tous, moyennant l'achat d'une carte (12,50 € -26 ans, 21 € à partir de 27 ans). Chambres de 1 à 8 lits. Il est préférable de réserver pour éviter les chambrées. L'ensemble est simplement aménagé, mais cette belle maison aux toits d'ardoise bénéficie d'une vue imprenable sur la vallée et les ruines du château Landshut.

Alter Posthof – *Burgstraße 26 - ✆ 06531 912 57 - www.bernkastel-posthof.de - 60/68 € ☕.* Accueil très convivial dans cette jolie maison de la vieille ville. On peut y louer des vélos (8 €/j) et aussi se détendre dans le sauna (5 €). Copieux petit-déjeuner dans une jolie salle avec poutres apparentes. Nombreuses petites maisons d'hôtes dans cette rue ; vous pouvez en demander la liste à l'office de tourisme.

Wein und Gästehaus Port – *Weingartenstrasse 57 - ✆ 06 531 911 73 - www.weingutport.de - 5 ch. et 5 apparts 60/70 € - ☕.* Repos garanti dans cet établissement au beau milieu des vignobles. Chambres et appartements de vacances confortables. Vous commencerez la journée par un copieux petit-déjeuner de vigneron et vous la finirez en dégustant des vins et des *Schwenkbraten* (côtelettes de porc marinées et grillées) entre amis.

BUDGET MOYEN

À Cochem

Alte Thorschenke – *Brückenstrasse 3 - ✆ 02 671 70 59 - www.castle-thorschenke.de - 37 ch. 67/130 € ☕.* Réservez à l'avance, en particulier si vous voulez une des 3 chambres dans la partie la plus ancienne de cette maison de 1332, imbriquée dans l'ancien mur d'enceinte de la ville. Un antique escalier en colimaçon mène à ces chambres, meublées d'antiquités ; quelques-unes avec des lits à baldaquin.

À Kröv

Reichsschenke « Zum Ritter Götz » – *Robert-Schuman-Strasse 57 - ✆ 0654 816 60 - www.reichsschenke.de - fermé 2 sem. en fév. et 3 sem. en nov. - 16 ch. 64/72 € ☕ - restaurant 18/32 €.* Cette vieille auberge est située dans un charmant petit village au cœur des vignes. Chambres soignées à l'équipement plutôt sobre. Du bois sombre, en partie sculpté, et de petites salles aux plafonds bas confèrent au restaurant son caractère rustique.

À Bernkastel-Kues

Doctor Weinstube Hotel – *Hebegasse 5 - ✆ 06 531 966 50 - www.doctor-weinstuben.de - 29 ch. 79/125 € ☕.* Maison historique transformée en taverne en 1830, dont les chambres bénéficient de tout le confort moderne. La salle de restaurant et la terrasse sont particulièrement authentiques.

Weinhaus Porn Hotel – *Hebegasse 11 - ✆ 06 531 62 58 - www.rieslinghaus-bernkastel.de - 9 ch. 58/75 € ☕.* Hôtel confortable et charmant dont le rez-de-chaussée est occupé par un cellier avec un grand choix de vins.

Mosel Hotel - Drei Könige – *Bahnhofstrasse 1 - ✆ 06 531 20 35 - www.hoteldreikoenige.de - 32 ch. 99/119 €* ☕. Si l'hôtel est situé de l'autre côté du pont dans un quartier moins pittoresque *(Kues)*, il n'en bénéficie pas moins d'une très belle vue sur Bernkastel.

RESTAURATION

PREMIER PRIX

À Bernkastel-Kues

Burgruine Landshut Café-Restaurant – *Parking à côté de l'auberge de jeunesse, puis 2mn à pied - ✆ 06531 24 91 - www. burgruine-landshut.de - fermé déc.-janv. -* 💳 *- 13/26 €.* On ne vient pas ici pour de la grande gastronomie, mais pour la situation de ce restaurant au cœur des ruines du château et au milieu des vignes. Terrasse et salle fermée avec de larges ouvertures vitrées pour la mi-saison.

BUDGET MOYEN

À Bernkastel-Kues

Rotisserie Royale – *Burgstr. 18-20 - ✆ 06 531 65 72 - www. rotisserie-royale.de - 21/41 €.* Ce petit restaurant installé dans une vieille maison à colombages reste fidèle à son caractère rustique avec sa décoration tout en bois. Les prix sont particulièrement raisonnables pour la qualité de la cuisine et du service.

POUR SE FAIRE PLAISIR

À Bernkastel-Kues

Moselschild – *Am Moselufer 14 - ✆ 06 532 939 30 - www. moselschild.de - tlj sf jeu. - fermé janv.-fév. - 24/62 €.* Hôtel-restaurant familial au cadre cossu, doté d'une terrasse avec vue sur la Moselle. Spécialités internationales au menu. Certaines chambres disposent d'un balcon donnant sur la rivière.

ACTIVITÉS

Location de vélos – *Schanzstrasse 22 54470 Bernkastel-Kues - ✆ 06 531 94 024 - www. funbiketeam.de.*

Croisières – À Bernkastel-Kues et à Cochem, plusieurs compagnies possédant un comptoir sur les quais proposent des excursions plus ou moins longues. La compagnie KD assure la liaison de fin avr. à déb. oct. entre Coblence et Cochem (35,20 € AR) - se renseigner au bureau des embarcadères - *✆ 0221 208 83 18 - www.k-d.com*

Thermes de Traben-Trarbach – *Wildsteiner Weg 5 - ✆ 065 41 83 030 - www.moseltherme.de.* Vous pouvez ici renouer avec la tradition romaine et aller aux thermes. Vastes espaces de détente et plusieurs bassins à différentes températures, jacuzzi et sauna.

Canoë – *Moselstraße 6 Klotten - ✆ 02 271 605 518 - www. derbootsplatz.de.* Location de canoës, 20 €/j. Tarifs dégressifs en fonction de la durée.

DÉGUSTATION DE VINS

Weinstube Spitzhäuschen – *Karlstrasse 13 - 54470 Bernkastel-Kues - ✆ 06 531 74 76 - www. weinstube-spitzhaeuschen.de.* Bon choix de vins, mais c'est surtout pour cette maison tout droit sortie d'un conte de fées qu'il convient de venir ici.

Bon à savoir – À l'office du tourisme de Cochem, vous trouverez la liste des producteurs régionaux – certains sont accessibles à pied depuis le centre-ville – avec dégustations et visites des caves.

Coblence

Koblenz

★

106 300 habitants – Rhénanie-Palatinat

NOS ADRESSES PAGE 424

S'INFORMER

Office du tourisme de Coblence – *Jesuitenplatz 2 - ☏ 0261 130 920 - www.touristik-koblenz.de - lun.-vend. 9h-18h ; w.-end et j. fériés 10h-16h. Autre bureau à la gare : Bahnhofplatz 17 - ☏ 0261 313 04 - lun.-vend. 9h-18h.*

SE REPÉRER

Carte de région B3 (p. 354-355) – *cartes Michelin n°s 718 G 9 et 543 O 6.*
Coblence est à 106 km au sud-est de Cologne.

À l'origine camp romain établi en l'an 9 av. J.-C. au confluent du Rhin et de la Moselle, Coblence (du latin « confluentia ») a su tirer parti de sa situation géographique privilégiée pour s'enrichir et se développer. Gravement endommagée au cours de la Seconde Guerre mondiale puis reconstruite, elle fait aujourd'hui figure de petite cité dynamique. Avec son festival d'été couronné par « l'embrasement du Rhin » et ses concerts en plein air, son centre-ville entièrement réservé aux piétons et truffé de bars et de restaurants, Coblence est une base idéale pour la découverte de la région et pour des croisières sur le Rhin et sur la Moselle.

Découvrir Plan de ville

★ « Le Coin allemand » (Deutsches Eck) D1

Au confluent du Rhin et de la Moselle. Du sommet du socle *(107 marches)* qui supporte la statue de Guillaume Ier, on a une belle **vue★** sur la ville et la rive droite du Rhin, dominée par la forteresse d'Ehrenbreitstein.

Musée Ludwig (Ludwig-Museum) D1

Bâtiment Ballei, juste à droite du Coin allemand - ☏ 0261 30 40 40 - www.ludwigmuseum.org - 10h30-17h, dim. et j. fériés 11h-18h - 2,50 €.

Conçu pour prolonger la relation de la ville avec la France dans le domaine artistique, ce musée est dédié à l'art contemporain, français en particulier avec notamment des œuvres de Pablo Picasso et de Jean Dubuffet. Il expose aussi de grands noms de l'art nord-américain contemporain (Jasper Johns, Willem de Kooning, Robert Rauschenberg) et d'artistes allemands (K.O. Götz). On trouvera également des nouveaux réalistes (Arman, César, Tinguely, Martial Raysse) et le fameux « Pouce » de César dans le jardin.

Église St-Castor (Stiftskirche St-Kastor) D1

Cette église romane a pour souche le sanctuaire où fut célébrée la conclusion du traité de Verdun (843), établissant le partage de l'Empire de Charlemagne. La nef et le chœur sont couverts d'amples voûtes en réseau. Parmi le mobilier, remarquer dans le chœur deux tombeaux d'archevêques au fond d'enfeus

COBLENCE

SE LOGER

- Continental-Pfälzer Hof 1
- Hotel Gülser Weinstube 3
- Hotel Kornpforte 4
- Trierer Hof 8

SE RESTAURER

- Einstein 3
- Havana 5
- Weinhaus Hubertus 7
- Wirtshaus Alt Coblenz 9

UN REFUGE POUR LES NOBLES FRANÇAIS

Coblence fut un point de chute pour nombre de nobles qui fuirent la Révolution de 1789. Les émigrant arrivèrent dans la ville avec à leur tête les comtes d'Artois et de Provence, frères de Louis XVI. De là, ils organisèrent une contre-révolution en sollicitant l'aide armée des royaumes voisins. Une guerre s'ensuivit, menant les troupes de la jeune République française sur la rive gauche du Rhin en 1794. En mai 1795, Frédéric-Guillaume II, roi de Prusse, signa le traité de Bâle dans lequel il reconnut l'occupation de la rive gauche du Rhin par les Français. En 1798, la ville devint préfecture du département de Rhin et Moselle. Ces années d'occupation française ont laissé des traces dans le paysage urbain. Ainsi la **Rheinanlage**, promenade tracée au bord du Rhin, est-elle l'œuvre du préfet Lezay-Marnésia en 1809. L'occupation dura jusqu'en 1815, date à laquelle le traité de Vienne, consécutif à la défaite de Napoléon, attribua la région au royaume de Prusse.

gothiques polychromes et, dans le croisillon droit, 16 panneaux peints sur bois (saint Castor est représenté en bas à gauche).

Empruntez la promenade le long de la Moselle, puis enfoncez-vous dans les ruelles piétonnes pour vous rendre à l'église Notre-Dame, autour de laquelle s'étend la ville ancienne.

Église Notre-Dame (Liebfrauenkirche) C1

Édifice roman remanié au 13e s., l'église Notre-Dame a été dotée d'un chœur gothique au 15e s. et de clochers baroques à petits bulbes au 17e s. Les réseaux des voûtes sont ornés de clefs sculptées. Remarquer les vitraux du chœur, conçus en 1992 par H. G. Stockhausen.

Place des Jésuites (Jesuitenplatz) D1

On découvre ici et là, en se promenant dans la vieille ville, de superbes maisons à colombages (la plupart reconstruites). Dans la cour de l'ancien collège des Jésuites (17e s.), aujourd'hui occupé par l'hôtel de ville, la *Schängelbrunnen* (fontaine) évoque l'espièglerie des « gavroches » de Coblence.

Musée du Rhin moyen (Mittelrhein Museum) D1

Florinsmarkt 15-17 - ✆ 0261 129 25 20 - www.mittelrhein-museum.de - 10h30-17h, dim. et j. fériés 11h-18h - 2,50 €.

Plus proche de la Moselle que du Rhin, ce musée retrace le passé de la ville et des alentours à travers des tableaux, des objets religieux (statues, triptyques, icônes) et des objets de la vie courante du haut Moyen Âge.

À proximité Carte de région B3

★ Citadelle d'Ehrenbreitstein

4,5 km sur la rive droite par Pfaffendorfer Brück.

Cet endroit stratégique fut occupé dès le 10e s. par une forteresse qui resta possession des archevêques de Trèves jusqu'en 1799, date de sa destruction par les Français. Entre 1816 et 1832, les Prussiens, qui régnaient sur la Rhénanie depuis le congrès de Vienne (1815), construisirent un nouvel ensemble fortifié. De la terrasse, la **vue★** porte sur Coblence, le château de Stolzenfels *(voir Vallée du Rhin)* au sud, et les plateaux du Hunsrück boisé et de l'Eifel volcanique.

★ **Abbaye de Maria Laach** (Kloster Maria Laach)
20 km à l'ouest - www.maria-laach.de.
Le vaste lac de cratère au bord duquel est construite l'abbaye de Maria Laach renforce le caractère de solidité et d'équilibre qui s'en dégage. L'église abbatiale (12e s.) est une basilique romane à trois nefs qui rappelle extérieurement les cathédrales de Worms, Spire et Mayence.
L'**atrium d'entrée**★ (début du 13e s.) est décoré de chapiteaux très travaillés. L'autel est surmonté d'un bizarre baldaquin hexagonal qui pourrait révéler une influence mauresque. La crypte est la partie la plus ancienne de l'édifice.

Circuit conseillé Carte de région B3

★ LIMBURG AN DER LAHN ET LA VALLÉE DE LA LAHN

Circuit de 60 km tracé en marron sur la carte de région p. 354-355 – Comptez 3h. Départ de Coblence.
Les offices du tourisme de Diez et Nassau proposent de nombreuses activités : randonnées, promenades en vélo et en bateau, kayak, dégustations de vins.
Le cours inférieur de la Lahn, très sinueux, offre, avec ses plans d'eau sombres et son cadre sauvage de versants boisés, des paysages romantiques. La ville de Limburg est riche en souvenirs historiques.

Bad Ems

Cette station thermale réputée reçut à plusieurs reprises Guillaume Ier, roi de Prusse, puis empereur d'Allemagne. Une dalle portant la date du 13 juillet 1870, scellée à côté de la fontaine romaine, en face du *Staatliches Kurhaus*, rappelle l'entrevue au cours de laquelle Guillaume Ier refusa à l'ambassadeur de France, Benedetti, d'interdire « à tout jamais » aux Hohenzollern de prétendre au trône d'Espagne. Sa dépêche, tronquée et divulguée par Bismarck, précipitera les hostilités franco-allemandes de 1870.

Nassau

0260 495 250, www.nassau-touristik.de
Cette petite cité est le berceau des comtes de Laurenburg, qui prirent au 12e s. le nom de Nassau et dont la branche d'Orange-Nassau règne toujours sur les Pays-Bas.

Abbaye d'Arnstein

1 km au départ du pont d'Obernhof. L'église de cet ancien couvent de prémontrés, ordre de chanoines réguliers de Prémontré (France) fondé par saint Norbert, oppose son chœur ouest, roman, à son chœur est, gothique.

Diez

06 432 501 275 - www.urlaubsregion-diez.info
Le **château d'Oranienstein** (17e s.), qui attire tous les regards dans la petite ville, a été construit de 1672 à 1684 comme château de prédilection de la cour hollandaise. Devant le refus du prince Guillaume VI, futur Guillaume Ier des Pays-Bas, d'adhérer à la confédération du Rhin, Napoléon décida en 1806 de dissoudre la principauté de Nassau-Fulda. En 1867, le château d'Oranienstein fut transformé en une école de cadets. Servant aujourd'hui de caserne à une brigade blindée, le château abrite aussi le **musée d'Orange-Nassau** *(Oranien-Nassau-Museum)*, consacré à l'histoire de la maison d'Orange.

★ Limburg an der Lahn

Hospitalstraße 2 - ✆ 064 31 61 66 - www.limburg.de
La silhouette imposante de la cathédrale qui se dresse au-dessus de la Lahn se remarque de loin. Le centre de la localité est pour une bonne part constitué de maisons à colombages du 13e au 18e s., ornées d'admirables sculptures sur bois.
★ **La cathédrale** (Dom) – *Visite : 30mn.* Perchée sur une colline, la cathédrale St-Georges occupe un **site★★** pittoresque. Elle est en outre remarquable pour son architecture : c'est l'exemple le plus classique du style gothique de transition répandu en Allemagne de 1210 à 1250. Son ordonnance extérieure, encore romane, l'apparente étroitement aux cathédrales du Rhin.
L'intérieur présente une structure gothique directement inspirée de la cathédrale de Laon, avec la superposition des tribunes, du triforium et des fenêtres hautes ; les chapiteaux à crochets sont typiques de la première époque gothique. La voûte est sur croisée d'ogives. Une tour-lanterne à coupole surmonte la croisée du transept. La décoration d'origine a été dégagée et restaurée.
De la **terrasse du cimetière**, au flanc nord de l'église, on a une belle **vue★** plongeante sur le cours de la Lahn, le vieux pont et le viaduc de l'autoroute.
★ **Musée diocésain** (Diözesanmuseum) – *Domstraße 12 - ✆ 06 431 29 53 27 - www.staurothek.de - ♿ - fermé pour rénovation.* Le Musée diocésain a pris ses quartiers, avec le trésor de la cathédrale, dans un bâtiment historique. Les pièces les plus précieuses de cette collection d'art sacré sont la staurothèque de Limbourg (un reliquaire byzantin de la Vraie Croix datant du 10e s.), ainsi que le reliquaire de la crosse de saint Pierre, exécuté en 980 à Trèves sous l'archevêque Egbert. Dans la section d'iconographie médiévale, admirer la Déploration du Christ, une sculpture en terre cuite (vers 1415).
★ **Vieille ville** – Plusieurs rues ont entièrement conservé leurs anciennes maisons, souvent à colombages (Domplatz, Fischmarkt, Brückengasse, Römer, Rütsche, Bischofsplatz).

NOS ADRESSES À COBLENCE

HÉBERGEMENT

PREMIER PRIX

À Coblence

Continental-Pfälzer Hof – C2 - *Bahnhofsplatz 1 - ✆ 0261 301 60 - www.pension-hotel-koblenz.de - 35 ch. 55 €* ☕. Cet hôtel moderne est situé à deux pas de la gare. Fenêtres à double vitrage. Nombreux autres hôtels bon marché aux environs de la gare, un peu loin du centre.

BUDGET MOYEN

À Coblence

Hotel Gülser Weinstube – Hors Plan C2 - *Moselweinstraße 3 - ✆ 0261 988 64 10 - www.hotelguelserweinstube.de - 14 ch. 75/95 €* ☕. Petit hôtel familial installé dans une jolie maison à colombages au bord de la Moselle. On peut y déguster les vins de la région (restaurant-bar).

Trierer Hof – D1 - *Clemensstraße 1 - ✆ 0261 10 060 - www.triererhof.de - 35 ch. 85/89 €* ☕. Belle demeure proche du centre historique et des rives du Rhin.

Hotel Kornpforte – D1 - *Kornpfortstraße 11 - ✆ 0261 311 74 - www.hotel-kornpforte.de - 19 ch. 95 €* ☕. Hôtel à prix raisonnable dans le centre-ville. L'accueil est sympathique et les chambres ont une belle hauteur sous plafond.

À Limburg an der Lahn

Martin – *Holzheimer Straße 2 - ✆ 06 431 948 40 - www.hotel-martin.de* - 🅿 - *30 ch. 90/99 €* ☕. Situé en plein centre-ville, cet hôtel tenu par une famille propose des chambres soignées.

Romantik Hotel Zimmermann – *Blumenröder Straße 1 - ✆ 06 431 46 11 - www.romantik-hotel-zimmermann.de - fermé 20 déc.-5 janv.* - 🅿 - *24 ch. 95/105 €* ☕. Équipées de meubles de style anglais, les chambres ont un parfum de luxe. Vous apprécierez l'extraordinaire petit-déjeuner.

RESTAURATION

PREMIER PRIX

À Coblence

Havana – D1 - *Kornpfortstraße 6 - ✆ 0261 100 46 84 - 10/18 €.* Ce restaurant sert des snacks et des plats mexicains dans une ambiance décontractée. Happy hour de 18h à 20h.

Einstein – D1 - *Firmungstraße 30 - ✆ 0261 91 44 999 - www.einstein-koblenz.de - 14/48 €.* Carte internationale dans ce restaurant très fréquenté de la zone piétonne. Le brunch du dimanche vaut la peine de s'y attarder.

À Limburg an der Lahn

Golden Thai – *Salzgasse 1 - ✆ 06 431 944 06 21 - www.golden-thai.de - 18/42 €.* Pour changer un peu des *Schnitzel* et autres *Bratwürste*, vous pouvez faire une pause dans ce restaurant de poche qui sert des plats thaïs authentiques et copieux.

Bella Cittá Vecchia – *Fischmarkt 8 - ✆ 06 431 210 608 - www.bella-citta-vecchia.de - 12/36 €.* En plein cœur de la vieille ville, charmant restaurant. Choix variés de pâtes, de pizzas, et quelques plats de viande et poisson. Quelques chambres à l'étage (85 €).

BUDGET MOYEN

À Coblence

Wirtshaus Alt Coblenz – C1 - *Am Plan 13 - ✆ 0261 16 06 56 - www.alt-coblenz.de - 23/34 €.* On vient ici pour déguster une cuisine traditionnelle allemande ou goûter les vins régionaux.

Weinhaus Hubertus – C1 - *Florinsmarkt 6- ✆ 0261 311 77 - www. weinhaus-hubertus.de - 18/25 €.* Dans la salle lambrissée de bois sombre et décorée de trophées de cette jolie maison à colombages, on savoure une cuisine régionale soignée. Une des meilleures adresses de la vieille ville.

POUR SE FAIRE PLAISIR

À Limburg an der Lahn

Himmel und Erde – *Joseph-Heppel-Str. 1a - ✆ 06 431 5 84 72 08 - www.kapelle-himmelunderde.de - 30/59 €.* Restaurant au cachet rustique, dans l'ancienne chapelle de Schafsberg. Avec ses voûtes imposantes, la nef conserve son caractère sacral.

EN SOIRÉE

Gecko Cocktail Lounge – *Gemüsegasse 14a - ✆ 0261 100 4334 - www.geckolounge.de.* Bar à cocktails branché, installé dans une belle cave voûtée en plein cœur de la vieille ville. On peut aussi y manger. Soirées thématiques et musique live tous les jeudis.

ACTIVITÉS

Location de vélos Burg Bike – *Adolfstraße 65 - ✆ 02 621 40 838 - www.burg-bike.de.* Cette compagnie propose des locations de vélo à des prix raisonnables, avec livraison à votre hôtel et recommandations de circuits dans la région. Également options de tours guidés de 1 à 8 jours.

Vallée du Rhin

Rheintal

★★★

Rhénanie-Palatinat et Hesse

NOS ADRESSES PAGE 435

SE REPÉRER
Carte de région B3 (p. 354-355) – *cartes Michelin n°s 718 G 9-10 et 543 N 44-P 47.*
La vallée du Rhin côtoie la vallée de la Moselle.

À NE PAS MANQUER
Le légendaire rocher de la Lorelei.

ORGANISER SON TEMPS
Si vous n'avez que peu de temps, sachez que la partie la plus remarquable de cette vallée s'étend sur 75 km entre Rüdesheim et Coblence (notre première proposition de circuit). Comptez 4h pour cet itinéraire.

AVEC LES ENFANTS
Le musée des Instruments de musique à Rüdesheim.

Long de 1 320 km et baignant quatre pays, le Rhin constitue depuis le Moyen Âge une exceptionnelle voie d'échanges commerciaux, intellectuels et artistiques et une artère vitale de l'Occident. La beauté de ses paysages a inspiré de nombreux mythes qui ont contribué à sa renommée. Alternant les vignobles et les affleurements rocheux, dominé par des châteaux perchés en hauteur, le parcours qui s'étend de Rüdesheim ou Bingen à Coblence offre des perspectives splendides dans un cadre particulièrement romantique. Entre Coblence et Mayence, où seuls des bacs permettent la traversée du Rhin, le tourisme fluvial prend toutes ses lettres de noblesse.

Circuits conseillés Carte de la Vallée du Rhin

★★★ LA LORELEI 1

Circuit de 75 km tracé en violet p. 429 – Environ 4h. Partir de Rüdesheim.
Cette rive, la plus sauvage et la plus escarpée, offre de très belles vues sur les bourgs de la rive opposée.

★ Rüdesheim am Rhein

Geisenheimerstraße 22 - ☎ 067 22 194 33 - www.ruedesheim.de/tourist - 10h-15h (w.-end et j. fériés 16h).
Entre Rhin et montagne, Rüdesheim, capitale du Rheingau, jouit d'une situation privilégiée. Les ruelles étroites de cette capitale du riesling sont souvent prises d'assaut par la foule des visiteurs, attirés par les caves proposant la dégustation des fameux vins blancs. De mai à septembre, la célèbre Drosselgasse, riche en bars à vins, est un lieu où règne une animation incomparable.
Musée du Vin Brömserburg – *Rheinstraße 2 - ☎ 067 22 23 48 - www.rheingauer-weinmuseum.de - mars-oct. : 10h-18h (dernière entrée 17h15) - 5 € (visite*

Châteaux de Pfalzgrafenstein, Schönburg et Oberwesel.
A Laule/age fotostock

guidée avec dégustation de vins : 7,50 €). Après avoir servi de résidence-refuge aux évêques de Mayence jusqu'au 13e s., ce château fort passa aux mains des chevaliers de Rüdesheim et devint un repaire de brigands. Il fut repris en 1281 par l'archevêque Wernherr. Il est aujourd'hui aménagé en un **musée du Vin**, qui montre en particulier des pressoirs anciens et de riches collections d'amphores et de vases ayant servi à la conservation ou au transport du vin.

★★ **Musée des Instruments de musique mécaniques** (Siegfried Mechanisches Musikkabinett) – *Oberstraße 29 - ✆ 067 22 49 217 - www.siegfrieds-musikkabinett.de - visites guidées uniquement, réserv. nécessaire - mars-déc. : 10h-18h - 6 €.* Il s'agit d'une des plus importantes collections d'instruments de musique mécaniques du 18e s. au 20e s. ; que le mécanisme soit manuel, à ressorts ou électromécanique, ces automates, qui vont de la simple boîte à musique au piano-orchestre-concert faisant jouer jusqu'à 15 instruments, ont été patiemment restaurés et rejouent aujourd'hui inlassablement les airs d'antan.

Monument du Niederwald (Niederwalddenkmal) – *Accès par la route (2 km) ou par la télécabine (départ sur l'Oberstraße, 20mn - 6,50 € AR, 4,50 € l'aller simple) - www.seilbahn-ruedesheim.de.* Le monument du Niederwald fut érigé entre 1877 et 1883 pour commémorer le rétablissement de l'Empire allemand en 1871. La statue de la *Germania* pèse à elle seule 32 tonnes.

À ses pieds, un bas-relief en bronze réunit, autour de l'empereur Guillaume Ier, le chancelier Bismarck, les princes allemands et les corps d'armée.

De l'esplanade, la **vue** porte sur le vignoble, Bingen et le confluent de la Nahe, et, dans le lointain, les hauteurs du Palatinat.

Après Rüdesheim, la route passe au pied des vignes en terrasses dominées par la ruine du château d'**Ehrenfels**, construit par les archevêques de Mayence en même temps que la **tour des Souris** de Bingen *(voir encadré p. 428)*, sur la rive d'en face, pour contrôler les péages sur le fleuve, mais aussi pour se défendre des ennemis venus du nord.

Après Aßmannshausen se succèdent, sur la rive opposée, les silhouettes des châteaux forts avec leurs tours crénelées de Rheinstein, Reichenstein et

LA TOUR DES SOURIS
Selon la légende, l'archevêque de Mayence, Hatto, aurait fait construire cette tour pour faire payer un droit de péage aux bateliers. Or, la famine venant à sévir dans la région, les paysans affluèrent à Mayence pour exiger du blé. Hatto les envoya dans la grange où le blé était entreposé. Il ferma les portes derrière eux et mit le feu au bâtiment. Il ne resta bientôt plus rien. Seules quelques souris ressortirent, qui filèrent vers le palais de l'archevêque et y mangèrent tout ce qui s'y trouvait. Hatto se réfugia dans la tour du Rhin. Mais les souris montèrent avec lui dans le bateau et, une fois à terre, achevèrent de le dévorer.

Sooneck. À hauteur de Lorch, la tour de Fürstenberg marque le début d'un passage plus épanoui, qui annonce Bacharach, avec ses vignes et ses tours. Puis apparaît, au milieu du Rhin, le château de Pfalz.

Kaub
Le bourg, dominé par la ruine restaurée de Gutenfels, vaut par sa pittoresque rue principale, la Metzgerstraße.

★ **Pfalz** – *Face à Kaub - ✆ 0172 262 28 00 - www.burgen-rlp.de - avr.-oct. : tlj 10h-18h ; nov. et janv.-fév. : le w.-end 10h-17h ; mars : tlj 10h-17h - Dernière entrée 1h av. fermeture - fermé déc. - 4,10 €.* Ce château de péage, également appelé **Pfalzgrafenstein**, s'élève au milieu du Rhin et dresse son donjon entouré d'une enceinte à tourelles évoquant la forme d'un navire. Sa position et l'épaisseur de ses murs le maintinrent toujours hors de l'atteinte des assaillants.

Avant de parvenir à un coude à angle droit, on passe devant le **site★★** d'Oberwesel, dont les tours se succèdent au pied du château de Schönburg. Même l'église a une tour crénelée en guise de clocher. On atteint enfin le passage le plus farouche de la vallée.

★★ Lorelei
Ce rocher légendaire, haut de 132 m, est devenu le symbole du Rhin romantique et tient une place de choix dans la littérature allemande. Son avancée réduit d'un quart la largeur du fleuve. Selon la légende, la Lorelei était une ondine blonde (génie des Eaux dans la mythologie nordique) qui captait l'attention des bateliers par ses attraits et ses chants mélodieux, à l'endroit le plus dangereux du fleuve. Heine a fait de cette légende un célèbre poème *Je ne sais d'où vient ma tristesse...* que Silcher a mis en musique.

St-Goarshausen – La ville, qui s'étire au bord du fleuve (agréable promenade), est dominée par le château fort du **Katz** (chat) *(propriété privée, pas de visite)*. Il aurait été construit pour neutraliser celui de **Maus** (souris), élevé un peu plus en aval. *✆ 067 71 23 03 ou 067 71 91 00 - www.burg-maus.de - visite sur réserv. auprès de l'OT - 8 €.*

★★ **Belvédère de la Lorelei** – *En quittant St-Goarshausen, suivre « Loreley-Burgen Straße ». Pendant la haute saison, il y a un service de navettes entre l'embarcadère de St-Goarshausen et le plateau de la Lorelei.*

Du haut du rocher, on a des **vues★★** sur la « trouée héroïque » du Rhin romantique. Le plateau a été aménagé en un jardin paysager avec des chemins de randonnée. Dans le **centre Lorelei** *(Lorelei-Zentrum, 2,50 €)*, des installations interactives sont consacrées à la légende de la Lorelei, ainsi qu'à la géologie, la flore et la faune de la région (en allemand). Film en 3D du survol de la région.

VALLÉE DU RHIN

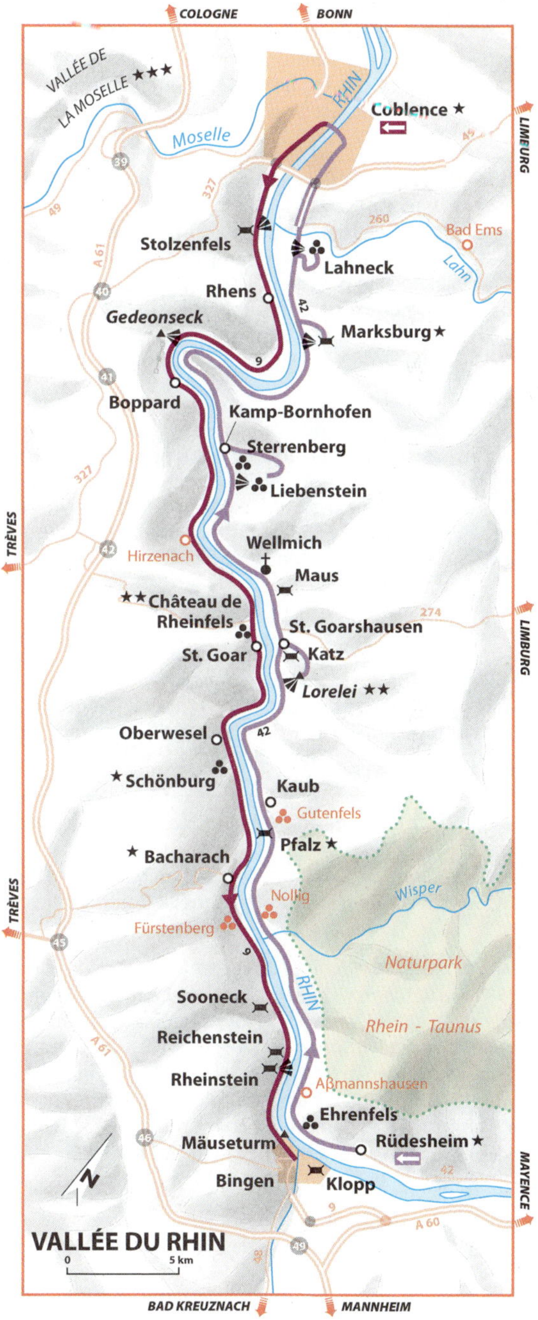

Wellmich

Dolkstraße 6 - ✆ 06 771 940 00 - www.kath-kirche-loreley.de
Dans l'église, des vestiges de peintures murales du 15e s. ont été restaurés. On reconnaît notamment, dans la nef, la Crucifixion et le Jugement dernier, ainsi que le martyre des apôtres.

Les « Frères ennemis »

À Kamp-Bornhofen, tourner à droite vers Dahlheim, puis à nouveau à droite au panneau « Zu den Burgen ».
C'est ainsi que l'on désigne les deux châteaux qui dominent **Kamp-Bornhofen**. Des ruines de **Liebenstein**, on a un beau **panorama**★★ sur le château de **Sterrenberg** et la vallée. Le paysage s'adoucit au niveau de Boppard, dont le méandre est couvert de vignes. Puis apparaît, sur son promontoire, la forteresse de **Marksburg** que l'on atteint en prenant à Braubach la route de Nastätten.

★ Marksburg

Le **château**, le seul de la vallée qui n'ait jamais été détruit, a été récemment rénové. Il occupe un **site**★★ aérien au-dessus du fleuve. On remarque surtout la grande batterie, le jardin médiéval (170 espèces) et la salle des armures (de 600 av. J.-C. au 15e s.). La visite guidée permet de découvrir la vie dans un château moyenâgeux. *✆ 0262 72 06 - www.marksburg.de - visite guidée (50mn) avr.-oct. : 10h-17h ; nov.-mars : 11h-16h - fermé 24,25 déc. - 5 €.*

Lahneck

3 km au départ de Lahnstein.
Les ruines d'un **château** *(Burg)* construit au 13e s. pour protéger les mines d'argent voisines ont été relevées au 19e s. dans le style néogothique. *✆ 02 627 84 19 - www.burglahneck.de - avr.-oct. : 10h-17h - 3 €.* Du donjon, **vue** sur le confluent de la Lahn et le château troubadour de Stolzenfels, sur l'autre rive.

★★★ DE CHÂTEAU EN CHÂTEAU 2

Circuit de 63 km tracé en rouge bordeaux sur la carte p. 429 et reliant Coblence à Bingen – Une journée.
En sortant de la banlieue de Coblence, on découvre, à droite, le château de Stolzenfels et, sur l'autre rive, la tour de Lahneck dominant le confluent de la Lahn.

Château de Stolzenfels (Schloss Stolzenfels)

✆ 0261 51 853 - www.schloss-stolzenfels.de - visite guidée (45mn) avr.-sept. : 9h-18h ; reste de l'année : 9h-17h - fermé 1er jour ouvrable de la sem. et déc. - 2,60 € - fermé pour travaux de rénovation.
Ce vaste château fut reconstruit à grand renfort de créneaux par Frédéric-Guillaume IV en 1842, dans un style néogothique inspiré des manoirs anglais. L'**intérieur**★, somptueux, est aménagé en musée.
De la terrasse, on a une vue sur Coblence et la citadelle d'Ehrenbreitstein.

Rhens

Jolies maisons peintes à colombages.

Gedeonseck

1h AR dont 20mn de télésiège - ✆ 067 42 25 10 - www.sesselbahn-boppard.de - du 1er au 10 avr. et de mi-oct. à fin oct. : 10h-17h ; du 11 avr. à fin avr. et de déb. oct. à mi-oct. : 10h-17h30 ; mai, juin et sept. : 10h-18h ; juil. et août : 9h30-18h30 - 6,50 € AR (4,20 € aller simple).

Cette promenade permet d'avoir une **vue★** sur le lobe convexe, très irrégulier, du méandre de Boppard.

Boppard

Marktplatz - ☏ 067 42 38 88 - www.boppard.de - mai-sept. : tlj sf dim. 9h-18h30, sam. 10h-14h ; oct.-avr. : lun.-vend. 9h-17h.

Issue d'un château fort romain, Boppard était au Moyen Âge une ville impériale libre. Remarquer l'église St-Séverin, de style roman tardif, ainsi que l'église gothique des carmélites avec sa très belle décoration : stalles (vers 1460) et monuments funéraires de style Renaissance. Le musée aménagé dans le château fort de la cour de Trèves (14e s.) abrite, entre autres, du mobilier ayant appartenu à l'industriel Michael Thonet, qui vit le jour à Boppard. Belle promenade le long du Rhin.

Les deux ruines des Frères ennemis, sur la rive d'en face *(voir plus haut)* marquent le début de la section héroïque.

St-Goar

La ville, blottie au pied d'un château fort, commande, avec St-Goarshausen, le passage de la Lorelei.

★★ **Château de Rheinfels** – *Burg Rheinfels - ☏ 067 41 383 - www.burg-rheinfels.com - mi-mars à fin oct. : 9h-18h ; fin oct. à déb. nov. : 9h-17h ; déb. nov. à mi-mars : w.-end 11h-17h (dernière entrée 1h avant fermeture) - 4 €.* Il a résisté aux assauts de Louis XIV et fut, jusqu'à son démantèlement par les Français en 1797, la plus puissante forteresse de la vallée. Montez à la tour de l'Horloge pour découvrir l'ensemble des bâtiments et la vallée du Rhin avec, sur l'autre rive, les châteaux du Chat *(Burg Katz)* et de la Souris *(Burg Maus)*.

On voit le rocher de la Lorelei qui rétrécit le passage, agitant le courant de profonds remous. Remarquez les grandes signalisations lumineuses qui assistent les bateaux dans la difficile manœuvre pour passer cet engorgement. Les rives restent très abruptes et boisées jusqu'à Oberwesel.

Oberwesel

Seize tours issues des fortifications de cette petite ville viticole idyllique ont été préservées ; une partie de l'enceinte médiévale est encore accessible et offre une belle vue sur le Rhin.

L'**église gothique Notre-Dame★** *(Liebfrauenkirche)*, au sud de la ville, abrite un très beau retable au maître-autel, un des plus anciens d'Allemagne (première moitié du 14e s.), un jubé gothique, et, dans le bas-côté gauche, un curieux triptyque (1510) représentant les quinze cataclysmes de la fin du monde.

De la terrasse du château de **Schönburg★**, bloc de trois forteresses protégées par un impressionnant mur de défense, s'offre une vue englobant Kaub et l'île fortifiée de Pfalz.

Au milieu du fleuve apparaît l'étonnante nef de pierre de la Pfalz dominée par le château de Gutenfels.

★ Bacharach

Oberstrasse 45 - ☏ 067 43 91 93 03 - www.rhein-nahe-touristik.de - avr.-oct. : 9h-17h, w.-end et j. fériés 10h-15h ; nov.-mars : lun.-vend. 9h-13h.

Jadis propriété des comtes palatins, Bacharach, entourée de vignes et de vieilles tours témoignant des fortifications du Moyen Âge, reste une étape fréquentée sur la vallée du Rhin.

De jolies maisons à pans de bois, souvent fleuries, égayent l'Obserstraße et la Marktplatz. L'église St-Pierre *(Peterskirche)* possède une nef romane, une des dernières construites en Allemagne, dont l'élévation à quatre étages (grandes

Le Rhin en Allemagne

UN FLEUVE DE LÉGENDES

Il n'est guère le long du Rhin de château, d'île ou de rocher qui n'évoquent un récit chevaleresque ou une légende. Lohengrin, le chevalier au cygne, apparut au pied du château de Clèves. Roland le Preux, rescapé de Roncevaux, arriva trop tard devant l'île de Nonnenwerth où sa fiancée inconsolable avait pris le voile, et se retira alors, désespéré, dans le château voisin de Rolandsbogen. Quant à la **Lorelei**, c'est la « roche de Lore », cette sirène enchanteresse qui provoquait la perte des bateliers envoûtés par son chant. Mais l'œuvre capitale reste la *Chanson des Nibelungen*, la plus célèbre des épopées allemandes, inépuisable source d'inspiration dont Wagner a tiré des noms et des idées maîtresses pour sa tétralogie. La **Chanson des Nibelungen**, vraisemblablement composée vers la fin du 12e s. et inspirée des légendes scandinaves et germaniques, raconte les splendeurs de la cour burgonde de Worms, le déchaînement des passions dans le cœur des héros connus aussi sous le nom de Nibelungen.

DES ALPES À LA MER DU NORD

C'est dans les Alpes suisses que le fleuve prend sa source. Déferlant les versants des montagnes, il arrive rapidement au lac de Constance, qu'il traverse paresseusement. Les eaux du plateau suisse collectées par son affluent, l'Aar, et la réception du Neckar à Mannheim puis du Main à Francfort atténuent le caractère irrégulier de son débit dû à la fonte des neiges au printemps et achèvent de lui conférer un régime équilibré. À la sortie du lac de Constance, les bancs rocheux projetés par la Forêt-Noire et les contreforts du Jura forment les fameuses chutes du Rhin, près de Schaffhausen *(voir le Guide Vert Suisse)*. Plus en aval, la présence de bancs calcaires se traduit par des rapides *(Laufen)*. Ces ruptures sont des obstacles à la navigation, mais elles ont permis de développer l'équipement hydroélectrique.

À Bâle, le Rhin oblique vers le nord pour suivre le fossé d'effondrement qui sépare les Vosges de la Forêt-Noire. Jusqu'à Breisach, un canal dérive en Alsace une partie des eaux du fleuve, puis se limite à de simples dérivations au niveau des barrages-usines, jusqu'à Strasbourg. De Bingen à Neuwied, en aval de Coblence, le Rhin taille son lit à travers le Massif schisteux rhénan dont les roches dures, en particulier les quartzites mises à nu aux alentours de la Lorelei, provoquent des remous dangereux. Cette « trouée héroïque », alternant les vignobles et les affleurements rocheux, dominée par des châteaux accrochés aux éperons, constitue la partie la plus attrayante de la vallée. Enfin, après avoir traversé la région industrielle de Duisbourg, il se dirige lentement vers la mer du Nord en sinuant à travers la plaine.

LES CHÂTEAUX DE LA VALLÉE DU RHIN

La vallée du Rhin offre une impressionnante concentration de châteaux. Demeures seigneuriales, châteaux défensifs, péages, protection des voyageurs, tous avaient leur utilité. Beaucoup perdirent leurs tours crénelées dans les incendies provoqués par l'armée française de Louis XIV, puis, au 18e s., lors des combats entre les révolutionnaires français et les émigrants nobles réfugiés à Coblence. C'est au 19e s., avec la création de la Confédération germanique en 1815, qu'un grand nombre de châteaux furent reconstruits.

arcades, galerie, triforium, fenêtres hautes) reflète déjà l'art gothique français. Tout près s'élèvent les ruines de la chapelle St-Werner.

Burg Sooneck

À Niederheimbach - ✆ 06 743 60 64 - www.burgen-rlp.de - d'avr. à fin sept. : tlj 10h-17h15 ; oct.-mars : tlj 9h-16h15 - 2,60 €.

La **forteresse**, très restaurée, avec son dédale d'escaliers, de plates-formes et de jardins fleuris en terrasses, est suspendue sur une pente escarpée, à l'extrémité de la forêt de Soon. Le roi Frédéric-Guillaume IV de Prusse se consacra à l'aménagement de ce château en ruine à partir de 1842. Les pièces d'habitation ont été meublées dans le style néogothique et Biedermeier. Mine à ciel ouvert à proximité.

Burg Reichenstein

À Bacharach - ✆ 06 721 61 17 - www.burg-reichenstein.de - de déb. mars à mi-nov. : tlj sf lun. 9h-18h ; de mi-nov. à mars : 9h-17h sur réserv. - fermé déc. - 4 €.

Ce **château** néoféodal (10e s.) est particulièrement bien situé, au débouché d'un vallon bucolique. Après avoir servi de péage d'Empire, il fut transformé en résidence d'été au 19e s. À l'intérieur, collections d'armes et de trophées de chasse. Également hôtel et restaurant.

Burg Rheinstein

✆ 06 721 63 77 - www.burg-rheinstein.de - avr.-oct. : 9h30-17h30 ; nov.-mars : w.-end. 10h-17h - fermé 20 déc.-10 janv. - 4,30 €.

Le **château** est perché sur un à-pic dominant le Rhin ; de la tour de guet la plus avancée, on a une **vue★★** plongeante sur le fleuve. Rheinstein fut le premier château du Rhin reconstruit par les Hohenzollern (à partir de 1823). À partir de la **tour des Souris** *(Mäuseturm)*, sur son îlot, la vallée s'épanouit et se couvre, sur la rive droite, de vignobles en terrasses.

Bingen

Fondé par les Romains à la confluence du Rhin et de la Nahe *(castel Bingium)*, ce petit port fluvial dessert aujourd'hui un arrière-pays viticole et touristique. Le **Burg Klopp**, ancienne forteresse des évêques de Mayence, fut détruit à plusieurs reprises, en particulier par les troupes de Louis XIV en 1689.

De la terrasse, une large **vue★** s'ouvre sur le Binger Loch, entre le Hunsrück et les coteaux du Rheingau en amont du monument du Niederwald.

À proximité Carte de région B3

5

★★ Abbaye d'Eberbach (Kloster Eberbach)

À 15 km environ à l'est de Rüdesheim.

Cette ancienne abbaye est la seule fondation directe de Clairvaux en Allemagne, avec l'abbaye de Himmerod dans le massif de l'Eifel. Le lieu retient aujourd'hui encore une grande part du silence et de l'isolement propres au mode de vie de la communauté cistercienne qui l'habita. Murs blancs, toits pentus en ardoise, jardins tracés au cordeau… C'est un monde à part où l'on produit du vin selon des techniques séculaires.

Église abbatiale (Klosterkirche) – *✆ 06 723 917 81 00 - www.klostereberbach.de - ♿ - avr.-oct. : 10h-18h ; nov.-mars : 11h-17h - fermé Rosenmontag (Lundi gras), 24-25 et 31 déc. - 3,50 €.* L'église abbatiale, à trois vaisseaux, fut édifiée en deux temps, de 1145 à 1160, puis de 1170 à 1186. Couverte de voûtes d'arêtes, au chevet plat et aux chapelles orientées rectangulaires très basses suivant la tradition cistercienne, elle dégage une impression d'austère grandeur.

L'HISTOIRE DE L'ABBAYE

Vers 1135, alors que l'ordre cistercien rayonnait en Europe, l'archevêque de Mayence, Adalbert, demanda à Bernard de Clairvaux de venir s'installer à Eberbach où était établie une petite communauté de moines bénédictins. Clairvaux envoya aussitôt un groupe de religieux chargés d'édifier l'un des plus beaux ensembles monastiques d'Allemagne. Les moines bourguignons eurent tôt fait de mettre à profit leurs connaissances viticoles au sein de l'abbaye. La règle de saint Benoît leur dictait de se procurer par eux-mêmes leurs revenus. L'abbaye prospéra assez vite, mais les guerres des 16e et 17e s. dispersèrent les richesses d'Eberbach. Après un renouveau au 18e s., l'abbaye fut sécularisée en 1802. Le domaine viticole fut néanmoins maintenu.

Entre 1310 et 1340, on a ajouté sur le flanc sud une série de chapelles gothiques, percées de fenêtres à remplage. Nombreuses **pierres tombales★** du 14e au 18e s.

Bâtiments conventuels – Ils s'ordonnent autour du **cloître★**, construit du milieu du 13e s. au milieu du 14e s. Du **réfectoire des moines** ne subsiste plus d'origine (1186) que le portail ; refait en 1720, il possède un magnifique plafond à stucs réalisé par l'artiste mayençais Daniel Schenk (1738).

Dans le réfectoire des frères convers, on peut voir une magnifique collection de **pressoirs anciens★★**, dont les colonnes sont traitées de façon décorative. Le plus ancien remonte à l'année 1668.

À l'étage du bâtiment des Pères, le **dortoir des moines★**, d'une longueur de 72 m, date pour l'essentiel des années 1250-1270. Il se compose de deux vaisseaux en croix, dont le sol est légèrement incliné et les colonnes raccourcies, afin de leur donner plus de profondeur par le jeu des perspectives. La **salle capitulaire**, avec sa belle voûte en étoile de 1345 et ses rinceaux de 1500, fut construite avant 1186.

Du dortoir, on accède au **musée de l'Abbaye** *(Abteimuseum)*, à l'étage supérieur, qui retrace l'histoire de l'abbaye et de l'ordre cistercien.

NOS ADRESSES DANS LA VALLÉE DU RHIN

HÉBERGEMENT

Vous trouverez un grand nombre d'hôtels tout au long de la vallée, mais les deux voies ferrées de chaque côté du Rhin sont particulièrement bruyantes et les trains se succèdent jusqu'à tard dans la nuit. En saison haute (août-sept.), mieux vaut réserver à l'avance.

PREMIER PRIX

À Rüdesheim Am Rhein

Granatapfelhaus – *Rheinstraße 27 - 06 722 27 02 - www.granatapfelhaus.com - 10 ch. 60/65 €* . Dans une ville où les hôtels reçoivent essentiellement des groupes, ce petit hôtel familial se distingue par ses dix petites chambres et son accueil personnalisé. Décor un peu suranné, mais c'est propre et fonctionnel.

À Boppard

Baudobriga Rheinhotel – *Rheinallee 43 - 06 742 80 550 - www.baudobriga.de - P - 35 ch. 60/136 €* . Le bâtiment n'a pas de charme particulier mais c'est l'un des moins chers de la promenade. La plupart des chambres ont vue sur le Rhin et disposent d'un balcon.

Hotel Zur Krone – *Rheinallee 36 - 06 742 22 20 - www.rheinhotelkrone.de - 20 ch. 65/74 €.* Dans une maison traditionnelle à colombages, sur la promenade le long du Rhin, des chambres agréables et lumineuses d'un bon rapport qualité-prix.

À St. Goar

Hotel Landsknecht – *An der Rheinufer-Straße (B 9) - St. Goar-Fellen - 06 741 20 11 - www.hotel-landsknecht.de - fermé janv.-fév. - P - 15 ch. 75/120 €* . Chambres à l'équipement standard mais confortable. Joli jardin. Le restaurant offre un cadre rustique. Depuis sa terrasse, vue sur le Rhin.

À Bacharach

Jugendherberge Burg Stahleck – *Sur les hauteurs de la ville - 06 743 12 66 - www.jugendherberge.de/bacharach - 166 lits 26/36 €.* Cette auberge de jeunesse est installée dans un superbe château en ardoise dominant la ville (15mn à pied ou 2 km en voiture). Réservation indispensable pour avoir une chambre double (sinon, chambrée de 6 ou 10 lits).

BUDGET MOYEN

À Rüdesheim Am Rhein

Hotel Trapp – *Kirchstraße 7 - 06 722 911 40 - www.ruedesheim-trapp.de - ouv. de mi-mars à mi-déc. P - 38 ch. 102/114 €* . Au cœur de cette petite ville romantique, cet établissement familial bien tenu offre des chambres de caractère.

Park Hotel – *Rheinstraße 21-23 - 06 722 30 16 - www.parkhotel-rudesheim.de - 71 ch. 70/120 €* . La réception de cet hôtel se substitue à l'office de tourisme quand celui-ci est fermé. Service professionnel, chambres confortables.

Rhein Hotel – *Geisenheimer Straße 25-27 - 06 722 90 30 - www.rheinhotel-ruedesheim.de - 30 ch. 98/122 €* . Chambres claires et impeccables, mais on vient surtout pour l'espace bien-être avec sauna et piscine intérieure. La réception propose toutes sortes d'activités et peut faire des réservations (dégustations de vins, promenades à vélo…).

À Bacharach

Hotel Altkölnischer Hof – *Blücherstraße 2 - 06 743 13 39 - www.hotel-bacharach-rhein.de - ouv. avr.-oct. - 20 ch. 78/94 €.* Cet hôtel, situé sur la belle place de l'église, est installé dans une ancienne maison à colombages restaurée. Coquettes chambres. Les repas sont servis dans la salle de restaurant lambrissée ou à la taverne. Spécialités rhénanes.

Park-Hotel – *Marktstraße 8 - 06 743 14 22 - www.park-hotel-bacharach.de - ouv. de mi-mars à mi-nov. - 25 ch. 88 €.* Chambres confortables, dont certaines offrent une vue splendide sur le Rhin. Dans la salle des comtes palatins *(Pfalzgrafen)*, on vous servira des spécialités régionales. Petite piscine et sauna. Seul bémol, la situation est bruyante à cause de sa proximité avec la voie de chemin de fer.

À Bingen

Martinskeller – *Martinstr. 1 - 06 721 13 475 - www.hotel-bingen-rhein.com - 88/106 €.* En 1884, l'établissement servait de débit de vin à la société Augstein. Un siècle plus tard, il a été transformé en hôtel. Demandez une chambre avec colombages.

À Boppard

Hotel Bellevue – *Rheinallee 41 - 06 742 102 0 - www.bellevue-boppard.de - 92 ch. 90/120 € - 11 € - rest. 25/50 €.* Cet hôtel ouvert en 1897 propose des chambres luxueuses dans un cadre historique sur les bords du Rhin. Réductions hors saison.

POUR SE FAIRE PLAISIR

À Rüdesheim Am Rhein

Hotel Rüdesheimer Schloss – *Steingasse 10 - 06 722 905 00 - www.ruedesheimer-schloss.de - fermé de Noël à déb. janv. - 21 ch. 125/155 €.* Cet ancien bâtiment (18e s) avec sa jolie cour intérieure et son vignoble est situé en bordure du Rhin et en plein centre-ville.

À St. Goar

Hotel Zum Goldenen Löwen – *Heerstraße 82 - 06 741 16 74 - www.goldener-loewe-stgoar.de - 12 ch. 120 € - rest. 20/45 €.* À la recherche d'une adresse pratique pour passer la nuit ? Ce petit hôtel propose des chambres soignées.

Schlosshotel und Villa Rheinfels – *Schlossberg 47 - 06 741 80 20 - www.schloss-rheinfels.de - 56 ch. à partir de 105/130 €.* Très bien situé, dans la vallée de la Lorelei, devant l'impressionnant château, l'hôtel et la villa Rheinfels offrent des chambres confortables. Belle vue depuis le restaurant.

SE RESTAURER

BUDGET MOYEN

À Kaub

Landgasthaus Blücher – *Oberstr. 19 D - 56348 Dörscheid, à 4 km au nord de Kaub - 06 774 267 - www.landgasthaus-bluecher.de - 19/42 €.* Cuisine savoureuse et principalement régionale. On y sert le vin de la maison et des spiritueux primés. Fait aussi hôtel (24 ch. 68/99 €).

Zum Turm – *Zollstraße 50 - 06 774 922 00 - www.rhein-hotel-turm.com - fermé le mar., 1 sem. déb. janv., 1 sem. fin juil. et de mi-nov. à fin nov. - 25/60 €.* Cette maison fondée il y a plus de 300 ans est située près de la vieille tour et abrite depuis plus d'un siècle un petit restaurant familial. Plats préparés avec soin.

À Boppard

Gasthaus Hirsch – *Rheinstraße 17 - Boppard-Hirzenach - 06 741 26 01 - www.*

gasthaus-hirsch.net - fermé 2 sem. apr. Pâques et de mi-nov. au 25 nov. - 23/40 €. Établissement rustique et de bon goût. Les plats concoctés à partir des produits du marché sont savoureux.

POUR SE FAIRE PLAISIR

À Boppard

Tannenheim – *Bahnhof Buchholz 3 (B 327) - Buchholz - ✆ 06 742 22 81 - www.hotel-tannenheim.de - fermé 1er-18 janv., sam. midi, jeu., dim. et j. fériés - 21/45 €.* Ce charmant restaurant est dirigé depuis quatre générations par la famille Fuchs. Il dispose également de quelques chambres et d'un joli jardin. La petite salle de chasse *(Jagdstübchen)* est confortable. On vous y servira des plats variés et de saison.

À Oberwesel

Römerkrug – *Marktplatz 1 - ✆ 06 744 70 91 - www.hotel-roemerkrug.rhinecastles.com - 24/42 €.* L'une des anciennes et pittoresques maisons de la place du marché réaménagée en restaurant. Décor de cave à vins. Cuisine régionale.

ACTIVITÉS

Croisières sur le Rhin

Deux petites agences locales proposent des croisières à la journée ou en soirée :

Bingen-Rüdesheimer Fahrgastschiffahrt – *Rheinkai 10 - 55411 Bingen - ✆ 067 21 141 40 - www.bingen-ruedesheimer.com*

Rössler Linie – *Lorcherstrasse 34 - 65385 Rüdesheim - ✆ 067 22 23 53 - www.roesslerlinie.de*

Location de vélos

À Rüdesheim

Radkranz – *Oberstrasse 55 - ✆ 067 22 48 336 - www.rad-kranz.de.* Carte des pistes cyclables en vente.

Excursions

De mars à fin octobre, 2 agences organisent des excursions au départ de Rüdesheim combinant l'ascension en téléphérique jusqu'au Niederwalddenkmal, une marche de 45mn à travers la forêt et un retour en bateau. *Rens. à l'OT de Rüdesheim.*

Francfort-sur-le-Main

Frankfurt am Main

★★

664 840 habitants – Hesse

NOS ADRESSES PAGE 446

S'INFORMER
Office de tourisme Hauptbahnhof – *Dans le hall d'accueil de la gare - 06 921 23 88 00 - www.frankfurt-tourismus.de - lun.-vend. 8h-21h ; w.-end et j. fériés : 9h-18h (fermé 25-26 déc. et Nouvel An).*

SE REPÉRER
Carte de région C3 (p. 354-355) – *cartes Michelin nos 718 H 10 et 543 P 10.* Francfort est à 193 km au sud-est de Cologne.

À NE PAS MANQUER
La rive des musées ; un verre d'*Äppelwoi* (cidre brut) et le *Handkäse mit Musik* (petit fromage jaune dans une sauce à l'oignon) dans un café du quartier d'Alt-Sachsenhausen, sur la rive gauche du Main.

ORGANISER SON TEMPS
Une demi-journée suffit pour découvrir la vieille ville, mais la rive des musées mérite plus de temps.

Un « skyline » de gratte-ciels dignes d'une ville américaine, le siège des plus grandes banques d'Europe dont la Banque Centrale Européenne, un pôle scientifique et culturel de premier ordre, des instituts de recherche, , un opéra, des théâtres et un nombre sans cesse croissant de musées dont le fameux Staedel. Francfort cumule les superlatifs. Avec près d'un habitant sur trois n'ayant pas la nationalité allemande, elle est sans conteste la ville la plus internationale du pays. La cité natale de Goethe peut ainsi s'enorgueillir d'un brassage unique de cultures et de langues du monde entier. Capitale financière et commerciale de l'Allemagne, Francfort est aussi une destination de week-end qui monte, entre modernité d'une Allemagne dynamique et vestiges d'un passé glorieux, une certaine douceur de vivre aussi, au centre de l'Europe.

Découvrir

LA VIEILLE VILLE

Se reporter au plan p. 440.
Les fortifications médiévales, rasées en 1805 et dont subsiste la **tour d'Eschenheim** (*Eschenheimer Turm,* G1), terminée en 1428 et encore bien conservée, ont été remplacées par une ceinture verte. À l'intérieur de ce périmètre s'est développée la **vieille ville**, presque totalement détruite en 1943-1944, et dont un noyau a été reconstitué après 1945, autour du Römerberg.
C'est à partir du pont **Untermainbrücke** (G2), côté rive gauche, que l'on a la meilleure perspective ★ sur ses silhouettes modestes, comparées aux gratte-

Café sur le toit d'un immeuble.
SIME/S. Lubenow / Sime/Photononstop

ciel de la tour de la Foire, de la Deutsche Bank ou de la Dresdner Bank. Entre l'abside de l'ancienne église des carmélites et la cathédrale, on peut apercevoir successivement (de gauche à droite) la coupole de l'église St-Paul, les toits pointus du Römer, l'église St-Léonard en bordure du Main, le clocher élancé de l'église St-Nicolas et enfin, à l'extrémité de l'Eiserner Steg (pont métallique), le Saalhof, ancien palais impérial dont il reste la tour d'angle gothique. Les bords du Rhin ont été aménagés en une belle promenade piétonne.

Römer et Römerberg H2

Office de tourisme – *Römerberg 27 - 9h30-17h30, w.-end et j. fériés 10h-16h - fermé 25-26 déc. et Nouvel An.*

Le **Römer** consiste en un bloc de trois maisons bourgeoises du Moyen Âge reconstitué dans les années 1980 ; devenu hôtel de ville en 1404, il fut ensuite utilisé pour les banquets lors de l'élection et du couronnement de l'empereur. Ses trois pignons gothiques à redans, devenus le symbole de Francfort, donnent sur le Römerberg. L'ensemble doit son nom à la **maison Zum Römer**, la plus ancienne et la plus somptueuse, située au centre ; les quatre statues d'empereurs surmontées d'aigles impériaux, au-dessus du balcon à balustrade sculptée, sont des adjonctions du 19e s. La petite cour intérieure s'orne d'un gracieux escalier à vis Renaissance. À l'intérieur de la **salle impériale** *(Kaisersaal)* ont été installés dans 47 niches et 5 médaillons, au 19e s., 52 portraits d'empereurs – de Charlemagne à François II (1806) – illustrant les mille années d'histoire de l'Empire. *069 21 23 40 64 - - tlj sf w.-end 10h-13h, 14h-17h - fermé 1er janv., 24-25 et 31 déc. et lors des réunions - 2 €.*

Le **Römerberg** est limité au sud par l'**ancienne église St-Nicolas**, construite au 13e s. en grès rouge ; tribune à quatre tourelles d'angle. Au sud-ouest se trouve la **maison Wertheim**, belle demeure à colombages de la fin de la Renaissance (1600). Sur le côté nord de la place, la **Steinernes Haus**, de 1464, a manifestement été construite sur le modèle d'un palais italien. Une rangée

5

SE LOGER

A Casa Bed & Breakfast 1
Hilton 4
Hotel-Pension Gölz 7
Hotel Hamburger Hof 10
Hotel Miramar 13
Liebig-Hotel 16
Steigenberger Frankfurter Hof 19

SE RESTAURER

Erno's Bistro 1
Estragon 5
Fichte Kränzi 9
Gargantua 11
Heimat 15
Koh Samui 21
Lorsbacher Thal 4
Medici 23
Meyer's Restaurant 7
Restaurant-Café «Zum Schwarzen Stern» 10
Steinernes Haus 13
Tiger-Restaurant 16
Toan 19

de maisons à colombages bâties du 15e au 18e s. limitait le Römerberg à l'est : toutes ont été reconstruites. Au centre de la place se dresse la **fontaine de la Justice** (1543).

La partie restaurée du vieux Francfort est directement en contact avec l'architecture postmoderne de la **galerie Schirn** *(Kunsthalle Schirn)* ; cette galerie tout en longueur, avec rotonde, abrite différentes expositions d'art moderne.

Église St-Léonard (Leonhardskirche) H2

L'aspect de l'église St-Léonard, gothique (15e s.), trahit sa filiation avec une basilique romane. À l'est, elle a conservé des tours octogonales et les belles sculptures du **portail de maître Engelbert** qui, depuis l'adjonction de deux bas-côtés à l'édifice primitif, se trouve à l'intérieur.

La nef centrale, presque carrée, est entourée sur trois côtés par une galerie à tribunes et le chœur est illuminé par de beaux vitraux. À gauche de celui-ci se trouvent un magnifique retable sculpté (scènes de la vie de la Vierge) et un tableau d'Holbein l'Ancien représentant la **Cène**. Le bas-côté nord abrite une chapelle baptismale.

★ Cathédrale St-Barthélemy (Dom) H2

Dans cette église, dédiée à saint Barthélemy, eurent lieu, dès 1356, l'élection des empereurs, puis, à partir de 1562, leur couronnement, ce qui lui valut l'appellation de **cathédrale**. Cette église-halle gothique à trois nefs, au large transept, a été édifiée entre le 13e et le 15e s., sur l'emplacement d'une construction carolingienne. La grande **tour ouest★★** *(Westturm)*, ornée d'un couronnement polygonal à gâbles et surmontée d'un dôme à lanternon, ne fut terminée qu'en 1877.

Dans le péristyle néogothique édifié devant la tour après l'incendie de la cathédrale (1867), voir le groupe très expressif de la **Crucifixion** (1509) en grès gris, œuvre du sculpteur de Mayence, Backoffen. Les belles **stalles★** du chœur (vers 1350) sont dues à un maître du haut Rhin. Les **peintures murales** ont été exécutées en 1427 par un maître de l'école de Cologne ; on y voit la légende de saint Barthélemy.

Dans une niche, sur le côté droit du chœur, se trouve la pierre tombale (1352) du comte Günther von Schwarzburg, concurrent malheureux de Charles IV pour le titre de roi de Germanie. La porte voisine conduit à la chapelle *(Wahlkapelle)* de la 1re moitié du 15e s., où les sept princes-électeurs du Saint Empire romain germanique procédaient à leur choix final.

Dans la chapelle à gauche du chœur se trouve l'**autel du sommeil de Marie** *(Maria-Schlaf)*, de 1434. Seul autel restant de l'ancien aménagement intérieur, il est également l'œuvre d'un maître de Cologne et représente les douze apôtres au chevet de Marie mourante. La grande **Descente de croix**, sur le mur ouest du transept nord, est l'œuvre d'Anton van Dyck (1627).

5

★ Musée de la Cathédrale (Dommuseum)

℘ 069 13 37 61 84 - www.dommuseum-frankfurt.de - possibilité de visite guidée (30mn) sur demande préalable - tlj sf lun. 10h-17h (w.-end et j. fériés 11h) - fermé 1er janv., 24-25 et 31 déc. - 4 €.

Le musée de la Cathédrale est installé dans les vestiges du cloître gothique. Très petit, il expose le trésor de la cathédrale *(Domschatz)*. Ce dernier comporte de précieuses pièces d'orfèvrerie et de somptueux vêtements datant du haut Moyen Âge ainsi que la **pierre tombale** mérovingienne d'une jeune fille enterrée dans la cathédrale. À l'ouest de la cathédrale se trouve le **Jardin archéologique** *(Historischer Garten)* où l'on a retrouvé des vestiges de fortifications romaines et carolingiennes.

De la cité impériale à la capitale économique

LA SECONDE VILLE DE SACRE

Construite au 8e s., à l'emplacement d'un ancien camp romain, Francfort devint un siècle plus tard résidence impériale et capitale de la Franconie. En 1152, Frédéric Barberousse se fit élire empereur germanique à Francfort, inaugurant ainsi une tradition que Charles IV allait consacrer par la Bulle d'or (voir ci-dessous). En 1562, la ville du Main remplaça Aix-la-Chapelle comme **ville du couronnement** des rois et des empereurs du Saint Empire romain germanique ; ce privilège lui resta acquis jusqu'à la dissolution du Saint-Empire en 1806.

L'élection des empereurs et la Bulle d'or

Pour être élu, le candidat devait appartenir à l'une des familles souveraines. Franconiens (dynastie salienne), Saxons (les Othons), Bavarois et Souabes (les Hohenstaufen) reçurent tour à tour la couronne. Mais les empereurs s'employèrent à faire des donations et à octroyer des privilèges aux ducs, comtes et hauts prélats qui appartennaient à la diète afin de la garder dans leur famille. En 1356, la Bulle d'or limita le nombre des électeurs à sept, dont trois ecclésiastiques (les archevêques de Mayence, Cologne et Trèves) et quatre laïcs (duc de Saxe, margrave de Brandebourg, comte palatin, roi de Bohême).

LA CAPITALE DE LA FINANCE ET DE L'ÉCONOMIE

Au 16e s., la ville impériale obtint le droit de battre monnaie. Le marché financier prit un rapide essor et la **Bourse** fut créée. Au 18e s., les banques dominèrent l'économie ; au 19e s., elles acquirent une réputation mondiale grâce à des géants de la finance : **Bethmann** et surtout **Rothschild** (1744-1812), dont les fils, les « cinq Francfortois », créèrent des filiales à Paris, Londres, Vienne et Naples. Profitant de ce climat favorable, une industrie puissante ne tarda pas à se constituer en particulier chimique et pharmaceutique.

D'importants salons spécialisés confortent également Francfort dans son rôle de métropole économique (Salon de l'automobile). La **Foire du livre** représente un événement culturel et commercial important. Le fait que Francfort ait été retenue pour être le siège de la **Banque centrale européenne** conforte la ville dans sa réputation incontestable de métropole financière.

LA VIE CITADINE

C'est sur la **Hauptwache**, place datant de 1729 et située entre le Roßmarkt et la **Zeil**, la plus grande artère commerçante d'Allemagne, que la vie bat son plein. Au nord, le Westend, zone résidentielle calme et verte dont l'aménagement remonte à l'époque de Bismarck, cherche à se préserver de l'avancée des constructions commerciales.

Du haut des 120 m de la **Henninger Turm**, dans le quartier de Sachsenhausen, on a un **panorama complet★** sur la ville, le Main, la vaste forêt du Stadtwald et le massif boisé du Taunus. Plus récente, la tour **Main Tower** offre un panorama encore plus spectaculaire avec sa plate-forme culminant à 200 m. . Le nouveau siège de la Banque Centrale Européenne (Skytower) est en construction dans le quartier est de la ville, tandis que de nouveaux immeubles à usage d'habitation surgissent dans les anciennes friches ferroviaires situées derrière la gare.

★ **Musée d'Art moderne** (Museum für Moderne Kunst) H1
Domstrasse 10 - ✆ 069 21 23 04 47 - www.mmk-frankfurt.de - tlj sf lun. 10h-18h (merc. 20h) - 8 € (gratuit le dernier samedi du mois).
L'architecte viennois Hans Hollein a réussi la prouesse de concevoir un édifice spacieux sur un terrain triangulaire d'une superficie extrêmement réduite. L'intérieur, plein de fantaisie, étonne par ses dimensions imposantes. Ce musée est notamment consacré à l'art contemporain. Remarquer particulièrement la collection de Karl Ströher, de Darmstadt, acquise par la ville de Francfort en 1980 et peu à peu complétée depuis. Les artistes de l'école de New York (Claes Oldenburg, Andy Warhol) y sont également bien représentés, de même que l'art contemporain allemand (Joseph Beuys, Mario Merz, Katharina Frische, Gerhard Richter avec son oppressant *Cycle de Stammheim*). La photographie n'est pas oubliée. Tous les six mois, 6 à 8 salles du musée sont réaménagées pour des expositions de photos.

Église St-Paul (Paulskirche) H2
C'est dans l'église St-Paul, bâtiment circulaire élevé au début de l'époque classique et depuis reconstruit, que siégea entre 1848 et 1849 l'Assemblée nationale allemande élue après la révolution de mars. L'édifice abrite une exposition consacrée à l'histoire du mouvement démocratique allemand.

★ **Maison de Goethe – Musée Goethe**
(Goethe-Haus – Frankfurter Goethe-Museum) G2
Großer Hirschgraben 23-25 - ✆ 069 13 88 00 - www.goethehaus-frankfurt.de - 10h-18h, dim. et j. fériés 10h-17h30 - fermé 1er janv., Vend. saint, 24-25 et 31 déc. - 5 €.
« La maison était spacieuse, claire et sereine, les escaliers dégagés, les vestibules bien aérés et plusieurs fenêtres permettaient de voir facilement sur les jardins. » C'est ainsi que Goethe décrivait la maison paternelle.
Dans cette maison, reconstruite après 1945 d'après le modèle d'origine, le poète se sentirait de nouveau immédiatement chez lui ; le portrait de Charlotte Buff, son amour de jeunesse, est suspendu au mur dans la chambre de Goethe, comme autrefois. Une exposition est consacrée à la vie de la famille Goethe à Francfort au 18e s. et présente également des documents relatifs aux premières œuvres du poète.
Le **musée Goethe** attenant abrite une galerie de peintures datant de l'époque de Goethe (baroque tardif au romantisme) et illustre l'intérêt marqué du poète pour les arts plastiques. On trouve, entre autres, des tableaux de Tischbein, Graff, Hackert, Füssli et Friedrich.

CÉLÈBRE POÈTE
Johann Wolfgang von **Goethe** vit le jour à Francfort en 1749. Dans ses *Mémoires (Aus meinem Leben)*, le grand homme raconte les souvenirs attachés à sa ville natale qui lui resta chère sa vie durant. Il y passa en effet les années les plus fécondes de son existence de poète, entre 1772 et 1775, et c'est là qu'il écrivit, en quatre semaines, son célèbre roman, *Les Soufrrances du jeune Werther.*

Musée juif et Musée Judengasse
Untermainkai 14-15 et Kurt-Schumacher-Str. 10 - ✆ 069 21 23 50 00 (musée Judengasse ✆ 069 297 74 19) - www.juedischesmuseum.de - tlj sf lun. 10h-17h (merc. 20h)- Musée juif 4 €, musée Judengasse 2 €, billet combiné 5 €.
Le **Musée juif** (G2) a pour cadre le palais Rothschild (1821). Aménagé selon les procédés muséographiques les plus modernes, il retrace l'histoire de la communauté juive de

5

L'URBANISME CONTEMPORAIN À FRANCFORT

La construction effrénée de grands immeubles dans le quartier des banques et de la foire témoigne aujourd'hui de la richesse économique de Francfort. Le **quartier des gratte-ciel** s'est enrichi à la fin du 20e s. de deux silhouettes imposantes : la **Messeturm** (256 m), en granit rouge, de l'architecte germano-américain Helmut Jahn, et le siège de la Commerzbank (259 m), construit par Norman Foster, qui constituent aujourd'hui les deux plus grands gratte-ciel de l'Union européenne.

À l'avenir, les projets de construction ne devront cependant pas dépasser 200 m de haut dans le quartier des banques ; il n'en est pas de même sur le terrain du parc des expositions *(Messegelände)*, où une *Millenium-Turm* de 340 m de haut devrait être construite et venir compléter le palmarès des constructions les plus hautes.

Francfort – l'une des plus importantes d'Allemagne – depuis le Moyen Âge jusqu'à aujourd'hui.

Dans une dépendance, le **Musée Judengasse** (H1), on peut voir les fondations de cinq maisons ainsi que deux établissements de bains qui appartenaient au ghetto dans lesquels les juifs vécurent de 1462 à 1796.

LE CENTRE VILLE

Derrière la vieille ville, les grands magasins et les gratte-ciels se concentrent autour de la **Goethe Platz** (G1), dominée par la Commerz Bank Turm, haute de 259 mètres, reconnaissable à sa silhouette triangulaire. La Goethe Strasse abrite les commerces de luxe et conduit à l'Alte Oper (Vieil Opéra), construit en 1880. La grandiose et éclectique façade cache un intérieur contemporain, l'opéra ayant été reconstruit dans les années 1960. C'est une des scènes les plus prestigieuses du pays.

LA RIVE DES MUSÉES

Une impressionnante série de musées s'alignent sur le Schaumainkai, rive gauche du Main, entre le Eiserner Steg et le Friedensbrücke : créations ou simples extensions entreprises dans les années 1980 et habilement intégrées dans l'environnement soigné d'un quartier résidentiel qu'agrémentent des espaces verts, ils jouissent – pour certains d'entre eux – d'une renommée internationale. . De là, on rejoint facilement l'ancien quartier de Sachsenhausen dont plusieurs rues sont piétonnes et ont conservé leurs maisons anciennes restaurées.(Grosse Rittergrasse, Kleine Rittergrasse).

★★ **Musée Städel** (Städelsches Kunstinstitut) G2

Holbeinstraße 1 - ✆ 069 605 09 80 - www.staedelmuseum.de - ♿ - tlj sf lun. 10h-18h (merc. et jeu. 21h) - fermé 1er Mai, 24 et 31 déc. - 12 €. Librairie et Café.

Le Staedel est l'un des musées les plus importants et complets d'Allemagne. Il est né de la volonté d'un banquier de Francfort, Johann Friedrich Staedel en 1815, désireux de léguer ses collections à sa ville. Il n'a cessé depuis de s'enrichir et abrite régulièrement de très belles expositions.

Avec la réouverture en 2012, après rénovation et extension de plusieurs départements, ce haut lieu de l'art réunit une importante **collection d'anciens maîtres** illustrée par des œuvres exceptionnelles : Hans Holbein l'Ancien *(Généalogie du Christ)*, Grünewald, Altdorfer, Dürer, Van Eyck *(Madone de Lucques)*, Fra Angelico, Mantegna, Botticelli *(Portrait de Simonetta Vespucci)*.

Les siècles suivants sont représentés par des œuvres de Vermeer *(Le Géographe)*, Rembrandt, Frans Hals, Rubens *(Le Mariage de sainte Catherine)*, Tiepolo, Elsheimer, Poussin et Watteau. La peinture allemande de l'époque de Goethe est illustrée par Johann Heinrich Tischbein *(Goethe dans la campagne romaine, 1787)*. L'**art moderne** (1800-1945) offre un tour d'Europe des grands peintres. L'impressionnisme français est dominé par Renoir et Monet *(Le Déjeuner)*, l'impressionnisme allemand par Max Liebermann. Notons parmi les expressionnistes allemands des artistes tels que Beckmann, Kirchner et Marc. On peut également admirer des œuvres de Matisse, Picasso ou Chagall. Le sous-sol, superbement aménagé sous le jardin du musée, est dédié à l'**art contemporain** (Dubuffet, Bacon, Tàpies, Klein, Richter, Warhol). On verra aussi de nombreuses œuvres allemandes récentes, peintures, sculptures ou photographies.

★ **Musée des Arts appliqués** (Museum für Angewandte Kunst) H2

Schaumainkai 17 - ✆ 069 21 23 40 37 - www.museumfuerangewandtekunst.frankfurt.de - tlj sf lun. 10h-17h (merc. 21h) - 8 €.

Le bâtiment du musée (1985) est l'œuvre de l'architecte new-yorkais Richard Meier, qui y a intégré une villa de style classique, datant de 1803. Cet édifice très lumineux met parfaitement en valeur la pureté des lignes et la noblesse des matériaux des objets exposés, en particulier le mobilier : meubles du Moyen Âge, armoires et coffres sculptés Renaissance et baroques, commodes et cabinets aux incrustations précieuses, mobilier Art nouveau. La collection de verreries est aussi digne d'intérêt (verrerie vénitienne des 15e et 16e s.).

La section islamique contient surtout des faïences et des tapis. Celle de l'Extrême-Orient abrite de beaux laques et porcelaines. Les objets des époques rococo et classique sont représentés par une remarquable collection de porcelaines (Meissen, Berlin, Nymphenburg, Vienne, Sèvres).

Galerie municipale de la maison Liebieg

(Städtische Galerie Liebieghaus/Museum alter Plastik) G2

Schaumainkai 71 - ✆ 069 65 00 490- www.liebieghaus.de - tlj sf lun. 10h-18h (merc.-jeu. 21h) - fermé 24 et 31 déc. - 5 €.

Elle abrite de beaux exemples de sculptures appartenant à différentes civilisations et époques de l'Antiquité égyptienne (tête d'un dignitaire du Moyen Empire) au Moyen Âge (Vierge en majesté avec l'Enfant, Trèves, 11e s.). On peut également admirer des œuvres de Tilman Riemenschneider, ainsi que des œuvres classiques.

★ **Musée allemand du Cinéma** (Deutsches Filmmuseum) G2

Schaumainkai 41 - ✆ 069 961 220 220 - www.deutsches-filmmuseum.de - tlj sf lun. 10h-18h (merc. 20h) - 7 €.

Avec une muséographie entièrement revue, cet espace présente les différentes inventions qui ont marqué les débuts de la photographie et de l'histoire du cinéma (kinétoscope d'Edison, 1899). Le visiteur apprend à décrypter la composition d'un film (image, son, montage).

★ **Musée de la Communication** (Museum für Kommunikation) G2

✆ 069 60 600 - www.mfk-frankfurt.de - ♿ - tlj sf lun. 9h-18h, w.-end 11h-19h - 2,50 €.

Retraçant l'histoire des communications depuis les tablettes d'argile jusqu'aux ordinateurs et aux lecteurs MP3 en passant par le télégraphe et le téléphone, ce musée impressionnera particulièrement les plus jeunes. On y voit des radios aussi imposantes que des machines à laver ou un magnétoscope de la taille d'une valise.

NOS ADRESSES À FRANCFORT-SUR-LE-MAIN

TRANSPORTS

Bon à savoir – Une grande partie du centre-ville est piétonne.

Transports en commun

Les tramways, bus, métros, S-Bahn et trains de banlieue de la région Frankfurt Rhein-Main sont gérés par le **RMV** (Rhein-Main-Verkehrsbund). Rens. : **RMV** – *01805 768 46 36 - 24h/24 - www.rmv.de*

Le trafic suburbain de la ville de Francfort est géré par la **VGF** (Verkehrsgesellschaft Frankfurt am Main). *069 19449 - www.vgf-ffm.de - lun.-jeu. de 8h-17h, vend. 8h-13h. Rens. : Verkehrsinsel, an der Hauptwache, lun.-vend. 7h-20h, sam. 9h-16h et Konstablerwache, Passage B-Ebene, ainsi que dans les autres gares de S-Bahn et stations de métro.*

Si vous voyagez à l'intérieur de Francfort, vous devez utiliser un billet valable en zone tarifaire 3 : billet simple 2,50 € (réductions entre 9h et 16h ou pour les trajets de moins de 2 km). Billet journalier : 4,90 € (valable jusqu'à l'arrêt du service, dont l'heure peut varier d'un jour à l'autre ; utilisable pour se rendre à l'aéroport). Billets disponibles aux distributeurs automatiques ou auprès des conducteurs de bus. Il n'est pas possible d'obtenir un billet dans les wagons de métro, S-Bahn et tramway.

Bon à savoir – La **Frankfurt Card** coûte 9,20 € pour une journée et 13,50 € pour 2 jours ; elle permet de voyager sur le réseau du RMV, dans la banlieue de Francfort et jusqu'à l'aéroport, et donne droit à 50 % de réduction dans 26 musées et autres attractions, ainsi que 20 % de réduction sur certains circuits en bateau et en autocar. Disponible dans les agences de voyages, les offices de tourisme et les deux terminaux de l'aéroport.

Bon à savoir – Pour vous rendre jusqu'à l'**aéroport** en empruntant le S-Bahn, vous devez acheter un billet valable en zone tarifaire 4 (4,10 €).

VISITES

Tours de la ville

Sightseeing – *069 21 23 89 53 - www.frankfurt-tourismus.de.* Cette compagnie propose deux visites quotidiennes en bus de 2h30 (1 seul de nov. à mars).

Ebbelwei-Express – *069 213 224 25 - www.ebbelwei-express.com.* Ancien tramway remis en service le w.-end pour les touristes.

Croisières

Primus Linie – *069 13 38 37 0 - www.primus-linie.de.* Excursions de quelques heures ou plus, jusqu'à Rüdesheim ou Mayence, dîners-croisières, etc.

HÉBERGEMENT

Bon à savoir – La ville étant un centre important pour les foires internationales, il convient de réserver à l'avance et d'éviter ces périodes pendant lesquelles les hôtels augmentent nettement leurs tarifs. On peut réserver la plupart des hôtels sur www.frankfurt-tourismus.de.

PREMIER PRIX

Hotel-Pension Gölz – Hors Plan vers G1 - *Beethovenstr. 44 (au sud de Palmengarten et au nord-ouest de la gare centrale) - 069 74 67 35 - www.hotel-goelz.de - fermé déc. - P - 12 ch. 70/145 €* . À quelques pas du centre-ville et de la foire, cet hôtel familial installé dans une villa du 19e s. possède des chambres doubles spacieuses et quelques chambres individuelles au confort plus simple.

A Casa Bed & Breakfast – Hors Plan vers G2 - *Varrentrappstraße 49 - 6 Messe - ✆ 069 97 98 88 21 - www.hotel-acasa.de - fermé de fin déc. à déb. janv. - P ♿ - 6 ch. 65/169 € - ☕ 6/9 €* Ce petit hôtel a été aménagé dans une ancienne villa, sur le modèle « Bed & Breakfast » anglais. Coquettes chambres personnalisées.

BUDGET MOYEN

Hotel Hamburger Hof – Hors Plan vers G2 - *Poststraße 10 - ✆ 069 27 13 96 90 - www.hamburgerhof.com - 62 ch. à partir de 89 € ☕.* Hôtel bon marché, intéressant pour sa proximité de la gare et son niveau de confort.

POUR SE FAIRE PLAISIR

Hotel Miramar – H2 - *Berliner Straße 31 - ✆ 069 92 03 970 - www.miramar-frankfurt.de - 39 ch. - à partir de 78 € ☕.* Hôtel moderne et confortable à deux pas du centre historique.

Liebig-Hotel – Hors Plan vers G1 - *Liebigstraße 45 - ✆ 069 72 75 51 - www.hotelliebig.de - fermé 22 déc.-2 janv. - 20 ch. 118/215 € - ☕ 15 €.* Aménagé dans une villa du quartier des banques, ce petit hôtel propose des chambres particulièrement coquettes et luxueuses. Un établissement soigné et très bien dirigé.

UNE FOLIE

Steigenberger Frankfurter Hof – G2 - *Am Kaiserplatz - ✆ 069 215 02 - www.steigenberger.de - ♿ - 261 ch. à partir de 189 € - ☕ 23 €.* Le grand hôtel de 1876, résidence traditionnelle des Steigenberg, n'est que splendeur et magnificence. Remarquer plus particulièrement la superbe rénovation de l'aile Weißfrauenflügel. Chambres modernes et de bon goût.

Hilton – G1 - *Hochstraße 4 - ✆ 069 133 800 - www.hilton.com - 🏊 - 342 ch. à partir de 279 € ☕.* Architecture dépouillée, ascenseurs transparents et chambres aménagées avec toutes les commodités : l'établissement soigne son standing. L'ancienne piscine de la ville, classée monument historique, a été intégrée dans l'ensemble.

RESTAURATION

PREMIER PRIX

Fichte Kränzi – H2 - *Wallstraße 5 - ✆ 069 61 27 78 - www.fichtekraenzi.de - tlj 17h-23h30 - 16/27 €.* Dans ce bistrot, on sert de l'*Äppelwoi*, dit aussi *Apfelwein* (cidre brut), depuis 1849. Carte de spécialités locales à des prix raisonnables.

Lorsbacher Thal – Hors Plan vers H2 - *Große Rittergasse 49-51 (rue qui descend de Deutschherrnufer vers le sud-est près de l'Alte Brücke) - ✆ 069 61 64 59 - www.lorsbacher-thal.de - tlj 16h-0h - 💳 ♿ - 15/26 €.* Établissement particulièrement convivial où l'on sert l'*Äppelwoi*. Le restaurant et son beau jardin sont en retrait dans une arrière-cour. Cuisine traditionnelle copieuse.

Koh Samui – H1 - *Große Friedberger Straße 32 - ✆ 069 39 28 28 - www.kohsamui24.net - 16/34 €.* Large choix de spécialités thaïlandaises dans un décor à la fois exotique et cosy.

Metropol Cafe am Dom – H2 - *Weckmarkt 13-15 - ✆ 069 288 287 - 💳* Dans ce sympathique bistrot de quartier très fréquenté, vous dégusterez une cuisine locale à un prix très doux, dans une ambiance conviviale, jeune et décontractée.

BUDGET MOYEN

Steinernes Haus – H2 - *Braubachstraße 35 - Tram 4+5 - ✆ 069 28 34 91 - www.*

steinernes-haus.de - ouv. 11h-23h - réserv. - 15/30 €. Cet établissement âgé de quelque 500 ans se situe dans la rue des artistes (Künstlerstraße). Il est entouré de galeries d'art. Plats typiques de Francfort, spécialités grillées à la pierre de lave.

Toan – Hors Plan vers H1 - *Friedberger Anlage 14 - ✆ 069 44 98 44 - www.restaurant-toan.de - 18/33 €.* Si vous avez un penchant pour l'Extrême-Orient, vous apprécierez ce bon restaurant vietnamien du Nordend, situé juste à côté du zoo. La terrasse donne sur un jardin.

POUR SE FAIRE PLAISIR

Restaurant-Café « Schwarzer Stern » – H2 - *Römerberg 6 - ✆ 069 29 19 79 - www.schwarzerstern.de - ♿ - réserv. conseillée - 23/47 €.* Goethe écrivait que l'on pouvait « étudier les genres de construction les plus variés de Francfort » rien qu'en observant cette belle maison à colombages. C'est encore vrai aujourd'hui : le *Schwarzer Stern* a été reconstruit aussi fidèlement que possible à l'établissement d'origine après la guerre.

Estragon – H1 - *Jahnstraße 49 - ✆ 069 597 80 38 - www.estragon-ffm.de - 35/47 €.* Ce charmant petit local est décoré dans des couleurs chaleureuses et recherchées. Cuisine internationale à la touche classique et méditerranéenne.

Heimat – G2 - *Berliner Str. 70 - ✆ 069 29 72 59 94 - www.heimat-frankfurt.com - 31/47 €.* Une carte réduite mais renouvelée régulièrement au fil des saisons, dans une atmosphère simple et décontractée. Le comptoir offre une vue sur la cuisine ouverte. Bon choix de vins.

Meyer's Restaurant – G1 - *Große Bockenheimer Straße 54 - ✆ 069 91 39 70 70 - www.meyer-frankfurt.de - tlj sf dim. - 35/50 €.* Ce petit bistrot-restaurant chic est situé en bordure de la zone piétonnière, à l'angle de l'ancien opéra. Plats aux influences maritimes.

Medici – G1-2 - *Weißadlergasse 2 - ✆ 069 21 99 07 94 - www.restaurantmedici.de - 17/59 €.* Situé dans le centre, près de la Zeil, ce restaurant dirigé par deux frères propose une cuisine internationale.

Gargantua – Hors Plan vers G1 - *Liebigstraße 47 - ✆ 069 72 07 18 - www.gargantua.de - 38/71 €.* Charmant restaurant aux murs agrémentés de tableaux contemporains.

Holbein's– G2 - *Holbeinstraße 1- ✆ 069 6605 6666 - www.meyer-frankfurt.de/de/holbeins.php* Magnifique endroit, installé dans le Staedel museum, sous une haute verrière, pour voir et être vu. Bonne cuisine internationale.

UNE FOLIE

Erno's Bistro – Hors Plan vers G1 - *Liebigstraße 15 - ✆ 069 72 19 97 - www.ernosbistro.de - fermé w.-end et j. fériés (sf jours de foire) - 64/105 €.* Cet établissement à la sympathique allure de bistrot, est aménagé dans une villa du quartier des banques. Bonne cuisine française.

Tiger-Restaurant – Hors Plan vers H2 - *Heiligkreuzgasse 20 - ✆ 069 92 00 22 25 - www.tigerpalast.de - mar.-sam. le soir - 50/70 €.* Ici, la cuisine créative n'attire pas seulement les amateurs de spectacles (le Variété-Theater est situé dans le même bâtiment). Forfait repas-spectacle.

PETITE PAUSE

Bon à savoir – Pour une petite pause à Francfort, allez dans la *Fressgass* (littéralement : « la ruelle pour bouffer »). Il s'agit de la Große Bockenheimer Str. où l'on trouve un grand choix de restaurants.

Café im Liebieghaus – *Schaumainkai 71 - ✆ 069 63 58 14 - www.cafe-im-liebieghaus.de - tlj sf lun. 10h-19h.* Le petit café self-service aménagé dans le musée de la Sculpture antique est tout à fait indiqué pour une pause. Buffet de gâteaux et salades.

Kleinmarkthalle – *Hasengasse 5-7 - ✆ 069 212 33 696 - www.kleinmarkthalle.de - tlj sf dim. 8h-18h, sam. 8h-16h.* Difficile de résister à toutes les spécialités régionales et internationales que proposent les 80 stands de ce marché couvert.

Wacker's Kaffee – *Kornmarkt 9 (rue qui part du carrefour entre Kleiner Hirschgraben et Bleidenstr. vers le sud) - ✆ 069 28 78 10 - www.wackers-kaffee.de - tlj sf dim. 8h-19h (sam. 18h).* Ce petit établissement propose plus de 30 variétés de café torréfiées sur place et une soixantaine de thé. De petits en-cas peuvent accompagner la dégustation. À partir d'octobre, la maison confectionne les *Frankfurter Bethmännchen,* spécialité à base de pâte d'amande.

Zarges – *Kalbächer Gasse 10 - ✆ 069 29 90 30 - www.zarges-frankfurt.com - 8h30-23h (hiver jusqu'à 20h).* Épicerie fine où vous pouvez composer vous-même votre sandwich. À l'étage, le restaurant offre une carte « Fast lunch » (11h-18h).

ACHATS

Bon à savoir – La plus grande artère commerçante est la Zeil avec, entre autres, la galerie marchande Les Facettes. De là, on accède aux boutiques de luxe, autour de la Große Bockenheimer Straße (« Fressgass ») et de la Goethestraße. La Schweizer Straße, dans le quartier de Sachsenhausen, et la Leipziger Straße, à Bockenheim, possèdent également quelques boutiques intéressantes.

EN SOIRÉE

Bon à savoir – L'office de tourisme distribue dans ses bureaux ainsi que dans la gare centrale et au Römer un calendrier gratuit des manifestations : le *Veranstaltungshinweise.* Voyez aussi les magazines *Journal Frankfurt, Fritz* (gratuit) et *Welcome to Frankfurt* (en allemand), *Prinz,* ou les quotidiens *Frankfurter Allgemeine Zeitung, Frankfurter Rundschau* et *Frankfurter Neue Presse.*

Bon à savoir – Le quartier animé par excellence est le Alt-Sachsenhausen, sur la rive gauche du Main. Autour de la « Große Rittergasse » (au sud de Deutschherrnufer), on trouve de très nombreux restaurants traditionnels où l'on sert l'*Äppelwoi* ainsi qu'une grande variété de bars.

Jazzkeller – *Kleine Bockenheimer Straße 18a - ✆ 069 28 85 37 - www.jazzkeller.com - merc. et jeu. à partir de 21h, vend. et sam. à partir de 22h, dim. à partir de 20h.* Une institution en Allemagne. Depuis 1952, les plus grandes légendes du jazz comme Louis Armstrong ou Frank Sinatra y sont passées. On y présente aussi les stars de demain.

Café Hauptwache – *An der Hauptwache 15 - ✆ 069 21 99 86 27 - web.cafe-hauptwache.de - lun.-sam. 10h-1h (cuisine jusqu'à 23h), dim. 12h-23h.* Construit en 1729-1730, le bâtiment de la Garde principale de Francfort a été entièrement rénové après sa destruction au cours de la Seconde Guerre mondiale. Depuis 1905, il abrite un café.

Wiesbaden

★

276 750 habitants – Hesse

NOS ADRESSES PAGE 452

S'INFORMER

Office de tourisme – *Marktplatz 1 - ✆ 0611 1729 930 - www.wiesbaden.de - avr.-sept : 10h-18h, sam. 9h45-15h, dim. 11h-15h (fermé dim. de nov. à mars).*

SE REPÉRER

Carte de région B3 (p. 354-355) – *cartes Michelin n°s 718 H 10 et 543 P 8.* Voisine de Mayence, Wiesbaden est située à 42 km à l'ouest de Francfort.

À NE PAS MANQUER

Un bain de vapeur au Kaiser Friedrich Bad.

Bénéficiant du doux climat de la vallée du Rhin, la capitale de la Hesse offre l'atmosphère soignée d'une ville de cure. Cette « ville rouge », que certains désignent parfois comme la « Nice du Nord », émerge littéralement des eaux ; le site sur lequel elle est bâtie compte en effet vingt-six sources d'eau chaude.

Découvrir

LA VIEILLE VILLE

Le centre-ville, essentiellement piéton, s'organise autour de la place du Château *(Schlossplatz)*. La Landgasse et la Neugasse sont particulièrement animées.

Schlossplatz

C'est le cœur de la ville. Élégante et bien proportionnée, bordée de beaux bâtiments, la place du Château accueille le marché deux fois par semaine autour d'une fontaine imposante dessinée par Johannes Barger en 1753.

Château *(Schloss)* – Avec son toit en ardoise composé de motifs à chevrons, ses tours, ses pignons finement décorés et sa pierre rosée, ce bâtiment de trois étages contribue au charme de la place. Construit entre 1837 et 1841 pour les ducs de Nassau, le château est devenu le siège de la diète hessoise.

Ancien hôtel de ville *(Altes Rathaus)* – Il s'agit du plus vieil édifice de la ville. Au rez-de-chaussée de style Renaissance, construit de 1609 à 1610, a été ajouté, en 1828, un étage de style romantique historié.

Nouvel hôtel de ville *(Neues Rathaus)* – C'est Georg Hauberisser, architecte de l'hôtel de ville de Munich, qui édifia (1886-1887) dans le style Renaissance allemande le nouvel hôtel de ville. Détruit pendant la Seconde Guerre mondiale, il a été entièrement reconstruit.

Église du Marché *(Marktkirche)* – Première construction imitant la brique élevée sur le territoire du duché de Nassau, l'église du Marché fut édifiée au milieu du 19e s. par l'architecte Carl Boos qui s'inspira de la *Friedrichswerdersche Kirche* de Berlin.

UN « BAIN DANS LES PRAIRIES »

Wiesbaden fut mentionnée pour la première fois au 9e s. sous le nom de *Wisibada* (« bain dans les prairies »). Possession de la maison de Nassau à partir du 13e s., elle devint en 1806 le siège du gouvernement du nouveau duché de Nassau. C'est à cette période que Wiesbaden connut un bel essor se traduisant par l'aménagement de routes et du quartier des bains *(Kurhausviertel)*, construit en style classique par Christian Zais. À l'époque où l'empereur Guillaume venait ici chaque été avec sa cour, on construisit de nouveaux quartiers comprenant des villas magnifiques et de nouvelles rues, comme la Wilhelmstraße et les Ringstraßen.

Les Romains, déjà, savaient exploiter les nombreuses sources d'eau salée (température de 46° à 66 °C), et Pline remarqua, très étonné, que l'eau jaillissant de cette source restait chaude pendant trois jours. Au milieu du 19e s., la renommée de Wiesbaden en tant que ville thermale était telle que toutes les têtes couronnées et la haute noblesse du monde entier s'y donnaient rendez-vous. Elle devint la **Weltkurstadt** (ville de cure mondiale), recommandée aujourd'hui pour les affections rhumatismales.

Le quartier des bains

Il s'est développé principalement à l'ouest de la vieille ville.

Kaiser Friedrich Bad – *Langgasse 38-42*. Le bâtiment de style Art nouveau construit au début du 20e s. a coûté 3 millions de Goldmarks à l'époque. Les fresques du hall d'entrée, également de style Art nouveau, sont remarquables, ainsi que le bain de vapeur avec ses faïences des manufactures de Darmstadt et de Karlsruhe.

Fontaine Kochbrunnen – Cette fontaine, la plus connue de la ville, est la réunion de quinze sources. Son eau chaude salée contient du fer, visible aux concrétions rougeâtres qui se déposent dans la vasque en granit. Les Romaines appréciaient beaucoup cette poudre rougeâtre, avec laquelle elles se teignaient les cheveux. Le **Kochbrunnentempel** octogonal date de 1854.

★ **Établissement thermal** *(Kurhaus)* – Une allée verte, appelée *Bowling Green,* mène à l'établissement thermal que l'empereur Guillaume II appelait la « plus belle maison de cure du monde » ; cette allée est bordée par les colonnes du Kurhaus et du théâtre ainsi que par des platanes qui furent plantés au 19e s. La maison de cure fut construite en 1907. L'inscription *Aquis Mattiacis* signifie qu'elle abrite des sources et qu'une tribu germanique, les Mattiaques, s'y installa à l'époque romaine. La riche décoration intérieure a été complètement restaurée en 1987 conformément à l'original. Si les touristes n'ont pas le droit de visiter les magnifiques salles, à moins de participer aux séances de cure, ils ont au moins la possibilité de jeter un coup d'œil dans le foyer afin de se faire une idée de la beauté de cette décoration intérieure.

Théâtre national *(Staatstheater)* – Au sud de la colonnade du théâtre se dresse cet imposant édifice de style Renaissance construit entre 1892 et 1894. Au sein de son foyer rococo, on ressent le goût de la décoration exubérante du tournant du siècle.

★ **Parc thermal et installations thermales** – Derrière la maison de cure s'étend à l'est un vaste parc, aménagé en 1852. La Sonnenberger Straße *(*au nord*)* et la Parkstraße (au sud) possèdent de magnifiques villas datant de l'époque de leur fondation.

DE LA WILHEMSTRASSE AU NEROBERG

Museum Wiesbaden

☏ 0611 335 22 50 - www.museum-wiesbaden.de - ♿ - tlj sf lun. 10h-17h (mar. 20h) - fermé 1er janv., 1er Mai, 24-25 et 31 déc. - 5 €.

Il abrite trois sections : la **collection de sciences naturelles**, la **collection d'antiquités de Nassau** et les **collections d'art**, qui comportent, entre autres, la plus grande **collection de Jawlensky★**. Cet artiste vécut à Wiesbaden de 1921 jusqu'à sa mort (1941). On y trouve d'importantes œuvres des 16e et 17e s., mais également des tableaux de peintres classiques du 20e s.

La grande rue de Wiesbaden, la **Wilhelmstraße**, est bordée, d'un côté, par des magasins élégants et, de l'autre, par un îlot de verdure, le *Warmer Damm*, se prolonge jusqu'au théâtre.

La **Taunusstraße** menant au **Nerotal** plaira aux amateurs d'objets et meubles anciens, puisque de nombreux antiquaires se sont établis dans cette rue.

Au cours d'une promenade dans la Nerotal, admirez les superbes villas datant de la fondation de la ville qui se dressent le long de la Wilhelminenstraße.

★ Nerobergbahn

☏ 01805 768 46 36 - www.eswe-verkehr.de - mai-août : 9h30-20h ; avr. et sept. : merc. 12h-19h, w.-end et j. fériés 10h-19h - ttes les 15mn - 3 €.

Ce train à crémaillère est un monument technique et fonctionne toujours aussi bien qu'en 1888, année de sa construction. Il mène au Neroberg, mont de Wiesbaden d'une hauteur de 245 m.

Église russe orthodoxe (Russische Orthodoxe Kirche)

Christian-Spielmann-Weg 2 - ☏ 0611 52 84 94 - 1 €.

Connue aussi sous le nom de « chapelle grecque », l'église russe orthodoxe a été construite par le duc Adolphe de Nassau de 1847 à 1855 pour son épouse Élisabeth, grande-duchesse russe, qui mourut à 19 ans. L'édifice se signale par ses cinq bulbes dorés.

NOS ADRESSES À WIESBADEN

HÉBERGEMENT

BUDGET MOYEN

Drei Lilien – *Spiegelgasse 3 - ☏ 0611 99 17 80 - www.dreililien.com - fermé du 25 déc. à déb. janv. - 15 ch. 109/139 € ☕.* Édifice de style Art nouveau (1905) aux chambres soignées et modernes.

RESTAURATION

POUR SE FAIRE PLAISIR

Käfer's Bistro – *Kurhausplatz 1 (à l'intérieur de l'établissement thermal) - ☏ 0611 53 62 00 - www.kurhaus-gastronomie.de - 23/54 €.* Restaurant de l'établissement thermal *(Kurhaus)*. Cuisine variée (fruits de mer). Belle terrasse.

M – *Taunusstr. 49 - ☏ 0611 959 730 - www.hoteldefrance.de - 39/44 €.* Cuisine fusion créative, servie dans un cadre éminemment soigné. La carte des desserts présente quelques spécialités autrichiennes. Celle des vins privilégie les crus allemands, mais aussi autrichiens.

Taverne historique dans la vieille ville de Mayence.
Martin Moxter/age fotostock

HOTEL

Mayence

Mainz

★

197 630 habitants – Rhénanie-Palatinat

NOS ADRESSES PAGE 458

S'INFORMER

Office de tourisme – *Brückenturm (Rheinstraße 55) - ✆ 061 31 28 62 10 - www.info-mainz.de - lun.-vend. 9h-18h, sam. 10h-16h, dim. 11h-15h - fermé j. fériés.*

SE REPÉRER

Carte de région BC3 (p. 354-355) – *cartes Michelin nos 718 H 10 et 543 Q 8.*
Mayence est à 21 km de Wiesbaden et à 48 km de Francfort. La ville a mis au point un système de signalisation très simple : les rues inscrites en rouge et blanc mènent au Rhin, tandis que les rues en bleu et blanc lui sont parallèles.

ORGANISER SON TEMPS

Comptez une journée.

« Mayence, il faut la vivre ! » Cette devise se vérifie tout particulièrement à l'occasion du défilé du Lundi gras, qui attire chaque année des centaines de milliers de visiteurs. Le reste de l'année, on y vient pour son admirable cathédrale, pour le magnifique musée consacré à Gutenberg, l'enfant du pays, ou pour son centre historique, détruit à 80 % lors de la Seconde Guerre mondiale et en grande partie reconstruit. La cité constitue aussi le point de départ idéal pour découvrir la vallée du Rhin, toute proche, ou les vignobles avoisinants. Située au confluent du Rhin et du Main, Mayence est en effet la première ville d'Allemagne pour le commerce du vin.

Découvrir Plan I et II

LE QUARTIER DE LA CATHÉDRALE

Se reporter au plan p. 457 – Partir de la Liebfrauenplatz. Prendre la Domstraße pour faire le tour de la cathédrale par la gauche.

★ Cathédrale St-Martin et St-Stéphane (Dom) Plan de la cathédrale

De la place Leichhof, on découvre l'**ensemble★★** que constituent le chœur ouest et le transept, dont les faîtages compliqués sont dominés par la puissante tour-lanterne de la croisée. Celle-ci montre, sur une souche romane témoignant d'influences lombardes, un couronnement du 18e s. où se mêlent éléments gothiques et baroques.

La place contiguë, dite *Höfchen*, se prolonge au sud-ouest par la Gutenbergplatz, au nord-est par le Markt embelli par une **fontaine Renaissance** *(Marktbrunnen)*. *Entrer dans la cathédrale par le portail ouvrant sur le Markt (Marktportal).*

Les vastes dimensions de la **cathédrale** romane (reconstruite) sont liées à son plan à deux chœurs : l'un à l'ouest, précédé d'un grand transept dont la croisée est éclairée par une belle coupole rhénane ; l'autre, à l'est, d'architecture plus simple. L'église abrite un ensemble de **monuments funéraires★** d'archevêques, fixés aux robustes piliers romans.

En partant de la porte d'entrée, pénétrer dans le bas-côté à votre gauche.

Dans la deuxième chapelle (**1**), vous découvrirez une Mise au tombeau de la fin du 15e s. et, au pilier (**2**), un monument funéraire gothique.

Descendez dans la crypte est pour voir un **reliquaire d'or** moderne (**3**) des saints du diocèse de Mayence.

Au pilier (**4**), vous verrez un monument funéraire gothique polychrome entouré de jolies statuettes de saint Benoît, saint Maurice et sainte Claire.

Par la porte du bas-côté sud, on gagne le **cloître★**. Il abrite le bas-relief (**5**) du maître chanteur Heinrich von Meißen, dit *Frauenlob*, qui, ayant chanté la louange des femmes avec exaltation, fut porté en terre en 1323 par les bourgeoises de Mayence.

Le portail (**6**) de l'ancienne salle du Chapitre (15e s.), d'un élégant style rhénan, présente de belles statues. Pénétrer dans le transept et en gagner, à l'opposé, le bras droit en passant sous le chœur ouest. Remarquez la cuve baptismale (**7**) de 1328 en étain, ornée de délicates figures. Un portail roman (**8**) donne accès à la chapelle romane St-Gothard à double étage.

LA VIEILLE VILLE

Au sud de la cathédrale, la pittoresque place du *Kirschgarten* est encadrée de maisons à colombages. Le quartier, autour de l'Augustinerstraße, regorge de petites ruelles aux maisons anciennes abritant parfois des artisans.

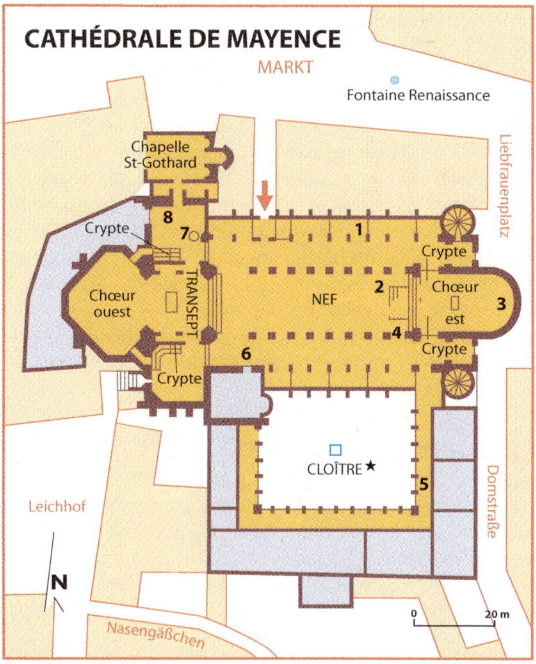

La Kapuzinerstraße et ses quelques maisons à portail de grès et vantaux rococo conduisent à l'église St-Ignace.

Église St-Ignace (Ignazkirche) Plan I B3

Conçue par l'architecte J. P. Jäger, l'église St-Ignace, érigée entre 1763 et 1775, illustre la transition entre le rococo et le néoclassique. À l'extérieur, sur la gauche, se dresse un groupe de la **Crucifixion★**, très expressif, conçu par Hans Backoffen (1519) pour orner son propre tombeau.

Église St-Étienne (Stephanskirche) Plan I B3

L'église gothique St-Étienne, construite à la fin du 13e s. et sévèrement endommagée en 1945, a été presque entièrement reconstruite. Passé la porte, on pénètre dans une atmosphère bleutée. Le chœur est a en effet reçu un remarquable ensemble de **vitraux★★**. Marc Chagall, avec une grande simplicité, a mis en scène des thèmes empruntés aussi bien à l'Ancien qu'au Nouveau Testament. Au mur sud est accolé un **cloître★** dont l'architecture, en particulier des voûtes, exprime toute la virtuosité du gothique finissant.

Redescendre par la Maria-Ward-Strasse. Remarquer le long de la Ballplatz puis de la Schillerplatz les différentes cours (Höfe), hôtels particuliers avec cour construits pour les grands du royaume.

Schillerplatz et Schillerstraße Plan II

Leurs hôtels baroques, restaurés, abritent certains ministères du Land et l'Institut français. Au centre de la place, une fontaine figure des scènes de carnaval.

LES MUSÉES

★★ Musée Gutenberg (Gutenberg-Museum) Plan II

06 131 12 26 40 - www.gutenberg-museum.de - ♿ - mar.-sam. 9h-17h, dim. 11h-15h - fermé 1er janv., Vend. saint, dim. de Pâques, Ascension, dim. de Pentecôte, 3 oct., 1er nov., 24-25 et 31 déc. - 5 €.

La visite rend sensible la prédilection qu'ont eue à travers les siècles les hommes de goût et d'esprit pour l'art du livre, le soin qu'ils ont pris à conserver et à transmettre ce patrimoine comme l'un des plus précieux trésors de la civilisation et les efforts développés pour vulgariser l'imprimé.

La reconstitution d'un atelier d'imprimerie du 15e s. donne un aperçu de l'évolution des conditions de travail et des techniques de l'imprimerie. Dans une chambre forte, on peut admirer les deux premières **bibles de Gutenberg★★★** (à 42 lignes, 1452-1455). Autres pièces à ne pas manquer : incunables (ouvrages imprimés avant 1500) et livres du 16e au 19e s., anciennes presses, techniques modernes d'imprimerie et section « papier ».

Dans la section consacrée à l'Extrême-Orient sont exposées des gravures sur bois en couleurs et des imprimés japonais, chinois et coréens.

LA RÉVOLUTION DE GUTENBERG

Gutenberg est la gloire de Mayence. Né dans la ville vers 1395, il travailla longuement, à Strasbourg, à un procédé d'impression révolutionnaire : l'impression à caractères mobiles. Permettant d'imprimer des livres en grand nombre et à moindre coût, cette technique ne tarda pas à remplacer l'impression à partir de plaques de cuivre. Elle ne devait pourtant pas apporter la fortune à son inventeur qui, incapable de rembourser son banquier, mourut dans la misère en 1468.

MAYENCE

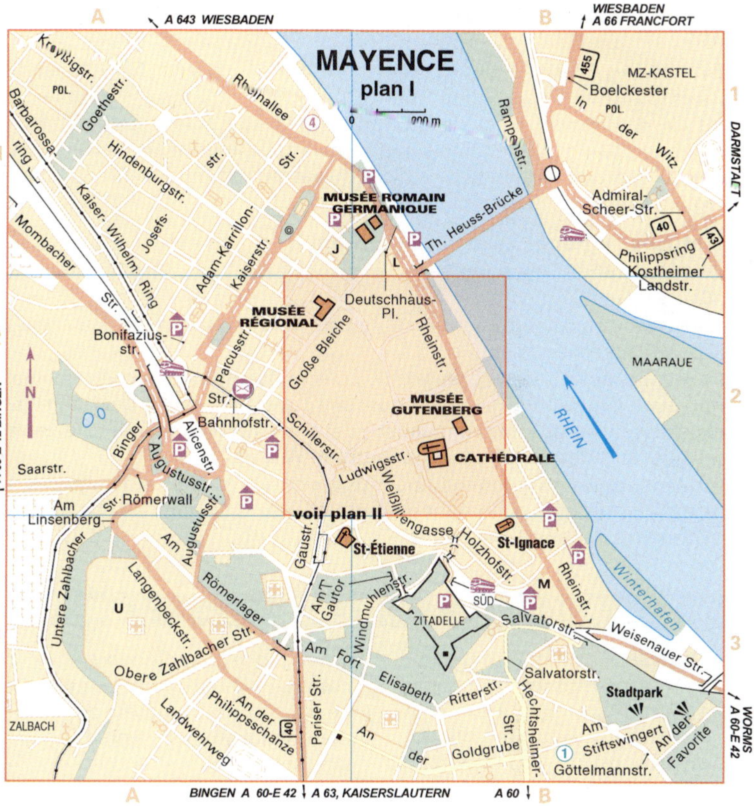

SE LOGER

Stiftswingert................. 1

SE RESTAURER

Geberts Weinstuben.... 4

Weinhaus Schreiner..... 1

★ Musée romain germanique (Römisch-Germanisches Museum) Plan I B1

Ernst-Ludwig Platz 2 - ☎ 06 131 91 240 - www.rgzm.de - tlj sf lun. 10h-18h - fermé 24, 25 et 31 déc. - gratuit.

Installé dans l'ancien palais des électeurs (15e-17e s.), le Musée romain germanique comprend trois sections ayant trait à la préhistoire et à la protohistoire de l'Europe, aux brillantes civilisations du Bassin méditerranéen, à l'archéologie romaine et médiévale.

★ Musée régional (Landesmuseum Mainz) Plan II

☎ 06 131 28 570 - www.landesmuseum-mainz.de - tlj sf lun. 10h-17h (mar. 20h) - 5 €.

Le Musée régional offre une vue d'ensemble de la civilisation rhénane depuis la période préhistorique.

La section lapidaire abrite plus de 300 pièces datant de l'époque romaine, notamment la colonne de Jupiter, dont une copie s'élève sur la Deutschhaus-Platz, devant l'ancienne commanderie des Chevaliers teutoniques, devenue le siège du Parlement régional de Rhénanie-Palatinat.

Ne manquez pas la section consacrée aux époques médiévale et baroque, ainsi que les importantes collections de porcelaine de la manufacture de Höchst et de verres de style Art nouveau.

NOS ADRESSES À MAYENCE

TRANSPORTS-VISITES

Vous pouvez vous procurer la **Mainz Card**, qui vous donne un accès gratuit aux transports et plus de 50 réductions dans les musées. 9,95 € pour un adulte, 25 € pour les groupes jusqu'à 5 personnes. www.mvg-mainz.de

HÉBERGEMENT

BUDGET MOYEN

Stiftswingert – Plan I B3 - *Am Stiftswingert 4 - ☎ 06 131 98 26 40 - P - 30 ch. 70/95 € ☕.* Cet hôtel est dirigé avec beaucoup d'attention. Chambres avec meubles en cerisier, salles de bains soignées.

RESTAURATION

PREMIER PRIX

Weinhaus Schreiner – Plan II - *Rheinstraße 38 - ☎ 06 131 22 57 20 - www.weinhausschreiner.de - fermé 2 sem. en juil.-août, dim. et j. fériés - 19/40 €.* Un bar à vins typique au cadre sobre et rustique et à l'ambiance animée. Le patron vous proposera des plats régionaux, différents selon la saison.

POUR SE FAIRE PLAISIR

Geberts Weinstuben – Plan I A1 - *Frauenlobstraße 94 - ☎ 06 131 61 16 19 - www.geberts-weinstuben.de - tlj sauf lun. (seulement le soir sam.) - 27/46 €.* Agréable restaurant à l'atmosphère de bar à vins. En plus d'une riche carte de crus, cette adresse propose des spécialités régionales.

Heidelberg

★★★

145 650 habitants – Rhénanie-Palatinat

NOS ADRESSES PAGE 466

S'INFORMER

Office du tourisme de Heidelberg – *Willy-Brandt-Platz 1 (gare centrale) - ☏ 062 21 58 444 44 - www.heidelberg-marketing.de - avr.-oct : 9h-19h, dim. et j. fériés 10h-18h ; nov.-mars : lun.-sam. 9h-18h.*

SE REPÉRER

Carte de région C4 (p. 354-355) – *cartes Michelin n°s 718 H 11 et 545 U 52.* Heidelberg se trouve à 90 km au sud de Francfort.

À NE PAS MANQUER

La vue sur la ville au coucher de soleil depuis le chemin des Philosophes ou depuis la rive droite du Neckar.

ORGANISER SON TEMPS

Comptez une demi-journée pour le château, visite intérieure comprise, et une journée avec le bourg. L'ambiance et la vie nocturne de Heidelberg en font une excellente base pour découvrir les environs.

Ce haut lieu du romantisme allemand a inspiré de nombreux poètes, séduits par la beauté naturelle du site et les ruines de son château dont les remparts de grès rouge se découpent sur le vert de la forêt. Cette perle du Neckar, loin d'être une ville-musée, est aujourd'hui une cité universitaire animée, qui vibre d'une intense vie culturelle.

Découvrir

★★★ LE CHÂTEAU (Schloss) Plan du château

☏ 06221 65 57 16 - www.service-center-schloss-heidelberg.com - le jardin : 8h-18h ; le château : avr.-oct. 11h-16h (17h w.-end et j. fériés) - fermé 24, 25 et 31 déc. - cour et musée de la Pharmacie : 5 € ; intérieur du château sur visite guidée uniquement : 4 €.

Ses pierres rouges offrent un saisissant contraste avec la verdure qui l'environne. On y grimpe soit en voiture par la Neue Schlossstraße, soit à pied par l'escalier du Kurzer Buckel, soit par deux funiculaires *(Bergbahn)* qui partent du Marché aux grains *(Kornmarkt)* ou du Molkenkur.

Dès l'entrée, tournez à gauche comme indiqué sur le plan p. 460 ; on arrive ainsi au **Rondell**, saillant qui occupe une position de batterie et offre une belle **vue★** sur la ville, la vallée du Neckar et la plaine du Rhin. Pour entrer dans le château, revenez sur vos pas et passez par la **porte Élisabeth** *(Elisabethentor)* de 1615, que Frédéric V fit monter en une nuit pour faire une surprise à son épouse, Élisabeth Stuart.

Deux portes séparées par un fossé doivent être franchies avant d'atteindre la cour intérieure ; celle de la **maison du Pont** construite en 1541 *(Brückenhaus)*, puis celle de la **tour du Portail** (**1**) *(Torturm)*. Du pont fortifié qui les relie, on peut voir la **tour rompue** (**2**) à l'angle sud-est du château. Une mine posée par

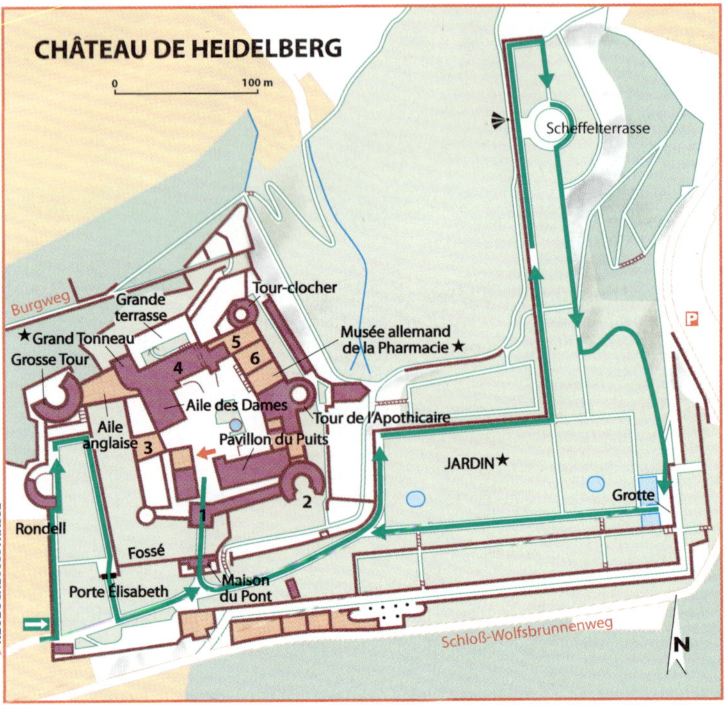

les sapeurs français en 1693 l'éventra sur un côté et mit au jour ses casemates, dont les voûtes prennent appui sur un solide pilier central.

Les **jardins★** furent aménagés en terrasses sous Frédéric V, de 1616 à 1619, au prix de gigantesques travaux de remblai. De la terrasse de Scheffel, on découvre la face est du château avec ses trois tours.

La cour et ses bâtiments

Le chemin qui conduit dans la cour enjambe le pont fortifié défendu par la **tour du Portail** *(Torturm)*. Aussitôt à droite se trouve la halle gothique du **pavillon du Puits** *(Brunnenhalle)*, dont les colonnes romaines en granit proviennent du palais de Charlemagne à Ingelheim (près de Mayence). En face, un bâtiment d'habitation simple, le **Ruprecht**, construit par le prince-électeur Ruprecht III, devenu roi des Allemands en 1400, abrite deux petits anges tenant une couronne de fleurs en haut de la clé de voûte. La légende veut que ce soit les jumeaux de l'architecte, décédés accidentellement juste avant la fin des travaux.

Bibliothèque (3) – Cette construction gothique, très en retrait par rapport à l'aile ouest du château, reçoit ainsi la lumière de tous les côtés. Elle abritait autrefois la « librairie » de la famille princière, les collections d'objets d'art et le trésor. Jolie loggia.

★★ **Aile de Frédéric (4)** – L'ordonnance de la façade de ce palais, avec ses deux pignons festonnés, respecte encore l'étagement antique des colonnes (dorique, ionique et corinthien), redécouvert durant la Renaissance. Mais la composition de pilastres et de corniches, qui crée des contrastes d'ombre et

LA ÇAPITALE POLITIQUE DU PALATINAT

Le Palatinat du Rhin, dont Heidelberg fut le centre politique, doit son nom au titre de « palatins » donné à de grands officiers du Saint-Empire investis de la confiance la plus étroite du monarque. Au 14e s., ces fonctions et dignités n'existent plus, exception faite pour la dynastie héréditaire des territoires dont le confluent du Neckar et du Rhin marquait à peu près le centre. Grâce à la sage administration de ses princes-électeurs – appelés à la cour de France **électeurs palatins** –, le « Palatinat électoral » devient l'un des États les plus cohérents d'Europe.

Au 16e s., ces électeurs, qui ont adopté la Réforme, ne cessent de renforcer et d'embellir leur château. L'électeur Charles-Louis restaure ses États de façon exemplaire après les ravages de la guerre de Trente Ans. Tolérant et pacifique, ce prince calviniste aux idées larges croit pouvoir mener, dans l'Empire, une politique étrangère personnelle. Dans l'espoir d'assurer la paix sur le Rhin et d'étendre l'influence de sa maison, il marie sa fille **Élisabeth-Charlotte** à « Monsieur » (Philippe d'Orléans), frère de Louis XIV. La **princesse palatine**, qui a le verbe haut et dru et ne cache pas son animosité envers Mme de Maintenon, l'épouse secrète de Louis XIV, ne passe pas inaperçue à la cour de France. Lorsque le fils de Charles-Louis meurt, en 1685, sans héritier direct, Louis XIV invoque cette union pour revendiquer le Palatinat au nom de sa belle-sœur. La **guerre du Palatinat**, que les Allemands appellent guerre d'Orléans (1688-1697), et qui ouvre la guerre de la ligue d'Augsbourg, se révèle funeste pour le pays et surtout pour Heidelberg. Lors de l'affreuse campagne de 1689, la ville est dévastée, le château détruit. Le désastre est total, en 1693, après que la ville eut été totalement incendiée. L'agglomération est alors rebâtie, sur les mêmes fondations et sans percées nouvelles, dans un style baroque sans éclat. Les électeurs délaissent bientôt les ruines du château et consacrent tous leurs soins à leurs résidences de Mannheim et de Schwetzingen.

de lumière, trahit déjà le goût baroque. Les **statues** (copies) représentent les ancêtres de Frédéric IV, parmi eux des princes de la maison de Wittelsbach.

L'arrière du bâtiment est la seule façade ornementée donnant sur la ville. On peut l'observer depuis la **grande terrasse**, à laquelle on accède en empruntant le passage voûté, à droite de l'aile de Frédéric, et qui domine directement la vieille ville.

Aile de la salle des Glaces (**5**) – Ce corps de bâtiment, réduit à sa carcasse par un incendie, montre un étagement de galeries inspiré de la Renaissance italienne.

Aile d'Otton-Henri (**6**) – Elle fut édifiée sous Otton-Henri, l'un des souverains les plus éclairés de la Renaissance. Pendant les trois années de son règne (1556-1559), ce prince ouvrit son territoire aux idées nouvelles, surtout en matière religieuse et artistique. Cet édifice inaugura la période féconde de la Renaissance tardive dans l'architecture allemande.

Les lignes horizontales dominent dans la composition de la façade. Suivant le goût de l'époque, la décoration mêle les symboles mythologiques et bibliques. Le portail en forme d'arc de triomphe, auquel collabora le grand sculpteur Alexandre Colin de Malines (1526-1612), présente les armes des électeurs : le lion du Palatinat et les losanges des Wittelsbach encadrant un globe surmonté de la croix, symbole de l'Empire.

L'intérieur

Visites guidées seulement.

Deux maquettes permettent de comparer l'état actuel du château avec celui du 17e s. Pour la décoration Renaissance de l'aile de Frédéric, il s'agit en grande partie d'une reconstitution du début du siècle ; dans les couloirs se trouvent des statues originales de la façade. La chapelle fut « baroquisée » vers 1720.

★ **Grand Tonneau** (Großes Faß) – *Entrée libre.* Ce gigantesque foudre (capacité : 221 726 l) fut installé sous Charles-Théodore à la fin du 18e s. Une pompe permettait de tirer du vin à partir de la salle royale (dans l'aile des Dames). L'estrade surmontant le tonneau pouvait aussi bien servir à la dégustation qu'à la danse. Le gardien de ce symbole bachique – aujourd'hui au centre de la vie folklorique locale – était le nain bouffon **Perkeo**, célèbre pour sa stupéfiante capacité d'absorption. Une sculpture en bois et l'horloge qu'il avait inventée, avec un système à effet de surprise, rappellent le personnage.

★ **Musée allemand de la Pharmacie** (Deutsches Apothekenmuseum) – *Entrée sous le perron de l'aile d'Otton-Henri. ✆ 062 21 2 58 80 - www.deutsches-apotheken-museum.de - 10h-17h30 - fermé 25 déc. - 5 €, incluant la visite de la cour et du Grand Tonneau.* Ce musée présente des ustensiles d'apothicaire des 18e et 19e s., une collection d'anciennes préparations pharmaceutiques et un laboratoire réunissant des instruments anciens dans la tour de l'Apothicaire.

En suivant le Molkenkurweg ou en prenant le funiculaire, on atteint le **Molkenkur**, restaurant situé à l'emplacement d'une ancienne fortification : belle **vue★** sur le château.

Se promener

▷ *Itinéraire tracé sur le plan ci-contre. De l'autre côté du pont Alte Brücke (ou Karl-Theodor-Brücke), légèrement sur la gauche, part un sentier assez abrupt qui mène au chemin des Philosophes.*

★ Chemin des Philosophes (Philosophenweg)

Commencez la visite de la ville par l'ascension de la colline jusqu'à ce chemin d'où l'on jouit d'une vue spectaculaire sur Heidelberg et son château. N'hésitez pas à y revenir en fin de journée pour profiter du coucher de soleil quand la lumière donne à la ville des couleurs flamboyantes.

Revenir sur ses pas jusqu'au Vieux Pont.

★ Vieux Pont (Alte Brücke) 1

Ce pont de la fin du 18e s. est encadré côté ville par deux tours qui datent de la fortification de Heidelberg au Moyen Âge ; la tour ouest abrite trois cellules d'arrestation.

Remonter le long de la Steingasse jusqu'à la Marktplatz.

Église du St-Esprit (Heiliggeistkirche) 1

Elle est un témoin de l'architecture gothique tardive. Des échoppes se blottissent entre ses contreforts, comme aux siècles passés. Le vaisseau et le chœur sont du type « halle » (*voir chapitre « Art et Architecture »*), mais des tribunes ont réduit, en hauteur, les bas-côtés de la nef. Le chœur très lumineux est le lieu de sépulture des électeurs palatins. Seules subsistent les pierres tombales de Robert III, qui fut empereur de 1400 à 1410 sous le nom de Robert Ier, et de son épouse, Élisabeth de Hohenzollern.

★ Maison du Chevalier (Haus zum Ritter) 2

Cette magnifique maison bourgeoise doit son nom au buste de saint Georges, en costume de chevalier, qui orne le fronton à volutes. Elle fut construite en

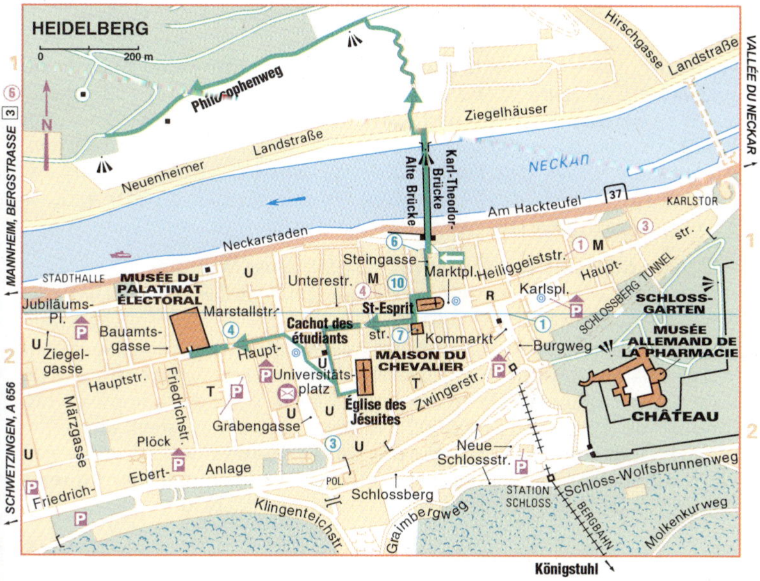

SE LOGER

- Arthotel ③
- Holländer Hof ⑥
- Hotel Am Kornmarkt ①
- Hotel Backmulde ④
- Hotel-Restaurant Schnookeloch ⑩
- Romantik Hotel Zum Ritter St. Georg ⑦

SE RESTAURER

- Café Burkhard ④
- Herrenmühle ③
- Kulturbrauerei Heidelberg ①
- River Café ⑥

1592 pour le drapier huguenot Charles Bélier, et elle est la seule maison de la fin de la Renaissance à avoir été épargnée lors des ravages de 1689-1693. *S'engager dans la Hauptstraße jusqu'à la place de l'Université (Universitätplatz) sur laquelle donne le bâtiment baroque à trois étages de l'ancienne université (Alte Universität).*

La place de l'Université occupe l'emplacement de l'ancien cloître de St-Augustin où Martin Luther dut soutenir sa doctrine devant les supérieurs de son ordre, en avril 1518. À quelques pas se trouve l'une des attractions les plus prisées des touristes : l'ancien cachot des étudiants.

5

Cachot des étudiants (Studentenkarzer) 2

Augustinergasse 2 - ☎ 06221 54 35 54 - www.uni-heidelberg.de - avr.-sept. : 10h-18h ; oct. : 10h-16h ; nov.-mars : tlj sauf dim. 10h-16h - 3 €.

Il reçut de 1712 à 1914 les étudiants trop tapageurs. Beaucoup d'entre eux laissèrent des inscriptions sur les murs, des silhouettes (noircies à la suie) ou des blasons, pour rappeler aux générations futures ce qu'ils considéraient comme un épisode particulièrement glorieux de leur carrière.

Église des Jésuites (Jesuitenkirche) 2

De style baroque (début du 18e s.), l'église des Jésuites fut construite d'après les plans de J.A. Breunig, architecte né à Heidelberg. La façade principale, élevée sur le modèle de l'église des Jésuites à Rome, est l'œuvre de l'architecte de la

cour palatine, F.W. Rabaliatti (1716-1782). Le lumineux vaisseau à trois nefs est soutenu par de solides piliers dont les chapiteaux sont ornés de stucs rococo. Par cette église, on atteint le **musée d'Art sacré et liturgique** *(Museum für sakrale Kunst und Liturgie)*, où sont exposés des objets d'art religieux du 17e au 19e s. Le **trésor** du musée abrite des objets d'orfèvrerie en or et en argent (calices, ostensoirs...). *✆ 062 21 16 63 91 - www.heidelberg-marketing.de - juin-oct. : tlj sf lun. 11h-17h, dim. 13h-17h ; nov.-mai : sam. 10h-17h, dim. 13h-17h - 3 €.*
Reprendre la Hauptstraße vers l'ouest. Un peu plus loin sur la droite se trouve le palais Moraz qui abrite le musée du Palatinat électoral.

★ Musée du Palatinat électoral (Kurpfälzisches Museum) 2

Hauptstr. 97 - ✆ 06221 583 40 20 - www.museum-heidelberg.de - tlj sf lun. 10h-18h - 3 € (1,80 € le dim.)
Une partie des collections du musée du Palatinat électoral est aménagée dans le palais baroque érigé par J.A. Breunig. La section consacrée à l'histoire du Palatinat électoral possède un moulage de la mâchoire de l'homme préhistorique « de Heidelberg » (600 000 ans av. J.-C.). Le département des primitifs allemands conserve le **retable des Douze Apôtres★★** (1509) de Tilman Riemenschneider. La collection des **œuvres de l'époque romantique★★** présente essentiellement des vues de la ville et du château.

À proximité Carte de région C4

Königstuhl

5 km au sud-est par la Neue Schlossstraße, le Molkenkurweg, puis le Gaiberger Weg ; ou prendre le funiculaire, stations Stadt (près du Kornmarkt), Schloss, Molkenkur, Königstuhl. Funiculaire : ✆ 06221 513 21 50 - www.bergbahn-heidelberg.de - avr.-sept. : 9h-20h ; oct.-avr. : 9h-17h - 9 €.
Une tour de télévision marque le sommet (568 m). D'en haut, large **panorama** sur la vallée du Neckar, de l'Odenwald jusqu'à la plaine du Rhin.

★ Schwetzingen

10 km à l'ouest par la Friedrich-Ebert-Anlage.
Dreikönigstrasse 3 - 68723 Schwetzingen - ✆ 062 02 94 58 75 - www.schwetzingen.de.
Située dans la vallée du Rhin, Schwetzingen jouit d'un climat particulièrement clément. La ville est surtout célèbre en tant qu'ancienne résidence d'été des électeurs palatins. Le somptueux château et le magnifique parc sont aujourd'hui encore les témoins de cette glorieuse époque.
★ **Château** – *✆ 062 21 53 84 31 - www.schloss-schwetzingen.de - ♿ - visite guidée (1h) - avr.-oct. : ttes les heures 11h-16h, w.-end et j. fériés ttes les 15mn 11h-17h ; nov.-mars : w.-end et j. fériés 11h, 14h et 15h - 9 €.* Détruit au cours du 17e s., le château fut rebâti entre 1700 et 1717 dans le style baroque. Il comporte un corps central flanqué de deux ailes. C'est lors des séjours estivaux qu'y firent l'électeur Charles-Théodore et son épouse Élisabeth-Auguste, entre 1742 et 1778, qu'il connut son âge d'or. En 1803, le domaine revint au pays de Bade. À l'intérieur, quarante pièces sont ouvertes à la visite.
Le ravissant **théâtre rococo★** *(Rokokotheater)* a été construit au milieu du 18e s. par l'architecte lorrain Nicolas de Pigage (1725-1796). Ouvert à la visite en été, il sert de cadre aux manifestations théâtrales et musicales du festival.
★★ **Jardin du château** (Schlossgarten) – *✆ 06 202 12 88 28 - www.schloesser-und-gaerten.de - été : 9h-19h30 ; hiver : 9h-16h30 - 3 € (hiver)/5 € (été).* Aménagé entre 1758 et 1796 par Nicolas de Pigage, il couvre 72 ha et joint la rigueur d'un

Vue sur Heidelberg : le Vieux Pont et l'église du St-Esprit.
R. Schmid / Sime/Photononstop

jardin à la française (perspective principale) à la fraîcheur des jardins de la fin du 18e s., inspirés par le goût des « spectacles de la nature » et par la mode des monuments symboliques dits « fabriques » (fausses ruines, temples…).

Circuit conseillé Carte de région C3-4

LA BERGSTRASSE : DE HEIDELBERG À DARMSTADT

Circuit de 58 km tracé en mauve sur la carte de région p. 354-355 – Environ 3h.
À cheval sur la Hesse et le Bade-Wurtemberg, la Bergstrasse court, du sud vers le nord, entre Heidelberg et Darmstadt, selon un tracé parallèle à celui de l'autoroute A 67 qui rejoint Francfort. Cette vieille route, tracée au pied des petites montagnes bocagères et forestières de l'Odenwald, a donné son nom au liseré de coteaux ensoleillés inclinés vers la vallée du Rhin. L'excellente exposition autorise la floraison précoce des arbres fruitiers. Les nombreux châteaux forts et les petites villes anciennes composent un paysage typiquement rhénan.

5

Weinheim C4

Hauptstrasse 47 - 062 01 874 450 - www.weinheim-marketing.de - tlj sf dim. 9h-13h, 14h-18h, sam. 10h-13h.

Encadrée au nord et à l'est de croupes montagneuses atteignant les 400 m d'altitude, Weinheim est la première ville de la Bergstrasse à accueillir le printemps. Élevé dès 1264 au rang de cité, ce bourg fut longtemps simple résidence des bourgeois qui exploitaient les terres alentour, pour devenir peu à peu, à partir du début du 19e s., le gros centre administratif que nous connaissons aujourd'hui. De l'ancienne forteresse subsistent encore une partie des murs d'enceinte et quelques tours.

L'exquise vieille ville s'enorgueillit d'un nombre considérable de maisons anciennes ; le vieil hôtel de ville (vers 1577), sur la Marktplatz, et le Büdinger Hof *(Judengasse 15-17)*, édifié en 1582, méritent une attention particulière.

L'ancien **château**, qui fait aujourd'hui office d'hôtel de ville, possède de beaux jardins à l'anglaise, où se dresse le plus grand cèdre d'Allemagne.

Attenante, la **Forêt exotique★** *(Exotenwald)*, d'une superficie de quelque 50 ha, a été aménagée de 1872 à 1884 et comprend une grande variété, dont de magnifiques specimens, d'essences rares. Les ruines du fort de **Windeck** et le château de **Wachenburg**, érigé au début du 20e s., surveillent la ville de leurs promontoires.

Heppenheim an der Bergstrasse C3-4

La **Marktplatz★**, ou *Großer Markt*, dominée par la vaste église néogothique surnommée la « cathédrale de la Bergstraße », doit surtout son charme aux deux constructions de bois à oriels d'angle de l'hôtel de ville et de la pharmacie Liebig.

Lorsch C3-4

Marktplatz 1 - 64653 Lorsch - ✆ 062 51 175 260 - www.lorsch.de et www.nibelungenland.info - 10h-18h. Vous trouverez en vente sur place une série de 16 cartes pour des randonnées dans les environs.

De la vaste abbaye fondée en 774 ne subsistent plus, à l'entrée est du bourg, que l'avant-nef de l'église et la **Torhalle★**. Cette porte triomphale, inscrite sur la liste du Patrimoine mondial, est un témoin de l'architecture carolingienne. Sur le site autrefois occupé par le monastère a été aménagé le complexe muséographique de Lorsch (Museumszentrum Lorsch), comprenant une section sur l'histoire de l'abbaye, un espace consacré au folklore et un musée du tabac. *✆ 062 51 10 38 20 - www.kloster-lorsch.de - tlj sf lun. 10h-17h - fermé 1er janv., Mar. gras et 24 déc. - 5 € (3 € pour le cloître seulement) - viste guidée : 4 €.*

Derrière l'église, une large vue s'offre sur la plaine du Rhin vers l'Odenwald.

Bensheim C3

La « ville des fleurs et du vin » est fière, à juste titre, de sa **vieille ville** *(Altstadt)*. De très belles maisons à colombages peuvent être admirées notamment sur la place du Marché *(Marktplatz)*, dans la rue principale et dans la Wambolterhofstraße.

Dans le quartier **Auerbach**, agréablement aéré, un vallon très abrité accueille le parc du **Fürstenlager★★**, ancienne résidence d'été des landgraves de Hesse. Il est planté d'arbres exotiques et parsemé de pavillons et de monuments symboliques dans le goût du 18e s. finissant. Un peu plus au nord, le **château d'Auerbach** constitue un observatoire sur la région. *✆ 062 51 7 29 23 - www.schloss-auerbach.de - tlj 10h-17h - entrée gratuite.*

NOS ADRESSES À HEIDELBERG

VISITES

Heidelberg Card – Cette carte de transports en commun donne droit à des entrées gratuites (château, funiculaire…) et à des réductions (excursions, théâtre…). Cartes individuelles 1 jour (11 €), 2 jours (13 €) ou 4 jours (16 €) et carte familiale 2 jours (28 €).

HÉBERGEMENT

BUDGET MOYEN

Hotel Am Kornmarkt – Plan 1-2 - *Kornmarkt 7 - ✆ 06221 282 18 -*

www.hotelamkornmarkt.de - 20 ch. 85 € ☕. Charmant petit hôtel au cœur de la vieille ville. En logeant dans cet établissement, vous pouvez bénéficier d'une réduction au parking n° 12, juste à côté.

Hotel-Restaurant Schnookeloch – Plan 1 - *Haspelgasse 8 - ✆ 06 221 13 80 80 - www.schnookeloch.de - réserv. - 11 ch. 88 €*. L'histoire du lieu est liée à celle de cette ancienne ville universitaire : son restaurant est le bistrot traditionnel des étudiants. Piano-bar tous les soirs sauf le lundi. À l'étage, chambres d'hôte soignées.

Hotel Backmulde – Plan 2 - *Schiffgasse 11 - ✆ 06221 536 60 - www.gasthaus-backmulde.de - P - ♿ - 25 ch. 130/149 €* ☕. Cet ancien gîte de matelots propose des chambres agréables. Les premiers prix concernent les chambres avec douche et WC sur le palier.

Holländer Hof – Plan 1 - *Neckarstaden 66 - ✆ 06221 60 500 - www.hollaender-hof.de - 39 ch. 110/165 € - ☕ 5/12 €*. Cette superbe maison hollandaise idéalement située au pied de l'Alte Brücke abrite un petit hôtel plein de cachet. Certaines chambres ont un balcon, avec vue sur le Neckar.

POUR SE FAIRE PLAISIR

Arthotel – Plan 2 - *Grabengasse 7 - www.arthotel.de - ✆ 06221 65 00 60 - 24 ch. 125/198 € - ☕ 12,50 € - rest. 32 €*. Hôtel design, magnifiquement restauré, à l'atmosphère élégante. Le restaurant Romer, renommé pour sa cuisine de grande qualité, propose aussi un salon à cocktails. Cour intérieure ensoleillée avec voûtes.

Romantik Hotel Zum Ritter St. Georg – Plan 2 - *Hauptstraße 178 - ✆ 06 221 13 50 - www.ritter-heidelberg.de - 37 ch. 118/144 € - ☕ 12 €*. Superbe maison de style Renaissance de 1592. Sa façade de grès est typique de la région. Le restaurant Bolier, aux allures de salon, semble quelque peu pompeux ; la salle des Chevaliers est d'un grand confort.

RESTAURATION

PREMIER PRIX

Café Burkardt – Plan 1 - *Untere Straße 27 - ✆ 06221 166620 - www.cafeburkardt.com - tlj sf lun. 9h-23h (18h le dim.) - 10/19 €*. Café proposant salades composées et petite restauration à toute heure. On peut y prendre un solide petit-déjeuner (sem. 9h-12h, w.-end 9h-13h) ou y déguster une part de gâteau l'après-midi. Jolie terrasse.

BUDGET MOYEN

Kulturbrauerei Heidelberg – Plan 1 - *Leyergasse 6 (entre Hauptstr. et Hachteufel) - ✆ 06 221 50 29 80 - www.heidelberger-kulturbrauerei.de - 11h30-1h (cuisine jusqu'à 23h, Biergarten jusqu'à 22h) - 🚭 - ♿ - 28/38 € - 34 ch. 121/180 € - ☕ 10 €*. Cette brasserie a gardé son charme d'antan : piliers centraux, plafond ancien à caissons et lustres en fonte sont autant d'éléments qui décorent la grande salle. Pour accompagner la bière brassée sur place, on vous sert des spécialités régionales. Les chambres de l'hôtel à côté sont spacieuses et bien aménagées. De la suite, vous aurez même une jolie vue sur le château.

Herrenmühle – Plan 1 - *Hauptstraße 239 - ✆ 06221 60 29 09 - www.herrenmuehle-heidelberg.de - tlj sf dim. - dîner seulement - réserv. conseillée - 23/57 €*. Mobilier rustique et poutres en bois. Terrasse recouverte de glycines. Spécialités de vins régionaux.

River Café – Hors Plan 1 - *Bergstraße 2 - ✆ 062 21 72 74 651 - www.river-cafe-hd.de - tlj 9h-1h - 25/48 €.* Une étape idéale après avoir arpenté le chemin des Philosophes. Ce café-resto de la vieille ville aux airs d'épicerie à l'ancienne sert une savoureuse cuisine italienne. Rafraîchissant et original : le *prosecco* servi avec du citron vert et du basilic.

POUR SE FAIRE PLAISIR

Dans les environs

Zur Sackpfeife – *Kirchenstrasse 45 - 68526 Ladenburg - ✆ 062 03 31 45 - www.zursackpfeife.de - lun.-vend. 17h-23h ; w.-end 13h30-23h - 23/34 €.* Ce restaurant – le plus typique de cette petite ville, étape gastronomique aux très nombreux restaurants – occupe une superbe maison à colombages de 1598.

UNE FOLIE

Weißer Bock – Plan 1 - *Große Mantelgasse 24 - ✆ 06221 900 00 - www.weisserbock.de - menu 49 €.* Une des meilleures tables de la région, qui sert une cuisine locale et quelques spécialités françaises. Belle carte des vins. Essayez de dîner dans le décor somptueux de la *Festsaal* vieille de 300 ans, aux murs et au plafond lambrissés de bois sombre. La bâtisse abrite aussi un hôtel du même nom.

PETITE PAUSE

Chocolaterie Yilliy – *Haspelgasse 7 - ✆ 06 222 16 59 93 64 - 10h-20h.* Les banquettes garnies de coussins de ce petit café-chocolaterie cosy invitent à la détente. Le week-end, on y sert un délicieux chocolat chaud espagnol très cacaoté.

EN SOIRÉE

Bon à savoir – Un grand nombre de cafés et restaurants sont concentrés dans la Untere Straße qui s'anime dès le soir venu.

Gasthausbrauerei Vetter – *Steingasse 9 - ✆ 06 221 165 850 - www.brauhaus-vetter.de - dim.-jeu. 11h30-0h, vend.-sam. 11h30-2h.* Grande salle aux allures de taverne avec de vastes tables en bois. La maison brasse sa propre bière sur place et propose une cuisine simple du terroir.

Sonderbar – *Untere Straße 13 - ✆ 06221 25 200 - tlj 14h-2h (3h le w.-end).* Ambiance rockabilly et très joyeuse dans ce bar étroit à la déco rétro qui ne désemplit pas le soir. Carte des whiskys à donner le tournis.

Zum Roten Ochsen – *Hauptstr. 217 - ✆ 06 221 2 09 77 - www.roterochsen.de - tlj sf lun. 17h-0h (avr.-oct. : aussi 11h30-14h).* Autrefois fréquenté par des célébrités comme Bismarck, Marc Twain ou Marylin Monroe, ce café-restaurant est le lieu de prédilection des étudiants. Le soir, à partir de 20h, l'endroit se transforme en un sympathique piano-bar.

ACTIVITÉS

Promenades en bateau – *Rhein-Neckar Fahrgastschifffahrt - Untere Neckarstaden 25 - ✆ 06 221 20 181 - www.weisse-flotte-heidelberg.de.* La compagnie RNF propose des liaisons avec Worms, Speyer, Rüdesheim et St. Goar.

Location de vélos – *Felix-Wankel-Straße 1 - ✆ 06 221 166 707 - www.eldorado-hd.de*

AGENDA

Festival du château de Heidelberg – *Mi-juin-fin juil. - www.schlossfestspiele-heidelberg.de.* Festival de théâtre et de concerts classiques en plein air, dans le cadre élégant de la cour du château.

Le Palatinat

Die Pfalz

★

Rhénanie-Palatinat

NOS ADRESSES PAGE 473

S'INFORMER
Office du tourisme de Worms – *Neumarkt 14 - 06241 853 73 06 - www.worms.de - été : 9h-18h, w.-end 10h-14h ; hiver : sem. 9h-17h.*

SE REPÉRER
Carte de région BC4 (p. 354-355) – *cartes Michelin nos 718 H 11 et 545 S 50 à Q 55.* Le massif du Palatinat s'étend depuis les plaines du Rhin jusqu'aux Vosges. La route allemande du Vin débute 15 km à l'ouest de Worms, à Bockenheim (route B 271) et court sur 80 km vers le sud en direction de la frontière française.

ORGANISER SON TEMPS
Comptez une journée pour ce circuit de découverte.

Remarquable réserve zoologique et botanique, le massif du Palatinat bénéficie d'un microclimat d'une douceur étonnante qui autorise la culture de fruits exotiques dans sa partie est. Que ce soit pour la pratique d'activités autour de la très belle station climatique de Dahn, ou pour suivre la route allemande du Vin, les raisons d'explorer la région ne manquent pas.

Circuit conseillé Carte de région BC4

DE WORMS À BAD BERGZABERN

Circuit de 158 km tracé en rouge sur la carte de région p. 354-355 – Une journée. L'itinéraire emprunte en partie la route allemande du Vin *(Deutsche Weinstraße)* qui relie Schweigen, à la frontière française, à Bockenheim.

5

★ Worms C4
Ville au passé prestigieux, Worms fut, avec Spire et Mayence, une résidence impériale des bords du Rhin. Elle constitue le cadre d'une grande partie de la saga des Nibelungen ; la promenade, le long du Rhin, s'orne ainsi d'une statue du légendaire Hagen brandissant le trésor avant de le précipiter dans le fleuve. Worms est par ailleurs un point de départ idéal pour se lancer à la découverte du Palatinat et du vignoble de la région.

★★ **Cathédrale St-Pierre** (Dom St-Peter) – *visite : 30mn.* Cette cathédrale, caractéristique de l'art roman rhénan, possède deux absides cantonnées chacune de deux tours rondes d'escalier.

Extérieurement, le **chœur ouest**★★, terminé en 1181, constitue l'une des plus belles réalisations romanes d'Allemagne avec ses deux galeries rhénanes naines superposées. Entrer par le portail sud, gothique, dont le tympan repré-

sente le Couronnement de la Vierge. Au revers de ce portail, splendide Christ du Jugement, du 12e s.
Dans la première chapelle à droite en entrant, une sculpture très ancienne représente Daniel dans la fosse aux lions. Le chœur est, à droite, voûté d'ogives, est le plus ancien ; le maître-autel est l'œuvre de Balthasar Neumann. Admirer la croisée du transept avec sa coupole rhénane montée sur trompes. Sous le chœur sont exposés neuf tombeaux de proches de l'empereur Conrad II. La nef romane comporte cinq travées voûtées sur croisées d'ogives. Le chœur ouest, le dernier construit, est très élégant avec sa frise en damier, les voussures de ses arcatures et ses roses. Dans le bas-côté nord se succèdent cinq **sculptures gothiques★** *(Reliefs aus dem Leben Christi)* représentant l'Annonciation, la Nativité, la Mise au tombeau, la Résurrection et un arbre de Jessé.
Monument à la mémoire de Luther (Lutherdenkmal) – Inauguré en 1868, le **monument** commémore la comparution de Luther devant la diète. Luther, au centre, est entouré des précurseurs de la Réforme : Pierre Valdo, John Wyclif, Jean Hus et Savonarole ; aux quatre angles figurent Reuchlin et Melanchthon, théologiens de la Réforme, le landgrave de Hesse Philippe le Magnanime *(voir Marburg)* et l'électeur de Saxe, protecteur de Luther. Des effigies de femmes symbolisent Augsbourg, Spire et Magdebourg.
★ **Musée Heylshof** (Museum Heylshof) – *Stephangasse 9 - ✆ 06 241 22 000 - www.heylshof.de - mai-sept. : tlj sf lun. 11h-17h ; oct.-avr. : tlj sf lun. 14h-17h, dim. 11h-17h - 3,50 €.* Installées dans les salons d'un palais construit après 1871, les **toiles★** du 15e au 19e s. comprennent notamment des œuvres de Rubens, Van Loo et du Tintoret. Le musée expose également des vitraux (15e et 16e s.), de précieuses porcelaines, des céramiques et des cristaux.
★ **Cimetière juif** (Judenfriedhof) – Worms faisait partie des grands centres de la culture juive en Allemagne. Quelques 2 000 stèles gravées en hébreu se dressent dans le plus ancien cimetière juif d'Europe, établi depuis le 11e s. Jolie vue sur les tours de la cathédrale.

LUTHER DEVANT LA DIÈTE

En 1521, Rome promulgue une bulle d'anathème à l'encontre de Luther. Le jeune Charles Quint convoque alors la diète impériale à Worms et invite Luther à comparaître. Celui-ci s'y rend « comme on marche au supplice », quoique sans hésitation, retenu par ses amis angoissés, mais acclamé par la foule enthousiaste. Devant son refus de se rétracter, il est mis au ban de l'Empire.

Freinsheim C4

Ce gros bourg viticole entouré de remparts possède un charmant hôtel de ville installé dans une gracieuse maison baroque, dont le toit protège un escalier extérieur, à côté de l'église (15e s.).

Bad Dürkheim B4

Cette station hydrominérale, à la lisière du Pfälzer Wald, est agrémentée d'un **parc thermal** remarquable où l'on trouve des figuiers et des amandiers qui bénéficient de la douceur du climat.
À l'ouest (4 km par la Schillerstraße et le Luitpoldweg), le site des ruines de l'abbaye de Limburg offre de jolies vues sur la vallée d'Isenach et les ruines d'Hardenburg à l'ouest, sur la plaine du Rhin à l'est.

Deidesheim BC4
Ce bourg vigneron est l'un des plus caractéristiques de la route du Vin avec sa place du Marché joliment décorée et ses maisons à colombages.
Neustadt an der Weinstraße – Vous trouverez ici la plus forte concentration de maisons anciennes de tout le Palatinat, une jolie place du Marché, et un hôtel de ville du 16e s.

Château de Hambach (Hambacher Schloss) B4
1 km au départ de Hambach. ✆ 063 21 92 62 90 - www.hambacher-schloss.de - avr.-oct. : 10h-18h ; oct.-mars : 11h-17h - 4,50 €.
Construit au 11e s., le château de Hambach était la résidence d'été des évêques de Spire avant sa destruction en 1688. Ses ruines sont célèbres depuis la manifestation de 1832 au cours de laquelle les patriotes militant pour les idées libérales hissèrent pour la première fois le drapeau noir-rouge-or, adopté comme emblème national allemand en 1919, puis à nouveau en 1949.

Kalmit B4
8 km à partir de Maikammer et 15mn à pied AR.
Avec ses 673 m, le Kalmit, point culminant du Palatinat, est le but de nombreuses promenades. De la terrasse de la Kalmithaus, on a un formidable **panorama★★** sur la plaine du Rhin et, plein est, la cathédrale de Spire. Vous pourrez rejoindre la route du Vin par le joli village de St-Martin.

★ **Château de Ludwigshöhe** (Schloss-Villa Ludwigshöhe) B4
2 km au départ d'Edenkoben. Villastraße, 67480 Edenkoben - ✆ 063 23 9 30 16 - www.burgen-rlp.de - tlj sf déc. et 1er jour ouvrable de la semaine - avr.-sept. : 9h-18h ; oct.-mars : 9h-17h - 4 €. Salles historiques uniquement sur visite guidée - avr.-sept. : tlj sf lun. 9h-18h (dernière visite guidée à 17h) ; oct.-mars : tlj sf lun. 9h-17h (dernière visite guidée à 16h) - 2,60 €, Max-Slevogt-Galerie accessible librement.
Créé par Louis Ier de Bavière dans le goût des villas italiennes, le château de Ludwigshöhe abrite une **galerie★** consacrée au peintre impressionniste Max Slevogt (1868-1932). Les pièces aux murs décorés dans le style pompéien sont pourvues d'un admirable **parquet★**. La terrasse offre une **vue★** magique sur les vignobles rhénans.
Un télésiège monte au **Rietburg** (550 m), point de départ de promenades en forêt. La descente en télésiège offre de superbes vues plongeantes sur les coteaux.

★ **Château de Trifels** B4
7 km à partir d'Annweiler et 1h30 de marche et de visite - ✆ 06 346 84 70 - www.burgen-rlp.de - avr.-sept. : 9h-18h ; reste de l'année : 9h-17h - fermé déc. - 3 €.
D'une grande importance historique, le **château de Trifels**, monastère salésien à l'origine, devint la forteresse impériale des Hohenstaufen qui y déposèrent les insignes impériaux aux 12e et 13e s. Selon une légende, on y conserva

LE MILIEU NATUREL
Prolongeant les Vosges du Nord, le massif montagneux du Palatinat rhénan présente des paysages forestiers analogues, interrompus d'escarpements ou de rochers de grès rouge. Au nord, la **forêt du Palatinat** *(Pfälzer Wald)*, peu habitée, est fréquentée par les amateurs de tourisme pédestre. Au sud s'étendent les paysages mouvementés du **Wasgau**, dont les buttes boisées surmontées de ruines ou coiffées de pitons rocheux dominent des cuvettes défrichées occupées par des villages.

même le saint Graal. Une chose est sûre cependant : c'est dans ces murs épais que l'empereur Henri VI tint emprisonné le roi d'Angleterre **Richard Cœur de Lion** lorsqu'il revint en 1193 de la troisième croisade. L'énorme rançon que l'empereur reçut pour la libération de Richard lui permit d'engager une campagne contre l'Empire normand en Italie du Sud. C'est du Trifels que son expédition démarra le 9 mai 1194.

Dans un **site★★** grandiose, le château impressionne de loin par sa silhouette imposante. On comprendra aisément pourquoi lui échut le rôle stratégique de garder la route qui menait de Metz à la vallée du Rhin en passant par Pirmasens. Il se dresse sur un éperon de grès de 145 m de longueur et seulement 40 m de largeur, avec lequel il semble ne faire qu'une seule pièce.

VINS DU PALATINAT
Les vendanges tardives permettent d'obtenir des vins fruités assez alcoolisés et souples, les plus appréciés étant les blancs.
Les crus les plus célèbres sont produits à Bad Dürkheim, Wachenheim, Forst et Deidesheim.

★★ Dahner Felsenland B4

Autour de la station climatique de **Dahn** s'étend l'une des plus belles régions de randonnée d'Allemagne, avec ses châteaux forts et ses nombreuses formations rocheuses de grès rouge. Pas moins de 47 monolithes sont ici classés monuments naturels. Les **ruines du château★** d'Altdahn dominent la silhouette de la ville. Les escaliers et postes de garde taillés dans le roc confèrent au château, dont les origines remontent aux alentours de 1100, une atmosphère profondément romantique. Des tours, on a de jolis **aperçus★** sur le Wasgau.

★ Burg Berwartstein B4

Sur la B 427, tourner à droite vers Erlenbach - ✆ 063 98 2 10 - www.burg-berwartstein.de - mars-oct. : 9h-18h ; nov.-fév. : w.-end 11h-18h - 5 € -(enf. 3 €).

Au point de rencontre de plusieurs vallées, cet ancien repaire de chevaliers pillards surplombe de 100 m le village d'Erlenbach. Le château du haut date du 12e s., celui du bas du 15e s. Détruit en 1591 par un incendie, le château a été reconstruit à la fin du 19e s. On visite la salle des chevaliers, la galerie de chasse, un puits profond de 104 m, l'ancienne cuisine, les casemates et des tunnels creusés dans le roc. Des terrasses, une **vue★** à l'infini embrasse les paysages ondulés du Wasgau, jusqu'en France.

Traversant des paysages rocheux, la route rejoint Bad Bergzabern.

★ Bad Bergzabern B4

Cette charmante station balnéaire possède de nombreuses maisons à colombages (Königstrasse, Marktstrasse). Outre les coquettes maisons des 17e et 18e s., mentionnons l'**auberge Zum Engel★** (1579), réputée être le plus bel édifice Renaissance du Palatinat. Le **château**, avec ses tours rondes et trapues, a été construit de 1720 à 1725 à l'emplacement d'un ancien fort, dont subsiste encore aujourd'hui, du côté de la cour, une tour d'escalier polygonale de 1530.

NOS ADRESSES DANS LE PALATINAT

HÉBERGEMENT

PREMIER PRIX

À Worms

Kriemhilde – *Hofgasse 2 - ✆ 06241 911 50 - www.hotelkriemhilde.de - 19 ch. 76 €* ☕. Un petit hôtel du centre-ville. Service aimable. Chambres pratiques.

BUDGET MOYEN

À Bad Bergzabern

Hotel Zum Lam – *Winzergasse 37 - 76889 Gleiszellen-Gleishorbach, à 5 km au nord - ✆ 06 343 93 92 12 - www.zum-lam.de - P - 11 ch. - 86/90 €* ☕. Dans cette charmante station balnéaire, un hôtel qui ne déroge pas à la règle en occupant une jolie maison à colombages. Chambres confortables.

Landhaus Wilker – *Hauptstraße 31 - 76889 Bad Bergzabern (Oberhofen) - ✆ 06343 70 07 00 - www.wilker.de - 21 ch. 70/90 €.* Établissement spacieux avec vue sur les vignobles. Toutes les chambres sont bien équipées.

POUR SE FAIRE PLAISIR

À Deidesheim

Hotel Deidesheimer Hof – *Am Marktplatz 1 - ✆ 06326 968 70 - www.deidesheimerhof.de - fermé 1er-3 janv. - P - 28 ch. à partir de 125 € - ☕ 16 €.* Remarquable édifice Renaissance, confortable et élégant. Il compte deux restaurants gourmets. L'ancien chancelier Helmut Kohl aimait recevoir les personnalités officielles dans cet endroit.

RESTAURATION

PREMIER PRIX

À Bad Dürkheim

Weinstube Ester – *Triftweg 21 - ✆ 06 322 98 90 65 - www.ester24.de - lun.-sam. le soir, dim. midi et soir - 15/30 €.* Une taverne au cadre rustique, typique du Palatinat. Plats essentiellement régionaux (spécialités de viande et de saucisse). Les vins sont élaborés à partir des vignes qui entourent l'établissement.

BUDGET MOYEN

À Worms

Zum Schiff – *Kirchstraße 6 - 67550 Worms-Rheindürkheim - 9 km au nord, par le Nibelungenring - ✆ 06 242 20 23 - www.dubs.de - fermé 3 sem. en janv., mar. et sam. midi - 19/56 €.* Un cadre élégant distingue ce petit restaurant de campagne, où le patron, Wolfgang Dubs, régale ses hôtes d'une cuisine raffinée.

À Bad Dürkheim

Reuters Holzappel – *Hauptstraße 11 - 76889 Pleisweiler-Oberhofen - ✆ 06 343 42 45 - www.reuters-holzappel.de - 15/30 €.* Ancienne maison de vigneron (1742) à la charmante cour intérieure pavée. Plats du terroir et cuisine internationale.

Weinstube Bach-Mayer – *Gerberstraße 13 - ✆ 06322 921 20 - www.bach-mayer.de - sem. dîner seulement - fermé 10 j. en sept. et dim. - 21/46 €.* Taverne simple et confortable, avec banquettes et joli poêle en faïence vert. Belle terrasse dans la cour intérieure. Cuisine régionale.

À Deidesheim

Gutsausschank Dr Kern – *Schloss Deidesheim - ✆ 06326 966 90 - www.schloss-deidesheim.de - sem. dîner seulement - fermé 24 déc.-1er mars - 17/29 €.* Une partie du château de Deidesheim a été transformée en restaurant et bar à vins. Terrasse donnant sur le jardin. Vins régionaux.

Spire

Speyer

★

49 930 habitants – Rhénanie-Palatinat

NOS ADRESSES PAGE 477

S'INFORMER
Office de tourisme – *Maximilianstr. 13 - 06 232 14 23 92 - www.speyer.de - nov.-mars : lun.-vend. 9h-17h, sam. 10h-12h ; avr.-oct. : lun.-vend. 9h-17h, sam. 10h-15h, dim. et j. fériés 10h-14h.*

SE REPÉRER
Carte de région C4 (p. 354-355) – *cartes Michelin nos 718 H 11 et 543 S 53.*
À 32 km au sud-ouest de Heidelberg, Spire s'étend entre les montagnes boisées de l'Odenwald à l'est et du Palatinat à l'ouest.

ORGANISER SON TEMPS
Comptez une demi-journée.

AVEC LES ENFANTS
Une visite au zoo aquatique Sea Life, le musée des Techniques.

L'ancienne ville impériale de Spire, sur la rive gauche du Rhin, se reconnaît de loin à ses clochers. Cité historique au passé prestigieux, sa magnifique cathédrale, dont la crypte abrite les dépouilles de plusieurs empereurs, est le plus grand édifice roman d'Europe. Jadis objet de disputes entre la France et l'Allemagne, Spire est aujourd'hui une ville-étape agréable, au confluent de routes touristiques majeures.

Découvrir

★★ CATHÉDRALE IMPÉRIALE (Kaiserdom)

06 232 10 21 18 - www.bistum-speyer.de - sf crypte - avr.-oct. : lun.-sam. 9h-19h, dim. 12h-17h ; nov.-mars : lun.-sam. 9h-17h, dim. 12h-17h - possibilité de visite guidée en français sur réserv. - gratuit, audioguide 7 €.

La cathédrale impériale, édifiée par Conrad II en 1030 et remaniée à la fin du 11e s., est une basilique de style roman à quatre tours et deux dômes. Bien qu'en grande partie reconstruite au 19e s., il s'agit de la plus grande construction de style roman d'Europe, classée au patrimoine mondial de l'humanité.

Extérieur

Faire le tour de la cathédrale par le jardin.

Depuis la **Heidentürmchen** (13e s.), belle **vue**★★ sur le chœur. Une galerie naine très élégante court tout autour de la nef et du transept, à la base de la toiture. Les chapiteaux de l'abside présentent une grande variété de motifs ; sur l'une des arcatures aveugles, au centre, on peut voir sur le premier tiers de la hauteur un bas-relief très fruste représentant le Royaume de la paix.

LES « PROTESTANTS »
En 1529, la diète de Spire confirme l'édit de Worms dans lequel l'empereur renonce à la nomination du clergé. Dans une déclaration solennelle, les États luthériens protestent contre les décisions de la diète, d'où le nom de « protestants » qui désigne les partisans de la Réforme. Sur la Bartholomäus-Weltz-Platz, une église néogothique, la *Gedächtniskirche*, évoque le souvenir de cette « protestation ».

Les arcs des fenêtres de style lombard sur le transept est présentent, surtout du côté sud, une riche décoration de rinceaux et de palmettes; ces motifs sont répétés sur la corniche à la base de la toiture *(voir également p. 63)*.

Intérieur

On pénètre dans la cathédrale par le côté ouest, reconstruit au milieu du 19e s. Sous le porche, à droite, statue (1843) de Rodolphe de Habsbourg. Les 133 m de la nef inondée de lumière sont surmontés de voûtes d'arêtes sur doubleaux sombres. Les demi-colonnes engagées dans les maîtres piliers sont coupées à mi-hauteur d'anneaux et de chapiteaux à feuilles d'acanthe. La sobriété des bas-côtés, voûtés d'arêtes, est encore plus expressive. De l'escalier du bas-côté droit, belle perspective sur l'ensemble.
Le **transept★★** surélevé et voûté d'ogives est un chef-d'œuvre d'harmonie et d'équilibre. L'absence d'ornements et de crépi sur les murs fait d'autant plus ressortir le caractère décoratif de la construction. La nef principale (1845-1853) a été peinte sous le roi Louis Ier de Bavière.
La **chapelle du Saint-Sacrement** *(Afrakapelle)*, avant le croisillon gauche, abrite deux bas-reliefs du 15e s. : le Portement de la croix et l'Annonciation.

★★★ Crypte

Il s'agit sans doute de la plus grande et de la plus belle crypte romane d'Allemagne. Sous le chœur et le transept se développe un réseau de voûtes d'arêtes romanes. Quatre colonnes aux splendides chapiteaux en délimitent la croisée du transept. Les doubleaux ont des claveaux de grès rose et blanc alternés.
Dans la **crypte des Empereurs** reposent quatre empereurs et quatre rois allemands. L'entrée de la crypte est gardée par la pierre tombale de Rodolphe de Habsbourg (fin du 13e s.).
L'**Ölberg** (1502-1512), dans le jardin situé au sud de la cathédrale, était autrefois le centre du cloître. La grande **vasque de pierre** sur le parvis contenait du vin lors de la nomination de nouveaux évêques, et chacun pouvait y puiser à satiété.

5

LA VIEILLE VILLE

Elle s'étend à l'ouest de la cathédrale jusqu'à l'**Altpörtel★**, belle porte-tour des 12e et 13e s. La Maximilianstraße, dont le joyau est l'hôtel de ville, du baroque tardif, est très animée.
À l'angle de la Korngasse s'élève l'édifice de l'*Alte Münze*, érigé en 1748; son nom évoque la corporation des frappeurs de monnaie, qui avaient ici au Moyen Âge leur maison commune.

★ Bain des Juifs (Judenbad) (Mikwe)

Accès par la Judengasse, au sud-ouest de la cathédrale (panneau) - 1,50 €.
Le **bain des Juifs** servait aux ablutions rituelles. Il fut aménagé au 12e s. dans la cour des Juifs *(Judenhof)*, le centre du quartier juif au Moyen Âge, par des

VILLE IMPÉRIALE DU RHIN ET CENTRE ADMINISTRATIF

Lieu de séjour privilégié des empereurs saliens, Spire – siège d'un évêché depuis le 4e s. – acquit une importance notable à partir du 11e s.; elle devint ville d'Empire en 1294. Plus de cinquante diètes d'Empire s'y tinrent, la dernière en 1570. De 1526 à 1688, le tribunal impérial siégea aussi à Spire. La ville fut malheureusement anéantie en 1689 par les troupes de Louis XIV, lors de la guerre de succession du Palatinat. Seuls la cathédrale impériale, les vestiges des remparts dans le parc du Domgarten et la vieille porte, l'*Altpörtel*, à l'extrémité ouest de la Maximilianstraße, témoignent encore de sa splendeur médiévale. Après un bref intermède français – la ville passa aux mains de la France en 1797 –, Spire suivit avec la partie occidentale du Palatinat (rive gauche du Rhin) les destinées du royaume de Bavière. C'est à cette époque que s'y installèrent de nombreuses administrations, mais aussi des archives et des bibliothèques, qui font aujourd'hui encore la réputation de Spire comme centre administratif.

ouvriers engagés pour la construction de la cathédrale. Un escalier conduit, à travers deux portails, dans une première salle voûtée d'arêtes, sur laquelle s'ouvre à gauche la pièce où l'on pouvait se changer. Par un autre escalier en demi-cercle, on atteint le niveau de la nappe phréatique avec le bain proprement dit.

★ **Musée du Palatinat** (Historisches Museum der Pfalz)

06 232 62 02 22 - www.museum.speyer.de - ♿ - tlj sf lun. 10h-18h, 1er janv., 24 et 31 déc. : 10h-16h - 4 €.

La pièce la plus précieuse des collections préhistoriques du musée du Palatinat est le célèbre **chapeau d'or★** de Schifferstadt (12e s. av. J.-C.), cône cultuel recouvert de feuilles d'or (rez-de-chaussée, salle 4). Les collections du 1er étage sont consacrées à l'art et à l'artisanat du 16e au 19e s., dont des porcelaines de Frankenthal.

Trésor de la cathédrale (Domschatzkammer) – *Dans les deux sous-sols du nouveau bâtiment.* La crypte des Empereurs et des Rois constitue le principal attrait du trésor de la cathédrale, tout comme d'autres grands symboles de l'histoire allemande, tels que la couronne mortuaire de Conrad II, le premier empereur salien, le globe impérial d'Henri III, ou encore la couronne d'Henri IV (l'empereur qui se rendit à Canossa). Très beaux vêtements et objets liturgiques.

Musée du Vin (Weinmuseum) – *Dans les caves.* Le musée du Vin retrace deux siècles d'histoire du vin. Dans la salle de la tour est conservé le **Römerwein★**, bouteille romaine contenant sous forme liquide le plus vieux vin du monde (3e s. apr. J.-C.).

★ **Sea Life**

062 32 69 780 - www.sealifeeurope.com - tlj avr.-oct : 10h-17h (jusqu'à 18h le w.-end et 19h juil.-août) - 12,75 €, enf. 8,50 € (3-14 ans).

Cet aquarium ludique appartenant au groupe Sea Life Europe est avant tout conçu pour un public jeune. Il présente avec pédagogie une grande diversité d'espèces marines dans leurs différents habitats, des mers glaciales aux mers tropicales.

★ **Musée des Techniques** (Technik-Museum)

06 232 67 080 - www.technik-museum.de - lun.-vend. 9h-18h, w.-end 9h-19h - 16 €, 12 € enf. (3-14 ans).

Le musée des Techniques, situé au sud de la cathédrale, présente, dans des hangars et en plein air, un nombre impressionnant d'avions, de locomotives, et surtout de très belles voitures d'époque de tous les grands constructeurs. Outre un département consacré aux maquettes de bateaux, le musée possède également une riche collection d'anciens automates à musique.
Cinéma IMAX★, que l'on trouve ici dans sa version classique ou en forme de dôme, avec un écran de 800 m².

NOS ADRESSES À SPIRE

HÉBERGEMENT

BUDGET MOYEN

Hotel Domhof – *Bauhof 3 - ✆ 06232 132 90 - www.domhof.de* - P - *49 ch. 121 €* ☕. Cette adresse idéalement située au début de l'avenue Maximilianstrasse (piétonne), à deux pas de la cathédrale, offre de nombreux avantages : un hôtel confortable d'un bon rapport qualité-prix et une brasserie-restaurant où vous aurez le choix entre l'agréable terrasse ombragée et l'une des salles aux allures de taverne. Vous pourrez y goûter des spécialités du Palatinat.

Hotel Goldener Engel – *Mühlturmstraße 5 - ✆ 06232 132 60 - www.goldener-engel-speyer.de - fermé 23 déc.-7 janv.* - P - *46 ch. 92/110 €* ☕. Hôtel situé au cœur du centre historique, à 50 m de la tour Altpörtel. Les chambres sont toutes très soignées.

RESTAURATION

BUDGET MOYEN

Ratskeller – *Maximilianstrasse 12 - ✆ 06232 786 12 - www.ratskeller-speyer.de - tlj sf dim. soir et lun. 11h30-14h30, 17h30-0h - fermé 3 sem. en août - 17/30 €.* Sous l'hôtel de ville, dans les caves voûtées du 16e s., différentes salles en brique ou peintes à la chaux vous accueillent dans un cadre raffiné.

Kutscherhaus – *Am Fischmarkt 5a - ✆ 06232 705 92 - www.kutscherhaus-speyer.de - tlj sf merc. 11h30-14h30, 18h-0h - fermé 3 sem. en août - 17/41 €.* Ravissante maison ancienne à la façade verte à colombages. Le *Biergarten* – l'un des plus beaux de la ville – offre un cadre propice à la détente.

EXCURSIONS

Deux compagnies proposent des excursions fluviales dans un bras du Rhin classé réserve naturelle, interdit à la navigation commerciale.

MS Sea Life Speyer – *Hafenstrasse 2 - ✆ 06 232 29 11 50 - www.ms-sealife.de* - Excursions axées sur la découverte de l'écosystème.

Pfälzerland – *Martinskirchweg 2 - ✆ 06 232 7 13 66 - www.personenschifffahrt-streib.de.* Possibilité d'aller à Rüdesheim. Restaurant à bord.

5

Sarrebruck

Saarbrücken

176 750 habitants – Sarre

NOS ADRESSES PAGE 481

S'INFORMER

Office de tourisme – *Rathausplatz 1 - ✆ 0681 93 80 90 - www.saarbruecken.de - lun.-vend. 9h-18h, sam. 10h-16h30.*

Vous pouvez télécharger gratuitement en ligne ou sur place des fichiers d'audioguide de la ville (format MP3).

SE REPÉRER

Carte de région B4 (p. 354-355) – *cartes Michelin nos 718 F 11 et 543 S 4-5.* Sarrebruck est à proximité de la frontière française, à 100 km de Luxembourg et 120 km de Strasbourg.

Très endommagée pendant la Seconde Guerre mondiale, la capitale du Land de Sarre s'est ensuite développée en une métropole régionale sachant tirer profit de sa situation frontalière. De la glorieuse époque du prince Guillaume Henri de Nassau, elle conserve, malgré les vicissitudes du 20e s., un bel ensemble de bâtiments baroques.

Se promener

LE VIEUX SARREBRUCK *(sur la rive gauche de la Sarre)*

Friedrich Joachim Stengel fut un peu le baron Haussmann de Sarrebruck. Cet architecte de la cour transforma le vieux centre en un ensemble baroque harmonieux.

Château (Schloss)

Au château fort succéda au début du 17e s. un château de style Renaissance, démoli en 1738 pour faire place au château baroque conçu par Stengel. Les guerres et les reconstructions marquèrent profondément le château, si bien qu'en 1982 une réorganisation totale de l'édifice fut nécessaire ; elle fut confiée à **Gottfried Böhm**. L'édifice classique à trois ailes fut rénové et le pavillon central radicalement modernisé. Ainsi la salle des fêtes a-t-elle été parée d'un plafond où éclatent les couleurs du ciel : bleu, rose, jaune, sous forme de bandes qui se croisent.

Une construction de verre et d'acier s'appuie sur l'aile droite du château. Il s'agit d'une autre création de Gottfried Böhm, le **musée d'Histoire régionale du Land de Sarre** *(Historisches Museum Saar)*. Son exposition permanente traite de la Première Guerre mondiale et du national-socialisme en Sarre. Elle illustre également le développement de la région pendant l'après-guerre et dans les années 1950, jusqu'à l'intégration de la Sarre à la République fédérale (1957). *✆ 0681 506 45 01 - www.historisches-museum-saar.de - ♿ - tlj sf lun. 10h-18h (jeu. 20h) - 5 €.*

D'UN PONT ROMAIN À DES CHÂTEAUX BAROQUES

Sarrebruck est mentionnée pour la première fois en 999. Son origine remonte cependant à l'époque des Celtes et des Romains. Au cours du 1er s., les Romains érigèrent un *Vicus* (bourgade), qui se trouvait au point d'intersection des routes Metz-Worms et Trèves-Strasbourg ; c'est là, sur la Sarre, qu'ils construisirent un pont en pierre qui servit jusqu'au Moyen Âge. La cité fut le siège des comtes de Sarrebruck et, en 1381, passa à la maison de Nassau par mariage.

Le prince Guillaume Henri de Nassau (1741-1788) fit venir l'architecte **Friedrich Joachim Stengel** à la cour de Sarrebruck en 1738. Une période de construction intensive et fertile commença, qui donna à la ville la physionomie d'une résidence princière. Durant cette période, le château, la *Ludwigskirche*, la *Stiftskirche* dédiée à St-Johann furent construits. Influencé par Palladio, Stengel créa de magnifiques ouvrages de style baroque classique.

Musée de la Préhistoire et de la Protohistoire

(Museum für Vor- und Frühgeschichte)

Premier bâtiment à gauche sur la place du château. ✆ 06 81 95 40 50 - www.vorgeschichte.de - ♿ - tlj sf lun. 10h-18h, merc. 10h-22h - fermé 1er janv., 24 et 25 déc. - gratuit.

Ce musée occupe un édifice néobaroque. À l'intérieur, remarquable rampe d'escalier en fer forgé provenant du palais Bode *(Altneugasse 25)* et réalisée par le forgeron de la cour, Höer. Au rez-de-chaussée, on peut surtout admirer des objets datant de l'époque romaine.

Le **tombeau celtique de la princesse★★** de Reinheim, datant d'environ 400 ans av. J.-C., constitue la pièce maîtresse du musée. Il s'agit de l'une des plus importantes découvertes celtiques en Europe centrale. Les bijoux de la princesse et les objets l'accompagnant, tel un pichet en bronze doré, sont parfaitement conservés.

Ancien hôtel de ville (Altes Rathaus)

À l'extrémité ouest de la place du château. Cet autre édifice (1748-1750) de Stengel, doté d'un clocher à bulbe pourvu d'une horloge (1748-1750), fait apparaître au sommet les armoiries de la ville. Le **musée** *(Abenteuer-Museum)*, aménagé à l'étage supérieur, contribue à la compréhension des peuples étrangers et des pays lointains. Le palais du prince héritier Louis de Nassau, construit par Stengel entre 1760 et 1766, se trouve sur le côté sud de la place. Il est aujourd'hui occupé par des services administratifs.

★★ Place Louis (Ludwigsplatz) et église St-Louis (Ludwigskirche)

C'est ici que Stengel, entre 1762 et 1775, réalisa son chef-d'œuvre ; il s'agit d'un des ensembles baroques les plus beaux et les plus homogènes d'Allemagne.

Ludwigsplatz – Elle est bordée au nord, au sud et à l'ouest par huit palais de taille différente. Généralement composés de trois étages et d'un toit mansardé, ces palais caractérisent de façon magistrale le passage du baroque au classicisme. Leur couleur (blanc et gris argenté) met en relief la belle église St-Louis, en grès jaune rougeâtre, située au centre de la place. Le siège officiel du ministre-président se trouve également sur la Ludwigsplatz.

Ludwigskirche – *✆ 0681 52 524 - www.ludwigskirche.de - tlj sf lun. 10h-17h - 1,50 €.* Une reconstruction réussie a fait renaître la magnificence de cette église protestante baroque unique, édifiée par Stengel sur un plan en croix grecque dominée par une tour à couronnement octogonal. Les fenêtres sont surmontées d'élégants oculi. Le raffinement contenu de l'**intérieur** contraste avec l'extérieur, riche en sculptures.

À voir aussi

★ **Marché St-Jean** (St-Johanner Markt)
La vieille ville autour du marché St-Jean représente le cœur de Sarrebruck. La belle fontaine du marché construite en 1759-1760, avec son obélisque et sa grille en fer forgé, en forme le point central. La vie bat son plein dans les petites rues.

★ **Basilique St-Jean** (Basilika St-Johann)
℘ 0681 32 964 - www.basilika-saarbruecken.de - lun., merc. 8h30-112h, 14h-17h ; mar., jeu., dim. 14h-17h ; vend. 8h30-12h - gratuit.
Construite entre 1754 et 1758 par Stengel, et dédiée à saint Jean-Baptiste et à Saint Louis, cette église est un autre bijou du baroque. Les quatre **confessionnaux** reposant sur des motifs originaux de Stengel et annonçant déjà le style Louis XVI sont remarquables.

Musée de la Sarre – Collection ancienne
(Saarland Museum – Alte Sammlung)
Karlstraße 1 (en face de la Galerie moderne). Les collections d'art ancien regroupent des œuvres d'Allemagne du Sud et de Lorraine du Moyen Âge aux Temps modernes (peinture, artisanat d'art, dont une remarquable armoire Renaissance provenant de l'abbaye de Limburg). Vaste collection de céramiques.

Musée de la Sarre – Galerie moderne
(Saarland Museum – Moderne Galerie)
Bismarckstraße, sur la rive de la Sarre. ℘ 0681 99 640 - www.saarlandmuseum.de - tlj sf lun. 10h-18h (merc. 22h) - 1,50 €.
Cette galerie rassemble une collection d'art du 20e s. (peintures, sculptures, dessins), dont les points forts sont des œuvres de l'impressionnisme et de l'**expressionnisme★** allemands utilisant les couleurs pures et les contrastes violents et prônant l'art abstrait. On y trouve également des chefs-d'œuvre d'artistes de renommée internationale tels que Picasso, Léger, Tàpies, Beuys et Polke.

★ **Église collégiale St-Arnual** (Stiftskirche St-Arnual)
Dans le quartier St-Arnual, par la Talstraße et la Saargemünder Straße.
Cet édifice gothique fut érigé entre la fin du 13e et celle du 14e s. et fut coiffé d'une coupole baroque conçue par Stengel en 1746. L'église a été baptisée d'après l'évêque Arnuald de Metz qui vécut au 7e s. Construite sur le plan basilical à trois nefs et transept, avec tour accolée au flanc ouest, elle figure parmi les édifices sacrés les plus remarquables du sud-ouest de l'Allemagne. Sépulcre des comtes de la lignée Nassau-Sarrebruck depuis le 15e s., la collégiale renferme près de cinquante magnifiques **tombeaux★★** du 13e au 18e s. rehaussés de couleurs, dont la quantité et la qualité restent sans égales. Dans le chœur se dresse la sépulture d'**Élisabeth de Lorraine** (décédée en 1446), célèbre traductrice et prosatrice du Moyen Âge. Adossé au mur nord du chœur, le tombeau Renaissance plus grand que nature du comte **Philippe de Nassau-Sarrebruck** (mort en 1621), avec sa mère Anne-Marie de Hesse

et ses sœurs Dorothée et Louise Juliane. Dans la travée nord, on admirera la splendide sépulture du **comte Jean III** (mort en 1472) en armure d'apparat et de ses deux épouses Jeanne de Heinsberg et Élisabeth de Wurtemberg. Les **fonts baptismaux★** octogonaux (15e s.) en grès rouge représentent l'*Ecce homo* encadré de l'Ange et des instruments de supplice.

À proximité Carte de région A4

★ Ancienne usine sidérurgique de Völklingen

(Weltkulturerbe Völklinger Hütte)

10 km à l'ouest de Sarrebruck. Völklinger/Saar - ✆ 06 898 91 00 100 - www.voelklinger-huette.org - ♿ - avr.-oct. : 10h-19h ; reste de l'année : 10h-18h - fermé 24-25 et 31 déc. - 12 €.

Établie en 1873 et reprise en 1881 par la famille Röchling, cette usine sidérurgique est devenue un grand centre industriel, assurant toutes les étapes de la production de fonte et d'acier. La ville de Völklingen a été animée pendant un siècle par la vie de cette usine, qui employait plus de 16 000 personnes. L'ensemble, unique en Europe, doté de six hauts-fourneaux et de récupérateurs de chaleur, a été inscrit en 1994 au Patrimoine mondial de l'Unesco. C'est le premier monument industriel à figurer sur cette liste. On découvre les différentes étapes de la production de fonte brute. Point d'orgue de la visite, l'immense **atelier des soufflantes à gaz★**, véritable cathédrale illustrant avec ses lourdes machines la vie industrielle au début du 20e s.

NOS ADRESSES À SARREBRUCK

HÉBERGEMENT

PREMIER PRIX

Hotel Schlosskrug – *Schmollerstraße 14 - ✆ 0681 367 35 - www.hotel-schlosskrug.de - fermé de Noël à déb. janv. - P - 20 ch. - 55/59 € - ☕ 5 € - rest. (11h-1h, fermé le dim.) 15 €.* Hôtel à l'ambiance pension de famille. Chambres fonctionnelles, certaines avec leur propre salle de bains.

BUDGET MOYEN

Bayrischer Hof – *St. Ingberter Straße 46 - ✆ 0681 958 28 40 - www.bayrischerhof-sb.de - P - 23 ch. - 89/105 € ☕.* Petit hôtel situé dans l'un des meilleurs quartiers résidentiels. Jolies chambres.

RESTAURATION

POUR SE FAIRE PLAISIR

Le Bouchon – *Am Staden 18 - ✆ 0681 685 20 60 - www.lebouchon.de - 26/46 €.* Cette villa ancienne accueille un restaurant agréable, aménagé comme un bouchon lyonnais. Le chef français propose une cuisine traditionnelle et des plats régionaux.

Quack – *Gersweiler Str. 43a - ✆ 0681 521 53 - www.restaurant-quack.de - fermé sam. midi et dim. - 29/50 €.* Une savoureuse cuisine internationale aux influences régionales est servie dans ce restaurant situé au premier étage de cette villa. Brasserie au rez-de-chaussée. Garderie le week-end.

Le nord-ouest 6

Carte Michelin Régional 541 et 543 – Schleswig-Holstein, Basse-Saxe, Brême et Rhénanie du Nord-Westphalie

Chaise en osier sur la plage à Kampen.

fotosol/age fotostock

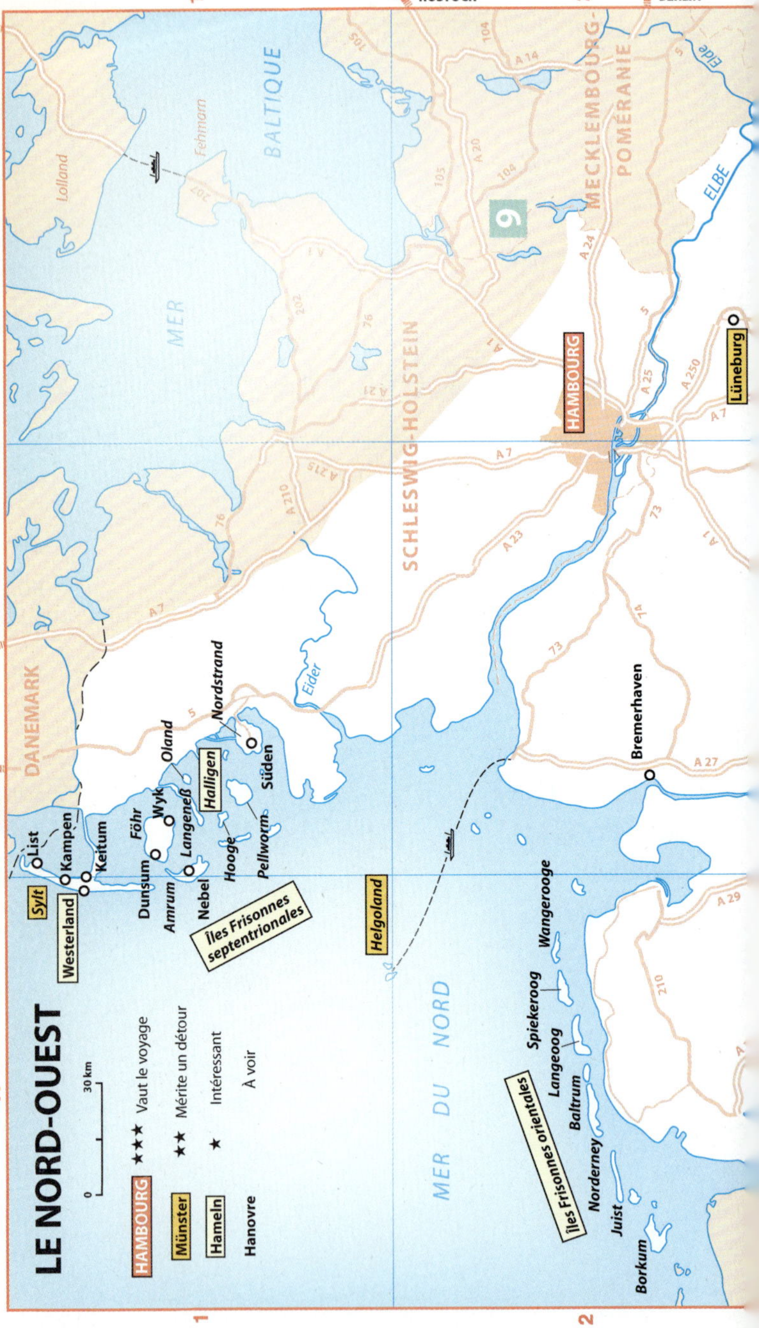
LE NORD-OUEST
0
30 km
HAMBOURG ★★★ Vaut le voyage
Münster ★★ Mérite un détour
Hameln ★ Intéressant
Hanovre À voir
A
B
C
1
2
COPENHAGUE
ÅRHUS
ESBJERG
ROSTOCK
BERLIN
DANEMARK
Lolland
Fehmarn
MER BALTIQUE
SCHLESWIG-HOLSTEIN
MECKLEMBOURG-POMÉRANIE
9
HAMBOURG
Lüneburg
ELBE
Elde
Eider
Sylt
List
Kampen
Keitum
Westerland
Föhr
Wyk
Dunsum
Amrum
Nebel
Oland
Langeneß
Halligen
Nordstrand
Hooge
Pellworm
Süden
Îles Frisonnes septentrionales
Helgoland
Bremerhaven
MER DU NORD
Wangerooge
Spiekeroog
Langeoog
Baltrum
Norderney
Juist
Borkum
Îles Frisonnes orientales
A 7
A 1
A 20
A 14
A 24
A 21
A 23
A 25
A 27
A 29
A 210
A 215
A 250

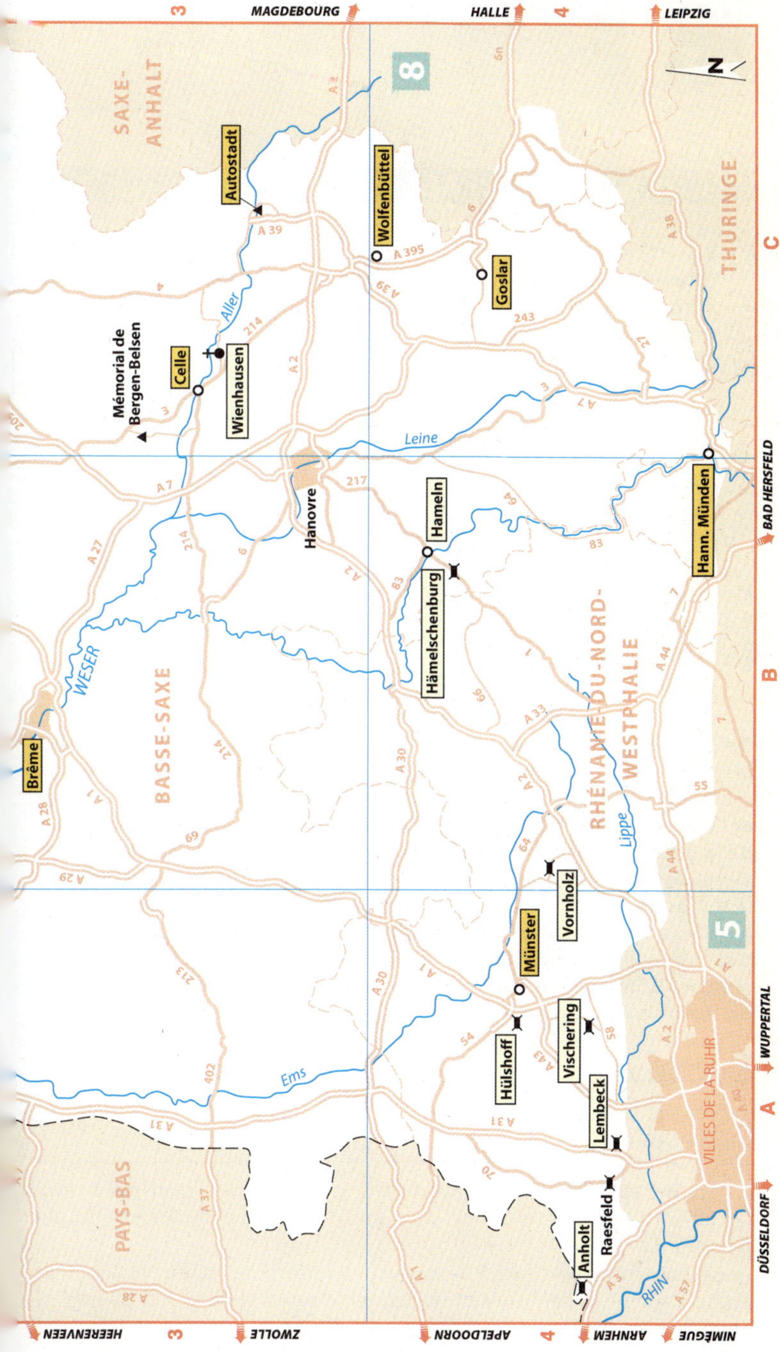
MAGDEBOURG
HALLE
LEIPZIG
SAXE-ANHALT
Autostadt
Wolfenbüttel
Goslar
THURINGE
Mémorial de Bergen-Belsen
Celle
Wienhausen
Aller
Leine
Hanovre
Hameln
Hämelschenburg
Hann. Münden
BAD HERSFELD
Brême
WESER
BASSE-SAXE
RHÉNANIE-DU-NORD-WESTPHALIE
Lippe
Münster
Vornholz
Hülshoff
Vischering
Lembeck
Raesfeld
Anholt
Ems
VILLES DE LA RUHR
RHIN
PAYS-BAS
WUPPERTAL
DÜSSELDORF
NIMÈGUE
ARNHEM
APELDOORN
ZWOLLE
HEERENVEEN
A
B
C
3
4
5
8

Hambourg

★★★

1 772 100 habitants – Hambourg

NOS ADRESSES PAGE 496

S'INFORMER

Office de tourisme – Gare centrale - *Hauptbahnhof, sortie principale côté Kirchenallee - ✆ 040 300 51 300 - www.hamburg-tourism.de - tlj 9h-19h ; dim. et j. fériés : 10h-18h.*

SE REPÉRER

Carte de région BC2 (p. 484-485) – *cartes Michelin nos 718 I 4 et 541 F 13-14.* Hambourg est à 293 km au nord-ouest de Berlin par l'A 24, à 125 km au nord de Brême (A 1) et à 160 km au nord de Hanovre (A 7).

À NE PAS MANQUER

La découverte du port jusqu'aux entrepôts de Speicherstadt, les nuits animées de St-Paul, une promenade autour des lacs Binnenalster et Aussenalster.

ORGANISER SON TEMPS

Comptez 2 jours pour visiter Hambourg.

AVEC LES ENFANTS

La visite d'une partie de la ville en bateau et le Miniatur Wunderland.

Deuxième ville d'Allemagne après Berlin, capitale de l'édition et des médias, la ville « libre et hanséatique » de Hambourg jouit d'un statut de « ville-État » (Stadtstaat) qui lui confère une indépendance économique et culturelle dont elle s'enorgueillit. Ravagée par les bombardements de la Seconde Guerre mondiale, reconstruite en béton, Hambourg est devenue l'un des plus grands ports du monde. Pour celui qui prendra le temps de découvrir ses multiples espaces verts, ses canaux, le joli lac d'Alster en plein centre-ville, ses prestigieux musées et sa vie nocturne, c'est une ville extraordinairement vivante et pleine de charme qui se révélera. L'impressionnant chantier de réhabilitation de Hafen City est un témoignage supplémentaire de ce dynamisme.

Découvrir

★★ LE PORT (HAFEN)

Port St-Pauli – *Sur le port, embarcadère St-Pauli, entre les quais 4 et 5 - avr.-oct. : tlj 8h-18h (jusqu'à 19h mar., jeu.-sam.) ; nov.-mars : 10h-18h (jusqu'à 19h mar., jeu.-sam.).*

La découverte du port constitue un temps fort de toute visite de la ville. Pour un bon point de vue d'ensemble, gagner le sommet de la tour de l'église St-Michel ; le **Stintfang** (terrasse au pied de l'auberge de jeunesse, U/S-Bahn St-Pauli Landungsbrücken) offre également une **vue**★ de choix.

Le port de Hambourg.
D.R.

Visite du port en bateau

Voir Nos Adresses à Hambourg.

Le visiteur sera frappé par l'importance des chantiers de construction navale et surtout par l'animation extraordinaire de l'Elbe sur laquelle évoluent tous les exemplaires de la construction maritime. Des barcasses automotrices faisant la navette entre les deux rives débarquent, à l'heure de sortie des bureaux, le personnel des entreprises de la rive gauche. Le dimanche matin et les jours fériés, avant 9h30, le marché au poisson, dit St-Pauli-Fischmarkt, est très animé.

Quartier St-Paul (Sankt-Pauli) D3

Au nord du port et à l'ouest de la ville nouvelle.

St-Paul connut son âge d'or dans les années 1960, lorsque les Beatles jouaient au Star Club de la **Große Freiheit**. Prostitution et trafic de drogue ont sensiblement terni son image par la suite. Pourtant ce quartier, où s'est établi le poste de police le plus important de la ville (**Davidwache**), connaît depuis quelques années une véritable renaissance, même si l'industrie du sexe y est toujours fortement implantée, trouvant son point d'orgue dans la Herbertstraße, une petite rue fermée par des barrières et dont l'accès, à la demande des prostituées, est interdit aux mineurs et aux femmes. Mais St-Paul regorge aussi aujourd'hui de bars, cafés et restaurants dont beaucoup se révèlent être des lieux authentiquement chaleureux, points de rencontre des noctambules de la ville et d'ailleurs. St-Paul s'organise autour de la **Reeperbahn**, son artère principale, qui court parallèlement au port.

Quartier Schanze (Schanzenviertel) D1

Au nord du quartier St-Paul.

Plus chic, avec ses jolies façades et ses petits jardins, Schanze concentre boutiques de mode, bars et charmants cafés aux terrasses généreuses à la belle saison. Paradis des bobos, ce quartier paisible était dans les années 1990 un bastion de la contre-culture, comme en témoigne toujours la présence du célèbre squat Rote Flora *(Schulterblatt)*.

LE NORD-OUEST

SE LOGER

Aussen Alster Hotel	1	Michaelis Hof	23
EAST	7	Pension Am Rathaus	25
Fritz Hotel	5	SIDE	27
Hotel Hafen Hamburg	11	St-Annen Hotel	16
Hotel Schwanenwik	13	Superbude St-Pauli	29
Imperial Hotel	17		

SE RESTAURER

- Atlas 1
- Bok Restaurant 5
- Cuneo 6
- Das Feuerschiff 9
- Fischerhaus 13
- Gröninger Haus 7
- Le Canard Nouveau 10
- Oberhafen-Kantine 25
- Old Commercial Room 16
- Restaurant Eisenstein 30
- Rialto 22
- VLET 28

LE MARCHÉ AU POISSON
Le marché au poisson de Hambourg, dont les origines remontent au début du 18e s., est une véritable institution. Il se tient tous les dimanches matins et jours fériés, au sud du quartier St-Paul, le long de l'Elbe, de 5h30 à 9h30 (en hiver, à partir de 7h). La gouaille des vendeurs, la foule des gens de tous âges, acheteurs ou fêtards qui viennent terminer la nuit, et les animations musicales de la superbe *Fischauktionshalle,* tout en verre et fer forgé, en font un événement vivant du folklore hambourgeois.

Se promener

LE CENTRE

Itinéraire tracé en vert sur le plan p. 488-489. Partir de l'embarcadère de Jungfernstieg sur le Binnenalster. Comptez la journée si vous voulez faire une promenade en bateau et visiter quelques musées.
Cette promenade fait découvrir les différentes facettes de Hambourg, du lac d'Alster à la vieille ville en passant par le quartier d'entrepôts et de musées de la Speicherstadt.

★★★ Binnenalster et Aussenalster GH1-2

040 35 74 240 - www.alstertouristik.de - dép. de l'embarcadère de Jungfernstieg, de déb. avr. à déb. oct. : 10h-18h, ttes les demi-heures ; oct. : 10h, 11h-16h ttes les demi-heures, 17h ; nov.-mars : « Winterliche Alster-Rundfahrt » à 10h30, 12h, 13h30 et 15h (nov.-déc., aussi 16h, 16h30, 17h30, 18h) - 13,50 €. Alster-Kreuz-Fahrt (9 embarcadères/débarcadères au choix) - de déb. avr. à déb. oct. : 10h15-17h15, ttes les heures - 1,70 € par embarcadère, 12 € AR.
Le lac d'Alster, au nord de la vieille ville, est un splendide plan d'eau. Il comprend deux bassins, le Binnenalster et l'Aussenalster, ce dernier, plus vaste, permettant de s'adonner à la pratique de la voile et du canotage en pleine ville. La flottille de vedettes de l'Alsterschiffahrt en dessert régulièrement les pontons : le **circuit en bateau** donne le recul suffisant pour embrasser d'un coup d'œil l'imposant tableau formé par les cinq tours, dépassant toutes 100 m de hauteur, des églises principales et le campanile de l'hôtel de ville. Il est également possible de naviguer sur les canaux de l'Alster (villas et parcs remarquablement entretenus alternent avec des rives restées sauvages) ainsi que sur les canaux de la vieille ville et du port (deux écluses permettent de gagner la zone portuaire depuis le Binnenalster).

★ Jungfernstieg G2

Au fond du bassin du Binnenalster, cette chaussée célèbre constitue l'artère cosmopolite de la ville, animée par les terrasses de l'Alsterpavillon (café-restaurant), le trafic des bateaux effectuant le service de l'Alster, et les nombreux promeneurs qui s'adonnent au lèche-vitrine des boutiques de luxe du quartier.
Quitter le Jungfernstieg et longer l'Alsterfleet jusqu'à la place de l'Hôtel de ville.

Place de l'Hôtel de ville (Rathausmarkt) G2-3

La place a été redessinée après l'incendie catastrophique qui ravagea la ville en 1842. Elle est dominée par le campanile de l'hôtel de ville, construit en 1897 dans le style néo-Renaissance sur 4 000 pilotis. *Visite guidée de l'hôtel de ville en anglais et en français - 040 42 831 20 64 - ♿ - dép. ttes les heures - lun.-vend. 10h-15h, sam. 10h-17h, dim. 10h-16h - 3 €.*

Le pont (Schleusenbrücke), faisant corps avec l'écluse qui maintient le niveau des plans d'eau de l'Alster, franchit l'Alsterfleet, vestige du système de canaux caractéristique du vieux Hambourg. À la tête du pont se dresse la haute stèle du monument aux morts de la Première Guerre mondiale (sculpture de Barlach). En face, les arcades de l'Alster *(Alsterarkaden)* abritent des boutiques de luxe. *S'engager dans la Mönckebergstraße.*

Église St-Pierre (St-Petrikirche) G3
Sur la Mönckebergstraße. Édifiée au 12e s., elle a été reconstruite après le grand incendie de 1842, en style néogothique.

Église St-Jacques (St-Jakobikirche) G3
Parmi les nombreux trésors de l'église St-Jacques, église-halle gothique (14e-15e s.) : le retable de saint Luc et de la corporation des pêcheurs, le triptyque de la guilde des tonneliers sur le maître-autel, la chaire de marbre et d'albâtre de Georg Baumann (1610), et surtout le célèbre orgue d'Arp Schnitger (1693). *Traverser la Steinstraße en direction du sud et gagner la Burchardplatz.*

Les comptoirs GH3
Ils se dressent dans le quartier des affaires et de la presse, autour de la Burchardplatz, avec leur masse colossale de brique sombre.
Maison du Chili (Chilehaus) – *Entre la Burgstraße et Meßberg.* Ce bâtiment aux allures de paquebot fut construit en 1924 par l'architecte expressionniste Fritz Höger. Il était destiné à un riche marchand hambourgeois dont la fortune provenait notamment des relations commerciales qu'il avait nouées avec le Chili. Le **Sprinkenhof** (1930) forme à lui seul une ville de bureaux.
Poursuivre en direction du sud et traverser le canal Auf dem Sande.

★★ **Speicherstadt** G3
www.speicherstadt-erleben.de - visite guidée dim. à 14h et merc. à 15h (sf déc.-janv.), départ à la station Baumwall, sortie Speicherstadt - rens. auprès de l'OT.
Après que Hambourg, rattachée au Reich en 1871, eut rejoint la Fédération des douanes allemandes, la constitution d'une zone franche fut nécessaire. C'est tout un quartier qui fut détruit, le long du Zollkanal et de ses canaux afférents, pour y édifier, à partir de 1885, les entrepôts de la Speicherstadt. L'ensemble abrite aujourd'hui encore sur 373 000 m² (il s'agit du plus vaste complexe d'entrepôts d'un seul tenant au monde) de précieuses marchandises telles que le tabac, le café, les épices, la soie brute et les tapis d'Orient.

UNE PLAQUE TOURNANTE
Modeste agglomération établie sur les rives de l'Alster, petit affluent de l'Elbe, Hambourg connaît une première époque de prospérité en entrant au 13e s. dans la ligue de la Hanse, patronnée par Lübeck. Le port devient une étape incontournable du trafic entre la mer Baltique et la mer du Nord. Les bouleversements provoqués par les grandes découvertes des voies maritimes portent un coup fatal au commerce hanséatique. Hambourg s'oriente alors vers les fonctions intermédiaires d'entrepôt et de distribution. En 1558 s'y crée la première Bourse allemande. Ville d'affaires, Hambourg cultive une politique de stricte neutralité qui lui vaut d'être épargnée par la guerre de Trente Ans. En 1842, un terrible incendie ravage la cité. L'indépendance américaine et l'affranchissement de l'Amérique latine favorisent son essor au 19e s. Aujourd'hui, Hambourg est le deuxième plus grand port de containers d'Europe (derrière Rotterdam).

La Speicherstadt, avec ses rangées de bâtiments en brique à pignons surmontés de toits en cuivre vert, constitue un quartier original et d'une unité architecturale unique. Bon nombre de ces bâtiments ont été réhabilités ces dernières années et reconvertis en musées.

Musée de la Speicherstadt (Speicherstadt Museum) G3

Am Sandtorkai 36 - ✆ 040 32 11 91 - www.speicherstadtmuseum.de - avr.-oct. : tlj 10h-17h (18h w.-end et j. fériés) ; nov.-mars : tlj sf lun. 10h-17h - 3,50 €.

Dans un ancien entrepôt de brique rouge, ce musée retrace l'histoire du quartier et de ses métiers depuis plus d'un siècle. Instruments de mesure et outils de stockage, sacs de café et autres marchandises, photos et plans illustrent les étapes de son développement.

★ **Dialogue dans le noir** (Dialog im Dunkeln) G3

Alter Wandrahm 4 - ✆ 040 309 63 40 - www.dialog-im-dunkeln.de - ♿ - mar.-vend. 9h-17h, sam. 10h-20h, dim. et j. fériés 11h-19h - 15 € - réserv. indispensable - visite en anglais ou en français sur demande.

Rien à voir dans ce musée, mais beaucoup à explorer : des guides aveugles conduisent de petits groupes à la découverte d'un environnement ordinaire, plongé dans l'obscurité la plus totale. On est ainsi amené à expérimenter leur ressenti dans la vie de tous les jours. Odeurs, bruits, courants d'air et textures deviennent les seuls repères ! Il est également possible de dîner dans le noir, mais il faut réserver longtemps à l'avance.

Vous pouvez continuer dans la Speicherstadt, le long du Zollkanal, où se trouvent les deux musées ci-dessous ou bien traverser le deuxième pont sur votre droite qui mène à la vieille ville.

Donjon de Hambourg (Hamburg Dungeon) F3

Kehrwieder 2 - ✆ 040 36 00 55 20 - www.hamburgdungeon.com - ♿ - tlj 10h-18h - fermé 24 déc. - 23 €, déconseillé aux -10 ans. Réserv. recommandée.

Comptez près d'une heure trente pour découvrir les différents thèmes d'horreur de ce train fantôme à sensations, liés à l'histoire de Hambourg : le grand incendie de 1842, la tempête de 1717, le donjon en 1350 et l'histoire du pirate Störtebeker au 14e s.

★ **Miniatur Wunderland** F3

Kehrwieder 2-4 - ✆ 040 300 6 800 - www.miniatur-wunderland.de - ♿ - tlj 9h30-18h (mar. 21h, vend. 19h), sam. 8h-21h, dim. et j. fériés 8h30-20h - fermé 24 déc. - 12 €. Réservation recommandée pour éviter les files d'attente.

Il s'agit du plus grand univers de trains en modèle réduit au monde, sur plus de 4 000 m², avec 700 trains qui parcourent des décors inspirés de la Scandinavie aux États-Unis en passant par la mer du Nord. Au cours de la visite, vous pourrez voir la salle de contrôle des aiguillages d'où le personnel met en mouvement ce ballet de miniatures. L'ensemble ne cesse de s'agrandir de nouveaux décors.

Vieille ville (Altstadt) FG3

La vieille ville s'étend entre le Nikolaifleet, le Binnenhafen (bassin réservé à la navigation fluviale et aux remorqueurs) et le Zollkanal.

Église Ste-Catherine (St-Katharinenkirche, G3) – Cette église gothique en brique (14e-15e s.) domine le quartier du vieux port de sa tour baroque à bulbe et ajourée.

Cremon (F3) – Aux nos 33-36, anciennes maisons d'habitation et entrepôts offrant deux façades, l'une côté rue, l'autre côté canal.

Le pont « **Hohe Brücke** » (F3), bordant le Binnenhafen et jeté sur le Nikolaifleet, offre également une belle vue. Remarquer les traces des inondations de 1962 et de 1976.

Deichstraße (*à droite du pont,* F3) – C'est dans cette rue que se déclara le grand incendie de 1842. D'anciennes maisons de marchands des 17e et 18e s. abritent aujourd'hui des tavernes. Accompagnant la courbe du canal Nikolaifleet, de l'autre côté, les entrepôts aux façades restaurées offrent une image du vieux Hambourg.

Continuer tout droit après le pont, tourner à droite dans l'Admiralitätstraße, puis à gauche.

★ Église St-Michel (St-Michaelis-Kirche) E3

Englische Planke 1 - ✆ 040 376 780 - www.st-michaelis.de - mai-oct. : 9h-20h ; nov.-avr. : 10h-18h - tour 4 €, ticket combiné avec crypte 6 €.

Construite en brique en 1762 par l'architecte Sonnin, l'un des meilleurs représentants de la tradition baroque en Allemagne du Nord, l'église St-Michel surprend par l'ampleur de ses proportions et sa luminosité. La **célèbre tour** (*Turm der Michel*, 1786), qui, sous le nom de « Michel », est le symbole populaire de Hambourg, dresse au-dessus de l'Elbe son lanternon en forme de rotonde. De la **plate-forme** *(52 marches puis ascenseur ou 452 marches)*, le **panorama★** se déploie sur le centre de la ville, mais surtout sur l'Elbe, zébrée en tous sens par le sillage des embarcations, sur les bassins, les entrepôts et les chantiers du port.

Au chevet de l'église, franchir le porche du n° 10, rue **Krayenkamp**. Cette impasse est bordée de surprenantes **maisonnettes de bois et de brique**, construites en 1670 dans un but social. Des galeries d'art les occupent aujourd'hui.

HAFEN CITY Hors Plan, par F3

Hafen City Info Center – *Dans la Kesselhaus. Am Sandtorkai 30 (Speicherstadt) - ✆ 040 36 90 17 99 - www.hafencity.com - tlj sf lun. 10h-20h (18h oct.-avr.).*

En prolongement de la Speicherstadt vers le sud, ce nouveau quartier constitue le plus grand projet d'aménagement urbain en Europe. Il se veut un modèle de développement durable pour les métropoles situées au bord de l'eau. D'ici à 2025, 155 ha viendront agrandir petit à petit le centre-ville de Hambourg, mêlant logements, bureaux, espaces culturels et de loisirs, établissements associatifs et éducatifs, commerces et restaurants. La partie ouest (Am Sandtorkai/Dalmannkai) est d'ores et déjà habitée par quelques milliers de personnes, et les agréables espaces de promenade sont fréquentés par les promeneurs. L'ensemble mérite le coup d'œil, après un passage au Hafen City Info Center, où vous pourrez entre autres voir une grande maquette du projet. Par beau temps, les terrasses de Magellan offrent un cadre très agréable pour un pique-nique au bord de l'eau.

6

Pavillon Elbphilharmonie

Au niveau des Terrasses de Magellan (entre Am Sandtorkai et Am Kaiserkai). Großer Grasbrook - ✆ 040 357 666 80 - www.elbphilharmonie.de - avr.-oct : tlj sf lun. 10h-17h ; nov.-mars : jeu.-dim. 10h-17h - fermé les 24-26 et 31 déc. - gratuit.

Visite du chantier (90mn) ts les dim. 10h-16h45 (départ ttes les 45mn) - réserv. conseillée sur Internet ou au ✆ 040 357 666 66 - réservé aux personnes en bonne condition physique (12 étages à monter à pied) - 5 €.

Telle une figure de proue dressée à la pointe ouest du quartier, l'**Elbphilharmonie** devrait ouvrir ses portes d'ici fin 2014. Cette impressionnante salle de concert transparente, conçue par le cabinet d'architectes suisse Herzog & de Meuron, ne manquera pas de devenir un des emblèmes de Hambourg. Le **Pavillon** présente les détails de ce projet pharaonique dont les travaux se prolongent à l'infini. À l'étage de ce petit cube noir, on peut entrer dans une maquette de la salle de concert principale.

Musée maritime international (Internationales Maritimes Museum)
Koreastraße 1 - ✆ 040 300 92 300 - www.internationales-maritimes-museum.de - ♿ - tlj sf lun. 10h-18h (jeu. 20h) - 12 €.
Installé dans le plus ancien entrepôt de Hambourg (1879), classé monument historique, ce musée est l'un des derniers-nés du quartier à la limite de la Speicherstadt et de Hafen City. Ses dix « ponts » explorent la relation étroite entre l'homme et la mer à travers les âges et les civilisations. Documents audiovisuels interactifs, tableaux, maquettes et schémas explicatifs donnent vie à cette épopée captivante. Remarquer la maquette en Lego de près de 7 m de long du *Queen Mary 2*, la reconstitution d'une cabine de passager du paquebot *France*, le modèle grandeur nature d'une embarcation du lac Titicaca, la coupe du « Nautilus » et la maquette du port de commerce de Bremerhaven.

À voir aussi

Vous trouverez ci-dessous les principaux musées de la ville (hormis ceux de la promenade, cités ci-dessus).
Bon à savoir – *Le pass Kunstmeile Hamburg (29 €) donne accès au musée des Beaux-Arts ainsi qu'à quatre autres lieux d'exposition partenaires situés à proximité : le musée des Arts et Métiers, les Deichtorhallen, le Bucerius Kunst Forum et le Kunstverein Hamburg. Plus d'infos sur www.kuntsmeile-hamburg.de*

★★ **Musée des Beaux-Arts** (Hamburger Kunsthalle) H2
Près du Binnenalster. Glockengießerwall - ✆ 040 428 131 200 - www.hamburger-kunsthalle.de - ♿ - tlj sf lun. 10h-18h (jeu. 21h) - fermé 24 déc. - 12 €.
Le musée des Beaux-Arts, l'un des plus grands d'Allemagne, présente en premier lieu ses collections du Moyen Âge. Créé pour l'église St-Pierre de Hambourg, le **retable de maître Bertram** (1379) est l'une des œuvres les plus vastes et les plus touchantes de la peinture primitive en Allemagne du Nord. L'un des principaux attraits du musée est la peinture allemande du 19e s. On trouve au centre des œuvres du peintre romantique **Caspar David Friedrich** (dont le fameux *Promeneur au-dessus de la mer de nuages*) et de Philipp Otto Runge. Une salle entière est consacrée à Menzel. Parmi les maîtres de l'école réaliste, on admirera le célèbre tableau *Trois femmes à l'église* de Wilhelm Leibl, ainsi que des toiles de Max Liebermann, Lovis Corinth et Munch. Pour l'époque moderne, ce sont les œuvres de Max Beckmann et d'Oskar Kokoschka ainsi que des artistes du **Brücke** et du **Blauer Reiter** (Kirchner, Nolde, Marc) qui dominent. C'est dans ce cadre que le fascinant *Poisson d'or* de Paul Klee est exposé.
En 1997, on a annexé au musée un nouveau bâtiment, élevé sur les plans de l'architecte Oswald Mathias Ungers. Les œuvres exposées dans cette **Galerie contemporaine** (Galerie der Gegenwart) sont bien mises en valeur, de nombreux artistes ayant participé à leur installation (Richard Serra, Claes Oldenburg, Hanne Darboven, Jenny Holzer). À côté des artistes internationaux (Bruce Naumann, Andy Warhol, Donald Judd, Richard Long), l'art contemporain allemand est bien représenté (Sigmar Polke, Georg Baselitz, Markus Lüpertz, Mario Merz, Gerhard Richter, Rosemarie Trockel). La pièce centrale, entièrement consacrée à Joseph Beuys, souligne le rôle majeur joué par cet artiste.

★ **Musée des Arts et Métiers** (Museum für Kunst und Gewerbe) H2
À l'est de la ville. Steintorplatz 1, en face de la gare centrale. ✆ 040 428 134 880 - www.mkg-hamburg.de - tlj sf lun. 10h-18h (jeu. 21h) - fermé 1er janv., 1er Mai, 24 et 31 déc. - 8 €.
Dans un palais de style néo-Renaissance du 19e s., ce vaste musée abrite de précieuses collections de sculptures, faïences, meubles, bijoux, instruments de musique… Le parcours s'étend de l'Antiquité à nos jours et comprend notamment une maison de thé japonaise ainsi que d'époustouflants salons illustrant différents styles d'ameublement, telles les salles parisienne (Art nouveau), hambourgeoise (classicisme) et Louis XVI, superbement rénovées en 2011. Une partie du musée est consacrée à des expositions temporaires illustrant les tendances du design au 20e s.

★ **Musée historique** (Museum für Hamburgische Geschichte) E2
À l'ouest de la ville. Holstenwall 24 - ✆ 040 42 81 32 23 80 - www.hamburgmuseum.de - ♿ - mar.-sam. 10h-17h, dim. et j. fériés 10h-18h - fermé 1er janv., 1er Mai, 24 et 31 déc. - 8 €.
Outre les maquettes du vieux Hambourg, on peut admirer le département consacré au port et à la navigation (plus de cent maquettes de bateaux, dont l'impressionnant *Wappen von Hamburg* datant de 1722), et le grand modèle réduit de chemin de fer. Le musée rassemble également y voir des vêtements et accessoires de mode datant de plusieurs siècles, ainsi que des habitations historiques richement meublées.

Deichtorhallen H3
Deichtorstraße 1-2 - ✆ 040 321 030 - www.deichtorhallen.de - tlj sf lun. 11h-18h (premier jeu. du mois 11h-21h) - 9 €.
Ces deux superbes halles en brique aux silhouettes aériennes contruites au début du 20e s. abritaitent autrefois un marché de gros. Transformées en musées en 1989, elles accueillent désormais la Halle d'art contemporain (Halle für aktuelle Kunst) et la Maison de la photographie (Haus der Fotografie). Avec leur programme d'expositions ciblées et internationales, les Deichtorhallen sont une étape incontournabe pour les amateurs d'art contemporain et de photo.

★★ **Parc zoologique Hagenbeck**
(Tierpark Hagenbeck) Hors plan, par F1
Lokstedter Grenzstraße 2. Au nord de la ville, sortir par la Grindelallee. ✆ 040 53 00 330 - www.hagenbeck.de - ♿ - tlj juil.-août : 9h-19h ; mars-juin et sept.-oct. : 9h-18h ; nov.-mars : 9h-16h30 - possibilité de visite guidée (1h30) - 20 €.
Ce parc exceptionnel a été aménagé en 1907 ; ses vieux arbres, ses lacs et ses rochers artificiels invitent à de paisibles balades et permettent d'appréhender la nature d'une manière unique. Environ 2 500 animaux (350 espèces) originaires des cinq continents vivent ici à l'air libre. Au fil des ans, de nombreuses espèces rares ont été élevées avec succès. Les éléphants asiatiques constituent la grande fierté de ce parc animalier.

6

Musée sous-marin (U-Bootmuseum) Hors plan, par D3
St.-Pauli-Fischmarkt 10 - ✆ 040 3200 4934 - www.u-434.de - 9h-20h, dim. 11h-20h - possibilité de visite guidée en allemand - 9 €.
La longue silhouette noire de ce sous-marin russe surprend le promeneur qui arpente les quais. Construit en 1976 par l'armée soviétique, le U-434 pouvait transporter 84 hommes pendant 3 jours et demi sans avoir à remonter à la surface. Il a été tranformé en musée en 2002. On peut désormais visiter son étroit habitacle de 90 m de long sur 8 m de large, bardé de tuyaux et de

câbles électriques, et ainsi se faire idée des conditions de vie difficiles à bord. Claustrophobes s'abstenir !

Musée de l'Émigration Ballinstadt

(Auswandererweit Hambourg) Hors plan, par H3

Veddeler Bogen 2, au sud de la ville, de l'autre côté de l'Elbe, non loin de la jonction de l'A 255 et de l'A 252. Pour s'y rendre : par le métro (S-Bahn), lignes S3 ou S31 à partir de la gare centrale (Hauptbahnhof), direction Neugraben, arrêt Veddel ; par bateau, avec la « Circle Line » (départ de St-Pauli-Landungsbrücken ttes les 2h - avr.-nov. : tlj 10h-18h ; déc.-mars : vend.-dim. 12h-16h - 9,50 € AR). ✆ 040 319 79 160 - www.ballinstadt.de - avr.-sept. : 10h-18h ; oct.-mars : 10h-16h30 - 12 €.

Ce musée ouvert en 2007 est dédié aux 5 millions d'émigrants européens qui transitèrent par Hambourg entre 1850 et 1939 pour embarquer vers les États-Unis. Au début du 20e s., Albert Ballin, le dirigeant de la compagnie maritime HAPAG, avait fait bâtir tout un complexe pour les accueillir. Sur le lieu même, trois répliques des anciens bâtiments ont été construites. Elles abritent une exposition qui fait revivre de manière très vivante (documents audio, vidéo, installations interactives…) l'histoire émouvante de ces candidats au départ.

NOS ADRESSES À HAMBOURG

INFORMATIONS UTILES

Renseignements – Les magazines *Prinz* (bimensuel), *Szene Hamburg* (mensuel), en vente dans le commerce, et le *Hamburger Vorschau* (disponible dans les offices de tourisme) informent sur les manifestations les plus diverses. Vous pouvez réserver vos places auprès de l'office de tourisme principal de Hambourg *(Tourismus-Zentrale Hamburg, voir p. 486)*.

Bureaux de poste aux horaires particuliers – Bureau de la gare principale, *Hachmannplatz*, lun.-vend. 8h-20h, sam. 8h-18h, dim. 10h-16h.

Quotidiens – *Hamburger Morgenpost, Hamburger Abendblatt.*

Internet – www.hamburg.de ; www.hamburg-intern.de ; www.hamburg-web.de ; www.hamburg-information.de

TRANSPORTS

Bon à savoir – La **Hamburg Card** donne accès librement à tous les bus, tramways et métros du HVV (Hamburger Verkehrsverbund) ainsi qu'à des réductions dans 150 lieux d'expos, attractions et spectacles. Elle offre aussi de nombreuses réductions dans d'autres musées, sur des visites en bus ou en bateau. Disponible à l'OT, dans de nombreux hôtels, aux distributeurs automatiques, dans les bureaux du HVV et les agences de voyages *(Reisebüros). ✆ 040 194 49 - lun.-dim. 7h-20h ; www.hvv.de. Rens. à la gare principale et dans certaines stations de métro et S-Bahn.* Valable pour une personne 1, 3 ou 5 jours (8,90 €, 20,90 €, 36,50 €, respectivement) ou pour un groupe (14,50 €, 35,90 €, 59,90 €).

Transports urbains – Sans la Hamburg Card, le billet simple de bus, tramway ou métro coûte 2,85 €, à la journée 6,95 € pour une pers. et 9,90 € (valable 9h) pour 2 à 5 pers.

Vélo – StadtRAD propose un système de location de vélos avec des bornes dans toute la ville. Gratuit les 30 premières minutes, carte de crédit indispensable. *Rens. ✆ 040 822 188 100 - www.stadtradhamburg.de.*

VISITES

Visites thématiques à pied – L'office de tourisme principal de Hambourg *(Tourismus-Zentrale Hamburg, www.hamburg-tourism.de)* et le *Stadtreisen Hamburg, (✆ 040 430 34 81 - www.stadtfahrt-hamburg.de)* proposent des visites à thèmes, notamment dans le quartier de St-Paul ou de la Speicherstadt.

Tours de la ville en autocar – Plusieurs compagnies proposent différentes options de visite en autobus à impériale, avec départs de la gare principale ou de l'embarcadère Landungsbrücken. Compter 15 € pour le tour classique (1h30), 38 € pour les tours thématiques (soirées). Rens. et réserv. à l'OT.
Hamburger Stadt Rundfahrten, ✆ 040 641 37 31 - www.hansa-rundfahrt.de/ahr ; Hummel-Bahn, ✆ 040 792 89 79 ; www.hummelbahn.de

Circuits en bateau – Différents types de bateaux sont disponibles pour visiter le **port de Hambourg**, et plusieurs itinéraires sont proposés, y compris des visites de nuit *(1h min.)* ; départ et arrivée embarcadères 1 à 9 de la gare fluviale de St-Pauli. Compter 11 € à 12 € (TR avec la Hamburg Card). Se rens. pour les horaires.
La plus grosse compagnie de navigation est l'HADAG (Hafen-Dampfschiffahrts-Aktien-Gesellschaft) - *✆ 040 311 70 70 - www.hadag.de.*
La société **Barkassen-Centrale** Ehlers propose un circuit historique (« *Historische Fleetfahrt* », 2h) à bord de jolies barques offrant une bonne vue d'ensemble sur le Hambourg maritime, des pittoresques canaux de la vieille ville aux gigantesques chantiers navals - *✆ 040 31 99 16 170 - www.barkassen-centrale.de - avr.-oct. : 10h30, 13h15 et 16h ; nov.-mars : w.-end 10h30, 13h15 - 19 €.*
Autres sociétés : *Rainer Abicht, ✆ 040 317 82 20 ; Kapitän Prüsse : ✆ 040 31 31 30.*
Les circuits sur **l'Alster** méritent également le détour, de même que les circuits sur **les canaux** (embarcadère Jungfernstieg), proposés par l'*Alster-Touristik GmbH, ✆ 040 357 42 40.*

HÉBERGEMENT

Bon à savoir – On peut réserver des chambres par l'OT : *Tourismus-Zentrale Hamburg - ✆ 040 300 51 300 - lun.-sam. 9h-19h.*

PREMIER PRIX

Pension Am Rathaus – G3 - *Rathausstraße 14 - ✆ 040 337 489 - www.pension-am-rathaus.de - 15 ch. 44/68 €.* À quelques centaines de mètres de l'hôtel de ville, des chambres sobres et claires, les moins chères avec salle de bains commune.

Hotel Schwanenwik – Hors Plan vers H1 - *Schwanenwik 29 - ✆ 040 220 09 18 - www.hotel-schwanenwik.de - P - 18 ch. 78/112 €* ☕. Somptueuse maison bourgeoise blanche, en bordure de l'Alster, du 18e s. Elle abrite, outre des bureaux, une coquette pension. Chambres simples et modernes avec belle vue sur le lac ou le jardin à l'arrière de l'établissement. Chambres les moins chères avec douche sur le palier.

Michaelis Hof (dans l'Académie catholique) – F3 - *Herrengraben 4 - ✆ 040 359 069 12 - www.michaelishof-hamburg.de- P - 22 ch. 84/94 € - ☕ 10 € au Baseler*

Hof. Au 4e étage de l'Académie catholique, quelques chambres bien tenues. Calme assuré. Réception 7h-11h.

Superbude St-Pauli – D1 - *Juliusstr. 1-7 - ✆ 040 80 79 15 820 - www.superbude.de - 89 ch. 59/89 €.* Cet hôtel jeune et branché à l'esprit coloc se trouve dans une ancienne fabrique en brique rouge du quartier Schanze. Internet gratuit à tous les étages, frigo en libre-service et déco décalée. Autre adresse dans le quartier St-Georges.

BUDGET MOYEN

Fritz Hotel – D1 - *Schanzenstraße 101-103 - ✆ 040 822 22 830 - www.fritzhotel.com - 17 ch. 93 €.* Ce petit hôtel est idéalement situé en plein cœur du très animé quartier Schanze, où abondent cafés, restaurants, bars et boutiques design.

Imperial Hotel – E3 - *Millerntorplatz 3-5 - ✆ 040 311 720 - www.hotel-imperial-hamburg.de - 50 ch. 82/130 €* ☕. En plein cœur de St-Pauli, cet hôtel offre des chambres fonctionnelles. Elles sont insonorisées, mais préférer quand même celles en retrait de la Reeperbahn. Agréable lounge.

St-Annen Hotel – D2 - *Annenstraße 5-103 - ✆ 040 31 77 130 - www.hotelstannen.de -* P *- 36 ch. 88/139 €* ☕. Tout près de St-Pauli et de la Reeperbahn, cet hôtel bénéficie du calme d'un square arboré. Jolie terrasse fleurie, où l'on prend le petit-déjeuner en été. Chambres petites mais confortables et service accueillant. Un des meilleurs rapports qualité-prix de la ville.

POUR SE FAIRE PLAISIR

Aussen Alster Hotel – Hors Plan vers H1 - *Schmilnskystraße 11-15 - ✆ 040 24 15 57 - www.aussenalster.eu -* P *- 27 ch. 130/165 €* ☕. Dans une jolie propriété avec jardin et solarium, cet hôtel situé à 50 m de l'Aussenalster met gracieusement à disposition de ses hôtes des vélos et des bateaux à rame.

Hotel Hafen Hamburg – E3 - *Seewartenstraße 9 - ✆ 040 31 11 30 - www.hotel-hafen-hamburg.de -* P *- 353 ch. 100/200 € - ☕ 18 €.* Surplombant l'embarcadère Landungsbrücken, cet hôtel offre des chambres confortables, certaines avec vue imprenable sur le port. Restaurant avec grandes baies vitrées et agréable terrasse.

UNE FOLIE

EAST – D2-3 - *Simon-von-Utrecht Straße 31 - ✆ 040 30 99 32 04 - www.east-hamburg.de - 128 ch. 160/195 € - ☕ 3,5/19,50 €.* Juste en retrait de la Reeperbahn, cette ancienne fonderie superbement réhabilitée abrite depuis 2004 un hôtel stylé, dont les moindres détails ont été conçus pour s'insérer harmonieusement dans l'ensemble design. Splendide salle de restaurant,et plusieurs bars à cocktails avec ambiances différentes.

SIDE – F2 - *Drehbahn 49 - ✆ 040 30 99 90 - www.side-hamburg.de - 178 ch. à partir de 170 € - ☕ 24 €.* Hôtel situé dans un quartier d'affaires. Ici, tout est soigneusement étudié pour le confort des hôtes : accueil professionel, chambres impeccables, atrium avec jeux de lumière chorégraphiés. Bar au design original et magnifique terrasse avec vue sur la ville.

RESTAURATION

PREMIER PRIX

Bok Restaurant – D1 - *Schulterblatt 2 - ✆ 040 431 900 70 - www.bokrestaurant.de- 15/29 €.* Ambiance animée (service jusqu'à 23h30) dans ce restaurant qui propose des plats thaïs et japonais à prix raisonnables. Plusieurs adresses en ville.

Oberhafen-Kantine – H3 - *Stockmeyerstraße 39 - ✆ 040 325 274 11 - www.oberhafenkantine-hamburg.de - 15/29 €.* À deux pas des Deichtorhallen, sur la rive opposée, cette coquette bicoque aux allures de maison de poupée toute de guingois mérite le détour. On y déguste des spécialités du nord de l'Allemagne, comme ces délicieuses tartines de pain noir au petit crabe de la mer du Nord.

BUDGET MOYEN

Cuneo – D3 - *Davidstraße 11 - ✆ 040 31 25 80 - www.cuneo1905.de - le soir uniquement, fermé dim. - 20/41 €.* Au cœur du quartier St-Paul, ce restaurant italien familial souvent bondé, propose une cuisine à la fois raffinée et bon marché. Les raviolis selon la recette de Rosa sont à se damner !

Das Feuerschiff – E3 - *City Sporthafen Vorsetzen, station Baumwall - ✆ 040 36 25 53 - www.das-feuerschiff.de - 25/60 €.* Pour sortir de l'ordinaire, on peut déjeuner sur le pont de ce bateau-phare rouge vif, ancienne piste d'atterrissage d'hélicoptères. Vue imprenable sur le port et l'impressionnant chantier de l'Elbphilharmonie. Les cabines ont été reconverties en hôtel.

Fischerhaus – D3 - *St-Pauli -Fischmarkt 14 - ✆ 040 31 40 53 - www.restaurant-fischerhaus.de - 12/45 €.* Une bonne adresse pour les amateurs de plats de poisson, dans une fière bâtisse jaune construite en 1898 au bord de l'Elbe. L'intérieur est plutôt vieillot, mais chaleureux. On se régalera avec le *Rote Grütze* maison, un dessert typique du nord de l'Allemagne : une compote de fruits rouges sur un lit de vanille.

Gröninger Haus – G3 - *Willy-Brandt-Straße 47 - Tram 1 Messberg - ✆ 040 33 13 81 - www.groeninger-hamburg.de - fermé sam. et dim. midi - ♿ - réserv. conseillée - 15/25 €.* Cette maison de la digue intérieure, mentionnée en 1260, est le plus ancien hôtel de la ville. L'actuelle Gröninger Haus comprend la Gröniger Braukeller, l'Anno 1750 et la Brauhaus Hanseat. Plats consistants avec bière brassée sur place.

Atlas – Hors Plan vers D3 - *Schützenstraße 9a - ✆ 040 851 78 10 - www.atlas.at - réserv. - 22/41 €.* Ancien bâtiment d'usine quelque peu caché dans la Phönixhof. Cet établissement de la Scène mélange bistrot-restaurant et bar à cocktails. Aménagement rectiligne et terrasse couverte de lierre aux allures d'arrière-cour.

POUR SE FAIRE PLAISIR

Restaurant Eisenstein – Hors Plan vers D3 - *Friedensallee 9 - ✆ 040 390 46 06 - www.restaurant-eisenstein.de - 28/35 €.* Installé dans une ancienne usine superbement réhabilitée du quartier d'Altona, ce restaurant attire une clientèle branchée. Dans le même bâtiment se trouvent aussi un cinéma d'art et d'essai, un café et un sympathique bar à tapas, avec show flamenco certains soirs.

Old Commercial Room – EF3 - *Englische Planke 10 - Tram Stadthausbrücke - ✆ 040 36 63 19 - www.oldcommercialroom.de - réserv. - 27/71 €.* Fondé il y a des siècles par un armateur anglais, cet établissement cultive le style « pub » avec de l'acajou, du cuivre et des marines. Plats de marins *(Labskaus)*, mais aussi homard, sole ou jambonneau.

VLET – G3 - *Am Sandtorkai 23-24 - ✆ 040 334 75 37 50 - www.vlet.de - 40/53 €.* Un bâtiment en brique de la Speicherstadt, joliment réhabilité avec des couleurs fraîches, sert de cadre à une cuisine régionale actuelle. Pour y accéder, emprunter le pont Kibbelstegbrücke.

UNE FOLIE

Le Canard Nouveau – Hors Plan vers D3 - *Elbchaussee 139 - ✆ 040 880 50 57 - www.lecanard-hamburg.de - fermé dim. - 86/95 €.* Dans cet établissement à la façade blanche stylisée, en bordure directe de l'Elbe, vous dégusterez une excellente cuisine classique d'inspiration française – à des prix particulièrement abordables le midi ! Salles modernes, claires et élégantes. Terrasse au plancher de bois avec une vue sensationnelle sur le terminal des containers.

PETITE PAUSE

Alex im Alsterpavillon – *Jungfernstieg 54 - ✆ 040 350 18 70 - www.alexgastro.de - 8h-1h (vend.-sam. 3h).* L'incontournable de la ville. Sans doute la plus belle terrasse à Hambourg, avec vue panoramique sur le Binnenalster. Lieu de rencontre fréquenté par un public de tout âge. Pour un verre ou un petit en-cas.

Destille – *Steintorplatz 1 (dans le Musée des Arts et Métiers au 1er étage ; entrée par la Brockesstr.) - ✆ 040 2 80 33 54 – www.destilleimmuseum.de - tlj sf lun. 11h-17h (buffet jusqu'à 16h), jeu. 11h-20h (buffet jusqu'à 19h).* Petit café au buffet self-service (gâteaux et salades faits maison), où est exposée la collection d'arts décoratifs 1930 du propriétaire. Vue reposante sur la cour verdoyante.

Café Unter den Linden – *Juliusstraße 16 - ✆ 040 438 140 - www.cafe-unter-den-linden.net.* Un des plus jolis cafés du quartier Schanze, doté d'une terrasse romantique bordée d'arbres, où l'on peut savourer de délicieux gâteaux et glaces. Idéal pour ceux qui ne souhaitent pas prendre leur petit-déjeuner à l'hôtel.

ACHATS

Bon à savoir – Les principales artères commerçantes de la ville sont la Jungfernstieg, la Mönckebergstraße et la Spitalerstraße (on y trouve également les **grands magasins**). Les boutiques de créateurs et de designers branchés sont regroupées essentiellement dans le quartier Schanze. Les **boutiques de luxe**, quant à elles, se trouvent surtout dans la Neuer Wall.

Harry's Hamburger Hafenbasar – *Erichstr. 56 - ✆ 0171 496 91 69 - www.hafenbasar.de - 14h-18h - entrée 2,50 € (remboursé lors d'un achat de plus de 10 €).* Sympathique bric-à-brac d'objets acheminés par des marins des quatre coins du monde, qui tient plus du musée d'ethnologie que d'un magasin.

Marchés – Outre le marché au poisson (St-Pauli-Fischmarkt, le plus célèbre de tous les marchés de Hambourg, *voir encadré p. 490*), plusieurs marchés hebdomadaires ont également lieu dans tous les quartiers de la ville. Le marché très typique qui se tient le lundi et le vendredi sous le pont du métro à Eppendorf mérite une visite.

Marchés aux puces – Deux marchés aux puces réguliers ont lieu tous les samedis à Barmbek, Hellbrockstraße, entre 7h et 17h, et à Eppendorf (Nedderfeld/Parkhaus), entre 16h30 et 19h30.

EN SOIRÉE

Bon à savoir – Pour connaître les événements à ne pas manquer, procurez-vous le mensuel *Hamburger Vorschau* distribué gratuitement dans les offices de tourisme, à la gare centrale et à l'embarcadère Landungsbrücken (à St-Pauli).

Les quartiers animés – La vie nocturne de Hambourg est depuis toujours associée au nom de **St-Pauli**. Le quartier regroupe aujourd'hui pas moins de 400 restaurants dans une zone grande comme un mouchoir de poche. On trouve également de nombreux restaurants et bars en **centre-ville**, entre le Gänsemarkt et la Millerntor (surtout autour du Großneumarkt) ; dans le quartier Schanze, sur Susannenstraße et Schulterblatt.

3Freunde Cocktailbar – *Clemens-Schultz-Str. 66 - ✆ 040 78 10 200 - www.3freunde-hamburg.com.* Grand choix de cocktails dans ce bar sympathique du quartier St-Pauli. N'hésitez pas à vous asseoir dans l'un des sièges d'avion !

Absinth Bar – *Schanzenstraße 99 - ✆ 0176 23 62 19 56 - www.absinth-bar.com.* Situé dans le quartier animé de Schanze, ce bar aux couleurs évidemment vertes propose cet alcool fort, tout en expliquant le rituel qui l'accompagne. Diverses saveurs, telles que coriandre ou anis.

Amphore – *Hafenstr. 140 (rue qui longe l'Elbe vers l'ouest à partir de Landungsbrücken) - ✆ 040 31 79 38 80 - www.cafe-amphore.de - tlj à partir de 10h.* Petit café et bar sympathique dont la terrasse au-dessus d'anciennes casemates offre une très jolie vue sur le port de Hambourg. Pour les frileux, un panier avec des couvertures est à disposition. Petit-déj. jusqu'à 15h.

Cotton Club – *Alter Steinweg 10 - ✆ 040 34 38 78 - www.cotton-club.org - lun.-sam. à partir de 20h, début des concerts à 20h30 ; dim. 11h-15h - entrée à partir de 5 €.* Ce club fondé en 1959 est la référence en matière de jazz. Rebaptisé « Cotton Club » en 1963 et établi à cette adresse depuis 1971, il propose presque quotidiennement des concerts. Les amateurs du genre s'y pressent, toutes générations confondues.

Hamborger Veermaster – *Reeperbahn 162 - ✆ 040 31 65 44 - www.hamborgerveermaster.de - à partir de 17h (de déb. janv. à Pâques : seulement vend.-sam.).* Pour faire la fête, rendez-vous ici chaque vendredi ou samedi soir : musique et bonne humeur règnent en maître. Il est aussi agréable de venir prendre un verre ou un repas dans ce cadre folklorique les autres jours.

Katze – *Schulterblatt 88 - ✆ 040 43 21 46 96.* Éclairage aux bougies et épais rideaux de velours rouge donnent à ce bar une atmosphère cosy. Boissons raisonnables et grandes caipirinhas en *happy hour* jusqu'à 22h : l'endroit ne désemplit pas.

Zum Silbersack – *Silbersackstraße 9 - ✆ 040 314 589.* Un des bars mythiques de St-Pauli, ouvert dans les années 1950 et resté dans son jus. Accoudé au comptoir ou au juke-box, on y refait le monde avec les habitants du quartier.

AGENDA

Fête du port (Hafengeburstag) – *2e w.-end de mai.* L'une des plus grandes fêtes portuaires au monde.

Lüneburg

★★

70 620 habitants – Basse-Saxe

NOS ADRESSES PAGE 505

S'INFORMER
Office de tourisme – *Rathaus/Am Markt - ✆ 0800 220 50 05 - www.lueneburg.de ; www.lueneburger-heide.de - lun.-vend. 9h30-18h, sam. 9h30-14h (sam. 16h et dim. 10h-16h de mai à oct.).*

SE REPÉRER
Carte de région C2 (p. 484-485) – *cartes Michelin nos 718 I 5 et 541 G 15.*
Lüneburg est à environ 50 km au sud-est de Hambourg par l'A 250.

À NE PAS MANQUER
L'hôtel de ville et notamment la grande salle du Conseil.

ORGANISER SON TEMPS
Comptez une demi-journée pour la ville.

Le sel a longtemps fait la richesse de Lüneburg. La ville est en effet bâtie sur un gisement, exploité depuis le 10e s. et jusqu'à une époque récente (1980). Épargnée par la Seconde Guerre mondiale, Lüneburg est aujourd'hui une cité universitaire de caractère où il fait bon se promener.

Découvrir

★★ Hôtel de ville (Rathaus) 1

✆ 0800 220 50 05 - visites guidées seulement, en allemand (doc. en français) (1h) : mar.-sam. 11h, 12h30, 14h30, 16h ; dim. et j. fériés 11h, 14h - fermé 1er janv., 24-26 et 31 déc. - 5 €.

L'hôtel de ville est constitué d'éléments de différentes époques, du 13e au 18e s. La **grande salle du Conseil★★** *(Große Ratsstube)*, à droite du hall d'entrée, est un chef-d'œuvre de la Renaissance (1566-1584). Entièrement lambrissée, elle est ornée de sculptures sur bois très fouillées d'Albert de Soest.

Parmi les autres salles, on remarque au 1er étage la **salle des Princes** *(Fürstensaal)*, gothique, ornée de lustres en bois de cerf et d'un superbe plafond peint. La **salle de la Justice** (*Gerichtslaube*, datant de 1330 environ) possède une voûte en berceau : les peintures des murs et des plafonds sont inspirées des gravures de Hans Burgkmair et d'Heinrich Aldegrever.

★ La vieille ville

Elle est marquée par l'architecture traditionnelle en brique. Voir les maisons qui bordent la place tout en longueur **Am Sande★**, en particulier au no 1 la **maison Noire** (*Schwarzes Haus*, dite aussi *Schütting*) du 16e s., et qui était à l'origine une brasserie. Dans la Große Bäckerstraße se trouve la **pharmacie** *(Rathsapotheke)* de 1598 avec ses beaux pignons de brique torsadée. La *Reitende-Diener-Straße* consiste en une succession de maisonnettes basses, toutes identiques, décorées de corniches en brique torsadée et de médaillons.

L'escalier de la brasserie Zur Kröne (1485).
J.-C. & D. Pratt / Photononstop

La **Rotehahnstraße** est fort pittoresque. C'est là que se trouve, aux nos 14 à 19, l'ancien hôpital (**Haus Roter Hahn**) du 16e s. dont les trois pignons à colombages ont un caractère inattendu.

Église St-Jean (St-Johanniskirche) 2

La puissante **tour ouest** (108 m, 2 m de décalage au sommet de la tour) de l'église St-Jean porte les traces de différents remaniements. Rouverte en 2007 après restauration, l'église actuelle date du 14e s. L'intérieur, très vaste, à cinq nefs et deux rangées de chapelles latérales, forme un carré parfait, simplement fermé à l'est par des absides polygonales. L'élément le plus précieux du mobilier est le retable sculpté du maître-autel, dont les volets sont peints de scènes de la vie de saint Jean-Baptiste, sainte Cécile, sainte Ursule et saint Georges (1482). Les **orgues**, plusieurs fois remaniées, sont parmi les plus anciennes d'Allemagne (16e s.).

★ Quartier de l'Eau (Wasserviertel) 1

Le pont sur l'Ilmenau offre un superbe panorama de ce « quartier de l'Eau », qui fut celui de l'ancien port. À gauche se dresse l'**ancien appareil de levage** (*Alter Kran* ; 14e s., remanié au 18e s.). Plus en amont, on a une belle vue, à gauche, sur le *Lüner Mühle*, imposant moulin à colombages du 16e s., au milieu, sur l'*Abtswasserturm* (château d'eau de l'abbé), et, à droite, sur l'arrière des vieilles maisons longeant la rue Am Stintmarkt. À l'angle d'Am Werder et de la Lünertorstrasse s'élève l'ancienne **brasserie★** *(Brauhaus)*, une maison Renaissance à pignons décorée de motifs en brique torsadée et de médaillons ; les oriels (fenêtres en saillie) qui ornent cet édifice datant de 1550 n'ont été ajoutés qu'au 16e s. À l'angle de Lünertorstrasse et de la Kaufhausstrasse, remarquez une maison impressionnante, bâtie en 1574, aux pilastres de grès surmontés d'une puissante corniche (qui abrite aujourd'hui l'Office du bâtiment). À côté, on contemplera la façade baroque (1741-1745) d'un ancien établissement de commerce.

Musée national du Sel (Deutsches Salzmuseum) 2
✆ 041 31 45 065 - www.salzmuseum.de - tlj 10h-17h (9h-17h en semaine d'avr. à sept.) - 6 €.
L'activité autour du sel a façonné l'histoire de Lüneburg pendant mille ans. Le sel servait au Moyen Âge à approvisionner une grande partie de la Scandinavie, privée du précieux minéral puisque la mer Baltique est très faiblement salée. Le trafic empruntait alors la vieille route du sel, par Lauenburg, Ratzeburg et Lübeck. Le musée du Sel est l'un des premiers d'Allemagne à être installé dans un site industriel reconverti. Il retrace l'histoire de l'exploitation du sel à Lüneburg au cours des siècles : techniques, importance commerciale, routes du sel, visite de bâtiments industriels, etc.

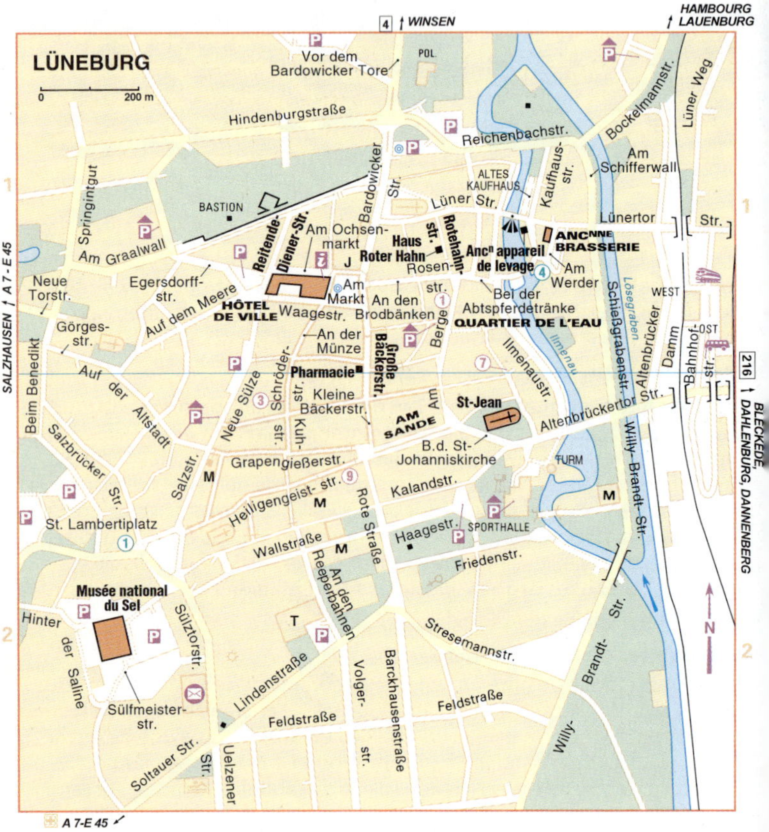

SE LOGER

Bargenturm .... ①
Bergström .... ④

SE RESTAURER

Cafe Mäxx .... ③
Lanzelot .... ⑦
Mälzer Brauhaus .... ⑨
Zum Heidkrug .... ①

NOS ADRESSES À LÜNEBURG

HÉBERGEMENT

BUDGET MOYEN

Bargenturm – Plan 2 - *Vor der Sülze 2 - ✆ 041 31 72 90 - www.bargenturm.de - 40 ch. 119 €* ☕. Hôtel très confortable, de style moderne, à proximité de la zone piétonne.

POUR SE FAIRE PLAISIR

Bergström – Plan 1 - *Bei der Lüner Mühle - ✆ 04 130 30 80 - www.bergstroem.de - 125 ch. 119 € - ☕ 15 €.* Choisissez entre les chambres du moulin médiéval ou celles du bâtiment plus moderne en face. Au total, sept bâtiments et deux restaurants.

RESTAURATION

PREMIER PRIX

Mälzer Brauhaus – Plan 2 - *Heiligengeiststraße 43 - ✆ 04131 477 77 - www.maelzerbrauhaus.de - 16/25 €.* Plusieurs ambiances aux différents niveaux de cette brasserie traditionnelle. Carte variée avec spécialités de la maison : tartes flambées, pommes de terre au four… Goûtez à la bière brassée sur place.

Cafe Mäxx – Plan 2 - *Schröderstraße 6 - ✆ 04131 73 25 05 - www.cafe-maexx.com - 16/21 €.* Voyage dans le temps assuré dans ce café décoré de papiers peints psychédéliques des années 1970. Petits creux et grosses faims trouveront leur bonheur dans la carte, variée et fournie. Bon choix de cocktails, de milk-shakes et de pâtisseries faites maison.

Lanzelot – Plan 1-2 - *Wandfärberstraße 7 - ✆ 04131 40 48 13 - www.lanzelot-lueneburg.de - 10/20 €.* Salle lambrissée de bois sombre et ambiance cosy dans ce restaurant-bar à cappuccino. Carte classique avec pâtes, pizzas, plats de poisson et viande, options végétariennes. *Biergarten* ombragé. Buffet de tapas le lundi et soirée étudiante le mardi.

UNE FOLIE

Zum Heidkrug – Plan 1 - *Am Berge 5 - ✆ 04131 241 60 - www.zumheidkrug.de - mar.-sam. - fermé 1er-22 janv. et 2 sem. en août - 36/52 €.* Édifice gothique en brique (15e s.) abritant un restaurant gastronomique. Les préparations classiques sauront vous plaire.

ACTIVITÉS

Vélo – Avec plus de 900 km de pistes cyclables, la région est une aubaine pour les amateurs de vélo. Cartes disponibles. *Rens. ✆ 01 805 200 705. Voir aussi le site www.fahrradreisen.de*

Les Îles Frisonnes

LES ÎLES FRISONNES SEPTENTRIONALES★

Ce groupe d'îles sauvages, en lutte perpétuelle contre l'érosion marine, fait partie du Parc national Schleswig-Holsteinisches Wattenmeer créé en 1985. Protégées à grand renfort de digues et de bancs artificiels, elles opposent à la mer du Nord de fragiles ondulations de sable. Leurs grandes plages, doublées de dunes, sont parsemées des caractéristiques « Strandkörbe », ces romantiques fauteuils en rotin qui permettent de s'abriter du vent ou du soleil. C'est le rendez-vous estival des Hambourgeois aisés, artistes, écrivains et autres célébrités.

Si vous ne deviez en choisir qu'une pour un séjour, ce serait **Sylt**★★, de réputation la plus belle. Malgré sa faible superficie (à peine 100 km^2), elle présente des paysages très variés : cordons de dunes, polders, prés salés, champs, interminables étendues de vase (*Watt* ou *Wadden*) et tumulus préhistoriques…

HELGOLAND★★

Situé dans une zone de la mer du Nord réputée pour la puissance de ses courants et son climat imprévisible, cet archipel de seulement quelques kilomètres carrés fut longtemps possession danoise avant de tomber, en 1814, sous la coupe des Britanniques. Ses îles furent finalement échangées en 1890 par les Allemands contre Zanzibar. L'apparition des falaises de grès rouge de son île principale, à 70 km des bouches de l'Elbe, est saluée chaque année par des milliers de touristes, séduits par la perspective d'une croisière en haute mer. Minée par les flots, l'île principale fait actuellement moins d'1 km^2. En 1947, conformément aux accords de Potsdam, ses installations militaires furent détruites par les Britanniques, à l'aide de 6 000 tonnes d'explosifs. Restituée à l'Allemagne en 1952, elle retrouve alors sa vocation touristique grâce à la reconstruction d'une agglomération divisée en deux niveaux (Unterland et Oberland) par l'abrupt de la falaise. Un aquarium, un observatoire ornithologique et une station de biologie marine lui confèrent également un grand intérêt scientifique.

LES ÎLES FRISONNES ORIENTALES★

Érodées par les courants des marées et battues par le vent, de direction dominante nord-ouest, les îles Frisonnes orientales dérivent lentement vers le sud-est. Seules sept d'entre elles sont habitées. Elles s'égrènent entre les embouchures de l'Ems et de la Weser, en mer du Nord, et on y accède par ferry uniquement.

Ourlées, sur leurs rives septentrionale et orientale, de plages de sable parsemées en été de *Strandkörbe*, elles se caractérisent, dans leur partie intérieure, par des formations de dunes qui laissent place, au sud, à de gras pâturages conquis sur la mer.

Les amateurs de marche découvriront, au fil de leurs randonnées dans cet environnement sauvage, des sites naturels saisissants. Entre les îles et le continent se déploie la mer des Wadden, découverte à marée basse, qui a été déclarée Parc national en 1986.

Champ et digue sur l'île frisonne septentrionale de Pellworm.

fotosol/age fotostock

Brême

★★

547 360 habitants – Brême

NOS ADRESSES PAGE 514

S'INFORMER

Office de tourisme – *0421 30 800 10 - www.bremen-tourismus.de - Am Bahnhofsplatz (gare) : 9h-19h, w.-end 9h30-17h - Obernstraße (centre-ville) : 10h-18h30, dim. 10h-16h (sam. 16h de nov. à mars).*

SE REPÉRER

Carte de région B3 (p. 484-485) – *cartes Michelin nos 718 H 5 et 541 G 10.* La ville de Brême est desservie par l'autoroute A 1 qui relie Hambourg au nord-est (125 km) et Cologne au sud-ouest (317 km), alors que l'A 27 et l'A 7 mènent à Hanovre (131 km).

ORGANISER SON TEMPS

Comptez une journée.

AVEC LES ENFANTS

Le musée d'Outre-Mer et la Cité des Sciences Universum.

« Je vais à Brême pour m'y faire musicien, viens avec moi. Je jouerai du luth et toi, tu sonneras les timbales ». C'est ainsi que l'âne s'adresse au chien dans le conte des frères Grimm, qui popularisa le nom de la cité. Également réputée pour sa bière, la Beck's, Brême compte aujourd'hui parmi les ports les plus importants d'Europe grâce à son extension, Bremerhaven. Pour autant, la ville n'a rien d'un centre industriel dénué d'âme. Son cœur historique à l'architecture variée, son ancien quartier des pêcheurs, aux maisons de poupée et aux bistrots animés, ainsi que les promenades sur les rives de la Weser, en font une petite ville dynamique au charme indéniable. Elle accueille l'été un festival de musique classique auquel participent des interprètes de renommée internationale.

Se promener

LE VIEUX BRÊME Plan 2

Itinéraire tracé sur le plan (p. 510) – Comptez 2h.

★★ **Place du Marché** (Marktplatz)

Au cœur du vieux Brême, la vaste place du Marché s'entoure des monuments les plus anciens de la ville. Au centre, la gigantesque **statue de Roland**, surmontée d'un baldaquin gothique (près de 10 m de haut), érigée en 1404 devant l'hôtel de ville, symbolise la liberté de la Hanse ; le chevalier porte le glaive de la justice et le bouclier orné de l'aigle impériale.

Le **Schütting**, élégant bâtiment du 16e s., est l'ancien siège de la corporation des marchands. La décoration de sa façade est d'inspiration flamande.

★ Hôtel de ville (Rathaus)

Am Markt 21 - ✆ 01 805 10 10 30 (0,14 €/mn) - www.bremen-tourismus.de - visite guidée (1h) 11h, 12h, 15h, 16h, dim. 11h, 12h – modifications fréquentes, se renseigner et réserver auprès de l'office de tourisme - 5 €.

L'hôtel de ville se compose d'un corps principal gothique dont les superstructures à pignons décoratifs sont une transformation du début du 17e s., dans le style de la Renaissance de la Weser.

La façade principale se divise en trois étages : la galerie à arcades surmontée d'une balustrade richement sculptée, la partie médiane où alternent les hautes fenêtres et les statues gothiques de Charlemagne et des Sept Électeurs (il s'agit de copies, les statues originales sont exposées au musée Focke), le couronnement à trois pignons.

À un angle de l'aile ouest se dresse le groupe de bronze moderne – œuvre de Gerhard Marcks – des *Animaux musiciens de la ville de Brême* (pyramide formée par un âne, un chien, un chat et un coq), rappelant le conte très populaire des frères Grimm *(voir le conte en français sur www.bremen-tourismus.de).*

Intérieur – La salle d'honneur du 1er étage s'orne d'un splendide **escalier★★** à vis en bois sculpté (1620). Sa décoration Renaissance évoque son affectation aux cours de justice *(Le Jugement de Salomon)* et le monde de la mer (maquettes de bateaux). La **Güldenkammer**, petite salle rénovée en 1905, présente un somptueux revêtement mural en cuir rehaussé d'or.

Église paroissiale Notre-Dame (Pfarrkirche Unserer Lieben Frauen)

La construction de l'église paroissiale Notre-Dame commença en 1229. Cette église-halle qui, à l'exception de la chaire de 1709, renonce à toute parure, est caractérisée par ses voûtes d'ogives bombées, qui sont encore d'origine. Les quatre vitraux principaux (1966-1979), d'Alfred Manessier, représentent des scènes de la Bible.

Sous la partie nord-est de l'église se trouve une **crypte** très dépouillée remontant à l'église St-Vit, qui occupait précédemment le même site. Datée de 1020, c'est le plus ancien espace clos préservé de Brême.

★ Cathédrale St-Pierre (St-Petri-Dom)

Sandstraße 10-12 - ✆ 0421 36 40 50 - entrée tour : 1 € - brochure en français.

La cathédrale St-Pierre présente quasiment les mêmes structures que l'édifice élevé au 11e s., mais les travaux effectués aux 16e et 19e s. ont amplement modifié son aspect.

UNE TRADITION D'IMPORTATION

Brême obtint très tôt le droit de marché, adhéra à la Hanse en 1358 et fut déclarée ville libre d'Empire en 1646. Dès 1783, elle était en relation commerciale directe avec les États-Unis d'Amérique. Le commerce du café, notamment, est une tradition vieille de plus de trois siècles. C'est en 1673 – bien avant Vienne et Hambourg – que se serait ouvert dans les pays germaniques le premier établissement servant la précieuse boisson. La moitié du café consommé en Allemagne transite aujourd'hui par ses ports. Environ un tiers de la population brêmoise dépend directement ou indirectement de ceux-ci, qui englobent les complexes portuaires de la ville même et de Bremerhaven. Ils constituent, après Hambourg, le deuxième port maritime d'Allemagne, et un centre prédominant d'importations européennes, essentiellement en matière d'automobiles.

Au premier pilier à gauche du chœur surélevé, belle **Vierge à l'Enfant★** du 16e s. La balustrade de la tribune d'orgue est ornée de sculptures parmi lesquelles on reconnaît, au centre, Charlemagne et Willehad, premier évêque de Brême.

Sous cette tribune se trouve la crypte ouest du 11e s. : chapiteaux romans et magnifique **cuve baptismale★★** en bronze (vers 1220). On remarquera également un petit orgue de Gottfried Silbermann. La crypte est, réalisée

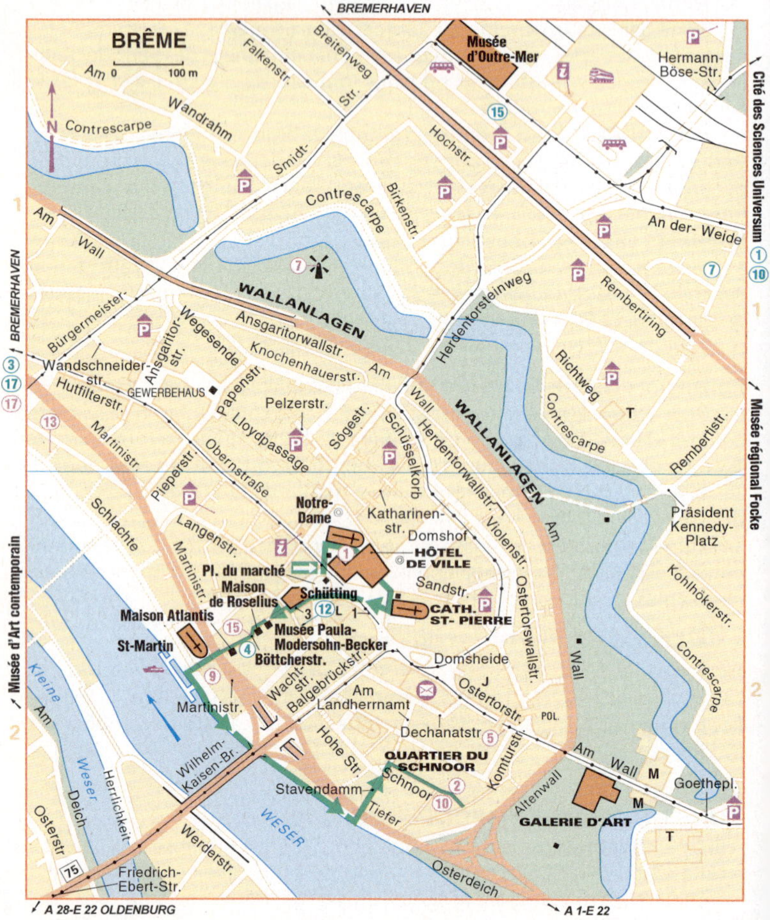

SE LOGER

- Bölts am Park .... (1)
- Hilton Bremen .... (4)
- Hotel-Bateau Perle .... (3)
- Hotel Buthmann .... (7)
- Hotel Classico .... (12)
- Hotel Hanseat .... (15)
- Park Hotel .... (10)
- Überfluss Hotel .... (17)

SE RESTAURER

- Aioli .... (2)
- Bremer Ratskeller .... (1)
- Comturei .... (5)
- Kaffee Mühle .... (7)
- Katzen-Café .... (10)
- Paulaner's .... (13)
- Ristorante da Francesco .... (9)
- Ständige Vertretung .... (15)
- Weser Haus .... (17)

INDEX DES RUES

- Am Dom 1
- Schüttingstr 3

aux débuts de la période franque, présente des chapiteaux aux ornements en damier.

Le **musée de la Cathédrale** (Dom-Museum) renferme des objets provenant de tombes découvertes sous la nef.

Par la cour intérieure, on accède à la **cave au plomb** *(Bleikeller)*, où l'on découvre huit cercueils de verre contenant des corps momifiés. Cette momification est attribuée à l'air extrêmement sec qui règne dans la cave *(1,40 C)*.

★ Böttcherstraße

Cette rue étroite relie la Marktplatz à la Weser. Le négociant Roselius, enrichi par le commerce du café, la fit construire de 1923 à 1933. Alors que les architectes Runge et Scotland s'inspirèrent de l'architecture locale, Bernhard Hoetger s'inspira, lui, du style expressionniste enrichi de *Jugendstil* et d'Art déco. Les hautes maisons de brique à pignons de cette rue unique en son genre abritent des galeries d'art, des magasins et des musées. Un carillon de porcelaine, placé entre deux pignons, se fait entendre à 12h, 15h et 18h (toutes les heures entre 12h et 18h l'été).

Vous trouverez aux n°s 6-10 de cette rue les deux musées suivants :

★ **Musée Paula-Modersohn-Becker** – *✆ 0421 336 50 77 - www.pmbm.de - tlj sf lun. 11h-18h - possibilité de visite guidée sur demande - billet combiné pour les 2 musées : 5 €.* La maison de Paula Modersohn-Becker, construite par Bernhard Hoetger, constitue un cadre idéal pour exposer les toiles, esquisses et gravures de cette femme peintre, précurseur de la peinture moderne.

Musée dans la maison de Roselius *(Museum im Roseliushaus) – ✆ 0421 33 88 222.* Cette vieille maison de négociant, qui date de 1588, abrite de précieux meubles, tableaux et objets d'art (12e-19e s.). La collection créée par Ludwig Roselius comporte notamment des œuvres de Cranach l'Ancien (portraits de Luther et de sa femme Katharina) et une Pietà de Tilman Riemenschneider.

Au n° 2, la **maison Atlantis** (1931), immeuble décoré de signes du zodiaque, possède un curieux escalier tournant de verre et de béton. *Dans le Bremen Hilton ✆ 0421 369 60 - lun. 10h-12h, 14h-16h et sur réservation.*

Non loin, au-delà de la Martinistraße, sur les bords de la Weser, se dresse l'**église St-Martin** *(St-Martinikirche)*, de type halle (13e et 14e s.).

Quitter la Böttcherstraße en remontant la Weser le long du quai. Après avoir dépassé le pont, prendre la première ruelle sur la gauche.

★ Quartier du Schnoor (Schnoorviertel)

Les maisonnettes du Schnoor, dernier vestige du vieux Brême, étaient habitées naguère par les pêcheurs. De styles différents (15e-19e s.), elles ont été restaurées et abritent aujourd'hui des restaurants, des galeries, des boutiques d'antiquités et d'artisanat. Le soir, les ruelles du quartier sont très animées.

À voir aussi

★ Galerie d'art (Kunsthalle) Plan 2

Am Wall 207 - ✆ 0421 32 90 80 - www.kunsthalle-bremen.de - ♿ - tlj sf lun. 10h-17h (mar.21h) - 6 €.

La présentation la plus remarquable de la Galerie d'art, rénovée en 2011, est celle des écoles de peinture allemande et française des 19e et 20e s. : œuvres de Delacroix, Courbet, de l'école de Barbizon ; de Menzel, Leibl, Beckmann ; des impressionnistes français et de leurs contemporains allemands ; des artistes de l'école de Worpswede. Les autres époques de la peinture européenne sont également présentes avec, outre des maîtres du 15e s., Rubens, Rembrandt, Tiepolo et Picasso. La salle des gravures sur cuivre abrite plus de 230 000 dessins et gravures de l'époque de Dürer à nos jours.

★★ Musée régional Focke (Focke-Museum) Hors Plan 1

Pour s'y rendre par tram (S-Bahn), lignes 4 ou 5 arrêt Focke-Museum - Schwachhauser Heerstr. 240 - ✆ 0421 699 60 00 - www.focke-museum.de - ♿ - mar. 10h-21h, merc.-dim. 10h-17h - possibilité de visite guidée sur demande préalable - fermé 1er janv., 3 oct., 24-25 et 31 déc. - 5 €.

La qualité des objets exposés au musée Focke et leur présentation aérée dans un cadre de verdure rendent la visite particulièrement attrayante. Les objets disposés dans le hall d'entrée évoquent des thèmes propres à l'histoire de la ville : la maison brêmoise, la Weser, l'argenterie, l'automobile et les chantiers navals. Puis la visite se poursuit selon un itinéraire chronologique. La navigation et le commerce ne constituent qu'un aspect de l'histoire de cette ancienne cité hanséatique, depuis toujours tournée vers la mer. Un bâtiment annexe coiffé de roseaux abrite les collections consacrées à la préhistoire et aux débuts de l'histoire de la région.

Une ferme-halle de 1586 typique des plaines de l'Allemagne du Nord, transportée de Mittelsbüren et remontée ici, propose un panorama du patrimoine rural du Land de Brême. La grange de Tarnstedt contient des instruments liés au travail de la terre.

La **maison Riensberg** *(à droite de l'allée qui mène à l'édifice principal)* est utilisée pour des expositions temporaires. Cette maison construite dans la seconde moitié du 18e s., jadis ferme et résidence d'été de riches familles brêmoises, abrite mobilier et vaisselle des maisons patriciennes, ainsi que des collections de porcelaines de Fürstenberg et de verreries européennes.

Musée d'Art contemporain (Neues Museum Weserburg) Hors Plan 2

Teerhof 20 - ✆ 0421 59 83 970 - www.nmwb.de - ♿ - tlj sf lun. 10h-18h (jeu. 21h), w.-end 11h-18h - fermé 1er Mai, 3 oct., 24, 25 et 31 déc. - 8 €.

Il s'agit d'un des plus grands musées d'Allemagne consacré à l'art contemporain. Logé dans des anciens entrepôts en brique rouge sur une île de la Weser, il s'est enrichi de plusieurs collections privées et permet d'avoir une vision globale sur l'art contemporain de ces quarante dernières années.

Musée d'Outre-Mer (Überseemuseum) Plan 1

Bahnhofsplatz 13 - ✆ 0421 16 03 81 01 - www.uebersee-museum.de - tlj sf lun. 9h-18h (w.-end 10h) - fermé 1er janv., 1er Mai, 24,25 et 31 déc. - 6,50 €, audioguide disponible (allemand ou anglais).

L'ambition initale de ce musée était de présenter la diversité et l'interconnexion entre la nature, le commerce et les cultures humaines. Plus d'un siècle plus tard, le pari est réussi. L'exposition d'objets, les reconstitutions ou les mises en scène (récif coralien, maison traditionnelle japonaise, embarcation), donnent vie aux environnements d'Océanie, d'Asie, d'Afrique ou d'Amérique du Sud. Un espace est consacré à l'évolution des espèces. Accès par un pont intérieur à l'Übermaxx, où sont exposées les réserves du musée.

Cité des sciences Universum

(Universum Science Center Bremen) Hors Plan 1

Wienerstraße 1a - ✆ 0421 36 460 - www.universum-bremen.de - lun.-vend. 9h-18h, w.-end et j. fériés 10h-19h - 16 € (5 € 1h30 av. fermeture). Le musée est très fréquenté le matin par les écoliers. Visite recommandée l'apr.-midi ou le w.-end.

Le quartier Schnoor dans la vieille ville de Brême.
Manfred Bail/age fotostock

L'entrée se fait par la SchauBox, qui abrite les expositions temporaires. Par un pont transparent, on accède au Science Center en forme de moule géante. Là, on peut facilement rester la journée entière : des centaines d'installations interactives dévoilent les secrets de l'univers, de la Terre et du corps humain. On peut expérimenter un tremblement de terre, déclencher une tempête de sable ou un tsunami, tester son équilibre, sa résistance au fou rire, apprendre à se repérer comme les aveugles.

À proximité Carte de région B2

Bremerhaven

58 km au nord.

L'avant-port de Brême fut fondé en 1827 à l'embouchure de la Weser. La moitié de la flotte de pêche d'Allemagne y est amarrée, mais Bremerhaven est avant tout un important port de containers.

★★ **Musée allemand de la Navigation** (Deutsches Schiffahrtsmuseum) – *Hans-Scharoun-Platz 1 - ✆ 0471 48 20 70 - www.dsm.national.museum - ♿ - tlj 10h-18h (nov.-mars : fermé lun.), 24-25 et 31 déc. - 6 €.* Les expositions permanentes de ce musée retracent les évolutions des techniques du Moyen Âge à nos jours. La section en plein air présente un ensemble unique de bateaux, témoins de l'histoire de la navigation allemande.

Parmi les autres musées de Bremerhaven, le **musée de l'Émigration** *(Deutsches Auswandererhaus) - Columbusstraße - www.dah-bremerhaven.de - tlj sf lun. 10h-18h (nov.-mars 17h) - 10,50 €, billet combiné avec le musée allemand de la Navigation 13 €.* Entre 1830 et 1974, plus de sept millions de personnes sont parties de Bremerhaven pour émigrer aux Amériques. Ce musée retrace leur odyssée à travers des installations interactives, documents et reconstitutions. Son centre d'archives moderne permet aux visiteurs de rechercher leurs ancêtres.

NOS ADRESSES À BRÊME

TRANSPORTS

Bremer Erlebnis CARD – Carte valable 1 ou 2 jours (9,50 € et 11,50 €) pour un adulte et 2 enfants de moins de 14 ans (18,50 € et 22,90 € pour 2 à 5 personnes). Elle donne l'accès gratuit aux transports en ville et dans la province, ainsi que de nombreuses réductions, en particulier dans les musées.

Radstation – *Am Hauptbahnhof - ✆ 0421 70 11 79 - www.adfc-bremen.de et www.happy-rikscha-bremen.de.* Location de vélos (9,50 €/24h, 39 €/semaine). Possibilité aussi de louer des *rickshaws*, avec ou sans chauffeur.

VISITE

Visite des ports

Toutes les croisières partent de l'embarcadère Martini situé près de l'église St-Martin.

Descente de la Weser et visite du port (1h15) : *mai-sept. : 10h15, 11h45, 13h30, 15h15, 16h45 ; oct.-avr. : 11h45, 13h15, 15h15 et w.-end à 10h15 et 16h45. 8 €.*

Excursions en barcasse traditionnelle (barque à tourbière) : *mars-oct. - ✆ 018 05 10 10 30.*

HÉBERGEMENT

BUDGET MOYEN

Bölts am Park – Hors Plan 1 - *Slevogtstraße 23 - ✆ 0421 34 61 10 - www.hotel-boelts.de - 16 ch. 89 €* ☕. Comme son nom l'indique, cette petite pension très calme se situe dans un parc. Chambres soignées, belle salle de petit-déjeuner avec cheminée et vue sur le petit jardin à l'arrière. Deux chambres moins chères avec WC et douche sur le palier.

Hotel Buthmann – Plan 1 - *Löningstraße 29 - ✆ 0421 32 63 97 - www.hotel-buthmann.de - 10 ch. 85 €* ☕. Petite pension proche de la gare. Chambres avec meubles en bois naturel ; décoration sobre, propre et soignée. Prix raisonnables. D'autres hôtels de catégorie similaire dans cette rue.

Hotel Classico – Plan 2 - *Am Markt 17 - ✆ 0421 24 40 08 67 - www.hotel-classico-bremen.de - P - 4 ch. 99/129 € - ☕ 6,50 €.* Quatre jolies chambres aux noms aussi évocateurs que « Moulin Rouge » ou « Alexandre le Grand » dans ce minihôtel-boutique donnant sur la place du Marché. Agréable café au rez-de-chaussée, qui sert des pâtisseries maison.

Hotel Hanseat – Plan 1 - *Bahnhofsplatz 8 - ✆ 0421 14 688 - www.hotel-hanseat.de - 33 ch. 115/140 €* ☕. Chambres fonctionnelles et propres dans cet hôtel situé juste en face de la gare et à quelques mètres du Musé de l'Outre-Mer. Préférer les chambres sur cour. Service accueillant et copieux petit-déjeuner.

POUR SE FAIRE PLAISIR

Hilton Bremen – Plan 2 - *Böttcherstraße 2 - ✆ 0421 369 60 - www.hilton.com - P 🏊 - 235 ch. 136 €* ☕. Hôtel de grand standing autour d'un atrium vitré, qui communique avec la Böttcherstraße via la maison Atlantis.

Hotel-Bateau Perle – Hors Plan 1 - *An der Schlachte 103a - ✆ 0421 336 598 50 - www.hotelschiff-perle-bremen.de - 2 ch. 124/164 €* ☕. Hébergement pour le moins original dans ce charmant petit bateau amarré sur la Weser. Réservation indispensable, ou s'adresser à l'Hotel Stadt Bremen Garni *(Heinkenstr. 3-5 - ✆ 0421 949 410).*

UNE FOLIE

Überfluss Hotel – Hors Plan 1 - *Langenstraße 72 - ✆ 0421 32 28 60 - www.hotel-ueberfluss.de - P 🏊 - 50 ch. à partir de 165 € ☕.* Décor sophistiqué, bois précieux, éclairages étudiés et détails soignés dans cet hôtel design donnant sur la Weser. Accueil professionnel et souriant.

Park Hotel – Hors Plan 1 - *Im Bürgerpark - ✆ 0421 340 80 - www.park-hotel-bremen.de - P 🏊 - 150 ch. à partir de 135 € ☕.* On devine le luxe et le caractère exclusif de l'endroit dès que l'on pénètre dans la somptueuse salle coiffée d'un dôme de cette ancienne maison de campagne. Les suites à la décoration personnalisée sont somptueuses. Espace remise en forme, avec bains turcs et piscine extérieure chauffée.

RESTAURATION

PREMIER PRIX

Ständige Vertretung – Plan 2 - *Böttcherstraße 3-5 - ✆ 0421 32 09 95 - www.staev.de - 16/36 €.* Les murs de cette brasserie populaire, nichée au cœur de la Böttcherstraße, sont tapissés de photos retraçant l'histoire de l'Allemagne avant la réunification. En effet, Ständige Vertretung (Stäv, pour les intimes) signifie « représentations permanentes », l'équivalent des ambassades qui existaient avant la chute du mur à Bonn et Berlin-Est. Cuisine traditionnelle allemande et spécialités de poisson à prix raisonnables.

Weser Haus – Hors Plan 1 - *Hinter der Mauer 5 - ✆ 0421 246 390 00 - www.weserhaus-bremen.de - 17/32 €.* Ce café-restaurant a la particularité d'être également un studio de télé : vous aurez peut-être la chance de vous retrouver figurant dans une émission pendant votre pause café. Grande terrasse ombragée en bordure de la Weser, avec des fauteuils en osier *(Strandkörbe)*, caractéristiques de la côte.

Paulaner's – Plan 1 - *Schlachte 30 - ✆ 0421 169 06 91 - www.paulaners.de - réserv. conseillée - 16/32 €.* Établissement agréable à la décoration rustique. Service efficace et aimable. L'un des plus beaux *Biergarten* du centre-ville, à proximité directe de la Weser. Nombreux plats bavarois au menu.

Aioli – Plan 2 - *Schnoor 3-4 - ✆ 0421 323-839 - www.aioli-bremen.de - 19/31 €.* L'ambiance est chaleureuse dans ce bar à tapas du quartier du Schnoor, où l'on sert également des plats de poisson et de viande.

Kaffee Mühle – Plan 1 - *Am Wall 212 - ✆ 0421 144 66 - www.muehle-bremen.de - 15/43 €.* Charmant restaurant installé dans le seul moulin qui subsiste encore à Brême, au cœur du jardin Wallanlagen. Le service est rapide et souriant, dans un cadre agréable aux couleurs chaudes. Formules économiques à midi, choix de boissons d'hiver (grogs, vins chauds…) et copieux buffet pour le brunch du dimanche.

Ristorante da Francesco – Plan 2 - *Martinistraße 12 - ✆ 0421 244 26 03 - 10/20 €.* On peut déguster sa pizza en profitant du soleil sur la grande terrasse en bordure de la Weser, très fréquentée aux beaux jours.

BUDGET MOYEN

Katzen-Café – Plan 2 - *Schnoor 38 - ✆ 0421 32 66 21 - www.katzen-cafe.de - 22/52 €.* Atmosphère chaleureuse et service attentionné dans ce restaurant avec jeu de terrasses sur différents niveaux, et ses nappes en vichy rouge. Carte, internationale pour tous les goûts : *schnitzels*, merguez, bouillabaisse, spaghetti arrabbiata, steak argentin, coq au vin, grillade de poissons…

Comturei – Plan 2 - *Ostertorstraße 30 - ✆ 0421 32 50 50 - www.restaurant-comturei-bremen.de - 15/25 €.* On dîne ici dans une cave voûtée datant du 13e s., aménagée de façon rustique et cosy. Cuisine traditionnelle, et spécialités de poissons et crabes.

POUR SE FAIRE PLAISIR

Bremer Ratskeller – Plan 2 - *Am Markt - ✆ 0421 32 16 76 - www.ratskeller-bremen.de - 19/40 €.* Superbe restaurant dans les caves de l'hôtel de ville. Sur le côté de la salle principale 6 *Priölkens*, petits compartiments nichés dans les boiseries, idéal pour repas en tête à tête. Ne sert que des vins allemands (carte exceptionnelle portant sur 600 crus environ).

UNE FOLIE

La Terrasse im Park Hotel – Hors Plan 1 - *Im Bürgerpark - ✆ 0421 340 80- www.park-hotel-bremen.de - mar.-sam. le soir uniquement - 90/103 €.* Dans cet élégant restaurant, dépendant de l'hôtel du même nom, le chef Heiko Schulz utilise des produits de qualité pour créer des plats à la fois classiques et au goût du jour, servis par une équipe professionnelle.

PETITE PAUSE

F. L. Bodes – *Bischofsnadel 1-2 (ruelle qui mène de Wallanlagen à Domshof) - ✆ 0421 32 41 44 - www.bodes.de - mar.-jeu. 8h-18h, vend. 8h-18h30, sam. 8h-15h - fermé dim., lun. et j. fériés.* Poissonnerie et snack-bar proche du centre-ville. Vous y dégusterez fruits de mer et poissons à la carte ou les choisirez parmi la sélection proposée ou encore directement sur les étals. Évitez les heures de grande affluence entre 11h30 et 14h.

Konditorei Knigge – *Sögestr. 42-44 - ✆ 0421 1 30 60 - www.knigge-shop.de - lun.-sam. 9h-18h30, dim. 12h-18h.* Le salon de thé classique de Brême. Les spécialités de la maison sont le « Bremer Klaben », un gâteau aux raisins et la tarte des capucins.

Alex – *Domshof 16 - ✆ 0421 32 26 70 - www.alexgastro.de.* Cube de verre et d'acier au double toit couvrant la terrasse sur la place de la cathédrale. Snack-bar jeune et branché.

Café Tölke – *Schnoor 23 - ✆ 0421 32 43 30.* Charmant petit salon de thé qui semble tout droit sorti d'une maison de poupée. On y déguste des spécialités de pâtisseries autrichiennes faites maison.

Café Sand – *Strandweg 106 - ✆ 0421 55 60 11 - www.cafe-sand.de.* C'est l'endroit idéal pour venir paresser en famille un jour d'été, boire un verre en fin de journée ou bruncher le dimanche (8 €). Grande terrasse en bois, quelques tables et *Strandkörbe* disséminés sur la plage de sable. Pour y accéder, traverser le pont Wilhelm Kaisen puis longer la Weser vers le sud, ou bien prendre la navette sur l'Osterdeich, en face du n° 43.

EN SOIRÉE

Bon à savoir – Vous trouverez une grande concentration de bars, de restaurants et de petites boutiques dans le quartier historique du Schnoor, au sud de la cathédrale. La Schlachte, rive droite de la Weser, est aussi un haut lieu de la gastronomie. En été, de nombreux bars ont l'avantage d'avoir une terrasse en bordure du fleuve.

Journaux – Les mensuels *Mix* (gratuit, disponible dans les restaurants et les bibliothèques), *Bremer* et *Prinz*, qu'on peut acheter en librairie ou dans les kiosques à journaux de la ville, vous seront utiles pour planifier vos soirées.

Café Frei'tag – *Böttcherstr. 3-5 - ✆ 0421 33 78 539 - tlj à partir de 10h (cuisine : 11h30-20h30).* Café-bar au design moderne et élégant dans la maison Robinson-Crusoé de la fameuse Böttcherstraße. En été, la terrasse devant le café permet d'assister au va-et-vient divertissant des passants.

Pannekoekschip Admiral Nelson – *Schlachte Anleger 1 - ✆ 0421 3 64 99 84 - www.admiral-nelson.de - 12h-22h.* À la rescousse ! Des pirates hollandais ont jeté l'ancre dans la Weser près de la vieille ville de Brême… Ils servent des *Pfannkuchen*, ces crêpes épaisses au goût sucré ou salé.

AGENDA

Musikfest Bremen – *Août-septembre.* Important festival de musique classique, de niveau international - *✆ 0421 33 66 99; www.musikfest-bremen.de*

Hanovre

Hannover

519 620 habitants – Basse-Saxe

NOS ADRESSES PAGE 520

S'INFORMER

Office de tourisme – *Ernst-August-Platz 8 - ✆ 0511 12345 111 - www.hannover-tourism.de - lun.-vend. 9h-18h, sam. 10h-15h (avr.-sept. : dim. 10h-15h).*

SE REPÉRER

Carte de région BC3 (p. 484-485) – *cartes Michelin n°s 718 I 6 et 541 I 13.* Hanovre est à mi-chemin entre la Baltique et la mer du Nord, à 129 km au sud-est de Brême. La ville est au point d'intersection des autoroutes A 2 et A 7, à 159 km de Hambourg et 292 km de Berlin.

La capitale de la Basse-Saxe est l'un des principaux centres économiques de l'Allemagne du Nord. Elle accueille de nombreux salons professionnels de renommée internationale et joue également un rôle politique de premier plan au niveau national. Cité verte, largement reconstruite après 1945, établie à fleur d'eau au bord de la Leine et du Mittellandkanal, elle offre de nombreuses possibilités de promenades grâce à ses plans d'eau (Maschsee), son bois municipal et aux célèbres jardins de Herrenhausen.

Découvrir

Se reporter au plan p. 519.

Pour ne rien manquer des principales curiosités d'Hanovre, rien de plus facile : un « Fil rouge » vous mène à travers la ville, sur une longueur d´environ 4 200 m,

LA MAISON DE HANOVRE

Quand la principauté de Hanovre échoit au 17e s. à une branche de la maison de Brunswick et Lüneburg, la cour élit domicile à Hanovre et Herrenhausen s'anime, se transforme. La princesse palatine Sophie, amie des arts et des lettres, fait venir le compositeur Haendel pour de fréquents concerts et le philosophe Leibniz comme bibliothécaire de la cour (il le restera pendant quarante ans). En 1692, la principauté est élevée au rang d'électorat de Brunswick et de Lüneburg.

Le mariage, en 1658, du duc Ernest-Auguste avec cette même princesse Sophie, petite-fille du roi Jacques Ier Stuart, avait donné à la maison de Hanovre des droits sur la couronne d'Angleterre. En 1714, l'électeur George-Louis, fils de la princesse Sophie, devient donc roi d'Angleterre sous le nom de George Ier, tout en conservant son titre d'électeur de Hanovre. En 1814, le congrès de Vienne élève la principauté au rang de royaume. George III, roi d'Angleterre depuis 1760, devient du même coup roi du Hanovre.

L'union personnelle de l'Angleterre et du royaume de Hanovre est abolie en 1837, car la loi salique, qui veut que seuls les prétendants mâles accèdent au trône, s'applique au Hanovre : la reine Victoria monte sur le trône d'Angleterre, tandis que son oncle, Ernest-Auguste, accède à celui de Hanovre. La ville, désormais résidence royale, retrouve alors son éclat d'antan. Mais l'année 1866 amène la chute de la maison de Hanovre et l'annexion du royaume à la Prusse.

depuis le nouvel hôtel de ville (belle vue de la coupole), où l'on peut admirer des maquettes de Hanovre à différentes époques, jusqu'aux jardins de Herrenhausen.

Hôtels de ville (Neues Rathaus et Altes Rathaus)

Le nouvel hôtel de ville (Plan 2) est en partie ouvert au public. Le rez-de-chaussée accueille plusieurs maquettes géantes de la ville du 16e s. à nos jours. Celle de Hanovre après les bombardements de la Seconde Guerre mondiale est particulièrement saisissante. Il est par ailleurs possible de monter au sommet du bâtiment en utilisant un ascenseur unique en son genre, avec des rails qui suivent la courbe du dôme. *✆ 0511 12 34 51 11 - ♿ - de déb. mars à déb. nov. : 9h30-18h30; de déb. nov. à fin déc. : 11h-16h30 - possibilité de visite guidée - fermé 1er janv., 24-26 et 31 déc. - 2,50 €.*

Vous trouverez dans l'hôtel de ville historique **Altes Rathaus** (Plan 1), dont seul le hall est ouvert au public, un restaurant chic : l'Atrium.

★★ **Jardins de Herrenhausen** (Herrenhäuser Gärten) Hors plan, 1

Comptez 1h30. Sortir par Leibnizufer. ✆ 0511 168 47 576 - www.herrenhaeuser-gaerten.de - ♿ - mai-août : 9h-20h, le reste de l'année : fermeture à la tombée du jour - billet combiné Großergarten/Berggarten 5 €.

Situés au nord-ouest de la ville, ils comprennent quatre parcs différents réunis par une allée de tilleuls : la Herrenhäuser Allee, tracée en 1726 *(les automobilistes doivent emprunter la Nienburger Straße).*

★★ **Großer Garten** – Commencé en 1666, il fut façonné et agrandi par la princesse Sophie entre 1680 et 1710; « ce jardin qui est ma vie... », écrivait-elle souvent. La partie la plus ancienne est un parc à la française peuplé de statues allégoriques et de dieux romains. Sur le côté gauche s'étend le théâtre de verdure, tandis qu'à l'opposé on trouve un labyrinthe. Dans la partie sud, les allées rayonnent autour de petites pièces d'eau.

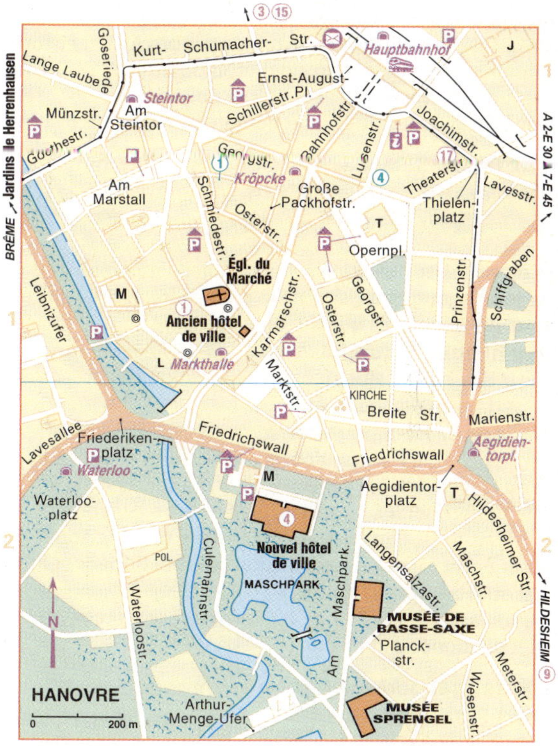

SE LOGER
- CVJM City Hotel ...... ①
- Kastens Hotel Luisenhof ...... ④

SE RESTAURER
- Basil ...... ③
- Broyhan-Haus ...... ①
- Da Vinci ...... ⑨
- Der Gartensaal ...... ④
- Neue Zeiten ...... ⑮
- Röhrbein ...... ⑰

Georgengarten – *✆ 0511 16 99 99 11 - ♿ - avr.-oct. : tlj sf lun. 11h-17h, w.-end. 11h-18h. Fermé Vend. saint, 24 et 31 déc. - gratuit.* Il fut réalisé dans le goût des jardins romantiques à l'anglaise de 1835 à 1841 avec de grandes étendues de pelouses. Au centre s'élèvent un temple dédié à Leibniz et le pavillon Wallmoden, qui accueille le petit **musée Wilhelm-Busch** (Wilhelm-Busch Museum), consacré au poète, illustrateur et humoriste (1832-1908) qui s'est immortalisé comme le précurseur de la bande dessinée avec *Max und Moritz*.

★ **Berggarten** – Les serres de ce jardin botanique abritent environ 2 500 variétés d'orchidées, des cactus et autres plantes « succulentes », ainsi que la flore des Canaries. Au fond de la perspective principale s'élève le mausolée de la maison royale de Hanovre.

Welfengarten – Dans le parc est édifié le château des Guelfes *(Welfenschloss)*, aujourd'hui occupé par l'université. Devant les bâtiments se dresse le cheval de Saxe *(Sachsenroß)*, emblème du Land de Basse-Saxe réalisé par Friedrich Wolff en 1876.

Église du Marché (Marktkirche) Plan 1

Cette église gothique en brique se distingue par un clocher en forme de tour à quatre pignons terminée par un clocheton pointu (14e s.). À l'intérieur, on peut admirer un superbe **retable★★** sculpté polychrome (15e s.) représentant la Passion, de beaux vitraux du 14e s. et des fonts baptismaux de bronze (15e s.).

★ **Musée de Basse-Saxe** (Niedersächsisches Landesmuseum) Plan 2

Willy-Brandt-Allee 5 - ✆ 0511 9807 686 - www.nlmh.de - ♿ - tlj sf lun. 10h-17h (jeu. 19h) - fermé 1er janv., Vend. saint, 1er Mai, 24-25 et 31 déc. - 4 € (gratuit vend. 14h-17h).

La **section de préhistoire★** *(Urgeschichte-Abteilung)* présente d'importants produits de fouilles originaux issus de la préhistoire et de la protohistoire de la Basse-Saxe, dont un corps humain bien conservé.

La **section d'histoire naturelle** *(Naturkunde-Abteilung)* renseigne sur les paysages de la Basse-Saxe ainsi que sur la formation des océans et des continents. Elle est dotée d'un aquarium.

Dans la **galerie de Basse-Saxe** *(Niedersächsische Landesgalerie)* sont évoqués neuf siècles de peinture et de sculpture avec un accent sur les beaux-arts en Allemagne du Moyen Âge à la Renaissance et durant les 19e et 20e s. : Holbein, Cranach, Riemenschneider, Friedrich, Liebermann, Slevogt. Les écoles italiennes du 14e au 18e s., flamande et hollandaise du 17e s. sont représentées d'une part par Botticelli et Tiepolo, d'autre part par Rubens et Ruysdael.

La **section d'ethnographie** *(Völkerkunde-Abteilung)* présente une exposition thématique sur la Nouvelle-Guinée. Beaux objets provenant du Mexique, du Cameroun et d'Indonésie (gamelan).

★ **Musée Sprengel** (Sprengel-Museum Hannover) Plan 2

Kurt-Schwitters-Platz - ✆ 0511 16 84 38 75 - www.sprengel-museum.de - tlj sf lun. 10h-18h (mar. 20h) - 7 €.

Un stabile de Calder, *Le Hallebardier*, posté aux abords du Maschsee, signale ce musée consacré à l'art du 20e s. Parmi les cubistes, remarquez *Les Trois Femmes* (1908) de Picasso. Les peintres du Brücke (Karl Schmidt-Rottluff : *Quatre baigneuses sur la plage*) et ceux du Cavalier Bleu (Kandinsky, Jawlensky, Macke : *Nu au collier de corail*, Marc : *Chevaux et aigle*) sont représentés par des œuvres maîtresses. Admirez plusieurs portraits de Max Beckmann *(Femme au bouquet d'œillets)*.

NOS ADRESSES À HANOVRE

HÉBERGEMENT

Bon à savoir – La ville étant régulièrement le siège de foires internationales, il peut s'avérer indispensable de réserver à l'avance. Par le site de l'OT, on peut réserver tous les hôtels. *✆ 0511 1 23 45 555.*

BUDGET MOYEN

CVJM City Hotel – Plan 1 - *Limburgstraße 3 - ✆ 0511 360 70 - www.cityhotelhannover.de - 47 ch. 85 €* ☕. Agréable hôtel dirigé de manière irréprochable dans la zone piétonne de cette ville de foires. L'aménagement confortable des chambres et de la salle réservée au petit-déjeuner donne à l'endroit de faux airs méditerranéens.

UNE FOLIE

Kastens Hotel Luisenhof – Plan 1 - *Luisenstraße 1 - ✆ 0511 304 40 - www.kastens-luisenhof.de - P - 152 ch. à partir de 125 € ☕ - rest. 29/41 €.* Le confort est omniprésent dans cet hôtel, le plus ancien d'Hanovre (1856). Équipement élégant et personnalisé. De la suite « tour », superbe vue sur la ville.

RESTAURATION

BUDGET MOYEN

Der Gartensaal – Plan 2 - *Trammplatz 2 - ✆ 0511 16 84 88 88 - www.gartensaal-hannover.de - 11h-18h, de mi-mai à mi-sept. : 11h-22h - ♿ - 14/28 €.* Ce restaurant de style bistrot est installé dans un endroit hors du commun : le hall d'entrée sud de l'hôtel de ville. De très hautes fenêtres offrent de superbes vues sur un parc et un étang. L'été, vous pouvez également profiter de la terrasse située devant le restaurant.

Broyhan-Haus – Plan 1 - *Kramerstraße 24 - ✆ 0511 32 39 19 - www.broyhanhaus.de - fermé j. fériés - 22/43 €.* Ce bâtiment, parmi les plus anciennes maisons de la ville, fut édifié dans la seconde moitié du 14e s. Il fut acheté en 1537 par le maître brasseur Cord Broyhan. L'intérieur, aménagé sur 3 étages, s'articule autour de comptoirs et de caves de bière Urbock.

Da Vinci – Hors Plan 2 - *Hildesheimer Str. 228 - ✆ 0511 843 65 56 - www.rist-da-vinci.de - tlj sf dim. - 16/36 €.* Du buffet d'entrées typiques aux plats de viande ou de poisson, en passant par les pizzas et les pâtes maison, toute la carte est italienne.

POUR SE FAIRE PLAISIR

Röhrbein – Plan 1 - *Joachimstr. 6 - ✆ 0511 93 66 17 12 00 - www.clichy.de - fermé dim. - 44/64 €.* Ce restaurant aux allures de bistrot se trouve dans la galerie Luisenpassage. Cuisine régionale savoureuse aux accents bourgeois, service sympathique et décontracté.

Basil – Hors Plan 1 - *Dragonerstr. 30 - ✆ 0511 62 26 36 - www.basil.de - tlj sf dim. 18h30-2h - 30/40 €.* Là où ont été imaginés les dragons royaux sont aujourd'hui cuisinés des plats variés dans un décor de colonnes en fonte et de voûte en brique.

Neue Zeiten – Hors Plan 1 - *Jakobistraße 24 - ✆ 0511 39 24 47- www.restaurantneuezeiten.de - 31/60 €.* Les nombreux habitués de ce restaurant apprécient sa cuisine actuelle et savoureuse aux accents méditerranéens. Des tableaux modernes, régulièrement changés, ornent les murs.

EN SOIRÉE

heimW – *Theaterstr. 6 - ✆ 0511 235 23 03 - www.heim-w.de - 9h-1h (vend.-sam. 2h), dim. 10h-1h.* Café-bar, style années 1970, à l'atmosphère décontractée. Même si vous n'avez pas le mal du pays *(Heimweh)*, l'accueil familial et les plats raffinés, cuisinés en fonction des saisons, justifieront votre halte.

Oscar's – *Georgstr. 54 - ✆ 0511 23 52 434 - www.oscarsbar.de - tlj à partir de 16h.* Bar à cocktails traditionnel à l'intérieur décoré de bois sombre. L'été, vous profiterez de la terrasse sur le trottoir pour déguster l'un des 200 whiskys ou autres boissons avec ou sans alcool de la carte. Cadre idéal pour terminer la visite de la ville. *Happy hour* 16h-20h.

Celle

★★

70 750 habitants – Basse-Saxe

NOS ADRESSES PAGE 524

S'INFORMER

Office de tourisme – *Markt 14-16 - ✆ 051 41 12 12 - www.celle.travel - mai-sept. : 9h-18h, sam. 10h-16h, dim. 11h-14h ; oct.-avr. : tlj sauf dim. 9h-17h, sam. 10h-13h.*

SE REPÉRER

Carte de région C3 (p. 484-485) – *cartes Michelin n°s 718 I 6 et 541 I 14.* Celle se trouve à 40 km au nord-est de Hanovre, par l'autoroute A 37 qui se prolonge par la B3.

Jadis résidence des ducs de Brunswick-Lüneburg, Celle a gardé le cachet d'une cité aristocratique. Ses remarquables maisons à colombages sont restées intactes au fil des siècles, échappant miraculeusement aux ravages des guerres, et son château a été magnifiquement restauré.

Découvrir

★★ LA VIEILLE VILLE

Compter environ 1h pour la découverte du centre historique de Celle.

Riche en maisons à colombages, la vieille ville de Celle forme un harmonieux ensemble essentiellement piéton. Les maisons anciennes sont particulièrement nombreuses dans la Neue Straße, la Zöllnerstraße, la Poststraße (Hoppenerhaus richement sculptée, 1532) et la Kalandgasse, près de l'église (**Alte Lateinschule**, 1602).

Hôtel de ville (Rathaus)

Crépi de couleur claire, l'**hôtel de ville** regroupe différents styles de la Renaissance. Le pignon nord, élevé en 1579 par des artisans venus des bords de la Weser, est bordé de volutes et couronné de pinacles fantaisistes.

★ **Château** (Schloss)

Schlossplatz 1 - ✆ 05 141 12 372 - www.region-celle.de - tlj sf lun. 10h-17h ; visite guidée (en allemand) 11h, 13h, 15h - 5 €, visite guidée 6 €.

La construction de ce château débuta en 1292. Il servit d'abord de fortification à la ville. Transformé dans le style Renaissance en 1530, il fut finalement « baroquisé » à la fin du 18e s. Le dernier duc à y avoir résidé fut Georges Guillaume de Brunswick-Zelle (1624-1705). L'infortunée reine Caroline Mathilde du Danemark y mourut, exilée, en 1775. Elle avait 24 ans.

Le château est flanqué de tours d'angle massives. La façade est, orientée vers la ville, est surmontée de lucarnes à fronton arrondi, tout à fait dans le style de l'art Renaissance de la Weser.

La **chapelle★** est une œuvre originale de la Renaissance : ses tribunes sont en partie ouvertes, en partie vitrées. Le tableau d'autel représentant la Crucifixion est l'œuvre du peintre flamand Martin de Vos (1532-1603), qui dirigea l'aménagement de la chapelle à la fin du 16e s. Le **théâtre**, construit en 1674 sur le modèle italien, passe pour être le plus ancien théâtre de cour d'Allemagne. L'aile est accueille une section du musée Bomann consacrée à l'histoire du royaume de Hanovre.

★ Musée Bomann (Bomann-Museum)

Schlossplatz 7 - ✆ 05 141 12 372 - www.bomann-museum.de - ♿ - tlj sf lun. 10h-17h - fermé 24,25 et 31 déc. - 5 € (gratuit le vendredi).
Cet intéressant musée de style Art nouveau évoque la vie quotidienne et les métiers traditionnels de la Basse-Saxe. On peut y voir, entre autres, l'intérieur reconstitué d'une ferme (1571) de la lande de Lüneburg. Des « chefs-d'œuvre » et des coupes en argent et en étain rappellent les anciennes guildes de Celle.

★ Église (Stadtkirche)

Cette église primitivement gothique a été « baroquisée » par des stucateurs italiens entre 1676 et 1698. Noter l'**autel** (1613), où se combinent ornements Renaissance et éléments baroques, les stalles des princes (1565-1566) sous l'orgue et les fonts baptismaux (1610). Dans le **caveau des princes** *(sous le chœur)* reposent les ducs de Brunswick de la branche de Celle.

À proximité Carte de région C3

★ Couvent Wienhausen (Kloster Wienhausen)

10 km au sud. An der Kirche 1 - ✆ 05 149 18 660 - www.kloster-wienhausen.de - visite guidée (en allemand, sur demande en anglais ou en français) - 4 €. Cet ancien **couvent** de moniales cisterciennes fut fondé en 1233. Occupé depuis la Réforme par une petite communauté de chanoinesses protestantes, il abrite des trésors de valeur, parmi lesquels la statue de pierre de la fondatrice (1280) et les statues en bois de la Vierge de Wienhausen et du Christ Ressuscité (13e s.). Le **chœur des moniales** est décoré de splendides **peintures murales★** du début du 14e s. Une fois par an, à partir du vendredi suivant la Pentecôte, les célèbres **tapisseries de Wienhausen** (1300-1500), exécutées par les anciennes nonnes, sont exposées pendant onze jours.

Bergen-Belsen

25 km au nord-ouest. ✆ 05 051 47 590 - http://bergen-belsen.stiftung-ng.de
Dans la solitude d'une clairière se dresse le **mémorial** rendant hommage aux victimes du camp de concentration de Bergen-Belsen, érigé en 1946. À l'entrée se trouve le **centre de documentation** qui abrite une exposition permanente retraçant l'histoire du camp.
Le monument – *45mn à pied AR au départ du parc de stationnement.* Passant à côté de tumulus qui marquent l'emplacement des fosses communes, on atteint le monument de tuf clair : un obélisque, portant des inscriptions en treize langues, honore la mémoire des victimes de la politique d'extermination menée par les nazis.

NOS ADRESSES À CELLE

HÉBERGEMENT

BUDGET MOYEN

Hotel Am Hehlentor – *Nordwall 62 - ✆ 05141 885 69 00 - www.hotel-am-hehlentor.de* - 🅿 - *16 ch. 95/120 €* ☕. L'intérieur de cette charmante maison à colombages est plutôt moderne. On peut déjeuner dans la cour intérieure l'été.

RESTAURATION

BUDGET MOYEN

Weinkeller Postmeister von Hinüber – *Zöllnerstraße 25 - ✆ 05141 284 44 - www.weinkeller-celle.de - fermé 3 sem. en juil.-août, dim. et lun. - 23/37 €*. L'intérieur de cette maison à colombages historique surprend par son cadre coquet. C'est une belle taverne rustique dotée d'une cave en brique.

POUR SE FAIRE PLAISIR

Historischer Ratskeller – *Markt 14 - ✆ 05141 290 99- www.ratskeller-celle.de - 24/29 €*. Les salles aux voûtes gothiques rappellent les temps anciens. Plats régionaux et internationaux.

Wolfenbüttel

★★

53 800 habitants – Basse-Saxe

NOS ADRESSES PAGE 527

S'INFORMER

Office de tourisme – *Stadtmarkt 7 - ✆ 053 31 862 80 - www.wolfenbuettel-tourismus.de - 10h-18h, sam. 10h-14h (mai-sept. : dim. 10h-14h).*

SE REPÉRER

Carte de région C4 (p. 484-485) – *cartes Michelin nos 718 J 6 et 541 J 15.*
Wolfenbüttel se trouve au sud-est de Hanovre, accessible par l'autoroute A 2 (50 km environ) avant de continuer sur la A 391.

À NE PAS MANQUER

Le centre historique.

ORGANISER SON TEMPS

Comptez une demi-journée.

Sortie intacte de la Seconde Guerre mondiale, la charmante cité de Wolfenbüttel possède un ensemble exceptionnel de maisons Renaissance. Elle fut pendant trois siècles, jusqu'au transfert de la cour à Brunswick en 1753, une résidence régulière des ducs de Brunswick et Lüneburg qui surent s'entourer des meilleurs architectes. Wolfenbüttel a également attiré artistes, poètes et compositeurs.

Découvrir

★★ Maisons à colombages

Elles forment un ensemble pittoresque reflétant dans sa diversité la structure sociale de Wolfenbüttel au temps des ducs. Les demeures des hauts fonctionnaires de la cour, construites autour de 1600, présentent une façade majestueuse, soulignée par des avancées flanquant l'entrée principale. On les trouve dans la Kanzleistraße, la Reichsstraße et l'ouest de la Harzstraße. Remarquer au n° 12 de la Harzstraße les figures grotesques baroques, ainsi que les versets de l'Ancien Testament. La décoration est plus abondante sur

LA VILLE DE LA JÄGERMEISTER

La *Jägermeister* (« Maître Chasseur ») a été inventée à Wolfenbüttel en 1935. Cette boisson alcoolisée au goût unique se compose de 56 plantes, racines et extraits de fruits que l'on fait mûrir pendant douze mois. Le cerf sur l'étiquette fait référence à saint Hubert, patron des chasseurs. Selon la légende, au 7e s. de notre ère, le roi Hubert se détourna des fastes de la royauté, après la mort de son épouse Floribana, pour s'adonner à la chasse. Lors d'une de ses escapades, un cerf avec une croix flottant entre ses bois lui apparut. Cette vision inspira la vocation du saint qui abandonna son titre et ses richesses pour fonder plusieurs monastères.

les maisons des petits fonctionnaires et des commerçants ; leur façade plus large et plus aplatie est dominée par un pignon unique (Lange Herzogstraße, Brauergildenstraße, Holzmarkt, Krambuden). Les maisons les plus simples (Krumme Straße, Stobenstraße) ne comportent que deux niveaux souvent joliment décorés de motifs polychromes en éventail.
Les maisons d'angle à oriels peu saillants sont une particularité de la ville. La place centrale *(Stadtmarkt)* est l'ensemble le plus homogène de ces maisons à colombages.

★ **Place du Marché** (Stadtmarkt)

Les maisons bourgeoises bordant les côtés nord et ouest (16e s.-17e s.) de la **place du Marché** forment l'hôtel de ville. Le poids municipal est reconnaissable à son portail surmonté de la sentence du roi Salomon et des armes de la ville.
La statue du duc Auguste le Jeune (1635-1666) honore l'un des princes les plus cultivés de la dynastie de Brunswick-Wolfenbüttel.

★ **Château** (Schloss)

✆ 05 331 92 460 - www.wolfenbuettel.de/fmis - tlj sf lun. 10h-17h - 3,50 €.
On accède au **château** par l'amusante rue étroite à arcades dénommée Krambuden. Ancien château fort du 12e s. conquis par Henri le Lion, il subit de très nombreuses transformations avant de devenir le deuxième plus grand château de Basse-Saxe (après le *Leineschloss*, à Hanovre), paré d'une belle **tour★** Renaissance et d'une magnifique façade baroque. Cette résidence guelfe fut, aux 16e et 17e s., grâce à ses ducs mécènes, le centre culturel du Land.
Appartements princiers – *Accès par la cour intérieure et l'escalier principal.* Le musée du château abrite les appartements princiers officiels de la période 1690-1750. Meubles précieux, tapisseries, tableaux et belles porcelaines donnent un bon aperçu de l'art de l'habitat à l'époque du baroque rayonnant et flamboyant, comme les magnifiques murs en marqueterie incrustée d'ivoire du cabinet de la duchesse.

★ **Bibliothèque Herzog-August** (Herzog-August-Bibliothek)

Lessingplatz 2 - ✆ 05 331 80 80 - www.hab.de - tlj sf lun. 10h-17h - fermé 1er janv., Vend. saint, 24-25 et 31 déc. - 3 €.
Fondée en 1572 par le duc Auguste le Jeune, la **bibliothèque** fut au 17e s. la plus importante d'Europe. Centre actif de recherche, elle abrite quelque 860 000 volumes, dont de précieux manuscrits et enluminures du Moyen Âge (rare exemplaire du *Miroir des Saxons*, 14e s., et précieux **évangéliaire d'Henri le Lion**, 12e s.) exposés dans la *Augusteer-Halle*, nouvelle salle du trésor. Dans la salle des globes, deux globes, un terrestre et un céleste, des cartes et un portulan (carte marine) renseignent sur les connaissances géographiques des 15e, 16e et 17e s.

Maison de Lessing (Lessinghaus)

Lessingplatz 2 - ✆ 05 331 80 80 - www.hab.de - ♿ - tlj sf lun. 10h-17h - fermé 1er janv., Vend. saint, 24-25 et 31 déc. - 3 €.
Lessing, le grand dramaturge, passa dix ans de sa vie dans ce pavillon (1770-1781) comme bibliothécaire de la cour. Il y écrivit notamment *Nathan le Sage*. À l'intérieur de la maison, les pièces ont été aménagées en musée et évoquent l'artiste et son époque.
À côté se dresse l'**Arsenal** *(Zeughaus)*, construction Renaissance aux pignons à décrochements flanqués de volutes et d'obélisques. Beau portail à bossages sur la façade ouest.

Église évangélique (Hauptkirche)
Tlj sf lun. 10h-12h, 14h-16h.
Elle fut élevée en 1608 sur le Kornmarkt. Sa construction fut influencée par l'architecture du gothique flamboyant.

Église de la Trinité (Trinitatiskirche)
Mar. 11h-13h, merc. 11h-13h et 14h-16h, jeu. 15h-17h, sam. 11h-16h.
L'**église de la Trinité** ferme le *Holzmarkt*, à l'est. Elle fut construite en 1719 en réutilisant une porte de ville à deux tours, d'où sa curieuse silhouette très aplatie.

À proximité Carte de région C3

★★ Autostadt

50 km au nord-est, à Wolfsburg, au nord du centre-ville. ✆ 053 61 400 (depuis l'étranger) ou 0800 288 678 238 - www.autostadt.de - ♿ - 9h-18h - fermé 24 et 31 déc. - 15 € (22 € pour 2 pers.).
Cette « ville de la voiture » de 25 ha, aménagée par le groupe Volkswagen à proximité immédiate de ses ateliers de production, se caractérise par ses beaux plans d'eau et de verdure, parsemés de constructions à l'architectonique impressionnante. Tout est en rapport avec la voiture, son histoire, ses valeurs, ainsi que son avenir.
Lorsque le visiteur s'aventure dans cette cité par le **KonzernForum** (forum du groupe), il pénètre dans un monde marqué par les techniques les plus modernes, où cinémas, simulateurs et installations virtuelles se succèdent. L'**AutoLab** (laboratoire automobile) se concentre sur la fabrication et les techniques des véhicules. La **Zeithaus** (maison du Temps) est consacrée à l'histoire de l'automobile, abritant des voitures célèbres (coccinelle de John Lennon), et évoque l'histoire du succès de la marque VW. Dans le **KundenCenter** (Centre des clients), avec les tours automobiles (**AutoTürmen**) éclairant la nuit, des voitures à peine sorties de l'usine sont même à votre disposition.
Des installations spéciales ont aussi été prévues pour les enfants que vous pourrez laisser en toute confiance. Restaurants, cafétérias et hôtel cinq étoiles complètent le tableau de cette ville d'un autre genre. Du lundi au vendredi, possibilité de visite guidée de l'immense usine Volkswagen *(45mn, 5 €; 2h, 11 €)*.

NOS ADRESSES À WOLFENBÜTTEL

HÉBERGEMENT

BUDGET MOYEN

« Bayrischer - Hof » Hotel – *Brauergildenstraße 5 - ✆ 05 331 50 78 - www.bayrischer-hof-wf.de - 17 ch. 77 € ☕ - restaurant 15/26 €.* Les chambres, toutes différentes, occupent une belle maison à colombages du 16e s. Certaines donnent sur la place et l'église évangélique.

Parkhotel Altes Kaffeehaus – *Harztorwall 18 - ✆ 05 331 88 80 - www.parkhotel-wolfenbuettel.de - P - 74 ch. 108 € ☕ - restaurant 13/39 €.* Hôtel au confort moderne et aux chambres soignées. Déjeuner dans le restaurant très lumineux ou la grotte des vins *(Weingrotte)*.

Goslar

★★

41 790 habitants – Basse-Saxe

NOS ADRESSES PAGE 532

S'INFORMER

Office de tourisme – *Markt 7 - ✆ 053 21 780 60 - www.goslar.de - avr.-oct. : 9h15-18h, sam. 9h30-16h, dim. 9h30-14h ; nov.-mars : tlj sf dim. 9h15-17h (14h sam.).*

SE REPÉRER

Carte de région C4 (p. 484-485) – *cartes Michelin nos 718 J 7 et 541 K 15.* Goslar est à 83 km au sud-est de Hanovre par l'autoroute A 7.

À NE PAS MANQUER

Le palais impérial *(Kaiserpfalz)* et le spectacle du carillon sur la place du Marché (4 horaires différents dans la journée, *voir ci-dessous*).

AVEC LES ENFANTS

La visite des installations minières de Rammelsberg en empruntant le chemin de fer de la mine.

Résidence impériale du 11e au 13e s., puis ville hanséatique, la « Rome du Nord » dut son rayonnement à ses gisements d'argent et de cuivre découverts au 10e s. C'est aujourd'hui une destination de week-end très prisée des Allemands. Le centre historique, rescapé des bombardements de la Seconde Guerre mondiale, présente un remarquable ensemble de maisons à colombages. Sa situation en bordure nord-ouest du Harz en fait une base idéale pour partir à la découverte de ce massif. À l'instar de la vieille ville, la mine de Rammelsberg a été classée au Patrimoine mondial de l'Unesco en 1992.

Découvrir

Se reporter au plan page ci-contre.

La vieille ville★★★ de Goslar est essentiellement piétonne.

★ Marktplatz 2

Digne et austère, la **place du Marché** est bordée de maisons aux façades revêtues d'ardoises. Le Kaiserworth et l'hôtel de ville de style gothique, derrière lequel s'élancent les flèches de la **Marktkirche** (12e s.), en sont les édifices les plus remarquables. Au milieu se dresse une **fontaine** à deux grandes vasques en bronze (1230), surmontées par l'aigle impérial couronné, aux ailes déployées. Sur le pignon de la maison située en face de l'hôtel de ville, un **carillon** présente quatre fois par jour l'histoire des mines du Harz, du Moyen Âge à nos jours (*9h, 12h, 15h, 18h).*

★ Hôtel de ville (Rathaus) 2

Il fut construit au 15e s. Suivant la coutume médiévale, le rez-de-chaussée est occupé par une halle s'ouvrant sur la Marktplatz par des arcades à arc brisé.

Un escalier extérieur, côté sud, conduit au premier étage, jusqu'à la **grande salle d'honneur**. La retombée du toit est masquée par une balustrade à pignons décoratifs.

★★ **Salle de l'Hommage** (Huldigungssaal) – *℘ 05 321 78 060 - www.goslar.de - avr.-oct. et déc. : lun.-vend. 11h-15h, w.-end et j. fériés 11h-16h ; janv.-mars : 10h (dans le cadre de la visite guidée de la ville) - 3,50 €.* Aménagée en **salle du conseil municipal** en 1450, elle fut magistralement décorée vers 1510. Au-dessus des boiseries délicatement sculptées, les murs présentent des effigies d'empereurs romains et de sibylles en costume de la Renaissance ; au plafond, des figures de prophètes et d'évangélistes entourent des scènes relatant l'enfance du Christ.Derrière une porte se cache une minuscule chapelle conservant des peintures murales ayant trait à la Passion et le bras-reliquaire de sainte Marguerite (vers 1300). Une vitrine, côté ouest, abrite un magnifique hanap en argent repoussé et vermeil (1477), ainsi que l'évangéliaire de Goslar, précieux manuscrit datant de 1230.

Hôtel Kaiserworth 2

Au nº 3 de la place du Marché, ce joli bâtiment gothique (1494) s'orne d'un oriel à tourelles et de statues baroques d'empereurs surmontées de baldaquins.

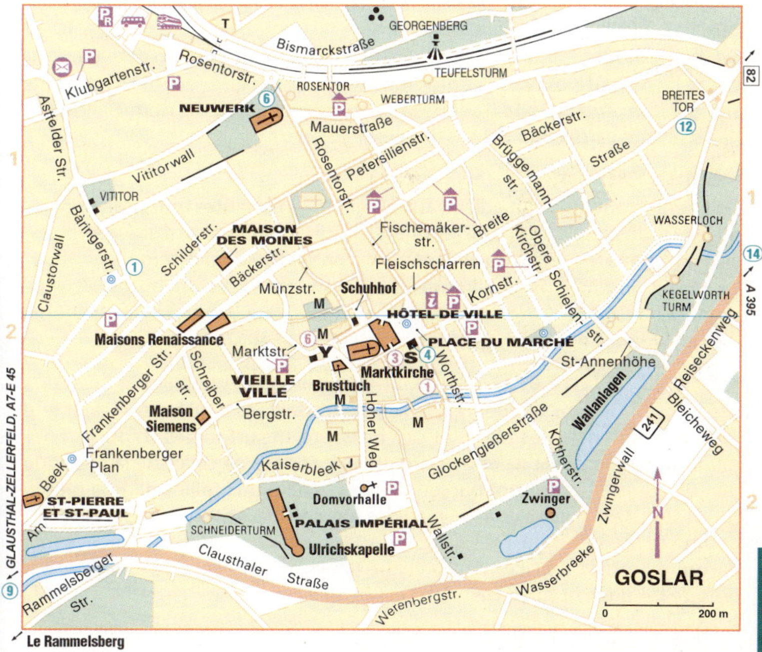

SE LOGER
Die Forest Lodge 9
Goldene Krone 12
Hotel der Achterman 6
Hotel Die Tanne 1
Hotel Kaiserworth 4
Michels Kurhotel Vier Jahreszeiten 14

SE RESTAURER
Aubergine 6
Die Butterhanne 3
Worthmühle 1

Kaiserworth .... S
Maison de la Guilde des boulangers.... Y

6

Au pied de la statue de l'Abondance, sur une arête de pignon, le **Bonhomme aux Ducats** *(Dukatenmännchen)* illustre à sa façon le droit de battre monnaie à Goslar.

★★ Maisons à pans de bois 2

La **Schuhhof**, au nord-ouest de l'hôtel de ville, est entourée de maisons à colombages, dont certaines reposent sur une galerie. Un passage donne accès à l'étroite Münzstraße, où se trouvent l'ancienne auberge **Am Weißen Schwan** et l'**ancienne Monnaie** *(Alte Münze)* datant de 1500 (transformée aujourd'hui en restaurant). La maison située à l'angle de la Münzstraße et de la Marktstraße, avec son splendide oriel à deux étages, date de 1526.

En face de la Marktkirche se dresse l'immense comble aigu du **Brusttuch**, construit en 1526 pour un riche propriétaire de mines et décoré, selon le goût de la Renaissance, d'une foule de motifs bibliques, mythologiques et légendaires. Un peu plus loin, la **maison de la Guilde des boulangers** *(Bäckergildehaus)*, construite entre 1501 et 1557, présente un haut pignon. Les **maisons Renaissance** au carrefour de la Marktstraße et de la Bäckerstraße sont décorées de frises en éventail, fréquentes en Basse-Saxe (n° 2 Bäckerstraße), ou d'une frise d'arcatures aveugles (n° 3 Bäckerstraße).

S'engager dans la Bergstraße qui s'étend en face de la Marktkirche.

Maison Siemens (Siemenshaus) 2

Schreiberstr. 12 - ✆ 05 321 23 837 - ♿ - mar. 9h-12h, jeu. 10h-12h - gratuit.

Cette imposante maison à colombages fut construite en 1693 par Hans Siemens, ancêtre du fondateur de la célèbre firme du même nom. Belle *Däle*, hall d'entrée carrelé qui servait de séjour en été.

★ Église Neuwerk (Klosterkirche Neuwerk) 1

Cette église abbatiale fut édifiée aux 12e et 13e s. Les hautes tours polygonales de la façade comptent parmi les plus élégantes jamais construites pour une église romane. Le décor du chevet est exceptionnellement soigné.

La nef est dominée par des voûtes d'ogives massives, en arc brisé. La balustrade de la tribune d'orgue porte six bas-reliefs provenant de l'ancien jubé, d'une élégance déjà gothique (le Christ, la Vierge et quatre apôtres).

★ Église St-Pierre et St-Paul (Pfarrkirche St. Peter und Paul) 2

Les transformations ultérieures de l'église n'affectèrent guère son caractère roman. À l'intérieur, les piliers et clés de voûte, et surtout les colonnes finement ouvragées de la galerie occidentale, inspirées de celles de la basilique de Königslutter, séduisent par leurs riches ornements taillés dans la pierre. Au-dessus de la galerie et au niveau des fenêtres hautes sont préservées des peintures du début du 13e s. L'autel du 12e s. est orné d'un superbe retable baroque de 1675 issu, comme la chaire (1698), des ateliers de sculpture sur bois de Heinrich et Jobst Heinrich Lessen, de Goslar.

★ Palais impérial (Kaiserpfalz) 2

✆ 05321 311 96 93 - www.goslar.de - avr.-oct. : 10h-17h ; nov.-mars : 10h-16h - 4,50 €.

Le **palais impérial**, érigé sous l'empereur Henri III au milieu du 11e s. et tombé en ruine au cours des siècles, fut reconstitué de 1868 à 1879.

Les peintures dans la gigantesque **salle impériale** évoquent des événements historiques majeurs à l'époque où Goslar était résidence impériale.

La salle communique avec la **chapelle palatine St-Ulrich** (début du 12e s.) dont le plan passe, en élévation, de la croix grecque à l'octogone. La chapelle abrite le tombeau d'Henri III (gisant du 13e s.), dont le cœur est conservé dans le socle.

★ Maison des Moines (Mönchehaus) 1

Une ancienne maison à colombages (1528), la **maison des Moines**, accueille le **musée d'Art moderne**, qui présente des œuvres de Beuys, Hundertwasser, Serra, de Kooning...

Dans le jardin, sculptures de Ernst et Rennertz, ainsi qu'un intéressant mobile de Calder.

Le Rammelsberg Hors plan par 2

Situé au sud-ouest, par la Clausthaler Straße et la Rammelsberger Straße.

Avec ses nombreux gisements, il a assuré la prospérité à Goslar des siècles durant. La mine a été exploitée sans interruption pendant au moins 1 000 ans. Près de 30 millions de tonnes de minerai ont été extraites. Les diverses installations minières peuvent être visitées à pied ou par la voie de chemin de fer de la mine.

LES MINES

Fondée en 922 par Henri Ier, Goslar a longtemps dû sa prospérité aux richesses minières du Harz, et plus particulièrement aux mines du **Rammelsberg** *(www.rammelsberg.de)* exploitées au Moyen Âge pour la production du plomb et de l'argent. Elle connut son apogée aux 15e et 16e s. ; de cette époque date une grande partie des maisons bourgeoises du centre-ville. La cession des mines aux ducs de Brunswick, vers le milieu du 16e s., entraîna un déclin économique. Aujourd'hui, Goslar vit principalement du tourisme, qui ne cesse de se développer. Le quartier de **Hahnenklee-Bockswiese** constitue une station de sports d'hiver très prisée.

À proximité Carte de région BC4

★★ HANN. MÜNDEN

108 km au sud-ouest.

Office de tourisme – *Lotzestraße 2 (à l'hôtel de ville) - 055 41 753 13 - www.hann.muenden-tourismus.de - mai-oct. : 9h30-18h, sam. 10h-15h, dim. 11h-14h ; oct.-avr. : lun.-jeu. 9h30-16h, vend. 9h30-13h.*

La belle cité de Hann. Münden, établie au confluent de la Fulda, de la Werra et de la Weser, outre sa situation exceptionnelle, peut compter sur un centre historique remarquable où abondent les maisons à colombages soigneusement restaurées.

★ La vieille ville

Elle comporte plus de 700 **maisons à colombages★★** qui témoignent de six siècles d'architecture. Les plus remarquables bordent les rues situées entre l'hôtel de ville et la Werra. Les donjons et les ruines des fortifications donnent une touche finale au charme dégagé par ce joyau de l'art médiéval.

★ Hôtel de ville (Rathaus)

La façade principale de l'**hôtel de ville** est caractéristique du style Renaissance de la Weser *(voir Hameln, encadré p. 536)* avec ses volutes, ses pyramides et ses pignons décorés de statues.

À LA CONFLUENCE DES FLEUVES

Hann. Münden est construite au fond d'une vallée boisée, là où la Fulda et la Werra s'unissent pour former la Weser (« où Werra et Fulda, à vouloir s'embrasser, leurs noms durent laisser »). Des fouilles ont révélé qu'une colonie existait déjà au temps de Charlemagne. La fondation proprement dite de la ville remonte à Henri le Lion. Le droit d'étape, dont elle jouit de 1247 à 1823, fut la source d'une prospérité dont témoigne encore le très bel ensemble de maisons à colombages du centre historique.

À l'origine, la localité portait le nom de Münden ; au 18e s., on commença à parler de Hannoversch Münden, pour éviter la confusion avec la ville prussienne de Minden *(Preussisch Minden)*. Les postes introduisirent en 1870 l'appellation Hann. Münden, à laquelle se rallia en 1909 l'administration des chemins de fer. Ce n'est qu'en 1991 que le conseil municipal adopta officiellement la désignation Hann. Münden.

Musée municipal du château Guelph

Schloßplatz 5 - ✆ 05541 75 202 - merc.-vend. 10h-12h, 14h30-17h ; sam. 10h30-12h, 14h30-16h ; dim. 10h-12h30 - visites guidées de mai à sept. le vend. apr.-midi (en allemand, réserver à l'avance pour l'anglais) - ♿ - 1,70 €.

Petit musée sur l'histoire de la ville qui revêt un grand intérêt lors des visites guidées de l'hôtel de ville et du château, avec les salles de la Renaissance et celle du Cheval blanc.

Église St-Blaise (St-Blasiikirche)

La tour hexagonale de l'église St-Blaise domine son toit à forte pente. À l'intérieur, transformé en halle gothique à la fin du 15e s., on remarque surtout : dans le collatéral droit, le tombeau du duc Guillaume de Brunswick (mort en 1503) ; à gauche du chœur, l'épitaphe de son fils et, dans le bas-côté gauche, une cuve baptismale du 14e s.

NOS ADRESSES À GOSLAR

VISITES

Plusieurs possibilités de visites guidées de la ville à pied, en petit train et en voiture à cheval.

MuseumSpass – Il permet de visiter les 5 musées de la ville.

HÉBERGEMENT

PREMIER PRIX

Die Forest Lodge – Hors Plan par 2 – *Clausthaler Str. 19 - ✆ 03 94 57 97 60 - P - 4 ch. 44/50 € - ☕ 7 €.* À l'extérieur de la ville, charmant chalet en bois avec quelques chambres et de la verdure. Petit-déjeuner bio, à prendre sur la terrasse en été.

Hotel Die Tanne – Plan 1 – *Bäringer Straße 10 - ✆ 05321 343 90 - www.die-tanne.de - P - 25 ch. 65/100 € ☕.* Classée monument historique, la façade en schiste de cette maison de la vieille ville cache des chambres confortables. À l'extérieur, des petites ruelles romantiques invitent à la flânerie.

BUDGET MOYEN

Michels Kurhotel Vier Jahreszeiten – Hors Plan par 1 – *Herzog-Julius-Straße 64b, 38667 Bad Harzburg - ✆ 05 322 78 70 -* P 🏊 *- 74 ch. à partir de 80 €* ☕ *- restaurant 25/35 €.* Une rénovation complète a permis de « redonner vie » à cet ancien établissement thermal. Son architecture historique et son intérieur moderne se combinent harmonieusement. Le restaurant est aménagé dans le style d'un élégant salon de thé.

Goldene Krone – Plan 1 – *Breite Straße 46 - ✆ 05321 344 90 - www.goldene-krone-goslar.de -* P *- 16 ch. 75/120 €* ☕. Petit établissement familial situé en plein centre, dans une maison à colombages de 1733. Vous pourrez y organiser vos activités dans les environs.

POUR SE FAIRE PLAISIR

Hotel Der Achtermann – Plan 1 – *Rosentorstraße 20 - ✆ 05321 700 00 - www.der-achtermann.de -* P 🏊 *- 154 ch. 109 €* ☕. Tout près de la zone piétonne et de la gare, hôtel élégant avec des chambres fonctionnelles et bien équipées. Piscine intérieure et spa. Le restaurant est de style allemand traditionnel.

Hotel Kaiserworth – Plan 2 – *Markt 3 - ✆ 05 321 70 90 - www.kaiserworth.de - 66 ch. à partir de 122 €* ☕. Superbe demeure de 1494 richement décorée, dont l'origine remonte à la guilde des fabricants d'habits et des négociants, au cœur de la place du Marché. Superbe salle de restaurant sous une série d'arcades.

RESTAURATION

PREMIER PRIX

Die Butterhanne – Plan 2 – *Marktkirchhof 3 - ✆ 05 321 228 86 - www.butterhanne.de - 12/20 €.* Dans cette brasserie aux grandes tablées, le menu fait la part belle aux viandes, dont quelques spécialités de gibier (saucisse de sanglier, steak de cerf).

BUDGET MOYEN

Aubergine – Plan 2 – *Marktstraße 4 - ✆05321 421 36 - www.aubergine-goslar.de - 20/30 €.* Spécialités méditerranéennes, italiennes et turques, dans une atmosphère cosy et un décor élégant.

À Hann. Munden

Letzter Heller – *Letzter Heller 7 - ✆ 05 541 64 46 - www.heller-und-batzen.de - 22/31 €.* Établissement familial depuis plus de 125 ans ! Façade à colombage et salles lambrissées. Plats internationaux.

POUR SE FAIRE PLAISIR

Worthmühle – Plan 2 – *Worthstraße 4 - fermé 1er-7 janv., mar. et sam. midi - ✆ 05 321 434 02 - www.worthmuehle.de - 22/28 €.* Ambiance typique et chaleureuse dans cet ancien moulin au bord du cours d'eau. Cuisine régionale, bière locale et agréable *Biergarten*.

À Hann. Munden

Die Reblaus – *Ziegelstraße 32 (Kirchplatz) - ✆ 05 541 95 46 10 - www.die-reblaus.com - 12h-14h30, 18h-22h - 23/38 €.* Dans une maison à colombages du 17e s. Cuisine internationale.

Hameln

★

58 270 habitants – Basse-Saxe

NOS ADRESSES PAGE 536

S'INFORMER

Office de tourisme – *Deisterallee 1 - ✆ 051 51 95 78 23 - www.hameln.com - lun.-vend. 9h-18h, sam. 9h30-15h (sam. 13h d'oct. à mars), dim. et j. fériés 9h30-13h (de mai à sept. uniquement).*

SE REPÉRER

Carte de région B4 (p. 484-485) – *cartes Michelin n°s 718 H 6 et 541 J 12.*
Implantée au bord de la Weser, Hameln est à 47 km au sud de Hanovre.

ORGANISER SON TEMPS

Comptez une journée pour Hameln et ses environs.

Cité privilégiée du folklore allemand, Hameln est surtout connue pour la légende du charmeur de rats, racontée par les frères Grimm au 19e s. Les très belles maisons à colombages continuent à entretenir l'atmosphère de conte de fées à jamais attachée à la ville. Hameln rayonne sur le Weserbergland, un espace de collines et de cours d'eau dont une partie est préservée au sein d'un grand parc naturel.

Se promener

★ **VIEILLE VILLE** (Altstadt))

★ Maison du charmeur de rats (Rattenfängerhaus)

Cette grande maison de 1603 est fascinante : sa façade, tout en pierre avec des bandeaux différemment travaillés, est enrichie de nombreux ornements sculptés (bustes, masques). Son pignon, portant les volutes et pinacles propres au style de la Weser, se dresse haut dans le ciel.

LA LÉGENDE DU « CHARMEUR DE RATS »

En 1284, un homme énigmatique, en vêtements multicolores, promit aux habitants de Hameln qu'il les débarrasserait de tous les rats et souris de la ville contre une forte récompense : il se mit à jouer du fifre et tous les rongeurs, sortant de leurs trous, le suivirent jusque dans la Weser où ils se noyèrent. Mais la récompense promise ne vint pas. Pour se venger, l'homme revint un dimanche, à l'heure de la messe, et fit sortir tous les enfants des maisons au son de son fifre : ils le suivirent et disparurent à jamais. Ils étaient 130 et l'on ne sut jamais rien d'eux, car les seuls rescapés furent un aveugle et un muet. La version historique de l'événement fait état d'une surpopulation telle, au 13e s., que l'on aurait envoyé d'autorité une troupe de tout jeunes gens s'établir, sans espoir de retour, dans les lointains territoires de l'Est. Une adaptation théâtrale du conte est jouée sur la terrasse de la maison des Mariages tous les dimanches d'été à midi.

Enseigne représentant le charmeur de rats.
M. Berg / Fotolia.com

S'engager dans la Osterstraße, l'une des rues les plus connues de Hameln. C'est là que les enfants suivirent le joueur de fifre, un certain 26 juillet 1284... S'arrêter à hauteur de la Kleine Straße pour admirer les splendides maisons Renaissance (Haus Osterstraße 12, Leithaus et Stiftherrenhaus).

Maison des Chanoines (Stiftsherrenhaus)
Osterstraße 8. Remarquable maison à colombages (1558), la maison des Chanoines est pourvue de consoles sculptées représentant des personnages bibliques. Cette maison et celle d'à côté abritent le musée de la ville.
*Une rue rappelle que des huguenots français ont trouvé refuge à Hameln à la fin du 17e s. (Französische Straße). Se rendre au marché aux Chevaux (Pferdermarkt) pour voir la sculpture de l'*Ouverture du rideau de Fer, *créée par l'entreprise Adolf Vogeley, et l'église St-Nicolas du 13e s.*

Maison Dempter (Dempterches Haus)
Sur le Markt. Construite en 1607, la magnifique maison Dempter se distingue par un avant-corps caractéristique de la Renaissance de la Weser, un rez-de-chaussée et un premier étage en grès, et les autres étages à colombages.

★ **Maison des Mariages** (Hochzeitshaus)
Sur le Markt. C'est ici que se déroulaient les réceptions des mariages bourgeois. Sur sa façade, trois élégants pignons rompent les lignes horizontales que soulignent les corniches et les longs bandeaux de pierre.
Prendre la Fischpfortenstraße et passer devant la Wilhelm-Busch-Haus. De là, continuer tout droit jusqu'à la Weser. Revenir sur vos pas pour vous rendre sur la Wendenstraße où se trouvent la Bürgerhus et la Lückingsches Haus.

Maison Lücking
Wendenstraße 8. Cette riche demeure à colombages de 1638 se distingue par sa porte cintrée, largement décorée d'inscriptions et ornementée.
Au bout de la rue, prendre à droite la Bäckerstraße.

UN JOYAU DE LA RENAISSANCE DE LA WESER
Hameln est dotée de belles maisons anciennes, dont les plus caractéristiques appartiennent à la Renaissance de la Weser (fin 16e s.-début 17e s.). Ce style d'architecture se distingue par les volutes cornues et les aiguilles qui décorent les pignons, les bandeaux de pierre délicatement taillés qui cerclent les bâtiments, les pavillons en avancée traités comme une réduction de la façade principale et les édicules à pignon décoratif faisant saillie, à la base du toit, à la manière de lucarnes.

Rattenkrug
Bäckerstraße 16. Remarquer surtout le pavillon en avancée et le haut pignon à cinq étages de cet édifice de 1568. Son cœur est une maison du début du gothique, datant de 1250.
Continuer jusqu'à la Münsterkirchhof.

Collégiale (Münsterkirchhof)
Du jardin public, au sud, la collégiale apparaît comme protégée par la puissante tour polygonale du transept qui appartenait à la basilique romane du 12e s. (transformée en halle gothique au 13e s.). À l'intérieur, remarquer l'ordonnance des piliers et les chapiteaux à palmettes ou à damier dans le transept surélevé.
Terminer la promenade en revenant par la Alte Markt-Straße et jeter un coup d'œil au passage à la Kürie Jérusalem.

À proximité Carte de région C4

★ Hämelschenburg
11 km au sud.
Baigné par un étang et des douves, le **château★** *(Schloss)* en forme de fer à cheval, construit entre 1588 et 1618, est l'un des chefs-d'œuvre de la Renaissance de la Weser. L'aile dominant la route est la plus ornée, avec son alternance de surfaces lisses et de bandeaux à bossages, son oriel surplombant le fossé et ses quatre pignons décoratifs. On peut visiter l'intérieur : meubles, armes, trophées, tableaux. *31860 Emmerthal - 05 155 95 16 90 - www.schloss-haemelschenburg.de - ♿ - visite guidée (50mn) - mai-sept. : tlj sf lun. 10h-17h ; avr. et oct. : tlj sf lun. 11h-16h - 6 €.*

NOS ADRESSES À HAMELN

HÉBERGEMENT

BUDGET MOYEN
An der Altstadt – *Deisterallee 16 - 05151 402 40 - www.hotel-an-der-altstadt.de - fermé de fin déc. à mi-janv. - P - 19 ch. 82/92 €* ☕. Ce bâtiment de style Art nouveau *(Jugendstil)*, au cœur de la ville, abrite un hôtel garni et coquet.

PETITE PAUSE

Museumscafé – *Osterstraße 8 - 05151 215 53 - www.museumscafe.de - fermé Noël et 1er janv.* Très belle façade à colombages pour ce café installé dans la maison des Chanoines *(Stiftsherrenhaus)* de 1562. Gâteaux et tartes, copieux repas.

Münster

★★

273 880 habitants - Rhénanie du Nord-Westphalie

NOS ADRESSES PAGE 541

S'INFORMER

Office de tourisme – *Heinrich-Brüning Straße 9 - ✆ 02 514 92 27 10 - www.muenster.de - lun.-vend. 9h30-18h, sam. 9h30-13h.*

Autre antenne dans le hall de l'hôtel de ville - Prinzipalmarkt 10 - ✆ 02 514 92 27 24 - mar.-vend. 10h-17h, w.-end et j. fériés 10h-16h.

Vous y trouverez des informations sur la région avec des cartes détaillées pour la découvrir à vélo.

SE REPÉRER

Carte de région A4 (p. 484-485) – *cartes Michelin nos 718 G 7 et 543 K 6.*

Accessible par l'autoroute A 1 (Dortmund-Brême), Münster est à une heure de voiture environ des grandes villes de la Ruhr, à 152 km de Cologne et à 171 km de Brême.

Capitale historique de la Westphalie, Münster est l'un des centres universitaires les plus importants d'Allemagne. Une restauration active lui a rendu aujourd'hui l'attrait de ses nombreuses façades gothiques, baroques et Renaissance. Les amateurs de vélo apprécieront particulièrement cette ville : ses rues et les centaines de kilomètres de pistes cyclables aux alentours fourmillent de bicyclettes, appelées « Leeze » dans le dialecte local.

Découvrir

★★ Cathédrale St-Paul (Dom)

Cette cathédrale trapue à deux tours, deux chœurs et deux transepts, appartient au style westphalien de transition du 13e s.

Entrer par le porche sud (16e s.). Le portail intérieur est entouré de statues (13e s.) et dominé par le Christ du Jugement ; au trumeau, saint Paul (16e s.), patron de l'église.

Faire le tour intérieur dans le sens contraire des aiguilles d'une montre.

La nef principale, très ample, aux larges travées, est couverte de voûtes bombées rappelant les voûtes angevines. Les nefs latérales sont très basses. Le déambulatoire possède une **horloge astronomique★** de 1540, animée par des jaquemarts. Tom Ring l'Ancien a peint, au sommet, une galerie occupée par des spectateurs. La chapelle du Saint-Sacrement, à gauche de l'entrée du cloître, possède un riche **mobilier★**, en particulier un tabernacle en argent du 18e s., provenant d'un atelier d'Augsbourg. Du croisillon gauche du transept, on accède au sobre cloître (14e s.).

★★ **Le trésor de la cathédrale** (Domkammer) – *Accès par le cloître. ✆ 0251 49 55 87 - www.muenster.de - tlj sf lun. 11h-16h.* Le bâtiment moderne où est exposé le trésor s'intègre de façon harmonieuse à la cathédrale, à laquelle il est indirectement accolé par le cloître.

Au rez-de-chaussée, les quatorze bustes-reliquaires des prophètes (15e s.) en cuivre et en argent repoussé, le chef reliquaire de saint Paul du 11e s. et une madone du 13e s., tous deux en or repoussé, entourent la **croix processionnelle** du chapitre, point de mire du trésor. Au sous-sol, collection de vêtements liturgiques, surtout des 17e et 18e s., et d'objets rituels ; au centre, un autel portatif du 12e s., orné de broderies de perles.

Au 1er étage, parmi la statuaire gothique et baroque, **retable de saint Jean** (1520).

★ Musée régional de Westphalie

(Westfälisches Landesmuseum für Kunst und Kulturgeschichte)

Domplatz 10 - ✆ 0251 590 72 01 - www.landesmuseum-muenster.de - fermé jusqu'au printemps 2014.

L'art médiéval westphalien revit au musée régional de Westphalie avec la statuaire gothique de la cathédrale et des églises de Münster, une série de vitraux et les sculptures de Johann et Heinrich Brabender. Remarquable ensemble de **retables★★**, dus à Conrad von Soest, Koerbecke et aux maîtres de Liesborn et de Schöppingen. L'influence flamande est sensible dans les œuvres de la famille Tom Ring : Ludger Tom Ring fut un précurseur de la nature morte. Une section regroupe les œuvres du 20e s. (avec August Macke, Ernst Ludwig Kirchner ou Josef Albers).

★ Prinzipalmarkt

Ce lieu chargé d'histoire est le centre de l'activité commerciale. Les maisons à pignons de style gothique tardif ou Renaissance appartenaient à la riche bourgeoisie. Sous les arcades, propices à la flânerie, de beaux étalages côtoient tavernes et restaurants. Au nord, le Prinzipalmarkt se poursuit par la Bogenstraße (à mi-hauteur, sur une placette, populaire statue d'un colporteur avec sa hotte, le *Kiepenkerl*).

Hôtel de ville (Rathaus)

La façade à pignons de l'hôtel de ville, de la fin du 14e s., est une très belle œuvre de l'architecture civile gothique. Elle est ornée de fins remplages et de pinacles.

★ **La salle de la Paix (Friedenssaal)** – *✆ 0251 492 27 24 - ♿ - mar.-vend. 10h-17h, w.-end 10h-16h - 1,50 €.* La salle de la Paix, avec ses belles boiseries, date de la seconde moitié du 12e s. Elle fut le théâtre, en 1648, de la proclamation de la paix entre l'Espagne et les Pays-Bas, qui déboucha sur les traités de Westphalie. Transféré en d'autres lieux pendant la dernière guerre, l'ancien mobilier est conservé tel que Gérard Terborch l'avait représenté sur son tableau figurant la conclusion de la paix.

Les portes finement ciselées de la petite armoire à casiers derrière le bureau du bourgmestre comptent parmi les ouvrages les plus étranges de la sculpture sur bois allemande du début du 16e s. Le mélange hétéroclite de motifs religieux et grotesques laisse supposer que la disposition actuelle des panneaux n'est pas d'origine.

★ **Musée graphique Pablo-Picasso** (Graphik Museum Pablo Picasso)

✆ 0251 414 47 10 - www.graphikmuseum-picasso-muenster.de - ♿ - tlj sf lun. 10h-18h - 10 €. Près de 800 lithographies constituent le fonds permanent de ce musée, où sont régulièrement proposées des expositions temporaires avec d'autres œuvres de l'artiste.

LA PAIX DE WESTPHALIE

Proclamée le 24 octobre 1648 à Münster, elle mit fin à la guerre de Trente Ans. Elle fut le résultat de cinq années de négociations, menées dans la ville, entre l'empereur et les plénipotentiaires des États catholiques (France et Espagne). Les discussions entre l'empereur et les États protestants eurent lieu à Osnabrück. La conséquence du traité fut un émiettement accru de l'Allemagne, au détriment du prestige impérial. La paix reconnut ou confirma la cession à la France de l'Alsace et des trois évêchés (Metz, Toul et Verdun), ainsi que l'indépendance des Pays-Bas et de la Suisse. Elle favorisa par là-même l'ascension de la Prusse. Sur le plan religieux, la paix de Westphalie reconnut les trois confessions, les calvinistes recevant les mêmes droits que les luthériens.

Église St-Lambert (Lambertikirche)

Sous son élégante **flèche★** ajourée de 99 mètres, la tour renferme les trois cages de fer dans lesquelles furent exposés les cadavres des chefs anabaptistes après la répression du mouvement en 1536. L'intérieur présente une voûte en réseau dans la nef principale et des voûtes en étoile dans les nefs latérales. Au chevet de l'église, la maison de la guilde des merciers offre un beau pignon de 1588.

★ Château des Princes-Évêques (Residenzschloss)

Ancien château baroque des princes-évêques, la Résidence, bâtie dans un écrin de verdure, appartient actuellement à l'université. La façade à trois corps, conçue par Johann Conrad Schlaun, est élégante. Les placages de grès sur la brique rouge en rompent la monotonie. Derrière s'étend un parc *(Schlossgarten)* entouré d'eau, près du jardin botanique. Au sud du château, les espaces verts se poursuivent par la promenade des Bastions *(Wallpromenade)*.

Erbdrostenhof

Palais de 1757 à la majestueuse façade concave, avec une avant-cour triangulaire.

À proximité Carte de région AB4

★ LES CHÂTEAUX DU PAYS DE MÜNSTER

Dans la région, au relief peu accentué, qui s'étend autour de Münster, s'égrènent une centaine de châteaux entourés de douves ou d'étangs. Si la plupart appartiennent à des particuliers et ne peuvent être vus que de l'extérieur, certains accueillent les visiteurs. Leur bon état de conservation et leur architecture originale font de la visite un moment fort de la découverte de la Westphalie. Le vélo est le meilleur moyen pour sillonner ce pays verdoyant, qui compte plusieurs centaines de kilomètres de pistes cyclables.

★ Vornholz B4

À Ostenfelde, le gracieux château de Vornholz, avec son corps principal (1666) flanqué de deux ailes, est un exemple typique de *Wasserburg*, aménagé sur deux îles de la région de Münster.

★ Hülshoff A4

Les grosses tours carrées des dépendances (première île) du **château** accompagnent un corps central de gentilhommière (seconde île) élevé en 1545, en brique et en pierre, présentant des pignons à décrochement et un lanternon. La chapelle néogothique a été ajoutée en 1870.

★ Vischering A4

✆ 02 591 799 00 - www. burgvischering.luedinghausen.de - avr.-oct. : tlj sf lun. 10h-17h30; nov.-mars : 10h-16h30 - 2,50 € (enf. 1 €).

Les deux parties du **château** se dressent sur des îles protégées par une double ceinture de murailles. En 1271, l'évêque de Münster fit bâtir le *Hauptburg* sur un plan semi-circulaire. Les remaniements ultérieurs (adjonction d'une tour au centre en 1550 et d'une avancée côté sud vers 1620) n'ont pas sensiblement modifié sa silhouette trapue. À l'intérieur, meubles de différentes époques, dont un lit d'apparat du 16e s., peintures murales et fresques ornant les plafonds et cheminées de grès.

Les dépendances, érigées sur la première île, servaient autrefois de communs. Aujourd'hui, elles accueillent une exposition sur la vie et le travail des paysans.

★ Lembeck A4

✆ 02 369 71 67 - www.schlosslembeck.de - musée : visite guidée (40mn) 13h-17h, w.-end 11h-17h; jardin : 10h-18h - fermé nov.-fév. - 5 € (musée et jardin).

L'effet de perspective de la longue allée d'accès au château, accusé par la succession de portails baroques et de voûtes ménagés dans les différents corps de bâtiment, est saisissant. À l'emplacement de la forteresse du 14e s. fut édifiée, à la fin du 17e s., la bâtisse monumentale qui se répartit sur deux îles. Tous les angles sont occupés par des tours massives à couronnement baroque. À l'intérieur, visite de quelques salons, dont la grande salle décorée de lambris et de stucs, aux meubles précieux, tapisseries, porcelaines et tableaux du 17e s. au 19e s.

Raesfeld A4

www.raesfeld.de - visite guidée (1h) sur demande préalable à l'office de tourisme - ✆ 02 865 60 910.

Le château, construit entre 1643 et 1658 par Alexander von Velen, se compose aujourd'hui d'un ouvrage principal à deux ailes, d'un bâtiment abritant les dépendances et d'une chapelle. Haute de près de 50 m, la tour, dont la flèche est couronnée d'un bulbe, est visible à la ronde.

★ Anholt A4

✆ 02 874 45 353 - www.fuerst-salm.de - visite guidée (1h) mai-sept. : tlj sf lun. 11h-17h; oct.-avr. : dim. 13h-17h - fermé 24 déc.-1er janv. - 7 €.

Entouré d'un parc paysager de 34 ha et de jardins baroques reconstitués, ce château ceint de douves est constitué d'un ouvrage principal et d'un pavillon d'entrée (12e au 17e s.), remanié vers 1700 en une résidence baroque disposée autour d'une cour carrée. Le musée donne une bonne impression de trois siècles d'habitat princier : collection de tableaux (Rembrandt, Bruegel, Murillo), tapisseries, meubles, porcelaines, armes.

À l'intérieur, voir le grand escalier en chêne, la salle des chevaliers avec sa galerie d'ancêtres, la salle de réception décorée de tapisseries flamandes, les collections de porcelaine et la galerie de peinture rassemblant des œuvres de maîtres néerlandais.

NOS ADRESSES À MÜNSTER

HÉBERGEMENT

BUDGET MOYEN

Hotel-Restaurant Hiltruper Hof – *Westfalenstraße 148 - ✆ 0251 278 80 - www.hiltruper-hof.de - P - 17 ch. 70 € ☕ - rest. 16/30 €.* Petit hôtel familial depuis 150 ans. Chambres soignées et modernes. À proximité, bons équipements de sports et loisirs. L'adresse constitue un point de départ idéal pour des promenades à vélo.

POUR SE FAIRE PLAISIR

Hotel Conti – *Berliner Platz 2 - ✆ 0251 846 92 80 - www.hotel-conti-muenster.de - P - 96 ch. 115 € ☕.* Près de la gare, une maison de ville de sept étages aux chambres spacieuses et confortablement meublées. Petit bistrot avec terrasse sur la rue.

RESTAURATION

BUDGET MOYEN

Altes Gasthaus Leve – *Alter Steinweg 37 - ✆ 0251 455 95 - www.gasthaus-leve.de - 16/40 €.* Établissement fondé en 1607 aux salles richement décorées de bois et de superbes faïences anciennes.

Pinkus Müller – *Kreuzstraße 4 - ✆ 0251 451 51 - www.pinkus.de - 18/40 €.* Une brasserie riche de traditions, fréquentée par les étudiants. Cuisine régionale servie sur de longues tables en bois.

POUR SE FAIRE PLAISIR

Wielers-Kleiner Kiepenkerl – *Spiekerhof 47 - ✆ 0251 434 16 - www.kleiner-kiepenkerl.de - 21/45 €.* Établissement de la vieille ville à l'ambiance conviviale (les nombreux habitués en témoignent). Attrayante terrasse.

ACTIVITÉS

Friedensroute – Boucle de 170 km (AR) de pistes cyclables entre Münster et Osnabrück. *Rens. à l'office de tourisme.*

Location de vélos

Radstation – *Berliner Platz 27a, devant la gare (en sous-sol) - ✆ 0251 484 01 70 - www.radstation-ms.de - 5h30-23h, w.-end 7h-23h - 1 j (8 €), 3 j (20 €), 1 sem. (37,50 €).* Prévoir une pièce d'identité (passeport).

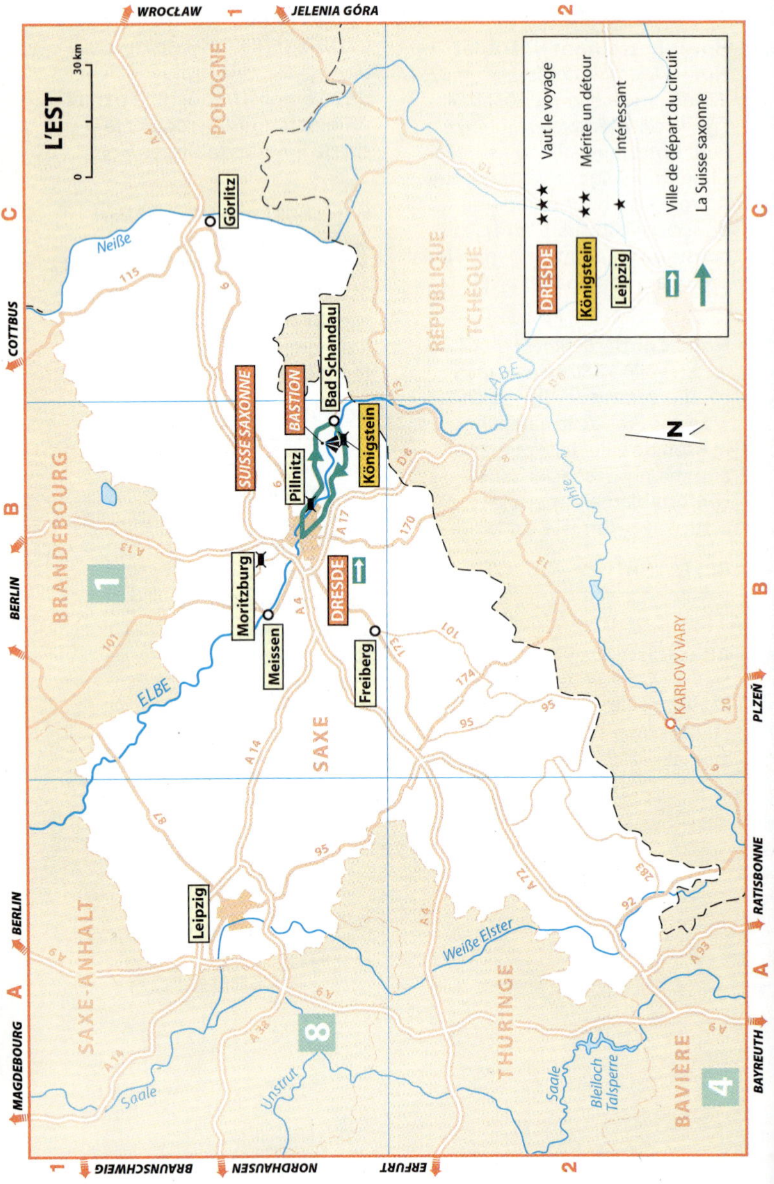
L'EST
0
30 km
DRESDE
Vaut le voyage
Königstein
Mérite un détour
Leipzig
Intéressant
Ville de départ du circuit
La Suisse saxonne
WROCŁAW
JELENIA GÓRA
COTTBUS
BERLIN
BERLIN
MAGDEBOURG
BRAUNSCHWEIG
NORDHAUSEN
ERFURT
BAYREUTH
RATISBONNE
PLZEŇ
POLOGNE
BRANDEBOURG
SAXE-ANHALT
SAXE
THURINGE
BAVIÈRE
RÉPUBLIQUE
TCHÈQUE
Görlitz
Neiße
SUISSE SAXONNE
BASTION
Bad Schandau
Pillnitz
Königstein
Moritzburg
Meissen
DRESDE
Freiberg
Leipzig
ELBE
LABE
Ohře
KARLOVY VARY
Weiße Elster
Saale
Unstrut
Saale
Bleiloch
Talsperre
1
4
8
A
B
C
1
2

L'est 7

Carte Michelin Régional 544 – Saxe

Dresde

Dresden

★★★

512 240 habitants – Saxe

NOS ADRESSES PAGE 557

S'INFORMER

Offices de tourisme – *Kulturpalast, Schloßstrasse 2 - ✆ 0351 50 160 160 - www.dresden.de - lun.-vend. 10h-19h, sam. 18h, dim. et j. fériés 15h (horaires réduits de janv. à mars, se rens.) - Hauptbahnhof (gare centrale) 9h-19h.*

SE REPÉRER

Carte de région B1 (p. 542) – *cartes Michelin nos 718 M 8 et 544 BA 36.* Dresde est à 193 km au sud de Berlin et à moins de 50 km de la frontière tchèque.

À NE PAS MANQUER

La Voûte verte, le Zwinger, le centre historique et le quartier de Neustadt.

ORGANISER SON TEMPS

Pour la visite de la Voûte verte, achetez vos places à l'avance sur Internet ou allez-y dès l'ouverture des guichets.

AVEC LES ENFANTS

Le musée d'Histoire militaire, le Salon des mathématiques et de la physique, le musée pour les Enfants au musée de l'Hygiène et de la Santé.

Joyau baroque blotti le long des berges de l'Elbe, la capitale de la Saxe est une cité monumentale où s'ordonnent avec grâce escaliers d'apparat, terrasses panoramiques et vastes places décorées de statues de saints et de monarques aux allures solennelles. Presque entièrement détruite à la veille de la chute du IIIe Reich en 1945, cette ville, riche de huit siècles d'histoire, vit une véritable renaissance : centre historique rendu aux piétons, réhabilitations réussies des édifices hérités de l'ex-RDA et restaurations exemplaires des principaux monuments, à l'image de l'église Notre-Dame, dont la reconstruction à l'identique s'est achevée en 2005, ou la somptueuse Voûte verte, inestimable chambre du trésor des ducs de Saxe, rouverte l'année suivante.

Découvrir

★★★ LE ZWINGER Plan 2

Se reporter au plan p. 548.

La visite de ce palais baroque du 18e s., érigé à la gloire du souverain Auguste le Fort, constitue l'un des temps forts de toute visite à Dresde. Le bâtiment abrite aujourd'hui quatre musées dont la galerie de peinture des Maîtres anciens. Sévèrement endommagé par les bombardements de 1945, il a fait l'objet d'une minutieuse reconstruction.

La meilleure vue d'ensemble s'obtient en entrant par le pavillon du Carillon, Sophienstraße.

Le Zwinger sur les bords de l'Elbe à la tombée de la nuit.
Bildagentur RM / Tips/Photononstop

L'idée initiale d'Auguste le Fort était d'élever, à l'emplacement d'une ancienne forteresse, une orangerie. Son architecte, **Matthäus Daniel Pöppelmann** (1662-1736), donna une telle ampleur au projet que la destination du chantier changea au cours de sa réalisation pour aboutir à une vaste esplanade entourée de galeries et de pavillons. Le grand attrait de ce joyau baroque est d'allier intimement l'œuvre sculptée due à l'atelier de **Balthasar Permoser** (1651-1732), artiste bavarois très influencé par ses séjours en Italie, à l'œuvre architecturale.

La vaste cour carrée comporte deux extensions semi-elliptiques incluant le **pavillon du Carillon** *(Glockenspielpavillon)* et le **pavillon du Rempart★★** *(Wallpavillon)*, dans lequel l'accord entre la sculpture et l'architecture s'exprime avec le plus de perfection. Aucun mur transversal ne vient rompre la verticalité des lignes tendues et animées par la vigueur et l'exubérance des atlantes à face d'Hermès noyés dans les décors végétaux. Couronnant ce pavillon, l'« **Hercule portant le monde** », auquel Auguste le Fort s'identifiait volontiers, est la seule œuvre signée personnellement par Permoser.

Par l'escalier du pavillon du Rempart, on accède à la terrasse conduisant, sur la droite, au **bain des Nymphes★★** *(Nymphenbad)*. C'est certainement au cours de son voyage en Italie que Pöppelmann trouva l'inspiration qui lui permit de réaliser ce merveilleux nymphée.

Du côté sud-ouest, le bâtiment est fermé par l'élégante **Zwingergalerie** que l'on doit admirer de l'extérieur, en passant sous la **porte de la Couronne** *(Kronentor)*.

Cette dernière est décorée de statues représentant les Quatre Saisons et surmontée d'un bulbe terminé par la couronne polonaise portée par quatre aigles. La galerie nord-est a été construite par **Gottfried Semper** (1803-1879) en 1847.

★★★ Galerie de peinture des Maîtres anciens

(Gemäldegalerie Alte Meister)

Semperbau, aile ouest. ✆ 0351 49 14 20 00 - www.skd-dresden.de - ♿ - 10h-18h - 10 €. Fermée pour travaux du 15 janv. au 27 mars 2013.

La galerie de peinture des Maîtres anciens présente la collection de peintures rassemblée par Auguste le Fort et son successeur Auguste III. C'est l'une des plus importantes au monde. On y trouve notamment des toiles signées par de grands artistes allemands (Holbein, Cranach l'Ancien et Dürer) ou des chefs-d'œuvre de peintres de la Renaissance italienne et du baroque, tels Véronèse, le Tintoret, Giorgione *(Vénus couchée)* et Titien. *La Vierge de St-Sixte* de Raphaël est l'œuvre la plus intéressante. Outre des tapisseries d'après des canevas de Raphaël, on peut admirer de nombreuses *vedute* (vues de villes) de Canaletto, peintes au milieu du 18ᵉ s. et représentant les villes de Dresde et de Pirna.

Des peintures flamandes et hollandaises des 16ᵉ et 17ᵉ s. sont également exposées : *Autoportrait avec Saskia* de Rembrandt, *Bethsabée* de Rubens, *Jeune fille lisant une lettre à la fenêtre* de Vermeer de Delft, Jan van Eyck représenté par un superbe triptyque. La galerie abrite aussi la plus grande collection d'œuvres de l'artiste vénitienne Rosalba Carriera, avec 75 pastels. Les peintures françaises et italiennes du 18ᵉ s., la peinture espagnole (le Greco, Murillo, Zurbarán, Vélasquez) et des tableaux allemands des 17ᵉ et 18ᵉ s. complètent l'ensemble.

★★ **Collection de porcelaine** (Porzellansammlung)

Entrée par la Sophienstraße. ✆ 0351 49 14 20 00 - www.skd-dresden.de - ♿ (rdc) - tlj sf lun. 10h-18h - 6 €.

La **collection de porcelaines** rassemble aussi bien des porcelaines du Japon et de Chine, acquises par Auguste le Fort, que des objets uniques issus de la célèbre manufacture de **Meissen**. Les fameux « vases des dragons » sont particulièrement impressionnants. Remarquer aussi les personnages en porcelaine grandeur nature de Meissen (1ʳᵉ moitié du 18ᵉ s.) , ainsi que la salle consacrée à **Böttger**, qui introduisit la fabrication de la porcelaine dure en Europe en 1708, après avoir produit de la poterie ou « porcelaine rouge ».

★★ **Salle d'Armes** (Rüstkammer)

Semperbau, aile est. ✆ 0351 49 14 20 00 - www.skd-dresden.de - fermé à partir du 1ᵉʳ oct. 2012, réouverture prévue en fév. 2013 dans la grande salle (Riesensaal) du château de la Résidence.

Nul besoin d'être amateur d'armes pour être fasciné par les pièces extraordinaires rassemblées par la dynastie princière des Wettin. Cette importante collection compte mille trois cents pièces datant du 15ᵉ au 19ᵉ s. Les **armures** sont impressionnantes. La collection d'armures pour enfants est unique. Ces dernières étaient autrefois portées lors de tournois d'enfants à la cour de Saxe.

★★ **Salon des mathématiques et de la physique**
(Mathematisch-Physikalischer Salon)

Pavillon d'angle nord-ouest. ✆ 0351 49 14 20 00 - www.skd-dresden.de - ♿ (rdc) - fermé pour rénovation, réouverture prévue en avril 2013. Se renseigner.

Dans ce salon, le génie inventif des scientifiques est illustré par des horloges et d'autres instruments datant du 16ᵉ au 19ᵉ s. Vous pouvez admirer des cadrans solaires, des sabliers et plusieurs modèles d'horloges, parmi lesquelles des horloges de parquet et des horloges murales. Remarquer également les instruments de mesure optiques, astronomiques et météorologiques.

Se promener

Dresde est traversée par l'Elbe qui la divise en deux parties bien distinctes. Au sud du fleuve se trouve la vieille ville *(Altstadt)* dominée notamment par des bâtiments de style baroque, les silhouettes du Zwinger, de l'opéra et de la cathédrale. Au nord, la ville nouvelle s'ordonne autour de l'Albertplatz.

★★★ LE CENTRE HISTORIQUE (Altstadt) 1 Plan 2

Itinéraire tracé en vert sur le plan (p. 548). Partir de la Theaterplatz, où se trouvent le Zwinger, l'opéra et la cathédrale.

★★ Opéra Semper (Semperoper)

Il fut construit entre 1871 et 1878 par **Manfred Semper**, ami personnel de Richard Wagner, sur des plans de son père Gottfried, auquel on devait le précédent édifice brûlé en 1869. Le bâtiment emprunte ses formes à la Renaissance italienne. La façade, en arc de cercle, est composée de deux étages d'arcades surmontés d'un troisième, en retrait. Les retours latéraux sont creusés de niches occupées par les statues de Shakespeare et Sophocle à gauche, de Molière et Euripide à droite. Des chefs d'orchestre célèbres, tel Karl Böhm, se produisirent au Semperoper, où neuf opéras de Richard Strauss, dont *Le Chevalier à la rose*, furent présentés pour la première fois.
Traverser la Theaterplatz vers l'est.

UNE LIGNÉE DE FACTEURS D'ORGUES

Gottfried Silbermann (1683-1753) fit son apprentissage à Strasbourg dans les ateliers de son frère Andreas, créateur des célèbres orgues d'Ebersmunster en Alsace. Dès 1710, Gottfried s'installa à Freiberg, où il conçut des instruments au timbre exceptionnel. Son neveu, Johann Andreas, reprit lui aussi le flambeau de la profession et conçut 54 orgues dans la région du Rhin supérieur.

★★ Cathédrale (Hofkirche)

L'ancienne église catholique de la cour est le plus grand édifice religieux de Saxe. De plan basilical, elle fut construite de 1738 à 1755 sur ordre d'Auguste III par l'architecte italien Chiaveri. Les Albertins venaient de se convertir au catholicisme romain, condition indispensable à leur accession à la couronne polonaise.
Fortement inspirée du baroque italien, l'église, dominée par un clocher de 85 m, est décorée de statues d'apôtres et de saints disposées notamment sur les attiques. La nef est séparée des collatéraux par un déambulatoire circulaire ouvrant sur quatre chapelles ovales. Au maître-autel, un très beau tableau (1750) d'Anton Raphaël Mengs représente l'Ascension. La chaire a été réalisée par Permoser en 1722, tandis que l'orgue (1750-1753) constitue la dernière œuvre du fameux facteur Gottfried Silbermann *(voir encadré ci-dessous)*.
Dans la crypte sont conservés les sarcophages de plusieurs rois et princes de Saxe, ainsi que le cœur d'Auguste le Fort dont le corps repose dans la cathédrale de Cracovie.

★★★ Château de la Résidence (Residenzschloss)

Presque entièrement détruit à la fin de la Seconde Guerre mondiale, le château de style Renaissance, où résidait autrefois la cour, est encore en restauration. Il devrait retrouver son aspect d'origine fin 2013. Il abrite en particulier la célèbre **Voûte verte★★★** *(Grünes Gewölbe)*, la chambre du trésor des ducs de Saxe *(voir plus loin)* et le **cabinet des estampes**, dont les 500 000 œuvres datant des 13e-20e s. sont dévoilées par expositions tournantes, le **cabinet turc** (*Türckische Cammer)*, une riche collection d'art ottoman, et le **cabinet des monnaies**.

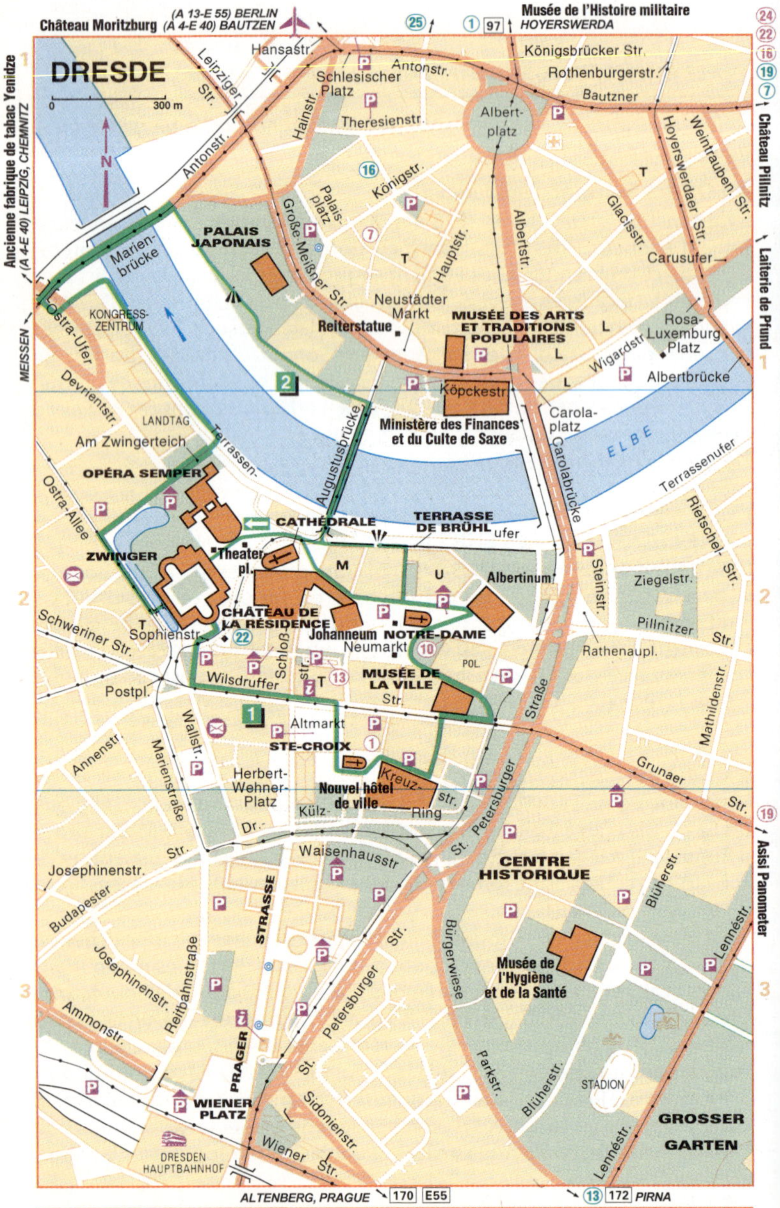

SE LOGER

- Backstage ... 7
- Gästehaus Mezcalero ... 1
- Hotel Schloss Eckberg ... 19
- Hotel Taschenbergpalais ... 22
- Kangaroo-Stop Hostel & Backpacker ... 25
- Landhaus Lockwitzgrund ... 13
- Martha Hospiz ... 16

SE RESTAURER

- Aha Ladencafé ... 1
- Caroussel ... 7
- CoselPalais ... 10
- Dresdner Speisekammer ... 13
- Historisches Fischhaus ... 16
- Kurhaus Kleinzschachwitz ... 19
- Luisenhof ... 22
- Raskolnikoff ... 24

★★★ **La Voûte Verte** (Grünes Gewölbe) – ✆ *0351 49 14 20 00 - www.skd-dresden.de* - ♿ - *Historisches Grünes Gewölbe : tlj sf mar. 10h-19h - 10 €; Neues Grünes Gewölbe : tlj sf mar. 10h-18h - 10 €. L'accès à la Voûte verte historique (Historisches Grünes Gewölbe) suit un quota strictement limité d'entrées. Il est donc vivement conseillé d'acheter ses places à l'avance sur le site Internet ou de se rendre sur place à l'ouverture des guichets. Audioguide (en français) recommandé.*
Cette chambre du trésor unique en son genre est un point de passage obligé lors d'une visite de Dresde. Après un transfert provisoire à l'Albertinum, les chefs-d'œuvre de joaillerie et d'orfèvrerie rassemblés par Auguste II ont retrouvé leur emplacement d'origine, dans les salles de la **Voûte verte historique**, baptisée ainsi en raison de la couleur vert émeraude de la pièce principale. Les 3 000 pièces, toutes exceptionnelles, sont exposées dans neuf cabinets décorés avec le plus grand luxe et consacrés chacun à un matériau particulier (ambre, émeraude, argent blanc, joyaux, bronze, etc.).
Vous pourrez compléter cette visite avec les collections de la **Nouvelle Voûte verte**, en prêtant une attention particulière aux réalisations de **Johann Melchior Dinglinger** (1664-1731), joaillier de la cour de Dresde. Son époustouflante *Cour du grand moghol* est un déluge de luxe et de raffinement composé de 137 statuettes en or émaillé, serties de plus de 5 000 pierres précieuses. Quant au délicat *Bain de Diane*, c'était sa pièce préférée.
Cabinet turc – *Entrée Sophienstrasse ou Schloßstrasse* - ♿ - *tlj sf mar. 10h-18h - 10 €.* Mise en dépôt il y a soixante-dix ans, la collection a été inaugurée en mars 2010 dans le cadre de la reconstruction du château. Bénéficiant d'une muséographie entièrement nouvelle, elle illustre l'intérêt porté par la cour de Saxe aux arts et à la culture de l'Orient. Vous pourrez enfin monter au sommet de la **tour de l'Horloge** (*Hausmannsturm*), où vous disposerez d'une **vue**★★ d'ensemble sur la ville, du centre historique à la ville nouvelle, et sur l'Elbe.
La façade extérieure du château reliant l'aile ouest au Johanneum est recouverte par une immense mosaïque, la **Procession des princes**★ (*Fürstenzug*, 102 m). Réalisée originellement par le peintre Wilhelm Walter en technique de sgraffite, cette peinture monumentale représentant les ducs de la maison de Saxe-Wettin fut transférée en 1906 sur 25 000 carreaux de porcelaine de Saxe. L'œuvre, qui sortit miraculeusement indemne des bombardements de 1945, met en scène 35 margraves, princes-électeurs et rois sur une période d'environ mille ans.
Reliant le Johanneum au bâtiment Georges, le **Langer Gang**★ *(Long Passage)* est une longue galerie, formée par des arcades toscanes, qui ferme la cour des écuries.
Le bâtiment du **Johanneum** (à gauche de l'entrée, *Schöne Pforte*, porte de style Renaissance), occupé autrefois par les écuries, abrite le **musée des Transports** *(Verkehrsmuseum)* : collections d'automobiles et de motocyclettes ; évolution des transports en commun urbains.
Traverser la Neumarkt.

★★ **Église Notre-Dame** (Frauenkirche)
✆ *0351 656 06 100 - www.frauenkirche-dresden.de - lun.-vend. 10h-12h, 13h-18h.*
L'imposante église Notre-Dame fut érigée à partir de 1726. Elle est l'œuvre maîtresse de l'architecte Georg Bähr. Le dôme, achevé en 1738 et considéré comme l'emblème de la ville, avait un diamètre de 23,5 m pour une hauteur de 95 m. L'édifice passe pour être le plus représentatif de l'architecture sacrée protestante.
Presque entièrement détruite par les bombardements des 13 et 14 février 1945, l'église a été rebâtie à partir de 1994 et consacrée le 30 octobre 2005.

Jusqu'à la réunification, ses ruines symbolisèrent de façon saisissante la destruction de la ville.

La **crypte** abrite l'autel de pierre du plasticien Anish Kapoor et la sépulture de l'architecte Georg Bähr. L'église peut recevoir jusqu'à 2 200 fidèles et accueille régulièrement des concerts *(sam. à 20h en général).*

Gagner la terrasse de Brühl aménagée à l'emplacement des anciennes fortifications.

★ Terrasse de Brühl (Brühlsche Terrasse)

Cette terrasse panoramique est reliée à la cathédrale par un escalier monumental : **vue★** intéressante sur l'Elbe et les édifices monumentaux du quartier de Neustadt, sur la rive droite, dont l'imposante façade néoclassique du **ministère des Finances et du Culte de Saxe** (1883). Le premier chevalet des panoramas de Canaletto se trouve sur la terrasse *(voir encadré p. 552).*

Rebrousser chemin et se diriger vers l'Albertinum.

Albertinum

Brühlsche Terrasse et Georg-Treu-Platz - ✆ 0351 49 14 97 31 - www.skd.museum - tlj sf lun. 10h-18h - 8 €.

Ce bâtiment de style néo-Renaissance fut érigé en 1884 à la demande du roi Albert, sur les fondations de l'ancien arsenal. Il possède des collections des 19e et 20e s. (Galerie Neue Meister) avec en particulier des œuvres de Caspar David Friedrich. Vous pourrez également y découvrir une riche collection de sculptures.

★ Musée de la Ville (Stadtmuseum Dresden)

✆ 0351 488 73 72 - www.museen-dresden.de - ♿ - tlj sf lun. 10h-18h (vend. 19h) - 4 €.

Construit entre 1770 et 1775 pour abriter les services de l'État de Saxe, cet édifice baroque abrite un musée consacré à l'histoire de Dresde depuis sa fondation au 13e s., avec un développement particulier sur les 19e s. et 20e s.

Nouvel hôtel de ville (Neues Rathaus)

www.dresden.de - tour fermée à la visite en 2012 en raison des travaux en cours dans les édifices environnants.

Situé derrière l'église Ste-Croix, il s'agit d'un édifice néo-Renaissance bâti au début du siècle. Sa tour, surmontée d'une statue dorée d'Hercule, est la plus haute de Dresde (68 m), et offre une vue exceptionnelle sur la vieille ville.

★ Église Ste-Croix (Kreuzkirche)

Cette église, la plus ancienne de la ville (début du 13e s.), fut remaniée dans le style baroque après sa destruction pendant la guerre de Sept Ans.

Elle accueille la célèbre chorale masculine Sainte-Croix *(Kreuzchor),* qui compte 400 voix !

Emprunter la Wildsruffer Straße pour rejoindre le Zwinger et la Theaterplatz.

En se dirigeant vers la **Theaterplatz**, occupée en son centre par la statue équestre du roi Jean (1854-1873), on passe devant la **garde de la vieille ville** *(Altstädter Wache),* dessinée par Schinkel.

★★ LA VILLE NOUVELLE (Neustadt) 2 Plan 1

Cette partie de Dresde, en grande partie épargnée par les bombardements de 1945, occupe le territoire de l'*Altendresden* (Vieux Dresde) qui brûla en 1685. Elle a été rebaptisée Ville Nouvelle *(Neustadt)* lors de la reconstruction du quartier, à l'occasion de laquelle la pierre fut rendue obligatoire.

La reconstruction après 1945

« LA FLORENCE DE L'ELBE »

Ville slave à l'origine, Dresde fut germanisée au 12e s. par les margraves de Misnie. Elle revint en 1485 au duc Albert et resta, jusqu'en 1918, possession de la lignée albertine.

C'est au cours de la première moitié du 18e s., sous le règne des électeurs de Saxe et rois de Pologne **Auguste II le Fort** et de son fils **Auguste III**, qu'eut lieu le véritable développement de la ville. Attirés par ces souverains mécènes, de nombreux artistes italiens, en particulier vénitiens, fréquentèrent alors la Cour de Dresde. De cette époque datent le magnifique ensemble baroque du Zwinger, le Palais japonais et l'église de la cour *(Hofkirche)*, ainsi que les exceptionnelles collections de peintures et d'objets d'art. À ces trésors, Dresde, qui fut aussi le berceau de l'expressionnisme allemand, adjoint les œuvres de nombreux peintres allemands des 19e et 20e s.

Le 19e s. fut placé sous le signe du développement économique ; de nombreuses industries et manufactures, stimulées par le chemin de fer (la ligne Dresde-Leipzig fut inaugurée en 1839) et la navigation à vapeur sur l'Elbe, s'installèrent à la périphérie de la ville.

LA NUIT DE L'APOCALYPSE

À quelques mois de la fin de la Seconde Guerre mondiale, dans la nuit du 13 au 14 février 1945, Dresde fut la cible de l'un des plus importants bombardements alliés, destiné à briser le moral de la population. Après le passage de deux vagues de bombardiers Lancaster et de plus de 300 forteresses volantes américaines, on évalua le nombre de morts entre 35 000 et 135 000 : la ville était détruite à 75 %. L'enjeu stratégique de cette opération militaire d'envergure était pourtant faible et l'ampleur du déploiement allié, destiné à frapper une ville alors peuplée de réfugiés, suscita bien des débats.

UNE RECONSTRUCTION RÉUSSIE

Quelques chiffres illustrent l'importance du chantier de la reconstruction de l'**église Notre-Dame** : au milieu des ruines ont été retrouvées 8 390 pierres de façade, de mur et de plafond (soit un quart de la surface totale) dont 10 % seulement étaient intactes. 10 000 clichés anciens des plans originaux ont permis de localiser, de mesurer et de photographier les pierres avant de leur attribuer leur place définitive. Elles ont été répertoriées dans une base de données contenant 90 000 photographies numériques.

Le mariage de l'urbanisme ancien et moderne

La restauration du patrimoine historique – en particulier du Zwinger miraculeusement reconstitué – et la reconstruction des quartiers d'habitation, traversés par de larges artères, ont donné à Dresde sa spécificité alliant l'urbanisme moderne au patrimoine historique. La **Prager Straße**, jonction entre le quartier de la gare et la vieille ville, est l'exemple le plus frappant de ce nouvel urbanisme, avec ses imposants immeubles alignés de part et d'autre d'une large allée piétonne : elle aboutit à la **Wiener Platz★**, encadrée par la Krugel Haus (bâtie autour d'une sphère en verre), et à la gare centrale *(Hauptbahnof)* à la belle verrière de fer et de verre.

PROMENADE SUR LES PAS DE CANALETTO

Le peintre vénitien **Bernardo Bellotto** (1722-1780), dit **Canaletto**, a peint une série de panoramas de la ville *(www.blicke-auf-dresden.de)*. Vous pourrez observer, grâce à trois chevalets installés aux endroits stratégiques, la métamorphose du paysage urbain opérée depuis le 18e s.

En partant de la Theaterplatz, montez les marches pour rejoindre la première installation sur la **terrasse de Brühl**. La déconstruction des fortifications a permis à la Hofkirche et à l'opéra Semper d'émerger. Ensuite, traversez l'Elbe sur le pont d'Auguste (Augustusbrücke).

La célèbre « **vue de Canaletto** » sur les monuments de la vieille ville se trouve rive droite, devant l'hôtel Bellevue. Continuez au bord de l'Elbe et retraversez le fleuve sur le pont de Marie (Marienbrücke). Revenez vers le centre en passant par la place du Parlement de Saxe (Landtag). Quittez les bords de l'Elbe et suivez la Holländische Straße jusqu'à la Ostra-Allee. Près des douves du **Zwinger** où se trouve le troisième chevalet, vous remarquerez en particulier la transformation de la silhouette de la Postplatz.

La **Hauptstraße** qui relie l'Albertplatz à la place du Neustädter Markt, dominée par la **statue équestre★** dorée d'Auguste le Fort, a fait l'objet d'une restauration de bon goût, qui a permis de préserver plusieurs demeures du 18e s. Dans les années qui suivirent la réunification, Neustadt était le quartier alternatif de Dresde : il concentrait squats et ateliers d'artistes. Ses habitants le proclamèrent même « Buntes Republik Neustadt » (République colorée de Neustadt) pendant trois jours en juin 1990 ! Aujourd'hui plus bobo, il reste tout de même le repaire des artistes et des créatifs. Avec ses belles demeures de style baroque, néoclassique ou de l'époque des fondateurs, ainsi que ses nombreuses boutiques branchées, c'est un des lieux de promenade les plus agréables de la ville. C'est aussi le quartier où sortir et faire la fête, avec sa ribambelle de petits bars à l'ambiance intime. Le carré formé par la Bautzener Straße, la Königsbrücker Straße, le Bischofsweg et la Prießnitzstraße en constitue le cœur.

▶ *Si vous venez du centre historique de Dresde, vous pouvez accéder à la ville nouvelle par l'Augustusbrücke.*

S'engager à droite dans la Köpckestraße.

★ Musée des Arts et Traditions populaires

(Museum für Sächsische Volkskunst)

✆ 0351 49 14 20 00 - www.skd-dresden.de - tlj sf lun. 10h-18h - 3 €.

Ce musée a été aménagé dans le plus ancien bâtiment Renaissance de la ville, le Jägerhof, érigé en 1568. Il présente essentiellement des objets d'art populaire saxon : meubles peints, pièces de poterie et de vannerie, tissus imprimés en bleu, vaisselle. On remarquera aussi les costumes régionaux saxons et souabes, les dentelles, les jouets de l'Erzgebirge et les sculptures sur bois, les décorations de Noël, et les objets issus du monde de la mine.

Revenir sur ses pas dans la Köpckestraße et franchir le Neustädtermarkt.

★ Palais japonais (Japanisches Palais)

Le Palais japonais est un vaste quadrilatère construit entre 1715 et 1717 sous la direction de Pöppelmann pour exposer la vaisselle en porcelaine de Meissen d'Auguste le Fort. Il abrite aujourd'hui le musée d'Ethnologie et le musée de la Préhistoire. Notez les toits à l'orientale des pavillons d'angle.

Du côté de l'Elbe, agréable jardin et **vue★** sur la rive gauche.

Le Zwinger.
Bildagentur RM / Tips/Photononstop

À voir aussi

★ Musée d'Histoire militaire

(Militärhistorisches Museum der Bundeswehr) Hors Plan, vers 1

Olbrichtplatz 2 - trams 7 et 8, bus 64, arrêt Stauffenbergalle - ✆ 0351 823 2803 - www.mhmbw.de - ♿ - tlj sf merc. 10h-18h (21h le lun.) - 5 €.

Ce bâtiment du 19e s., d'où jaillit une immense pyramide de métal, abrite le plus grand musée militaire d'Allemagne. Rénové par le célèbre architecte Daniel Libeskind, à qui l'on doit entre autres le Musée juif de Berlin, il a rouvert ses portes à l'automne 2011. Sur quatre niveaux sont présentées les évolutions technologiques du 14e s. à nos jours, ainsi que des expositions thématiques originales, telles que l'animal et l'armée ou la guerre et les jeux. La scénographie, brillante, trouve le ton juste entre installations interactives et distance critique nécessaire.

Musée de l'Hygiène et de la Santé

(Deutsches Hygiene-Museum) Plan 3

Lingnerplatz 1 - ✆ 0351 48 46 40 00 - www.dhmd.de - ♿ (rdc) - tlj sf lun. 10h-18h - 7 €.

Ce musée moderne aborde l'homme à travers ses dimensions biologiques, sociales et culturelles. Sur 2 500 m², « L'aventure humaine » (Abenteuer Mensch) présente un grand nombre d'objets (figures de verre, moulages de cire, modèles anatomiques) et de nombreux modules interactifs. De son côté, le **musée pour les Enfants** est consacré aux cinq sens.

Asisi Panometer Hors Plan, vers 3

Gasanstalstraße 8b - ✆ 0341 35 55 340 - www.asisi.de - tlj sf lun. 9h-17h, w.-end 10h-18h - 10 €.

Le site propose des voyages virtuels grâce aux techniques digitales les plus pointues. L'exposition « 1756 Dresden » avait permis de découvrir le panorama à 360° de la ville, un jour d'été de l'année 1756, mais de nouvelles projections offrent un aperçu de l'époque baroque ou de l'Everest.

Ancienne fabrique de tabac Yenidze
(Ehemalige Zigarettenfabrik Yenidze) Hors Plan, vers 1
Weißeritzstraße 3, près du pont Marienbrücke, sur la la rive gauche.
Avec sa coupole de verre aux reflets chamarrés et ses minarets dressés vers le ciel, cette ancienne manufacture de cigarettes construite en 1908 dans le style d'une mosquée éveille la curiosité. Elle abrite aujourd'hui des bureaux, ainsi qu'un restaurant et un *Biergarten* au sommet.

Laiterie de Pfund (Dresdner Molkerei Gebrüder Pfund) Hors Plan, vers 1
Bautzner Str. 79 - ✆ 0351 8 10 59 48 - www.pfunds.de - lun.-sam. 10h-18h, dim. et j. fériés 10h-15h.
L'intérieur de cette boutique est somptueux : murs et plafonds sont entièrement recouverts de faïences peintes à la main (1892), à motifs d'angelots et de guirlandes de fleurs. La laiterie est fermée depuis belle lurette, mais on vend toujours du fromage dans la boutique ainsi que des souvenirs pour les touristes. Café-restaurant au 1er étage.

À proximité Carte de région B1

★ **Château Moritzburg** (Schloss Moritzburg)
▷ 14 km au nord-ouest, par la Hansastraße. ✆ 035 207 87 30 - www.schloss-moritzburg.de - possibilité de visite guidée - avr.-oct. : 10h-17h30 ; nov.-mars. : w.-end 10h-16h30 - fermé 24 déc. et 31 janv. - 7 €.
Simple pavillon de chasse de style Renaissance construit entre 1542 et 1546 par le duc Maurice, ce château fut remanié entre 1723 et 1736 par M.D. Pöppelmann à la demande de Frédéric-Auguste Ier (1670-1733), qui voulait en faire un château d'apparat baroque. Le bâtiment à quatre ailes avec ses imposantes tours d'angle ocre et blanc, couleurs du baroque en Saxe, est entouré d'un lac artificiel et d'un parc aux proportions généreuses.

★ **Château Pillnitz** (Schloss Pillnitz)
▷ 15 km à l'est par la Bautznerstraße. ✆ 0351 2613 260 - www.schloesserland-sachsen.de - ♿ - mai.-oct. : tlj sf lun. 10h-18h - nov.-avr. : le w.-end seulement - 8 € le ticket combiné château, parc et serre - entrée gratuite pour les visiteurs dont c'est l'anniversaire.
Ce **château** de plaisance situé sur la rive droite de l'Elbe a été conçu entre 1720 et 1724 par Matthäus Daniel Pöppelmann, l'architecte des princes-électeurs. La prédilection du baroque finissant pour les chinoiseries transparaît dans la forme des toits. Le parc fut agrandi et transformé en jardin anglais en 1778. Les berges de l'Elbe invitent à la promenade ; l'île située en face est une réserve ornithologique, peuplée de hérons cendrés.

★ **Freiberg**
▷ 37 km au sud.
Située au pied des monts Métallifères, Freiberg était au Moyen Âge la plus grande ville de Saxe. Elle vécut longtemps de l'exploitation de son sous-sol d'où l'on extrayait divers minéraux (argent, cuivre, plomb, zinc, fluorine, spath et agate).
Si aujourd'hui toutes les mines sont désaffectées, la ville reste fière de son passé minier et perpétue des traditions comme les défilés annuels.

★★ **La cathédrale** – ✆ *03 731 30 09 66 - www.freiberger-dom.de - ♿ - visite guidée mai-oct. : lun.-sam. 10h, 11h, 14h, 15h, 16h, dim. et j. fériés 11h30, 14h, 15h, 16h ; nov.-avr. : 11h (dim. 11h30), 14h, 15h - 3 €.* Cette église-halle de style gothique flamboyant fut érigée entre 1490 et 1501 pour remplacer l'ancienne cathédrale romane.

La **chaire**★★ est un chef-d'œuvre de l'art sacré, dont la forme rappelle la corolle d'une tulipe. Elle fut réalisée autour de 1505 par le maître sculpteur Hans Witten et représente en fait un arbre de vie sur le tronc duquel s'amorce l'escalier.

Avec leurs trois claviers, leurs 45 registres et 2 674 tuyaux, les **orgues**★★ passent pour être le chef-d'œuvre du facteur **Gottfried Silbermann**. L'instrument aux formes équilibrées et décoré d'anges délicats possède un timbre resplendissant, que Silbermann obtint en fusionnant subtilement les savoir-faire saxon et français.

Admirez le splendide **portail doré**★★ à huit voussures qui fut conçu vers 1230 pour l'ancienne église romane. Au tympan sont représentées la Vierge en majesté et l'Adoration des Mages *(dépliant explicatif)*. Le portail tient son nom de l'ornementation polychrome, d'origine, qui présentait une dominante dorée.

La chapelle mortuaire★ mérite également votre attention. Au 16e s., le chœur fut transformé pour recevoir les tombeaux de la ligne albertine de la dynastie de Saxe, puis modifié dans le style maniériste. Le tombeau du prince-électeur Maurice de Saxe, sculpté en 1563 par Antonius van Zerroen d'Anvers, constitue la première œuvre Renaissance de ce type en Saxe.

Circuit conseillé Carte de région B1

★★★ LA SUISSE SAXONNE

▶ *Itinéraire de 78 km tracé en vert sur la carte p. 556 – Une journée. Au départ de Dresde.*

Avec ses parois de grès en forme de tables et ses gorges profondes, la Suisse saxonne constitue l'un des sites naturels les plus spectaculaires d'Allemagne. La vallée de l'Elbe dessine en amont de Dresde de larges méandres encaissés jalonnés de châteaux, de forteresses et de somptueux jardins.

★ Château Pillnitz (Pillnitz Schloss) *(voir page précédente)*

★★★ Bastion (Bastei)

Ce magnifique belvédère perché à près de 200 m au-dessus de l'Elbe se présente comme une arête dominant un décor de formations rocheuses. Un pont principal enjambe le précipice entre les rochers, et des passerelles relient entre elles les impressionnantes tours de grès. **Vue**★★ sur une grande partie de la Suisse saxonne.

Après une courte descente, on atteint le Basteibrücke, long de 76 m. Possibilité de suivre de nombreux sentiers pédestres balisés au milieu des rochers.

★ Bad Schandau

Centre touristique le plus important de la Suisse saxonne, Bad Schandau est également une station thermale réputée pour ses sources ferrugineuses exploitées depuis 1730. À la sortie de la ville, en direction de Schmilka, on accède par un ascenseur et un sentier au point panoramique de l'Ostrauer Scheibe : **vue**★ sur les Schrammsteine, massif chaotique très prisé par les amateurs d'escalade.

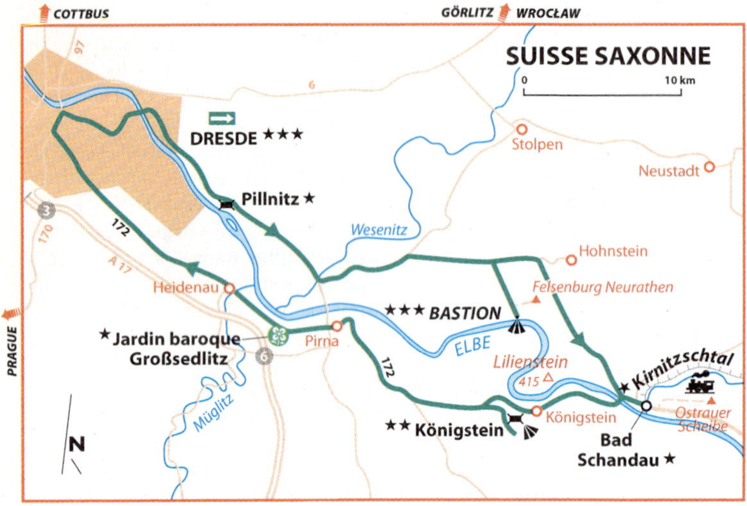

La **vallée de la Kirnitzsch★** (Kirnitzschtal), que l'on peut remonter en chemin de fer, est bordée de rochers abrupts.
Traverser l'Elbe à Bad Schandau et prendre à droite vers Königstein.

★★ Forteresse de Königstein (Festung Königstein)

✆ 0350 21 64 607 - www.festung-koenigstein.de - avr.-oct. : 9h-18h ; nov.-mars : 9h-17h - fermé 24 déc. et fermeture anticipée à 15h30 le 31 déc. - 7 €.
La grande boucle de l'Elbe est dominée par le Lilienstein (415 m) situé sur la rive droite, et le **Königstein** (360 m), couronné par une formidable **forteresse**. Édifiée aux 13e et 16e s. et agrandie aux 17e et 18e s., celle-ci servit à plusieurs reprises de refuge à la cour de Saxe. Les prisonniers qui y étaient internés n'avaient pratiquement aucune chance de s'en échapper ; parmi les détenus les plus célèbres figurent Böttger *(voir Meissen)*, l'inventeur de la porcelaine, August Bebel, fondateur avec Karl Liebknecht du Parti social-démocrate en 1869, et le général Henri Giraud (ce dernier réussit à s'évader en 1942, à l'aide d'une corde accrochée aux barreaux d'une meurtrière).
Le chemin de ronde, qui suit le bord de cette « table de grès », offre des **vues★★** magnifiques sur l'Elbe, les sommets des monts Métallifères, les contreforts des montagnes de Lusace et les monts de Bohême.

★ Jardin baroque Großsedlitz (Barockgarten Großsedlitz)

Parkstraße 85 - 01809 Heidenau - ✆ 03 529 56 390 - ♿ - avr.-août : 8h-20h ; sept.-mars : 8h - coucher du soleil - 4 €.
Ce **jardin** fut en partie aménagé en 1719 par Pöppelmann dans le goût français. Il fait aujourd'hui encore partie des compositions les plus achevées de l'art des jardins baroques allemands. Remarquer surtout le somptueux ensemble formé par les espaces verts entourés de haies, les bordures de fleurs, les sculptures en grès, les nombreux jeux d'eau, les deux orangeries et le petit château.
Poursuivre la route jusqu'à Dresde.

NOS ADRESSES À DRESDE

INFORMATIONS UTILES

Quotidiens – *Sächsische Zeitung, Dresdner Neueste Nachrichten.*
Internet – *www.dresden-tourist.de; www.cityguide-dresden.de; www.dresden-online.de; www.blicke-auf-dresden.de*

TRANSPORTS

Le centre historique de Dresde est essentiellement réservé aux piétons et aux vélos. La plupart des curiosités et musées se concentrent dans un périmètre restreint et sont facilement accessibles à pied. La ville est efficacement quadrillée par un réseau de 18 lignes de tramway, auxquelles s'ajoutent bus et trains express régionaux *(S-Bahn, DB)*.
Dresde possède deux gares : la *Hauptbahnhof* (Am Hauptbahnhof 4) au sud de la vieille ville et la *Bahnhof Neustadt* (Schlesischer Platz 1). La plupart des trains s'arrêtent dans l'une et l'autre gare.
Aéroport – *✆ 0351 881 33 60 - www.dresden-airport.de.* L'aéroport international Flughafen Dresden est situé à moins de 10 km au nord de l'Elbe. La S-Bahn (S2) va à la gare centrale en 25mn (2 € le trajet). Départs ttes les 30mn.
Transports en commun – Le réseau de la *Dresdner Verkehrsbetriebe* (DVB), régie des transports urbains de Dresde, est bien organisé, *✆ 0351 857 10 11 - www.dvb.de.*
Dresden-City-Card – Valable 24h ou 48h, elle coûte entre 9,90 € et 25 € et permet à un adulte, ainsi qu'aux enfants de moins de 6 ans qui sont avec lui, de voyager à volonté sur toutes les lignes de bus et de tramway du réseau urbain et d'emprunter les bacs qui traversent l'Elbe. Elle donne aussi droit à des entrées gratuites dans douze musées réunissant des collections d'œuvres d'art d'État (galerie de peinture des Maîtres anciens, collection de Porcelaine, Voûte verte...) ou à des tarifs réduits dans d'autres musées; réductions également sur certaines visites guidées de la ville en autocar et en bateau.
Dresden-Regio-Card – Valable 72h, elle coûte 48 € et permet, en plus du réseau urbain, d'emprunter gratuitement les S-Bahn qui longent l'Elbe afin de se rendre à Meissen, Pirna ou Königstein; réductions sur les voyages en train et les principaux musées de la région.
Ces deux cartes sont disponibles à l'OT *(Touristeninformation)*, dans de nombreux hôtels, ainsi que dans les points-service *(Service-Zentren)* de la DVB.

VISITES DE LA VILLE

Tours de la ville en autocar – Deux compagnies proposent plusieurs formules de visite (Stadtrundfahrt) qui durent entre 1h30 et 4h.
Die Roten Doppeldecker, *✆ 0351 49 40 404 - www.stadtrundfahrt-dresden.de - 15/23 €.* Départ de la Wilsdruffer Strasse, guide allemand.
Stadtrundfahrt Dresden, *✆ 0351 899 56 50 - www.stadtrundfahrt.com - départ ttes les 15 à 30mn, 9h30-17h - 22/35 €.* Départ d'Augustusbrücke/Theaterplatz. Le ticket est valable toute la journée et on peut descendre et monter à n'importe lequel des 22 arrêts. Audioguide en français.
Igeltours – *Pulsnitzer Str. 10 - ✆ 0351 804 45 57 - www.igeltour-*

dresden.de. Une autre façon de découvrir la ville avec des visites thématiques à pied.

Croisières – Sächsische Dampfschiffahrt, *✆ 0351 86 60 90 - www.saechsische-dampfschiffahrt.de*. Croisières quotidiennes sur l'Elbe à bord de bateaux à aubes d'époque ou de bateaux à moteur modernes, au départ de Dresde, vers Meißen en aval (19,50 € AR) et la Suisse saxonne en amont (26,70 € AR pour Bad Schandau). Embarcadère et débarcadère : Terrassenufer sous la Brühlsche Terrasse.

HÉBERGEMENT

PREMIER PRIX

Gästehaus Mezcalero – Hors Plan 1 - *Königsbrücker Straße 64 (500 m au nord de l'Albertplatz) - ✆ 0351 810 770 - www.mezcalero.de - P - 23 ch. 62 € (48 € avec toilettes et douche sur le palier) - ☕ 6,50 €*. Cet établissement a été entièrement aménagé d'après le modèle mexicain-aztèque : des couleurs agréables, des chambres personnalisées, certaines munies d'un lit en mezzanine. Dortoirs pour les petits groupes.

Backstage – Hors Plan 1 - *Prießnitzstr. 12 - ✆ 0351 888 77 77 - www.backstage-dresden.de - P - 11 ch. à partir de 79,50 € - ☕ 7 €*. Cette adresse occupe un ancien centre de production de la laiterie Pfund. Les chambres, à la déco assez kitsch, sont grandes, claires et confortables, certaines avec terrasse.

Kangaroo-Stop Hostel & Backpacker – Hors Plan 1 - *Erna-Berger Str. 8-10 (à 300 m de la gare de Neustadt) - ✆ 0351 314 34 55 - www.kangaroo-stop.de - P - 24 ch. 36/40 €, appart. 72/88 € - ☕ 5 €*. Très centrale, cette auberge offre des nuitées à petits prix.

BUDGET MOYEN

Landhaus Lockwitzgrund – Hors Plan 3 - *Lockwitzgrund 100 - Lockwitz (10 km env. au sud-est du centre) - ✆ 0351 271 00 10 - www.landhaus-lockwitzgrund.de - P - 12 ch. à partir de 75 €*. Le cadre romantique de cette ancienne propriété agricole est tout à fait propice au repos. Les chambres, confortables, conservent un style rustique. La jolie décoration vient appuyer le caractère champêtre et convivial du restaurant.

Martha Hospiz – Plan 1 - *Nierizstraße 11 - ✆ 0351 817 60 - www.hotel-martha-hospiz.de - fermé 22-27 déc. - ♿ - 50 ch. 113/121 € - ☕ 10 €*. Établissement traditionnel de l'église évangélique, le Martha Hospiz propose des chambres élégantes au mobilier classique de couleur miel, dont une partie est de style Biedermeier. Certaines chambres sont réservées aux personnes handicapées. Agréable restaurant, utilisé autrefois comme cave à charbon et à pommes de terre.

POUR SE FAIRE PLAISIR

Hotel Schloss Eckberg – Hors Plan 1 - *Bautzner Straße 134 (4 km env. de l'Albertplatz) - ✆ 0351 809 90 - www.hotel-schloss-eckberg.de - P - 84 ch. 154/165 € (Kavalierhaus) / 232/248 € (château)*. Un parc de grand style et des chambres confortables – certaines abritant de précieuses antiquités, d'autres plutôt modernes – font de cet hôtel, composé du château néogothique et de la *Kavaliershaus* (maison des Cavaliers), une adresse de choix. Le restaurant classique et de bon goût s'intègre parfaitement aux salles historiques.

UNE FOLIE

Hotel Taschenbergpalais – Plan 2 - *Taschenberg - ✆ 0351 12 812 - www.kempinski.com/*

dresden - P - *214 ch.- à partir de 169 € -* ☕ *26 €.* Relié au château des électeurs de Saxe par un passage, ce palais baroque fut construit en 1705 par Auguste II Le Fort pour sa concubine, la comtesse Cosel. Détruit en grande partie pendant la Seconde Guerre mondiale, il a retrouvé toute sa splendeur. Les chambres disposent du plus grand confort et d'une décoration soignée : marqueterie, marbre, etc.

SE RESTAURER

PREMIER PRIX

Aha Ladencafé – Plan 2 - *Kreuzstraße 7 - ☎ 0351 496 06 71 - www.ladencafe.de - tlj sf dim. -* 🚭 *- 15 €.* Une plaisante adresse face à l'église Sainte-Croix proposant, au milieu d'une exposition d'art, une cuisine de saison sur le thème de l'exposition en cours. Vins du monde entier. Magasin d'artisanat au sous-sol.

Raskolnikoff – Hors Plan 1 - *Böhmische Str. 34 - ☎ 0351 804 5706 - www.raskolnikoff.de - 10h-2h - 14/22 €.* Au cœur de Neustadt, ce petit resto flanqué d'une ravissante cour intérieure propose une cuisine internationale et inventive, dont une délicieuse soupe d'avocat.

Dresdner Speisekammer – Plan 2 *-Sporergasse 5 - ☎ 0351 4077 6016 - www.dresdner-speisekammer.de - 17/19 €.* Une adresse originale à deux pas des principaux monuments. On y compose soi-même son menu, à partir de conserves faites maison !

Historisches Fischhaus – Hors Plan 1 - *Fischerhausstr. 14 (à 5 km au nord-est du centre-ville ; suivre la Bautzner Str.) - ☎ 0351 89 91 00 - www.fischhaus-dresden.de - 11h30-0h, sam. 11h-0h, dim. 11h-23h -* ♿ *- réserv. conseillée - 15/25 €.* Maison de tradition au cadre verdoyant, proche de la ville. Parmi les spécialités : poisson et gibier. En été, profitez du jardin, idyllique.

BUDGET MOYEN

Luisenhof – Hors Plan 1 - *Bergbahnstraße 8, Weißer Hirsch (5 km à l'est de l'Alberplatz) - ☎ 0351 214 99 60 - www.luisenhof.org - 26/44 €.* Dans un bâtiment historique de 1895, ce restaurant panoramique est surnommé le « balcon de Dresde » en raison de sa vue. L'endroit se distingue par sa décoration moderne et une grande façade vitrée. Sa terrasse, à l'ombre des arbres, est particulièrement agréable en été.

Kurhaus Kleinzschachwitz – Hors Plan 3 - *Berthold-Haupt-Straße 128 - Kleinzschachwitz (10 km au sud-est du centre) - Tram 1 - ☎ 0351 200 19 96 - www.kurhaus-kleinzschachwitz.de - fermé de la 2e sem. de janv. à fin janv. -* 🚭 ♿ *- réserv. conseillée - 15/35 €.* Ce restaurant rénové, fidèle à l'établissement d'origine, est situé dans un quartier résidentiel et se distingue par sa belle architecture. À l'intérieur, salle chaleureuse ainsi que quelques jolies chambres confortables. Une étape agréable en bordure de l'Elbe et face au château de Pillnitz.

POUR SE FAIRE PLAISIR

CoselPalais – Plan 2 - *An der Frauenkirche 12 - ☎ 0351 496 24 44 - www.coselpalais-dresden.de. 18/52 €.* L'ancien palais baroque (18e s.) du comte de Cosel, garde du corps de Frédéric Auguste, abrite autour de sa cour un restaurant situé au pied de Notre-Dame. Cuisine classique.

UNE FOLIE

Caroussel – Plan 1 - *Königstrasse 14 - ☎ 0351 800 30 - www.buelow.palais.de - tlj sf dim. et lun., le soir uniquement - menus 85/145 €.* Ce restaurant gâte ses hôtes avec un cadre de bon goût – porcelaines, poêle en faïence et tableaux décorent la salle – et l'excellente cuisine de Dirk Schöer. Vous pouvez également prendre un verre sur l'agréable terrasse au toit de verre.

PETITE PAUSE

Café Schinkelwache – *Theaterplatz 2 - ✆ 0351 4 90 39 09 - www.schinkelwache-dresden.de - 10h-0h.* Cet ancien poste de garde, construit par le fameux architecte du néoclassicisme allemand Friedrich Schinkel, est situé entre le Zwinger, le château et l'opéra.

Café Toscana – *Schillerplatz 7 (5 km à l'est de la vieille ville au bord de l'Elbe) - ✆ 0351 310 07 44 - www.cafe-eisold.de - lun.-sam. 9h-19h, dim. 11h-19h.* Ce salon de thé classique avec jardin d'hiver et terrasse offre une belle vue sur le pont *Blaues Wunder.* Exceptionnel, son buffet de gâteaux est long de 12 m ! Également des plats du jour.

England England – *Martin-Luther-Str. 25 - ✆ 0351 329 501 50 - www.englandengland.de - tlj sf lun. 12h-18h (dim. 17h).* Adorable salon de thé à l'anglaise niché en plein Neustadt. Décoration douilllette et pleine d'humour, tout à la gloire de la reine d'Angleterre. On se régale de scones faits maison, servis avec de la confiture de fraise et de la crème fouettée.

ACHATS

Bon à savoir – Les principales artères commerçantes de Dresde sont la Prager Straße (grands magasins), la Wilsdruffer Straße et l'Altmarkt dans la vieille ville, la Königstraße (boutiques de luxe) et la Hauptstraße.

Kunsthofpassage Dresden-Neustadt – *Alaunstr. 70 (au nord d'Albertplatz entre la Rothenburger Str. et la Königsbrücker Str. ; accès également par la Görlitzer Str. 23) - ✆ 0351 8 02 67 04 - www.kunsthof-dresden.de.* Entre Alaunstr. et Görlitzer Str. se succèdent plusieurs arrière-cours dont les façades, souvent fantaisistes, sont décorées selon différents thèmes. Boutiques d'artisanat et bars.

Dresdner Porzellan – *Neumarkt 7 - ✆ 0351 482 1081 - www.dresdner-porzellan.com - 11h-19h (12h-18h le dim.).* Services de table , horloges et nombreux bibelots en porcelaine, fabriqués dans la manufacture voisine de Freital, au sud-ouest de Dresde.

Neustädter Markthalle – *Metzer Str. 1 (à la hauteur de Hauptstr. 36 ; accès par Ritter- et Metzer Str.).* Dans ce marché couvert historique, stands de spécialités traditionnelles et internationales.

Marchés – **Altmarkt**, *le matin à partir de 8h, tlj sf dim.* Au même endroit ont lieu le marché de printemps *(Frühlingsmarkt)* en mai et le marché d'automne *(Herbstmarkt)* en septembre, ainsi que le célèbre *Striezelmarkt* en décembre. **Sachsenmarkt, Lingnerallee**, *près du Deutsches Hygiene-Museum, vend. 8h-17h.* Le plus grand marché de Dresde, créé après la réunification pour promouvoir les produits locaux.

EN SOIRÉE

Bon à savoir – Pour tout savoir sur les manifestations culturelles, consultez l'agenda sur *www.dresden.de* ou le *Dresdner-Kulturmagazin.* D'autres mensuels comme *SAX - Das Dresdner Stadtmagazin* ou *Prinz* sont aussi disponibles dans les kiosques.

Bon à savoir – On trouve de nombreux salons de thé, bistrots et cafés dans la vieille ville, et à l'intérieur du quartier de la ville nouvelle, au croisement des rues Alaunstr. et Luisenstr.

Ballhaus Watzke – *Kötzschenbroder Str. 1 (en prolongement vers l'ouest de la Leipziger Straße) - ✆ 0351 85 29 20 - www.watzke.de - 11h-0h.* Brasserie située sur les bords de l'Elbe, dans un bâtiment historique dont le 1er étage accueillait autrefois de grands bals. Le *Biergarten* offre une superbe vue sur la vieille ville dite « vue de Canaletto » comme on la trouve représentée sur une toile du maître.

Brauhaus am Waldschlösschen – *Am Brauhaus 8b (à 2 km à l'est d'Albertplatz ; suivre la Bautzner Str.) - ✆ 0351 652 39 00 - www.waldschloesschen.de - 11h-1h.* Sans doute la plus belle brasserie de la ville. On y sert des bières brassées sur place, des cocktails et des plats traditionnels. Tlj sf dim., piano à partir de 20h. Le *Biergarten* offre de magnifiques vues sur l'Elbe.

Café Laïka – *Kamenzer Str. 20 - ✆ 0351 88 94 32 00 - www.laika-dresden.de - 19h-1h (vend. 3h), sam. 10h-3h, dim. 10h-0h.* Ce café-bar à la déco vintage est l'endroit idéal pour qui veut découvrir les nuits animées de Neustadt.

Frank's Bar – *Alaunstraße 80 (au nord d'Albertplatz entre la Rothenburger Str. et la Königsbrücker Str.) - ✆ 0351 65 88 83 80 - www.franksbar.de - 20h-3h.* Dans une ambiance feutrée et un cadre agréable, ce petit bar propose plus de 200 cocktails avec ou sans alcool, sucrés ou acides, soft ou hard…

Winzerstube Zum Rebstock – *Hauptstr. 17 - ✆ 0351 5 63 35 44 - www.winzerstube-zum-rebstock.de - tlj. 12h-22h.* Cette adresse est à la fois une « Weinstube » et une boutique de vins. L'établissement propose des crus de la région de Bad Kreuznach et de Meissen ainsi que des petits plats pour les accompagner. Terrasse calme avec vue sur un magnifique pavillon baroque.

Schillergarten – *Schillerplatz 9 - ✆ 0351 81 19 90 - www.schillergarten.de - 11h-1h.* Situé au bord de l'Elbe, sous le pont Bleu (Blaues Wunder), cet établissement possède l'un des plus grands *Biergarten* de Dresde.

AGENDA

Filmfest Dresden – *Mi-avril - www.filmfest-dresden.* Festival international du court-métrage et du film d'animation.

Internationales Dixieland Festival Dresden – *Mi-mai – www.dixieland.de.*

Festival de musique de Dresde (Dresdner Musikfestspiele) – *Mi-mai-déb. juin - ✆ 0351 478 560 - www.musikfestspiele.com.* Concerts de musique classique sur la Theaterplatz, les escaliers de la terrasse de Brühl et dans les principales salles et églises.

Buntes Republik Neustadt – *mi-juin - www.brn-dresden.de.* Grande fête de rue qui célèbre pendant trois jours et trois nuits la naissance de l'éphémère « Buntes Republik Neustadt », instituée à la réunification par les habitants de ce quartier alternatif.

Elbhangfest – *Dernier w.-end de juin - www.elbhangfest.de.* Fête artistique et populaire le long de l'Elbe. Théâtre, lectures, artisanat.

Görlitz

★

56 470 habitants – Saxe

NOS ADRESSES PAGE 565

S'INFORMER

Office de tourisme – *Brüderstr. 1 - ✆ 035 81 475 70 - www.goerlitz.de - mai-oct. : 9h-18h (sam. 17h, dim. et j. fériés 16h) ; nov.-avr. : 9h30-18h (sam., dim. et j. fériés 9h30-14h30).*

SE REPÉRER

Carte de région C1 (p. 542) – *cartes Michelin nos 718 O 7 et 544 BH 35.* Görlitz est à 107 km à l'est de Dresde. La ville s'est développée sur les bords de la Neisse, qui constitue, depuis le traité de Potsdam (1945), la frontière avec la Pologne.

Art gothique, Renaissance, baroque et Art nouveau : la belle cité de Görlitz, la perle de la basse Silésie, a retrouvé tous ses fastes d'antan après de longs travaux de rénovation. La ville doit son riche patrimoine (3 500 maisons classées dans la vieille ville) à la prospérité que lui procurèrent, aux 15e et 16e s., la fabrication de drap et le commerce de la guède, le pastel des teinturiers.

Découvrir

★ VIEILLE VILLE

Se reporter au plan page ci-contre.

Le centre historique de Görlitz est dominé par deux places de caractère, l'Obermarkt et l'Untermarkt, autour desquelles se concentrent la plupart des curiosités de la ville.

Obermarkt B1-2

Cette place s'étend entre la Reichenbacher Turm, porte fortifiée des 14e et 15e s., située côté ouest, et l'église de la Trinité à l'est. La partie nord conserve de belles maisons de style baroque. Au **nº 29** *(office de tourisme)*, la façade, dans laquelle s'ouvre un portail flanqué de colonnes, est finement décorée de stucs. Napoléon a séjourné dans cette maison en 1813 et harangué ses troupes depuis le balcon du 1er étage.

Église de la Trinité (Dreifaltigkeitskirche) B1-2

L'église de la Trinité bordant l'Obermarkt se caractérise par une haute tour baroque. À l'intérieur, les deux nefs du 15e s., très étroites, se prolongent par un chœur élevé entre 1371 et 1381. Remarquer les imposantes **stalles★** (1484), surmontées d'inscriptions franciscaines. Le maître-autel baroque (1713) est l'œuvre de Caspar Gottlob von Rodewitz, élève de Permoser ; la chaire des Douze Apôtres date de la fin de la Renaissance.

La **chapelle Ste-Barbe** renferme des trésors d'art sacré, notamment le **retable de la Vierge★** (vers 1510), chef-d'œuvre du gothique tardif. Il représente Marie auréolée et la Nativité. Repliés, les panneaux du retable montrent la Passion du Christ. La Mise au tombeau fut réalisée par Hans Olmützer en 1492, tandis que l'émouvant Christ au repos (fin du 15e s.) est attribué à un maître du Sud de l'Allemagne.

★ Untermarkt B1

L'ancienne place commerçante de Görlitz est dominée par la tour (1378) de l'**hôtel de ville** *(Rathaus)*; à l'angle de la Brüderstraße, remarquer l'escalier extérieur (1537-1538) qui contourne une élégante statue (copie) représentant la Justice. À droite du portail Renaissance, un panneau sculpté de style gothique tardif (1488) figure les armoiries du roi de Hongrie Matthias Corvinus. La partie centrale du bâtiment date de la Renaissance. L'édifice a été agrandi au début du 20e s. dans le style néogothique.

Au milieu de la place, l'**ancienne Bourse** *(Alte Börse)*, au portail décoré de figures allégoriques, est le plus ancien monument baroque de la ville (1706). Il est prolongé par l'**ancien poids municipal** *(Alte Waage)*, composé de trois étages de style Renaissance élevés sur un rez-de-chaussée baroque.

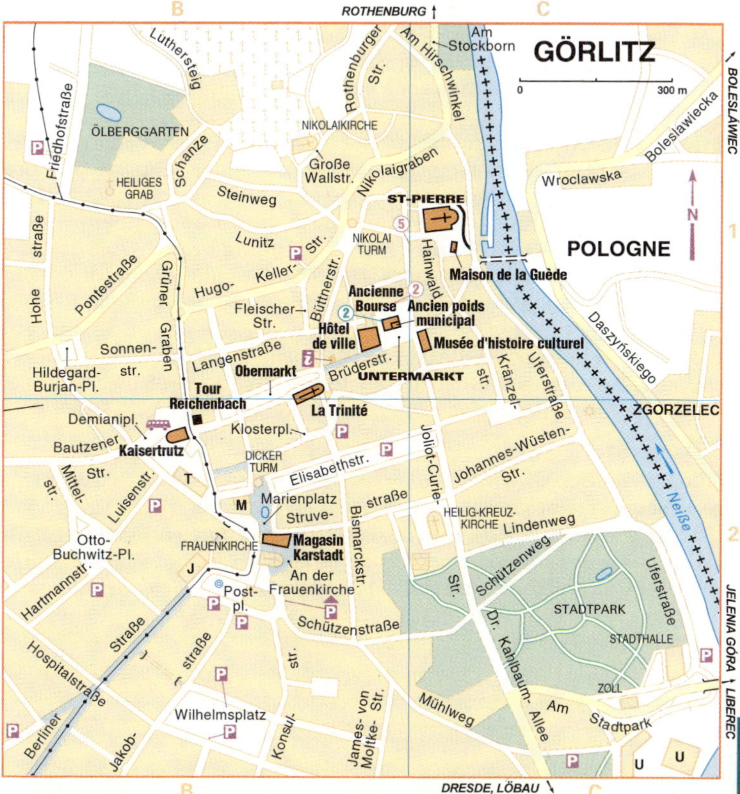

SE LOGER

Börse .... ②

SE RESTAURER

Lucie Schulte .... ②

Tuchmacher .... ⑤

7

LE SCHLESISCHES HIMMELSREICH
Avec un peu de chance, vous pourrez savourer la spécialité gastronomique locale. Ce plat, à la saveur aigre-douce, est composé de viande de porc salée et de fruits séchés. Il est servi avec des *Knödel* (boulettes) et une sauce blanche préparée au jus de citron.

Le côté sud de l'Untermarkt, bordé de maisons à arcades, est très évocateur du Görlitz des notables et des bourgeois.

Musée d'Histoire culturelle (Kulturhistorisches Museum) C1

Neißstraße 30 - ✆ 03581 671 355 - www.museum-goerlitz.de - tlj sf lun. 10h-17h - fermé 24 et 31 déc - 5 €.
À l'angle sud-est de la place, une imposante maison baroque (1727-1729) abrite les collections d'art de la ville, ainsi que des objets artisanaux du 16e au 19e s. et du beau mobilier des styles Renaissance et baroque. Riche collection de verreries et d'**armoires rustiques★** du 18e s.

★ Église St-Pierre (St-Peterskirche) C1

Cette imposante église à cinq nefs au toit de cuivre surplombe à pic la Neisse. Sa construction, qui dura 75 ans, s'est achevée à la fin du 15e s. Le portail ouest (1235) provient de l'ancienne église romane et a été remanié dans le style gothique tardif.
Intérieur – Les trois nefs du milieu sont coiffées par une belle voûte en étoile. Les baies sont ornées de remplages. Une statue d'ange supporte la **chaire** (1693), rehaussée de feuilles d'acanthe dorées. Le maître-autel baroque (1695), en grès et faux marbre, est une œuvre du sculpteur Georg Heermann. Le retable représente l'Ascension du Christ. Le **grand orgue** (1703) est dû à Eugenio Casparini, maître d'Andreas Silbermann. Le buffet de Johann Conrad Buchau, artiste originaire de la ville, est surmonté de trois groupes d'anges jouant de la musique.
À droite de l'église se dresse le plus ancien bâtiment civil de la ville, la **maison de la Guède** (*Waidhaus*, 13e s.), où était stockée la précieuse plante tinctoriale, qui donnait la couleur bleue.

Kaisertrutz B2

✆ 03 581 67 73 55 - www.museum-goerlitz.de - réouverture à l'été 2012 après rénovation ; se renseigner pour les nouveaux horaires - 5 €.
Cette massive rotonde de 19 m de diamètre, construite entre 1490 et 1541, faisait partie de l'ancienne fortification de la ville. Elle abrite aujourd'hui le **musée municipal d'Histoire et d'Art** *(Museum für Stadtgeschichte und Kunst)*.

Tour Reichenbach (Reichenbacher Turm) B2

En face du Kaisertrutz se dresse la **tour Reichenbach**, mentionnée dès 1376 et considérée comme l'emblème de la ville. Empruntez les 165 marches qui conduisent au sommet de l'édifice (52 m) afin d'avoir une belle **vue★** sur Görlitz.

Magasin Karstadt (Karstadt-Warenhaus) B2

Dernier exemple de grand magasin de style Art nouveau encore debout, le **magasin Karstadt** fut conçu en 1912-1913 par l'architecte Schmanns de Potsdam. D'aspect massif à l'extérieur, il possède une cour intérieure surmontée d'un toit de verre en berceau, un magnifique escalier et des colonnes d'une extrême élégance.

NOS ADRESSES À GÖRLITZ

HÉBERGEMENT

BUDGET MOYEN

Börse – B1 - *Untermarkt 16 - ✆ 03581 764 20 - www.boerse-goerlitz.de - 27 ch. à partir de 119 € ☕.* Cette ancienne Bourse à la belle façade baroque (1714) s'élève sur une place du centre-ville. Belles chambres meublées avec goût, dont chacune porte le nom d'une ville européenne.

RESTAURATION

BUDGET MOYEN

Lucie Schulte – B1 - *Untermarkt 22 - ✆ 03581 41 02 60 - www.goerlitz-kocht.de - carte 21/41 €.* Ce joli restaurant se niche dans un petit passage près du marché. Belle salle voûtée et cuisine internationale.

POUR SE FAIRE PLAISIR

Tuchmacher – BC1 - *Peterstraße 8 - ✆ 03581 473 10 - www.tuchmacher.de - fermé lun. midi - 27/47 €.* Dans le cadre attrayant d'une maison bourgeoise de la Renaissance, cet établissement sert une cuisine délicieuse dans le bar-restaurant ou sur l'agréable terrasse de la petite cour.

Meissen

★

27 740 habitants – Saxe

NOS ADRESSES PAGE 568

S'INFORMER
Office de tourisme – *Markt 3 - ✆ 035 21 419 40 - www.touristinfo-meissen.de - avr.-oct. : 10h-18h (w.-end et j. fériés 16h) ; nov-mars : tlj sf dim. 10h-17h (sam. 15h).*

SE REPÉRER
Carte de région B1 (p. 568) – *cartes Michelin nos 718 M 8 et 544 AZ 36.* Meissen est à 195 km au sud de Berlin et à 25 km au nord-ouest de Dresde.

À NE PAS MANQUER
Le promontoire du Burgberg.

ORGANISER SON TEMPS
Prévoyez une demi-journée pour visiter la ville.

AVEC LES ENFANTS
L'atelier de démonstration de la Manufacture nationale de porcelaine.

Bordée de coteaux viticoles produisant un vin blanc sec et fruité, Meissen est une cité de l'Elbe remarquablement préservée, dominée par sa cathédrale et son château au gothique flamboyant. Elle doit sa célébrité à sa Manufacture nationale de porcelaine, la première d'Europe, dont les œuvres sont marquées de deux épées bleues entrecroisées.

Découvrir

LE VIEUX MEISSEN

Meissen possède un riche patrimoine gothique et Renaissance. Sur la **place du Marché** *(Marktplatz)* se dressent l'hôtel de ville de la fin du gothique (1472-1478), la maison Benno *(Bennohaus)* de la seconde moitié du 15e s., l'officine du Marché *(Marktapotheke)*, édifice construit entre 1555 et 1560, ainsi que la maison du Cerf *(Hirschhaus)*, ornée d'un beau portail de 1642. À quelques pas de là, voir la porte des Drapiers *(Tuchmachertor)*, de la fin de la Renaissance (vers 1600), et la brasserie (*Brauhaus*, 1569-1574).

Église Notre-Dame (Frauenkirche)

Cette église à trois nefs, de style gothique flamboyant datant de la fin du 15e s., possède un carillon dont les cloches sont en porcelaine de Meissen.

★★ LE PROMONTOIRE DU BURGBERG

Sur cette hauteur se dressent le château, la cathédrale et les bâtiments conventuels. Du Burgberg se déploie une belle **vue** sur la vieille ville, le vignoble et les paysages traversés par l'Elbe.

UNE PORCELAINE RÉPUTÉE

La fondation de Meissen doit être replacée dans le contexte des campagnes militaires menées par le roi allemand Henri Ier contre les peuplades slaves, à l'est de l'Elbe et de la Saale. En 929, il fit fortifier la montagne située à l'endroit stratégique constitué par un gué sur l'Elbe. La ville, qui s'est développée au pied de la colline du château à la fin du 12e s., doit sa renommée à sa Manufacture de porcelaine fondée en 1710.

C'est sous Auguste le Fort que l'alchimiste **Johann Friedrich Böttger** (1682-1719) présenta, le 29 mars 1709, la découverte de la formule de la porcelaine dure chinoise, à base de kaolin. L'année suivante, l'électeur de Saxe fit installer la première manufacture européenne de porcelaine dans le château qui, de par sa situation isolée et bien gardée, était tout à fait adapté à la protection du secret. Le kaolin provenait de mines situées au nord-ouest de la ville, où il est toujours exploité.

La richesse de décoration imitée des modèles chinois et japonais (dessins de végétaux, lions jaunes, dragons rouges et verts, rochers, oiseaux, fleurs, animaux fantastiques...) remonte à la première période de prospérité (le Vieux Saxe), sous Johann Gregorius Höroldt (1720-1755). On lui doit également le célèbre décor dit à l'**« oignon »** *(Zwiebelmuster)*, au bleu de cobalt, qui deviendra l'un des motifs sous glaçure les plus connus dans le monde. J. J. Kändler (1706-1775) fut le créateur des fameux animaux géants et d'innombrables services.

★ Albrechtsburg

✆ 03 521 47 070 - www.albrechtsburg-meissen.de - mars-oct. : 10h-18h ; nov.-fév. : 10h-17h - fermé 24-25 déc. et du 7-11 janv. - 8 €.

Construit à partir de 1471 à l'initiative du margrave Albert par Arnold von Westfalen, un des plus célèbres architectes de la fin du Moyen Âge, le château passe pour être l'un des plus beaux bâtiments profanes du gothique flamboyant. Entre 1710 et 1865, il a abrité la Manufacture nationale de porcelaine, première de ce style en Europe.

L'**escalier en colimaçon**, qui orne la façade, est un modèle du genre. Les nombreuses salles, souvent décorées de fresques illustrant l'histoire de la Saxe, exposent des collections d'histoire et des œuvres d'art allemandes, principalement du 16e s.

★ Cathédrale (Dom)

Église gothique à trois nefs et transept, la **cathédrale** a été construite à partir de 1250 sur les vestiges d'une église romane, et terminée vers la fin du 15e s. On a commencé à construire les tours occidentales (hauteur : 81 m) en 1315, puis, après les destructions survenues entre 1904 et 1908, on les a achevées sur les plans de Carl Schäfer. Les esquisses des **plaques tombales★** en bronze (début du 16e s.), dans la chapelle des Princes *(Fürstenkapelle)*, sont attribuées pour partie à Albrecht Dürer et Lucas Cranach l'Ancien, et proviennent du célèbre atelier de Peter Vischer à Nuremberg. Devant le jubé (1260-1270), sculpté à Naumburg, se trouve l'**autel des novices★** de l'atelier de Lucas Cranach l'Ancien. Les **statues des donateurs★★** (13e s.) dans le chœur principal représentent l'empereur Otton Ier et l'impératrice Adélaïde ; créées dans le même atelier, elles rappellent les statues du chœur de la cathédrale de Naumburg.

La place est entourée par les **bâtiments conventuels** : la résidence du doyen date de 1526 *(au no 5)*, la maison des chanoines de 1728 *(au no 6)*, et le prieuré de 1500 environ *(au no 7)*.

★ Manufacture nationale de porcelaine
(Staatliche Porzellanmanufaktur)
℘ 03 521 46 87 00 - www.meissen.com - ♿ - mai-oct. : 9h-18h ; nov.-avr. : 9h-17h (16h le 31 déc. et le 1er janv.) - fermé 24-26 déc. - 8,50 €.
En 1865, la Manufacture de porcelaine quitta le château d'Albrechtsburg pour s'installer au sud-ouest du centre-ville. L'histoire de cette industrie est retracée au travers des nombreuses pièces exposées.
Un atelier de démonstration présente la préparation de la pâte à porcelaine et le processus de fabrication (files d'attente souvent longues pour la visite de l'atelier).

NOS ADRESSES À MEISSEN

HÉBERGEMENT

PREMIER PRIX

Hotel Am Talkenberger Hof – *Am Talkenberger Hof 15 - Coswig, à 7 km de Meissen, prendre l'A 13 direction Berlin, sortie Radeburg - ℘ 03523 743 17 - www.talkenberger-hof.de - (cartes non acceptées) - P - réserv. - 9 ch. 54 €* ☕. Sympathique petite pension, blottie au cœur des vignobles ; on y vient même à vélo ! Les chambres, propres et soignées, sont aménagées dans un style champêtre. De la terrasse, belle vue sur les environs.

BUDGET MOYEN

Ross – *Großenhainer Straße 9 - ℘ 03521 75 10 - www.hotelross meissen.de - P - 41 ch. 65/100 €* ☕. La famille Eichholz dirige cet établissement séculaire installé dans un ancien relais de poste, face à la gare. Un hôtel moderne avec des chambres propres et douillettes.

POUR SE FAIRE PLAISIR

Burgkeller – *Domplatz 11 - ℘ 03521 414 00 - www.hotel-burgkeller-meissen.de - P - 10 ch. 125/175 €* ☕. Charmant petit hôtel ouvert en 1881. Les chambres élégantes donnent sur la cathédrale de Meissen. Les murs sont ornés de tableaux.

RESTAURATION

PREMIER PRIX

Romantik Restaurant Vincenz Richter – *An der Frauenkirche 12 - ℘ 03 521 45 32 85 - www.vincenz-richter.de - fermé 9-27 janv. et lun. - 25/41 €.* Vous tomberez immédiatement sous le charme de cette maison de drapier de 1523. L'été, agréable terrasse dans la cour intérieure.

Sur la place du Marché, l'ancien hôtel de ville devenu musée historique de la Ville.
Mauritius/Photononstop

Leipzig

★

515 470 habitants – Saxe

NOS ADRESSES PAGE 577

S'INFORMER
Office de tourisme – *Katharinenstraße 8 - ✆ 0341 7104 260 - www.leipzig.de - lun.-vend. 9h30-18h (nov.-fév. 10h-18h), sam. 9h30-16h, dim. et j. fériés 9h30-15h.*

SE REPÉRER
Carte de région A1 (p. 542) – *cartes Michelin nos 718 L 7 et 544 AS 34*. Leipzig se trouve à l'extrémité ouest de la Saxe, à 113 km à l'ouest de Dresde.

À NE PAS MANQUER
Découvrir les œuvres du musée des Beaux-Arts, visiter le Forum d'histoire contemporaine et déambuler dans les passages du centre.

ORGANISER SON TEMPS
Comptez au moins deux jours pour apprécier la ville et ses curiosités.

Si Dresde est la capitale administrative de la Saxe, Leipzig en est la ville culturelle et intellectuelle. C'est d'ici que sont partis les premiers soubresauts puis les manifestations qui conduisirent à la chute du mur de Berlin. Important foyer économique, elle vit aussi au rythme de grandes foires séculaires. Cité mélomane (Bach, Mendelssohn et Schumann y ont résidé), elle est également l'un des berceaux historiques de l'édition allemande et un foyer universitaire de premier plan.

Découvrir

★ LE CENTRE HISTORIQUE

Se reporter au plan page ci-contre.
Circonscrite à l'intérieur du « Ring » routier, la vieille ville de Leipzig s'ordonne autour de la vaste place du marché *(Markt)*. Vous pourrez profiter de son animation permanente en déambulant dans ses rues réservées pour la plupart aux piétons, et reliées par de nombreux **passages couverts★** pleins de charme. Vous remarquerez également ses nombreuses **façades Art déco**.

★ Ancien hôtel de ville (Altes Rathaus) A1

Bâtiment tout en longueur, orné d'une belle façade Renaissance, l'ancien hôtel de ville possède un toit à pignons percés de fenêtres. Ce style de construction profane est l'un des premiers exemples d'architecture typique d'hôtel de ville de la Renaissance allemande. L'édifice fut construit en 1556 sur les plans de Hieronymus Lotter, architecte et bourgmestre de Leipzig. L'hôtel de ville abrite le **musée historique de la Ville** *(Stadtgeschichtliches Museum)*.
☏ 0341 149 54 84 - www.stadtgeschichtliches-museum-leipzig.de - ♿ - tlj sf lun. 10h-18h - fermé 24, 25 et 31 déc. - 6 €, gratuit 1er merc. du mois.

★★ Forum d'histoire contemporaine
(Zeitgeschichtliches Forum Leipzig) A2

Grimmaische Straße 6 - ☏ 0341 22 200 - www.hdg.de - mar.-vend. 9h-18h, sam.-dim. et j. fériés 10h-18h - gratuit.
Cet intéressant musée, consacré à l'histoire de la ville et de l'Est de l'Allemagne depuis la Seconde Guerre mondiale, est conçu comme un lieu de mémoire qui comprend également une bibliothèque et un centre d'information. Après une introduction sur la guerre et ses atrocités, l'exposition, réalisée par différentes personnalités, retrace les moments clés de l'histoire contemporaine et évoque de façon touchante le quotidien de ses habitants : citations, banderoles, extraits de discours-clés, images de manifestations, photographies, etc.

★ Ancienne Bourse (Alte Börse) A1

Sur le Naschmarkt. L'**ancienne Bourse** du commerce, construite entre 1678 et 1687 d'après les plans de Johann Georg Starcke, fut le premier édifice baroque de Leipzig ; elle est aujourd'hui utilisée pour des festivités. La statue, œuvre de Carl Seffner (1903), représente **Goethe** lorsqu'il était étudiant.

Katharinenstraße A1

Au nord de l'ancienne Bourse. Quelques maisons baroques sont conservées du côté ouest de la rue. La plus belle est sans aucun doute la **Romanushaus** (à l'angle du *Brühl*), bâtie de 1701 à 1704 sur des plans de Johann Gregor Fuchs pour le bourgmestre Franz Conrad Romanus. Les maisons voisines *(nos 21 et 19)* furent construites vers le milieu du 18e s. et présentent de charmantes façades. La Fregehaus *(no 11)*, elle aussi bâtie par Fuchs, appartenait au riche banquier Christian Gottlob Frege, le *Fugger* de Leipzig, dont l'empire commercial s'étendait sur toute l'Europe et même par-delà l'Atlantique.

★★ Musée des Beaux-Arts (Museum der Bildenden Künste) A1

☏ 0341 21 69 990 - www.mdbk.de - mar. et jeu.-dim. 10h-18h, merc. 12h-20h, j. fériés 10h-18h - possibilité de visite guidée (1h30) - fermé 24 et 31 déc. - 5 €.
Il abrite l'une des plus importantes collections d'œuvres datant de la fin du Moyen Âge à l'époque contemporaine. Le musée présente notamment des

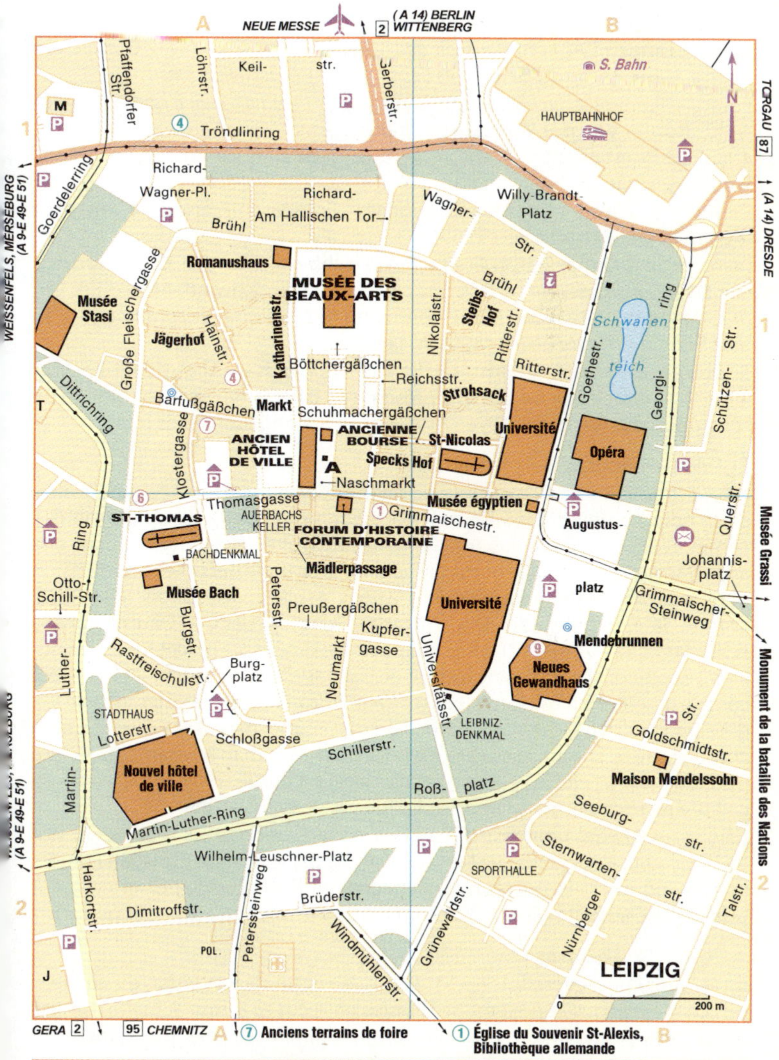

SE LOGER

- Hotel Am Bayrischen Platz 1
- Hotel Fürstenhof 4
- Hotel Michaelis 7

SE RESTAURER

- Auerbachs Keller - Historische Weinstuben 1
- Barthels Hof 4
- Niemanns Tresor 6
- Stadtpfeiffer 9
- Zill's Tunnel 7

Statue représentant Goethe étudiant ..... A

œuvres majeures des maîtres anciens allemands et flamands ainsi que de la peinture allemande du 19e s. Réalisé par un bureau d'architectes berlinois (Hufnagel, Pütz et Rafaelian), l'**édifice** forme un cube de verre de 34 m de hauteur composé de puits de lumière et d'un vaste hall d'entrée.

Maîtres anciens allemands : **maître Francke** (*L'Homme de douleurs*, vers 1425), **Lucas Cranach l'Ancien** (*Portrait de Luther et Junker Jörg*, 1521), **Cranach le Jeune**, **Hans Baldung Grien** (*Les Sept Âges de la femme*, 1544).

Peinture flamande : école de **Jan van Eyck** (*Portrait d'un vieil homme*, 1430-1440), **Rogier van der Weyden** (*Visitation*, vers 1434), Gerard van Honthorst, atelier de **Rembrandt** (*Portrait*, vers 1653), **Frans Hals** (*Le Mulâtre*, vers 1630), Van Goyen, Van Ostade, Van Ruisdael.

Peinture italienne : Cima da Conegliano, Francesco Francia, **le Tintoret** (*Résurrection de Lazare*, vers 1565).

Peinture allemande : Anton Graff, **J.F.A. Tischbein**, J.A. Koch, **C.D. Friedrich** (*Les Degrés de la vie*, vers 1835), Spitzweg, Moritz v. Schwind, Arnold Böcklin (*L'Île des morts*, vers 1886), Max Liebermann (*Les Faiseuses de conserves*, 1879), Max Klinger (*L'Heure bleue*, 1890), W. Leibl.

Sculptures de Balthasar Permoser, Berthel Thorvaldsen, Auguste Rodin, Max Klinger. La **collection de dessins** présente un panorama presque complet de l'évolution du dessin du Moyen Âge (Martin Schongauer) à nos jours.

Église St-Nicolas (Nikolaikirche) B1

Nikolaistraße. Située au carrefour de deux importantes routes commerciales, cette église bâtie en 1165 fut tout naturellement consacrée au patron des commerçants, saint Nicolas. Initialement construite dans le style roman, elle a été transformée en halle gothique vers 1520. La triple nef est entourée d'une double galerie. L'intérieur est aménagé dans le style néoclassique (1784-1797). L'orgue date du milieu du 19e s. L'**intérieur★**, conçu par Carl Dauthe dans le style classique (1784-1797), offre un spectacle saisissant : les colonnes cannelées de couleur claire s'épanouissent en palmes d'un vert tendre ; la voûte est compartimentée en caissons vieux rose aux stucatures florales. Trente tableaux d'Adam Friedrich Oeser, contemporain de Dauthe, parent les porches et le chœur. Dans le chœur, le crucifix en bois, de style roman finissant, est réputé pour être la plus vieille œuvre d'art de Leipzig. L'orgue (1858-1862) est dû au célèbre facteur d'orgues Friedrich Ladegast, de Weissenfels.

L'église fut l'un des points de départ des manifestations pour la chute du Mur en 1989, suite à une initiative lancée dès 1982 par le pasteur Christian Führer : la prière pour la paix, qui réunissait chaque lundi nombre de personnes pour prier, et qui, au fil des ans, prit une coloration de plus en plus politique.

★ **Église St-Thomas** (Thomaskirche) A2

Citée pour la première fois en 1212 dans la charte de fondation du couvent des chanoines des augustins, St-Thomas ne reçut sa forme actuelle d'église à trois nefs qu'à la fin du 15e s. Elle doit notamment sa célébrité à **Bach**, qui y fut *cantor* vingt-sept ans durant et qui repose en face de l'autel. Le **chœur d'enfants St-Thomas**, jadis dirigé par Bach, contribue également à la notoriété de l'église : issu de l'école de St-Thomas fondée après 1212, il n'avait à l'origine que 12 chanteurs. Il en réunit aujourd'hui 80 et chante lors des vêpres du vendredi (18h), le samedi à 15h (musique sacrée et cantates de Bach) et le dimanche à la messe de 9h30.

Musée Bach (Bachmuseum) A2

En face de l'église St-Thomas, Thomaskirchhof 16. ☎ 0341 913 72 00 - www.bach-leipzig.de - ♿ - mar.-dim. 10h-18h - fermé 24,25 et 31 déc. - 6 €.

Il est installé dans la maison des Bose, une famille de commerçants avec laquelle le musicien s'était lié d'amitié. Construite en 1586, cette demeure fut remaniée au 18e s. Instruments, manuscrits et documents divers retracent la vie, l'œuvre et l'influence du grand compositeur. La plus grande partie du musée est consacrée aux années que Bach passa à Leipzig (de 1723 à 1750).

★ **Musée égyptien** (Aegyptisches Museum) B2
Goethestraße 2 (dans la Krochhaus) - ✆ 0341 97 37 015 - www.gko.uni-leipzig.de - tlj sf lun. 13h-17h, w.-end 10h-17h - fermé j. fériés - 5 €.
Installé dans ses nouveaux locaux, il abrite de remarquables collections regroupant environ 9 000 pièces depuis l'Ancien Empire jusqu'à l'ère chrétienne.

LES PASSAGES COUVERTS

La plupart des passages couverts de Leipzig ont été restaurés de main de maître et offrent avec leurs magasins et cafés un mélange bigarré, apprécié des habitants autant que des touristes.

Mädlerpassage A2
En face du Naschmarkt. C'est le passage le plus somptueux et aussi le plus connu, sans doute à cause du caveau **d'Auerbach** immortalisé par Goethe dans *Faust*. Avant d'y descendre, ne pas oublier de jeter un coup d'œil aux deux bronzes de Matthieu Molitor, représentant *Faust, Méphisto et les buveurs*.

Specks Hof A1
Schuhmachergäßchen. La restauration du bâtiment d'exposition construit en 1911 a soulevé bien des controverses, mais le résultat est fort réussi : partie ancienne préservée et éléments modernes équilibrés. La cour du Specks Hof débouche dans la **maison de la Hanse** *(Hansahaus)*, pittoresque avec sa cour vitrée aux murs en brique vernissée.

Strohsack B1
Ce passage d'allure moderne relie la Nikolaistraße à la Ritterstraße. Regardez l'horloge incrustée dans le sol et recouverte de verre.

Steibs Hof B1
Entre la Brühlstraße et la Nikolaistraße. Ce bâtiment d'exposition, avec ses cours intérieures au carrelage bleu et blanc, a été érigé en 1907 pour un marchand de fourrures – Leipzig était en effet jusque dans les années 1930 le centre européen de la pelleterie.

Jägerhof A1
Entre la Hainstraße et la Grosse Fleischergasse. Un cinéma s'est installé dans ce passage au sol couvert de dalles couleur ivoire, un chef-d'œuvre de l'Art nouveau finissant (1913-1914).

LE RING ET SES ALENTOURS

Ce grand axe routier circulaire et verdoyant suit le tracé des anciennes fortifications médiévales. Les institutions principales et les édifices les plus importants de la ville jalonnent son parcours, dont l'imposante **gare centrale** *(Hauptbahnof)*, la plus importante tête de ligne d'Europe.

Augustusplatz B2
L'ancienne Karl-Marx-Platz, qui a fait l'objet d'une rénovation complète, regroupe quelques-uns des monuments les plus marquants de la ville. Sur le

UNE GARE MÉTAMORPHOSÉE...

Abandonnée depuis la Seconde Guerre mondiale, la gare de Leipzig s'est refait une beauté à partir de 1995. En deux ans, les espaces ont été restaurés et un complexe commercial de 30 000 m² a vu le jour sur trois niveaux. Le changement est surprenant : l'édifice, érigé en 1915, avec son immense hall transversal de 267 m de long sur 32 m de large et ses deux halls d'entrée, est devenu un véritable temple de la consommation, dans lequel se sont installés 130 magasins et boutiques.

côté nord se dresse l'**opéra**, bâti de 1956 à 1960 et particulièrement renommé pour son acoustique. Il se prolonge, en direction de la gare centrale, par un parc agréable *(Schwanenteich)* dont un recoin abrite une statue de Wagner.
À l'ouest, le regard s'arrête inévitablement sur la **Krochhaus**, le premier « gratte-ciel » de la ville. Il a été élevé en 1928-1929 et est couronné d'une réplique des Maures, qui frappent les heures sur la tour de l'Horloge de Venise. Cependant, le bâtiment le plus marquant du côté occidental de la place est **la tour « City-Hochaus »** (142 m), qui abritait autrefois l'université.

Neues Gewandhaus B2

Cette salle de concert prestigieuse fut inaugurée en 1981. Plus de 1 900 spectateurs peuvent y prendre place pour écouter notamment l'orchestre du Gewandhaus. Le buste de Beethoven (1902), qui se trouve dans le foyer, est dû au sculpteur **Max Klinger**, originaire de Leipzig.
La fontaine **Mendebrunnen** (1886), devant le Gewandhaus, est une allégorie de l'empire des eaux.

Maison de Mendelssohn (Mendelssohn-Haus) B2

Goldschmidtstraße 12 - ✆ 0341 127 02 94 - www.mendelssohn-stiftung.de - Tlj 10h-18h - 4 €.
Cette maison fut la dernière résidence du célèbre compositeur, de 1845 à 1847. Mendelssohn s'installa à Leipzig à partir de 1835 pour diriger la prestigieuse salle de concert du **Gewandhaus**. À l'intérieur de l'appartement du 1er étage qu'il occupait, vous découvrirez en particulier son cabinet de travail, lumineux et décoré de copies des nombreuses aquarelles qu'il dessinait, avec la chaise originale du musicien. *Concert tous les samedis à 11h.*

Nouvel hôtel de ville (Neues Rathaus) A2

Construit entre 1899 et 1905 sur les fondations de l'ancien château Pleissburg (où Luther et Eick, en 1519, eurent une dispute restée célèbre), il présente des éléments Renaissance et baroques mariés à des parties plus modernes.

AUTOUR DES ANCIENS TERRAINS DE FOIRE

À 2 km env. au sud-est de la Wilhelm-Leuschner-Platz. Tramway (ligne 2).

Anciens terrains de foire (Altes Messegelände) Hors plan, vers A2

Ils s'étendent entre la Deutscher Platz et le parc Wilhelm-Külz, au sud-est de la ville. Accès par la Windmühlenstraße.

Église du Souvenir St-Alexis (St-Alexi-Gedächtniskirche) Hors plan, vers B2

Philipp-Rosenthal-Straße. Construite par W.A. Pokrowski (1912-1913) dans le style de l'ancienne Russie, elle est dédiée aux 22 000 soldats russes tombés au cours de la bataille de Leipzig, ou bataille des Nations.

L'autre capitale de l'Allemagne orientale

LES FOIRES DE LEIPZIG

La localité est mentionnée pour la première fois dans la chronique de l'évêque Thietmar de Merseburg relatant la mort de l'évêque de Meissen dans la *urbs Lipzi*. Vers 1165, le bourg de Lipzk obtient une charte urbaine. Sa situation au carrefour des grands axes de circulation et l'octroi de la *Stadtbrief* – l'une des distinctions les plus anciennes du droit féodal bourgeois – par le margrave Othon le Riche lui permettent de tenir marché. Dès le 12e s., des foires se déroulent à Pâques et à la Saint-Michel, et, à partir de 1458, au Nouvel An. Celles de printemps et d'automne, symbolisées par le célèbre double « M » *(Messe)*, ont lieu depuis 1896.

LA VILLE DE LA MUSIQUE...

La musique occupe une place particulière dans la vie des habitants de Leipzig. Dans l'église St-Thomas repose **Jean-Sébastien Bach**, qui vécut ici entre 1723 et 1750 et occupa la fonction de *Director musices* de la ville et celle de *cantor* dans cette même église, où se produit toujours un chœur d'enfants réputé.

Lorsque le compositeur **Felix Mendelssohn** prit la tête de l'orchestre du Gewandhaus en 1835, la formation qu'il animait comptait déjà au nombre des plus prestigieuses d'Europe. En dix ans, grâce à lui, les activités musicales à Leipzig acquirent une notoriété internationale. Il créa notamment l'École supérieure de musique, qui, suivant une longue tradition d'enseignement, entretient avec les musiciens du Gewandhaus des liens si étroits qu'ils sont à l'origine du « son » particulièrement homogène de l'orchestre et de son pupitre de cordes. Il favorisa aussi la reprise d'œuvres oubliées, comme la *Passion selon saint Matthieu* de J.-S. Bach, qu'il dirigea dès 1829.

Clara Wieck et **Robert Schumann** passèrent leur première année de mariage à Leipzig, au n° 18 de l'Inselstraße, où furent composées les premières mesures de la *1re Symphonie dite du Printemps*.

... ET DU LIVRE

L'un des premiers livres, le *Glossa super Apocalipsim* d'Annius von Viterbo, fut imprimé par un artisan ambulant à Leipzig en 1481. En 1825 furent fondés la « Bourse du commerce du livre allemand », puis en 1912 la Bibliothèque allemande et le musée allemand du Livre et de l'Écriture. Il existe aujourd'hui environ 35 éditeurs réputés à Leipzig, dont Kiepenheuer, Brockhaus et Reclam.

UNE CITÉ PROSPÈRE

La découverte au 16e s. de mines d'argent, dans les montagnes voisines de l'Erzgebirge, a longtemps assuré la richesse de Leipzig. La ville reste aujourd'hui un pôle économique important et ne cesse de se développer depuis la réunification ; dotée d'infrastructures modernes (gare entièrement rénovée, aéroport, *business center*…), elle a su attirer des investisseurs de premier ordre, comme Porsche et BMW.

L'ORCHESTRE DU GEWANDHAUS
L'orchestre du Gewandhaus a été créé en 1743 par de riches marchands et artisans. À partir de 1781, les concerts furent donnés dans la grande salle du bâtiment de la guilde des drapiers. C'est ici qu'eurent lieu entre autres les premières du *Triple Concerto* de Beethoven, de la *Symphonie en ut majeur* de Schubert, de la *Symphonie écossaise* de Mendelssohn et du *Concerto pour violon en ré majeur* de Brahms. En 1884, la ville bâtit à l'orchestre son propre palais des concerts. Ce bâtiment fut détruit en 1944 par des bombardements. Ce n'est qu'en 1981 que fut inauguré le troisième Gewandhaus.

Bibliothèque allemande (Deutsche Bücherei) Hors plan, vers B2
Deutscher Platz. Fondée en 1912, elle rassemble un vaste ensemble d'œuvres en langue allemande dont le nombre s'élève actuellement à 7,5 millions de titres. Elle héberge en outre le **musée allemand du Livre et de l'Écriture**.

Monument de la bataille des Nations
(Völkerschlachtdenkmal) Hors plan, vers B2
Par la Johannisplatz. Prager Str. - ✆ 0341 241 68 70 - www.stadtgeschichtliches-museum-leipzig.de - ♿ - avr.-oct. : 10h-18h ; nov.-mars : 10h-16h - fermé 1er janv., 24,25 et 31 déc. - 6 €.
Élevé à l'occasion du centième anniversaire de la victoire des Alliés (essentiellement Prussiens) sur les armées de Napoléon (1813), il a été inauguré en 1913 après quinze années de travaux. Ses 500 marches conduisent à la terrasse qui permet d'embrasser toute la ville et ses environs. Au cœur de l'édifice, la **crypte** est soutenue par des géants et sculptée de veilleurs en armure.

LES AUTRES MUSÉES DE LEIPZIG

★ **Musée Grassi** (Grassi-Museum) Hors plan, vers B2
Situé à l'est du centre historique, sur la Johannisplatz, accessible par le Grimmaischer Steinweg. ✆ 0341 222 9100 - www.grassimuseum.de - tlj sf lun. 10h-18h.
Le complexe imposant du musée Grassi, avec ses quatre cours intérieures, a été construit de 1925 à 1929 par les architectes Carl William Zweck et Hans Voigt dans le style expressionniste, avec quelques nuances évoquant l'Art déco. Après une rénovation confiée à l'architecte anglais David Chipperfield et à un cabinet de Leipzig, le bâtiment abrite à nouveau les trois musées suivants :
★ **Musée des Arts décoratifs** (Museum für Angewandte Kunst) – *✆ 0341 222 19 00 - www.grassimuseum.de - ♿ - tlj sf lun. 10h-18h - fermé 24 et 31 déc. - 5/6 €.* Il présente divers ouvrages d'artisanat européen du Moyen Âge à la première moitié du 20e s., qu'il s'agisse de meubles (armoire de vestibule de Nuremberg, 16e s.), de porcelaines (de Meissen) ou de verreries (de Venise, de Bohême), parmi lesquelles on compte de précieuses pièces Art nouveau (Gallé, Lalique). Une place d'honneur est également faite à l'école de Vienne. Une gracieuse poupée articulée en buis de 1521, pièce de cabinet d'une rareté exceptionnelle, retiendra l'attention.
★ **Musée d'Ethnographie** (Museum für Völkerkunde) – *✆ 0341 973 19 00 - www.mvl-grassimuseum.de - ♿ - tlj sf lun. 10h-18h - fermé 24 et 31 déc. - 6 €.* C'est l'un des plus anciens et des plus importants d'Europe. Il propose, à partir d'une grande diversité d'objets matériels et d'une riche documentation très imagée, un vaste panorama de l'histoire, de la culture et du mode de vie des peuples d'Asie, d'Afrique, d'Amérique, d'Australie et d'Océanie.

★ **Musée des Instruments de musique** (Musikinstrumenten-Museum) – *℘ 0341 9 73 07 50 - mfm.uni-leipzig.de - tlj sf lun. 10h-18h - fermé 24 et 31 déc. - 5 €.* Il constitue le deuxième musée de ce genre en Europe après celui de Bruxelles. Cinq mille instruments sont présentés, dont certains vieux de cinq siècles. On pourra notamment admirer un clavicorde, créé à Venise en 1543, une épinette (1693), un piano-forte de Florence (1726) et une guitare d'Antonio Mariani (Venise, 1680), aux incrustations de nacre finement ouvragées.

Musée Stasi (Museum in der Runden Ecke) A1

Au nord-ouest du centre historique, Dittrichring 24, documents en langue allemande exclusivement. ℘ 0341 961 24 43 - www.runde-ecke-leipzig.de - ♿ - 10h-18h - fermé 1er janv., 23-26 et 31 déc. - 3 €.

L'exposition d'histoire contemporaine *Stasi – pouvoir et banalité* – met l'accent sur les aspects extrêmes du régime totalitaire de l'ancienne Allemagne de l'Est, et donne un aperçu des méthodes appliquées par le ministère de la Sécurité d'État, qui comptait 85 000 employés à l'affût des moindres faits et gestes de leurs concitoyens. Dans les locaux d'origine – c'est en effet ici que siégeait l'administration du district de Leipzig de la Stasi –, un comité de défense des droits du citoyen a créé cette exposition pour témoigner des atrocités commises dans l'ex-RDA.

NOS ADRESSES À LEIPZIG

VISITES

Leipzig Card – Valable de 1 à 3 jours (1 jour : 8,90 €, 3 jours : 18,50 €, 3 jours pour 2 adultes et 3 enfants de moins de 14 ans : 34 €), elle offre la gratuité des transports mais aussi des tarifs réduits dans les principaux musées de la ville ainsi que dans des restaurants et auprès de certaines compagnies de visites guidées. Rens. auprès de l'office de tourisme.

HÉBERGEMENT

BUDGET MOYEN

Hotel Am Bayrischen Platz – Hors Plan B2 - *Paul-List-Straße 5 (à 5mn à pied de la W.-Leuschner-Platz) - ℘ 0341 14 08 60 - www.hotel-bayrischer-platz.de - P - 32 ch. à partir de 81 €* ☕. En septembre 1874, Karl Marx et sa fille Eleanor logèrent dans cet hôtel construit dans le style d'une villa. Si vous le souhaitez, vous pourrez passer la nuit dans la chambre qu'il occupa. Tout comme les autres, elle est meublée avec beaucoup de goût.

POUR SE FAIRE PLAISIR

Hotel Michaelis – Hors Plan A2 - *Paul-Gruner-Straße 44 (à 5mn à pied de la W.-Leuschner-Platz) - ℘ 0341 267 80 - www.hotel-michaelis.de - P ♿ - 62 ch. 99/179 €* ☕. Ce bâtiment de 1907, classé monument historique, a été rénové avec beaucoup de soin. Les chambres séduisent par leur harmonie et leur élégance.

UNE FOLIE

Hotel Fürstenhof – A1 - *Tröndlinring 8 - ℘ 0341 14 00 - www.luxurycollection.com/fuerstenhof - ♿ - 92 ch. 109/495 € - ☕ 25 €.* La façade de cet hôtel particulier classique (1770) dissimule un intérieur d'une luxueuse élégance. Le service est irréprochable. Le complexe de

7

bains séduit par son ambiance, tendance méditerranéenne. Restaurant au cadre raffiné.

RESTAURATION

BUDGET MOYEN

Zill's Tunnel – A1 - *Barfußgäßchen 9 - ✆ 0341 960 20 78 - www.zillstunnel.de - ♿ - 14/28 €.* Depuis 1841, cette maison est à la fois une brasserie et une taverne. La carte est entièrement rédigée en saxon (plats régionaux principalement).

Barthels Hof – A1 - *Hainstraße 1 - ✆ 0341 14 13 10 - www.barthels-hof.de - 19/36 €.* Un hôtel typique de foire, construit entre 1747 et 1750 pour le marchand Gottlieb Barthel. Depuis plus de cent ans, un restaurant occupe ses murs ; on vous y servira une cuisine simple (spécialités saxonnes).

Niemanns Tresor – A1-2 - *Thomaskirchhof 20 - ✆ 0341 21 61 00 - www.niemannstresor.de - 🚭 - le soir seulement - fermé lun., 1er-6 janv. et 3 sem. en juil.-août - menus 52/89 €.* Ce restaurant occupe les locaux d'une ancienne banque, face à l'église St-Thomas. Belle salle principale. Parmi les autres, une réservée aux fumeurs.

POUR SE FAIRE PLAISIR

Auerbachs Keller - Historische Weinstuben – A2 - *Grimmaische Straße 2 (Mädlerpassage) - ✆ 0341 21 61 00 -www.auerbachs-keller-leipzig.de - le soir seulement, fermé dim. - 58/64 €.* Cette *Weinstube* existe depuis 1525 . Goethe, qui fréquentait l'endroit, s'en inspira, dit-on, pour son *Faust*. Cuisine classique et bons plats traditionnels. Selon la légende, le magicien Faust chevaucha un tonneau de cette taverne…

UNE FOLIE

Stadtpfeiffer – B2 - *Augustusplatz 8 - ✆ 0341 217 89 20 - www.stadtpfeiffer.de - le soir seulement - fermé dim., lun., Noël et juil.-août - menu 88/108 €.* Petra et Detlef Schlegel sont aux petits soins pour leurs hôtes, qu'ils accueillent avec élégance. Excellente cuisine de saison, classique et élaborée avec soin. Deux menus au choix en plus de la carte.

PETITE PAUSE

Bon à savoir – Les « Leipziger Lerchen », les alouettes de Leipzig, sont une des spécialités de la ville que vous trouverez dans toutes les pâtisseries. Après que le roi de Saxe eut interdit, en 1876, la chasse de ces oiseaux dont la préparation contribuait à la renommée gastronomique de la ville, les pâtissiers eurent l'idée de créer une nouvelle spécialité du même nom, faite de pâte brisée enveloppant de la pâte d'amandes.

Kaffeehaus Riquet – *Schuhmachergässchen 1-3 - ✆ 0341 9 61 00 00 - www.riquethaus.de - 9h-20h.* Repérable par deux grandes têtes d'éléphant en façade, le Riquet, une ancienne maison de commerce du début du 19e s., est aménagé depuis 1996 sur le modèle d'un café viennois. Salle à l'étage.

Zum Arabischen Coffe Baum – *Kleine Fleischergasse 4 (au croisement de Barfußgäßchen et de Kleine Fleischergasse) - ✆ 0341 9 61 00 60 - www.coffe-baum.de - rdc : 11h-0h, 1er étage : lun.-sam. 12h-15h, 18h-0h, 2e étage et musée : 11h-19h.* Une des plus anciennes maisons de café d'Europe. Au rez-de-chaussée : café-bistrot et terrasse ; au 1er étage : restaurant ; au 2e : salons de thé aménagés à l'orientale, à la viennoise et à la parisienne. Du 2e au 4e étage, exposition sur la culture du café, en particulier en Saxe.

ACHATS

Bon à savoir – Le shopping est très plaisant à Leipzig. De nombreux passages commerciaux, autant appréciés des habitants que des touristes, abritent sous leurs verrières une multitude de boutiques et des cafés. Promenez-vous dans Mädlerpassage, Specks Hof, Strohsack, Steibs Hof ou Jägerhof, vous ne le regretterez pas !

EN SOIRÉE

Bon à savoir – Pour vous informer, procurez-vous le calendrier mensuel des manifestations *Leipzig im…* : disponible auprès de Leipzig Tourist Service, 0,50 € *(www.leipzig-im.de)*. Consulter aussi le mensuel *Prinz (leipzig.prinz.de)*, en vente dans les kiosques de la ville. Pour information sur Internet : www.leipzig.de/touristservice

Les lieux de sortie – Vous trouverez une forte concentration de bars toujours animés dans le centre-ville, entre Brühl et le Neues Rathaus. Le lieu le plus vivant est la Barfußgäßchen, une ruelle en zone piétonne bordée exclusivement de bars, restaurants et cafés. Autre fief des noctambules, principalement des étudiants, la Gottschedstrasse, à l'ouest du centre-ville. Elle débouche dans Dittrichring à hauteur de la Thomaskirche.

Gasthaus & Gosebrauerei Bayerischer Bahnhof – *Bayrischer Platz 1 (au croisement de la Windmühlenstr. et de la Nürnberger Str.) - ✆ 0341 1 24 57 60 - www.bayerischer-bahnhof.de - 11h-1h - fermé 1er janv. et 25 déc.* Dans cette ancienne gare, on brasse de nouveau aujourd'hui la *Gose*, la bière traditionnelle de Leipzig qui, dans les années 1960 avait disparu (on ajoute aux ingrédients habituels du sel, de l'acide lactique et de la coriandre). D'autres bières sont également proposées. Cadre rustique, beau *Biergarten* (self-service) et plats copieux.

Kümmel-Apotheke – *Grimmaische Str. 2-4 (dans Mädlerpassage) - ✆ 0341 9 60 87 05 - www.kuemmel-apotheke.de - lun.-jeu. 9h30-0h, vend.-sam. 1h, dim. 10h30-20h.* Ici vous pouvez venir à toute heure prendre un verre ou un petit repas dans un cadre agréable et regarder flâner les gens dans le Mädlerpassage.

Vinothek 1770 – *Tröndlinring 8 (dans l'hôtel Fürstenhof) - ✆ 0341 1400 - www.vinothek-1770.de - 12h-1h.* Haut lieu pour les amateurs de vin qui y trouvent plus de 170 crus internationaux. Les bouteilles au mur derrière le zinc annoncent l'ordre des vins proposés sur la carte. Pour accompagner la dive bouteille : fromages, antipasti et quelques plats selon la saison, ainsi que de bons cigares.

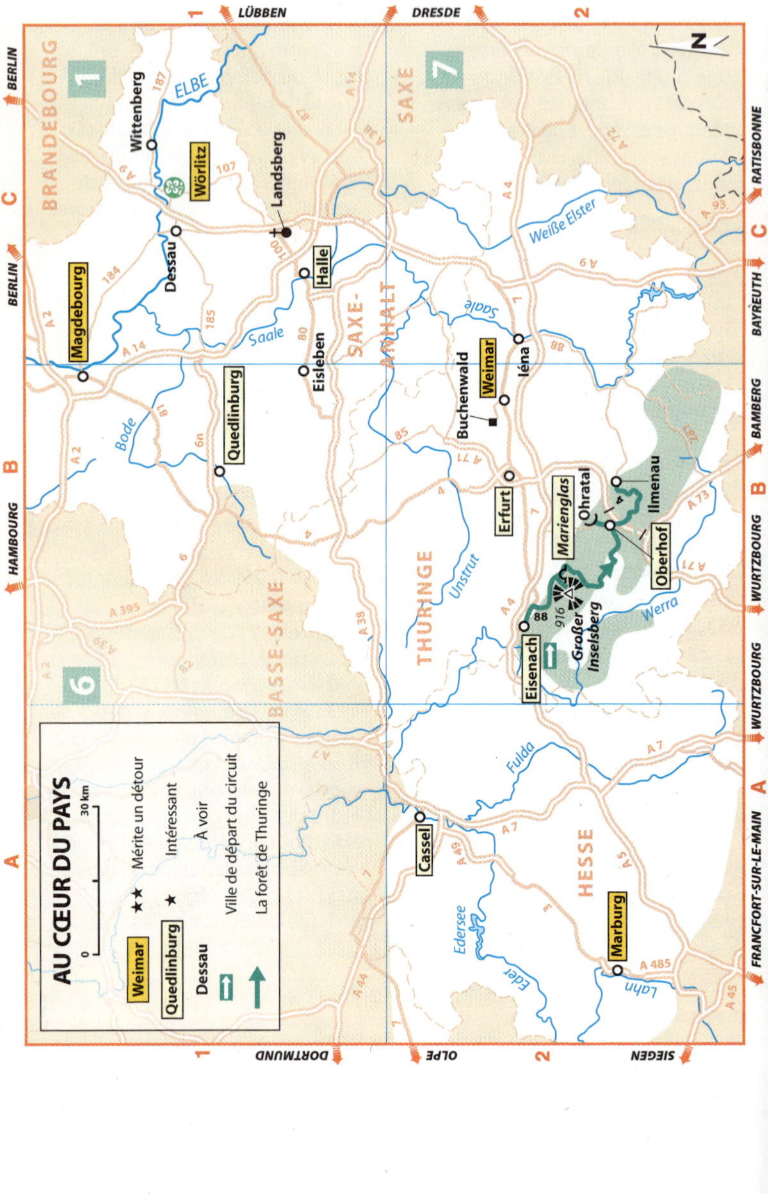
AU CŒUR DU PAYS
0
30 km
Weimar
★★ Mérite un détour
Quedlinburg
★ Intéressant
Dessau
À voir
Ville de départ du circuit
La forêt de Thuringe
BRANDEBOURG
BASSE-SAXE
SAXE-ANHALT
SAXE
THURINGE
HESSE
Magdebourg
Dessau
Wittenberg
Wörlitz
Landsberg
Halle
Eisleben
Quedlinburg
Buchenwald
Weimar
Iéna
Erfurt
Eisenach
Großer Inselsberg
916
Marienglas
Ohratal
Oberhof
Ilmenau
Cassel
Marburg
ELBE
Saale
Bode
Unstrut
Werra
Fulda
Weiße Elster
Edersee
Eder
Lahn
A 2
A 14
A 9
A 4
A 38
A 7
A 71
A 72
A 73
A 93
A 395
A 39
A 44
A 49
A 5
A 45
A 485
LÜBBEN
DRESDE
BERLIN
RATISBONNE
BAYREUTH
BAMBERG
WURTZBOURG
FRANCFORT-SUR-LE-MAIN
SIEGEN
OLPE
DORTMUND
HAMBOURG
A
B
C
1
2
6
7
N

Au cœur du pays 8

Carte Michelin Régional 542, 543 et 544 – Saxe-Anhalt, Thuringe et Hesse

Magdebourg

Magdeburg

★★

230 050 habitants – Saxe-Anhalt

NOS ADRESSES PAGE 585

S'INFORMER

Office de tourisme – *Pilgrimstein 26 - ✆ 06421 99 120 - www.marburg.de - avr.-oct. : lun.-vend. 9h-18h, sam. 10h-14h ; nov.-mars : 10h-18h, sam. 10h-14h (15h pendant l'Avent).*

SE REPÉRER

Carte de région B1 (p. 580) – *cartes Michelin nos 718 K 6 et 542 J 18.* Magdebourg occupe le cœur de la Saxe-Anhalt, sur le cours moyen de l'Elbe. La ville se trouve au « point de rencontre » des autoroutes A 2 (Berlin-Hanovre) et A 14 (vers Leipzig).

ORGANISER SON TEMPS

Compter une bonne journée pour visiter la ville.

AVEC LES ENFANTS

Le parc de l'Elbe, la Citadelle verte.

S'étalant le long des rives de l'Elbe, la capitale de la Saxe-Anhalt est une cité verdoyante et agréable. Au carrefour de voies commerciales séculaires, Magdebourg, avec son histoire jalonnée de guerres et de destructions, est la perle de la route romane. Vous ne manquerez pas d'apprécier l'abbaye Notre-Dame, l'église St-Jean, où Luther prêcha, et, surtout, la splendide cathédrale St-Maurice et Ste-Catherine, joyau national.

Découvrir

★★★ CATHÉDRALE ST-MAURICE ET STE-CATHERINE

Située au sud de la vieille ville. Entrée par le portail nord.

Au moment où le style roman s'essouffle en Allemagne, la construction au début du 13e s. de la cathédrale de Magdebourg représente la première tentative d'implantation du style gothique reprenant les canons architecturaux des grandes cathédrales françaises. Le projet fut décidé par l'archevêque Albert II, qui avait étudié en France et avait vu surgir les nouvelles cathédrales. Il posa la première pierre de l'ouvrage en 1209 après l'incendie du précédent édifice ottonien. La cathédrale de Magdebourg, achevée en 1520 avec la construction de sa tour ouest, haute de 103 m, peut être considérée comme le premier grand édifice religieux du gothique allemand.

À l'extérieur, le chevet dégage, grâce à ses trois étages (absidioles, déambulatoire, rond-point du chœur), une impression de puissance. Sur le côté nord, le **portail du Paradis** *(accès par l'intérieur de la cathédrale)* supporte les **statues**★★ des Vierges folles et des Vierges sages (vers 1250), qui marquent, à l'image de la statuaire de Bamberg et Naumburg, une étape dans l'évolution de la sculpture gothique, de plus en plus portée vers l'expression du sentiment. **Intérieur** – De larges travées divisent la haute nef, baignée de lumière. Le **tombeau en bronze★** (entre les tours) de l'archevêque Ernst de Saxe a été fondu en 1495 dans l'atelier de Peter Vischer, à Nuremberg. **Statues★** représentant le Christ et l'Église ou, plus vraisemblablement Otton Ier et son épouse Editha, abritées sous une petite chapelle à seize côtés (milieu du 13e s., bas-côté nord). Juste derrière, remarquer la **chaire en albâtre★** dans le style Renaissance tardive (fin du 16e s.). Le jubé du gothique rayonnant permet d'accéder au chœur, qui abrite le sarcophage tout simple de l'empereur Otton Ier, et aux stalles de 1363, décorées de superbes ouvrages sculptés. À droite, **statue★** en grès de l'Africain saint Maurice, vers 1250. Dans le transept nord, admirer la sculpture sur bois réalisée par Ernst Barlach, *Monument aux victimes de la Première Guerre mondiale* (1929). Le transept sud permet d'atteindre le cloître qui abrite une chapelle de source.

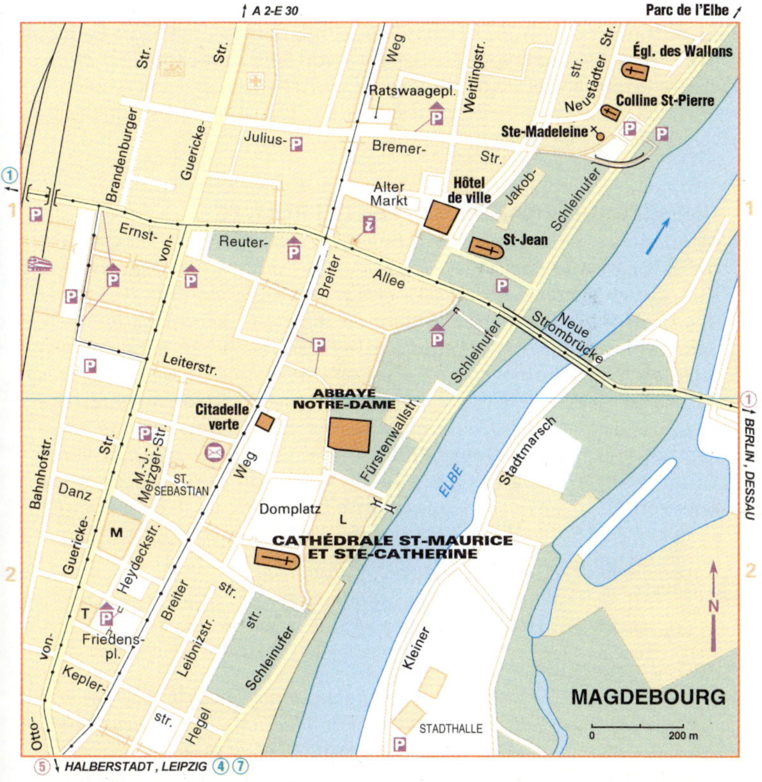

SE LOGER

Hotel Bördehof 1
Plaza Hotel 4
Residenz Joop 7

SE RESTAURER

Die Kirche 1
Landhaus Hadrys 5

À voir aussi Plan de ville

★ VIEILLE VILLE

Le centre historique de Magdebourg, dominé par la tour de la cathédrale St-Maurice et Ste-Catherine, s'étend à l'ouest de l'Elbe. Situés en bordure du fleuve, les monuments et curiosités évoqués ci-dessous le sont selon un axe sud-nord, depuis l'abbaye Notre-Dame jusqu'à la colline St-Pierre.

★★ Abbaye Notre-Dame (Kloster Unser Lieben Frauen) 2

Regierungsstraße 4-6 - ✆ 0391 56 50 20 - www.kunstmuseum-magdeburg.de - tlj sf lun. 10h-17h - fermé 24,25 et 31 déc. - 4 €.

L'**abbaye Notre-Dame**, fondée au 11e s., fut affectée en 1129 à l'ordre des Prémontrés qui durent y renoncer en 1632 pendant la guerre de Trente Ans. Elle servit ensuite de séminaire et d'école (jusqu'en 1945). Depuis 1974, elle abrite un **musée des Beaux-Arts** (remarquable collection de sculptures, de l'Antiquité à nos jours, sous une **triple voûte**). L'**église abbatiale★** sert de salle de concert depuis 1977. La basilique à trois nefs reçut sa voûte gothique entre 1220 et 1240. La crypte, également à trois nefs, située sous le chœur, est la partie la plus ancienne de l'édifice. Le **cloître★** est particulièrement harmonieux. La maisonnette de source, avec son toit conique, est l'un des plus vieux édifices de ce type en Allemagne.

UNE CITÉ MARCHANDE SOUVENT ÉPROUVÉE

Magdebourg connut une ascension rapide grâce à l'empereur **Otton Ier** qui y fit bâtir son palais favori et l'éleva au rang d'archevêché en 968. L'importance précoce de cette cité marchande, connue de Luther dès 1524, diminua temporairement en 1631, avec la destruction de la ville par les troupes impériales. Cette période malheureuse de l'histoire de Magdebourg coïncide avec l'émergence de personnalités majeures, telles que le bourgmestre et physicien **Otto von Guericke** (1602-1686), célèbre pour ses expériences sur les effets du vide, ou le compositeur baroque **Georg Philipp Telemann** (1681-1767). Au 19e s., l'industrialisation permit à la ville de s'agrandir et de prospérer de nouveau. Le 16 janvier 1945, un intense bombardement aérien détruisit le centre à 90 %. Magdebourg a été patiemment reconstruite sous le régime de la RDA, souvent dans le style austère de l'architecture socialiste…

Citadelle verte (Grüne Zitadelle) 2

Breiter Weg 9 - ✆ 0391 620 86 55 - www.gruene-zitadelle.de - tlj 10h-18h - visites guidées (en allemand, 1h) lun.-vend. 11h, 15h, 17h, sam.-dim. ttes les heures de 10h à 17h, départ du point information de la Citadelle verte - 6 €.

Inaugurée fin 2005, cette œuvre est l'un des derniers projets de Friedensreich Hundertwasser. L'artiste autrichien, disparu en 2000, a voulu concevoir une « oasis pour l'Homme et la nature dans un océan de maisons rationnelles ». La réalisation de cet ensemble architectural a été très controversée. La Citadelle verte abrite aujourd'hui plusieurs dizaines d'appartements, des bureaux, un hôtel, des boutiques, ainsi qu'une exposition permanente rassemblant des œuvres de Hundertwasser.

Hôtel de Ville (Rathaus) 1
Devant ce bâtiment baroque (1691-1698) à deux étages se dresse une copie dorée de la célèbre statue du **chevalier de Magdebourg** (vers 1240). L'original est conservé au *Kulturhistorisches Museum*.

Église St-Jean (Johanniskirche) 1
0391 59 34 50 - www.mvgm-online.de - janv. fév. et nov.-déc. : tlj sf lun. 10h-17h ; mars-avr. et oct. : 10h-18h ; mai-sept. : 10h-19h - gratuit.
C'est la plus ancienne église de Magdebourg (son nom est évoqué dès 941). Luther y prêcha en 1524 (monument commémoratif devant l'église). Elle fut détruite jusque dans ses murs de clôture pendant la Seconde Guerre mondiale. Elle sert aujourd'hui de salle de spectacles et d'expositions. Il est possible de monter en haut de la tour sud *(attention aux marches de hauteur inégale !)*. À 60 m d'altitude, belle **vue panoramique★★** sur Magdebourg.

Colline St-Pierre (Petriberg) 1
Au nord de l'hôtel de ville, au bord de l'Elbe. Trois églises marquent la **colline St-Pierre** : la **chapelle Ste-Madeleine** (1315), simple nef gothique, l'**église St-Pierre**, halle gothique à trois nefs (14e-15e s.), avec son beau porche sud en brique dans le style gothique, et l'**église des Wallons** (*Wallonerkirche*, 1285), ancienne abbatiale d'une communauté wallonne réformée (1694-1945).

★ **Parc de l'Elbe** (Elbauen Park) 1
Au nord-est de la vieille ville, à droite de l'Elbe. Accès depuis le centre par la Schleinufer et la Markgrafenstraße. 0391 59 34 263 - ♿ - mai-sept. : 9h-20h ; oct. : 9h-18h ; nov.-fév. : 10h-16h ; mars-avr. : 10h-18h - 3 €.
Grand parc de 140 ha avec lac, jardins à thème, maison aux papillons, piste de luge d'été et vue panoramique. Le centre d'intérêt essentiel de ce parc réside toutefois dans sa **tour millénaire★★**, la plus haute tour en bois du monde avec 60 m de haut. Une exposition interactive informe sur 6 000 ans d'histoire de la science et de l'humanité.

NOS ADRESSES À MAGDEBOURG

HÉBERGEMENT

PREMIER PRIX

À Magdebourg-Ebendorf
Hotel Bördehof – Hors Plan 1 - *Magdeburger Str. 42 - 39179 Magdeburg-Ebendorf - 039 203 5322 - www.boerdehof.de - P - 42 ch. 79 €.* Située près de l'autoroute, à 12 km au nord-ouest de Magdebourg, cette ancienne ferme avec annexe transformée en hôtel est bien desservie. Certaines chambres ont été rénovées, d'autres plus anciennes sont plus simples. Le dîner vous sera servi dans un jardin d'hiver.

BUDGET MOYEN

Plaza Hotel – Hors Plan 2 - *Halberstädter Str. 146 - 0391 605 10 - www.12plaza.de - P ♿ - 104 ch. à partir de 59 €.* Cet hôtel en périphérie de la ville est bien desservi par les transports. Derrière sa façade blanche et moderne, des chambres au confort douillet et à l'aménagement de bon goût accueillent les hôtes.
Residenz Joop – Hors Plan 2 - *Jean-Burger-Str. 16 - 0391 6 26 20 - www.residenzjoop.de - P - 25 ch. 102/116 €.* Cette villa située dans un quartier résidentiel et calme a été, de

1903 jusqu'à la Seconde Guerre mondiale, le siège du consulat suédois. Aujourd'hui reconverti en hôtel, vous y séjournerez dans des chambres spacieuses de bon confort et aménagées avec goût.

RESTAURATION

BUDGET MOYEN

Die Kirche – Hors Plan 2 *- Alt-Prester 86 (sur la rive droite de l'Elbe, traverser les deux bras du fleuve et suivre Cracauer Str., Genthiner Str. et Pechauer Str. vers le sud) - ✆ 0391 535 33 52 - www.kirche-prester.de - lun.-jeu. le soir, vend.-dim. midi et soir - fermé lun. oct.-mars, fermé 23 janv.-13 fév. - réserv. conseillée - 17/35 €.* Situation et cadre exceptionnels pour ce restaurant bâti à l'emplacement d'une ancienne église néogothique. Dans une ambiance feutrée, vous y savourerez une cuisine raffinée au goût du jour. L'été, profitez de sa belle terrasse ombragée au bord de l'eau.

POUR SE FAIRE PLAISIR

Landhaus Hadrys – Hors Plan 2 *- An der Halberstädter Chaussee 1 -Ottersleben - ✆ 0391 662 66 81 - www.landhaus-hadrys.de - fermé dim. et lun. - menus 32/46 €.* Une belle villa ancienne abrite ce restaurant aux tonalités rouges, doté d'un joli salon. Agréable terrasse donnant sur le jardin.

PETITE PAUSE

Klostercafé – *Regierungsstr. 4-6 (dans l'abbaye Notre-Dame) - ✆ 0391 565 02 33 - www.norbertina.de/kloster - tlj sf lun. 10h-18h, jusqu'à 17h en hiver) travaux en cours, se renseigner.* Salon de thé aménagé dans l'ancien réfectoire de l'abbaye. Si le cadre est un peu austère, la vue sur le cloître et surtout les gâteaux faits maison susciteront l'enthousiasme. Laissez-vous tenter par celui au fromage blanc à la magdebourgeoise, un vrai délice !

Barque dans les jardins de Dessau-Wörlitz.
Ernst Wrba / age fotostock

Parc de Wörlitz

Wörtlizer Park

★★

Saxe-Anhalt

S'INFORMER

Office de tourisme – *Förstergasse 26 - ✆ 03 49 053 10 09 - www.woerlitz-information.de - mars-oct. : 9h-18h ; nov.-fév. : lun.-vend. 9h-16h.*

SE REPÉRER

Carte de région C1 (p. 580) – *cartes Michelin nos 718 I 7 et 542 K 21.* Le parc de Wörlitz se trouve à 17 km à l'est de Dessau et à quelques kilomètres de l'autoroute A 9 reliant Berlin à Leipzig.

ORGANISER SON TEMPS

Prévoir une demi-journée pour le parc, le château et la maison gothique.

Havre de paix s'étendant sur 112 ha, le parc de Wörlitz est le premier jardin anglais aménagé sur le continent. Il servira d'exemple à de nombreux jardins réalisés par la suite en Prusse. Vous flânerez avec le plus grand plaisir au fil de ses chemins et de ses canaux ou à bord d'une barque, à la découverte de ses nombreuses îles.

LE PARC D'UN PRINCE MÉCÈNE

Le prince Léopold III d'Anhalt-Dessau (1740-1817), souverain éclairé, très soucieux de la prospérité de son État *(voir Dessau)*, se lança dans de grandes entreprises politiques. Désireux de mêler l'utile à l'agréable, il encouragea également la littérature, la musique, l'architecture et l'art des jardins. Il fut particulièrement sensible, à l'occasion de ses voyages, à l'harmonie des jardins anglais ; elle lui semblait illustrer à merveille le principe fondamental de la philosophie des Lumières, à savoir l'unité de la nature et de la raison. Son ami, l'architecte **Friedrich Wilhelm von Erdmannsdorff**, l'aida à réaliser des jardins comparables en Allemagne. C'est ainsi qu'un jardin vit le jour dès 1764. Au premier coup d'œil, il ressemble à un paysage naturel, mais il résulte en réalité de la transformation d'un site : les axes panoramiques (parfois jusqu'à quatorze « lignes de visée »), les nombreux édifices ainsi que les différents ponts s'intègrent dans un paysage que l'on peut qualifier d'arcadien. L'élaboration de cette œuvre d'art s'est déroulée en trois étapes jusqu'en 1800.

Se promener

★ **Château** (Schloss)

✆ 034 905 20 302 - www.gartenreich.com - mai-sept. : tlj sf lun. 10h-18h ; avr. et oct. : tlj sf lun. 10h-17h - 5 €.

Ce **château** néoclassique fut édifié par Erdmannsdorff de 1769 à 1773 sur le modèle du château Claremont dans le Surrey, de style palladien. Le bâtiment à deux étages, crépi en jaune et blanc, tranche avec la végétation environnante. Le vestibule, soutenu par quatre colonnes corinthiennes, s'ouvre par une porte couronnée d'un tympan de facture simple. Une inscription indique que le prince fit construire ce château pour son épouse Louise. Les aménagements pratiques sont soignés, comme en témoignent la canalisation d'eau, les monte-charge, les lits escamotables et les placards muraux. Les sculptures et les ouvrages d'ébénisterie furent réalisés par des artisans locaux.

À l'intérieur, les pièces ont conservé quasi intégralement leur décor d'origine. À remarquer : l'élégante **salle à manger** *(Speisesaal)*, décorée de nombreux stucs et de fines colonnes corinthiennes, ainsi que la **grande salle des fêtes** *(Großer Festsaal)*, couverte d'un plafond à caissons et de fresques peintes d'après Caracci. Ne pas manquer non plus la **bibliothèque** et les autres pièces, ornées de tableaux (Snyers, Van Ruysdael, Antoine Pesne) et de meubles provenant de l'atelier de Roentgen, comme dans le cabinet de la Princesse.

★ **Maison gothique** (Gotisches Haus)

Mêmes conditions de visite que celles du château.

Construite en plusieurs étapes entre 1773 et 1813, la **maison gothique** présente, côté canal, une façade imitée de celle de l'église gothique Santa Maria dell'Oro à Venise, et arbore, côté jardin, une façade en brique de style anglais Tudor percée de fenêtres ogivales. Cette maison est la première construction néogothique édifiée en Allemagne après la *Nauener Tor* à Potsdam.

C'était pour le prince un refuge où il aimait séjourner. Grâce à l'aide du savant suisse Johann Caspar Lavater, il put acquérir une belle collection de **peintures suisses sur verre★** des 15e et 17e s., qui servirent à décorer les fenêtres. À l'intérieur, toutes les salles sont décorées de tableaux (*Portrait masculin* du Tintoret dans le cabinet martial, œuvres de Lucas Cranach l'Ancien dans la bibliothèque).

Wittenberg

Lutherstadt Wittenberg

Saxe-Anhalt

S'INFORMER

Office de tourisme – *Schlossplatz 2 - ✆ 03491 49 86 10 - www.lutherstadt-wittenberg.de - avr.-oct. : 9h-18h, w.-end 10h-16h ; nov.-mars : 10h-16h, w.-end 10h-14h (fermé w.-end en janv., le dim. en fév.) - fermé 25,26 déc., 1er,2 janv.*

SE REPÉRER

Carte de région C1 (p. 580) – *cartes Michelin nos 718 I 7 et 542 K 21.* La ville se trouve à 23 km à l'est de Wörlitz.

Cette petite ville est surtout connue pour avoir accueilli Luther, qui y passa de nombreuses années. Appelé en 1512 par l'électeur Frédéric le Sage à venir enseigner la philosophie dans l'université nouvellement créée, il fut aussi nommé prédicateur de la ville. Un an après sa mort survenue en 1546, Charles Quint s'empara de la ville et vint méditer sur sa tombe. La ville se peuple en été de milliers de « pèlerins ».

★ Église du chateau (Schlosskirche)

Am Schlossplatz - ✆ 03491 402 585 - www.schlosskirche-wittenberg.de - Pâques-oct. : 10h-18h, w.-end et j. fériés 11h30-18h ; nov.-Pâques : 10h-16h, dim. 11h30-16h - visite guidée sur réserv. : 3 €, autorisation photos 1 €.

L'église du château, incendiée en 1760, fut reconstruite dans le style baroque. Sur ses portes, Luther afficha en 1517 ses 95 thèses. Refaites en bronze en 1855, les portes en reproduisent le texte. L'église contient les tombeaux de Luther et de Melanchthon, ainsi que l'épitaphe en bronze de Frédéric le Sage, réalisée en 1527 par Peter Vischer.

★ Place du Marché (Markt)

La place du Marché est bordée de maisons à pignons. Voir les statues de Luther et de son disciple Melanchthon. À l'angle sud-ouest se trouve la maison habitée entre 1505 et 1547 par Lucas Cranach l'Ancien, qui fut maire de la ville.

Église municipale Ste-Marie (Stadtkirche St-Marien)

L'église paroissiale gothique à trois nefs fut décorée dans le style néogothique au 18e s. Luther y prêcha, comme en témoigne le **retable de la Réforme★** (1547) peint par Lucas Cranach l'Ancien.

★ Maison de Luther (Lutherhaus Wittenberg)

Collegienstraße 54 - ✆ 03491 420 30 - www.martinluther.de - avr.-oct. : 9h-18h ; nov.-mars : tlj sf lun. 10h-17h - 5 €.

Dans la cour de l'ancienne université se trouve la maison occupée par Luther à partir de 1524. Aménagé en 1883, le musée de la Réforme rassemble des collections de bibles anciennes, des manuscrits ainsi que des éditions originales de Luther. Une section est consacrée aux arts au temps de la Réforme.

Maison Melanchthon (Melanchthon Haus)

Collegienstraße 60 - ✆ 03491 420 30 - www.martinluther.de - en travaux. Maison où vécut et mourut Melanchthon, disciple de Luther et auteur de la *Confession d'Augsbourg*. Cabinet de travail, documents relatifs à ses œuvres. Plus modéré que Luther, il travailla au rapprochement des différentes factions de la Réforme.

Dessau

88 700 habitants – Saxe-Anhalt

NOS ADRESSES PAGE 592

S'INFORMER

Office de tourisme – *Zerbster Straße 2c - ☏ 0340 204 14 42 - www.dessau-tourismus.de - avr.-oct. : lun.-vend. 10h-18h, sam. 10h-13h ; nov.-mars : lun.-vend. 10h-17h, sam. 10h-13h.*

SE REPÉRER

Carte de région C1 (p. 580) – *cartes Michelin n°s 718 L 7 et 542 K 20.* Près du confluent de l'Elbe et de la Mulde, Dessau est accessible par l'autoroute A9 qui relie Berlin à Munich.

À NE PAS MANQUER

Les édifices du Bauhaus.

La cité des princes bienfaiteurs d'Anhalt est réputée pour son riche patrimoine du Bauhaus, puisque l'école du même nom s'y installa au milieu des années 1920. La ville offre ainsi à ciel ouvert une véritable leçon d'architecture et d'histoire du design. Préparez vos appareils photo !

Découvrir

LES ÉDIFICES DU BAUHAUS

Dessau possède un grand nombre de bâtiments élevés par le Bauhaus qui, depuis 1996, ont été classés au Patrimoine culturel mondial par l'Unesco.

Bâtiment du Bauhaus (Bauhausgebäude)

☏ 0340 65 080 - www.bauhaus-dessau.de -10h-18h - fermé 24 et 31 déc. - 6 €. Bâtiments illuminés fin août lors de la Fête de la couleur.

« L'École supérieure de création », construite sur les plans de Walter Gropius, ouvrit ses portes en 1926. Le **bâtiment du Bauhaus** présente toutes les caractéristiques propres au style prôné par ce mouvement : blocs cubiques, supports masqués aux angles, façade en verre.

Maisons des maîtres (Meisterhäuser)

Walter Gropius avait conçu pour les enseignants de l'école du Bauhaus un petit ensemble, composé de sa propre maison et de trois autres mitoyennes, les **maisons des maîtres**, érigées entre 1925 et 1926 sur une parcelle boisée. Deux maisons mitoyennes sont encore en état et accessibles : la **Kandinsky-Klee-Haus** et la **Feiningerhaus**, laquelle abrite aujourd'hui le **centre Kurt-Weill**, dédié au compositeur né à Dessau en 1900. On y décèle rapidement les innovations apportées par le Bauhaus en matière de « lumière et d'air », à une époque où la plupart des logements étaient encore aménagés comme à la fin du 19e s. *Feiningerhaus : ☏ 03 40 6 61 09 34 - www.meisterhaeuser.de - avr.-sept. : tlj sf lun. 11h-18h ; oct.-mars : tlj sf lun. 11h-17h - 7,50 €, billet combiné avec le bâtiment du Bauhaus (24h) : 15 €.*

Bureau du travail (Arbeitsamt)
Sur la August-Bebel-Platz. Conçue par Gropius en 1928, cette construction plate et semi-circulaire est l'exemple type de l'architecture fonctionnaliste.

Kornhaus
Au nord de la ville. Restaurant-guinguette au bord de l'Elbe bâti en 1929 selon les plans de Hermann Baethe et Carl Fieger.

Cité Törten (Siedlung Törten)
Située au sud de Dessau, la cité Törten a été édifiée par Gropius de 1926 à 1928 pour pallier le manque de logements et permettre aux ouvriers d'accéder à la propriété; elle se compose de 314 maisons alignées. Même si la plupart ont été modifiées, elles portent encore la marque du Bauhaus.

Autres bâtiments du Bauhaus
Maison en acier et maison Fieger *(dans la Südstraße)*, bâtiment de la consommation *(Konsumgebäude, Am Dreieck 1)* et maisons à charmilles *(Peterholzstraße)*.

LE BAUHAUS
En 1919 fut créée à Weimar sous le nom de *Staatliches Bauhaus* l'école d'architecture et d'art à l'origine d'un très important mouvement novateur du 20e s. Sous la direction de **Walter Gropius** étaient enseignées l'architecture, la peinture et la sculpture, ainsi que toutes les disciplines annexes. Les élections de 1924 ayant porté l'extrême droite à la tête de la Thuringe, l'établissement déménagea et les artistes s'installèrent à Dessau. Dans cette ville, plus propice à la réalisation de leurs projets, ils mirent au point dans leurs ateliers une nouvelle conception de l'aménagement intérieur. Cependant, en 1932, la montée du nazisme entraîna la dissolution de l'institut de Dessau.
Le directeur de l'époque, **Mies van der Rohe**, transféra alors l'école à Berlin afin de poursuivre ses activités. Mais, le 12 avril 1933, peu après l'accession au pouvoir des nazis, l'institut dut définitivement fermer ses portes. Conséquence de cette fermeture, les idées et les concepts du Bauhaus se diffusèrent à travers le monde, exerçant une influence considérable sur l'architecture internationale du 20e s *(voir p. 602)*.

À voir aussi

Georgium
✆ 03 40 61 91 19 - www.georgium.de - tlj sf lun. 10h-17h - 3 € - fermé pour travaux de rénovation, se renseigner.
Ce charmant château néoclassique, construit par Friedrich Wilhelm von Erdmannsdorff pour le prince Jean-Georges, est niché dans un vaste parc *(Georgengarten)*. Il abrite une **galerie de peinture** *(Anhaltische Gemäldegalerie Dessau)* comportant des œuvres de maîtres allemands du 15e au 19e s., dont Cranach l'Ancien (retable princier) et Hans Baldung Grien, des toiles du 18e s. et des tableaux des écoles flamande et hollandaise du 15e au 17e s..

NOS ADRESSES À DESSAU

TRANSPORTS-VISITES

La **DCard** (8 €, 3 jours) donne l'accès gratuit aux transports et aux principaux musées, ainsi que des entrées gratuites et réductions sur d'autres musées et activités.

HÉBERGEMENT

PREMIER PRIX

City-Pension – *Ackerstraße 3a - ✆ 0340 882 30 76 - www.city-pension-dessau.de - 24 ch. 55/65 €* ☕. Proche du centre, cet hôtel à étages offre des chambres claires, spacieuses et fonctionnelles.

RESTAURATION

BUDGET MOYEN

Das Pächterhaus – *Kirchstraße 1 - Dessau-Ziebigk - ✆ 0340 650 14 47 - www.paechterhaus-dessau.de - fermé lun. - 26/48 €.* Dans cette maison à colombages de 1743, on goûte une agréable cuisine régionale.

Halle

★

233 020 habitants – Saxe-Anhalt

NOS ADRESSES PAGE 594

S'INFORMER

Office de tourisme – *Marktplatz 13/Marktschlößchen - ✆ 0345 122 99 84 - www.stadtmarketing-halle.de - mai-oct. : 9h-19h, w.-end 10h-16h ; nov.-avr. : tlj sf dim. 9h-18h, sam. 10h-15h.*

SE REPÉRER

Carte de région C1 (p. 580) – *cartes Michelin nos 718 K 7 et 542 I 19.* Halle est établie sur les bords de la Saale, à une trentaine de kilomètres au nord-ouest de Leipzig.

À NE PAS MANQUER

La visite du château Moritzburg et de sa galerie d'art.

AVEC LES ENFANTS

Le musée des Salines.

La plus grande ville de la Saxe-Anhalt doit d'abord sa prospérité à l'exploitation du sel, qui commença au début du Moyen Âge : dès 806, une forteresse fut érigée ici même pour protéger les sources salées. Aujourd'hui, la ville concentre d'importantes usines chimiques et de construction mécanique. Halle cultive également son identité culturelle, avec des traditions universitaires qui remontent au 17e s. Mais elle est surtout la ville natale de Georg Friedrich Haendel. Chaque année, un festival renommé rend hommage à son célèbre musicien.

Découvrir

★ Place du Marché (Marktplatz)

La vaste **place du Marché** est dominée par les tours de l'église du Marché et la **tour Rouge** *(Roter Turm)*, édifiée au 15e s. et haute d'environ 80 m. Cette dernière abrite aujourd'hui l'office de tourisme de la ville.

Au centre se dresse la statue de Haendel (1859). Le marché et le passage des tramways en font l'endroit le plus animé de la ville.

★ Église du Marché (Marktkirche)

Cette église à trois nefs dépourvue de chœur a été élevée de 1529 à 1554 entre les paires de tours de deux églises romanes en ruine.

À l'intérieur, on peut admirer le délicat entrelacs des nervures apposé sous la voûte en berceau, remarquable par l'absence de divisions transversales correspondant aux travées. Les murs des nefs latérales portent des tribunes en pierre. En parfaite harmonie avec le reste se dresse la chaire de 1547, dont l'abat-voix (1596) est l'œuvre de Heinrich Heidereiter. Le **retable du maître-autel★**, représentant la Vierge et l'Enfant, a été peint par un élève de Cranach. Dans une chambre située derrière l'autel est conservé le masque mortuaire de Luther.

Église St-Maurice (Moritzkirche)

Hallorenring. Église à trois nefs, élevée entre 1388 et 1511, l'**église St-Maurice** possède des voûtes réticulées et en étoile, caractéristiques du style gothique flamboyant. Elle contient des **œuvres★ du sculpteur Conrad d'Einbeck** (voir en particulier *L'Homme des douleurs*), la statue de saint Maurice (1411) et une Pietà (1416).

Cathédrale (Dom)

Am Domplatz. En cours de restauration.

L'église abbatiale gothique à trois vaisseaux (14e s.) fut transformée sous le cardinal Albert de Brandebourg vers 1520. Les piliers portent les statues du Christ, des apôtres et de saints, exécutées vers 1520 dans l'atelier de Peter Schroh, un des sculpteurs les plus talentueux de son temps. Comme la chaire (vers 1525), elles s'apparentent déjà au style de la Renaissance.

Musée des Salines (Technisches Halloren- und Salinenmuseum)

Mansfelder Str. 52 - ✆ 0345 209 32 30 - tlj sf lun. 10h-17h - fermé 1er janv., 24-25 et 31 déc. - 3,50 €.

Le **musée des Salines** est consacré à l'histoire de l'exploitation des mines de sel par les *Halloren*, corporation des sauniers de Halle.

★★ Château Moritzburg et galerie d'art

(Staatliche Galerie Moritzburg-Halle)

Friedemann-Bach-Platz 5- ✆ 0345 21 25 90 - www.stiftung-moritzburg.de - tlj sf lun. 10h-18h (19h mar.) - fermé 24 et 31 déc. - 7 €.

C'est en 1484 que fut construit le Moritzburg, première des quatre ailes que compte la forteresse. Jusqu'en 1541, elle fut la résidence favorite des archevêques de Magdebourg et de Mayence. Détruite pendant la guerre de Trente Ans, une partie de la forteresse fut transformée au début du 20e s. en musée : la **galerie nationale de Moritzburg**, rénovée en 2009, abrite aujourd'hui la plus belle collection d'art de Saxe-Anhalt.

Peinture allemande des 19e et 20e s. – Les collections exposées rassemblent des œuvres de premier ordre appartenant aux périodes du **romantisme**,

de l'**impressionnisme** et de l'**expressionnisme**. Le mouvement *Die Brücke* est illustré par des œuvres de ses principaux membres : Otto Müller, Ludwig Kirchner, Erich Heckel, Karl Schmidt-Rottluff. À leur suite sont présentés les précurseurs de la peinture abstraite, Kandinsky et Feininger.
Sculpture allemande des 19e et 20e s. – Œuvres d'Ernst Barlach *(La Baigneuse)*, Wilhelm Lehmbruck. Verrerie et céramique du Moyen Âge à nos jours, porcelaine et orfèvrerie.
Dans la tour est exposée une riche collection de monnaies et de médailles.

★ **Maison de Haendel** (Händel Haus)
Große Nikolaistraße 5 - ✆ 0345 500 90 219 - www.haendel-in-halle.de - tlj sf lun. avr.-oct. : 10h-18h ; nov.-mars : 10h-17h - fermé 25 déc. - 4 €.
Le compositeur est né dans cette grande maison à colombages en 1685. Il quitta Halle en 1703 et finit, après plusieurs étapes en Allemagne et en Italie, par s'établir à Londres. Il prit la nationalité britannique en 1727.

À proximité Carte de région BC1

Eisleben B1
▶ *34 km à l'ouest.*
Petite cité minière en vue des premières hauteurs du Harz, Eisleben a vu naître et mourir **Martin Luther**. La mémoire du réformateur est évoquée non seulement dans sa **maison natale** (Luther-Geburtshaus – *Lutherstraße 16*) et dans la maison qui le vit s'éteindre (Luther-Sterbehaus – *Andreaskirchplatz 7*), mais aussi par l'église Sts-Pierre-et-Paul (Sankt-Petri-Pauli-Kirche), où il fut baptisé en 1483, l'église St-André (Sankt Andreas), qui abrite la chaire où il prêcha pour la dernière fois, et la Marktplatz, où sa statue fut érigée en 1883.

NOS ADRESSES À HALLE

TRANSPORTS-VISITES

La Welcome Card (7,50 € pour 1 j ; 15 € pour 3 j) donne l'accès gratuit aux transports ainsi que des réductions dans les musées.

HÉBERGEMENT

BUDGET MOYEN

Apart Hotel – *Kohlschütterstraße 5 - ✆ 0345 525 90 - www.apart-halle.de - P - 48 ch. à partir de 89 € ☕.* Cet hôtel est né du rachat d'une vieille villa et d'un ancien hôpital. De hauts plafonds et des stucs caractérisent le décor des deux bâtiments. Dans les chambres modernes et confortables dominent l'acajou ou le bois naturel clair.

RESTAURATION

PREMIER PRIX

Mönchshof – *Talamtstraße 6 - ✆ 0345 202 17 26 - www.moenchshof-halle.de - fermé dim. soir et j. fériés - 17/31 €.* Lambrissé de bois sombre, ce restaurant est situé juste à côté de la cathédrale et propose une bonne cuisine traditionnelle régionale.

Quedlinburg

★

23 220 habitants – Saxe-Anhalt

NOS ADRESSES PAGE 596

S'INFORMER

Office de tourisme – *Markt 2 - ✆ 03 946 905 620 - www.quedlinburg.de - mai-oct. : 9h30-18h30 (sam. 15h, dim. 14h) ; nov.-avr. : tlj sf dim. 9h30-17h (sam. 14h).*

SE REPÉRER

Carte de région B1 (p. 580) – *cartes Michelin nos 718 J 7 et 542 K 17.* Quedlinburg s'étend à quelques kilomètres au nord du massif du Harz. La ville, proche de l'autoroute A 14 qui mène à Leipzig (au sud) ou Magdebourg (au nord), constitue une base idéale pour une excursion dans le Harz.

À NE PAS MANQUER

L'église St-Servais.

Pittoresque cité médiévale classée au Patrimoine mondial de l'Unesco, Quedlinburg est nichée au pied d'un imposant piton rocheux sur lequel se dressent son château et son église abbatiale. Vous tomberez sous le charme de ses ruelles sinueuses, bordées de maisons à colombages de tous les styles et de toutes les époques.

Découvrir

★ LA VIEILLE VILLE

★ Place du Marché (Markt)

La place est fermée du côté nord par l'**hôtel de ville**, bâtiment Renaissance (début du 17e s.) à deux étages flanqué d'un portail décoré aux armes de la ville ; à gauche de la façade, statue de Roland (vers 1440). Maisons des 17e et 18e s.

★ Vieilles rues

Parcourir les rues anciennes en faisant le tour, derrière l'hôtel de ville (par la Marktstraße et le Kornmarkt), de l'église St-Benoît. Revenir vers la place du Marché par la Breite Straße, sur laquelle donnent plusieurs ruelles pittoresques. Traverser la place et gagner la colline du château en flânant dans la Wordgasse (**Fachwerkmuseum** dans la construction à colonnes), la Hohe Straße et la Blasiistraße.

En bordure de la charmante **place du Schlossberg★**, une maison de la fin du 16e s. (au no 12) a vu naître en 1724 le poète Friedrich Gottlieb Klopstock, surtout connu pour son vaste poème épique de *La Messiade*. Voir le **musée Klopstock** *(Klopstockhaus).*

★ **Galerie Feininger** (Feininger-Galerie)
Derrière le musée Klopstock, entrée au 5 A, Finkenherd - ✆ 039 46 22 38 - www.feininger-galerie.de - ♿ - tlj sf lun., avr.-oct. : 10h-18h ; nov.-mars : 10h-17h - fermé 1er janv., 24 et 31 déc. - 6 €.
Intéressante collection de dessins et d'aquarelles du peintre américain Lyonel Feininger, venu rejoindre le Bauhaus en 1919, où il enseigna jusqu'à la fermeture de l'école par les nazis. Son œuvre, mariant expressionnisme et cubisme, s'inspire de sujets quotidiens, reflets de la vie moderne (usines, ports…).

★ COLLINE DU CHÂTEAU (Schlossberg)

Accès par une large terrasse offrant une belle **vue★** d'ensemble sur la ville.

★★ **Église St-Servais** (Stiftskirche St-Servatius)
À l'emplacement de l'**église St-Servais** primitive, fondée au 9e s., la basilique actuelle, en forme de croix latine, fut commencée en 1070 et consacrée en 1129. Les **chapiteaux★** et les **frises** de la nef centrale ont été sculptés par des artistes venus du nord de l'Italie. Sous le chœur, la **crypte★★** est divisée en trois nefs dont les voûtes ogivales sont décorées de **fresques★** décrivant des scènes de la Bible. Voir les sarcophages du roi Henri Ier et de son épouse Mathilde (10e s.), et des pierres tombales d'abbesses. Le **trésor★★**, dans la sacristie, renferme des manuscrits, un **évangéliaire** du 10e s. et, surtout, un **tapis noué de Quedlinburg★**.

Château (Schloss)
Le socle rocheux explique l'irrégularité du plan de cet édifice, construit de la fin du 16e s. au milieu du 17e s. Il servait de bâtiment abbatial.
Le **musée du Château★** *(Schlossmuseum)* présente l'histoire de la ville de Quedlinburg. On visite le salon de l'abbesse, la salle du trône et la salle des princes (milieu du 18e s.). *✆ 03946 90 56 81 - www.quedlinburg.de - tlj sauf lun. avr.-oct. : 10h-18h ; nov.-mars : 10h-16h - fermé 1er janv., 24-25 et 31 déc. - 4 €.*

NOS ADRESSES À QUEDLINBURG

HÉBERGEMENT

BUDGET MOYEN

Romantik Hotel Theophano – *Markt 14 - ✆ 03946 963 00 - www.hoteltheophano.de - P - 22 ch. 99/140 € ☕.* Dans cette maison à colombages, chambres coquettes, aménagées avec soin et agrémentées de beaux tissus d'ameublement.

POUR SE FAIRE PLAISIR

Schlosshotel Zum Markgrafen – *Weingarten 30 - ✆ 03946 811 40 - www.schlosshotel-zum-markgrafen.de - 🚭 - P - 12 ch. 150/180 € ☕.* Proche de la place du Marché, cette villa construite en 1898 est située au cœur d'un parc de 12 000 m². Idéal pour un jogging le matin… Chambres élégantes, dotées d'un mobilier italien.

RESTAURATION

POUR SE FAIRE PLAISIR

Theophano im Palais Salfeldt – *Kornmarkt 6 - ✆ 0152 227 528 77 - www.restaurant-theophano.de - fermé lun. - 22/45 €.* Le palais se dresse à côté de l'église du Marché. Ancien grenier à blé du 17e s., ce lieu abrite aujourd'hui un restaurant à l'élégance moderne, où une délicieuse cuisine est servie sous une magnifique voûte d'arêtes en brique rouge. Terrasse dans la cour intérieure.

Weimar

★★

64 410 habitants – Thuringe

NOS ADRESSES PAGE 604

S'INFORMER

Office de tourisme – *Markt 10 - 03 643 74 50 - www.weimar.de - 9h30-18h (16h nov.-mars), w.-end 9h30-15h (14h nov.-mars).*

SE REPÉRER

Carte de région B2 (p. 580) – *cartes Michelin nos 718 K 8 et 544 N 17.* Traversée par l'Ilm, Weimar se situe au cœur de la verte Thuringe, à une vingtaine de kilomètres de la capitale du Land, Erfurt. L'autoroute A 4 la relie à Dresde côté est et à Francfort au sud-ouest.

À NE PAS MANQUER

S'imprégner de l'atmosphère du centre historique et visiter la maison de Goethe.

ORGANISER SON TEMPS

Comptez au moins deux jours pour découvrir la ville.

Célèbre pour avoir donné son nom à la République de Weimar (1918-1933), dont la Constitution fut rédigée sur place, cette ville au charme prégnant peut aussi se prévaloir d'être la « capitale du classicisme allemand ». Chaque recoin est en effet imprégné de la mémoire de ses génies passés : Cranach y réalisa son ultime œuvre majeure, le triptyque de l'église Herder, Bach y fut maître de chapelle, Liszt y dirigea l'opéra, Nietzsche y termina ses jours… Sans oublier Goethe qui habita ici pendant plus de vingt ans. Ses petites rues bordées de maisons colorées, sa place de l'hôtel de ville animée chaque jour par le marché et son château à l'orée d'un parc à l'anglaise, ont sûrement contribué à les retenir.

Se promener

★★ LE CENTRE HISTORIQUE

Itinéraire tracé en vert sur le plan (p. 600).

Lieu vivant et essentiellement piéton, le centre-ville de Weimar concentre en un périmètre restreint des curiosités majeures. Il s'ordonne autour de deux places importantes et géographiquement voisines : la *Theaterplatz*, sur laquelle se trouvent le Théâtre national et le musée du Bauhaus, ainsi que la place du Marché *(Marktplatz)*.

★★ Maison de Goethe et musée national Goethe

(Goethes Wohnhaus und Goethe Museum) B2

Frauenplan - 036 43 54 53 47- www.klassik-stiftung.de - tlj sf lun. 9h-18h, sam. 19h d'avr. à mi-oct. (16h de mi-oct. à mars) - fermé 24 déc. - 8,50 €.

Goethe a habité cette maison baroque du *Frauenplan* durant plus de vingt ans, de 1809 jusqu'à sa mort en 1832. L'intérieur est pour l'essentiel en l'état.

On visite la salle à manger, le cabinet de travail, la bibliothèque (5 400 titres), la chambre à coucher et le jardin. Chaque pièce a fait l'objet d'une décoration particulière utilisant largement les peintures et sculptures amassées par le grand homme lors de ses voyages. L'exposition permanente du Musée national situe Goethe dans le contexte du classicisme weimarien de la fin du 18e s. et du début du 19e s. Manuscrits, lettres et objets d'art évoquent ses contemporains : hommes de lettres comme Wieland, Herder et Schiller, ou mécènes comme la duchesse Anna Amalia et son fils le duc Charles Auguste.
De la maison de Goethe, gagner celle de Frau von Stein par l'Ackerwand.

Maison de Frau von Stein (Haus der Frau von Stein) B2
Ackerwand 25. Goethe fit la connaissance de **Charlotte von Stein**, dame d'honneur de la duchesse Anna Amalia, en novembre 1775, et son inclination pour elle marqua les dix premières années de son séjour à Weimar. La maison fut transformée en 1776 selon les plans du poète. Elle abrite aujourd'hui l'Institut Goethe ainsi qu'une école de langues et un centre culturel.

Place de la Démocratie (Platz der Demokratie) B2
La statue équestre du grand duc de Saxe-Weimar-Eisenach, Charles Auguste (1757-1828), est l'œuvre de A. von Donndorf.
L'ancien palais, au sud (1770-1774), est occupé par l'**École supérieure de musique « Franz Liszt »**.
Le **château Vert** *(Grünes Schloss)* (16e-18e s.) abrite aujourd'hui la **bibliothèque de la duchesse Anna Amalia★**. En partie ravagée par un incendie en septembre 2004, elle a rouvert ses portes en octobre 2007. Ses fonds ont été heureusement en grande partie épargnés : elle contient des manuscrits du Moyen Âge, des incunables, de précieux imprimés des 16e et 17e s. et surtout des exemplaires originaux du 18e s. de grande valeur. Depuis quelques dizaines d'années, la bibliothèque s'est s'attachée à rassembler des éditions et des traductions sur le siècle des Lumières *(Aufklärung)*.
De la place de la Démocratie, gagner la place du Marché voisine.

Maison de Cranach (Cranach-Haus) B2
C'est dans cette maison Renaissance (1549) aux pignons à volutes que **Lucas Cranach** a passé la dernière année de sa vie. L'atelier du peintre était installé au 3e étage.
En face, l'**hôtel de ville**, bâti vers 1500 et largement remanié au milieu du 19e s.
S'engager dans la Schillerstraße en direction de la place du Théâtre.

★ **Maison de Schiller** (Schillers Wohnhaus) B2
Schillerstraße 12 - ✆ 036 43 5 545 350 - tlj sf lun. 9h-18h (sam. 19h) ; oct. tlj sf lun. 9h-18h ; nov.-mars : tlj sf lun. 9h-16h - fermé 24 déc. - 5 €.
L'écrivain **Schiller** (1759-1805) s'établit ici en avril 1802 pour être plus près de son ami Goethe. C'est ici qu'ont été écrits *La Fiancée de Messine* et *Guillaume Tell*. Une partie de la maison est aménagée en **musée**.
Suivre la Schillerstraße jusqu'à la Theaterplatz.

Théâtre national allemand (Deutsches Nationaltheater) A2
Le bâtiment actuel, en partie reconstruit après la Seconde Guerre mondiale, date de 1907 et a été édifié sur un édifice baroque de 1779. C'est là, sous la direction de Goethe, que furent joués les grands drames de Schiller (en particulier *Les Brigands* et *Wallenstein*). En 1850 y fut donnée la première de *Lohengrin* de Richard Wagner.

Statues de Goethe et Schiller.
E. Ebenau / Fotolia.com

Devant le théâtre, les **statues de Goethe et Schiller★★**, exécutées en 1857 par E. Rietschel.

Musée du Bauhaus (Bauhaus-Museum) B2

✆ 036 43 545 621 - www.klassik-stiftung.de - ♿ - tlj 10h-18h - fermé 24 déc. - 4,50 €. Il est situé en face du Théâtre national. L'école du Bauhaus a occupé ces murs de 1919 à 1925, date de son départ pour Dessau. Le musée regroupe des projets et des réalisations de l'École des arts décoratifs, alors dirigée par Henry van de Velde. La collection principale est celle réunie par Walter Gropius.

Palais de la Veuve (Wittumspalais) B2

✆ 036 43 545 377 - avr.-oct. : tlj sf lun. 9h-18h ; nov.-mars : tlj sf lun. 10h-16h - fermé 24 déc. - 5 €. Ce palais baroque à deux ailes (1767) doit son nom de **palais de la Veuve** au fait d'avoir été la résidence de la duchesse Anna Amalia après la mort de son époux. Celle-ci accueillit dans ses célèbres salons des personnalités aussi prestigieuses que Wieland, Goethe, Herder et Schiller.

Le **musée Wieland** illustre l'œuvre du « Voltaire allemand », traducteur et maître à penser du siècle des Lumières.

Gagner la Herderplatz par le Zeughof puis la Rittergasse.

Église St-Pierre et St-Paul (Herderkirche ou Stadtkirche) B2

Am Herderplatz. Cette église à trois nefs construite en 1500 fut fortement « baroquisée » entre 1735 et 1745. Dédiée à saint Pierre et saint Paul, elle est aussi appelée **église de Herder** en souvenir des prêches du philosophe qui y est enterré et dont on peut voir la statue à l'extérieur. On y admire le **triptyque de Cranach★★**, commencé par Lucas Cranach l'Ancien et terminé par son fils en 1555 ; sur la droite, on reconnaît Luther et Cranach l'Ancien.

De magnifiques **tombeaux Renaissance★** ornent le chœur de cette modeste église.

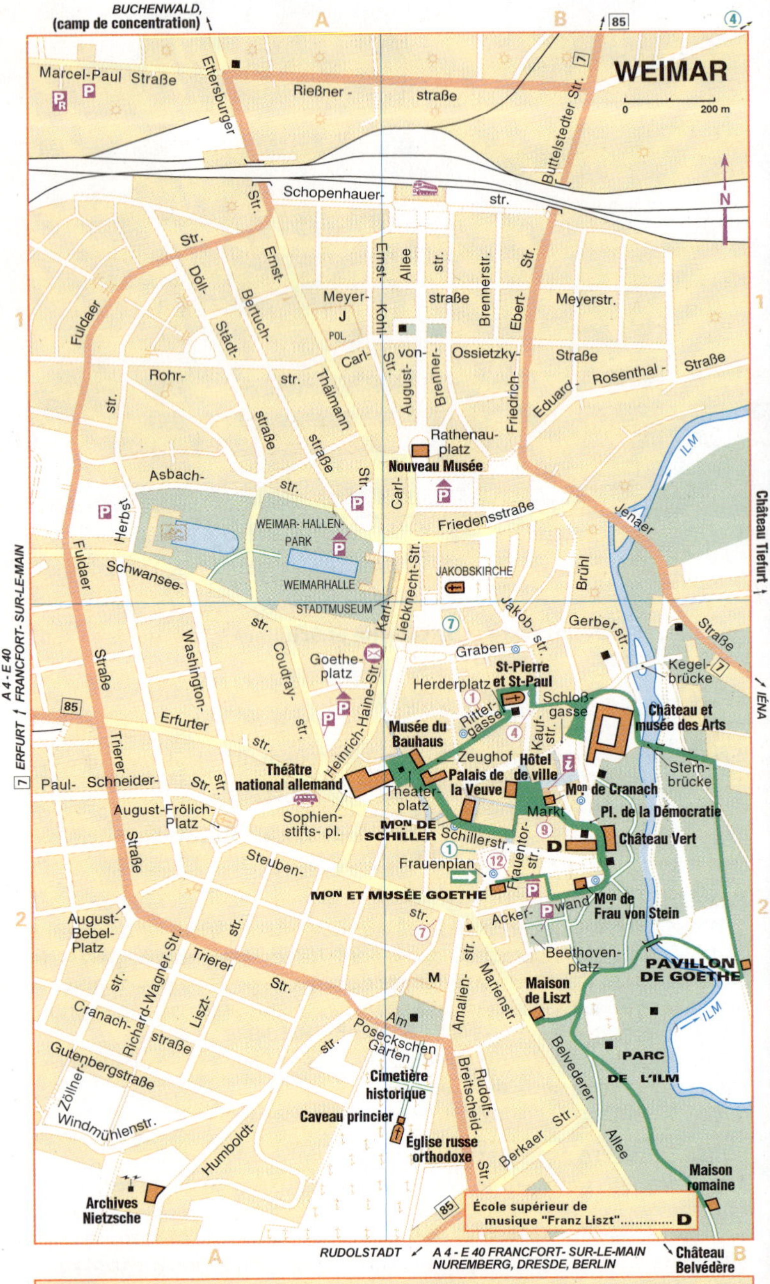

SE LOGER

- Hotel Am Frauenplan................................. 1
- Hotel Zur Sonne.................................. 7
- Romantik Hotel Dorotheenhof.................... 4

SE RESTAURER

- Anna Amalia.. 9
- Estragon.. 4
- Gasthaus Zum Weißen Schwan.................. 12
- Sommer's Weinstube Restaurant................ 7
- Trattoria Da Giuseppe................................ 1

Château et musée des Arts

(Stadtschloss und Kunstsammlungen zu Weimar) B2

Suite à un incendie, le grand-duc Charles Auguste fit reconstruire le **château** de 1789 à 1803 dans le style néoclassique. L'édifice (à quatre ailes) a été achevé en 1914 par la construction de l'aile sud. On y découvre certaines des plus belles salles du début et de la fin du classicisme allemand : la salle des Fêtes, la Grande Galerie et la salle des Poètes en l'honneur de Goethe, Schiller, Wieland et Herder. Le **musée** abrite les collections d'art de Weimar, dont une importante **collection de Cranach★★** *(Sibylle de Clèves, Portrait de Luther)*, des œuvres de Hans Baldung Grien, Albrecht Dürer, Barthel Bruyn l'Ancien, des peintures flamandes et italiennes, des œuvres de l'école de Weimar et des mouvements impressionniste et expressionniste allemands. Au sud-ouest de l'édifice, la tour du château (1729-1732) avec son couronnement baroque.

★★ Parc de l'Ilm B2

Weimar est une ville verte. De Tiefurt au Belvédère, ce n'est qu'un ruban de verdure dont le centre est formé par le parc aménagé le long de l'Ilm, à quelques pas seulement du centre-ville. En dessinant ce jardin anglais, l'intention de Goethe n'était pas de brider la nature, mais de la modeler en la respectant.

Le pavillon de Goethe★★ (Goethes Gartenhaus) – Charles Auguste fit don de ce **pavillon** à Goethe, qui y résida de 1776 à 1782 et qui le considéra comme son refuge préféré jusqu'à la fin de sa vie.

« Elle est sans prétention/Cette petite maison avec son grand toit/Tous ceux qui y sont venus/Ont eu le cœur en fête/Les arbres plantés de mes mains grandissaient et verdissaient/Et pour l'esprit aussi/C'était un terrain béni. » (Goethe)

Goethe y rédigea *La Mission théâtrale de Wilhelm Meister*, ainsi que d'importantes parties d'*Iphigénie*, les esquisses d'*Egmont* et *Torquato Tasso*. Le bâtiment a été converti en un musée regroupant meubles et dessins de Goethe. Face au pavillon se trouve la **Borkenhäuschen**, lieu de détente préféré de Charles Auguste ; la **Maison romaine** *(à 10mn)*, bâtiment de style néoclassique (1791-1797), a été conçue par Goethe pour Charles Auguste.

Traverser le parc en direction de la Belvederer Allee.

Maison de Liszt (Liszt-Haus) – *Entrée Belvederer Allee - ✆ 03643 545 400 - www.klassik-stiftung.de - avr.-mi-oct. : tlj sauf lun. 10h-18h ; mi-oct.-mars : le w.-end seulement 10h-16h - 4 €.* Dans cette ancienne maison des jardiniers, visite des pièces où vécut **Franz Liszt** lors de son deuxième séjour à Weimar de 1869 à 1886.

À voir aussi

Nouveau Musée (Neues Museum) B1

Rathenauplatz - ✆ 036 43 545 963 - tlj sf lun., avr.-oct. 11h-18h ; nov.-mars 11h-16h - 3,50 €.

Le Nouveau Musée, édifice néo-Renaissance, a été bâti de 1863 à 1869 pour abriter le Musée grand-ducal. Quartier général de la direction régionale du parti nazi sous le IIIe Reich, il a aujourd'hui retrouvé sa vocation première et abrite la collection de Paul Maenz, galeriste renommé de Cologne. Le musée est consacré à l'avant-garde internationale depuis 1960, l'accent étant mis sur les artistes allemands et l'*arte povera* italien. On peut aussi y voir des œuvres des mouvements minimaliste et conceptuel américains.

Cimetière historique et caveau princier

(Historischer Friedhof und Fürstengruft) B2

Au centre du cimetière historique, le **caveau princier** fut érigé par

Une ville d'art et de lettres

L'« ATHÈNES ALLEMAND » (MADAME DE STAËL)

On ne peut guère faire un pas dans la ville sans rencontrer le souvenir des hommes les plus prestigieux du panthéon des Arts et des Lettres allemands comme Cranach, Bach, Liszt, Schiller. Weimar connut son heure de gloire avec l'arrivée au pouvoir de la duchesse Anna Amalia en 1758. Sous son impulsion, la ville devint un centre intellectuel de première importance dominé par **Johann Wolfgang von Goethe** (1749-1832) qui, à vingt-six ans, fut appelé dans cette petite capitale de seulement 5 000 habitants. Pendant plus de vingt-cinq ans, Goethe dirigea le théâtre, qui allait devenir le Théâtre national allemand. Il se lia d'amitié avec **Friedrich von Schiller** qui, en 1799, s'établit définitivement dans la ville. La collaboration entre les deux hommes ainsi que les travaux de l'écrivain et théologien J.-G. **Herder**, qui résida à Weimar de 1776 à 1803, expliquent que Weimar ait été considérée comme la ville phare du « classicisme allemand ».

L'ART ET LA MUSIQUE À WEIMAR

C'est à Weimar que, de 1552 à sa mort, Lucas Cranach l'Ancien travailla et termina sa dernière grande œuvre, le triptyque de l'autel de l'église Herder/St-Pierre et St-Paul *(Herderkirche)*. Jean-Sébastien Bach, organiste et maître de chapelle à Weimar de 1708 à 1717, composa durant cette période de nombreuses œuvres pour orgue. En 1848, Franz Liszt vint s'installer à Weimar et, en prenant la direction des concerts et de l'opéra de la ville, rassembla autour de lui l'élite artistique de l'époque. En 1860 fut ouverte l'école des beaux-arts, préfiguration de l'actuelle université du Bauhaus, École supérieure d'architecture, qui allait marquer la peinture du 20e s. C'est sous l'influence de peintres aussi célèbres qu'Arnold Böcklin (1827-1901) que se créa « l'école de peinture de Weimar ».

« JUGENDSTIL » ET « BAUHAUS »

L'artiste belge Henry van de Velde, l'un des maîtres du *Jugendstil* ou « Art nouveau », fut appelé à Weimar en 1902. Avec un groupe d'artistes, il fonda l'École des arts décoratifs, puis érigea quelques maisons de type *Jugendstil*, comme dans la Cranachstraße aux nos 15 et 47. Sa propre maison, *Hohe Pappeln* (hauts peupliers), sise au n° 58 Belvederer Allee et récemment restaurée, témoigne de sa créativité.
En 1919, à Weimar, **Walter Gropius** fusionne l'École des arts décoratifs et l'École des beaux-arts sous la dénomination *Das Staatliche Bauhaus Weimar*. Le style du Bauhaus s'affirme alors mais la très conservatrice Weimar ne peut faire face à ce concept de renouveau radical et, en 1925, le mouvement doit quitter la ville pour s'installer à Dessau.

LA RÉPUBLIQUE DE WEIMAR

La Constitution de l'éphémère « République de Weimar » (1919-1933) fut adoptée par l'Assemblée nationale réunie dans le théâtre de la ville en 1919. Cependant, le gouvernement regagna Berlin une semaine après l'adoption du texte. Par sa tradition humaniste, la ville de Goethe avait simplement fourni à la démocratie naissante un contrepoint bienvenu au climat politiquement lourd du Berlin d'après-guerre.

C. W. Coudray entre 1825 et 1827. C'est ici que reposent, côte à côte, Goethe, Schiller et le duc Charles Auguste.
Derrière le monument se trouve l'**église russe orthodoxe**, construite entre 1859 et 1862 pour la grande-duchesse Maria Pawlowna, belle-fille de Charles Auguste. Charlotte von Stein, muse de Goethe, repose également dans ce cimetière.

Archives Nietzsche (Nietzsche Archiv) A2

✆ 03 643 54 51 59 - www.klassik-stiftung.de - avr.-oct. : tlj sf lun. 13h-18h - 2,50 €.
C'est dans cette maison que le philosophe Friedrich Nietzsche passa les trois dernières années de sa vie (il mourut en 1900). Atteint d'aliénation mentale, il y fut soigné par sa sœur Élisabeth. Elle institua ici les **Archives Nietzsche** et confia à Henry Van de Velde, en 1903, l'aménagement du rez-de-chaussée. La plus belle pièce des Archives est la **bibliothèque★**, où les meubles comme les autres éléments s'intègrent de façon harmonieuse. Remarquez le buste de Nietzsche réalisé par Max Klinger. Des documents retracent la vie et l'œuvre du philosophe.

À proximité Carte de région B2

Buchenwald (Camp de concentration)

8 km au nord-ouest. ✆ 03 643 43 02 00 - www.buchenwald.de - ♿ - tlj sauf lun. avr.-oct. : 10h-18h ; nov.-mars : 10h-16h - possibilité de visite guidée (2h) - fermé 1er janv., 25 déc. - gratuit.
À quelques kilomètres seulement de ce haut lieu de l'humanisme que fut Weimar, l'Ettersberg hébergea huit années durant l'un des plus importants camps de concentration du régime hitlérien. Créé en juillet 1937 pour l'internement des opposants allemands, le camp reçut rapidement les juifs et les tsiganes persécutés par les nazis, puis, au fur et à mesure de l'invasion de l'Europe, des ressortissants de nombreux pays occupés : au total, environ 250 000 hommes de 32 nationalités différentes, y compris des enfants, prirent le chemin de Buchenwald. Pour plus de 50 000 d'entre eux, ce fut un voyage sans retour. Le 11 avril 1945, les prisonniers, profitant de la fuite des gardiens SS à l'approche des troupes américaines, parvinrent à se libérer ; il était 15h15, horaire que l'horloge du camp, pour mémoire, indique de façon définitive.
Mémorial *(Gedenkstätte Buchenwald) – Brochure descriptive et plan à l'entrée.* Le centre d'information projette un film retraçant l'histoire du camp. Le circuit de visite pénètre dans le camp par la porte du bâtiment d'entrée, sur laquelle figure encore la sinistre inscription : *Jedem das Seine* (À chacun son dû). L'emplacement des baraques est matérialisé sur le sol ; en bas, vers la droite, le bâtiment des effets a été transformé en musée. À l'extérieur du camp, un chemin conduit à la carrière où les conditions de travail inhumaines provoquaient un taux de mortalité particulièrement élevé parmi les détenus qui y étaient affectés.
Camp spécial n° 2 – Les forces soviétiques d'occupation ont ouvert ce camp spécial en 1945. Elles y ont interné jusqu'en 1950 d'anciens cadres du parti nazi, des criminels nazis, mais aussi des prisonniers politiques. De source soviétique, on estime à plus de 7 000 le nombre de personnes qui y trouvèrent la mort.
Mémorial – *1 km en direction de Weimar.* Par le portail d'entrée et le chemin des Stèles, on accède à l'allée des Nations reliant trois fosses communes. Pour finir, on atteint la tour-clocher devant laquelle se dresse un ensemble sculptural réalisé par Fritz Cremer et symbolisant la résistance dans le camp.

NOS ADRESSES À WEIMAR

HÉBERGEMENT

PREMIER PRIX

Hotel Zur Sonne – B2 - *Rollplatz 2 - ✆ 03 643 80 04 10 - www.hotel-zur-sonne.weblotse.com - 21 ch. 67/78 €.* Coquette maison en brique au cœur de la vieille ville. Chambres pratiques et accueillantes. Le restaurant est aménagé dans le style d'une auberge traditionnelle.

BUDGET MOYEN

Hotel Am Frauenplan – B2 - *Brauhausgasse 10 - ✆ 03643 494 40 - www.hotel-am-frauenplan.de - 46 ch. 70/88 €.* Face à la maison de Goethe, cet hôtel occupe l'ancien palais de la comtesse von Bernstoff. Chambres confortables et feutrées.

Romantik Hotel Dorotheenhof – Hors Plan B1 - *Dorotheenhof 1 (4 km au nord-est du centre) - ✆ 03 643 45 90 - www.dorotheenhof.com - P ♿ - 60 ch. 105/150 €.* Cette ancienne propriété du capitaine de cavalerie Carl von Kalkreuth abrite, dans un cadre champêtre, un bel hôtel de style maison de campagne. Restaurant aux tables soigneusement dressées sous un charmant plafond voûté.

RESTAURATION

PREMIER PRIX

Estragon – B2 - *Herderplatz 3 - ✆ 03 643 90 85 99 - www.estragon-suppenbar.de - fermé dim. soir - ⊭ - 10/15 €.* Agréable petite adresse face à l'église St-Pierre et St-Paul, proposant une cuisine simple à base de soupes et de salades, parfumées aux herbes. Épicerie bio attenante.

Trattoria Da Giuseppe – B2 - *Vorwerksgasse 3 - ✆ 03 643 81 48 38 - fermé le soir lun.-mar. et dim. - ⊭ - 15/20 €.* Pizzas, tagliatelles fraîches et vins rouges en provenance directe d'Italie, à déguster dans ce charmant restaurant tenu par le Calabrais Giuseppe.

Sommer's Weinstube Restaurant – B2 - *Humboldtstr. 2 - ✆ 03 643 40 06 91 - www.wein-sommer.com - fermé midi et dim. - ⊭ - 12/23 €.* Dirigé depuis plus de 130 ans par la famille Sommer, ce restaurant a conservé son charme d'autrefois. Spécialités de Thuringe, souvent à base de pommes de terre. Grand choix de vins régionaux et internationaux.

POUR SE FAIRE PLAISIR

Gasthaus Zum Weißen Schwan – B2 - *Frauentorstr. 23 - ✆ 03 643 90 87 51 - www.weisserschwan.de - fermé dim. soir et lun. - 23/42 €.* Goethe y aurait eu ses habitudes… Très joliment restauré, il offre une atmosphère à la fois rustique et intime.

UNE FOLIE

Anna Amalia – B2 - *Markt 19 - ✆ 03 643 80 20 - www.hotelelephantweimar.com - menu 52/148 €.* Dans une salle élégante, vous dégusterez la cuisine classique aux influences méditerranéennes de Marcello Fabbri. Carte spéciale le midi.

Iéna

Jena

103 400 habitants – Thuringe

NOS ADRESSES PAGE 606

S'INFORMER

Office de tourisme – *Markt 16 - ☎ 036 41 49 80 50 - www.jena.de - 10h-19h, w.-end. 10h-16h - fermé 1er janv., Vendredi saint, Pâques et 24 déc.*

SE REPÉRER

Carte de région C2 (p. 580) – *cartes Michelin nos 718 K 8 et 544 N 18.* Iéna est située à 255 km au sud-ouest de Berlin.

ORGANISER SON TEMPS

Prévoyez une journée pour visiter la ville.

AVEC LES ENFANTS

Le planétarium Zeiss.

Célèbre pour la victoire remportée par Napoléon le 14 octobre 1806 contre les Prussiens, Iéna doit également sa renommée à Carl Zeiss et à Ernst Abbe, inventeurs du microscope. Devenue grâce à eux, au milieu du 19e s., le berceau de l'industrie optique allemande, la ville reste aujourd'hui encore un pôle de haute technologie. Iéna est enfin une cité de grande tradition universitaire, où résonnent toujours les noms de Goethe, Schiller ou des frères Humboldt. Hors de la ville, la remontée du cours de la Saale offre de beaux paysages jalonnés de châteaux.

Découvrir

Porte St-Jean (Johannistor)

Elle constitue, avec la **Pulverturm** (de l'autre côté de la place), les restes des fortifications du 14e s.

Musée de la Ville (Stadtmuseum)

☎ 03641 49 82 61 - www.jena.de - mar., merc. et vend. 10h-17h, jeu. 14h-22h, w.-end 11h-18h - fermé lun., 1er janv., 24 et 31 déc. - 4 €.

LA BATAILLE D'IÉNA

La politique expansionniste de Napoléon, dans laquelle s'inscrivait la création de la Confédération du Rhin qui marquait la fin du Saint Empire romain germanique, ne manqua pas d'inquiéter les Prussiens. Le 1er octobre 1806, Napoléon recevait un ultimatum de la Prusse lui enjoignant de retirer ses troupes au-delà du Rhin. Essuyant un refus net, l'état-major prussien décida d'attaquer les Français de Thuringe. Napoléon affronta avec 200 000 hommes les troupes commandées par le prince de Hohenlohe, tandis que Davout, avec des effectifs bien inférieurs, tenait tête à l'armée dirigée par le roi Frédéric-Guillaume III en avant d'Auerstaedt. Les batailles d'Iéna et d'Auerstaedt, qui se déroulèrent le 14 octobre 1806, furent décisives pour les troupes françaises, qui atteignirent Berlin le 27 octobre.

Les quatre niveaux du **musée**, installé dans le plus beau bâtiment gothique de la ville, présentent l'histoire de cette dernière depuis sa fondation.

Église St-Michel (Stadtkirche St-Michaelis)
Ancienne collégiale des cisterciennes, l'**église St-Michel** fut profondément remaniée au 15e s. dans le style gothique : remarquez le portail à baldaquin. L'église abrite la plaque de la tombe de Martin Luther (le réformateur repose à Wittenberg).

Maison Goethe (Goethe-Gedenkstätte)
03 641 93 11 88 - www.jena.de - merc.-dim. 11h-15h - fermé nov.-mars, j. fériés 1 €.
L'écrivain vécut cinq années à Iéna et disait y trouver la tranquillité nécessaire à la création littéraire. La maison du gardien du jardin botanique, qu'il habitait lors de ses séjours, devenue le **musée Goethe**, conserve divers souvenirs du poète.

Pavillon de Schiller (Schillers Gartenhaus)
03 641 93 11 88 - www.uni-jena.de/gartenhaus.html - avr.-oct. : tlj sf lun. 11h-17h ; nov.-mars : mar.-sam. 11h-17h - 2,50 €.
Une exposition sur le thème « La décennie Schiller à Iéna » est présentée dans ce pavillon, également réaménagé en musée. Schiller l'habita entre 1797 et 1802 et y écrivit notamment son *Wallenstein*.

★ **Planétarium Zeiss** (Zeiss-Planetarium der Ernst-Abbe-Stiftung Jena)
03 641 88 54 88 - www.sternevent.com - ♿ - tlj sf lun. 10h-12h, 19h-20h, sam. 13h-21h, dim. 13h-19h - 8 €.
Il constitue, avec le musée de l'Optique, la grande attraction de la ville. Construit en bordure du jardin botanique par la firme Zeiss, il fait voyager le spectateur à travers le cosmos, parmi le mouvement des planètes et les systèmes stellaires.

★ **Musée de l'Optique** (Optisches Museum)
03 641 44 31 65 - www.optischesmuseum.de - ♿ - mar.-vend. 10h-16h30, sam. 11h-17h - fermé j. fériés - 5 €.
Ce musée retrace 500 ans d'histoire de l'optique. Très importante collection de lunettes, microscopes, télescopes, objectifs et appareils photographiques.

NOS ADRESSES À IÉNA

HÉBERGEMENT

PREMIER PRIX

Hotel Papiermühle – *Erfurter Str. 102 - 03 641 45 980 - www.papiermühle-jena.de - P - 25 ch. 75 €* . Deux jolies maisons en brique et en pierre abritent cet hôtel familial. Les chambres sont décorées de meubles de bois sombre. L'auberge datant de 1737 dispose de sa propre brasserie.

RESTAURATION

POUR SE FAIRE PLAISIR

Scala - Das Turm Restaurant – *Leutragraben 1 - 03 641 35 66 66 - www.scala-jena.de - 45/60 €.* La vue est impressionnante depuis le dernier étage de l'Intershop-Tower, où se situe ce restaurant moderne.
Ses fenêtres couvrent toute la hauteur de la salle.

Erfurt

★

201 650 habitants – Thuringe

NOS ADRESSES PAGE 609

S'INFORMER

Office de tourisme – *Benediktsplatz 1 - ✆ 0361 664 00 - www.erfurt-tourismus.de - avr.-déc. : 10h-19h (sam. 18h, dim. 16h) ; janv.-mars : 10h-18h (dim. 16h).*

SE REPÉRER

Carte de région B2 (p. 580) – *cartes Michelin n°s 718 J 8 et 544 MN 16/17.* Erfurt est située au cœur de la Thuringe, entre Gotha et Weimar.

À NE PAS MANQUER

La cathédrale Ste-Marie.

ORGANISER SON TEMPS

Prévoyez une journée pour flâner dans les charmantes rues du centre.

Capitale de la Thuringe, Erfurt est une cité paisible et pleine de charme, avec ses maisons à colombages, ses édifices Renaissance, ses églises gothiques et son pittoresque pont des Épiciers. Favorisée par les archevêques éclairés de Mayence, la ville des clochers est également un foyer universitaire historique, qui a attiré les plus grands noms de l'humanisme allemand, parmi lesquels Luther, Goethe, Schiller, Herder et Bach.

Découvrir

AUTOUR DE LA DOMPLATZ

La Domplatz est dominée par les deux édifices imposants que sont la cathédrale Ste-Marie et l'église St-Séverin.

★★ Cathédrale Ste-Marie (Dom St-Marien)

La cathédrale Notre-Dame, basilique romane originelle, élevée en 1154 sur la colline de la citadelle, reçut au milieu du 14e s. un chœur gothique très élancé et le porche nord. Un siècle plus tard, la nef romane fut remplacée par une nef de style gothique flamboyant, entourée par d'amples collatéraux.

LA VILLE DU PASTEL

En 742, saint Boniface, venu d'Angleterre, créa à Erfurt un évêché, bientôt rattaché à celui de Mayence. Sa situation sur l'importante route commerciale reliant le Rhin à la Russie lui permit de devenir dès le Moyen Âge une place commerciale de premier plan au point de faire partie de la Ligue hanséatique au 15e s. : Erfurt constitua ainsi un véritable trait d'union entre les puissants ports du nord et l'Europe centrale. C'est principalement le commerce du pastel, seule plante alors capable de produire la couleur bleue, qui assura sa prospérité aux 15e s et 16e s.

SPIRITUALITÉ ET HUMANISME

Les très nombreux clochers s'élevant au-dessus des toits de la ville permettent de mesurer le rôle joué sur le plan religieux par Erfurt sous l'impulsion des archevêques-électeurs de Mayence. Après **maître Eckhart**, provincial de Saxe des dominicains (établis à Erfurt à partir de 1303), qui sera à l'origine du courant des mystiques rhénans, la ville recevra deux siècles plus tard le jeune **Martin Luther**. Après ses études de philosophie à l'université, considérée comme le foyer de l'humanisme allemand, il entre en 1505 au couvent des augustins, qu'il quittera six ans plus tard pour s'établir à Wittenberg.

★★ **Portails nord** – Le porche d'entrée est formé par deux portails supportant une élégante statuaire : au nord-est, la facture des Apôtres rappelle le travail des maîtres des cathédrales françaises, tandis que le portail nord-ouest présente les Vierges folles et les Vierges sages.

Intérieur – Plusieurs œuvres d'art retiennent l'attention : l'autel de la Vierge, roman (1160), la **statue-candélabre★** dite « Wolfram » (1160), la pierre tombale du comte de Gleichen et de ses deux femmes, les stalles du chœur très ouvragées (14e s.), les **vitraux★** du chœur (vers 1370-1420), dont certains montrent des scènes de la vie quotidienne à la fin du Moyen Âge.

★ Église St-Séverin (Severi-Kirche)

Ancienne abbatiale des bénédictins du monastère St-Paul et des chanoines de St-Augustin, l'**église St-Séverin** est une église à cinq nefs de style gothique primitif. Dans le collatéral sud, **sarcophage★** de saint Séverin (vers 1365), évêque de Ravenne.

Traverser la Domplatz et emprunter la Marktstraße.

AUTOUR DU MARCHÉ AU POISSON (FISCHMARKT)

Hôtel de ville (Rathaus)

L'intérieur de l'imposant hôtel de ville, de style néogothique, est décoré de **fresques★** évoquant la vie de Luther ainsi que les légendes de Faust et Tannhäuser. Au nord de la place (n°s 13-16), la maison *Zum Breiten Herd* est un bel édifice à trois étages dans le style Renaissance.

★ Pont des Épiciers (Krämerbrücke)

Construit en 1325, ce pont dit « des Épiciers » a des allures de Ponte-Vecchio ; particularité unique au nord des Alpes, ses deux côtés sont occupés par des maisons habitées. Coiffés de toits raides, ces bâtiments étroits à colombages, érigés du 16e au 19e s., constituent un ensemble de caractère médiéval.

★ **Musée Anger** (Angermuseum)

Anger 18 - ✆ 0361 55 45 60 - www.angermuseum.de - fermé pour travaux - se renseigner sur la date de réouverture.

Le **musée Anger**, installé dans un édifice baroque de 1706, est surtout connu pour son exposition sur l'art en Thuringe au Moyen Âge (**retables**★★ des 14e, 15e et 16e s.; **Pietà**★★ du maître du sarcophage de saint Séverin; tableau de Hans Baldung Grien sur la Genèse). La galerie de peinture rassemble des tableaux de paysagistes allemands des 18e et 19e s.

Le musée Anger abrite aussi un petit trésor : une peinture murale d'Erich Heckel (1923/1924), *La Vie des hommes (Das Leben der Menschen).*

NOS ADRESSES À ERFURT

RESTAURATION

BUDGET MOYEN

Köstritzer « Zum Güldenen Rade » – *Marktstraße 50 - ✆ 0361 561 35 06 - www.zum-gueldenen-rade.de - tlj 11h-24h - ♿ - 19/45 €.* Dans la vieille ville, non loin de la mairie; murs en pierre de taille, bois et tableaux offrent un décor agréable à ce restaurant. Jardin d'été et terrasse dans la cour intérieure. Un bâtiment séparé abrite un ancien moulin à tabac.

SE FAIRE PLAISIR

Alboth's Restaurant – *Futterstraße 15/16 - ✆ 0361 568 82 07 - www.alboths.de - fermé dim., lun., 3 sem. en janv., 15 juil.-9 août - 40 €.* Restaurant chic et soigné dans une maison historique de la ville. Dégustez des plats variés accompagnés de vins choisis dans la très riche carte.

Eisenach

★

43 060 habitants – Thuringe

NOS ADRESSES PAGE 613

S'INFORMER
Office de tourisme – *Markt 24 - ✆ 03691 792 30 - www.eisenach.de - 10h-18h, w.-end et j. fériés 10h-17h.*

SE REPÉRER
Carte de région B2 (p. 580) – *cartes Michelin n°s 718 J 8 et 544 N 14.* Ville de l'ex-Allemagne de l'Est proche de la frontière qui divisait les deux Allemagnes, Eisenach est située aux confins nord-ouest de la forêt de Thuringe.

À NE PAS MANQUER
La Wartburg, la forêt de Thuringe.

Haut lieu de la culture allemande, la « chère ville » de Luther vit naître également le génie Bach, dans une discrète demeure du centre historique. Dominant la cité et ses venelles pittoresques du haut de son pic rocheux, la forteresse de la Wartburg était le théâtre des célèbres joutes des troubadours.

Découvrir

★★ LA WARTBURG

Visite : 2h. Laisser la voiture sur l'un des parkings (payants) de la Wartburg puis compter 15mn de montée à pied. Il est également possible de prendre le bus depuis la place du Marché. ✆ 03 691 25 00 - www.wartburg.de - visite guidée avr.-oct. : 8h30-17h (dernière entrée) ; nov.-mars : 9h-15h30 (24 déc. 11h, 31 déc. 14h) - 9 €.

Bon à savoir – La visite guidée d'une heure (en allemand, rarement en anglais) permet de parcourir les salles historiques. Remarquer notamment la **salle des Troubadours** avec sa grande fresque, sur laquelle Schwind a représenté la légendaire guerre des compositeurs sur la Wartburg.

Ancienne résidence des landgraves de Thuringe, la Wartburg est inscrite, depuis 1999, au Patrimoine mondial de l'Unesco. Il s'agit d'un site exceptionnel, chargé d'histoire, dont la visite est incontournable lors d'un passage à Eisenach.

Perchée sur un éperon rocheux, la forteresse se présente comme un assemblage de constructions de différentes époques. On passe d'abord sous le porche de la maison d'entrée, dont les parties les plus anciennes datent du 12e s., pour atteindre la **première cour** *(Erster Burghof)* encadrée par des bâtiments à colombages des 15e et 16e s. La seconde cour donne accès aux parties les plus intéressantes de la forteresse : sur la gauche, le « **palais** » ★, qui servait de logis aux landgraves, superpose trois étages garnis d'arcatures romanes du début du 13e s.

Depuis la redoute et la tour sud, **vue★** panoramique sur Eisenach et la forêt. La visite s'achève par le **musée de la Wartburg** qui renseigne sur la construction de la forteresse ; plusieurs tableaux de Lucas Cranach l'Ancien.
Par le chemin de ronde couvert, on accède à la **chambre de Luther** *(Lutherstube)*, où le réformateur en exil travailla à la traduction du Nouveau Testament en langue allemande.

EISENACH À TRAVERS LES SIÈCLES
Au début du 13e s., les troubadours *(Minnesänger)* s'affrontèrent à la Wartburg au cours des fameuses joutes qui inspirèrent à Wagner le thème de son opéra *Tannhäuser*. C'est également à Eisenach qu'étudia **Luther**, avant d'y rédiger sa traduction du Nouveau Testament sous la protection du duc de Saxe. **Jean-Sébastien Bach** y vit le jour en 1685. La ville était alors résidence des ducs de Saxe-Eisenach, qui durent la céder en 1741 à la maison de Saxe-Weimar.
En 1817, la Wartburg servit de cadre à une manifestation patriotique organisée par les corporations étudiantes pour exalter le sentiment national et les idées progressistes. Une cinquantaine d'années plus tard (1869), le « programme d'Eisenach » marquera la création par August Bebel et Wilhelm Liebknecht du Parti social-démocrate allemand.

À voir aussi

Place du Marché (Markt)
Elle est bordée de bâtiments administratifs et de maisons bourgeoises. Au centre se trouve une fontaine ornée d'une statue du patron de la ville, saint Georges.

Château (Schloss)
La sobre façade baroque du **château** ferme le côté nord de la place. Cette ancienne résidence des ducs de Saxe-Weimar abrite le **musée de Thuringe** *(Thüringer Museum)* : porcelaines, faïences et verreries régionales des 18e et 19e s. ; salle des fêtes rococo. *✆ 036 91 67 04 50 - tlj sf lun. 10h-18h, w.-end 10h-17h - 2 €.*

Hôtel de ville (Rathaus)
Bâtiment à trois étages du 16e s. (baroque et Renaissance), l'**hôtel de ville** fut bâti à l'emplacement d'une ancienne taverne. Il fut remanié après un incendie survenu en 1636. Remarquer sa tour légèrement inclinée.

Église St-Georges (Georgenkirche)
Église à trois nefs (16e s.), l'**église St-Georges** contient les pierres tombales de plusieurs landgraves de Thuringe. Luther vint y prêcher le 2 mai 1521, alors qu'il avait été mis au ban de l'Empire, et Jean-Sébastien Bach y fut baptisé le 26 mars 1685.

Église des Prédicateurs (Predigerkirche)
De style gothique primitif (fin 13e s.), cette église a reçu la **collection de sculptures sur bois★** du musée de Thuringe, composée d'œuvres du 12e au 16e s.

Maison de Luther (Lutherhaus)
✆ 036 91 2 98 30 - www.lutherhaus-eisenach.de - tlj 10h-17h - 3,50 €.
C'est dans cette belle **maison** de la fin du 14e s. que vécut **Luther** de 1498 à 1501, en tant qu'élève de l'école latine. On peut y voir divers documents et livres religieux, dont le recueil complet de ses thèses.

Maison de Bach (Bachhaus)
✆ 03 691 79 340 - www.bachhaus.de - tlj 10h-18h - 6,50 €.
Considérée comme la **maison natale de Jean-Sébastien Bach**, fils d'Ambroise, lui-même musicien et notable d'Eisenach, cette discrète demeure, située au 21 Frauenplan, montre un cadre de vie typique de la fin du 17e s.; manuscrits et portraits évoquent le souvenir de l'artiste et de plusieurs autres membres de la famille Bach, également compositeurs.

Musée de l'Automobile (Automobile Welt)
✆ 03 691 77 212 - www.eisenach.de - tlj sf lun. 11h-17h - 3 €.
Inaugurée fin 2001, l'exposition permanente, **Automobile Welt Eisenach** (Le monde automobile d'Eisenach), présente l'histoire technique de la construction automobile à Eisenach (1896-1991), liée aux noms de Wartburg, fleuron de l'industrie automobile de l'ex-RDA, Dixi et BMW (fabriquées à Eisenach entre 1928 et 1940).

Circuit conseillé Carte de région B2

★★ LA FORÊT DE THURINGE (THÜRINGER WALD)

Circuit de 110 km tracé en vert sur la carte de région (p. 580) – D'Eisenach à Ilmenau - Une journée.
La haute route de Thuringe suit en grande partie le **Rennsteig**, chemin de randonnée long de 160 km qui court sur la ligne de crête de la forêt de Thuringe et qui franchit les plus hauts sommets, comme le Großer Inselsberg et le Großer Beerberg.
Poumon vert au cœur de l'Allemagne, la forêt de Thuringe recouvre presque complètement un massif culminant à près de 1 000 m d'altitude. Perdus au milieu de ces immensités verdoyantes, les vieux villages perpétuent leur artisanat traditionnel et leurs savoir-faire ancestraux. Les nombreux sentiers et le vaste choix d'hébergements combleront les amateurs de randonnées et les estivants.
Quitter Eisenach en direction de Gotha.

Großer Inselsberg
1h AR à pied. 916m. Le **panorama★★** embrasse une grande partie de la forêt de Thuringe.

★ Grotte Marienglas (Marienglashöhle)
✆ 03 623 31 16 67 - www.tropfsteinhoehlen.de - ♿ (galerie supérieure) - visite guidée (50mn) avr.-oct. : 9h-17h ; nov.-mars : 9h-16h - 6 €.
De cette cavité naturelle était extrait le gypse cristallin, dont l'utilisation dans la décoration des autels est à l'origine du nom donné à la **grotte** *Marienglas* (verre de Marie).
La route coupe le Rennsteig et serpente entre le Regenberg (727 m) et le Spießberg (749 m), offrant de nombreuses possibilités de randonnées, surtout en direction de l'**Ebertswiese**, zone de prairies marécageuses.
Elle continue vers Oberhof par le Kanzlersgrund, vallée aux belles prairies.

★ Oberhof

Situé à environ 800 m d'altitude, c'est le plus important centre de loisirs et de sports d'hiver de la forêt de Thuringe.
Dans le **Rennsteiggarten**, parc botanique consacré à la flore des montagnes d'Europe centrale, on peut observer plus de 4000 variétés de plantes.

Barrage de l'Ohratal (Ohratalsperre)

Prendre la B 247 jusqu'au grand parc de stationnement. Le **barrage de l'Ohratal** est une retenue d'une superficie de 88 ha qui peut stocker 19,2 millions de m^3 d'eau. Elle alimente Erfurt, Weimar, Iéna et Gotha.
Quitter Oberhof en direction de Schmücke, Großer Beerberg.
Cette route bucolique serpente entre le Großer Beerberg (982 m) et le Schneekopf. Du parc de stationnement de l'auberge de Schmücke, beau point de vue sur la vallée. Le Finsterberg apparaît à gauche.

Ilmenau

Cette localité située en bordure septentrionale de la forêt de Thuringe est surtout liée au nom de Goethe, qui appréciait particulièrement son aspect harmonieux. Une plaque a été apposée sur la maison municipale (*Amtshaus*, place du Marché), aménagée en musée Goethe, et une autre dans le pavillon de chasse de Gabelbach. Un chemin d'environ 20 km baptisé **Sur les traces de Goethe** *(« Auf Goethes Spuren »)* relie les lieux où résonne encore le nom du poète.

NOS ADRESSES À EISENACH

HÉBERGEMENT

BUDGET MOYEN

Villa Anna – *Fritz-Koch-Str. 12 - ✆ 03691 239 50 - www.hotel-villa-anna.de - P - 15 ch. à partir de 111 €.* Une agréable combinaison d'atmosphère historique et d'élégance toute moderne dans cette villa. Accueil chaleureux.

Göbel's Sophien Hotel – *Sophienstraße 41 - ✆ 03691 25 10 - www.sophienhotel.de - P - 60 ch. 110 €.* Propriété familiale en centre-ville, qui propose des chambres modernes et fonctionnelles. Spa et sauna.

UNE FOLIE

Auf der Wartburg – *Sur la Wartburg (navette jusqu'à l'hôtel) - ✆ 03691 79 70 - www.wartburghotel.de - fermé 6 janv.-6 fév. - P - 35 ch. à partir de 235 €.* De par sa localisation, en dessous même de la Wartburg, une nuit dans cet hôtel restauré avec goût est une expérience hors du commun. Accolé à l'hôtel, le restaurant Landgrafenstube vous accueille dans un cadre rustique.

RESTAURATION

BUDGET MOYEN

Villa Antik – *Wartburgallee 55 - ✆ 03 691 72 09 91 - www.villa-antik.de - P - 22/50 €.* Cette belle villa située près du centre-ville abrite un élégant restaurant aux plafonds en stuc et au mobilier ancien. Cuisine régionale.

POUR SE FAIRE PLAISIR

Turmschänke – *Karlsplatz 28 - ✆ 03 691 21 35 33 - www.turmschaenke-eisenach.de - P - tlj sf dim. - fermé mi-juil.-déb. août - 29/44 €.* Avec son charme rustique, le restaurant de la Nicolaiturm est le cadre idéal pour la cuisine régionale soignée d'Ulrich Rösch.

Cassel

Kassel

★

194 170 habitants – Hesse

NOS ADRESSES PAGE 616

S'INFORMER

Office de tourisme – *Obere Königstrasse 15 (hôtel de ville) - ✆ 0561 7077 07 - www.kassel-marketing.de - tlj sf dim. 9h-18h, sam. 9h-14h (tlj 9h-20h pendant le festival Documenta).*

SE REPÉRER

Carte de région A2 (p. 580) – *cartes Michelin nos 718 I 8 et 543 M 12.* Cassel se trouve à 168 km au sud de Hanovre.

À NE PAS MANQUER

La galerie des Maîtres anciens et le parc du Wilhelmshöhe.

ORGANISER SON TEMPS

Prévoyez une bonne journée pour découvrir la ville. Vous pouvez aussi opter pour une promenade en bateau à partir du pont « Fuldabrücke ».

AVEC LES ENFANTS

Le musée d'Astronomie et le planétarium.

Avec son parc romantique aux ruines fantaisie et sa riche galerie des Maîtres anciens où l'on peut admirer des œuvres de Dürer, Rembrandt et Rubens, le Wilhelmshöhe fait la renommée de Cassel. La cité des frères Grimm connaît une intense activité culturelle, théâtrale, musicale et picturale. La plus célèbre de ses manifestations est la Documenta, exposition internationale d'art contemporain. Vous pourrez profiter enfin des rives verdoyantes de la Fulda et de son île.

Découvrir

★★ WILHELMSHÖHE

Visite : une demi-journée.

★★ Le parc

L'aménagement de ce grand parc de 350 ha, où poussent près de 800 essences d'arbres, a commencé en 1701 sous le landgrave Charles, d'après les plans de l'architecte italien Guerniero. De style baroque, il fut transformé dans la seconde moitié du 18e s. en un jardin anglais comportant des temples, des pavillons, des grottes et des ruines artificielles. C'est le château du **Löwenburg**, une ruine fantaisie élevée entre 1793 et 1801, qui témoigne le mieux du goût pour le sentimentalisme romantique (remarquer à l'intérieur les armes, les armures et les objets d'ameublement). Le clou du parc est sans doute l'**Hercule★**, emblème de Cassel, qui se dresse au point le plus élevé. Cette gigantesque statue – copie (1717) de l'Hercule Farnèse conservé au Musée national archéologique de Naples – se trouve au sommet d'une pyramide,

NOYAU LITTÉRAIRE ET ARTISTIQUE
Jakob (1785-1863) et **Wilhelm Grimm** (1786-1859) vécurent à Cassel de 1805 à 1830. Ils y travaillèrent comme bibliothécaires de la cour. Par leurs travaux communs sur la linguistique et la littérature (grammaire allemande, premiers tomes du dictionnaire de la langue allemande), ils furent les initiateurs de la philologie allemande. Passionnés d'histoire populaire, ils recueillirent dans toute la Hesse un nombre considérable de contes et de légendes qu'ils publièrent entre 1812 et 1822 sous le titre *Kinder- und Hausmärchen (Contes de l'enfance et du foyer)*. Bien qu'elle soit également connue pour son intense activité musicale et théâtrale, Cassel est aussi célèbre pour la **Documenta**, une exposition internationale d'art contemporain qui, depuis 1955, a lieu tous les quatre ou cinq ans. Le centre principal de cette manifestation est le **Fridericianum** sur la vaste Friedrichsplatz; cette construction préclassique fut conçue par Simon Louis du Ry pour être le musée et la bibliothèque du landgrave Frédéric II.

elle-même posée sur un gigantesque octogone (hauteur totale du monument : 72 m) ! On y a donc une belle **perspective★★** sur le parc et le château jusqu'à Cassel.
Au pied de l'octogone commence le grand **escalier d'eau**. C'est le point de départ des **grandes eaux★** : les eaux se jettent dans la grande cascade jusqu'au bassin de Neptune, avant de poursuivre leur cours plus bas jusqu'au bassin de la Fontaine, devant le château. Le dénivelé entre les deux points extrêmes atteint 200 m.

Château (Schloss)

✆ 0561 31 68 00 - www.museum-kassel.de - tlj sf lun. 10h-17h (jeu. 20h) - possibilité de visite guidée (1h) - fermé 24, 25 et 31 déc. - 6 €.
Le château, de style classique, fut terminé en 1803. Les salons historiques de l'aile sud (musée du château – Schlossmuseum) sont garnis de précieux meubles Louis XV et Empire. Largement endommagé au cours de la Seconde Guerre mondiale, le château fut reconstruit sans son dôme central d'origine. Depuis juin 2000, l'édifice a été réaménagé afin de donner un nouvel éclat à la galerie des Maîtres anciens qu'il abrite, notamment grâce à l'adjonction d'un toit en bâtière en verre.
★ **Antiquités** – Dans l'entrée, des vases antiques (6e et 5e s. av. J.-C.) évoquent l'époque classique grecque. L'Empire romain est représenté par l'**Apollon de Cassel** (2e s., d'après Phidias), une série de bustes, un sarcophage et des urnes, l'art égyptien par des statuettes de dieux et d'animaux sacrés en bronze et en pierre.
★★★ **Galerie des Maîtres anciens** – Ses réserves sont constituées par les collections des landgraves. Les maîtres allemands sont représentés par des œuvres majeures : *Crucifixion* d'Altdorfer, *Triptyque* de voyage de Cranach l'Ancien, *Portrait d'Élisabeth Tucher* par Dürer, *Hercule et Antée* de Baldung Grien. La peinture hollandaise est également bien illustrée par des œuvres de Rembrandt : *Bénédiction de Jacob* (1656), *Portrait de Saskia van Uylenburgh*, *La Sainte Famille au rideau*, *Paysage d'hiver*, et des autoportraits tel *L'Homme au chapeau mou* de Franz Hals. Rubens est représenté avec *Le Couronnement du héros*, *Marie et l'Enfant Jésus comme refuge des pécheurs*, et Van Dyck avec un portrait de *Sebastian Leerse avec sa femme et son fils*. Jordaens se peint lui-même en joueur de luth dans *Les Noces du peintre*. Paysages et scènes de la vie courante par Bruegel l'Ancien, Ruysdael, Metsu et Jan Steen. Des œuvres

de maîtres italiens (le Tintoret, Titien, Bassano), espagnols (Ribera, Murillo) et français (Poussin avec *Victoire de l'Amour sur Pan*) complètent cette magnifique collection.

À voir aussi

★ Parc de la Karlsaue

Ce vaste parc est établi depuis le 18e s. au bord de la Fulda. Les endroits les plus fréquentés sont les jardins en pente aménagés sous la terrasse de Schöne Aussicht et l'île artificielle des Siebenbergen.

Dans un angle nord du parc se dresse **l'Orangerie** (1710), qui abrite le **musée d'Astronomie et le planétarium** *(Museum für Astronomie und Technikgeschichte mit Planetarium)*. La prestigieuse **collection**★★ de montres et d'instruments astronomiques anciens a pu être réunie grâce à l'intérêt que portait Guillaume IV à l'astronomie, lequel fonda le premier observatoire astronomique européen à Cassel. Elle comporte de précieux instruments scientifiques anciens, dont la grande horloge planétaire construite en 1561 selon les plans du landgrave Guillaume IV. *✆ 0561 31 11 16 - www.astronomie-kassel.de - tlj sf lun. 10h-17h - fermé 24, 25 et 31 déc. - 3 €.*

À quelques pas de l'Orangerie, le **Marmorbad** (1728) est orné, à l'intérieur, de statues et de bas-reliefs inspirés de la mythologie grecque.

★ Musée de Hesse (Hessisches Landesmuseum)

✆ 0561 31 68 00 - www.museum-kassel.de - fermé pour rénovation depuis nov. 2008, se renseigner pour la réouverture.

Le rez-de-chaussée du **musée de Hesse** est réservé à des collections concernant la préhistoire. Le 1er étage abrite le **musée allemand du Papier peint**★★ *(Deutsches Tapetenmuseum)*. Plus de 600 pièces présentent l'évolution du revêtement mural (du 18e au 20e s.). Le 2e étage rassemble des sculptures, des porcelaines manufacturées à Cassel et à Fulda et des objets d'art décoratif allant du Moyen Âge au 19e s., dont des cristaux de Bohême colorés et de l'argenterie de Cassel.

NOS ADRESSES À CASSEL

HÉBERGEMENT

BUDGET MOYEN

Hotel Astoria – *Friedrich-Ebert Straße 135 - ✆ 0561 728 30 - www.adessohotel.com - 40 ch. 80 €.* Chambres contemporaines dans une maison du début du 20e s.

Stadthotel – *Wolfsschlucht 21 - ✆ 0561 78 88 80 - www.stadthotelkassel.de - 42 ch. 89/99 €.* Hôtel situé face à la galerie royale. Chambres spacieuses.

Hotel Chasalla – *Wilhelmshöher Allee 99 - ✆ 0561 927 90 - www.hotel-chassalla.de - 44 ch. 77/147 €.* Propriété familiale située dans le centre. Chambres sobres.

RESTAURATION

BUDGET MOYEN

El Erni – *Parkstraße 42 - ✆ 0561 71 00 18 - www.el-erni.de - 22/50 €.* Des étagères à vin, des tableaux et des chandeliers donnent au restaurant son aspect chaleureux.

L'Orangerie – *An der Karlsaue 20 - ✆ 0561 286 103 18 - www.orangerie-kassel.com - 24/30 €.* Logé dans un bâtiment baroque du 18e s., restaurant avec belle terrasse donnant sur le parc.

Château de Marburg.
Martin Moxter/age fotostock

Marburg

★★

79 840 habitants – Hesse

NOS ADRESSES PAGE 621

S'INFORMER
Office de tourisme – *Pilgrimstein 26 - ✆ 064 21 991 20 - www.marburg.de - tlj sf dim. 9h-18h (10h-18h de nov. à mars), sam. 10h-14h.*

SE REPÉRER
Carte de région A2 (p. 580) – *cartes Michelin nos 718 H 9 et 543 N 10.* Marburg est à 93 km au nord de Francfort.

ORGANISER SON TEMPS
Comptez une journée pour découvrir la ville.

Dressée à flanc de colline au bord de la Lahn, Marburg se distingue par son château perché sur un éperon rocheux et par son imposante église gothique, dédiée à sainte Élisabeth. Cette dernière, princesse de Hongrie venue se retirer ici pour soigner les malades incurables, fit longtemps de la ville un centre de pèlerinage, jusqu'à ce que la Réforme transforme la ville en un important foyer de théologie protestante. Aujourd'hui, Marburg se définit par sa prestigieuse université, qui lui prête un air de sympathique cité estudiantine, à la vie nocturne animée.

UN CENTRE DE PÈLERINAGE IMPORTANT

Fille du roi de Hongrie, **sainte Élisabeth** (1207-1231), princesse destinée au landgrave (titre princier) Louis de Thuringe, fut conduite dès l'âge de quatre ans à la forteresse de la Wartburg, siège de la cour de Thuringe, près d'Eisenach. En 1221, elle épouse le landgrave Louis, que la peste emporte en 1227. Élisabeth décide alors de se retirer du monde et s'installe au pied du château de Marburg, dans un logement contigu à un hospice d'incurables dont elle accepte la charge. Elle y meurt d'épuisement à l'âge de 24 ans. Dès 1235, Élisabeth est canonisée. Ses restes sont exhumés l'année suivante et l'ordre Teutonique fait construire une magnifique église gothique, destinée à recevoir ses reliques. Celles-ci attirent des foules nombreuses faisant de la ville un grand centre de pèlerinage de l'Occident chrétien.

En 1527, un descendant de la sainte, le landgrave **Philippe le Magnanime**, passe avec éclat à la Réforme. Décidé à porter un coup fatal au culte des reliques, il fait forcer la châsse vénérée et se saisit lui-même des ossements de son aïeule pour les faire enfouir dans le cimetière voisin.

Découvrir

Se reporter au plan ci-contre.

★★ **Église Ste-Élisabeth** (Elisabethkirche) Plan de l'église

06 321 65 573 - www.elisabethkirche.de - ♿ - avr.-sept. : lun.-vend. 9h-18h (oct. 17h), sam. 9h-17h, dim. 11h15-17h ; nov.-mars : lun.-vend. 10h-16h, sam. 10h-17h, dim. 11h15-17h - visite guidée à 15h d'avr. à oct. : 3,50 €.

Construite de 1235 à 1283, l'église Ste-Élisabeth est la première église gothique proprement allemande et possède un certain nombre d'œuvres d'art exceptionnelles. Le type germanique s'exprime dans ses trois nefs d'égale hauteur qui en font un modèle d'église-halle, et à l'ensemble homogène formé par le chœur et les croisillons, tous terminés par une abside. À cela s'ajoute un caractère typiquement hessois par la disposition transversale des combles qui couvrent les nefs latérales. Les tours surmontées de flèches de pierre prennent assise sur de puissants contreforts.

Entrer par le portail de façade.

Nef – On y remarque les œuvres suivantes :

1) La statue de sainte Élisabeth (vers 1470), vêtue d'une robe de cour et tenant l'église dans sa main.

2) Le jubé gothique très ajouré présente des consoles (moulures saillantes servant de support) finement décorées. Sur l'autel, vers la nef, crucifix moderne d'Ernst Barlach.

Chœur et transept – On y trouve les **œuvres d'art**★★★ suivantes :

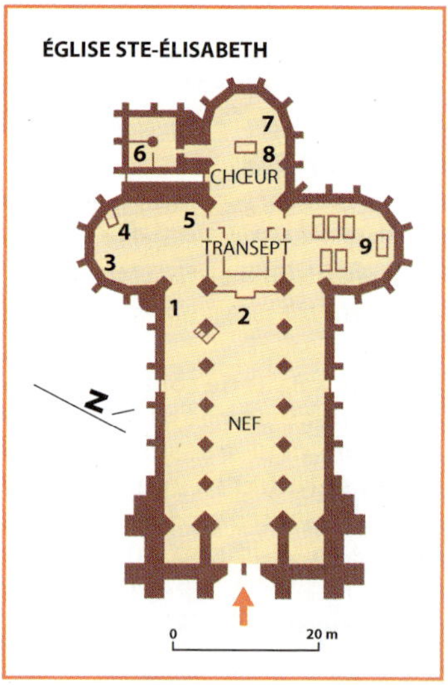

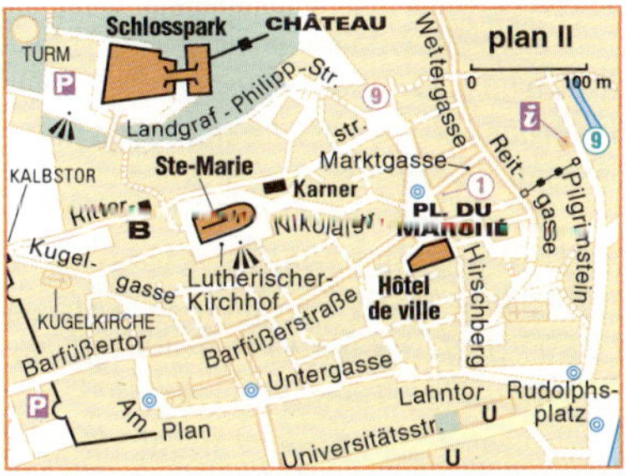

SE LOGER

Dammühle .... ①

Vila Vita Hotel Rosenpark .... ③

Village Stadthotel .... ⑤

Welcome Hotel .... ⑨

SE RESTAURER

Bel Etage .... ③

Weinstube Weinlädele ..... ⑨

Zur Sonne .... ①

Maison de Friedrich Karl von Savigny .... B

3) Un magnifique retable de la Vierge (1517) et, dans la partie inférieure du tableau d'autel, à la prédelle, une Pietà de 1360.

4) Le mausolée de sainte Élisabeth (après 1250). Le sarcophage montre un bas-relief du 14e s. représentant sa mise au tombeau.

5) Dans des niches, des vestiges de fresques des 14e et 15e s. qui représentent l'épisode de la charité d'Élisabeth (le landgrave voit, en esprit, l'image du Christ dans le lit où Élisabeth avait placé un malade) et l'exhumation solennelle de 1236.

6) La **châsse de sainte Élisabeth★★** *(Elisabethschrein)* est présentée dans l'ancienne sacristie. Ce chef-d'œuvre d'orfèvrerie fut terminé vers 1250 par des artisans rhénans. Les scènes les plus intéressantes de la vie de la sainte figurent sur les panneaux inclinés du coffret.

7) Le vitrail de sainte Élisabeth, reconstitué à partir de médaillons du 13e s., représente les bienfaits de la sainte.

8) Couronnant l'ancien siège du célébrant, la statue de sainte Élisabeth personnifiant la Charité (1510) est attribuée à Juppe, l'un des meilleurs artistes de Marburg.

9) Le « chœur des Landgraves » (croisillon droit), où reposent les landgraves de Hesse, les descendants de sainte Élisabeth.

En sortant de l'église, pénétrer dans le vieux Marburg par le Steinweg, curieuse rampe à trois niveaux qui se prolonge par la voie dite Neustadt et la Wettergasse. Tourner à droite dans la Marktgasse.

★ **Place du Marché** (Marktplatz) Plan II

Dans la partie supérieure, l'Obermarkt, ensemble de maisons anciennes, parmi lesquelles se distinguent les maisons des n°s 14, 21 (1560) et 23.

La maison du n° 18, datant de 1323, constitue la plus ancienne maison d'habitation. La fontaine du Marché, dédiée à saint Georges, est un point de rendez-vous pour les habitants.

Hôtel de ville (Rathaus) – Bâtiment gothique, élevé entre 1512 et 1527. Au-dessus de la porte de la tourelle d'escalier, une belle sculpture, due à Juppe, représente Élisabeth tenant les armes de sa maison de Hesse-Thuringe. L'horloge animée fait entendre, à chaque heure, le chant d'un coq.

Par la Nicolaistraße, gagner le terre-plein de l'église Ste-Marie (Marienkirche).

L'**église Ste-Marie** date de la fin du 13e s. et est précédée à droite par l'édifice gothique de l'ancien ossuaire *(Karner)*. De la terrasse, la vue se dégage sur les toits de la vieille ville et sur la vallée. Dans l'alignement de la façade de l'église, étroitement encaissée, une jolie échappée, en contre-haut, permet d'apercevoir le château.

Au bout de l'esplanade, descendre par un passage vers la *Kugelkirche*, une fine église gothique d'époque tardive (fin du 15e s.).

Poursuivre, en montant, le long de la Kugelgasse. Avant la porte Kalbstor, prendre à droite la Ritterstraße.

Au n° 15, maison du grand historien du droit, Friedrich Karl von Savigny, qui forma avec Clemens von Brentano, Achim et Bettina von Arnim, Jakob et Wilhelm Grimm le cercle des romantiques de Marburg.

★ **Château** (Schloss) Plan II

✆ 06421 282 23 55 - www.uni-marburg.de/uni-museum - avr.-oct. : tlj sf lun. 10h-18h ; nov.-mars : tlj sf lun. 10h-16h - fermé 1er janv., 25-26 et 31 déc. - 4 €.

Le château fut, du 13e au 17e s., la résidence des landgraves de Hesse. De la terrasse, on découvre la vallée de la Lahn. La visite des bâtiments les plus chargés d'histoire, situés au sommet de l'éperon (13e-15e s.), conduit successivement à travers la salle des Princes, salle gothique à deux nefs, la salle ouest, offrant une vue sur les vestiges des précédents châteaux forts (9e et 11e s.), la salle sud, évoquant le souvenir de la fondation de l'université (1527) et des colloques religieux de Marburg (1529), et enfin la chapelle, qui a conservé son pavement de céramique. Le **musée d'Art et d'Histoire régionale★** *(Museum für Kulturgeschichte)*, dans l'aile dite « Wilhelmsbau », du 15e s., abrite, entre autres, de précieux objets d'art provenant de l'église Ste-Élisabeth (fragments de vitraux, tapisserie du 15e s. représentant l'histoire de l'enfant prodigue, etc.) ainsi qu'une collection de boucliers du Moyen Âge.

Musée des Beaux-Arts

(Marburger Universitätsmuseum für bildende Kunst) Plan I B2

✆ 06421 282 23 55 - www.uni-marburg.de/uni-museum - tlj sf lun. 11h-13h, 14h-17h - fermé 1er janv., 25-26 et 31 déc. - 4 €. Fermé pour rénovation, se renseigner.

Le musée des Beaux-Arts présente des peintures et des sculptures allemandes du 16e s. au 20e s., dont *Le Facteur de Rosenthal* par Carl Spitzweg.

NOS ADRESSES À MARBURG

HÉBERGEMENT

BUDGET MOYEN

Dammühle – Hors Plan I B2 - *Dammühlenstraße 1, 35041 Marburg-Wehrshausen-Dammühle - 5 km à l'ouest par la Barfüßertor - ✆ 06421 935 60 - www.hotel-dammuehle.de -* P *- 26 ch. 104 €* ☕. Dans un moulin du 14e s., petit hôtel à colombages aux chambres joliment décorées. *Biergarten*, aire de jeux.

Village Stadthotel – Plan I B1 - *Bahnhofstrasse 14 - www.village-hotels.de - ✆ 06421 68 58 80 - 20 ch. à partir de 99 €* ☕. Petit hôtel bien tenu en centre-ville. Chambres meublées confortablement.

POUR SE FAIRE PLAISIR

Welcome Hotel – Plan II - *Pilgrimstein 29 - ✆ 06421 91 80 - www.welcome-hotel-marburg.de - 150 ch. à partir de 119 €* ☕. Hôtel design au pied du Schlossberg. Chambres confortables, service chaleureux, terrasse et cave à bière.

UNE FOLIE

Vila Vita Hotel Rosenpark – Plan I B1 - *Anneliese Pohl Allee 7-17 - www.rosenpark.com - ✆ 06421 600 50 -* P *- 138 ch. à partir de 170 €* ☕. Luxueuse propriété au calme en bordure de la Lahn. Centre de bien-être et spa. Cuisine internationale.

RESTAURATION

PREMIER PRIX

Weinstube Weinlädele – Plan II - *Schlosstreppe 1 - ✆ 06421 142 44 www.weinlaedele.com - 15/21 €.* Plats contemporains et régionaux, avec entre autres tartes flambées.

BUDGET MOYEN

Zur Sonne – Plan II - *Markt 14 - ✆ 06421 171 90 - www.zur-sonne-marburg.de - tlj 8h-14h30, 18h-24h - 20 €.* Restaurant installé dans une maison du 16e s. et présentant une carte variée.

UNE FOLIE

Bel Etage – Plan I B1 - *Anneliese-Pohl Allee 7-17 - www.rosenpark.com - ✆ 06421 600 5142 - jeu.-sam. le soir - 68/98 €.* Menus de saison dans une atmosphère méditerranéenne et élégante.

La côte baltique et l'intérieur des terres 9

Carte Michelin Régional 541 et 542 – Schleswig-Holstein et Mecklembourg-Poméranie

Ponton et plage sur l'île de Rügen.

S. Lubenow / Look/Photononstop

LA CÔTE BALTIQUE ET L'INTÉRIEUR DES TERRES

C
D
Kap Arkona
Stubbenkammer
Vitte
Saßnitz
Hiddensee
Neuendorf
Binz
Granitz
Zingst
Rügen
Göhren
Darß
hrenshoop
Stralsund
Putbus
Îles de la Baltique
ischland
Peenemünde
Usedom
Bansin
Wolgast
Greifswald
Heringsdorf
Krummin
Ahlbeck
Parc IGA
Abbaye Eldena
MECKLEMBOURG-
POMÉRANIE
Rostock
KOSZALIN
Peene
POLOGNE
Suisse
Lac de
Kummerow
üstrow
mecklembourgeoise
Malchin
Burg
Schlitz
Lac de Malchin
Lac de
Krakow
Burg Stargard
Waren
Woldegk
LACS DU
ECKLEMBOURG
Parc national
de Müritz
KOSZALIN
Müritz
Lac
Plauer
Röbel
ODER
Havel
BRANDEBOURG
1
2
C
BERLIN
BERLIN
D

Lübeck

★★★

210 900 habitants – Schleswig-Holstein

NOS ADRESSES PAGE 632

S'INFORMER
Office de tourisme – *Holstentorplatz 1 - ☏ 0451 88 99 700 - www.luebeck-tourismus.de - lun.-vend. 9h30-19h (18h déc.-mai), sam. 10h-15h, dim. et j. fériés 10h-14h - fermé dim. oct.-nov. et janv.-mai.*

SE REPÉRER
Carte de région B2 (p. 624-625) – *cartes Michelin nos 718 J 3, 541 et 542 E 16.*
Lübeck est à une soixantaine de kilomètres au nord-est de Hambourg par l'autoroute A1.

À NE PAS MANQUER
La spécialité de la ville, le *Marzipan* (massepain), pâtisserie à base de pâte d'amande.

ORGANISER SON TEMPS
Prévoyez une journée pour découvrir les richesses du centre ancien et une autre pour faire une escapade à Travemünde.

AVEC LES ENFANTS
Le musée des Marionnettes.

Ses maisons patriciennes et ses nombreux monuments gothiques en brique rouge ont valu à la « reine de la Hanse » d'être classée au Patrimoine mondial de l'humanité en 1987. Piétons et cyclistes profitent aujourd'hui en toute quiétude de son centre historique animé, situé sur une île au confluent de deux fleuves reliant la ville à l'Elbe et à la mer Baltique. On y accède par la porte de Holsten, véritable emblème de la ville reproduit sur les marzipan, spécialité à déguster avec un verre de Rotspon, un vin de raisin bordelais traité à Lübeck et qui fait la fierté de la ville.

Se promener

★★★ LA VILLE ANCIENNE (Altstadt)

Partir de la Holstentor et suivre l'itinéraire sur le plan de ville (p. 628) tracé en vert - Comptez 3h.
Dominée par une couronne de clochers et ceinturée de canaux, la ville ancienne de Lübeck est établie sur une île, environnée de verdure.

★★ Porte de Holsten (Holstentor) Plan 2

☏ 0451 122 4129 - tlj sf lun. 10h-17h (16h oct.-mars).
Cette porte fortifiée, aux énormes tours jumelles, fut élevée entre 1469 et 1478, en avant du mur d'enceinte, moins comme ouvrage de défense que comme édifice de prestige. La face la plus soignée, côté ville, montre trois étages

La ville de Lübeck.
René Mattes/hemis.fr

d'arcatures et des frises ornementales de céramique. Le bâtiment abrite le **musée d'Histoire locale de la ville** *(Stadtgeschichtliches Museum).*
En remontant la Holstentraße, s'engager dans la première rue à droite.

★★ Musée des Marionnettes (TheaterFigurenMuseum Lübeck) Plan 2
Kolk 14 - ✆ 0451 786 26 - www.tfm-luebeck.com - tlj sf lun. 11h-18h (17h nov.-mars) - 5 € (enf. 2 €).
Dissimulé dans une des venelles les plus pittoresques du vieux Lübeck, à l'intérieur d'une maison à pinacles datant du 16e s., le musée des Marionnettes présente l'une des plus riches collections de marionnettes au monde, rassemblée par Friz Frey. Les quatre niveaux dévoilent des pièces des 18e, 19e et 20e s., en provenance d'Europe, d'Afrique et d'Asie. Vous ne manquerez pas d'admirer, entre autres, les figures du théâtre d'ombres indonésien, les marionnettes à pieds nigérianes, les grands personnages du Bunraku japonais ou encore les célèbres guignols français.
Continuer sur Kolk, puis remonter la Große Petersbruge jusqu'à l'église St-Pierre.

Église St-Pierre (Petrikirche) Plan 2
✆ 0451 39 77 30 - pour la plate-forme : avr.-sept. : 9h-21h ; oct.-mars : tlj sf lun. 10h-19h - 3 €.
Cette ancienne église gothique, reconstruite à la fin des années 1950 après sa destruction pendant la Seconde Guerre mondiale, jouit d'une très belle **vue★** sur l'ensemble du vieux Lübeck, du haut de sa tour perchée à 50 m au-dessus de la ville.
Emprunter la Schmiederstraße et continuer tout droit jusqu'à la cathédrale.

Cathédrale (Dom) Plan 3
La cathédrale romane fut transformée par l'extension, au 14e s., de son chœur dans le style gothique. Sur le côté nord du transept furent ajoutés, au milieu du 13e s., une entrée couverte et un très beau porche. À l'intérieur, on admire un **crucifix★** gigantesque (17 m), sculpté entre 1470 et 1477 dans le style

SE LOGER
Atlantic Hotel Lübeck 3
Hotel Am Dom 1
Hotel an der Marienkirche 6
Hotel Kaiserhof 7
Hotel Zur alten Stadtmauer 9
Ringhotel Jensen 4

SE RESTAURER
Alte Mühle 3
Jazz Café 6
Kartoffel-Keller 9
Lübecker Hanse 13
Paulaner's 1
Remise 14
Remix Café 17
Schabbelhaus / Roberto Rossi 4
Schiffergesellschaft 7

gothique flamboyant par Bernt Notke. Un jubé de pierre (2e moitié du 14e s.), portant une balustrade de bois à remplage, marque la séparation avec le chœur. Aux piliers de la croisée se dressent de somptueux retables : celui donné par les marchands de Stecknitz en 1422, le retable des Heures canoniales datant du premier tiers du 15e s., le retable des Meuniers (vers 1460) et le retable de la Vierge (1506).

Emprunter la Fegefauer jusqu'à la St-Annen-Straße. Vous pouvez aussi contourner le plan d'eau pour prolonger la promenade et avoir une jolie vue sur la cathédrale.

★ **Musée Ste-Anne** (St-Annen-Museum) Plan 3

St. Annen-Str. 15 - ✆ 0451 122 41 34 - www. st-annen-museum.de - janv.-mars : 11h-17h ; avr.-déc. : 10h-18h - 6 €.

Cet ancien couvent rassemble une large collection de peintures et sculptures des 13e au 16e s. provenant des églises de Lübeck, et un ensemble d'objets d'arts décoratifs témoignant de la richesse des notables locaux aux siècles passés. Pour finir : une salle de peinture hollandaise du 17e s. et des œuvres d'artistes allemands contemporains.

Reprendre la St-Annen-Straße et continuer tout droit jusqu'à la Glockengießerstraße (tourner à gauche).

Les « Höfe et Gänge » de la Glockengießerstraße Plan 2

Vous découvrirez dans cette rue, à travers ses « cours », les lotissements à caractère social aménagés par de généreux notables du 17e s. On verra successivement aux nos 49-51 le *Glandorpshof*, au no 41 le *Glandorpsgang* et au no 25 le ravissant **Füchtingshof★** (portail baroque de 1639).

9

Maison Günter-Grass (Günter-Grass Haus) Plan 2

Glockengießerstraße 21 - ✆ 0451 122 42 30 - www.guenter-grass-haus.de - avr.-déc. : 10h-17h ; janv.-mars : tlj sf lun. 11h-17h - 5 €.

Célèbre pour *Le Tambour* (1961) et *En crabe* (2002), l'écrivain Günter Grass, prix Nobel de littérature en 1999, rassemble ici, à l'intérieur de son ancien atelier d'écriture, la plupart de ses manuscrits, mais également ses œuvres de sculpteur et de graphiste.

Au bout de la Glockengießerstraße, tourner à gauche jusqu'à l'entrée de l'église.

★ **Église Ste-Catherine** (Katharinenkirche) Plan 2

✆ 0451 122 41 80 - ♿ - mai-oct. : tlj sf lun. 10h-17h.

Les niches inférieures de la façade (14e s.) de l'église Ste-Catherine ont été dotées de **statues★** dont les trois premières, à gauche, sont dues à Ernst Barlach. À l'intérieur, remarquer à droite en entrant la *Résurrection de Lazare* du Tintoret.

Prendre à droite en sortant de l'église et continuer sur la Königstraße.

Maison de Willy Brandt (Willy-Brandt-Haus) Plan 2

✆ 0451 122 42 50 - avr.-déc. : 10h-17h ; janv.-mars : tlj sf lun. 11h-17h - gratuit.

Cette maison est dédiée à Willy Brandt, natif de Lübeck et prix Nobel de la paix en 1971 pour sa politique de rapprochement avec l'Allemagne de l'Est. Photos, documents sonores et vidéos retracent l'histoire européenne du 20e s. à travers sa vie, mettant l'accent sur les droits de l'homme.

Continuer vers la droite en sortant.

Musée Behnhaus Drägerhaus (Museum Behnhaus Drägerhaus) Plan 2

✆ 0451 122 41 48 - avr.-déc. : tlj sf lun. 10h-17h ; janv.-mars : tlj sf lun. 11h-16h - 5 €.

Cet hôtel particulier du 18e s., ancienne maison de marchands de vin, abrite une collection de mobilier et de peintures des 18e et 19e s. représentative du

LÜBECK, « REINE DE LA HANSE »

Le 14e s. marque le faîte de la puissance de Lübeck, capitale de la Hanse. Cette association des villes du Nord de l'Allemagne et des Pays-Bas organisa du 12e au 16e s. le commerce avec la Scandinavie et la Russie. Au 16e s., le dynamisme des armateurs et des négociants permit de surmonter une longue période de déclin grâce aux relations nouées avec la Hollande – dont l'architecture bourgeoise deviendra à la mode sur les bords de la Trave –, avec la France et la péninsule Ibérique qui envoyaient à Lübeck leurs cargaisons de vins. La ville est restée, depuis le 17e s., le centre d'importation le plus réputé du pays pour les vins rouges de France – appelés localement *Rotspon* – traités et vieillis dans des caves qui s'étendent jusque sous la Trave. Au 19e s., la ville est menacée par le port prussien de Stettin (actuelle Pologne) et l'ouverture du canal de Kiel. La percée d'un canal de jonction avec l'Elbe et l'afflux de près de 100 000 réfugiés à la division du pays en 1945 lui ont permis de conserver son rang dans l'Allemagne d'aujourd'hui.

mouvement romantique, ainsi que des œuvres de Friedrich Overbeck (1789-1869), chef de l'école « nazaréenne » *(voir p. 70)*. Vous y verrez aussi des œuvres de Max Liebermann, de l'expressionniste Kirchner et du peintre lübeckois A. Aereboe, ainsi que quelques tableaux d'Edvard Münch réalisés à Lübeck.
Continuer à droite en sortant.

★ **Hospice du St-Esprit** (Heiligen-Geist-Hospital) Plan 1
✆ 0451 122 20 40 - tlj sf lun. 10h-17h (16h oct.-mars).
L'hospice du St-Esprit (fin du 13e s.) aligne sur le Koberg ses trois pignons flanqués de sveltes tourelles. La **chapelle**, large halle gothique décorée de peintures des 13e et 14e s., précède le grand vaisseau de la salle d'hospice réaménagé au 19e s. (chambres-cabines accueillant à demeure les personnes âgées).
Suivre la Große Burgstraße, dans le prolongement de la Königstraße.

★ **Burgtor** Plan 1
✆ 0451 122 41 84 - tlj sf lun. 10h 17h (16h oct.-mars).
Cette porte défendait la languette de terrain – aujourd'hui recoupée par un canal – qui constituait le seul accès de Lübeck par voie de terre. Belle réalisation d'art militaire (13e-15e s.), avec son ordonnance décorative de baies en tiers-point superposées.
Revenir sur ses pas et prendre la première rue à droite.

★ **Maison de la corporation des marins** (Haus der Schiffergesellschaft)
Breite Straße 2 Plan 1
Derrière le pignon en escalier de la Renaissance, l'**intérieur★★** (restaurant) de cette maison a gardé son aménagement pittoresque de taverne : lustres de cuivre, lanternes et modèles de bateaux suspendus à la charpente.

★ **Église St-Jacques** (Jakobikirche) Plan 1
En face de la Haus der Schiffergesellschaft. Église-halle gothique possèdant deux **orgues★★** des 16e et 17e s., aux boiseries magnifiques ; dans une chapelle du côté sud, l'autel dit *Brömbse* (15e s.) comporte des bas-reliefs d'une grande finesse d'exécution. La première chapelle latérale du côté nord, aménagée en mémorial des naufragés, abrite un canot de sauvetage du *Pamir*, voilier-école de Lübeck disparu corps et biens en 1957.
Continuer sur la Breite Straße, puis emprunter la Mengstraße.

Maison des Buddenbrook (Buddenbrookhaus) Plan 2
Mengstr. 4 - ✆ 0451 122 41 90 - www.buddenbrookhaus.de - avr.-déc. : 10h-18h ; janv.-mars : 11h-17h - fermé 24,25 et 31 déc. - 5 €.
Contrairement à la légende, **Heinrich et Thomas Mann** ne sont pas nés dans cette maison de 1758, dotée d'une belle façade. Leur grand-père, Johann Siegmund Mann, l'acquit en 1841 et y reçut souvent ses petits-fils. C'est dans ce cadre que Thomas Mann (1875-1955) a situé l'action de son roman *Les Buddenbrook*, saga d'une famille patricienne de Lübeck. Cette maison abrite aujourd'hui un musée consacré à la vie et aux œuvres des deux enfants célèbres de Lübeck.

★★ **Église Ste-Marie** (Marienkirche) Plan 2
L'église Ste-Marie est l'une des plus belles églises gothiques de brique d'Allemagne. Élevée d'abord, à partir de 1250, sur le schéma d'une halle *(voir chapitre « Art et Architecture »)* sans transept, elle fut transformée en cours de chantier. Puis, sur le modèle des cathédrales françaises, on éleva le vaisseau central jusqu'à 38,50 m en le soutenant par des arcs-boutants. Les flèches de 125 m furent achevées en 1350. Le compositeur Buxtehude (1637-1707) fut l'organiste attitré de l'église.
L'intérieur de l'édifice, d'une élévation très hardie, ménage une perspective grandiose. L'incendie survenu en 1942 à la suite d'un bombardement a fait apparaître le décor polychrome des 13e et 14e s. À l'ouest du bas-côté droit, la **Briefkapelle** est décorée de hautes lancettes de style gothique rayonnant ; les voûtes en étoile retombent sur deux fines colonnes monolithes de granit. Dans la tour sud, deux cloches tombées pendant le bombardement restent enfoncées dans le sol.
Les voûtes du déambulatoire couvrent, d'une seule portée, les deux chapelles rayonnantes de l'abside ; la chapelle axiale abrite le retable de la Vierge, travail anversois de 1518.

★ **Hôtel de ville** (Rathaus) Plan 2
Breite Straße 64 - lun.-vend. 11h, 12h et 15h. Construit à partir de 1250, l'hôtel de ville dresse ses constructions de brique sombre vernissée, élevées sur une galerie à arcades. Remarquer les hauts murs-boucliers, ajourés d'arcatures ou de grandes ouvertures rondes béantes, que décorent et renforcent de minces tourelles coiffées en éteignoir. Devant l'aile nord fut plaqué un avant-corps Renaissance en grès très ouvragé. À l'extrémité de l'aile est, le *Neues Gemach* (1440) est rehaussé d'un mur ajouré avec fantaisie. Passer sous les arcades pour voir, sur la Breite Straße, un escalier en pierre (1594) bâti dans le style de la Renaissance hollandaise.

À proximité Carte de région

★ **Travemünde** B1
20 km au nord-est par la route 75.
Cette station mondaine sur la mer Baltique est réputée pour sa plage de sable fin, sa vaste promenade sur le front de mer et son casino. On y organise tous les ans en juillet-août la **Semaine de Travemünde**, régate qui attire des milliers de plaisanciers et qui s'accompagne d'une grande fête populaire. C'est aussi un important port de liaison avec la Scandinavie et l'Estonie.
À l'entrée de la ville, le pittoresque village d'origine se serre contre l'église St-Laurent *(St-Lorenz-Kirche)* dédiée aux pêcheurs. Sur la rive opposée *(prendre le ferry)* s'étend la presqu'île de **Priwall**, où mouille le quatre-mâts *Passat*, ancien voilier marchand.

Derrière la promenade se dressent les petites falaises du **Brodtener Ufer**. En gagnant **Niendorf**, on jouit de vues magnifiques sur la baie de Lübeck et la côte. Plus au nord s'étend l'importante station balnéaire de **Timmendorfer Strand**.

NOS ADRESSES À LÜBECK

TRANSPORTS

La **HappyDay Card** donne droit à l'utilisation des bus et trams (jusqu'à Travemünde) et à des réductions dans les musées (1 j. 10 €, 2. j. 12 €, 3 j. 15 €).

HÉBERGEMENT

PREMIER PRIX

Hotel Zur alten Stadtmauer – Plan 3 - *An der Mauer 57 - ☏ 0451 73 702 - www.hotelstadtmauer.de - P - 10 ch. 98 €* ☕. Ambiance familiale dans cette maison de ville, à deux pas de l'animation de la Mühlenstraße. Chambres rénovées. Calme assuré.

Hotel Am Dom – Plan 3 - *Dankwartsgrube 43 - ☏ 0451 399 9410 - www.cvjm-luebeck.de - ⊄ - P 17 ch. 53/69 € - ☕ 5 €.* Dans une rue calme du centre ancien, proche du quai, petit établissement aux chambres simples et bien tenues.

BUDGET MOYEN

Hotel an der Marienkirche – Plan 2 - *Schüsselbuden 4 - ☏ 0451 799 410 - www.hotel-an-der-marienkirche.de - 18 ch. 75/89 €* ☕. Dans une maison en brique, chambres claires, dont certaines avec vue sur l'église Ste-Marie. Accueil souriant, copieux petit-déjeuner.

Ringhotel Jensen – Plan 2 - *An der Obertrave 4 - ☏ 0451 70 24 90 - www.hotel-jensen.de - P - 42 ch. à partir de 93 €.* Dans le « triangle historique », entre la Trave, la Holstentor et le grenier à sel. Hôtel particulier appartenant depuis 1307 à des marchands et des aubergistes. Chambres modernes.

Hotel Kaiserhof – Hors Plan 3 - *Kronsforder Allee 11 - ☏ 0451 70 33 01 - www.kaiserhof-luebeck.de - P 🏊 - 60 ch. - 97/135 €* ☕. À quelques minutes du centre-ville, deux hôtels particuliers restaurés, qui se distinguent par leur décoration de bon goût. Remarquez le bain de vapeur romain.

POUR SE FAIRE PLAISIR

Atlantic Hotel Lübeck – Plan 2 - *Schmiedestrasse 9-15 - ☏ 0451 384 790 - www.atlantic-hotel.de - P - 135 ch. à partir de 144 €* ☕. En plein centre historique, cet hôtel ouvert début 2010 offre tout le confort moderne dans un cadre au design élégant.

RESTAURATION

PREMIER PRIX

Remix Café – Plan 2 - *Königstraße 26 - ☏ 0451 709 88 73 - www.remix-cafe.de - 11/29 €.* En face de l'église Ste-Catherine, ce bistrot propose des plats simples dans une ambiance cosy. Patio intérieur pour les beaux jours.

Alte Mühle – Plan 3 - *Mühlendamm 24 - ☏ 0451 707 25 92 - www.alte-mühle-lübeck.de - 11/27 €.* Dans un ancien moulin, large choix de tartes flambées (5/8 €). Plats de saison et bon choix de vins en sus.

Remise – Plan 2 - *Wahmstraße 43-45 - ✆ 0451 777 73 - www.remise-luebeck.de - 19/33 €.* Idéal pour un brunch copieux ou une pause-déjeuner dans l'agréable cour intérieure. Cuisine d'inspiration italienne et ingrédients de saison. Ambiance animée et musique live certains soirs.

BUDGET MOYEN

Jazz Café – Plan 3 - *Mühlenstraße 62 - ✆ 0451 70 73 734 - www.jazzcafe-hl.de - 18/33 €.* Difficile de choisir parmi les nombreux cocktails, cognacs, brandys et whiskys proposés dans ce bar-resto aux accents de jazz. Plats copieux et préparés avec soin. Musique live le deuxième jeudi du mois. Terrasse chauffée et lounge fumeur à l'étage.

Lübecker Hanse – Plan 2 - *Kolk 3-7 - ✆ 0451 780 54 - www.luebecker-hanse.com - 26/44 €.* Dans une belle maison du quartier historique. Spécialités régionales de la mer. Accueil chaleureux.

Paulaner's – Plan 1 - *Breite Straße 1-5 - ✆ 0451 707 94 50 - ♿ - www.paulaners-luebeck.de - 15/33 €.* Spécialités d'Allemagne du Nord et bavaroises. Agréable *Biergarten* dans la cour de l'église St-Jacques.

Kartoffell-Keller – Plan 1 - *Koberg 8 - ✆ 0451 762 34 - www.historischer-weinkeller-hl.de - 15/30 €.* Grande cave voûtée, qui servait jadis de cave à vin à l'hospice du St-Esprit. Plats régionaux à base de pommes de terre, que l'on déguste assis sur des bancs en bois à de grandes tablées.

POUR SE FAIRE PLAISIR

Schabbelhaus / Roberto Rossi – Plan 2 - *Mengstraße 48-52 - ✆ 0451 720 11 - www.schabbelhaus.de - fermé dim. - 28/39 €.* La maison du maître boulanger Schabbel, construite à sa mort, selon ses vœux, pour en faire une fondation (début du 20e s.), conserve tout son charme d'antan. Cuisine italienne savoureuse. En semaine, menu déjeuner à petit prix.

Schiffergesellschaft – Plan 1 - *Breite Straße 2 - ✆ 0451 767 76 - www.schiffergesellschaft.de - 25/45 €.* Rendez-vous des marins, cette auberge de 1535 est une véritable institution. On s'assoit à de longues tables sur de vieux bancs en bois massif.

À Travemünde

Weinwirtschaft – *Außenallee 10 - ✆ 04502 3070 632 - www.a-rosa.de - 25/50 €.* Ce petit restaurant d'esprit bistrot, doublé d'une boutique de vins, sert des tapas et une cuisine internationale élaborés dans la cuisine ouverte.

PETITE PAUSE

Café Niederegger – *Breite Straße 89 - ✆ 0451 53 01 126 - www.niederegger.de - 9h-19h (18h le w.-end).* La référence en matière de pâte d'amande : sous toutes ses formes dans le magasin du rez-de-chaussée, en gâteaux dans le salon de thé.

Café Utspann – *Wahmstraße 35-37 (dans la cour de la Hansehof) - ✆ 0451 707 06 77 - www.cafe-utspann.de - fermé dim. et j. fériés.* Les gâteaux de ce salon de thé sont faits sur place. En été, quelques tables sont disposées dans la vieille cour de la Hansehof.

Marli Café – *St. Annen-Str. 1 - ✆ 0451 88 99 744 - www.marli.de - 8h-19h (9h le w.-end).* Au calme derrière l'église St-Égide, ce café aux couleurs gaies a la particularité de faire partie d'un centre de réhabilitation de personnes handicapées, et leur offre la possibilité d'exercer une activité. On peut y déguster des pâtisseries ou déjeuner sur le pouce (options végétariennes).

Wismar

★

44 730 habitants – Mecklembourg-Poméranie

NOS ADRESSES PAGE 636

S'INFORMER
Office de tourisme – *Am Markt 11 - ✆ 038 41 194 33 - www.wismar.de - 9h-18h (16h le dim. de nov. à mars).*

SE REPÉRER
Carte de région B1 (p. 624-625) – *cartes Michelin nos 718 J 3 et 541, 542 E 18.*
Wismar est à 68 km à l'est de Lübeck.

À NE PAS MANQUER
Les rues de la vieille ville et la silhouette massive de l'église St-Nicolas.

Réputée pour ses pêcheries et ses chantiers navals, Wismar est une séduisante cité côtière aux ruelles pavées et bordées d'édifices en brique rouge caractéristiques de la Baltique. Classé en 2002 au Patrimoine mondial de l'Unesco, le centre médiéval rénové témoigne des influences suédoises et hollandaises avec notamment la maison Schabbell et la maison du Vieux Suédois, sur la pittoresque place du Marché.

Découvrir

★ LA VIEILLE VILLE

Dans la vieille ville, on peut admirer de magnifiques maisons récemment rénovées.

★ Place du Marché (Marktplatz)
De dimensions énormes (10 000 m²), la **place du Marché** est dominée au nord par la silhouette blanche de l'**hôtel de ville** bâti entre 1817 et 1819. Les maisons à frontons appartiennent aux époques les plus diverses ; chacune d'entre elles raconte un chapitre de l'histoire de l'architecture ou de l'art. À l'est, on remarquera plus particulièrement la maison bourgeoise la plus ancienne. Il s'agit d'un édifice en brique rouge, dénommé le « **Vieux Suédois** » *(Alter Schwede)* et construit aux environs de 1830. À sa droite, on aperçoit la maison de Reuter ; c'est ici que furent publiées les œuvres de l'écrivain mecklembourgeois Fritz Reuter.
La maison de style Art déco se trouvant à gauche du « Vieux Suédois » est également très attrayante. Au sud-est de la place, le **château d'eau★** attire tous les regards. Il fut construit entre 1580 et 1602 selon le style de la Renaissance hollandaise et servit pendant de nombreux siècles à alimenter la ville en eau.

Église Ste-Marie (Marienkirchturm)
De l'**église Ste-Marie**, construite dans la première moitié du 13e s. et détruite au cours de la Seconde Guerre mondiale, il ne reste que le **clocher** de 80 m de haut *(carillon à 12h, 15h et 19h)*. L'**archidiaconat** en brique, à l'angle de Marienkirchhof et de Sargmacherstraße, date de 1450.

UN DÉVELOPPEMENT EN POINTILLÉ

La fondation de Wismar remonte à 1229. En tant que ville hanséatique, elle connut un essor prodigieux, reposant surtout sur le commerce avec les principaux pays européens. La brasserie et le tissage de la laine représentaient ses principales activités.

La **guerre de Trente Ans** (1618-1648) entraîna le déclin de la cité, qui fut cédée en 1648 aux Suédois jusqu'en 1803, quand le duché de Mecklembourg la racheta. Ce n'est que vers la fin du 19e s. qu'elle connut un nouvel élan, avec l'établissement d'usines et le développement du commerce maritime. Au cours des dernières décennies, ce sont les chantiers navals, le commerce maritime, la pêche et désormais le tourisme qui ont influé sur le destin de la ville.

Fürstenhof

À l'ouest du clocher de l'église Sainte-Marie.

Cet édifice est le château de style Renaissance le plus septentrional d'Europe. Il abrite aujourd'hui le tribunal de la ville.

Église St-Georges (St-Georgen-Kirche)

Il s'agit d'une église en brique de style gothique flamboyant (commencée en 1290 et terminée au cours du 15e s.). Elle a été considérablement endommagée pendant la Seconde Guerre mondiale. Les travaux de restauration en cours devraient lui rendre son ancienne splendeur.

Grube

Le Grube est un cours d'eau artificiel creusé en 1255. On y lavait encore son linge au début du 20e s. C'est le seul dans son genre à avoir été conservé en Allemagne ; les efforts de rénovation des rues qui le bordent le transforment en l'un des quartiers les plus pittoresques de Wismar.

★ Maison Schabbell (Schabbellhaus)

Schweinbrücke 8 - ☏ 03 841 22 43 110 - www.schabbellhaus.de - mai-oct. : tlj sf lun. 10h-20h ; nov.-avr. : tlj sf lun. 10h-17h - possibilité de visite guidée sur demande préalable - 2 €.

La **maison Schabbell**, édifice en brique rouge richement décoré, de style Renaissance néerlandais, est située à l'angle de Schweinsbrücke et de Frische Grube. Construite entre 1569 et 1571 par l'architecte néerlandais Philipp Brandin pour Heinrich Schabbell, elle témoigne de la richesse de son maître d'œuvre, un commerçant et bourgmestre renommé de la ville. La maison abrite le **Musée municipal** (Stadtgeschichtliches Museum).

★ Église St-Nicolas (Nikolaikirche)

☏ 03 841 21 36 24 - mai-sept. : lun.-sam. 8h-20h, dim. 11h15-20h ; avr. et oct. : lun.-sam. 10h-18h, dim. 11h15-18h ; nov.-mars : 11h-16h - 1 €.

De l'autre côté du Grube se dresse la masse sombre de l'**église St-Nicolas** en brique rouge, la plus haute du monde après l'église Ste-Marie de Lübeck. Cette basilique fut construite entre 1381 et 1487. Les arcs-boutants des nefs latérales atténuent la sévérité de la construction. La décoration intérieure est très riche. L'**autel de la guilde des merciers★** (Krämergilde), retable réalisé vers 1430, retient particulièrement l'attention. Des fonts baptismaux en bronze (1335) représentent la vie du Christ, le Jugement dernier ainsi que les Vierges sages et les Vierges folles. La « grille du diable » autour des fonts baptismaux date du 16e s.

Le Vieux port

En partant du Grube et en passant par la jolie rue Am Lohberg, on atteint le port en quelques minutes. Là se trouve un édifice baroque simple, appelé Baumhaus. À cet endroit, un tronc d'arbre empêchait l'accès au port à des heures bien précises. Le rôle des deux « têtes de Suédois » colorées reste inconnu ; assuraient-elles une fonction de dissuasion ? En tout cas, elles existent depuis 1672.

NOS ADRESSES À WISMAR

HÉBERGEMENT

BUDGET MOYEN

Willert – *Schweriner Straße 9 - ✆ 01 77 27 29 813 - www.hotel-willert.de - P - 17 ch. 112 € ☕.* Construite en 1910, cette villa de style Art nouveau a été minutieusement restaurée après la chute du mur de Berlin. La cage d'escalier a notamment été conservée dans son état d'origine.

Reuterhaus – *Am Markt 19 - ✆ 038 41 222 30 - www.reuterhaus-wismar.de - 10 ch. 80/110 € ☕.* Petit hôtel aménagé dans un ancien bâtiment rénové. Il offre des chambres assez grandes et confortables.

RESTAURATION

PREMIER PRIX

Brauhaus am Lohberg zu Wismar – *Kleine Hohe Str. 15 - ✆ 04621 25 02 38 - www.brauhaus-wismar.de - 10/15 €.* Brasserie installée dans une belle bâtisse ancienne en brique, avec boiseries sombres et terrasse. Carte variée, *Schnitzel*, et bien sûr grand choix de plats de poisson.

Rostock

★

201 100 habitants – Mecklembourg-Poméranie

NOS ADRESSES PAGE 641

S'INFORMER

Office de tourisme – *Universitätsplatz 6 (Barocksaal) - ✆ 0381 381 22 22 - www.rostock.de - 10h-18h (17h nov.-avr.), w.-end 10h-15h (sf dim. nov.-avr.).*
Visite du port – Embarcadères : Stadthafen *(Höhe Schnickmannstraße)* et Warnemünde/Alter Strom et Neuer Strom.

SE REPÉRER

Carte de région C1 (p. 624-625) – *cartes Michelin nos 718 K 3 et 542 D 20.* Rostock est à 230 km au nord de Berlin (les deux villes sont reliées par l'A 19 et son prolongement l'A 4, compter 2h30).

À NE PAS MANQUER

Tout près de Rostock, la station balnéaire de Heiligendamm et le vieux port de pêche de Warnemünde, avec sa grande plage très fréquentée dès les beaux jours.

ORGANISER SON TEMPS

Comptez une bonne journée pour visiter le centre de Rostock et le musée de la Navigation, une autre pour ses environs.

AVEC LES ENFANTS

Le musée de la Navigation.

S'étalant sur les deux rives de l'estuaire de la Warnow, Rostock, avec ses vastes installations navales, est la cité la plus importante de la région. Abrité au fond de l'estuaire, le centre historique, encore circonscrit en partie par sa muraille, est dominé par l'imposante silhouette de l'église Notre-Dame, tandis que la place principale s'ouvre sur la vénérable université, la plus ancienne d'Europe du Nord.

Se promener

★ LA VIEILLE VILLE

Le quartier historique de Rostock, dont le périmètre décrit une sorte d'ovale, s'étend au sud de la Warnow. En son centre se trouve l'église Notre-Dame. Il est borné à l'ouest par la porte de Kröpelin, au sud par la porte Stein *(Steintor)*.

★ Porte de Kröpelin (Kröpeliner Tor)

Fermant à l'ouest la Kröpeliner Straße, la **porte de Kröpelin** comporte six étages en brique élevés au 14e s. L'intérieur abrite la collection du **Musée historique** de la ville.

Kröpeliner Straße

Cette voie piétonne traversant le centre-ville, de la Kröpeliner Tor à l'hôtel de ville, constitue son artère commerçante. Elle est bordée de nombreuses maisons à pignons, essentiellement gothiques, et possédant des façades Renaissance et baroques : au n° 82, la façade en brique de l'ancien presbytère de l'hôpital du Saint-Esprit (fin du 15e s.) se distingue par ses pignons à redans.

★ **Musée historique** (Kulturhistorisches Museum)

Klosterhof 7 - ✆ 0381 381 94 51 - www.kulturhistorisches-museum-rostock.de - tlj sf lun. 10h-18h - gratuit.

L'ancien couvent des cisterciens, fondé en 1270 par la reine danoise Margarethe, est le seul édifice de son genre préservé dans le pays. Il constitue, avec son église à trois nefs de style gothique en brique, un ensemble d'une harmonie rare. Outre l'art sacré moyenâgeux, représenté, entre autres, par le **retable des Trois Rois★** (fin du 15e s.), ce musée illustre également les points forts de ses importantes collections d'art et de folklore.

★★ **Église Notre-Dame** (Marienkirche)

Am Ziegen-Markt. L'actuelle **église Notre-Dame**, imposante basilique en forme de croix, est le résultat de la transformation, dans la deuxième moitié du 15e s., d'une église datant du siècle précédent. Ses dimensions en font l'une des plus vastes de l'Allemagne du Nord. La tour massive, rythmée par des étages à ouvertures, n'a été achevée qu'à la fin du 18e s. Son ascension offre un joli **panorama★** sur la ville.

L'intérieur frappe par la sensation de verticalité qu'il dégage. Il faut voir l'**horloge astronomique★★**, construite en 1472 et dont le cadre a été refait en 1643 ; elle comprend un calendrier valable jusqu'en 2017. Les **fonts baptismaux★** (1290) sont un délicat travail en bronze ; soutenus par quatre hommes, ils sont décorés de scènes de la vie du Christ. Les orgues baroques datent de 1770.

VELLÉITÉS D'INDÉPENDANCE

Dès le 13e s., Rostock faisait partie de la Ligue hanséatique, battait monnaie et tentait d'affirmer son indépendance vis-à-vis des princes du Mecklembourg. En 1419, la ville créait la première université des pays de la Baltique, université que l'on ne tarda pas à qualifier de « lumière du Nord ». Cette position et ce rayonnement ne manquèrent pas de susciter la convoitise des puissants voisins ; Rostock subit ainsi d'importants dommages pendant la guerre de Trente Ans et le conflit qui mit aux prises les pays nordiques de 1700 à 1721. Les **guerres napoléoniennes** n'épargnèrent pas davantage la ville, occupée par les troupes françaises jusqu'en 1813. Jusqu'à la **réunification** en 1990, Rostock représentait, avec ses installations portuaires, ses chantiers navals et sa flotte de pêche, la seule ouverture importante de la RDA sur la mer Baltique… et donc sur le monde.

Hôtel de ville (Rathaus)

Neuer Markt. Ce splendide bâtiment de couleur rose est le plus vieil hôtel de ville gothique en brique d'Allemagne. Bâti entre 1270 et 1290, il est constitué de trois maisons à pignons couronnées par une galerie à arcades supportant sept tourelles. Une façade baroque (1727) fut ajoutée ultérieurement à l'édifice.

Église St-Pierre (Petrikirche)

Am Alter Markt - ✆ 0381 49 23 739 - www.petrikirche-rostock.de - 10h-19h (16h nov.-mars en sem.), w.-end 10h-17h - 2 € (tour).

La plus ancienne église de Rostock (14e s.), dédiée à saint Pierre, patron des pêcheurs, servit longtemps de point de repère pour les marins, grâce à sa

Bateaux de pêche dans le port de Rostock.
E Teister/age fotostock

tour qui se dressait à 117 m au-dessus de la place. Après la destruction de l'église en 1942, la vieille ville a retrouvé en 1994 la silhouette de son clocher historique (réduit à 44 m de hauteur) : sous les charpentes, **vue** dégagée sur l'estuaire de la Warnow.

À proximité Carte de région BC1-2

Bad Doberan B1

16 km à l'ouest par la 105.

Cette petite ville de cure s'est développée entre 1800 et 1825 pour accueillir les hôtes de la station balnéaire voisine : Heiligendamm. À l'époque, Bad Doberan était la résidence d'été de la cour de Mecklembourg. La ville est réputée pour ses courses de chevaux organisées en juillet et août. Sa principale curiosité reste cependant son exceptionnelle cathédrale gothique en brique.

★★ **Cathédrale** (Münster) – *038 203 62 716 - www.muenster-doberan.de - mai-sept. : lun.-sam. 9h-18h, dim. 11h-18h ; mars.-avr. et oct. : lun.-sam. 10h-17h, dim. 11h-17h ; nov.-fév. : lun.-sam. 10h-16h, dim. 11h-16h - possibilité de visite guidée en anglais sur demande préalable - ♿ - 2 €.* Érigée entre 1294 et 1368, l'ancienne abbatiale cistercienne constitue l'un des plus beaux exemples du « gothique brique » de l'Allemagne du Nord. Une imposante ouverture décore la façade ouest. Une chapelle prolonge le chœur avec déambulatoire, selon le modèle des Flandres. L'unique décoration, dans le droit fil de la conception cistercienne, est constituée par les arcs en frise ornés de feuilles de trèfle.

À l'**intérieur**, ici aussi, les briques dominent, atténuées cependant par la couleur du triforium peint. La basilique à trois nefs voûtées d'arêtes donne une impression de souplesse harmonieuse. Une riche décoration rappelle que l'église a servi de sépulture aux ducs mecklembourgeois. Le **maître-autel★**, réalisé à Lübeck en 1310, représente des scènes de l'Ancien et du Nouveau Testament. L'**autel de la croix** de 1370 et la **croix triomphale★** présentent d'un côté un Christ (pour les convers) et de l'autre une Vierge (pour les moines).

Le **tabernacle★** en bois de chêne date de la même époque (style gothique flamboyant). Deux fenêtres des bas-côtés avec **vitraux** du 14e s. attirent tout particulièrement l'attention.
Les **tombeaux** de la maison princière de Mecklembourg se trouvent dans les chapelles entourant le chœur.

★★ Musée de la Navigation / Parc IGA
(Schiffahrtsmuseum / IGA Park) C1

10 km au nord-ouest du centre (dir. Warnemünde). ✆ 0381 1283 1300 - www.iga-park-rostock.de - tlj sf lun. avr.-oct. : 9h-18h ; nov.-mars 10h-16h - 4 €.
Situé au milieu d'un vaste parc bordant l'estuaire de la Warnow, le musée de la Navigation est abrité à l'intérieur d'un ancien cargo de 10 000 tonnes, le *MS Dresden*. Vous découvrirez, outre la vaste salle des machines, une grande exposition dédiée à l'histoire de la navigation sur la mer Baltique, à la construction navale et aux sports de voile.

★ Fischland, Darß et Zingst C1

Au nord-est de Rostock par la 105.
La presqu'île Fischland-Darß-Zingst est une magnifique réserve naturelle où alternent forêts, prés salés, marécages et vastes étendues d'eau. L'étroite langue de terre s'étend au nord et à l'est parallèlement à la terre ferme, séparée d'elle par des *Bodden* (baies peu profondes) dans lesquelles se rencontrent l'eau saumâtre de la Baltique et l'eau douce des rivières y affluant. Le **Fischland**, légèrement accidenté, possède une station balnéaire particulièrement appréciée, le village d'artistes **Ahrenshoop**. **Darß** et **Zingst** appartiennent au Parc national « Vorpommersche Boddenlandschaft ». Les petits villages et les villes thermales avec leurs maisons aux toits de chaume sont la grande attraction de cette région.

★ Güstrow C2

À 50 km au sud de Rostock par l'A 19 et la route 103.
En tant que résidence des ducs de Mecklembourg-Güstrow, la ville connut un essor de 1556 à 1695 qui se perpétua au cours des siècles suivants. Les maisons bourgeoises en témoignent, de même que la magnifique architecture de la **place de la Cathédrale et du Marché**.
★ **Château ducal** (Schloss Güstrow) – *✆ 03843 75 20 - www.schloss-guestrow.de - mi-oct.-mi-avr. : tlj sf lun. 10h-17h - fermé 24 déc. - 5 €.* C'est l'un des édifices majeurs de style Renaissance en Allemagne du Nord. Réunissant des éléments de style italien, français et allemand, il fut construit à partir de 1558 pour le duc Ulrich.
Le château accueille une partie du **musée national de Schwerin** *(Staatliches Museum Schwerin).*
★ **Cathédrale** (Dom) – Cette **cathédrale** gothique en brique fut inaugurée en 1335. Elle possède une riche décoration, car elle fut temporairement l'église de la cour des ducs mecklembourgeois. Les **apôtres de Güstrow★** représentent les plus beaux chefs-d'œuvre de la cathédrale : ces douze figures de chêne, presque de taille humaine, ont été réalisées par Claus Berg, de Lübeck, vers 1530.

NOS ADRESSES À ROSTOCK

HÉBERGEMENT

PREMIER PRIX

Die kleine Sonne – *Steinstraße 7 - 0381 461 20 - www.die-kleine-sonne.de - P - 48 ch. 52/82 € - 12 €.* Un hôtel central accueillant et bien tenu. La maison est égayée à l'intérieur de peintures et de gravures d'un artiste égyptien.

BUDGET MOYEN

Steigenberger Hotel Sonne – *Neuer Markt 2 - 0381 49 730 - www.steigenberger.com/Rostock - P - 111 ch. à partir de 99 € - 18 €.* Idéalement situé face à l'hôtel de ville et à l'église Notre-Dame, cet établissement dispose de chambres modernes et très confortables.

RESTAURATION

BUDGET MOYEN

Stilbruch – *Eselföterstr. 27 - 0381 452 822 - www.restaurant-stilbruch.de - - 13/31 €.* Agréable salle à l'étage s'ouvrant sur une arrière-cour verdoyante. Cuisine roborative, avec grand choix d'escalopes.

POUR SE FAIRE PLAISIR

Amberg 13 – *Amberg 13 - 0381 490 62 62 - www.altstadtrestaurant.de - 21/53 €.* Ce restaurant des la vieille ville arbore un style bistrot accueillant. Ce sont les cuisiniers eux-mêmes qui assurent le service. Brunch le dimanche.

Silo 4 – *Am Strande 3d - 0381 458 58 00 - www.silo4.de - 25/42 €.* Restaurant moderne et élégant avec vue superbe sur le port. La cuisine internationale de tendance asiatique est préparée dans une grande cuisine ouverte. Piano *live*.

EN SOIRÉE

Bon à savoir – Le quartier Kröpeliner Tor-Vorstadt, à l'ouest de la vieille ville, est surtout fréquenté par les jeunes et les étudiants.

Szenario – *Friedhofsweg 44a - 0381 510 84 22 - lun.-sam. 11h-23h.* La patronne ne peut contester son origine suisse, preuve en est les *röstis* au menu. D'autres plats sont également proposés (tapas à partir de 18h) ainsi qu'une grande variété de boissons et de cocktails. Sur les murs de ce bistrot situé dans une ancienne école de 1878, exposition d'art contemporain.

9

Stralsund

★

57 870 habitants – Mecklembourg-Poméranie

S'INFORMER
Office de tourisme – *Alter Markt 9 - ✆ 038 31 246 90 - www.stralsundtourismus.de - mai-mi-oct. : 10h-18h, w.-end 10h-16h ; mi-oct.-fin oct. : 10h-18h, sam. 10h-14h, fermé dim. ; nov.-avr. : tlj sf dim. 10h-17h (sam. 14h).*

SE REPÉRER
Carte de région C1 (p. 624-625) – *cartes Michelin n°s 718 L 2 et 542 D 23.*
Stralsund se situe à 73 km à l'est de Rostock par la route 105.

Cité indissociable de la navigation et du commerce du grand large depuis des siècles, Stralsund, rivale de la puissante Lübeck, est une ville historique de caractère. Ses remparts, son riche patrimoine gothique en brique rouge et son centre-ville médiéval entouré d'eau invitent à un véritable voyage dans le temps. L'île de Rügen qui lui fait face, reliée par un pont de 2,5 km, offre l'occasion d'une très belle excursion.

Découvrir

★ LA VIEILLE VILLE

Elle forme un îlot de faible étendue environné à l'est par le Strelasund, à l'ouest par des lacs.

★ Hôtel de ville (Rathaus)
Alter Markt. Construit aux 13e et 14e s., l'**hôtel de ville** se compose de deux corps de bâtiment parallèles. La magnifique **façade nord★★**, surmontée d'un fronton à pignons ajourés, inspirée par celle de l'hôtel de ville de Lübeck, fut ajoutée vers 1450. Les arcades du rez-de-chaussée ouvrent sur une halle couverte. Un passage conduit au portail ouest de l'église St-Nicolas. Parmi les maisons anciennes qui bordent la place, la **Wulflammhaus** (n° 5), du nom d'un ancien maire de la ville, construite en brique vers le milieu du 15e s., est curieusement surmontée d'un pignon à trois étages.

★ Église St-Nicolas (Nikolaikirche)
Alter Markt, en face de l'hôtel de ville. Construite sur le modèle de l'église Ste-Marie de Lübeck, l'**église St-Nicolas** (13e s.) a vu sa nef centrale rehaussée et sa tour unique remplacée par une puissante façade à deux tours. Au chevet, le

UNE CITÉ CONVOITÉE
Dès sa fondation en 1209 par le prince Wizlaw I de Rügen, ce port admirablement situé fut soumis aux assauts de ses voisins : Lübeckois, Danois, Suédois et même Hollandais. Protégée par une ceinture de remparts, la ville résista pendant la guerre de Trente Ans aux troupes de Wallenstein. Possession de la Suède à partir de 1648, elle revint à la Prusse après les guerres napoléoniennes.

déambulatoire peu élevé est dominé par de solides contreforts. À l'intérieur, le contraste est frappant entre la hauteur modeste des collatéraux et l'envolée spectaculaire de la nef. Certains piliers et plusieurs chapelles ont conservé leurs fresques de style gothique flamboyant. Remarquer six retables sculptés du Moyen Âge, une sculpture du groupe de sainte Anne (vers 1290) et le retable central (18e s., d'après des dessins d'Andreas Schlüter).

★ **Musée océanographique** (Meeresmuseum)
Katharinenberg 14-20 - ✆ 03831 26 50 210 - www.meeresmuseum.de - tlj juin-sept. 10h-18h, oct.-mai 10h-17h - fermé le 24 déc. - 7,50 €
Ne pas manquer les **aquariums**. Dans un bassin géant de 50 000 litres, vous pourrez voir des requins ainsi que des tortues de mer. Dans le chœur est suspendu le squelette long de 15 m d'un rorqual venu s'échouer sur la côte de l'île de Rügen en 1825.
Ozeanum – *Hafenstraße 11 - ✆ 03831 26 50 610 - www.ozeanum.de - tlj 9h30-19h, juin-sept. 9h30-21h - fermé le 24 déc. - 14 €, billet combiné avec le Musée océanographique 18 €.* Il accueille, entre autres, un immense aquarium avec verrière et un tunnel, ainsi qu'une salle où l'on peut s'allonger sur des transats et s'imaginer en train de nager avec les modèles grandeur nature de quelques géants des mers, comme la baleine bleue (26 m de long).

Musée de l'Histoire (Kulturhistorisches Museum)
Mönchstr. 25/27 - ✆ 03 831 28 790 - tlj 10h-17h (nov.-jan. fermé lun.) - 4 €.
Dans les magnifiques salles couvertes de voûtes d'arêtes ou en réseau sont regroupés des objets et des documents illustrant l'histoire de Stralsund, l'orfèvrerie de l'île de Hiddensee au temps de la préhistoire, l'art sacré du Moyen Âge.

9

★ **Église Notre-Dame** (Marienkirche)
Neuer Markt. Construite vers la fin du 14e s., à l'exception de l'impressionnante tour ouest ajoutée entre 1416 et 1478, l'**église Notre-Dame** offre la particularité de dissimuler les arcs-boutants du chœur sous la toiture. La tour occidentale comporte des voûtes en réseau. Remarquez le maître-autel gothique avec le Couronnement de Marie (15e s.) et l'orgue de Friedrich Stellwagen (vers 1659).

Remparts
La partie la mieux conservée des remparts est située à l'ouest de la ville, en bordure du lac *(Knieperteich)*, entre la Kniepertor et la Kütertor.

NOS ADRESSES À STRALSUND

HÉBERGEMENT

PREMIER PRIX

An den Bleichen – *An den Bleichen 45 - ✆ 03 831 39 06 75 - www.hotelandenbleichen.de - P - fermé mi-déc. à début janv. - 23 ch. 63/79 € -* ☕. Hôtel familial situé dans une zone résidentielle, près de la vieille ville, du port et de la plage, et entouré de coquets jardins. Chambres confortables.

RESTAURATION

POUR SE FAIRE PLAISIR

Tafelfreuden im Sommerhaus – *Jungfernstieg 5a - ✆ 03 831 29 92 60 - www.tafelfreuden-stralsund.de - 32/38 €.* Des coloris gais, un parquet en bois et un jardin d'hiver donnent à cette petite maison de style campagnard suédois un air méditerranéen. Trois ravissantes chambres d'hôte.

Greifswald

★

54 140 habitants – Mecklembourg-Poméranie

S'INFORMER

Office de tourisme – *Rathaus Arkaden (hôtel de ville) am Markt - ✆ 038 34 52 13 80 - www.greifswald.de.*

SE REPÉRER

Carte de région C1 (p. 624-625) – *cartes Michelin nos 718 L 3 et 542 D 24.* Greifswald est située en bordure de la Baltique sur le Ryck, à 33 km au sud-est de Stralsund, et à mi-chemin entre les îles de Rügen et d'Usedom.

Signalée par les clochers de ses trois imposantes églises paroissiales, Greifswald est une cité pittoresque, lieu de naissance du grand peintre romantique Caspar David Friedrich. Outre son centre historique médiéval, vous aurez l'occasion de découvrir son village de pêcheurs avec son pont basculant en bois ainsi que les ruines de l'abbaye Eldena.

Découvrir

★ LA VIEILLE VILLE

★ Place du Marché (Marktplatz)

Situé à l'ouest de la **place du Marché**, **l'hôtel de ville** (1738) se caractérise par des frontons de style Renaissance ; le clocheton en revanche est de style baroque. Les arcades du fronton ont été à nouveau dégagées en 1936. Quelques maisons intéressantes du point de vue de l'histoire de l'art se trouvent également sur la place. La **maison n° 11★** attire immédiatement le regard : du début du 15e s., avec son fronton en gradins richement décoré, elle représente l'un des plus beaux exemples du gothique en brique d'Allemagne du Nord.

★ Église Ste-Marie (Marienkirche)

Église à trois nefs, **Ste-Marie** est dépourvue de chœur. Le fronton est, de structure élégante, atténue l'image massive et ramassée de cet édifice en brique, appelé affectueusement « la grosse Marie » par les habitants. Sa construction débuta en 1280 et s'acheva au 14e s. La **chaire★**, magnifiquement sculptée par Joachim Mekelenborg de Rostock, date de 1587. Fresques de style gothique flamboyant datant du 15e s., dont celle représentant la prise d'une baleine par les habitants du village de Wieck en 1545.

★ Cathédrale St-Nicolas (Dom St-Nikolai)

✆ 03 834 26 27 - www.sankt-nikolai-greifswald.de. La **cathédrale St-Nicolas** est dominée par une tour de 100 m de haut, dont la base carrée flanquée de quatre tours rondes supporte deux étages octogonaux, eux-mêmes coiffés d'une élégante flèche à bulbe de style baroque (1653). Au 14e s., l'église d'origine fut transformée en basilique par l'adjonction d'une couronne de 21 chapelles construites en intégrant à l'édifice les arcs-boutants extérieurs. Au 19e s., les élèves de Schinkel, Gottlieb Giese et Joachim Christian Friedrich (le frère

SOURCE D'INSPIRATION ROMANTIQUE

Par le traité de Westphalie, la Poméranie occidentale, et par conséquent Greifswald, passa à la Suède en 1648. Ce pays exerça pendant deux siècles une domination tolérante et souple qui, à défaut de la prospérité économique, procura aux habitants de la ville des libertés jusqu'alors inconnues. En 1815, la Poméranie passa à la Prusse.

Caspar David Friedrich, l'incarnation de la peinture romantique allemande, est né à Greifswald en 1774 (sa maison natale, Lange Straße 57, fut détruite par un incendie en 1901). Même s'il quitta la ville à l'âge de 20 ans, il y resta attaché toute sa vie : Greifswald, mais surtout la ruine de l'abbaye Eldena furent fréquemment ilustrées dans ses œuvres.

de Caspar David Friedrich) réalisèrent une transformation néogothique dans l'esprit du romantisme. Pierres tombales et nombreuses peintures à l'huile (16e-19e s.). Fresques datant de 1430 environ.

Université

Rubenowplatz. Après Rostock, l'université de Greifswald est la plus ancienne d'Europe du Nord. Elle fut fondée en 1456 par son premier recteur, le bourgmestre Heinrich Rubenow. L'édifice principal de la place Rubenow fut érigé au milieu du 18e s. Le fronton présente, côté rue, les armoiries royales suédoises et, côté cour, les armoiries de Poméranie.

Musée du Land de Poméranie (Pommersches Landesmuseum)

Rakower Straße 9 - ✆ 038 34 83 120 - www.pommersches-landesmuseum.de - tlj sf lun. mai-oct. : 10h-18h ; oct.-avr. : 10h-17h - 5 €.

Visiter en particulier la **galerie de peinture**, très complète, avec des œuvres du 17e au 20e s., parmi lesquelles des tableaux de Caspar David Friedrich.

À proximité Carte de région D1

★ **Ancienne abbaye Eldena** (Klosterruine Eldena)

Wolgaster Landstraße. L'ancienne abbaye cistercienne fut fondée en 1199. Elle a dû connaître son essor au milieu du 14e s. Ayant subi de plein fouet les ravages de la guerre de Trente Ans, elle fut un temps utilisée comme « carrière ». De ce magnifique édifice, il ne subsiste que quelques parties de l'église et du cloître.

NOS ADRESSES À GREIFSWALD

HÉBERGEMENT

BUDGET MOYEN

Galerie – *Mühlenstraße 10 - ✆ 0383 477 378 31 - www.hotelgalerie.de - P - 13 ch. 98 € ☕.* Petit hôtel moderne près de la place du Marché. Les chambres du haut avec terrasse et kitchenette sont très confortables.

RESTAURATION

POUR SE FAIRE PLAISIR

Le Croy – *Rakower Str. 9 - ✆ 038 34 77 58 46 - www.le-croy.de - 18/33 €.* Dans la cuisine ouverte de cet élégant restaurant logé dans le musée du Land, le chef concocte le soir des plats internationaux et à midi une cuisine plus simple.

Îles de la Baltique

★

Mecklembourg-Poméranie

NOS ADRESSES PAGE 649

S'INFORMER

Office du tourisme de l'île d'Usedom – *Waldstraße 1 - ✆ 038 378 477 110 - www.www.usedom.de - 8h30-18h.*

Office du tourisme de l'île de Rügen – *Se renseigner à l'office du tourisme de Stralsund : Alter Markt 9 - ✆ 038 31 246 90 - www.stralsundtourismus.de - mai-mi-oct. : 10h-18h, w.-end 10h-16h ; mi-oct.-fin oct. : 10h-18h, sam. 10h-14h, fermé dim. ; nov.-avr. : tlj sf dim. 10h-17h (sam. 14h).*

SE REPÉRER

Carte de région CD1 (p. 624-625) – *cartes Michelin nos 718 L-M 2-3 et 542 C-E 23-26.* L'île d'Usedom se situe à 30 km à l'est de Greifswald. Elle est reliée au continent par les routes 110 et 111. Située au nord-ouest de l'île d'Usedom, celle de Rügen est reliée à Stralsund par un pont de 2,5 km. Son accès est possible aussi bien en voiture qu'en train.

Découvrir Usedom Carte de région D1

Île la plus orientale de l'Allemagne et en partie polonaise, Usedom, véritable Deauville des Berlinois, est jalonnée de cités balnéaires aux hôtels distingués et aux élégantes maisons à balcons en fer forgé. Depuis le 19e s., ses visiteurs apprécient son caractère sauvage et sa très belle étendue de plages, face à la Baltique. L'île présente dans sa partie nord-ouest une relative absence de relief, alors que la région sud-est, plus accidentée, est souvent appelée l'Usedom suisse.

Wolgast

Sur le continent. Il est possible d'accéder à Usedom au sud, près de Zecherin, ou par le nord-ouest près de Wolgast, au-dessus du fleuve Peene. Dans la ville natale du peintre romantique Philipp Otto Runge, on peut visiter l'**église paroissiale** *(Pfarrkirche St-Petri)* avec son clocher octogonal. Cette église fut construite en 1370. L'extérieur austère contraste avec l'intérieur richement décoré : peintures murales du 15e et du 16e s., un cycle de danse macabre peint par Caspar Sigmund Köppe aux environs de 1700 d'après une sculpture sur bois de Hans Holbein le Jeune. *✆ 038 36 25 12 15 - ♿ - mai-sept. : tlj sf dim. 10h-17h ; oct.-avr. : tlj sf w.-end 10h-12h30, 13h30-16h.*

Krummin

À l'est de Wolgast. À partir de la Bundesstraße 111, prendre à droite la plus belle **route★** d'Usedom, bordée de tilleuls, en direction du petit village de pêcheurs situé au Krumminer Wiek.

Falaise sur l'île de Rügen.
C. Doerr / Sime/Photononstop

Peenemünde

Centre d'information historique et technique (Historisch-technisches Informationszentrum) – *03 83 71 50 50 - www.peenemuende.de - ♿ - avr.-sept. : 10h-18h ; oct.-mars : 10h-16h (nov.-mars fermé lun.) - fermé 24-26 déc. - 8 €.* Au nord de l'île, le **centre expérimental de recherche de Peenemünde** fut créé en 1936. C'est ici que Wernher von Braun développa les fusées V2 inaugurées en octobre 1942. Elles firent plusieurs milliers de victimes pendant la Seconde Guerre mondiale, mais marquèrent également le début de la navigation spatiale moderne. Dans l'ancienne centrale électrique, une exposition est consacrée à l'histoire de l'évolution des fusées et à ses contradictions.

La « taille » d'Usedom

À l'endroit le plus étroit de l'île s'étendent des plages de sable blanc et les cités balnéaires de **Zinnowitz**, **Koserow**, **Kölpinsee** et **Ückeritz**, parfois séparées par des falaises. La largeur d'Usedom, près de Koserow, ne dépasse pas 200 m.

★ Bansin, Heringsdorf, Ahlbeck

Les « trois sœurs » au sud-est de l'île sont reliées entre elles par une promenade de 10 km de long. Au 19e s., elles étaient des cités balnéaires à la mode fréquentées par les membres de l'aristocratie. De nombreuses villas imposantes et des hôtels ayant résisté aux épreuves du temps témoignent de ce riche passé et donnent ce caractère propre aux villes balnéaires. **Heringsdorf**, surtout, fut une cité balnéaire très mondaine. L'empereur Guillaume II y venait régulièrement. Il résidait alors dans la villa Staudt, qui existe toujours *(Delbrückstraße 6)*. Heringsdorf possède une jetée longue de 508 m, la plus longue du continent européen. **Ahlbeck** est également fière de son attrayante jetée historique **Seebrücke★**, construite en 1898. En 1902 vint s'y ajouter un joli restaurant aux murs blancs, au toit rouge et aux quatre tours angulaires vertes, très apprécié des photographes.

Découvrir Rügen Carte de région CD1

Destination phare de la Baltique, l'île de Rügen, la plus grande île d'Allemagne, présente un paysage littoral d'une grande variété. À l'ouest, ses côtes très découpées suivent les contours irréguliers de petites mers intérieures. À l'est, falaises crayeuses et vastes plages de sable attirent de nombreux estivants.

★ Putbus CD1

La ville « blanche », agglomération résidentielle et balnéaire située au sud-est de l'île, fut fondée en 1810 par le prince Wilhelm Malte von Putbus d'après le modèle de Bad Doberan. Bien que le château princier ait été démoli en 1960, la ville classique subsiste ; il existe en Allemagne peu de villes qui présentent aux visiteurs un ensemble aussi homogène. C'est à juste titre que l'on nomme Putbus « la perle de Rügen ».

★ **Circus** – La place circulaire est entourée d'édifices aux nombreuses décorations classiques. Enduits d'un blanc éblouissant, ils tranchent sur la couleur verte des chênes. Au milieu de la place se dresse l'obélisque construit en 1845, d'une hauteur de 21 m, portant au sommet la couronne princière.

★ **Théâtre** – *Alleestraße*. L'édifice fut construit par l'architecte berlinois Steinmeyer (élève de Schinkel) de 1819 à 1821. Quatre colonnes toscanes forment le portique. Une frise en stuc représentant Apollon et les muses couronne l'entrée. Le théâtre est célèbre pour son acoustique.

★ **Parc du château** (Schlosspark) – Le parc du château, d'une superficie de 75 ha, l'**orangerie** (modifiée en 1853 par Friedrich August Stüler), ainsi que les **écuries** et l'**église paroissiale** sont intégrés à un jardin anglais.

Pavillon de chasse de Granitz (Jagdschloss Granitz) D1

12 km à l'est de Putbus, au sud de Binz. ✆ 038 393 22 63 - www.mv-schloesser.de - mai-sept. : 9h-18h ; oct.-avr. : tlj sf lun. 10h-16h - fermé 25 déc. - 3 €.

Sur le Tempelberg, point culminant de Rügen-Est (107 m d'altitude), le prince Wilhelm Malte Ier von Putbus fit construire en 1837 ce pavillon de chasse de style Tudor néogothique. Au cœur de la forêt de Granitz se dresse ce château massif avec ses tours rondes crénelées. Un belvédère d'une hauteur de 38 m fut érigé en 1844 dans la cour intérieure, d'après les plans de Karl Friedrich Schinkel. Les 154 marches d'un superbe **escalier en colimaçon** en fer forgé permettent d'accéder à la plate-forme offrant une **vue**★★ époustouflante sur l'île de Rügen. Il est possible de visiter l'intérieur.

★ Stations balnéaires D1

Elles se trouvent à l'est de l'île. **Binz**, **Sellin**, **Baabe** et **Göhren** offrent des plages de sable attrayantes, une magnifique architecture et un arrière-pays très boisé.
On peut les atteindre en empruntant le **Rasender Roland**, petit train à vapeur reliant Putbus (via Granitz) à Göhren *(voir Nos Adresses)*.

Saßnitz D1

Cette ville portuaire est le point de départ des ferrys qui vont en Scandinavie. Très belles hêtraies au nord de l'agglomération.

★★ Stubbenkammer D1

Le **Königsstuhl** *(Chaise du Roi)*, une falaise de 117 m de haut, domine l'impressionnante côte calcaire escarpée qui surplombe la mer. Si l'on a la chance de s'y trouver par un jour ensoleillé, on aperçoit le rocher blanc entouré de verdure brillant de tous ses feux au-dessus de la mer bleu foncé : véritable paysage de carte postale qui inspira le peintre romantique Caspar David Friedrich.

★ Kap Arkona C1

Kap Arkona, avec ses falaises de 50 m de haut, est le point de l'île situé le plus au nord. Le Vieux Phare (**Alte Leuchtturm**, ✆ *038 391 41 90 - www.kap-arkona.de*), phare carré en brique de trois étages, fut construit sur un socle de granit entre 1826 et 1829 selon les plans de Karl Friedrich Schinkel.

La **vue★★** sur l'île voisine de **Hiddensee★** (C1) est superbe. Les remparts situés non loin du phare représentent les vestiges de la forteresse de Jaromarsburg érigée par les Slaves et détruite par les Danois en 1168. Près des remparts se dresse la tour de repérage de la marine, construite en 1927 ; cette dernière abrite le Centre d'exposition internationale de la côte Baltique.

NOS ADRESSES SUR LES ÎLES DE LA BALTIQUE

HÉBERGEMENT

PREMIER PRIX

Île d'Usedom

Hotel Fortuna – *Kulmstraße 8 - Heringsdorf - ✆ 038 378 470 70 - www.hotel-fortuna.kaiserbaeder.de* - P - *21 ch. 60/90 € - ☕ 7,50 €.* Jolie villa de style balnéaire, aux chambres modernes et accueillantes. Terrasse très agréable.

BUDGET MOYEN

Île de Rügen

Nixe – *Strandpromenade 10 - Ostseebad Binz - ✆ 038 393 66 62 00 - www.nixe.de* - P - *16 ch. 77/90 € ☕ - rest., menu 49 €.* Ce petit hôtel occupe une bâtisse de 1903, avec une dépendance moderne. Décor sophistiqué et harmonieux, chambres confortables. Espace sauna et bien-être.

Wreecher Hof – *Kastanienallee 1 - Putbus-Rügen - ✆ 038 301 850 - www.wreecher-hof.de* - P - *43 ch. 79/119 € ☕ - rest. 29/38 €.* Le Wreecher Hof, situé au cœur d'un grand jardin, est un complexe hôtelier qui réunit sept maisons de campagne au toit de chaume et à l'aménagement confortable. Vous y trouverez la nature à l'état pur et une atmosphère de bien-être. Le restaurant compte également un jardin d'hiver bien aéré ainsi qu'une belle terrasse.

RESTAURATION

POUR SE FAIRE PLAISIR

Île de Rügen

Strandhalle – *Strandpromenade 5 - Ostseebad Binz - ✆ 038 393 315 64 - www.strandhalle-binz.de* - P - *23/41 €.* Tout au bout de la promenade de la plage, cette maison du 19e s. incite à la nostalgie. Carte soignée.

ACTIVITÉS-TRANSPORTS

Train à vapeur de Rügen – ✆ *038 388 135 94 - www.rasender-roland.de.* Le train à vapeur *Rasender Roland* relie Putbus à Göhren en 1h15 environ. Il dessert Binz et plusieurs autres localités qui représentent les points les plus touristiques de l'île. Il fonctionne toute l'année. *Durant la haute saison (fin avril-début octobre), quatre départs de Putbus le matin (premier départ à 7h48), un dans l'après-midi. Selon la distance parcourue, les tarifs varient entre 1,80 € et 9 € (aller seulement).*

Lacs du Mecklembourg

★★★

Mecklembourg-Poméranie

SE REPÉRER
Carte de région BC2 (p. 624-625) – *cartes Michelin n°s 718 L 4 et 542 F 21-22.*
La région des lacs du Mecklembourg se situe à mi-chemin entre Berlin et Rostock.

À NE PAS MANQUER
Le parc national de Müritz.

ORGANISER SON TEMPS
Comptez bien deux jours pour découvrir la région.

AVEC LES ENFANTS
L'observation des nombreux oiseaux au Parc national de Müritz.

Formant un plateau couvert de forêts et d'étendues d'eau, la région des lacs du Mecklembourg est l'une des plus sauvages et des mieux préservées du pays. Ses immenses paysages verdoyants constitués de pins, d'hêtres, d'aulnes, de bouleaux et de frênes, et ses vastes horizons lacustres hérités de la dernière époque glaciaire sont fréquentés par une riche variété d'oiseaux. Un paradis pour les amateurs de sports nautiques et de randonnées, et pour tous les amoureux de la nature.

Circuit conseillé Carte de région BC2

DE SCHWERIN AU LAC DE MÜRITZ

Circuit de 150 km tracé en vert sur la carte de région (p. 624-625) – Une journée. Départ de Schwerin.

Le **lac de Schwerin** *(Schweriner See)* offre un cadre idéal à **Schwerin★** *(voir ce nom, B2)*, capitale du Land, et au château du même nom, qui se reflète dans ses eaux.

Le **lac de Krakow** *(Krakower See)*, plus à l'est, est la patrie du poète régional mecklembourgeois Fritz Reuter. La région constitue un véritable eldorado pour les oiseaux (protégés) de toutes espèces.

Le **lac Plauer** *(Plauer See)*, troisième lac du Mecklembourg-Poméranie par sa superficie, se caractérise par une rive plate au nord et largement boisée au sud. Avec le **Müritz,** il forme le cœur du Mecklenburgische Seenplatte.

Au nord-est de ce lac s'étend la **Suisse mecklembourgeoise**, qui se prolonge vers les **lacs de Malchin** *(Malchiner See)* et de **Kummerow** *(Kummerower See)*. Elle doit son nom aux nombreuses éminences qui la caractérisent. À l'ouest du lac de Malchin (le long de la B 108) se dresse, au milieu d'un paysage vallonné, le plus grand château classique du Mecklenbourg, le **Burg Schlitz**, environné d'un joli parc. En passant par la ville de **Malchin**, qui possède une remarquable basilique en brique, on atteint le lac de Kummerow. Sur la route qui y mène, vous pouvez faire un détour par les **chênes d'Ivenack** (près de la ville de Reuter : Stavenhagen), âgés de plus de mille ans.

La perle du *Mecklenburgische Seenplatte*, le **Müritz**, est le deuxième plus grand lac d'Allemagne avec une superficie de 115 km^2. Son nom provient du slave *morcze*, qui signifie « petite mer ». Il est aussi désigné comme le « cœur bleu du Mecklembourg ». La ville de **Waren**, le plus grand centre touristique de la région, se trouve sur sa rive nord. Les deux églises paroissiales Saint-Georges et Sainte-Marie, ainsi que l'ancien et le nouvel hôtel de ville et la *Löwenapotheke* attirent tous les regards. **Röbel** se transforme peu à peu en un charmant port de plaisance.

★ Parc national de Müritz (Müritz-Nationalpark) C2

Cette réserve naturelle de 310 km^2 s'étend à l'est du lac de Müritz. La forêt représente les deux tiers de sa superficie, les lacs en occupent 12 % et les marécages 8 %. Ce parc, dont 25 000 ha étaient réservés à la chasse d'État sous la RDA, est aujourd'hui le royaume des promeneurs et des cyclistes. Les visiteurs devront s'équiper de jumelles pour pouvoir observer le rare **balbuzard** (route de Federow en direction de Speck). Cet oiseau semble prendre plaisir à établir son nid sur les pylônes métalliques à haute tension (interdiction de stationner dans les environs des nids). On peut aussi rencontrer l'**orfraie**, rapace héraldique de l'Allemagne, près des viviers de Boek : son territoire atteint jusqu'à 50 km^2. Kargow est le couvent des **cigognes blanches**, mais la réserve naturelle compte également des **cigognes noires** et des **grues**. Sur le sol sec, les pins et les hêtres prédominent. Les marais et les bourbiers de la rive est du Müritz se composent d'aulnes, de bouleaux et de frênes. Pour profiter de la richesse de la flore et de la faune (150 espèces d'oiseaux et 700 espèces de plantes), il est recommandé de participer aux visites guidées qui expliquent l'histoire naturelle de cette réserve.

LACS DU MECKLEMBOURG

HÉBERGEMENT

PREMIER PRIX

Hotel Seestern – *Müritzpromenade - Röbel - ✆ 039 931 580 30 - www.hotel-seestern-roebel.de - fermé janv., fév. et nov. - P - 29 ch. 60/75 €.* Hôtel situé sur une petite langue de terre baignée par l'eau du lac. Chambres-maisonnettes avec superbe vue. Restaurant complété par une annexe aux allures de jardin d'hiver.

BUDGET MOYEN

Hotel Paulshöhe – *Falkenhäger Weg - Waren - ✆ 03991 171 40 - www.hotel-paulshoehe.de - P - 14 ch. 79/89 €.* Hôtel et 7 bungalows situés à 200 m de la rive du Müritz. L'adresse vous séduira par son emplacement et son équipement moderne. Restaurant au cadre soigné.

Hotel Kleines Meer – *Alter Markt 7 - Waren - ✆ 03 991 64 80 - www.kleinesmeer.de - 30 ch. 89/155 €.* Hôtel de style contemporain non loin du port. Belles chambres bien aménagées. Fait également restaurant.

Schwerin

★

95 560 habitants – Mecklembourg-Poméranie

S'INFORMER

Office de tourisme – *Am Markt 14 - ✆ 0385 592 52 12/13/14 - www.schwerin.com - 9h-18h, sam.-dim. 10h-16h.*

SE REPÉRER

Carte de région B2 (p. 624-625) – *cartes Michelin nos 718 J 4 et 542 F 18.* Schwerin est à 120 km à l'est de Hambourg.

Bordée par un lac et entourée de verdure, Schwerin est dotée d'un centre historique animé. Mais le véritable emblème de l'ancienne capitale du duché de Mecklembourg n'est autre que son château, qui se dresse majestueusement sur un îlot, en face de la ville.

Découvrir

★ ÎLE DU CHÂTEAU ET PARC

Visite : 2h. ✆ 0385 525 29 20 - www.schloss-schwerin.de - de mi-avr. à mi-oct. : 10h-18h ; de mi-oct. à mi-avr. : tlj sf lun. 10h-17h - fermé 24 déc. - 6 €.

Édifié autour de la chapelle d'un château ducal du 16e s., le château de Schwerin est incontestablement le joyau de la ville. Le visiteur qui accède à l'édifice depuis le centre-ville est accueilli par la statue du duc Niklot, prince des Slaves. L'île du Château et ses deux ponts séparent le Burgsee du lac de Schwerin.

LA PLUS ANCIENNE VILLE DU MECKLEMBOURG

Les origines de Schwerin, aujourd'hui capitale du Land de Mecklembourg-Poméranie, remontent au début du 11e s., lorsque les Slaves bâtirent une forteresse sur l'actuelle île du Château. Ils furent bientôt chassés par le duc de Saxe, Henri le Lion, qui, en 1160, fit de la ville le deuxième centre urbain allemand à l'est de l'Elbe. Schwerin sera ensuite pendant près de cinq siècles (1358-1918) la capitale du duché de Mecklembourg. La ville traversa le 20e s. en échappant aux ravages de la guerre.

★ **Château** (Schloss)

Élevé entre 1845 et 1857 pour servir de résidence au grand-duc de Mecklenbourg-Schwerin, ce château de style néo-Renaissance, avec quelques emprunts au gothique et au baroque, est l'un des plus importants édifices civils du 19e s. allemand, aujourd'hui siège du Parlement du Land de Mecklembourg-Poméranie. Son aspect extérieur rappelle Chambord, dont les architectes G.A. Demmler et F. A. Stüler se sont inspirés. Dans les anciennes pièces d'habitation et d'apparat, tableaux et artisanat des 18e et 19e s. Également exposition de porcelaine européenne et de peinture de cour. Voir en particulier la **salle du trône★** *(Thronsaal)*, la galerie des ancêtres *(Ahnengalerie)* et le fumoir *(Rauchzimmer)*. Remarquer les très beaux **parquets**.

★ **Chapelle** (Schlosskirche)
La **chapelle** fut construite entre 1560 et 1563 et transformée au 19e s. Des colonnes toscanes soutiennent les tribunes Renaissance et la voûte.

★ **Jardin du château** (Schlossgarten)
Ce splendide parc baroque, aménagé au 19e s, est un lieu de promenade très agréable avec son canal en croix à deux branches et ses allées de tilleuls. Près du canal, statues (copies) de Balthasar Permoser. Le chemin des Français *(Franzosenweg)* conduit du parc à la station balnéaire de Zippendof.

LA VIEILLE VILLE (ALTSTADT)

Place du Marché (Markt)
Au cœur de Schwerin, la place du Marché constitue un lieu plein de charme. Près de l'hôtel de ville, quatre maisons à colombages et à pignons de la fin du 17e s. et, sur le côté nord, le **Nouveau Bâtiment**, élevé entre 1783 et 1785 dans le style classique, avec colonnes doriques, pour recevoir des commerces.

★ **Cathédrale** (Dom)
Construite en brique aux 14e et 15e s., la **cathédrale** occupe le site d'un ancien édifice roman de 1260. À l'intérieur : maître-autel (atelier de Lübeck, vers 1480), dalles funéraires (14e s.), croix triomphale (1420) de l'église Ste-Marie de Wismar et fresques dans la chapelle de l'Assomption (vers 1335).

★ **Musée national** (Staatliches Museum)
Alter Garten 3 - ✆ 0385 59 580 - www.museum-schwerin.de - ♿ - de mi-avr. à mi-oct. : 10h-18h (jeu. 12h-20h) ; de mi-oct. à mi-avr. : mar.-dim. 10h-17h (jeu. 13h-20h) - fermé 24 et 31 déc. - 5 €.
Le Musée national est installé près de l'ancien jardin, à côté du château, dans un édifice néoclassique (1877-1882) décoré d'ornements de la Renaissance italienne. On peut y admirer d'importantes collections de peinture hollandaise et flamande du 17e s. (Bruegel, Rembrandt, Rubens, Hals), européenne du 16e au 20e s. (Cranach, Oudry, Gainsborough, Friedrich), d'art contemporain (Cage, Polke), et une importante collection d'œuvres de Marcel Duchamp.

NOS ADRESSES À SCHWERIN

HÉBERGEMENT

BUDGET MOYEN

Niederländischer Hof – *Alexandrinenstr. 12 - ✆ 0385 59 11 00 - www.niederlaendischer-hof.de - P - 32 ch. 125/160 € - rest. 26/40 €.* Bâtiment ancien à la façade classée, au bord du lac de Pfaffenteich. Chambres confortables, décorées dans le style anglais.

RESTAURATION

BUDGET MOYEN

Waldschlösschen – *Nibelungenstr. 102 D - ✆ 0385 96 81 90 - www.waldschloesschen-web.de - 27/40 €.* Ce restaurant vous accueille dans une ambiance rustique et conviviale. Jardin d'hiver et terrasse sur un jardin avec étang. Fait aussi chambre d'hôte.

VOUS CONNAISSEZ LE GUIDE VERT,
DÉCOUVREZ LE GROUPE MICHELIN
MICHELIN

L'Aventure Michelin

Tout commence avec des balles en caoutchouc ! C'est ce que produit, vers 1880, la petite entreprise clermontoise dont héritent André et Édouard Michelin. Les deux frères saisissent vite le potentiel des nouveaux moyens de transport.

L'invention du pneumatique démontable pour la bicyclette est leur première réussite. Mais c'est avec l'automobile qu'ils donnent la pleine mesure de leur créativité. Tout au long du 20e s., Michelin n'a cessé d'innover pour créer des pneumatiques plus fiables et plus performants, du poids lourd à la F 1, en passant par le métro et l'avion.

Très tôt, Michelin propose à ses clients des outils et des services destinés à faciliter leurs déplacements, à les rendre plus agréables… et plus fréquents. Dès 1900, le Guide Michelin fournit aux chauffeurs tous les renseignements utiles pour entretenir leur automobile, trouver où se loger et se restaurer. Il deviendra la référence en matière de gastronomie. Parallèlement, le Bureau des itinéraires offre aux voyageurs conseils et itinéraires personnalisés.

En 1910, la première collection de cartes routières remporte un succès immédiat ! En 1926, un premier guide régional invite à découvrir les plus beaux sites de Bretagne. Bientôt, chaque région de France a son Guide Vert. La collection s'ouvre ensuite à des destinations plus lointaines de New York en 1968… à Taïwan en 2011.

Au 21e s., avec l'essor du numérique, le défi se poursuit pour les cartes et guides Michelin qui continuent d'accompagner le pneumatique. Aujourd'hui comme hier, la mission de Michelin reste l'aide à la mobilité, au service des voyageurs.

MICHELIN AUJOURD'HUI

N°1 MONDIAL DES PNEUMATIQUES

- 69 sites de production dans 18 pays
- 115 000 employés de toutes cultures, sur tous les continents
- 6 000 personnes dans les centres de Recherche & Développement

ensemble vers un mobilité est plus sûre

C'est aussi aider les automobilistes à prendre soin de leur sécurité et de leurs pneus. Pour cela, Michelin organise partout dans le monde des opérations **"Faites le plein d'air"** pour rappeler à tous que la juste pression est vitale.

L'USURE

COMMENT DETECTER L'USURE ?

Vos pneus MICHELIN sont munis d'indicateurs d'usure : ce sont de petits pains de gomme moulés au fond des sculptures et d'une hauteur de 1,6mm.
Lorsque la profondeur des sculptures est au même niveau que les indicateurs, les pneus sont usés et doivent être remplacés.

Les pneus constituent le seul point de contact entre le véhicule et la route, un pneu usé peut être dangeureux sur chaussée mouillée.

PNEU NEUF

PNEU USÉ
(1,6 mm de sculpture)

Ci-contre, la zone de contact réelle photographiée sur chaussée mouillée.

Mieux avancer, c'est développer une mobilité durable.

INNOVATION ET ENVIRONNEMENT

Chaque jour, Michelin innove pour réduire la quantité de matières premières utilisée dans la fabrication des pneumatiques, et développe dans ses usines les énergies renouvelables. La conception des pneus MICHELIN permet déjà d'économiser des milliards de litres de carburant, et donc des milliards de tonnes de CO2.

De même, Michelin choisit d'imprimer ses cartes et guides sur des « papiers issus de forêts gérées durablement ». L'obtention de la certification ISO14001 atteste de son plein engagement dans une éco-conception au quotidien.

Un engagement que Michelin confirme en diversifiant ses supports de publication et en proposant des solutions numériques pour trouver plus facilement son chemin, dépenser moins de carburant.... et profiter de ses voyages !

Comme vous, Michelin s'engage dans la préservation de notre planète.

Chattez avec Bibendum

Rendez-vous sur:
www.michelin.com/corporate/fr
Découvrez l'actualité et
l'histoire de Michelin.

QUIZZ

Michelin développe des pneumatiques pour tous les types de véhicules. Amusez-vous à identifier le bon pneu...

Résultat : A-6 / B-4 / C-2 / D-1 / E-3 / F-7 / G-5

Notes

Notes

Notes

Notes

Notes

Notes

Notes

Notes

INDEX GÉNÉRAL

Berlin : villes, curiosités et régions touristiques.
Bach, Jean-Sébastien : noms historiques ou termes faisant l'objet d'une explication.
Les sites isolés (châteaux, abbayes, grottes…) sont répertoriés à leur propre nom.

A

B

INDEX GÉNÉRAL

C

D

H

I

J

K

L

M

W

Y

Z

LEXIQUE

VIE COURANTE

Oui : **Ja**
Non : **Nein**
Je : **Ich**
Vous : **Ihr, Sie**
Bonjour (le matin) : **Guten Morgen**
Bonjour : **Guten Tag**
Au revoir : **Auf Wiedersehen**
Bonsoir : **Guten Abend**
S'il vous plaît : **Bitte**
Merci : **Danke**
Pardon : **Entschuldigung**
Combien ? : **Wieviel ?**
Où ? : **Wo ? Wohin ?**
Quand ? : **Wann ?**
Ouvert : **Geöffnet**
Fermé : **Geschlossen**
Toilettes : **Toilette**
Horaires : **Fahrplan**
Je ne comprends pas :
Ich verstehe nicht
Rue : **Straße**
Gare : **Bahnhof**
Place : **Platz**
Jardin : **Garten**
Pont : **Brücke**
Quartier : **Viertel**
Église : **Kirche**
Musée : **Museum**
Cinéma : **Kino**
Poste : **Post**
Lettre : **Brief**
Timbre : **Briefmarke**
Distributeur de billets :
Geldautomat
Où se trouve ? : **Wo ist ?**
À droite : **Rechts**
À gauche : **Links**
Arrivée : **Ankunft**
Départ : **Abfahrt**
Entrée : **Eingang**
Sortie : **Ausgang**

LE TEMPS ET LES JOURS

Aujourd'hui : **Heute**
Demain : **Morgen**
Hier : **Gestern**
Jour : **Tag**
Nuit : **Nacht**

CHIFFRES ET NOMBRES

1 : **Eins, ein, eine**
2 : **Zwei**
3 : **Drei**
4 : **Vier**
5 : **Fünf**
6 : **Sechs**
7 : **Sieben**
8 : **Acht**
9 : **Neun**
10 : **Zehn**
11 : **Elf**
12 : **Zwölf**
13 : **Dreizehn**
14 : **Vierzehn**
15 : **Fünfzehn**
16 : **Sechzehn**
17 : **Siebzehn**
18 : **Achtzehn**
19 : **Neunzehn**
20 : **Zwanzig**
30 : **Dreißig**
40 : **Vierzig**
50 : **Fünfzig**
60 : **Sechzig**
70 : **Siebzig**
80 : **Achtzig**
90 : **Neunzig**
100 : **Hundert**
1000 : **Tausend**

URGENCES

Hôpital : **Krankenhaus**
Pharmacie : **Apotheke**
Médecin : **Arzt**
Police : **Polizei**
Pompiers : **Feuerwehr**

HÉBERGEMENT

Hôtel : **Hotel**
Réception : **Rezeption**
Chambre : **Zimmer**
Salle de bains : **Bad**
Chambre simple : **Einzelzimmer**
Chambre double : **Doppelzimmer**

AU CAFÉ ET AU RESTAURANT

Restaurant : **Restaurant**
Petit-déjeuner : **Frühstück**
Déjeuner : **Mittagessen**
Dîner : **Abendessen**
Menu : **Speisekarte**
L'addition, s.v.p. : **Die Rechnung, bitte**
Café : **Kaffee**
Dessert : **Nachtisch**
Eau : **Wasser**
Pain : **Brot**
Poisson : **Fisch**
Viande : **Fleisch**
Salade : **Salat**
Sucre : **Zucker**
Vin blanc : **Weißwein**
Vin rouge : **Rotwein**

CARTES ET PLANS

CARTE GÉNÉRALE

CARTES DES RÉGIONS

PLANS DE VILLE

PLANS DE MONUMENTS

CARTES DES CIRCUITS ET RÉGIONS

LÉGENDE DES CARTES ET PLANS

Curiosités et repères

Itinéraire décrit, départ de la visite
Église
Mosquée
Synagogue
Monastère - Phare
Fontaine
Point de vue
Château - Ruine ou site archéologique
Barrage - Grotte
Monument mégalithique
Tour génoise - Moulin
Temple - Vestiges gréco - romains
Temple : bouddhique - hindou
Autre lieu d'intérêt, sommet
Distillerie
Palais, villa, habitation
Cimetière : chrétien - musulman - israélite
Oliveraie - Orangeraie
Mangrove
Auberge de jeunesse
Gravure rupestre
Pierre runique
Église en bois
Église en bois debout
Parc ou réserve national
Bastide

Sports et loisirs

Piscine : de plein air - couverte
Plage - Stade
Port de plaisance - Voile
Plongée - Surf
Refuge - Promenade à pied
Randonnée équestre
Golf - Base de loisirs
Parc d'attractions
Parc animalier, zoo
Parc floral, arboretum
Parc ornithologique, réserve d'oiseaux
Planche à voile, kitesurf
Pêche en mer ou sportive
Canyoning, rafting
Aire de camping - Auberge
Arènes
Base de loisirs, base nautique ou canoë-kayak
Canoë-kayak
Promenade en bateau

Informations pratiques

Information touristique
Parking - Parking - relais
Gare : ferroviaire - routière
Voie ferrée
Ligne de tramway
Départ de fiacre
Métro - RER
Station de métro (Calgary, ...) (Montréal)
Téléphérique, télécabine
Funiculaire, voie à crémaillère
Chemin de fer touristique
Transport de voitures et passagers
Transport de passagers
File d'attente
Observatoire
Station service - Magasin
Poste - Téléphone
Internet
H H B Hôtel de ville - Banque, bureau de change
J J POL Palais de justice - Police
GNR Gendarmerie
T T U M Théâtre - Université - Musée
Musée de plein air
Hôpital
Marché couvert
Aéroport
Parador, Pousada (Établissement hôtelier géré par l'État)
A Chambre d'agriculture
D Conseil provincial
G Gouvernement du district, Délégation du Gouvernement Police cantonale
L Gouvernement provincial (Landhaus)
P Chef lieu de province
Station thermale
Source thermale

Axes routiers, voirie

Autoroute ou assimilée
Échangeur : complet - partiel
Route
Rue piétonne
Escalier - Sentier, piste

Topographie, limites

Volcan actif - Récif corallien
Marais - Désert
Frontière - Parc naturel

Comprendre les symboles utilisés dans le guide

LES ÉTOILES

★★★ **Vaut le voyage** ★★ **Mérite un détour** ★ **Intéressant**

HÔTELS ET RESTAURANTS

9 ch.	Nombre de chambres		Piscine
7,5 €	Prix du petit-déjeuner en sus	CC	Paiement par cartes de crédit
50 €	Prix de la chambre double, petit-déjeuner compris		Carte de crédit non acceptée
bc	Menu boisson comprise	P	Parking réservé à la clientèle
	Air conditionné dans les chambres	Tram	Station de tramway la plus proche
	Restaurant dans l'hôte	M	Station de métro la plus proche
	Établissement servant de l'alcool (à l'étranger)		

SYMBOLES DANS LE TEXTE

	À faire en famille		Randonnée à vélo
	Pour aller au-delà		Facilité d'accès pour les handicapés
	Promenade à pied	A2 B	Repère sur le plan

Note au lecteur

Michelin a apporté le plus grand soin à la rédaction de ce guide et à sa vérification. Toutefois les informations pratiques (formalités administratives, prix, adresses, numéros de téléphone, adresses Internet...) doivent être considérées comme des indications du fait de l'évolution constante de ces données.
Il n'est pas totalement exclu que certaines d'entre elles ne soient plus, à la date de parution du guide, tout à fait exactes ou exhaustives. N'hésitez pas à nous signaler toute omission ou inexactitude que vous pourriez constater ainsi que de nous faire part de vos avis et suggestions sur les adresses contenues dans ce guide.
Avant d'entamer toute démarche formalités administratives ou douanières notamment, vous êtes invités à vous renseigner auprès des organismes officiels. Ces informations ne sauraient, de ce fait, engager notre responsabilité.

Collection Le Guide Vert sous la responsabilité d'Anne Teffo

Édition
Françoise Rault, Aude Gandiol, Alexandra Forterre

Rédaction
Annabelle Georgen, Delphine Berbigier, Mo Boukhelif, Jocelyn Bouraly, Aude Flicoteaux, Laurent Gontier, Serge Guillot, Anne-Claire Juramie, Philippe Longin, Elise Pinsolle, Christian Rault, Marie Ruat, Thomas Scheufler, Philippe Vouillon, Mireille Voerste, François Zaninotto, Holger Zimmermann

Cartographie
Michèle Cana, Stéphane Anton, APEX Cartographie, DzMap Algérie

Relecture
Blandine Veith

Remerciements
L' Office National Allemand du Tourisme, Ruhr Tourismus, Rainer Landmann, Nina Kiesendahl, GoArt! Berlin, Didier Broussard, Pascale Pichonnat

Conception graphique
Christelle Le Déan

Régie publicitaire et partenariats
business-solutions@tp.michelin.com
Le contenu des pages de publicité insérées dans ce guide n'engage que la responsabilité des annonceurs.

Contacts
Michelin
Guides Touristiques
27 cours de l'Ile Seguin, 92100 Boulogne Billancourt
Service consommateurs : tourisme@tp.michelin.com
Boutique en ligne : www.michelin-boutique.com

Parution 2013

Michelin Travel Partner
Société par actions simplifiées au capital de 11 629 590 EUR
27 Cours de l'Ile Seguin - 92100 Boulogne Billancourt (France)
R.C.S. Nanterre 433 677 721

Dépôt légal : 12-2012 – ISSN 0293-9436
Compograveur : Michelin, Boulogne-Billancourt
Imprimeur : La Tipografica Varese, Italie
Imprimé en Italie : 12-2012

Usine certifiée 14001
Sur du papier issu de forêts gérées durablement (100% PEFC)